Jürgen Friedrichs · Karl Ulrich Mayer
Wolfgang Schluchter (Hrsg.)

Soziologische Theorie und Empirie

Kölner Zeitschrift für Soziologie und Sozialpsychologie

im Westdeutschen Verlag

Jürgen Friedrichs · Karl Ulrich Mayer
Wolfgang Schluchter (Hrsg.)

Soziologische Theorie und Empirie

Westdeutscher Verlag

Umschlaggestaltung: Christine Huth, Wiesbaden
Druck und buchbinderische Verarbeitung: Druckerei Hubert & Co., Göttingen
Gedruckt auf säurefreiem Papier
Printed in Germany

ISBN 3-531-13139-7

Inhalt

IV. Theoretisch empirische Analysen

V. Die Stellung der Soziologie in der Gesellschaft

Quellenverzeichnis zu:

Friedrichs · Mayer · Schluchter (Hrsg.)

Soziologische Theorie und Empirie

EINLEITUNG

Jürgen Friedrichs, Karl Ulrich Mayer und Wolfgang Schluchter

1948 wurde die Kölner Zeitschrift von Leopold von Wiese nach der im Dritten Reich erzwungenen Unterbrechung neu begründet und seitdem vom Westdeutschen Verlag betreut. Der Westdeutsche Verlag hat aus Anlaß seines 50jährigen Jubiläums uns als Herausgebern und Ihnen als Lesern das Geschenk gemacht, eine Auswahl von Beiträgen als Buch zu veröffentlichen. In dieser Einleitung wollen wir zum einen knapp auf die Geschichte der Zeitschrift eingehen, zum anderen unsere Kriterien für die Auswahl der Beiträge begründen.

Zur Geschichte der Kölner Zeitschrift

Die Kölner Zeitschrift für Soziologie und Sozialpsychologie will eine Universalzeitschrift für das Fach Soziologie sein, d.h. sie will weder einzelnen Schulen noch Forschungsgebieten oder Teilgebieten besonderen Vorrang einräumen. Außer den jährlich ca. 30 Aufsätzen, bei denen es sich grundsätzlich um Erstveröffentlichungen auf der Grundlage neuer Forschungsergebnisse handelt, werden ausführliche Literaturberichte und Besprechungen wichtiger Fachliteratur publiziert. Schließlich finden sich in der KZfSS regelmäßig Kongreßberichte und wichtige Nachrichten aus dem Fach. Jährlich erscheint ein umfangreiches Sonderheft, dem die Aufgabe zukommt, zusammenhängend und intensiver, als dies in Einzelbeiträgen möglich wäre, über den aktuellen Forschungsstand in wichtigen Bereichen zu berichten. Bis heute sind 48 Jahrgänge der Zeitschrift erschienen. Rechnet man die zwölf Vorkriegsjahrgänge mit ein, so sind es insgesamt 60 Jahrgänge. Zusätzlich erschienen 36 Sonderhefte, von denen viele richtungweisend für die weitere Forschung wurden.

Besonderen Wert legt die Zeitschrift darauf, jungen Fachkollegen die Möglichkeit einer Erstveröffentlichung zu geben. Dies führte dazu, daß viele der heute bekannteren Soziologen in Deutschland über die Kölner Zeitschrift für Soziologie und Sozialpsychologie einem breiten Fachpublikum, vor allem auch im Ausland, zuerst vorgestellt wurden. Über die Annahme eines Manuskriptes entscheiden externe Gutachter und die Herausgeber.

Die Kölner Zeitschrift für Soziologie und Sozialpsychologie ist die älteste soziologische Fachzeitschrift in Deutschland. Sie wurde 1919 als „Kölner Vierteljahreshefte für Sozialwissenschaften" am 1918 entstandenen ersten deutschen „Forschungsinstitut für Soziologie" gegründet. Ab 1921 erschien sie eigenständig als „Kölner Vierteljahreshefte für Soziologie". Gründer und erster Herausgeber war Leopold von Wiese.

Die ersten beiden Jahrgänge der „Kölner Vierteljahreshefte für Sozialwissenschaften" enthielt als „Reihe A: Soziologische Hefte" zwei Einzelhefte, die Leopold von Wiese als alleinverantwortlicher Herausgeber betreute (die anderen Hefte wurden von der sozialpolitischen Abteilung des Instituts verantwortet). 1921 wurden die „Soziologischen Hefte" als „Kölner Vierteljahreshefte für Sozialwissenschaften" verselbständigt, die bis 1934 weitergeführt wurden. Dann mußte Leopold von Wiese die Zeitschrift einstellen.

1948 gründete er sie als „Kölner Zeitschrift für Soziologie" neu. Er betreute sie bis 1954, um sie dann an René König, der Leopold von Wiese auf dessen Lehrstuhl gefolgt war, zu übergeben. Er gab ihr 1956 den heutigen Titel. Lange fungierte die Zeitschrift auch als Mitteilungsblatt der Deutschen Gesellschaft für Soziologie (DGS), weshalb damals ein umfangreicher wissenschaftlicher Beirat entstand.

König begann 1956 die Serie der Sonderhefte der Zeitschrift. In den Jahren 1972 bis 1977 nahm er zunächst Günter Albrecht, Fritz Sack und Alphons Silbermann als Mitherausgeber auf. Im Jahre 1978 kooptierte König den neuen Direktor am Forschungsinstitut für Soziologie und Nachfolger auf seinem Lehrstuhl, Friedhelm Neidhardt. Im Jahre 1979 kam Peter Christian Ludz, Universität München, hinzu. Seither bilden drei Personen das Herausgebergremium. Als Peter Christian Ludz 1979 starb, trat 1980 M. Rainer Lepsius (Universität Heidelberg) in das Herausgebergremium ein.

Ende 1985 schied René König nach 31-jähriger Herausgebertätigkeit aus. Sein Nachfolger wurde 1987 Hartmut Esser. Nach dem Weggang von Friedhelm Neidhardt an das Wissenschaftszentrum Berlin wurde Jürgen Friedrichs als Direktor des Forschungsinstituts für Soziologie nach Köln berufen. Er übernahm die Funktion des geschäftsführenden Herausgebers. Hartmut Esser schied 1992 aus dem Herausgebergremium aus und wechselte in den Beirat. Ende 1995 schied dann auch Friedhelm Neidhardt aus dem Herausgebergremium aus. Mit Beginn des Jahrgangs 1996 wurde Karl Ulrich Mayer (Berlin) in das Herausgebergremium der Zeitschrift aufgenommen. Ende 1996 verließ M. Rainer Lepsius, der letzte von König selbst mitbestellte Mitherausgeber, das Herausgebergremium. Sein Nachfolger wurde Wolfgang Schluchter.

Dem Herausgebergremium gehören also gegenwärtig an: Jürgen Friedrichs (Forschungsinstitut für Soziologie der Universität zu Köln, geschäftsführend), Karl Ulrich Mayer (Max-Planck-Institut für Bildungsforschung, Berlin) und Wolfgang Schluchter (Institut für Soziologie der Universität Heidelberg).

Im Jahre 1987 wurde ein Beirat der Zeitschrift mit fünf Mitgliedern begründet. Die Mitglieder waren zunächst: Alois Hahn (Trier), Siegwart Lindenberg (Groningen), Walter Müller (Mannheim), Helga Nowotny (Wien), Fritz Sack (Hamburg). 1990 wurde der Beirat auf sieben Mitglieder erweitert. Walter Müller schied ebenso wie Hans Joas aus, weil beide in das Herausgebergremium der „Zeitschrift für Soziologie" gewählt worden waren. Seit dem Jahre 1994 gehören dem Beirat an: Hartmut Esser (Mannheim), Alois Hahn (Trier), Max Haller (Graz), Siegwart Lindenberg (Groningen), Birgitta Nedelmann (Mainz), Michael Schmid (Augsburg), Fritz Sack (Hamburg).

Die Redaktion der Zeitschrift befindet sich seit ihrer Gründung am Forschungsinstitut für Soziologie der Universität zu Köln. Gegenwärtiger ‚Redaktionssekretär' der Zeitschrift ist Heine von Alemann. Das ‚Institut' des Redaktionssekretärs wurde von René König 1956 eingeführt. Die früheren Redaktionssekretäre waren: Peter Heintz, Dietrich Rüschemeyer, Fritz Sack, Karl-Dieter Opp, Günter Albrecht, Axel Schmalfuß. Seit 1948 wird die KZfSS durch den Westdeutschen Verlag betreut.

Zur Auswahl der Beiträge in diesem Band

Der Verlag bat die drei Herausgeber, eine Auswahl unter den für die Entwicklung des Faches wichtigen Aufsätzen zu treffen. Aus fast 50 Jahrgangsbänden der Kölner Zeitschrift eine Auswahl zu treffen, erschien uns zunächst als eine ebenso verlockende wie intellektuell vergnügliche Aufgabe. Es stellte sich freilich rasch heraus, daß wir es nicht nur mit einer „embarrasment of riches" zu tun hatten, sondern auch, daß wir drei Herausgeber untereinander keineswegs im ersten Anlauf Übereinstimmung fanden. Es gibt offensichtlich eine Vielzahl von Kriterien, unter denen wir die Auswahl hätten vornehmen können. Eines davon hätte sein können, die Geschichte der (westdeutschen) Soziologie als Fach in den Aufsätzen abzubilden. Nach ausführlicher Diskussion haben wir dieses Kriterium fallengelassen, weil es zu einer sehr strittigen und zudem sehr dokumentierenden Auswahl geführt hätte. Davon, so vermuteten wir, würden nur sehr wenige Leserinnen und Leser profitieren.

Zunächst entschlossen wir uns, keine Aufsätze aus der Zeitschrift vor 1948 aufzunehmen und auch keine aus den Sonderheften der Zeitschrift. Dann schien uns wichtig, Aufsätze auszuwählen, von denen wir annehmen, daß sie auch für die gegenwärtige Diskussion noch bedeutsam sind. Aus der so gewonnenen ‚Grundgesamtheit' mußten wir dann eine engere Auswahl treffen, wobei wir fünf Gruppen bildeten.

Die erste Gruppe enthält Aufsätze, die sich auf die Grundlagen des Faches richten. Dazu gehört der einflußreiche Aufsatz von Fijalkowsky über die Theoriebegriffe in der deutschen Soziologie, ebenso die Aufsätze von Dahrendorf und Luhmann zur Systemtheorie. Gerne hätten wir auch die Aufsätze von Albert („Der Mythos der totalen Vernunft. Dialektische Ansprüche im Lichte undialektischer Kritik", 16/1964) und Habermas („Gegen einen positivistisch halbierten Rationalismus. Erwiderung eines Pamphlets", 16/1964) einbezogen, da die Positivismus-Debatte in den 60er Jahren sehr bedeutsam war. Beide Aufsätze sind jedoch inzwischen mehrfach wieder abgedruckt worden, so daß wir darauf verzichten konnten, sie hier nochmals aufzunehmen.

Den Texten von Klassikern kommt in der Soziologie noch immer eine große Bedeutung zu, sei es, um hieraus Hypothesen zu gewinnen oder dort formulierte zu testen. Aus diesem Grund haben wir zwei beispielhafte Klassiker-Interpretationen aufgenommen: die der Arbeit von König über Emile Durkheim und der Arbeit von Tenbruck über Max Weber.

Mit drei Beiträgen soll auf die Bedeutung historischer Untersuchungen für die Soziologie hingewiesen werden. Als Beispiele dienen die Studie über die Machtbalance von Geschlechtern von Elias und die über die Beichte von Hahn. Der dritte Aufsatz ist eine quantitative Analyse des Zusammenhangs von Arbeitslosigkeit und Nationalsozialismus von Falter u.a. Alle Aufsätze machen deutlich, wie historische soziologische Analyse angelegt werden kann.

Die größte Gruppe umfaßt theoretisch-empirische Analysen. Dies entspricht nicht nur dem Programm der Disziplin, sondern auch dem der Zeitschrift. Hier hätten sich sehr viele Untersuchungen angeboten. Deshalb haben wir nur solche Aufsätze ausgewählt, die allgemein sind und sich auf den Wandel der Gesellschaft beziehen. Aufsätze zu Teildisziplinen der Soziologie sind deshalb nicht in die Auswahl aufgenommen, obgleich dies von ihrer Qualität her gerechtfertigt gewesen wäre.

Drei Aufsätze behandeln die Problematik sozialer Ungleichheit: der von Müller und Haun über Bildungsungleichheit, der von Bloßfeld und Mayer über berufsstrukturellen Wandel und der von Pappi über soziale Schichtung. Gerne hätten wir hier auch noch den Aufsatz von Kleining und Moore („Soziale Selbsteinstufung (SSE). Ein Instrument zur Messung sozialer Schichten", 20/1968) einbezogen, doch ist er zu umfangreich. Es folgen zwei weitere makrosoziologische Analysen: über die Versorgungsklassen im Wohlfahrtsstaat von Alber und eine neuerliche Kapitalismus-Analyse von Windolf und Beyer.

Zwei ganz andere Formen sozialen Wandels, die sich als dauerhaft und bedeutsam erwiesen haben, sind die Veränderungen des Lebensverlaufs, die Kohli behandelt, und die steigende Anzahl nichtehelicher Lebensgemeinschaften, die Meyer und Schulze untersuchen.

Mikrosoziologisch orientiert sind die beiden letzten Arbeiten: Wegener beschäftigt sich mit der Netzwerkanalyse, hier speziell mit der These von der Bedeutung schwacher Beziehungen; Esser untersucht im Rahmen der Nutzen-Erwartungs-Theorie die Frage, ob Befragte im Interview lügen.

Die letzte Gruppe der Aufsätze richtet sich auf die Stellung der Soziologie in der Gesellschaft. Diese Auseinandersetzung dokumentieren wir mit einem Aufsatz von Mayntz und einer programmatischen Arbeit von Lepsius. Gerne hätten wir als einen weiteren Aufsatz den von Scheuch („Sozialer Wandel und Sozialforschung. Über die Beziehungen zwischen Gesellschaft und empirischer Sozialforschung", 17/1965) aufgenommen, doch war auch hier der Umfang der Grund, ihn wegzulassen.

Wir können gut begründen, warum es die ausgewählten Aufsätze verdienen, in diesen Band aufgenommen zu werden. Wir können naturgemäß viel weniger gut oder überhaupt nicht begründen, warum ebenso gute und/oder für die Entwicklung des Faches ebenso wichtige andere Aufsätze nicht an deren Stelle aufgenommen wurden. Vielleicht fühlen sich die Leserinnen und Leser herausgefordert, einmal in den alten Bänden der Kölner Zeitschrift zu schmökern und selbst die Probe aufs Exempel zu machen. Dies wäre nicht die schlechteste Folgewirkung unserer Auswahl.

Die Herausgeber

I. Auseinandersetzungen über die Grundlagen der Soziologie

ÜBER EINIGE THEORIE-BEGRIFFE IN DER DEUTSCHEN SOZIOLOGIE DER GEGENWART *

Von Jürgen Fijalkowski

I

Die folgenden Überlegungen sind nicht mehr als ein Versuch, einige der Begriffe von soziologischer Theorie zu unterscheiden, die in der zeitgenössischen deutschen Soziologie vertreten werden. Die getroffenen Unterscheidungen reichen sicher nicht aus, die Vielzahl abweichender Vorstellungen zu decken, nach denen die deutschen Soziologen denken und arbeiten. Es handelt sich auch nur darum, essayistisch einige der wichtigsten Formen herauszuarbeiten, um an deren Gegenüberstellung einige Argumente kritischer Reflexion entwickeln zu können.

Die deutsche Soziologie hat eine bedeutende theoretische Tradition. Einige Kritiker meinen, ihr internationaler Ruf gründe sich vielmehr auf diese Tradition als auf ihre gegenwärtigen Leistungen, insbesondere nach dem Kriege. Nun gilt schon in der internationalen Soziologie das Verhältnis zur Theorie als einigermaßen problematisch, seit die Fülle mangelhaft verbundener Einzelforschungen das Bedürfnis nach zusammenfassender Interpretation geweckt hat. Es ist in der deutschen Soziologie um so mehr problematisch, als man hier, nach der Unterbrechung der Nazizeit, den Anschluß an die internationale Entwicklung vor allem in der empirischen Sozialforschung suchte und die theoretischen Traditionen liegen ließ, obwohl insbesondere die angelsächsischen Soziologen sie schon wieder aufzugreifen begannen.

Verschiedene Veröffentlichungen haben inzwischen die deutsche Diskussion in Gang gebracht: Adornos[1] und Liebers[2] Kritik der empirischen Sozialforschung, Königs[3] Abgrenzung der soziologischen Theorie gegen eine spekulativ belastete Theorie der Gesellschaft, Schelskys[4] Ortsbestimmung der deutschen Soziologie, Dahrendorfs[5] Kritik an Schelskys dritter Soziologie, Adornos[6] Bericht über die deutsche Soziologie für den 4. Weltkongreß und andere mehr. In diesen Auseinandersetzungen werden sehr verschiedenartige Positionen er-

* Der vorliegende Beitrag ist Teil einer unveröffentlichten Festschrift zum 60. Geburtstag von Prof. Dr. Otto Stammer, Berlin.

kennbar, und zwar sowohl in der Einschätzung der empirischen Sozialforschung als auch in der Zielsetzung für die Theorie. Einige Übereinstimmungen in der Kritik an unzureichender Fundierung der empirischen Sozialforschung können nicht darüber hinwegtäuschen, daß sich hinter ihnen nicht unbeträchtliche Unterschiede in der Auffassung von Theorie verbergen.

Im folgenden sollen versuchsweise vier Theoriebegriffe gegeneinander abgewogen werden: der naiv-empiristische, der phänomenologische, der wissenschaftslogische und der dialektische. Diese verschiedenen Theoriebegriffe stehen gewissermaßen zur Wahl. Nimmt man jedoch an, daß sich in jedem eine verschiedene Haltung des gesellschaftlichen Bewußtseins dokumentiert, so lassen sie sich kritisch miteinander vergleichen. Es wird darauf ankommen, jeweils zu erörtern, wie eine Auffassung das Verhältnis von Theorie und Empirie und das von Theorie und Praxis sieht.

II

Der empiristische Theoriebegriff verdient eigentlich gar nicht diesen Namen. Denn das, was alle Kritiker an den empiristischen Verfahren beklagen, ist ihre Ablehnung oder ihre Unverständigkeit gegenüber jeder Form von Theorie. Die Vertreter dieser Art empiristischer Verfahren, die sich nicht selten in der kommerziellen Meinungsforschung und auch in der amtlichen und halbamtlichen Sozialstatistik finden, meinen, die Grundlage aller Wissenschaft sei die exakte Bestandsaufnahme der Erfahrungsgegebenheiten und die vorurteilslose, ungedeutete Beschreibung der Wirklichkeit realer Lebensumstände, Ereignisse und Meinungen. Damit hätten sie gar nicht so unrecht, wenn sie nicht dabei stehen blieben und wenn sie nicht so häufig versäumten, über die Erörterung unmittelbarer Forschungstechniken hinaus zu theoretisch-methodologischen Reflexionen vorzudringen.

Bei solchen Reflexionen zeigt sich nämlich, daß jede Erhebung Ausgangsfragen und jede Beschreibung Kategorien braucht, über deren Erkenntniswert nachgedacht werden muß, wenn die Erhebung nicht irrelevant werden soll oder man sie nicht einfach aus dem vorwissenschaftlichen Bewußtsein übernehmen und sich damit den in der Öffentlichkeit kursierenden Ideologien ausliefern will. Außerdem fängt die Wissenschaft erst dort an, wo über das unmittelbar Erfahrene hinausgegangen und nach Zusammenhängen oder Faktoren gesucht wird, aus denen das Beschriebene erklärt werden kann, wo Urteile über die Bedingungen gebildet werden können, unter denen es zu den beobachteten Erscheinungen kam und wieder kommen würde.

Die empiristischen Erhebungen beschränken sich aber darauf, wiederzugeben, was sich ereignet hat bzw. was viele Menschen meinen oder in welcher

Lage sich viele Menschen befinden. Diese Art argloser Reportage gegebener Umstände und Meinungen ist, wo sie einwandfrei durchgeführt wurde, wertvoll als Information, aber zunächst nicht mehr als bloßes Material für eine Analyse, die dann erst beginnen müßte. In vielen empirischen Erhebungen oder Ereignisberichten enthält man sich jedoch dieser Analyse und aller Schlußfolgerungen. Werden die Berichterstatter trotzdem in theoretische Diskussionen über die Relevanz ihrer Beobachtungen, die Deutung ihres Erfahrungsmaterials oder die Ausgangsfragen ihrer Erhebung verwickelt, so ziehen sie sich aus der Affäre, indem sie die eben naiv zusammengetragenen Daten repetieren und darauf beharren, daß es zunächst nur darauf ankomme, sie zur Kenntnis zu nehmen und damit ein exaktes Erfahrungswissen zu vermehren.

Das ist eine konsequente Theorielosigkeit, die sich zwar der Möglichkeit begibt, wissenschaftliche Erklärungen für das Beschriebene zu finden, und insofern noch keine entwickelte Wissenschaft darstellt, aber doch mit Wissenschaft jederzeit vereinbar bleibt. Leider übersehen die Vertreter der konsequenten Theorielosigkeit nur eines: die unbeabsichtigte, aber auch nicht vermiedene Wirkung in der Öffentlichkeit. Denn die Öffentlichkeit bemächtigt sich dieser ungedeuteten Ermittlungsdaten zur Befriedigung ihres eigenen, durchaus legitimen Orientierungsbedürfnisses. In diesem Prozeß aber geschieht es, daß die Tatsachen, von deren Erklärung und Deutung sich die Empiriker enthalten haben, nun zur Erklärung aller möglichen ideologischen Vorurteile beliebig herangezogen werden, oder daß sie in einer Art „Tatsachenfatalismus"[7] zur Vorstellung einer anonymen Zwangsläufigkeit verleiten, die alles Wirkliche als notwendig erklärt, und die an die Stelle möglicher Auseinandersetzung mit der Wirklichkeit die resignierte Empfehlung setzt, sich dem durch die Wissenschaft als unabänderlich Bewiesenen zu fügen. Dieser ideologischen Bemächtigung seiner nackten Ermittlungen durch eine nichtwissenschaftliche Öffentlichkeit sieht sich sowohl der Historiker als auch der Sozial- und Meinungsstatistiker gegenüber.

Durch ihren Verzicht auf erklärende Theorie, an der sich wenigstens noch die Geister scheiden könnten und die es verhindern würde, daß sich Ideologien ungestört der Tatsachen bemächtigen, können empiristische Ermittlungen also unbeabsichtigt eine ideologische Funktion in der Gesellschaft erhalten. Ihre Ergebnisse werden als wissenschaftliche Bestätigung dessen ausgegeben, was bestimmte Interessen oder Vorurteile für wahr haben wollen. Immerhin läßt sich den Vertretern eines konsequent theorielosen Empirismus zwar mangelnde Reflexion, aber nicht Unwissenschaftlichkeit nachsagen, sofern ihre ungedeuteten Ermittlungen einwandfrei sind.

Aber die mangelnde Reflexion über die Ausgangsfragen und über die bei der Beschreibung von Ereignissen, Umständen und Meinungen benutzten Katego-

rien hat nicht selten schlimmere Folgen. Sie zeigen sich dort, wo naive Empiriker ihre bloß technisch vorausgesetzten Annahmen für theoretische Wahrheiten halten, vorwissenschaftliche Termini, die sie benutzen, mit objektiven
Einsichten verwechseln oder sich zu Schlußfolgerungen verleiten lassen, die sich
vermeintlich aus dem Material selbst, in Wahrheit aber bloß ihrer Naivität
oder ihrer ideologischen Befangenheit aufdrängen.

So wird Menschen, die in einer Befragung eine bestimmte Meinung äußer-
ten, ohne weiteres nachgesagt, sie verträten diese Meinung auch bei anderen
Gelegenheiten und zeigten eine entsprechende Handlungsbereitschaft. Oder
es wird eine statistisch feststellbare Einkommensnivellierung ohne weiteres
als Beweis für den Abbau der Klassenunterschiede genommen. Ein häufig auf-
tretendes Meinungsbild wird als Kriterium objektiver gesellschaftlicher Verhältnisse gedeutet, obschon es diese genausogut verhüllen könnte. Die Singu-
larität einer chronologisch folgenreichen politischen Entscheidung wird als
personelle Ursache einer historischen Ereigniskette gedeutet. Dergleichen Thesen sind durch nichts gerechtfertigte Überfolgerungen des Ermittelten, und der
gedankenlose Leichtsinn bzw. die ideologische Befangenheit, denen sie entspringen, nicht immer nur auf gelegentliche Unbedachtsamkeit in der Wort-
wahl oder auf wissenschaftliche Amateure beschränkt. Es sind häufig nur die
extremen Beispiele, die einen Zweifel daran erwecken, daß kritischen Empiri-
kern solche Fehldeutungen unterlaufen könnten.

Die gesellschaftliche Funktion solcher Überfolgerungen und Fehldeutungen,
die den Schein der Wissenschaftlichkeit tragen, weil sie auf methodisch vorgenommenen Ermittlungen aufbauen, ist das Gegenteil dessen, wonach das legitime „antiideologische Realitäts- und Orientierungsbedürfnis"[8] der Öffentlichkeit verlangt: nicht Entideologisierung, sondern Bekräftigung vorherrschen-
der Ideologien, nicht Erweiterung der Erfahrung, sondern Verarmung der Ur-
teilskraft. Das in Wahrheit nur gängige Vorurteil bekommt auf dem Umweg
über diese vermeintlich objektive Entdeckung den Schein wissenschaftlicher
Bestätigung einer Wahrheit. Die mangelnde Reflexion über die in die Ausgangsfragen der Erhebung eingehenden und zur Deutung der Ergebnisse bzw.
zur Beschreibung der Ereignisse zur Verfügung stehenden Begriffe führt zu
einer bloßen Verdoppelung der kursierenden Meinungen, nicht aber zur Entdeckung der Wahrheit.

Das scheinwissenschaftliche Verfahren deckt im Gegenteil die Wahrheit mit
bekräftigten Vorurteilen selbst dort noch zu, wo sie durch die schlichte Fakten-
ermittlung schon sichtbar zu werden begann.

Nun muß freilich hervorgehoben werden, daß weder der programmatisch
theorielose noch der ideologisch mißbrauchte Empirismus mit der empirischen
Sozial- und Geschichtsforschung identifiziert werden dürfen, die die wissenschaft-

lichen Soziologen, Politologen und Historiker für nötig halten. Die Vertreter
aller anderen hier für die Soziologie unterschiedenen Theoriebegriffe sind sich
in der Ablehnung der Theorielosigkeit ebenso wie in der Ablehnung des ideologischen Mißbrauchs empirischer Verfahren einig. Auch gibt es kaum Vertreter von Auffassungen, die jede empirische Sozialforschung für überflüssig erklären und die Theorie auf reinen Begriffsbildungen aufbauen wollen. Allerdings entspricht der Verschiedenartigkeit der Theoriebegriffe eine Verschiedenartigkeit der Begründungen für die Notwendigkeit empirischer Sozialforschung. Außerdem bewahrt die Absicht, die empirischen Ermittlungen von
ideologischen Mißdeutungen freizuhalten, nicht immer davor, daß sich ideologische Vorurteile schon in die Hypothesenbildung einschleichen, und auch nicht
davor, daß die in der Theorie angebotenen Erklärungen in der gesellschaftlichen Wirklichkeit unbeabsichtigt die Wirkung von Ideologien annehmen.

III

Der phänomenologische Theoriebegriff läßt sich gut von der eigenartigen
Begründung her entwickeln, die seine Vertreter für die Notwendigkeit empirischer Sozialforschung geben. *Schelsky*[9] hat in seiner „Ortsbestimmung der
deutschen Soziologie" eine besondere Wissenstheorie der empirischen Sozialforschung vorgelegt, an die sich hier anknüpfen läßt. Die Aufgabe der empirischen Sozialforschung ist danach die „entsubjektivierte Beschreibung der sozialen Wirklichkeit"[10]. Die Entsubjektivierung entsteht zunächst aus der Haltung
des Wissenschaftlers, der „vor allen systematischen Methodenanwendungen"[11]
eine „wissenschaftliche Denaturierung"[12] seiner „primären Welterkenntnis"[13]
zum „Gesamthabitus"[14] seines Denkens macht. Die Folge dieser Verwissenschaftlichung der Primärerfahrung ist eine Erweiterung der eigenen „Anschauung"[15]. Die Methode der verwissenschaftlichten Primärerfahrung des Sozial-
wissenschaftlers ist die phänomenologische Ideation. In ihr werden die Themen
für weitere systematisch-empirische Beobachtung gewonnen, und von ihr werden die Hypothesen für kontrollierte Experimente gesteuert. In den verschiedenen Methoden systematisch-empirischer Forschung werden die phänomenologischen Einsichten dann verifiziert bzw. falsifiziert. Dadurch wird die Dekomposition der Primärerfahrung weiter fortgesetzt und die Fakten gesicherter
wissenschaftlicher Sekundärerfahrung gewonnen.

Diese zuerst psychologisch-intentionale und dann forschungspraktisch kontrollierte Entsubjektivierung ist nötig, weil die vorwissenschaftliche Primärerfahrung keine Tatsachenerfahrung ist, sondern „unter den Schleiern der vielfältigen Ideen (erfolgt), die uns seit einigen Jahrhunderten diese Wirklichkeit
gedeutet und damit als Faktenerfahrung verhüllt haben"[16]. Eine „Entdeu-

tung[17] der immer schon ideologisierten vorwissenschaftlichen Primärerfahrung ist nötig, um die Fakten für das Bewußtsein überhaupt erst entdecken zu können. Aus der Unzulänglichkeit der vorwissenschaftlichen Primärerfahrung folgt also zunächst die Notwendigkeit der Erweiterung der Anschauung durch Verwissenschaftlichung der Primärerfahrung mit Hilfe phänomenologischer Ideation. Die Notwendigkeit methodischer empirischer Sozialforschung folgt erst daraus, daß die in phänomenologischem Vorgriff gewonnenen Thesen eines Belegs in der primären Anschauung bedürfen. Die entsubjektivierenden Methoden der Sozialforschung sind dabei denen der Geschichtsforschung vergleichbar, so daß „man die empirisch-sozialwissenschaftliche Erforschung gegenwärtiger sozialer Tatbestände als eine Sozialgeschichtsschreibung der Gegenwart am gerechtesten und verständlichsten für unser traditionelles Wissenschaftsbewußtsein interpretieren"[18] könnte. Durch induktive Verallgemeinerungen läßt sich dann in aller Vorsicht die empirische Beobachtung „in der Abstraktion weiterführen"[19] und so am Aufbau einer Theorie arbeiten, deren Gültigkeit stets vorläufig bleibt, die aber doch einige Vorgriffe aufs Ganze oder ganze Komplexe einer gegebenen Gesellschaft enthält. Die empirische Sozialwissenschaft ist so eine „Gegenwartswissenschaft des Sozialen auf Dauer, ... weil ihre Ergebnisse als nur gegenwärtige notwendig veralten"[20]. Der hier vorliegende Theoriebegriff ist also primär intuitiv, denn die wissenschaftlich notwendige Dekomposition der Primärerfahrung vollzieht sich „vor (!) allen systematischen Methodenanwendungen"[21] als eine „Durchgeistigung"[22] der Primärerfahrung selbst. Die so durch phänomenologische Intuitionen angehobene Primärerfahrung erkennt nun die Themen und Probleme der gesellschaftlichen Wirklichkeit, die einer genaueren Darstellung wert sind. Sie gewinnt „Anschauungen des Ganzen"[23] oder wenigstens „ganzheitlicher Komplexe der sozialen Erfahrung"[24], in denen die Fülle der Wirklichkeiten aufgeschlossen wird. Und diese, die phänomenologisch erkannten Sachverhalte beschreibenden und durch systematisch und empirisch experimentierende Beobachtung belegenden, Anschauungen und Vorgriffe auf das Ganze machen das aus, was für die Vertreter des intuitiven Theoriebegriffs die Theorie ist. Ein deutliches Beispiel für diesen Theoriebegriff bietet *Freyers*[25] „Theorie des gegenwärtigen Zeitalters". Sie entspringt dem Streben, ein Zeitalter „anzuschauen, wie man eine Landschaft anschaut"[26].

Eine auf intuitive Verfahren sich gründende Theorie bringt sich begreiflicherweise leicht in den Verdacht, nicht mehr als eine durch Bildung und Stil verschönte subjektive Deutung der Zeit zu sein, philosophierende Literatur mehr als Wissenschaft. Solcher Art Sinndeutungen sind ideologiekritisch relativierbar. Die Vertreter des intuitiven Theoriebegriffs stellen die hierin liegende Schwierigkeit selbst dar. *Freyer*[27] z. B. schreibt: „Eine Theorie des gegenwärtigen Zeitalters wäre also zugleich eine Umschau, eine Rückschau (da ein guter Teil des Zeitalters historisch übersehbar ist) und eine Vorschau (da uns in diesem Zeitalter bestimmt noch manches bevorsteht). Alle drei Intentionen aber sind im Jetzt gerafft ... So muß es also wohl bei der Einsicht bleiben, daß es davon eine Theorie im strengen Sinne, eine Theorie wie von einem überschaubaren Ganzen nicht geben kann. Es ist ja nicht nur dies, daß wir persönlich beteiligt, also auch Partei sind, so daß uns die theoretische Haltung schwer gemacht ist, und es einer dauernden Anstrengung bedarf, sie aufrechtzuerhalten, sondern wir haben es mit Situationen zu tun, aus denen wir in keiner Weise herauskönnen, und die wir schon deswegen nicht als Ganze in den Blick bekommen ... mit einem Geschehen, das zwar nicht aller, aber vieler Möglichkeiten voll ist, und das daher immer auch unseren Willen fragt, was er von ihm halte ... Nicht theoretisch, sondern nur im Entschluß kann (das menschliche Dasein) sich zum Ganzen schließen."

Die Theorie wird daher zum Bogen der Besinnung, den der Entschluß im Denken schlägt. Es gilt als möglich, diesen Bogen „zu strecken, um möglichst viel geklärtes und verbundenes Tatsachenmaterial in ihm unterzubringen; in dieser Mitte hat die Theorie ihren Platz"[28]. Der Ideologieverdacht, der sich auf die Erkenntnisse des intuitiven Verfahrens richtet, wird abgewehrt durch Rückzug in eine Entsubjektivierung der Subjektivität, die als methodische Enthaltung von wertenden Stellungnahmen verstanden wird. Durch dieses methodische Désengagement soll es möglich werden, soziale Strukturen nicht „unter dem Gesichtspunkt der Beteiligung"[29], „sondern von ihren eigenen Schwerpunkten und Trends aus aufzuschließen"[30].

Die intuitivistische Auffassung von Theorie zeichnet also zweierlei aus: die Intention der Wertfreiheit, die sie schon durch psychologische Entsubjektivierung und Werturteilsenthaltung erreichen zu können glaubt, und die Vorstellung, Theorie lasse sich durch intuitiven Vorgriff auf ganze Komplexe, durch induktive Generalisierungen und phänomenologische Ideationen erreichen. Methodisch kontrollierte empirische Forschung ist das Mittel, historisch-deskriptive Informationen als Ausgangsbasis und vor allem als späteren Beleg für die intuitiven Ideationen zu verschaffen.

IV

An dieser Auffassung von Theorie und Empirie üben die Vertreter einer strengeren erkenntnislogischen Auffassung von Wissenschaft und empirischer Theorie Kritik. Sie werfen ihr, wie etwa *Dahrendorf*[31] *Schelsky*, vor, die Wissenstheorie auf einer logisch unhaltbaren Identifizierung von Subjekt und Objekt aufzubauen. Sie halten sowohl die induktive Generalisierung wie die phänomenologische Ideation für psychische Prozesse, die nicht den methodologischen Postulaten eines erkenntnislogischen Wissenschaftsbegriffs entsprechen und daher mit allen Gefahren unerkannt bleibender Irreführung behaftet sind. Sie erklären die Resultate phänomenologischer Wesensschau für Mythologisierungen der Wirklichkeit, von denen sich die Wissenschaft zu befreien habe.

Die erkenntnislogische Auffassung teilt mit der intuitiven zunächst die Intention der Wertfreiheit. Sie glaubt aber nicht, die Wertfreiheit schon durch psychische Werturteilsenthaltung, durch habitualisierte Entsubjektivierung und vormethodische Verwissenschaftlichung der Primärerfahrung erreichen zu können, sondern ausschließlich durch erkenntnislogisch und forschungspraktisch kontrollierte Methodik. Ihr gilt daher die sog. verwissenschaftlichte Primärerfahrung bestenfalls als Beschreibung dessen, der sich wissenschaftlich dauernd betätigt, nicht aber als ein Mittel der Erkenntnis. Die Legitimierung der Primäranschauung als Erkenntnismittel könnte nur auf die Rechtfertigung unkritischen, halbwissenschaftlichen und daher ideologieverdächtigen Denkens hinauslaufen.

Außerdem kritisieren die Vertreter der erkenntnislogischen Auffassung, daß bei der intuitiven Begründung von Theorie Analyse mit Deskription gleichgesetzt wird, Deskription aber noch keine Analyse ausmacht. So hält *Dahrendorf Schelskys* Begriff von empirischer Soziologie als „Sozialgeschichtsschreibung auf Dauer" vor, damit würde das Wesen einer empirischen Wissenschaft verkannt. Die Gegenwartsanalyse könne nur angewandte Soziologie sein. Eine Sozialgeschichte der Gegenwart sei „eine so mit ceteris-paribus-Klauseln angefüllte Theorie, daß an Falsifizierung schlechterdings nicht mehr zu denken ist"[32]. Damit aber widerspreche die sozialgeschichtliche Gegenwartsanalyse den Forderungen, die man an eine Soziologie als Wissenschaft zu stellen habe. Deskription ist wissenschaftlich erst brauchbar, wenn sie der Analyse dient. Analyse aber setzt Theorie voraus, d. h. erstens ein in sich widerspruchsloses System von Sätzen, zweitens ein System von strikt universalen, nicht singular-existentialen Sätzen, drittens ein System von universalen falsifizierbaren Sätzen[33]. Analyse ist also nicht auf Deskription von Beobachtungen zu reduzieren, sondern besteht einzig in der Weiterbildung der Theorie durch Verifikation und Falsifikation von Hypothesen, die ihrerseits durch formalwissenschaftliche Operationen der Axiomatisierung und Deduktion gewonnen werden.

Im erkenntnislogischen Wissenschaftsbegriff werden also Theorie und Empirie nicht logisch, sondern höchstens methodologisch getrennt, insofern der Aufbau der Theorie einerseits formalwissenschaftliche Operationen zur Konstruktion von Modellen, d. h. widerspruchsfreien Systemen von Axiomen, Deduktionen und Postulaten, andererseits der empirischen Gültigkeitsprüfung in Falsifikationsversuchen durch Experimente bedarf. Die empirische Theorie des erkenntnislogischen Wissenschaftsbegriffs ist Theorie, insofern sie systematisch ist, d. h. durch formal widerspruchsfreie Deduktionen Erklärungen und Voraussagen von Ereignissen ermöglicht. Und sie ist empirisch, insofern sie ihre deduktiven Aussagen als verifikationsbedürftige Hypothesen begreift. Ob die Theorie dabei mittlerer oder größerer Reichweite ist, bleibt für ihre logische Struktur gleichgültig.

Das Problem der Reichweite ist nicht wissenschaftslogischer, sondern methodologischer Natur.

Weniger in allgemeinen erkenntnislogischen Begriffen, sondern zugeschnitten auf die Soziologie als Fachwissenschaft beschreibt *König* [34] das Wesen der „soziologischen Theorie", die er gegen die mit phänomenologischen Methoden, universalen Deutungsabsichten und sozialethischen Impulsen bis zur Unbrauchbarkeit vermischte philosophische „Theorie der Gesellschaft" abgrenzt. Was soziologische Theorie demgegenüber sein soll, wird am besten durch die Versuche zur Ausbildung der strukturell-funktionalen Theorie und Analyse im Anschluß an *Durkheim, Max Weber, Parsons* und *Merton* verdeutlicht.

Gemäß wissenschaftslogischer im Unterschied zu phänomenologischer Auffassung ist das Verhältnis von Theorie und Empirie also nicht das von intuitivem Vorgriff und deskriptivem Beleg seiner Möglichkeit, sondern das von analytischer Systematik und methodisch-kontrolliertem Falsifikationsversuch. Die Theorie formuliert nicht vorläufige historische Gesamtanschauungen, sondern hypothetisch geltende ahistorische Gesetze. Die empirische Forschung ist nicht Information durch historische Deskription, sondern experimentelle Gültigkeitsprüfung für theoretische Deduktionen, nicht Anschauungsbeleg, sondern Falsifikationsversuch.

V

Was beide, die erkenntnislogische und die phänomenologische Auffassung von Theorie verbindet, ist die Intention der Wertfreiheit und der Entsubjektivierung, die programmatische Enthaltung von als metaphysisch deklarierten Sinnfragen. Sie unterscheiden sich voneinander einmal durch die Vorstellung der Erkenntnislogiker, Theorie und Empirie ließen sich in ein Kontinuum bringen, Theorie sei analytisch konstruierender Vorgriff gegenüber der Erfahrung, dessen Haltbarkeit sich allein in der Empirie erweisen könne; zum anderen durch die Vorstellung der Phänomenologen, Theorie und Empirie ließen sich darum nicht in ein Kontinuum bringen, weil der ideierende Vorgriff ein Wesen erfaßt, das als Ganzes mehr als die Summe der Teile ist und insofern in der Empirie zwar durch Deskriptionen belegt werden, aber in den empirischen Einzelfeststellungen nie ganz aufgehen kann. Sowohl der intuitiv ideierende als auch der analytisch konstruierende Vorgriff enthalten sich aber der Sinn- und Legitimationsfragen. Die Vertreter beider Auffassungen erkennen aber, daß der Wissenschaftler abgesehen von seiner wissenschaftlichen Tätigkeit auch Mensch und Bürger ist, Glied eben der Gesellschaft und Teilnehmer eben der Geschichte, von der er sich wissenschaftlich distanziert. Man erkennt weiterhin, daß soziologisches Denken und soziologische Wissenschaft selbst eine Funktion im gesellschaftlichen Prozeß erfüllen, die der Wissenschaftler nicht übersehen kann und die ihn zur Deutung seiner eigenen Rolle zwingt. Der programmatischen Enthaltung von Werturteilen und Legitimitätsfragen in der Wissenschaft muß also eine metawissenschaftliche Sinndeutung gegeben werden, aus der ihre Notwendigkeit einleuchtend wird. Außerdem muß den Werturteilen und den Sinnfragen ein Platz angewiesen werden, auf dem ihnen ihr Recht wird. Denn es wird keineswegs das menschliche Recht bestritten, sich mit den vorgefundenen und wissenschaftlich untersuchten gesellschaftlichen Verhältnissen wertend auseinanderzusetzen, Vernunft und Unvernunft. Gerechtigkeit und Ungerechtigkeit zu unterscheiden und schließlich Handlungsziele zu entwerfen. Das Problem besteht nur darin, die wissenschaftlich für nötig befundene Entsubjektivierung und das Recht auf wertende Auseinandersetzung in einem umgreifenden Rahmen zu vereinbaren.

Die Vertreter der beiden Auffassungen von Theorie finden für dies Problem charakteristisch verschiedene Lösungen. Gemeinsam ist ihnen nur, daß sie das menschliche Fragen nach dem Sinn nicht innerhalb des wissenschaftlichen Denkens zulassen. Die wissenschaftliche Art der Distanzierung von der Wirklichkeit bleibt streng von der anderen Art der Distanzierung getrennt, die aus der Frage nach Vernunft und Gerechtigkeit in der Wirklichkeit folgen könnte.

Die Vertreter des phänomenologischen Theoriebegriffs deuten die gesellschaftliche Rolle der soziologischen Wissenschaft als Einkehr und Besinnung des Handelns im Denken und als Kontrolle des sozialen Handelns durch „interesselose", „reine Wirklichkeitsanalyse"[35], die sich weder auf ideologische „Direktformulierung ... sozialer und ethischer Motivprogrammatiken"[36] noch auf den ebenfalls ideologischen „Tatsachenfatalismus"[37] einer „bloß funktionalen Enthüllung der determinierenden Untergründe des sozialen Handelns"[38] einläßt. Sie grenzen sich einerseits gegen universale sozialphilosophische Deutungssysteme ab, die „soziologische Generalrezepte der Zeiterklärung und Weltveränderung"[39] gaben und unmittelbar auf die Statuierung konservativer oder revolutionärer ordnungspolitischer Programme hinausliefen. Diese universalen Deutungen gelten als inzwischen suspekt geworden, weil die Ungeduld des Aktionswillens, der in ihnen steckt, zu Realitätsverschätzungen und demgemäß zur Hypertrophie eines totalen politischen Gestaltungswillens verführt hat. Andererseits wird den Vertretern des erkenntnislogischen Theoriebegriffs der Vorwurf gemacht, daß sie die empirisch-soziologische Tatsachenforschung

instrumentalisieren, und zwar für die Planung gesellschaftlicher Einzelhand-
lungen, die durch Anwendung mehr oder minder manipulativer Sozialtechniken
einen schrittweisen Umbau von Mensch und Gesellschaft bezwecken. Diese
„Planungswissenschaft"[40] gilt ebenfalls als suspekt geworden, weil in ihr ein
sozialtechnischer Manipulierungswille hypertrophiert.

Die nach Sinn und Wertgebung des menschlichen Lebens fragende Subjektivität wird aber von den Vertretern des phänomenologischen Theoriebegriffs
in ihr Recht wieder eingesetzt, indem sie auf die transzendentale Reflexion
verwiesen wird. Demgemäß nennt *Schelsky* als Aufgabe der „transzendentalen
Theorie"[41] einerseits die Reflexion über das allgemeine Welt- und Seinsver-
ständnis, das in den soziologischen Denkprinzipien und Kategorien vorausgesetzt wird, andererseits die Reflexion über die Unauflösbarkeit der Person in
den empirischen Bestimmungen ihres sozialen Charakters, d. h. die Reflexion
über die Freiheit des Menschen nicht *in*, sondern *gegenüber* und *von* der Gesellschaft.

Die Sinn- und Wertfragen, auf die der Betrachter der gesellschaftlichen Verhältnisse stoßen könnte, werden also zur Angelegenheit der reflektierenden
Subjektivität erklärt, die ihre Freiheit bewahrt, *indem sie die „Freiheitsthematik"[42] von soziologischen Fragestellungen befreit.*

Die Vertreter des erkenntnislogischen Theoriebegriffs lösen das Problem der
metawissenschaftlichen Sinngebung für die wissenschaftliche Entsubjektivierung
und das Problem der Wiedereinsetzung der wertenden Subjektivität in ihr
Recht auf andere Weise. Sie wehren sich gegen den Vorwurf, die Wissenschaft
zur sozialtechnisch-manipulativen Planungswissenschaft zu instrumentalisieren.
Andererseits wollen auch sie sich streng gegenüber den sozialphilosophischen
Zeiterklärungen und Weltveränderungsutopien abgrenzen. Auch sie verstehen
die gesellschaftliche Rolle der Wissenschaft daher als Wirklichkeitskontrolle
jenseits von utopischer Programmatik und ideologischem Tatsachenfatalismus.
Ihre Analyse der Determinationen, die im sozialen Handeln und Geschehen
wirken, erfolgt nicht aus philosophischem Determinismus, sondern aus einer
erkenntnislogisch gebotenen und um der Wissenschaft willen notwendigen
Konvention[43].

Diese Wirklichkeitskontrolle soll aber nicht mit transzendentaler Reflexion,
sondern in der gesellschaftlichen Welt des Handelns mit freier moralischer Entscheidung verbunden werden. Die Anhänger des erkenntnislogischen Theoriebegriffs werfen *Schelskys* Vorstellung von transzendentaler Reflexion vor, sie
sei die Eremitage eines Spielers, der die Werturteilsenthaltung der Wissenschaft zur menschlichen Grundhaltung totalisiert habe und nun die gesellschaftlichen Verhältnisse läßt, wie sie sind, um in jedem Falle darüber zu lächeln.
Diese Haltung „läßt das Heute geschehen, die Wissenschaft sich anpassen, und

distanziert sich von beiden nur in der Eremitage des Spielers, der das Heute zwar nicht ändern, aber darüber lächeln kann"[44] *(Dahrendorf).* Die Vertreter des erkenntnislogischen Theoriebegriffs wollen mit ihren Wirklichkeitserkenntnissen keine Urteile darüber abgeben, ob etwas „sowieso geschieht und ... gar nicht zu ändern ist"[45]. Die in der Wissenschaft entsubjektivierte Subjektivität setzen sie in ihr Recht wieder ein, indem sie das Recht auf und vielleicht sogar die Pflicht zu moralischer, sozialer und politischer Kritik jedes Menschen und Bürgers betonen. Auf dieser Grundlage glauben sie sich ohne Schwierigkeiten sowohl mit den Moralisten und Theologen als auch den politischen Kritikern und den kritischen Philosophen in der Soziologie vertragen zu können[46].

In jedem Falle werden sowohl von der intuitiven als auch von der erkenntnislogischen Auffassung die Sinn- und Wertfragen aus der Wissenschaft hinausverwiesen und zur Angelegenheit entweder der Ironie eines transzendentalen oder der Moralität eines bürgerlich handelnden Subjekts erklärt.

VI

An diesen Auffassungen nimmt der letzte der hier zu entwickelnden Theoriebegriffe, der dialektische, Anstoß[47]. Er wendet sich gegen die Privatisierung kritischer Philosophie und philosophischer Kritik, die im Ausschluß der Philosophie von der Wissenschaft und in der Abtrennung der Sollensfragen von den Seinsfragen liegt. Sowohl die phänomenologische als auch die erkenntnislogische Auffassung kritisieren an der dialektischen Auffassung, sie sei eine unstatthafte Vermengung von Ideologie, Sozialethik, philosophischer Reflexion und positiver Wirklichkeitserkenntnis. Die dialektische Auffassung wiederum kritisiert an der phänomenologisch-intuitiven, daß sie der Gefahr der Mythologisierung der Wirklichkeitserkenntnis nicht entgehe, und an der erkenntnislogischen, daß sie sich durch Verabsolutierung zum „Denkverbot"[48] versteigen könnte. Der dialektische Theoriebegriff entwickelt ein anderes Verhältnis sowohl zur Empirie als auch zur gesellschaftlichen Praxis. Er leitet sich von *Hegel* her, und man kann in seiner Kritik der anderen Theoriebegriffe ein Stück der Kritik *Hegels* an *Kant* und der Reflexionsphilosophie wiederfinden.

Die dialektische Auffassung geht zunächst einmal einig mit der erkenntnislogischen in deren Kritik an der phänomenologisch-intuitiven Auffassung, für die die empirische Sozialforschung mehr deskriptiver Anschauungsbeleg für phänomenologische Ideationen als analytische Gültigkeitsprüfung für theoretische Deduktionen ist. Aber die dialektische Auffassung wendet sich auch noch gegen die erkenntnislogische Auffassung, und zwar dort, wo diese am Ausschluß der Sinn- und Wertfragen aus der Wissenschaft festhält, um Theorie und Empirie in ein Kontinuum bringen zu können. Theorie, so wird argumentiert,

geht weder in der bloßen Tatsachenermittlung noch in der induktiven Generalisierung und auch nicht in einer phänomenologischen Zusammenschau auf.
Aber sie läßt sich auch nicht auf die wertneutral modelltheoretische oder funk-
tionsanalytische Erklärung und Voraussage der Tatsachen und Ereignisse
reduzieren.

Theorie darf nicht mit formaler Einheit der Erkenntnis gleichgesetzt und
nicht mit der Empirie in ein Kontinuum zu bringen versucht werden, sonst
verliert sie ihren kritischen Charakter. Der Verzicht auf die Gesellschaftskritik,
der um der Konstruktion formalanalytischer Systeme willen geleistet wird,
führt nach dialektischer Auffassung genauso zur Harmonisierung der realen
gesellschaftlichen Antagonismen im Denken wie schon die phänomenologische
Wesensschau. Das denkende Subjekt kann sich auch in der Wissenschaft nicht
von der Gesellschaft und der Teilnahme am gesellschaftlichen Bewußtsein
isolieren. Die Theorie ist selbst eine Form des gesellschaftlichen Bewußtseins
und ihre gesellschaftliche Funktion daher unentrinnbar. Auch das Recht auf
moralische Kritik außerhalb der Wissenschaft bringt keine Loslösung reiner
Wissenschaft von der gesellschaftlichen Funktion und von der Verwicklung
aller Theorie in das gesellschaftliche Bewußtsein zustande. Die Reflexion muß
diese ihre gesellschaftliche Bedeutung aus diesem Grunde gleich in die Ansätze
aller Entwicklung von Theorie hineinnehmen und deren Aufgabe als Kritik
begreifen.

Gesellschaftstheorie bliebe nach dialektischer Auffassung an den gesellschaftlichen Erscheinungen haften, wenn sie nicht gesellschaftskritisch wäre
und „aufs Prinzip"[49] ginge. Prinzipien aber lassen sich nur erörtern in der
Auseinandersetzung mit der Wirklichkeit, deren Prinzipien sie sind und in der
diese Prinzipien verwirklicht oder veruntreut werden. Prinzipien lassen sich
also nur erörtern in Fragen nach der Vernunft und Unvernunft in der gesellschaftlichen Wirklichkeit, nach der Gerechtigkeit und Ungerechtigkeit im Tatsächlichen, nach der Wahrheit und Unwahrheit im Rechtssinne. Theoretische
Erklärungen des Faktischen bleiben daher unzulänglich, wenn sie das Erklärte
als dinglich Objektives erscheinen lassen.

Die Gesellschaftswissenschaft darf in den Schlußfolgerungen ihrer Beobachtungen oder in den Erklärungen des Beobachteten keine Feststellungen treffen, durch die sie die Spontaneität des Menschen wegerklärt. Gegenüber solchen Feststellungen würde dem erkennenden Subjekt nichts als die Anpassung
an ein offenbar Unvermeidliches übrigbleiben. Wissenschaftliche Feststellungen, denen gegenüber jeder etwaige Protest gegen die zugleich festgestellte
Unvernunft und Sinnlosigkeit des Faktischen nur als vorwissenschaftlich naive
oder nachwissenschaftlich private, in jedem Falle bloß als subjektive Reaktion
gerechtfertigt erschiene, würden die Wissenschaft dazu verleiten, im wörtlichen

Sinne festzustellen, was in Wahrheit nur angehaltene Bewegung ist und ver-
änderndes Handeln herausfordern sollte. Durch ihre Methode entsubjektivierter Feststellungen würde die Wissenschaft Beihilfe zur Affirmation und Stabilisierung auch des Unvernünftigen im Wirklichen leisten und eine ideologische Funktion bekommen. Die dialektische Auffassung von Theorie verwirft
daher die Trennung von entsubjektivierter Wissenschaft und subjektivierter
philosophischer Kritik. Sie interpretiert diese Trennung als Verzicht auf kritisches Denken und als Unterwerfung des zu Kritik und Selbstkritik berufe-
nen gesellschaftlichen Bewußtseins unter die gesellschaftlich produzierte Selbst-
entfremdung der Menschen. Die nur aus historischen und gesellschaftlichen
Gründen selbständig gewordene Gesellschaft werde fälschlich zu einer Schick-
salsmacht mythologisiert.

Aus diesen Gründen darf, nach dialektischer Auffassung, Theorie nicht auf
die Möglichkeit der Bildung verifizierbarer oder falsifizierbarer Hypothesen
reduziert werden. *Adorno* schreibt dazu: Aus der Theorie „abgeleitete Hypothesen, Voraussagen von regelhaft zu Erwartendem, (sind) ihr nicht voll adäquat ... Die wohlfeile Genugtuung darüber, daß es wirklich so kommt, wie sie
geargwöhnt hatte, darf die gesellschaftliche Theorie nicht darüber hinwegtäuschen, daß sie, sobald sie als Hypothese auftritt, ihre innere Zusammensetzung
verändert. Die Einzelfeststellung, durch die sie verifiziert wird, gehört selbst
schon wieder dem Verblendungszusammenhang an, den sie durchschlagen
möchte. Für die gewonnene Konkretisierung und Verbindlichkeit hat sie mit
Verlust an eindringender Kraft zu zahlen; was aufs Prinzip geht, wird auf die
Erscheinung eingeebnet, an der man es überprüft [49]."

Als Erfolg der Entsubjektivierung im Sinne der Enthaltung oder Vermeidung von Sinn- und Legitimitätsfragen stellt sich heraus, daß Erkenntnis zur
bloß „verdinglichten Apperzeption des Dinghaften" [50] geworden ist, zur bloßen
Verdoppelung des Faktischen, zur „Verzauberung des Vermittelten in ein Unmittelbares" [51].

In Wahrheit aber sollte nach dialektischer Auffassung Gesellschaftswissen-
schaft ganz anders vorgehen und ein anderes Verhältnis zur Empirie und
Praxis haben. Sie sollte empirische Sozialforschung *und* gesellschaftskritische
Theorie sein, ohne beide in einem Kontinuum harmonisieren zu wollen. Die
Funktion der empirischen Sozialforschung liegt im Gegenteil darin, die kritische Theorie an den Mythologisierungen und ideologischen Hypostasierungen
zu hindern, in die sie bei der Auseinandersetzung mit der gesellschaftlichen
Wirklichkeit und ihren Prinzipien geraten könnte. Umgekehrt liegt die Funktion der kritischen Theorie darin, den Erkenntniswert der beobachteten Erscheinungen kritisch zu relativieren und die Wissenschaft vor der Irrelevanz
bloß faktenverdoppelnder Empirie zu bewahren [52].

Die dialektische Auffassung begründet die empirische Sozialforschung also weder in der Notwendigkeit des Anschauungsbelegs für historische Zusammenschau noch im Erfordernis von Falsifikationstesten für wertfreie Theoreme, sondern in der notwendigen Gültigkeitsprüfung für gesellschaftskritische Diagnosen. Vom Unterschied in der Begründung abgesehen, geht die empirische Sozialforschung nicht anders vor als die erkenntnislogisch begründete. Ihre Aufgabe ist die Ermittlung objektiver gesellschaftlicher Strukturen und der Art ihrer Reflexion im Bewußtsein der Subjekte, sowie die Konfrontation beider. Dabei arbeitet sie mit der analytisch-systematischen Konstruktion von Modellen, der theoretischen Deduktion von Hypothesen, insbesondere über die Genesis von Erscheinungen, sowie mit Falsifikationstesten. Was aber nach dialektischer Auffassung Theorie ist, geht darüber hinaus. Nicht, daß Theorie sich überhaupt nicht als Hypothese verstehen dürfte, dann verfiele empirische Forschung in Deskription und bestenfalls Sozialgeschichtsschreibung der Gegenwart zurück, kombiniert mit subjektiver gesellschaftskritischer Sinndeutung. Aber Theorie ist nach dialektischer Auffassung nicht ausschließlich Hypothese. Sie darf und braucht um der Verbindlichkeit der empirischen Ermittlungen willen nicht auf deren Kritik zu verzichten.

Am erkenntnislogischen Theoriebegriff wird nicht die Strenge der geforderten Verfahren kritisiert, sondern die metaphysische Verabsolutierung des Wissenschaftsbegriffs, die in der Entqualifizierung des Sinnfragens und der Gesellschaftskritik zur unwissenschaftlichen Privatangelegenheit besteht. Es wäre ein Mißverständnis, die dialektische Theorie mit einem bloß subjektiven Moralisieren gleichsetzen zu wollen und zu meinen, sie glaube sich der notwendigen Faktenerkenntnis enthoben. Dialektische Theorie hat es nicht minder mit Faktenerkenntnis zu tun, aber sie tritt der Gefahr aller Faktenerkenntnis, in der gesellschaftlichen Wirklichkeit zur Affirmation und ideologischen Anpassung an das Unvernünftige zu werden, dadurch entgegen, daß sie auf Kritik nicht verzichtet.

Die Maßstäbe der Kritik werden weder durch naive Ideologie noch durch subjektive Utopie, nicht durch transzendentale Reflexion und nicht durch private moralische Entscheidung gewonnen, also nicht durch Wiedereinsetzung der entsubjektivierten Subjektivität, sondern gewissermaßen durch ein Fortschreiten zur Entobjektivierung des Objekts, d. h. zur Aufhebung der Verdinglichung des Objekts. Das dialektische Denken bleibt also nicht bei der erkenntnislogischen Entgegensetzung von Subjekt und Objekt stehen. Denn die Verfälschung des Objekts — der Gesellschaft — zum bloßen naturhaften Ding kommt dadurch zustande, daß das Subjekt die Distanzierung zum Objekt, die nur der Weg zum Eindringen in den Vermittlungscharakter von Objekt *und* Subjekt ist, als strikte Isolierung des Subjekts vom Objekt und als Möglichkeit interesseloser Betrachtung und Beherrschung des Objekts mißversteht. Die Aufhebung der Verdinglichung des Objekts besteht darin, daß sich das Denken einen Begriff vom Ganzen der Gesellschaft und der Geschichte macht, daß es eine Totalität denkt, in der Subjekt und Objekt vermittelt sind. Der Begriff vom Ganzen der Gesellschaft und Geschichte wird gewonnen, indem im Besonderen der Gegenwart das Allgemeine einer vernunftgemäßen Gesellschaft gedacht wird. Die Eigenart dialektischer Gesellschaftstheorie und Gesellschaftskritik liegt also in der gedanklichen Antizipation einer befreiten Gesellschaft, in der die freie Entwicklung eines jeden die Bedingung für die freie Entwicklung aller geworden ist, sowie in der Auseinandersetzung mit den Widersprüchen der gegenwärtig wirklichen Gesellschaft.

In der dialektischen Theorie wird nach dem Sinn beobachtbarer gesellschaftlicher Erscheinungen gefragt, indem in Gedanken die befreite Gesellschaft vorweggenommen wird. Dadurch wird das „Prinzip" einer gehobenen Gesellschaft erfaßt. Wird diesem Prinzip dann die gegebene Wirklichkeit konfrontiert, so ist es möglich, Schein und Wahrheit in den gesellschaftlichen Erscheinungen auseinanderzuhalten. Die Eigenart dieses Denkens läßt sich nicht mehr von *Kant* her begreifen, sondern setzt das Verständnis von *Hegel* und *Marx* voraus.

Die Kritik der Dialektik am erkenntnislogischen Wissenschaftsbegriff richtet sich nicht auf die Erkenntnislogik, sondern auf deren metaphysische Dogmatisierung, nicht auf die Entsubjektivierung, die zur Entsubjektivierung des Objekts, d. h. zur Befreiung der Objekterkenntnis von subjektiven Vorurteilen nötig ist, sondern auf die fälschliche Verdinglichung der Objekte, die im Verbot des Sinnfragens und in der Disqualifizierung der philosophischen Kritik zur außerwissenschaftlichen Privatangelegenheit liegt. Auch zur dialektischen Theorie gehört als erster Schritt eine Entsubjektivierung. Dabei wird aber nicht stehengeblieben, sondern es wird durch Vermeidung einer verdinglichenden Selbstentleerung des Subjekts zur Aufhebung der Verdinglichung des Objekts — der Gesellschaft —, nämlich zur Erörterung seiner Veränderung durch gesellschaftliche Handlung fortgeschritten.

VII

Diese gesellschaftliche Veränderung wird freilich nicht gedacht als Herrschaft über Menschen und nicht durch herrschaftliche Mittel, z. B. durch sozialtechnische Manipulationen, zu erreichen versucht, sondern durch Verbreitung von Aufklärung über die Widerstände und Chancen einer Emanzipation der Menschen in der Gesellschaft, so daß diese fähig werden können, sich in der Organisation ihres Zusammenlebens selbst zu bestimmen. Es ist nach dialektischer Auffassung nicht zufällig, daß die dogmatischen Erkenntnislogiker sich die Veränderung der Gesellschaft vorstellen wie die Ingenieure den Umbau eines Apparates, daß sie die Gesellschaft durch direkte oder indirekte Herrschaft, durch offene Zwangsmaßnahmen oder durch weniger offene Steuerung aus dem Hintergrund „umbauen" wollen. Die Vorstellung bleibt immer die der Herrschaft von Menschen über Menschen. In der Dogmatisierung des erkenntnislogischen Wissenschaftsbegriffs reflektiert sich nach dialektischer Auffassung eine Fixierung des gesellschaftlichen Bewußtseins auf Herrschaft.

Diese Fixierung des Denkens auf Herrschaft läßt sich von der dialektischen Theorie her auch noch in der sog. transzendentalen Theorie erkennen. *Schelsky* will in seiner Konzeption einer transzendentalen Theorie zu Reflexionen über „die Grenzen des Sozialen"[53] und über den Sinn der Gesellschaftlichkeit menschlicher Existenz dadurch vorstoßen, daß er das Freiheitsproblem entsoziologisiert[54]. Es soll sich also nicht mehr um das Problem der Freiheit der Menschen gegenüber dem von gesellschaftlichen Institutionen ausgehenden Zwang handeln und nicht um die Überlegung, wie dieser Zwang durch Veränderung der Institutionen aufzuheben sei, sondern um eine Freiheit, die in der Distanzierung von der Gesellschaftlichkeit menschlicher Existenz überhaupt besteht.

In dieser Gegenüberstellung von Mensch und Gesellschaft geraten aber beide in ein Verhältnis der wechselseitigen Ausschließung. Die Erörterung der Freiheit *von* der Gesellschaft führt zu der Vorstellung, als sei die Gesellschaft nur die Gesellschaft der empirischen Charaktere. Die Gesellschaft wird zur Gesellschaft ohne Menschen, weil nicht gesehen wird, daß die Gesellschaftlichkeit schon zum intelligiblen Charakter gehört. *Kants* transzendentallogisches Denken, dem die Unterscheidung von empirischem und intelligiblem Charakter entstammt, führte immerhin noch zur Formulierung des kategorischen Imperativs, in dem das gesellschaftlich Allgemeine in das Besondere der einzelnen Handlung *in* der Gesellschaft zu vermitteln versucht wird. Sie führte keineswegs zur Thematisierung einer Freiheit *von* der Gesellschaft. Diese Themenstellung ist eine materiale Themenstellung und überschreitet daher die Grenzen dessen, was der transzendentallogischen Reflexion erlaubt ist. Sie läßt außerdem die so distanzierte Gesellschaft als ein eigenständiges Ding erscheinen, das dem Subjekt gegenübersteht wie ein Naturwesen.

So kommt es dahin, daß der Zwangscharakter gesellschaftlicher Institutionen für endgültig angesehen wird, obschon er es niemals ist. Die Gesellschaft ist eben kein selbständiges Wesen, sondern eine Gesellschaft von spontaneitätsbegabten Menschen, eine Gesellschaft von reflektierenden Subjektivitäten. Wo dies übersehen wird, erscheint der Gedanke an eine Aufhebbarkeit des gesellschaftlichen Zwanges undenkbar, und der Begriff behält von der gesellschaftlichen Wirklichkeit nur noch ihren Zwangscharakter zurück. Die Erörterung der Freiheit von der Gesellschaft endet in der Affirmation des Zwangscharak-

17

ters gesellschaftlicher Institutionen und im Rückzug der reflektierenden Subjektivität in sich selbst bzw. in der Selbstverabsolutierung des Subjekts, das sich aus der Geschichte und aus der Gesellschaft heraushebt und die leergewordene Freiheit seiner Entscheidung dogmatisiert.

Die transzendentale Reflexion über die Freiheit *von* der Gesellschaft läuft daher Gefahr, zur selbst ideologischen Sinngebung menschlicher Existenz *in* der Gesellschaft zu werden, nämlich zu einem dogmatisierten Individualismus, der danach trachtet, den Zwang gesellschaftlicher Institutionen gegen andere zu wenden. Insofern ist die transzendentale Theorie die skeptische Form dezisionistischen Denkens. Die Wiedereinsetzung der in der Wissenschaft entsubjektivierten Subjektivität erfolgt zuerst als Rechtfertigung für Reflexionen über Freiheit *von* der Gesellschaft und wird schließlich material zur Rechtfertigung für herrschaftliche Entscheidungen *über* die Gesellschaft.

Das wird deutlich dort, wo es bei *Schelsky*[55] heißt, das Realitätsbewußtsein der Person sei durch die Kompliziertheit der modernen Gesellschaft so verunsichert worden, daß die Person nicht mehr unmittelbar gesellschaftlich sinnvoll zu handeln vermöge, sondern sich Institutionen anvertrauen müsse, in denen die soziale Handlung erst mittelbar hervorgebracht wird, und zwar durch Kooperation zwischen dem wissenschaftlich wertfreien Analytiker und dem unter Normvorstellungen handelnden Praktiker.

Es folgt logisch, daß dieserart „verwissenschaftlichte Praxis"[56] nicht mehr das gesellschaftliche Handeln aller Menschen sein kann, sondern als Privileg denen vorbehalten bleibt, die die Elite bilden, weil sie die Schlüsselpositionen der gesellschaftlichen Institutionen, in denen über die Zukunft entschieden wird, innehaben. Dieser Elite gegenüber erscheint die Masse der übrigen Menschen auf blinde Reaktionen beschränkt, die die „Grenze sozialen Handelns"[57] ausmachen. Die in der wissenschaftlichen „Wirklichkeitskontrolle"[58] abgesicherten Entscheidungen über die gesellschaftliche, politische, wirtschaftliche und kulturelle Zukunft der Menschen bleiben also die Entscheidungen der herrschenden Eliten, die mit ihren Entschlüssen der menschlichen Geschichte gewissermaßen erst ihren Sinn geben. Die transzendentale Reflexion *Schelskys* ist freilich nur die skeptische Form dieses Dezisionismus, aber die herrschaftliche Entscheidung über die Gesellschaft ist nur die logische Konsequenz der Verabsolutierung der Subjektivität, die sich in der Reflexion über eine Freiheit *von* der Gesellschaft vollzieht.

VIII

Der kritische Vergleich verschiedener soziologischer Theoriebegriffe führt so über die Grenzen der Soziologie als autonomer Fachwissenschaft hinaus, und die Erörterung der verschiedenen Theoriebegriffe hat nicht von ungefähr in selbst dialektische Gedankengänge hineingeführt. Darum wurde zu Beginn betont, daß die vorstehenden Überlegungen als ein Essay verstanden werden wollen.

Es zeigte sich, daß die phänomenologische, die erkenntnislogische und die dialektische Auffassung von Theorie einig in der Kritik des theorielosen wie des ideologisch mißbrauchten Empirismus sind, daß sodann die erkenntnislogische und die dialektische Auffassung einig in der Kritik an der phänomenologisch-intuitiven Auffassung sind, und daß am Ende die dialektische auch noch die erkenntnislogische Auffassung jedenfalls dort kritisiert, wo sie dogmatisiert und die Möglichkeit der Gesellschaftskritik privatisiert wird. Daß die dialektische Auffassung von Theorie auf diese Weise als die höchste erscheint, liegt vielleicht daran, daß, ihr gerecht zu werden, die größte Anstrengung des Begriffs erforderlich macht.

Dialektische Theorie scheint dieses Anspruchs wegen freilich auch der ärgsten Realitätsverschätzungen fähig zu sein. Sie fällt in Ideologie zurück, sobald sie jene Anstrengung nicht durchzuhalten vermag, und das um so mehr, als sie nicht bei der wissenschaftlichen Werturteilsenthaltung stehenbleibt. Insofern kann sie nichts ernster nehmen als die skeptischen Einwände, die ihr von ihren Kritikern entgegengehalten werden. Auch ist nicht gesagt, daß das, was die dialektische Theorie beabsichtigt, auch in der Tat die gesellschaftliche Wirkung ihrer Bemühungen ist. Die dialektische Theorie will durch die kritische Analyse der gesellschaftlichen Wirklichkeit zur Aufklärung des gesellschaftlichen Bewußtseins beitragen und damit zum Faktor freier Veränderung der Gesellschaft und zum Faktor des geschichtlichen Fortschritts zur Emanzipation werden. Es kann aber durchaus sein, daß dieses Selbstverständnis Programm bleibt und die gesellschaftliche Wirkung nur in der Ermutigung zu Realitätsverschätzungen und ideologischen Fehlhandlungen besteht; oder daß die gesellschaftliche Wirkung ganz ausbleibt, weil die dialektischen Theoretiker aus nicht unberechtigter Sorge vor den Simplifikationen und Mißdeutungen, denen ihre Theoreme bei der Rezeption durch eine größere Öffentlichkeit ausgesetzt sind, in der Exklusivität privater Steigerung des gesellschaftskritischen Bewußtseins einzelner verharren.

Die dargestellten Auffassungen sind einerseits methodologische, andererseits philosophische Positionen. Sie lassen sich wie folgt zusammenfassen: Der theorielose Empirismus bleibt Vorstufe der soziologischen Wissenschaft. Seine heimliche Gefahr liegt darin, daß er sich zum Denkverbot dogmatisiert und auf diese Weise die empirischen Faktenermittlungen ohne Widerstand der Mißdeutung durch wissenschaftsfremde Interessen aussetzt.

Die phänomenologisch-intuitiv aufgebaute Theorie benutzte die empirische Sozialforschung als deskriptiven Anschauungsbeleg für sozial- und zeitgeschichtliche Ideationen, die sie in kontrollierter Intuition gewinnt. Intuition aber bleibt als Grundlage der Theorie ein methodologisch verfängliches Verfahren auch dann, wenn dieser Verfänglichkeit durch programmatische Werturteilsenthaltung und Entsubjektivierung zuvorgekommen werden soll. Der ausgeklammerten Subjektivität durch transzendentale Reflektionen wieder zu ihrem Recht zu verhelfen, ist ein Vorgehen, in dem das Verhältnis zur gesellschaftlichen Wirklichkeit ironisch und die Chance gesellschaftlicher Veränderungen durch Verbreitung von Aufklärung politisch schlecht denkbar bleibt.

Die erkenntnislogische Auffassung gründet Theorie auf eine Systematik hypothetischer Konstruktionen, die in kontrollierten Falsifikationsversuchen empirisch gesichert werden. Auseinandersetzungen über Sinn und Wert der gesellschaftlichen Wirklichkeit gelten ebenso wie Intuitionen als außerwissenschaftliche Privatangelegenheiten. Dieser Ausschluß ist als methodologisches Postulat konsequent. Das Recht auf Gesellschaftskritik zur Privatangelegenheit des bürgerlich handelnden Subjekts zu erklären, würde aber ein verfängliches Verfahren, wenn dadurch philosophisch die gesellschaftliche Wirklichkeit als prinzipiell selbstgesetzlich erschiene und im Handelnden durch Verunsicherung seiner Moralität eine orientierungslose Resignation und Indifferenz oder ein bloßer Manipulierungswille hervorgerufen würden.

Die dialektische Auffassung begreift Theorie als gesellschaftskritische Analyse der Wirklichkeit um der öffentlichen Aufklärung und über die Aufklärung um der freien Veränderung gesellschaftlicher Verhältnisse willen. Sie bedient sich der Verfahren systematischer Hypothesenbildung und der Verfahren zur empirischen Überprüfung dieser Hypothesen, um ihre Diagnosen vor ideologischen Hypostasierungen zu bewahren und nicht zu einer Weltveränderungsutopie abzusinken. Insofern sie Theorie mit der Empirie nicht in ein Kontinuum bringt, zeigt sie Verwandtschaft mit den phänomenologischen Verfahren, deren Verfänglichkeit sie aber nicht durch Werturteilsenthaltung sondern durch Totalitätsdenken zu überwinden versucht. Dabei steht sie freilich in dem Dilemma, in der Rezeption durch eine größere Öffentlichkeit mißdeutet zu werden oder kritische Gesellschaftstheorie zu einer esoterischen Angelegenheit zu machen, um der Mißdeutung zu wehren. Sie kann so in die eigentümliche Lage geraten, daß ihr kritisches Verhältnis zur gesellschaftlichen Wirklichkeit zwar weder auf die Ironie des transzendentalen noch auf die private Moralität des bürgerlich handelnden Subjekts beschränkt, praktisch aber doch exklusiv bleibt.

Die dargestellten Positionen sind um der Gegenüberstellung willen vereinfacht worden. Die Gegenüberstellung erlaubte, die Kritik der einen Position an der anderen herauszuarbeiten. Die Absicht dieses Essays war jedoch, eine erweiterte Basis der Verständigung zu suchen.

Anmerkungen

[1] *Theodor W. Adorno*, Soziologie und empirische Forschung, in: Wesen und Wirklichkeit des Menschen. Festschrift für Helmuth Pleßner, Göttingen 1957.

[2] *Hans-Joachim Lieber*, Der Erfahrungsbegriff in der empirischen Sozialforschung, in: Archiv für Rechts- und Sozialphilosophie, Bd. 43, 1957, S. 487 ff.

[3] *René König*, Hrsg., Soziologie. Fischer-Lexikon, Frankfurt (Main) 1958. *R. König*, On Some Recent Developments in the Relation Between Theory and Research, in: Transactions of the IVth World Congress of Sociology, London 1959.

[4] *Helmut Schelsky*, Ortsbestimmung der deutschen Soziologie, Düsseldorf-Köln 1959.

[5] *Ralf Dahrendorf*, Die drei Soziologien. Zu Helmut Schelskys „Ortsbestimmung der deutschen Soziologie", in: Kölner Zeitschrift für Soziologie und Sozialpsychologie, 12. Jg. 1960, H. 1.

[6] *Theodor W. Adorno*, Contemporary German Sociology, in: Transactions of the Fourth World Congress of Sociology Milan and Stresa 1959, Vol. I, deutsch in: Kölner Zeitschrift für Soziologie und Sozialpsychologie, 11. Jg. 1959, S. 257 ff. unter dem Titel: Zum gegenwärtigen Stand der Deutschen Soziologie.

[7] Der Ausdruck stammt von *Schelsky*, a. a. O., S. 127.

[8] Das „antiideologische Realitäts- und Orientierungsbedürfnis" konstatiert insbesondere *Schelsky* als konstellationssoziologische Wurzel der Wendung zur empirischen Sozialforschung, a. a. O., S. 56.

[9] *Schelsky*, a. a. O. Insofern *Schelsky* eine Verifikation bzw. Falsifikation durch systematisch-empirische Forschung und eine wissenschaftliche Sekundärerfahrung verlangt, ist er kein reiner Vertreter des phänomenologischen Theoriebegriffs. Daß gleichwohl seine Auffassung eher der phänomenologischen als der erkenntnislogischen zuzuordnen ist, ergibt sich daraus, daß er eine „verwissenschaftlichte Primärerfahrung" (S. 81) zur Grundlage der Theorie macht.

[10] *Schelsky*, a. a. O., S. 77.

[11] a. a. O., S. 81.

[12] a. a. O., S. 81.

[13] a. a. O., S. 81.

[14] a. a. O., S. 81.

[15] a. a. O., S. 82 im Zitat aus *Gehlen*.

[16] a. a. O., S. 70.

[17] a. a. O., S. 70.

[18] a. a. O., S. 74.

[19] a. a. O., S. 79.

[20] a. a. O., S. 85.

[21] a. a. O., S. 81.

[22] a. a. O., S. 81.

[23] a. a. O., S. 83.

[24] a. a. O., S. 83.

[25] *Hans Freyer*, Theorie des gegenwärtigen Zeitalters, Stuttgart 1958, S. 11—13.

[26] a. a. O., S. 25-30.

[27] a. a. O., S. 25-30.

[28] a. a. O., S. 25-30.

[29] a. a. O., S. 25-30.

[30] a. a. O., S. 25-30.

[31] *Dahrendorf*, a. a. O.

[32] a. a. O., S. 127.

[33] Eine deutliche Darstellung des erkenntnislogischen Theoriebegriffs sowie des Verhältnisses von Theorie und Empirie, der sich viele Vertreter des erkenntnislogischen Wissenschaftsbegriffs anschließen, gibt *Karl R. Popper*, The Logic of Scientific Discovery, London 1959.

[34] *König*, a. a. O. in der Einleitung.

[35] *Schelsky*, a. a. O., S. 123.

[36] a. a. O., S. 130.

[37] a. a. O., S. 127.

[38] a. a. O., S. 130/131.

[39] a. a. O., S. 118.

[40] a. a. O., S. 119.

[41] a. a. O., S. 93 ff.

[42] a. a. O., S. 101.

⁴³ So *Dahrendorf*, a. a. O., S. 127, wo er hervorhebt, in der Wissenstheorie der Erfahrungs-wissenschaft liege kein Anspruch auf absolute Geltung oder wo er S. 130/131 die Notwendigkeit der Trennung von wissenschaftlicher und praktischer Moral hervorhebt.

⁴⁴ *Dahrendorf*, a. a. O., S. 131.

⁴⁵ *Schelsky*, a. a. O., S. 126, eine Stelle, die Dahrendorf in seiner Kritik besonders hervorhebt, um dagegen zu polemisieren.

⁴⁶ So *Dahrendorf* sehr deutlich, a. a. O., S. 128.

⁴⁷ Als hervorragende Vertreter einer dialektischen Auffassung von Theorie können hier *Adorno* und *Max Horkheimer* gelten. Vgl. *Adorno*, a. a. O., und *Horkheimer* z. B.: Soziologie und Philo-sophie, in: Soziologie und moderne Gesellschaft. Verhandlungen des vierzehnten deutschen Sozio-logentages, Stuttgart 1959.

⁴⁸ *Adorno*, Soziologie und empirische Forschung, a. a. O., S. 246.

⁴⁹ *Adorno*, a. a. O., S. 246.

⁵⁰ a. a. O., S. 251.

⁵¹ a. a. O., S. 251.

⁵² *Adorno* entsprechend, a. a. O., S. 259.

⁵³ *Schelsky*, a. a. O., S. 96.

⁵⁴ *Schelsky*, a. a. O., S. 101, hebt besonders den Gegensatz der transzendentalen zu den Denk-weisen hervor, in denen die Freiheitsthematik bereits unmittelbar soziologisiert ist.

⁵⁵⁻⁵⁸ Vergl. dazu den Abschnitt bei *Schelsky*, a.a. O., S. 122 ff.: „Die Soziologie als Wirklich-keitskontrolle", insbes. S. 129, 126, 123.

FUNKTION UND KAUSALITÄT*

Von Niklas Luhmann

Die funktionalistische Methode gilt in den Sozialwissenschaften als eine Forschungsmethode unter anderen, als eine besondere Art der Begriffsbildung und des In-Beziehung-Setzens. Manche Forscher verschreiben sich ihr und erreichen gute Erfolge. Andere lehnen den Funktionalismus ab, weisen auf die Unklarheit seines Grundbegriffs hin, werfen ihm Wertimplikationen vor oder Unempfindlichkeit für die Probleme des sozialen Wandels. Oder man bestreitet, daß die funktionalistische Methode sich von den üblichen Techniken kausaler Erklärung unterscheide. Offen ist auch die Frage der empirischen Relevanz und Kontrollierbarkeit funktionalistischer Feststellungen, gemessen an den strengen Standards kausalwissenschaftlicher Verifikation.

Diese Behandlung der funktionalen Methode als einer begrenzt sinnvollen und begrenzt erfolgreichen Sondermethode der Sozialwissenschaften ist kürzlich von *Kingsley Davis* [1] in Frage gestellt worden. Die Stoßrichtung seines Artikels zielt jedoch gegen die Eigenständigkeit der funktionalistischen Methode. Die methodologischen Schwierigkeiten, in denen der Funktionalismus gegenwärtig steckt, werden teils als unnötig, teils als allgemeine Probleme der Soziologie und der sozialen Anthropologie dargestellt. Der Funktionalismus sei im Kampf gegen einseitige Kausalerklärungen, gegen positivistischen Empirismus und evolutionistischen Historismus entstanden; im gegenwärtigen, reiferen Stadium der Sozialwissenschaft sei er überflüssig und könne eingeschmolzen werden.

So faszinierend dieser Gedanke einer einheitlichen funktionalistischen Sozialwissenschaft sein könnte: Er wird nicht in Richtung auf eine Vereinheitlichung der Sozialwissenschaften, sondern in Form einer Kritik der funktionalistischen Methode entwickelt. Die Aussicht auf eine methodisch-einheitliche Sozialwissenschaft wird so in einem Zuge angedeutet und zerstört. Haben wir uns damit abzufinden?

Die Sonderstellung der funktionalistischen Methode und damit auch die Kritik von *Davis* haben ihren Angelpunkt in bestimmten Voraussetzungen über

* Herrn Professor *Talcott Parsons*, Harvard Universität, danke ich für seine Durchsicht und für anregende Besprechungen der nachstehenden Arbeit.

das Verhältnis von Funktionalismus und Kausalforschung. Diese Voraussetzungen sind jedoch selten erforscht und eigens zum Thema methodologischer Überlegungen gemacht worden. Und wenn dies geschah, war die Blickbahn durch den alten Gegensatz von teleologischer und mechanischer Kausalität festgelegt. Die Funktion wurde durch Kausalbegriffe definiert. Die Frage war dann, ob die Funktion einer Handlung, Rolle oder Institution deren faktisches Vorkommen kausal erklären könne, und die Antwort natürlich negativ. Denn seitdem die Kausalbeziehung einen eindeutigen zeitlichen Richtungssinn erhalten hat (den sie weder für griechische noch für mittelalterliche Denker besaß), können Wirkungen irgendwelcher Art das Vorkommen von Ursachen nicht mehr erklären.

Wir brauchen die berühmten Argumente gegen die causae finales nicht zu wiederholen. Die Frage ist, ob sie den Funktionalismus als wissenschaftliche Methode treffen. Um das Ergebnis vorwegzunehmen: Sie treffen, solange das Selbstverständnis der funktionalistischen Methode in den Grenzen der traditionellen ontologischen Kausalauffassung bleibt und damit in die Alternative von teleologischer Erklärung durch Wirkungen oder mechanischer Erklärung durch Ursachen gespannt wird. Sie treffen nicht mehr, wenn die funktionalistische Methode selbständig bestimmt und die funktionale Beziehung nicht länger als eine spezielle Art der Kausalbeziehung, sondern umgekehrt Kausalität als ein besonderer Anwendungsfall funktionaler Kategorien betrachtet wird.

I

In ausdrücklichem Gegensatz zum logisch-mathematischen Funktionsbegriff definieren die Sozialwissenschaften die funktionale Beziehung durchweg als eine Art von Wirkung und unterstellen sie damit der kausalwissenschaftlichen Methode. Das geschieht zuweilen in unmittelbarer Anwendung teleologischer Begriffe. Die besondere Art von Wirkung wird dann als Zweck gesehen, Funktionen gelten als zweckdienliche Leistungen [2]. Diese Auffassung gerät indes bei der näheren Erläuterung ihres Zweckbegriffs in Schwierigkeiten. Sicherlich können nicht nur vorgestellte und beabsichtigte Zwecke gemeint sein, denn die wichtigsten Probleme der Sozialwissenschaften liegen gerade im Bereich der unbedachten Folgen des Handelns. Was sonst aber ist ein Zweck, und wie grenzt er sich ab gegen andere Folgen des Handelns?

Eine überzeugende Antwort auf diese Frage hat sich nicht finden lassen. Deshalb haben die Sozialwissenschaften, besonders Soziologie und Anthropologie, in Anlehnung an Forschungsmethoden der Biologie einen zweckfreien Funktionsbegriff entwickelt: Als funktional gilt eine Leistung, sofern sie der Erhaltung einer komplex strukturierten Einheit, eines Systems dient [3]. Am grundsätzlichsten wird dieser Gedanke durch *Talcott Parsons* ausgearbeitet. Für ihn sind Systeme Aktionssysteme, deren Handlungen voneinander abhängig und in dieser Abhängigkeit gegen die Umwelt relativ invariant, das heißt: von Umweltveränderungen relativ unabhängig sind. Jede Leistung, die zur Erhaltung eines solchen Systems beiträgt, hat dadurch eine Funktion. Eine Funktion wird also als eine besondere Art von Wirkung charakterisiert.

Wenn man sich klar macht, daß Formulierungen wie „Beitrag zur Erhaltung eines Systems", „Lösung von Systemproblemen", „Förderung der Integration oder Anpassung eines Systems" schlichte Kausalbeziehungen meinen, daß im Grunde Feststellungen des Typs „A bewirkt B" getroffen werden sollen [4], drängen sich viele Fragen auf. Diese Voraussetzung, einmal ans Licht gehoben, verweist auf die üblichen methodischen Regeln der Kausalwissenschaft: auf das Ziel des Voraussagens und Erklärens empirischer Daten durch Feststellung invarianter Relationen zwischen bestimmten Ursachen und bestimmten Wirkungen und auf die dazu erforderlichen theoretischen und experimentellen Techniken. Diese strenge kausalwissenschaftliche Methodologie bedingt die Wahrheitsfähigkeit kausaler Urteile; ohne sie haben Kausalaussagen über Beziehungen zwischen Ursachen und Wirkungen keine wissenschaftliche Relevanz. Es war daher berechtigt, daß *Nagel* [5] und *Hempel* [6] den sozialwissenschaftlichen Funktionalismus mit diesen methodischen Anforderungen konfrontierten. Das Ergebnis war im wesentlichen negativ.

Wir wollen versuchen, diese Kritik in einigen wesentlichen Zügen nachzuzeichnen und auszubauen.

Als Ausgangspunkt mag die Einsicht dienen, daß es nicht ohne weiteres möglich ist, Ursachen durch ihre Wirkungen zu erklären, daß also die Funktion einer Handlung, als Wirkung gesehen, noch kein zureichender Grund ist, der das faktische Vorkommen dieser Handlung erklärt oder eine Voraussage gestattet. Deshalb ist die funktionalistische Theorie genötigt, die Wirkungen, auf die sie ihre Funktionen bezieht, durch eine kausale Hilfskonstruktion näher zu qualifizieren. Wir sahen vorhin schon, daß als funktionale Bezugsgesichtspunkte nur bestimmte Arten von Wirkungen in Betracht gezogen werden. Jetzt wird deutlich, welchen methodischen Sinn diese besondere Qualifikation der Wirkungen hat: Sie soll die Wirkungen zu einer tragfähigen Erklärungsgrundlage ausbauen. Auf welche Weise man das versucht hat, sollen drei Beispiele zeigen.

1. Die ältere funktionalistische Theorie bezog funktionale Erklärungen vornehmlich auf *Bedürfnisse* und ging davon aus, daß Bedürfnisse als Motiv, also als Ursache für ein Befriedigungshandeln kausal wirksam werden [7]. Wenn man diese Gleichsetzung von Bedürfnis und Motiv [8] ernst nimmt, kommt man jedoch zu einer Gleichsetzung von vorgestellter Wirkung und Ursache ihrer Bewirkung und gerät damit in einen tautologischen Zirkel [9]. Trennt man dagegen Bedürfnis

und Abhilfemotiv [10], treten schwierige Probleme der gesonderten empirischen Feststellung beider, der logischen (gesetzmäßigen?) Beziehung zwischen ihnen und der empirischen Verifikation dieser Beziehung auf. Und außerdem verliert der Bedürfnisbegriff damit seinen kausalen Erklärungswert.

Ganz ähnlich verlocken auch Begriffe wie „Spannung" oder „Konflikt" dazu, Abhilfemotive zu unterstellen. Diese Begriffe rücken dadurch in den Mittelpunkt funktionaler Analysen, die zugleich kausale Erklärungen sein wollen [11]. Es entsteht damit ein wissenschaftliches Weltbild, in das — aus rein methodenbedingten Gründen — ein scheinbar natürliches Gefälle zur Entspannung, zur konformen Anpassung und Konfliktlösung eingebaut ist. Dem liegt letztlich die optimistische Annahme zu Grunde, daß Probleme selbst Ursachen zu ihrer Lösung mobilisieren.

2. Eine andere Antwort auf dieses kausalwissenschaftliche Erklärungsproblem versucht die *Gleichgewichtstheorie*. Auch sie definiert den Funktionsbegriff durch eine nähere Charakterisierung von Wirkungen, die als Gründe funktionaler Erklärungen verwendet werden: Sie bezieht funktionale Erklärungen ausschließlich auf Systeme, die sich gegenüber ihrer Umwelt im Gleichgewicht halten [12].

Es gibt unzählige Erläuterungen des Gleichgewichtsbegriffs. Der entscheidende Gedanke ist jeweils der einer latenten Kausalität: Im System sind Ursachen angelegt, die im Falle von Störungen wirksam werden, um das System in einen stabilen Zustand zurückzubringen. So gibt es zum Beispiel Systeme mechanischer Kräfte, die so angesetzt sind, daß sie sich gegenseitig blockieren und, wenn durch eine Störung freigesetzt, im Sinne der Wiederherstellung des Gleichgewichts wirken. Oder es gibt Anlagen im lebenden Organismus, die mit bestimmten Umweltveränderungen zusammen eine Ursachenkombination eingehen, welche die Körpertemperatur konstant hält, blutende Wunden schließt, kurz: im Sinne der Erhaltung bestimmter Eigenschaften des Organismus wirkt (Homeostasis) [13]. Oder es gibt konstruierte Rückkoppelungssysteme, die den Ausstoß eines Systems durch Informationen über gewisse Daten der Umwelt steuern.

All diesen Systemen ist gemeinsam, daß sie bei wechselnden Umwelteinwirkungen bestimmte Merkmale stabil halten, indem sie solche Einwirkungen durch systeminterne Ursachen kompensieren. Ihre Stabilität beruht also nicht nur auf dem regelmäßigen Auftreten bestimmter notwendiger Ursachen, die den Bestand des Systems bewirken, sondern zusätzlich auf kausalen Querverbindungen unter den Ursachen, so daß die Folgen der Änderung einer Ursache bewirken, daß andere kompensierend eingreifen.

Die Bestandfestigkeit solcher Systeme ist demnach lediglich durch eine komplexe Kombination einfacher Kausalbeziehungen gesichert: Sie ist auf Beziehungen zwischen bestimmten Ursachen und bestimmten Wirkungen zurückführbar. Diese Beziehungen lassen sich jedoch nur dann als Gesetze formulieren, wenn das System determiniert ist, das heißt: nur je eine Veränderungsmöglichkeit besitzt [14]. In diesem Sinne verwenden auch Thermodynamik und Wirtschaftswissenschaften das Gleichgewichtsmodell als methodisches Hilfsmittel zur Formulierung invarianter Gesetze. Nur unter dieser Voraussetzung kann man aus einem Zustand des Systems Schlüsse auf einen anderen ziehen; nur so ist die Voraussage möglich, daß bei bestimmten umweltbedingten Variationen im Bereich der bestandsnotwendigen Ursachen kompensierende Mechanismen eingreifen, die wichtige Systemzüge konstant halten. Solche determinierten Systeme gibt es indes im Bereich des sozialen Lebens nicht. Im allgemeinen bleibt daher die Übertragung des Gleichgewichtsgedankens auf soziale Systeme in vagen Analogien und Metaphern stecken [15]. Und wenn — methodisch vorsichtiger — der Gleichgewichtsgedanke als idealtypisches Modell ohne empirisch-deskriptive Bedeutung eingeführt wird [16], so bleibt eben damit seine Erklärungsleistung problematisch.

Eine bemerkenswerte Variante bringt der Versuch von *Parsons*, den Gedanken des reaktiven Mechanismus mit dem Begriff der Generalisierung zu verbinden [17]. *Parsons* geht davon aus, daß durch solche Mechanismen ein System in gewisser Weise indifferent gegen Umweltschwankungen und insofern generell gefestigt werde. Der Begriff „Mechanismus" suggeriert noch eine Beziehung von bestimmten Ursachen und bestimmten Wirkungen, so auch der korrespondierende Funktionsbegriff von *Parsons*. Der Begriff der Generalisierung ist jedoch konträr dazu gebildet: Das Generelle ist in eigentümlicher Weise unspezifisch und gerade dadurch stabil, daß es mehrere empirisch-unterschiedliche Möglichkeiten offen hält. Seine Stabilität beruht, wie wohl *Hippolyte Taine* [18] zuerst formuliert hat, nicht auf spezifischen Wirkungen, sondern auf Substitutionsmöglichkeiten [18a]. *Parsons'* generalisierende Mechanismen, z. B. Symbole, Geld, Macht, Lasterleben, verlangen vermutlich eine Interpretation außerhalb der traditionellen Kausalwissenschaft, soll ihre Ordnungsleistung deutlich an den Tag treten.

3. Bevor wir dieser Frage weiter nachgehen, verdient noch eine dritte Antwort auf das Erklärungsproblem unser Interesse. *Gouldner* sucht einen Ausweg mit Hilfe des Begriffes der *funktionalen Reziprozität* [19]. Er geht von der Einsicht aus, daß eine Funktion als solche niemals eine funktionale Leistung erklären könne. Deshalb transponiert er das Problem auf eine höhere Ebene: die der Beziehung zwischen mehreren Systemen. Funktionale Leistungen werden in der Regel nicht einseitig, sondern im Rahmen eines zwei- oder mehrseitigen Austausches erbracht, der jedem der beteiligten Systeme (Personen, Gruppen, Organisationen) die bestandsnotwendigen Leistungen zuführe.

Auch dieser Gedanke löst unser Problem nicht; er verschiebt es nur. Zunächst setzt er voraus, daß Bedürfnisse motivieren oder daß in jedem Einzelsystem gleichgewichtserhaltende Mechanismen vorhanden sind, die die Austauschleistungen steuern. Damit gerät er in die schon erörterten Schwierigkeiten. Außerdem macht er die Erhaltung der Systeme und die Fortgewähr der wechselseitigen Leistungen abhängig von der Erhaltung eines übergeordneten Systems, eines „Marktes", der diesen Leistungsaustausch regelt. Dieses Tauschsystem selbst ist in seinem Fortbestand ungesichert und kein hinreichender Grund für die Annahme, daß die notwendigen Einzelleistungen weiterhin erbracht werden. Demgemäß muß *Gouldner* offen lassen, in welchem Umfange die beteiligten Systeme von dem Austausch leben, in welchem Maße „kompensatorische Mechanismen" (also funktionale Äquivalente) einspringen, soweit der Austausch versagt, und schließlich: ob das gesamte Austauschsystem und die Einzelsysteme überhaupt fortdauern werden. Auch hier gibt also die kausale Komplizierung des Vorganges allein keine hinreichende Erklärungsgrundlage.

Der gemeinsame Grundgedanke dieser Überlegungen war, daß es den besprochenen kausalwissenschaftlichen Funktionstheorien nicht gelingen kann, invariante Beziehungen zwischen bestimmten Ursachen und bestimmten Wirkungen festzustellen, weil es ihnen nicht gelingt, andere Möglichkeiten auszuschließen. Funktionale Leistungen bewirken den Bestand eines Systems nicht im Sinne ontologischer Bestandsicherheit, das heißt: nicht so, daß die Feststellung des „Seins-und-nicht-Nichtseins" mit Sicherheit getroffen werden könnte. Der Ausschluß des Nichtseins und der anderen Möglichkeiten ist aber das Prinzip jeder kausalen Erklärung, die im Rahmen der ontologischen Denkvoraussetzungen bleibt.

Diese Ausführungen sind nicht als Kritik der besprochenen funktionalistischen Theorien von *Malinowski, Parsons* und *Gouldner* gemeint. Sie weisen lediglich auf eine Diskrepanz zwischen diesen Theorien und den methodischen Standards der Kausalwissenschaft im üblichen Sinne hin. Wenn man fest auf dem Boden des traditionellen kausalwissenschaftlichen Positivismus steht, wird man mit *Nagel* und *Hempel* dazu neigen, diesen Widerspruch zum Nachteil der funktionalistischen Theorien zu lösen und festzustellen, daß sie den Anforderungen strenger Wissenschaftlichkeit nicht genügen. Mit gleichem Recht kann die Diskrepanz jedoch nach der anderen Richtung hin aufgelöst werden: Man kann die Brauchbarkeit der traditionellen kausalwissenschaftlichen Erklärungsmethode bestreiten. Das setzt indes voraus, daß es gelingt, den eigenen Sinn der funktionalistischen Analyse unabhängig von den kausalwissenschaftlichen Regeln über die Feststellung invarianter Beziehungen zwischen Ursache und Wirkung zu formulieren.

II

Zu den klassischen Mustern funktionalistischer Forschung gehört *Malinowskis* Analyse von Ritus und Magie. Diese Institutionen werden erläutert durch den Hinweis auf das Problem der Anpassung an emotional schwierige Lagen. Ritus und Magie enthalten soziale Vorschriften für das handelnde Durchleben von Spannungssituationen. Wo Mißernte und Hunger drohen, wo der Tod zugreift, geben Ritus und Magie dem Problem eine geformte Ausdrucksmöglichkeit. Sie definieren Möglichkeiten und Notwendigkeiten sozial richtigen Verhaltens im Beistand der Mitmenschen und gestatten dadurch ein Überleben der Spannung in Formen, die zugleich den sozialen Zusammenhalt stärken.

Darin liegt eine auf den ersten Blick faszinierende, sachliche Einsicht. Hier interessiert jedoch nicht die Einsicht selbst, sondern der Grund ihrer Faszinationskraft und Evidenz. Warum sind funktionalistische Feststellungen dieser Art interessant und einleuchtend? Worin findet diese Erkenntnisleistung ihre methodologische Rechtfertigung?

Der Grund für diese Evidenz scheint zu sein, daß die funktionalistische Analyse die behandelten Tatbestände vergleichsfähig macht. Sie bezieht Einzelleistungen auf einen abstrakten Gesichtspunkt, der auch andere Leistungsmöglichkeiten sichtbar werden läßt. Der Sinn funktionalistischer Analyse liegt mithin in der Eröffnung eines (begrenzten) Vergleichsbereichs. Wenn *Malinowski* feststellt, die Funktion des Ritus sei es, die Anpassung an emotional schwierige Lagen zu erleichtern, so ist damit implizit die Frage aufgeworfen, welche anderen Lösungsmöglichkeiten es für dieses Problem gibt. Der Ritus tritt dann in ein Verhältnis funktionaler Äquivalenz zu anderen Möglichkeiten, etwa ideologischen Erklärungssystemen oder privaten Reaktionen wie Jammer, Ärger, Humor, Nägelkauen oder Rückzug in imaginäre Fluchtwelten. Darin liegt das Interessante an *Malinowskis* Einsicht. Nicht auf eine gesetzmäßige oder mehr oder weniger wahrscheinliche Beziehung zwischen bestimmten Ursachen und bestimmten Wirkungen kommt es an, sondern auf die *Feststellung der funktionalen Äquivalenz mehrerer möglicher Ursachen unter dem Gesichtspunkt einer problematischen Wirkung.*

Der Begriff der funktionalen Äquivalenz ist bekannt und gebräuchlich[20]. Er wird jedoch nicht als definierendes Merkmal, als Prinzip der Methode gesehen[21]. So bleiben seine Möglichkeiten unausgewertet. Und doch steckt in diesem Begriff der Schlüssel für die Ablösung des Funktionalismus von der kausalwissenschaftlichen Methode. Die Funktion ist keine zu bewirkende Wirkung, sondern ein regulatives Sinnschema, das einen Vergleichsbereich äquivalenter Leistungen organisiert. Sie bezeichnet einen speziellen Standpunkt, von dem aus verschiedene Möglichkeiten in einem einheitlichen Aspekt erfaßt werden können. In diesem Blickwinkel erscheinen die einzelnen Leistungen dann als gleichwertig, gegeneinander austauschbar, fungibel, während sie als konkrete Vorgänge unvergleichbar verschieden sind. Eine Funktion ist mithin — ganz im Sinne der Definition *Kants* [22] — „die Einheit der Handlung, verschiedene Vorstellungen unter einer gemeinschaftlichen zu ordnen".

Dieser Funktionsbegriff liegt letztlich auch der logischen und mathematischen Funktionstheorie zugrunde. Wir können mit seiner Hilfe die Kluft zwischen logisch-mathematischem und sozialwissenschaftlichem Funktionalismus, die bisher einfach hingenommen wurde [23], überbrücken. Wenn die Logik unvollständige Sätze, z. B. „. . . ist blau", als Satzfunktionen behandelt, so heißt das nichts anderes, als daß damit ein begrenzter Vergleichsbereich eröffnet wird, bestehend aus bestimmten Möglichkeiten, das Fehlende zu ergänzen und den Satz zu einer wahren Aussage zu vervollständigen. „Der Himmel", „mein Wagen", „ein Veilchen" sind äquivalente Ausfüllungsmöglichkeiten für diese Funktion. Die reine Funktion ist mithin eine Abstraktion. Sie gibt keinen abgerundeten Satzsinn; sie gibt nur eine Regel an, nach der sich entscheiden läßt, durch welche Einsatzwerte („Argumente") der Satz vervollständigt werden kann, ohne daß sein Wahrheitswert sich ändert.

Derselbe Grundgedanke ist in der mathematischen Funktionentheorie vorausgesetzt; nur daß hier zusätzlich eine streng eindeutige Ordnung des Verhältnisses der Einsatzwerte mehrerer funktionaler Variablen zueinander gefordert wird. Eine solche Ordnung äquivalenter Einsatzwerte ermöglicht Rechenoperationen, in denen die Funktionen ihre Einsatzwerte vertreten.

Die Klasse aller funktional äquivalenten Möglichkeiten wird gemeinhin als Variable bezeichnet. Variablen sind Begriffe, die planmäßig unbestimmt bleiben [24]; sie sind Leerstellen, die aber nicht beliebig, sondern nur in bestimmter Weise, durch begrenzte Möglichkeiten ausgefüllt werden können. Die Variable ist durch einen funktionalen Bezugsgesichtspunkt definiert, an Hand dessen sich entscheiden läßt, welche Möglichkeiten der Ausfüllung in Betracht kommen, und der als Leitfaden zum Auffinden anderer Möglichkeiten führt. Der Äquivalenzbereich einer Funktion hängt von der Definition des funktionalen Bezugsgesichtspunktes ab, und umgekehrt hat diese Definition die Funktion, einen solchen Äquivalenzbereich zu konstituieren und ist allein durch diese Ordnungsleistung zu rechtfertigen.

Aus diesem Ansatz läßt sich eine Abstraktions- und Vergleichstechnik entwickeln, die beweglicher und zugleich komplizierter ist, als die alten ontologischen Konzeptionen der Gleichheit, der Idee und des Gattungsbegriffs es zuließen. Gewiß mußte auch die ontologisch konzipierte Ideenlehre Allgemeinbegriffe durch Unbestimmtheiten erkaufen. Aber sie suchte alle Unbestimmtheit aus dem Wesen der Idee selbst auszuschließen, um die Idee in ihrem absoluten

Sein unter Ausschluß anderer Möglichkeiten zu sichern. Sie abstrahierte die konkrete Welt auf konstante Züge hin — und nicht auf Variationsregeln. Sie nahm in die Idee nur Konstanten, nicht auch Variablen auf [25]. So gab es zwar Generalisierungen; sie hatten jedoch nur klassifikatorischen Sinn und dienten nicht als strategische Konzeption für Veränderungen in der Welt, für die Entdeckung anderer Möglichkeiten und die Erschließung von Ersatzlösungen und kompensatorischen Leistungszusammenhängen. Der funktionalistischen Analyse geht es nicht um die Feststellung des Seins in Form von Wesenskonstanten, sondern um die Variation von Variablen im Rahmen komplexer Systeme. Die Konstanten fungieren nur noch als Variationsbedingungen und sind als solche unter dem Gesichtspunkt ihrer Eignung für diese spezifische Funktion variabel.

Konsequent durchdacht setzt diese Auflösung aller ontologischen Konstanten die funktionalistische Methode dem Einwand des unendlichen Regresses aus: Wenn jeder Bezugsgesichtspunkt selbst funktionalistisch analysiert werden kann, wo findet die Forschung dann eine Grenze, einen endgültigen Haltepunkt?

Dieser Einwand trifft jedoch nur im Zusammenhang eines Denkens, das sich noch im Rahmen ontologischer Denkvoraussetzungen bewegt. Unendlicher Regreß ist ein Einwand gegen die Annahme eines Grundes dafür, daß etwas ist und nicht nicht ist. Ein solcher Grund darf nicht ins Unendliche verfließen, weil das Unendliche nichts ausschließt. Eine solche Begründung wird im Rahmen der funktionalistischen Methode von einem Bezugsgesichtspunkt aber gar nicht erwartet. Im Gegenteil: Die funktionalistische Methode soll gerade die Feststellung begründen, daß etwas sein und auch nicht sein kann, daß etwas ersetzbar ist. Um funktionale Äquivalenzen sichtbar zu machen, genügt eine relative Invarianz des Bezugsgesichtspunktes, die von anderen Bezugsgesichtspunkten aus auflösbar ist.

Wenn man den Funktionsbegriff in diesem Sinne als regulatives Prinzip für die Feststellung von Äquivalenzen im Rahmen funktionaler Variablen versteht und so den kausalwissenschaftlichen Funktionalismus durch einen Äquivalenzfunktionalismus ersetzt, lösen sich die methodologischen Schwierigkeiten, die wir oben behandelt haben. Es stellt sich dann heraus, daß „Bedürfnisse" nichts weiter sind als funktionale Bezugsgesichtspunkte, die die Gleichwertigkeit verschiedener Befriedigungsmöglichkeiten sichtbar machen. Deren Äquivalenz ist unabhängig davon feststellbar, ob und mit welcher Wahrscheinlichkeit ein Bedürfnis tatsächlich ein Befriedigungshandeln motiviert. Dasselbe gilt für andere Problemformeln, etwa für den Bestand eines sozialen Systems oder Systemzusammenhanges.

Ferner entfällt mit dieser Klärung der Vorwurf rein tautologischer Formulierungen, der oft gegen den Funktionalismus erhoben wird [26]. Die funktionale Argumentation besteht nicht darin, aus einer vorgefundenen Leistung auf ein entsprechendes Bedürfnis zu schließen und damit das Vorhandensein der Leistung zu rechtfertigen. Eine logische Gleichung besteht lediglich zwischen der Formulierung eines Bezugsgesichtspunktes und der Klasse aller äquivalenten Ausführungsmöglichkeiten. Diese Gleichung ist ein analytisch-heuristisches Prinzip. Welche Einsatzwerte zu einer solchen funktionalen Klasse oder Variable gehören, ist dagegen Sache empirischer Erkenntnis und ergibt sich keineswegs durch eine bloße Umformulierung des Bezugsgesichtspunktes.

Damit löst sich weiterhin der Streit um die Frage, ob die funktionalistische Methode wesentlich statisch und konservativ auf die Erläuterung vorausgesetzter Systeme bezogen sei oder Probleme des sozialen Wandels, der geschichtlichen Entwicklung Rechnung tragen könne[27]. Sie analysiert Systemzüge im Hinblick auf äquivalente andere Möglichkeiten, also auch auf Möglichkeiten der Veränderung, des Austausches und Ersatzes und ihre Rückwirkungen im System. Aber sie führt nicht zur Feststellung von Ursachen einer bestimmten Veränderung oder zu deren Voraussage.

Selbstverständlich „erklären" die Bezugsprobleme darum auch nicht das faktische Vorkommen bestimmter funktionaler Leistungen. Sie haben gerade den entgegengesetzten Sinn: auf andere Möglichkeiten hinzuweisen. Diese verschiedenen Möglichkeiten ordnen sie zu einem Vergleichs- und Austauschzusammenhang. Darin allein schon liegt ein Erkenntnisgewinn, der nicht unterschätzt werden sollte, der jedoch in der Blickstellung der traditionellen ontologischen Kausalwissenschaft schwer einschätzbar ist. Deshalb ist es unerläßlich, den skizzierten Forschungsansatz nach einigen Richtungen hin weiter zu erläutern.

III

Die Kritik des kausalwissenschaftlichen Funktionalismus ist nicht gleichzusetzen mit einer Kritik der Kausalität als Erkenntniskategorie. Sie hat nicht deren Beseitigung zum Ziel. Und es geht auch nicht darum, einen Gegensatz zwischen funktionalistischer und kausaler Forschung aufzuzeigen. Das liefe leicht auf eine Erneuerung der alten Unterscheidung von teleologischer und mechanischer Kausalität hinaus. Die Kritik zielt vielmehr auf eine Umkehr des Fundierungsverhältnisses von kausaler und funktionaler Beziehung ab: Die Funktion ist nicht eine Sonderart der Kausalbeziehung, *sondern die Kausalbeziehung ist ein Anwendungsfall funktionaler Ordnung.*

Nachdem wir einen Funktionsbegriff gefunden haben, der unabhängig von kausalen Ordnungsbegriffen definiert werden kann, ist für diese Umkehr der Angelpunkt geschaffen. Es läßt sich weiterhin zeigen, daß der eigentümliche Sinn kausaler Urteile besser zur Geltung kommt, wenn man die Kausalbeziehung mit Hilfe dieses Funktionsbegriffes erläutert.

Während Antike und Mittelalter Kausalität in kaum noch faßbarem Sinne als endliche Beziehung zu Seinsgründen verstanden, ist seit dem Beginn der Neuzeit die Unendlichkeitsproblematik in der Kausalität unabweisbar geworgen. Jede Kausalfeststellung impliziert in verschiedenen Richtungen Verweisungen ins Unendliche: Jede Wirkung hat unendlich viele Ursachen, jede Ursache unendlich viele Wirkungen. Dazu kommt, daß jede Ursache in unendlicher Weise mit anderen kombiniert oder durch andere ersetzt werden kann, woraus sich entsprechend vielfältige Unterschiede im Bereich der Wirkungen ergeben. Schließlich kann jeder Kausalprozeß sowohl in sich selbst unendlich geteilt als auch in unendliche Fernen verfolgt werden.

Wenn man diese Problematik ins Auge faßt, verliert die ontologische Auslegung der Kausalität ihren Sinn. Es ist dann nicht mehr möglich, Ursache und Wirkung als bestimmte Seinszustände zu deuten und die Kausalität als invariante Beziehung zwischen einer Ursache und einer Wirkung festzustellen. Der Ausschluß aller anderen Ursachen und Wirkungen ist nicht zu rechtfertigen. Gewiß kann man mit Hilfe der Voraussetzung „ceteris paribus", der „exculping phrase" [28] der Sozialwissenschaft, zu formal korrekten Aussagen kommen. Aber diese Aussagen besitzen keinen empirischen Wert, wenn die Ausschaltung aller anderen Kausalfaktoren faktisch nicht durchgeführt werden kann. Und das gelingt der Sozialwissenschaft typisch nicht.

Dagegen erleichtert es die Aufgabe, wenn man nicht mehr versucht, in Form eines Gesetzes eine Ursache und eine Wirkung zugleich konstant zu halten, sondern sich mit der Invarianz einer Ursache o d e r einer Wirkung begnügt. Diesen bescheideneren Ansatz legt der Äquivalenzfunktionalismus nahe. Er verwendet diejenigen Ursachen oder Wirkungen, die aus lebenspraktischen oder theoretischen Gründen einen Brennpunkt des Interesses bilden, als funktionale Bezugsgesichtspunkte, das heißt: Er benutzt sie als konstanten Ausgangspunkt für die Frage nach äquivalenten Kausalbeziehungen. Setzt man eine Wirkung als Bezugsproblem an, ordnet sich in bezug darauf ein bestimmtes Ursachenfeld. Mehrere Ursachenkombinationen werden sichtbar als ausreichend, die Wirkung zu bewirken. So gesehen sind problematische Wirkungen Ordnungsgesichtspunkte für Beziehungen zwischen verschiedenen Ursachen. Ebenso kann man auch Ursachen als funktionale Bezugsgesichtspunkte ansetzen. Das heißt dann: Die Rechtfertigung dieser Ursachen wird als problematisch behandelt. Aus dem Umkreis ihrer Wirkungen lassen sich verschiedene Zwecke als mögliche Rechtfertigungen auswählen. Verschiedene Ideologien erweisen sich dann als funktional äquivalent.

Dabei beruht die Eröffnung einer Vergleichsmöglichkeit unter den Ursachen darauf, daß man im Bereich der Wirkungen eine einzige als Bezugspunkt herausgreift und abstrahiert. Diese Abstraktion hat einen eigenen Stil, der sich von der klassifikatorischen Abstraktion auf Art- und Gattungsbegriffe deutlich unterscheidet: Man sieht nicht von individuell-charakteristischen Merkmalen des Einzelstücks ab, sondern von Nebenwirkungen. Wollte man alle Nebenwirkungen mitberücksichtigen, gäbe es unter den Ursachen keine Wahl mehr; sie gingen voll individualisiert und damit unvergleichbar in die Betrachtung ein. Denn die einzelnen Ursachen haben zwar oft eine Wirkung, nie aber alle Wirkungen gemein. Mit anderen Worten: Eine Wirkung gewinnt jene Mehrdeutigkeit, die für einen funktionalen Bezugsgesichtspunkt wesentlich ist, wenn man von den Nebenwirkungen ihrer Ursachen absieht. Dadurch erscheinen mehrere Möglichkeiten der Bewirkung (die sich nur durch ihre Nebenfolgen unterscheiden würden) als funktional äquivalent.

Die funktionalistische Analyse kausaler Faktoren befaßt sich demnach nicht nur mit der Beziehung zwischen Ursachen und Wirkungen. Eine solche Beziehung wird zwar im Ansatz der Analyse vorausgesetzt. Sie dient als methodisches Hilfsmittel, nicht aber als Gegenstand der Feststellung. Die Analyse selbst konzentriert sich entweder auf die Erforschung möglicher Ursachen unter dem Leitgesichtspunkt einer Wirkung oder auf die Erforschung von Wirkungen unter dem Leitgesichtspunkt einer Ursache. Beides zugleich durchzuführen, ist unmöglich, weil jede funktionalistische Analyse einen gewählten Bezugsgesichtspunkt voraussetzt, der nicht geändert werden kann, ohne daß die Ergebnisse sich verschieben. Zwischen Ursachen und Wirkungen besteht in diesem Sinne eine „Unbestimmtheitsrelation". Der Sinn der Kausalität schließt prinzipiell eine eindeutige Feststellung einer Ursache und einer Wirkung zugleich aus. Was die ontologische Auslegung der Kausalität anstrebte, ist nicht erreichbar. Diese Einsicht ergibt den Ausgangspunkt für die funktionalistische Kausaltheorie. Für sie sind exklusive Kausalgesetze allenfalls ein analytischer Grenzfall: Daß weder im Bereich der Ursachen noch im Bereich der Wirkungen andere Möglichkeiten bestehen, ist denkbar als Grenzfall absolut reduzierter Äquivalenz. Der Sinn des kausalen Beziehens liegt aber nicht darin, diesen Grenzfall zu erreichen und andere Möglichkeiten auszuschließen, sondern darin, sie zu erfassen und zu ordnen.

Als funktionale Bezugsgesichtspunkte verwendet, sind die Stationen des Kausalprozesses, sei es Ursache oder Wirkung, nicht in ihrer ontischen Faktizität, sondern als Probleme gemeint. Die funktionalistische Analyse setzt ihren Grundbegriff nicht in Form einer empirischen Hypothese an. Das unterscheidet sie von jeder teleologischen oder mechanischen Erklärung. Es wird nicht vorausgesetzt oder angenommen, daß bestimmte Ursachen faktisch vorkommen und dadurch das Eintreten bestimmter Wirkungen erklären oder umgekehrt; auch nicht, daß ein Organismus faktisch fortbesteht, ein System sich im Gleichgewicht hält oder ähnliches. Die Bezugseinheit wird als Problem gesehen. Das kann nur heißen: Die Gültigkeit funktionalistischer Analysen hängt nicht davon ab, ob im Einzelfall das Problem gelöst wird, die Wirkung eintritt, das System fortbesteht. Und das muß dann heißen: Die funktionalistische Aussage betrifft nicht eine Beziehung von Ursache und Wirkung, sondern ein Verhältnis mehrerer Ursachen zueinander bzw. mehrerer Wirkungen zueinander, also die Feststellung funktionaler Äquivalenzen.

Die Einsicht, daß der Bezugsgesichtspunkt funktionalistischer Analysen ein Stabilisierungsproblem und nicht eine Konstanzhypothese ist, dringt vor [29]. Daraus ergibt sich für den kausalwissenschaftlichen Positivismus, daß der Bezugsgesichtspunkt keine geeignete Erklärungsgrundlage ist, und so lag es nahe, die funktionalistische Analyse zu reduzieren auf eine rein kausalmechanische Erklärung der (etwaigen) Stabilität eines Systems aus komplizierten funktionalen Leistungen [30]. Wer dagegen auf der Eigenständigkeit der funktionalistischen Analyse besteht, ist zu der Annahme gezwungen, daß auch ein Problem als Erklärungsbasis und als tragender Grund einer Analyse fungieren kann — wenn auch wohl nicht mehr als Grund im Sinne der ontologischen Metaphysik.

IV

Eines der Hauptprobleme der funktionalistischen Analyse ist die Definition der Bezugseinheit, für welche funktionale Leistungen äquivalent sind. Auf diese Frage haben sich in den letzten Jahren sowohl positive wie kritische Äußerungen zur funktionalistischen Methode konzentriert. Eine nicht zu behebende Unklarheit in der Definition der Bezugseinheit erscheint vielen als die eigentliche Schwierigkeit der funktionalistischen Methode [31]. Auch hier tauchen neue Aspekte auf, wenn sich das Interesse von Kausalfeststellungen auf Äquivalenzfeststellungen verlagert.

Der herrschende kausalwissenschaftliche Funktionalismus definiert die Funktion als Bewirkung des Bestandes oder einzelner Voraussetzungen des Bestandes eines Aktionssystems. Funktionale Leistungen werden daher vielfach ausdrücklich auf das Überleben eines Aktionssystems bezogen [32]. Ein näheres Durchleuchten dieser Formel hat jedoch beträchtliche Schwierigkeiten an den Tag gebracht [32a].

Die Formel entstammt der Biologie, die funktionale Leistungen von Organen auf das Überleben eines lebenden Organismus bzw. einer Art von Organismen bezieht [33]. Im Begriff des lebenden Organismus hat die Biologie jedoch ein eindeutiges empirisches Bezugssystem, das den Sozialwissenschaften fehlt. Ein soziales System ist nicht, wie ein Organismus, typenfest fixiert. Aus einem Esel kann keine Schlange werden, selbst wenn eine solche Entwicklung zum Überleben notwendig wäre. Eine Sozialordnung kann dagegen tiefgreifende struk-

turelle Änderungen erfahren, ohne ihre Identität und ihren kontinuierlichen
Bestand aufzugeben. Sie kann sich aus einer Agrargesellschaft in eine Industriegesellschaft verwandeln, aus einer Großfamilie kann ein Stamm mit über-
familiärer politischer Ordnung werden, ohne daß entscheidbar wäre, wann ein
neues System vorliegt. Damit hängt eng zusammen, daß den Sozialwissenschaften das klar geschnittene empirische Problem des Todes fehlt, das in der
Biologie als Kriterium für den Fortbestand dient. So verschwimmt den Sozialwissenschaften das Problem des Fortbestandes eines Systems ins Unbestimmte.
Es kann treffend eingewandt werden, daß der Bestand eines sozialen Systems
selten faktisch in Frage steht, daß es nur wenige wirklich bestandskritische
funktionale Leistungen gibt, und daß der Erklärungswert dieser Theorie
daher gering ist.

Diese Schwierigkeiten lassen sich auch nicht dadurch beheben, daß man funktionalistische Analysen statt auf das System als ganzes auf einzelne Bestandsvoraussetzungen bezieht. Bestandsvoraussetzungen werden üblicherweise als
Bedingungen des Fortbestandes eines Systems definiert [34]. Diese Definition ist
jedoch, wie der Begriff Bedingung selbst, ergänzungsbedürftig. Sind Bedingungen der logischen, empirischen oder technisch-praktischen Möglichkeit gemeint, oder notwendige Ursachen, oder hinreichende Ursachen? Vor allem aber
steckt in der Definition die folgende Paradoxie: Wenn eine Leistung wirklich
bestandskritisch ist und der Bestand des Systems mit ihr steht oder fällt, ist sie
auch für alle Bestandsvoraussetzungen relevant. Es hat deshalb wenig Sinn,
einzelne Bestandsvoraussetzungen für sich zu analysieren. Sie lassen sich logisch
nicht isolieren. Jede ist ein möglicher Ausgangspunkt für die Darstellung der
Gesamtbedürfnisse des Systems. Das gerade ist der wissenschaftliche Wert der
Bestandsfrage: verschiedene Probleme auf einen Nenner und in Zusammenhang
zu bringen. Das Bestandskriterium ist in diesem Sinne ein generalisierendes
Prinzip. Es setzt zu einer Anwendung eine Gesamtanalyse des Systems voraus.
Deren Schwierigkeit läßt sich nicht umgehen.

Man wird diese Kritik dahin zusammenfassen dürfen, daß der Bestand eines
konkreten Aktionssystems sich nicht als Bezugsgesichtspunkt für funktionalistische Analysen eignet. Ein Aktionssystem ist das Thema und Untersuchungs-
feld, nicht zugleich auch die leitende Theorie einer funktionalistischen Analyse.
Für die Formulierung einer solchen Theorie vermag die äquivalenzfunktionale
Methode bessere Hinweise zu geben als die kausalwissenschaftliche. Es kommt
nicht darauf an, Bezugseinheiten als gesetzlich bewirkte Wirkungen bestimmter
Ursachen nachzuweisen. Vielmehr müssen in einem Aktionssystem diejenigen
Problemgesichtspunkte gefunden werden, welche die Variationsmöglichkeiten
des Systems steuern. Ein Bezugsgesichtspunkt muß als Entscheidungskriterium
für die Äquivalenz bestimmter Tatbestände fungieren können. Er definiert damit

einen Bereich der Flexibilität und der Anpassungsfähigkeit, der Indifferenz gegen Abweichungen und der Toleranz von Widersprüchen, einen Bereich der Freiheit zur Wahl von Lösungen, die unter diesem Gesichtpunkt gleich brauchbar oder zumindest gleich unschädlich sind. Das Problem des Fortbestandes eines Aktionssystems muß daher in eine Reihe von abstrakten Fragestellungen aufgelöst werden, die so gewählt sind, daß sie — eben infolge ihrer Abstraktheit — geeignet sind, funktionale Äquivalenzen sichtbar zu machen und damit einer Art generalisierten Systemkontrolle zu dienen.

Solche Problemstellungen sind indes nur analytische Werkzeuge, die einem konkreten System als ganzem nicht gerecht werden. Bei der Durchführung aller Einzelanalysen muß daher die Abstraktion ihres Ansatzes bewußt bleiben. Sie ist Bedingung der Äquivalenz und kann also nur durch andere Analysen mit anderen Ausgangspunkten korrigiert werden. Damit stehen wir vor der Frage, wie die verschieden angesetzten Einzelanalysen eines Systems zusammenhängen.

Einzelne funktionale Leistungen sind nur in einer bestimmten analytischen Perspektive äquivalent. Sie sind damit weder gleich, noch sind sie in sich selbst unproblematisch. Jede Alternative bringt, wenn sie gewählt wird, neue funktionale Bezugsprobleme auf einer sekundären Ebene. Zum Beispiel muß jede Sozialordnung verschiedene Rollen vorsehen und verbinden. Löst sie dieses Problem durch Kombination mehrerer Rollen in einer Statusposition (etwa: Vater-Versorger-Richter-Kriegschef), so bleibt diese Kombination beim Wechsel der Person erhalten. Die Verbindung ist sozial sanktioniert und wird geschlossen vererbt. Der Nachteil ist, daß solch ein kombinierender Status für verschiedene Rollen nur begrenzt aufnahmefähig ist. Das System läßt sich nicht beliebig differenzieren und insbesondere nicht in Richtung auf feinere Arbeitsteilung entwickeln. Geht man einen anderen Weg und verbindet hochgradig spezifische Rollen über sachliche Leistungszusammenhänge, ergeben sich in den Personen zufällige Rollenkombinationen, für deren Gesamtheit soziale Formung und Konsens fehlt, so daß sie als konfliktsreich und belastend erlebt werden. Für dieses Sekundärproblem gibt es dann kompensatorische Lösungen im Drang nach oben oder nach Sicherheit, im Hobby oder im Alkohol.

Die funktionalistische Analyse ist also mit der Feststellung von primären Lösungen nicht beendet. Sie ist auf der nächstunteren Ebene zu wiederholen. Dort ist sie jedoch von der Entscheidung auf der höheren Ebene abhängig und kann durch Austauschvorgänge, das heißt: durch Wahl einer anderen Primäralternative, obsolet werden. An die Sekundärebene können sich dritte und weitere Problemstufen anschließen.

Dieser Gedanke einer Stufenordnung von Bezugsproblemen und Äquivalenzserien führt zu einer Reihe wichtiger Folgerungen.

Zunächst räumt er eine verbreitete Kritik an der Bestandsformel aus: Nicht jede Funktion stellt die Frage des Bestandes auf ein Ja oder Nein. Das gilt allenfalls für die Primärebene. Dort lassen sich die notwendigen funktionalen Leistungen jedoch so allgemein formulieren, daß fast immer Lösungen — wenn auch problembelastete Lösungen — sichtbar werden. Die interessanteren Probleme ergeben sich häufig erst auf zweitrangigen Stufen und sind daher für sich allein nicht ausschlaggebend für den Bestand des Systems.

Weiterhin liegt in der Problemstufenordnung ein Korrektiv gegen die Einseitigkeit des Ausgangsproblems. Auf der Sekundärebene werden neue Gesichtspunkte eingeführt. Die Einseitigkeit des Ausgangsproblems diente lediglich dazu, die funktionalen Alternativen der Primärebene vergleichbar zu machen. Wird eine dieser Alternativen gewählt bzw. in konkreten Systemen vorgefunden, so beginnt damit eine neue Abstraktion, die eine andere Serie von Äquivalenzen konstituiert.

Man kann zum Beispiel die Stabilität von Verhaltenserwartungen als Zentralproblem jeder Sozialordnung ansehen. Die Stabilisierung kann in der Zeitdimension und in der Sozialdimension problematisch sein, also durch wiederholte Erfahrungen und durch Konsens gefördert werden. Die Stabilisierung des Erwartungskonsenses ist ihrerseits problematisch. Sie kann mehr durch Institutionalisierung allgemeiner Rollennormen oder mehr durch Führung erfolgen. Die Prominenz, die ein Führer für seine Funktion braucht, bringt Statusunterschiede mit sich, die ihrerseits Anpassungsprobleme bei den Untergebenen nach sich ziehen. Sie können den Führer verherrlichen oder heimlich auf ihn schimpfen oder ihre Unabhängigkeit durch häufigen Gruppenwechsel bewahren. Jeder Ausweg ist seinerseits problembelastet.

Wir brauchen die Analyse nicht weiter zu detaillieren. Es wird deutlich, daß sie in konkrete Probleme hineinstößt, die keineswegs durch logische Folgerung aus den Ausgangsbegriffen gewonnen werden können. Eine funktionalistische Theorie ist kein hypothetisch-deduktives System. Ihre Ergebnisse sind nicht in ihrem Ansatz enthalten. Ihre Einheit ist die eines Problemzusammenhanges und einer analytischen Technik, die auf verschiedenen Stufen wiederholt wird.

Die Leistungen auf unteren Ebenen sind nun — und das ist die Kehrseite ihrer Unableitbarkeit — nicht mehr allein für das Ausgangsproblem relevant. Jede konkrete Leistung kann für mehrere funktionale Bezugsgesichtspunkte bedeutsam sein und damit an verschiedenen Äquivalenzreihen mit je verschiedenen anderen Leistungen teilnehmen. So haben eingelebte soziale Regelungen des Gefühlsausdrucks eine Doppelfunktion für die Persönlichkeit und für die Sozialordnung. Rituelle und magische Handlungsformen dienen nicht nur der persönlichen Orientierung in schwierigen Situationen, sondern zugleich der Festigung des sozialen Zusammenhaltes. Wenn solche Leistungen mehrere Probleme in eins lösen, können sie dadurch nahezu unersetzbar werden, weil sie unter jedem Gesichtspunkt durch andere Äquivalente abgetauscht werden müßten.

Die vielfache Beziehbarkeit konkreter Leistungen bringt ferner das bekannte Problem der „dysfunktionalen Folgen" in den Blick. Jede Leistung hat, sobald man sie in mehrfacher Hinsicht analysiert, nicht nur günstige, sondern auch nachteilige Folgen. Jede zweckmäßige Handlung verursacht Kosten oder sonstige Nachteile; jede Problemlösung belastet andere Systeminteressen. Zum Beispiel kann, wenn eine Sozialordnung mehr auf Institutionalisierung von Rollen als auf Führung baut, ihre Anpassung an eine veränderliche Umwelt gefährdet sein. Oder: Die Mobilisierung sozialer Stellungen hat nachteilige Rückwirkungen auf die Einverseelung sozialer Normen, weil sie zu häufigem Gruppenwechsel führt. Solche dysfunktionalen Folgen sind unvermeidbar, weil die Einseitigkeit einer gewählten Perspektive der Komplexität des Kausalnetzes nicht gerecht werden kann.

Die kausalwissenschaftliche Behandlung der dysfunktionalen Folgen machte, wenn nicht ausdrücklich so doch stillschweigend, zwei Voraussetzungen, die nicht haltbar sind. Sie sieht in den dysfunktionalen Folgen Rückwirkungen auf das System als solches, nicht auf einzelne seiner Problemlösungen [35]. Da indes auch die positiven Beiträge auf das System als ganzes bezogen werden, ergibt sich daraus ein Widerspruch. Dem kann man nur entgehen, wenn man verschiedene Hinsichten unterscheidet, in denen funktionale Leistungen positiv oder negativ auf ein System einwirken.

Damit hängt zusammen, daß die herrschende Auffassung eine Vergleichbarkeit, ja sogar eine Aufrechenbarkeit von funktionalen und dysfunktionalen Folgen unterstellt. Eine solche Aufrechnung soll die Entscheidung ermöglichen, ob eine Leistung insgesamt mehr funktional oder mehr dysfunktional ist [36]. Diese Voraussetzung ist jedoch unrealistisch [37].

Das bedeutet, daß der Widerspruch von funktionalen und dysfunktionalen Folgen in einem Aktionssystem mit rein logischen Mitteln nicht lösbar ist. Das wiederum ist ein neues Argument gegen den kausalwissenschaftlichen Determinismus. Eine bestimmte Leistung ist vom System aus nicht eindeutig zu einem positiven Beitrag verpflichtet. Wenn man außerdem noch zugeben muß, daß eine funktionale Leistung in einem System zugleich Vorteile und Nachteile bringt und diese Folgen unvergleichbar sind, also nicht zu einem einheitlichen Vorteil oder Nachteil für das System zusammengezogen werden können, ist es schwerlich möglich, diesen Befund mit der Annahme einer eindeutigen kausalen Determination der Leistung durch das System oder umgekehrt zu vereinen.

Diese Schwierigkeiten beruhen auf der Grundkonzeption, daß Funktionen und Dysfunktionen besondere Arten von Wirkungen sind, die logisch gleichwertig nebeneinanderstehen und sich nur durch ihre umgekehrte Systemrelevanz unterscheiden. Wenn man die Basis dieser kausalwissenschaftlichen Theorie verläßt und Funktionen nicht länger als qualifizierte Wirkungen betrachtet, entfällt auch die Möglichkeit, funktionale und dysfunktionale Wirkungen in dieser Weise gegeneinanderzusetzen. Statt dessen benötigt die äquivalenzfunktionale Methode nur einen abstrakten Gesichtspunkt, in bezug auf welchen mehrere Leistungen die gleiche Funktion haben können. Für ihn ist logische Eindeutigkeit wesentlich. Die Negierung dieser Funktion im Begriff der Dysfunktion hat keinen Sinn. Es kommt lediglich darauf an, sich der Abstraktheit des Ansatzpunktes bewußt zu bleiben und auf die unterschiedlichen Folgeprobleme zu achten, die bei den einzelnen Alternativen sichtbar werden, wenn man sie anderen funktionalen Hinsichten unterwirft.

Der Gedanke einer funktionalen Problemstufenordnung bietet zwar keine logische Auflösung des Widerspruchs von Funktionen und Dysfunktionen an, wohl aber eine Methode seiner Behandlung. Sie besteht darin, Folgeprobleme in funktionale Bezugsprobleme umzuformulieren und als Basis für neue funktionale Analysen zu benutzen.

Eine gute Illustration für dieses Verfahren gibt *Peter M. Blaus* Untersuchung zweier formaler Organisationen der nationalen bzw. staatlichen Verwaltung in den Vereinigten Staaten[38]. Deren formale Regelungen, insbesondere ein bestimmtes Leistungskontrollschema, führte zu nachteiligen Folgen, zum Beispiel zur Konkurrenz der Bediensteten gegeneinander in dem einen, zur Entstehung informaler Statusunterschiede in dem anderen Fall. Diese Auswirkungen wurden in der informalen Verhaltensordnung als Probleme erlebt und führten zur Erfindung von neuen Lösungen. Diese waren ihrerseits auch nicht problemfrei, sondern gaben zu weiteren Entwicklungen Anlaß. Wenn *Blau*[39] von einer Transformation dysfunktionaler Folgen in Organisationsbedürfnisse spricht, so ist im Grunde nichts anderes gemeint als eine Umformulierung von Folgeproblemen in funktionale Bezugsgesichtspunkte.

Wenn die Einseitigkeit des Ausgangsproblems durch eine solche Problemstufenforschung korrigiert wird, braucht bei der Definition eines Bestandsproblems keine logische Vollständigkeit angestrebt zu werden. Darin unterscheidet sich eine funktionale Theorie von der Theorie eines hypothetischdeduktiven Systems. Die funktionale Theorie setzt mit einer Definition abstrakter Systemprobleme ein, die bestimmte funktional äquivalente Leistungen anfordern. Sie können jederzeit durch bessere Problemstellungen ersetzt werden, die als funktionale Bezugsgesichtspunkte ergiebiger sind. Welche funktionale Leistungen in Betracht kommen, läßt sich rein logisch aus dem Bezugsgesichtspunkt nicht herleiten[40]. Wohl aber gibt der Bezugsgesichtspunkt Anregungen und Hinweise für die Suche nach anderen Möglichkeiten und ein Entscheidungskriterium für die Zugehörigkeit zu einer Klasse funktional äquivalenter Leistungen. Wer die Stabilität von Verhaltenserwartungen als problematisch ansieht, fragt damit nach den verschiedenen Stabilisierungsmöglichkeiten und kommt so auf den Gedanken, daß gewiß wiederholte Erfahrungen und Konsens von Mitmenschen, vielleicht auch sachliche Konsistenz der Rollen und Stereotypisierung ihres Sinnes eine Funktion in dieser Richtung besitzen. Die funktionalistische Theorie eignet sich als heuristisches Prinzip, weil sie eine expansive Fragestellung enthält und weil sie ihre Ergebnisse nicht logisch vorwegnimmt, sondern die Vervollständigung dem Prozeß der Forschung überläßt.

Dieser Versuch, eine allgemeine funktionalistische Theorie in Form einer Stufenordnung von Bezugsproblemen und Äquivalenzklassen zu entwerfen, könnte vermitteln zwischen *Parsons'* systematischem Funktionalismus und *Mertons* problemorientierten "theories of the middle range". Die Erforschung funktionaler Äquivalenzen in bezug auf einen Leitgesichtspunkt läßt sich auf verschiedenen Stufen der Problemordnung beginnen. Man kann etwa eine funktionale Theorie der Autorität entwerfen, indem man Autorität als Hinnahme einer fremden Entscheidung ohne Prüfung ihrer Richtigkeit definiert, diesen Tatbestand als problematisch ansieht und prüft, welche funktional äquivalenten Möglichkeiten es gibt, solche Autorität zu stabilisieren: Persönliches Prestige, Expertenwissen, Amtsträgerschaft, Sanktionen usw. Man kann aber auch nach der Funktion der Autorität selbst fragen und greift damit auf eine allgemeinere Ebene zurück. Diese Funktion kann etwa darin gesehen werden, daß Autorität die Entscheidungssituation des Unterworfenen vereinfacht und sein Bewußtsein entlastet. Unter diesem Blickpunkt reiht die Autorität sich ein in einen Zusammenhang mit anderen äquivalenten Leistungen, zum Beispiel soziale Typisierung von Vorstellungen, persönlich-innere Verpflichtung, ideologische Akzentuierung oder Verdrängung von Handlungsfolgen. Die Forschung kann ohne vorgreifende Gesamtkonstruktion beginnen und in konkrete Probleme vorstoßen; sie kann sich aber auch um eine solche bemühen. Beide Möglichkeiten haben ihr Recht, und beide können sich derselben Methode bedienen.

V

Die empirische Verifikation funktionalistischer Aussagen ist, soweit sie überhaupt diskutiert wird [41], ein noch ungelöstes Problem. Die Erörterung leidet an der Unklarheit ihres Funktionsbegriffs. Es wird nicht deutlich, daß die funktionale Beziehung sich von der Kausalität im alten Sinne erheblich unterscheidet. Diese Unterscheidung besagt nicht, daß eine funktionalistische Theorie auf Verifikation verzichten könne. Jede Theorie muß ihre Relevanz in der

Erfahrungswelt ausweisen. Die Frage ist aber, ob die funktionalistische Theorie nicht andere Methoden der Verifikation fordert als die bisher üblichen der Beobachtung und Kontrolle wiederholter Zusammenhänge empirischer Ursachen mit empirischen Wirkungen.

Fortschrittliche Vertreter der funktionalistischen Methode beginnen bereits zu sehen, daß die funktionalistische Analyse sich nicht auf empirische Zustände in ihrer faktischen Bewirktheit bezieht [42]. Aber sie können diesen Gedanken nicht ausarbeiten, ja häufig in den Einzelanalysen nicht einmal festhalten, ohne am Problem der Verifikation zu scheitern.

Auch hier kommen wir einen entscheidenden Schritt weiter, wenn wir den kausalwissenschaftlichen Funktionalismus durch den Äquivalenzfunktionalismus ersetzen. Das Ziel der Verifikation ist dann nicht mehr die Feststellung eines gesetzmäßigen Zusammenhanges bestimmter Ursachen mit bestimmten Wirkungen, sondern der Feststellung der Äquivalenz mehrerer gleichgeordneter Kausalfaktoren. Die Frage lautet nicht: Bewirkt A immer (bzw. mit angebbarer Wahrscheinlichkeit) B, sondern: Sind A, C, D, E, in ihrer Eigenschaft, B zu bewirken, funktional äquivalent?

Die Verifikation solcher Aussagen setzt zunächst voraus, daß eine Zweideutigkeit im Begriff der funktionalen Äquivalenz aufgedeckt und beseitigt wird. Es ist zu unterscheiden zwischen disjunktiver und konjunktiver Äquivalenz. Mehrere Ursachen können als Alternativen oder als zusammenwirkende Ursachen auf eine Wirkung bezogen werden. Diese Unterscheidung ist für die Ausarbeitung eines bestimmten Verifikationsthemas notwendig.

Disjunktive Äquivalenz kann durch Austausch von äquivalenten Ursachen verifiziert werden. In einer laufend sich wiederholenden Kausalbeziehung kann man A durch C ersetzen und beobachten, ob die Wirkung B nach wie vor eintritt. Vorausgesetzt ist dabei die Feststellung, daß A überhaupt B bewirkt, verifizierbar durch schlichtes Weglassen von A, nicht aber die Feststellung eines gesetzlichen Zusammenhanges derart, daß A immer (oder mit angebbarer Wahrscheinlichkeit) B bewirkt. Man kann dann ein verifizierbares Urteil formulieren, das die Frage der Anwendungsfälle von „A bewirkt B" völlig offen läßt und lediglich lautet: „Sofern A B bewirkt, ist A durch C ersetzbar". Mit anderen Worten: „A und C sind in ihrer Funktion für B äquivalent", oder kürzer: „A und C sind Funktionen für B" [43]. Der Gebrauch solcher „Sofern"-Abstraktionen, typisch etwa für *Kant*, ist ein charakteristisches Kennzeichen funktionalen Denkens.

Anders als die disjunktive Äquivalenz setzt die konjunktive Äquivalenz eine abschließende Aufzählung von Mitursachen voraus und bleibt stets relativ auf eine bestimmte Gruppe von Mitursachen. Die Gruppe kann zu anderen Gruppen in ein Verhältnis disjunktiver Äquivalenz treten. Die Wirkung B könnte z. B.

herbeigeführt werden durch ACDE oder durch FGH oder durch ADH. Durch dieses Gruppenproblem wird das Verifikationsthema kompliziert. Vor jeder Verifikation muß zunächst eine präzise Fragestellung ausgearbeitet werden, und dazu gehört die Ausarbeitung verschiedener möglicher Ursachenkombinationen. Die Gruppe als solche kann dann in ihrer konjunktiven Äquivalenz durch Weglassen einzelner Ursachen verifiziert werden, in ihrem disjunktiven Verhältnis zu anderen Gruppen dagegen durch das oben skizzierte Austauschverfahren.

Die besonderen Schwierigkeiten dieses Verfahrens liegen in zwei Richtungen. Häufig ist es nicht einfach — und je allgemeiner die Bezugsprobleme gefaßt sind, desto schwieriger —, zwischen konjunktiver und disjunktiver Äquivalenz zu unterscheiden. Sicherlich ist für jede Erwartungsstabilisierung sowohl Konsens als auch wiederholte Erfahrung als auch Konsistenz mit anderen Erwartungen erforderlich. Trotzdem kann vermutlich in ungewissem Umfange wiederholte Erfahrung Konsens ersetzen, Konsens über mangelnde Konsistenz hinweghelfen und umgekehrt. Diese Äquivalenzbegriffe sind also offenbar noch nicht ausgereift und präzise genug, um eine Unterscheidung von konjunktiver und disjunktiver Äquivalenz und damit eine Verifikation zu ermöglichen.

Auch bei speziellerer Problemstellung hat man mit dieser Schwierigkeit zu kämpfen. Polygame Eheordnungen müssen besondere Institutionen vorsehen, die für häuslichen Frieden sorgen, etwa Beschränkungen in der Wahl der Gattinnen, Sicherung von Scheidungsrechten, Normierung einer festen Rangordnung, Trennung der Wohnräume oder Institutionalisierung gleichmäßiger Pflichten des Ehemannes. Ob die eine oder die andere Institution genügt oder ob erst mehrere zusammen den gewünschten Erfolg haben, wird sich kaum generell feststellen, sondern nur durch Untersuchung konkreter Sozialordnungen und nach genauer, empirischer Definition des Begriffs „häuslicher Frieden" entscheiden lassen.

Das andere Hindernis besteht in den praktischen Grenzen des Austausches einzelner Kausalfaktoren. Die unabhängige Variierbarkeit ist logisch durch die Abstraktheit des Bezugsgesichtspunktes garantiert. Weil von allen Wirkungen der fraglichen Ursachen nur je eine relevant ist, kann man sie gegeneinander austauschen. Die soziale Wirklichkeit setzt jedoch diesem Austausch Widerstand entgegen, weil sie diese Abstraktion nicht miterlebt und mitvollzieht und deshalb die Auswirkungen auf andere Zusammenhänge nicht außer acht lassen kann. Auch machen emotionale und soziale Bindungen das Handeln unbeweglich. Außerdem hängen manche Funktionen gerade davon ab, daß sie unbemerkt bleiben [44].

Wenn soziale Experimente aus solchen Gründen nicht durchführbar sind, gibt es für die Verifikation funktionaler Aussagen andere Möglichkeiten, die bisher

kaum ausreichend gewürdigt wurden, weil sie für die Verifikation von Kausal-
gesetzen nicht genügen.

Vor allem geben Störungen eines normalen Ablaufs häufig Hinweise auf
funktionale Äquivalente für die gewohnten Leistungen. Krisen, Ausnahmezu-
stände, plötzliche Revolten und unerwartete Katastrophen sind ein günstiger
Anlaß für das Studium nicht nur dieser einmaligen Ereignisse, sondern gerade
der normalen, durch sie unterbrochenen Systemzusammenhänge. Man kann
etwa beobachten, zu welchen Mitteln der Meinungsbildung und Situationsdefinition Menschen greifen, wenn ihnen die normalen, sachlich zuverlässigen
Informationsquellen abgeschnitten werden[45]. Als Äquivalente erscheinen dann
Gerüchte oder auch gefühlsstarke Handlungsbereitschaften, die ebenso wie sachliche Informationen die Funktion haben, Unsicherheit zu absorbieren.

Weiterhin kann die funktionalistische Analyse auf Systemvergleiche zurückgreifen[46]. Auch hier stecken die methodologischen Überlegungen erst in den Anfängen, und auch hier könnte der Äquivalenzgedanke manches zur Klärung
beitragen.

Zunächst müssen wir nochmals auf die Unterscheidung zwischen konkreten
Aktionssystemen und funktionalen Bezugsproblemen zurückgreifen. Systeme
bestehen aus konkreten Handlungen, die als „Lösung" bestimmter Systemprobleme interpretiert werden können. Der Systemvergleich hängt nicht von
einer „Ähnlichkeit" der Systeme oder gar ihrer einzelnen Handlungen ab.
Ähnlichkeit im Erfahrungsbereich gilt nicht, wie in der Ontologie, als Index
der Seinsgleichheit. Das Interesse an einem Systemvergleich besteht gerade
darin, Unähnliches als äquivalent auszuweisen[47]. Das setzt eine einheitliche
funktionale Theorie und strenge Identität der Bezugsgesichtspunkte voraus.
Außerdem muß festgestellt werden, welche Bezugsgesichtspunkte in den verglichenen Systemen überhaupt problematisch sind. Schon bei sekundären und
allen weiter abgeleiteten Problemen kann man nicht ohne weiteres unterstellen,
daß sie in jedem System auftreten; denn sie sind, wie wir sahen, keine bestands-
kritischen Probleme, sondern hängen davon ab, daß auf der nächsthöheren
Ebene bestimmte Lösungen gewählt sind.

Jeder Systemvergleich setzt mithin eine vorgängige theoretische Analyse der
beteiligten Systeme voraus, die ihre Bezugsprobleme und Lösungswahlen klar-
stellt. Der Vergleich ergibt unter Umständen verschiedene Lösungsvarianten
für ein und dasselbe Bezugsproblem und verifiziert damit die Hypothese ihrer
funktionalen Äquivalenz. Die Frage, warum die einzelnen Systeme unterschiedliche Varianten wählen, leitet dann in eine konkrete historische Forschung
über, die stets die Feststellung von Äquivalenzen zur Voraussetzung hat, will
sie sich nicht auf eine reine Tatsachenermittlung beschränken.

VI

Die Definition und Entwicklung der äquivalenzfunktionalen Methode war von der Annahme ausgegangen, daß die Konfrontierung einer Handlung mit „anderen Möglichkeiten" einen Erkenntnisgewinn einbringt. Damit wird nicht lediglich eine umsichtige praktische Orientierung empfohlen, die den Funktionalismus auf eine Variante des Pragmatismus zurückschnitte. Wir sind vielmehr an verschiedenen Stellen: in der Auslegung der Kausalität und der Kritik der Entgegensetzung von teleologischer und mechanischer Kausalität, beim Problem des Bestandes im Sinne des exklusiven Seins oder Nichtseins eines konkreten Aktionssystems, in der Ablehnung des Theorienmodells eines hypothetisch-deduktiven Systems, in der Frage des Grundes und des unendlichen Regresses sowie beim Gegensatz von Ähnlichkeit und funktionaler Äquivalenz auf einen scharfen Kontrast des funktionalen Denkens zur ontologischen Denktradition gestoßen, der in diesem Problem der „anderen Möglichkeiten" gipfelt.

Die ontologische Metaphysik bemüht sich seit den Anfängen des abendländischen Philosophierens um die Erkenntnis des Seienden als es selbst. Sie versucht, diese Erkenntnis zu erreichen, indem sie das Nichtsein aus dem Sein ausschließt: Ein Seiendes ist in Wahrheit nur, wenn es nicht nicht - ist [48]. Den früh-griechischen Denkern war das Gewagte und Nichtselbstverständliche dieses Versuchs noch voll bewußt: daß damit nämlich das landläufige Meinen, das erscheinende Werden und Vergehen der Dinge *(Parmenides)*, die Bewegung *(Zenon)* und das nur Mögliche *(Diodoros Kronos)* aus dem Bereich strenger Wahrheit ausgeschlossen war. Seit *Platon* und *Aristoteles* beschäftigt sich die Philosophie mit den dadurch aufgerissenen Problemen. Sie versteht Identität als Substanz und ist in einem kontinuierlichen Abbau der Wahrheitsmöglichkeiten substantiellen Seins begriffen.

Im funktionalistischen Denken ist letztlich eine Umkehr dieser ontologischen Prämisse vollzogen: Identität kann nicht als Ausschluß anderer Seinsmöglichkeiten begriffen werden, wohl aber als Ordnung anderer Seinsmöglichkeiten. Identität ist dann nicht selbstgenügsame Substanz, sondern eine koordinierende Synthese, die Verweisungen auf andere Erlebnismöglichkeiten ordnet. Identität in diesem Sinne ist immer System. Ihr Bestand beruht nicht auf einem unveränderlichen Seinskern, den die Erkenntnis aufzufinden hätte, sondern auf der Erhaltung ihrer Ordnungsfunktion für ein konsistentes, sozial orientiertes Erleben.

Diese Gedanken können hier nicht ausgearbeitet werden. Schon solche Andeutungen übernehmen sich. Es kommt hier nur darauf an, die positive Kausalwissenschaft als metaphysisch bedingt in Frage zu stellen, sofern sie, dem ontologischen Denken verhaftet, das Handeln auf invariante Relationen zwischen bestimmten Ursachen und bestimmten Wirkungen festzulegen sucht. Dagegen verwendet die funktionalistische Analyse die kausale Auslegung des Handelns dazu, den Sinn des Handelns aus seinem Verhältnis zu anderen Möglichkeiten zu interpretieren.

Nur diese Auslegung des Handelns vermag jene kritischen Fragen voll ins Auge zu fassen, in denen sich die Sozialwissenschaften wesentlich von den Naturwissenschaften unterscheiden: Die Differenz zwischen dem Erleben des Handelnden und des (wissenschaftlichen) Beobachters, die Freiheit des Handelns und das Problem der normativen Verhaltenserwartungen.

Die Sozialwissenschaften können das Handeln des Menschen nicht ohne Rücksicht auf sein Situationsverständnis und den gemeinten Sinn der Handlung erfassen. Das Erleben des Handelnden ist aber selten rational. Nur wenige Handlungen des täglichen Lebens werden als Bewirken einer Wirkung bewußt und im Zweck-Mittel-Schema expliziert. Diese Explikation selbst hat eine spezifische Funktion als bewußte Auseinandersetzung mit anderen Möglichkeiten. Sie ist keineswegs erlebnisnotwendig. Deshalb kann die wissenschaftliche Interpretation des Handelns sich nicht davon abhängig machen, daß der Handelnde selbst sein Handeln kausal-instrumental versteht.

Verfälscht die Wissenschaft dann nicht ihren Gegenstand, wenn sie das Handeln als Bewirken einer Wirkung zum Thema macht?

Diese Folgerung kann vermieden werden, wenn man in der kausalen Auslegung des Handelns lediglich ein Schema der Konfrontierung mit anderen Möglichkeiten sieht und nicht eine Aussage über das eigentliche, objektive Wesen des Handelns. Die Wissenschaft nimmt den gemeinten Sinn des Handelns als Thema, sie entwickelt ihn — ebenso wie der Handelnde selbst ihn entwickeln könnte — als identischen Sinn durch Explikation seines Stellenwertes in einem Netz anderer Möglichkeiten. Die funktionalistische Methode gibt die Richtlinien für diese Interpretation.

Damit wird auch erkennbar, daß die funktionalistische Methode mit der Freiheit des Handelns vereinbar ist, ja sie voraussetzt. Der Gegensatz von Determinismus und Indeterminismus ist ein ontologisches Problem. Das funktionalistische Denken wird vermutlich eine Neubestimmung des Wesens der menschlichen Freiheit erfordern. Die funktionalistische Analyse legt den Handelnden nicht auf ein dauerhaft-vollkommenes Ende seines Handelns oder auf einen richtig vorgestellten Zweck fest. Sie versucht auch nicht, das Handeln aus Ursachen nach Gesetzen zu erklären. Sie deutet es unter gewählten, abstrakten und insofern austauschbaren Gesichtspunkten, um die Handlung als eine Möglichkeit unter anderen verständlich zu machen.

Es sieht nun so aus, als ob die funktionalistische Methode lediglich auf eine Ausweitung der Möglichkeiten und auf eine unendliche Komplizierung der sozialen Ordnung hinausliefe, die jede feste Struktur und alle Voraussagbarkeiten auflöste. Ist dann nicht doch die alte Methode der Suche nach invarianten Relationen vorzuziehen, die wenigstens versucht, feste und eindeutige Bezüge zu finden?

Indessen verzichtet die funktionalistische Methode keineswegs auf jede Stabilität und auch nicht auf Voraussagbarkeiten. Sie trägt diesem Problem durch den Ansatz ihrer Bezugsgesichtspunkte, also durch Wahl ihrer Themen und Theorien Rechnung. Alle funktionalistischen Analysen werden letztlich in bezug auf Stabilisierungsprobleme als Leitfäden geführt. Die funktionalistische Auslegung des Handelns macht deutlich, daß Handlungen in einem Netz anderer Möglichkeiten immer stabilisierungsbedürftig sind. Diese Stabilisierung kann jedoch nicht in Form invarianter Relationen zwischen bestimmten Ursachen und bestimmten Wirkungen erfolgen. Sie ist Sache gemeinsamer Erwartungen.

Auf dem Hintergrund der problematischen Unendlichkeit, die durch die funktionalistische Interpretation aufgerissen wird, tritt die Funktion gemeinsamer Erwartungen, insbesondere Verhaltenserwartungen, Rollen und Institutionen, scharf hervor: Sie liegt in der Reduktion unendlicher Möglichkeiten auf feste Strukturen, auf eine vorgezeichnete Typik des Verhaltens, auf relativ konstante Orientierungen. Solche relativ stabilen Orientierungssysteme entwickeln sich gerade in bezug auf eine unstabile Umwelt. Auch dieser Einsicht steht eine ontologische These im Wege: daß beständige Eigenschaften nur aus beständigen Zuständen und Bedingungen entstehen können [49].

Nicht durch Aufstellung und Verifikation von Hypothesen über soziale Gesetze kann die Sozialwissenschaft das Problem der Stabilität im sozialen Leben lösen, sondern nur dadurch, daß sie es als Problem zum zentralen Bezugsgesichtspunkt ihrer Analysen macht und von da her nach den verschiedenen funktional-äquivalenten Möglichkeiten der Stabilisierung von Verhaltenserwartungen forscht. Darin liegt nicht nur eine Bestandsvoraussetzung oder ein Systemproblem unter anderen, sondern vermutlich die Kernfrage, die an jede Sozialordnung zu stellen ist. Erst durch Stabilisierung eines annähernd konsistenten und konsensfähigen Erwartungszusammenhanges bilden sich identifizierbare soziale Aktionssysteme, die gegenüber einer Umwelt relativ invariant sind. Deren Einzelanalyse liegt dann schon auf einer sekundären Ebene der funktionalistischen Problemstufenordnung.

Mit diesen Überlegungen gleiten wir jedoch bereits über zur Aufstellung einer bestimmten funktionalistischen Theorie der Sozialordnung, die im Rahmen der funktionalistischen Methode kritisierbar bleibt. Deren Ausarbeitung muß späteren Bemühungen vorbehalten bleiben. Ob die Sozialwissenschaften je durch eine einheitliche Theorie zusammengefaßt werden können, ist eine offene Frage. Viel wäre schon gewonnen, wenn wenigstens Aussichten auf eine einheitliche funktionalistische Forschungsmethode bestünden.

Anmerkungen

[1] The Myth of Functional Analysis as a Special Method in Sociology and Anthropology, in: American Sociological Review 24 (1959), S. 757—772.

[2] So z. B. *Leopold von Wiese/Howard Becker*, Systematic Sociology, New York 1932, S. 111 ff.; *Gunnar Myrdal*, An American Dilemma, 2. Bd. New York — London 1944, S. 1056; *Siegfried F. Nadel*, The Foundations of Social Anthropology, Glencoe, Ill., 1951, S. 369 f.; und namentlich die französische Soziologie, vgl. *Emile Durkheim*, Les règles de la méthode sociologique, 8. Aufl. Paris 1927, S. 110 ff.; *Georges Gurvitch*, La vocation actuelle de la sociologie, Paris 1950, S. 316 ff.; *Henri Janne*, Fonction et finalité en sociologie, in: Cahiers internationaux de sociologie 16 (1954), S. 50—67 (56).

[3] Vgl. *A. R. Radcliffe-Brown*, On the Concept of Function in Social Science, in: American Anthropologist 37 (1935), S. 394—402; *Talcott Parsons*, Essays in Sociological Theory, Pure and Applied, Glencoe, Ill., 1949, S. 22 f., und: The Social System, Glencoe, Ill., 1951, S. 21 f.; *Ernest Nagel*, Logic Without Metaphysics, Glencoe, Ill., 1956, S. 247 ff.; *Dorothy Emmet*, Function, Purpose and Powers, London 1958, S. 46; *Alvin W. Gouldner*, Reciprocity and Autonomy in Functional Theory, in: *Llewellyn Gross* (Hrsg.), Symposion on Sociological Theory, Evanston, Ill., White Plains, N. Y., 1959, S. 241—270; *Harry M. Johnson*, Sociology, New York 1960, S. 48 ff.

[4] So auch *Harry C. Bredemeier*, The Methodology of Functionalism, in: American Sociological Review 20 (1955) S. 173—180.

[5] A. a. O.; vgl. ferner: Teleological Explanation and Teleological Systems, in: *Sidney Ratner* (Hrsg.), Vision and Action, New Brunswick, N. J., 1953, S. 192—222; The Structure of Science, New York 1961, S. 520 ff.

[6] The Logic of Functional Analysis, in: Gross (Hrsg.), a. a. O. S. 271—307.

[7] Die klassische Referenz hierfür ist *Malinowski*, der funktionale Aussagen durch Beziehung auf ein festes System von „basic needs" des menschlichen Organismus definierte, die er als gegeben voraussetzte. Vgl. The Group and the Individual in Functional Analysis, in: The American Journal of Sociology 44 (1939), S. 938—964; A. Scientific Theory of Culture and Other Essays, Chapel Hill 1944, insb. S. 67 ff., 145 ff. Aber auch heute wird in einem hochformalisierten Sinne immer noch von Bedürfnissen gesprochen, wenn funktionale Bezugsgesichtspunkte gemeint sind.

[8] Dagegen ausdrücklich *Robert K. Merton*, Social Theory and Social Structure, 2. Aufl. Glencoe, Ill., 1957 S. 24 f.; *Johnson*, a. a. O. S. 63, 71 ff.

[9] Ein Argument, das in ähnlicher Form *Malinowski* selbst schon vorwegnahm; vgl. A. Scientific Theory, a. a. O. S. 170.

[10] Dieser Gedanke wird namentlich von *Bredemeier*, a. a. O., ausgearbeitet.

[11] Ein Beispiel statt vieler: *Francis X. Sutton / Seymour E. Harris / Carl Kaysen / James Tobin*, The American Business Creed, Cambridge, Mass., 1956, führen die Ideologie des amerikanischen Geschäftsmannes auf „role strains" zurück.

[12] So grundsätzlich *Talcott Parsons / Robert F. Bales / Edward A. Shils*, Working Papers in the Theory of Action, Glencoe, Ill., 1953.

[13] Vgl. *Walter B. Cannon*, The Wisdom of the Body, New York 1932.

[14] So *Nagel*, a. a. O. (1956) S. 254 f.; a. a. O. (1961) S. 412.

[15] Eine ähnliche Kritik gibt *David Easton*, The Political System, New York 1953, S. 266 ff.; Limits of the Equilibrium Model in Social Research, in: Behavioral Science 1 (1956), S. 96—104; vgl. auch *R. C. Davis*, The Domain of Homeostasis, in: Psychological Review 65 (1958), S. 8—13.

[16] So namentlich *Parsons* u. a., Working Papers, S. 108.

[17] Vgl. The Social System, S. 201 ff.; Working Papers, S. 31 ff.; *Talcott Parsons / Edward A. Shils* (Hrsg.), Toward a General Theory of Action, Cambridge, Mass., 1951, S. 125 ff.

[18] De l'intelligence, 3. Aufl. Paris 1878, insb. Bd. 1 S. 25 ff.

[18a] Daß Identität durch Austauschmöglichkeit des Identischen definiert wird, ist dagegen alte ontologische Tradition. Vgl. *Christian Wolff*, Philosophia Prima Sive Ontologia, 2. Aufl., Frankfurt—Leipzig 1736, Neudruck Darmstadt 1962, S. 148 ff.

[19] A. a. O.; ferner: The Norm of Reciprocity: A Preliminary Statement, in: American Sociological Review 25 (1960), S. 161—178. Auch *Parsons*' Begriff des „double interchange" (vgl. *Talcott Parsons / Neil J. Smelser*, Economy and Society, Glencoe, Ill., 1956, S. 70 ff.) meint ein solches Austauschverhältnis zwischen mehreren Systemen; allerdings würde *Parsons* den Funktionsbegriff nur im Verhältnis zu übergeordneten Systemen verwenden. Neuerdings benutzt *George C. Homans*, Social Behavior. Its Elementary Forms, New York 1961, das Tauschmodell

grundsätzlich als Theorie sozialen Verhaltens, allerdings unter strikter Ablehnung einer funktionalistischen Interpretation.

[20] Vgl. *Merton*, a. a. O. S. 34, 52; *Johnson*, a. a. O. S. 68 ff.; *Richard D. Schwartz*, Functional Alternatives to Inequality, in: American Sociological Review 20 (1955), S. 424—430.

[21] Bei *Parsons* z. B. tritt er erst in der Theorie der strukturellen Änderungen auf; vgl. The Social System, S. 167, *Parsons / Smelser*, a. a. O., S. 256.

[22] Kritik der reinen Vernunft, 2. Aufl., S. 93.

[23] So *Nagel* a. a. O. (1956) S. 248 f.; *Emmet* a. a. O. S. 47 f.; *Raymond Firth*, Function, in: *William L. Thomas* (Hrsg.), Yearbook of Anthropology 1955, New York 1955, S. 237—258 (238).

[24] Zur Mehrdeutigkeit und Ergänzungsbedürftigkeit als definierenden Merkmalen des Funktionsbegriffs vgl. *Gottlob Frege*, Grundgesetze der Arithmetik, B. 1, Jena 1893, S. 5 ff; *Bertrand Russel / Alfred North Whitehead*, Einführung in die mathematische Logik, dt. Übers., München—Berlin 1932, S. 57 f.

[25] So betont z. B. *Roman Ingarden*, Essentiale Fragen, in: Jahrbuch für Philosophie und phänomenologische Forschung 7 (1925) S. 125—304 (187), „daß man die Existenz der Veränderlichen in dem Gehalte der Idee bisher immer übersehen und dadurch das Wesen der Idee völlig verkannt hat, indem man sie z. B. grundfalsch als einen ‚Gegenstand' definiert hat, der nur die gemeinsamen Eigenschaften aller zu einer Klasse gehörenden Gegenstände in sich enthält". Zum Problem der Alternativelemente in Ideen ferner *Herbert Spiegelberg*, Über das Wesen der Idee, in: Jahrbuch für Philosophie und phänomenologische Forschung 11 (1930), S. 1—238, insb. 148 ff., 168 ff.

[26] Vgl. *Walter Buckley*, Structural-Functional Analysis in Modern Sociology, in: *Howard Becker/Alvin Boskoff* (Hrsg.), Modern Sociological Theory in Continuity and Change, New York 1957, S. 236—259 (255); ferner *Kingsley Davis*, a. a. O., S. 764 f.; *Nagel*, a. a. O. (1961), S. 528.

[27] Vgl. namentlich *Ralf Dahrendorf*, Struktur und Funktion, in: Kölner Zeitschrift für Soziologie und Sozialpsychologie 7 (1955), S. 491—519, und: Out of Utopia: Toward a Reorientation of Sociological Analysis, in: The American Journal of Sociology 64 (1958), S. 115—127, einerseits und *Francesca Cancian*, Functional Analysis of Change, in: American Sociological Review, 25 (1960), S. 818—827, und *Renate Nayntz*, Soziologie in der Eremitage?, in: Kölner Zeitschrift für Soziologie und Sozialpsychologie 13 (1961), S. 110—125, insb. S. 111—113, andererseits.

[28] So *Robert S. Lynd*, Knowledge for What?, Princetown, N. J., 1939, S. 16.

[29] So sehr deutlich *Cancian*, a. a. O. S. 820.

[30] Das ist namentlich der Sinn des Modells funktionaler Erklärung, das *Nagel*, a. a. O. (1956), entworfen hat. *Nagel* selbst bezweifelt jedoch in einer neueren Veröffentlichung (a. a. O., 1961) die Anwendbarkeit dieses Modells in den Sozialwissenschaften.

[31] Dazu vgl. z. B. *George C. Homans*, The Human Group, New York 1950, S. 268 ff.; *Firth*, a. a. O., S. 240; *Buckley*, a. a. O., S. 243 f.; *Nagel*, a. a. O. (1961), S. 526 ff.

[32] So ausdrücklich z. B. *Nagel*, a. a. O., S. 368 ff.; *Philip Selznick*, TVA and the Grass Roots, Berkeley-Los Angeles 1949.

[32a] Als Kritiker der These von der speziellen kausalen Verursachung eines Systembestandes vgl. z. B. *Everett E. Hagen*, Analytical Models in the Study of Social Systems, in: The American Journal of Sociology, 67 (1961), S. 144—151.

[33] Zu dieser Herkunft vgl. namentlich *Radcliffe-Brown*, a. a. O., S. 394 f.; *Emmet*, a. a. O., S. 48 ff.; *Nagel*, a. a. O. (1953), S. 196 ff. (1956), S. 248 ff. (1961), S. 401 ff.

[34] Vgl. z. B. *Parsons*, The Social System, S. 26 ff.; *Marion J. Levy*, The Structure of Society, Princeton, N. J., 1952.

[35] So z. B. *Merton*, a. a. O., S. 51; *Levy*, a. a. O., S. 76 ff.; anders ausdrücklich *Nagel*, a. a. O. (1956), S. 270.

[36] *Merton*, a. a. O., S. 51 spricht von „net balance of the aggregate of consequences".

[37] Selbst in der Theorie des rationalen Entscheidens beginnt man der Unvergleichbarkeit von Handlungsfolgen Rechnung zu tragen. Dazu *meinen* Aufsatz: Kann die Verwaltung wirtschaftlich handeln?, in: Verwaltungsarchiv 51 (1960) S. 97—115.

[38] *Peter M. Blau*, The Dynamics of Bureaucracy, Chicago 1955.

[39] A. a. O. S. 214 f.

[40] Darin sieht *Hempel*, a. a. O., S. 286, einen schwerwiegenden Einwand gegen die funktionalistische Analyse.

[41] Vgl. *Hempel*, a. a. O., insbes. S. 293 ff.; *Nagel*, a. a. O. (1956), S. 264 f. (1961), S. 526 ff.; *Kingsley Davis*, a. a. O., S. 762 f., 768; *Charles R. Wright*, Functional Analysis and Mass Communication, in: Public Opinion Quarterly 24 (1960), S. 605—620 (606 f., 618 f.).

[42] Vgl. oben Anm. 29 und den dortigen Zusammenhang.

[43] Auch *Hempel*, a. a. O., S. 289, räumt ein, daß man durch Konditionalisierung zu brauchbaren funktionalen Hypothesen gelangen kann. Im Rahmen der kausalwissenschaftlichen Denkvoraussetzungen bleibt dieser Gedanke jedoch unausgewertet.

[44] Vgl. *Emmet*, a. a. O., S. 106 f.; *Blau*, a. a. O., S. 8, 81, 111 f.

[45] Dazu *Wright*, a. a. O., S. 619.

[46] *Merton*, a. a. O., S. 54, erwähnt im Zusammenhang mit der Verifikationsproblematik kurz die vergleichende Analyse. Vgl. ferner *Johnson*, a. a. O., S. 76 f.

[47] Dieser Gedanke steht hinter *Malinowskis* Formulierung: „It is the diversity of function not the identity of form that is relevant to the student of culture" (Culture, in: Encyclopedia of the Social Science Vol. 4, New York 1931, S. 621—646 [625]).

[48] Dazu vgl. *Eugen Fink*, Zur ontologischen Frühgeschichte von Raum, Zeit, Bewegung, Den Haag 1957.

[49] Eine Bemerkung von *Murray Horwitz*, Psychological Needs as a Function of Social Environments, in: *Leonhard D. Withe* (Hrsg.), The State of the Social Sciences, Chicago 1956, S. 162 bis 183 (163), wendet sich ebenfalls gegen die allgemeine Annahme, „that ‚stable' attributes of the person cannot be based on ‚unstable' properties of the psychological environment".

STRUKTUR UND FUNKTION
Talcott Parsons und die Entwicklung der soziologischen Theorie[1]

Von Ralf Dahrendorf

I

„Es ist kaum zu viel, zu sagen, daß der Zustand ihrer systematischen Theorie der bedeutsamste einzelne Index des Reifegrades einer Wissenschaft ist. Dieser umfaßt den Charakter des in der Disziplin benutzten verallgemeinerten Begriffs-apparates, Art und Grad der logischen Integration seiner verschiedenen Bestand-teile und die Weisen, in denen er tatsächlich in der empirischen Forschung ver-wendet wird. Auf dieser Grundlage kann die These vorgebracht werden, daß die Soziologie gerade dabei ist, in den Status einer reifen Wissenschaft hineinzu-wachsen."[2]

Beide Behauptungen — die, daß der Fortschritt einer Wissenschaft am Fort-schritt ihrer systematischen Theorie gemessen wird, und die, daß die Soziologie auf dem Wege ist, sich als in diesem Sinne reife Wissenschaft zu etablieren — sind gleichermaßen bedeutungsschwer und selbstbewußt. Sie verraten den Stolz des Mannes, der die theoretische Diskussion in der Soziologie um ihren bisher an-spruchsvollsten Beitrag bereichert hat. Sie verraten darüber hinaus die Inten-tion dieses Beitrags, seinen Charakter in den Augen seines Urhebers. Ob und inwieweit der persönliche Stolz durch das sachliche Resultat gerechtfertigt ist, kann nur die Prüfung von Intention und Inhalt des *Parsons*schen Beitrages erweisen.

Daß die Entwicklung einer Wissenschaft von der Entwicklung ihrer systema-tischen Theorie abhängt, ist weder eine selbstverständliche Feststellung, noch wird sie von allen Soziologen (oder selbst Wissenschaftslogikern) heute akzep-tiert. Erst vor wenigen Jahren schrieb der englische Soziologe *John Madge* mit einiger Ironie von denen, „die das Gefühl haben . . ., es sei unmöglich, wirksam zu handeln oder die Handlungen anderer zu bewerten, ohne daß wir zuvor unsere theoretische Basis sicherten", daß er „in seinen vorsichtigeren logischen Augen-blicken ihr Argument völlig überzeugend finde". „Aber", fügte er hinzu, „es ist eine Tatsache, daß Wissenschaft fortgeschritten ist ohne und sogar gegen ihre Methodologen und Logiker."[3]

So sehr der sympathische Skeptizismus einer solchen Bemerkung bestechen mag, er enthebt uns nicht der Aufgabe, den Anspruch der These von *Parsons* zu untersuchen. Die Frage bleibt: Was heißt es, daß der „Zustand ihrer systematischen Theorie" der „bedeutsamste Index des Reifegrades einer Wissenschaft" sei? Welche Auffassung der Soziologie wird von dieser Behauptung impliziert? Und fernerhin: Inwiefern bestätigen die von *Parsons* und anderen in den letzten zwanzig Jahren entwickelten Ansätze zu systematischer soziologischer Theorie die Möglichkeit der Soziologie im Sinne einer solchen Auffassung?

Der Versuch, die Implikationen der einleitend zitierten Sätze von *Parsons* herauszukehren, ergibt zunächst bloß formale Bestimmungen der soziologischen Theorie selbst. Er berührt die wissenschaftslogischen Voraussetzungen der Soziologie, nicht schon ihre empirisch-theoretischen Inhalte. Ohne die Artikulation dieser Voraussetzungen aber müßten nicht nur *Parsons'* eigene Überlegungen, sondern auch die Grundeinstellung, aus der heraus eine Reihe von Soziologen, unter ihnen der Verfasser dieses Aufsatzes, heute ihre Probleme betrachten, unverständlich bleiben. Diese Grundeinstellung beruht auf drei, thesenartig so formulierbaren Annahmen:

1. Die Soziologie ist eine Erfahrungswissenschaft, d. h. die Entscheidung über die Gültigkeit widerstreitender soziologischer Theorien ist grundsätzlich möglich.
2. Die Soziologie ist eine systematische Wissenschaft, d. h. sie erlaubt nicht nur Morphologien, Klassifizierungen und empirische Verallgemeinerungen, sondern systematische Theorie.
3. Der Aufbau eines logisch geschlossenen theoretischen Systems ist nicht nur möglich, sondern notwendig für den Fortschritt der Soziologie als Wissenschaft.

Ich habe behauptet, daß diese Annahmen Implikationen der eingangs zitierten Sätze von *Parsons* darstellen. Ihre Erläuterung wird daher an diesen Sätzen orientiert sein[4].

Daß die Soziologie eine Erfahrungswissenschaft ist, ist — wenn man diesen Begriff in ganz allgemeinem Sinne gebraucht — wohl kaum jemals bestritten worden. Dieser Consensus bestätigt indes nur die Tatsache, daß das Material der soziologischen Forschung aus prinzipiell der Erfahrung zugänglichen Daten besteht. Ein strengerer Begriff der Erfahrungswissenschaft, der den logischen Status der in einer Wissenschaft formulierten Sätze in Betracht zieht, wird allerdings auch heute noch nicht allgemein als für die Soziologie zutreffend betrachtet. An Hand des Eingangszitates ausgedrückt: Daß es in der Soziologie nicht viele „systematische Theorien", sondern nur eine „systematische Theorie" gibt, darf als durchaus umstritten gelten.

Geschichten der Soziologie sehen üblicherweise nicht viel anders aus als Geschichten der Philosophie. Die historischen Lehrmeinungen werden unter Kategorien geordnet und referiert; sie bleiben nebeneinander bestehen wie die metaphysischen, erkenntnistheoretischen und ethischen Systeme der Philosophie. Ausdrücklich bemerkt ein Historiker der Soziologie: „Als geschichtliche Erscheinung hat Soziologie ungewöhnlich viele Richtungen und Lager aufzuweisen. Sie nähert sich mit der Vielfalt möglicher Betrachtungsweisen der Philosophie."[5] Selbst *von Wiese* verrät in gewisser Hinsicht seinen eigenen Begriff von Soziologie, wenn er von „Hauptrichtungen der Soziologie" spricht und der „systematischen Soziologie" die „historische Soziologie", die „metaphysische Soziologie" (!) und die „erkenntnistheoretische Soziologie" als ebenbürtige „Zweige" der „Soziologie als Disziplin" an die Seite stellt[6].

Eben diese Möglichkeit der Geschichtsschreibung der Soziologie, das Verständnis der Soziologie als der Philosophie analoger oder gar philosophischer Disziplin, wird dann implicite geleugnet, wenn von „systematischer soziologischer Theorie" in der Einzahl die Rede ist. Daß die Soziologie eine Erfahrungswissenschaft ist, heißt dann, daß es „Richtungen" und „Lehrmeinungen" in ihr nicht geben kann — oder doch nur solange geben kann, bis empirische Prüfung die Entscheidung über die Gültigkeit bestimmter „Lehrmeinungen", bestimmter Theorien fällt. Was diese Prüfung überlebt, wird zum Bestandteil der systematischen soziologischen Theorie, was sie nicht überlebt, wird Geschichte der Soziologie, Teil jener „großen Zahl von Konzeptionen, die zusammenbrachen, als sie mit empirischen Fakten konfrontiert wurden"[7].

„Ein empirisch-wissenschaftliches System muß an der Erfahrung scheitern können"[8], darum sind geschichtsphilosophische Systeme keine Soziologie (und darum ist der Begriff einer „metaphysischen" und selbst „philosophischen Soziologie" eine contradictio in adjecto). Wie in jeder Erfahrungswissenschaft ist auch in der Soziologie „die Theorie ... das Netz, das wir auswerfen, um ,die Welt' einzufangen — sie zu rationalisieren, zu erklären und zu beherrschen. Wir arbeiten daran, die Maschen des Netzes immer enger zu machen"[9]. Das heißt auch, daß es in der Soziologie zwar viele „Maschen", viele spezifische Theorien, aber nur ein „Netz", eine systematische Theorie geben kann.

Was es mit diesem Gedanken der systematischen Natur der soziologischen Theorie auf sich hat, wird jetzt näher zu bedenken sein. Von „Theorie" ist in der Wissenschaft oft in sehr losem Sinn die Rede. Durch die Möglichkeit der Theorie unterscheidet sich die Soziologie noch von keiner anderen Disziplin der historischen oder Naturwissenschaften. Die These der Möglichkeit „systematischer" Theorie in der Soziologie aber postuliert Bestimmungen, die nicht mehr allen Wissenschaften gemeinsam sind. Sie postuliert nicht nur einen hohen Grad von „Allgemeinheit und Komplexität der theoretischen Bestimmungen" und logische Widerspruchslosigkeit aller theoretischen Sätze der Disziplin[10], sondern vor allem ein jenseits des empirischen Materials liegendes kategoriales Bezugssystem. Nur wenn wissenschaftliche Theorie systematisch ist, ist sie wirklich „das Netz, das wir auswerfen, um ‚die Welt' zu erklären". Ist sie aber systematisch, dann geht ihr Anspruch über die Grenzen der bloß klassifizierenden, beschreibenden und isolierte Kausalbeziehungen herstellenden Wissenschaft hinaus.

Damit ist die Soziologie als radikal unterschieden von den historischen Wissenschaften bestimmt[11]. Die historischen Wissenschaften können ihrer Natur nach keine systematische Theorie entwickeln, sie sind keine systematischen Wissenschaften[12]. Ihr Ausgangspunkt ist das historische Datum in seiner Einzigartigkeit und in seinem spezifischen historischen Zusammenhang. Die Soziologie dagegen, in ihrem hier diskutierten Verständnis als systematischer Erfahrungswissenschaft, hat prinzipiell keinen Respekt vor historischer Individualität und Aufeinanderfolge. Sie ordnet die Daten der Geschichte und Gegenwart mit Hilfe eines unabhängigen Kategoriensystems, reorganisiert damit die historische Zeit, und sie sucht das einzelne Datum aus dem Allgemeinen zu erklären, verallgemeinerbare Annahmen zu formulieren.

Daß die Soziologie keinen Respekt vor der Geschichte hat, gilt, wie gesagt, prinzipiell. Es heißt, daß ihre Kategorien und Begriffe an einem anderen Bezugssystem als der historischen Chronologie orientiert sind. Es heißt nicht, daß es für den Soziologen bedeutungslos wird, welche sozialen Institutionen z. B. welchen anderen folgen. Ob industrielle Gesellschaften feudalen Gesellschaften folgen oder umgekehrt, ist für den Soziologen keineswegs gleichgültig. Ob die Industrialisierung aber in England um 1800, in Deutschland um 1870, in Rußland um 1920 beginnt, ist ihm gleichgültig. „England im 19. Jahrhundert", „die Wilhelminische Epoche" oder „das moderne Rußland" sind historische Kategorien. Sie haben für den Soziologen keine Bedeutung. „Industrielle Gesellschaft" oder „industrielle Gesellschaft in der Phase der Industrialisierung" sind systematische Kategorien (wennschon auf relativ niedriger Allgemeinheitsstufe). Sie bilden das Handwerkszeug des Soziologen, der seine Wissenschaft als systematische Erfahrungswissenschaft versteht.

Systematische Theorie in einem Bereich menschlicher Erfahrungen verlangt, wie schon betont, ein kategoriales Bezugssystem, von dem alle weiteren analytischen Kategorien deduzierbar sind. Wir werden sehen, daß *Parsons* hier das Bezugssystem „(soziales) Handeln" einführt[13]. Zuvor sind jedoch ein paar Bemerkungen zur dritten, oben formulierten Implikation des *Parsons*schen Versuches sinnvoll, zu der These, daß der Aufbau eines logisch geschlossenen theoretischen Systems für den Fortschritt der Soziologie notwendig ist.

Morris Ginsbergs Formulierung der Ziele soziologischer Forschung dürfte noch heute von vielen, zumal in Europa, als verbindlich angesehen werden. Demnach sind die „Hauptfunktionen der Soziologie": „1. eine Morphologie oder Klassifizierung von Typen und Formen sozialer Beziehungen zu erarbeiten ...; 2. die

Beziehung zwischen verschiedenen Teilen oder Faktoren des sozialen Lebens zu bestimmen ...; 3. die Grundbedingungen des sozialen Wandels und Fortbestehens zu entwickeln."[14] Die erste dieser „Funktionen" bezeichnet zwar eine Vorbedingung jeder Erfahrungswissenschaft, bleibt aber auf der Ebene dessen, was *Parsons* und *Shils* ein „ad hoc klassifizierendes System" genannt haben[15], d. h. erschöpft sich in der Bildung isolierter Kategorien ohne deren theoretische Integration. Auch die zweite von *Ginsberg* erwähnte „Funktion" hält sich auf einer niedrigen Allgemeinheitsstufe und verrät keine systematische Intention. Sie verrät eher, wie auch die dritte „Funktion der Soziologie", eine philosophische Intention: nämlich die, durch das Studium sozialer Phänomene Aufschlüsse über die ontologischen Beziehungen zwischen Sein und Bewußtsein oder Werden und Vergehen zu gewinnen[16]. Keine der von *Ginsberg* formulierten „Hauptfunktionen der Soziologie" aber trägt der Möglichkeit der logischen Integration soziologischen Wissens in einem empirisch-theoretischen System Rechnung. Im Postulat dieser Möglichkeit liegt der eigentliche Anspruch des *Parsons*schen Unternehmens, in der Implikation dieses Postulats für die „Hauptfunktion der Soziologie" (zumindest der Möglichkeit nach) sein grundlegender Fortschritt über alle früheren theoretisch-soziologischen Versuche begründet: denn wenn systematische Theorie in der Soziologie möglich ist, dann ist sie für die Entwicklung der Soziologie auch notwendig, dann kann nur solche Forschung in der Soziologie sinnvoll sein, die explizite auf die Ausarbeitung eines logisch geschlossenen theoretischen Systems bezogen oder an diesem orientiert ist.

R. K. Merton hat „systematische soziologische Theorie" einmal definiert als die „Ansammlung jener kleinen Teile früherer Theorie, die bislang die Prüfung durch empirische Forschung überlebt haben"[17]. In dieser durch ihre übermäßige Vorsicht beinahe unbrauchbaren Bestimmung kann systematische Theorie nicht als conditio sine qua non des Fortschritts der Soziologie gedacht werden. Weiter führt die Orientierung an den von *Parsons* und *Shils* bezeichneten Ebenen der Systematisierung: aufsteigend vom „ad hoc klassifizierenden System" über das „kategoriale System", in dem die klassifizierenden Kategorien durch empirisch verifizierbare Beziehungen miteinander verknüpft sind, das „theoretische System", das — wie z. B. die klassische Mechanik — unter idealen Bedingungen gültige verifizierbare Annahmen (Gesetze) formuliert, zum „empirisch-theoretischen System", das die Prognose von Prozessen in empirischen Systemen, also jenseits der für theoretische Systeme konstitutiven experimentellen Bedingungen, erlaubt. Dies letztere erst „ist auf weite Sicht das Ziel des wissenschaftlichen Unternehmens"[18].

Wenn der Zustand ihrer systematischen Theorie den Index für den Reifegrad einer Wissenschaft abgibt, dann heißt dies, daß ohne die Entwicklung ihrer systematischen Theorie die Forschungen in dieser Wissenschaft steril bleiben.

In diesem Sinne ist die Entwicklung eines logisch geschlossenen theoretischen Systems für den Fortschritt der Wissenschaft notwendig. Ein logisch geschlossenes theoretisches System ist dabei ein System von Kategorien und Variablen, durch verifizierbare Hypothesen miteinander verknüpft, in dem „die logische Implikation jeder beliebigen Annahme ihre ausdrückliche [und verifizierbare — R. D.] Formulierung in einer anderen Annahme innerhalb desselben Systems findet"[19]. Ideales Ziel[20] soziologischer Forschung ist — selbstverständlich — die vollständige Beschreibung und Erklärung des sozialen Handelns. Voraussetzung, um dieses Ziel zu erreichen, und „rationale" der soziologischen Forschung aber ist der Aufbau eines im angedeuteten Sinn logisch geschlossenen theoretischen Systems.

Parsons beginnt sein großes Werk über die „Struktur des sozialen Handelns" mit einer Feststellung und einer Frage: „Spencer ist tot. Aber wer hat ihn getötet und wie? Das ist das Problem." *Parsons* gibt einen Teil der Antwort: *Pareto, Durkheim* und *Weber.* Aber er selbst und jeder, der die in diesem Abschnitt skizzierten Annahmen akzeptiert, ist mitschuldig an seinem Tod. Und nicht nur an *Spencers:* auch an *Comtes, Marx'* und dem all derer, deren Werk heute noch einen großen Teil der Soziologiegeschichten und soziologischen Vorlesungen erfüllt. Dies ist der Anspruch der Soziologie als systematischer Wissenschaft. Es gilt nun zu prüfen, was *Talcott Parsons* zu seiner Rechtfertigung inhaltlich beigetragen hat.

II

Man mag es für frühreif halten, den Gesamtumfang einer Wissenschaft abzustecken, bevor sie sich im einzelnen bewährt hat. *Merton* hat von dem „Risiko" gesprochen, „soziologische Äquivalente des 20. Jahrhunderts für die großen philosophischen Systeme der Vergangenheit zu produzieren, mit all ihrer verschiedenartigen Anregungskraft, all ihrem architektonischen Glanz und all ihrer wissenschaftlichen Sterilität"[21]. Den *Parsons*schen Versuch trifft diese an sich berechtigte Mahnung nicht. *Parsons* steckt zwar den idealen Umfang der Soziologie als Erfahrungswissenschaft ab, versucht aber nicht, ihn etwa durch ein „empirisch-theoretisches System" in einem Zug zu erfüllen. „Dieses Buch", sagt er über eines seiner Hauptwerke, „ist ein Versuch in systematischer Theorie, aber die Unterstellung wird ganz ausdrücklich zurückgewiesen, daß es in irgendeinem Sinn ein System der Theorie zu präsentieren versucht, da ständig betont worden ist, daß auf dem gegenwärtigen Wissensstand ein solches System nicht formuliert werden kann."[22] Innerhalb des theoretischen Gesamtplanes der systematischen Soziologie sieht *Parsons* seine Aufgabe an zwei Brennpunkten des wissenschaftlichen Interesses: dem des kategorialen Bezugssystems, das der

Soziologie zugrunde liegt (dem Bezugssystem „[soziales] Handeln") und dem des
Begriffsapparates der soziologischen Analyse selbst und seiner theoretischen
Integration (der „strukturell-funktionalen Theorie"[23]). Die folgenden Bemerkungen gelten dem Versuch, *Parsons'* Programm und, wenigstens in Andeutungen,
seine Überlegungen zu diesen Problemen zu skizzieren.

Talcott Parsons (geb. 1902) studierte zunächst Wirtschaftswissenschaften.
Nach seiner Graduierung zum A. B. am Amherst College (1924) ging er für zwei
Jahre nach Europa: zunächst, 1924/25, an die London School of Economics,
wo er *Hobhouse, Ginsberg* und *Malinowski* hörte, dann an die Universität Heidelberg, wo *Parsons* seine erste Bekanntschaft mit *Max Webers* Werk machte. In
Heidelberg wurde *Parsons* 1927 mit einer Dissertation über den „Begriff des
Kapitalismus in den Theorien von *Max Weber* und *Werner Sombart*" zum Dr.
phil. promoviert. Seine akademische Laufbahn begann er als Instructor in Economics zuerst am Amherst College, später (seit 1927) in Harvard, wo *Parsons*
bis heute lehrt. 1931 wurde er Instructor in Sociology, 1936 Assistant Professor,
1939 Associate Professor, 1944 Ordinarius für Soziologie, dazu 1946 Leiter des
„Department of Social Relations" an der Harvard Universität. 1953/54 brachte
Parsons wiederum ein Jahr in Europa zu, als Gastprofessor an der Universität
Cambridge und zuletzt am Salzburger Amerikanischen Seminar[24].

Neben seiner wirtschaftswissenschaftlichen Ausbildung und seinen *Weber*-
Studien verdienen noch zwei Impulse der Erwähnung, die *Parsons'* Werk maß-
geblich geprägt haben und aus seiner Biographie nicht unmittelbar hervorgehen.
Der eine dieser Impulse geht auf den Harvard-Physiologen *L. J. Henderson* zurück, der *Parsons* unmittelbar zur Beschäftigung mit *Pareto* anregte[25], dessen
Einfluß auf *Parsons* aber wesentlich darüber hinausging und seinen deutlichsten
Ausdruck in dem für *Parsons* zentralen, von *Henderson* übernommenen Begriff
des Systems, aber auch in den von *Parsons* stets in Analogie zur Physiologie verstandenen Begriffen „Struktur" und „Funktion" fand. Ein zweiter, vielleicht
noch wichtigerer Impuls für *Parsons* ging aus von seiner Beschäftigung mit
Freud seit dem Ende der 30er Jahre, durch die seine Aufmerksamkeit immer
stärker auf Kategorien der Motivation in ihrer Bedeutung für Integration und
Funktionieren von sozialen Systemen hingelenkt wurde.

Parsons' Werke legen Zeugnis ab von den vielfältigen Impulsen seiner umfang-
reichen Studien. Die Frage nach dem „systematischen Status der nicht-ökono-
mischen Aspekte des ökonomischen Verhaltens", von *B. Barber* als Schlüssel zum
Verständnis der Entwicklung von *Parsons* angesehen[26], bezeichnet zwar deren
Ausgangspunkt, erklärt aber nicht ihren Verlauf von der „Structure of Social
Action" zum „Social System" und den „Working Papers in the Theory of
Action". *Parsons'* erstes und vielleicht bedeutsamstes Werk, die „Structure of
Social Action", stellt einen Versuch dar, an Hand der Analyse gewisser — nach

Parsons gemeinsamer — Grundvoraussetzungen der Werke von *Pareto, Durkheim* und *Weber* das Entstehen einer Theorie aufzuweisen, die *Parsons* hier die „voluntaristische Theorie des Handelns" nennt. Vierzehn Jahre später, 1951, legte *Parsons* dann einen systematischen Entwurf zu dieser Theorie in dem zusammen mit *E. A. Shils* verfaßten Kernstück des Symposiums „Toward a General Theory of Action" unter dem Titel „Werte, Motive und Systeme des Handelns" vor. *Parsons* selbst bemerkte über diese Arbeit, sie stelle „wesentlich eine neue und erweiterte Formulierung des theoretischen Gegenstandes der ‚Structure of Social Action' dar"[27]. Während diese Arbeiten zur Theorie des Handelns, wie noch zu zeigen sein wird, den Rahmen der soziologischen Theorie sprengen[28] und den gemeinsamen Grund aller Sozialwissenschaften zu bestimmen suchen, stellt die schon wiederholt erwähnte „strukturell-funktionale Theorie" *Parsons'* Beitrag zur soziologischen Theorie im engeren Sinn dar. Der Begriff „strukturell-funktionale Theorie", wie der der „Funktion" überhaupt, fehlt noch in der „Structure of Social Action". Er begegnet uns bei *Parsons* zuerst in einigen seit 1945 veröffentlichten Aufsätzen und wird in dem Abschnitt über „das soziale System" in *Parsons'* und *Shils'* Beitrag zu „Toward a General Theory of Action" und vor allem in dem im gleichen Jahre erschienenen dritten großen Werk von *Parsons,* „The Social System" zentral. Seither hat *Parsons* seine Aufmerksamkeit vor allem zwei von ihm als eng verknüpft verstandenen Aufgaben zugewandt: der Verfeinerung und Erweiterung der Theorie des Handelns, vor allem ihrer psychologischen Dimension (vgl. die „Working Papers in the Theory of Action" und eine Reihe von Zeitschriftenaufsätzen), und der Anwendung der strukturell-funktionalen Theorie auf spezifisch soziologische Probleme[29] (vgl. z. B. den „Revised Analytical Approach to the Theory of Social Stratification"). Die von *Parsons* und seinem Mitarbeiter und Kollegen *R. E. Bales* in letzter Zeit besonders intensiv betriebene empirische Untersuchung kleiner Gruppen stellt einen Versuch dar, die beiden erwähnten Intentionen zu kombinieren.

Biographische Daten sind gewiß nur bis zu einem gewissen Grade relevant. Zweierlei läßt sich jedoch aus der Kenntnis von *Parsons'* wissenschaftlicher Entwicklung folgern. Einmal zeigt sie, daß *Parsons* nicht von der Soziologie ausgehend den Versuch gemacht hat, diese Disziplin in einen weiteren Zusammenhang hineinzustellen, sondern umgekehrt von umfassenderen Intentionen her den Platz der Soziologie neben anderen Sozialwissenschaften zu bestimmen versucht. Zum zweiten, und hieraus sich ergebend, zeigt die *Parsons*sche Entwicklung zwei systematisch zwar als verknüpft behauptete, aber zumindest auf verschiedenen Allgemeinheitsstufen stehende Ansatzpunkte seiner theoretischen Überlegungen, die Theorie des Handelns einerseits, die strukturell-funktionale Theorie andererseits. Diese beiden Ansatzpunkte werden nacheinander und getrennt zu bedenken sein.

Die Theorie des Handelns

Wenn soziologische Theorie systematisch sein soll, dann muß sie auf einem Bezugssystem basieren, das die durch empirische Generalisierung aus dem Material der Soziologie selbst ableitbaren Kategorien transzendiert. Sie muß an ein paar Grundkategorien orientiert sein, die — wie Raum, Zeit, Masse, Bewegung usw. in der klassischen Mechanik — als beschreibende Kategorien die Grundlage jeder Analyse sozialer Phänomene abgeben. Das heißt aber, daß dieses Bezugssystem — wenn man nicht der „enzyklopädischen Auffassung" zustimmt, „welche die Soziologie als Synthese all unseres Wissens über das menschliche Verhalten in Gesellschaft ansieht"[30] — über die Grenzen der Soziologie hinausgehen muß. „Irgendwie" muß ein „theoretischer Apparat" ausgearbeitet werden, „der unser eigenes Gebiet [die Soziologie — R. D.] mit anderen in Einklang bringt, die in gleicher Weise Teil desselben breiteren fundamentalen Systems sind"[31].

In der „Structure of Social Action" zitiert *Parsons* vier verschiedene Bezugssysteme dieser Art, die *F. Znaniecki* in seinem Buch „The Method of Sociology" unterschieden hatte: „soziales Handeln", „soziale Beziehungen", „soziale Gruppen" und „soziale Persönlichkeit"[32]. *Parsons* entscheidet sich für das erste, und zwar aus zwei Gründen: 1. weil es dasjenige Bezugssystem ist, in dem die traditionelle soziologische Theorie konvergiert, und 2. weil es „als das elementarste angesehen werden kann"[33]. Das erste dieser Argumente ist historisch und kann belegen, daß es sinnvoll ist, das soziale Handeln als Grundkategorie eines solchen Bezugssystems zu wählen. Seiner Diskussion gilt der größere Teil der „Structure of Social Action", welcher der Entwicklung der These von der Konvergenz der Theorien *Paretos*, *Durkheims* und *Webers* gewidmet ist. Das zweite Argument ist logisch. Wenn es begründet werden kann, muß die Wahl des „sozialen Handelns" zum Bezugssystem als zwingend angesehen werden. Ohne seine Schritte hier im einzelnen zu verfolgen, kann dieser Nachweis als von *Parsons* erbracht betrachtet werden[34].

Als Grundkategorie des Bezugssystems „soziales Handeln" oder, wie er vorzieht zu formulieren, „Handeln"[35] führt *Parsons* in der „Structure of Social Action" die „Handlungseinheit", den „einzelnen Akt" („unit act") ein. Später spricht er abstrakter und zugleich genauer vom „Handeln" („action") als dem Element der Theorie des Handelns. Handeln ist für *Parsons* jede Form menschlichen Verhaltens, die durch bestimmte Kategorien, die *Parsons* als logische Implikationen des Begriffes „Handeln" bezeichnet, beschrieben und analysiert werden kann. Diese Kategorien stellen zugleich den Ausgangspunkt der Theorie des Handelns dar. Sie bestehen aus jener „Mindestzahl von beschreibenden Termini" oder „Tatsachen", die von der Grundeinheit eines Systems prädizierbar sein müssen, bevor diese als solche bezeichnet werden kann[36]. Die drei wesentlichen

Implikationen, ohne die Handeln in diesem Sinne nicht gedacht werden kann, sind für *Parsons* die Handelnden („actors"), die Situation des Handelns („situation of action") und die Orientierung des bzw. der Handelnden zur Situation („orientation of the actor to the situation")[37]. Die Theorie des Handelns nimmt von der Analyse des durch diese formalen und beschreibenden Elementarkategorien konstituierten Bezugssystems Handeln ihren Ausgang.

Daß Handeln nicht ohne Handelnde gedacht werden kann, bedarf kaum weiterer Erklärung. Unter Handelnden versteht *Parsons* sowohl Individuen als auch Kollektivitäten, die jeweils als Subjekt oder Objekt des Handelns in Betracht kommen.

Die Situation des Handelns umfaßt alle sozialen und nicht-sozialen Gegebenheiten, die dem Handelnden entweder als unkontrollierbare Bedingungen oder als kontrollierbare Werkzeuge vorliegen. Unter Situation sind also nur diejenigen Elemente des prinzipiell unbegrenzten Feldes, das den Handelnden im Handeln umgibt, verstanden, die für das in Frage stehende Handeln von Bedeutung sind. Dies kann eine diffuse oder spezifische Bedeutung von Personen oder Dingen als Bedingungen oder Mittel des Handelns sein — in jedem Fall handelt es sich um dem Handelnden äußerliche Gegebenheiten.

Die inneren Voraussetzungen und Implikationen des Handelns, und damit die entscheidende Grundkategorie des *Parsons*schen Bezugssystems Handeln, sind begriffen unter dem Gesichtspunkt der „Orientierung des Handelnden zur Situation". Diese Kategorie als Handeln in Allgemeinheit beschreibend umfaßt zwei analytisch durchaus unterschiedene Arten der Orientierung: die Motiv-Orientierung und die Wert-Orientierung. Beide haben bedeutsame Implikationen. Daß alles Handeln unter dem Aspekt der Motiv-Orientierung analysiert werden kann, heißt, daß es stets auf ein Ziel hin gerichtet ist, das dem Willen des Handelnden entspringt[38]. Daß alles Handeln unter dem Aspekt der Wert-Orientierung analysiert werden kann, heißt, daß es stets gewissen vom Handelnden verinnerlichten Normen und Auswahlkriterien unterliegt, welche die Wahl zwischen Alternativen bestimmen.

In der Ableitung weiterer Kategorien der Theorie des Handelns von diesem Bezugssystem liegt der Schwerpunkt des Interesses naturgemäß auf der Entwicklung formal-beschreibender Begriffe für die Orientierung von Handelnden zu Situationen. *Parsons* formuliert Kategorien für die Beschreibung 1. möglicher Weisen der Motiv-Orientierung, 2. möglicher Weisen der Wert-Orientierung und 3. möglicher Alternativen der Interpretation von Situationen des Handelns, insoweit diese zur Orientierung zu Situationen beitragen[39]. Alle diese Kategorien sind formal, insofern sie bestimmte Handlungsweisen nur ihrer Form, ihrer logischen Struktur nach bezeichnen; sie sind beschreibend, insofern diese begriffliche Bezeichnung zunächst nur der Kennzeichnung, nicht der Analyse dient.

Der nächste Schritt der Theorie des Handelns besteht in der Analyse der Weisen, in denen Handlungen, Einheiten des Handelns, als in Systemen integriert betrachtet werden können. „Handlungen sind empirisch nicht vereinzelt, sondern treten in Konstellationen auf, die wir Systeme nennen."[40] Dabei unterscheidet *Parsons* drei Systeme, in denen die Elemente des Handelns auf je eigene Weise organisiert sind: das „soziale System", das „personale System" und das „kulturelle System"[41]. „Soziale Systeme, personale Systeme und kulturelle Systeme sind der kritische Gegenstand der Theorie des Handelns. In den ersten beiden Fällen werden die Systeme selbst als Handelnde gedacht, deren Handeln wiederum als auf Ziele und die Befriedigung von Bedürfnis-Dispositionen hin gerichtet, als in Situationen auftretend, Energie verbrauchend und als durch Normen reguliert gedacht wird. Analyse der dritten Art von System ist wesentlich für die Theorie des Handelns, weil Systeme von Wertmaßstäben (Auswahlkriterien) und anderen Kulturweisen, wenn sie in sozialen Systemen institutionalisiert und in personalen Systemen verinnerlicht sind, den Handelnden leiten sowohl im Hinblick auf die Orientierung auf Ziele hin als auch in der normativen Regulierung von Mitteln und Ausdruckstätigkeiten, wo immer die Bedürfnis-Dispositionen des Handelnden Wahlentscheidungen in diesen Dingen offen lassen."[42]

Die formale Analyse der drei Systeme (oder Sub-Systeme) des Handelns führt dann hinüber in die eigentliche soziologische bzw. psychologische und ethnologische Theorie. Bevor wir diesen auf eine niedrigere Allgemeinheitsstufe führenden und eingangs von der Theorie des Handelns unterschiedenen Schritt nachvollziehen, scheinen jedoch noch zwei erläuternde Bemerkungen zu dieser Theorie am Platze.

Um den von *Parsons* für die Theorie des Handelns in den Sozialwissenschaften in Anspruch genommenen Platz zu bestimmen, mag es sinnvoll sein, auf eine von ihm selbst wiederholt herangezogene Analogie zu verweisen. *Parsons* vergleicht das dieser Theorie zugrundeliegende Bezugssystem gerne mit dem Bezugssystem der klassischen Mechanik. Dem Handeln entspricht hier das Partikel, das Elementarteilchen, den drei Implikationen des Handelns die Attribute der Elementarteilchen. „Dies ist der allgemeinste Rahmen von Kategorien, innerhalb dessen empirisch-wissenschaftliche Forschung plausibel wird."[43] „Genau wie die Einheiten eines mechanischen Systems im klassischen Sinn, die Elementarteilchen, nur definiert werden können durch ihre Eigenschaften Masse, Geschwindigkeit, Ort im Raum, Richtung der Bewegung usw., so können auch die Einheiten von Systemen des Handelns gewisse grundlegende Eigenschaften haben, ohne die es unmöglich ist, die Einheiten als ,existent' zu denken."[44] Diese von *Parsons* verwendete Analogie mag vielleicht zu manchen kritischen Einwendungen Anlaß geben, wir haben sie hier zunächst lediglich zur Erläuterung des oben Gesagten herangezogen.

Die Analogie zur klassischen Mechanik kann zur Erläuterung des logischen Status der Theorie des Handelns beitragen, sie verbirgt aber die Allgemeinheit des Anspruches dieser Theorie. Die schon wiederholt gemachte Feststellung, daß diese Theorie den Rahmen der eigentlich soziologischen Theorie sprengt, kann jetzt noch schärfer formuliert werden: Nur wenn die Theorie des Handelns als Bezugssystem für alle sozialwissenschaftlichen Disziplinen gedacht werden kann, ist ihr Anspruch gerechtfertigt. Aus dieser theoretischen Situation heraus erklärt sich das Symposium „Towar·! a General Theory of Action". Zu diesem Werk haben neun Sozialwissenschaftler beigetragen, die alle das Bezugssystem Handeln als grundlegend für ihre Wissenschaften akzeptiert haben: drei Soziologen (*T. Parsons, E. A. Shils, S. A. Stouffer*), vier Psychologen (*E. C. Tolman, G. W. Allport, H. A. Murray, R. R. Sears*) und zwei Ethnologen (*C. Kluckhohn, R. C. Sheldon*). An verschiedenen Stellen versucht *Parsons*, den Platz nicht nur dieser drei Wissenschaften, sondern auch der Wirtschaftswissenschaft, der politischen Wissenschaft, der Geschichtswissenschaft von der Theorie des Handelns her zu bestimmen[45]. Es scheint eindeutig, daß die Theorie des Handelns *Parsons* in den Stand setzt, spezifischer, als es bisher möglich war, die Beziehungen zwischen Soziologie und Psychologie oder Soziologie und Ethnologie zu fixieren. Umgekehrt steht oder fällt diese Theorie, auf lange Sicht, mit der Akzeptierbarkeit ihres Anspruches, das kategoriale Bezugssystem für alle Sozialwissenschaften zu sein[46].

Strukturell-funktionale Theorie

Das soziale System ist, wie wir gesehen haben, für *Parsons* eines von drei logisch äquivalenten Systemen des Handelns. Seine Analyse obliegt der Soziologie bzw., in seinen formalen Aspekten, der (systematischen) soziologischen Theorie. Das soziale System repräsentiert eine der Weisen, in denen die Elemente des Bezugssystems Handeln integriert sein können. Seine Untersuchung bedarf daher sowohl des Bezuges auf dieses kategoriale System als auch eines ihr eigenen analytischen Schemas.

Der Bezug auf das kategoriale System Handeln ergibt sich zunächst ohne Schwierigkeit. Wie jedes System kennt auch das soziale System eine Struktur, d. h. „einen Satz von relativ stabilen Beziehungsweisen von Einheiten". Und „da die Einheit des sozialen Systems der Handelnde ist, ist Sozialstruktur ein System der sozialen Beziehungsweisen von Handelnden"[47]. „Das Handeln wird dann eine Einheit im sozialen System, insofern es Teil eines Prozesses der Wechselwirkung zwischen seinem Autor und anderen Handelnden ist."[48] Die Kategorien der Theorie des Handelns sind also anwendbar auf die soziologische Theorie, insofern das soziale System ein System von Handelnden, die in Situationen mit bestimmten Wert- und Motiv-Orientierungen handeln, darstellt.

Aber dieses Elementarschema reicht nicht zu — oder ist zu weit —, um die Probleme der soziologischen Theorie zu lösen. „Es ist ein ausgezeichnetes Merkmal der Struktur von Systemen des sozialen Handelns, daß der Handelnde an den meisten Beziehungen nicht in seiner Totalität, sondern nur durch einen gegebenen differenzierten ‚Sektor‘ seines totalen Handelns teilnimmt. Ein solcher Sektor, der die Einheit eines Systems sozialer Beziehungen darstellt, wird vorwiegend als ‚Rolle‘ bezeichnet.“ [49] „Für die meisten Zwecke“ ist daher „die begriffliche Einheit des sozialen Systems die Rolle.“ [50] Später formuliert *Parsons* noch aufschlußreicher: „Für die meisten Zwecke der mehr makroskopischen Analyse von sozialen Systemen ist es indes empfehlenswert, eine Einheit von höherer Ordnung als das Handeln zu verwenden, nämlich die Status-Rolle, wie sie hier genannt werden wird.“ [51] Um diesen Ausgangspunkt der strukturell-funktionalen Theorie zu verstehen, sind vor jeder Diskussion der Begriffe „Status“ und „Rolle“ ein paar weitere Überlegungen nötig.

Das Problem, dem sich die soziologische Theorie gegenübersieht, ist das der theoretischen Analyse von Prozessen. Um ein Problem handelt es sich hierbei in doppeltem Sinne. Die Analyse von Prozessen ist nicht nur der Gegenstand der soziologischen Theorie, sie ist zugleich ein höchst problematischer Gegenstand, der sich in angebbarer Weise gegen wissenschaftliche Rationalisierung und Erklärung sträubt. Die wissenschaftliche Erklärung von Prozessen verlangt die Kenntnis der Gesetze, nach denen diese Prozesse ablaufen. Die Formulierung solcher Gesetze aber erfordert zunächst die Kenntnis aller (in empirisch-theoretischen Systemen) oder doch der wesentlichen (in theoretischen Systemen) Variablen, die in den in Frage stehenden Prozessen zum Wirken kommen, dann auch die exakte Bestimmung der Beziehungen zwischen diesen Variablen und ihres jeweiligen Gewichtes. Gerade hier aber bietet sich dem empirischen Soziologen ein vorerst nahezu unlösbares Problem: das der Kontrolle experimentell nicht reproduzierbarer Variablen.

Parsons ist sich dieses Problems wohl bewußt. Als eigentliches Ziel der soziologischen Theorie sieht auch er die Erklärung sozialer Prozesse an. Zugleich sieht auch er gerade hierin das größte Problem der soziologischen Theorie. „Das Ideal wissenschaftlicher Theorie muß es sein, den dynamischen Bereich der Analyse komplexer Systeme als ganzen so weit wie möglich auszudehnen. Es ist die Erreichung dieses Ideals, die der Wissenschaft die größten theoretischen Schwierigkeiten bietet.“ [52]

In diesem Dilemma entspringt die strukturell-funktionale Theorie, haben die Begriffe „Struktur“ und „Funktion“ in der Soziologie ihren Ursprung. Sie werden eingeführt in dem Bestreben, einen in seiner Vollständigkeit vorerst nicht erklärbaren Tatbestand vereinfacht, auf der abstrakten Ebene des theoretischen Systems, zu rationalisieren, zu beschreiben und Ansatzpunkte der Erklärung zu fixieren.

Der erste Schritt dieses Versuchs besteht in der Konstruktion einer relativ stabilen Struktur von Systemen als Ausgangspunkt aller diese Systeme involvierenden Prozesse. Es wird anerkannt, daß solche stabilen Strukturen empirisch nie aufweisbar sind. In ihrer Konstruktion ist der wesentlich prozessuale Charakter der sozialen Wirklichkeit zum Stehen gebracht. Die Konstruktion einer als stabil vorgestellten Struktur von sozialen Systemen ist, logisch gesehen, eine Operation, bei der gewisse Kategorien, die an sich Variable bezeichnen, als Konstante gesetzt werden. Die Kategorie der Struktur impliziert also einen Verlust an empirischer Fülle, sie ist eine Simplifikation. Zugleich erweist sie sich aber als „echt technisches analytisches Werkzeug"[53], weil sie es erlaubt, prozessuale Analysen auf eine fixierte Ausgangssituation zu beziehen, und weil sie dazu zwingt, alle Komponenten dieser Situation ständig im Auge zu behalten.

Strukturkategorien sind, wie ersichtlich, notwendig „statisch". Sie beschreiben Beziehungen in einer aus ihrem prozessuellen Zusammenhang herausgelösten Struktur. Damit wird es entscheidend, einen Weg zu finden, „diese ‚statischen' strukturellen Kategorien ... mit den dynamisch variablen Elementen im System zu verknüpfen. Diese Verknüpfung liefert der all-wichtige Begriff der Funktion. Seine wesentliche Aufgabe ist es, Kriteria für das Gewicht dynamischer Faktoren und Prozesse innerhalb des Systems zu liefern. Sie sind wichtig, insofern sie funktionale Bedeutung für das System haben ... Funktionale Bedeutung in diesem Zusammenhang ist in sich teleologisch. Ein Prozeß oder Satz von Bedingungen ‚trägt bei' zur Erhaltung (oder Entwicklung) des Systems oder ist ‚dysfunktional', indem er der Integration oder Effektivität des Systems entgegenwirkt. Es ist daher der funktionale Bezug aller besonderen Bedingungen und Prozesse auf den Zustand des gesamten Systems als einer funktionierenden Einheit, der das logische Äquivalent von bestimmten Gleichungen mit mehreren Variablen in einem voll entwickelten System analytischer Theorie abgibt."[54]

‚Die Kategorien „Struktur" und „Funktion" bezeichnen die Schwerpunkte des Interesses einer soziologischen Theorie, die noch nicht den Anspruch erhebt, ein „voll entwickeltes System analytischer Theorie" zu geben[55]. In dem Bestreben, Probleme der dynamischen Analyse zu lösen, wird in jedem gegebenen Fall die Struktur des sozialen Systems vorausgesetzt, dann die Funktion besonderer Teile dieses Systems, ihr Beitrag zum Funktionieren des Systems untersucht, um schließlich die Stabilität oder Instabilität von sozialen Systemen bestimmen zu können. Alle anderen Begriffe der strukturell-funktionalen Theorie, auch die Begriffe „Status" und „Rolle", werden sinnvoll angesichts dieser Intention und der zu ihrer Verwirklichung nötigen Schritte der Analyse, die durch die Kategorien „Struktur" und „Funktion" gekennzeichnet sind.

Wir erinnern uns, daß *Parsons* das Begriffsbündel „Status-Rolle" als Grundeinheit der Analyse sozialer Systeme eingeführt hat. Diese Grundeinheit ist nicht „das Handeln" oder „der Handelnde", sondern nur ein je bestimmter Sektor des Handelnden in einer gegebenen Handlung, eben seine „Status-Rolle". Die Paarung „Status" und „Rolle" entspricht nun genau der „Struktur" und „Funktion". Der Sektor, mit dem ein Handelnder an den sozialen Wechselbeziehungen teilnimmt, „hat zwei Hauptaspekte. Auf der einen Seite steht der Positionsaspekt — der des Platzes, den der in Frage stehende Handelnde in dem sozialen System relativ zu anderen Handelnden einnimmt. Dies ist, was wir seinen Status nennen werden, sein Ort im Beziehungssystem als Struktur, d. h. als strukturiertes System von Teilen, verstanden. Auf der anderen Seite steht der Prozeßaspekt, der Aspekt dessen, was der Handelnde in seinen Beziehungen mit anderen tut, gesehen im Kontext seiner funktionalen Bedeutung für das soziale System. Dies werden wir seine Rolle nennen."[56]

Beide Begriffe, Status und Rolle, vermeiden den Regreß auf die Persönlichkeit als psychologisches System. Sie sind zwar auf diese zurückführbar, werden aber im Rahmen der soziologischen Analyse nicht weiter zurückgeführt, sondern als der soziologischen Theorie eigentümliche Elementareinheiten behandelt[57]. Alle weiteren soziologischen Annahmen sind also nicht Aussagen über Personen, sondern über „Status" und „Rollen"[58], wobei „Status" stets die Position, „Rolle" deren Gegenstück im Verhalten von Personen bezeichnet. Soweit die Einzelpersönlichkeit in der soziologischen Analyse in Betracht kommt, wird sie stets verstanden als Träger von „Status" und „Rollen".

Ausgehend von diesen Grundkategorien unterscheidet *Parsons* drei Hauptproblemgebiete der strukturell-funktionalen Theorie, die einander logisch folgen, insofern die Lösung der späteren Probleme die der früheren voraussetzt: 1. die Theorie der Sozialstruktur, 2. die Theorie der Motivationsprozesse innerhalb des Systems und 3. die Theorie des Wandels.

Die Theorie der Sozialstruktur fußt auf der Annahme, „daß es eine Bedingung der Stabilität sozialer Systeme ist, daß es Integration der Wertmaßstäbe ihrer einzelnen Bestandteile geben muß, um ein ‚gemeinsames Wertsystem' zu konstituieren". „Die Existenz eines solchen Normensystems als Ausgangspunkt für die Analyse sozialer Phänomene", sagt *Parsons*, „ist eine zentrale Annahme, die direkt aus der Anwendung des Bezugssystems von Handlungen auf die Analyse sozialer Systeme folgt."[59] Nun läßt sich der direkte Bezug der Annahme eines gemeinsamen Wertsystems als Prinzip der Struktur von sozialen Systemen auf das kategoriale System Handeln zwar schwerlich nachweisen, wohl aber der auf das Begriffsbündel „Status-Rolle". Der Zusammenhang ist wichtig genug, um ihn etwas näher zu bedenken.

„Rolle als Verhaltensaspekt des Status liefert das Verbindungsglied zwischen den idealen und den Verhaltensnormen einer Gesellschaft."[60] Daß die Rolle das Gegenstück des Status im Verhalten von Personen ist, heißt zunächst, daß sich an jeden Status gewisse erwartete Verhaltensweisen knüpfen. „So wird von einer ‚Ehefrau', als Verpflichtungen ihres Status, erwartet, daß sie die Verantwortung für die Haushaltsführung und gegebenenfalls für die Kinderpflege übernimmt."[61] Diese erwarteten Verhaltensweisen oder „Rollen-Erwartungen" sind in Gesellschaften institutionalisiert, d. h. für jede Rolle gibt es bestimmte, sozial definierte Verpflichtungen und Verbote. Andere wachen, wiederum als Teil ihrer Rollen-Erwartungen, darüber, daß Handelnde ihren Verpflichtungen nachkommen: „Was Sanktionen für das Ich (ego) sind, sind Rollen-Erwartungen für den anderen (alter) und umgekehrt."[62] „Von diesem Standpunkt liegt der wesentliche Aspekt der Sozialstruktur in einem System von Erwartungsnormen, die das angemessene Verhalten von Personen, die bestimmte Rollen spielen, definieren",[63] also in einem gemeinsamen, überindividuellen und institutionalisierten Wertsystem. „Das fundamentale, strukturell stabile Element sozialer Systeme, das ... eine wesentliche Rolle in ihrer theoretischen Analyse spielen muß, ist daher ihre Struktur von institutionalisierten Normen, welche die Rollen der sie begründenden Handelnden definieren."[64] Weitere Analysen der Theorie der Sozialstruktur gehen dann vor allem auf Fragen nach dem Vorhandensein dominanter Wertnormen in sozialen Systemen[65] und nach der institutionellen Differenzierung in diesen Systemen ein.

Die Theorie der Motivationsprozesse innerhalb des Systems beschäftigt sich mit der Verknüpfung der gleichsam „objektiven", nämlich institutionellen Bestimmungen der Sozialstruktur mit der „subjektiven" Motivation von Handelnden in dieser Struktur. Ihre Kernprobleme sind: Wie werden die institutionalisierten Wertsetzungen einer Gesellschaft Teil der Persönlichkeitsstruktur von Individuen in dieser Gesellschaft? Und: Welche Prozesse in den Persönlichkeiten einzelner Handelnder führen zu disruptivem, die Konformität mit Rollen-Erwartungen sprengendem Handeln? Die erste dieser Fragen bezieht sich auf das von *Parsons* ausführlich diskutierte Problem der Verinnerlichung von sozialen Wertsetzungen als Bedingung der Stabilität von Persönlichkeiten und sozialen Systemen. Die zweite Frage berührt das Problem des pathologischen, von den institutionalisierten Wertsetzungen abweichenden Verhaltens und der Mechanismen, die Gesellschaften kennen, um solches pathologisches Verhalten zu kontrollieren (soziale Kontrolle)[66].

Es ist die Absicht der strukturell-funktionalen Theorie, einen Satz von zusammenhängenden Kategorien zu formulieren, mit deren Hilfe 1. jedes soziale Teilphänomen — soziale Kategorie oder Gruppe, Norm oder Institution — so analysiert werden kann, daß seine Rolle innerhalb bestimmter Strukturen und in aus diesen Strukturen herausgewachsenen Prozessen deutlich wird, 2. ganze Gesellschaften so analysiert werden können, daß nicht nur ihre Struktur, sondern auch ihre „neuralgischen Punkte" und die durch diese suggerierten Entwicklungstendenzen der wissenschaftlichen Rationalisierung zugänglich werden. Im Zentrum dieser Analysen stehen die Kategorien „Struktur" und „Funktion", an ihrem Ausgangspunkt die der „Status-Rolle" und die aus diesen ableitbaren Kategorien und Begriffe, insbesondere solche, die sich auf die Institutionalisierung von Wertnormen und Sanktionen, die Verinnerlichung dieser Normen und die Weisen der Abweichung von ihnen beziehen. Ihre Krönung aber ist die dynamische Analyse des sozialen Wandels selbst. „Der letzte Zweig der soziologischen Theorie . . . ist die dynamische Theorie des institutionellen Wandels . . . Sie ist unzweifelhaft der synthetische Kulminationspunkt der theoretischen Struktur unserer Wissenschaft."[67]

Parsons' Überlegungen zu dieser Theorie des Wandels sind jedoch kaum ein Beitrag zu ihr. Das Kapitel des „Social System", das „Die Prozesse des Wandels von sozialen Systemen" überschrieben ist, dient nicht der Formulierung von Kategorien zur Analyse des sozialen Wandels, sondern dem Beweis der These, daß „auf dem gegenwärtigen Wissensstand eine allgemeine Theorie der Prozesse des Wandels von sozialen Systemen unmöglich" ist[68]. Zwei Gründe führt *Parsons* hierfür vor allem ins Feld: 1. die Überzeugung, daß die Theorie des Wandels „eine Synthese aller anderen Zweige des theoretischen Gesamtsystems" verlangen würde[69], zu der noch die Handhabe fehlt, und 2. die immanenten Begrenzungen einer strukturell-funktionalen Theorie, die ja aus dem Dilemma des fehlenden Wissens um „Gesetze, die Prozesse innerhalb des Systems bestimmen", geboren ist[70]. So beschränkt sich *Parsons* darauf, einige empirische Verallgemeinerungen und ad hoc herangezogene Variable als für die Theorie des Wandels relevant vorzuschlagen.

III

Talcott Parsons wird heute von vielen, und nicht nur in Amerika, als der größte lebende Theoretiker der Soziologie betrachtet. Das heißt indes keineswegs, daß sein Werk unumstritten geblieben ist. *Parsons* selbst hat einmal die „Evolution" als den wahren „Gott der Wissenschaft" bezeichnet. Er wollte damit andeuten, daß für die, die diesem Gott „ihre Ehrerbietung in echtem wissenschaftlichem Geist erweisen, die Tatsache, daß die Wissenschaft sich über die Punkte hinaus entwickelt, die sie selbst erreicht haben, nicht als Verrat an ihnen gelten darf. Sie ist vielmehr die Erfüllung ihrer eigenen höchsten Hoffnungen"[71]. Dieses Schicksal kann und wird auch *Parsons'* Werk nicht erspart bleiben.

Die eigentlich theoretische (und immanente) Kritik des *Parsons*schen Werkes steckt allerdings noch sehr in den Anfängen. Sie geht über ein paar indirekt kritische Aufsätze von *Robert K. Merton* im Grunde nicht hinaus. Zu ihr einige Ansätze zu formulieren, wird unsere Aufgabe in diesem letzten Abschnitt sein.

Die am häufigsten gehörte Kritik an *Parsons* richtet sich gegen die Unverständlichkeit seiner technischen Terminologie, die unnötige Kompliziertheit seines Begriffsapparates oder auch allgemeiner die Abstraktheit und den angeblich fehlenden empirischen Bezug seiner systematischen Überlegungen. Bei vielen genießt *Parsons* den Ruf, „unverständlich" zu sein. In einer kürzlichen Besprechung des „Revised Analytical Approach to the Theory of Social Stratification" schrieb *W. E. Moore*: „Obgleich ich nicht für anti-theoretisch gehalten werden möchte und gewiß nicht für einen Verächter ausdrücklicher Begriffsbildung, finde ich doch den größten Teil des [theoretischen — R. D.] Apparates ungebräuchlich und überflüssig."[72] Die Summe dieser Einwände findet sich in ein paar Sätzen aus *S. D. Clarks* Besprechung von *Parsons*' „Social System": „Soziologen sind empfindlich gewesen für die Anschuldigung, daß ihre Arbeit theoretisch nicht zureichend begründet sei ... Parsons scheint dieser Anschuldigung wirksam begegnet zu sein durch die Entwicklung eines ausgearbeiteten theoretischen Gebäudes, präsentiert in einer technischen Sprache, die kein Laie zu verstehen vorgeben kann ... [Oder] sind wir von der schwierigen Terminologie ungebührlich beeindruckt und zu der Annahme geführt worden, daß die Theorie mehr enthält, als tatsächlich in ihr ist?"[73] Solche Bemerkungen sind indes, so plausibel sie dem angestrengten Leser der Bücher von *Parsons* scheinen mögen, bloße Polemik, solange sie nicht durch substanziellere Einwände gestützt werden können.

Wenn man in der Grundintention, der Überzeugung von der Möglichkeit systematischer soziologischer Theorie, mit *Parsons* einig ist und sich auf kritische Wertung vom Standpunkt des Soziologen beschränkt, dann scheinen sich auf der allgemeinsten Ebene zwei Ansatzpunkte der Kritik zu ergeben, nämlich 1. die Frage des Zusammenhanges der Theorie des Handelns mit der strukturell-funktionalen Theorie und 2. die Frage der Brauchbarkeit der strukturell-funktionalen Theorie für die Analyse von Problemen des sozialen Wandels. Die erste dieser Fragen ist für die soziologische Theorie selbst von nur formalem Charakter, während die zweite den Kern ihres Inhalts betrifft.

Parsons geht aus, wie wir gesehen haben, von der Behauptung, daß das kategoriale Bezugssystem der soziologischen Theorie weiter sein muß als diese selbst. Er führt daher das Bezugssystem Handeln ein. Implikation dieser Operation ist, daß die Elemente der soziologischen Theorie direkt von diesem Bezugssystem ableitbar sind, daß das soziale System, der Gegenstand soziologischer Analyse, eine neben anderen Formen der Integration der Kategorien des Bezugssystems Handeln darstellt. Die Intention dieses Arguments ist an sich überzeugend. Fraglich bleibt jedoch in ihrer *Parsons*schen Ausführung, ob die Elemente der soziologischen Theorie wirklich zwingend von diesem Bezugssystem Handeln abgeleitet werden können und ob sie ohne die Ableitung von diesem Bezugssystem nicht als Elemente der soziologischen Theorie gedacht werden können. Beide Fragen müssen, so scheint es, mit einem Nein beantwortet werden.

Die Elementarkategorien der soziologischen Theorie sind für *Parsons* „Status" und „Rolle". Wir haben schon oben die bezeichnende Stelle im „Social System" erwähnt, an der *Parsons* diese Kategorien einführt. Er spricht dort zunächst — konsequenterweise und wirklich in Anwendung der Theorie des Handelns — vom „Handeln" oder der einzelnen „Handlung" als der Einheit sozialer Systeme. Dann aber fügt er dieser („zweitens", wie *Parsons* merkwürdigerweise sagt) etwas anderes hinzu: „Für die meisten Zwecke der mehr makroskopischen Analyse von sozialen Systemen ist es indes empfehlenswert, eine Einheit von höherer Ordnung als das Handeln zu verwenden, nämlich die Status-Rolle."[71] Es ist zunächst auffällig, daß die Rede von den „meisten Zwecken", der „mehr makroskopischen Analyse" und der Tatsache, daß etwas „empfehlenswert" ist, nicht die Sprache der zwingenden Ableitung einer Kategorie von einer anderen ist. Wenn man *Parsons'* Versicherungen Glauben schenken kann, dann sind die Grundkategorien der strukturell-funktionalen Theorie direkt von denen des Bezugssystems Handeln abgeleitet. Fragt man aber, ob „Status" und „Rolle" wirklich reduzierbar sind auf „Handeln", „Handelnde", „Situationen" oder „Orientierungen", dann muß die Antwort verneinend sein: Das Begriffsbündel „Status-Rolle" bezeichnet nicht einen Sonderfall des Handelns, sondern ist eine eigenständige kategoriale Einheit, die das Bezugssystem Handeln ersetzt, weil sie „empfehlenswerter" ist.

Derselbe Schluß läßt sich noch auf andere Weise begründen. Man kann fragen, ob die strukturell-funktionale Theorie ohne das Bezugssystem Handeln sinnlos oder unmöglich würde. Wiederum kann die Antwort nur verneinend sein. Es gibt soziologische Werke, die ausdrücklich die strukturell-funktionale Theorie als Werkzeug der Analyse verwenden, ohne doch die Theorie des Handelns nur mit einem Wort zu erwähnen[75]. Sie handeln von Struktur und Funktion, Status und Rolle, ohne an irgendeinem Punkt den Bezug auf ein noch allgemeineres Kategoriensystem vermissen zu lassen. Es scheint also, als sei die strukturell-funktionale Theorie weder logisch notwendig mit der Theorie des Handelns verknüpft, noch auch nur so an diese gebunden, daß sie ohne sie sinnlos würde.

Dieses Argument ist offenkundig rein formal. Es berührt unmittelbar weder die Gültigkeit der strukturell-funktionalen Theorie noch die der Theorie des Handelns. Es berührt aber den Anspruch, den *Parsons* für die Theorie des Handelns erhebt. *Parsons* behauptet, sie sei das Fundament, ohne das das Haus, die soziologische Theorie, nicht gebaut werden könne. In Wirklichkeit scheint sie eher das Dach zu sein, das vor dem Hause fertig ist. *Mertons* Aufforderung, vorerst „allumfassende Spekulationen" und „meisterliche Begriffssysteme" zugunsten der „Theorien des mittleren Bereiches" zurückzustellen[76], klingt recht überzeugend vor diesem Hintergrund. Es scheint in der Tat, daß wir Soziologen gut daran täten, die Theorie des Handelns zur Kenntnis zu nehmen und im Sinn zu behalten, aber in unserer Arbeit vorerst auf der Ebene der eigentlich soziologischen Theorie fortzufahren, als hätte es die Versuche zu einer Theorie des Handelns nie gegeben[77].

Die strukturell-funktionale Theorie dagegen ist aus der Soziologie heute nicht mehr wegzudenken. Ihre Probleme sind die Probleme jedes Soziologen, und Kritik an ihr verrät die Intention, sie zu verfeinern und zu erweitern, nicht die, sie zu verwerfen. Wenn daher hier die These verfochten wird, daß die strukturell-funktionale Theorie weder in ihrer *Parsons*schen Ausprägung noch mit den *Merton*schen Ergänzungen in der Lage ist, Probleme des sozialen Wandels befriedigend zu lösen, dann geschieht dies in der Absicht der Erweiterung, nicht der Widerlegung dieser Theorie.

Die These der strukturell-funktionalen Theorie für die Analyse von Problemen des sozialen Wandels ist nicht neu. *Parsons* selbst kennt den in ihr liegenden Einwand und hat zu ihm Stellung genommen in ein paar Sätzen, die hier in aller Ausführlichkeit zitiert werden sollen. Am Ende des Kapitels über den sozialen Wandel sagt er im „Social System": „Vielleicht mag eine letzte Bemerkung erlaubt sein. Es ist ständig behauptet worden, daß der ‚strukturell-funktionale' Weg zu den Problemen der Theorie im Bereich der Soziologie an einem ‚statischen' Vorurteil leide. Es ist gesagt worden, daß die Probleme des Wandels außerhalb seines Blickfeldes lägen, und daß — so geht das Argument —, da sie offenkundig die wirklich wichtigen Probleme seien, eine solche Theorie nur dazu führe, sich von echt empirischer Bedeutung loszumachen. [Vielleicht werden die oben angeführten Beispiele] dazu beitragen, den Leser zu überzeugen, daß der Autor sich der Tatsache bewußt ist, daß wir in einer, wie es manchmal heißt, ‚dynamischen' Gesellschaft leben. Vielleicht ist es sogar nicht zu viel zu hoffen, daß dieses ganze Kapitel ihn überzeugen wird, daß im Dilemma zwischen ‚statischen' und ‚dynamischen' Akzenten überhaupt eine gewisse Falschheit liegt. Wenn Theorie gute Theorie ist, welche Art von Problemen auch immer sie am unmittelbarsten behandeln mag, dann gibt es keinen Grund, zu glauben, daß sie nicht in gleicher Weise anwendbar sein wird auf Probleme des Wandels wie auf Probleme von Prozessen innerhalb stabilisierter Systeme."[78]

Nun ist der Einwand gegen die strukturell-funktionale Theorie, der auch hier verfochten werden soll, nicht sehr glücklich formuliert mit den Worten „statisches Vorurteil"[79]. *Parsons*' Gegenargumente aber sind noch weniger glücklich und verraten entweder die Unsicherheit oder die Unfertigkeit seiner Position in diesem Punkt. Wenn *Parsons* versichert, daß er sich über den dynamischen Charakter der gegenwärtigen (amerikanischen) Gesellschaft im klaren sei, dann expliziert er eine Haltung, die niemand ernsthaft bestreiten kann oder bestritten

hat. Er hätte sogar weiter gehen und daran erinnern können, daß er an vielen
Stellen auf dynamische Analyse als letztes Ziel strukturell-funktionaler Theorie
hingewiesen hat. Das weitere Argument, daß die Gegenüberstellung von statischer und dynamischer Theorie irgendwo falsch sei, ist sicher sinnvoll. Wenn
es systematische soziologische Theorie geben kann, dann muß dies *eine* systematische Theorie, nicht eine statische und eine dynamische Theorie sein. Daraus
aber zu folgern oder überhaupt zu behaupten, daß „gute Theorie" immer in
gleicher Weise auf Strukturprobleme und Probleme des Wandels anwendbar sein
muß, ist ein gefährlicher Schluß, den *Parsons* besser vermieden hätte: Entweder
ist die Behauptung richtig, dann ist die strukturell-funktionale Theorie schlechte
Theorie, oder die strukturell-funktionale Theorie ist gute Theorie, dann ist die
Behauptung unrichtig. *Parsons* wird froh sein können, wenn seine Kritiker,
welche die Mängel der strukturell-funktionalen Theorie hinsichtlich der wissenschaftlichen Erklärung sozialer Prozesse aufdecken, seinen Überlegungen noch
das Prädikat „gute Theorie" zugestehen.

Der Versuch der systematischen soziologischen Theorie geht dahin, den Fluß
der Geschichte zum Stehen zu bringen, ihr Material durch den erkennenden,
ordnenden und rationalisierenden Geist der Wissenschaft in einen Strukturzu-
sammenhang zu erheben und damit den Menschen aus der passiven Eingebun-
denheit in die Geschichte zu befreien. Das Dilemma der Theorie liegt in dem Problem, wie das Element der Bewegung, des Konfliktes und Wandels auf der Ebene
der analytischen Abstraktion wieder in ihre Modelle eingeführt werden kann,
d. h. wie theoretische Analyse dem wesentlich prozessualen Charakter der sozialen
Realität gerecht werden kann. Dieses Problem — mehrfach schon formuliert
und von *Parsons* wohl erkannt — bezeichnet den Punkt, an dem die strukturell-
funktionale Theorie in ihrer bisherigen Form scheitert und auf Grund ihrer
kategorialen Anlage scheitern muß.

Die Begriffe der „Funktion" und der „Rolle" sind von *Parsons* eingeführt
worden, um dynamische Analyse auf dem Hintergrund der Konstruktion stabiler
Strukturen möglich zu machen. Diese Kategorien sind auch in der Lage, alle
innerhalb von sozialen Systemen im Rahmen ihres ordentlichen Funktionierens
vor sich gehenden Prozesse — die Zuordnung von Rollen und Status, die Verteilung von Chancen und Gütern usw., usw. — zu beschreiben und aus ihrem
(„funktionalen") Zusammenhang mit anderen Elementen derselben Strukturen
zu erklären. Sie sind aber nicht in der Lage, Tendenzen, die ihrer Intention nach
die Grenzen einer bestehenden Struktur durchbrechen, in einer solchen Weise
zu beschreiben, daß deren reeller Erfolgschance, und das heißt auch der grundsätzlichen Wandelbarkeit der Struktur, Rechnung getragen wird. Sowohl der
Begriff der „Rolle" als auch der der „Funktion" bezieht per definitionem, wo
immer er auf bestimmte soziale Phänomene angewandt wird, diese Phänomene

in der Weise auf eine bestehende Ordnung, daß sie entweder als Beiträge zum
Funktionieren dieser Ordnung bestimmt oder als pathologische Abweichungen
abgetan, d. h. residual gelassen werden. Die Kategorie der „Dysfunktion" wird
zwar von *Parsons* (dann auch von *Merton* und *M. J. Levy*) erwähnt, bleibt aber
im Grunde eine residuale Kategorie, die im Rahmen der strukturell-funktionalen
Theorie keinen Platz findet[80].

Um diese Behauptungen als Argumente zu begründen, wäre eine längere Diskussion erforderlich, als hier möglich ist. Es müßte vor allem an Hand von Beispielen erläutert werden, was sozialer Wandel, soziale Prozesse und sozialer Konflikt in concreto sind und inwiefern die strukturell-funktionale Theorie zu ihrer
Beschreibung und Erklärung nicht ausreicht. Es müßte dann im einzelnen untersucht werden, warum die Kategorie der „Dysfunktion" im Rahmen der strukturell-funktionalen Theorie residual bleiben muß und warum die Beschreibung
von Phänomenen, die zum Funktionieren eines sozialen Systems nichts beitragen
oder diesem direkt entgegenwirken, als „abweichend" oder „pathologisch" den
Blick für die eigenständige Bedeutung dieser Phänomene versperrt. Der Konflikt,
der all diesen Argumenten zugrunde liegt, läßt sich vielleicht so aufs Enge bringen: Das von der strukturell-funktionalen Theorie implizierte Modell der Gesellschaft postuliert ein relativ stabiles System von Teilen, deren Funktion im Bezug
auf das System bestimmt ist. Um dynamische Probleme auf der Ebene der systematischen Soziologie zu lösen, ist es jedoch nötig, ein Modell der Gesellschaft
vorauszusetzen, in dem Konflikt über die Prinzipien einer je bestehenden, als
heuristische Konstruktion betrachteten Struktur als Regel postuliert und die
Position der Einzelphänomene nicht nur im Bezug auf das System, sondern auch
in dem auf ein jenseits des Systems liegendes Prinzip (z. B. Lustprinzip[81]) bestimmt wird. Gemäß diesem Modell sind nicht Konflikt und Wandel, sondern
Stabilität und Ordnung der pathologische Sonderfall des sozialen Lebens.

Nun ist es natürlich leicht, solche programmatischen Forderungen zu erheben,
aber schwer, sie auf der Ebene theoretischer Analyse in die Tat umzusetzen.
Man mag sogar meinen, daß *Parsons*' Zurückhaltung in der Formulierung einer
„Theorie des Wandels" ihren guten Grund hat. Indes hält eine solche Meinung
schärferer Analyse nicht stand. Indem *Parsons* überhaupt die Wünschbarkeit
einer „Theorie des Wandels" suggeriert, wendet er schon einen unerlaubten
Griff an: denn die Aufgabe ist es ja keineswegs, wie *Parsons* selbst an anderen
Stellen impliziert, eine von der strukturell-funktionalen Theorie unabhängige
Theorie des Wandels zu entwickeln, sondern die strukturell-funktionale Theorie
so zu erweitern, daß sie eine befriedigende Analyse der Phänomene sozialen Wandels erlaubt. Und es wäre immerhin denkbar, daß ein paar Kategorien, welche
die Einzelperson nicht auf die stabile Ordnung eines Systems beziehen, die strukturell-funktionale Theorie in diesem Sinne fruchtbar ergänzen könnten.

Nur in beinahe unvertretbar vagen Andeutungen konnte die Problematik der strukturell-funktionalen Theorie unter dem Gesichtspunkt ihrer Brauchbarkeit zur Analyse sozialen Konflikts und sozialen Wandels hier exponiert werden. Sie weiter zu durchdenken und einen Ausweg aus dem Dilemma des implizierten Ordnungsbegriffes zu finden, ist vielleicht das bedeutendste Problem, das sich dem soziologischen Theoretiker heute stellt. Es ist zu vermuten, daß die Lösung dieses Problems zwar die Begrenzungen der strukturell-funktionalen Theorie in ihrer bisherigen Form aufzeigen, aber die Bedeutung dieser Theorie für die soziologische Analyse kaum verringern wird.

Ein letzter Einwand, der die Erweiterung der strukturell-funktionalen Theorie ebenso wie ihre *Parsons*sche Ausprägung betrifft, bedarf noch der Erwähnung. In Diskussionen über das Werk von *Parsons* werden häufig die Fragen gestellt: Wie lassen sich die von *Parsons* entwickelten Kategorien in der empirischen Sozialforschung anwenden? Inwiefern befruchten sie die empirische soziologische Arbeit? Was trägt *Parsons* zu unserem Wissen um die Zusammenhänge und Gesetzmäßigkeiten der sozialen Realität in ihrer empirischen Fülle bei? Die Anlage dieses Aufsatzes hat wenig Gelegenheit gegeben, zu diesen Fragen Stellung zu nehmen. Auch jetzt ist — leider — eine Stellungnahme nur ganz im allgemeinen, ohne Bezug auf Beispiele, möglich.

Der Schrei nach der Anwendung theoretischer Kategorien entspringt häufig einem empiristischen Vorurteil und erweist nur das Unverständnis seiner Urheber für die Rolle der Theorie in einer Wissenschaft. Viele Soziologen glauben, daß jeder Schritt, den sie über die beschreibende Untersuchung konkreten Materials hinaus tun, sie von der Soziologie entfernt. Ihre Intoleranz gegenüber dem Theoretiker zeigt, daß sie sich weder der von ihrer eigenen Arbeit implizierten stillschweigenden Annahmen noch der Überlegenheit einer expliziten und systematischen Theorie gegenüber ihren ad hoc eingeführten Voraussetzungen bewußt sind. Selbstverständlich sind die allgemeinsten Kategorien der strukturell-funktionalen Theorie nicht ohne weiteres auf die speziellsten Probleme empirischer Sozialforschung anwendbar. Daß ihre Explizierung dennoch sinnvoll ist, hoffen wir im ersten Abschnitt dieses Aufsatzes zureichend begründet zu haben.

Trotzdem ist es natürlich berechtigt, von theoretischen Überlegungen im Rahmen einer empirischen Wissenschaft zu verlangen, daß sie ihre Fruchtbarkeit für die Analyse konkreter Phänomene beweisen. Sie sollten neue Problemgebiete erschließen und neue Aspekte der schon bekannten Probleme hervorkehren. *Parsons* selbst hat an einer Reihe von Stellen zu zeigen versucht, daß die strukturell-funktionale Theorie hierzu wohl in der Lage ist[82]. Zum Teil ist er dabei selbst der Täuschung erlegen, daß allgemeinste Kategorien unmittelbar auf empirische Problemgebiete bezogen werden können[83]. Einige seiner vielen

Arbeiten aber, wie auch Untersuchungen von *R. K. Merton, K. Davis, W. E. Moore,
P. Selznick, A. Gouldner* und anderen, zeigen, daß die Kategorien der strukturell-
funktionalen Theorie in eminenter Weise für empirisch-soziologische Untersuchungen fruchtbar werden können.

Die Frage nach der Anwendbarkeit systematisch-theoretischer Überlegungen
wie der von *Parsons* hat nur einen Aspekt, von dem aus sie als sinnvoller Einwand verstanden werden kann. Man mag mit *Merton* der Meinung sein, daß wir
„noch nicht fertig" sind für Systematisierungsversuche auf einer so hohen Allgemeinheitsstufe, daß „die vorbereitende Arbeit noch nicht getan ist"[84]. Logisch
hat systematische Theorie in einer empirischen Wissenschaft zweifellos die
Priorität. Wann aber in der tatsächlichen Entwicklung einer Wissenschaft der
Stand erreicht ist, an dem genügend empirisches Material und Annahmen des
„mittleren Bereiches" akkumuliert sind, um allgemeinere theoretische Überlegungen nicht in der Luft schweben zu lassen, darüber mag man sich streiten.
Talcott Parsons hat zweifellos einen frühen, aber auch einen großartigen Versuch
gemacht, ein Kategoriensystem zu entwickeln, das eine systematische Integration des soziologischen Wissens erlaubt. Die Impulse und Anregungen, die
schon heute von diesem Versuch ausgegangen sind, reichen allein zu seiner
Rechtfertigung aus. Daß er an einzelnen, auch wesentlichen Punkten ergänzt
werden wird, tut weder seiner inhaltlichen Formulierung noch vor allem seiner
Intention Abbruch. Seit *Parsons* ist die Soziologie dem Status einer reifen Wissenschaft näher als je zuvor.

Anmerkungen

[1] Dem Versuch dieses Aufsatzes, das Programm der von *Talcott Parsons* (und einigen seiner
Kollegen) in den letzten 20 Jahren entwickelten theoretischen Überlegungen herauszuarbeiten
und zugleich die Ansatzpunkte möglicher Kritik zu bestimmen, liegen die folgenden Arbeiten
zugrunde: *T. Parsons*, The Structure of Social Action, 1. Aufl. (McGraw-Hill) New York 1937,
2. Aufl. (Free Press) Glencoe Ill. 1949. — *T. Parsons*, The Present Position and Prospects of
Systematic Theory in Sociology; in: *G. Gurvitch* und *W. E. Moore* (ed.), Twentieth Century
Sociology, (Philosoph. Library) New York 1945. — *T. Parsons*, Essays in Sociological Theory
Pure and Applied, (Free Press) Glencoe Ill. 1948. — *T. Parsons* und *E. A. Shils* (ed.), Toward a
General Theory of Action, (Harvard Univ. Press) Cambridge Mass. 1951. — *T. Parsons*, The
Social System, (Free Press) Glencoe Ill. 1951. — *T. Parsons, R. E. Bales* and *E. A. Shils*, Working
Papers in the Theory of Action, (Free Press) Glencoe Ill. 1953. — *T. Parsons*, A Revised Analy-
tical Approach to the Theory of Social Stratification; in: *R. Bendix* and *S. M. Lipset* (ed.), Class,
Status and Power, (Free Press) Glencoe Ill. 1953.
Aus der großen Zahl von Arbeiten anderer Soziologen zur strukturell-funktionalen Theorie,
auf die der gegenwärtige Aufsatz sich direkt oder indirekt bezieht, seien hier nur die folgenden
drei genannt: *R. K. Merton*, Social Theory and Social Structure, (Free Press) Glencoe Ill. 1949. —
J. W. Bennett und *M. M. Tumin*, Social Life — Structure and Function, (Knopf) New York
1952. — *M. J. Levy* jr., The Structure of Society, (Princeton Univ. Press) Princeton 1953.
Die Vorläufigkeit dieses Aufsatzes kann nicht genügend betont werden. Soweit er dennoch
Sinnvolles enthält, entspringt dies einem Standpunkt, den der Verfasser gewonnen hat in ständiger Diskussion während zweier Jahre mit *Mr. D. Lockwood*, Assistant Lecturer in Sociology,
London School of Economics. Wissenschaftlich und menschlich ist der Dank an *Mr. Lockwood*
dem Verfasser eine schöne Pflicht.

² *T. Parsons*, The Present Position and Prospects usw., a. a. O., S. 42.

³ *J. Madge*, The Tools of Social Science, (Longmans, Green) London 1953, S. 1. — Daß *Parsons* die Möglichkeit wissenschaftlichen Fortschritts ohne theoretischen Fortschritt nicht völlig leugnet, geht übrigens aus verschiedenen seiner Bemerkungen hervor. Vgl. The Position of Sociological Theory (in: Essays in Sociological Theory Pure and Applied), S. 4: „Es besteht natürlich nicht die Absicht, zu leugnen, daß Arbeit, die ganz legitim wissenschaftlich genannt werden kann, ohne systematische Theorie sich entwickeln kann." *Parsons*' These ist nur, „daß die höchsten Stufen wissenschaftlicher Entwicklung nicht erreicht werden können ohne Begriffsbildung auf der Ebene, die gewöhnlich die des theoretischen Systems genannt wird".

⁴ *Parsons* hat selten explicite diese Grundvoraussetzungen seines Programms diskutiert, — zusammenhängend nur ein einziges Mal: im 1. Kapitel der „Structure of Social Action". Vgl. auch *R. K. Merton*, Social Theory and Social Structure, Einleitung.

⁵ *H. Schoeck*, Soziologie, (Alber) München 1952, S. 1.

⁶ *L. von Wiese*, Soziologie, (De Gruyter-Göschen Bd. 101) 4. Aufl., Berlin 1950, S. 33.

⁷ *R. K. Merton*, Social Theory and Social Structure, S. 4.

⁸ *K. R. Popper*, Logik der Forschung, Wien 1935, S. 13.

⁹ *K. R. Popper*, Logik der Forschung, S. 26.

¹⁰ So *T. Parsons and E. A. Shils*, Toward a General Theory of Action, S. 49.

¹¹ Die Unterscheidung der Sozialwissenschaften von den historischen Wissenschaften ist in gewisser Hinsicht eine noch bedeutendere Implikation des *Parsons*schen Versuches als die (ohnehin weithin akzeptierte) von der Philosophie. Zugleich stößt gerade diese Unterscheidung auf den heftigsten Widerstand, vor allem im Bereich der deutschen Universitäten, an denen die Zweiteilung in Natur- und Geisteswissenschaften institutionell und gedanklich fest eingewurzelt ist. Hier könnte eine Diskussion der deutschen Universitätsstruktur, vor allem der „nicht unterzubringenden" Fächer Nationalökonomie, Psychologie und Soziologie Vieles zur Klärung beitragen. Die wenigen Bemerkungen, die im Rahmen dieses Aufsatzes möglich sind, können allerdings bestenfalls eine Diskussion des Problems auslösen und die Richtung einer Position andeuten, ohne diese schon befriedigend zu begründen.

¹² Es sei denn, man betrachte die Geschichtsphilosophie als historische „Wissenschaft". Dann wären z. B. *Hegels* und *Marx*' Auffassung der Geschichte als Realisation einer systematischen Konzeption von logischer Priorität „systematische Theorie". Diese Möglichkeit wird allerdings hier, wo nur von Erfahrungswissenschaften im Rahmen ihrer Grenzen als solchen die Rede ist, ausgeschlossen.

¹³ Das sogenannte „action frame of reference". Weiteres dazu s. u.

¹⁴ *M. Ginsberg*, Sociology, (Oxford Univ. Press) 6. Aufl., London 1953, S. 17.

¹⁵ Vgl. *T. Parsons and E. A. Shils*, Toward a General Theory of Action, S. 50/1. S. auch unten.

¹⁶ Dieser hier etwas voreilige Schluß bedürfte ausführlicherer Begründung. Statt ihrer sei nur einschränkend bemerkt, daß *Ginsberg* selbst seine Intention zunächst nicht als philosophische betrachtet, sondern an die Formulierung empirisch prüfbarer Annahmen über die „Beziehungen zwischen verschiedenen Teilen . . . des sozialen Lebens" und die „Grundbedingungen des sozialen Wandels" denkt. Die Formulierung dieser „Funktionen der Soziologie" bei *Ginsberg* verrät jedoch ein Programm, das mit verifizierbaren Annahmen nicht verwirklicht werden kann.

¹⁷ *R. K. Merton*, Social Theory and Social Structure, S. 4.

¹⁸ Vgl. *T. Parsons and E. A. Shils*, Toward a General Theory of Action, S. 50/1.

¹⁹ *T. Parsons*, The Structure of Social Action, S. 10. Hier auch über den Unterschied zwischen „empirisch geschlossenen" (z. B. geschichtsphilosophischen) und „logisch geschlossenen" Systemen. Die Bedeutung dieser Unterscheidung kann nicht genug betont werden. Vgl. zu ihrer ausführlichen Diskussion *K. R. Popper*s polemisches Werk „The Open Society and Its Enemies", 2. Aufl., London 1952.

²⁰ Überflüssig zu betonen, daß dieses Ziel zwar soziologischer Forschung immanent, aber nur stückweise und in seiner Vollständigkeit wahrscheinlich nie erreichbar ist.

²¹ *R. K. Merton*, Social Theory and Social Structure, S. 10.

²² *T. Parsons*, The Social System, S. 536.

²³ Die Diskussion des vorangehenden Abschnittes hat eine wichtige Frage unerwähnt lassen müssen: Wie sieht *Parsons* die wissenschaftslogische Beziehung von Sozial- und Naturwissenschaften? Ist nicht das Verständnis der Soziologie als systematischer Erfahrungswissenschaft eine Wiederholung der alten These von der Möglichkeit einer „exakten Sozialwissenschaft"? Das Problem kann natürlich nicht in einer Fußnote gelöst werden. Der Gedanke der „strukturellfunktionalen Theorie" aber impliziert wenigstens eine Teilantwort: Strukturell-funktionale Theorie ist nur da nötig, wo empirisch-theoretische (und selbst theoretische) Systeme nicht oder

noch nicht möglich sind. Die logische Analogie des Gesamtplanes der Physik und der Soziologie wird also zwar behauptet, empirisch aber ein scharfer Trennungsstrich gezogen. *Parsons* vergleicht die Soziologie zwar mit der Biologie, insbesondere der Physiologie, erhebt aber nicht den Anspruch, daß sie die Exaktheit der Physik schon erreichen kann. Vgl. z. B. *T. Parsons*, The Position of Sociological Theory (in seinen „Essays in Sociological Theory"), S. 5: „Die systematische Theorie, die für unsere Disziplin am fruchtbarsten ist, muß dem ‚strukturell-funktionalen' Typ gleichen, der in der biologischen Theorie, insbesondere der Physiologie, gängig ist. An sich ist der Typ des theoretischen Systems, der am besten durch die analytische Mechanik illustriert wird, wünschenswerter, aber er ist jetzt in unserer Disziplin nicht erreichbar, sei es als theoretisches System selbst, sei es als brauchbares Werkzeug empirischer Analyse in einem weiten Bereich." Vgl. auch *T. Parsons* and *E. A. Shils*, Toward a General Theory of Action, S. 51: „Es ist oft gesagt worden, daß wir in unserer Disziplin eine ‚strukturell-funktionale' Theorie haben. Das bezieht sich auf die Tatsache, daß wir in unserer Disziplin das Stadium erreicht haben, in dem die kategorialen Erfordernisse in relativ befriedigender Weise erfüllt sind; die Erkenntnis von Gesetzen reicht noch nicht weit genug, um uns zu rechtfertigen, unseres ein theoretisches System im Sinne der klassischen Mechanik zu nennen. Der Fortschritt der Erkenntnis wird sich indes stetig in dieser Richtung bewegen."

24 Vgl. für weitere biographische Daten *B. Barbers* „Biographical Sketch", in *Parsons'* „Essays in Sociological Theory Pure and Applied", die Notizen am Ende von *Parsons'* Beitrag zu *G. Gurvitch* und *W. E. Moore*, Twentieth Century Sociology (a. a. O.), und *H. Schoeck*, Soziologie (siehe Anm. 5), S. 341f., S. 416f.

25 *Henderson* selbst veröffentlichte ein Buch über „Pareto's General Sociology".

26 *B. Barber*, in: *T. Parsons*, Essays in Sociological Theory usw., S. 349.

27 *T. Parsons*, The Social System, S. IX.

28 *Parsons* selbst nennt die „Structure of Social Action" „keine Studie in soziologischer Theorie im strengen Sinn, sondern eine Analyse ... von Natur und Implikationen des Bezugssystems Handeln" (The Social System, S. VIII). S. auch unten.

29 Dies letztere hat *Parsons* natürlich auch schon früher getan; vgl. seine „Essays in Sociological Theory Pure and Applied" oder das X. Kapitel des „Social System" über den Berufsstand der Ärzte.

30 *T. Parsons*, The Position of Sociological Theory, in: Essays in Sociological Theory usw., S. 4.

31 *T. Parsons*, The Position of Sociological Theory, in: Essays in Sociological Theory usw., S. 4.

32 *T. Parsons*, The Structure of Social Action, S. 30.

33 *T. Parsons*, The Structure of Social Action, S. 39.

34 Im Falle der „sozialen Beziehungen" und „sozialen Gruppen" kann es fast als evident gelten, daß „soziales Handeln" ein elementareres Bezugssystem darstellt. Im Falle der „sozialen Persönlichkeit" mag dies zweifelhaft scheinen. Hier kann nur vorwegnehmend darauf hingewiesen werden, daß *Parsons* „Persönlichkeit", „Kultur" und „Gesellschaft" als gleichgeordnete „Systeme des Handelns" versteht, denen allen das Bezugssystem Handeln also logisch übergeordnet ist. Vgl. dazu vor allem *Parsons'* und *Shils'* Beitrag „Values, Motives and Systems of Action" zu „Toward a General Theory of Action". S. unten.

35 *Parsons'* erstes Werk beschäftigt sich zwar mit der „Struktur des sozialen Handelns", schon hier aber spricht er meist von der „Theorie des Handelns". Der Ausdruck „soziales Handeln" fehlt in den späteren Werken von *Parsons* ganz. Der Verzicht auf das Adjektiv „sozial" läßt sich wohl aus *Parsons'* Intention erklären, hier ein Bezugssystem zu entwickeln, auf Grund dessen die Soziologie, die allein den Tatbestand des eigentlich „Sozialen" zu ihrem Gegenstand hat, nur eine Disziplin neben anderen ist, die das gleiche Bezugssystem mit ihr teilen.

36 Vgl. *T. Parsons*, The Structure of Social Action, S. 44.

37 So in *T. Parsons* and *E. A. Shils*, Toward a General Theory of Action, S. 56. In der „Structure of Social Action" fügte *Parsons* — logisch etwas unglücklich — diesen dreien als vierte Implikation noch „gewisse Weisen der Beziehung zwischen diesen Elementen" (S. 44) hinzu. Diese vierte Implikation reduzierte *Parsons* später auf die dritte mit dem Hinweis, daß die Orientierungsweisen eines Handelnden zu einer Situation bereits die Weisen der Beziehung zwischen den Elementen des Bezugssystems angeben.

38 Von hier wird die oben erwähnte Bezeichnung der Theorie des Handelns als „voluntaristische" Theorie des Handelns verständlich. In der „Structure of Social Action" sieht *Parsons* in dieser Annahme seinen Gegensatz zur „positivistischen Theorie des Handelns". Später formuliert er dieselbe Annahme in ausdrücklicher Polemik gegen den Behaviorismus (vgl. The Position of Sociological Theory, in: Essays in Sociological Theory usw., S. 5).

[39] Hier führt *Parsons* das sogenannte „pattern-variable scheme" (etwa: Variablenschema der Orientierungsweisen) ein, das aus fünf Dichotomien besteht, von deren jeder „eine Seite von einem Handelnden gewählt werden muß, bevor die Bedeutung einer Situation für ihn bestimmt ist" (Toward a General Theory of Action, S. 77). — Diese Variablen sind von besonderer Bedeutung für die Analyse von sozialen Systemen, insofern diese als Handelnde verstanden werden können und daher ihre Wertsysteme die Institutionalisierung bestimmter Entscheidungen zu jeder einzelnen dieser Dichotomien darstellen. Auf weitere Diskussion dieses an sich wichtigen Schemas muß im gegenwärtigen Zusammenhang leider verzichtet werden.

[40] *T. Parsons* and *E. A. Shils*, Toward a General Theory of Action, S. 54.

[41] „Social system", „personality system" und „cultural system". Es ist vielleicht wichtig, darauf hinzuweisen, daß der Begriff der „Kultur" hier im Sinne der amerikanischen Ethnosoziologie als Inbegriff der Wertsetzungen einer Gesellschaft zu verstehen ist.

[42] *T. Parsons* and *E. A. Shils*, Toward a General Theory of Action, S. 55/6.

[43] *T. Parsons*, The Present Position and Prospects usw , S. 44.

[44] *T. Parsons*, The Structure of Social Action, S. 43.

[45] Vgl. vor, allem The Structure of Social Action, S. 757 ff.; The Social System, Kap. XII. S. auch Toward a General Theory of Action, S. 28/9 und The Present Position and Prospects usw., S. 66.

[46] Darum ist es z. B. von erheblicher Bedeutung, daß sich, wie man hört, von den Autoren des Symposiums „Toward a General Theory of Action" inzwischen mehrere (der eklatanteste Fall betrifft *E. C. Tolman*) wieder von dem Unternehmen distanziert haben. Was diese Rückzieher im einzelnen bedeuten, ist allerdings noch nicht übersehbar, da diese Wissenschaftler ihre Entscheidung öffentlich noch nicht motiviert haben.

[47] *T. Parsons*, The Present Position and Prospects usw , S. 61.

[48] *T. Parsons*, The Social System, S. 24.

[49] *T. Parsons*, The Present Position and Prospects usw., S. 61.

[50] *T. Parsons* and *E. A. Shils*, Toward a General Theory of Action, S. 190.

[51] *T. Parsons*, The Social System, S. 25.

[52] *T. Parsons*, The Present Position and Prospects usw., S. 47. Vgl. auch das folgende Argument a. a. O.

[53] *T. Parsons*, The Present Position and Prospects usw., S. 47.

[54] *T. Parsons*, The Present Position and Prospects usw., S. 48. Auf die logische Struktur eines Systems von bestimmten Gleichungen mit mehreren Variablen („simultaneous equations"), also eines Systems, in dem alle Variablen voll bestimmt sind, weist *Parsons* gern als Beispiel für logisch geschlossene (insofern „voll entwickelte") theoretische Systeme hin. Vgl. z. B. The Structure of Social Action, S. 10. (S. auch oben, Anm. 19.)

[55] Vgl. oben Anm. 23. Dort und vorher mußte der vielleicht nicht ganz glückliche Terminus „strukturell-funktionale Theorie" ohne weitere Erklärung eingeführt werden. Seine Genesis und Bedeutung dürften jetzt jedoch deutlich sein. — Die Termini „Struktur" und „Funktion" sind, wie schon gesagt, von *Parsons* aus der Physiologie übernommen worden. *Parsons* war indes nicht der erste, der sie in die Soziologie einführte. Ohne ihre Geschichte im einzelnen zu verfolgen, sei hier nur der Kuriosität halber ein Zitat des von *Parsons* (zu Recht) totgesagten *Spencer* beigebracht (The Study of Sociology, 11. Aufl., London 1883, S. 58): „Genau wie es im Menschen Strukturen und Funktionen gibt, welche die Geschehnisse möglich machen, von denen sein Biograph uns erzählt, so gibt es in der Nation Strukturen und Funktionen, welche die Geschehnisse möglich machen, von denen ihr Historiker uns erzählt; und in beiden Fällen sind es diese Strukturen und Funktionen in ihrem Ursprung, ihrer Entwicklung und ihrem Niedergang, mit denen die Wissenschaft sich befaßt."

[56] *T. Parsons*, The Social System, S. 25. Vgl. auch *J. W. Bennett* and *M. M. Tumin*, Social Life, S. 96: „Jeder Status ist funktional bestimmt durch die ihm zugehörige Rolle." — Es ist aufschlußreich, hier anzumerken, daß *Parsons* wiederum — wie schon beim Bezugssystem Handeln für die Theorie des Handelns — feststellt: „Die Status-Rolle ist analog dem Elementarteilchen der Mechanik ..." (The Social System, S. 25).

[57] Zur Frage der logischen Legitimität dieser Operation vgl. *B. Russell*, Structure (in: Human Knowledge — Its Scope and Limits, London 1948), S. 269: „Jede Strukturanalyse ist bezogen auf gewisse Einheiten, die für diesen Zweck behandelt werden, als hätten sie selbst keine Struktur, aber es darf nie angenommen werden, daß diese Einheiten nicht in einem anderen Zusammenhang eine Struktur haben, die es wichtig ist zu erkennen." — Diese Bemerkung kann beinahe als ein Hinweis auf das *Parsons*sche Verständnis der Beziehung von Soziologie und Psychologie genommen werden.

[58] Nur im Vorübergehen kann hier auf den Zusammenhang dieses Ansatzes mit der *Durkheim*-schen These der Eigenständigkeit der sozialen Realität hingewiesen werden. Vgl. auch *T. Parsons*, The Position of Sociological Theory (in: Essays in Sociological Theory usw.), S. 10.

[59] *T. Parsons*, A Revised Analytical Approach usw., S. 93.

[60] *T. Parsons*, Toward a Common Language for the Area of Social Science, in: Essays in Sociological Theory usw., S. 43.

[61] *T. Parsons*, Toward a Common Language usw., in: Essays in Sociological Theory usw., S. 43.

[62] *T. Parsons*, The Social System, S. 38.

[63] *T. Parsons*, The Present Position and Prospects usw., S. 61/2.

[64] *T. Parsons*, The Present Position and Prospects usw., S. 62.

[65] Gemäß dem „pattern-variable scheme", vgl. Anm. 39.

[66] Zum Problem der Verinnerlichung vgl. vor allem Kap. VI, zu dem des pathologischen Verhaltens Kap. VII des „Social System". Die Theorie der Motivationsprozesse ist in allen wesentlichen Punkten psychologische Theorie. „Die letzten Grundlagen einer solchen Theorie müssen sicher von der Wissenschaft der Psychologie abgeleitet werden" (The Present Position and Prospects usw., S. 65). Scharfe Abgrenzung von Soziologie und Psychologie ist an diesem Punkt unmöglich. Als differentia specifica der soziologischen Theorie der Motivationsprozesse mag allenfalls der ständige Bezug auf soziale Systeme angesehen werden: „Das Verhältnis der Psychologie zur Theorie der sozialen Systeme scheint dem der Biochemie zur allgemeinen Physiologie analog. Genau wie der Organismus nicht eine Kategorie der allgemeinen Chemie ist, so ist das soziale System keine Kategorie der Psychologie" (The Present Position and Prospects usw.. S. 66).

[67] *T. Parsons*, The Position of Sociological Theory, in: Essays in Sociological Theory usw., S. 12.

[68] *T. Parsons*, The Social System, S. 486.

[69] So in: The Position of Sociological Theory, in: Essays in Sociological Theory usw., S. 11. Vgl. auch The Social System, S. 480.

[70] *T. Parsons*, The Social System, S. 483.

[71] *T. Parsons*, The Structure of Social Action, S. 41.

[72] *W. E. Moore*, Besprechung von *R. Bendix* and *S. M. Lipset: Class*, Status and Power, in: American Sociological Review, Jg. 19, Nr. 4, Aug. 1954, S. 497.

[73] *S. D. Clark*, in: American Journal of Sociology, Jg. LVIII, Nr. 1, Juli 1952, S. 103.

[74] *T. Parsons*, The Social System, S. 24/25. S. oben, S. 17/18; dort auch ähnliche Zitate aus anderen Schriften von *Parsons*.

[75] Z. B. *J. W. Bennett* and *M. M. Tumin*, Social Life — Structure and Function. Vgl. auch *M. J. Levy* jr., The Structure of Society; und natürlich *R. K. Merton*, Social Theory and Social Structure.

[76] *R. K. Merton*, Social Theory and Social Structure, S. 5.

[77] Das heißt natürlich nicht, daß alle oder überhaupt irgendwelche Bestandteile der Theorie des Handelns als falsifiziert gelten können. Viele dieser Bestandteile, z. B. das Variablenschema der Orientierungsweisen oder die die Verknüpfung von personalen, kulturellen und sozialen Systemen (und demnach auch Psychologie, Ethnologie und Soziologie) indizierenden Kategorien, sind von außerordentlicher Bedeutung für die soziologische Theorie, ohne daß sie darum als Bestandteile einer allgemeineren Theorie des Handelns bezeichnet oder erwiesen werden müßten. Die hier vertretene These ist nicht, daß die Theorie des Handelns in sich falsch, sondern daß sie — vom Standpunkt des Soziologen gesehen — als Intention verfrüht ist, wie *Parsons*' vergeblicher Versuch, sie mit der soziologischen Theorie im Modus der Notwendigkeit zu verknüpfen, zeigt.

[78] *T. Parsons*, The Social System, S. 535.

[79] Es scheint, als bezöge sich *Parsons* hier vor allem auf Einwände von Gegnern in den USA. die ihm bestimmte politische Motivationen (Zufriedenheit mit der bestehenden Ordnung) unterstellen und selbst von politischen Motiven geleitet sind. Dieser Meinungsstreit verunklärt jedoch das eigentliche theoretische Problem der strukturell-funktionalen Theorie in ihrer Anwendung auf Fragen des sozialen Wandels.

[80] Dasselbe gilt letzten Endes auch für die von *R. K. Merton* eingeführte Unterscheidung zwischen „manifesten" und „latenten Funktionen" sowie für den ebenfalls residualen Begriff der „Anomie"; denn solange Konflikt und Dysfunktion als pathologische Abweichung verstanden werden, ist eine Lösung dieses echten Dilemmas der strukturell-funktionalen Theorie nicht möglich.

[81] Gemeint ist hier das Prinzip, daß im allgemeinen jeder Handelnde nach einer Verbesserung des Lust-Unlust-Verhältnisses, nach einer Vergrößerung der Lustgefühle strebt. Auch von hier ließe die *Parsons*sche Position sich angreifen: *Parsons* selbst formuliert dieses Prinzip, behauptet aber dann, daß Konformität mit dem einer bestehenden Struktur zugrundeliegenden Wertsystem eo ipso zur Vergrößerung der Lustgefühle beiträgt, daß also Konformität ein menschliches Be-

dürfnis befriedigt. D. h. aber, daß *Parsons* dieses Prinzip der Kategorie des sozialen Systems unterordnet, anstatt es ihr überzuordnen. Extrem formuliert: Es liegt hier der Verdacht nahe, daß *Parsons* mit seinen Begriffen „System", „Struktur" und „Funktion" — wie *Spencer* — unabsichtlich der organistischen Analogie verfallen ist und den entscheidenden Unterschied zwischen organischen und sozialen „Systemen" übersieht: Wenn organische Systeme aufhören zu funktionieren, hören sie auf, organische Systeme zu sein, wenn soziale Systeme aufhören zu funktionieren, werden sie andere soziale Systeme. In diesem Sinne ist Wandel die Essenz der sozialen Realität, Stabilität ihr pathologischer Sonderfall.

[82] Vgl. oben, Anm. 29.

[83] So z. B. in: „Revised Analytical Approach to the Theory of Social Stratification", der eher ein theoretisches Essay über Sozialstruktur als ein Beitrag zum Studium der sozialen Schichtung ist.

[84] *R. K. Merton*, Social Theory and Social Structure, S. 6.

Anmerkung zur Übersetzung soziologischer Termini

In einer Disziplin, die den Anspruch erhebt, systematische Wissenschaft zu sein, ist die Frage einer allgemein bekannten und anerkannten Begriffssprache mehr als ein bloß technisches Problem. Sie zu entwickeln, erweist sich in der Soziologie schon innerhalb eines Sprachgebietes als fast unüberwindliches Problem (vgl. *T. Parsons*, Toward a Common Language usw., in: Essays in Sociological Theory usw., S. 42 ff.). Auf internationaler Ebene sind hier kaum die ersten Schritte getan. Es scheint sinnvoll, die wichtigsten der in diesem Aufsatz erwähnten Begriffe aus der englischen oder amerikanischen Soziologie noch einmal zusammenzustellen.

Von *Parsons'* Werken ist bisher keines auf deutsch zugänglich. Neben dem Beitrag von *Parsons* zu dem von *G. Eisermann* und *W. Bernsdorf* herausgegebenen Sammelwerk „Die Einheit der Sozialwissenschaften" (Stuttgart 1955) ist die einzige Stelle, an der m. E. einige Seiten einer Arbeit von *Parsons* übersetzt sind, der Abschnitt über und von *Parsons* in H. Schoecks „Soziologie" (S. 341 ff.; s. oben, Anm. 5). Diese Übersetzung ist nicht frei von Fehlern: *Schoeck* übersetzt *Parsons'* Terminus „action frame of reference" sprachlich falsch mit „Handlungs-Rahmen des Beobachtbaren" statt „Bezugssystem Handeln". Alle Zitate dieses Aufsatzes sind daher von mir aus dem Englischen übersetzt. Bei der Übertragung von Begriffen habe ich, wo immer möglich, das dem englischen Terminus entsprechende Wort auch im Deutschen beibehalten („structure" = „Struktur", „function" = „Funktion"). Bei einigen Termini ergaben sich Probleme:

Der englische Terminus „structural-functional theory" läßt sich schwer wiedergeben. *Schoeck* übersetzt „strukturell-funktionell". Ich habe mich für „strukturell-funktional" entschieden, weil 1. die Wörter „strukturell" und „funktional" im Deutschen bekannt, die „struktural" und „funktionell" dagegen unbekannt sind, und weil man 2. auch im Deutschen in anderen Wissenschaften von „funktionaler" (nicht „funktioneller") Analyse spricht.

Die Termini „Rolle" und „Status" für „role" und „status" (von *Schoeck* ebenso übersetzt) müssen sich in der deutschen Soziologie erst einbürgern. Daß vom englischen „status" ein Plural gebildet werden kann („statuses"), vom deutschen „Status" dagegen nicht, ist eine Schwierigkeit, die sich nicht umgehen ließ. Der Rückgang auf *Webers* „Stand" für „status" scheint — obwohl *Parsons* in seinen *Weber*-Übersetzungen so überträgt — zu irreführend, um sinnvoll zu sein.

Auch die Übersetzung von „value (system)" mit „Wert(system)" ist im Grunde nicht ohne definitorische Voraussetzungen möglich. Die Übersetzung dieses und ähnlicher Begriffe (wie „culture") wird unter anderem dadurch erschwert, daß es an einer ausgebildeten Ethnosoziologie („social anthropology" — auch dies ein Übersetzungsproblem) im deutschen Sprachbereich fehlt.

Schwierigkeiten bietet auch der englische Begriff „social change". *Schoeck* übersetzt „change" mit „Wechsel". Mir schien jedoch, daß das Wort „Wandel" größere Chancen hat, in die Begriffssprache aufgenommen zu werden, obwohl es matter ist als das englische Wort „change".

Viele speziellere Termini der *Parsons*schen Begriffssprache — wie z. B. der Begriff des „pattern-variable scheme" (s. o., Anm. 39) oder gar die „pattern-variables" selbst — werden einem zukünftigen *Parsons*-Übersetzer Kopfzerbrechen bereiten. Ähnliches gilt für die Kategorien der Theorie des Handelns: „Handeln" z. B. ist eine inadäquate Übersetzung von „action", das zugleich „Handeln" und „Handlung" („Akt") heißen kann. Ob er lieber von „Handlungen" oder „Akten", „Handelnden" oder „Akteuren", „Orientierungen" oder „Richtungen" sprechen will, sind Fragen, die ein solcher Übersetzer ebenfalls zu entscheiden haben wird. Die Begriffe Struktur, Funktion, strukturell-funktional, Rolle, Status, Wert(system), sozialer Wandel repräsentieren indes ein Mindest-Vokabular, das auch in die deutsche Soziologie Eingang finden sollte.

II. Klassikerinterpretationen

EMILE DURKHEIM
1858—1917

Von René König

I

Nichts kann die Gedankenlosigkeit jener geläufigen Sprechweise, die Soziologie sei eine „junge" Wissenschaft, besser illustrieren als der Umstand, daß wir in diesem Jahre den hundertsten Geburtstag von *Emile Durkheim* und von *Georg Simmel* gleichzeitig begehen können. Dabei ist es von entscheidender Bedeutung für die Bewertung dieses Übereintreffens, daß weder *Durkheim* noch *Simmel* — wie etwa noch *Auguste Comte* oder *Herbert Spencer* — zu den enzyklopädisch und philosophisch ausgerichteten „Vorläufern" oder „Pionieren" gehören, sondern im Gegenteil Mitglieder jener Generation sind, die — um mit *Talcott Parsons* zu reden [1] — von der Voraussetzung ausgeht, daß *Spencer* „tot" ist und nunmehr nach den Möglichkeiten des Ausbaus einer spezifischen Soziologie fragt, die nicht mehr in inadäquate Gedankenzusammenhänge integriert ist. In anderen Worten: mit *Durkheim* und *Simmel* beginnt *die Soziologie im eigentlichen Sinne, die nichts anderes sein will als Soziologie.* Wenn wir nun heute die hundertste Wiederkehr des Geburtstages zweier Protagonisten in dieser Bewegung des Reifens und des wachsenden Selbstbewußtseins erleben, so kann man man wohl beim besten Willen nicht mehr sagen, die Soziologie sei „jung", und das noch ganz abgesehen von der sachlichen Leistung der beiden.

Wenn wir betonten, daß wie *Simmel* so auch *Durkheim* heute schon weit hinter uns liegt, so bedeutet das zugleich, daß — unabhängig von unserer eigenen Bewertung, die später vorgenommen werden soll — ganz zweifellos vieles von dem, was damals als lauteres Gold glänzte, mittlerweile etwas matt geworden ist. Das gilt auch in dem Sinne, daß mit wachsender zeitlicher Entfernung die Rückverbindungen zur Vergangenheit stärker hervortreten, als dies noch vor etwa dreißig Jahren der Fall war; so erscheint *Durkheim* in mancher Hinsicht heute *Comte* näher verwandt als früher, wo man zunächst das eigenartig Neue erfaßte. Schließlich ist manches nur aus zeitgenössischen Konstellationen verständlich, die im übrigen weder für *Durkheim* noch für seine Gegner eine sehr große Relevanz haben. Das gilt etwa für den früher viel zitierten Gegensatz zwi-

schen *Gabriel Tarde* und *Durkheim*, um einen älteren Zeitgenossen zu nennen;
immerhin resultierte aus ihm das Vorurteil, *Durkheim* habe die Sozialpsychologie nicht nur abgelehnt, sondern auch auf diesem Gebiete nichts Wesentliches
geleistet. Von heute aus gesehen erweist sich diese Perspektive als zutiefst falsch,
wie bald weiter ausgeführt werden soll. Ähnliches gilt für den gelegentlich künstlich aufgebauschten Gegensatz zwischen *Durkheim* und der *Durkheim*schule
einerseits und der Gruppe um *René Worms*, einem jüngeren Zeitgenossen *Durkheims* andererseits (zu der auch etwa *Gaston Richard*[2] überging, der noch an den
ersten Jahrgängen der *Année Sociologique* mitgearbeitet hatte, nachdem er an
der Universität Bordeaux der Nachfolger von *Durkheim* geworden war). Heute
aber sind sowohl *Worms* als auch *Richard* vollkommen vergessen; sie sind antiquarische Historie geworden, während die Wirkung *Durkheims* im Jahre der
hundertsten Wiederkehr seines Geburtstages, trotz der oben gemachten grundsätzlichen Einschränkungen, kontinuierlich anhält und einen zentralen Faktor
in der gegenwärtigen allgemeinen soziologischen Theorie darstellt.

Es muß allerdings hervorgehoben werden, daß das einfache Wort „Wirkung",
das wir soeben verwendeten, die in Wirklichkeit äußerst verwickelten Verhältnisse nur sehr ungenügend wiedergibt. Das Subjekt *Durkheim* bleibt identisch,
während bald die eine, bald die andere Seite an ihm hervortritt; dagegen verändern sich die Aufnehmenden ganz beträchtlich, so daß das Erbe *Durkheims* in
höchst verschiedenen funktionalen Zusammenhängen jeweils ganz anders erscheinen kann. Entscheidend ist bei alledem nur, daß es sich nicht um eine Wirkung handelt, die mit wachsender historischer Entfernung einfach immer dünner
wird. Im Gegenteil: nachdem die mehr historisch rückverbundenen Bestandteile
seines Denkens in der zeitlichen Entfernung deutlicher abhebbar geworden sind,
tritt plötzlich sein Beitrag zur allgemeinen Systematik der Soziologie, gewissermaßen von Nebengeräuschen gereinigt, mit überraschender Klarheit auf uns zu.
Dem entspricht auch der Umstand, daß trotz des hin- und herflutenden Interesses
für ihn die posthume Publikation von Manuskripten bis heute angehalten hat[3].
Vieles vom Erbe *Durkheims* ist zwar der modernen soziologischen Theorie derart selbstverständlich geworden, daß man seinen Namen häufig gar nicht mehr
erwähnt, wenn man von seinen begrifflichen Errungenschaften Gebrauch macht;
sein Schicksal ist darin in vielem dem von *Simmel* ähnlich[4]. Aber in anderen
Fällen ist die Situation doch klarer und eindeutiger, indem *Durkheim* bewußt
in das Pantheon der Soziologie eingeordnet wird, die in ihm nicht nur einen
Vorkämpfer neben vielen anderen sieht, sondern einen der ersten Realisatoren
einer Soziologie im spezifischen Sinne, die nichts als Soziologie ist, wie wir zu
Beginn sagten.

Betrachtet man die Entwicklung der Stellung *Durkheims* in Frankreich seit
der Jahrhundertwende, so läßt sich — trotz aller sonstigen Verschiedenheiten —

leicht eine auffällige Parallelität mit der von *Henri Bergson* aufweisen. Zunächst scheinen beide ihre respektiven Arbeitsgebiete Philosophie und Soziologie ausgesprochen für sich zu monopolisieren; *Durkheim* wird identisch mit Soziologie schlechthin wie *Bergson* mit Philosophie. Bei beiden tritt überdies auch eine hintergründige politische Auswirkung hervor; so ist oft gesagt worden, daß *Durkheim* und die Dritte Republik im gleichen Sinne eine Einheit bilden wie *Bergson* und die Feinde der Dritten Republik. Später traten in beiden Fällen neue Einflüsse auf, auch in der politischen Dimension, so daß ihr ursprünglich überwältigender Einfluß zunächst zurückging. Schließlich erweiterten sich in beiden Fällen die Perspektiven, bis sich allmählich das eigentlich Bleibende an beiden Denkern immer klarer herausschälte, auch unabhängig von den politischen Auswirkungen und Voraussetzungen. Letzteres wurde insbesondere dadurch deutlich sichtbar, daß nunmehr die Auseinandersetzung um *Durkheim* und *Bergson* nicht mehr auf Frankreich beschränkt blieb, sondern auf breitester internationaler Ebene vor sich ging.

Für *Durkheim* speziell können etwa folgende Phasen seines Einflusses deutlich unterschieden werden, die sich teilweise zeitlich, teilweise aber auch nur aspektmäßig auseinanderlegen lassen, so daß sie einander gelegentlich zeitlich durchdringen.

1. *Die Periode der Orthodoxie.* Bis zu seinem Tode (1917) verläuft eine zunehmende sachliche und personelle Ausweitung seines „Systems", wie es sich insbesondere in der *Année Sociologique* niedergeschlagen hat. In den zwölf Bänden der ersten Serie (1898—1913) läßt sich ein ausgezeichnetes Bild dieses Konsolidierungsprozesses gewinnen. Selbst wenn manche seiner älteren Mitarbeiter ihre eigenen Interessengebiete haben, so bleibt doch ihre Aufmerksamkeit auf die Entwicklung einer eigentlichen Orthodoxie ausgerichtet, das heißt, sie bemühen sich, die „rechte" Lehre auf allen einschlägigen Gebieten überhaupt erst einmal auszubilden und zur Anwendung zu bringen. In dieser Periode beweist die *Durkheim*schule eine ungewöhnliche innere Geschlossenheit, die sich unter anderem auch als politischer Einfluß geltend macht. Noch in den zwanziger Jahren bestimmt sich aus diesem imposanten Lehrgebäude das Programm des offiziellen Soziologiestudiums in Frankreich, wie das ausgezeichnete „Manuel" von *René Hubert* beweist [5].

2. *Die Lockerung der Orthodoxie und die kontinuierliche Ausweitung des Durkheimschen Ansatzes.* Diese Phase, die sich in zeitlicher Überschneidung mit den beiden anderen, die noch erwähnt werden sollen, abspielt, reicht ungefähr von 1918—1938. Wir setzen als Anfang das Kriegsende, obwohl die Neuveröffentlichung der *Année Sociologique* in ihrer zweiten Serie [6] unter der Leitung von *Marcel Mauss* erst 1924 beginnt; aber man kann sagen, daß das Kriegsende in Frankreich wie auch anderswo den natürlichen Beginn der Neubesinnung dar-

stellt. Das Ende dieser Phase wird durch zwei Veröffentlichungen in französischer Sprache bezeichnet. Zunächst durch die „Bilanz" der französischen Soziologie von *Célestin Bouglé*[7] im Jahre 1936; *Bouglé* war zwar der *Durkheim*schule immer engstens verbunden gewesen, aber auf Grund seiner geistigen Herkunft von *Pierre-Joseph Proudhon* hatte er sich doch eine gewisse geistige Unabhängigkeit bewahrt. Zweitens erschienen im Jahre 1938 die „Essais" von *Georges Gurvitch*[8], mit denen in Frankreich eine über die französische Tradition hinausgehende Diskussion *Durkheims* beginnt. Es ist bezeichnend, daß im Jahre 1937 in den Vereinigten Staaten das erste Hauptwerk von *Talcott Parsons*[9] erscheint, mit dem ebenfalls eine neue Interpretation von *Durkheim* anhebt, die im wesentlichen bis heute reicht. Wegen der Kriegsereignisse wird aber zunächst die Fruktifizierung dieser neuen Ansätze bis nach 1945 hinausgeschoben.

Es ist im übrigen leicht, den Charakter des *Durkheim*schen Einflusses in dieser zweiten Phase zu umschreiben. Diese dient im wesentlichen nicht mehr der Konsolidierung der „rechten Lehre", sondern ihrer Erweiterung und damit einer unübersehbaren Lockerung der ursprünglichen Orthodoxie. Diese Erweiterung geht zunächst in Richtung einer zunehmenden Eroberung neuer Gebiete, wobei mit den anfallenden neuen Problemen auch jeweils gewisse Modifikationen des ursprünglichen Ansatzes einhergehen. Dies zeigt sich insbesondere bei dem Ökonomen *François Simiand*[10] und dem Bahnbrecher der politischen Soziologie *Georges Davy*[11]. Gleichzeitig differenziert sich der Ansatz *Durkheims* insofern, als neben den weitreichenden Kollektivströmungen nun die inneren Gliederungen der Gesellschaft nach sozialen Klassen, Lebensniveaus und Zivilisationsstilen zunehmend ins Auge gefaßt werden, wobei insbesondere *Maurice Halbwachs*[12] führend hervortritt. Wir lassen es bei diesen wenigen Bemerkungen bewenden, da wir selber im Jahre 1931 eine eingehende Übersicht dieser Entwicklung geboten haben[13]. In dieser Phase ist das allgemein anerkannte Oberhaupt der *Durkheim*schule seine Neffe *Marcel Mauss*[14], dessen beweglicher und dauernd auf der Jagd nach neuen Anregungen befindlicher Geist einen besonders glücklichen Einfluß nach der dogmatischen Strenge seines Onkels ausübte.

3. *Die Lösung eines bisher ungelösten Problems: Soziologie und Sozialpsychologie.* Wir hatten oben schon kurz darauf hingewiesen, daß *Durkheims* Stellung zur Psychologie und Sozialpsychologie insgesamt auf Grund einer rein zufälligen Zeitkonstellation, nämlich seines Gegensatzes zu *Tarde*, durchaus negativ war. Dazu mag auch noch ein Weiterwirken *Comte*scher Gedankengänge beigetragen haben. Dies betrifft insbesondere *Durkheims* manifeste Einstellung zur Psychologie und Sozialpsychologie, wenn man gewisse seiner Äußerungen beim Wort nimmt. Daneben gibt es aber bei ihm schon außerordentlich früh ein faktisches Üben der Sozialpsychologie, wie wir später sehen werden, das von seiner manifesten polemischen Einstellung sorgfältig unterschieden werden muß. Im wesent-

lichen kann man sagen, daß es bei *Durkheim* selbst zu keiner unbefangenen Haltung gegenüber der Sozialpsychologie kommt, so daß die systematische Frage nach ihrem Verhältnis zur Soziologie zunächst gar nicht richtig aufgerollt oder vielleicht gar verdrängt wird. Auch in dieser Hinsicht finden wir *Mauss* in führender Funktion und zwar passiv und aktiv. Passiv, indem er am 17. Mai 1923 zum Vizepräsidenten der französischen Gesellschaft für Psychologie ernannt wird, womit der alte Streit durch einen Akt von symbolischer Tragweite definitiv beigelegt wurde. Aktiv, indem er nicht nur in zahlreichen Einzelarbeiten zum Ausbau der Sozialpsychologie beitrug, sondern überdies die Frage des Verhältnisses von Soziologie und Psychologie auch grundsätzlich anging[15]. *Halbwachs*[16], *Davy*[17], *Charles Blondel*[18], vor allem der Psychologe *Georges Dumas*[19] sind ebenfalls am Ausbau der Sozialpsychologie unter dem Einfluß von *Durkheim* in den zwanziger und dreißiger Jahren beteiligt. Man kann die Ergebnisse dieser Bewegung am besten in den beiden Auflagen des *Traité de psychologie* von *Dumas*[20] verfolgen. Da wir auch dieser Entwicklung in der bereits erwähnten Arbeit unsere Aufmerksamkeit zugewandt haben, mögen diese wenigen Bemerkungen genügen[21].

4. *Die Überwindung des Evolutionismus und der Funktionalismus.* Wir sind davon ausgegangen, daß *Durkheim* zu jenen Soziologen gehört, für die *Spencer* tot ist. Das heißt mit einem Wort, daß man mit der Vorstellung aufräumen muß, als gebe es eine Entwicklung von einem einfachsten sozialen Zustand zum gegenwärtigen, wobei sich zwischen Anfangs- und Endpunkt eine gerade Linie ziehen lasse. *Durkheim* hat theoretisch diese Auffassung einer unilinearen Entwicklung immer wieder bekämpft, ist ihr jedoch — wie man später merkte — selber nur zu häufig erlegen. So geschieht es gelegentlich, daß sich ihm etwa die Frage nach den *Funktionen der Religion* unversehens zur Frage nach dem *Ursprung der Religion* umformt, wie an seinem Werk über die elementaren Formen der Religion leicht erkannt werden kann[22]. Trotzdem bleibt jedoch bei ihm das Postulat erhalten, daß jede Entwicklung multilinear sein muß[23], was dementsprechend zu seinen verschiedenen Versuchen einer sozialen Morphologie und einer soziologischen Typenlehre führt. Selbst wenn diese unvollkommen sind, so kann doch gesagt werden, daß ein wesentliches Verdienst darin liegt, die Notwendigkeit einer solchen Typologie überhaupt erkannt zu haben. Insofern besteht auch die Meinung von *Bronislaw Malinowski* zu recht, die in *Durkheim* den Vater des Funktionalismus sieht[24]. Allerdings muß man hinzufügen, daß in seiner tatsächlichen Leistung noch manche Überlebsel älterer Vorstellungen nachwirken — seinen theoretischen Postulaten zum Trotz. Umgekehrt haben diese jedoch *Mauss* dazu geführt, daß man an der Analyse gleich welcher Art von Religion ihre soziale Funktion erkennen kann, ohne darum Fragen nach der historischen Entwicklung aufzurollen. In dieser Hinsicht verwirklichte er die strukturell-funk-

tionale Analyse seines Meisters in seinem genialen Essai über das „Geschenk",
ohne den Überlebseln des Evolutionismus zu erliegen[25]; vielmehr erfaßte er
dabei das *Strukturprinzip der Gegenseitigkeit*, dessen Erkenntnis in der modernen Soziologie von größter Bedeutung geworden ist *(Claude Lévi-Strauss, George
P. Murdock)*. Man könnte durchaus sagen, daß *Mauss* dies in getreuer Erfüllung
des Ansatzes von *Durkheim* erreicht, obwohl dieser selbst sich nur allzu häufig
in die Stricke seiner eigenen Vergangenheit verfängt.

In diesem Zusammenhang muß auch *Lucien Lévy-Bruhl* erwähnt werden, der
zwar kein Schüler von *Durkheim* ist, wie man so oft fälschlich behauptet hat,
sondern einen durchaus eigenen Weg geht. Aber man kann sagen, daß er andere
Probleme, die in *Durkheim*s Werk über die elementaren Formen der Religion
aufgerollt wurden, selbständig angegangen ist und sie vielleicht unbefangener
behandelt hat als jener. In seinen ersten Werken steht allerdings auch *Lévy-
Bruhl* in der Antinomie „primitiv-zivilisiert", die gleichzeitig eine historische
Entwicklung miteinschließt[26]. Aber seit der Mitte der zwanziger Jahre ist er
darin viel vorsichtiger geworden[27]. In seinen posthum veröffentlichten Notiz-
büchern[28] kommt diese Einstellung denkbar deutlich zum Ausdruck. So polemisiert er gegen die evolutionistische Vorstellung vom Überleben „primitiver"
Vorstellungen im „zivilisierten" Menschen (wie etwa *Durkheim* teilweise das
moderne Inzesttabu aus dem primitiven sich entwickeln läßt). Dann heißt es:
„Ne pas se représenter la mentalité primitive comme appartenant à une phase
que les civilisations traversent, pour passer par d'autres successivement et arri-
ver à la phase présente, qui serait entièrement distincte de la ‚primitive'. C'est
une vue de l'esprit, qui peut plaire et flatter l'imagination mais ne paraît pas
fondée sur les faits, ni pouvoir s'accorder avec eux."[29] Selbstverständlich gibt es
eine Entwicklung der sozialen Formen. „Mais, en même temps que nous essay-
ons ainsi de connaître les changements que les sociétés humaines ont subis,
depuis les civilisations primitives jusqu'à la nôtre, et d'en rendre compte d'une
façon satisfaisante pour la raison (effort pour établir une théorie sociologique
ou anthropologique) — nous reconnaissons qu'il y a quelque chose qui ‚persiste',
qui constitue une sorte d'élément fixe à travers les changements et la succession
des institutions. Cela ressort avec évidence des remarques faites si souvent au
sujet de la mentalité dite primitive; mais cette mentalité nous la trouvons con-
stamment autour de nous, et même en nous." Es ist dies im übrigen genau die
Entwicklung, die wir schon vor Jahren in unserer Darstellung von *Lévy-Bruhl*
besprochen haben[30].

Mit dieser Wendung ist gleichzeitig ein Weg angedeutet, der aus einem Dilemma hinausführt, das *Durkheim* in den elementaren Formen der Religion
nicht vollständig gelöst hatte. Sehr richtig hatte er dort die Bedeutung der
Symbole für den sozialen Zusammenhang erkannt[31]. Statt nun aber in seinem

Sinne eine funktionale Analyse anzubahnen, die zu zeigen hätte, daß ohne Symbole kein sozialer Zusammenhang auf die Dauer bestehen kann, versucht er, die Symbole als „Vertretungen", „Darstellungen" oder „Übersetzungen" des sozialen Zusammenhangs in die Dimension der Zeichen (Abzeichen, Tätowierungen, Embleme, Wappen, usw.) darzustellen, als sei erst ein „kollektives Bewußtsein" da, danach ein Symbol. Auf der von *Lévy-Bruhl* erreichten Ebene erweist sich dagegen das Symbolisieren als gleichursprünglich mit jedem affektiven Erleben der Umwelt, womit auch gesagt ist, daß Symbole überall und immer *spontan* entstehen. Wenn der Soziologe wirklich den „totalen Menschen" erfassen will, wie *Mauss* es postuliert, dann eröffnet sich von hier aus die Notwendigkeit des Aufschließens einer neuen seelischen Dimension, aus der die Symbole ihre Dynamik schöpfen, nämlich das (individuelle oder kollektive) *Unbewußte*. So wird vom *Durkheim*schen Ansatz her unter Verwendung zahlloser Beobachtungen von *Lévy-Bruhl* die Übernahme der *Psychoanalyse* zu einer conditio sine qua non, die allererst den begonnenen Weg in einer eigentlichen *Tiefensoziologie* vollendet, wie sie heute in Frankreich *Georges Gurvitch* am reinsten vertritt. Damit eröffnen sich auch ganz neue Perspektiven für die Analyse des Inzesttabus, nachdem *Sigmund Freud* selber einige wesentliche Schritte auf diesem Gebiet gemacht hatte [32]. Während diese Entwicklung in einem ersten Schritt von der Soziologie wegzuführen schien, hat sich diese Distanzierung auch bei *Lévy-Bruhl* am Ende seiner Laufbahn wieder aufgehoben. Auf der letzten Seite seiner Notizbücher lesen wir: „Il paraît impossible que cette description soit satisfaisante, si elle se fait uniquement du point de vue psychologique: il faut absolument qu'elle se place en même temps au point de vue sociologique."[33] Damit bekräftigte er im Jahre 1939, was wir selber im Jahre 1932 als wünschenswert ausgesprochen hatten [34]. Im übrigen hat sich die Zusammenarbeit von Sozialpsychologie und Psychoanalyse in Frankreich seit etwa 1925 angebahnt, wofür vor allem das Beispiel von *Daniel Essertier* [35] zeugt.

5. *Die heutige Fortwirkung Durkheims.* Wir haben bereits bemerkt, daß eine neue (und zwar die bisher letzte) Phase des Einflusses von *Durkheim* um das Jahr 1938 beginnt, wo einerseits *Bouglé* das Bisherige mit seiner „Bilanz" abschließt, andererseits *Gurvitch* und *Talcott Parsons* auf neuer Ebene die Diskussion wieder aufnehmen. Allerdings tragen die Zeitverhältnisse, vor allem der Kriegsbeginn dazu bei, daß die Zäsur nicht eindeutig ist; vielmehr geht, insbesondere in Europa, die Entwicklung durch eine Art historischen Leerraums, in dem in beträchtlich verlangsamtem Tempo die alten Ansätze abgeschlossen werden. So laufen die *Annales Sociologiques* bis 1942 weiter, manche Bücher aus diesem Gedankenkreise erscheinen sogar erst nach dem Kriege, wie zum Beispiel die posthumen Publikationen von *Halbwachs*. Die meisten Mitglieder der *Durkheim*schule gehen nach dem Waffenstillstand von 1940 entweder in

den Widerstand oder sie emigrieren zeitweise wie z. B. *Gurvitch* (seit Oktober 1940 in New York) oder *Claude Lévi-Strauss*, der in den Vereinigten Staaten völlig neuartige Anregungen aufnimmt. In seiner Darstellung der französischen Soziologie, die 1945 in New York erschien, stellt *Lévi-Strauss*[36] die Tradition von *Durkheim* und *Mauss* gebührend in den Vordergrund, wobei es ihm wesentlich darauf ankommt, im Sinne *Durkheim*s und seiner strukturell-funktionalen Analyse bestimmte Restbestände des 19. Jahrhunderts in seiner Lehre auszumerzen. Dazu gehören vor allem die Reste des Evolutionismus, insbesondere der gelegentlich aufdringliche „Finalismus". Gleichzeitig hebt er hervor, daß *Durkheim* selber bereits entscheidende Schritte in dieser Richtung getan hat, wie etwa in seinem Selbstmordwerk, in dem er verschiedene Typen von Selbstmord unterscheidet. Als wichtige offene Fragen bezeichnet *Lévi-Strauss* das Problem der Kultur, dem er selber wesentliche Ausführungen widmet, und das Verhältnis von Individuum und Kollektiv, das nach dem Kriege (und auch schon vorher) *Gurvitch* aufgegriffen hatte. In diesem Sinne hatte schon 1938 *Gurvitch* davon gesprochen, daß das „reiche Erbe" *Durkheim*s noch nicht hinreichend assimiliert worden sei[37]. Gleichzeitig warnte er vor einem doppelten Fehler, und dies scheint uns sehr bezeichnend für die ganze Weiterentwicklung seit 1938 bzw. seit 1945, nämlich *Durkheim* entweder dogmatisch-orthodox rückhaltlos zu übernehmen oder ihn in globo abzulehnen. Beides ist falsch. *Gurvitch* selber weiß seine eigene Stellung sehr klar zu umschreiben, womit er gleichzeitig eine gute Charakteristik der heutigen Fortwirkung *Durkheim*s gibt: „Contrairement à ces deux attitudes, j'ai cherché á délimiter, dans la mesure de mes possibilités, *l'acquis précieux et le contestable dans la pensée de Durkheim en opposant le dynamisme vivant impliqué dans les problèmes qu'il a posés à la statique de ses solutions, celles-ci nous ayant paru parfois trop dogmatiques.*" Das heißt mit anderen Worten, daß jetzt der den *Durkheim*schen *Problemstellungen* immanente Dynamismus im Gegensatz zu den Antworten zum Zuge kommt, die *Durkheim* selber auf die von ihm aufgerollten Fragen zu geben wußte. Sowohl für *Gurvitch* wie für *Parsons* steht fest, daß *Durkheim* trotz aller Einschränkungen allen seinen Kritikern weit überlegen ist, insofern er die Spezifität der sozialen Phänomene als erster eindeutig umschreibt. Und dies Verdienst bleibt ihm, selbst wenn es ihm in vielem nicht gelungen sein sollte, das selbstgestellte Programm zu erfüllen. Im übrigen bleibt sein Einfluß in der Nachkriegsperiode insofern erhalten, als praktisch die gesamte Neubesinnung in der allgemeinen Soziologie neben wenigen anderen Einflüssen, wie denen von *Vilfredo Pareto* und *Max Weber*, in seinem Zeichen steht. Vor allem aber lebt sein Beginnen weiter, theoretische Diskussionen nur im Zusammenhang mit empirischer Forschung zu betreiben, wie er es in seinem genialen Meisterwerk über den Selbstmord geübt hatte, das seit jener Zeit ein Vorbild aller ernst zu nehmenden Soziologie geblieben ist.

Mit den vorgehenden Überlegungen sollte nur ganz allgemein gezeigt werden, daß der Einfluß *Durkheims* bis in die Gegenwart andauert, wenn auch dabei verschiedene Aspekte seines Werkes in den Vordergrund gerückt werden, je nach den sich wandelnden Bedürfnissen einer neuen Gegenwartskonstellation. So wollen auch die vorliegenden Betrachtungen zur hundertsten Wiederkehr seines Geburtstages keine antiquarische Geschichte geben, sondern nur das Erbe *Durkheims* auf die gegenwärtige Situation der soziologischen Systematik projizieren.

II

Das Problem der Wirkung *Durkheims* auf die Gegenwart ist also in der Tat einigermaßen paradox. Er wirkt wesentlich weiter durch vieles, was bei ihm im Ansatz vorhanden war bzw. manchmal fast unausgesprochen blieb, während das meiste von dem, worin er seine eigene bleibende Leistung erblickte, heute zum alten Eisen geworfen wird. Eine solche Situation scheint an sich einer Fortwirkung nicht gerade förderlich zu sein, vielleicht geradezu im Wege zu stehen. Wenn sie aber dennoch vorhanden ist, und alle Anzeichen weisen in diese Richtung, so muß dafür vielleicht noch eine andere Ursache in Anspruch genommen werden, von der bisher nicht die Rede war, nämlich der Mensch *Durkheim* selber, dessen persönliches Charisma eine Wirkung erklären könnte, die das Werk für sich allein genommen nicht ganz zu rechtfertigen vermag.

Wenden wir nun unsere Aufmerksamkeit seiner Person zu, so muß sofort gesagt werden, daß diese zunächst alles andere als ein charismatischer Geist zu sein scheint. *Durkheims* äußeres Leben verläuft fast ereignislos. Er wird im Elsaß als Sohn eines Rabbiners geboren, wird zunächst Professor in Bordeaux, danach in Paris an der Sorbonne, wo er bis zu seinem Lebensende bleibt. Mehr ist von ihm eigentlich nicht zu sagen. Andererseits berichten alle seine Schüler von der faszinierenden Anziehungskraft, die von ihm ausstrahlte. Wir haben selber im Laufe der etwa dreißig Jahre, die wir in engem und regelmäßigem Kontakt mit vielen Persönlichkeiten der *Durkheim*schule gestanden haben, immer wieder die gleiche Auffassung gehört, die sich auch in den wenigen persönlichen Dokumenten über ihn, speziell in den Nekrologen ausspricht[38]. In seinem Werk gibt es nur ganz wenig Stellen, an denen der Mensch *Durkheim* direkt zu uns spricht (dazu gehört vor allem « Le Suicide »). Im Grunde liegt es hiermit bei ihm ganz ähnlich wie bei *Max Weber*[39], dessen weltanschauliche Askese in keiner Weise etwa einer szientistischen Verkümmerung entspringt, wie z. B. im Rahmen des französischen Positivismus bei *Emile Littré*, vielmehr ist diese Selbstbeschränkung Produkt eines bewußten Wollens. Fand *Weber* den Prototyp seines eigentlichen politisch-zeitgenössischen Anliegens in der altjüdischen Prophetie, speziell bei Jeremia, den der Herr zu reden zwingt, so verwirklicht sich dieser Bezug bei *Durkheim* unmittelbarer und gleichsam ursprünglicher. *Durkheim* ist Jude und Rabbinersohn. Aus beidem schöpft er einen über den bloß persönlichen Existenzbezug hinausgehenden Drang nach erlösender Wahrheitsvermittlung, der sich gleichzeitig — und das ist einzig in der jüdischen Tradition möglich — mit unmittelbarstem Realismus paart.

Von außen gesehen erscheint *Durkheim* allerdings wie das Ebenbild einer lebensfernen Wissenschaft: kalt, streng, gemessen, asketisch-unbeteiligt. Aber dieser Anblick ist wirklich sehr äußerlich, und die geringste weitere Vertrautheit mit ihm weist ein wesentlich anderes Bild auf. Sein Charakter zeigt ganz allgemein eine breite gefühlsmäßige Substruktur, die etwa voller Bewunderung ist für den Volkstribun *Gambetta;* aber auf der anderen Seite bohrt in ihm eine tiefe Leidenschaft im Kampf um die Wahrheit, auch darin ist er *Max Weber* sehr ähnlich. Immerhin wäre all dies von nur geringem Interesse, wenn sich nicht zeigen ließe, daß eine Kontinuität besteht zwischen dieser Charakterstruktur und dem Gelehrten *Durkheim.* Äußerlich trat diese schon hervor in der Art seines Vortrags: leidenschaftlich erregt floß der Strom seiner Rede, die trotz sorgfältiger (schriftlicher) Vorbereitung fast immer schöpferischer Improvisation entsprang. Und gerade das Schauspiel dieses Einsatzes eines ganzen Menschen für seine Sache verlieh ihm in den Augen seiner Zuhörer jene Autorität, von der alle berichten, die jemals Zeuge seiner Wirksamkeit waren. Sein leidenschaftliches Gefühl steht ganz und gar im Dienste der Sache. So allein konnte er dem strengsten wissenschaftlichen Vortrag den Nachdruck seherischer Prophetie verleihen, die schon aus seinem Angesicht — „figure de voyant méditatif" — zu seinen Schülern sprach. „Sa foi communiquait à sa pensée et à sa parole un caractère enthousiaste et impératif, on serait tenté de dire inspiré, et donnait à ceux qui l'entendaient l'impression qu'ils avaient devant eux le prophète de quelque religion naissante." So war ihm auch das akademische Lehramt mehr als eine Anstalt zur Übermittlung eines neutralen Wissensstoffes. „Il lui faut enseigner une doctrine, avoir des disciples et pas seulement des élèves, jouer un rôle dans la reconstitution sociale de la France meurtrie par la défaite." Allerdings suchte er — auch hierin wieder *Marx Weber* denkbar ähnlich — die Erziehung Gleichgesinnter nicht zu erreichen durch billige Katheder-prophetie, sondern einzig durch die Übermittlung einer methodischen Forschungsweise. Immer aber leuchtet durch sein Lehren hindurch die Idee einer überwissenschaftlichen Wirkung, die dem Rabbinerssohn, der sich ursprünglich selber dem geistlichen Amte widmen wollte, von Haus aus so vertraut war, daß er auch im reifen Alter gelegentlich noch eine Sehnsucht zur Kanzel empfand, wie mehrfach berichtet wird. Wenn aber auch sonst nichts für die substanzielle Lebendigkeit des Gelehrten *Durkheim* sprechen würde, so sollte doch die charis-

matische Kraft dieses Menschen aufmerken lassen, der über ein Vierteljahr-
hundert hindurch einen ganzen Stab von Gelehrten verschiedenster Provenienz
zusammenzuhalten und ihr verschieden gerichtetes Interesse zu einer „Schule"
zusammenzuschließen wußte, die — wie wir oben zeigen konnten — nicht auf
Frankreich beschränkt ist, sondern heute weit darüber hinaus in der Welt wirkt.
Früh schon bewährte sich übrigens diese Wirkung auch vor einem größeren
europäischen Forum, wie der geradezu enthusiastische Erfolg seines Auftretens
auf dem internationalen Philosophenkongreß zu Bologna (1911) beweist.

Mit der einfachen Feststellung einer Spannung zwischen unmittelbarer Emo-
tivität und disziplinärer Meisterung aller Unmittelbarkeit ist jedoch wenig noch
gesagt. Dahinter steht als tragender Grund ein ausgesprochenes Gefühl der
Schamhaftigkeit, sich in einer allzu persönlichen Geste gehen zu lassen. Diese
Scham bestimmt wohl allgemein die Gefühlsaskese des Gelehrten, jedenfalls
da, wo sie echt ist. Mehrfach wird *Durkheims* „pudeur de ses sentiments inti-
mes" hervorgehoben, die sich zunächst auch in seinem rein menschlichen Dasein
auswirkte. So stark muß diese „pudeur" gewesen sein, daß einer seiner
Freunde geradezu von einer „Verdrängung" spricht (refoulement), einen Ausdruck, den wir hier ohne alle weiteren Unterstellungen einfach zur Verdeutlichung des Gemeinten hinnehmen wollen. Treffender ist vielleicht die Umschreibung, die *Xavier Léon* in seinem Nekrolog findet: „Il a eu le courage
presque surhumain d'ensevelir au plus profond de lui-même les sentiments dont
l'explosion eût brisé sa résistance."

Unmittelbare Folge dieser Schamhaftigkeit ist eine betonte „réserve senti-
mentale". Verschlossenheit bis zum äußersten war seine Weise, sich zu geben;
nur mit wenigen war er in Freundschaft verbunden — dann allerdings um so
herzlicher. Diese asketische Disziplinierung seines gesamten Daseins war zugleich
getragen von einem starken Realismus. Dieser Realismus ließ ihn auch zu Beginn seines Studiums sich aufbäumen gegen die rhetorisch-humanistische Tradition der Ecole Normale Supérieure, die sich weitgehend dem Fortschritt der
Wissenschaften im 19. Jahrhundert verschlossen hatte. Ebenso verabscheute er
das ästhetische Spielen mit literarischen Mystifikationen und die romantische
Ironie — beides Symptome eines gestörten Wirklichkeitsbezugs. „Absolument
simple, il haissait le ton léger." Widerstrebte seine Natur allem wirklichkeits-
unbeschwerten Spiel, so mied er gleichermaßen spekulative Dialektik, die sich
nicht in den Dienst der positiven Forschung stellt. Dementsprechend erscheint
ihm selbst seine Aufgabe als Wissenschaftler auch niemals etwa als Luxus der
modernen Zivilisation, sondern als eine moralische Verpflichtung und Aufgabe,
die zuoberst bestimmt wurde durch den Willen, zur Umordnung Frankreichs in
der Dritten Republik beizutragen. So kann man von ihm wie von *Max Weber*
sagen, daß er im eigentlichen Sinne ein Politiker war; aber ein Politiker, der

seine Schüler mit Hilfe der Wissenschaft an die Wirklichkeit heranführte, deren Reform sein innerstes Anliegen war im Sinne der Entdeckung einer neuen inner-weltlichen Autorität. So ist ihm auch soziales Dasein nicht nur eine Begleit-erscheinung des Menschlichen, sondern die wesentliche Dimension menschlicher Verwirklichung, die alle Möglikeiten in sich birgt, bis hin zur Selbsterkenntnis, wie es am Ende seines Werkes über die elementaren Formen der Religion heißt.

Im ganzen besehen ist *Durkheim* also keineswegs ein „einfacher" Charakter. Er ist kein Gefühlsmensch, aber auch nicht nur Verstandesmensch; er ist nicht nur spekulativer Denker, sondern auch höchst realistischer Forscher; er ist Theo-retiker und Politiker zugleich. Die Wissenschaft ist ihm also, auch charaktero-logisch besehen, nicht zugefallen in unreflektierter Übernahme der Zeittenden-zen, wie man ihn häufig zu erklären versucht hat, vielmehr hat er sich und sein von Haus aus priesterlich-ethisierendes, aber auch politisches Pathos ausdrück-lich zur Wissenschaft hin überwunden und diszipliniert. Darum besitzt auch *Durkheims* Wissenschaft eine lebendige Tiefe und Hintergründigkeit, die selbst in den abstraktesten und fernstliegenden Untersuchungen noch ein Echo dieser disziplinären Auseinandersetzung nachhallen läßt. Nicht eine substanzielle Ver-armung und Entleerung des Lebens läßt ihn sich auf die Position der strengen Wissenschaft zurückziehen, sondern ein energischer Wille zur gestalthaften Überwindung der Sinnlosigkeit des Daseins, ein Wille, der sich zu anderer Zeit, in einem anderen Menschen vielleicht in Form eines Kunstwerkes oder auch einer religiösen Gesetzgebung manifestiert hätte. All dies aber konnte er in dieser Form nur darum verwirklichen, weil er Jude war. Die christlichen Reli-gionen waren im 19. Jahrhundert schon längst zu bloßen Interessengruppen und politisch-diesseitigen Mächten geworden, insbesondere die katholische Kirche in Frankreich. Einzig dem Juden blieb in dieser Konstellation noch so viel reine Religiosität und Gläubigkeit, die aus der gleichmäßigen Distanz zu allen anderen und aus dem Gefühl der eigenen elementaren Hilflosigkeit und Ohnmacht er-wächst, daß er instand gesetzt wird, in interesseloser Hingabe nur der Sache zu dienen. Was ihm von vielen als ein Makel angehängt wird, insbesondere in Deutschland, wird somit zu einem eigentlichen Ehrentitel. So lebt in ihm das gleiche Ethos, das wir auch beim Calvinisten *Max Weber* finden, der im übrigen genauestens orientiert war über die jüdischen Ursprünge dieser Haltung.

Die angedeutete Parallele zwischen *Durkheim* und *Weber* läßt sich im übrigen noch weiter verfolgen, wenn man *Webers* Deutung des Kapitalismus mit *Durk-heims* Konzeption der Gesellschaft vergleicht. *Weber* unterstreicht im Gegensatz zu älteren Auffassungen das disziplinäre Element im Geist des Kapitalismus, aus dem geradezu eine „Bändigung" der irrationalen Triebhaftigkeit des Men-schen erwächst. Ganz analog entwickelt auch *Durkheim* seinen Gesellschafts-begriff, speziell in seinem Werk über den Selbstmord, in dem wir auch die persönlichsten Akzente finden. Im übrigen erinnern diese in vielen Fällen ganz eindeutig an *Spinoza.* Gesellschaft ist darum das Medium, in dem sich der Mensch vollendet, weil er in ihr mit den sozialen Regelungen ein Maß (modération), eine Begrenzung (limitation) und eine Disziplinierung (discipline) erfährt [40]. Es ist nur folgerichtig, wenn später *Blondel* den Ansatz entwickelte, daß Geisteskrankheit weitgehend mit Desozialisierung identisch sei [41]. Entsprechend findet *Durkheim* in seinem Werk über den Selbstmord, der teilweise ebenfalls als Folge einer Desozialisierung oder besser einer sozialen Desorganisation erklärt wird, als Symptome dieses Zustandes der Desorganisation lauter Züge, die dem Maß, der Begrenzung und der Disziplinierung entgegengesetzt sind. Wir zählen auf [42]: instabilité, état de trouble et d'agitation, soif inextinguible, impatience fiévreuse, ambitions surexcitées, agitations sans apaisement, déchainement des désirs, passions tumultueuses und schließlich noch die subtilen Gefühle wie: l'esprit d'inquiétude, la passion de l'infini, le mal de l'infini, la soif de l'impossible. Andere Wendungen lauten folgendermaßen: „Les imaginations sont avides de nouveauté" und: „Par elle-même, abstraction faite de tout pouvoir extérieur qui la règle, notre sensibilité est un abîme sans fond que rien ne peut combler." Alle diese Gefühle zusammengenommen machen das aus, was wir gemeinhin als soziales Unbehagen (malaise social) bezeichnen und das sich in ausgesprochenen Kollektivströmungen negativer sozialer Akte, die man geradezu statistisch messen kann, kundtut (wie z. B. dem Selbstmord). Mécontentement, inquiétude und malaise sind die ständigen Begleiter romantisch regelloser Existenzen und auch aller Formen der sozialen Desorganisation, die sich am Ende des 19. Jahrhunderts im „Mal du siècle" zu einer eigenartigen kulturellen Gestalt verdichteten. Douleur, tourment und supplice sind Ausdruck einer innersten Erschütterung der sozialen Existenz des Menschen, die letztlich in Zuständen akuter Anomie endet, wenn kein Maß mehr gefunden wird. In sich selbst kann ein solcher Zustand aber keine Befriedigung mehr finden; im Gegenteil: er drängt — nach dem Worte von *Gustave Flaubert* — nur nach immer neuen Düften, neuen Lüsten und neuen Horizonten. „Des désirs illimités sont insatiables par définition et ce n'est pas sans raison que l'insatiabilité est regardée comme un signe de morbidité." [43] Von dieser Warte aus fällt *Durkheim* das entscheidende Urteil, das seiner ganzen Morallehre zugrunde liegt: «L'esprit de rebellion... est la source même de l'immoralité." [44]

Begrenztes Streben vollendet sich im Ziel. In der Erfüllung dieses Ziels findet der Mensch sein Glück, eine Art von mittlerem Glücksbewußtsein, dessen reinster Ausdruck das gesellschaftliche Gleichgewicht (équilibre) ist. Soll dieses Ziel erreicht werden, so muß es selber begrenzt sein, sonst stößt das Streben in eine leere Unendlichkeit. Die Bewegung des Strebens als solche, ohne Ziel und ohne Grenze, endet immer nur im sozialen Unbehagen. „Quelque plaisir que l'homme éprouve à agir, à se mouvoir, à faire effort, encore faut-il qu'il sente que ses efforts ne sont pas vains et qu'en marchant il avance. Or, on n'avance pas quand on ne marche vers aucun but ou, ce qui revient au même, quand le but vers lequel on marche est à l'infini."[44] Umgekehrt entfaltet sich ein Gefühl der Gesundheit als mittleres Gefühl des Glücks, „ce sentiment de joie calme et active ...ce plaisir d'être et de vivre qui, pour les sociétés comme pour les individus, est la caractéristique de la santé." Hier erkennen wir vielleicht am klarsten *Durkheims* moralistische Konzeption der Gesellschaft, die nicht nur das angestammte Realisationsmedium des Menschen ist, sondern gleichzeitig ein System der Reglementation und der bändigenden Mäßigung aller Triebe wie auch eine höchst handgreifliche Wirklichkeit darstellt, die es zu studieren gilt.

Die vorhergehenden Ausführungen sollten den Ursachen für die merkwürdige Faszinationskraft des Menschen *Durkheim* nachgehen, die über das Ungenügen vieler seiner Theorien hinaus die ununterbrochen anhaltende Nachwirkung seiner Lehre als Ganzes erklären soll. Am Schluß schälte sich dabei ein ganz präzises Menschenbild heraus, das wir als das soziologische Menschenbild par excellence bezeichnen möchten, ohne das überhaupt kein Einstieg in diese Wissenschaft möglich ist. Das wäre der äußerste kulturelle Horizont aller Soziologie, der unabhängig ist von allen zeitgenössischen Konstellationen und irgendwelchen politischen Wunschbildern und Reformideen. Dieses Menschenbild greift weit darüber hinaus und erweist sich als die treibende Wurzel aller soziologischer Besinnung überhaupt, so daß von hier aus auch eine stetige Wirkung in alle Zukunft ausstrahlen muß. Darüber hinaus müssen wir im Folgenden einige der wesentlichen Lehrstücke aufrollen, die in ihrer ursprünglichen Gestalt oder in modifizierter Form in der gegenwärtigen Konstellation der soziologischen Systematik aus dem reichen Lebenswerk von *Durkheim* nachwirken. Wir können dabei keinen Anspruch auf auch nur annähernde Vollständigkeit erheben, möchten es aber doch erreichen, einige Lehrstücke herauszugreifen, die in der modernen Soziologie ohne *Durkheim* niemals entwickelt worden wären, selbst wenn sie teilweise bestimmten seiner Theorien widersprechen. Aber sie wurden in der Erfüllung seines zentralen Anliegens entdeckt, wobei das meiste von dem sich zwanglos aufgelöst hat, was an ihm nur zeitbedingt war.

III

Trotz der verschiedenen Darstellungen[47] des Werkes von *Durkheim* muß gesagt werden, daß sie eigentlich alle nicht recht zu befriedigen vermögen. Vielleicht ist das auch eine unerfüllbare Forderung; denn entweder wird sich der Monograph an die Darstellung des Werkes selber halten, dann werden notwendigerweise die theoretischen Voraussetzungen und Auswirkungen zu kurz kommen müssen, oder diese stehen im Vordergrund, wie bei *Talcott Parsons*, dann muß der rein darstellerische Aspekt in den Hintergrund treten. Eine spezielle Aufgabe würde sich auch in der Analyse der verschiedenen Wandlungen ergeben, die *Durkheim* durchgemacht hat. So ist es geschehen, daß trotz mancher Ansätze eine wirklich allseitige Bewertung noch aussteht. Diese hätte auch den theoretischen Anregungen nachzugehen, die sich in den vielen hundert Besprechungen von *Durkheim* in den zwölf Bänden der *Année Sociologique* verbergen. Wir denken dabei nicht nur an allgemeine soziologische Theorie, sondern vor allem an spezielle Theorien, wie etwa seine Konzeption der Soziologie der Familie und seine Äußerungen zur Entwicklung der Familie von der jüdisch-griechisch-römischen Antike bis heute. Da wir uns wahrscheinlich mit dem Gedanken vertraut machen müssen, daß das große Vorlesungsmanuskript über Soziologie der Familie, von dem *Mauss*[48] in seinem Gedenkartikel spricht, der deutschen Gestapo — wie so manches andere — zum Opfer gefallen und unwiederbringlich verloren ist, so ließe sich doch mindestens ein Teil seiner Ideen aus dem erwähnten Material rekonstruieren. Es sind ja noch ganz andere Rettungsversuche gelungen, wie etwa der vor kurzem erschienene Druck seiner Vorlesung über Pragmatismus und Soziologie, den *Armand Cuvillier* veranstaltet hat[49]. So muß in der Tat zugestanden werden, daß rein dogmenhistorisch noch unendlich viel zu tun bleibt, bevor wir an eine befriedigende Gesamtbewertung *Durkheims* herantreten können. Darum können auch die folgenden skizzenhaften Ausführungen in keiner Weise als ein auch nur entfernter Versuch angesehen werden, eine solche Gesamtbewertung anzubahnen. Wir wollen einfach in zwangloser Reihenfolge ein paar Themen aufgreifen, die einem relativ Außenstehenden klar machen sollen, welche ursprünglich von *Durkheim* ausgesprochenen theoretischen Ansätze in der heutigen soziologischen Theorie offen oder auch verdeckt weiterwirken[50]. Es wird sich bei einem solchen Vorgehen natürlich nicht vermeiden lassen, daß wir selbst bei den Hauptwerken *Durkheims* auf eine auch nur gedrängte Übersicht verzichten und andererseits manchmal ein starkes Gewicht auf ausgesprochene Nebenarbeiten legen müssen, die aber doch bestimmte theoretische Probleme besonders beleuchten. Wer sich für *Durkheim* als solchen interessiert, sei daher von Anfang an entweder auf die direkte Lektüre seiner Werke verwiesen, die leider mit nur einer einzigen Ausnahme noch nicht ins Deutsche übersetzt worden sind, oder auf eine der erwähnten Darstellungen. Im übrigen gehören die entsprechenden Abschnitte bei *Parsons* noch immer zum Besten, was über *Durkheim* geschrieben worden ist.

*Durkheim*s zentrales methodologisches Grundprinzip läuft darauf hinaus, *Soziales nur durch Soziales zu erklären*. Damit entscheidet sich, daß Soziologie eine eigene Wissenschaft ist, die einen Gegenstand sui generis besitzt, der selber weiter keiner Ableitung bedarf. Dies bedeutet nicht nur das definitive Ende

aller monolithischen „soziologischen" Theorien, die das Soziale und einzelne
soziale Erscheinungen aus irgendwelchen anderen Gegebenheiten zu erklären
versuchen, sondern postuliert gleichzeitig den positiven Satz, daß das Soziale
eine eigene und autonome Dimension menschlichen Daseins darstellt.

Dieser Satz scheint auf den ersten Blick betrachtet recht selbstverständlich
zu sein, so daß auch keine wesentlichen Weiterungen erwartet werden müssen.
Sieht man aber genauer hin, so erweist er sich bald als eine Entscheidung von
größter Reichweite, die nicht nur ein Mittel ist, einen Wirklichkeitsbereich von
anderen abzugrenzen, sondern beträchtliche Ausstrahlungen auf eine ganze
Reihe von Grundproblemen der soziologischen Theorie involviert. Für *Durkheim* ist das Soziale also nicht zurückführbar auf etwas anderes; es besteht in
bestimmten Verhaltensweisen und Vorstellungen, die insofern von rein individuellen Vorstellungen verschieden sind, als sie einen normativen Charakter beweisen. Das heißt mit anderen Worten, daß sich das soziale Bewußtsein des
Menschen über seine biologische Konstitution schiebt und aus ihm ein Wesen
von wesentlich mehr als nur animalischer Natur macht. Die menschliche „Natur"
ist überhaupt nichts unmittelbar im soziologischen Individuum Vorfindbares,
sondern etwas ganz und gar durch einen umfassenden sozialen Gestaltungsprozeß Vermitteltes, in dessen Verlauf der Mensch die Erwartungsnormen, die ihm
seine soziale Umgebung zuträgt, lernt und — wie man heute sagt — „internalisiert". *Durkheim* war vom Beginn seiner Laufbahn an sehr wesentlich an dieser
Art von *Lernprozessen* interessiert, von denen er deutlich zeigte, daß man sie
nicht auf kognitives Lernen beschränken dürfe, da ihr Ergebnis den Inbegriff
der sozialen Person beinhaltet [51]. So ist es vielen Darstellern *Durkheims* als ein
äußerlicher, vielleicht nur administrativ relevanter Umstand erschienen, daß ihn
sein Lehrstuhl auch zur Vertretung der Pädagogik verpflichtete. Von den obigen
Bemerkungen aus gesehen erscheint dies aber als ein glücklicher Umstand, der
es ihm erlaubte, ganz bestimmte Ideen durchzudenken und in sein soziologisches
System zu integrieren [52]. Ein Blick auf seine pädagogischen Schriften zeigt deutlich, in welcher Richtung sein Interesse lag: der Erziehungsvorgang erschien ihm
im wesentlichen identisch mit dem weiteren Aufbauprozeß der sozialen Person,
der in der Familie anhebt. Die Familiensoziologie befaßt sich dementsprechend
auch zu ihrem Teil mit dem Aufbau der sozialen Person, woraus resultiert, daß
Familiensoziologie nicht eine beliebige angewandte Soziologie darstellt, sondern
eine zentrale Teildisziplin von Soziologie und Sozialpsychologie zugleich, indem
sie nicht nur einen Gegenstand unter anderen, sondern den Gegenstand der
Soziologie par excellence untersucht, eben einen Teilaspekt der Genese der
sozialen Person des Menschen. Die Rolle des Lernprozesses wird insbesondere
deutlich aus vielen Bemerkungen *Durkheims* zur Kriminalsoziologie, z. B. mit
Bezug auf das negative soziale Training jugendlicher Delinquenter [53].

Die soziale Person ist nun nicht nur so zu denken, daß sie das biologische Gattungsindividuum einfach überwölbt, sie wirkt sich vielmehr auch darin aus, daß sie die sehr vagen physio-psychologischen Dispositionen des Gattungsindividuums in irgendeiner Richtung erst einmal festlegt und damit konkretisiert[54]. Mensch wird der Mensch also erst im sozialen Kommunikations- und Gestaltungsprozeß, wobei man ihn dann nicht mehr auseinanderlegen kann in einen biologischen Teil einerseits und einen sozialen Teil andererseits; in dem Augenblick, da diese Gestaltung erst einmal stattgefunden hat, ist vielmehr das Gattungsindividuum als solches verschwunden. Für *Durkheim* selber lebt es bestenfalls weiter in individuellen Varietäten der sozial vermittelten Motivationen des Handelns, obwohl er selber wesentliche Schritte dazu getan hat, eine weitere Dimension individueller Motivationen aufzuschließen, wie wir später sehen werden. Im übrigen überwuchert die soziale Determination des Menschen das biologische Gattungsindividuum in einem solchen Ausmaß, daß man sich schließlich fragen kann, ob nicht die Arterhaltung selber einzig sozial gesichert ist.

Der Aufbau der Person verläuft im Verlaufe des sozialen „Commercium", also im Verlauf von regelmäßig wiederkehrenden Handlungen mehr oder weniger „konsolidierter" oder „kristallisierter" Art; darunter ist zu verstehen, was wir heute als „Verhaltensmuster" bezeichnen. Genau aber wie sich das Leben der Religion in Ritus und Mythos auseinanderlegen läßt, so kann das Commercium nicht eingeschränkt werden auf reines Verhalten mehr oder weniger übereinstimmender Art: „Eine Bewegung, die alle Individuen wiederholen, ist daher noch kein soziales Phänomen." Vielmehr gehört zum Ganzen des sozialen Phänomens, daß „eine Formel vorhanden ist, die von Mund zu Mund geht, die sich durch die Erziehung überträgt und sogar schriftlich fixiert werden kann".[55] Neben der unmittelbaren *Interaktion* steht die *Kommunikation*, in der sich ein eigenes Bewußtsein aufbaut, für das *Durkheim* den meist mißverstandenen Ausdruck vom „Kollektivbewußtsein" verwendet, den er entsprechend auch später durch den weniger verfänglichen Ausdruck der „Kollektivvorstellungen" ersetzt.

Diese Konzeption, die bei *Durkheim* von Anfang an vorhanden ist, erreicht ihre höchste Klarheit in seinem letzten großen Hauptwerk über die elementaren Formen der Religion. Hier heißt es dann: damit das Commercium zu einer Vereinigung (communion) führen kann, muß es „Zeichen" geben, mit deren Hilfe nicht nur das Selbstbewußtsein einer Gesellschaft deutlicher wird, sondern die selber konstitutive Elemente dieses Einheitsbewußtseins sind[56]. Was im Handeln beginnt, vollendet sich erst im Bewußtsein. Den Verhaltensmustern entsprechen stereotypisierte Vorstellungen, die man auch als *Symbole* bezeichnet. So ist die *spontane Produktion von Symbolen* gleich-ursprünglich mit dem Entstehen eines sozialen Zusammenhangs, der ohne sie äußerst „pre-

kär" sein würde [57]. Damit ist auch gesagt, daß soziale Symbole nicht mit Allegorien verwechselt werden dürfen, in denen ein Zeichen künstlich und sekundär einem bestimmten Vorstellungsinhalt zugeordnet wird; sondern sie entstehen unmittelbar aus der Spontaneität des Gruppenlebens.

Von hier aus läßt sich ein neuartiges Licht werfen auf den Begriff der sozialen Person, wie wir ihn bisher verwendet haben, und der sich jetzt (systematisch und nicht etwa historisch) *zum Begriff der sozial-kulturellen Person aufschließt.* Eine der originellsten Leistungen *Durkheims* stellt zweifellos seine Abhandlung über das Inzestverbot dar, die bereits 1898 in der *Année Sociologique* erschien [58]. Gleichzeitig läßt sich in der Analyse dieser Abhandlung erkennen, auf welche Weise sich bestimmte Anregungen der soziologischen Theorie bei *Durkheim* unabhängig entwickeln von den Antworten, die er selber darauf gab. So bleibt hier eine sehr präzise Wirkung erhalten, selbst wenn wir alle seine Ergebnisse fallen lassen. Klarer als irgendeine andere Erscheinung des sozialen Lebens zeigt das Inzestverbot, wie die Gesellschaft die menschlichen Triebregungen regelt und in bestimmte Bahnen lenkt. Schon hier verbindet *Durkheim* nun — wie auch später in dem Religionswerk — die Problematik des Inzestverbots mit dem Totemismus, der zusammen mit der Exogamie den „Ursprung" dieses universalen Verbots erklären soll. Letzteres ist nun offensichtlich völlig abwegig, da gleich mehrere Unterstellungen dabei vorgenommen werden, die höchst problematisch sind. Die erste wäre jene, daß man ein gleich starkes Nachwirken urtümlicher Vorstellungen durch die ganze Menschheitsgeschichte annimmt, um die heutige Inzestscheu zu erklären. Diese Annahme ist an sich äußerst unwahrscheinlich. Dann aber wird unterstellt, daß es hinreiche, die Entstehung eines Verhaltens, hier einer Meidung, aufzuweisen, um ihre Funktion verständlich zu machen. Das alles und anderes mehr sind bei *Durkheim* Reste evolutionistischen Denkens, mit denen wir uns nicht aufhalten müssen, da er selber Entscheidendes zur Rückweisung des Evolutionismus getan hat. Darüber hinaus ist aber noch wesentlich mehr in diesen Abhandlungen enthalten, was ihre Wirkung bis heute bedingt. Der springende Punkt liegt vor allem *in der Verbindung einer gesellschaftlichen Regelung, nämlich des Inzestverbots, mit einem „System" von Symbolen, wie sie sich im Totemismus niedergeschlagen haben.* Damit ist die Frage nach der Ursprünglichkeit des Totemismus und nach dem Ursprung des Inzestverbots aus dem Totemismus und der Exogamie sekundär geworden. *Wichtig ist vielmehr, daß das soziale System der Regelungen und der entsprechenden Sanktionen bei Übertretung oder Nichtbefolgung dieser Regelungen erweitert wird durch ein System zugeordneter Symbole, das wir gemeinhin als „Kultur" bezeichnen.* Deutlich läßt sich bei *Marcel Mauss* [59] erkennen, wie dieser Ansatz *Durkheims* weitergewirkt hat, *wenn er den Begriff des Symbols auf alle Lebensbereiche ausdehnt (also nicht nur zu „Kultur" im engeren Sinne etwa als Kunst oder Mythos in Beziehung setzt), womit Kultur als inhärenter Teil des gesamten sozialen Geschehens erscheint, dann auch als „soziales oder kulturelles Erbe" bezeichnet.* So wird *Mauss* in Übernahme der *Durkheim*schen Theorie der Symbole, indem er sie vom evolutionistischen Ballast befreit, zum Schöpfer der modernen *Kulturanthropologie.* Damit erfährt die oben bereits erwähnte *soziologische Theorie des Lernens,* als deren Urheber wir bereits *Durkheim* gesehen haben, eine wichtige Spezifizierung; denn was lernend übernommen wird, sind die verschiedenen kulturellen Inhalte, Werte und Symbole. Gleichzeitig erweist sich die gegenseitige Durchdringung des kulturellen und des sozialen Systems darin, daß kulturelle Vorstellungen immer einer Mehrheit von Menschen gemeinsam sind, deren Verhalten geregelt ist. In diesem Sinne sagt heute *Talcott Parsons*[60]: „Culture, that is, is on the one hand the product of, on the other hand a determinant of systems of human social interaction." Dieser Satz ist ganz und gar aus den obigen Gedanken *Durkheims* herausgewachsen. Andererseits müssen aber theoretisch die beiden Systeme getrennt werden; denn Kultur kann zum Beispiel von einem sozialen System zu einem anderen wandern (*Diffusion*), selbst wenn sie dabei von dem neuen sozialen System her bestimmte Modifikationen erfährt, die unter Umständen einen fundamentalen Funktionswandel einschließen. Gerade darin bestätigt sich neuerlich, daß das soziale und das kulturelle System gleichzeitig einander durchdringen und das eine ohne das andere nicht möglich ist, wie sie auch umgekehrt beide nach verschiedenen Richtungen hin relativ unabhängig voneinander sind. Vor allem aber muß zugestanden werden, daß Kultur ohne das soziale System nie zu einer dynamischen Auswirkung kommen würde. Das soziale System besteht aus Erwartungsnormen, welche *wirken;* das kulturelle System wirkt nicht, es *ist* einfach. Erst wenn es zum Inhalt sozialer Normen wird, beginnt Kultur indirekt zu wirken.

Eine Frage nur bleibt vorläufig ganz offen, wenn wir die gegebene Situation vom heutigen Standort aus beurteilen: Ist die Duplizität des sozialen und kulturellen Systems zweifellos ganz klar vorbereitet, so bleibt doch die Rolle des *personellen Systems* noch in völliger Unklarheit, beziehungsweise eingespannt in eine recht ungenügende Alternative von sozial-kultureller Konditionierung einerseits und biophysiologischer Konstitution andererseits. Nimmt man *Durkheim* zunächst beim Wort, so scheint es keinen Ausweg aus dieser Alternative zu geben. Das Soziale überwölbt das biologische Sein des Menschen, so daß die einzigen Abweichungen von sozialen (oder kollektiven) Regelungen geradezu biologisch sein *müßten.* Das ist aber nur eine sehr äußerliche Betrachtungsweise; denn Legion sind die Stellen, an denen *Durkheim* davon spricht, daß wir die kollektiven Regelungen *internalisieren,* d. h. das Soziale übersteigt in gleicher Weise unsere persönliche Existenz, *wie es sich einzig durch die persönliche*

Existenz hindurch verwirklichen kann [61]. Dem entspricht auch, daß diese Internalisierung der sozialen Regelungen einzig durch eine persönliche Lebensgeschichte hindurch erfolgen kann. Gewiß geschieht dies häufig in der Weise, daß einfach „Gewohnheiten" entstehen; aber andererseits spricht *Durkheim* auch davon, daß die soziale Regelung im Individuum durch das *Unterbewußtsein* wirke, was schon in den Regeln der soziologischen Methode unterstrichen wird [62]. Damit schließt sich eine ganz neuartige Dimension auf, *die in persönlicher Lebensgeschichte und ihrer Speicherung im Unterbewußtsein begründet ist;* dies eröffnet ebenso einen Einblick in den Internalisierungsprozeß der sozialen Normen bei der sozial-kulturellen Person, wie es verständlich macht, daß sich auf dieser Grundlage eine eigenartige *Personstruktur* entwickelt, die sich im Ausgleich einander widerstrebender Motive in einer einzelnen Handlung oder einer Serie von Handlungen ausdrückt. Damit kann man also nicht mehr sagen, daß sich die sozial-kulturelle Person darin erschöpfe, ein Spiegelbild des Sozialen zu sein und der einzelnen Gruppen, aus denen sich die Gesellschaft aufbaut. *Vielmehr steht das personelle System dem sozialen System ebenso selbständig und komplementär gegenüber wie dieses dem kulturellen System.* In der Verwirklichung der Personstruktur begründen sich zugleich alle Formen des „abweichenden Verhaltens", d. h. des mehr oder weniger starken *Nicht-Konformismus* mit den sozial vermittelten kulturellen Wertvorstellungen. Diese reichen von der *persönlichen Gestaltung* sozialer Normen über die spezifischen Formen des *abweichenden Verhaltens,* insbesondere im *Konflikt zwischen Kultur und Subkultur,* bis zu den extremen Formen der *Desozialisierung,* die Gegenstand der Psychiatrie sind. Damit ist übrigens auch endgültig entschieden, daß Sozialpsychologie nicht nur eine Wiederholung der Soziologie in psychologischen Kategorien darstellt; selbstverständlich ist sie teilweise auch dies, darüber hinaus hat sie aber eigene Probleme, die im sozialen System nicht auftauchen. Diese beziehen sich insbesondere auf Strukturierung und Destrukturierung der Person im Laufe ihrer Lebensgeschichte von der Kindheit bis zum Alter. Wir haben schon bemerkt, daß sich bei *Durkheim* manche Ansätze dafür finden; diese liegen insgesamt in seiner Lehre vom abweichenden Verhalten.

Wir finden schon in den „Regeln" eine interessante Unterscheidung bei der Analyse der Rolle des Verbrechens in der Gesellschaft zwischen Physiologie und Pathologie [63], nachdem er vorher bemerkt hat, daß sich die Bedingungen für die physische Gesundheit mit den sozialen Milieus wandeln [64]. Das muß überraschen, da es ja an sich nahe gelegen hätte, nach den obigen Ausführungen über die Bedeutung der Biophysiologie für die individuellen Varianten des Verhaltens, die Gründe für abweichendes Verhalten in der biologischen Konstitution zu suchen. Statt dessen finden wir *Durkheim* überall in einer ausgesprochenen Oppositionsstellung gegen die biologistische Kriminologie. Im Gegenteil: er weist als erster auf die Prozesse des Lernens in der kriminellen Subkultur hin. Außerdem betont er die Grenzen des sozialen Systems und die Rolle der persönlichen Originalität, die ja — vor der Gültigkeit der sozialen Regelungen besehen — immer abweichendes Verhalten sein muß. So spricht er ausdrücklich von „Umstrukturierung" (réarrangement) sozialer Ordnungen, die dadurch bedingt werde, daß kein absoluter Konformismus möglich ist, der nur den Stillstand der Gesellschaft bedeuten würde[65]. Er betont auch die Rolle moralischer *Ideale* wie etwa die Philosophie des *Sokrates*, die aus dem Rahmen der traditionellen Moral Athens herausfällt und aus ihm einen „Verbrecher" macht, aber andererseits damit die Selbstemanzipation des Geistes um eine Stufe vorantreibt. All das zeigt, daß auch in dieser Hinsicht bei *Durkheim* eine Abweichung von seinem Programm zu finden ist, die ihn aus der Rückverbundenheit mit dem 19. Jahrhundert entschieden herausführt.

Eine wesentliche Unterstützung gewinnen alle diese Ausführungen durch das Beispiel seines Selbstmordwerks, das als zentralen Gegenstand ebenfalls eine besondere Form des abweichenden Verhaltens hat. Die übliche Darstellung der Thesen *Durkheims* in diesem Werke betont, er habe ausschließlich soziale Ursachen für den Selbstmord anerkannt, wie es insbesondere in seiner Abweisung der psychiatrischen Erklärungsweise des Selbstmords zum Ausdruck komme. Dies Argument besteht in Wahrheit aus zwei Teilen; denn an und für sich hätte man auch hier annehmen können, daß er diese Abweichung eher biophysiologisch erklärt hätte. Zunächst stellen jedoch die Fälle eindeutig geistig gestörter Selbstmörder nur eine Minorität dar; dann aber schaffen alle diese Gegebenheiten bestenfalls eine „Möglichkeit", die erst durch das Einwirken anderer Ursachen zu einer Wirklichkeit wird. In diesem Sinne erklärt er den Selbstmord aus sozialen Ursachen unter ausdrücklicher Ablehnung biophysiologischer Ursachen. Das ist der erste Teil des Arguments. Der zweite betrifft die Behauptung, daß mit der Zurückweisung der biophysiologischen Konditionierung alle „personellen" Bedingungen des Selbstmords ausgeschaltet und durch „kollektive" Ursachen ersetzt worden seien, was bestritten wird. Darauf kann wiederum auf ein doppelte Weise geantwortet werden. Die erste Antwort hat *Maurice Halbwachs*[66] gegeben, indem er zunächst ohne weiteres das psychiatrische Argument in der Erklärung des Selbstmordes rezipiert, und zwar — wie sich leicht zeigen läßt — unter völliger Aufrechterhaltung des *Durkheim*schen Ansatzes. Dazu muß man nur einsehen, daß *Durkheim* — der Auffassung seiner Zeit entsprechend — das psychiatrische Argument ohne jeden Zusammenhang mit Soziologie und Sozialpsychologie sah. Nur ganz gelegentlich erscheint bei ihm die Andeutung einer anderen Möglichkeit[67]. *Halbwachs* war es dagegen leichter, eine Lösung zu finden, nachdem sich gerade unter dem Einfluß von *Durkheim* die Psychiatrie ganz grundsätzlich gewandelt hatte, indem dieser zeigte, daß viele geistige Erkrankungen begleitet werden von Desozialisierungsprozessen. Damit wird es grundsätzlich ermöglicht, bei aller Anerkennung der psychiatrischen Argumente das soziologische dennoch aufrecht zu erhalten. Mit anderen Worten: extreme Persönlichkeitsstörungen, die sich auch im Sinne des personellen Systems als Destrukturierung der Person darstellen, indem — wie oben dargestellt — kein Gleichgewicht zwischen konkurrierenden Motiven mehr zustande kommt, müssen sich auch innerhalb des sozialen Systems als Konflikte äußern, die dann ihrerseits für den Selbstmord verantwortlich werden können. Die Differenz besteht also nicht in der Sache, sondern nur in der Betrachtungsweise [68].

Der wichtigere Teil des Arguments liegt aber auch hier in der Spannung zwischen „kollektiven" und „individuellen" bzw. „personellen" Ursachen. Selbst wenn *Durkheim* im Gegensatz zu *Halbwachs* die Betrachtung der subjektiven Selbstmordmotive zurückstellt, wenigstens im Programm [69], so schleichen sich diese doch hintenherum wieder ein, und zwar auf eine höchst nachhaltige Weise. Von den organischen Ursachen (Geisteskrankheit, Alkoholismus, usw.) kann man annehmen, daß sie weitgehend sozial bedingt sind. Sozial ist aber auch eine allgemeine Erschütterung der seelischen Gesundheit [70]. Das alles ist noch sehr allgemein und beginnt erst zu sprechen, sowie wir die Beispiele aufgreifen, mit denen sich *Durkheim* in seiner positiven Forschung befaßt. Es ist bekannt, daß er sich außer mit sehr allgemeinen kollektiven Phänomenen und Tendenzen und ihren Auswirkungen auf den Selbstmord (wie Konfession, Wirtschaftstyp, Konjunkturzyklus, nationale und politische Krisen, Beruf usf.) insbesondere mit der *kleinen Gruppe Familie* befaßt. Diese Gruppe ist nun für ihn nicht nur von Bedeutung als Gruppe schlechtweg, sonst hätte er sich zum Beispiel auch an das Verhältnis von Berufsgruppen und Selbstmord halten können, sondern insbesondere insofern, *als ihr anstandsloses Funktionieren als Gruppe einen wesentlichen Beitrag im Aufbau der sozial-kulturellen Person leistet.* Damit ist bereits ein erstes Licht gefallen auf das personelle System, das sofort eine weitere Konkretisierung erfährt, sowie er spezifiziert. So untersucht er die Lage von Männern und Frauen verschiedenen Alters zum Selbstmord, die Lage von Junggesellen und Verheirateten, von Verheirateten mit und ohne Kinder, von verwitweten und geschiedenen Personen verschiedenen Geschlechts mit und ohne Kinder. In allen Fällen zeigt sich, daß bestimmte Krisen *persönlicher* Art im Spiel sind, wobei sich alle die damit auftauchenden subjektiven Motive, falls *Durkheim* sie verfolgen würde, genau wie später bei *Halbwachs* als „Lücke" *im sozialen System* darstellen [71]. Beim Junggesellen insofern, als er noch nicht in einer Familiengruppe lebt, die seinem personellen System Stabilität geben könnte; beim Witwer oder beim geschiedenen Mann, weil er mehr oder weniger gewaltsam aus einer solchen Gruppe herausgerissen wurde. Gewiß sind nun diese Erscheinungen teilweise gesamtgesellschaftlich-strukturell bedingt; insofern sich aber hinter diesen konkreten Erscheinungen ganz persönliche Schicksale verbergen, zeigt sich, daß der Schlußakt des Selbstmords in keiner Weise nur kollektiv bedingt sein kann, *sondern gleichzeitig im personellen System begründet sein muß.* Man muß sich hier nur Klarheit darüber verschaffen, wie *Parsons* es ausdrückt, daß man „individuell" und „sozial" nicht parallel setzen kann zu dem Gegensatz zwischen „Individuum" und „Gesellschaft". Die konkrete menschliche Person ist niemals einzig aus „individuellen" Elementen aufgebaut, genau so wenig wie Gesellschaft außerhalb der Individuen bestehen kann, die sie aufbauen [72].

Im übrigen läßt sich eine Art von Gegenprobe auf die Wahrheit der obigen Sätze durchführen, und darin verbirgt sich sogar eine der wesentlichsten Entdeckungen, die *Durkheim* in seinem Selbstmordwerk gemacht hat. In Zeiten nationaler Krisen, speziell in Kriegen, in denen wenige und starke kollektive Gefühle überwiegen, fällt die Selbstmordhäufigkeit; es sind dies aber auch Perioden, in denen sich die Sozialstruktur insgesamt vereinfacht. Umgekehrt vermehren sich die Selbstmorde, sowie die Komplikation der Gesellschaft insgesamt wieder zunimmt, weil hier auch sofort die erwähnten „Lücken" zunehmen. Diese ergeben in der Häufung eine anomische Situation, die sich typischerweise durch eine Inflation des personellen Systems auszeichnet, das schließlich derart überwuchert, daß „eine Leere um den Selbstmörder entsteht" *(Halbwachs).*

Durkheim ist also gewissermaßen Sozialpsychologe wider Willen. Das Ganze erfährt eine weitere Beleuchtung, wenn wir bedenken, daß vielfach bei *Durkheim* jene Bemerkungen, die ein Überwiegen kollektiver Ursachen anzudeuten scheinen, nur aus einer rein zufälligen Zeitkonstellation erwachsen sind, indem er sehr mit Recht gegen eine „introspektive" und „utilitaristische" Psychologie kämpfte [73], die das konkrete (also immer auch in soziale Zusammenhänge eingeschlossene) Individuum noch gar nicht in den Blick bekommen hatte. *Sowie wir jedoch vom komplexen Begriff der sozial-kulturellen Person ausgehen, wird es unvermeidlich, die Problematik in das Dreieck von Person-Kultur-Gesellschaft einzuordnen.* Damit erweist sich nochmals die doppelte Ausrichtung *Durkheims* einmal in die Vergangenheit, an die er sich auch dann (und oftmals gerade dann) verliert, wenn er gegen sie polemisiert; außerdem aber in die Zukunft, für die er die Grundlagen einer allgemeinen soziologischen Theorie vorbereitet neben zahlreichen speziellen Theorien auf einzelnen sozialen Lebensgebieten.

Wir erheben in keiner Weise den Anspruch, mit diesen Ausführungen eine erschöpfende Darstellung von *Durkheims* Fortwirken auf die gegenwärtige soziologische Theorie gegeben zu haben. Der Kenner der heutigen Lage der allgemeinen Soziologie wird jedoch ohne Schwierigkeiten erkennen, daß die behandelten Fragen eine Problematik berühren, die für die soziologische Theorie von entscheidender Bedeutung ist. Darüber hinaus ließen sich zahlreiche andere Punkte aufweisen, in denen sich die gleiche intensive Fortwirkung *Durkheims*

ausspricht. Um dies zu verstehen, muß man sich einzig losmachen von einer dogmatischen Betrachtung *Durkheims*. Jenseits des Dogmatismus und seines Gegen-
stücks des Skeptizismus steht eine kritische Einstellung, die sich frei macht von
den Antworten *Durkheims* und zurückgreift auf die Probleme und ihre immanente Dynamik. Das ist im wesentlichen die Betrachtungsweise, die wir gegenüber einer komplexen und zentralen Thematik anwenden wollten, um den
lebendigen *Durkheim* sichtbar zu machen, dessen Anliegen heute — hundert
Jahre nach seiner Geburt — noch genau so dringlich ist wie zu der Zeit, als er
seine Hauptwerke verfaßte und seine Schüler ausbildete.

Anmerkungen

[1] *Talcott Parsons*, The Structure of Social Action, 2. Aufl. Glencoe, Ill., 1949 (zuerst 1937),
S. 3.
[2] Der Name von G. *Richard*, der später einer der eifrigsten Kritiker *Durkheims* wurde
(vgl dazu von ihm: La sociologie générale et les lois sociologiques, Paris 1912; L'athéisme
dogmatique en sociologie religieuse, Strassbourg 1923; La pathologie sociale d'Em. Durkheim,
in: Revue Internationale de sociologie, 38, 1930), findet sich als Mitarbeiter auf dem Titelblatt der Année Sociologique von Band 1 bis Band 10 (1905/06); in letzterem eine etwas
frostige Besprechung einer Abhandlung von *Richard* durch *Durkheim* (S. 382/3). Auf dem
Titelblatt von Band 11 (1906/09) ist der Name *Richards* verschwunden, der nach dem Tode von
Worms Herausgeber der Revue Internationale de Sociologie wird.
[3] Vgl. dazu unsere Aufzählung in: Kölner Zeitschrift für Soziologie und Sozialpsychologie,
Bd. VIII, S. 642—47.
[4] Vgl. dazu in diesem Heft: *Friedrich H. Tenbruck*, Georg Simmel (1858—1918).
[5] *René Hubert*, Manuel élémentaire de sociologie, Paris 1925 (2. Aufl. 1930).
[6] *Année Sociologique*, Nouvelle série, Bd. I und II (1924, 1925); ferner die *Annales Sociologiques* in fünf Serien über allgemeine Soziologie, Religionssoziologie, Rechts- und Moralsoziolo-
gie, Wirtschaftssoziologie und Soziale Morphologie, Paris 1934—1942.
[7] *Célestin Bouglé*, Bilan de la sociologie française contemporaine, Paris 1936.
[8] *Georges Gurvitch*, Essais de sociologie, Paris 1938.
[9] *Talcott Parsons*, a. a. O.
[10] Vgl. die interessante methodologische Einleitung in: *François Simiand*, Le salaire, l'évolution sociale et la monnaie, 3 Bde, Paris 1932.
[11] *Georges Davy*, La foie jurée. Etude sociologique du problème de contrat, Paris 1922;
ders., Le droit, l'idéalisme et l'expérience, Paris 1922; *ders.*, Des clans aux empires, Paris 1923;
ders., Eléments de sociologie: I, La sociologie politique, Paris 1924.
[12] *Maurice Halbwachs*, La classe ouvrière et les niveaux de vie. Recherches sur la hiérarchie
des besoins dans les sociétés industrielles contemporaines, Paris 1914; *ders.*, L'évolution des
besoins dans les classes ouvrières, Paris 1933; *ders.*, Esquisse d'une psychologie des classes
sociales, Paris 1955.
[13] *René König*, Die neuesten Strömungen in der gegenwärtigen französischen Soziologie, in:
Zeitschrift für Völkerpsychologie und Soziologie (Sociologus), Bd. VII, 1931, H. 4, Bd. VIII,
1932, H. 2.
[14] Heute die gute Zusammenfassung mit ausgezeichneter Einleitung von *Claude Lévi-Strauss*,
der auch als Herausgeber zeichnet, in: *Marcel Mauss*, Sociologie et anthropologie, Paris 1950.
[15] Vgl. dazu M. *Mauss*, Rapports réels et pratiques de la psychologie et de la sociologie, in:
Sociologie et anthropologie, a. a. O. (zuerst 1924).
[16] *Maurice Halbwachs*, Les cadres sociaux de la mémoire, Paris 1925; *ders.*, La mémoire
collective, Paris 1950.
[17] *Georges Davy*, Sociologues d'hier et d'aujourd'hui, Paris 1931 (neue Aufl. 1950).
[18] *Charles Blondel*, La conscience morbide, Paris 1914; *ders.*, Psychopathologie et sociologie,
in: Journal de psychologie, 1924; *ders.*, Les volitions; La personalité, beides in: G. *Dumas*, Hg.,

Traité de psychologie 2 Bde., Paris 1924/25; *ders.*, Introduction à la psychologie collective, Paris 1928.

[19] *Georges Dumas*, Hg., Traité de psychologie, 2 Bde., Paris 1924/25.

[20] Vgl. *Georges Dumas*, Hg., Nouveau Traité de psychologie, 8 Bde., Paris 1938 ff.

[21] *R. König*, a. a. O., VII, 4, S. 493—501.

[22] *Emile Durkheim*, Les formes élémentaires de la vie religieuse, Paris 1912.

[23] Und zwar seit seinen ersten Anfängen, wie deutlich seine Schrift über *Montesquieu* zeigt; vgl. *Emile Durkheim*, Montesquieu et Rousseau. Précurseurs de la sociologie, hrsg. von *Armand Cuvillier*, Paris 1953, S. 106. Die Schrift über *Montesquieu* erschien ursprünglich auf lateinisch als seine zweite Doktorarbeit (Bordeaux 1892); ihre Einwirkungen lassen sich vor allem in den „Regeln der soziologischen Methode" nachweisen.

[24] *Bronislaw Malinowski*, Eine wissenschaftliche Theorie der Kultur, Zürich 1949, S. 21.

[25] *Marcel Mauss*, Essai sur le don, forme archaique de l'échange, in: Sociologie et anthropologie, a. a. O.

[26] *Lucien Lévy-Bruhl*, Les fonctions mentales dans les sociétés inférieures, Paris 1909; *ders.*, La mentalité primitive, Paris 1921.

[27] *Lucien Lévy-Bruhl*, L'âme primitive, Paris 1927; ders., Le surnaturel et la nature dans la mentalité primitive, Paris 1931; ders., La mythologie primitive, Paris 1935; ders., L'expérience mystique et les symboles chez les primitifs, Paris 1938.

[28] *Les Carnets de Lucien Lévy-Bruhl*, hg. von *Maurice Leenhardt*, Paris 1949.

[29] A. a. O., S. 186/7; ebenso S. 210.

[30] *R. König*, a. a. O., VIII, 2, S. 210—223.

[31] *E. Durkheim*, Les formes élémentaires de la vie religieuse, S. 329 ff.

[32] *Sigmund Freud*, Totem und Tabu, zuerst 1912.

[33] *Les Carnets de Lucien Lévy-Bruhl*, S. 252.

[34] *R. König*, a. a. O., VIII, 2, S. 223.

[35] *Daniel Essertier*, Les formes inférieures de l'explication, Paris 1927; ders., Psychologie et sociologie, Paris 1927.

[36] *Claude Lévi-Strauss*, La sociologie Française, in: *G. Gurvitch* und *W. E. Moore*, La sociologie au XXe siècle, 2 Bde., Paris 1947 (zuerst auf englisch New York 1945).

[37] *G. Gurvitch*, Essais de sociologie, S. 7/8.

[38] Wir geben aus den verschiedenen Gedenkartikeln nur einige wenige, auf die im obigen Text ausdrücklich Bezug genommen wird: *Xavier Léon*, Necrologie Emile Durkheim, in: Revue de Métaphysique et de Morale, 1917; *Maurice Halbwachs*, E. Durkheim, in: Revue Philosophique, 1918; *F. Pécaut*, E. Durkheim, in: Revue Pédagogique, 1918; *Georges Davy*, 'E. Durkheim, in: Revue de Métaphysique et de Morale, 1919; ders., Emile Durkheim. Choix de textes avec étude du système sociologique, Paris 1927.

[39] Vgl. dazu *René König*, Max Weber, in: *H. Heimpel, Th. Heuss, B. Reifenberg*, Die großen Deutschen, Berlin 1957.

[40] *Emile Durkheim*, Le suicide. Etude de sociologie, 2. Aufl. Paris 1930 (zuerst 1897), S. 264—311. Manches wird nahezu wörtlich wiederholt in *E. Durkheim*, Le socialisme. Sa définition, ses débuts, la doctrine Saint-Simonienne, Paris 1928, S. 287/97.

[41] *Charles Blondel*, La conscience morbide, Paris 1914.

[42] Alle die angeführten Merkmale finden sich in dem Abschnitt *E. Durkheim*, Le suicide, S. 264—311.

[43] *E. Durkheim*, Le suicide, S. 273/4.

[44] *E. Durkheim*, Le suicide, S. 282.

[45] *E. Durkheim*, Le suicide, S. 274.

[46] *E. Durkheim*, Le suicide, S. 277.

[47] *Ch. Gehlke*, E. Durkheim's Contributions to Sociological Theory, New York 1915; *George Em. Marica*, E. Durkheim. Soziologie und Sozialismus, Jena 1932; *Talcott Parsons*, a. a. O.; *Harry Alpert*, E. Durkheim and His Sociology, New York 1939; vgl. auch Anmerkung 38. Dazu kommen noch zahlreiche französische Darstellungen, die teils zustimmend, teils fortführend, teils negativ sind.

[48] *Marcel Mauss*, In Memoriam. L'oeuvre inédite de Durkheim et de ses collaborateurs, in: Année Sociologique, Nouvelle série, I, 1925, S. 13. Vgl. *R. König*, Drei unbekannte Werke von E. Durkheim, in: Kölner Zeitschrift für Soziologie und Sozialpsychologie, Bd. VIII, H. 4, S. 643.

[49] *E. Durkheim*, Pragmatisme et sociologie, hg. von *A. Cuvillier*, Paris 1955.

[50] Etwas Ähnliches unternahmen vor längerer Zeit *Talcott Parsons* und *Bernard Barber*,

Sociology 1941—1946, in: The American Journal of Sociology, Bd. LIII, 1948, H. 4. Man vergleiche auch das Gedenkheft zum hundertsten Geburtstag von *Durkheim* und *Simmel:* The American Journal of Sociology, Bd. LXIII, 1958, H. 6, mit interessanten Beiträgen.

[51] *E. Durkheim*, Les règles de la méthode sociologique, 8. Aufl. Paris 1927, S. 11; dort auch der Ausdruck von den „habitudes et tendances internes". Vorher heißt es von den sozialen Pflichten: „J'en sens intérieurement la réalité", S. 6. Diese und viele andere Stellen bei *Durkheim* haben bei der Ausformung des Begriffs „Internalisierung" Pate gestanden.

[52] Man vgl. dazu die beiden posthumen Publikationen von *E. Durkheim*, Education et sociologie, hg. von *P. Fauconnet*, Paris 1922; ders., L'éducation morale, Paris 1925.

[53] Außer den pädagogischen Schriften *Durkheims* (s. vorige Anmerkung) und manchen Bemerkungen im Selbstmordwerk etwa die unter seinem Einfluß zustandegekommenen Bemerkungen von *Gaston Richard* in: *Année Sociologique*, Bd. I, S. 423, u. ö.

[54] Vgl. dazu die ungemein interessante Studie über die sozialen Ursprünge der Rechtshändigkeit von *Robert Hertz*, De la prééminence de la main droite, in: Revue philosophique, 1907.

[55] Vgl. *E. Durkheim*, Les règles de la methode sociologique, a. a. O., S. 12. u. ö. Dieser Gegenstand hat ihn schon in Bordeaux beschäftigt, wie etwa seine Ausführungen über *Rousseau* zeigen; vgl. dazu *E. Durkheim*, Montesquieu et Rousseau, S. 135 ff.

[56] *E. Durkheim*, Les formes élémentaires de la vie religieuse, a. a. O., S. 329 ff.

[57] Dieser Ausdruck, den später *Gurvitch* weiter entwickelt hat, findet sich bereits bei *E. Durkheim*, a. a. O., S. 330.

[58] *E. Durkheim*, De la prohibition de l'inceste, in: Année sociologique, Bd. I, 1898.

[59] Vgl. dazu *Marcel Mauss*, Divisions et proportions des divisions en sociologie, in: Année Sociologique, Nouvelle Série, Bd. II, 1924/25, S. 155.

[60] *Talcott Parsons*, The Social System, Glencoe, Ill., 1951, S. 15.

[61] Besonders ausgeprägt in *E. Durkheim*, Représentations individuelles et représentations collectives, heute abgedruckt in *E. Durkheim*, Philosophie et sociologie, Paris 1924, besonders klar S. 8.

[62] *E. Durkheim*, Les règles de la methode sociologique, a. a. O., S. 9.

[63] *E. Durkheim*, a. a. O., S. 82.

[64] *E. Durkheim*, a. a. O., S. 74.

[65] *E. Durkheim*, a. a. O., S. 87/8.

[66] *Maurice Halbwachs*, Les causes du suicide, Paris 1930.

[67] *E. Durkheim*, Le suicide, S. 20, Anm. 1.

[68] *M. Halbwachs*, a. a. O., S. 426—449.

[69] *E. Durkheim*, a. a. O., S. 147/8.

[70] *E. Durkheim*, a. a. O., S. 363.

[71] *M. Halbwachs*, a. a. O., S. 448.

[72] *T. Parsons*, The Structure of Social Action, a. a. O., S. 337.

[73] *T. Parsons*, a. a. O., S. 337 ff.

DAS WERK MAX WEBERS:
METHODOLOGIE UND SOZIALWISSENSCHAFTEN*

Von Friedrich H. Tenbruck

In früheren Jahrzehnten entstanden, wurde das Werk *Max Weber*s erst öffentlich sichtbar, als postum „Wirtschaft und Gesellschaft" neben den verschiedenen Aufsatzsammlungen im Druck erschien. Seither gibt es eine *Weber*-Interpretation, die inzwischen ihre eigene Geschichte hat. Die Beschäftigung mit seinem Werk begann sogleich in Deutschland, fand dann im Ausland (mit *Benedetto Croce, Raymond Aron, Hisako Otsuka, Theodore Abel, Frank H. Knight* u. a.) erste Vermittler, wurde durch die deutsche Emigration (v. a. *Hans H. Gerth, Albert Salomon, Reinhard Bendix*) gefördert, ging mit *Talcott Parsons* ins Repertoire der amerikanischen Soziologie ein, wanderte mit dieser um die Welt und steigerte sich noch zu der bekannten *Weber*-Renaissance des letzten Jahrzehnts. Der äußere Erfolg des Werks ist so überwältigend, daß *Lawrence A. Scaff* jüngst kurzerhand feststellte: „Whoever controls the interpretation of Weber, can entertain hopes of also governing scientific activity[1]."
Anders freilich stellt sich die Lage dar, wenn man fragt, welches Ergebnis denn die weltweite Befassung mit *Weber*s Werk nach sechzig Jahren erbracht hat. Jedenfalls hat das Werk keinen bestimmenden Einfluß auf die Sozialwissenschaften ausgeübt; es ist auch nicht wirksam in die regierenden Schulen der Soziologie — den Strukturfunktionalismus, die Phänomenologie, die Kritische Theorie, den Marxismus — eingegangen. Ja streng genommen ist sogar der ungeheure Aufwand der Interpretation letztlich erfolglos geblieben. Denn trotz glänzender Einsichten und bedeutender Fortschritte, die gerade im letzten Jahrzehnt erreicht wurden, ist uns *Max Weber*s Werk doch so fremd und unverständlich geblieben, daß wir uns darüber immer noch nicht einig sind. Ich habe vor zehn Jahren die Frage nach dem Werk *Max Webers* gestellt, und sie ist immer noch nicht zur Ruhe gekommen[2]. Ehe ich nun diese Frage erneut aufwerfe, möchte ich vorweg nach einer Erklärung für das Scheitern der Interpretation suchen.
Denn offenbar liegt hier doch ein exzeptioneller Fall vor, der durchaus über die Schwierigkeiten, Unterschiede und Wandlungen hinausreicht, mit denen wir auch

* Dies ist die etwas ergänzte Fassung eines Vortrages, den ich am 23. Mai 1985 an der Universität Trient zum Beginn der Konferenzreihe über „Max Weber und die Sozialwissenschaften seiner Zeit" gehalten habe, die vom dortigen Dipartimento di Teoria, Storia e Ricerca Sociale in Verbindung mit dem Istituto Storico Italo-Germanico di Trento veranstaltet wurde. Ich danke dem Initiator, Herrn Prof. Dr. *Pierangelo Schiera*, für die freundliche Genehmigung, den deutschen Text zu veröffentlichen, bevor alle Vorträge in einem Band in italienischer Sprache erscheinen.

sonst bei der Deutung der Klassiker zu rechnen gewohnt sind. Bei *Comte, Durkheim* oder *Parsons* sind wir uns über den Kern ihres Werkes klar und einig, so unsicher und strittig jede tiefer eindringende Deutung bleiben mag; bei *Weber* hingegen sucht die Interpretation noch immer nach dem Mittelpunkt, der die vielen Teile zu einem verständlichen Werk vereint. Bedenkt man, wie hoch und streng *Weber*s Ansprüche an Wissenschaftlichkeit waren, dann ist es doch unbegreiflich, daß wir auch nach sechzig Jahren den Kern seines Werkes noch nicht entdeckt haben. Falls das — wie oft vertreten wird — einzig an Zustand und Schwierigkeit des unfertigen Werkes liegt, sollten wir konsequent die Hoffnung aufgeben, doch noch zu erreichen, was so vielen angestrengten Bemühungen erstklassiger Kenner nicht gelungen ist: das Werk selbst widerstünde seiner Entschlüsselung, weil sein Kern objektiv nicht mehr zweifelsfrei zu ermitteln wäre. Alle Hoffnung, das Werk doch noch zu ergründen, muß deshalb umgekehrt von der Annahme ausgehen, daß unsere Interpretation trotz ihrer eindringlichen Leistungen bislang in irgendeinem wichtigen Punkt deshalb versagt hat, weil sie mit falschen Voraussetzungen an das Werk heranging.

I. Die „Wissenschaftslehre" als Schlüssel zu Max Webers Soziologie als Wirklichkeitswissenschaft

Und so ist es in der Tat gewesen, wie ich im folgenden, gestützt auf meine früheren einschlägigen Untersuchungen, darlegen werde[3]. Die Interpretation hat den Kern des Werkes übersehen, weil sie mit massiven Vorannahmen über das Wesen der Wissenschaft im allgemeinen und der Soziologie im besonderen an ihr Geschäft ging, so daß sie *Weber*s ganz andere Auffassung meist gar nicht wahr, und jedenfalls nicht ernst nehmen konnte.

Ich will diesen Gegensatz vorweg auf die spröde Formel bringen, mit der *Weber* gearbeitet hat. Er hat nämlich — hineingestellt in den Kampf des „Positivismus" mit dem „Historismus" und im „Methodenstreit" der Nationalökonomie selbst betroffen — dargelegt, daß unsere Erkenntnis zwei verschiedene Ziele verfolgen kann, indem sie einmal die allgemeinen Gesetzmäßigkeiten ihres Gegenstandes ermitteln, oder zum anderen dessen jeweilige (folglich stets historische) Eigenart und Besonderheit erfassen will. Daraus ergeben sich zwei völlig verschiedene Arten der Wissenschaft, die *Weber* als „Gesetzeswissenschaft" und „Wirklichkeitswissenschaft" ausdrücklich bezeichnet und gründlich entwickelt hat. Beide Konzepte sind wissenschaftslogisch widerspruchsfrei möglich, so daß keine Wissenschaftstheorie zwischen ihnen entscheiden kann. Die Wahl müssen wir frei nach dem Ziel treffen, das wir der Erkenntnis stellen; sie richtet sich also nach dem Interesse, das wir an der einen Seite der Wirklichkeit (ihre Gesetzmäßigkeiten) oder an der anderen (ihre Besonderheiten) nehmen. Für eine begründete Wahl wird damit die Frage entscheidend, wozu uns die eine oder die andere Art der Erkenntnis dienen kann und soll. Und gerade darum geht es — wie wir noch näher sehen werden — für *Max Weber* bei der Alternative: daß diese Wahl eine Entscheidung von großer Tragweite und Kulturbedeutung ist, weil sie Sinn und Ziel der wissenschaftlichen Erkenntnis betrifft und damit eine Voraussetzung aller Wissenschaft, die nicht selbst wissenschaftlich getroffen werden kann.

Nun gründet *Webers* gesamtes Werk auf seiner leidenschaftlichen Parteinahme für die „Wirklichkeitswissenschaft". Der Ausdruck signalisiert seine eigene Lösung des erbitterten „Methodenstreits", in dem, grob gesagt, „Positivismus" und „Historismus" über die Grundfragen der Erkenntnis auf dem Gebiet der Kultur- und Sozialwissenschaften rangen. Die „Wissenschaftslehre" liefert bereits im „Objektivitätsaufsatz" eine sorgfältige Begründung der „Wirklichkeitswissenschaft" und formuliert die Umrisse eines Programms für dessen Ausführung. Was immer später noch hinzugekommen ist, entfaltet sich in *Webers* Werk aus diesem Konzept. Alle seine Arbeiten ruhen auf dem entscheidenden Satz: „Die Sozialwissenschaft, die *wir* treiben wollen, ist eine *Wirklichkeitswissenschaft*" (WL, S. 170). Insofern liegt auch der Hauptschlüssel zu *Webers* Werk in der „Wissenschaftslehre", weil man nur dort gründlich über das Konzept der Wirklichkeitswissenschaft unterrichtet wird, das in „Wirtschaft und Gesellschaft" zwar inhaltlich weiter fortgeführt, aber nicht mehr selbst erläutert wird[4]. Daraus folgt eine wichtige Zwischeneinsicht.

Die „Wissenschaftslehre" öffnet zwar nicht die Türen zum Reichtum aller Kammern von „Wirtschaft und Gesellschaft", wohl aber zum Konzept der Soziologie, die *Weber* schrittweise bis hin zu seinem Spätwerk entwickelte. Deshalb sind alle Bemühungen, den Kern dieser Soziologie dadurch freizulegen, daß man „Wirtschaft und Gesellschaft" aus sich selbst zu verstehen versucht, zum Scheitern verurteilt, — so reiche Erkenntnisse daraus auch sonst entspringen mögen. Umgekehrt ist vielmehr alle Deutung des Spätwerks, wenn sie denn *Webers* Soziologie begreifen will, an die genaue Kenntnis des in der „Wissenschaftslehre" entwickelten Konzeptes der „Wirklichkeitswissenschaft" gebunden, das auch dem Spätwerk zugrunde liegt. Dieses Konzept, das alle einschlägigen Arbeiten verbindet und im Opus postumum zur gültigen Summe, die dann doch Fragment blieb, ausreifen sollte, läßt sich einzig in der „Wissenschaftslehre" erfassen, dort aber auch eindeutig und gültig nachweisen. Jede Deutung, welche die „Wissenschaftslehre" ausklammert, bleibt deshalb unvermeidlich auf dem schwankenden Boden von Mutmaßungen. Zwar kann man dann noch wichtige Themen oder Erkenntnisse aufdecken, welche bislang von der Interpretation übersehen wurden, aber niemals bündig angeben, was *Webers* Arbeit als Teile einer eigenen Konzeption der Soziologie zusammenhielt. Wer also in diesem Sinn an den Kern des Werkes herankommen will, muß von dem Grundkonzept ausgehen, das *Weber* selbst vorgestellt hat, anstatt nach Ansichten zu suchen, die er nicht deklariert hat. Die „Wissenschaftslehre" — wenn sie auf ihr Konzept der Wirklichkeitswissenschaft befragt wird — ist insofern das untrügliche Scheidewasser aller Interpretationen. Jede *Weber*-Deutung, welche die „Wissenschaftslehre" mit ihrem Konzept der Wirklichkeitswissenschaft vernachlässigt, wird am Ende — selbst wenn sie etwas Wichtiges beibringt — nur zur weiteren Verwirrung beitragen, weil die grundlegende Aussage *Max Webers* über sein eigenes Werk übergangen wurde.

Und damit komme ich auf meine Behauptung zurück, daß die Interpretation in 60 Jahren einen unstrittigen Kern des Werkes deshalb nicht finden konnte, weil sie an dessen Deutung mit ihren eigenen Vorannahmen heranging. Grob gesprochen ver-

sagte die Interpretation hier deshalb, weil sie Schritt für Schritt *Weber*s grundlegende Frage vergaß, ob die Soziologie Wirklichkeits- oder Gesetzeswissenschaft sein
wolle. Immer selbstverständlicher wurde die Auffassung, daß eine Wissenschaft von
der Gesellschaft nur nach Gesetzen fragen dürfe. Je vorbehaltloser sich das Fach zu
dem Ziel bekannte, eine definitive Theorie der Gesellschaft zu entwickeln, desto un-
verständlicher wurde *Weber*s Behauptung, daß es dazu eine Alternative gäbe. Damit
aber kamen Vorannahmen zum Zug, die *Weber*s Plädoyer für eine Wirklichkeitswissenschaft unverständlich werden ließen. Unter diesem Druck kam das Fach, wenn es
nicht ganz auf *Weber* verzichten wollte, zunehmend in den Zwang, sein Werk als
eine reizvolle Spielart oder mangelhaften Vorläufer jener definitiven Theorie der Gesellschaft einzuordnen, die nun als einzige und selbstverständliche Aufgabe einer
Wissenschaft von der Gesellschaft übrig geblieben war[5].
Diese radikale Umdeutung *Max Weber*s läßt sich an der Geschichte der Interpretation
ablesen, der ich mich nun zuwende.

II. Zur Geschichte der Interpretation Max Webers

Als *Max Weber*s Werk erschien, standen die Zeitläufe einer geduldigen und sorgfältigen Auslegung entgegen, weil der Weltkrieg die Diskussionslagen einschneidend verändert hatte. In Deutschland fand sich die Wissenschaft in eine Unruhe versetzt, welche die Rezeption teils verzögerte, teils zersplitterte, teils ablenkte. Die Kontinuität
der wissenschaftlichen Arbeit war durch aktuelle Fragen unterbrochen, die einer
unbefangenen Deutung des Werkes aus sich selbst heraus den Weg verlegten[6]. Es
fehlte nicht an Wirkung und Interesse, auch nicht an verständigen Beiträgen, die je
doch im aufgewühlten Gewoge der Stellungnahmen kaum durchdrangen.
Freilich war die Problemlage, aus der *Weber*s Werk entstanden war, in Deutschlan
noch vertraut. Der Methodenstreit schwelte weiter, ja lebte in neuer Form auf. Doc
die großen Sachfragen drohten vom Druck zu weltanschaulichen Stellungnahmen
begraben zu werden, der die Auseinandersetzungen zu einem vergröberten Streit um
die „Wertfreiheit" verengte, welcher eher Bekenntnissen als Lösungen den Weg bereitete. So war die Bereitschaft gering, die „Wissenschaftslehre", als sie im Druck
vorlag, als *Weber*s Lösung des Methodenstreits zu prüfen. Eher neigten die Gegner
dazu, *Weber* entweder als Zeugen für sich zu beanspruchen, oder ihn nun als Ab-
trünnigen zu exkommunizieren. So wenig wie der „Historismus", so wenig nahm
der „Positivismus" die von *Weber* jeweils vorgebrachte Kritik zur Kenntnis. Und je
mehr sich dieser im Namen der „Wertfreiheit" auf pauschale Ideologieverdächtigun-
gen beschränkte, desto mehr zog sich jener auf die pauschale Verteidigung der Werte
zurück. Gerade weil Freund und Feind dem Geist und Ursprung des Werks noch nahe
standen, zielten sie eher auf dessen allgemeine Bewertung als auf eine pünktliche Auslegung der Texte. Die klare Rekonstruktion der ungelösten Sachfragen konnte vorerst nicht in Gang kommen.
Unter diesen Umständen gerieten die großen Versuche, an *Max Weber* anzuknüpfen,
eher zur Umdeutung oder Kritik, drängten jedenfalls bald über das Werk hinaus, an-

statt darin einzudringen, – so *Karl Mannheim* (1929) und *Siegfried Landshut* (1929), aber auch *Hans Freyer* (1930) und vollends *Alfred Schütz* (1932). Ansätze zu einer gültigen Deutung zumindest der „Wissenschaftslehre" zeigten sich erst spät bei *B. Pfister* (1928) und *Alexander von Schelting* (1934), der sich jedoch bereits wieder in aktuelle Auseinandersetzungen mit *Mannheims* Wissenschaftssoziologie verstrickt fand. Als sich um 1930 die verschiedenen Ansätze zur Chance eines unvoreingenommenen Verständisses des *Weber*schen Werkes verdichteten, – als man sozusagen frei wurde zur Wiederherstellung der Kontinuität, – da fand sich die deutsche Wissenschaft erneut in die Unruhe aktueller Lagen hineingerissen. Es war in den 20er Jahren nicht gelungen, die Grundfragen und Grundlagen des *Weber*schen Werkes gültig zu ergründen. Indem der Nationalsozialismus die Chance unterband, das nachzuholen, schied Deutschland aus der Interpretation *Max Webers* aus.

Noch ungünstiger lagen die Dinge im Ausland, weil die Siegermächte sich in geheimen Zusatzabsprachen zum Versailler Vertrag zum internationalen Boykott der deutschen Wissenschaft verpflichtet hatten[7]. Einmal aufgehoben, kam der internationale Austausch nur zögernd in Gang, so daß man von *Weber*s Werk nur späte und spärliche Kunde erhielt. Wichtige Beiträge – wie etwa *Raymond Aron* (1935) oder *Carlo Antoni* (1940) – konnten bei gegebener Weltlage schon nicht mehr zur Wirkung kommen. Und mit dem zweiten Weltkrieg avancierte Amerika zum Zentrum der Soziologie, das mithin auch über die *Weber*-Auslegung entschied.

Jetzt nun wurde es entscheidend für die weitere Entwicklung, daß die Soziologie in Amerika von vornherein eigene Wege gegangen war und von *Max Weber* bislang nicht einmal Notiz genommen hatte – wie insbesondere an den Ausnahmen deutlich wird. Kein Geringerer als *Frank H. Knight* übersetzte zwar 1927 die nach Vorlesungsnachschriften herausgegebene „Wirtschaftsgeschichte", wußte aber nicht einmal, daß es „Die Wirtschaftsethik der Weltreligionen" gab[8]. Noch aufschlußreicher war der wohlmeinende Versuch von *Theodore Abel*, die in Amerika unbekannte deutsche Soziologie vorzustellen. Denn seine „Systematic Sociology in Germany" von 1929 machte es durch ihr ernstes Bemühen nur umso spürbarer, daß die amerikanische Soziologie sich längst von den Fragestellungen *Max Webers* gelöst hatte und auf ihrem Eigenweg schon zu weit fortgeschritten war, als daß sie noch hätte begreifen können, worum es ging. Während das Buch kaum Widerhall fand, erregte *Abel* 1948 Aufsehen mit seinem Artikel "The operation called 'Verstehen'", der, wie heute allgemein bekannt ist, das völlige Mißverständnis *Max Webers* nur vertiefte, obschon inzwischen auch in Amerika die Beschäftigung mit dessen Werk in Gang gekommen war[9].

III. Die Umdeutung Max Webers

Das weitere Verhältnis der Soziologie zu *Max Weber* ist dann entscheidend durch *Parsons'* Interpretation in „The Structure of Social Action" (1937) geprägt worden, wo bereits der Grund gelegt wurde für die spätere Entfaltung des Struktur-Funktionalismus, den *Parsons* in „The Social System" vorführte. *Parsons'* Fall ist deshalb so lehrreich wie symptomatisch, weil er es nicht am sorgfältigen Studium der Texte hatte fehlen lassen. Er scheiterte nicht mangels einer Kenntnis des Werks; er scheiterte vielmehr deshalb, weil er mit bestimmten Vorannahmen über die Wissenschaft im allgemeinen und die Soziologie im besonderen an das Werk herantrat, die zwangsläufig zu einer Umdeutung führen mußten. Obschon er sich vom Positivismus abzusetzen versuchte, entstammen seine Vorannahmen letztlich doch dem Paradigma, das *Auguste Comte* als das angeblich einzig mögliche Konzept einer Wissenschaft von der Gesellschaft entwickelt hatte. Grundlage dieses Szientismus ist die Überzeugung, daß alle Wissenschaft es sich zum Ziel setze, die Gesetzmäßigkeiten ihres Gegenstandes in einer systematischen Theorie zu erfassen, welche Vorhersagen erlaubt und technische Beherrschung ermöglicht. Es ist eben jene Auffassung von Wissenschaft, die *Max Weber* als „Gesetzeswissenschaft" bezeichnete, der er als Gegenentwurf seine Soziologie als „Wirklichkeitswissenschaft" entgegenstellte. Dem Konzept *Comtes*, das *Marx* nur um eine Variante bereicherte, ist die französische Soziologie mit *Emile Durkheim* gefolgt. Auch die amerikanische Soziologie hielt es von Anfang an für selbstverständlich, daß die Soziologie die „Gesetze" der „Gesellschaft" zu ermitteln habe. Auf dieser Linie hat sich die empirische Sozialforschung ebenso entwickelt wie der Struktur-Funktionalismus, der die Gesellschaft als „System" konzipierte. Und wo immer dieses Verständnis der Soziologie vorherrscht, bleibt kein Platz für *Max Weber*s Alternative der Soziologie als „Wirklichkeitswissenschaft".

Schon im Index von „The Structure of Social Action", der die zentralen Begriffe der „Wissenschaftslehre" vorführt, sucht man vergeblich nach dem Stichwort „Wirklichkeitswissenschaft". Dafür findet man sich bereits in der Einleitung auf die typischen Vorannahmen der „Gesetzeswissenschaft" eingestimmt, gegen die *Weber* unmißverständlich protestiert hatte. Umstandslos setzt *Parsons* mit der Annahme ein, daß die Geschichte der Soziologie ein kumulativer Fortschritt zu einer endgültigen Theorie der Gesellschaft sein müsse, obschon *Weber* klar genug von der „Sinnlosigkeit", von dem „Unsinn" des Gedankens gesprochen hatte, „daß es das, wenn auch noch so ferne, Ziel der Kulturwissenschaften sein könne, ein geschlossenes System von Begriffen zu bilden, in dem die Wirklichkeit in einer in irgendeinem Sinn endgültigen Gliederung zusammgefaßt und aus dem sie dann wieder deduziert werden könne" (WL, S. 184). *Parsons* setzte von vornherein auf all das, was *Weber* als gefährlichen Irrweg verwarf: Entwicklung eines definitiven Systems von Begriffen zwecks Entwicklung einer definitiven Theorie, aus der sich die Wirklichkeit vorhersagen lasse, und damit beharrlicher Fortschritt der Soziologie zu einer strengen Gesetzeswissenschaft. So war die Umdeutung *Max Weber*s unvermeidlich, weil für den Gedanken der Wirklichkeitswissenschaft gar kein Platz blieb. *Parsons* ging auch gar nicht auf die (später noch zu erörternden) Gründe ein, die *Weber* zu seiner Forderung nach einer Wirklichkeitswissenschaft bestimmten; er konnte sie gar nicht verstehen.

Parsons' Auslegung, die jahrzehntelang den Ton angab, ist inzwischen als völlige Mißdeutung durchschaut worden[10]. Doch unverwandt hält die Soziologie an jenem Selbstverständnis als „Gesetzeswissenschaft" fest, das ein Verständnis *Weber*s ausschließt. Selbst die neueren Gegenbewegungen — die Phänomenologie und der Symbolische Interaktionismus — hoffen dunkel auf eine Vollendung der Theorie, was unweigerlich den Blick auf *Weber*s Werk versperrt. So bleibt die Soziologie, anstatt das Konzept der Wirklichkeitswissenschaft zu erfassen, bei verlegenen Auskünften stehen, die *Webers* Werk als „historische", „verstehende", „universal-vergleichende" Soziologie charakterisieren, ohne es als grundsätzliche Alternative zur heutigen Soziologie zu erkennen.

Aus all dem folgt, daß man, um *Webers* Werk zu verstehen, jene stillen Vorannahmen ablegen muß, die zu unbefragbaren Selbstverständlichkeiten der heutigen Soziologie geworden sind. Mit freiem Blick muß man das Konzept der Wirklichkeitswissenschaft erfassen, wie es die „Wissenschaftslehre" entwickelt hat.

IV. Max Webers „Wissenschaftslehre"

Jahrzehntelang hat man die „Wissenschaftslehre" mit der Brille der eben herrschenden Wissenschaftstheorie des Neopositivismus gelesen, so daß von ihr nur dünne Allgemeinheiten übrig geblieben sind: wertfreie Begriffe, testbare Hypothesen, empirische Prüfung, Theoriebildung. Man sah in ihr das Ergebnis einer erkenntnistheoretischen Leidenschaft und verstand sie als eine methodologisch gedachte Wissenschaftstheorie. Gegenstimmen (*Schelting*, *Henrich*, *Tenbruck* u. a.) drangen nicht durch. Inzwischen hat sich wenigstens unter Kennern — aber noch nicht im Fach — herumgesprochen, daß *Weber* der Methodologie oder Wissenschaftstheorie kaum einen Wert beimaß: „Nur durch Aufzeigung und Lösung sachlicher Probleme wurden Wissenschaften begründet und wird ihre Methode fortentwickelt, noch niemals dagegen sind daran rein erkenntnistheoretische oder methodologische Erwägungen entscheidend beteiligt gewesen" (WL, S. 217). Was also hat *Weber* zu seinen methodologischen Erwägungen veranlaßt? „Wichtig für den Betrieb der Wissenschaft selbst" — so fährt *Weber* fort — „pflegen solche Erörterungen nur dann zu werden, wenn infolge starker Verschiebungen der ‚Gesichtspunkte', unter denen ein Stoff Objekt der Darstellung wird, die Vorstellung auftaucht, daß die neuen ‚Gesichtspunkte' auch eine Revision der logischen Formen bedingen, in denen sich der überkommene ‚Betrieb' bewegt hat, und dadurch Unsicherheit über das ‚Wesen' der eigenen Arbeit entsteht. Diese Lage ist nun unstreitig in der Gegenwart für die Geschichte gegeben" (WL, S. 217 f.). Diese Aussage — von *Weber* verschiedentlich sinngemäß wiederholt, variiert und erweitert — stellt klar, daß die „Wissenschaftslehre" sich einer bestimmten Ausnahmesituation verdankt. Welcher also? Das versuche ich in der hier gebotenen Kürze anzugeben.

Zuerst also zur „Revision der logischen Formen". Den Hintergrund dafür bildete die neuartige Zweiteilung in — grob gesprochen — Natur- und Geisteswissenschaften, die *Weber* dann als „Gesetzes-" und „Wirklichkeitswissenschaften" typisierte (WL, S. 3—7). Diese Zweiteilung wollte der monistische Positivismus rückgängig machen. Indem er nur die „Gesetzeswissenschaften" gelten ließ, trat er entschlossen zum Angriff auf die „Geisteswissenschaften" an, deren Erkenntnisziel — die Erfassung der Wirklichkeit in ihrer historischen Besonderung — er als überflüssige Gelehrsamkeit mit dem Argument abtat, daß ihren Ergebnissen außer der methodischen Beweiskraft auch die Allgemeingültigkeit fehle, welche nur gesetzmäßigen Aussagen kraft ihrer Fähigkeit zur Vorhersage zukommen könne. Hiermit war die Forderung nach einer Revision der logischen Formen der Geisteswissenschaften gestellt, deren Umwandlung in „Gesetzeswissenschaften" verlangt wurde. Dagegen traten dann im Historismus die neuen Strömungen des Intuitionismus mit eigenen Revisionsforderungen auf.

Soweit sind die Dinge den Kennern geläufig, die auch verschiedentlich darauf aufmerksam gemacht haben, daß *Weber* eine qualifizierte Antwort gab, indem er einerseits (und vor allem) das Konzept des Positivismus ablehnte, aber andererseits dem Historismus ins Gedächtnis rief, daß alle gültige kausale Zurechnung konkreter Erscheinungen ‚zu konkreten Ursachen die Kenntnis erwartbarer Regelmäßigkeiten voraussetze. Also unbedingter Kampf gegen den Positivismus, und bedingter Kampf gegen den Historismus, soweit er in begriffslosen Intuitionismus oder naiven Naturalismus zu verkommen drohte. Somit *Weber*s eigene Lösung: die Wirklichkeitswissenschaft bedient sich der Regelmäßigkeiten als unerläßlicher Mittel, um an der Wirklichkeit jeweils gerade jene Besonderheiten ermitteln zu können, die in den Regelmäßigkeiten nicht aufgehen. Interessiert man sich für die Wirklichkeit in ihrer stets historischen Eigenart, dann bleiben alle Regelmäßigkeiten unvermeidlich idealtypische Konstruktionen, die nicht selbst schon die Wirklichkeit erfassen, diesem Zweck jedoch als unerläßliche Mittel dienen. Die Richtigkeit dieser Erkenntnis drängt sich ja übrigens dem Fach noch heute in der (so freilich bereits trivialisierten) Einsicht auf, daß alle soziologischen Aussagen mit zahllosen Ceteris-Paribus-Vorbehalten durchschossen sind, die nicht einmal vollständig angegeben werden können.

Aber all diese logischen Fragen interessieren hier nicht und hätten auch *Weber* nicht ohne weiteres interessiert. Immer wieder wird übersehen, daß *Weber*, von der Wertlosigkeit methodologischer Erörterungen ·überzeugt, im programmatischen Konflikt zwischen Positivismus und Historismus keinen Anlaß zur Befassung mit „logischen" Fragen finden konnte. Erst eine „Verschiebung der Gesichtspunkte", welche die Arbeit an der Sache unsicher machte, konnte das bewirken. Die „Geisteswissenschaften" (*Weber* sprach lieber von den „Kultur- und Sozialwissenschaften") sind ursprünglich nicht durch Revisionsforderungen des Positivismus verunsichert worden; sie gerieten deshalb in die Gefahr, diesen Forderungen Raum zu geben, weil sie durch eine „Verschiebung ihrer Gesichtspunkte" in ihrer eigenen Arbeit unsicher wurden. Angesichts neuer Aufgaben, für die sichere Wege fehlten, ergab sich die Versuchung, auf neue logische Formen auszuweichen, also etwa „Gesetzeswissenschaft" zu werden. Damit aber verbreitete sich Unsicherheit über das „Wesen" der eigenen Arbeit. Denn hier ging es nicht mehr um die Mittel der wissenschaftlichen Erkenntnis, sondern um deren Sinn und Ziel. Wollen wir in der unendlichen Fülle der Tatsachen, als die uns die Wirklichkeit doch primär allein und deshalb auch immer einmalig gegeben ist, nur die möglichen „Gesetzmäßigkeiten" erfassen, wie die Naturwissenschaft es typisch mit ihren Objekten hält? Oder wollen wir, wo es um die Welt des Menschen geht, nicht gerade konkrete Zusammenhänge in ihrer unvermeidlichen Eigenart und Besonderung verstehen? Jedenfalls aber — und darauf kommt es hier an — kann die Antwort nicht durch methodologische und erkenntnistheoretische Argumente gefunden werden. Sie verlangt eine Reflexion auf den „Sinn" der wissenschaftlichen Erkenntnis (WL, S. 265 Anm. 1). So sehr auch in der „Wissenschaftslehre" die „logischen" Fragen im Vordergrund stehen, gewinnen sie ihre Mitte aus der Reflexion über den „Sinn" der wissenschaftlichen Erkenntnis, die von der Interpretation meist völlig übersehen wird. Die „logischen" Anstrengungen der „Wissenschaftslehre" stehen letztlich im Dienst der Explikation des „Sinnes" der Wirklichkeitswissenschaft, also ihrer Bedeutung für die Zukunft der Kultur.

V. Die „Wissenschaftslehre" als Lösung von Sachaufgaben

Die „Wissenschaftslehre" ist also nicht das Ergebnis eines besonderen erkenntnis-theoretischen Interesses, obgleich Resultat einer einschlägigen Begabung. Sie kam auch nicht in Gang wegen der Revisionsforderungen der positivistischen Schulen. Erst die „Verschiebung der Gesichtspunkte" schuf jene neue Lage, in der sich die Kultur- und Sozialwissenschaften einerseits des Sinns ihrer Arbeit als „Wirklichkeitswissenschaft" versichern mußten. Die großen Stationen dieser Versuche sind bekannt: *Johann Gustav Droysens* „Historik" (1868), *Wilhelm Diltheys* „Einleitung in die Geisteswissenschaften" (1883), *Wilhelm Windelbands* Rektoratsrede „Geschichte und Naturwissenschaft" (1894) und *Heinrich Rickerts* folgende Arbeiten über die „Grenzen der naturwissenschaftlichen Begriffsbildung".

Wir interessieren uns nun dafür, wie *Weber* selbst durch die „Verschiebung der Gesichtspunkte" betroffen war und damit selbst in jene Unsicherheit über das „Wesen" der eigenen Arbeit getrieben wurde, aus der schließlich die „Wissenschaftslehre" befreien sollte. Denn in der Tat ist die „Wissenschaftslehre", wie *Weber* es einmal ausgedrückt hat, sozusagen „ein Krankheitsbericht nicht des Arztes, sondern des Patienten selbst" (WL, S. 215). Welche sachlichen Fragen waren es denn also, die *Max Weber* zu seinen „logischen" Erörterungen veranlaßten? Welche „Verschiebungen der Gesichtspunkte" hatten ihn selbst in die Unsicherheit über den Sinn der eigenen Arbeit getrieben?

Gewiß kamen die methodischen Fragen auf *Max Weber* in seinem eigenen Fach zu, als sich die von *Gustav Schmoller* geführte historische Schule der Nationalökonomie, der *Weber* entstammte, durch *Carl Mengers* Kritik („Untersuchungen über die Methode der Sozialwissenschaften und der Politischen Ökonomie" 1883) zum „Methodenstreit" herausgefordert und durch die Schule der „abstrakten" Nationalökonomie gespalten fand. So war die Lage gegeben, die *Weber* später auf die Formel brachte: „Zwei Nationalökonomien? Was heißt hier Objektivität?" (WL, S. 161). Aber die realen Probleme meldeten sich viel unmittelbarer in *Webers* eigener Forschung. Das aber versteht man erst, wenn man sich die Mühe macht, die zeitgenössischen Sachfragen zu rekonstruieren, vor die *Weber* sich gestellt fand. Ich habe das jüngst ausführlich dargestellt und kann hier nur das Nötigste zusammenfassen[11].

Weber war bekanntlich in den neuen historischen Disziplinen der Wirtschafts-, Sozial- und Rechtsgeschichte groß geworden. Es waren dies neue Felder der historischen Forschung, die sich bislang primär an der politischen Ereignisgeschichte orientiert hatte, wo das Handeln bestimmter Einzelner im Vordergrund stand und — wenn die Umstände und Charaktere erklärt wurden — auch mit dem Alltagswissen vom menschlichen Handeln verstanden werden konnte. Indem die vorrückende historische Forschung die genannten Spezialdisziplinen hervortrieb, ergaben sich neuartige Probleme, die sich mit den Alltagsverständnissen der herkömmlichen Ereignisgeschichte nicht mehr lösen ließen. So in der Wirtschaftsgeschichte, die es überall mit einer unendlichen Vielzahl konturloser und heterogener Massendaten zu tun hatte. Um mit dieser Situation fertig zu werden, entwickelte man die Vorstellung von Wirtschaftsstufen, welche die vermeintlich „wesentlichen" Tatsachen einer Epoche festhalten sollten und eben deshalb den „Rest" gegenläufiger Tatsachen als „unwesentlich" beiseite setzen durften. Damit verband sich fast zwangsläufig die nähere Vorstellung, daß in der Geschichte gewisse „Tendenzen" und „Entwicklungsrichtungen" zum Zuge kämen, womit die Arbeit am Ende auf das Konzept einer gesetzmäßigen Abfolge von Wirtschaftsstufen hinauslief.

Mit diesem Konzept hatte auch die historische Schule, hatte *Weber* selbst in der „Agrarpolitik des Altertums" (1891) gearbeitet. Eben dieses Konzept wurde aber nun von Historikern wie *Eduard Meyer* und *Georg von Below* als das unzulässige Hineinlesen von gesetzmäßigen Notwendigkeiten in die Geschichte sehr drastisch kritisiert[12]. So entdeckte *Max Weber* nun zu seiner eigenen Überraschung, daß er selbst (wie auch sonst die historische Schule) mit „Gesetzmäßigkeiten" gearbeitet hatte, wie man sie sonst nur aus den Konstruktionen der *Comte, Marx* und *Spencer* kannte. Er hat sich denn auch später selbst dieser „Jugendsünden" geziehen (GASW, S. 287).

Man sieht, daß die „Wissenschaftslehre" nicht aus methodologischen Interessen entstanden ist. Auch der 1883 in voller Schärfe ausgebrochene „Methodenstreit", zu dem *Weber* fast zwei Jahrzehnte geschwiegen hat, hat ihn kaum beunruhigt, eher schon das Eindringen der Geschichtsphilosophien von *Comte, Spencer* und *Marx*. Akut jedoch wurden die Fragen erst, als anhand des Streits über „Stufen" (oder auch „Entwicklungen" und „Tendenzen") die empirische Fragwürdigkeit der Begriffe und Theorien offenbar wurde, mit denen *Weber* selbst ebenso naiv gearbeitet hatte wie seine Fachgenossen, einschließlich des Schulhauptes *Schmoller*. Nun fand *Max Weber* sein eigenes Fach, die Nationalökonomie, von innen heraus in Frage gestellt. Offenbar reichten für die Wirtschaftsgeschichte die eher schildernden und anschaulichen Begriffe nicht aus, mit denen die politische Geschichte mit ihrem Alltagsverständnis des menschlichen Handelns auskommen konnte und mußte. Andererseits drohten aber konstruierte Begriffe (wie „Stufen") die geschichtliche Wirklichkeit zu verfälschen. Aus dieser Beunruhigung ist die „Wissenschaftslehre" als der Versuch entstanden, Klarheit über Sinn und Wesen der eigenen Arbeit — also über das Verhältnis von Wirklichkeit und Begriff, von Geschichte und Theorie — zu gewinnen.

Man sieht sogleich, was es mit der „Verschiebung der Gesichtspunkte" auf sich hat. Gerade die neuen historischen Disziplinen repräsentierten gegenüber der bisher überwiegend politischen Ereignisgeschichte ein neues Interesse an der geschichtlichen Wirklichkeit. Neuartig vor wirtschaftliche und soziale Aufgaben gestellt, suchte die Gegenwart in der Vergangenheit nach Einsicht in die Bedeutung und Entwicklung wirtschaftlicher und gesellschaftlicher Zustände, an denen man bisher kaum Veranlassung fand, ein Interesse zu nehmen. Das neue Interesse war der Wunsch, den Stoff der Geschichte unter neuen Gesichtspunkten anzugehen, und nicht etwa — wie man heute so leichtfertig meint, wenn neue Gesichtspunkte ins Spiel gebracht werden —

die endliche Entdeckung der „wahren" Geschichte, welche wir stets nur unter besonderen Gesichtspunkten ausleuchten können. Die neuen Gesichtspunkte warfen nun aber auch neue Fragen der Begriffsbildung auf, die ihrerseits die Gefahr heraufführten, daß die Kultur- und Sozialwissenschaften an ihrer Aufgabe irre wurden und sich zu einer Revision ihrer logischen Formen (d. h. zu einer „Gesetzeswissenschaft") drängten, womit sie dem „Sinn" ihrer Arbeit untreu wurden. So ist die „Wissenschaftslehre" *Webers* Versuch, sich zugleich über die Fragen der Begriffsbildung und den „Sinn" der Erkenntnis der Kultur- und Sozialwissenschaften klar zu werden. Die Explikation der „Wirklichkeitswissenschaft" erfüllt diese beiden zusammengehörigen Aufgaben. Ich gehe nun einige wesentliche Punkte kurz durch.

a) Die methodischen Hilfsmittel fand *Weber* im Neukantianismus, der ihn lehrte, daß Begriffe die Wirklichkeit niemals abbilden, vielmehr nur jene Zusammenhänge daraus erfassen, die uns in irgendeiner Weise als wichtig gelten. Von hier aus führt der Weg zum Idealtypus als der charakteristischen Begriffsbildung, die es einer Wirklichkeitswissenschaft ermöglicht, solche Zusammenhänge gezielt zu erfassen. Dabei wird sich der Blick des Forschers immer auf jene Zusammenhänge im unendlichen Kausalgeflecht der Wirklichkeit richten, die ihm aufgrund seiner Werte als „bedeutsam" gelten. Es gibt keine Objektivität der Fragestellungen. Die Objektivität der wissenschaftlichen Arbeit begrenzt sich strikt auf den empirischen Nachweis, daß der fragliche Zusammenhang wirklich besteht. Doch das alles darf ich hier als bekannt voraussetzen, zumal die einschlägigen Arbeiten von *Pietro Rossi, Wolfgang Mommsen, Guy Oakes, Toby Huff,* von älteren Autoren zu schweigen, vorliegen[13].

b) Etwas ausholen muß ich bei dem nächsten Punkt, der *Webers* Beziehungen zur Nationalökonomie betrifft. Nach vornehmlich historisch orientierten Studien hatte sich *Weber* schließlich für dieses Fach entschieden, das in Deutschland von der historischen Schule bestimmt wurde, welche das menschliche Wirtschaften nicht als reine Sachgesetzlichkeit, sondern als menschliches Handeln in historischen Situationen mit ihren sozialen und kulturellen Konstellationen begreifen wollte. Als „Kind" der historischen Schule (WL, S. 208) hat *Weber* auch unverwandt daran festgehalten, daß die Nationalökonomie „historische Erkenntnis" und „Geschichtsinterpretation" anstrebt (WL, S. 163 f.).

Als *Weber* sich vor die Frage nach dem Verhältnis von Begriff und Wirklichkeit, von Theorie und Geschichte gestellt fand, versuchte er zuerst, bei den Altmeistern der Schule Klarheit zu gewinnen. Nicht zufällig beginnt die „Wissenschaftslehre" mit den Aufsätzen über *Roscher* und *Knies,* die freilich nur lehren, daß die historische Schule sich über diese Problematik hinweggesetzt hatte mit einer Reihe willkürlicher und metaphysischer Vorannahmen über das menschliche Handeln, über die „Gesetze" der Geschichte und über die substantielle Einheitlichkeit der „Persönlichkeit" wie des „Volkes". So beginnt *Weber* sich gegen die historische Schule in gewissen Punkten abzugrenzen. Er deckt insbesondere auf, daß diese Schule zwar von den „Gesetzen" der abstrakten Nationalökonomie nichts hält, aber dennoch an einer „Gesetzmäßigkeit" der Vorgänge festhält, ja selbst am Ende Gesetzeswissenschaft zu werden hofft (WL, S. 208). Hier eben kehrt sich *Weber* ab, weil jede Gesetzeswissenschaft − ich komme darauf zurück − auf die Einschränkung der menschlichen Freiheit hinaus-

läuft. Ferner kritisiert er ihre „Begriffsscheu" als Hindernis für die wissenschaftliche
Objektivität und verurteilt ihren „optimistischen Synkretismus", der eine Einigung
über Werte vom Fortschritt des Erfahrungswissens erwartet, als gefährliche Täuschung
über den „Ernst der Lage" (WL, S. 154 f.). Hier ist auch das Gebot der Werturteilsfrei-
heit angesiedelt.

c) So bitter ernst es *Weber* mit seiner Kritik war, stellt er sie doch in eine weitere
Perspektive der Wissenschaftsgeschichte hinein. Ausgehend von der Einsicht, daß
die Kulturwissenschaften aus der unendlichen Wirklichkeit nur die „kulturbedeutsamen" Tatsachen herausheben können und wollen, kommt *Weber* nämlich zu einem
umfassenden Bild ihrer Geschichte, die dem „Licht der Kulturprobleme" folgen muß:
„Endlos wälzt sich der Strom des unermeßlichen Geschehens der Ewigkeit entgegen.
Immer neu und anders gefärbt bilden sich die Kulturprobleme, die die Menschen
bewegen" (WL, S 184). Es sei deshalb ein sinnloser Gedanke, "daß es das ferne Ziel
der Kulturwissenschaften sein könne, ein geschlossenes System von Begriffen zu bilden, in dem die Wirklichkeit in einer... endgültigen Gliederung zusammengefaßt... werden könnte" (WL, S. 184). Eine definitive Theorie können die Kultur- und Sozialwissenschaften nie erreichen; dafür ist ihnen jedoch „ewige Jugendlichkeit" geschenkt.
Darauf setzt *Weber* nun den zweiten weittragenden Gedanken, daß diese Wissenschaften ihre Begriffssysteme immer wieder umbilden müssen. Er knüpft an die bekannte Tatsache an, daß die Geschichte immer wieder umgeschrieben werden muß,
weil uns andere Seiten und Zusammenhänge an ihr interessieren, wenn die Kulturprobleme sich wandeln. Aber er hebt diesen Gedanken auch ins Große. Wenn das
Licht der Kulturprobleme weiterzieht, dann wird nicht nur die Geschichte neu durch-
forscht. Es stellen sich allen Kulturwissenschaften neue Fragen; sie interessieren sich
nun für andere Bestandteile und Zusammenhänge der Wirklichkeit, wofür sie auch
neue Begriffe benötigen. Jede Wissenschaft arbeite mit dem Begriffsvorrat ihrer Zeit,
muß aber, wenn sich die Gesichtspunkte des Interesses grundlegend verschieben, neue
Begriffssysteme aufbauen. Ein grundlegender Wandel der Kulturinteressen kleide sich
in der Wissenschaft stets in die Form einer Kritik der bisherigen Begriffe, wodurch
Unsicherheit über das „Wesen" der wissenschaftlichen Arbeit entstehe, die sich oft
in Forderungen nach einer Revision der logischen Formen der Arbeit Luft mache,
während es nur darum gehe, die „richtigen" Begriffssynthesen zu entwickeln, mit
denen man diejenigen Zusammenhänge der Wirklichkeit erfassen könne, die nun
wichtig geworden seien (WL, S. 217 f., 182, 207 f., 162).

Die neuen Begriffssynthesen begännen unvermeidlich mit einem Vorgriff auf die Ordnung der neuen Tatsachen, auf die sich nun der Blick richte. Sie sind gewissermaßen
„Nothäfen, bis man gelernt hatte, sich auf dem ungeheuren Meere der empirischen Tatsachen zurechtzufinden" (WL, S. 206). Mittels dieser Synthesen beginne man dann,
die Tatsachen zu ordnen, was regelmäßig dazu führe, daß „die Schranken der Bedeutung des Gesichtspunktes, der ihnen zugrunde lag", zu Tage tritt und Raum schafft
für eine neue Synthese (WL, S 206—208).

So nun sah *Weber* auch die eigene Lage. Die historische Perspektive habe einst das
naturrechtliche System der Aufklärung abgelöst, weil dessen Schranke sichtbar wurde. Die historischen Wissenschaften hätten dann anfangs mit Hilfsvorstellungen wie

„Volksgeist" und dergleichen gearbeitet, um überhaupt an die neuartigen Tatsachen heranzukommen, die sie interessierten. Dabei habe die politische Geschichte als Mutterdisziplin im Vordergrund gestanden, die mit Alltagsverständnissen des Handelns auskam. Inzwischen sei das Licht der Kulturprobleme weitergezogen und richte sich nun auf die wirtschaftlichen und sozialen Zustände, die neue Begriffssynthesen erforderten, darunter die Vorstellung von Wirtschaftsstufen. Mit den neuen Gesichtspunkten tauche auch stets die Vorstellung auf, daß die „logischen Formen" zu revidieren seien. Das habe diesmal zu der Versuchung geführt, die Sozialwissenschaften als „Gesetzeswissenschaften" mißzuverstehen. Hingegen gelte es vielmehr, alle solche Begriffssynthesen als Idealtypen zu erkennen, die jeweils nur für eine Weile ihren Zweck erfüllen, aber neuen Begriffssynthesen weichen müssen, wenn das Licht der Kulturprobleme weiterzieht.

VI. Von der „Wissenschaftslehre" zu ‚‚Wirtschaft und Gesellschaft"

In diesem Sinn erfüllt sich in *Weber*s Kritik an der historischen Schule nur das Schicksal, dem alle Begriffssysteme der Sozialwissenschaften unvermeidlich entgegengehen. *Weber* tat das in der klaren Überzeugung, daß auch seine Begriffssynthesen, die er in „Wirtschaft und Gesellschaft" verfolgt, dereinst das gleiche Schicksal erfahren werden und ja auch sollen. Die endliche Kritik der Begriffssysteme, mit denen eine Epoche gearbeitet hat, kommt jedoch erst dann, wenn Verschiebungen der Gesichtspunkte neue Fragen heraufführen, die neue Begriffssysteme verlangen. Zur Kritik von Begriffssystemen schreitet nur, wer bereits mit einem Programm neuer Begriffe antritt, die dem Licht der Kulturprobleme nachziehen. So muß denn auch die „Wissenschaftslehre" dort, wo sie ihre Kritik ansetzt — also spätestens im „Objektivitätsaufsatz" — bereits über die methodischen Fragen mit einem Programm für die eigene sachliche Arbeit der Zukunft hinausgehen. Das ist auch der Fall.

Die „Wissenschaftslehre" wird als eine Sammlung von Gelegenheitsarbeiten angesehen, was im äußeren Sinn auch zutrifft. Man hat jedoch übersehen, daß die Aufsätze die Entwicklung *Weber*s vom Nationalökonomen der historischen Schule zum Autor von „Wirschaft und Gesellschaft" dokumentieren. Deshalb besitzen die Aufsätze in ihrer zeitlichen Ordnung auch einen sachlichen Aufbau, der wichtige Stationen des Weges festhält, auf dem der Historiker *Max Weber* zum Soziologen wurde. Ich möchte die Problemschichten dieser Entwicklung hier wenigstens skizzieren.

Die Aufsätze über *Roscher* und *Knies* zeigen uns, wie *Max Weber*, beunruhigt über das Verhältnis von Begriff und Wirklichkeit, von Theorie und Geschichte, durch Rückgriff auf *Rickert* Klarheit zu gewinnen versucht über die Eigenart der „Kulturwissenschaften", die es mit der (stets und überall: historischen) Wirklichkeit in ihrer Kulturbedeutung zu tun haben, gegenüber den „Naturwissenschaften", die auf Gesetze abstellen. Die Prüfung der Altmeister ergibt, daß diese Problematik von der historischen Schule der Nationalökonomie verkannt wurde, womit *Weber* sich von dieser Schule abzugrenzen beginnt. Er geht bei dieser Gelegenheit in den *Knies*-Aufsätzen ausführlich auf neuere Theorien ein, die den Kulturwissenschaften die Möglichkeit eines unmittelbaren (eines „intuitiven") Verstehens des Handelns in seinem gemeinten Sinn in Aussicht stellen, verwirft sie und legt das Fundament für seine Lehre vom Idealtypus.

Weber baut diese Lehre im Objektivitäts-Aufsatz in der bekannten Weise zum Konzept der Wirklichkeitswissenschaft aus, deren Fragestellungen von jeweils letzten subjektiven Wertvoraussetzungen abhängen, weil aus der Wirklichkeit die kulturbedeutsamen Bestandteile herausgehoben werden sollen, so daß ihre Objektivität auf die Gültigkeit der kausalen Zurechnung beschränkt bleibt. Er macht sich dabei anhand der Wissenschaftsgeschichte klar, daß die Kulturwissenschaften, dem „Licht der Kulturprobleme" folgend, jeweils neue Begriffsapparate benötigen. Er sieht deshalb die zeitgenössischen historischen Wissenschaften — ungeachtet der immer wieder erwartbaren Widerstände gegen neue Begriffssynthesen — im Aufbruch zu den neuen Ufern der Wirtschafts- und Sozialgeschichte, wozu es eines neuen idealtypischen Begriffsapparates für die Sozialwissenschaften bedarf. Die Art dieser Begriffe wird bereits programmatisch umrissen.

Entsprechend wechselt in den Aufsätzen zur „Logik der Kulturwissenschaften" der Standpunkt. Ging es bislang darum, die Eigenart der „Kulturwissenschaften" gegenüber den „Naturwissenschaften" zu bestimmen, wird nun gefragt, wie sich innerhalb der „Kulturwissenschaften" die (primär politische) Historie (im engeren Sinn des Wortes) von den „‚Regeln' und ‚Gesetze' suchenden Disziplinen vom sozialen Leben" (WL, S. 216) unterscheidet. Die Differenz liegt, grob gesprochen, darin, daß die politische Geschichte mit dem impliziten Alltagsverständnis des menschlichen Handelns auskommt, während die neuen historischen Disziplinen der Wirtschafts- und Sozialgeschichte explizit strenge Idealtypen der kulturbedeutsamen Zusammenhänge und Entwicklungen bilden müssen.

In den Artikeln über *Stammler* sieht man *Weber* bei dem Versuch, soziale Ordnungen als empirische Tatsachen des verstehbaren Handelns zu begreifen, das sich am Verhalten anderer orientiert. Nun erst beginnt *Weber*, sich als Soziologen zu bezeichnen. Das führt konsequent zum Aufsatz „Über einige Kategorien der verstehenden Soziologie" von 1913, also zur ersten Grundlegung seiner „Soziologie", welche ja nicht den Titel „Wirtschaft und Gesellschaft" tragen sollte, der ihr erst postum verliehen wurde, vielmehr lauten sollte: „Die Wirtschaft und die gesellschaftlichen Ordnungen und Mächte". In den „Soziologischen Grundbegriffen" ist die Grundlegung dann zu ihrer reifen, aber in ihrer Knappheit auch verwirrenden Form gediehen.

So unterrichtet die „Wissenschaftslehre" also über die Stationen des Weges von der „Historie" zur „Soziologie", freilich nur über die konzeptuellen Stationen, in denen sich die Idee der „Sozialwissenschaft als Wirklichkeitswissenschaft" entfaltete. Die inhaltliche Ausführung des Konzepts aufgrund von vergleichenden historischen Studien steht auf einem anderen Blatt[14]. Die Deutung von „Wirtschaft und Gesellschaft" erfordert also inhaltliche Betrachtungen, die über das Konzept der „Wirklichkeitswissenschaft" hinausgehen. Doch warum und wieso das inhaltliche Vielerlei von „Wirtschaft und Gesellschaft" zur Einheit einer Soziologie zusammenstimmt, läßt sich nur anhand der „Wissenschaftslehre" verstehen, die in diesem Sinn der unerläßliche Hauptschlüssel zu *Max Webers* Werk bleibt.

Nur dann auch behält man, wie nötig, stets im Auge, daß *Weber* nicht eine „Theorie der Gesellschaft" im Sinn der heutigen Soziologie schaffen wollte, sondern eine radikale Alternative zum Konzept der „Gesetzeswissenschaften". Es reicht deshalb nicht aus, sein Werk als „verstehende" oder „historische" Soziologie zu qualifizieren. Es gilt vielmehr, sein Gegenkonzept einer „Soziologie als Wirklichkeitswissenschaft" klar in den Blick zu nehmen, das er in der Sorge um die Erhaltung nicht nur der äußeren, sondern gerade auch der inneren Freiheit des Menschen in der modernen Welt entwickelt hat.

VII. Vom „Sinn" der Wissenschaft

Weber ging davon aus, daß die Erkenntnis der Wirklichkeit zwei Richtungen einschlagen kann, die wissenschaftslogisch beide widerspruchsfrei möglich sind. Die Wahl zwischen „Gesetzes-" und „Wirklichkeitswissenschaft" beruht also auf dem Ziel, das wir der Erkenntnis stellen, d. h. auf einem (wie immer gearteten) „Interesse". Begründet kann diese Wahl nur ausfallen, wenn wir, anstatt blind unserem Interesse zu folgen, uns verdeutlichen, worauf dieses Interesse hinzielt, d. h. welchen Zielen diese Art der Erkenntnis dient und dienen soll, und welche Folgen sie, wenn sie herrschend wird, haben müßte. Das sind Reflexionen über den Sinn der wissenschaftlichen Arbeit, wobei es um deren Kulturbedeutung geht. Gerade diese Teile der „Wissenschaftslehre" aber hat die Interpretation beharrlich übersehen, obschon sie ins Zentrum gehören. *Weber*s Parteinahme für die „Wirklichkeitswissenschaft" jedenfalls erklärt sich nicht aus erkenntnistheoretischen Überlegungen. Überall ist er vielmehr bemüht, „Gesetzeswissenschaft" und „Wirklichkeitswissenschaft" in ihrer Kulturbedeutung zu begreifen anhand der Überlegung, was aus unserer Kultur würde, wenn der eine oder andere Typus die Kultur- und Sozialwissenschaften dominierte.
Jedenfalls beruht die Wahl — wie letztlich alle Wissenschaft — auf einem Wertstandpunkt, der durch Reflexion über den Sinn der Wissenschaft jeweils zu explizieren ist. So beruht natürlich auch *Weber*s Entscheidung für die Wirklichkeitswissenschaft letztlich auf einem Wertstandpunkt. Er hat ihn allgemein in der Aussage formuliert, „daß wir Kulturmenschen sind, begabt mit der Fähigkeit und dem Willen, bewußt zur Welt Stellung zu nehmen und ihr einen Sinn zu verleihen" (WL, S. 180). Würde und Freiheit des Menschen beruhen auf seinem Vermögen, den Zufällen seiner inneren Antriebe und äußeren Lagen mit letzten Werten entgegenzutreten, in deren Dienst er handelt. „Persönlichkeit" ist der Mensch, insoweit er aus der Konstanz eines „inneren Verhältnisses zu bestimmten letzten ‚Werten' und ‚Lebensbedeutungen'" handelt (WL, S. 122). Frei wird der Mensch erst durch die Einheit der eigenen Lebensführung, so daß es nicht nur darauf ankommt, wie er sich äußerlich befindet, sondern wie er selbst ist (PS, S. 21). Er will die Welt so gestalten, daß seine Werte darin gültige Gestalt gewinnen.
Diese Auffassung vom Menschen war im Kern weitgehend Gemeingut der deutschen Kulturwissenschaften. *Max Weber* hat es sozusagen nur von romantischen Überlagerungen befreit, indem er es zur Forderung der bewußten Besinnung auf die letzten

Werte des eigenen Handelns radikalisierte. Er entsprach damit dem „Schicksal einer Kulturepoche, die vom Baum der Erkenntnis gegessen hat" (WL, S. 154). Wenn einst die Religionen die Einheit der Lebensführung durch Vorgabe von „Kulturidealen" ermöglichten, so muß der moderne Mensch in einer entgötterten Welt um den Polytheismus der Werte wissen, um selbst wählen zu können (WL, S. 493 f., 588 f.).

Der Wissenschaft nun fällt die Aufgabe zu, dem modernen Menschen diese Möglichkeit offen zu halten. Dies umso mehr, als die Rationalisierung Daseinsverhältnisse schafft, deren „Kulturbedeutung" dunkel bleibt: „Der ‚Wilde‘ weiß von den ökonomischen und sozialen Bedingungen seiner eigenen Existenz unendlich viel mehr als der im üblichen Sinn ‚Zivilisierte‘" (WL, S. 473, 577 f.). Deshalb werden die Kulturwissenschaften, wenn sie sich in „Gesetzeswissenschaften" verwandeln, an jener „Götterdämmerung aller Werte" (WL, S. 186) mitarbeiten, die nach der Natur nun auch die Kultur entzaubert, indem sie auch davon nur jene Regelmäßigkeiten übrig läßt, die uns nichts bedeuten können, weil wir uns dazu nur in technischer Anpassung verhalten können. Denn unsere Bedeutungen und Werte knüpfen sich nie an die allgemeinen Regelmäßigkeiten, sondern nur an jene historischen und kulturellen Besonderheiten, in denen sich allein die Werte unseres Handelns verwirklichen können.

So erst versteht man, warum *Max Weber* die Soziologie als Wirklichkeitswissenschaft treiben will. Nur sie kann dem modernen Menschen seine Freiheit und Würde erhalten, weil nur sie die Erscheinungen nach ihrer Kulturbedeutung auswählt.

VIII. *Max Weber, Wirklichkeitswissenschaft und Soziologie*

*Weber*s Werk — das sollten die Ausführungen zeigen — ist auf der Folie der Wirklichkeitswissenschaft geschrieben. Dieses Konzept, das hier nur umrissen werden konnte, arbeitet mit Typenbegriffen von relativer Abstraktheit, um durch gesteigerte „Eindeutigkeit der Begriffe... ein möglichstes Optimum an Sinnadäquanz" zu erreichen. Sie entfernt sich also von der Wirklichkeit „und dient der Erkenntnis dieser in der Form: daß durch Angabe des Maßes der Annäherung einer historischen Erscheinung an einen oder mehrere dieser Begriffe diese eingeordnet werden kann" (WG, S. 10).

Es kann deshalb nicht verwundern, daß die Deutung des Werkes sich trotz oft bedeutender Leistungen in dem Maße verirrte, wie das Konzept in Vergessenheit geriet. Alsdann nämlich mußte das Werk als ein anderer Versuch gelesen werden, eine Soziologie als Gesetzeswissenschaft, d. h. eine definitive „Theorie der Gesellschaft" zu entwickeln, die *Weber* abgelehnt hatte. Aus dieser Verkehrung mußten sich Fehlleistungen und Umdeutungen des Werks ergeben.

Immer wieder hat man die Kategorien in „Wirtschaft und Gesellschaft" als Theorien verstanden, die die Wirklichkeit erfassen sollen. So hat man die Aussagen über Herrschaft, Bürokratie und so fort an der Wirklichkeit messen, sie empirisch „testen" wollen, um ihren Wahrheitsgehalt zu ermitteln. Ergaben sich Abweichungen, so mußten diese Theorien alsbald verbessert, erweitert, geändert werden, um endlich doch die Wirklichkeit abzudecken, wie es eben das Ziel aller Gesetzeswissenschaften ist. In diesem (natürlich aussichtslosen) Verfahren verkehrt sich *Weber*s Intention gründlich. Denn jede „Theorie" will die Wirklichkeit in gesetzmäßige Abläufe auflösen. Hingegen liegt es im Wesen des Idealtypes, nicht mit der Wirklichkeit übereinzustimmen. Die Differenz ist keine Aufforderung, den Idealtyp durch Verbesserung zur Übereinstimmung mit der Wirklichkeit zu bringen, vielmehr umgekehrt Anlaß, den sonstigen Momenten auf die Spur zu kommen, die in das tatsächliche Handeln (als sinnfremde Bedingungen und Gegebenheiten oder als andere Sinnkomplexe) eingingen. Das Mißverständnis der Idealtypen als „Theorien" löscht somit die Aufgabe, die *Weber* der Soziologie zugedacht hatte, völlig aus: Ermittlung der Wirklichkeit in ihrer Eigenart.

In Vergessenheit geraten ist *Webers* Behauptung, daß alle Sozialwissenschaft auf Wertentscheidungen über den Sinn der Erkenntnis beruht, auch wenn man sich ihrer gar nicht bewußt ist. Nur Verwirrung kann entstehen, wenn man vergißt, daß die „Wirklichkeitswissenschaft" sich von der „Gesetzeswissenschaft" zu oberst durch eine Wertentscheidung unterscheidet. Ihr kann man nicht durch Erforschung der biographischen und zeitgeschichtlichen Einschüsse in *Webers* Werk auf die Spur kommen; sie war eine bewußte und begründete Parteinahme für eine Art der sozialwissenschaftlichen Erkenntnis, worüber die „Wissenschaftslehre" Rechenschaft ablegt. Deshalb läßt sich der Streit zwischen den zwei Arten der Sozialwissenschaft (und allgemein zwischen sozialwissenschaftlichen Theorien) auch letztlich nicht anhand von Fakten entscheiden, so daß die Soziologie stets auch ein Streit um Wertstandpunkte ist. Wo der Glaube herrscht, anhand von Fakten müsse über die Richtigkeit einer „Theorie der Gesellschaft" letztlich entschieden werden können, bewegt sich die Auseinandersetzung in einer unerfüllbaren Illusion.

Damit ist zumindest weiteren Mißverständnissen *Webers* die Tür weit geöffnet, so etwa dem Versuch, seinem Werk durch Vergleiche mit anderen Soziologen auf die Spur zu kommen, die auf der stillen Annahme basieren, daß alle letztlich das gleiche Ziel verfolgt hätten, ihre Leistungen also am Grad der Erreichung dieses Ziels gemessen werden könnten. All das kann nur auf eine Umdeutung des *Weber*schen Werkes hinauslaufen, weil dessen Charakter und Intention verkannt werden. Der durchgängige Zwang zu diesem Vergleichsdenken liegt vor, sobald man das Konzept der Wirklichkeitswissenschaft übersieht; und er führt durchweg zu Scheinfragen. Er gebiert zum Beispiel immer neu das fassungslose Erstaunen darüber, daß *Durkheim* und *Weber* nicht voneinander Kenntnis genommen haben, jedenfalls nicht öffentlich. Doch für *Weber* lag keine Veranlassung zu solcher Äußerung vor. Er hatte grundsätzlich das Nötige über seine Ablehnung der Gesetzeswissenschaft gesagt und hat sich mit deren Vertretern auch sonst nicht eingelassen. Das hätte nur zu einer Diskussion der entgegengesetzten Wertstandpunkte geführt, die bei der vollzogenen Entschiedenheit ihrer Vertreter kaum Sinn gehabt hätte. Für die verstehende Soziologie gilt eben, daß sie „niemandem aufgenötigt werden soll und kann" (WG, S. 6). Aber eben das läßt sich im Vorstellungskreis der Gesetzeswissenschaften nicht begreifen und führt zu jenem Vergleichsdenken, das *Webers* Werk umbiegt.

Diese Hinweise müssen genügen, um zu verdeutlichen, daß *Webers* Werk ohne das Konzept der Wirklichkeitswissenschaft nicht entschlüsselt werden kann. So bedeutende Leistungen die Interpretation besonders im letzten Jahrzehnt erbracht hat, fehlt noch immer der Bauplan, der uns das Werk in seiner Einheit, der uns insbesondere „Wirtschaft und Gesellschaft" als Ganzes verständlich macht. Hier also liegt — darum geht es — die Aufgabe der *Weber*-Forschung: pünktliche Rekonstruktion dieses Konzeptes und seiner Entfaltung anhand der „Wissenschaftslehre" und in Hinsicht auf Ziel und Anlage von „Wirtschaft und Gesellschaft". Dies aber ist — so sei hinzugefügt — nur möglich, wenn wir *Webers* Fragen und Antworten aus den realen Problemlagen der damaligen Wissenschaften verstehen.

Bei all dem ist die Soziologie in Gänze gefordert, nicht nur in ihrem Verständnis *Max Webers*. Das vergessene Konzept der Wirklichkeitswissenschaft erinnert uns an Grundfragen, die seinerzeit nicht erledigt werden konnten und dann in Vergessenheit gerieten. Insofern steht das Gebäude der heutigen Soziologie auf trügerischem Boden, der sich in der Unsicherheit des Faches mit sich selbst, im endlosen Streit der Richtungen und Moden, im Auseinanderklaffen von Anspruch und Verwirklichung kundtut. Ob *Webers* Ausführungen uns noch in allem genügen, nachdem sich in sechzig Jahren die Welt verändert hat, ist eine Frage. Doch wie immer es weitergehen kann und soll, müssen wir erst jene Grundfragen bearbeiten, die *Weber* in seinem Konzept zu beantworten versuchte.

Anmerkungen

Folgende Abkürzungen für Werke *Max Webers* werden benutzt:
GASW   Gesammelte Aufsätze zur Sozial- und Wirtschaftsgeschichte, Tübingen 1924.
PS   Gesammelte Politische Schriften, 3. Aufl., Tübingen 1971.
RS   Gesammelte Aufsätze zur Religionssoziologie, Bd. 1, 4. Aufl., Tübingen 1947.
WG   Wirtschaft und Gesellschaft, 5. Aufl., Tübingen 1976.
WL   Gesammelte Aufsätze zur Wissenschaftslehre, 2. Aufl., Tübingen 1951.

1 *Lawrence A. Scaff*, Weber before Weberian sociology, in: The British Journal of Sociology, Bd. XXXV, Nr. 2, 1984, S. 191.
2 Meine damalige Fragestellung („Das Werk Max Webers", KZfSS, 27. Jg., 1975; veränderte Fassung: „The problem of thematic unity in the works of Max Weber" in: The British Journal of Sociology, Bd. XXXI) ging von der Annahme aus, daß „Wirtschaft und Gesellschaft" uns nur in den Bruchstücken des Fragment vorliegt, deren Einheit nicht mehr zu rekonstruieren sei. Deshalb zielte meine Frage damals auf die thematische Einheit des *Weber*schen Werkes. Inzwischen haben weitere Studien, in denen ich teils nochmal meinem alten Interesse an dem anthropologischen Einschlag in der „Wissenschaftslehre" nachging, teils die Entwicklung *Webers* aus den damaligen Sachlagen der einschlägigen Wissenschaften rekonstruierte, mich davon überzeugt, daß wir Sinn und Anlage von „Wirtschaft und Gesellschaft" im Umriß zuverlässig erfassen können. Die Frage nach der Einheit des *Weber*schen Werks springt also hier von der Ebene des Themas auf die Ebene des „Sinns": was wollte und sollte diese Soziologie leisten? Im übrigen kann meine Antwort hier nur knapp umrissen werden und wird in einer späteren, ausführlichen Durchführung manche Lücken ausfüllen und manche Zuspitzungen glätten. Mir schien es aber bei einem so wichtigen Gegenstand Pflicht zu sein, die eigenen Schlüsse dem Fach baldigst mitzuteilen, auch auf die Gefahr hin, daß die Diskussion sich gelegentlich an Schwächen und Beiläufigkeiten verliert, anstatt die Frage aufzunehmen und durch eigene Arbeit weiterzutreiben — so wie ich es schon bei füheren Arbeiten erlebt habe.
3 Zu diesen zählen nicht meine verschiedenen Arbeiten über *Max Weber*, sondern auch meine sonstigen Studien zur Geschichte der Sozialwissenschaften.
4 Obschon *Weber* auch mit dem Ausdruck „verstehende Soziologie" in „Wirtschaft und Gesellschaft" sparsam umging (er findet sich nur an 4 Stellen), ist es gut möglich, vielleicht sogar wahrscheinlich, daß er den Ausdruck „Wirklichkeitswissenschaft" schließlich fallen ließ. Zwei

Gründe sprechen dafür. Schon in der „Wissenschaftslehre" wird der Begriff bei seiner letztmaligen Verwendung mit der Qualifikation vom „einzig berechtigten Sinn" (237) und dem Hinweis auf „die populäre Deutung dieses Ausdrucks" als „voraussetzungslose ‚Beschreibung‘" (237 Anm. 2) versehen. Das konnte für *Weber* Grund genug sein, den Begriff fallen zu lassen. Hinzu kommt, daß *Weber* zweifellos am Konzept der Wirklichkeitswissenschaft später einige Korrekturen vorgenommen hat. Seit etwa 1908 erhalten die „Regelmäßigkeiten" eine verstärkte Bedeutung ganz einfach deshalb, weil *Weber* nun von der allgemeinen Verteidigung der Kulturwissenschaften als Wirklichkeitswissenschaften zu dem besonderen Fall der Sozialwissenschaften übergeht. Insofern detailliert und qualifiziert sich das Konzept gegenüber seiner ersten und allgemeinen Fassung, wie etwa *Wolfgang Mommsen* in mehreren Arbeiten eindringlich gezeigt hat. Diese Modifikationen sind natürlich für die nähere Deutung von „Wirtschaft und Gesellschaft" höchst wichtig, dürfen aber hier beiseite bleiben. Denn hier soll ja nur daran erinnert werden, daß das Werk *Webers* im Rahmen des Konzeptes der Wirklichkeitswissenschaft entstanden ist. Es genügt zu wissen, daß *Weber* an diesem Konzept festgehalten hat, ansonsten er seine Arbeiten zur „Wissenschaftslehre" gewiß nicht zum Druck befördert hätte.

5 Es ist eine Sache, wenn sich die Erörterungen im Fach wie selbstverständlich im Vorstellungskreis der „Gesetzeswissenschaft" bewegen. Die Selbstverständlichkeit gewinnt jedoch Züge der Ahnungslosigkeit und Ignoranz, wenn die Bereitschaft fehlt, sich auf die Problematik dieser Grundvorstellung überhaupt noch einzulassen. Wenn *Christian Graf von Krockow* auf dem Dortmunder Soziologentag die Unterscheidung von „Wirklichkeits-" und „Gesetzeswissenschaft" „einfach langweilig" fand, so darf man fragen, ob die Unkenntnis der „Wissenschaftslehre" *Max Webers* nunmehr eine Kompetenz zu Äußerungen über die dort verhandelten Grundfragen der Sozialwissenschaften verbrieft. Nicht anders bewies *Erwin K. Scheuch* mit seiner Selbstdarstellung der Praxis der empirischen Soziologie nur die Ahnungslosigkeit gegenüber allen die Grundlagen der sozialwissenschaftlichen Erkenntnis betreffenden Fragen. Ihnen kann man nur mit *Max Weber* raten, „die Frage nach dem ‚Sinn‘ des Erkennens" (worum es ja letztlich geht und worüber sie nichtsahnend selbst reden) „einfach beiseitezulassen und sich zu begnügen, durch praktische Arbeit ‚wertvolle‘ Erkenntnisse zu gewinnen"(WL, S. 265, Anm.).

6 Hellsichtig hat *Max Weber* das geahnt, vgl. RS. I, S. 237 Anm. 1.

7 Eine zuverlässige Darstellung, die allerdings die Bedeutung und Folgen der Vorgänge aus der Rückschau sei es verkennt, sei es herunterspielt, bietet *Brigitte Schröder-Godehus*, Deutsche Wissenschaft und internationale Zusammenarbeit 1914—1928, Diss. Genf 1966. Man wundert sich, daß die Zeitgeschichte die Tatsachen zu übergehen pflegt.

8 So *Benjamin Nelson* in einer Arbeit, die mir eben nicht zugänglich ist.

9 The American Journal of Sociology, 54 (1948). Zur Debatte über *Abel* vgl. *Marcello Truzzi*, Verstehen. Subjective Understanding in the Social Sciences, Reading, Ma. 1974.

10 Es genügt hier, summarisch darauf hinzuweisen, daß die Formel „De-Parsonizing Max Weber" nach einer gleichnamigen Veröffentlichung in den bekannten Begriffsschatz eingegangen ist.

11 In meinem Vortrag „Max Weber und Eduard Meyer", den ich im September 1984 auf der von *Wolfgang Mommsen* als Direktor des German Historical Institute nach London einberufenen Konferenz „Max Weber and his Contemporaries" gehalten habe. Die Vorträge sollen in deutscher und englischer Sprache veröffentlicht werden. Eine italienische Fassung ist eben in der Zeitschrift „Comunità" erschienen.

12 Vgl. dazu auch die einschlägige Arbeit von *W. Mommsen* „Max Weber und die historiographische Methode in seiner Zeit", in: Historische Historiographie, Bd. 3, 1983.

13 Ich weise hier nur hin auf die Arbeit von *Toby E. Huff*, Max Weber and the Methodology of the Social Sciences, New Brunswick, N. J. 1984.

14 Dazu habe ich das Wesentliche in dem in Anm. 11 genannten Beitrag „Max Weber und Eduard Meyer" gesagt.

Korrespondenzanschrift:
Prof. Dr. Friedrich H. Tenbruck
Soziologisches Seminar
Universität Tübingen
Wilhelmstr. 36
7400 Tübingen

Kölner Zeitschrift für Soziologie und Sozialpsychologie, Jg. 38, 1986, S. 13—31.

III. Historische Untersuchungen

WANDLUNGEN DER MACHTBALANCE ZWISCHEN DEN GESCHLECHTERN

Eine prozeßsoziologische Untersuchung am Beispiel des antiken Römerstaats[*]

Von Norbert Elias

1. Erscheint es ein wenig unpassend, daß ich mir vorgenommen habe, über Wandlungen der Machtbalance zwischen Männern und Frauen zu sprechen? Zweifellos ist es üblicher, den Ausdruck „Machtbalance" auf die Beziehungen zwischen Staaten anzuwenden. Sie, mächtige Staaten, stehen einander oft bis an die Zähne bewaffnet gegenüber. Wenn einer von ihnen seine tödliche Ausrüstung verstärkt, verändert sich die Machtbalance zu seinen Gunsten. Eine rivalisierende Macht mag sich dann bedroht fühlen und ihrerseits die eigene Rüstung verstärken, wodurch die Machtbalance wieder ausgeglichen wird. Aber Frauen und Männer, ob durch die Ehe gebunden oder nicht, treten einander selten bis an die Zähne bewaffnet gegenüber. Hat es einen Sinn, auch in ihrem Fall von einer Machtbalance und deren Wandel zu reden? Ich meine, ja. Einige Beispiele mögen verdeutlichen, warum.

Vor Jahren begegnete mir in den Straßen von London hin und wieder ein älterer Herr aus Indien. Seine Frau, nach indischem Brauch in einen Sari gekleidet, ging, wie dieser Brauch es gebot, zwei, drei Schritte hinter ihm. Sie schienen gewöhnlich in eine lebhafte Unterhaltung miteinander verwickelt. Aber sie schauten sich dabei nicht an. Der indische Herr sprach zu seiner Frau, ohne sich umzuwenden, als ob er die leere Luft vor sich anredete. Sie sprach mit leicht gesenktem Kopf und zuweilen mit merklicher Energie ebenfalls vor sich hin, gleichsam in die leere Luft.

Das war, so wie ich es sah, ein lebendes Beispiel für eine ungleiche Machtbalance zwischen den Geschlechtern und möglicherweise für das, was man als „harmonische Ungleichheit" bezeichnet hat[1]. An diesem Beispiel ist besonders gut zu bemerken, daß es sich um eine Ungleichheit handelte, die von der betreffenden Gesellschaft kanonisiert worden war, und zwar in einer Art und Weise, die den Fremdzwang des sozialen Brauchs weitgehend zur zweiten Natur, zum individuellen Selbstzwang des sozialen Habitus hatte werden lassen. Ein Mann und eine Frau, die nach dieser Tradition erzo-

---

[*] Vortrag am 14. September 1985 in Bologna („Lettura" del Molino 1985). Übersetzung aus dem Englischen und Redaktion: Michael Schröter. Die hier abgedruckte deutsche Fassung wurde vom Autor überarbeitet.

gen waren, konnten nur schwer damit brechen, ohne die Achtung ihrer eigenen Gruppe und zumeist auch ihre Selbstachtung zu verlieren — selbst wenn sich der Brauch in den geschäftigen Straßen von London etwas sonderbar ausnahm.

Der Anblick des indischen Paares erinnerte mich an andere, vielleicht noch schlagendere Beispiele für eine Ungleichheit der Machtgewichte beider Geschlechter, die ein zwingender sozialer Kanon verkörperte. Da war der schreckliche altindische Brauch, der verlangte, daß die Witwe eines Angehörigen der Priesterkaste zusammen mit der Leiche ihres verstorbenen Mannes auf einem Scheiterhaufen verbrannt wurde. Auch er repräsentierte eine Machtbalance zwischen den Geschlechtern, die in diesem Fall so ungleich war, daß eine Ehefrau ihrem Mann in den Tod folgen mußte, als ob sie sein Besitztum wäre[2]. Als Frau wurde sie nicht als eine eigenständige Person betrachtet und hatte daher nicht das Recht auf ein eigenes Leben. Oder man denke an die chinesische Sitte, die Füße junger Mädchen so fest mit Bändern einzuschnüren, daß sie verkrüppelten. Das Resultat war, daß die Frauen nicht mehr richtig gehen konnten und viel von ihrer Bewegungsfreiheit verloren. Unter all diesen Verhältnissen mag es beliebig viele Einzelfamilien gegeben haben, in denen Frauen ihren Ehemännern an Charakterstärke überlegen waren und darum individuell eine bestimmende Stellung bei der Regelung der häuslichen Dinge gewannen. Aber in der breiteren Gesellschaft verfügten die Männer als soziale Gruppe über sehr viel größere Machtmittel als die Frauen. Daher verwies der geltende soziale Kanon die Frauen konsequent in eine, gegenüber den Männern, mindere und untergeordnete Position.

2. Es ist auffallend, daß der traditionelle Verhaltenskanon der europäischen Ober- und Mittelklassen in dieser Hinsicht eigentümlich zweideutig war. Über eine lange Zeit, bis mindestens zum 19. Jahrhundert, hatten verheiratete Frauen in den meisten europäischen Ländern kein Recht auf eigenen Besitz. Fast ausnahmslos betrachtete das Gesetz den männlichen Ehebruch mit milderen Augen als den weiblichen. Geschlechtsbeziehungen lediger Männer wurden gewöhnlich, innerhalb gewisser Grenzen, geduldet, die lediger Frauen streng verurteilt und stigmatisiert. An diesen und anderen Punkten zeigte der traditionelle europäische Verhaltenskanon ein klares Machtgefälle zugunsten der Männer. Aber zugleich hatte der europäische Kanon auch ganz andere Züge.

Zwingende Regeln, nach denen in der Öffentlichkeit demonstriert werden mußte, daß die Frauen das Eigentum von Männern oder ihnen zumindest sozial unterlegen waren, wie sie in den zuvor genannten Beispielen hervortreten, fehlten im europäischen Kanon guten Benehmens. Er forderte erstaunlicherweise im Gegenteil, daß Männer den Frauen im öffentlichen Umgang eine Art von Vorzugsstellung einräumten. Ein Mann, der etwas auf sich gab, wurde von diesem Kanon dazu angehalten, an der Tür zurückzutreten und der Frau den Vortritt zu lassen. Männer durften sich nicht an den Tisch setzen, ehe die Damen Platz genommen hatten. Auch Grußrituale, so verschieden sie von Land zu Land waren, begünstigten im allgemeinen die Frauen. In einigen Fällen lag es in ihrer Macht, ob sie einen männlichen Bekannten auf der Straße grüßten oder nicht; in anderen war ein sich selbst respektierender Mann verpflichtet, vor einer Frau zur Begrüßung den Hut zu ziehen und sich zu verbeugen. Weit verbreitet im Verkehr der Frauen und Männer war auch ein Ritual, das einst ein offenkundiges Zeichen sozialer Unterordnung und dessen sozialer Ort das zeremonielle Zusammentreffen zwischen einem hochgestellten Herrn und seinem Untertanen gewesen war — der Handkuß. In manchen europäischen Gesellschaften war der Handkuß ein fester Bestandteil der Begrüßungszeremonie, die ein wohlerzogener Mann zu absolvieren hatte, wenn er das Haus einer Dame besuchte oder verließ, und sogar, wenn er ihr auf der Straße begegnete. In etwas abgekürzter Form findet er sich bis heute in gehobenen Kreisen einiger mitteleuropäischer Länder. Es gibt viele weitere Beispiele. Ich kann sie mir ersparen.

Wie man sieht, schrieb dieser Verhaltenskanon vor, daß Frauen von Männern in der Öffentlichkeit wie Menschen eines höheren sozialen Ranges behandelt werden sollten. Der Gegensatz zu den zuvor erwähnten andrarchischen[3] Kanons, die eine öffentliche Zurschaustellung der sozialen Unterlegenheit von Frauen verlangten, könnte kaum größer sein. Das Problem, auf das man hier stößt, ist selbst bei kurzer Umschau recht deutlich. Der europäische Kanon guten Benehmens umfaßte einige ausgesprochen gynarchische Züge, trotz des andrarchischen Gesamtverhältnisses. Ein Kanon von so breiter Geltung wie dieser, der einst das Verhalten maßgeblicher Gruppen in den europäischen und ihren Tochtergesellschaften anderswo beherrschte, ist nie das bloße Produkt eines Zufalls oder einer Laune. Er ist immer eine Kristallisation der Entwicklung und damit des Wandels der Machtstrukturen in den Ländern, wo er in Gebrauch ist oder war. Das Hinterhergehen der Frau im Falle des indischen Paares und das Verbrennen der brahmanischen Witwen brachten ein Ungleichgewicht der Geschlechterbalance zum Ausdruck, das so groß war, daß die Frauen ihre niedrigere Stellung ständig durch ihr Verhalten bekunden mußten. Der traditionelle europäische Kanon, von dem ich ein paar Proben gegeben habe, war an diesem Punkt zwiespältig. Er verweist auf ein offenes und in gewisser Hinsicht überraschendes Problem. Ich beschränke mich hier darauf, dieses Problem vorzustellen. Es schärft vielleicht den Blick für die Vielfältigkeit der Machtverhältnisse in diesem Bereich und in anderen. Für mehr bleibt im Moment kein Raum. Auch will ich Liebhaber ungelöster Probleme nicht der Entdeckerfreude berauben.

Das Konzept einer Machtbalance erlaubt, wie sich hier zeigt, die begriffliche Erfassung von Schattierungen und Abstufungen in der Verteilung der Machtgewichte zwischen menschlichen Gruppen. Die herkömmlichen Denkgebräuche haben uns zu lange in simple statische Polaritäten wie die zwischen Herrschenden und Beherrschten eingespannt. Was man stattdessen benötigt, ist recht offenbar ein begriffliches Instrumentarium, das die Aussagen nicht nur auf zwei statische Alternativen beschränkt, sondern den Weg zur Erörterung gleitender Skalen eröffnet und so die Möglichkeit bietet, „mehr" oder „weniger" zu sagen. Sowohl der indische als auch der europäische Verhaltenskanon, von denen zuvor die Rede war, repräsentieren eine Machtbalance zwischen den Geschlechtern, die den Männern das Übergewicht gab. In einem Fall aber, in dem die öffentliche Meinung Witwen zwang, sich bei lebendigem Leib verbrennen zu lassen, war der Machtunterschied zwischen den Geschlechtern zweifellos weit größer als im Falle europäischer Frauen des 19. Jahrhunderts, die von Männern dominiert wurden, die sich aber wie *Ibsens* Nora oder *Galsworthys* Irene bereits zu wehren vermochten. Auch die gynarchischen Züge des dominant andrarchischen europäischen Kanons lassen erkennen, wie dringlich es ist, ein differenzierteres Vokabular zu entwickeln.

3. Die europäische Tradition geht in einer kontinuierlichen Entwicklung auf die der vorderorientalischen und griechisch-römischen Antike zurück. Man kann sie von dort her über das Mittelalter bis in die neuere Zeit hinein verfolgen. Bei aller Kontinuität jedoch hatte der Wandlungsprozeß keineswegs den Charakter einer einförmig geradlinigen Entwicklung. Was die Machtbalance zwischen den Geschlechtern betrifft, verlief der Prozeß nicht etwa von einer absoluten Unterlegenheit der Frauen in der Frühzeit Schritt um Schritt zu einer allmählichen Verringerung der Ungleichheit. Stattdessen entdeckt man in der jahrtausendelangen Entwicklung mehrere Schübe der Minderung des Ungleichgewichts im Verhältnis von Frauen und Männern — zumeist in einzelnen sozialen Schichten und vielleicht mit gleichzeitigen oder folgenden Gegenschüben.

Einer dieser Schübe, der sich in Rom in der Periode der Republik und des frühen Kaiserreiches abspielte, führte von einer extremen sozialen Unterwerfung der Frauen unter die Männer vor und in der Ehe zu einem Zustand faktischer Gleichberechtigung zwischen den Geschlechtern in der Ehe. Diese erstaunliche Entwicklung — meines Wissens die erste ihrer Art in einer Staatsgesellschaft — beeinflußte die Ehegebräuche im ganzen römischen Imperium. Sie war auch nicht ohne Einfluß auf die Eheauffassung der frühchristlichen Kirche, wenngleich sich deren Vertreter häufig für die Wiederherstellung oder Erhaltung des älteren Machtgefälles zuungunsten der Frauen einsetzten. Zu untersuchen bleibt, ob oder in welchem Maße sich dieser erste große Schub zur ehelichen Gleichstellung zwischen Männern und Frauen auf die spätere Entwicklung in Europa auswirkte. Aber er verdient auch um seiner selbst willen Aufmerksamkeit. Die Frage nach den Bedingungen für Schübe in Richtung auf eine größere Gleichheit der Geschlechter hat weit über die Periode dieses frühen Falles hinaus ihre Bedeutung, selbst wenn sich zunächst nur die Umrisse einer Lösung abzeichnen.

4. Wenn man die Beziehung zwischen Männern und Frauen in frührömischer Zeit zu verstehen sucht, muß man manche vertrauten Begriffe unserer eigenen Zeit beiseite legen. Wir verwenden z. B. bis heute den vom lateinischen *familia* abgeleiteten Ausdruck „Familie"; aber die augenfällige Verwandtschaft der Worte kann leicht verdecken, wie weit ihre Bedeutungen auseinanderklaffen. Das gilt nicht nur für entsprechende Lehnworte im Deutschen; es gilt erst recht für das Weiterleben vieler Worte lateinischer Herkunft im Englischen, Französischen und einigen anderen europäischen Sprachen.

In den Rechtsquellen des römischen Staates sind Bräuche und Normen des sozialen Lebens und so auch der ehelichen und Geschlechterbeziehungen aufbewahrt, die für die vorstaatliche oder Stammesphase in der Entwicklung der heute als „Römer" bekannten Menschengruppe charakteristisch waren. Für dieses Überdauern vorstaatlicher Verhältnisse in den Gesetzen und Bräuchen einer Staatsgesellschaft ist eine Struktureigentümlichkeit des römischen Staates verantwortlich, über die im folgenden noch etwas mehr zu sagen sein wird. Im Falle der Ehegebräuche zeigt sich das Weiterbestehen vorstaatlicher Regelungen in der römischen Republik besonders deutlich an der Ähnlichkeit der betreffenden Bräuche mit denen anderer indogermanischer Stammesgruppen, deren Gewohnheitsrechte weit später, oft fast tausend Jahre später, in das europäische Schrifttum Eingang fanden. So hat die frührömische Form einer Eheschließung, die lateinisch *coemptio*, also „Kauf" genannt wurde, ihr genaues Gegenstück in der germanischen Sitte des Brautkaufs (*kaup*). Überdies kann die berühmte Geschichte, wie die Römer mit Gewalt die Frauen der benachbarten Sabiner entführten, als ein nützlicher Hinweis darauf dienen, daß Frauen auf diesen früheren Stufen oft nur schwer zu bekommen waren, wenn die weiblichen Angehörigen der eigenen Sippe tabu waren oder vielleicht auch wenn weibliche Kleinkinder mehr vernachlässigt wurden als männliche. Daher holten sich junge Männer ihre Frauen von außerhalb, wenn möglich mit Gewalt, wenn nötig im Tauschverkehr oder, wie man sagt, durch Kauf[4]. Eine Interpretation des römischen Rechts ohne Rücksicht auf soziologische Konsistenz kann irreführend sein. Der Erwerb einer Frau durch Kauf, als ein verbreiteter Typus der Eheschließung, erscheint im römischen Recht ebenso wie später in den lateinischen Niederschriften von zuvor ungeschriebenen Gewohnheitsregelungen germanischer Stämme, als die wandernden Kriegergruppen in einer frühen Form von Staatsbildung seßhaft wurden[5].

Von alters her waren ledige Frauen in der römischen Gesellschaft passive Objekte eines Gewaltaktes oder eines Geschäfts zwischen Männern verschiedener Verwandtschaftsgruppen. Im Lauf der Jahrhunderte aber trat, vielleicht nach einer Übergangsperiode, ein bedeutsamer Wandel ein. Die rauheren Kriegeradligen der frührömischen Zeit verwandelten sich dank der Ausbeute erfolgreicher Kriege und der Ausbeutung von Untertanenvölkern in eine kleine Oligarchie, die ein weitgespanntes, immer noch expandierendes Reich beherrschte. So gelangten sie über die Generationen hin auf eine höhere Stufe der Zivilisation. Die Verheiratung der Töchter und oft auch der Söhne aus großem Hause wurde nun weitgehend eine Sache der familiendynastischen Politik, der Rivalität um Macht und Status unter den Mitgliedern der Senatorenfamilien. In der Frühzeit zahlte der Mann einen Kaufpreis an den Sippen- oder den Stammesverband, der eine ehefähige Tochter anzubieten hatte (vielleicht waren solche Töchter damals etwas rar). Später zahlten die großen Familien der Senatorenoligarchie erwünschten Bewerbern um die Hand ihrer Töchter (die nun vielleicht nicht mehr so selten waren) ihrerseits einen Preis in der Form einer Mitgift. Im römischen Recht blieben Zeugnisse verschiedener Entwicklungsstufen, also etwa der Kaufehe und der Mitgiftehe, vielfach nebeneinander stehen. Aber es ist unwahrscheinlich, daß die sozialen Einrichtungen und Gebräuche selbst, auf die sich diese Zeugnisse beziehen, nebeneinander weiterbestanden.

5. Man kann die große Linie der Entwicklung, die die Geschlechterbeziehung in der römischen Republik durchlaufen hat, besser erkennen, wenn man die Stufenabfolge etwas genauer ins Auge faßt. Den Ausgangspunkt bilden dabei die frühen Phasen. Sie aber bleiben den Mitgliedern der heutigen Nationalstaaten, die im Innern weitgehend pazifiziert sind, zumeist besonders fremd.

Auf dem Wege vom Stamm zum Staat gehörte die überlegene physische Kraft, vor allem der Männer, selbst im Alltag zu den Haupterfordernissen des Überlebens einer Gruppe wie des einzelnen Menschen. Die soziale Schwäche der Frauen hing also in dieser Frühzeit Roms, und ganz gewiß auch lange vor der legendären Gründung der

Stadt, aufs engste mit ihrer relativen physischen Schwäche zusammen. Einzelne Frauen mochten stärker als einzelne Männer sein. Als soziale Gruppe betrachtet, waren die Frauen den Männern an körperlicher Stärke und dem zugehörigen Wissen um die eigene Stärke unterlegen. Sie waren oft schutzbedürftig in der Zeit von Schwangerschaft und Niederkunft und überdies besonders benachteiligt seit dem Aufkommen der relativ schweren Eisenwaffen.

In der Tat, man kann die extreme Machtunterlegenheit der Frauen, wie sie sich etwa in der Sitte des käuflichen Erwerbs einer Frau von ihren männlichen Verwandten im Austausch gegen Güter oder eine Geldsumme äußert, nicht angemessen verstehen, wenn man nicht in Rechnung stellt, daß sie einer Phase in der Entwicklung menschlicher Gesellschaften entsprach, in der zwischen Menschengruppen der Krieg und andere Formen des Gewaltgebrauchs noch erheblich allgegenwärtiger waren als heute und in der das Überleben einer Gruppe in sehr hohem Maße von der Stärke und dem Kampfgeschick ihrer Mitglieder und vor allem ihrer Männer abhing. Das waren darum auch die Eigenschaften, die in einer solchen Gesellschaft, einer Kriegergesellschaft, den Status und Rang der zugehörigen Menschen bestimmten. Und so kam es, daß Frauen, die als kampfunfähig galten, auf dieser früheren Entwicklungsstufe auch nicht als eigenständige Menschen angesehen wurden. Ob ein Mann eine Frau ihren männlichen Verwandten mit Gewalt raubte oder ob er sie von ihnen in Frieden und Freundschaft kaufte, es bedeutete zunächst, daß sie das Eigentum ihres Gatten wurde. Wie mit anderen Teilen seines Besitzes konnte er mit ihr tun und lassen, was er wollte[6].

Vielleicht wird nun auch deutlicher, warum *familia* in der römischen Tradition nicht dasselbe meinte wie „Familie" heute für uns — eine Einheit von Mann, Frau und Kindern mit einer relativ gemäßigten Ungleichheit oder einer faktischen Gleichheit zwischen den Geschlechtern. Der römische Ausdruck *familia* bezog sich auf den ganzen Haushalt und auf sämtliche Besitztümer eines herrschenden Mannes, einschließlich seiner Frau, seiner Kinder, seines Viehs und seiner Sklaven. Die Schwierigkeit, die man heute bisweilen bei dem Verständnis des römischen Begriffs *familia* hat, ist eng verknüpft mit einer Sichtweise, die es versäumt, den Zusammenhang zwischen der gegenwärtigen Familienstruktur und den gegenwärtigen Struktureigentümlichkeiten der Organisation, die wir „Staat" nennen, in Betracht zu ziehen. In den entwickelteren Gesellschaften des 20. Jahrhunderts liegen viele Funktionen in der Hand einer Staatsregierung, die früher einmal von dem Oberhaupt einer großen Verwandtschaftsgruppe oder vielleicht eines großen Gutshaushaltes wahrgenommen wurden — darunter auch die der Binnenpazifizierung, der Regelung innerer Konflikte und vor allem der gewaltsamen Verteidigung oder Attacke in den Überlebenskämpfen mit anderen Gruppen. In der Frühzeit der römischen Republik begegnet man Strukturen der älteren Art. Die staatliche Integrationsebene besaß zunächst nur ein relativ geringes Eigengewicht gegenüber den patrizischen Ältesten, den Oberhäuptern der Großhaushalte, den *patres familias*. Der Senat war eine Versammlung dieser herrschenden Sippenväter. An wen konnte sich eine Frau wenden, wenn sie von ihrem Mann geschlagen wurde oder wenn er sie um einer Nebenfrau willen vernachlässigte? Es war denkbar, daß die Männer ihrer eigenen Sippe für sie eintraten; aber eine solche Intervention hing sehr davon ab, über welche effektiven, militärischen und ökonomischen, Machtmittel ihre eigenen Verwandten im Verhältnis zu der Verwandtschaftsgruppe ihres Mannes verfügten. In den frühen Phasen der Republik gab es keine zentrale Instanz, die stark genug war, um ihren Willen oder ihr Gesetz den mächtigen Oberhäuptern von Patrizierfamilien aufzuzwingen.

Es war also nicht die relative physische Schwäche der Frauen per se, die für die großen Machtunterschiede zwischen Männern und Frauen und für die daraus folgende soziale Unterlegenheit der letzteren verantwortlich war, sondern die Struktur einer Gesellschaft, in der von allen menschlichen Fähigkeiten Muskelkraft und Kampfvermögen die wichtigste soziale Funktion hatten.

Neben den Kampfpotentialen spielte allenfalls noch die Verfügungsgewalt über magische Kräfte als Machtquelle eine ähnlich große Rolle, also neben dem Krieger- das Priestertum. Aber die Römer waren die Erben einer Stammestradition, in der die Rivalität von Kriegern und Priestern weitgehend zugunsten der Krieger entschieden worden war. Jeder Familienverband hatte seine Familiengötter. Im Verhältnis zu ihnen übte der jeweils führende Krieger, der Sippenherrscher, kurzum der *pater familias*, zugleich priesterliche Funktionen aus. Gewiß gab es von früh an auch gemeinsame Götter und Göttinnen der Römer. Eine dieser Göttinnen hatte ihre eigenen Priesterinnen. Diese, die Vestalinnen, nahmen dank ihrer magischen Kräfte, ihrer Beziehungen zu der Geisterwelt, eine außergewöhnliche Stellung unter den römischen Frauen ein, besonders in der Frühzeit. Der Preis war Verzicht auf die Heirat, auf den Umgang mit Männern überhaupt.

6. Die anderen Frauen der römischen Oberklassen führten zumindest bis zum Ende des zweiten punischen Krieges ein sehr eingeschränktes Leben. Solange sich in dem Staat der Römer kein effektives Gewaltmonopol herausgebildet hatte, dessen offizielle Sachwalter willens und in der Lage waren, Gesetzen und Gerichtsentscheidungen, wenn nötig, gegen die Opposition der mächtigsten Familien Geltung zu verschaffen und so gegebenenfalls auch Frauen vor der Gewalttat von Männern zu schützen, waren Frauen, wie gesagt, ausschließlich auf den Schutz der männlichen Angehörigen ihrer eigenen Sippe angewiesen. Als deren Hörigen und Schutzbefohlenen begegnet man also den Frauen und Töchtern der Römer mindestens bis zur Niederringung Karthagos — und im römischen Recht noch weit darüber hinaus. Die römische Republik war und blieb im Grunde bis in die Spätzeit hinein ein Kriegerstaat. Dem Staat gegenüber behielten die römischen Frauen, die vom Kriegsdienst und so von der Ämterlaufbahn ausgeschlossen waren, die charakteristische Position einer Außenseitergruppe. Sie wurden lange Zeit von Männern als halbe Menschen, als Menschen von minderer Art betrachtet.

Nichts ist in dieser Hinsicht bezeichnender als die Tatsache, daß die Männer ihren Frauen, im Gegensatz zu den Männern selbst, keine Eigennamen gaben. Der einzige Name, der ihnen zustand, war eine feminine Form des Namens ihrer väterlichen Verwandtschaftsgruppe, der *gens* oder Sippe, in die sie hineingeboren wurden. Wenn ein Vater zum Haus der Claudier gehörte, wurden alle seine Töchter Claudia genannt. Unterscheidungen zwischen ihnen konnten nur durch Beifügungen wie „die ältere" oder „die jüngere", „die erste" oder „die zweite" getroffen werden. Männer sahen

Frauen nicht im selben Sinne als Individuen an wie sich selbst und brauchten für sie daher keine persönlichen Namen.

Eine lange Zeit hindurch standen römische Frauen im gesellschaftlichen Leben wie im Recht immer unter der Oberhoheit, ja, man könnte sogar sagen, im Besitz eines Mannes. Vor der Mitte oder möglicherweise auch dem Ende des 2. vorchristlichen Jahrhunderts hatten sie keine unabhängige Existenz. Bis sie verheiratet wurden, waren sie in jedem Fall der Vormundschaft ihres Vaters, ihres Bruders oder eines anderen männlichen Mitglieds ihrer eigenen Familie unterworfen.

Wir kennen in den römischen Oberklassen dieser Zeit zwei Formen der Eheschließung – eine, bei der die Herrschaft über die Frau an den Gatten übergeben wurde (die sogenannte Eheschließung *cum conventione in manum mariti*), und eine andere ohne Übertragung der Vormundschaft von der Brautfamilie an den Ehemann. Der Unterschied gewann im Laufe der Zeit große Bedeutung; denn die zweite Form, bei der die Verfügungsgewalt über eine Frau in der Hand ihrer Herkunftsfamilie verblieb und nicht in die ihres Mannes überging, wurde schließlich, und zwar besonders nach der endgültigen Besiegung und Zerstörung Karthagos, der Hebel, durch den sich verheiratete Frauen de facto und dann auch de iure von der Oberhoheit jeglichen Mannes befreien und eine Handlungsfähigkeit als eigenständige Personen erringen konnten. Aber dieser ziemlich überraschende Emanzipationsprozeß ging nur allmählich vonstatten; eine volle Gleichstellung in der Ehe wurde kaum vor dem späten 2., vielleicht erst an der Wende zum 1. Jahrhundert v. Chr. erreicht und – sicherlich nicht ohne schwere Auseinandersetzungen, besonders zwischen Männern – weithin akzeptiert.

Machen wir uns, um den Kontrast schärfer zu sehen, einige der Beschränkungen klar, denen Frauen in den früheren Perioden der Republik unterlagen. Frauen konnten kein Eigentum besitzen. Da sie anfänglich selbst eine Art Besitz der Männer ihrer Familie oder ihres Gatten waren, ist das ganz verständlich. Eine Frau konnte sich auch nicht aus eigener Initiative von ihrem Mann scheiden, wohl aber dieser von ihr. Anscheinend war Frauen das Trinken von Wein verboten; jedenfalls wird das Weintrinken, nach dem Ehebruch, als zweithäufigster Scheidungsgrund erwähnt.

7. Vielleicht ist es nützlich hinzuzufügen, daß eine römische Eheschließung keine Legitimierung oder Registrierung durch eine religiöse oder staatliche Instanz erforderte[7]. Die römische Republik hatte nicht die institutionellen Mittel, um das Sexualleben der Menschen und so auch ihre Ehen staatlich zu legitimieren oder zu kontrollieren. Es waren keine Behörden vorhanden, durch die eine Eheschließung oder gegebenenfalls eine Scheidung verzeichnet werden konnte. Als die Staatsinstanzen der Republik allmählich eine höhere Autonomie gegenüber den großen Familienverbänden erlangten, gab es mehrfach Ansätze zur Kontrolle über das Eheleben der Oberklassen. Das Geschlechtsleben des Volkes blieb, soweit sich bei den spärlichen Mitteilungen dazu überhaupt etwas sagen läßt, dem Volk überlassen, trat kaum in das Blickfeld der Behörden. Im republikanischen Rom war die Ehe noch weitgehend eine Einrichtung auf der vorstaatlichen Ebene, eine Sache der Sippen, der Familienverbände oder, wie wir es ausdrücken, Privatsache. Sie kam zustande als eine Transaktion zwischen der

Familiengruppe einer Frau und dem Bräutigam oder vielleicht auch seiner Familiengruppe.

Dasselbe gilt für die Scheidung. Die legitimierende Instanz der Eheschließung wie der Scheidung war ein Kreis von Verwandten, von Freunden und manchmal von Nachbarn, Vertretern eines lokalen Verbandes. Eine wenig beachtete römische Institution bestätigt das. Sie war eine charakteristische vorstaatliche Einrichtung. Wenn ein Mann sich von seiner Frau scheiden wollte, konnte er ein *iudicium domesticum* einberufen, eine Versammlung von Verwandten und Freunden, die vermutlich als eine mehr oder weniger informelle Legitimationsinstanz der Scheidung fungierte, die aber wohl auch die ganze Angelegenheit besprechen und zwischen der Frau und dem Mann vermitteln konnte. Selbst als der römische Staat einige eigene Institutionen wie die Zensoren ausbildete, die in der Lage waren, sich um Ehefragen zu kümmern, griffen deren Repräsentanten weiterhin auf diese ältere, vorstaatliche Einrichtung zurück. So entfernten die Zensoren 307 v. Chr. einen Mann aus dem Senat, weil er sich von seiner Frau geschieden hatte, ohne ein *consilium amicorum* zusammenzurufen[8]. Und noch *Augustus* erließ — im Bestreben, die leichte und informelle Form der Scheidung einzudämmen, die in der späten Republik üblich geworden war und die Frauen dasselbe Recht zur beliebigen Auflösung einer Ehe einräumte wie Männern — ein Gesetz, wonach eine Scheidung nur gültig sein sollte, wenn sie förmlich in der Gegenwart von sieben Zeugen erklärt worden war. In gewisser Weise war dies eine Wiederbelebung des alten „Rates der Freunde". Der Erlaß des Kaisers blieb freilich, wie es scheint, ohne großen Einfluß auf die herrschende Praxis. Auf dieser Stufe waren die Organisationstechniken und vielleicht sogar die Finanzmittel, die den Staatsinstanzen zur Verfügung standen, noch nicht so hoch entwickelt, daß die Arme der Bürokratie mit Erfolg in die Sphäre des Ehelebens hätten hineingreifen können.

So wurde also der Wandel in der Machtbalance zwischen Ehemännern und -frauen, der sich in der Entwicklung der römischen Gesellschaft abspielte, nicht primär durch eine gezielte Veränderung der Gesetzgebung herbeigeführt. Er war in erster Linie ein Wandel der Bräuche, in dem ein umfassender Wandel der Gesellschaft selbst zum Ausdruck kam. In der Tat könnte man sagen, daß dieser Wandel der Gebräuche im Rahmen des traditionellen Rechts vor sich ging, und zwar einfach durch eine Umdeutung oder eine andersartige Anwendung der alten Gesetze, mit einem Minimum neu hinzugefügter Bestimmungen, um den veränderten Bräuchen Rechnung zu tragen. In bezug auf ihre formalen Gesetze waren die Römer konservativer als in bezug auf ihre Gebräuche.

8. Es fehlt nicht an außerrechtlichen Belegen für das Ausmaß und die Richtung dieses Wandels. Man betrachte z. B. die folgende Inschrift auf dem Grabstein einer römischen Ehefrau aus dem 2. Jahrhundert v. Chr.[9]:

> *Hospes, quod deico, paullum est, asta ac pellege.*
> *Heic est sepulcrum hau pulcrum pulcrai feminae.*
> *Nomen parentes nominarunt Claudiam.*
> *Suom mareitum corde deilexit souo.*
> *Gnatos duos creavit, horunc alterum*

in terra linquit, alium sub terra locat.
Sermone lepido, tum autem incessu commodo.
Domum servavit, lanam fecit. Dixi. Abei.

Fremdling, was ich zu sagen habe, ist wenig; bleib stehen und lies. Dies ist das unschöne Grab einer schönen Frau. Ihre Eltern gaben ihr den Namen Claudia. Sie liebte ihren Mann von Herzen. Zwei Söhne gebar sie, von denen sie einen auf der Erde hinterließ, den anderen unter der Erde bestattete. Sie war anmutig in der Rede, gemessen im Gang. Sie besorgte das Haus und spann Wolle. Ich habe gesprochen. Geh weiter.

Diese Inschrift wurde offenbar von dem Gemahl oder einem anderen männlichen Verwandten der verstorbenen Frau verfaßt bzw. in Auftrag gegeben. Man hat eine Menge derartiger Epitaphe gefunden, die alle dieselbe Geschichte erzählen. Vieles an dem Text ist konventionell. Er beschreibt, was in den Augen eines römischen Ehemannes eine gute Gattin ausmachte. Aber in seiner lakonischen Knappheit klingt vielleicht auch eine persönliche Note mit. Es ist, als ob der Mann, der den Grabstein in Auftrag gab, das Grollen des herannahenden Wandels gehört und mit einem gewissen Trotz gesagt hätte: So war diese Frau, und bei Gott, so soll eine Frau sein.

Die Frauen der damaligen Zeit sind für uns, wie *Moses I. Finley* bemerkt hat, stumm[10]. Aber aus dem, was wir wissen, geht deutlich hervor, daß im 2. und 1. Jahrhundert v. Chr. von Männern eine Art öffentliche Kontroverse um die Stellung der Frauen in der römischen Gesellschaft geführt wurde: die eine Seite sprach sich für einen Wandel aus, die andere stemmte sich ihm mit aller Kraft entgegen. Von den Äußerungen der Gegner des Wandels, besonders von *Cato*, sind einige Fragmente erhalten. So soll *Cato* gesagt haben: Römische Männer beherrschen die Welt und werden von ihren Frauen beherrscht. Männer, die sich den Veränderungen widersetzten, betonten vor allem ihre negativen Aspekte. Sie verwiesen auf die wachsende Unmoral, auf die Zügellosigkeit von Männern und Frauen und auf die Arroganz der letzteren. So war die Periode, in der die Römer eine Stufe der Zivilisation erreichten, auf der sie den Griechen in der Eleganz der Rede, in der Empfindlichkeit des Gefühls und Geschmacks, in Kunst und Literatur nachzueifern begannen, zugleich eine Phase, in der eine ganze Reihe von ihnen mit Bedauern und Zorn auf die verklärte Welt der Männerherrschaft und deren gute Sitte zurückblickten. Sie bedauerten den Zerfall der besseren Zeit, als Männer und Frauen ein streng-genügsames Leben führten und immer tugendhaft waren.

Aus der Distanz ist es leichter, sich einfach um ein Verständnis der tatsächlichen Vorgänge zu bemühen. Es ist zu diesem Zweck (um einen früheren Faden wieder aufzugreifen) vielleicht hilfreich, einige der hauptsächlichen Indikatoren für die Machtbalance zwischen Männern und Frauen der römischen Oberklassen vor dem Einsetzen des Wandels zusammenzufassen und sie der neuen Situation gegenüberzustellen. Der Wandel kam nicht über Nacht; er war ein allmählicher, langwährender Prozeß. Aber der Wendepunkt lag, wie erwähnt, vor dem endgültigen Sieg über Karthago, der Roms Hegemonialstellung im Mittelmeerraum beinahe unanfechtbar machte.

Nach der alten Ordnung standen Frauen immer unter der Oberhoheit eines männlichen Mitglieds ihrer Familie. Ein Ehemann wurde für sie nach Maßgabe der Familieninteressen ausgewählt. Bei der Heirat konnte die Verfügungsgewalt über sie entweder auf ihren Mann übertragen werden oder wie zuvor in den Händen ihrer eigenen männlichen Verwandten bleiben. Frauen hatten in dieser langen Periode, soweit wir wissen, keinen

eigenen Besitz, wenig Bildung und nicht das Recht, von sich aus eine Scheidung einzu-
leiten. Während außereheliche Beziehungen von Männern als selbstverständlich angesehen wurden, konnte der Ehebruch einer Frau ihre ganze soziale Existenz vernichten.

Der emanzipatorische Wandel machte sich in der zweiten Hälfte des 2. Jahrhunderts
bemerkbar und erreichte im 1. Jahrhundert v. Chr. seine volle Kraft. Er äußerte sich
unter anderem darin, daß unverheiratete Töchter in stärkerem Maße an den Erzie-
hungschancen ihrer Brüder partizipierten. Manche von ihnen wurden früh mit griechi-
scher Literatur, Naturwissenschaft und Philosophie vertraut, konnten sich mit gebildeten jungen Männern auf gleichem Fuß unterhalten und gewöhnten sich daran,
über die Haushaltspflichten der traditionellen römischen *matrona* hinauszublicken.

Ein besonders zentraler Aspekt der neuen Ordnung war, daß eine verheiratete Frau
nunmehr ihr persönliches Eigentum besaß. Nach wie vor wurden junge Frauen
gemäß den dynastischen Interessen ihrer Familie vermählt. Aber die Scheidung, die
für Männer immer einfach und informell gewesen war, wurde nun auch einfach und
informell für Frauen. Beide Ehegatten konnten jetzt gleichermaßen sagen: Ich will
mich von dir scheiden. Wahrscheinlich mit Hilfe der jeweiligen Freigelassenen, die
für sie die Geschäfte führten, nahm jeder Partner sein Eigentum, wenn sie auseinan-
dergingen, und das war alles.

Im Gegensatz zur Situation einer zuvor noch nicht verheirateten Frau, bei der die
Gattenwahl in der Regel durch Familienpolitik bestimmt wurde, war es darüber hinaus
nach einer Scheidung gewöhnlich der Frau selbst überlassen, ob sie und, wenn ja, mit
wem sie eine neue Ehe eingehen wollte. Und während die Gesellschaft in früheren
Zeiten nur außereheliche Beziehungen verheirateter Männer toleriert hatte — die in der
Tat als selbstverständlich galten —, duldete sie nun, in engeren Grenzen, auch außereheliche Beziehungen junger verheirateter Frauen, sofern dabei eine gebührende
Diskretion gewahrt wurde. Es hieß von *Augustus*, er habe sich von seiner ersten Frau
geschieden, weil sie sich gegen seine außerehelichen Affären auflehnte. Und von
Tiberius, dem Sohn der zweiten Frau des *Augustus, Livia*, aus erster Ehe, wurde
erzählt, daß er in Wirklichkeit der Sprößling einer heimlichen Liebschaft gewesen sei,
die seine Mutter während ihrer ersten Ehe mit dem Kaiser gepflegt hatte. In früheren
Zeiten hätte der bloße Verdacht des Ehebruchs eine römische Matrone entehrt. In der
späten Republik und dann jedenfalls im frühen Kaiserreich wurden solche Geschichten
oft kolportiert. Rom klatschte leidenschaftlich gern, und niemand hatte offenbar einen
Schaden davon.

9. *Catulls Clodia*, an die einige seiner schönsten Liebesgedichte gerichtet sind, war eine
verheiratete Frau, als er sich in sie verliebte. Er stammte aus der Provinz, aus einer
Mittelklassenfamilie, sie war ein Abkömmling eines der ältesten Adelshäuser von Rom,
der *gens Claudia*. Es handelte sich zwischen ihnen um eine Art von Liebesbeziehung,
die für Rom, soweit sich sehen läßt, neu war. Sie wirft ein Schlaglicht auf den Wandel
der Machtbalance zwischen den Geschlechtern wie auf den Wandel der römischen Gesellschaft.

Ein junger Mann von großem Talent entwickelte eine tiefe Zuneigung zu einer großen Dame, die
noch jung, aber älter als er und die ihm an Rang, Eleganz, Erfahrung und Lebenskunst überlegen

war. *Catull*, wohl der größte lyrische Dichter der römischen Republik, liebte sie mit Ungestüm. Wenn man seinen Gedichten trauen darf, erwiderte sie seine Liebe und gewährte ihm, wie man es ausdrückt, ihre Gunst. Dann zog sie sich von ihm zurück. Wurden sie zum Stadtgespräch? War sie seiner überdrüssig? Er aber hörte nicht auf, sie zu lieben, und verachtete sie zugleich, weil sie mit ihm gespielt hatte. Durch die Jahrtausende hin klingen seine Worte *odi et amo* in unseren Ohren. Er schleuderte ihr diese Worte ins Gesicht: ,,Ich liebe und hasse dich" — wohl das erste Mal, daß ein Mensch die mögliche Ambivalenz der Gefühle zum Ausdruck brachte. *Catull* starb jung. Man glaubt, *Clodias* Villa in Rom gefunden zu haben, mit Bildern eines der damals modernen Mysterienkulte. Ein Gerücht besagt, sie habe mit *Kleopatra* verkehrt, als die ägyptische Königin *Cäsar* in Rom besuchte. Ihr Mann starb lange vor ihr. Anscheinend heiratete sie nie wieder.

Eine Beziehung wie die zwischen *Catull* und *Clodia*, einem begabten, sozial tieferstehenden jungen Mann und einer sozial über ihm stehenden älteren Frau, wurde viele Jahrhunderte später, in der Zeit der höfischen Liebe und der höfischen Gesellschaft überhaupt, erheblich häufiger[11]. Dort erscheint sie in manchen Fällen fast als eine Standardform der Beziehung zwischen Frauen und Männern. In Rom war sie nur eines von vielen möglichen Beispielen für eine neue Art der Geschlechterbeziehung. Sie brachte, wie man sieht, eine neue Palette von Emotionen und eine gesteigerte Sensibilität mit sich, die sich unter anderem auch in der für das römische Publikum ja recht neuen Empfindlichkeit für Sinn und Musik von Gedichten äußerte. Wie später in der höfischen und dann auch in der Barocklyrik waren schon die Gedichte *Catulls* nicht Literatur für ein anonymes Publikum, sondern das, was wir heute etwas verächtlich ,,Gelegenheitsgedichte" nennen. Sie waren aus einer spezifischen, zugleich persönlichen und gesellschaftlichen Situation geboren und für ein wohlbekanntes Publikum bestimmt. Ganz deutlich zeichnet sich in *Catulls* Lyrik eine bestimmte Ausprägung eines veränderten Verhältnisses zwischen Männern und Frauen ab. Wenn man sie mit der Frühzeit Roms vergleicht, in der die Frauen den Männern untertan waren, tritt der Wandel im Geschlechterverhältnis klarer hervor. Hier, in Beziehungen vom Muster *Clodia-Catull*, ist ganz unzweideutig die Frau in der stärkeren Position als der Mann. In einer Reihe von Gedichten kämpft *Catull* hoffnungslos für eine Liebe, die nicht erlischt. Er beschimpft den Ehemann der geliebten Frau und sagt ihr, wie er sie verachtet. Die veränderte Machtbalance zwischen den Geschlechtern bringt sehr neuartige Möglichkeiten des Kampfes zwischen ihnen zum Vorschein. In den Gedichten *Catulls* findet man einen bleibenden Beleg dafür.

10. Die faktische Gleichstellung von Mann und Frau in der römischen Ehe war etwas Einzigartiges und sehr folgenreich für die Zukunft. Soweit unsere bisherige Kenntnis reicht, war dies das erste Mal in der Entwicklung von Staatsgesellschaften, daß verheiratete Frauen, wie zuvor nur die Männer, über sich selbst verfügen konnten. Hand in Hand damit ging ein höheres Niveau der Selbstdisziplinierung von verheirateten Männern und Frauen im Verkehr miteinander. Sie fand in Rom ihren Ausdruck in einer Eigentümlichkeit der Oberklassenehe, die Erwähnung verdient.

Obwohl es an Beispielen von Zuneigung und Gefühlswärme zwischen Eheleuten in der römischen Gesellschaft ganz gewiß nicht fehlte, kann man sich doch des Eindrucks nicht erwehren, daß die römische Tradition zugleich eine merkwürdige Distanz zwischen den Ehepartnern begünstigte. Es hat den Anschein, daß sich Frauen aus den

Senatorenklassen oft sehr viel enger mit ihrer eigenen als mit der Familie ihres Mannes identifizierten. Schließlich blieben sie ihr Leben lang ein Teil des Adelsgeschlechts, in das sie hineingeboren waren, während Ehen zerbrechen konnten. Auch gibt es einige Hinweise darauf, daß adlige Römerinnen, so wie Frauen in vielen anderen Gesellschaften, ein soziales Netzwerk für sich bildeten, das von dem der Männer klar unterschieden war, aber wie dieses seine eigenen Beziehungskanäle und Konventionen hatte.

Ich kann den Sachverhalt, daß Frauen eine gesonderte soziale Gruppe mit eigenen Konventionen bildeten, am besten durch ein Beispiel verdeutlichen. Es beleuchtet zugleich die Veränderung der Frauen, oder genauer: die veränderte Persönlichkeitsstruktur, den neuen sozialen Habitus vornehmer Römerinnen, der im späten 2. und dann im 1. Jahrhundert v. Chr. hervortrat und der sich bis weit in die christliche Ära erhielt. Der Unterschied zu dem Frauentyp, den die zuvor angeführte Grabinschrift repräsentiert, dem Typ einer Frau, deren Leben auf den Haushalt und den Dienst für ihren Mann beschränkt war, ist schlagend. Nicht weniger schlagend ist der Unterschied zwischen dieser römisch-antiken und unserer heutigen Eheform. Er wird aus der folgenden Episode ersichtlich.

Während des römischen Bürgerkriegs in der zweiten Hälfte des 1. Jahrhunderts v. Chr., als *Oktavian*, der spätere Kaiser *Augustus*, *Antonius* und *Lepidus* als ein diktatorisches Dreimännerkollegium den römischen Staat beherrschten, legten sie 1400 besonders reichen Ehefrauen und nahen weiblichen Verwandten ihrer geächteten und verbannten Gegner eine immense Abgabe auf. Die Opfer dieser Maßnahme beschlossen, an die Gesetzgeber und Regenten des Staates, wie es für römische Frauen wohl üblich war, auf indirekte Weise heranzutreten, indem sie die Mütter und Gattinnen der Diktatoren besuchten und um Hilfe baten. Während sie von den Damen der Haushalte von *Oktavian* und *Lepidus* freundlich empfangen wurden, reagierte *Fulvia*, die Frau des *Antonius*, auf ihre Demarche mit schroffer und lautstarker Ablehnung. Die bedrückten Frauen griffen daraufhin zu einem ungewöhnlichen Mittel: sie gingen zusammen zum Forum, um den Diktatoren, die dort eine Volksversammlung abhielten, ihre Einwände öffentlich vorzutragen. Für Frauen (anders als für Männer), und selbst für eine Gruppe patrizischer Damen, war das offenbar ein ganz unerhörter Schritt. Aber ihre männlichen Verwandten waren geächtet und außer Landes. So nahmen sie es auf sich, ihre Beschwerden den Diktatoren in der Gegenwart des versammelten Volkes auf dem Forum persönlich nahezulegen.

Normalerweise waren Frauen an den Versammlungen und politischen Beschlüssen auf dem Forum nicht beteiligt. Eine Gruppe vornehmer Römerinnen auf diesem Platz vor den Herrschern des Staates erscheinen zu sehen, war ein ungewöhnlicher Anblick. Obwohl diese Szene von einem später lebenden Historiker der Antike erzählt wird, ist sie dennoch recht aufschlußreich, wenn man den einzigartigen Charakter der Beziehung und besonders der Machtbalance zwischen Männern und Frauen in den römischen Oberklassen verstehen will. In mancher Hinsicht war diese Beziehung, wie sich zeigen wird, sehr verschieden von allem, was Menschen der Gegenwart aus eigener Erfahrung kennen. Es spielt keine allzu große Rolle, daß der überlieferte Bericht geraume Zeit nach dem Ereignis geschrieben wurde. Er wurde immer noch für ein Lesepublikum der Antike verfaßt, dem ein Verhältnis zwischen Männern und Frauen, wie es hier geschildert wird, vermutlich nicht unvertraut und gewiß weniger befremdlich war, als es uns heute anmuten mag.

Die große Gruppe römischer Damen erschien also auf dem Forum, und die Menge, so heißt es, öffnete ihr respektvoll einen Durchgang. Selbst die Liktoren, die Polizei jener Zeit, senkten ihre Waffen, so daß sich die Gruppe den drei Diktatoren nähern konnte, die wahrscheinlich durch den ungewohnten Anblick von Frauen auf dem Forum ebenso überrascht waren wie die Masse des Volkes. Aus dem Bericht erfahren wir, daß die Diktatoren über die Frauen ärgerlich waren; aber eine von ihnen, *Hortensia*, die Tochter eines berühmten Redners, hatte sie bereits in der traditionellen Manier anzusprechen begonnen, und da die Menge auf der Seite der Frauen zu stehen schien, entschieden die Triumvirn, daß sie keine Gewalt gegen sie gebrauchen konnten, und hörten der Rede *Hortensias* zu. Die ihr zugeschriebene Argumentationslinie war nach altrömischer Art klar und prägnant.

Zuerst erklärte sie, warum sie den unüblichen Schritt unternommen hatten, sich an die höchsten Amtsträger des Staates selbst zu wenden. Wie es für Frauen von Rang die Regel war, wenn sie eine Petition an die Machthaber richten wollten, hatten sie zunächst die Damen ihres Haushalts aufgesucht, waren aber von *Fulvia*, der Frau des *Antonius*, in unziemlicher Weise behandelt worden. *Hortensia* betonte, daß es *Fulvia* gewesen war, die sie zum Forum getrieben hatte. Sie, die Triumvirn, hätten sie bereits ihrer Väter, all ihrer männlichen Verwandten beraubt. Wenn sie ihnen jetzt auch noch ihr Eigentum wegnähmen, würden sie allesamt in eine Lage versetzt, die ihrer Herkunft, ihrer Lebensweise und ihrem Geschlecht nicht angemessen sei.

„Wenn ihr urteilt", fuhr sie fort, „daß euch von uns, wie von den Männern, Unrecht geschehen ist, dann ächtet uns ebenso wie sie! Wenn aber wir Frauen keinen von euch für einen Feind erklärt, keinem den Wohnsitz zerstört, keinem das Heer entfremdet oder ein anderes entgegengeführt, wenn wir keinen bei der Erlangung eines Amtes oder einer Ehre behindert haben: warum sollen wir die Strafe teilen, da wir keinen Teil am Unrecht hatten?

Und warum sollen wir Abgaben entrichten, da wir keinen Teil an den Ämtern, den Ehren, den Befehlshaberstellen haben und überhaupt von der Staatsverwaltung ausgeschlossen sind, um die ihr euch mit so unheilvollen Folgen streitet? Weil Krieg ist, sagt ihr? Gut; aber wann waren keine Kriege? Und wann hat man je den Frauen Steuern auferlegt, die doch bei allen Menschen durch ihr Geschlecht davon enthoben sind? Wohl haben unsere Mütter einmal ihrem Geschlecht zuwider Abgaben entrichtet, als eure ganze Herrschaft und die Stadt selbst in Gefahr waren, zur Zeit der Bedrängung durch die Karthager. Aber sie zahlten doch freiwillig und nicht von Grund und Boden oder Landgütern oder Mitgift oder Häusern, ohne die eine freie Frau nicht leben kann, sondern nur von ihrem eigenen Schmuck; und der wurde nicht geschätzt, es gab keine Verräter oder Ankläger, keine Nötigung oder Gewalt, sondern sie zahlten so viel, wie sie selbst wollten. Was aber steht heute für die Herrschaft oder das Vaterland zu befürchten? Laßt einen Krieg mit den Galliern oder den Parthern kommen, und ihr werdet uns für die Rettung nicht weniger opferfreudig finden als unsere Mütter. Für Bürgerkriege aber sollten wir niemals Abgaben entrichten und euch nicht gegeneinander helfen. Haben wir doch auch unter Cäsar und Pompeius nichts gegeben, noch sind wir von Marius oder Cinna dazu gezwungen worden oder von Sulla, der als Tyrann über das Vaterland herrschte. Und ihr behauptet, die Verfassung des Staates wieder ordnen zu wollen!"

Und weiter berichtet der Text: „Während Hortensia so redete, waren die Triumvirn zornig, daß Frauen, wenn Männer schwiegen, es wagen sollten, in der Versammlung zu sprechen, daß sie die Handlungen der Machthaber in Frage stellen und, wo Männer ins Feld zogen, nicht einmal Geld dazu geben wollten. Sie befahlen darum den Liktoren, die Frauen von der Bühne wegzutreiben. Aber bald erhob sich ein Geschrei der Menge von draußen, die Liktoren hielten inne, und die Machthaber erklärten, daß sie die Sache auf morgen verschieben werde. Am folgenden Tag wurden statt der Namen von 1400 nur noch die von 400 Frauen öffentlich angeschlagen, die ihr Vermögen schätzen lassen und Abgaben leisten sollten. Zugleich wurde allen Männern befohlen, die mehr als 100 000 Drachmen besaßen, Bürgern und Fremden, Freigelassenen und Priestern, ohne Unterschied des Volkes und ohne jede Ausnahme – unter Androhung derselben Strafen und auch des Einsatzes von Denunzianten –, daß sie den Machthabern den 50. Teil ihres Vermögens als Anleihe geben und ein Jahreseinkommen zum Krieg beisteuern sollten[12]."

So wie sie von dem Alexandriner *Appian* mehr als zwei Jahrhunderte später aufgezeichnet wurde, ist dies gewiß eine ungewöhnliche Episode. Wie andere Historiker der Antike mag er für seine Geschichte der römischen Bürgerkriege ältere Quellen benutzt haben. Wie andere benutzte er seine Einbildungskraft. Die Freiheit des antiken Geschichtsschreibers erlaubte es ihm, seine Darstellung, wie es auch *Thukydides* und *Livius* getan hatten, durch erfundene Reden und Gespräche zu beleben. Er mag in seinen Quellen eine Schilderung des Auftretens einer Gruppe vornehmer Römerinnen vor den drei Diktatoren angetroffen haben oder nicht. Jedenfalls aber schrieb er für Bewohner des römischen Reiches. Der Spielraum seiner Erfindungen war durch das beschränkt, was sein Publikum über das Verhalten und Fühlen römischer Frauen und ihre Ehebeziehungen wissen konnte. Einem heutigen Leser mag es seltsam vorkommen, daß die Frauen und Töchter, die weiblichen Verwandten geächteter und vielleicht mit dem Tode bedrohter Männer friedlich in Rom zurückbleiben und, wie es aussieht, ganz sicher sein konnten, daß ihnen nichts Böses geschehen würde, während sich die Männer selbst als Todfeinde der herrschenden Gruppe versteckten. Offenbar war das in einem römischen Kontext weniger seltsam.

Was immer von der historischen Genauigkeit des Appianschen Textes zu halten ist, seine soziologische Relevanz ist erheblich. Frauen in Rom, die einst völlig von Männern beherrscht wurden, waren in der späten republikanischen und der frühen Kaiserzeit in der Ehe selbstbestimmende Menschen geworden. Daß sie über ein unabhängiges Vermögen, über ein eigenes Einkommen verfügten, trug sehr viel zu ihrer persönlichen, ihrer sozialen und damit ihrer ehelichen Unabhängigkeit bei[13]. In ihrem Eheleben hatten sie für sich selbst völlige Gleichheit mit ihren Männern gewonnen. Wie diese konnten sie eine Ehe aus eigenem Willen oder durch beiderseitigen Konsens beenden.

Ich habe von einer gewissen Distanz in der Einstellung verheirateter Männer und Frauen zueinander gesprochen. Hier findet sich ein Beleg dafür. Man braucht nicht zu bezweifeln, daß Beziehungen der Liebe und Zuneigung, einer starken Gefühlswärme zwischen Ehegatten in der römischen Gesellschaft wie anderswo existierten. Aber die Römerinnen der Oberklasse waren, wie der Bericht *Appians* verdeutlicht, fast gänzlich von der Lebenssphäre ausgeschlossen, die in den Tagen der Republik für viele Männer die wichtigste war, der maßgebliche Fluchtpunkt ihrer Tätigkeiten und Ambitionen. Eine Teilnahme an den Kämpfen um die Herrschaftsmittel des Staates war ihnen versagt. In der Kaiserzeit erging es natürlich auch den meisten Männern der Senatorenklassen nicht anders. So zeigt diese Episode Züge der Ehebeziehungen in der späten Republik und der frühen Kaiserzeit, die für das Verständnis des Wandels der Geschlechterbalance von Bedeutung sind. Sie zeigt die Selbständigkeit der Frauen in bezug auf ihr Vermögen und ihre Lebensführung, auch wenn sie sie vielleicht idealisiert. Auf die Grenzen weiblicher Selbständigkeit verweist andererseits die Konvention, daß Frauen, die auf die Regierung einwirken oder eine Petition einbringen wollten, an die Damen des Haushalts der Amtsträger herantraten, sich mit ihnen besprachen und so die Gatten und Väter durch ihre Gattinnen und Töchter zu beeinflussen suchten. Das ist ein Beispiel für das zuvor erwähnte soziale Netzwerk der Frauen. Man könnte mit einiger Berechtigung sagen, daß Frauen und Männer zwei verschiedene Schichten der herrschenden römischen Klassen bildeten. Ähnliches gilt gewiß auch in anderen Gesellschaften.

Die Tatsache, daß verheiratete Frauen in Rom, wahrscheinlich zum ersten Mal in der Entwicklung einer Staatsgesellschaft, eine volle Gleichstellung mit ihren Männern in bezug auf die Ehe erreichten und wie diese ihre Verbindung durch Konsens oder sogar aus eigenem Willen beenden konnten, hatte weittragende Konsequenzen; ihr Einfluß auf die Ehebeziehungen ist bis in die späte Kaiserzeit spürbar und, vermittelt durch das römische und kanonische Recht, bis weit ins Mittelalter hinein. Doch hatte diese römische Ehebeziehung zugleich Aspekte, die sie von einer egalitären Beziehung unserer Tage unterscheidet. Sich daran zu erinnern, ist vielleicht hilfreich[14].

Auch in der Entwicklung europäischer Gesellschaften begegnet man immer wieder einer Stufe, auf der Männer und Frauen in bestimmter Hinsicht jeweils eigene soziale Gruppen bildeten. Es gab Sphären im Leben der Männer, die den Frauen versperrt waren, und umgekehrt. Aber in europäischen Gesellschaften ging diese Trennung der sozialen Sphären und die Ausformung klar geschiedener Männer- und Frauengruppen gewöhnlich Hand in Hand mit einer sehr ausgeprägten Ungleichheit zwischen den Geschlechtern im Eheleben. In der römischen Gesellschaft dagegen ging sie Hand in Hand mit einer faktischen Gleichheit im Eheleben. Die soeben zitierte Episode vermittelt eine Vorstellung davon.

Überdies gibt es noch andere römische Berichte über Frauen, die sich in abgesonderten Gruppen zusammenschlossen, etwa in religiösen Gruppierungen und selbst in der Form eines Frauensenats. Sie verstärken den Eindruck, daß ein getrennter Verkehrskreis der Frauen ein festes Strukturelement des römischen Lebens war und bis in die christliche Ära hinein blieb. Reiche Frauen hatten nur wenige Haushaltspflichten. Enge Bande zu ihrer Herkunftsfamilie, mögliche Gefühlsbindungen, aber auch eine gewisse Distanz zwischen Ehepartnern und ein eigenes soziales Netzwerk der Frauen ergeben ein soziologisch recht konsistentes Bild.

11. Es lohnt sich vielleicht, noch einen Blick auf die Gründe für die Entwicklung zu einer weniger unausgeglichenen Machtbalance zwischen den Geschlechtern im Staat der Römer zu werfen. Man mag dabei im Auge behalten, daß in der Entwicklung menschlicher Gesellschaften oft als schlecht bewertete Geschehnisse aus guten und gute aus schlechten hervorgehen. Wenn man nach Erklärungen sucht, ist es darum besser, Wünsche und Wertungen dieser Art beiseite zu schieben und sich mit einem schlichten Herausfinden des Was und Warum zu begnügen.

Rom machte im Laufe von vier oder fünf Jahrhunderten eine Entwicklung durch, die einen Stadtstaat in die Metropole eines riesigen Reiches verwandelte. Entsprechend veränderte sich seine Führungsgruppe, die Senatorenklasse, die für diesen Wandel verantwortlich war. Aus einer Klasse von Bauernkriegern wurde sie zu einer Klasse aristokratischer Inhaber hoher militärischer und ziviler Ämter, die ausgedehnte Landgüter und noch vieles mehr besaßen. *Hortensias* Rede vor *Oktavian* und *Antonius* enthält einen Hinweis auf die Art des Vermögens, das eine adlige Dame zur Führung eines unabhängigen und, wie sie bemerkt, ihrem sozialen Rang angemessenen Lebens befähigte. Eine vornehme Römerin bezog ihr Einkommen vor allem aus Grundbesitz, der natürlich ein Heer von Arbeitssklaven und von Freigelassenen als Aufseher und Verwalter umfaßte. Außerdem hatte sie einen großen Schatz an Schmuck, teils zum Gebrauch und teils wohl auch als eine Rücklage für schlechte Zeiten.

Die allmähliche Ansammlung von Reichtümern in den Händen der aristokratischen Familien von Rom ist der erste Grund, der zur Erklärung des Wandels in der Gattenbeziehung zu nennen ist. Aber man kann den Zusammenhang nicht recht verstehen, wenn man die Akkumulation von Reichtum eo ipso als das Ergebnis von Handels- und anderen ökonomischen Tätigkeiten betrachtet.

Der römische Adel war alles andere als eine herrschende Klasse von Kaufleuten. Er war im wesentlichen ein Kriegeradel, später eine Aristokratie von Inhabern oder ehemaligen Inhabern der höchsten militärischen und zivilen Ämter. Der steigende Wohlstand von Rom — und das gleiche gilt für viele andere Staatsgesellschaften der Antike — beruhte auf einer Reihe erfolgreicher Kriege. Kriegsbeute, der Verkauf von Kriegsgefangenen als Sklaven, Tribute unterworfener Völker, die Ausnutzung für die eigene Tasche von Statthalter- und militärischen Befehlshaberposten in den Provinzen — diese und ähnliche Positionschancen waren die Quellen, aus denen Roms Reichtum floß. Von den herrschenden Klassen, die den Löwenanteil für sich behielten, sickerte ein gewisser Teil dieser enormen Einkünfte zu den anderen Klassen durch. *Panis et circenses*, die freie Verteilung von Weizen an alle römischen Bürger und der freie Zugang zu Gladiatorenkämpfen, die von den Vermögenden bezahlt wurden, waren zwei der Wege, auf denen die Masse der römischen Bürger an dem wachsenden Reichtum der Oberklassen partizipierte. Es ist eine offene Frage, ob man überhaupt von einer autonomen ökonomischen Entwicklung, unabhängig von der inneren und äußeren Staatsentwicklung, sprechen kann. In bezug auf Rom ist das ganz gewiß nicht der Fall.

Einer der hauptsächlichen Hebel des Wandels in der Gattenbeziehung war der Übergang von einer Situation, in der Frauen letztlich ein Teil des Eigentums ihrer Männer waren und als solche kein persönliches Eigentum hatten, zu einer anderen, in der sie die selbständigen Besitzer von Eigentum wurden. Wie erwähnt, kam dieser Strukturwandel in erster Linie durch eine Veränderung der Gebräuche und mit einem Minimum an rechtlichen Neuerungen zustande. Die rechtliche Verfügung, die eine solche Veränderung der Bräuche ermöglichte, war die Bestimmung, nach der eine Frau vermählt werden konnte, ohne daß die männliche Vormundschaft über sie, und damit auch über ihr Eigentum, an den Ehemann übertragen wurde. In diesem Fall blieben die Vormundschaft und die Herrschaftsgewalt über eine verheiratete Frau in der Hand ihres Vaters oder, wenn dieser gestorben war, eines Onkels oder Bruders.

Was sich nun im Laufe der Zeit ereignet zu haben scheint, als sich der Reichtum der römischen Aristokratie — manchmal sprunghaft — vermehrte, war dies: Es wurde in den hohen Kreisen Roms üblich, Töchter mit einem persönlichen Eigentum, zusätzlich zu dem unerläßlichen Schmuck, auszustatten. Wenn die Tochter verheiratet wurde, empfing der Mann eine Mitgift, von der er den Nießbrauch haben konnte und die vielleicht sogar in seinen Besitz überging; aber das Eigentum seiner Frau blieb formal unter der Kontrolle ihrer männlichen Verwandten. Mehr und mehr setzte sich dann die Gewohnheitsregel durch, daß die männlichen Verwandten einer verheirateten Frau ihre Hoheitsrechte über sie und ihr Eigentum nicht in Anspruch nahmen. Aller Wahrscheinlichkeit nach waren diese Männer ihrerseits reich genug, und so erlangten verheiratete Frauen die Chance, die ihnen von ihrer Familie zugewiesenen Güter als ihr Eigentum zu betrachten. Sie lernten, selbst darüber zu verfügen. Auf diese Weise wurde die Rechtsbestimmung einer Eheschließung *sine conventione in manum mariti* das hauptsächliche gesetzliche Mittel für einen Wandel der Bräuche, der Frauen die faktische Verfügungsgewalt über Eigentum verlieh. Daneben gab es dann auch einige neue Gesetze, die den Prozeß beförderten, so z. B. eine Bestimmung, die es Frauen erlaubte, ihnen hinterlassene Güter zu erben.

12. Der soeben skizzierte Wandel der Gebräuche hätte allerdings nicht eintreten können ohne einen Wandel in der Struktur des römischen Staates. Es war eine der charakteristischen Entwicklungen in Rom wie in zahlreichen anderen Staaten, daß allmählich die Rechtsprechung unparteiischer, weniger durch Unterschiede der Macht und des
Status von Klägern und Verklagten bestimmt und daß die Apparatur zur Erzwingung
des Rechtsgehorsams wirksamer wurde. Dieser Aspekt des Staatsbildungsprozesses war
für die Entwicklung zu größerer Gleichheit zwischen den Geschlechtern in der Ehe von
zentraler Bedeutung. Denn solange ein Ehemann seinen größeren Einfluß auf Gerichte
und Exekutionsorgane oder einfach seine größere Körperkraft dazu benutzen konnte,
seiner Frau die Verfügungsgewalt über ihr Eigentum zu entreißen, waren Frauen
unausweichlich in eine Position sozialer Unterlegenheit gebannt. *Cato* stellte in einer
seiner typischen Äußerungen fest, daß die Frauen zu seiner Zeit die Herrschaft über ihr
Eigentum für sich behielten, statt sie ihren Männern zu übergeben. Das äußerste, wozu
sie sich bewegen ließen, war eine Anleihe; und wenn dann ihr Mann nach einer Weile
mit seinen Zahlungen in Verzug geriet, wurden sie ungeduldig und schickten ihm
die Gerichtsbeamten ins Haus.

So war eine der entscheidenden Voraussetzungen, die den Aufstieg verheirateter Frau-
en zu größerer Gleichheit mit ihren Männern ermöglichte, eine Entwicklung der
staatlichen Exekutionsgewalt, die Frauen vor dem Zorn und den Drohungen eines
physisch stärkeren Ehepartners schützte und die Sicherheit einer Person und ihres
Besitzes gewährleistete, ob diese Person eine Frau war oder ein Mann.

Vielleicht ist es in diesem Zusammenhang nützlich, an die Geschichte noch eines
anderen Claudiers, *Appius Claudius*, aus einer früheren und raueren Zeit zu erinnern.
Als die Forderung des Volkes nach einer Teilhabe an den Staatsgeschäften lauter
wurde, versuchte sich der Kriegeradel der Flut zunächst in herkömmlicher Weise durch
die Ausrufung der Diktatur entgegenzustemmen — in diesem Fall durch das autokra-
tische Regime eines Kollegiums von zehn Männern. An seiner Spitze stand, wie *Diony-
sius von Halikarnass* erzählt[15], *Appius Claudius*. Die folgende Geschichte ist fast sicher
legendär. Aber einige Züge darin tragen doch alle Merkmale einer Periode an sich, in
der das Recht dazu verwendet wurde, ein ordnungsgemäßes Verhalten des Volkes
zu erzwingen, während sich die Oberklassen selbst als die mächtigste Gruppe über
das Recht erhaben fühlten.

Appius Claudius entwickelte eine heftige Liebe zu einer schönen Plebejerin namens *Virginia*. Er
konnte sie nicht heiraten; denn reguläre Ehen zwischen Adligen und Mädchen aus dem Volke
waren ausgeschlossen. Darum schickte er der Frau, die das schöne Mädchen aufzog, eine große
Summe Geld, verbunden mit einigen Vorschlägen, wie er *Virginia* verführen könne. Es gibt in dem
Bericht einen Satz, der den echten Klang dieses Zeitalters hat: *Claudius* habe seinen Boten aufgetragen, der Frau nicht zu sagen, wer das Mädchen begehre, sondern ihr nur mitzuteilen, daß er einer
von denen sei, die einem Menschen nach Belieben schaden oder nützen könnten. Als er keinen
Erfolg hatte, gebrauchte er Gewalt. Er ließ das Mädchen durch seine Leute entführen. Ihr Vater
und ihr Bräutigam protestierten, woraufhin *Claudius* geltend machte, daß ihre Mutter eine seiner
Sklavinnen sei. An diesem Punkt erkannte der Vater, daß er gegen den mächtigen Mann, der
seine Tochter zu lieben beanspruchte, nichts ausrichten konnte. So bat er darum, sich von *Virginia*
verabschieden zu dürfen. Er umarmte sie, manövrierte sie sacht vor einen Metzgerladen, ergriff
eines der Messer und erstach sie.

Diese Geschichte zeigt eine verdächtige Ähnlichkeit mit der sehr viel berühmteren Geschichte der *Lucretia*. Im einen Fall war der Tod des bedrohten Mädchens das legendäre Vorspiel der Befreiung Roms von der Herrschaft eines fremden Königs; und so erlangte das Ereignis Berühmtheit. Im anderen ging er dem Ende der unbeschränkten Herrschaft von Kriegeradligen voraus, die sich selbst über dem Recht stehend fühlten; aber da der Adel am Ruder blieb, wurde *Virginia* weniger berühmt als *Lucretia*. Obwohl eine Legende, illustriert die Geschichte der *Virginia* einen Aspekt von Staatsbildungsprozessen, der, wie gesagt, eine wesentliche Rolle im Wandel der Machtbalance zwischen den Geschlechtern nicht nur in Rom, sondern auch in anderen Gesellschaften spielte. Eine der Bedingungen für die Verringerung der Ungleichheit zwischen Männern und Frauen in diesen Gesellschaften war das Aufkommen einer Staatsorganisation, und vor allem ihrer Rechtsprechungs- und Exekutionsinstanzen, die Männer daran hindern konnte, Frauen durch physische Kraft oder politischen Einfluß ihren Willen aufzuzwingen.

Ich brauche an dieser Stelle nicht auf die Frage einzugehen, wie und warum sich ein Staat in dieser Weise entwickelt. Jedenfalls verlor im Laufe der Zeit die Herrschaft der römischen Oberklassen — die sich mit einigen Zugeständnissen an die reichen Familien der Mittelklassen und an die Masse des Volkes von den Anfängen an (*ab urbe condita*) behauptete, bis sie durch die Herrschaft von Kaisern ersetzt wurde — den weitgehenden Charakter eines Willkürregimes und wurde zu einer Klassenherrschaft, die durch ein ausgearbeitetes Rechtscorpus begrenzt wurde.

Aber es gibt noch einen weiteren Faktor, der die Entwicklung zu einer größeren Gleichheit zwischen Ehegatten begünstigte und der hier eine kurze Erwähnung verdient. Rom erlebte schon in republikanischer Zeit, und zwar obwohl sein Aufstieg großenteils auf Kriegserfolgen beruhte, einen unverkennbaren Zivilisationsschub. Die Rezeption der griechischen Kultur und die neue römische Fruchtbarkeit auf den Gebieten der Literatur, der Geschichtsschreibung und Philosophie, die eine wachsende Sensibilität des Lesepublikums voraussetzte, waren Symptome dieses Schubes. Im Zuge derselben Bewegung kam es auch zu einer Verfeinerung der Manieren und des Liebeslebens. *Ovids Ars amatoria* legt davon Zeugnis ab. Wie weit sie auch von gegenwärtigen Standards der sexuellen Sensibilität entfernt sein mag, sie spricht unzweifelhaft für einen Fortschritt der Verfeinerung im Verkehr der Geschlechter und für ein größeres Maß an Zurückhaltung in der Art, wie Männer Frauen begegneten.

Im Gegensatz zu früheren Zeiten waren Frauen nun in der Tat eigenständige Menschen und wurden von Männern als solche akzeptiert. Man kann nicht ganz verstehen, warum der Brauch, der anfänglich Frauen und ihr Eigentum unter die Oberhoheit von Männern stellte, in der römischen Gesellschaft allmählich erlosch, wenn man nicht den Zivilisationsschub der späteren Republik als eine Bedingung dieses Wandels in Anschlag bringt. Nachdem die Stufe der Gleichberechtigung zwischen Männern und Frauen in ihrem Eheleben einmal erreicht war, erhielt sie sich überraschend lange, auch noch in der Periode, als sich die Staatsorganisation, besonders im Westteil des Reiches, und damit die Voraussetzungen für das zuvor erreichte Zivilisationsniveau aufzulösen begannen.

13. Immer wieder stößt man in der Geschichte der Menschheit auf Innovationen von großer Tragweite, die in späteren Zeiten kaum mehr als solche erkannt werden, weil sie sich inzwischen fest etabliert haben; sie gelten als selbstverständlich oder vielleicht schlicht als vernünftig. Daß Frauen im Eheleben eine Position der Gleichheit gegenüber Männern erlangten, ist ein Beispiel. Es handelte sich hier um eine römische Innovation. Damit ist freilich nicht gesagt, daß auch in anderen Lebensbereichen eine Gleichstellung zwischen Frauen und Männern herbeigeführt wurde. Das war nicht der Fall. Römische Frauen waren und blieben von militärischen und zivilen Ämtern ausgeschlossen. Es ist schwer auszumachen, ob sie je am Fernhandel oder am Steuerpachtwesen teilgenommen haben; aber die Wahrscheinlichkeit dafür ist gering. Genauso wenig waren sie, soweit man sehen kann, aktiv an der Hervorbringung von Werken der Literatur, der bildenden Künste, der Philosophie, Naturwissenschaft oder Geschichtsschreibung beteiligt. Alle diese Felder menschlicher Tätigkeit blieben, wenn nicht alles täuscht, in römischer Zeit mit seltenen Ausnahmen die Domäne von Männern. In bezug auf die Entwicklung der Menschheit jedoch war es eine bedeutsame und folgenreiche Innovation, daß Frauen in der späten römischen Republik eine Position der Gleichheit im Eheleben gewannen und daß sie diese Position auch unter den Kaisern einige Jahrhunderte lang nicht ganz verloren.

Es war vor allem aus zwei Gründen sehr folgenreich. Während in der frühen Republik, wie in vielen anderen frühen Staatsgesellschaften, verheiratete Frauen nicht als selbstbestimmende Menschen, als eigenständige Personen, sondern als ein Besitztum oder Zubehör ihrer Männer betrachtet und behandelt wurden, eröffnete der Brauch, der sich in der späten Republik durchsetzte und in der Blütezeit des Reiches erhielt, vielen Frauen die Chance, sich zu dem zu entwickeln, was wir heute „Individuen" nennen — sie erwarben die Fähigkeit, unabhängige Entscheidungen zu treffen und für sich selbst zu handeln. Über mehrere Jahrhunderte hin hören wir nun von selbständigen, selbstbewußten Frauen in der römischen Gesellschaft. Sie verschwanden im Westen, wie nicht anders zu erwarten, als das Staatsmonopol der physischen Gewalt zerbrach, als eindringende Stämme das Land durchstreiften und die Städte überfielen, wobei gelegentlich örtliche „starke Männer", die Vorboten der Feudalherrn, lokal begrenzten Widerstand leisteten und Schutz gewährten. Die mitgebrachten Bräuche der germanischen Wanderstämme schrieben den Frauen eine mindere Stellung zu, ganz ähnlich den „Normen" der Römer in deren Frühzeit[16]. Dadurch wurde, so kann man schließen, die Auflösung der mehr egalitären Ehetradition weiter befördert.

Solange aber die Kaiser und ihre Legionen imstande waren, den inneren Frieden, die *Pax Romana*, im ganzen Reich zu sichern, scheint die Tradition einer relativ egalitären Eheform in den wohlhabenderen städtischen Klassen des Imperiums in Kraft geblieben zu sein. Das war einer der Wege, auf denen die Innovation der späten römischen Republik ihre Tragweite erwies. Sie hatte als Brauch in der römischen Gesellschaft Wurzel geschlagen und erhielt sich fortan mit einiger Zähigkeit.

Eine kurze Belegserie mag die Verankerung des Brauches verdeutlichen. Vielleicht sollte ich noch einmal daran erinnern, daß Regelungen, die zunächst als Brauch aufgekommen waren, im Lauf der Zeit zu einem Teil des kodifizierten römischen Rechts wurden. Zwei Aspekte spielten als Bedingungen einer egalitären Gattenbeziehung eine entscheidende Rolle. Sie hatten sich anfangs vermutlich gleichermaßen in der sozialen Praxis entwickelt. Der eine war die unabhängige Verfügung verheirateter Männer *und* Frauen über ihr eigenes Vermögen. Der zweite, nicht weniger wichtige Aspekt war der im wesentlichen freiwillige Charakter der Eheverbindung, der vor allem dadurch gewährleistet wurde, daß beide Partner, also auch die Frau, eine Ehe von sich aus für beendet erklären konnten. In dieser Hinsicht gingen die Ehegewohnheiten der späten römischen Republik und der frühen Kaiserzeit über die in vielen gegenwärtigen Gesellschaften herrschenden Gesetzesverfügungen hinaus.

In der Spätzeit der römischen Republik wurde die Ehe in den oberen Klassen offenbar mehr und mehr ein Zusammenschluß von Mann und Frau, dessen Dauer von der Zustimmung beider abhing. Als sich allmählich Brauch in Recht verwandelte, insbesondere während der Kaiserzeit, wurde eine Fülle von Gesetzen erlassen, die den freiwilligen Charakter der Eheverbindung langsam wieder beschränkten. Diese Freiwilligkeit stand in scharfem Gegensatz zu der Lehre der frühen Kirche, die im Prinzip forderte, daß eine Ehe als lebenslange Gemeinschaft und, solange beide Partner lebten, als unauflöslich zu gelten habe. Das römische Recht hingegen sah mehrere Formen der Scheidung vor. Zwei Beispiele mögen genügen. Da war das *divortium bona gratia*, eine einseitige Scheidung aus einer Vielzahl von Gründen, die nicht notwendigerweise ein Fehlverhalten auf der Seite des anderen Partners implizierten. Ferner gab es das *divortium consensu*, das den Ehepartnern die einvernehmliche Scheidung erlaubte. Wenn beide es wollten, war es auch in der frühen Kaiserzeit nicht besonders schwer, unter den gesetzlichen Scheidungsgründen einen zu finden, der auf ihren Fall paßte. Keine der genannten Scheidungsformen war für den Mann oder die Frau mit finanziellen Nachteilen verknüpft. Man kannte andere Formen einer rechtmäßigen Scheidung aufgrund eines Vergehens oder Unvermögens, das für den schuldigen Partner einen finanziellen Verlust nach sich zog. Aber die Einzelheiten gehören nicht hierher.

Die christlichen Kaiser von *Konstantin* an versuchten dann, die Ehegesetze wieder zu schärfen und so auch die Scheidung wieder zu erschweren. Eine Bestimmung *Justinians*[17] ging so weit, die Scheidung durch Konsens zu verbieten, außer in Fällen, wo beide Partner in ein Kloster eintreten wollten. Schon sein Nachfolger, *Justin II.*, so erfahren wir, sah sich gezwungen, dieses Gesetz wieder zu kassieren, weil die Beschwerden über Nachstellungen und Giftanschläge zwischen Eheleuten in einem erschreckenden Maße zugenommen hatten. Erfolgreicher waren die christlichen Kaiser offenbar in ihrem Bemühen, der Möglichkeit einer Scheidung durch die einseitige Erklärung eines der Partner engere Grenzen zu ziehen. Bereits *Konstantin* führte im Jahre 331 eine rechtliche Neuerung ein, wonach ein *repudium iustum*, eine legitime Aufhebung der Ehe, nicht mehr aus geringfügigen Ursachen, sondern nur noch aus wenigen sehr gewichtigen Gründen gestattet war. Es ist nicht uninteressant zu prüfen, welche Tatbestände in dieser Liste auftauchen. Eine Frau sollte das Recht haben, sich von ihrem Mann zu scheiden, wenn er ein Mörder, ein Giftmischer oder ein Grabschänder war. Im umgekehrten Fall werden Ehebruch, Kuppelei und Giftmischerei auf seiten der Frau genannt. Man kann hier sehen, wie sich ein Element der faktischen Machtungleichheit im Gesetz niederschlug. Der Ehebruch eines Mannes gehörte augenscheinlich nicht zu den Gründen, aus denen sich eine Frau, nach dem Gesetz *Konstantins*, von ihrem Mann trennen konnte.

Dennoch läßt sich im Corpus des römischen Rechts, wie es die Kaiser bis zur Zeit *Justinians* hinterlassen haben, keine Rückkehr zu dem früheren Zustand der Ungleichheit entdecken, der es dem Mann, aber nicht seiner Frau erlaubte, eine Ehe von sich aus zu beenden. Die wachsenden Restriktionen änderten nichts daran, daß das römische Scheidungsrecht insofern auf der Gleichheit der Ehepartner beruhte, als es beiden, Männern und Frauen, die Möglichkeit einer aktiven Scheidung einräumte. Frauen wurde im römischen Recht weiterhin als eigenständige Personen aufgefaßt. Das zeigt sich im übrigen auch an der Tatsache, daß in den reicheren Klassen während der Kaiserzeit die Eheschließung durch Konsens beider Partner an Boden gewonnen hatte. Wie die Scheidung, so war und blieb auch das Eingehen einer Ehe im römischen Reich, obwohl der nicht immer effektive Zugriff des Staates im Laufe der Kaiserzeit ständig wuchs, eine Angelegenheit der beteiligten Sippen, Familien oder Individuen, die weder einer staatlichen Registrierung noch einer kirchlichen Zeremonie bedurfte. Es war die Hinführung der Braut zum Haus des Bräutigams, die *deductio in domum*, die im Lateinischen ungefähr das Ereignis bezeichnete, das bei uns heute „Hochzeit" heißt.

14. Die junge christliche Kirche, so sehr sie sich um eine Christianisierung der Gesellschaft des römischen Reiches bemühte, wurde zugleich auch romanisiert. Daß einige Kirchenväter den Konsens der Brautleute, also auch der Frau, als ein Erfordernis der Eheschließung in ihre Lehre aufnahmen, war ein Symptom dafür. Aber die Situation war komplex.

In den neugegründeten Königreichen germanischer Stämme wie der Franken oder Angelsachsen herrschten andere Ehebräuche. Es waren, wie zu erwarten, die typischen Gebräuche einer früheren Entwicklungsstufe, die denen der Römer selbst beim Heraustreten aus ihrer Stammesphase nicht unähnlich waren, die sich aber von den Gewohnheiten der inzwischen entstandenen urbanen römischen Gesellschaften stark unterschieden. In diesen germanischen Reichen wurden Ehen noch weithin durch Raub oder Kauf geschlossen, also ohne die Zustimmung der betroffenen Frau. Die *leges barbarorum* bezeugen es. So kann man in der Aufzeichnung eines angelsächsischen Rechts aus dem Anfang des 7. Jahrhunderts lesen: „Wenn jemand eine Jungfrau gewaltsam entführt, [büße er] dem Eigentümer [...] 50 Schillinge und erkaufe nachher von diesem Eigentümer dessen Einwilligung [zur Ehe][18]." Das erinnert in der Tat an Vorschriften aus der römischen Frühzeit. Aber was zunächst wie eine einfache Rückkehr zu einer früheren Stufe erscheint, geschah in diesem Fall unter erheblich veränderten Bedingungen. Das römische Erbe war nicht völlig verloren. Es wurde in einem gewissen Maße von der romanisierten Kirche weitergetragen.

Ich habe zuvor von den zwei Wegen gesprochen, auf denen die Entwicklung der Beziehung zwischen den Geschlechtern in der römischen Antike die spätere Entwicklung mitbestimmte. In den Umwälzungen, die dem Zerfall des weströmischen Reiches folgten, sind die Ehegebräuche der Römer untergegangen, auch wenn sie im Osten partiell in Kraft blieben. Aber das Corpus des römischen Rechts überlebte. Nach einer langen

Zwischenzeit, in der seine Vorschriften in Vergessenheit gerieten, wurde es im Zusammenhang einer entsprechenden sozialen Entwicklung, eines neuen Staatsbildungsprozesses zur homologen Stufe, wieder ausgegraben und studiert. Es wurde von Regierungsinstanzen der nun wieder effektiver zentralisierten Staaten als ein für ihre Zwecke geeignetes Modell erkannt und gelangte so in Auswahl zu erneuter Wirkung.

Das römische Recht hatte überdies seine Spur im Kirchenrecht hinterlassen. So begegnet man, wie gesagt, in kirchlichen Kreisen der Doktrin, daß für eine gültige Eheschließung die Zustimmung beider, der Frau und des Mannes, erforderlich sei. Aber bis zum 12. Jahrhundert blieb es eine offene Frage, ob der maßgebliche Akt, der einer Ehe Gültigkeit verlieh, der verbale Konsens oder die *copula carnalis* war. Die Theologenschule von Bologna vertrat die letztere, die von Paris und hier vor allem *Petrus Lombardus* die erstere Ansicht. Paris setzte sich durch mit der Auffassung, daß eine Ehe im Kern durch die Einwilligung beider Partner (im Normalfall vor Zeugen) begründet werde. An diesem Vorgang läßt sich beobachten, wie mit Hilfe geschriebener Texte die Entwicklung einer früheren Periode, auch wenn das von ihr hervorgebrachte Wissen eine Weile inaktiv und wirkungslos geworden ist, in späterer Zeit wieder einen Einfluß ausüben kann, wenn die umfassende Gesellschaftsentwicklung die Chance dazu eröffnet.

15. Das historische Studium der Vergangenheit, das auf Einmaligkeit abgestellt ist, erschwert oft Vergleiche; das soziologische erleichtert sie. In unserer eigenen Zeit gibt es eine lebhafte Diskussion um die Machtbalance zwischen den Geschlechtern. Aber man ist dabei oft geneigt, Wandlungen in dieser Machtbalance rein voluntaristisch zu betrachten, als ob sie ganz und gar von der Gutwilligkeit oder je nachdem auch der Böswilligkeit der beteiligten Menschen abhingen. Zweifellos verlangt ein Rückblick aus der Gegenwart auf Veränderungen der Machtgewichte zwischen Männern und Frauen im Rahmen einer Staatsgesellschaft, die von den gegenwärtigen in vieler Hinsicht sehr verschieden ist, eine gewisse Fähigkeit zur Distanzierung. Aber wenn man sich die Mühe macht, für eine kurze Zeit von aktuellen Streitfragen Abstand zu nehmen, wird man vielleicht eine soziologische Beschäftigung mit vergangenen Wandlungen der Geschlechterbeziehung auch für das Verständnis gegenwärtiger Probleme lohnend finden. Man mag auf diese Weise klarer sehen, daß derartige Vorgänge nie herbeigeführt oder verstanden werden können, wenn man nicht die übergreifende Entwicklung in der breiteren Gesellschaft in Rechnung stellt.

Es hat sich z. B. gezeigt, daß effektive Staatseinrichtungen zum Schutz der Person wie auch des Einkommens oder Eigentums von Frauen einer der Faktoren waren, die im alten Rom zu einem Wandel der Machtbalance zwischen den Geschlechtern beitrugen. Mir scheint, daß derselbe Faktor auch heute eine gewichtige Rolle spielt. Es ist nützlich, sich daran zu erinnern, daß Frauen zu einer bestimmten Zeit eine völlige Gleichberechtigung in ihrem Eheleben erlangt hatten und daß diese Entwicklung dann wieder zurückgestutzt wurde, diese Einrichtung wieder in Verfall geriet, als örtliche Machthaber oder Eindringlinge von außen die Oberhand gewannen, als Gewalttätigkeit und Unsicherheit sich von neuem über die ganze Staatsgesellschaft hin ausbreiteten.

Schließlich zeigt das römische Beispiel auch, wie eng die relative Gleichstellung zwischen Männern und Frauen mit einer fortgeschrittenen Entwicklungsstufe der Zivilisation zusammenhängt. Eine gesteigerte Sensibilität von Männern für Frauen und von Frauen für Männer, ein vergleichsweise hohes Niveau von wohltemperierter Selbstkontrolle — mit einem Wort: ein Zivilisationsschub gehörte zu den Voraussetzungen, die das Aufkommen und Fortbestehen mehr egalitärer Formen der Geschlechterbeziehung im alten Rom ermöglichten. Ich glaube, Ähnliches gilt mutatis mutandis auch von unserer Zeit.

Anmerkungen

1 Siehe *Bram van Stolk* und *Cas Wouters*, Vrouwen in tweestrijd, 2. Aufl., Deventer 1985, bes. Kap. 5; vgl. auch den Aufsatz von *Wouters* in diesem Heft.
2 Die britische Kolonialverwaltung hatte einige Schwierigkeiten mit der Abschaffung dieses Brauches.
3 Die traditionellen Begriffe „patriarchalisch" und „matriarchalisch" sind in diesem Zusammenhang nicht brauchbar. Sie beziehen sich auf Männer in ihrer Eigenschaft als Väter und auf Frauen in ihrer Eigenschaft als Mütter. Ich verwende stattdessen die Ausdrücke „andrarchisch" (von Männern beherrscht) und „gynarchisch" (von Frauen beherrscht), weil eine Männerherrschaft nicht unbedingt, und sicher nicht im hier erörterten Fall, mit einer Väterherrschaft und eine Frauenherrschaft nicht mit einer Mütterherrschaft identisch ist.
4 Eheschließungen waren damals weithin von der Beziehung zwischen autonomen Stammesgruppen abhängig. In dem unablässigen Überlebenskampf, in dem sich diese Einheiten auf einer früheren Stufe befanden, war die Heirat zwischen einer Tochter aus einer Gruppe mit dem Sohn aus einer anderen ein Mittel, um die beiden Gruppen als Verbündete und Freunde aneinanderzuketten. Eine Eheschließung und die Brautgabe des Mannes, die sie regelmäßig begleitet zu haben scheint, hatten den Zweck, Frieden und Freundschaft zwischen den beiden Gruppen zu stiften. Wenn die Gabe von der anderen Gruppe angenommen wurde, war das ein Zeichen dafür, daß ihre Mitglieder zum Eingehen einer solchen Verbindung bereit waren. Wenn die Gabe abgelehnt wurde, war das ein Zeichen dafür, daß sie keine freundliche und friedliche Beziehung eingehen wollten. Es ist wichtig zu verstehen, daß die Frau selbst eine Gabe war, die eine Verwandtschaftsgruppe einer anderen überreichte, da sie im Normalfall der anderen Gruppe Kinder gebären würde. Aber die frauengebende Gruppe erwartete eine Gegengabe. In diesem Sinne kann die betreffende Frühform der Eheschließung als eine Eheschließung durch Kauf beschrieben werden.
5 Ein Beispiel, das in einer abgeschwächten Form, aber immer noch sehr lebendig die Auffassung belegt, daß eine Frau ein Teil des gemeinsamen Besitzes der männlichen Mitglieder ihrer Verwandtschaftsgruppe sei, ist die folgende Rechtsbestimmung (ich zitiere aus dem Gedächtnis): Wenn ein Mann die Witwe eines verstorbenen Mannes heiraten will, muß er all ihren männlichen Blutsverwandten bis zum 5. oder 6. Grad eine bestimmte Geldsumme bezahlen. Sie war größer im Fall ihres Vaters oder ihrer Brüder als in dem ihrer Onkel oder Vettern und verringerte sich von Grad zu Grad. Auf der entsprechenden Entwicklungsstufe hatten Verwandtschaftsgruppen dieses Typs — für die angemessene Bezeichnungen im Vokabular eines industriellen Nationalstaats schwer zu finden sind („erweiterte Familie" ist eine ethnozentrische Fehlbenennung) — wahrscheinlich noch die Funktionen und Eigentümlichkeiten von Überlebenseinheiten. Das heißt, ihre Mitglieder standen bei einem Angriff füreinander ein und rächten einander, wenn nötig. Daß Kirchenleute zu manchen Zeiten das Inzesttabu auf Verwandte des 6. (oder 7.) Grades ausdehnten, ist vermutlich im Zusammenhang mit Verwandtschaftsgruppen dieses Typs zu sehen.
6 Daneben hat sich im römischen Recht noch eine weitere Form der Eheschließung erhalten, bei der ein Mann Rechte über eine Frau durch fortwährenden Gebrauch erwarb. Er konnte sie in diesem Fall als sein Eigentum beanspruchen, ohne einen Preis für sie zu bezahlen.
7 Ganz ähnlich lagen die Verhältnisse etwa in der Gesellschaft des mittelalterlichen Deutschland bis zum 13. Jahrhundert und teilweise noch später. Vgl. hierzu und zu dem dann einsetzenden Wandel die Arbeit von *Michael Schröter*, „Wo zwei zusammenkommen in rechter Ehe ...". So-

zio- und psychogenetische Studien über Eheschließungsvorgänge vom 12. bis 15. Jahrhundert, Frankfurt a. M. 1985.

8 Val. Max. I. 9, 2. Zit. bei *Heinrich Geffcken*, Zur Geschichte der Ehescheidung vor Gratian, Leipzig 1894, S. 11.

9 *Hermannus Dessau* (Hrsg.), Inscriptiones Latinae selectae, 2. Aufl., Berlin 1954 ff., Nr. 8403. Vgl. *Moses I. Finley*, Aspects of Antiquity, London 1968, S. 130.

10 *Finley*, a. a. O., Kap. 10: „The silent women of Rome".

11 Vgl. *Norbert Elias*, Über den Prozeß der Zivilisation, Frankfurt a. M. 1976, Bd. II, S. 88 ff.: „Zur Soziogenese des Minnesangs und der courteoisen Umgangsformen".

12 *Appianus Alexandrinus*, Historia Romana. Bella Civilia IV, 32—34 (Übersetzung unter Verwendung der deutschen Fassung von *Ferdinand L. J. Dillenius*).

13 Die Annahme, daß Frauen keine Steuern zu entrichten hatten, wäre natürlich, wenn sie sich bestätigen ließe, von hohem Interesse. Aber ich habe bisher keine weiteren Belege dafür gefunden. Man fragt sich auch, ob vielleicht die Abgabenfreiheit von Frauen in der Zeit *Appians* bedroht wurde.

14 Heute wird, um ein Beispiel anzuführen, von Politikerfrauen in aller Regel erwartet, daß sie die Partei und damit die Ideologie unterstützen, die ihre Ehemänner in ein hohes Amt zu bringen verspricht; umgekehrt gilt das gleiche auch für Männer, wenn ihre Frauen eine politische Laufbahn einschlagen. Und mehr noch, in den Vielparteienstaaten unserer Zeit müssen Politiker in hohen Ämtern den Eindruck erwecken, als ob sie in ihrer Ehe das verwirklichten, was in den Augen der breiteren Gesellschaft eine ideale Gattenbeziehung darstellt. Andernfalls laufen sie Gefahr, Wählerstimmen zu verlieren und ihre Karrierechancen ernsthaft zu beeinträchtigen. Während in der Praxis eine relativ egalitäre Gattenbeziehung oft eine ständige Stabilisierungsarbeit verlangt, müssen die Politiker unserer Tage der Außenwelt ein Bild fast müheloser ehelicher Stabilität und Identifizierung vorführen. Im alten Rom kannte man keine derartigen Anforderungen an politisch aktive Männer oder selbst an ihre Frauen. *Catulls Clodia* war eine aktive Parteigängerin *Cäsars* und der populistischen Fraktion ihres Bruders, während ihr Mann mit den damaligen Konservativen sympathisierte. Freilich war die römische Gesellschaft zur Zeit der Republik alles andere als eine demokratische Gesellschaft. Sie war eine aristokratische Oligarchie.

15 Dion. Hal. IX, 28. Zit. bei *Otto Kiefer*, Sexual Life in Ancient Rome, London 1953, S. 10.

16 Mit dem Begriff der „Norm" wird heute viel Mißbrauch getrieben. Auch Soziologen gebrauchen ihn oft in philosophischer Manier, als beziehe er sich auf eine unveränderliche, metaphysische Gegebenheit unbekannten Ursprungs, die gleichsam über den Menschen in der Luft hängt. Hier sieht man es anders. Was immer man als Norm des Verhaltens der Ehegatten im alten Rom bezeichnen könnte, erweist sich bei näherem Zusehen als nachträglich abstrahierte Regel ungeplant entwickelter Gebräuche, so etwa die „Regel" der Gleichheit von Mann und Frau in Sachen der Scheidung. Man kann eine solche Norm nur mit Hilfe einer prozeßsoziologischen Rekonstitution verstehen und erklären, nämlich durch die Rekonstitution der vorangehenden Ungleichheit der Ehegatten und des Prozesses, der von ihr zu der späteren Gleichheit hinführt. Und da im Mittelpunkt dieses Prozesses Machtverlagerungen zwischen und innerhalb von Staaten oder Stämmen stehen, kann man vielleicht allgemeiner sagen: Normen ändern sich mit den Machtverhältnissen.

17 Nov. 117, c. 10. Zit. bei *Geffcken*, a. a. O., S. 25.

18 Zit. bei *Dieter Giesen*, Grundlagen und Entwicklung des englischen Eherechts in der Neuzeit bis zum Beginn des 19. Jahrhunderts, Bielefeld 1973, S. 27, Anm. 43.

Kölner Zeitschrift für Soziologie und Sozialpsychologie, Jg. 38, 1986, S. 425—449.

149

ZUR SOZIOLOGIE DER BEICHTE UND ANDERER FORMEN INSTITUTIONALISIERTER BEKENNTNISSE: SELBSTTHEMATISIERUNG UND ZIVILISATIONSPROZESS[1]

Von Alois Hahn

Für Ulrich Schulz-Buschhaus

I. Institutionalisierte Bekenntnisse: Formen

Es soll in diesem Aufsatz um eine Analyse von institutionalisierten Bekenntnissen gehen. Die Beichte ist lediglich ein freilich wichtiger Spezialfall. Institutionelle Bekenntnisse haben nicht nur im Kontext *religiöser* sozialer Kontrolle eine große Rolle gespielt. Sie sind auch in *rechtlichen* Verfahren von zentraler Bedeutung. Schließlich ist gerade die allerjüngste Moderne — etwa seit dem 19. Jh. — durch eine Säkularisierung und gleichzeitig den gesteigerten Einsatz von Bekenntnisritualen charakterisierbar. Man denke an die Verwendung von biographischen Bekenntnissen in der Psychoanalyse, in der medizinischen Anamnese und nicht zuletzt in der Sozialforschung, die ihre Vorläufer in den Verfahren zur Erhebung von Bedürftigkeit hatte, die dann Basis für private oder öffentliche Fürsorge waren. Man könnte vielleicht sogar die empirische Sozialforschung als die natürliche Tochter der Heiligen Inquisition sehen (wenn etwas so Unheiliges wie natürliche Töchter mit der Heiligen Inquisition überhaupt in einem Atemzug genannt werden darf). Die Parallelität der öffentlichen Bekenntnisse der Ketzer und der Hexen in den Prozessen, wie sie die Heilige Inquisition inszenierte, und öffentlicher Selbstkritik in revolutionären Zirkeln oder in den Moskauer Schauprozessen ist überaus deutlich. Neben den Bekenntnissen, die man *anderen* macht, dürfen auch nicht die vergessen werden, die man lediglich in foro interno als Gewissenserforschung ablegt. Oft sind Selbstbekenntnisse nur Vorbereitungen zu vor dem religiösen oder psychoanalytischen Beichtvater zu leistenden Berichten, bisweilen aber entwickeln sie sich auch zu vollständig eigenen Formen aus, etwa zum Tagebuch oder zur Autobiographie[2].

II. Die Bedeutung des Bekenntnisses von Intentionen

Wenn man diese Fülle von Formen institutioneller Bekenntnisse systematisch typisieren will, so bieten sich verschiedene theoretische Gesichtspunkte an: Neben der schon erwähnten Differenz zwischen religiösen und profanen Beichten ist vor allem entscheidend, welche Lebensbereiche überhaupt in einer Gesellschaft als bekenntnisfähig angesehen werden oder was als konfessionsrelevant in Frage kommt. So ist etwa für die Entwicklung der Beichte im Mittelalter ausschlaggebend, daß sich der Schwerpunkt bei der Sündenanalyse seit dem 12. Jh. von den äußeren Handlungen auf die Intentionen verschob. Zentral ist dabei die Sündenlehre des *Abälard*. Für ihn ist Sünde nicht eigentlich an ein äußeres Tun gebunden. Vielmehr liegt ihr Kern in einem intentionalen Akt, in der Zustimmung zur Sünde. Nur durch diesen Konsens entsteht eine Schuld der Seele, durch die sie sich die Verdammnis verdient, indem sie sich vor Gott schuldig macht[3]. Diese radikale Verlegung der Sünde ins Innere kontrastiert aufs massivste mit früheren Konzeptionen, in denen eine eher „äußere" Schuldauffassung gängig war. Die Welt des frühen Mittelalters ist, wie *Jacques Le Goff* präzise beschreibt, eine extrovertierte Welt. *Äußere* Pflichten und Verfehlungen stehen im Zentrum der ethischen Aufmerksamkeit: „C'est un monde ... qui se définit par des attitudes, des conduites, des gestes. Les gens ne peuvent y être jugés que sur des actes, non sur des sentiments. ... Le Wehrgeld par exemple considère bien à côté des actes des acteurs mais en fonction de leur situation objective selon une classification très rudimentaire d'ailleurs: libres et non libres, membres de telle ou de telle communauté nationale – non de leurs intentions[4]." Und die kirchliche Sündenlehre paßt zu dieser Auffassung: den als äußere Handlung aufgefaßten Sünden korrespondiert eine ebenso an der äußeren Vergeltung orientierte Buße: die Beichte ist eine Tarifbeichte, die die Strafe in Relation zur Schwere der Tat – ohne Berücksichtigung der Motive – festsetzt. Im Zentrum früher mittelalterlicher Beichte steht deshalb auch nicht das Bekenntnis als solches, sondern die Wiedergutmachung, die Satisfactio, die sich an die Beichte anschließt[5]. Der neuen Auffassung von der Sünde, die sich seit dem 12. Jh. durchzusetzen beginnt, entspricht demgegenüber folgerichtig eine verinnerlichte Form der Buße. Die eigentliche Verzeihung erlangt der Sünder dadurch, daß er die innere Wirklichkeit der Sünde tilgt, durch die Negation der Intention, die in der reuigen Zerknirschung des Sünders besteht. Diese Zerknirschung – der terminus technicus ist contritio – ist nicht in äußerer Reue, in Furcht vor ewigen oder zeitlichen Strafen, sondern in der Erkenntnis der Schändlichkeit der Sünde begründet, im Schmerz darüber, solche Absichten gehabt zu haben. Die Reue aus Liebe zu Gott ist selbst ein Geschenk Gottes und hebt die Schuld und mit ihr die Strafe auf. Die reuige Seele ist der Strafe nicht mehr würdig: „Cum hoc gemitu et contritione cordis, quam veram poenitentiam dicimus, peccatum non permanet, hoc est contemptus Dei, sive consensus in malum, quia caritas Dei hunc gemitum inspirans non patitur culpam. In hoc statim gemitu Deo reconciliamur et praecedentis peccati veniam assequimur[6]." Der Sünder bleibt aber gleichwohl gehalten, seine Schuld zu beichten. Die Beichte wird durch die Subjektivierung der Sünde nicht überflüssig oder nebensächlich. Sie wird vielmehr jetzt ein Forum, vor das prinzipiell nicht nur das äußere Handeln, sondern bereits die Intentionen gezogen werden. Es kommt somit zu einer Sozialisation der Empfindungen und einer sozialen Kontrolle des Gewissens, wie sie vorher nicht möglich waren. Die Beichte wird damit eine allzuständige Instanz, vor der das Individuum sich verantworten muß. Die hier am Beispiel *Abälards* erläuterte Verschiebung der Schuld in den Raum der Intentionen ist – mit einigen hier nicht erheblichen Modifikationen — bald Gemeingut der scholastischen Philosophie. In dem Maße, wie sich die entsprechende Konzeption durchsetzt, wird das Individuum zu einer Besinnung auf sich selbst zurückgeworfen, wie dies vorher nie der Fall war. Seine innersten Motive werden heilsrelevant, deshalb erforschungsbedürftig. Mit dieser Erhellung des eigenen Motivhaushalts ist aber gerade auch eine Steigerung der Empfindung für die eigene Subjektivität verbunden, die historisch neu ist. Subjektivität ergibt sich also als Folge sozialer Kontrollprozesse. Bekanntlich hat *George Herbert Mead*[7] die Geburt des Selbst als Übernahme der Perspektive signifikanter Anderer durch das Ich beschrieben. Das bleibt als allgemeine Aussage über Sozialisation überhaupt hier unbestritten. Die *Mead*sche Theorie der Selbstwerdung abstrahiert gerade von konkreten historischen Typen des Selbst. Der Hinweis auf den Zusammenhang von Beichte und der Steigerung der introspektiven Leistungen macht aber auf eine bestimmte historische Form der Selbstempfindung aufmerksam, die als solche nicht universal ist. Wohl aber scheint universal zu sein — das ist jedenfalls eine meiner Hauptthesen — daß Subjektivität und Individualität in den Prozessen, die sie kontrollieren, eine eigentümliche Differenzierung und Steigerung erfahren. Die im 12. Jh. ablaufenden Neuformulierungen des Schuldbegriffes verändern die Auffassung von der Tatverantwortung fundamental und schärfen diese neuen Auffassungen über die Beichte ein[8]. Diese Subjektivierung ist gewiß ein überaus langsamer historischer Prozeß, der von zahlreichen Variablen abhängt[9]. Verschiedene Gruppen werden zu unterschiedlichen Epochen in unterschiedlichem Maße in diesen Prozeß hineingezogen. Daß hier primär ein Variablenbündel behandelt wird, heißt nicht, die anderen zu leugnen.

Selbstverständlich darf man auch die sozusagen „materielle Basis" der Steigerungen der Individualisierung im 12. Jh. nicht unterschlagen. Teilweise ist die *Abälard*sche Theologie ihrerseits Antwort auf neue Probleme und neue Erfahrungen, die nichts mit Theologie oder Beichte zu tun haben. Ich nenne sie hier nur ganz pauschal: das Aufblühen der Städte, die größere lokale Mobilität, die Überregionalität des Handels, die stärker werdende berufliche Differenzierung, das Entstehen ausgedehnter Spielräume für persönliche Initiativen, die Entfaltung des geistigen Lebens (Universitäten). All dies hilft mit, eine neue Form von Individualität, einen neuen Begriff des Handelns, der das Schwergewicht auf die Intentionalität legt, und eine neue Vorstellung von Verantwortlichkeit entstehen zu lassen.

III. Institutionalisierung der Pflichtbeichte

Aber diese neuen Bewußtseinsinhalte blieben nicht bloße intellektuelle Reflexe auf eine neue Situation. Sie werden selbst Moment institutioneller Wirklichkeit. Auf dem 4. Laterankonzil 1215 wird die Pflicht eines jeden Christen beiderlei Geschlechts eingeschärft, wenigstens einmal im Jahr, und zwar beim Ortspfarrer, zu beichten[10]. Hier wird also eine Institution gegründet, in der vorher lediglich in Theologenkreisen oder an Universitäten diskutierte oder akzeptierte Theorien praktisch seelsorgerisch wirksam werden. Die neue Lehre von der Schuld und von der Verantwortung beginnt —

wenn auch zunächst wohl nur auf die städtischen Gruppen und die Oberschichten –, als Disziplinierungsinstrument – und zugleich auch: als Sinnstiftungsmoment – Einfluß zu gewinnen. Der Beichte kann man sich nicht ohne weiteres entziehen. Die Kirche als Anstalt mit dem Monopol der Gewährung von Zugangschancen zum Heil setzt die Beichte durch. Die schon angedeutete Individualisierungssteigerung, wie sie sich aus zahlreichen Zeugnissen seit dem 12. Jh., aber dann massiver seit dem 13. und 14. Jh. dokumentieren läßt, folgt also – soweit sie überhaupt mit den hier behandelten Variablen erklärt werden kann – nicht schon aus einer neuen Schuld*theorie* als solcher, sondern aus ihrer Umsetzung in einer gesellschaftlichen Institution, die zwar nicht primär durch ihren Zwangscharakter bestimmt ist, aber doch unausweichlich ist. Gewiß hat es auch schon vor 1215 immer wieder Versuche gegeben, die Gläubigen zum regelmäßigen Sakramentenempfang anzuhalten. So ordnete etwa das Regionalkonzil von Agde schon im Jahre 506 den mindestens dreimaligen Empfang des Abendmahls pro Jahr an. Anordnungen dieser Art blieben jedoch offenkundig unwirksam. Außerdem war es bis zum 12. Jh. durchaus umstritten unter den Theologen, ob auch nach der vollkommenen Reue die Ohrenbeichte erforderlich sei. Der Kanon omnis utriusque hingegen ist sehr energisch durchgesetzt worden. Nachweise dafür bietet *Peter Browe*[11]. Insbesondere in stark ketzerischen Gegenden Frankreichs galt das Versäumnis des Sakramentenempfangs als Hinweis auf Zugehörigkeit zu ketzerischen Gruppen, die ja das priesterliche Monopol auf Sakramentenspendung ablehnten, und führte zur Einschaltung der Inquisition[12]. So bestimmen die Synoden von Toulouse (1229), Port Audemer (1279) und der Erzbischof Philipp des Lewis, 1425–1454, daß derjenige, der nicht zur Osterbeichte erscheint, als Suspectus de haeresi zu behandeln sei[13]. Das 4. Laterankonzil selbst hatte statuiert, daß den Säumigen zu Lebzeiten der Eintritt in die Kirche und nach dem Tod das kirchliche Begräbnis verweigert werden sollte. Außerdem wurden seit dem 13. Jh. Listen geführt, um die Erfüllung der Osterpflicht systematisch zu kontrollieren: „Nach dem Provinzialkonzil von Arles (1275) mußten die Pfarrer ein Buch anlegen und jedes Jahr in der Fastenzeit die Namen der Beichtenden eintragen; außerdem mußten sie diejenigen, die nicht gebeichtet hatten, aufschreiben und auf der Ostersynode zur Anzeige bringen. Diese ... Art wurde ... von den meisten Synoden ... vorgeschrieben ... In den meisten Diözesen wurden dann diejenigen, die nicht zur Beichte gekommen waren, gleich das erste Mal angezeigt, in einigen wenigen anderen, wie 1310 in Trier, nur, wenn sie sich hartnäckig dem Empfang widersetzten[14]." Bei Pflichtbeichten, die außerhalb des Heimatortes gestattet wurden, mußten die Beichtkinder einen entsprechenden Nachweis führen, oft auch die vorherige Erlaubnis des Ortspfarrers einholen. In der nachmittelalterlichen Zeit wird es dann üblich, jedem Beichtenden eine Bescheinigung auszuhändigen. Diese mußte bisweilen, vor allem in Österreich im 17. und 18. Jh., auch der weltlichen Obrigkeit vorgelegt werden. Versäumnisse werden mit Geldbußen oder Nichtberücksichtigung bei der Verteilung von Almosen geahndet.

Aber nicht ausschließlich der äußere Druck führte im weiteren Verlauf des Mittelalters zur massenhaften Institutionalisierung der regelmäßigen Beichte. Mindestens ebenso wichtig dürfte sein, daß sich schrittweise die Überzeugung von der Heilsnotwendigkeit[15] und der göttlichen Stiftung[16] des Bußsakramentes allgemein verbreitet.

Insbesondere setzt sich der Glaube durch, daß man *alle* Sünden, zumindest aber alle Todsünden, vollständig beichten müsse. Das absichtliche Verschweigen einer Todsünde macht die ganze Beichte ungültig und fügt den bereits begangenen eine Todsünde hinzu. Bei unabsichtlichem Vergessen muß bei einer späteren Beichte die ursprünglich nicht erwähnte Todsünde nachträglich gebeichtet werden, und zwar soll — jedenfalls nach Auffassung einiger Theologen — nicht nur die vergessene Sünde, sondern die ganze Beichte nachgeholt werden. Zumindest gilt das dann als erforderlich, wenn man bei der Nachholbeichte nicht denselben Beichtvater zur Verfügung hat oder dieser sich an die erste Beichte nicht mehr erinnern kann[17].

Mit der Verallgemeinerung der Beichtpflicht geht auch eine Modifikation der Theorie der Reue Hand in Hand. Hatte bei *Abälard* lediglich die vollkommene Reue, die contritio, eine Rolle gespielt, so drängt sich seit dem 13. Jh. die Konzeption von der unvollkommenen Reue, der attritio, vor. Hier handelt es sich um eine Reue aus Angst. Der Sünder stellt sich die jenseitigen Sündenstrafen vor, die ihn für seine Schandtaten erwarten. Die Furcht vor Fegefeuer und Hölle wird zunehmend als hinlängliche Reue für die Sünden interpretiert, wenn sie im Kontext der Beichte erweckt wird. Damit wird die Reue nicht mehr ausschließlich in der Form anerkannt, wie sie allenfalls einem religiösen Virtuosen zugänglich ist, sondern knüpft an Motive an, die gerade auch für den normalen Laien bedeutsam sind. Außerdem wird mit der Institutionalisierung der unvollkommenen Reue die Angst als Steuerungsimpuls einsetzbar. Noch *Thomas von Aquin* äußert sich in Bezug auf die Heilswirksamkeit der bloßen attritio eher skeptisch. Aber bereits bei *Duns Scotus*[18] wird die Auffassung vertreten, daß selbst ein Minimum an Attritio eine hinlängliche Voraussetzung für den wirksamen Empfang des Bußsakramentes sei. Die definitive Dogmatisierung der Rolle der Attritio erfolgt dann im Konzil von Trient[19].

Eine der anschaulichsten Folgen dieser durch Konfessionspflichten erzwungenen Befassung mit sich selbst ist ein neues Gefühl für die Einzigartigkeit des Individuums, wie es sich etwa seit dem 13. Jh. und 14. Jh. in der Individualisierung der Grabplastik zeigt. Eine weitere Folge dieser gesteigerten Individualisierung des Identitätsbewußtseins hat vor allem *Philippe Ariès*[20] gezeigt. Nach ihm ist sie mitverantwortlich für eine veränderte Haltung zum Tod, die sich seit dem 12. Jh. immer stärker ausbildet. Während die vorhergehenden Epochen den Tod „gezähmt" hätten und ihn wesentlich als Gruppenereignis empfunden hätten, beginne der Tod nunmehr als individuelle Krise erlebt zu werden. Die archaische Angstkontrolle angesichts des Todes des Einzelnen mußte nicht so intensiv sein, weil das Individuum sich stärker eins mit der weiterlebenden Gruppe wußte. In dem Augenblick, in dem der Tod ein Individuum vernichtet, das sich als einzelne unverwechselbare Persönlichkeit erfährt, muß die Todesangst einen erheblich dramatischeren Charakter annehmen. *Ariès* verweist darauf, daß dieser neue Typus der Sterbehaltung, „la mort de soi", verantwortlich zu machen ist für eine neue Konzeption des Jenseitsglaubens. Insbesondere setzt sich eine vorher allenfalls bei den theologischen Eliten verbreitete Auffassung von der unmittelbar auf den Tod folgenden Trennung von Leib und Seele, dem individuellen Gericht zum Zeitpunkt des Todes und der Glaube an das Fegefeuer allgemein durch[21]. Vorher war die verbreitetste Auffassung die, daß man nach dem Tod bis zum jüngsten Gericht in eine

Art bewußtlosen Schlaf an einem locus refrigerii versinke. Diese Vorstellung wird aber
für ein hochgradig individualisiertes Selbstbewußtsein schwer erträglich. Dem Bewußtsein der individualisierten Identität entspricht eine verstärkte Angst vor dem Ende des
Ich oder einer Unterbrechung des Lebens um vielleicht Tausende von Jahren. Die Vorstellung von der Verlängerung der Biographie über den Tod hinaus antwortet auf diese
Angst. Die gesteigerte Angst vor dem Selbstverlust wird durch die Individualisierung
der Jenseitsvorstellung aufgefangen. Andererseits aber betont die Drohung mit einem
unmittelbar auf den Tod folgenden individuellen Seelengericht die Eigenverantwortung
für das Handeln, stärkt also ihrerseits die Individualisierung. Dieser Prozeß wird zusätzlich dadurch gesteigert, daß das Individuum durch Bekenntnis, Reue und Wiedergutmachung seiner Schuld, durch fromme Stiftungen und ähnliche Investitionen für die
eigene postmortale Zukunft dem Jenseitsschicksal nicht hilflos ausgesetzt ist, sondern
— trotz der Berücksichtigung der Gnade — doch auch selbst für sein jenseitiges Glück
und Verhängnis zuständig bleibt.

Bei aller Betonung von Motiven und Intentionen in der scholastischen Moralphiloso-
phie bleibt die soziale Kontrolle des individuellen Gewissens erhalten, ja verstärkt sich
sogar erheblich. Und damit sind wir bei einer zweiten wichtigen typologischen Differenzierung von Bekenntnisformen: Entscheidend für den Charakter institutionalisierter
Konfessionen ist nicht nur der Bereich der bekenntnisrelevanten Gegenstände, nicht
nur die Frage, ob lediglich äußere Handlungen, sondern auch innere Einstellungen
Thema einer Beichte sein können. Erheblich ist zusätzlich, ob und welche Anleitungen
für Gewissenserforschung existieren. Der einzelne wäre bald am Ende mit seinem Blick
ins Innere, wenn ihm keine Karte für seine Seelenlandschaft an die Hand gegeben
würde. Für die Entwicklung der Beichte im Mittelalter ist es deshalb von großer Bedeutung, daß bald nach dem IV. Laterankonzil eine Fülle von Handbüchern für den
Beichtvater entsteht, in denen die Welt der Sünden, der Tugenden, der Intentionen
und Motive und die Grade der Freiheit und Verantwortung kasuistisch vermessen und
systematisiert werden. Die meisten dieser Texte lassen sich einer literarischen Gattung
zuordnen. Es handelt sich um die sogenannten ,,Summen" für Beichtväter, die Summae confessorum oder Summae de Casibus conscientiae[22]. Als Begründer dieser Gattung wird allgemein *Raymundus von Penaforte* angesehen, ein katalonischer Kirchen-
rechtler, dessen Summa (die sog. Raymundina) in den Jahrzehnten nach dem Laterankonzil entstand. Vom Ende des 13. bzw. Anfang des 14. Jhs. stammen die Summa confessorum des Dominikaners *Johannes von Freiburg*, die Summa Pisanella von *Bartolo-
meo a Santo Concordio* und die Summa de Casibus conscientiae des Franziskaners
Astesanus von Asti. Spätere vor allem zur Reformationszeit berühmte Summen sind
die Summa Angelica des *Angelus von Clavasio* und die Summa Summarum des Dominikaners *Sylvester Prierias Mazzolini*, die sogenannte Sylvestrina. Die einzelnen Summen bleiben teilweise über Jahrhunderte im Gebrauch und zeigen bei deutlich erkennbaren zeit- oder autorengebundenen Modifikationen im einzelnen: Variationen
der Beurteilung der Schwere einzelner Sünden, unterschiedliche Intensität in der Zergliederung von Tatumständen und Motivverästelungen usw., doch eine hohe Einheitlichkeit der Gattung. Ihre Hauptfunktion liegt wohl darin, daß sie in einer Zeit komplexer werdender, differenzierterer Handlungswelten durch ihrerseits komplexere Re-

spezifikationen allgemeiner moralischer Prinzipien dem Beichtvater und über ihn auch dem Beichtkind moralische Sicherheit in der Beurteilung der ethischen Qualität von Handlungen und Motiven bieten. Sie stellen ein Deutungsmuster dar, das es dem Individuum erlaubt, angesichts der neuen Fülle von Handlungsmöglichkeiten Orientierung und Bewältigung der Schuldangst zu finden. So wie der Analysand auf der Couch des Psychotherapeuten im psychoanalytischen Strukturmodell eine Matrix für seine individuelle Triebbiographie findet, so fand der mittelalterliche Kaufmann, Handwerker, Gelehrte, Priester oder Adlige in der Kasuistik der Summen und Manuale, Beichtspiegel usw. einen Raster für die Beurteilung seiner Sünden. Denn die Summen weisen den Beichtvater an, nicht nur allgemein nach Sünden zu fragen, sondern zu berücksichtigen, daß der Fürst typischerweise mit anderen Sünden zu kämpfen hat als der Ritter, der Kaufmann, der Bürger usw. Alle Summen zeigen dann auch eine relativ präzise Kenntnis der beruflichen Differenzierung und den mit jedem Beruf oder Stand speziell verbundenen Versuchungen und Gewohnheitssünden. Die Summen sind insofern der vielleicht wichtigste Beitrag zur ethischen Durchdringung neu entstandener ausdifferenzierter institutioneller Bereiche. Ohne deren genaue Kenntnis und die der Probleme, die sich dort stellen, wäre der Beichtvater ja auch gar nicht in der Lage, moralisch zu führen. Ob etwa eine bestimmte Finanztransaktion ein moralisch verwerflicher Wucher oder ein unbedenkliches Termingeschäft ist, läßt sich oft nur bei einschlägigen ökonomischen Kenntnissen entscheiden. Es ist deshalb sicher kein Zufall, daß die beiden vielleicht bedeutendsten ökonomischen Denker des Mittelalters, *Antonino von Florenz* und *Bernardino von Siena*, über beichtrelevante Fragen schrieben: Von *Antonino* stammt z. B. das Confessionale-Defecerunt (sogenannt nach dem Beginn des Textes: Defecerunt scrutantes scrutinio). Nach *Tentler* war es eines der populärsten Beichthandbücher: „Taking all of St. Antoninus's manuals in Latin and Italian, we find over one hundred incunabular editions, and they were published in thirty-two different cities of Europe. Seventy-two of these printings represent one or another form of the Confessionale-Defecerunt, including translations into Italian and Spanish[23]." Und *Bernardino* schrieb ein vielgelesenes Buch über eines der dornigsten moralischen Probleme des Kaufmanns, den Wucher[24].

IV. Geständnis und Tortur

Die im 12. Jh. einsetzende Neufassung des Handlungsverständnisses konnte auch für die weltlichen Belange nicht folgenlos bleiben. Dies zeigte sich insbesondere am Wandel der Einstellung zu den Gottesurteilen. Bis zum IV. Laterankonzil waren sie nicht nur tatsächlich gang und gäbe, sondern auch theoretisch nicht eindeutig verworfen. Zwar hatte es immer wieder Einwände von Konzilen, Päpsten, Theologen und Kirchenrechtlern gegeben. Aber solchen Einwänden stand nicht nur die faktische Duldung entgegen, sondern auch die Erlaubnis von Konzilen, Päpsten, Theologen und Kirchenrechtlern zumindest in bestimmten Fällen, in denen ohne Gottesurteil keine Entscheidung herbeigeführt werden konnte, auf sie zurückzugreifen. Diese Situation änderte sich im 12. Jh. Einerseits waren Gottesurteile mit dem Römischen Recht nicht vereinbar, das seit dem frühen 12. Jh. an der Universität von Bologna von den dortigen Juristen zu neuer Aktualität und Geltung gebracht wurde. Entscheidender war aber wohl die Präzisierung der Auffassungen im Rahmen des Kirchenrechts und der Theologie, die dann im IV. Laterankonzil zum Verbot der Beteiligung von Priestern an Gottesurteilen und unter Papst *Honorius III.* im Jahre 1222 zur Ausdehnung dieses Verbots auf die weltlichen Prozesse führte. Unter den Kanonisten war es vor allem *Huguccio*, unter den Theologen *Petrus der Kantor*, die im 12. Jh. die Anwendung von Gottesurteilen definitiv und ausnahmslos verwarfen. Den theoretischen Vorbereitungen des Meinungsumschwungs folgte dann anfangs des 13. Jhs. die institutionelle Durchsetzung; jedenfalls wird hier ein Anfang gesetzt; im Einzelfall sind Gottesurteile bis ins 17. Jh. vorgekommen[25].

Gehen wir von den Thesen *Petrus des Kantors* aus! Er greift die Praxis der Gottesurteile mit verschiedenen Argumenten an. Das für uns Heutige einleuchtendste geht von der Erfahrung aus. Er erzählt eine Fülle von Geschichten, in denen ein Gottesurteil nachweislich einen Unschuldigen zum Schuldigen gemacht hat. So etwa erwähnt er den Fall des Papstes *Alexanders III.*, der ein wertvolles Gefäß vermißt, einen Verdächtigen der Feuerprobe unterzieht und ihn — da dieser sie nicht besteht — zwingt, Schadensersatz zu leisten. Das Gefäß wird indessen später bei einem anderen, dem wirklichen Dieb, gefunden. Und der Papst schlägt sich an die Brust und sagt: „Bone Jesu! quis diabolus decepit me ut ego miser (usus sim) diabolico illo iudicio?"[26]

Petrus Cantor weiß auch, daß bei drei Angeklagten die Feuerprobe für den letztgeprüften typischerweise am ehesten glimpflich ausgeht, weil dann das Eisen schon abgekühlt ist, und er macht auf den Zusammenhang von Schwielen und Unschuld aufmerksam. Er kennt Fälle, wo der durch Gottesurteil überführte Mörder post mortem durch das Wiederauftauchen des vermeintlichen Opfers rehabilitiert wird usw. Man könnte sich fragen, warum solche und ähnliche Erwägungen nicht schon früher angestellt wurden. Will man sich nicht mit dem billigen Hinweis auf den eben unausrottbaren Aberglauben bescheiden, wird man ja nicht übersehen können, daß rein empirische Falsifikationen des Glaubens an das Gottesurteil immer wieder aufgetaucht sein müssen. Tatsache ist allerdings, daß auch bei uns immer wieder Justizirrtümer vorkommen und wir das auch wissen, ohne daß wir doch grundsätzlich den Glauben an unsere gerichtlichen Verfahren aufgeben. *Baldwin* erwähnt dann auch, daß im Zentrum frühmittelalterlicher Aufmerksamkeit nicht die Fehlschläge, sondern die Erfolge der Gottesurteile standen, die im übrigen normalerweise ja auch nur verwandt wurden, wenn bereits ein starker Verdacht gegen den Inkulpierten bestand: „To him (sc. Peter the Chantor) it was a fact that customary trials often produced false judgements. In opposition to the vast mediaeval store of accounts drawn from popular lore and Saints's lives which illustrated the effectiveness of miraculous ordeals, Peter began to collect accounts showing how these devices did not work[27]." Die Suche nach Fehlschlägen setzt erst ein, nachdem ein grundsätzliches Argument die Gottesurteile diskreditiert. Und dieses ist bei *Petrus Cantor* ein theologisches: Man darf Gott nicht dazu zwingen wollen, Wunder zu tun. Denn das heißt ihn versuchen. Aber Gott zu versuchen, ist eine schwere Sünde (cf. Mt. 4, 7). Das Argument ist nicht neu, aber es gewinnt im Kontext des 12. Jhs. eine neue Dringlichkeit. Der Grund dafür wird vielleicht noch deutlicher bei der Beweisführung des *Huguccio*. Er erklärt den gerichtlichen Zweikampf für eine „res illicita et prohibita". Wer sich ihm unterzieht oder ihn anordnet, sündigt schwer („mortaliter peccat"). Man kann sich auch nicht mit einer bestehenden Gewohnheit herausreden. Denn Gottesurteile sind „contraria rationi", vernunftwidrig. Sonst könnte man ja auch den Wucher oder die Unzucht für legitim erklären, „quia pauci inveniuntur sine tali delicto". Auch daß der Papst das Gottesurteil zuläßt, kann seine Anwendung nicht rechtfertigen: er duldet es, so wie er auch die Prostitution duldet und die Wucherer („tolerat, sicut tolerat meretrices et usurarios")[28]. Aber warum erscheint *Huguccio* etwas als widervernünftig, was noch vielen seiner Zeitgenossen als erlaubt erscheint? Warum macht *Petrus Cantor* aus den an sich bekannten Fehlschlägen ein Argument gegen die Gottesurteile überhaupt? Ich vermute, daß der Grund in eben jenem neuen Handlungs- und Schuldverständnis liegt, das sich im 12. Jh. entwickelt: Tat und Täter können nicht mehr bloß äußerlich verknüpft werden. Wer glaubt, daß einzig Intentionen einem äußeren Ereignis Handlungsqualität verleihen, muß eine rein magische Verbindung von Taten und ihren Urhebern als widervernünftig erfahren. Die einzige wirklich plausible Verknüpfung ist dann die, in der der Handelnde selbst sich seinen Taten zuordnet, indem er sich als ihr Autor bekennt. Nur dadurch werden die Akte von bloßen Ereignissen differenzierbar, daß ihnen eine im Innern der Handelnden liegende Kausalität zugeordnet wird. Eine solche Kausalität kann natürlich aufgrund von Indizien oder Zeugenaussagen geschlossen werden, aber voll zur Evidenz kommt sie nur im Bekenntnis[29]. Tatsächlich führt dann auch die Abschaffung der Gottesurteile zu einer zentralen Rolle des Geständnisses im Gerichtsverfahren. Das Prozeßrecht, das sich in Europa im Anschluß an das IV. Laterankonzil herausbildet, gestattet die Hinrichtung eines Menschen nur dann, wenn entweder zwei Zeugen die todwürdige Tat gesehen haben oder aber wenn der Beschuldigte ein Geständnis ablegte. Ein Zeuge allein oder noch so drückende Indizienbeweise konnten nicht zur Verurteilung zum Tode führen[30]. Beweisen wird also in vielen Fällen identisch mit Bekennen. *Langbein* belegt in seiner Arbeit über die Entstehung der Folter im europäischen Gerichtssystem, daß die Abschaffung des Gottesurteils zu einer Verschärfung der Forderung nach dem Bekenntnis geführt habe. Er erklärt das damit, daß er auf die erhöhten Anforderungen an die Sicherheit des Urteils verweist, die entstünden, wenn nicht mehr Gott das Urteil spricht. Aber das erklärt nicht, warum gerade das Bekenntnis diese Sicherheit zu verbürgen schien. Der Reiz der Arbeit von *Langbein* besteht darin, daß er zeigen kann, daß der Einzug der Folter ins Gerichtsverfahren sich der Unausweichlichkeit des Eingeständnisses der Schuld verdankt. Oft nämlich war die Beweislast gegen einen Angeklagten erdrückend. Aber er gestand nicht. Hätte man ihn deshalb freilassen sollen? Moderne Rechtssysteme hätten in diesem Fall die Verurteilung allein aufgrund der Indizien gestattet. Aber dieser Weg war den Gerichten des Mittelalters verschlossen. Freilassung aber wäre wegen des unüberwindlichen Verdachts ein Skandal gewesen. In diesen Situationen wurde — nach *Langbein* — auf die Folter zurückgegriffen. Sie ist ein Instrument zur Erzeugung von Geständnissen. Aber selbstredend war auch den Menschen des 13. Jhs. nicht ungeläufig, daß Menschen unter Qualen u. U. alles nur Mögliche gestehen. Warum also die Erzwingung des Geständnisses? Logisch erscheint das nur, wenn man annimmt, daß allein die Verknüpfung von Tat und Täter, die sich durch die Offenlegung der Motive und Intentionen herstellt, letzte Zweifel an der Verantwortung des Angeklagten beseitigt. Dabei ging es bei den Geständnissen — jedenfalls der Theorie nach — nicht einfach um die Erpressung eines „Ja, ich war es". Vielmehr war der Inquisitor gehalten, seine Fragen nicht suggestiv zu formulieren. Der Angeklagte sollte unter der Folter Informationen preisgeben, über die eigentlich nur der wirkliche Täter verfügen konnte, die u. U. nachprüfbar waren usw. Schließlich mußte das Geständnis nach der Folter noch einmal wiederholt werden, um ihm den Anschein eines freiwilligen Geständnisses zu geben. Es geht uns hier nicht um eine soziologische Analyse der Folter, sondern um die des Bekenntnisses. Gleichwohl ist es höchst bedeutsam — auch für die modernen Schauprozesse[31] — daß die Tatzuschreibung alsdann am plausibelsten gelungen erscheint, wenn sie sich auf ein Bekenntnis stützen kann, wenn also eine logische Verbindung zwischen dem Innern des Täters und seiner Tat hergestellt werden kann. Jeder Zwang stört selbstverständlich dieses Bild. Zur öffentlichen Darstellung des Zusammenhangs zwischen Tat und Täter eignet sich daher am besten ein freiwilliges Geständnis. Wo dies nicht direkt zu erhalten ist, muß jedenfalls die vorgängige Tortur möglichst unsichtbar gemacht werden. In dem Maße, in dem das gelingt, kann es dann „sinnvoll" oder doch politisch lohnend werden, nicht zu bekannten Taten einen unbekannten Täter zu suchen, sondern dem bekannten politischen Gegner ein ihn diskreditierendes Geständnis zuzuordnen: Man hat schon einen Delinquenten und muß nur noch die Taten suchen, die sich glaubhaft in einem Schuldbekenntnis verarbeiten lassen. Die Konzeption des im Anschluß ans IV. Lateranum entwickelten Beweisrechts ging demgegenüber natürlich vom Gegenteil aus: Erst der hinlänglich Verdächtige schloß durch das Geständnis letzte Zweifel an seiner Täterschaft aus: im Geständnis identifizierte er sich mit der Tat: Geständnis wird Identifikation: Selbstauslegung[32].

V. Die reformatorischen Institutionalisierungen von Bekenntnissen

Eine der vielleicht einschneidendsten Veränderungen des religiösen Lebens durch die europäische Reformation dürfte in der Umgestaltung der Institution der Beichte bestehen. Generell läßt sich sagen, daß vor allem der sakramentale Charakter der Beichte aufgegeben wird, jene Vorstellung von der gleichsam magischen Gewalt des Priesters, dem reuigen Sünder seine Schuld zu vergeben. In dem Augenblick, in dem die Erlösung primär auf den Glauben oder die Prädestination gegründet wird, muß die regelmäßige Beichte als Reinigung von Sünden ihre Bedeutung einbüßen. Sie verliert aber deswegen keineswegs an Relevanz. Jedenfalls schaffen die Reformatoren die Beichte nicht ersatzlos ab. Was sich ändert, das sind die Formen, die theologische Bedeutung und die ethische Funktion. Insbesondere verselbständigen sich die Gewissenserforschung einerseits (als individuelle Prüfung des eigenen Glaubens- oder Gnadenstandes) und die von Priester oder Gemeinde vollzogene Überwachung des äußeren Lebens.

1. Beichte und Glaubensverhör in der Lutherschen Lehre

Die Einstellung *Luthers* zur Beichte hat sich schrittweise entwickelt, bis er gegen Ende 1521 zu seiner endgültigen Position vordringt. Danach wird der Beichte ihr sakramentaler Charakter und ihre Heilsnotwendigkeit bestritten. Die Ohrenbeichte läßt sich nicht biblisch begründen, ist also Menschenwerk. Trotzdem ist *Luther* keineswegs für ihre Abschaffung. *Fischer*[33] faßt die *Luther*sche Auffassung wie folgt zusammen: „Bei alledem bleibt das Beichtinstitut eine überaus heilsame Einrichtung, deren sich jeder rechte Christ willig und dankbar bedienen wird. Allerdings darf dabei in keiner Weise ein Zwang ausgeübt werden. Es ist durchaus unberechtigt, wenn man ein bis ins einzelnste gehendes Beichtbekenntnis und das Ablegen desselben vor den Priestern fordert ... Die Beichte muß ... in das Belieben jedes einzelnen gestellt werden; in Sonderheit muß die Beichte vor Laien ausdrücklich gestattet sein ... Notwendig ist überhaupt nur die Beichte vor Gott. Wer diese in rechter Weise ablegt, wird sich allerdings auch getrieben fühlen, einem christlichen Bruder zu beichten, und wird reichen Segen davon haben. Aber er soll einem Priester dann auch nur als einem christlichen Bruder, nicht als einem mit besonderen Privilegien ausgestatteten Amtsträger beichten ... Dabei soll man alles Gewicht auf die rechte innere Herzensstellung legen, auf einen rechten und wahrhaften Glauben. Denn weder das Maß der eigenen Reue noch der Umfang der Beichtbekenntnisse vermögen den Wert der Beichte irgendwie zu gewährleisten ... Er (sc. der wahrhafte Glaube) ist deshalb das einzige, was unbedingt gefordert werden muß. Ist er vorhanden, so ist mit einem allgemeinen Beichtbekenntnis, in das höchstens eine Darlegung der das Gewissen gerade sonderlich bedrückenden Sünden aufzunehmen ist, alles notwendige getan ... Hat aber jemand diese rechte Herzensstellung, Glauben und aufrichtiges Heilsverlangen nicht, so soll er nicht zur Beichte gehen. Das kirchliche Beichtgebot darf ihn nicht dazu veranlassen. Im Gegenteil, er soll sich von der Beichte fernhalten, bis er zu besserer Einsicht und zu jener richtigen Herzensstellung gekommen ist[34]." Diese Auffassung *Luthers* trieb dann allerdings während seiner Abwesenheit von Wittenberg zu Konsequenzen, die der Reformator überhaupt nicht beabsichtigt hatte. Insbesondere durch den Einfluß von *Carlstadt* wurde die Beichte in Wittenberg für einige Jahre faktisch abgeschafft. Sobald *Luther* aber von der Wartburg zurückkam, beklagte er diese Entwicklung ausdrücklich und bereitete eine Wiedereinführung der Beichte in neuer Form vor. Dazu kam es wohl gegen Ende des Jahres 1523. *Luther* zeigte sich zunehmend skandalisiert von den Scharen der „Unwürdigen", die zum Abendmahl drängten, und führte neben der eigentlichen Beichte, die freiwillig abgelegt werden kann, eine Art Glaubensverhör ein, dem sich jeder unterziehen mußte, der zum Abendmahl zugelassen werden sollte: „Danach handelte es sich dabei zunächst um die Forderung, daß jeder, der zum Abendmahl gehen wollte, sich persönlich bei dem Geistlichen anzumelden hatte, damit dieser die Namen der Kommunikanten wußte und die Möglichkeit hatte, eventuell Erkundigungen über ihre Lebensführung einzuziehen. Danach wurde mit ihnen ... das Glaubensverhör angestellt. Bei demselben lag eine doppelte Absicht vor. Zunächst sollte dadurch festgestellt werden, ob die betreffenden, die zum Abendmahl gehen wollten, die nötige Einsicht in die Bedeutung der heiligen Handlung und das nötige Verständnis für die dafür erforderlichen Vorbedingungen hatten ... Wer aber auf diese Fragen nicht in angemessener Weise zu antworten vermochte, der wurde vom Abendmahl zurückgewiesen. An diese mehr katechetische und dogmatische Prüfung aber schloß sich sodann bei solchen, die etwa dazu Anlaß boten, eine ethisch-religiöse. Der Geistliche hatte nämlich auch auf die Lebensführung der einzelnen sein Augenmerk zu richten, und wo ihm einer vorkam, bei dem in dieser Beziehung und aufgrund von offenkundigen Sünden etwas auszusetzen war, da sollte er sich sorgfältig bemühen zu erkunden, ob der betreffende von seinen Sündenwegen gelassen habe oder wenigstens in ernstlicher Betrübnis über seine Sünden traure und von ihnen loszukommen begehre[35]." Die hiermit erreichte Zweiteilung von freiwilliger Beichte als innerlichem religiösen Akt einerseits und geistlicher Sittenüberwachung andererseits ist überaus folgenreich. Denn die innere Selbststeuerung durch das Gewissen wird hier mit äußerer disziplinierender Fremdkontrolle wirksam kombiniert. Schließlich war in einer protestantischen Gemeinde der Ausschluß vom Abendmahl wegen sittlich bedenklichen Lebenswandels keineswegs eine rein religiöse Angelegenheit, sondern hatte ganz erhebliche Konsequenzen für das weltliche Ansehen. Ganz allgemein galt überdies die Regel, daß das Glaubensverhör ohnehin nicht alle gleichermaßen traf. *Fischer* jedenfalls verweist darauf, daß an „intellektuell und sittlich hochstehende Personen" diese Beichtfragen höchstens einmal oder gar nicht gestellt wurden. Es kommt also zu einer Zweigleisigkeit der sozialen Kontrolle, einer mehr über das Gewissen laufenden bei den religiösen Virtuosen und den angesehenen Gemeindemitgliedern und einer, die stärker auf äußere Überwachung baut.

2. Beichte und biographische Perspektiven

Die „Entdeckung" der Intentionalität führt zu einem neuen Handlungsverständnis. Sie reicht aber für sich allein noch nicht aus, um eine biographische Perspektive zu entfalten. Zwar betrachtet man seit dem 12. Jh. die Taten nicht mehr ohne Rückgriff auf das korrespondierende motivationale Geschehen. Aber es findet sich nirgendwo der Versuch, einzelne Handlungen im Kontext aller Handlungen eines Individuums zu analysieren. Es fehlt die Vorstellung vom biographischen Zusammenhang des Handelns und von der Einheit des Lebenslaufs als individuiertes System von intentional verknüpften Abläufen. Die Beichte — zumindest die des Laien, weniger vielleicht die des Mönchs oder Klerikers — hat sogar den Nebeneffekt, daß die gebeichteten und bereuten Taten aus dem Gedächtnis getilgt werden können, sie sind ja auch aus dem „Gedächtnis" Gottes, der sie verziehen hat, gestrichen. Insofern bindet die Beichte den Sünder zwar an einzelne Taten, unterstreicht den Zusammenhang zwischen Motiv und Handlung, entwickelt eine individualisierte Konzeption von Verantwortung, aber ohne doch das gesamte Leben zu thematisieren. In gewisser Weise entlastet sie geradezu von biographischer Vergangenheit. Es kann deshalb von ihr auch kein Impuls ausgehen, das gesamte Leben zu systematisieren. Dazu braucht es eines neuen Schubes im Handlungsverständnis. Möglicherweise hat die Systematisierung des asketischen Lebens der Mönche in Europa zuerst so etwas wie gesamtbiographische Verantwortung hervorgebracht. Als allgemeine, auch für den Laien verbindliche, Form der Zurechnung von Taten wird dieser Typus der Verknüpfung von Leben und Handeln aber erst in der Reformation greifbar. Am deutlichsten hat *Max Weber*[36] das gesehen: Wenn das Heil nicht mehr von einzelnen Werken abhängt, wenn die erlösende Gnade nicht ständig durch Sünden verloren und durch Beichten zurückgewonnen werden kann, sondern als Vorherbestimmung ein Spruch über das ganze Leben als Einheit ist, dann kann auch die individuelle certitudo salutis nicht aus einzelnen verdienstlichen Taten gewonnen werden, sondern muß sich im System der Gesamtbiographie spiegeln. Die Frage kann dann nicht lauten: Mit welchen Taten, Worten und Gedanken habe ich Gott beleidigt? Sie muß jetzt heißen: Ist mein Leben als Ganzes so, daß es als das eines Erwählten erscheint? Folglich muß das ganze Leben systematischer Kontrolle unterzogen werden. Die bloß sporadische Beichte wäre dagegen ein viel zu unsystematisches Regelungsinstrument gewesen. *Max Weber* weist darauf hin, daß der Calvinismus gegenüber dem älteren Katholizismus sich zunächst einmal durch eine enorme Steigerung der systematischen Handlungskontrolle in allen Lebensbereichen auszeichnet: „Die Herrschaft des Calvinismus, so wie sie im 16. Jh. in Genf und Schottland, um die Wende des 16. und 17. Jhs. in großen Teilen der Niederlande, im 17. Jh. in Neuengland und zeitweise in England selbst in Kraft stand, wäre für uns die schlechthin unerträglichste Form der kirchlichen Kontrolle des einzelnen, die es geben konnte ... Nicht ein Zuviel, sondern Zuwenig von kirchlich-religiöser Beherrschung des Lebens war es ja, was gerade diejenigen Reformatoren, welche in den ökonomisch entwickelten Ländern erstanden, zu tadeln fanden[37]." Diese neue Kontrolle sei dann als „eine im denkbar weitgehendsten Maße in alle Sphären des häuslichen und öffentlichen Lebens eindringende, unendlich lästige und ernstgemeinte Reglementierung"[38] wirksam geworden. Im einzelnen nennt *Weber* nun verschiedene Instrumente, mit denen diese Reglementierung arbeitet: Da ist zunächst einmal die Neubewertung der Zeit. Zeit wird knapp und muß erfaßt werden, es darf kein Augenblick einfach dahingelebt werden. Denn auch bloß vorübergehende Sündhaftigkeit, eine temporäre Vergeudung von Zeit wird nun ein bedrohlicher Hinweis auf mögliche Verworfenheit, ist jedenfalls nicht mehr durch Beichte und Reue einfach ungeschehen zu machen. Ferner erwähnt *Weber* in diesem Kontext das asketische Prinzip der Selbstbeherrschung, das den Puritaner ausgezeichnet habe und ihn „zum Vater der modernen Selbstdisziplin" habe werden lassen[39]. Das wichtigste Prinzip aber, das den Puritaner nach *Weber* auszeichnete, war die systematische Affektkontrolle, das methodische Leben in innerweltlicher Askese. Wobei *Weber* sehr wohl sieht, daß die Form der Selbstkontrolle selbst nichts unbedingt Neues ist, sondern als außerweltlich-asketisches Prinzip schrittweise im Leben des Mönchtums und sogar bei diesen nachstrebenden Laien herausgebildet wurde. *Weber* erwähnt in diesem Zusammenhang die Angehörigen des Dritten Ordens und die Devotio Moderna, wo es auch bereits um religiöse Rationalisierung des Alltagslebens gegangen sei[40]. Entscheidend ist aber gerade die Umkehrung der Mönchsmoral von einem außerweltlichen Lebensideal für eine religiöse Sondergruppe in einen allgemeinen, jeden Laien verpflichtenden Anspruch. Dabei ergibt sich die Gewißheit der Erwähltheit für den Calvinisten nicht aus dem „allmählichen Aufspeichern verdienstlicher Einzelleistungen", auch nicht aus dem „perio-

dischen Abreagieren affektbetonten Schuldbewußtseins" in der Beichte[41], sondern aus „einer vor der Alternative: erwählt oder verworfen? stehenden systematischen *Selbstkontrolle*"[42]. Es ist überaus erstaunlich, daß diese Beschreibung des Lebensideals des Puritaners, das ganz deutlich das Programm eines individuellen Zivilisationsprozesses wird, wenn es sich säkularisiert, selten oder nie unter diesem Aspekt gesehen worden ist. Man hat eigentlich immer nur die Frage erörtert, ob der von *Weber* hergestellte Zusammenhang zwischen den Idealen der Selbstbeherrschung und der Genesis des Geistes des Kapitalismus tatsächlich besteht. Die Zivilisationstheorie von *Elias* übernimmt zwar weithin für die Beschreibung der Zivilisiertheit (das eigentliche explanandum) Kategorien, die den *Weber*schen parallel sind, ohne freilich die religiösen Wurzeln des Zivilisationsprozesses zu berücksichtigen. Dabei hatte *Weber* bereits auf die Abhängigkeit des höfisch-zivilisierten Gentleman-Typus der angelsächsischen Kultur mit der „Schätzung reservierter Selbstkontrolle"[43] vom puritanischen Ideal hingewiesen. Was *Weber* freilich selbst auch kaum behandelt, ist die institutionelle Form, in der diese neue systematische Selbstkontrolle eingeübt wird. Meine These ist, daß hier neue Formen des Bekenntnisses von ganz zentraler Bedeutung sind. *Weber* selbst hat ja bei seiner Behandlung *Franklins* auf dessen Tagebuch hingewiesen, betrachtet das Tagebuch aber primär unter dem Aspekt der Zeitkontrolle. Mir scheint zusätzlich wichtig, die Institution des Tagebuches als ein biographische Selbstvergewisserung ermöglichendes Bekenntnis zu interpretieren. Die Zusammenhänge zwischen puritanischem Tagebuch, Autobiographie und der Entstehung des bürgerlichen Romans in England liegen ja auf der Hand, vor allem, wenn man etwa an die Werke *Defoes* oder *Richardsons* denkt. Die Nachfolgerin des Beichtbekenntnisses im puritanischen Bereich ist also in gewissem Sinne das Selbstbekenntnis gewesen, wenn man auch nicht übersehen darf, daß Beichten im eigentlichen Sinne auch im Puritanismus nicht einfach verschwinden. So erwähnt z. B. *Lewin Schücking*[44], daß die puritanische Ehe auch eine Beichtgemeinschaft war: Die Religion soll zum ewigen Heil der Eheleute und, um sie gänzlich aneinanderzuschließen, „ihnen die Möglichkeit einer völligen seelischen Selbstentblößung voreinander geben. Dazu bilden sie in der Gemeinde der Familie noch einmal wieder eine engere Gemeinde. Die Formen, in denen sie sich ausprägt, muten uns nun allerdings manchmal wunderlich genug an. Denn es handelt sich dabei nicht nur um gemeinsam gepflegte religiöse Interessen, Lektüre und Andacht, sondern auch um eine Art des Gottesdienstes, genannt humiliation, d. h. Demütigung, bei der Gebete dargebracht werden, die nicht nur Selbstbekenntnisse, sondern vor allem auch − mit der Bitte um Vergebung − die Aufzählung von Sünden, Schwächen und Verfehlungen des *anderen* enthalten, die er bei dieser Gelegenheit zum ersten Mal erfährt. Ihnen entsprechen freilich Dankgebete für ähnliche beobachtete Züge von Tugend bei dem anderen. So erfährt die Idee der Beichte eine eigentümliche Wandlung[45]."
Der entscheidende Zug der puritanischen Bekenntnisse ist indessen der enge Zusammenhang zwischen *Selbst*kontrolle und Selbsterforschung. Auch hier hat *Schücking*, der sich durchaus auf den Spuren *Max Webers* wußte, die Zusammenhänge verdeutlicht. Er legt die enge Verwandtschaft zwischen der puritanischen Ethik und dem englischen Ideal der Self-control bloß. Dabei versteht er unter „puritanisch" allerdings

nicht lediglich calvinistische Positionen im engeren Sinne, sondern die gesamte von ihnen beeinflußte theologische Literatur in England vom 16. bis zum 18. Jh. Das Ideal ist stets der selbstbeherrschte gefühlskontrollierte Mensch, der niemals aus der Fassung gerät. *Schücking* belegt an einer Reihe von Quellen die religiöse Wurzel dieses Ideals. Dabei ist zu beachten, daß Self-control nicht lediglich einen volitiven, sondern auch einen kognitiven Aspekt hat: Ohne Selbsterforschung keine Selbstkontrolle. Besonders eindrucksvoll ist hier etwa die Schrift von *Gouge* „The Whole Armour of God" von 1627, wo der Zusammenhang von Selbsterforschung und Beichte deutlich wird. *Gouge* will seine Leser veranlassen, den Triebfedern seines eigenen Handelns auf die Spur zu kommen und die Quelle der Selbsttäuschung zu entdecken: „Was liegt unseren Handlungen zugrunde? fragt er. Was veranlaßt uns zu ihnen? Handeln wir um der Popularität willen? Um der Wertschätzung der anderen? Um des Nutzens wegen? ... Solche Beichtfragen sind natürlich nicht von den Puritanern erfunden, sondern im Kern uralt, aber das Charakteristische ist, wie jetzt mit subkutanen Strahlen der religiöse Christ täglich sein seelisches Innere durchleuchtet. Wir kennen diese ‚Selbsterforschung' aus dem Leben des katholischen Laien, wo sie vielfach ein besonderer religiöser Akt geworden ist, der sich auf die Sündenfeststellung zum Zwecke der Beichte beschränkt. Hier aber, wo das ganze Dasein unter religiöse Gesichtspunkte gestellt und jedes Abendgebet zur Beichte wird, entsteht daraus auch ein für den Alltag gültiges Lebensprinzip. Man rechnet sozusagen nicht alle Ostern oder alle Monate ab, sondern man führt seelisch Buch auch über die kleinsten moralischen Ausgaben und zieht den Schlußstrich darunter täglich[46]."

Das Insistieren auf Selbsterforschung und Selbstkontrolle entspringt ursprünglich einer Problematisierung der Heilsgewißheit. Das Resultat ist eine generelle Rationalisierung der Lebensführung. Der Zusammenhang dieser unausgesetzten „introspektiven Arbeit" (*Schücking*) mit der Verfeinerung der psychologischen Sensibilität, wie sie die englischen Romane dieser Zeit auszeichnet, liegt für *Schücking* auf der Hand. Ganz deutlich ist auch die neue Zeitperspektive: einerseits Erfassung jeden Augenblicks, andererseits die Entwicklung gesamtbiographischer Aufmerksamkeit, Langzeitperspektive und Tagebuch. Das Individuum entwickelt jedenfalls ein gesteigertes Gefühl und Bewußtsein für sein unverwechselbares Selbst[47].

Für das ursprünglich religiöse Interesse an der gesamtbiographischen Perspektive des englischen Romans des 18. Jhs. lassen sich noch andere Gründe anführen. Während etwa die ernsthafte Literatur der Antike ausschließlich an außeralltäglichen Situationen und Charakteren interessiert ist, Alltägliches allenfalls in komischer Verzerrung oder Verfremdung goutiert, ändert sich das im bürgerlichen englischen Roman grundsätzlich. Dort findet sich geradezu programmatisch die Aufwertung alltäglicher und unheroischer Gegenstände, die nun als Stoffe auch ernsthafter Darstellung akzeptabel werden. Diese Wandlung hängt mit der durch das puritanische Ethos bewirkten Betonung der Dignität des Alltags zusammen. Es ist gerade nicht die einmalige heroische Tat, durch die das Heil als gesichert erscheinen kann. Vielmehr zeigt sich Erwähltheit allenfalls in langfristig durchgehaltener methodischer Pflichterfüllung. Die puritanische „Heiligkeit" läßt sich nicht wie die katholische exemplarisch als Bestehen außergewöhnlicher Versuchungen darstellen, sondern nur als Bewährung im Detail, als Hel-

dentum im Alltag und somit als Biographie. Das wird vielleicht nirgendwo so deutlich
wie bei *Richardson*, einem der Väter des modernen Romans. Pflichterfüllung wird bei
ihm nicht als heroischer Einzelakt im exemplarischen Augenblick verstanden, sondern
als von Tag zu Tag zu leistendes Aushalten. Damit ergibt sich eine extreme Entdrama-
tisierung des darstellbaren Stoffes. Das Drama nämlich ist in gewisser Weise auf das
Spektakuläre angewiesen. Nur deshalb konnte die antike Dramatheorie von der Norm
ausgehen, das Drama habe die drei Einheiten von Handlung, Ort und Zeit zu beachten. Die im bürgerlichen Roman geschilderten Abläufe sind jedoch ihrer Natur gemäß eher langfristige Prozesse als Katastrophen oder Peripetien, die sich auf den Moment verdichten ließen: „The role of time in ancient, medieval and renaissance litera-
ture is certainly very different from that in the novel. The restriction of the action of
tragedy to twenty-four hours, for example, the celebrated unity of time, is really a
denial of the temporal dimension in human life; for ... it implies that the truth about
existence can be fully unfolded in the space of a day as in the space of a lifetime[48]."
Die mit dem modernen Roman aufkommende Perspektive impliziert also gleichzeitig
das Ernstnehmen des Alltags und die Einbeziehung von Langzeitprozessen, bisweilen
sogar ganzer Lebensgeschichten. Der Zusammenhang mit der puritanischen Heilslehre
ist unverkennbar: Das Heil ist nicht durch eine Beichte auf dem Totenbett zu erlangen,
sondern individuelle Heilsgewißheit wird nur in lebenslangem asketischen Wandel er-
fahrbar. Grundsätzlich wird die Gesamtbiographie unter Kontrolle genommen. Der
einzelne Augenblick wird dadurch nicht irrelevant, doch erhält er seine Bedeutung
nur im Kontext des Lebenslaufs ingesamt. Das gilt im übrigen auch für den Tod: dieser
ist nicht mehr der Punkt, von dem her sich das ganze Leben bestimmt, sondern er erhält seinen Sinn *aus* dem Leben, ist nicht mehr selbst Sinn und Ziel des Lebens. Die
Entstehung des modernen Romans läßt sich also zu jenen sozialgeschichtlichen Entwicklungen in Beziehung setzen, in denen ein neuer Typ von Verantwortung, nämlich
die für die langfristige Gestaltung des eigenen Lebens, entsteht. Hand in Hand mit
der Aufwertung des Alltags und der neuen Relevanz gesamtbiographischer Perspektiven, wie sie charakteristisch für Lebensbeichten, Tagebücher und eben den modernen
Roman sind, geht eine massive Steigerung der Bedeutung des motivationalen Aspekts
der Handlungen. Mit der ausführlichen Schilderung der Binnenwelt des Individuums
läßt sich selbst ein weitgehend ereignisloses Leben als künstlerisch attraktiver Gegenstand entfalten. Die Details eines eher öden Dienstbotenlebens wie das der *Richardson*-
schen Pamela werden dann interessant wegen ihrer Verknüpfung mit Motiven, Ängsten
und Hoffnungen. Noch die Langeweile wird als dargestellter innerer Zustand erzählens-
wert. Der moderne Roman folgt auch hier dem Vorbild der Lebensbeichte, der Selbsterforschung und dem Tagebuch. Diese Darstellung und Zergliederung noch der all-
täglichsten Empfindungen und Gefühle objektiviert und sozialisiert das Ich in vorher
kaum gekannter Weise. Es macht Bezirke zugänglich, die vorher auch dem Handelnden weitgehend verschlossen waren. Die Diffusheit des eigenen Inneren wird ja nicht
dadurch aufgehoben, daß „man sich selbst am besten kennt". Vielmehr schaffen erst
benennbare Differenzierungen der einzelnen Innenzustände, wie sie der moderne Roman herausarbeitet, jene subtile Landkarte für den Dschungel der Gemütslagen, die es
erlaubt, sich in sich selbst zurechtzufinden, über das eigene Innere zu kommunizieren,

es zu beeinflussen und es nach Vorbildern zu modeln. Unser Inneres wird aufgrund dieser differenzierten Kategorien für seine Elemente, Veränderungen und deren Verknüpfungen und Gesetzlichkeiten in neuer Weise Gegenstand für uns selbst. Die Beichte oder jede reale Kommunikation über unser Inneres führt dazu, daß ursprünglich kaum greifbare, flüchtigste Regungen der Seele zu objektiven Größen werden. Mag der englische Roman zunächst auch nur der Erbe von nicht-künstlerischen Tagebüchern sein — man denke etwa an das berühmte Tagebuch von *Pepys* — also nicht selbst Mittel zur Selbstkontrolle, so präzisiert er doch für den Leser die Art, mit der dieser sich auf sich selbst beziehen kann. Im übrigen ist ja schon in der Form eines Romans wie etwa des *Defoe*schen Robinson Crusoe oder der Moll Flanders oder in *Richardsons* Pamela die Tagebuchform bzw. die Lebensbeichte oder briefliche Selbstenthüllung beibehalten. Der Roman wird seinerseits Vorbild für die Selbsterforschung. *Mme de Staël* hat darin bereits eine große Gefahr gesehen: „Les romans, même les plus purs, font du mal; ils nous ont trop appris ce qu'il y a de plus secret dans les sentiments. On ne peut plus rien éprouver sans se souvenir presque de l'avoir lu, et tous les voiles du coeur ont été déchirés. Les anciens n'auraient jamais fait ainsi de leur âme un sujet de fiction[49]." Das, was *Mme de Staël* hier beklagt, ist der Verlust der Unmittelbarkeit der eigenen Gefühle. Die Frage ist jedoch, ob wir diese Gefühle ohne jene Lektüre überhaupt hätten. Es ist wahrscheinlich nicht so, daß uns bestimmte Gefühle an eine Lektüre erinnerten, in denen sie beschrieben wurden. Die Gefühle selbst, soweit sie mehr sind als ein gänzlich unbeschreibbares Gewoge von undifferenzierten Regungen, hängen schon in ihrer Bildung, und d.h.: schon bei ihrer Herauslösung aus diesem „Stimmungsmeer", von vorgängiger Selbstzuwendung ab. Diese aber ist typischerweise auf Modelle, Vorbilder und Übung angewiesen. Jedenfalls ist dem disziplinierenden Zugriff auf eigenes und fremdes Verhalten ein ganz neues Feld geöffnet, wenn erst einmal Kommunikationsmedien bestehen, in denen Gefühle objektiviert, differenziert und behandelbar werden, vor allem, wenn prinzipiell die gesamte Biographie, und nicht nur einzelne Taten oder Unterlassungen, dieser Zergliederung unterworfen sind. Dabei ist selbstverständlich mit jener Objektivierung und Zugänglichkeit von äußerer und innerer Biographie, wie sie durch Tagebücher, Romane, Lebensbeichten, therapeutische oder religiöse Bekenntnisse geschaffen werden, nicht nur die Chance gesteigerter Disziplinierung und Zivilisierung verbunden. Gleichzeitig ergeben sich neue Probleme für die Sinngebung der Gesamtbiographie, die ihren Sinn jetzt nicht mehr unmittelbar als Vorgabe den religiösen Institutionen „entnehmen" kann, sondern auf individuierte Sinnstiftungen angewiesen wird. Diese aber schaffen ihrerseits neuen Raum für Selbstbefassung und Kommunikation für das eigene Ich.

3. Beichte und Generalbeichte in der französischen Gegenreformation

Die methodische Lebensführung des Laien, des Weltmanns, seine strenge Selbstkontrolle, die *Norbert Elias* als Folge des Herrschaftsmonopols des Hofes dargestellt hat, ergibt sich — wie unsere obigen Überlegungen gezeigt haben — zumindest für den puritanischen Bereich in erheblich massenwirksamerer Weise in der bürgerlichen Gesellschaft als Folge neuer religiöser Zwänge und Verfahren zur Gewissenserforschung und -kontrolle. Noch weniger von der soziologischen Literatur beachtet als diese Zusammenhänge scheinen mir die parallelen Mentalitätsveränderungen im katholischen Raum im Gefolge der Gegenreformation zu sein. Für Frankreich läßt sich das etwa am vielgelesenen Werk des *François de Sales*, vor allem der „Introduction à la vie dévote" von 1609 exemplarisch darstellen. Zunächst wird die systematische religiöse Durchdringung des Alltagslebens, von *François de Sales* als dévotion bezeichnet, als allgemeine Lebensmöglichkeit, die nicht nur auf Kleriker begrenzt ist, empfohlen: „... ainsi peut une âme vigoureuse et constante vivre au monde sans recevoir aucune humeur mondaine, trouver des sources d'une douce piété au milieu des ondes amères de ce siècle, et voler entre les flammes des convoitises terrestres sans brûler les ailes des sacrés désirs de la vie dévote[50]." Das setzt freilich eine standesspezifische Form der Frömmigkeit voraus: „La dévotion doit être différément exercée par le gentilhomme, par l'artisan, par le valet, par le prince, par la veuve, par la fille, par la mariée[51]." Diese Devotion des Laien führt zur Umformulierung zahlreicher Frömmigkeitsübungen. So soll der fromme Weltmann sich nicht durch Fasten kasteien, sondern seine Selbstabtötung darin zeigen, daß er ißt, was auf den Tisch kommt, ohne zu mäkeln. Die Begründung dafür lautet, daß man so sich selber demütigen könne, ohne irgendjemandem lästig zu werden. Und nur solche Formen der Devotion eignen sich für das Leben außerhalb des Klosters[52]. Entscheidend für unseren Zusammenhang ist nun aber, daß diese Devotion innerhalb des bürgerlichen Lebens nicht ohne Anleitung gelernt werden soll. Das Individuum soll nicht sich selbst überlassen werden, sondern sich unter die Kontrolle eines geistlichen Beraters begeben, des directeur de l'âme. Dieser Seelenlenker kann identisch mit dem Beichtvater sein, muß es aber nicht. In jedem Fall ist ihm die Seele völlig offenzulegen. So wie der von *Elias* beschriebene Höfling zunächst auf die Fremdkontrolle des Hofes reagiert und erst allmählich ihrer nicht mehr bedarf, weil er sie verinnerlicht, so wirkt auch die Überwachung durch den Directeur de l'âme als Steigerung der Selbstkontrolle mittels einer permanenten Fremdkontrolle. Es ist deshalb von äußerster Wichtigkeit, sich den richtigen Seelenberater zu wählen und zu ihm rückhaltloses Vertrauen zu haben: „Voulez-vous à bon escient vous acheminer à la dévotion? Cherchez quelque homme de bien qui vous guide et conduise; c'est l'avertissement des avertissements[53]." Wie man ihn behandeln soll? Vor allem ehrlich und ohne Geheimnisse vor ihm zu haben: „ Traitez avec lui à coeur ouvert, en toute sincérité et fidélité, lui manifestant clairement votre bien et votre mal, sans feintise ni dissimulation ... Ayez en lui une extrême confiance mêlée d'une sacrée révérence, en sorte que la révérence ne diminue point la confiance et que la confiance n'empêche point la révérence; confiez-vous en lui avec le respect d'une fille envers son père, respectez-le avec la confiance d'un fils avec sa mère[54]." Außerdem sollte man diesen so erwählten Beichtvater nicht wechseln[55]. Die Steigerung der Selbstkontrolle, die Intensivierung der Methodik der Lebensführung im Sinne der Devotion erfolgt schrittweise. Sie ist ein allmählicher Fortschritt, geradezu eine Karriere: „La purgation et guérison ordinaire, soit des corps soit des esprits, ne se fait que petit à petit, par progrès, d'avancement en avancement, avec peine et loisir[56]." Deshalb wäre es leichtfertig, ja gefährlich, sich des Außenhalts des Beichtvaters zu schnell zu begeben: „Qu'elles sont en grand péril de rechoir pour s'être trop tôt ôtées d'entre les mains du médecin!"[57] Nun könnte man die Rolle des Directeur de l'âme leicht dahin fehlinterpretieren, als werde alle Verantwortung auf ihn abgewälzt. Genau das Gegenteil ist jedoch richtig. Der Beichtvater fungiert gleichsam als Zeuge und Richter, vor dem das Beichtkind sich zu verantworten hat. Selbst der flüchtigste Gedanke, die entlegenste Tat wird durch das Bekenntnis etwas intersubjektiv Bekanntes, dadurch unbezweifelbar Reales, untilgbar wirkliches Moment der eigenen Biographie. Das bedeutsamste Mittel zur Objektivierung des eigenen Lebenslaufes ist die für die gegenreformatorische Devotion sehr wichtige Generalbeichte. Der Terminus selbst ist alt. Er bedeutet aber im Mittelalter etwas anderes als in der Gegenreformation. Der mittelalterliche Sinn ergibt sich z.B. aus einer Stelle aus der „Summa de arte praedicatoria" des *Alain de Lille*. Aus ihr ergibt sich folgendes: Der Begriff des Sündenbekenntnisses ist doppeldeutig, einmal kann man darunter die Generalbeichte, ein anderes Mal die Spezialbeichte verstehen. Die Generalbeichte kommt etwa in der täglichen Messe am Morgen und Abend vor. Sie bezieht sich auf verborgene und läßliche Sünden. Die Spezialbeichte ist die eigentliche Ohrenbeichte, in der die einem selbst bekannten Todsünden gebeichtet werden[58]. Die Generalbeichte im mittelalterlichen Sinne ist also gar kein eigentliches Bekenntnis konkreter Sünden, sondern eher ein Eingeständnis der eigenen Sündhaftigkeit im allgemeinen. Man bekennt, daß man gesündigt hat, aber nicht, was. Der Begriff der Generalbeichte in der Gegenreformation meint demgegenüber eine wirkliche Einzelbeichte über konkrete Sünden. Nur soll es sich hier nicht um eine periodische Aufzählung von Verfehlungen handeln, sondern um eine einmalige oder doch seltene Beichte, die das ganze bisherige Leben zum Gegenstand hat, eine Art Sündenbiographie also. Hier legt der Adept der Devotion sich Rechenschaft ab über seine ganze Vergangenheit; er entreißt alles Geschehene dem Vergessen, macht es sich und dem Beichtvater bekannt. Dadurch aber wird der Einzelne in bestimmtem Sinne allererst auf seine Biographie festgelegt. Auch als verziehene, längst gebeichtete sollen die Sünden, aber auch die Neigungen dazu, und die mit Gottes Gnade überwundenen Versuchungen Moment des Selbstbewußtseins bleiben: „La confession générale nous appelle à la connaissance de nous-mêmes, nous provoque à une salutaire confusion pour notre vie passée ... donne sujet à notre père spirituel de nous faire des avis plus convenables à notre condition[59]." Die ständige Gewissenskontrolle soll dann auch nach der Generalbeichte beibehalten werden und zwar sowohl vor den möglichst wöchentlichen einfachen Beichten wie auch allabendlich bei der privaten Gewissenserforschung: „On examine comme on s'est comporté en toutes les heures du jour; et pour faire cela plus aisément, on considérera ou, avec qui et en quelle occupation on a été[60]."

VI. Beichte und Zivilisationsprozeß

Der Zivilisationsprozeß, wie ihn *Elias* beschreibt, ist ein Prozeß wachsender innerer und äußerer Selbstbeherrschung. Diese kann als alle Bereiche des Körpers und der Seele umfassende Informationskontrolle, als Verhüllung des Selbst beschrieben werden. Das beginnt mit der Kontrolle spontaner körperlicher Regungen: Schnupfen,

Niesen, Schwitzen, Urinieren, Defäkation usw. Schließlich wird die gesamte Leib-
lichkeit domestiziert: alles Unwillkürliche wird aus der Kommunikation verbannt.
Aber nicht nur der Leib, sondern auch die seelischen Empfindungen werden solcher
Kontrolle unterzogen: spontane Empfindungen, Aufwallungen des Hasses oder der Be-
gierde, der Freude oder des Zorns werden zurückgedrängt, unsichtbar gemacht, diszipliniert. Wenn man diese Vorgänge im Kontext höfischer zeremonieller Selbstzwänge
untersucht, wie *Elias* das getan hat, dann sollte man zusätzlich zu dem von *Elias* herangezogenen französischen Material vor allem die italienische und spanische Höflingsli-
teratur heranziehen, vor allem etwa *Castiglione* oder *Gracián*[61]. Immer zeigt sich, daß
der Prozeß der Selbstkontrolle auf einer Logik der Verhüllung, des Verbergens beruht,
sei es, daß man die wirklichen Gefühle nicht sichtbar werden läßt (Dissimulatio) oder
daß man zusätzlich Gefühle und Intentionen zeigt, die man nicht hat, von denen man
aber möchte, daß sie einem unterstellt werden (Simulatio). Verhüllung erscheint (etwa
bei *Machiavelli*) zunächst als nur dem Herrscher erlaubte politische Funktionstugend.
Aber schon eine Generation später, wird sie auch den Herrschaftsunterworfenen als
Tugend, jedenfalls erlaubte Klugheit empfohlen.
Erstaunlich ist, daß die parallelen religiösen Wurzeln des modernen Zivilisationsprozesses viel weniger beachtet worden sind als die höfisch-politischen. Dabei findet sich,
wie erwähnt, in *Max Webers* Protestantismusaufsatz bereits eine ziemlich umfängliche
Analyse hierzu. Der Puritaner *Webers* ist ja ebenso gefühlsbeherrscht, selbstkontrolliert
und diszipliniert wie der Höfling. Die Domestikation und Durchrationalisierung des
Spontanen ist dort mindestens ebenso weit getrieben. Die Motive allerdings sind bekanntlich völlig andere. Die Systematisierung der Lebensführung als Instrument der
subjektiven certitudo salutis bringt hier die Selbstkontrolle hervor. Ähnliches zeigt
sich auch im gegenreformatorischen Kontext. Freilich drängt sich bei Berücksichtigung
der religiösen Wurzeln des Zivilisationsprozesses der Eindruck auf, daß hier weniger
die Selbstverhüllung die zentrale Technik ist, sondern im Gegenteil: die schonungslose
Selbstentblößung. Das angestrebte Ziel ist dasselbe: Disziplinierung und Beherrschung
der Impulse. Bei näherem Hinsehen wird man auch bald gewahr, daß die beiden scheinbar konträren Techniken des Aufbaus von Selbstkontrolle und Affektdisziplin: Verhüllung und Enthüllung auf intime Weise miteinander verbunden sind. Auch derjenige,
der seine Gefühle zu taktischen Zwecken verbergen will, tut ja gut daran, sich zuvor
über sich selbst genauestens klar zu werden. Die Selbstkontrolle setzt insofern Selbsterkenntnis voraus. Der reflexive Blick auf das eigene Ich muß umso schonungsloser
ausfallen, je sicherer die Selbstverhüllung vor anderen sein soll. Im religiösen Kontext
gibt es nun eine Technik, die Selbstenthüllung und Geheimnis systematisch — eine sta-
bilisierte Spannung — miteinander verbindet: Die Beichte. In der Beichte fallen also
die für den modernen Zivilisationsprozeß entscheidenden Selbstdomestikationstechni-
ken zusammen: Verhüllung und Enthüllung. Das wird insbesondere da deutlich, wo
die Beichte nicht mehr nur Bericht über einzelne Taten, sondern auch sorgfältige Aus-
lotung der eigenen Motive und Neigungen wird, und wo vor allem nicht punktuelle
Wiedergabe disparater Sünden, sondern die in der Generalbeichte gegebene systematische Nachzeichnung der Gesamtbiographie erstrebt wird. Sich selbst als zeitliches Ganzes gewinnt man im Bekenntnis. Aber das Bekenntnis bleibt geheim: außer für den

Beichtvater oder den geistlichen Direktor. Die Empfehlungen an das Beichtkind gehen schon seit dem 16. Jh. dahin, daß die Vorbereitung auf das Geständnis zweckmäßig durch schriftliche Aufzeichnung geschieht: das Tagebuch als Beichtinstrument. Wer die Literatur der Puritaner untersucht, wird nun ebenfalls sofort die große Bedeutung des Tagebuches bemerken, und zwar sowohl als reales aber privates, geheimzuhaltendes Dokument der Selbsterforschung wie auch als fiktives Tagebuch, das dann wieder den realen Tagebüchern als Vorlage dient. Das Tagebuch wird somit zur Beichte ohne Beichtvater.

Daß die moderne Psychoanalyse in dieser Hinsicht ähnlich arbeitet, liegt auf der Hand. Auch hier wird eine Form von Selbstkontrolle durch Selbstenthüllung angestrebt. Dabei ist auch hier der Analytiker-Beichtvater erforderlich, um das Geheimnis des Selbst zu lüften und aus dem Unbewußten zu heben. Zugleich aber ist die Sitzung selbst nach außen hin natürlich geheim.

Geheimnis und Verhüllung, Selbstkontrolle und Selbsterkenntnis, Verbergen und Offenbaren, Bekennen und Simulieren bzw. Dissimulieren erweisen sich also gleichsam als zwei Seiten eines Prozesses, der von religiösen, therapeutischen und politischen Zielsetzungen ergriffen und gefördert werden kann und dessen Resultate jene eigentümlichen Selbstdomestikationen sind, die die Moderne auszeichnen. Immer da, wo Freiwilligkeit der Selbstoffenbarung angestrebt wird, finden sich Kombinationen von Bekenntnis und Geheimnis. Die Beichte, aber auch die Psychoanalyse, sind als verhüllte Enthüllungen die Synthesis zwischen Selbstentblößung und Selbstverdeckung.

VII. Welche Rolle spielen Bekenntnisse heute?

Die erste Frage, die sich stellt, ist, ob die für unsere Gesellschaft charakteristische Ausdifferenzierung funktionaler Systeme wie Recht, Wirtschaft, Politik, Religion usw. und die weitgehende Isolation der privaten und beruflichen Handlungsfelder nicht gesamtbiographische Bekenntnisse weithin dysfunktional werden läßt. Tatsächlich scheint es so zu sein, daß der Ausdifferenzierung von Subsystemen entsprechend der einzelne mehrere Biographien entwickelt, die nur locker und jeweils von Fall zu Fall — nämlich wenn sich Inkompatibilitäten und Störungen ergeben — synchronisiert werden müssen. Welche Taten und Motive jeweils in solchen Teilbiographien erfaßt werden müssen, richtet sich nach den Relevanzkriterien des Lebensbereichs, dem der einzelne über diesen „Lebenslauf" zugeordnet werden soll: Die Biographie, die für jemanden aus der medizinischen Anamnese rekonstruiert wird, berücksichtigt andere Faktoren als das Dossier, daß über ihn bei seinem Arbeitgeber oder beim Verfassungsschutz stellvertretend für seine Vita wird. Diese Verschiedenheit der Auswahlgesichtspunkte besagt natürlich nicht, daß man sich in jedem Lebensbereich auf Informationen beschränkt, die in diesem Bezirk entstanden sind. Die Vita, die z. B. der Arbeitgeber zu erhalten sucht, spart Privates keineswegs völlig aus. Im Gegenteil! Aber es ist eben doch in diesem Kontext auch nicht das *gesamte* Privatleben interessant. Teilweise gibt es sogar ausdrückliche Geheimnisschranken, die die Kombination solcher Teilbiographien zu einer Gesamtbiographie verhindern sollen (Datenschutz, Beichtgeheimnis, Arztgeheimnis, Schutz des Privatlebens usw.).

Charakteristisch für die Gegenwart ist jedenfalls, daß eine Fülle von Informationen, die ich über mich liefere, sei es bei der Ausfüllung eines Fragebogens, bei einem Verhör, in der Sprechstunde, im „Curriculum vitae" oder „Lebenslauf" nicht Bekenntnisse sind, die ich in einer bestimmten Situation ablege und die dann vergessen werden. Vielmehr gibt es zahlreiche Methoden, diese Bekenntnisse zu speichern und sie nach von mir selbst nicht steuerbaren Kriterien neu zu ordnen, sie auf geheime Strukturen hin zu analysieren, um meine Gesundheit, meine Verläßlichkeit oder Zurechnungsfähigkeit daraus abzuleiten. Diese Speicherung von Bekenntnissen, wie sie mit den modernen Techniken der Datenverarbeitung in vorher unglaublichem Ausmaß möglich wird, stellt wahrscheinlich gegenüber den bisher angeführten Bekenntnistypen eine in ihren Folgen schwer abschätzbare Neuheit dar. Der mit allen Bekenntnissen immer auch schon gegebene Aspekt der Kontrolle, der Steuerung und der Überwachung erhält jedenfalls eine ganz neue Qualität. Die Angst vor solcher totaler Registrierung ist bereits jetzt in zahlreichen Veröffentlichungen greifbar, sie läßt sich sowohl in den Visionen vom „Großen Bruder" und ähnlichen Angstträumen der Science-Fiction-Romane und -Filme wiederfinden, wie in seriösen wissenschaftlichen Publikationen[62]. Die Utopie oder der Alptraum vom gläsernen Menschen stünden dann am Ende einer Entwicklung, die begann mit der freiwilligen Selbstenthüllung des einzelnen vor dem zur Geheimhaltung verpflichteten Priester, der seinerseits den allwissenden Gott vertrat: Gläsern soll der Mensch in der Beichte für den Beichtvater werden, wie er es vor Gott ohnehin war. Aber der Beichtvater machte sich keine Notizen, er führte keine Karteien, erst recht keine elektronischen Dateien. Seine Kenntnis bezog sich überdies auf einen kleinen Kreis von Personen. Die Kenntnisse waren ebenso wenig speicherbar wie zentralisierbar. Machteinfluß des Beichtvaters hing primär vom Glauben des Beichtkindes ab. In der modernen Fiktion des gläsernen Menschen wären die säkularisierten Beichtväter nicht mehr Stellvertreter Gottes, sie wären lediglich allwissend.
An der Relevanz von Informationen, die aus Geständnissen oder Bekenntnissen resultieren, im Kontext der modernen ausdifferenzierten institutionellen Bereiche kann folglich kein Zweifel möglich sein. Aber es stellt sich nunmehr die weitere Frage, ob Beichten oder andere Formen der Selbstthematisierung[63] für das Individuum selbst noch von Bedeutung sind. Wenn man gerade die progressiven literarischen Produktionen als Zeugnis nimmt, hat man leicht den Eindruck, daß das Individuum als unverwechselbare, über längere Zeitstrecken für sich selbst verantwortliche Einheit weitgehend zerstückt ist. Es scheint so, als wenn die Vergangenheit nicht mehr als Ganze von Bedeutung für die Identität des einzelnen ist, sondern beliebige Elemente fallweise beschworen oder der Vergessenheit überantwortet werden können. Möglicherweise ist die Rapidität des sozialen Wandels und die Komplexität der Systemstrukturen, auf die der einzelne sich beziehen muß, zu groß, als daß eine Persönlichkeit oder ein Charakter als inhaltlich feste Struktur über längere Dauer noch anpassungsfähig wäre. Das war ja wohl der Gedanke, der hinter *Riesmans* kulturkritischer These von der Außengelenktheit („other-directedness")[64] des modernen Menschen stand. Die Vielzahl der Gruppen, denen wir angehören, schließt es aus, daß wir auf ein einheitliches Selbst fixiert werden. Wenn der Mensch nur einer Gruppe angehört, „so kennt diese Gruppe nicht nur seine Handlungen, sie hält sie ihm vor und rechnet sie ihm zu.

Und indem die Gruppe ihm permanent sein Handeln imputiert und zurückstrahlt, lernt er sich als identisch Handelnder begreifen und rechnet sich selbst seine Handlungen zu. Es ist der Spiegel einer festen Gruppe, der hier die Identität einer Person erzeugt[65]." Von einer solchen Situation sind wir heute indessen weit entfernt. Wir können den gesamten Zeitstrom unserer Biographie nicht mehr integrieren, weil ihn kein korrespondierendes soziales Gegenüber, ob wir wollen oder nicht, seiner Objektivität versichert, so daß „sich die Identität der Person (mindert) ... Wenn die Abenteuer der Schulzeit, der Studentenzeit, des Urlaubes immer gleich hinter uns liegen, weil nichts diese sozialen Räume miteinander verbindet und wir gewissermaßen noch einmal von vorne anfangen können; wenn Arbeit, Ehe, Vergnügen in ganz getrennte soziale Gruppen fallen; wenn wir jederzeit mit dem Beruf, dem Ort unsere soziale Gruppe ändern können, rücken Handlungen in die Ferne des Geschehenden und Geschehenen, das sich von außen betrachten läßt[66]." Andererseits zeigt die hohe Auflagenzahl herkömmlicher Romane mit durchaus konsistenten Biographien nicht nur, daß das vielbeschworene Ende des Romans einstweilen noch auf sich warten läßt, sondern auch, daß die dahinter stehende Idee der Einheit eines Lebenslaufs noch nicht völlig ohne sozialen Kurswert ist. Aus der Tatsache, daß uns nicht mehr durch den festen Spiegel einer Gruppe eine nicht beliebig und solipsistisch neu interpretierbare Vergangenheit reflektiert wird, folgt nicht, daß Selbstthematisierungen bedeutungslos geworden sind. Ihr Charakter hat sich allerdings teilweise stark gewandelt. Einerseits ist das Selbst, das dieserart thematisiert wird, in einem vorher unerhörten Maße privatisiert, d.h. es ist – wenn überhaupt für jemanden – allenfalls für seinen Träger verbindlich, und auch das nur begrenzt. Innerhalb dieses privaten Rahmens der Selbstthematisierung (zur Privatheit dieser Art steht natürlich nicht im Widerspruch, daß die Agenturen, derer man sich dabei bedient, hochgradig organisierte, oft kommerzialisierte, meist höchst professionelle Instanzen sind) herrscht nun eine Pluralität von Techniken der Identitätsbildung. *Berger* und *Luckmann*[67] haben von Identitätsmärkten gesprochen. Die klassischen religiösen Techniken rangieren dort neben zahlreichen neueren Verfahren, die von individuellen Therapien bis zu Selbsterfahrungsgruppen reichen. Die Hauptfunktion der meisten dieser Selbstfindungsprozeduren scheint weniger in der Sicherung sozialer Kontrolle als vielmehr in der fallweisen Sinnstiftung, weniger in der Steigerung der Verantwortung für Schuld, als in der Produktion von Glück durch Überwindung von Traumata zu bestehen. Nicht so sehr die Festlegung auf Vergangenheit als ihre selektive Verwendung zur „Erklärung" akuter Krisen scheint im Vordergrund zu stehen, bisweilen auch die orgiastische symbolische Reproduktion traumatischer Erfahrungen. Am Ende mag dann in vielen Fällen eine subjektive „Überwindung" der eigenen Vergangenheit stehen. Das, was geleistet werden soll, ist primär eine Synchronisation disparater Erfahrungen und Bewußtseinsinhalte, die im Einzelfall statt durch Bekenntnis auch durch Vergessenmachen bewerkstelligt werden kann. Nur selten ist jedenfalls beabsichtigt, eine ein für allemal stimmige Biographie zu erzeugen, eher geht es um die permanente Neudefinition der Biographie durch immer neue Konfessionen. Dabei ist das Selektionskriterium für zu berücksichtigende Vergangenheit – wenn nicht ohnehin Stimmigkeit der Biographie eher im Verzicht auf reflexive Verfahren im direkten Selbsterlebnis der Trance, des Rausches, der Tanzes, im

„Aus-Agieren" durch Immunisierung der Vergangenheit erreicht wird — die jeweilige Gegenwart mit ihrem Bedarf an Sinnstiftung und Katharsis. War einst die Beichte das Vehikel der Festlegung des Ichs auf seine Inhalte, so stehen die neuen Bekenntnisformen eher im Dienst der Dynamisierung des Selbst angesichts fremderzeugten Anpassungsdrucks. Was man von totalitären Régimes behauptet hat, daß sie ihre Geschichte ständig neu schrieben, das gilt auch für das moderne Individuum und die Inhalte seiner Bekenntnisse. Dieser Wechsel der Selbstdefinitionen wird dann selbst als Teil der Autonomie des Individuums erfahren, das sein Leben (genauer: sein *Privat*leben) schlechthin subjektiv interpretieren kann. In dem Maße, wie unser Ich an objektiv verbindlicher Verpflichtung verliert, wird es für uns zum narzißtisch empfundenen Quellgrund immer neuer, stets interessanter Romane.

Anmerkungen

1 Dieser Aufsatz ist die leicht überarbeitete Fassung eines im Januar 1982 an der Universität zu Köln gehaltenen Vortrages.
2 Ich will im folgenden noch zeigen, daß zwischen Tagebuch, Autobiographie und bestimmten Formen institutionalisierter Beichte nicht nur äußerliche Ähnlichkeiten bestehen, sondern auch kausale Beziehungen. Ich möchte mich in diesem Text auf westeuropäisches historisches Material beschränken. Parallelen aus primitiven — insbesondere schamanistischen — Gesellschaften oder nicht-europäischen Hochkulturen, zu denken wäre an die indischen Gurus oder die Staroste in Rußland, wären sicherlich interessant, würden aber den ohnehin vielleicht zu weit gespannten Rahmen sprengen. Gleichwohl ist die Absicht des Textes nicht primär eine historische Zivilisationstheorie für Europa, sondern eine systematische Hypothese.
3 cf. *Petrus Abelardus*, Ethica, c. 3 (Hrsg.) *V. Cousin*: Petri Aberlardi opera t. II, p. 211. „Hunc vero consensum proprie peccatum nominamus, hoc est, culpam animae qua damnationem meretur, vel apud Deum rea statuitur. Quid est enim iste consensus, nisi Dei contemptus, et offensa ipsius?"
4 *Jacques Le Goff*, Pour un autre Moyen Age. Temps, travail et culture en Occident: 18 essais, Paris (Gallimard) 1977, S. 167.
5 Über die Beichte im christlichen Altertum und im Frühmittelalter informiert sehr übersichtlich: *Bernhard Poschmann*, Die abendländische Kirchenbuße im Ausgang des christlichen Altertums. Münchner Studien zur historischen Theologie, Nr. 7, hrsg. von *E. Eichmann* u.a., München 1928 und *ders.*, Die abendländische Kirchenbuße im frühen Mittelalter, Breslauer Studien zur historischen Theologie, Bd. 16, hrsg. von *F. X. Seppelt* u.a., Breslau 1930. Außerdem vergleiche man: *Karl Rahner*, Schriften zur Theologie, Bd. XI: Frühe Bußgeschichte in Einzeluntersuchungen, bearb. von *Karl. H. Neufeld*, Zürich — Einsiedeln — Köln 1973.
6 Ethica, c. 19, a.a.O., S. 628.
7 *G. H. Mead*, Mind, Self and Society. From the Standpoint of a Social Behaviorist, hrsg. von *Charles W. Morris*, Chicago 1934.
8 „Au XIIe siècle le changement est considérable. L'histoire de l'évolution de la confession et de la pénitence a été faire. Le rôle joué dans cette évolution par de grands esprits, un saint Anselme, un Abélard, est connu. Mais ils n'ont fait qu'exprimer ou perfectionner un mouvement général. Le droit romain de son côté, et singulièrement par son influence sur le droit canon, n'a fait lui aussi qu'apporter un stimulant, des méthodes, des formules. Désormais on considère moins le péché que le pécheur, la faute que l'intention, on recherche moins la pénitence que le contrition. Subjectivation, intériorisation de la vie spirituelle qui est à l'origine de l'introspection et par là de toute la psychologie moderne en Occident" (a.a.O., S. 170 f.).
9 Insofern bezeichnet das Werk *Abälards* zwar eine wichtige Wegmarke, aber keinen absoluten Anfang. Aber in seinem Oeuvre wird eine allgemeine Entwicklung besonders markant sichtbar. Den genauen historischen Kontext seiner Bußtheologie entnehme man etwa: *Paul Anciaux*, La Théologie du sacrement de pénitence au XIIe siècle, Löwen und Gembloux 1949 oder *P. Chenu*, La Théologie au XIIe siècle, Paris 1957. Die Anknüpfung an *Abälard* ist hier eher exemplarisch zu verstehen.

10 Der berühmte 21. Canon des IV. Laterankonzils lautet wörtlich: „Omnis utriusque sexus fidelis, postquam ad annos discretionis pervenerit, omnia sua solus peccata confiteatur fideliter saltem semel in anno proprio sacerdoti et iniunctam sibi poenitentiam studeat pro viribus adimplere, suscipiendo reverenter, ad minus in Pascha eucharistiae sacramentum, nisi forte de proprii sacerdotis consilio ob aliquem rationabilem causam ad tempus ab huiusmodi perceptione duxerit abstinendum. Alioquin et vivens ab ingressu ecclesiae arceatur et moriens christiana careat sepultura" (Mansii Sacrorum conciliorum ... collectio XXII, S. 1007 f.; zit. bei *Emil Fischer*, Zur Geschichte der evangelischen Beichte, Bd. I, Leipzig 1902, S. 6).

11 „Die Pflichtbeichte im Mittelalter", in: Zeitschrift für kath. Theologie, 57, 1933, S. 335—383.

12 a.a.O., S. 369.

13 ebd., S. 370.

14 ebd., S. 372 f.

15 Dieser Standpunkt findet sich etwa im Sentenzenkommentar des *Gabriel Biel* von 1514: *G. Biel*, Collectorium circa quatuor libros sententiarum, Lugduni 1514; XX6b; „Cum quis alicuius mortalis peccati obliti prius et ideo non confessi recordatur, tunc tenetur ille, id peccatum oblitum cum omnibus prius confessis iterum confiteri, nisi forte eidem confiteretur, cui prius confessus est, qui adhuc haberet memoriam peccatorum prius sibi confessis." Aber auch die Theologen, die eine diesbezüglich laxere Auffassung haben, also nicht die Wiederholung der Gesamtbeichte fordern, bestehen doch darauf, daß man nach Möglichkeit beim selben Priester beichten soll und wo das nicht geht, doch beim nachträglichen Beichten erwähnen muß, daß man sie beim letzten Mal vergessen hat.

16 So weist etwa *Thomas von Aquin* darauf hin, daß die eigentliche „forma" der Beichte, die in der Lossprechung von den gebeichteten Sünden besteht, gänzlich auf der Stiftung durch Christus beruhe (ST, 3, 84, 7: „Sed forma sacramenti et virtus ipsius, totaliter est ex institutione Christi, ex cuius passione procedit virtus sacramentorum").

17 Da man sich kaum einen Menschen vorstellen konnte, der niemals eine Todsünde begeht, Todsünden aber nur durch die Beichte (abgesehen von der Taufe) getilgt werden können, ist sie unbedingt heilsnotwendig: S. *Thomas von Aquin*, Summa Theologiae, 3, 84, 5: „Unde patet quod sacramentum poenitentiae est necessarium ad salutem post peccatum: sicut medicatio corporalis postquam homo in morbum periculosum inciderit."

18 Vgl. etwa aus dem Sentenzenkommentar des *Duns Scotus* Vol. IV, Liber IV, dist XIV qu. IV: „Attritus ... non habens talem actum, qui sufficit ad meritum de congruo, sed tantum habens voluntatem suscipiendi sacramentum ecclesiae et sine obice peccati mortalis actualiter sibi facto vel in voluntate inhaerentis, recipit non ex merito, sed ex pacto divino effectum illius sacramenti, ut sic parum attritus, etiam attritione, quae non habet rationem meriti ad remissionem peccati, volens tamen recipere sacramentum poenitentiae, sicut dispensatur in ecclesia, et sine obice in voluntate peccati mortalis in actu in ultimo instanti illius prolationis verborum, in quo scilicet est vis sacramenti istius, recipiat effectum sacramenti scilicet gratiam poenitentialem." Zit. nach: *Emil Fischer*, Die Geschichte der evangelischen Beichte, Bd. I, Leipzig 1902, S. 87.

19 Die entsprechenden Textstellen sind unter Sess. 14, c. 4 zu finden. Eine lehrbuchhafte Zusammenfassung bei *H. Noldin*, Summa Theologiae Moralis, Bd. III De Sacramentis, Innsbruck, [11]1914, S. 296—315.

20 Vgl. *Philippe Ariès*, L'Homme devant la mort, Paris 1977, u.a. den Teil II des 1. Buches und meinen Aufsatz Tod und Individualität, in KZfSS, 31, 1979, S. 761 ff.

21 Vgl. hierzu neuerdings *Jacques Le Goff*, La naissance du Purgatoire, Paris 1981.

22 Als zusammenfassende Darstellungen bieten sich an: *Dietterle, Johannes*, Die Summae confessorum (Sive de casibus conscientiae) von ihren Anfängen an bis zu Silvester Prierias — unter besonderer Berücksichtigung ihrer Bestimmungen über den Ablaß, in: ZKG 24 (1903); 353—374, 540—548; 25 (1904), 248—272; 26 (1905), 59—81, 350—362; 27 (1906), 70—83, 166—188, 296—310, 433—442; 28 (1907), 401—431 und neuerdings: *Thomas N. Tentler*, Sin and Confession on the Eve of Reformation, Princeton 1977, dort auch weitere Literatur.

23 *Tentler*, a.a.O., S. 39.

24 *Bernardino da Siena*, De contractibus et usuris, Straßburg 1474. Zu *Bernardinos* und *Antoninos* ökonomischem Werk vgl. *Raymond de Roover*, San Bernardino of Siena and Sant' Antonino of Florence. The Two Great Economic Thinkers of the Middle Ages, Boston 1967.

25 Vgl. zur Frage der Gottesurteile u.a.: *Hermann Nottarp*, Gottesurteilstudien, Bamberger Abhandlungen und Forschungen, [2]München 1956, und *Charlotte Leitmaier*, Die Kirche und die Gottesurteile, Wiener rechtsgeschichtliche Arbeiten, [2]Wien 1953. Die wichtigste Quellensamm-

lung bietet *Peter Browe*, De ordaliis. Textus et documenta in usum exercitationum et praelectionum academicarum. Series theologica 4 et 11, Rom 1932 und 1933; für die hier interessierende Frage der Abschaffung der Gottesurteile u.a. *John W. Baldwin*, The Intellectual Preparation for the canon of 1215 Against Ordeals, in: Speculum, XXXVI (1961), S. 613–636.

26 Zit. nach *Baldwin*, a.a.O., S. 629.
27 a.a.O., S. 628.
28 Zitate nach *Baldwin*, a.a.O., S. 625.
29 Hier kann es natürlich nicht um eine umfassende Darstellung der Entwicklung der Vorstellungen von Tatverantwortung und Schuld gehen. Zur Theorie der Verantwortung immer noch zentral *Paul Fauconnet*, La responsabilité, Paris 1920. Über archaische Modelle der Tatzuschreibung vgl. man *Eric R. Dodds*, Die Griechen und das Irrationale, Darmstadt 1970 und *Bruno Snell*, Die Entdeckung des Geistes, Göttingen [4]1975. Ferner generell *Alan F. Blum* und *Peter McHugh*, The Social Ascription of Motives, in: American Sociological Review, 36, 1971, S. 98 ff.; *Niklas Luhmann*, Gesellschaftsstruktur und Semantik. Studien zur Wissenssoziologie der modernen Gesellschaft, Bd. I., Frankfurt 1980 (vor allem S. 23, 151 f., 248 und passim). Für die Entwicklung des Schuldbegriffs aus rechtshistorischer Sicht (für diese Hinweise danke ich meinem Kollegen *Knut Amelung*) vgl. man u.a.: *Alexander Löffler*, Die Schuldformen des Strafrechts in vergleichend-historischer Darstellung, Leipzig 1895; *Gustaf Nass*, Ursprung und Wandlungen des Schuldbegriffs im Laufe des Rechtsdenkens, Neuwied 1963 und *Woldemar Engelmann*, Die Schuldlehre der Postglossatoren und ihre Fortentwicklung. Eine historisch-dogmatische Darstellung der kriminellen Schuldlehre der italienischen Juristen des Mittelalters seit Accursius, 2. verb. Aufl., Aalen 1965 (1. Aufl. 1895). Ein spezielles Problem stellen in diesem Kontext auch die Tatzuschreibungsmodelle dar, die mit dem Komplex der Hexerei verbunden sind. Hierzu vgl. man etwa: *E. E. Evans-Pritchard*, Hexerei. Orakel und Magie bei den Zande, Frankfurt (Main) 1970; *Alan Macfarlane*, Witchcraft in Tudor and Stuart England. A Regional and Comparative Study, London 1970; *Eric H. C. Midelfort*, Witch Hunting in South-Western Germany, Berkeley 1971; *Robert Mandrou*, Magistrats et Sorciers en France au XVIIe siècle. Une analyse de psychologie historique, Paris 1968, und neuerdings: *Claudia Honegger* (Hrsg.), Die Hexen der Neuzeit. Studie zur Sozialgeschichte eines kulturellen Deutungsmusters, Frankfurt (M)[2], 1979.
30 Vgl. hierzu: *John H. Langbein*, Torture and the Law of Truth. Europe and England in the Ancien Régime, Chicago und London 1976, S. 4. „The Roman – canon law of proof governed judicial procedure in cases of serious crime, cases where blood sanction (death or severe physical maiming) could be imposed. In brief, there were three fundamental rules. First, the court could convict and condemn an accused upon the testimony of two eyewitnesses to the gravamen of the crime. Second, if there were no eyewitnesses, the court could convict and condemn the accused only upon the basis of his own confession. Third, circumstantial evidence, so-called indicia, was not an adequate basis for conviction and condemnation, no matter how compelling. It does not matter, for example, that the suspect is seen running away from the murdered man's house and that the bloody dagger and the stolen loot are found in his possession. The court cannot convict him of the crime" (S. 4). Zur entsprechenden Entwicklung im deutschen Rechtswesen vom 13. Jh. bis zur Renaissance vgl. *Eberhard Schmidt*, Inquisitionsprozeß und Rezeption, Leipzig 1940. Die dort vertretene These einer bereits vor der Übernahme des Römischen Rechts und unabhängig von ihr nachweisbaren Entwicklung des Inquisitionsprozesses in Deutschland seit dem 13. Jh. wird neuerdings angezweifelt. Vgl. hierzu: *John H. Langbein*, Prosecuting Crime in the Renaissance. England, Germany, France, Cambridge (Mass.) 1974, S. 152 ff.
31 Eine Analyse der Moskauer Schauprozesse unter dem Gesichtspunkt, daß es sich hier um Bekenntnisrituale handelt, bietet *Klaus Georg Riegel*, Konfessionsrituale im Marxismus-Leninismus, Trier, unveröffentl. Habil-Schrift 1982.
32 Trotz der aufgezeigten Parallele zwischen Beichte und Geständnis ist freilich für das Mittelalter und die Neuzeit festzuhalten, daß die Relevanz der Motive und Intentionen in der Beichte größer ist, der Akzent im Geständnis doch auf der Tat liegt. Aber es ist andererseits unverkennbar, daß die Beobachtung der Intention auch im Recht eine kontinuierliche Steigerung erfahren hat. Ein einstweiliger Höhepunkt scheint da erreicht, wo für die Schuldfähigkeit die tiefenpsychologisch oder psychiatrisch erzeugten Lebensbeichten ausschlaggebend werden.
33 a.a.O., II, S. 82 f.
34 ebd.

35 *Fischer*, a.a.O., II, S. 180 f.

36 Wir behandeln hier die Entstehung des Zivilisationsprozesses aufgrund *religiös* fundierter psychogenetischer Prozesse anhand des *Weber*schen Protestantismusaufsatzes, weil u.E. *Weber* diesen Zusammenhang als erster präzis beschrieben hat. Das ersetzt eine gründliche Analyse der Quellen unter diesem Gesichtspunkt natürlich ebenso wenig wie eine Auseinandersetzung mit diesbezüglichen Einwände gegen *Webers* These, die aber im Rahmen dieses Aufsatzes nicht geleistet werden kann und einer späteren ausführlichen Arbeit überlassen bleiben muß.

37 *Max Weber*, Gesammelte Aufsätze zur Religionssoziologie, Bd. I, Tübingen [6]1972.

38 ebd.

39 a.a.O., Bd. I, S. 117 Fn.

40 Vgl. a.a.O., Bd. 1, S. 119.

41 a.a.O., S. 97.

42 a.a.O., S. 111.

43 a.a.O., S. 117.

44 *Lewin Schücking*, Die Familie im Puritanismus. Studien über Familie. Literatur in England im 16., 17. und 18. Jh., Leipzig und Berlin 1929.

45 ebd., S. 55.

46 ebd., S. 11 f.

47 Tagebücher und Autobiographien im hier gemeinten Sinne sind natürlich nicht alle Lebenserinnerungen oder Mémoiren. Wie jüngst *Hartmann Leitner*, Lebenslauf und Identität. Die kulturelle Konstruktion von Zeit in der Biographie, Frankfurt – New York 1982, S. 113 ff. zeigen konnte, ist die systematische Selbstthematisierung im Sinne der Herauskristallisierung der Jemeinigkeit eines Lebens ein neuzeitliches Phänomen. Ältere ,,Autobiographien" stellen eher die Kongruenz von sozialer Position und Autor in den Vordergrund.

48 *Ian Watt*, The Rise of the Novel, Harmondsworth 1981 (1. Aufl. 1957), S. 24 f.

49 Zit. nach *Watt*, a.a.O., S. 233.

50 *François de Sales*, Oeuvres (Bibl. Pléiade), Paris 1969, S. 24.

51 ebd., S. 36.

52 vgl. ebd., S. 197.

53 ebd., S. 36.

54 ebd., S. 197.

55 ebd., S. 40 und S. 115.

56 ebd., S. 41.

57 ebd., S. 41.

58 cf. *Alain de Lille*, Summa de arte praedicatoria. PL 210, 172–173: Duplex est autem peccati confessio, quaedam generalis, quaedam specialis. Generalis, quae fit indies in sacrificio matutino et vespertino, id est in completorio pro venialibus et occultis; specialis quae fit pro mortalibus et manifestis: ad quam tenentur clerici singulis Sabbatis, laici vero ter in anno specialiter confiteri.

59 *François de Sales*, a.a.O., S. 43.

60 ebd., S. 95.

61 Auf die Parallelität, die zwischen den Konzepten höfischer Zivilisiertheit, wie sie *Elias* anhand der späteren Mémoiren des Herzogs von *Saint-Simon* freilegt, und *Graciáns* Héroe besteht, verweist *Ulrich Schulz-Buschhaus* in seinem Aufsatz: Über die Verstellung und die ersten ,Primores' des Héroe von Gracián, in: Romanische Forschungen, Bd. 91, H. 4, 1979, S. 411–430. *Schulz-Buschhaus* zeigt insbesondere, ,,daß viele Postulate, die in der Hoftheorie der Renaissance, etwa in Castigliones Cortegiano, im Interesse gesellschaftlicher Harmonie gefordert wurden, im Héroe aufs neue erscheinen, jetzt aber zugespitzt als Instrumente für Einfluß und Machtgewinn" (S. 409). Diese Funktion der Graciánschen Schrift darf gewiß nicht übersehen werden. Aber daneben ist doch auch bedeutsam, daß Gracián die Forderung nach Selbstbeherrschung und Selbstkontrolle moraltheologisch begründet, wie *Peter Wehrle* in seiner Trierer Magisterarbeit ,,Baltasar Graciáns ,El Héroe' – Moralphilosophische Zielsetzungen oder ,Moralistik' in einer Schrift des spanischen Siglo de Oro?", Ms. 1978 nachweisen konnte. Der analoge Zusammenhang von höfischer und religiöser (hier speziell gegenreformatorischer) Begründung gesamtbiographischer Selbstkontrolltechniken läßt sich auch in Frankreich beobachten. In England scheint es gerade bezeichnend zu sein, daß die Zivilisierungsprozesse im Sinne der Durchrationalisierung des Gesamtverhaltens gerade *nicht* vom Hofe ausgegangen sind, dort eigentlich nie in dem Maße Fuß fassen konnten wie beim puritanisch beeinflußten Bürgertum. Wenn man

unter Zivilisierung nicht nur jene äußerliche Disziplinierung der Gesten und Körperregungen versteht, sondern die durchgreifende Disziplinierung des gesamten leib-seelischen Verhaltensstils, der vor allem auch die Domestikation der Sexualität umfaßt, dann wird man für die langfristige Psychogenese des modernen Menschen eher religiöse als höfische, eher bürgerliche als adlige Wurzeln verantwortlich machen müssen.

62 Am eindringlichsten vielleicht in den Arbeiten *Michel Foucaults*, der an zahlreichen Phänomenen, vom Krankenhaus bis zum Gefängnis, vom Irrenhaus bis zur Psychoanalyse den Zusammenhang von Überwachung des einzelnen durch Informationen, die er in freiwilligen oder erzwungenen Diskurse über sich abgibt, und einer neuen Form gesellschaftlicher Macht nachspürt. Vgl. vor allem: *M. Foucault*, Surveiller et Punir. Naissance de la Prison, Paris 1975; *ders.*, Histoire de la folie à l'âge classique, Paris 1972; *ders.*, Naissance de la clinique. Une archéologie du regard médical, Paris 1963. Handelt es sich in all diesen Fällen um die Sicherung von Informationen durch Kasernierung von Individuen, so ändert sich das da, wo die Steuerung der Impulse über freiwillige Diskurse läuft. Es ist dieser Aspekt, der zentral in *Foucaults* Arbeit über die Geschichte der Sexualität (Histoire de la sexualité, 1. Bd.: La Volonté de savoir, Paris 1976) angesprochen wird: Was hier für die Sexualität behauptet wird, ließe sich auf nahezu alle anderen Handlungsbereiche auch ausdehnen: ,,Police du Sexe: c'est-à-dire non pas rigueur d'une prohibition mais nécessité de régler le sexe par des discours utiles et publics" (ebd., S. 35).

63 Zu den systemtheoretischen Implikationen dieses Begriffs vgl. *Niklas Luhmann*, Selbstthematisierung des Gesellschaftssystems, in: Zeitschrift für Soziologie, 2, 1973, S. 21—46, wo allerdings der Reflexionsbegriff vom Individuum auf soziale Systeme übertragen wird. Die Frage, ob umgekehrt die Einsichten, die bei der Analyse von Selbstthematisierungen von Sozialsystemen gewonnen werden, das Verständnis der sozial institutionalisierten Selbst-Thematisierung von Individuen fördern kann, muß einstweilen offen bleiben.

64 *D. Riesman*, The Lonely Crowd, New Haven 1950, passim.

65 *F. H. Tenbruck*, Kultur im Zeitalter der Sozialwissenschaften, in: Saeculum, XIV, 1963, S. 34.

66 ebd., S. 34.

67 *Peter Berger* und *Thomas Luckmann*, Social Mobility and Personal Identity, in: Archives Européennes de Sociologie, V, 1964, S. 337: ,,To satisfy the need for ,essential identities' an identity market appears ... The individual becomes a consumer of identities offered on this market ... the suppliers on this market are a variety of identity-marketing agencies, some of them in competition with each other — the mass-media, the religious organizations, and the different combines of experts on marriage, child-rearing and other private activities."

Korrespondenzanschrift:
Prof. Dr. Alois Hahn
Universität Trier
FB IV — Soziologie
Postfach 3825
5500 Trier

ARBEITSLOSIGKEIT UND NATIONALSOZIALISMUS

Eine empirische Analyse des Beitrags der Massenerwerbslosigkeit
zu den Wahlerfolgen der NSDAP 1932 und 1933

Von Jürgen W. Falter, Andreas Link, Jan-Bernd Lohmöller,
Johann de Rijke und Siegfried Schumann

I. Problemstellung

Die Fakten sind wohlbekannt, die Zusammenhänge scheinen sich dem Beobachter geradezu aufzudrängen: Der Aufstieg des Nationalsozialismus von einer kleinen radikalen Splitterpartei mit gerade 0,8 Millionen Anhängern im Jahre 1928 zur weitaus größten Reichstagspartei nur vier bzw. fünf Jahre später mit erst 13, dann sogar über 17 Millionen Wählern verlief parallel zum ebenfalls enormen Anstieg der Arbeitslosigkeit. Betrug die Zahl der offiziell gemeldeten Erwerbslosen zum Zeitpunkt der Reichstagswahl 1928 „nur" gut eine Million, so lag sie bereits Anfang 1932 bei rund 6 Millionen, eine Zahl, die das tatsächliche Ausmaß der Arbeitslosigkeit im Deutschen Reich sogar noch erklecklich unterschätzen dürfte, da bei weitem nicht alle betroffenen Personen Anspruch auf staatliche oder kommunale Unterstützung hatten und sich häufig nicht, u. a. mangels Aussicht auf Erfolg, freiwillig als Arbeitssuchende bei den Arbeitsämtern meldeten, weshalb sie auch nicht in den offiziellen Statistiken aufgeführt wurden[1] (vgl. *Preller* 1949, S. 165 f.; Statistische Beilagen zum Reichsarbeitsblatt 1932 und 1933, StDR, NF Bde. 453–456, StDR, NF Bd. 421).
Ein Blick auf das Zahlenverhältnis (vgl. *Abbildung 1*) von Dauerarbeitslosen zu Gesamtarbeitslosen verdeutlicht die Intensität und das Ausmaß des Beschäftigungsproblems während der letzten Jahre der Weimarer Republik: Zählten Mitte 1930 nur knapp 10 % aller Erwerbslosen zu den der kommunalen Fürsorge anheimfallenden Wohlfahrtsempfängern, mit Unterstützungssätzen, die örtlich variierten und häufig am äußersten Rande des Existenzminimums angesiedelt waren, so waren es zwei Jahre später bereits rund 50 %[2]. Arbeitslosigkeit war in vielen Berufen, vor allem im produzierenden Gewerbe, zum Dauerproblem geworden; Hoffnung auf Besserung bestand so gut wie keine. Die Lebensumstände der Betroffenen wurden ständig bedrückender, nachdem angesichts der finanziellen Überforderung der Arbeitslosenversicherung immer mehr Personen ausgesteuert werden mußten, was wiederum die kommunalen Sozialetats schnell an den Rand des totalen Kollapses brachte und so notwendigerweise weitere Leistungsverschlechterungen nach sich zog (*Preller* 1949, S. 434 ff.).
Die nüchternen Zahlen der Statistik vermögen in keiner Weise das tatsächliche wirtschaftliche und soziale Elend, die schwere physische und psychische Beeinträchtigung

Abbildung 1: Arbeitslosigkeit und NSDAP-Wähler 1928–1933 (Absolutzahlen in Mio.)

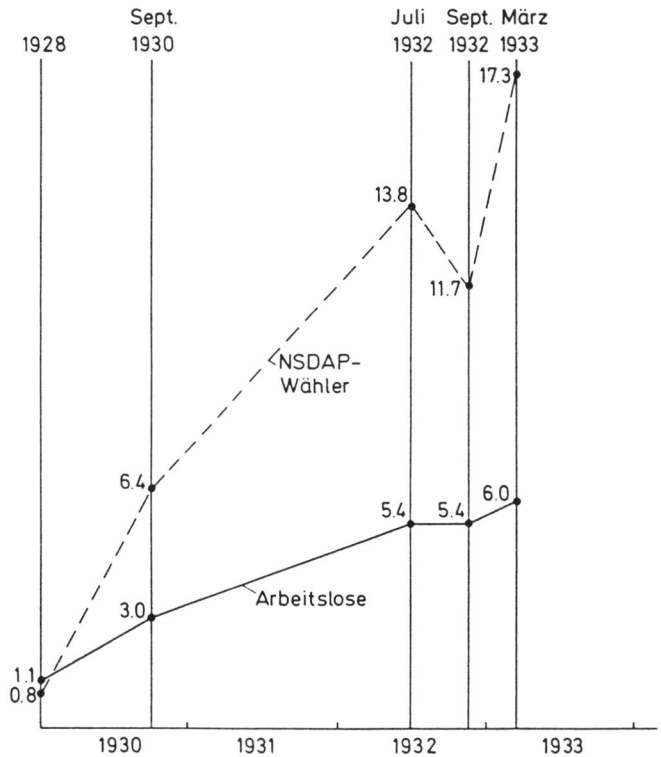

der Betroffenen, aber auch die Verunsicherung und die Angst der noch in einem festen Arbeitsverhältnis stehenden abhängig Beschäftigten wiederzugeben. Der Kampf um die nackte Existenz, das Ringen um das Überleben der Familie, die Verzweiflung und die Apathie, die durch das Schicksal der Dauerarbeitslosigkeit ausgelöst wurden, entziehen sich weitgehend den Darstellungsmöglichkeiten einer generalisierenden, vom Einzelschicksal notwendigerweise abstrahierenden wissenschaftlichen Betrachtungsweise (s. jedoch *Vierhaus* 1967, *Jahoda* et al. 1933).

Angesichts der sich immer weiter ausbreitenden privaten Not und der sie begleitenden, ja sie teilweise verursachenden öffentlichen Unordnung wird die sich bereits 1929 abzeichnende politische Radikalisierung (vgl. *Holzer* 1972, *Faris* 1975) der Wähler verständlicher.

Die Parallelität des Anschwellens der Arbeitslosenzahlen und der NSDAP-Stimmen wirkt noch suggestiver (vgl. *Abbildung 2*), wenn man statt der Absolutzahlen den Prozentsatz der NSDAP an den gültigen Stimmen und die Arbeitslosenquote gegeneinander aufträgt (vgl. *Frey* und *Weck* 1981). Bereits frühere Beobachter hatten aus der Gleichgerichtetheit beider Kurven auf eine ursächliche Beziehung zwischen Arbeitslosigkeit und NSDAP-Wahlerfolgen geschlossen (*Striefler* 1946, S. 63). Auch die Mehr-

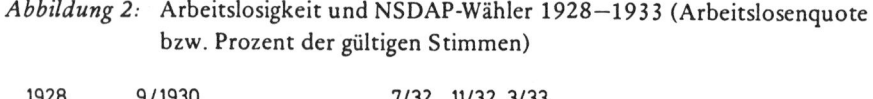

Abbildung 2: Arbeitslosigkeit und NSDAP-Wähler 1928–1933 (Arbeitslosenquote bzw. Prozent der gültigen Stimmen)

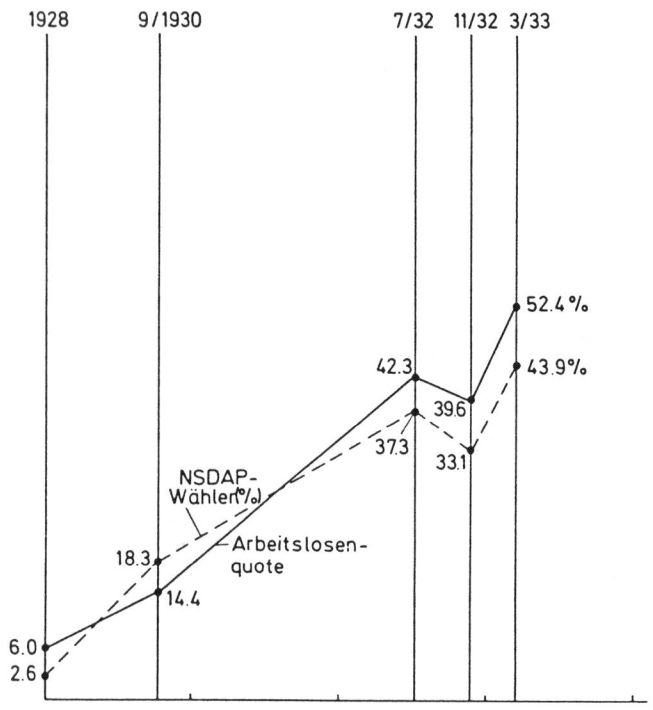

Quelle: Frey und *Weck* 1981 (Arbeitslosenquote: Arbeitslose Angestellte und Arbeiter / Beschäftigte Angestellte u. Arbeiter)

zahl der heutigen Historiker geht davon aus, daß die Wirtschaftskrise im Allgemeinen und die Massenarbeitslosigkeit im Besonderen den Aufstieg des Nationalsozialismus zumindest begünstigt, wenn nicht sogar mitverursacht habe (vgl. etwa *Helbich* 1968, S. 89).

Die Plausibilität des Schlusses von der auf Reichsebene unzweifelhaft vorhandenen Korrelation des Anstiegs von Arbeitslosigkeit und NSDAP-Stimmen auf entsprechende Kausalbeziehungen erklärt zwar den weitgehenden Konsens im historischen Lager über den Effekt der Erwerbslosigkeit für das Wählerverhalten. Erstaunlich ist jedoch zum einen, daß die Hypothesen über den Zusammenhang beider Phänomene nur selten hinreichend spezifiziert werden, zum anderen, daß sich die weitgehende Einmütigkeit nur auf eine höchst spärliche empirische Evidenz stützen kann: Zu der im folgenden untersuchten Fragestellung liegen nach Kenntnis des Verfassers nur wenige veröffentlichte und bestenfalls eine handvoll unveröffentlichter Arbeiten vor (*Kaltefleiter* 1965/68, *Frey* und *Weck* 1981, *Pratt* 1948, *Waldman* 1973, *Wernette* 1974, *McKibbin* 1969, *Waldman* 1975).

II. Zum Forschungsstand

Die veröffentlichten empirischen Analysen über den Zusammenhang von Arbeitslosigkeit und NSDAP-Wahlerfolgen konvergieren, mit nur einer, weder empirisch noch for-
schungstechnisch sonderlich gewichtigen Ausnahme (*McKibbin* 1969), dahingehend,
daß zwischen dem Ausmaß der Erwerbslosigkeit und den NSDAP-Stimmen eine eindeutig positive Beziehung bestehe, d. h. daß dort, wo die Arbeitslosigkeit stärker ausgeprägt war, auch die NSDAP tendenziell mehr Stimmen gewonnen habe und umgekehrt
(vgl. *Pratt* 1948, S. 175 ff.; *Waldman* 1973, S. 70, 74; *Wernette* 1974, S. 63; *Kaltefleiter* 1968, S. 21 ff. unter teilweise *sehr* enger Anlehnung an *Brües* 1963; *Frey* und
Weck 1981).

Leider entsprechen diese Arbeiten strengeren empirischen oder methodologischen Maßstäben nur
begrenzt. Während die statistisch ausgefeilte Untersuchung von *Frey* und *Weck* (1981) sich in einer
kombinierten Quer- und Längsschnittanalyse nur auf die Daten der 13 (!) Landesarbeitsamtsbezirke des Reiches stützen kann, d. h. sich einer sehr groben Untergliederung der Grundgesamtheit mit
hoher interner, dafür jedoch umso geringerer externer Varianz bedient, begnügen sich die Arbeiten von *Pratt* (1948) und *Waldman* (1973) mit der Korrelation von jeweils nur zwei Variablen bei
Kontrolle der Gemeindegrößenklasse. Ihre Daten beziehen sich überdies nur auf Städte mit mehr
als 15 bzw. 20 000 Einwohner. Durch letzteres wird der Geltungsbereich ihrer Aussagen natürlich
entsprechend eingeschränkt; durch die ausschließliche Verwendung von bivariaten Korrelationen
wird ferner die Kontrolle des Einflusses externer Variablen vernachlässigt, so daß nicht festzustellen ist, ob die gemessenen Korrelationen nicht einfach Scheinbeziehungen vorgaukeln, die durch
die Einfügung weiterer Variablen in das Erklärungsmodell zum Verschwinden gebracht werden.
Dieses Problem bekommt zwar *Wernette* (1974) in seiner mit schrittweisen multiplen Regressio-
nen arbeitenden Untersuchung in den Griff. Doch ist seinen referierten Koeffizienten wegen der
Art der von ihm vorgenommenen Datentransformationen mit Mißtrauen zu begegnen[3]. *Kaltefleiter* (1968) und *Brües* (1963) schließlich verzichten ganz auf den Einsatz statistischer Auswer-
tungsverfahren. Stattdessen vergleichen sie willkürlich herausgegriffene Fälle mit hoher bzw. niedriger Ausprägung der unabhängigen Variablen. Mit anderen Worten: Sie arbeiten ausschließlich
illustrativ und können so weder die Repräsentativität der von ihnen herangezogenen Fälle noch die
Linearität der festgestellten Beziehungen oder gar deren Stärke überprüfen. Das von ihnen verwendete Verfahren eignet sich daher zwar gut zur Generierung, nicht jedoch zum Test von Hypothesen
(vgl. *Falter* 1980).
Ferner bedienen sich sämtliche der hier betrachteten Untersuchungen unterschiedlicher Operationalisierungen der Arbeitslosigkeit, so daß die gefundenen Ergebnisse nicht ohne weiteres miteinander verglichen werden können (vgl. *Tabelle 1*). Der Vollständigkeit halber sei endlich noch erwähnt,
daß die vorliegenden Arbeiten – wiederum mit Ausnahme der Untersuchung von *Frey* und *Weck*
(1981) – des öfteren in unstatthafter Weise von der Ebene der Städte (*Pratt, Waldman*) bzw. der
Kreise (*Kaltefleiter, Brües*) interpretativ auf die Ebene der Individuen bzw. der von ihnen gebildeten sozialen Gruppierungen schließen, was vor allem im Falle von bivariaten Korrelationen, d. h.
bei im allgemeinen sehr unvollständigen Modellspezifikationen unzulässig ist und die Gefahr von
„ökologischen Fehlschlüssen" geradezu provoziert (vgl. *Robinson* 1950, *Langbein* und *Lichtman*
1978).

Wir wollen im folgenden versuchen, anhand eines vollständigen, d. h. alle Kreise umfassenden und sämtliche Verwaltungsreformen innerhalb des Berichtszeitraums berücksichtigenden Datensatzes[4] sowie unter Einsatz möglichst adäquater statistischer Verfahren und Modelle die Frage nach der Bedeutung der Arbeitslosigkeit für den Aufstieg des Nationalsozialismus neu aufzurollen. Wir werden dabei zunächst ebenfalls

mit bivariaten Korrelationen arbeiten, um die Resultate der vorliegenden Studien auch in dieser Hinsicht einschätzen zu können, werden dann zuerst im Wege einer Kontrastgruppenanalyse, anschließend mittels multipler Regressionsverfahren und schließlich unter Verwendung pfadanalytischer Modelle mit latenten Variablen auch komplexere und damit vermutlich realitätsgerechtere Beziehungsgeflechte zu analysieren versuchen. Dabei bewegen wir uns ausschließlich auf der Ebene der verfügbaren Untersuchungseinheiten, d. h. der politischen Kreise.

Als vorweggenommenes Ergebnis läßt sich schon hier festhalten, daß es mit unseren Daten und den hier zum Einsatz kommenden Verfahren nicht gelingen wird, die Resultate der anderen einschlägigen Untersuchungen vollständig oder auch nur überwiegend zu replizieren.

III. Resultate der Korrelationsanalyse

Das Ergebnis der bivariaten, also keine weiteren Faktoren explizit berücksichtigenden Korrelationsanalyse ist eindeutig *(Tabelle 1)*: Zwischen den Wahlerfolgen der NSDAP und den verschiedenen hier herangezogenen Arbeitslosigkeitsindikatoren besteht ein *negativer* Zusammenhang. Unabhängig davon, ob wir den Anteil der Erwerbslosen an allen Erwerbspersonen bei der Volkszählung 1933, den Prozentsatz der Wohlfahrts- (d. h. Dauer-)erwerbslosen 1930 und 1932 oder den Anteil der beschäftigungslosen Angestellten und Arbeiter (1933) an ihrer jeweiligen Berufsgruppe betrachten: Stets gilt, daß – mit Ausnahme der (zahlenmäßig sehr geringen) Wohlfahrtserwerbslosigkeit 1930 – in Kreisen mit überdurchschnittlicher Arbeitslosigkeit die NSDAP spürbar schlechter abgeschnitten hat als in Kreisen mit geringerer Arbeitslosigkeit. Dies belegen zusätzlich zu den – linearen Beziehungen unterstellenden – Korrelationskoeffizienten auch die *Abbildungen 3–5*, in denen die unabhängige Variable, d. h. der jeweilige Arbeitslosigkeitindikator, auf der Horizontalen und die Ausprägung der abhängigen Variablen, also der NSDAP-Anteil innerhalb der zu einer Kategorie der unabhängigen Variablen gehörenden Kreise, auf der Vertikalen abgetragen sind. Sieht man von einzelnen, wohl durch zu geringe Fallzahlen verursachten Ausreißern ab, so weist der Kurvenlauf tendenziell immer von links oben nach rechts unten, was so zu interpretieren ist, daß in Kreisen mit vielen Arbeitslosen die NSDAP im Durchschnitt schlechter abschnitt als in Kreisen mit wenigen Arbeitslosen. Der in der Literatur aufgefundene positive Zusammenhang von Arbeitslosigkeit und NSDAP-Wahlerfolgen läßt sich ergo mit unseren Daten nicht reproduzieren!

Interessant sind die Differenzen zwischen Gebieten mit hoher bzw. niedriger Arbeiter- und Angestelltenerwerbslosigkeit. Generell war die Arbeitslosigkeit deutlich stärker bei Arbeitern als bei Angestellten verbreitet. So war bei der Volkszählung 1933 jeder dritte Arbeiter, aber nur jeder fünfte Angestellte ohne Beschäftigung. Erwerbslose Arbeiter stellten mit anderen Worten rund 82 % der offiziell als arbeitslos Gemeldeten, obwohl der Anteil der Arbeiter insgesamt an den abhängigen Erwerbspersonen nur 74 % betrug. Aufgrund ihrer Korrelationsanalysen schlossen sowohl *Pratt* (1948, S. 175 ff.) als auch *Waldman* (1973, S. 74), daß erwerbslose Arbeiter im Vergleich zu den be-

Tabelle 1: Korrelationen von verschiedenen Arbeitslosigkeitsindikatoren mit NSDAP- und KPD-Anteilen

	Mittel	S.D.	Korrelation * 100											
E/Et	24 %	14 %	100											
E/Bp	19 %	9 %	99	100										
E/Bt	16 %	7 %	99	100	100									
E/Wb	11 %	5 %	98	99	99	100								
E'Arb/Arb	31 %	11 %	91	93	92	92	100							
E'Ang/Ang	18 %	6 %	91	92	91	92	87	100						
E'Arb/Wb	9 %	4 %	97	97	98	98	90	88	100					
E'Ang/Wb	2 %	1 %	80	81	80	83	77	82	70	100				
E'Arb/E	84 %	7 %	−41	−43	−40	−43	−40	−48	−25	−83	100			
E'Ang/E	16 %	7 %	41	43	40	43	40	48	25	83	−100	100		
WE 30/Bt	13 %	11 %	79	80	79	78	74	76	73	75	−52	52	100	
WE 32/Bt	61 %	41 %	92	92	92	89	83	83	88	73	−41	41	82	100
NS 30	15 %	6 %	−6	−4	−5	−4	−6	2	−6	2	−11	11	5	−2
NS 32j	31 %	11 %	−25	−24	−25	−23	−25	−12	−22	−20	08	−08	−15	−20
NS 32n	26 %	10 %	−24	−23	−24	−22	−23	−11	−21	−20	11	−11	−14	−20
NS 33	39 %	10 %	−45	−44	−45	−43	−44	−29	−43	−36	19	−19	−32	−41
KPD 30	10 %	7 %	76	75	76	75	59	67	77	55	−22	22	56	71
KPD 32j	11 %	7 %	78	77	78	77	61	67	79	53	−18	18	55	73
KPD 32n	13 %	7 %	79	78	79	79	61	69	80	57	−22	22	57	74
KPD 33	11 %	7 %	79	78	80	80	63	69	81	58	−23	23	60	75

Legende:

E/Et	=	Erwerbslose/abhängig Erwerbstätige
E/Bp	=	Erwerbslose/(abhängig Erwerbstätige + Erwerbslose)
E/Bt	=	Erwerbslose/Berufstätige
E/Wb	=	Erwerbslose/Wahlberechtigte
E'Arb/Arb	=	erwerbslose Arbeiter /alle Arbeiter
E'Ang/Ang	=	erwerbslose Angestellte /alle Angestellte
E'Arb/Wb	=	erwerbslose Arbeiter /Wahlberechtigte
E'Ang/Wb	=	erwerbslose Angestellte /Wahlberechtigte
E'Arb/E	=	erwerbslose Arbeiter /alle Erwerbslosen
E'Ang/E	=	erwerbslose Angestelle /alle Erwerbslosen
WE 30/Bt	=	Wohlfahrtserwerbslose 1930 /Berufstätige
WE 33/Bt	=	Wohlfahrtserwerbslose 1933 /Berufstätige
Berufstätige	=	Selbständige + mithelfende Familienangehörige + Berufslose + Erwerbslose + + Beamte + Angestellte + Arbeiter + Hausangestellte
NS, KPD	=	Stimmen für NSDAP (bzw. KPD) Wahlberechtigte bei den Wahlen 1930, 1932 Juli, 1932 November, 1933

schäftigten Arbeitern stärker zur KPD tendierten, während arbeitslose Angestellte — wiederum stärker als ihre beschäftigten Kollegen — ganz überwiegend die NSDAP vorgezogen hätten.

Auch diese Resultate, die nach dem weiter oben gesagten natürlich nur für die Aggregatebene gelten können, lassen sich mit unseren Daten weder für das Deutsche Reich insgesamt (vgl. *Tabelle 2*) noch für seine urbanisierten Regionen bestätigen: Sowohl in Gebieten mit überdurchschnittlich vielen erwerbslosen Arbeitern als auch in Regionen

Abbildung 3: Erwerbslosenanteile (gesamt) und NSDAP-Anteile

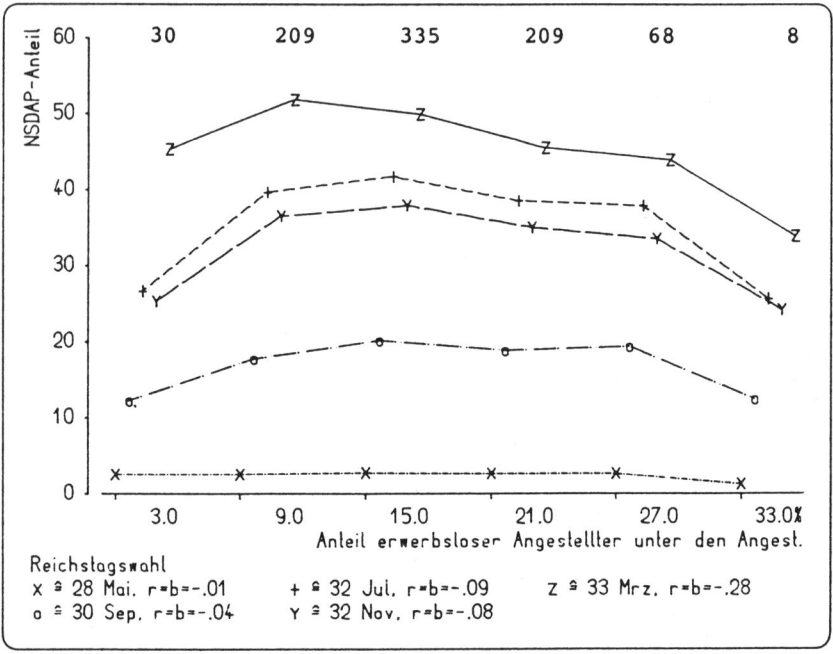

Abbildung 4: Erwerbslose Arbeiter (gesamt) und NSDAP-Anteile

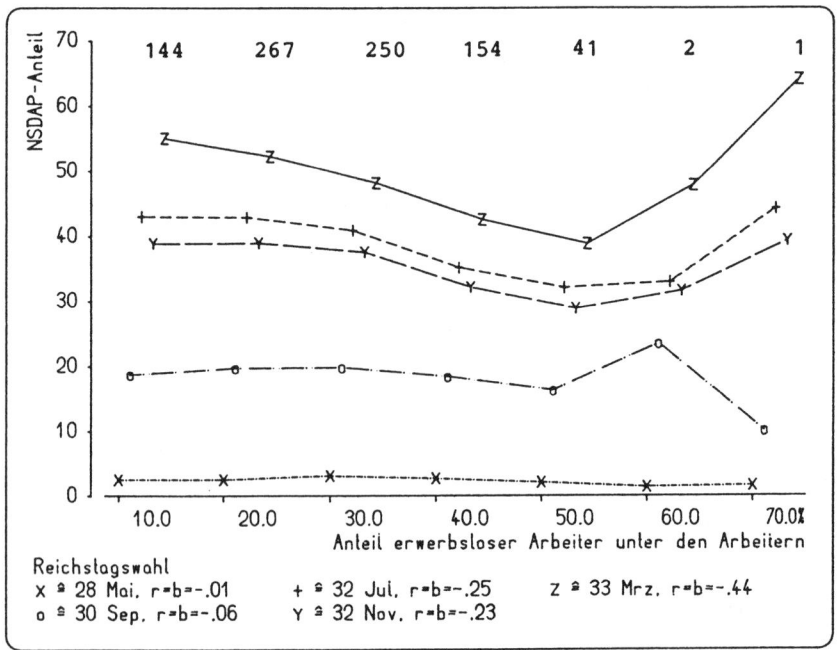

Abbildung 5: Erwerbslose Angestellte (gesamt) und NSDAP-Anteile

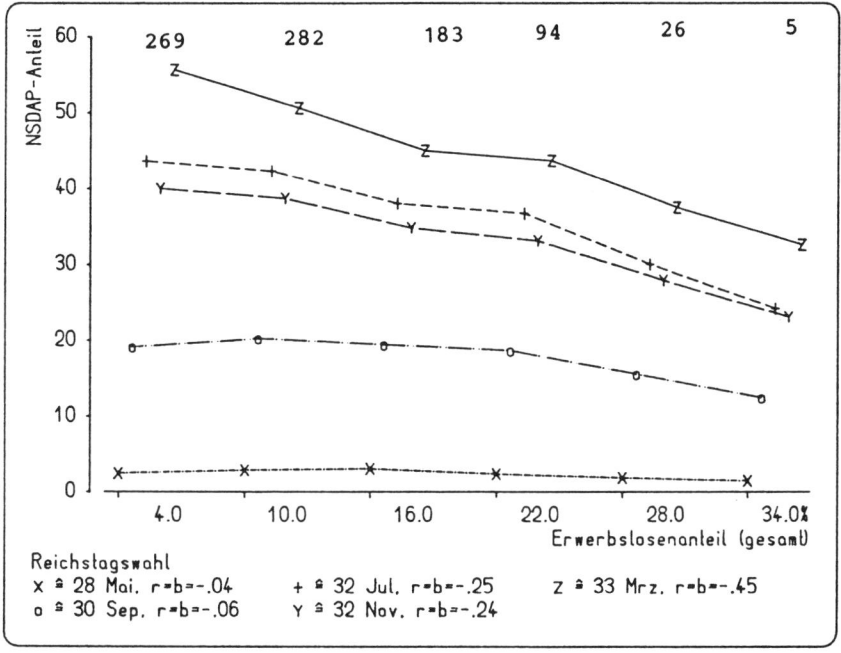

Tabelle 2: Korrelation der NSDAP-Anteile mit verschiedenen Arbeitslosigkeitstypen nach dem Verstädterungsgrad der Kreise

Verstädterungsgrad	1932 Juli	1932 Nov.	1933
Ländliche Gebiete	*Korrelation * 100*		
Erwerbslose Arbeiter	−9	−3	−22
Erwerbslose Angestellte	−29	−29	−13
Erwerbslose allgemein	2	5	−18
Gemischte Gebiete			
Erwerbslose Arbeiter	−17	−13	−29
Erwerbslose Angestellte	10	12	−2
Erwerbslose allgemein	−8	−6	−24
Urbane Gebiete			
Erwerbslose Arbeiter	−18	−15	−24
Erwerbslose Angestellte	−13	−6	−13
Erwerbslose allgemein	−35	−29	−41

Verstädterungsgrad = % Einwohner in Gemeinden über 5000 Einwohner:
Ländlich = 0 %; gemischt = 0 % bis 66 %; urban > 66 %.

mit besonders vielen arbeitslosen Angestellten schnitt die NSDAP bei den hier untersuchten drei Wahlen deutlich schlechter ab als in Kreisen mit weniger erwerbslosen Angestellten und Arbeitern. Allerdings ist der (in beiden Fällen negative) Korrelations-
koeffizient im Falle der erwerbslosen Angestellten nur etwa halb so hoch wie im Falle
der erwerbslosen Arbeiter. Eine eindeutig positive Beziehung hingegen besteht zwischen dem KPD-Stimmenanteil und beiden Erwerbslosen-Gruppen.

Aus den Schaubildern und den sie ergänzenden Korrelationstabellen läßt sich ablesen,
daß die stärksten Beziehungen mit der Arbeitslosigkeit (negativ im Falle der NSDAP,
stark positiv im Falle der KPD) erst bei der Wahl 1933 auftraten. Im Gegensatz zur
NSDAP schnitt die KPD dort tendenziell besser ab, wo viele Arbeitslose lebten, wobei
erstaunen mag, daß, anders als bei der NSDAP, bei der KPD der statistische Zusammenhang mit den erwerbslosen Arbeitern nicht höher ist als der mit den erwerbslosen
Angestellten. Der — hier nicht in die Korrelationstabelle aufgenommene — statistische
Zusammenhang von SPD-Stimmenanteilen und Arbeitslosigkeit ist ebenfalls positiver
Natur, liegt jedoch mit Koeffizienten zwischen (typischerweise) 0.30 und 0.40 deutlich unter dem der KPD.

Ob sich wenigstens für die urbanisierten Regionen des Deutschen Reiches die von *Pratt*
und *Waldman* festgestellten positiven Beziehungen zwischen Arbeitslosigkeit und
NSDAP ergeben, soll *Tabelle 2* zeigen. Ein Blick belegt, daß auch diese Koeffizienten
meist negativ sind, daß also auch in den stärker urbanisierten Gebieten die NSDAP
1932 und 1933 tendenziell dort weniger Stimmen erhielt, wo die Arbeitslosigkeit stärker ausgeprägt war[5].

Als Fazit der bivariaten Korrelationsanalyse läßt sich festhalten, daß sich — selbst nach
Kontrolle der Urbanisierung — die in der Literatur referierten statistischen Zusammenhänge zwischen den NSDAP-Wahlerfolgen und den verschiedenen Indikatoren der Erwerbslosigkeit mit unseren Daten nicht feststellen lassen. Vielmehr besteht 1932 und
1933 durchgehend eine negative Beziehung zwischen den NSDAP-Erfolgen und der
Höhe der Erwerbslosigkeit. Dagegen ist der Zusammenhang von Erwerbslosigkeit und
KPD-Wahlerfolgen immer positiv.

Ob es sich bei den gemessenen Zusammenhängen um „echte" Beziehungen oder lediglich um sogenannte Scheinkorrelationen handelt, deren Auftreten auf das Wirken anderer Einflußfaktoren zurückzuführen ist, soll in den folgenden Abschnitten untersucht
werden, wobei einerseits zum Zwecke der Darstellung, andererseits zum Zwecke der
Ausweitung der Analyse unterschiedliche multivariate Verfahren eingesetzt werden.

IV. Kontrastgruppenanalyse der NSDAP-Stimmenanteile 1932 und 1933

Weitet man die Korrelationsanalyse auf andere sozialstrukturelle Merkmale aus, so zeigt
sich, daß statistisch der NSDAP-Stimmenanteil 1932 und 1933 teils positiv, teils negativ mit einer Reihe von weiteren, bisher nicht berücksichtigten Merkmalen zusammenhängt. Da diese Variablen wiederum selbst (einschließlich des Erwerbslosenanteils)
untereinander korrelieren, liegt es nahe, sie in einer multivariaten, d. h. mehrere Merkmale zugleich berücksichtigenden Analyse so miteinander in Beziehung zu setzen, daß

der Effekt der jeweils interessierenden Variablen, hier also der Arbeitslosigkeit, auf den NSDAP-Stimmenanteil quasi in einer um den Einfluß der anderen im Erklärungsmodell enthaltenen Variablen bereinigten Form gemessen werden kann.

Ein auch für den statistischen Laien leicht zu durchschauendes Verfahren zur Kontrolle möglicher „Störfaktoren" ist die sogenannte Kontrastgruppenanalyse. In ihr wird die Grundgesamtheit aller Kreise in einem ersten Schritt in mindestens zwei Teilmengen zerlegt, die unterschiedliche Ausprägungen der ersten in die Analyse einbezogenen unabhängigen Variablen, in unserem Falle des Katholikenanteils, repräsentieren. In den so gewonnenen Unter- bzw. „Kontrastgruppen" wird dann die jeweilige durchschnittliche Ausprägung der abhängigen Variablen, also des NSDAP-Anteils, in den zu den entsprechenden Gruppen gehörenden Kreisen gemessen. Im nächsten Schritt der Analyse werden die im ersten Durchgang ermittelten Untergliederungen wiederum in Teilmengen nach Maßgabe einer weiteren Erklärungsvariablen, in unserem Beispiel also des Arbeiteranteils, zerlegt, die entsprechenden Ausprägungen der abhängigen Variablen berechnet etc.

Trotz gewisser Nachteile, die das Verfahren der Kontrastgruppenanalyse vor allem in seiner — hier nicht verwendeten — automatisierten, primär auf maximale Varianzzerlegung ausgerichteten Version aufweist (vgl. *Scheuch* 1973), bietet diese Technik nicht nur wegen ihrer bereits hervorgehobenen Plausibilität, sondern auch wegen der Möglichkeit, gleichsinnige Überlagerungen bzw. gegensinnige Überkreuzungen von Einflußfaktoren zu identifizieren, erhebliche Vorteile bei der Darstellung komplexerer Variablenbeziehungen.

Da in der vorliegenden Literatur große, durch unsere eigenen Daten weitgehend bestätigte Einigkeit darüber besteht, daß zu den wichtigsten Einflußfaktoren des nationalsozialistischen Wählerverhaltens neben der konfessionellen auch die berufliche Zusammensetzung der Kreise und deren Urbanisierungsgrad zählen, bedienen sich die folgenden Kontrastgruppenanalysen, zusätzlich zum Erwerbslosenanteil, dieser Merkmale, um die NSDAP-Wahlerfolge im Hinblick auf die Rolle der Arbeitslosigkeit näher zu untersuchen. Die dabei gewonnenen Ergebnisse sollen im Anschluß daran im Rahmen einer multiplen Regressionsanalyse überprüft und weiter differenziert werden.

Die Kontrastgruppenanalyse (*Abbildung 6*) der Juliwahlen 1932 zeigt einen überaus deutlichen Effekt der Konfessionsvariablen: Obwohl die Einteilung in nur drei Kontrastgruppen als relativ grob anzusehen ist, lag der Stimmenanteil der NSDAP in den protestantischen Gebieten doch fast doppelt so hoch wie in den katholischen Regionen. Die konfessionell gemischten Gebiete lagen genau zwischen den beiden religiös homogenen Kontrastgruppen. Dieses Ergebnis deutet auf einen weitgehend linearen Einfluß der Konfession auf die Verteilung der NSDAP-Stimmen während dieser Wahl hin. Wie stark der Einfluß der Konfession tatsächlich ist, zeigt ein Blick auf die letzten Verzweigungen des Kontrastgruppenbaumes: Auch nach Einführung des Arbeiter- und des Erwerbslosenanteils sowie der Urbanisierungsvariablen bleiben die Unterschiede zwischen den katholischen und den protestantischen Regionen erhalten. So gewann die NSDAP beispielsweise in Kreisen mit unterdurchschnittlichem Arbeiter- und Erwerbslosenanteil und niedrigem Urbanisierungsgrad im Juli 1932 in den protestantischen Regionen 56,2 Prozent, in den katholischen Landesteilen hingegen nur 22,8 % der gültigen Stimmen.

Eine interessante Interaktionsbeziehung offenbart sich nach Einführung des Arbeiteranteils als zweitem Untergliederungskriterium der Kontrastgruppenanalyse: Während

Abbildung 6: Die Stimmanteile der NSDAP bei der Juliwahl 1932 in den Kontrastgruppen

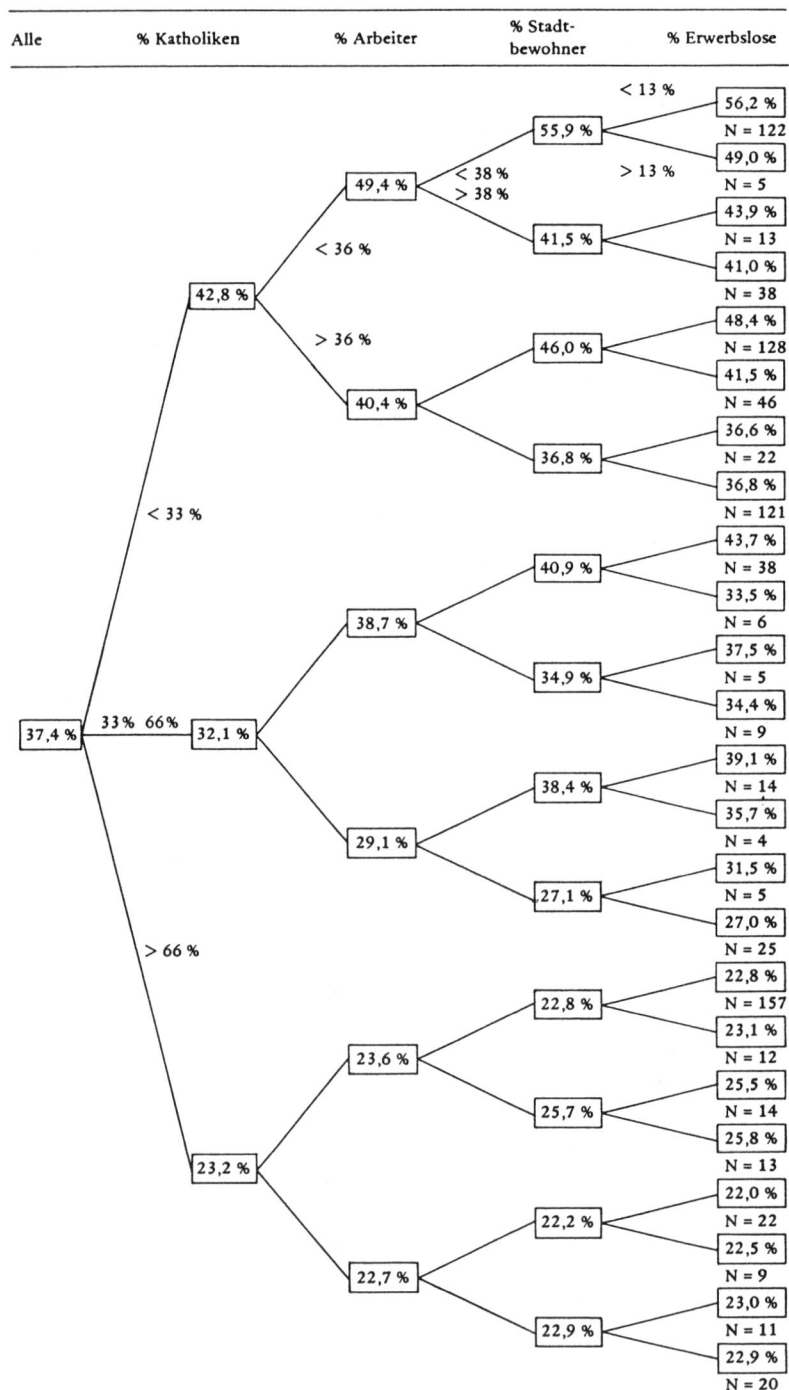

im protestantischen und konfessionell gemischten Bereich der Arbeiteranteil einen deutlichen Effekt auf das Abschneiden der NSDAP ausübt — wo weniger Arbeiter lebten, war der NSDAP-Anteil tendenziell höher —, fehlt dieser Effekt fast vollständig im katholischen Bereich. Diese Differenz zwischen katholischen und nicht-katholischen Landstrichen setzt sich auch nach Einführung der beiden weiteren Untergliederungskriterien tendenziell fort. Die theoretisch relevante Interaktionsbeziehung zwischen den Konfessions- und den übrigen Variablen ist vermutlich darauf zurückzuführen, daß die NSDAP zwar in den protestantischen Landgebieten, also Kreisen mit wenig Arbeitern und Erwerbslosen, besonders viele Stimmen gewinnen konnte, in den ansonsten ähnlich strukturierten katholischen Landgebieten jedoch nur geringfügig schlechter abschnitt als in den übrigen katholischen Gebieten.

Analog beschränkt sich auch der Einfluß der Arbeitslosenvariable auf die beiden nicht-katholischen Äste des Kontrastgruppenbaumes. Hier jedoch ist der Effekt deutlich auszumachen: Wo der Erwerbslosenanteil unter dem Durchschnitt lag, schnitt die NSDAP, unabhängig vom Arbeiteranteil, erheblich besser ab als dort, wo mehr Arbeitslose wohnten. Auf dieser Stufe der Kontrastgruppenanalyse ist die NSDAP am erfolgreichsten in protestantischen Kreisen mit wenig Arbeitern und Erwerbslosen gewesen (54,6 % der Stimmen); ihre geringsten Erfolge erzielte sie in katholischen Gebieten mit überdurchschnittlichem Arbeiter- und unterdurchschnittlichem Erwerbslosenanteil (22,3 % der Stimmen).

Bei der Wahl 1933 bleibt dieses Verteilungsmuster weitgehend erhalten (*Abbildung 7*). Ein Vergleich der Kontrastgruppen von 1932A und 1933 zeigt jedoch, daß der Abstand zwischen dem katholischen und dem nicht-katholischen Bereich beträchtlich geschrumpft ist, mit anderen Worten: daß es der NSDAP in den katholischen Regionen, vor allem in Kreisen mit geringem Arbeiter- und Erwerbslosenanteil gelang, ihre strukturelle Benachteiligung teilweise zu überwinden. Ihre Gewinne in diesen Gebieten, namentlich in einigen ostbayerischen Kreisen, waren denn 1933 auch doppelt so hoch wie in den protestantischen bzw. konfessionell gemischten Gegenden des Reiches. Der vielzitierte Zentrumsturm begann also in der Märzwahl 1933 gewaltig zu wanken; die katholischen Gebiete hielten aber, bei deutlich verringertem Abstand gegenüber den nicht-katholischen Regionen, dem Ansturm des Nationalsozialismus selbst noch bei dieser letzten halbwegs freien Wahl der Weimarer Republik im großen und ganzen stand.

Festzuhalten bleibt als Ergebnis der Kontrastgruppenanalyse, daß zwar unzweifelhaft der wichtigste Effekt bei den Wahlen 1932A und 1933 von der Konfession ausging, daß dieser Effekt aber in den nicht-katholischen Kreisen vom Einfluß anderer Variablen, darunter auch dem Erwerbslosenanteil, verstärkt bzw. abgeschwächt worden ist. Wo überdurchschnittlich viele Erwerbslose zu finden waren, hatte es die NSDAP bei beiden Wahlen deutlich schwerer als in Gebieten mit wenig Arbeitslosen. Damit wird im ersten Schritt der multivariaten Analyse das Ergebnis der Korrelationsrechnung, daß die Erwerbslosigkeit einen negativen Einfluß auf den NSDAP-Anteil ausübte, zugleich bestätigt und ergänzt.

Wie oben erwähnt, weist das Verfahren der Kontrastgruppenanalyse auch unbestreitbare Mängel auf. Ein gravierender Nachteil seines Einsatzes bei der Aggregatdatenanalyse besteht darin, daß an sich kontinuierliche Variablen, wie sie die aufaggregierten Merkmale notwendigerweise darstellen,

Abbildung 7: Die Prozentpunktveränderungen der NSDAP in den Kontrastgruppen 1930–1932A (erste Zahl) und 1932A–1933 (zweite Zahl)

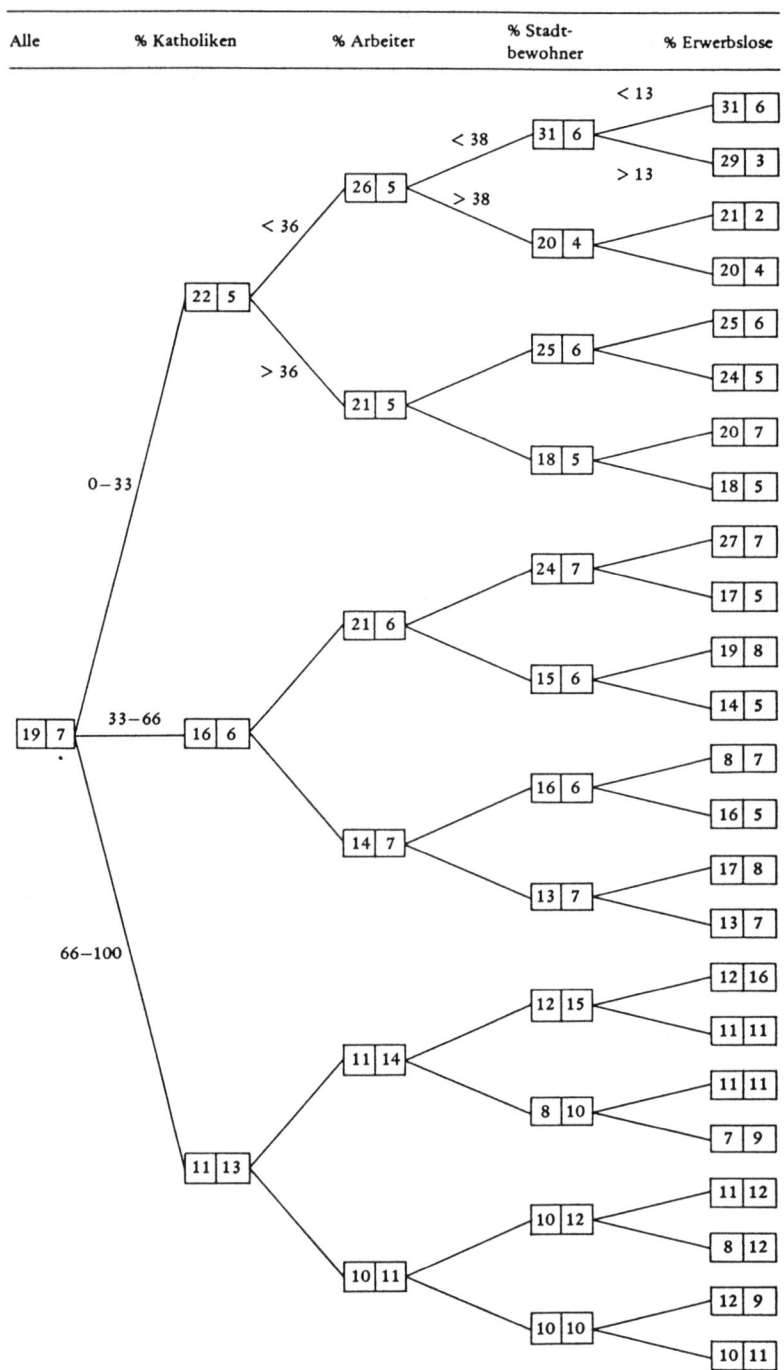

zum Zwecke der Kontrastgruppenbildung nachträglich wieder dicho- oder trichotomisiert werden. Die auftretenden „Kontraste" zwischen den Verzweigungen des Baumes hängen jedoch stark von den gewählten Schnittstellen ab, eine Konsequenz, die durch die häufig verwendeten automatisierten Varianzmaximierungs-Strategien allenfalls verschleiert, aber nicht aufgehoben wird. Im vorliegenden Falle wurden die Schnittstellen per Hand, unter Orientierung am Mittelwert des jeweiligen Merkmals in der Grundgesamtheit und mit Blick auf eine möglichst gleichmäßige Aufteilung der verfügbaren Fälle auf die einzelnen Äste des Kontrastgruppenbaumes bestimmt. Ein weiterer Nachteil der Kontrastgruppenanalyse ist in der Tatsache zu suchen, daß durch die normalerweise begrenzte Zahl der Fälle sich die Aufteilungsmöglichkeiten mangels Masse relativ schnell erschöpfen. Aber selbst wenn genügend Fälle zur Verfügung stehen, können wegen der exponentiell anwachsenden Unübersichtlichkeit des Kontrastgruppenbaumes kaum mehr als vier oder fünf Untergliederungsvariablen gleichzeitig berücksichtigt werden.

Mit derartigen Problemen ist die multiple Regressionsanalyse nicht konfrontiert. Allerdings hängt die Aussagekraft ihrer Ergebnisse nicht unwesentlich von der Erfüllung der vom regressionsanalytischen Meßmodell implizierten, relativ „harten" Anforderungen an die Daten ab. Erinnert sei nur an die Voraussetzung, daß die verschiedenen unabhängigen Variablen nicht zu hoch miteinander korrelieren dürfen, oder an die unterstellte Linearität der Beziehungen und die Forderung nach Gleichverteilung der Streuungen der Residuen. Derartige Anforderungen an die Daten werden wiederum vom Meßmodell der Kontrastgruppenanalyse nicht erhoben.

Beide Verfahren weisen somit für die hier verfolgte Fragestellung Vor- und Nachteile auf, die es nahelegen, sie gemeinsam auf die verfügbaren Daten anzuwenden. Im folgenden sollen daher die bisher erarbeiteten Ergebnisse nochmals mit Hilfe einer multiplen Regressionsanalyse, die sich der gleichen Variablen bedient wie das Kontrastgruppenverfahren, überprüft und erweitert werden.

V. Ergebnisse der multiplen Regressionsanalyse

Im einzelnen belegen die Resultate der Regressionsanalyse einmal mehr den überragenden Stellenwert des Konfessionsfaktors, der in jeder der berechneten Modellspezifikationen das höchste Beta-Gewicht aufweist und typischerweise für mehr als vier Fünftel der gesamten erklärten Varianz der NSDAP-Stimmen verantwortlich ist (vgl. *Tabelle 3*). Nicht ganz unerwartet sinkt dieser Anteil bei der Märzwahl 1933 um etwa ein Viertel, wie u. a. aus den Beta-Werten von *Tabelle 4* deutlich wird. Auch in allen übrigen Aspekten erfahren die Ergebnisse der Kontrastgruppenanalyse Bestätigung: Sowohl der Arbeiteranteil und der Urbanisierungsgrad als auch der Prozentsatz der Erwerbslosen üben — nach Kontrolle des Einflusses der jeweils anderen im Modell enthaltenen Variablen — einen deutlichen negativen Effekt auf die Wahlchancen der NSDAP 1932 und 1933 aus. Dieses Bild ändert sich selbst bei veränderter Modellspezifikation nicht, d. h. nach Hereinnahme weiterer oder der Eliminierung ursprünglich im Ausgangsmodell berücksichtigter Variablen: Die sowohl in der Korrelations- als auch in der Kontrastgruppenanalyse festgestellte negative Beziehung von Erwerbslosigkeit und nationalsozialistischen Wahlerfolgen bleibt stets erhalten. Wo viele Arbeitslose wohnten, war auch nach Kontrolle möglicher Störfaktoren die Erfolgschance der NSDAP weit geringer als in Gebieten mit einem niedrigen Prozentsatz an Arbeitslosen[6].

Von den Beta-Gewichten her gesehen fungierte der Erwerbslosenanteil dabei in Relation zu den anderen im Modell enthaltenen Variablen stets als zweit- oder drittwichtigster Einflußfaktor. Allerdings war, vor allem im Vergleich zur Konfessionsvariablen, der zusätzliche Erklärungswert der Erwerbslosigkeit in den meisten für diese Analyse

Tabelle 3: Regressionsanalyse der Kontrastgruppenvariablen*

| | Reichstagswahlen | | | | | |
| | 1932 A | | 1932 B | | 1933 | |
	NSDAP	KPD	NSDAP	KPD	NSDAP	KPD
Konstante	50.0	−6.65	43.4	−4.85	59.5	−5.17
Urbanisierungs-grad	−0.04 (−14)	−0.01 (−05)	−0.05 (−20)	−0.01 (−04)	−0.05 (−19)	−0.004 (−02)
Katholiken-anteil	−0.25 (−78)	0.03 (01)	−0.22 (−73)	0.08 (−04)	−0.19 (−65)	0.17 (−09)
Arbeiter-anteil	−0.10 (−09)	0.24 (34)	−0.11 (−11)	0.23 (32)	−0.12 (−12)	0.19 (28)
Erwerbslosen-anteil	−0.31 (−21)	0.61 (65)	−0.18 (−13)	0.63 (66)	−0.45 (−34)	0.60 (68)
Erklärte Varianz R^2	63.6 %	68.8 %	56.5 %	70.4 %	60.1 %	70.9 %
R^2-Zuwachs durch Var. Erwerbslos.	1.4 %	13.6 %	0.6 %	13.9 %	3.6 %	14.4 %

* Hierarchische Regressionsanalyse mit Erwerbslosigkeit als letzter in die Gleichung eingeführte Variable. Kreise jeweils mit ihrer Einwohnerzahl 1933 gewichtet. Beta-Koeffizienten in Klammern.

berechneten Regressionsmodellen gering. Mit 3,6 % zusätzlicher Varianzerklärung im hierarchischen Modell, wo die Arbeitslosenrate erst im letzten Schritt eingeführt wurde, war er 1933 am höchsten, mit 0,6 % im November 1932 am niedrigsten[7]. Dagegen profitierte die KPD als einzige der Weimarer Parteien ausgesprochen stark von der Arbeitslosigkeit. Bei den Wahlen 1932 und 1933 ist der Erwerbslosenanteil für immerhin rund ein Fünftel der gesamten erklärten Varianz des KPD-Stimmenanteils verantwortlich gewesen, und das, *nachdem* die übrigen Faktoren eingeführt worden waren. Es gilt mithin, daß die KPD überall dort stark überdurchschnittlich abschneiden konnte, wo der Prozentsatz der Erwerbslosen hoch war!
Weiter zeigt die getrennte Betrachtung der erwerbslosen Arbeiter und Angestellten, daß zwischen beiden Gruppen in der Tat, wie ja auch in der Literatur oft behauptet (vgl. *Falter* 1979), ein deutlicher, bis 1933 stetig wachsender Unterschied besteht: Während die Regressionskoeffizienten für die Gruppe der erwerbslosen Arbeiter (mit wachsender Tendenz) konstant negativ sind, fallen die entsprechenden Werte für die arbeitslosen Angestellten durchweg positiv aus (vgl. *Tabelle 4*). Wo ein hoher Prozentsatz der Arbeiter erwerbslos war, schnitt folglich die NSDAP − wiederum nach Kontrolle des Einflusses von Konfession, Arbeiteranteil und Urbanisierungsgrad − tendenziell schlecht ab. In Gebieten hingegen, wo ein hoher Prozentsatz der Angestellten arbeitslos war, konnte sie überdurchschnittlich gute Wahlergebnisse erzielen.
Diese Differenz dahingehend interpretieren zu wollen, daß erwerbslose Arbeiter nun einmal stärker zur KPD, erwerbslose Angestellte dagegen eher zur NSDAP geneigt

Tabelle 4: Regressionsanalyse mit erwerbslosen Arbeitern bzw. Angestellten*

| | Reichstagswahlen | | | | | |
| | 1932A | | 1932B | | 1933 | |
	NSDAP	KPD	NSDAP	KPD	NSDAP	KPD
Regressionskonstante	52.3	−12.9	44.3	−11.2	64.0	−11.2
Urbanisierungs-grad	−6.06 (−2)	0.56 (06)	−0.07 (−26)	0.01 (08)	−0.07 (−27)	0.02 (10)
Katholiken-anteil	−0.25 (−78)	−0.17 (03)	−0.21 (−72)	−0.01 (−02)	−0.18 (−62)	−0.02 (−08)
Arbeiter-anteil	−0.18 (−16)	0.63 (51)	−0.17 (−16)	0.35 (48)	−0.26 (−25)	0.31 (46)
erwerbslose Arbeiter	−0.14 (−14)	0.21 (33)	−0.10 (−11)	0.21 (33)	−0.35 (−39)	0.23 (38)
erwerbslose Angestellte	0.07 (04)	0.19 (16)	0.13 (08)	0.20 (17)	0.32 (19)	0.12 (11)
Erklärte Varianz R^2	62.8 %	65.9 %	56.1 %	67.1 %	60.0 %	67.3 %
R^2-Zuwachs durch erwl. Arbeiter	0.6 %	10.2 %	0.1 %	10.0 %	2.8 %	10.5 %
R^2-Zuwachs durch erwl. Angestellte	0.03 %	0.5 %	0.1 %	0.5 %	0.7 %	0.2 %

* Hierarchische Regressionsanalyse mit erwerbslosen Arbeitern als vorletzter und erwerbslosen Angestellten als letzter in die Gleichung eingeführten Variablen. Kreise jeweils mit ihrer Einwohnerzahl 1933 gewichtet. Beta-Koeffizienten in Klammern. „Erwerbslose Arbeiter" = Prozentsatz der Arbeiter, die erwerbslos sind etc.

hätten, wäre hier sicherlich verfrüht. Erst eine (in Vorbereitung befindliche) ökologische Regressionsanalyse könnte uns derartige Schlüsse erlauben. An dieser Stelle läßt sich lediglich festhalten, daß durch die bisherige multivariate Analyse die Ergebnisse unserer Korrelationsrechnungen im großen und ganzen bestätigt worden sind, daß aber im Falle der erwerbslosen Angestellten nach Kontrolle möglicher anderer Einflußfaktoren aus einer im bivariaten Falle ursprünglich negativen eine positive Beziehung entstanden ist.

Am Ende dieses Abschnitts wollen wir nochmals auf die im Verlaufe der Kontrastgruppenanalyse festgestellte, von den Autoren in dieser Form nicht erwartete, jedoch bereits von *Lepsius* (1966) beobachtete und theoretisch analysierte Tatsache zurückkommen, daß in den katholischen Gebieten solche ansonsten im Reich durchaus erklärungskräftigen Variablen wie Arbeiteranteil, Urbanisierungsgrad oder Erwerbslosigkeit fast keinen Einfluß auf die NSDAP-Wahlerfolge ausgeübt zu haben scheinen. Die nach Konfessionsgebieten getrennt durchgeführte Regressionsanalyse bestätigt, daß die Gesamterklärungskraft der von uns ausgewählten vier Variablen in Kreisen mit mehr als 66 %

Katholiken weit unter den entsprechenden Werten für die übrigen Kreise des Reiches liegen. Besonders ausgeprägt ist diese Differenz bei der Reichstagswahl 1933, wo die Erklärungskraft unseres Regressionsmodells in den protestantischen und gemischt-konfessionellen Gebieten fast zehnmal größer ist als in den katholischen Kreisen (vgl. *Tabelle 5*).

Diese Differenz gilt auch für einzelne Variablen des Modells, so den Arbeiteranteil und den Prozentsatz der Erwerbslosen, wie ein Vergleich der nicht-standardisierten Regressionskoeffizienten deutlich belegt. Dies bedeutet, anders ausgedrückt: Während der Erwerbslosenanteil in den katholischen Gebieten den (ohnehin vergleichsweise niedrigen) nationalsozialistischen Wahlerfolgen nur in geringem Maße abträglich war, übte er in den übrigen Regionen einen sehr viel deutlicheren negativen Effekt aus. Ähnliches trifft für den Arbeiteranteil und die Urbanisierung zu. Dagegen war der Einfluß des Katholikenanteils zumindest im Jahre 1932 in den katholischen Gebieten, wo durchschnittlich 82 % Katholiken lebten, noch stärker als in den gemischt-konfessionellen und evangelischen Gebieten, in denen im Mittel ca. 14 % Katholiken wohnten, um dann aber 1933 auch in ersteren auf etwa das gleiche Niveau abzusinken wie in letzteren.

Alles in allem werden folglich die Ergebnisse der Kontrastgruppenanalyse durch die nach Konfessionsanteilen getrennt durchgeführte Regressionsanalyse bestätigt. Zwar lassen sich auch im katholischen Bereich recht klare Effekte der vier unabhängigen Variablen beobachten, doch sind diese sowohl gemeinsam als auch getrennt erheblich niedriger als im nicht-katholischen Bereich[8].

Tabelle 5: Regressionsmodell mit Katholiken und Nicht-Katholikenanteil*

	RTW 1932 A		RTW 1932 B		RTW 1933	
	katholisch[1]	nicht-kath.[2]	katholisch	nicht-kath.	katholisch	nicht-kath.
Konstante	49.6	54.1	44.0	47.2	47.3	63.0
Urbanisierung	−0.003 (−02)	−0.07 (−27)	−0.01 (−09)	−0.08 (−35)	−0.01 (−07)	−0.07 (−29)
Konfessionsanteil	−0.33 (−47)	−0.18 (−35)	−0.30 (−46)	−0.14 (−30)	−0.13 (−15)	−0.15 (−29)
Arbeiteranteil	−0.06 (−10)	−0.18 (−17)	−0.02 (−03)	−0.19 (−20)	−0.06 (−08)	−0.19 (−18)
Erwerbslosenanteil	−0.006 (01)	−0.33 (−26)	−0.006 (−07)	−0.17 (−14)	−0.19 (−17)	−0.45 (−35)
Gesamt-R^2	20.8 %	52.9 %	16.4 %	44.8 %	6.9 %	62.6 %
R^2-Zuwachs durch Erwerbslose	0.001 %	2.1 %	0.2 %	0.6 %	1.1 %	3.8 %

* Hierarchisches Regressionsmodell. Kreise mit ihrer Einwohnerzahl gewichtet. Beta-Gewicht in Klammern.
1   66–100 % Katholiken   2   33–100 % andere

Die unterschiedliche Erklärungskraft unseres Regressionsmodells in katholischen und gemischt konfessionellen bzw. protestantischen Regionen bleibt schließlich auch dann erhalten, wenn man statt des Erwerbslosenanteils den Prozentsatz der erwerbslosen Arbeiter oder Angestellten an den Angehörigen ihrer jeweiligen Berufsgruppe in das Modell aufnimmt. So liegt die Varianzreduktion des Modells 1933 im katholischen Bereich nur bei rund 22 %, während sie in den nicht-katholischen Kreisen immerhin etwa 62 % beträgt. Die entsprechenden Relationen für die beiden Wahlen von 1932 sind aus *Tabelle 6* ersichtlich.

Ins Auge sticht bei einer näheren Betrachtung der Regressionskoeffizienten, daß zwar im gesamten Reich, d. h. unabhängig von der konfessionellen Färbung der Kreise, der NSDAP-Wahlerfolg bei den drei hier primär untersuchten Wahlen stets mit steigendem Anteil von erwerbslosen Arbeitern abnimmt, daß jedoch im Gegensatz zu den nicht-katholischen Regionen sich im katholischen Bereich erhebliche Unterschiede zwischen den beiden Variablen „Anteil der erwerbslosen Arbeiter" und „Anteil der erwerbslo-

Tabelle 6: Regressionsmodell mit erwerbslosen Arbeitern bzw. Angestellen nach Konfessionsbereichen getrennt*

| | 1932A | | 1933 | |
	katholisch	nicht-katholisch	katholisch	nicht-katholisch
Konstante	50.4	57.1	51.1	67.9
Urbanisierung	−0.12 (−08)	−0.09 (−35)	−0.03 (−14)	−0.09 (−35)
Konfessionsanteil	−0.33 (−50)	−0.19 (−36)	−0.13 (−15)	−0.15 (−28)
Arbeiteranteil	−0.16 (−26)	−0.24 (−23)	−0.26 (−35)	−0.30 (−29)
erwerbslose Arbeiter	−0.23 (−40)	−0.07 (−09)	−0.46 (−66)	−0.26 (−30)
erwerbslose Angestellte	0.62 (60)	−0.12 (−07)	0.92 (73)	0.09 (05)
Total R^2	30.1 %	51.9 %	21.7 %	61.8 %
R^2-Zuwachs durch ewl. Arbeiter	0.003 %	0.9 %	2.3 %	2.9 %
R^2-Zuwachs durch ewl. Angestellte	9.3 %	0.09 %	13.6 %	0.05 %

* Hierarchisches Regressionsmodell. Kreise mit ihrer Einwohnerzahl gewichtet. Beta-Gewichte in Klammern.

sen Angestellten" ergeben. Während erstere durchweg auch hier einen mittelstarken negativen Effekt auf die NSDAP-Stimmanteile ausübt, steigt die NSDAP in den katholischen Regionen, und nur dort, umso stärker in der Wählergunst, je höher der Prozentsatz der arbeitslosen Angestellten (an allen Angestellten) im Kreis war.

Wie stark dieser Effekt ist, zeigt der Anstieg der durch diese Variable erklärten Varianz. Bei der Juliwahl 1932 läßt sich fast ein Drittel, 1933 sogar mehr als die Hälfte der mit unserem Modell erklärten Varianz der NSDAP-Anteile im katholischen Sektor auf den Einfluß dieser einen Variablen zurückführen. Wo ein höherer Prozentsatz an Angestellten arbeitslos war, profitierte folglich im katholischen Teil Deutschlands die NSDAP sehr stark, während in den übrigen Landstrichen nur ein sehr geringer, bei den Wahlen von 1932 sogar negativer Zusammenhang zwischen der Erwerbslosigkeit der Angestellten und den Wahlerfolgen der NSDAP vorlag.

Als Fazit dieses Abschnitts läßt sich somit festhalten, daß die Ergebnisse der Kontrastgruppenanalyse durch unsere Regressionsrechnungen weitgehend Bestätigung fanden. In der Tat ist der Einfluß des Arbeiteranteils, des Urbanisierungsgrades und der Erwerbslosigkeit im katholischen Sektor erheblich geringer als in den nicht-katholischen Gebieten, wobei der Effekt der Arbeitslosigkeit für die NSDAP stets negativ ausfiel. Dies gilt auch für den Prozentsatz der erwerbslosen Arbeiter. Dagegen übte der Anteil der beschäftigungslosen Angestellten in den katholischen Regionen einen deutlich positiven Einfluß auf die Wahlerfolge der NSDAP aus. In den nicht-katholischen Gebieten jedoch war dieser Einfluß eher vernachlässigbar und 1932 sogar negativ. Mit diesen Resultaten wird der bisherige Literaturstand nicht nur erweitert, sondern partiell in sein Gegenteil verkehrt.

VI. Arbeitslosigkeit und NSDAP-Erfolge im zeitlichen Verlauf

Die vorstehende, jeweils zeitliche Querschnitte analysierende Untersuchung belegt, daß die NSDAP in Gebieten mit hohen Erwerbslosenquoten nur verhältnismäßig geringe Wahlerfolge verzeichnen konnte. So korreliert beispielsweise in den letzten drei Wahlen der Weimarer Republik der NSDAP-Stimmenanteil nicht nur mit den Arbeitslosenquoten zwischen 1931–1933 insgesamt, sondern auch mit anderen Indikatoren der Erwerbslosigkeit wie etwa dem Anteil der Wohlfahrtserwerbslosen 1932, dem Prozentsatz der Hauptunterstützungsempfänger 1932 und 1933 oder der Bezieher von Krisenfürsorge deutlich negativ. Dabei spielt es keine Rolle, ob die Meßzeitpunkte für diese Indikatoren gleichzeitig, früher oder später als die jeweils untersuchte Wahl liegen. Für 1933 gilt, daß der NSDAP-Anteil um durchschnittlich ein halbes Prozent fällt, wenn in einem Kreis die Gesamt-Erwerbslosenquote um ein Prozent steigt!

Andererseits gewann die NSDAP, wie eingangs gezeigt (vgl. *Abbildung 1*), über die Jahre 1928 bis 1933 hinweg um so mehr Stimmen, je stärker die Arbeitslosenzahlen stiegen. Die Korrelation von Arbeitslosenquote und NSDAP-Anteilen auf Reichsebene über die fünf Reichstagswahlen 1928–1933 hinweg beträgt sage und schreibe r = 0.98. Der Zusammenhang zwischen Arbeitslosigkeit und NSDAP-Wahlerfolgen ist also widersprüchlich, je nachdem, ob man ihn über die Zeit, also längsschnittlich, oder über die räumliche Gliederung, d. h. querschnittlich, hinweg analysiert. Es stellt sich die Frage, wie sich diese unterschiedlichen Ergebnisse miteinander vereinbaren lassen.

Eine Interpretation der unterschiedlichen Zusammenhänge ($r = .98$ bzw. $r = -.41$) hat zu berücksichtigen, welche der beiden Aggregationsarten die stärkeren Verzerrungen erwarten läßt. Bei der Korrelation über die räumliche Gliederung hinweg sind die zeitpunktspezifischen Mittelwerte subtrahiert; damit ist der Zeittrend quasi herauspartialisiert. Dies bedeutet, daß aus den entsprechenden Querschnittskoeffizienten alles entfernt ist, was direkt mit der Zeit zusammenhängt, also die wirtschaftliche Entwicklung, die krisenhafte Zuspitzung der politischen Lage, der Zusammenbruch des parlamentarischen Systems etc. Auf diese Weise dürften viele Faktoren statistisch kontrolliert werden, die ursächlich für beide Variablen, den Anstieg der Erwerbslosigkeit und das Anwachsen der NSDAP-Stimmen, wirken. Die Längsschnittkorrelation ähnelt so gesehen recht stark den Standardbeispielen für sog. Scheinkorrelationen. Unserer Auffassung nach sollte sich daher die Interpretation des Zusammenhangs von Arbeitslosigkeit und NSDAP-Wahlerfolgen primär auf die im Querschnittsdesign gewonnenen Erkenntnisse stützen (vgl. *Falter* u. a. 1983).

Doch schon die vorstehenden Untersuchungsschritte verzichten nicht vollständig auf eine zeitliche Perspektive: Die Stärke des Einflusses der Arbeitslosigkeit auf das Abschneiden der NSDAP über die drei hier näher betrachteten Wahlen hinweg zu vergleichen, wie oben geschehen, bedeutet bereits einen Schritt weg von der reinen Querschnitts-, hin zu einer auch Längsschnittaspekte enthaltenden Analyse.

Ein weiteres dynamisches Element läßt sich in die Untersuchung durch die Berücksichtigung sogenannter zeitverzögerter Variablen einführen (vgl. *Harder* 1973, S. 14 ff.). Dies soll in zwei Schritten erfolgen: Im ersten werden die beiden Wahlen vom Juli 1932 und März 1933 mit Hilfe getrennter Regressionsgleichungen analysiert, in die als unabhängige Variablen einerseits der NSDAP-Stimmenanteil der jeweils vorangegangenen Wahl und andererseits ein etwa gleichzeitig mit dieser erhobener Arbeitslosenindikator Aufnahme finden. Im zweiten Schritt soll dann, die vorliegende Untersuchung abschließend, versucht werden, das für den Wähleranstieg der NSDAP ausschlaggebende Beziehungsgeflecht durch ein komplexeres, ökonomische wie sozialstrukturelle Erklärungsfaktoren integrierendes Pfadmodell mit latenten Variablen zu analysieren.

Die Einbeziehung des jeweils vorangehenden NSDAP-Wahlergebnisses in unsere Regressionsgleichungen als sogenannte verzögerte endogene Variable (vgl. *Rattinger* 1980, S. 95 ff.) beruht auf der — empirisch wohlbegründeten — Erkenntnis, daß jedes Wahlergebnis von einer einmaligen Konstellation von länger- und kürzerfristig wirksamen Einflußfaktoren abhängt. Zu ersteren zählen alle sozialstrukturellen Merkmale, aber auch bestimmte politische Traditionen, die Verteilung der Parteiidentifikationen in der Bevölkerung, die Konfession und andere zeitlich stabile Effekte (vgl. *Falter* und *Rattinger* 1982). Zu letzteren gehören vor allem „einmalige" politische Ereignisse wie etwa ein Regierungssturz aufgrund eines konstruktiven Mißtrauensvotums oder ein plötzliches Hochschnellen der Arbeitslosenzahlen im Gefolge einer akuten Wirtschaftskrise. Während erstere sich naturgemäß von Wahl zu Wahl nur geringfügig verändern, „besteht zwischen den auf zwei aufeinanderfolgende Wahlen kurzfristig wirkenden Faktoren keine Beziehung" (*Rattinger* 1980, S. 95).

Aus diesem Grunde lassen sich die „normalen" Parteistärken (vgl. *Rattinger* und *Falter* 1983) oder die Stammwähleranteile primär durch längerfristig wirksame Faktoren erklären, während die (absolut wie saldiert i. a. erheblich niedriger liegenden) Wählerfluktuationen von Wahl zu Wahl vor allem auf den Einfluß kürzerfristig wirksamer Ereignisse zurückzuführen sind. Man hat sich folglich „die Auswirkungen der Wirtschaftslage wie auch der kurzfristigen Faktoren gewissermaßen als einer relativ stabilen Präferenzverteilung ‚aufmoduliert' vorzustellen" (*Rattinger* 1980, S. 97).

Das Ergebnis der jeweils vorhergehenden Wahl als Erklärungsvariable in unser Regressionsmodell einzubeziehen, bedeutet folglich, die ins Auge gefaßte Wahl zu allererst durch die gleiche Faktorenkonstellation erklären zu wollen, die bereits für das Resultat der letzten Wahl verantwortlich war. Die „verzögerte endogene Variable" dient mithin als Näherungs- oder Ersatzvariable für die Einflüsse der längerfristigen, auf beide Wahlen in ähnlichem Ausmaße wirkenden Hintergrundvariablen, deren Effekt allerdings durch die kurzfristigen Faktoren der letzten Wahl überlagert wird. Angesichts der − auch für die Weimarer Republik − empirisch wiederum gut bestätigten Tatsache, daß statistisch gesehen der Einfluß der längerfristigen Variablen den Effekt der Kurzzeitfaktoren bei weitem übersteigt, ist die hohe Korrelation des Ergebnisses der jeweils vorhergehenden Wahl mit dem der nachfolgenden Wahl nicht weiter verwunderlich.

Da es jedoch andererseits möglich, ja wahrscheinlich ist, daß die gleichen kürzerfristigen Einflüsse wiederum auf Faktoren beruhen, die bereits das letzte Wahlergebnis beeinflußt haben, kann nicht ausgeschlossen werden, daß zumindest die Stärke des Effektes der hier interessierenden Kurzzeitvariablen, also der Erwerbslosigkeit, vom gewählten Analysemodell insgesamt etwas unterschätzt wird. Allerdings bedeutet im Gegenzug der Verzicht auf die Einbeziehung weiterer Kurzzeitfaktoren in das Modell, daß dem Erwerbslosigkeitsindikator die gesamte potentiell noch auf ihn entfallende Erklärungsvarianz zugewiesen wird, d. h. auch diejenige, die er ansonsten mit anderen Konjunkturvariablen teilen müßte. Da in der vorliegenden Untersuchung in erster Linie der Frage nachgegangen wird, ob die Erwerbslosigkeit einen positiven oder einen negativen Effekt auf das Abschneiden der NSDAP ausgeübt hat, sollten beide (sich gegenseitig teilweise wieder aufhebenden) Einschränkungen die Aussagekraft unserer Analyse zumindest in diesem Punkte nicht weiter beeinträchtigen.

Die in *Tabelle 7* dargestellten Ergebnisse der beiden Regressionsanalysen mit „verzögerten endogenen Variablen" sind wiederum eindeutig: Wie aufgrund anderer Analysen erwartet, bindet der NSDAP-Stimmenanteil der jeweils früheren Wahl den Löwenanteil an Varianz der abhängigen Variablen, obwohl sich doch zwischen September 1930 und Juli 1932 die NSDAP-Wählerschaft nochmals mehr als verdoppeln konnte. Weiter übt der Erwerbslosenanteil, der diesmal durch die etwa gleichzeitig mit der „verzögerten endogenen Variablen" erhobene Dauererwerbslosenquote gemessen wurde, einen deutlichen negativen Einfluß auf die Höhe der NSDAP-Wahlerfolge aus. Wo 1930 bzw. 1932 überdurchschnittlich starke Dauerarbeitslosigkeit herrschte, schnitt die NSDAP bei den darauf folgenden Wahlen sehr viel schlechter ab als dort, wo in beiden Jahren nur wenige Wohlfahrtserwerbslose gemeldet waren: Bei einem Anstieg des (allerdings noch recht niedrigen) Wohlfahrtserwerbslosenanteils von 1930 um ein Prozent sank der NSDAP-Wähleranteil im Juli 1932 um fast zwei Prozent.

Tabelle 7 belegt ferner, daß zwar der Einfluß der Erwerbslosigkeit auf die NSDAP-

Tabelle 7: Der Zusammenhang von Dauererwerbslosigkeit und NSDAP-Wahlerfolgen in dynamischer Perspektive

	Konstante	B	Beta	R^2
Zielvariable NSDAP 1932 A	11.42			
NSDAP 1930		1.49	0.80	0.62
Wohlfahrtserwerbslose 1930		−1.92	−0.19	0.65
Zielvariable NSDAP 1933	17.64			
NSDAP 1932 A		0.78	0.88	0.86
Wohlfahrtserwerbslose 1932		−0.57	−0.24	0.91

Wahlerfolge deutlich niedriger war als der der „verzögerten endogenen Variablen", daß er aber dennoch nicht unterschätzt werden sollte. Immerhin wird durch die Hinzufügung der Dauererwerbslosigkeit die nach Einführung des NSDAP-Wähleranteils der vorhergehenden Wahl noch unerklärt gebliebene Varianz der NSDAP-Stimmenanteile für 1932 A um fast 10 % und für 1933 sogar um über ein Drittel verringert, d. h. der Einfluß der Arbeitslosigkeit auf das Abschneiden der NSDAP ist auch in dynamischer Perspektive nicht nur negativ, sondern überdies recht bedeutsam.
Regressionsmodelle mit „verzögerten endogenen Variablen" liefern, wie oben erwähnt, nur Näherungen für die Einflüsse der über die Zeit stabil bleibenden Hintergrundfaktoren. „Vorzuziehen wären eine genaue Kenntnis der Komponenten und Gewichte der einzelnen längerfristig stabilen Faktoren, wodurch die Integration von ökonomischen Variablen in ein umfassendes sozialstrukturelles Erklärungsmodell möglich wäre" (*Rattinger* 1980, S. 97). Im folgenden soll der Versuch unternommen werden, eine derartige Faktorenkonfiguration mit Hilfe eines Pfadmodells mit latenten Variablen zu analysieren, wobei es sich natürlich auch hier wieder um eine höchst unvollständige Annäherung an die Komplexität der in der Realität vorgegebenen Beziehungsgeflechte handelt.

VII. Ein Pfadmodell mit latenten Variablen

Um noch mehr Variablen in die Analyse einbeziehen zu können, wollen wir im nachfolgenden Abschnitt den Einfluß der Arbeitslosigkeit in einem komplexeren Pfadmodell untersuchen. Die von uns verwendete Pfadanalyse mit latenten Variablen bietet gegenüber der multiplen Regression zwei unmittelbar einleuchtende Vorteile: Zum einen erlauben die den Faktoren in einer Faktorenanalyse entsprechenden latenten Variablen — sie stellen einen mathematischen Ausdruck der in sie eingehenden, d. h. von uns gemessenen Variablen dar — die Einbeziehung sehr vieler verschiedener Gebietsmerkmale in das Analysemodell.
Im vorliegenden Fall handelt es sich um insgesamt 72 manifeste Variablen, von denen in der Grafik des Pfadmodells insgesamt 31 berücksichtigt werden. Von einer normalen

Regressionsanalyse ist eine derartige Variablenzahl nicht mehr sinnvoll zu bewältigen, da wegen der dann unvermeidlichen Merkmalsinterkorrelationen die Ergebnisse nicht mehr eindeutig interpretiert werden können. Die Pfadanalyse mit latenten Variablen dient also nicht zuletzt der — theoretisch vorstrukturierten — Datenreduktion. Darauf aufbauend gestattet sie die Arbeit mit „echten" theoretischen Konstrukten, die nur über Indikatoren empirisch erschlossen werden können[9].

Ein zweiter Vorteil der Pfadanalyse besteht darin, daß nicht nur direkte, sondern auch indirekte Effekte gemessen werden können, d. h. Einflüsse, die nicht unmittelbar von einer Variable auf eine zweite, sondern vermittelt über eine dritte, intervenierende Variable erfolgen. Um das Multikollinearitätsproblem in den Griff zu bekommen, gestattet das von uns gewählte Modell beispielsweise nur einen indirekten Einfluß des Dichtefaktors auf die drei NSDAP-Variablen. In der Modellgrafik repräsentiert die jeweils erste Zahl auf den Pfeilen den direkten Effekt, die Zahl in Klammern die indirekten Effekte einer latenten Variablen. Die Summe aus den direkten und indirekten Effekten entspricht dem totalen kausalen Einfluß eines Faktors auf eine andere Variable (vgl. *Opp* und *Schmidt* 1976, S. 147 ff.). Im Falle des Konfessionsfaktors und dem NSDAP-Stimmenanteil 1933 liegt er bei −51, d. h. trotz eines positiven direkten Effektes von +10, den der Katholikenanteil auf den NSDAP-Anstieg 1933 ausgeübt hat — wir konnten ihn ja bereits in der Kontrastgruppenanalyse identifizieren — ist angesichts des starken indirekten Effektes der Gesamteinfluß des Faktors deutlich negativer Natur.

Wegen der größeren Übersichtlichkeit wurde in der vorliegenden LV-Pfadanalyse (vgl. *Abbildung 8*) die Wahl 1932 B ausgelassen. Stattdessen führen wir die Wahl 1930 ein, die als solche hier jedoch weniger interessiert, da die meisten von uns verwendeten Arbeitslosigkeitsindikatoren erst geraume Zeit später, nämlich 1933, erhoben werden konnten. Vielmehr fungiert sie als eine sogenannte verzögerte abhängige Variable, d. h. als ein weiterer Einflußfaktor des Wahlergebnisses von 1932. Die „echten" Hintergrundfaktoren, also die Erwerbslosigkeit, der Beruf, die Konfession etc. erklären in einem derartigen Modell folglich nur die *Veränderungen* der NSDAP gegenüber 1930 bzw. 1932 A, d. h. das, was nicht schon durch die jeweils vorhergehende Wahl als erklärt angesehen werden kann. Die durchgezogenen Linien im Pfadmodell geben dabei die auf das NSDAP-Ergebnis von 1930 einwirkenden Einflüsse an, die grob durchbrochenen Verbindungslinien die für den NSDAP-Erfolg von 1932 A verantwortlichen Effekte und die häufig durchbrochenen Pfade die für 1933 relevanten Einflüsse[10].

Die substantielle Interpretation des Pfadmodells kann knapp gehalten werden, da uns hier in erster Linie der Einfluß der Erwerbslosigkeit auf die Wahlergebnisse der NSDAP interessiert. Es zeigt sich, daß vom Faktor „Selbständige vs. Abhängige" für die beiden Wahlen von 1932 und 1933 ein starker kausaler Gesamteffekt ausgeht, d. h. daß der NSDAP-Anstieg 1932 A direkt und 1933 indirekt durch diesen Faktor begünstigt worden ist. Umgekehrt geht vom Konfessionsfaktor in beiden Fällen ein starker negativer Gesamteffekt aus, wobei der unmittelbare kausale Einfluß des Katholikenanteils 1932 A gering und 1933 sogar positiver Natur ist. Schließlich weist auch der Urbanisierungsfaktor einen deutlichen negativen Gesamteffekt auf, der 1933 sogar noch erheblich stärker ist als 1932 und nur aus indirekten Effekten besteht, da ja der (vorhandene) direkte Einfluß dieser latenten Variablen auf den NSDAP-Anteil zur Neutralisierung un-

Abbildung 8: Erklärungsmodell für NSDAP-Stimmen 1932/1933, ein Pfadmodell mit latenten Variablen mit PLS-Schätzung (Alle Koeffizienten mal 100, Zahlen in Klammern sind indirekte Pfadkoeffizienten)

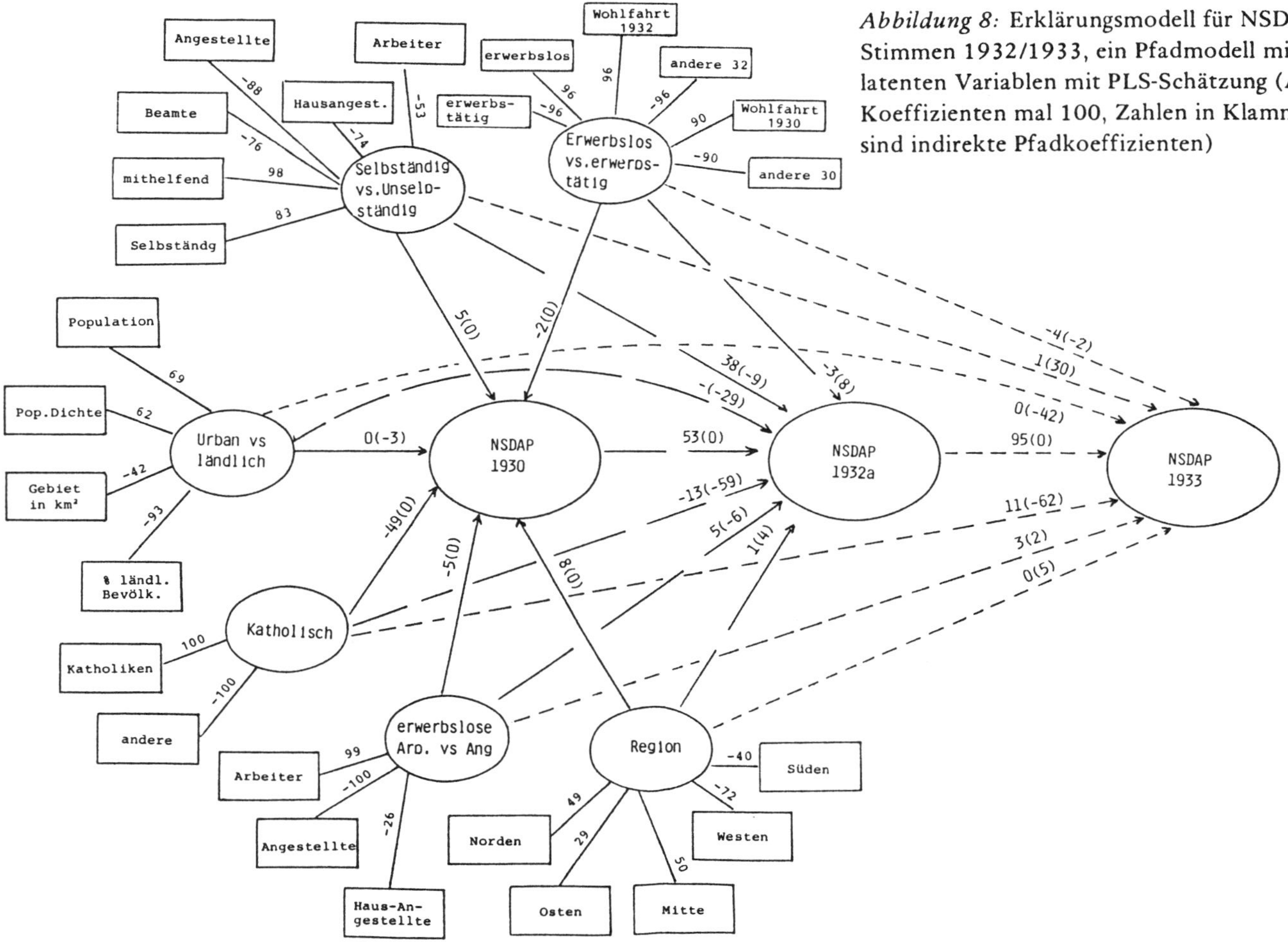

erwünschter Kollinearitätseffekte im Modell auf Null gesetzt wurde. Da wir uns in unserer Untersuchung immer auf Gebietsebene bewegen, sind diese Effekte natürlich ausschließlich in den Termini von Aggregatbeziehungen zu interpretieren. Der Selbständigen- und Mithelfendenanteil hat, unter Berücksichtigung der übrigen im Modell enthaltenen Faktoren, das Wachstum der NSDAP 1932 und 1933 deutlich positiv, der Katholikenanteil hingegen insgesamt negativ beeinflußt.

Im Blickpunkt der Untersuchung steht jedoch der von der Erwerbslosigkeit ausgehende Einfluß auf das NSDAP-Ergebnis. Die Analyse zeigt, daß der direkte Effekt dieses Faktors ebenfalls leicht negativ ist, was die Resultate der vorangegangenen bi- und multivariaten Analyse — bei nunmehr erheblich komplexerer Modellspezifikation — sowohl vom Vorzeichen als auch insgesamt von der Größenordnung her zu bestätigen scheint. Die gemessenen indirekten Effekte sind unterschiedlich, was dazu führt, daß der totale kausale Einfluß des Erwerbslosigkeitsfaktors 1932 A positiver, 1933 hingegen negativer Natur ist. Hier schlägt sich vermutlich vor allem der starke indirekte Effekt des Urbanisierungsfaktors nieder, der angesichts der hohen Korrelation mit dem Erwerbslosigkeitsfaktor nicht zuletzt über diesen seine Wirkung auf den NSDAP-Anstieg entfaltet.

Als Fazit des hier nicht vollständig ausgewerteten, sondern nur im Hinblick auf die Fragestellung der vorliegenden Untersuchung analysierten Pfadmodells läßt sich festhalten, daß die mit anderen Verfahren erarbeiteten Ergebnisse insgesamt bestätigt und weiter differenziert werden konnten. Wichtig für uns ist, daß trotz der nach wie vor im Modell enthaltenen Multikollinearität, die nun einmal reale Umstände repräsentiert und daher nicht durch künstliche Orthogonalisierung der latenten Variablen völlig aus dem Modell eskamotiert werden sollte, die Erwerbslosigkeit zum Anstieg der NSDAP 1933 weder direkt noch indirekt etwas beigetragen hat und 1932 A ebenfalls einen negativen unmittelbaren (mittelbar allerdings positiven) Einfluß ausgeübt hat, was ja bereits in der Kontrastgruppenanalyse deutlich zu sehen war.

VIII. Resümee

Zwischen der Höhe der Erwerbslosigkeit und den Wahlerfolgen der NSDAP in den Reichstagswahlen von 1932 und 1933 besteht, dies kann nunmehr kaum noch in Zweifel gezogen werden, ein *negativer* statistischer Zusammenhang. Sowohl von ihrer absoluten Stärke als auch von ihrem Stimmenzuwachs her gesehen war die NSDAP tendenziell dort erfolgreicher, wo die Arbeitslosigkeit niedriger als im Reichsdurchschnitt lag und umgekehrt. Damit gelangen wir zu einem diametral entgegengesetzten Ergebnis als *Frey* und *Weck*, für die „der spektakuläre Anstieg der NSDAP in den 30er Jahren hauptsächlich auf die hohe Arbeitslosigkeit zurückgeht" (1981, S. 23). Ohne Arbeitslosigkeit hätte der NSDAP-Anteil, so *Frey* und *Weck* weiter, im Juli 1932 nur 22 statt tatsächlich 37,3 Prozent betragen. In der Weimarer Republik sei folglich ein „prinzipiell gleicher" Einfluß der Wirtschaftslage auf das Wählerverhalten zu konstatieren wie in der Bundesrepublik: Mit der wirtschaftlichen Situation unzufriedene Personen hätten sich von den Regierungsparteien ab- und den Oppositionsparteien zugewendet. Insofern handele es sich um ein „normales" Ereignis, das „nicht notwendigerweise eine spezielle Situation der Weimarer Republik wider(spiegelt)" (*Frey* und *Weck* 1981, S. 25).

Dies mag zutreffend sein, doch ist die empirische Analyse von *Frey* und *Weck* nicht geeignet, diese Annahme zu stützen, da ihre Ergebnisse auf einem sogenannten Aggregationseffekt beruhen, d. h. ein Artefakt der von ihnen gewählten Analyseebene darstellen. Wie wir an anderer Stelle zeigen, werden *auch unsere* Regressionskoeffizienten positiv, wenn wir unsere Kreisdaten auf die Ebene der 13 Landesarbeitsämter, auf der sich die Analyse von *Frey* und *Weck* bewegt, hochaggregieren (vgl. *Lohmöller* et al. 1983). Sie werden sogar hoch positiv, wenn wir ebenfalls – wie *Frey* und *Weck* – über die Wahlzeitpunkte aggregieren (vgl. *Falter* et al. 1983).

Da der Wahlakt natürlich nicht von Gebietseinheiten, sondern von Einzelpersonen vollzogen wird, hängt die substantielle Interpretation solcher Ergebnisse letztlich davon ab, ob die festgestellten Beziehungen primär auf Individual- oder eher auf Kontexteffekten beruhen, d. h. ob es tatsächlich Arbeitslose waren, die überdurchschnittlich häufig KPD wählten und der NSDAP weitestgehend die Stimme vorenthielten, oder ob es sich hierbei in erster Linie um Personen handelte, die sich durch Arbeitslosigkeit und Wirtschaftskrise zwar bedroht gefühlt haben, selbst aber nicht arbeitslos waren.

Derartige Kontexteffekte können auf dreierlei Weise zustandekommen: a) durch den direkten Kontakt mit erwerbslosen Verwandten, Freunden oder Nachbarn; b) durch indirekte wirtschaftliche Betroffenheit, wie sie etwa Kaufleute, Handwerker oder Gastwirte in Gebieten mit hoher Arbeitslosigkeit durch Umsatzeinbußen erfahren; c) durch einen Vertrauensverlust, den Regierung und Parteien auch bei solchen Wählern erleiden können, die (im oben genannten Sinne) weder direkt noch indirekt von der Arbeitslosigkeit betroffen sind, aber unter dem Druck der Wirtschaftslage an der Problemlösungskompetenz der staatlichen Institutionen und politischen Entscheidungsträger zu zweifeln beginnen.

Aufgrund unserer Ergebnisse liegt es nahe, die Möglichkeit, daß die Arbeitslosen selbst überdurchschnittlich häufig NSDAP gewählt haben könnten, von vornherein auszuschließen, da andernfalls statt der gemessenen negativen eine positive statistische Beziehung zwischen Arbeitslosigkeit und NSDAP-Wahlerfolgen vorliegen müßte. Lediglich im Falle eines sogenannten Kontrasteffektes, d. h. bei einer Überkompensation einer hohen NSDAP-Affinität von Arbeitslosen durch eine besonders geringe NSDAP-Neigung von Nichtarbeitslosen wäre es denkbar, wenn auch wenig wahrscheinlich, daß sich hinter einem negativen statistischen Zusammenhang auf Gebietsebene, wie wir ihn festgestellt haben, ein positiver Zusammenhang auf der Ebene der einzelnen Wähler verbirgt. Daß dies höchst unwahrscheinlich ist, belegen die Ergebnisse mehrerer von uns durchgeführter ökologischer Regressionsanalysen mit jeweils unterschiedlichen Modellspezifikationen, denen zufolge Arbeitslose in der Tat überdurchschnittlich häufig KPD und SPD, jedoch nur in geringem Maße NSDAP gewählt haben. Erwerbslose Angestellte scheinen dabei, wie schon lange im Schrifttum vermutet, eher für die NSDAP, erwerbslose Arbeiter dagegen erheblich stärker für die KPD gestimmt zu haben[12].

Ein Kontrasteffekt durch Überkompensation kann folglich mit hoher Wahrscheinlichkeit ausgeschlossen werden. Dies aber würde implizieren, daß auch Kontexteffekte der ersten und zweiten Art nicht für den NSDAP-Aufstieg verantwortlich gemacht werden können: Die festgestellten negativen Beziehungen zwischen Arbeitslosigkeit und NS-Wahlerfolgen bedeuteten dann, daß keine nennenswerten Ansteckungsprozesse stattgefunden hätten, durch die selbst nicht arbeitslose, aber doch von der Erwerbslosigkeit direkt oder indirekt betroffene Wähler politisch radikalisiert worden wären.

Tatsächlich scheinen in Bezug auf den NSDAP-Anstieg die von der Erwerbslosigkeit ausgehenden Einflüsse höchst mittelbarer Natur gewesen zu sein: Ohne Zweifel trugen sie zum allgemeinen Klima der Angst und der Hoffnungslosigkeit bei, von dem auch Wähler in Gebieten erfaßt worden sind, die von der Geißel der Arbeitslosigkeit (wenn auch nicht unbedingt von den Folgen der generellen Wirtschaftskrise) eher verschont blieben. Aufgrund der sozialstrukturellen Gegebenheiten und der — zumindest in den protestantischen Landstrichen dominierenden — „rechten" politischen Traditionen dieser Kreise neigten deren Einwohner dazu, ihr erschüttertes Vertrauen in die wirtschaftliche Problemlösungskompetenz der Parteien durch die Wahl der für sie in Frage kommenden Opposition, die am Ende der Weimarer Republik von einer so radikalen antiparlamentarischen Alternative wie der NSDAP, also der rechten Antisystempartei schlechthin verkörpert wurde, zu manifestieren.

Dies ist natürlich nichts anderes als eine nachträgliche Vermutung, die sich mangels Einstellungsdaten der direkten empirischen Überprüfung zwar entzieht, aber in der Lage ist, die von *Frey* und *Weck* auf der Ebene der 13 Landesarbeitsamtsbezirke aufgefundenen Zusammenhänge als Kontexteffekte dritter Art zu deuten und damit ihre Ergebnisse mit den Resultaten unserer eigenen Analyse zu versöhnen. Daraus wie *Frey* und *Weck* schließen zu wollen, daß es vor allem die Arbeitslosigkeit war, die den Aufstieg des Nationalsozialismus bewirkt hat, erscheint angesichts der oben vorgestellten und begründeten Ergebnisse allerdings bestenfalls in einem sehr vermittelten Sinne als gerechtfertigt. Ganz so „normal", wie *Frey* und *Weck* dies unterstellen, war die Wählerreaktion auf die miserable Wirtschaftslage der 30er Jahre wohl doch nicht, sonst hätte die NSDAP in Gebieten mit hoher Arbeitslosigkeit deutlich stärkere Wahlerfolge erzielen müssen als sie dies tatsächlich tat.

Anmerkungen

1 *Hemmer* errechnete bis zu 2,5 Millionen derartiger „unsichtbarer Arbeitsloser" (vgl. *Hemmer* 1935, S. 5 ff., 113 ff.). Nicht in diesen Zahlen enthalten sind „verdeckte Arbeitslose" etwa aus dem gewerblichen Mittelstand und der Landwirtschaft, da die dort „mithelfenden Familienangehörigen" nicht als Arbeitnehmer im Sinne der Arbeitsmarktstatistik galten.

2 Die Veränderungen sind auf Verschärfungen der Förderungsbedingungen innerhalb der Arbeitslosenversicherung und auf Umschichtungen der Lasten vom Reich zu den Kommunen zurückzuführen.

3 *Wernette* arbeitet als einziger der hier besprochenen Autoren mit Absolutzahlen, wobei als abhängige Variable bei ihm die Stimmendifferenz der NSDAP zwischen der vorangegangenen und der jeweils untersuchten Wahl fungiert. Um nicht negative Werte zu erhalten, für die sich bekanntlich kein Logarithmus bilden läßt, addiert er in einzelnen Fällen eine Konstante auf die gefundenen Negativdifferenzen. Die Höhe der ermittelten Korrelations- und Regressionskoeffizienten wird aber durch die Höhe der Konstante mitbestimmt!

4 In der einschlägigen Literatur wird gern übersehen, daß durch Verwaltungsreform erhebliche Grenzverschiebungen zwischen den Kreisen zustandekamen und allein zwischen 1925 und 1933 mehr als 100 Kreise überhaupt von der Landkarte verschwanden.

5 Leider ist der hier verwendete Indikator, der Prozentsatz der Einwohner eines Kreises, die in Gemeinden mit mehr als 5000 Einwohnern leben, nicht identisch mit dem von *Waldman* und *Pratt* verwendeten. Deren Korrelationen beziehen sich bekanntlich auf Städte mit mehr als 15 000 bzw. 20 000 Einwohnern. Aus diesem Grunde sind unsere Ergebnisse nicht direkt mit denen dieser beiden Studien vergleichbar. Es kann daher nicht ausgeschlossen werden, daß in den Städten tatsächlich die behauptete positive Beziehung zwischen NSDAP-Anteilen und Erwerbslosigkeit besteht. Doch betrug die Korrelation auf der Ebene der Großstädte des Reiches nach unseren Berechnungen bei der Reichstagswahl 1932A lediglich r = .08, eine Zahl, die eher einen Nichtzusammenhang als eine positive statistische Beziehung repräsentiert (vgl. *Kaltefleiter* 1968, S. 23).

6 Im Falle anders spezifizierter Regressionsmodelle ändert sich folglich nichts am negativen Vorzeichen der Variablen ,,Erwerbslosigkeit", wohl aber an der Größenordnung der Regressionskoeffizienten und dem relativen Erklärungsbeitrag der Variablen. Die Grundaussage bleibt somit erhalten, daß Arbeitslosigkeit auf der Aggregatebene für den Wahlerfolg der NSDAP eher abträglich war. Dies gilt selbst für eine exakte Replikation der Analyse von *Frey* und *Weck* (1981) *anhand der hier verwendeten Daten.*

7 Die versuchsweise Einführung der Arbeitslosigkeit als erste Variable in einem ansonsten identisch spezifizierten, hierarchisch strukturierten Regressionsmodell führt zwar zu einem erheblichen Anwachsen der relativen Erklärungsleistung der Variablen ,,Erwerbslosenanteil" für die NSDAP auf 6,1 % (1932A) bzw. 5,6 % (1932B) bzw. 20,3 % (1933), aber natürlich nicht zu einer Vorzeichenänderung der Regressionskoeffizienten. Für ein derartiges Vorgehen dürfte sich jedoch schwerlich eine theoretische Begründung finden lassen, das kausalanalytisch das vorübergehende Merkmal ,,Arbeitslosigkeit" sowohl der Konfession als auch insbesondere dem Arbeiteranteil und der Urbanisierung als permanent wirksamen Merkmalen nachgeordnet sein sollte.

8 Daß diese Differenzen nicht alleine auf unterschiedliche Verteilungen der Variablen in den beiden getrennt betrachteten Bereichen zurückzuführen sind, zeigt ein Blick auf die Mittelwerte, Standardabweichungen und Korrelationen. Zwar weist der katholische Bereich im Mittel weniger Erwerbslose (12 vs. 16 %) und Arbeiter (33 vs. 41 %) sowie einen geringeren Urbanisierungsgrad auf (40 vs. 58 % Personen in Gemeinden über 5000 Einwohnern) als der nicht-katholische Bereich, doch ähneln sich die Standardabweichungen dieser Variablen relativ stark. Die Korrelationen der vier Prädiktoren mit den Kriteriumsvariablen sind überdies im nicht-katholischen Bereich typischerweise zwei- bis viermal höher als im katholischen Bereich.

9 Das bei der Regressionsanalyse auftretende Problem der Multikollinearität, d. h. des zu hohen statistischen Zusammenhangs der Prädiktoren, wird in der LV-Pfadanalyse nur teilweise beseitigt, teilweise wird es von den manifesten zu den latenten Variablen verschoben. Daß es noch immer existiert, zeigt ein Blick auf die Faktorinterkorrelationen des vorliegenden Modells, wo z. B. der Urbanisierungs-, der Selbständigen- und der Erwerbslosenfaktor hoch miteinander korrelieren. Die Folge davon ist, daß sich bei nur geringfügig modifiziertem Modellaufbau, etwa wenn man einen direkten Einfluß des Urbanisierungsfaktors auf die NSDAP-Anteile vorsieht, die Pfadkoeffizienten des Faktors Erwerbslosigkeit im Vorzeichen verändern. Zum Verfahren der LV-Pfadanalyse vgl. *Lohmöller* und *Wold* 1982, *Lohmöller* 1981, 1983.

10 Die Interkorrelationen zwischen den Hintergrundvariablen wurden der Übersichtlichkeit halber nicht in die graphische Darstellung unseres Modell miteinbezogen.

11 Eine ähnliche Beziehung gilt für die latente Variable ,,Erwerbslosigkeit: Arbeiter und Angestellte", die – anders als im Regressionsmodell – analog zu *Pratt* 1947 definiert wurde, d. h. in die der Anteil der arbeitslosen Angestellten an allen Erwerbslosen etc. eingeht. Angesichts dieser definitorischen Unterschiede – die Version des Regressionsmodells wäre im Hinblick auf die Tatsache, daß ja bereits der Gesamterwerbslosenanteil im Pfadmodell berücksichtigt ist, theoretisch nicht sehr sinnvoll gewesen – verbietet sich ein direkter Vergleich mit den Regressionsergebnissen. Die Pfadkoeffizienten dieses Faktors sind dahingehend zu interpretieren, daß dort, wo der Anteil der erwerbslosen Arbeiter *an allen Erwerbslosen* überdurchschnittlich war, die NSDAP 1933 einen leicht überproportionalen *Anstieg* verzeichnen konnte etc.

12 Das von *Goodman* entwickelte Verfahren der ökologischen Regression ermöglicht es, von den (bekannten) Aggregatbeziehungen auf die zugrundeliegenden, aber (unbekannten) Individualbeziehungen zu schließen, falls die Daten bestimmten, relativ strengen Modellannahmen genügen, deren wichtigste vermutlich die Forderung nach Homogenität und Linearität der interessierenden Variablenbeziehungen auf der Individualebene darstellt (vgl. *Langbein* und *Lichtman* 1978). Um mögliche nichtlineare Einflüsse zu neutralisieren, haben wir das Wahlverhalten der Erwerbslosen mit Hilfe dreier unterschiedlich spezifizierter Regressionsmodelle zu schätzen ver-

sucht (Stadt x Konfession und 11 Berufskategorien; Stadt x Konfession und 6 Berufskategorien; Arbeiteranteil x Konfession und 11 Berufskategorien). Die Prozentwerte der nachstehenden Tabelle stellen Mittelwerte aus den drei (relativ gut übereinstimmenden) Schätzgleichungen dar.

| | 1932 J | | 1932 N | | 1933 | |
	NSDAP	KPD	NSDAP	KPD	NSDAP	KPD
Erwerbslose insgesamt	16 %	26 %	16 %	30 %	17 %	27 %
erwerbslose Arbeiter	13 %	29 %	12 %	34 %	10 %	30 %
erwerbslose Angestellte	28 %	13 %	30 %	16 %	43 %	14 %
Alle	31 %	12 %	27 %	14 %	39 %	11 %

Zelleingänge: Zeilenprozent auf der Basis der Wahlberechtigten. Werte für „Erwerbslose insgesamt" berechnet aus den Werten für die erwerbslosen Arbeiter und Angestellten.

Literaturverzeichnis

Brües, Hans-Josef, Wirtschaftliche und soziale Ursachen des Sieges des Nationalsozialismus. Wissenschaftliche Arbeit vorgelegt für die Wissenschaftliche Prüfung für das Gewerbelehramt, Universität Köln 1963.

Falter, Jürgen, Wer verhalf der NSDAP zum Sieg?, in: Aus Politik und Zeitgeschichte, Beilage zur Wochenzeitung „Das Parlament" B 28−29/79, 14.7.1979, S. 3−21.

Ders., Wählerbewegungen zur NSDAP 1924−1933, in: *Otto Büsch* (Hrsg.), Wählerbewegung in der Europäischen Geschichte, Berlin 1980, S. 159−202.

Ders., Kontinuität und Neubeginn. Die Bundestagswahl 1949 zwischen Weimar und Bonn, in: Politische Vierteljahresschrift, Jg. 22, Heft 3, 1981, S. 236−263.

Ders., und *Hans Rattinger,* Parties, Candidates and Issues in the German Federal Election of 1980. An Application of Normal Vote Analysis, in: Electoral Studies, 1, 1982, S. 65−94.

Ders., und *Jan-Bernd Lohmöller, Johann de Rijke* und *Andreas Link,* Hat Arbeitslosigkeit tatsächlich den Aufstieg der NSDAP bewirkt? Und falls ja: auf welche Weise? Eine Replikation der Analyse von *Frey* und *Weck* (1981), Manuskript 1983.

Faris, Ellsworth, Take-off Point for the National Socialist Party. The Landtag Election in Baden 1929, in: Central European History, Jg. 8, Nr. 1, 1975, S. 140−171.

Frey, Bruno S., und *Hannelore Weck,* Hat Arbeitslosigkeit den Aufstieg des Nationalsozialismus bewirkt?, in: Jahrbuch für Nationalökonomie und Statistik, Bd. 196, 1981, S. 1−31.

Helbich, Wolfgang, Die Bedeutung der Reparationsfrage für die Wirtschaftspolitik der Regierung Brüning, in: *Gerbard Jasper* (Hrsg.), Von Weimar zu Hitler 1930−1933, Köln-Berlin 1968, S. 72−98.

Hemmer, Willi, Die unsichtbaren Arbeitslosen, Statistische Methoden, soziale Tatsachen, Zeulenroda 1935.

Holzer, Jerzy, Parteien und Massen. Die politische Krise in Deutschland 1928−1930, Wiesbaden 1972.

Jahoda, Marie, Paul F. Lazarsfeld und *Hans Zeisel,* Die Arbeitslosen von Marienthal, Frankfurt 1975.

Kaltefleiter, Werner, Wirtschaft und Politik in Deutschland, Konjunktur als Bestimmungsfaktor des Parteiensystems, Köln/Opladen 1965, [2]1968.

Langbein, Laura I., und *Allan J. Lichtmann,* Ecological Inference, Beverly Hills/London 1978.

Lepsius, Rainer M., Extremer Nationalismus. Strukturbedingungen vor der nationalsozialistischen Machtergreifung, Stuttgart 1966.

Lobmöller, Jan-Bernd, und *Herman Wold,* Introduction to PLS estimation of path models with latent variables, in: Forschungsberichte des Fachbereichs Pädagogik, Nr. 82.02, Hochschule der Bundeswehr München, 1982.

Lohmöller, Jan-Bernd, LVPLS 1.6 Program Manual, in: Forschungsberichte des Fachbereichs Pädagogik, Nr. 81.04, Hochschule der Bundeswehr München, 1981.

Ders., Path models with latent variables and Partial Least Squares (PLS) estimation. Dissertation, Fachbereich Pädagogik, Hochschule der Bundeswehr München 1983.

Lohmöller, Jan-Bernd, Jürgen W. Falter, Johann de Rijke und *Andreas Link*, Unemployment and the rise of the National Socialism: Contradicting results from different regional aggregations, in: *Peter Nijkamp* (Hrsg.), Measuring the Unmeasurable, Den Haag 1983 (im Druck).

McKibbin, R. J., The Myth of the Unemployed: Who voted for Hitler?, in: Australian Journal of Politics and History, 15, 1969, S. 25—40.

Opp, Karl-Dieter, und *Peter Schmidt*, Einführung in die Mehrvariablenanalyse, Reinbek bei Hamburg 1976.

Pratt, S. A., The Social Basis of Nazism and Communism in Urban Germany, Diss., Michigan-University 1948.

Preller, Ludwig, Sozialpolitik in der Weimarer Republik, Stuttgart 1949.

Rattinger, Hans, Wirtschaftliche Konjunktur und politische Wahlen in der Bundesrepublik Deutschland, Berlin 1980.

Ders., und *Jürgen Falter*, Normal vote analysis: A methodological appraisal of its merits and limits, Paper, Veröffentlichung vorgesehen für 1983.

Robinson, W. S., Ecological Correlations and the Behavior of Individuals, in: American Sociological Review, 15, 1950, S. 351—357.

Scheuch, Erwin K., Entwicklungsrichtungen bei der Analyse sozialwissenschaftlicher Daten, in: *René König* (Hrsg.), Handbuch der empirischen Sozialforschung, Bd. 1, 3. Aufl. 1973, S. 161—237.

Statistik des Deutschen Reiches, Die berufliche und soziale Gliederung der Bevölkerung in den Ländern und Landesteilen, Bd. 454—456, Berlin 1936.

Statistische Beilage zum Reichsarbeitsblatt, 1932 und 1933.

Striefler, Heinrich, Deutsche Wahlen in Bildern und Zahlen, Düsseldorf 1946.

Vierhaus, Rudolf, Auswirkungen der Krise um 1930 in Deutschland. Beiträge zu einer historisch-psychologischen Analyse, in: *Werner Conze* und *Hans Raupach* (Hrsg.), Die Staats- und Wirtschaftskrise des Deutschen Reiches, Stuttgart 1967, S. 155—175.

Waldman, Loren Kenneth, Models of Mass Movements. The Case of the Nazis, Diss., Chicago/Ill. 1973.

Ders., Strain-Producing Situations and Support for Social Movements: The Case of the Nazis, Ohio State University (als Manuskript vervielfältigt) 1975.

Wellhofer, Spencer E., „To educate their volition to dance in their chains": Partisan Mobilization and Regime Stability in Britain, 1885—1950, Paper, American Political Science Association, Denver, September 1982.

Wernette, Dee Richard, Political Violence and German Elections: 1930 and July, 1932, Diss., University of Michigan 1974.

Korrespondenzanschrift:
Prof. Dr. Jürgen Falter
Zentralinstitut für sozialwissen-
schaftliche Forschung der
Freien Universität Berlin
Sarrazinstraße 11—15
1000 Berlin 41

IV. Theoretisch empirische Analysen

VERSORGUNGSKLASSEN IM WOHLFAHRTSSTAAT

Überlegungen und Daten zur Situation in der Bundesrepublik*

Von Jens Alber

I. Theoretische Perspektiven: Der Wohlfahrtsstaat als Grundlage neuer Konfliktstrukturen?

Die Nachkriegsperiode stand in allen westeuropäischen Demokratien im Zeichen eines beträchtlichen Wachstums sozialstaatlicher Aktivitäten. Der Anteil der Sozialausgaben am Bruttoinlandprodukt hat sich zwischen 1950 und 1977 im westeuropäischen Durchschnitt von 9 auf 22 % mehr als verdoppelt[1]. Einige Länder wie Schweden geben heute fast ein Drittel ihres Wirtschaftsprodukts für soziale Leistungen aus. Selbst in der sozialpolitisch am stärksten zurückhaltenden Schweiz erreichte die Sozialleistungsquote am Ausgang der siebziger Jahre 16 Prozent. Neben der kapitalistischen Organisation der Wirtschaft und der demokratischen Verfassung des politischen Gemeinwesens erscheint der Wohlfahrtsstaat heute als ein zentrales Strukturelement aller Länder Westeuropas. Der steile Anstieg der staatlichen Verteilung von Transferzahlungen, Sach- und Dienstleistungen sowie öffentlichen Gütern konnte nicht ohne Auswirkungen auf die Sozialstruktur bleiben. Die verfügbaren Einkommen und Lebenschancen der Bevölkerung sind heute nicht mehr allein eine Funktion der Position in der Marktsphäre, sondern zunehmend von staatlichen Verteilungsprozessen beeinflußt. In der Bundesrepublik stammt bereits mehr als ein Viertel der verfügbaren Einkommen der privaten Haushalte aus öffentlichen Transferleistungen (vgl. *Hans Jürgen Krupp* und *Wolfgang Glatzer* 1978, *Transfer-Enquête-Kommission* 1981). Sowohl liberale wie marxistische Sozialwissenschaftler diskutieren daher zunehmend die Frage, ob traditionelle Klassenanalysen kapitalistischer Industriegesellschaften angesichts des wachsenden Gewichts der Transfereinkommen noch greifen, bzw. in welchem Grade sie überholt sind (vgl. *Claus Offe* 1972, *Morris Janowitz* 1976, allgemeiner auch *Anthony Giddens* 1973).

---

* Dieser Aufsatz ist die überarbeitete und gekürzte Version eines Beitrags zum 10. Weltkongreß der Soziologie 1982. Die englische Originalfassung ist in der Serie des Europäischen Hochschulinstituts Florenz als EUI Working Paper No 21 erschienen und über das Institut zu beziehen. Das empirische Material wurde im Rahmen des von *Peter Flora* geleiteten und von der Europäischen Gemeinschaft finanzierten Forschungsprojektes „The Development of the Western European Welfare States since the Second World War" erarbeitet.

Für längere Zeit herrschte die Auffassung vor, daß die öffentlichen Sozialleistungen dazu beitragen, den Klassenkonflikt latent zu halten, die soziale Integration zu fördern und die politische Legitimität der westlichen Demokratien zu erhöhen. Erst die sozialen Sicherungsprogramme gaben nach dieser Vorstellung der demokratischen Idee gleicher Staatsbürgerrechte eine materielle Basis (vgl. *Talcott Parsons* 1960, *Thomas H. Marshall* 1964). In der Wirtschaftssphäre trugen sie zur Überbrückung der sozialen Distanz zwischen Lohnabhängigen und Eigentümern der Produktionsmittel bei, da der Rechtsanspruch auf soziale Leistungen für die Arbeitnehmer eine neue Ressource begründete, die den Mangel an Eigentum oder günstigen Markteinkommen teilweise kompensierte. In Verbindung mit der institutionellen Isolierung der Industrie (durch Verkürzung der Arbeitszeit, kollektive Tarifverträge und die Verbreitung außer-ökonomischer Aufstiegskanäle) reduzierten die Transferleistungen somit die Bedeutung sozialer Ungleichheiten und trugen dazu bei, die unterprivilegierten Gruppen mit der herrschenden Produktionsweise zu versöhnen (vgl. *Ralf Dahrendorf* 1959, *Seymour Martin Lipset* 1964).

In jüngster Zeit ist diese optimistische Bewertung der Integrationsleistung des Wohlfahrtsstaates einer wesentlich skeptischeren Einschätzung gewichen. Marxistische wie liberale Beobachter vertreten die Auffassung, daß sozialstaatliche Aktivitäten die soziale Integration nur um den Preis erhöhter Spannungen auf der Ebene der Systemintegration erreichen können. Mag der Wohlfahrtsstaat auch zur sozialen Kontrolle und Integration der Arbeiterklasse beitragen, so stört er nach dieser Vorstellung doch zunehmend das selbst-regulative Funktionieren der kapitalistischen Wirtschaft. Konnten ökonomische Krisen ursprünglich überwunden werden, weil die sinkenden Arbeitskosten allmählich wieder zu Investitionen anreizten, so setzen kollektive Tarifverträge und öffentliche Sicherungssysteme der Verbilligung des Faktors Arbeit heute enge Grenzen. Darüber hinaus stellen die gestiegenen Nebenlohnkosten einen Anreiz zu arbeitsverdrängender Rationalisierung dar, welche die Arbeitslosigkeit verschärft. Die steigende Arbeitslosigkeit erhöht nicht nur die Nachfrage nach öffentlichen Transfers, sondern senkt auch die staatlichen Steuereinnahmen, so daß die öffentliche Hand immer stärker zur Kreditfinanzierung gezwungen wird. Dadurch steigen die Zinsraten, private Investitionen werden gehemmt, und das Kapital fließt zunehmend vom produktiven in den Finanzsektor. Der Rückgang der privaten Investitionen zwingt den Staat zu erhöhten öffentlichen Investitionen, was zur Finanzkrise des Staates weiter beiträgt und die steuerstaatliche Abhängigkeit von der Wirtschaftsentwicklung erhöht. Im Rahmen einer sich global wandelnden Makrokonstellation mit einer stagnierenden Weltwirtschaft sowie wachsenden internationalen Spannungen und höheren Verteidigungshaushalten gehören chronische öffentliche Defizite, sinkende Realeinkommen und zunehmende Probleme der Regierbarkeit deshalb zu den wahrscheinlichen Zukunftsperspektiven (vgl. *James O'Connor* 1973, *Richard Rose* und *Guy Peters* 1978, *Georg Vobruba* 1978, *Ian Gough* 1979, *Peter Flora* 1979).

In dem sich wandelnden intellektuellen Klima wird selbst der Beitrag des Wohlfahrtsstaates zur sozialen Integration zunehmend in Frage gestellt. So haben verschiedene Autoren darauf aufmerksam gemacht, daß das Wachstum der Staatsaktivitäten zu einer Schwächung intermediärer Gruppen führt, da soziale Sicherungsaufgaben zunehmend von kleineren sozialen Netzwerken auf die öffentlichen Bürokratien verlagert werden.

Die Institutionalisierung individueller Rechtsansprüche und die Professionalisierung des „Sozialgeschäfts" haben nach dieser Auffassung ehemals aktive Produzenten sozialer Wohlfahrt in passive Konsumenten verwandelt, welche die Fähigkeit zu tätiger Selbsthilfe zunehmend einbüßen. Der doppelte Prozeß der Ausdehnung staatlicher Zuständigkeiten und des Rückgangs gesellschaftlicher Initiativen vertieft die Kluft zwischen politischen Eliten und passiven Kostgängern des Staates, so daß die Gefahr eines Übergangs von autonomen Formen sozialer Kontrolle zu autoritären Formen staatlicher Kontrolle wächst (vgl. *Bernhard Badura* und *Peter Gross* 1976, *Horst Baier* 1977, *Janowitz* 1976).

Einige Soziologen haben den Versuch unternommen, Hypothesen über die gesellschaftlichen Wirkungen des Wohlfahrtsstaates in den breiteren Rahmen einer theoretischen Analyse sich wandelnder Konfliktstrukturen in westlichen Industriegesellschaften zu integrieren. So hat *Claus Offe* (1972) zusammen mit diversen Mitarbeitern (*Joachim Bergmann* u. a. 1969) argumentiert, daß vertikale Ungleichheiten zwischen sozialen Klassen als strukturelle Basis für gesellschaftliche Konflikte an Relevanz verlieren, da sie zunehmend von neuen „horizontalen Disparitäten" überlagert werden, die im politischen Prozeß „spätkapitalistischer" Gesellschaften verankert sind. Diese neuen Spannungslinien basieren auf der ungleichen Verteilung der Chancen zur politischen Einflußnahme (Input-Seite des politischen Systems) und auf der mangelhaften Produktion öffentlicher Güter (Output-Seite des Systems). Die Herrschaft einer Klasse über eine andere weicht nach dieser Vorstellung zunehmend der Dominanz einiger zentraler Funktionsbereiche, die für das politische System bestandsrelevant sind, und der Pauperismus des Proletariats macht der modernen Verelendung bestimmter Lebensbereiche Platz.

Die neuen horizontalen Disparitäten stellen nach Auffassung der Autoren allerdings nur eine schwache Basis für die wirksame Organisation von Konfliktgruppen dar, weil sie nicht strukturell an bestimmte Soziallagen geknüpft sind, sondern in situationsspezifischer Form Mitglieder aller sozialen Gruppen treffen. So werden auch Bezieher höherer Einkommen zu Opfern überfüllter Verkehrswege, unzureichend ausgestatteter Pflegeheime oder mangelnder Tagesstätten für Kinder. Lediglich die niedrigsten Einkommensgruppen erfahren einen kumulativen Effekt alter und neuer Formen der Deprivation. Als Organisationsbasis für gesellschaftliche Auseinandersetzungen sind die neuen Ungleichheiten daher weitgehend ungeeignet. Die Manifestation der „strukturell unterdeterminierten" Spannungen bedarf der „voluntaristischen Festlegung" und aktiven Mobilisierung, zu der sich besonders die Angehörigen des in den Notstandsbereichen tätigen Dienstleistungspersonals eignen[2].

Eine unmittelbarere theoretische Verknüpfung des Wachstums des Wohlfahrtsstaates mit dem Aufkommen neuer gesellschaftlicher Konfliktlinien findet sich im Werk des amerikanischen Soziologen *Harold Wilensky* (1975, 1976, 1981). Nach seiner Auffassung wuchs der Wohlfahrtsstaat in einer historisch beispiellosen Periode des Wirtschaftswachstums. Die steigenden Einkommen gestatteten wachsende Steuereinnahmen, die eine Ausdehnung öffentlicher Aktivitäten ermöglichten, ohne die private Kaufkraft einzuschränken. Sobald die Wachstumsphase zu Ende ging, stießen die empfindlichen Kosten der aufgeblähten Staatstätigkeit jedoch bei den Steuerzahlern auf wachsenden Widerstand.

Steuerrebellion und Widerstand gegen den Wohlfahrtsstaat sind nach *Wilensky* jedoch nicht nur eine Funktion der steigenden Steuerlast, sondern auch Folge sozialer und kultureller Wandlungen in der Periode der Prosperität. Die langen Jahre des Überflusses haben zu einer allgemeinen Anhebung des Lebensstandards geführt, in deren Rahmen die Trennungslinie zwischen Arbeiterklasse und Mittelschicht verwischt wurde. Es entstand eine neue soziale „Mittelmasse"[3], deren Mitglieder sich aus traditionellen politischen Bindungen lösten und aufgrund ihrer leichten Mobilisierbarkeit und großen Zahl zu einer strategischen politischen Größe wurden. Aufgrund ihrer langjährigen Erfahrung beruflicher Aufstiegsmöglichkeiten sind die Mitglieder dieser Kategorie der Erfolgsideologie verbunden und nicht gewillt, erfolglos bleibende soziale Gruppen zu unterstützen. Wo ihnen die Finanzierung oder die Verteilung der Transferzahlungen als unausgewogen erscheinen, machen sie sich daher zum Sprachrohr einer ideologischen Fundamentalkritik am Wohlfahrtsstaat.

In *Wilenskys* Perspektive begründet das Wachstum des Wohlfahrtsstaates somit einen neuen sozialen Antagonismus zwischen der erwerbstätigen Mittelmasse, deren Mitglieder die Finanzierung der Sozialleistungen tragen, und den Kostgängern des Staates, die von den Leistungen profitieren. Ausdruck dieses neuen Konflikts sind nach seiner Auffassung neben der Steuerhinterziehung und der Entstehung von Anti-Steuerparteien auch politische Kampagnen gegen den Mißbrauch von Sozialleistungen sowie Streiks von Angestelltengewerkschaften gegen die Nivellierung der Einkommen.

Die durch den Wohlfahrtsstaat begründeten neuen Spannungen kommen laut *Wilensky* nicht in allen gesellschaftlichen Kontexten gleichermaßen zum Tragen. So bietet ein Steuersystem, das sich vorwiegend auf wenig „sichtbare" indirekte Steuern und Sozialversicherungsbeiträge stützt, weniger Anknüpfungspunkte für Bewegungen gegen den Wohlfahrtsstaat als ein System, das hauptsächlich auf progressiven direkten Steuern aufbaut. Ebenso wird eine starke Arbeiterbewegung mit historischen Verbindungen zum Wohlfahrtsstaat den Widerstand vermutlich in Schach halten können. Die Basis für erfolgreiche Angriffe auf den Wohlfahrtsstaat wird überdies dort schwach sein, wo funktionale Alternativen in Gestalt beruflicher oder privater Sicherungsformen nur wenig entwickelt sind. *Wilensky* hat solche Hypothesen nicht nur entwickelt, sondern auch einigen ersten empirischen Tests unterzogen (vgl. *Wilensky* 1976, 1981).

In Deutschland hat *M. Rainer Lepsius* (1979) versucht, soziale Spannungen, die der Wohlfahrtsstaat hervorbringt, im konzeptionellen Rahmen der *Weber*schen Klassentheorie zu analysieren. Nach *Lepsius* verlieren Besitz- und Erwerbsklassen für die Strukturierung sozialer Konflikte zunehmend an Bedeutung. Die Besitzklassen haben im Zuge des Rückgangs der selbständigen Erwerbstätigkeit kontinuierlich an Gewicht verloren. Nur für einen verschwindend kleinen Teil der Bevölkerung ist die Lebenslage heute noch durch Besitz bestimmt, und selbst die vermögenden Gruppen sind zur Erhaltung ihrer Lebenslage weitgehend auf die Erwirtschaftung von Einkommen angewiesen. Der Großteil der Erwerbstätigen gehört zum großen Block der abhängig Beschäftigten, deren Einkommen durch kollektive Tarifverhandlungen bestimmt wird, die häufig auch Arbeitsplatzgarantien beinhalten. Die Rekrutierung zu dem nicht von Tarifverträgen erfaßten oberen Fünftel und dem unterprivilegierten unteren Fünftel der Erwerbstätigen erfolgt zunehmend auf strukturell heterogene Weise. Die Abhängigkeit von Marktkräften wird in dieser Situation nicht mehr klassenspezifisch erfahren, sondern über sektorale und konjunkturelle Marktschwankungen wirksam. Verteilungskonflikte zwischen Erwerbsklassen verlieren daher an Bedeutung. Strukturdominant werden in wachsendem Maße Spannungen, die aus sektoralen Ungleichgewichten und konjunkturellen Schwankungen resultieren, sowie Vermittlungsprobleme zwischen Ausbildungs- und Beschäftigungssystem. Darüber hinaus konstituiert der Wohlfahrtsstaat eine neue Dimension der Verteilung von Lebenschancen und der Formierung von Interessengruppen. Die soziale Lage wird daher eine komplexe Funktion von Beziehungen auf dem Markt, kollektiven Verhandlungen und politisch-administrativen Entscheidungen.

Das System der staatlichen Transfers bietet zumindest zwei Anknüpfungspunkte für die Herausbildung neuer gesellschaftlicher Konfliktstrukturen. Zum einen ergeben sich Versorgungsklassen dann, wenn der Zugang zu öffentlichen Leistungen ungleich verteilt ist. Dies kann durch regionale Disparitäten in der Verteilung öffentlicher Güter bedingt sein oder durch die rechtliche Beschränkung von Leistungsansprüchen auf spezifische Gruppen. Wo Leistungsberechtigungen durch Einkommensgrenzen markiert werden, stellt die Abgrenzung lediglich einen Reflex der Differenzierung zwischen Erwerbsklassen dar und konstituiert insofern keine eigenständigen Versorgungsklassenlagen. Darüber hinaus gibt es aber auch unabhängige Formen der Diskriminierung im Transfersystem. So tragen erwerbstätige Frauen zwar zur Finanzierung der Rentenversicherung bei, erfüllten bis zur jüngsten Gesetzgebung wegen der häufigen Unterbrechung der Berufstätigkeit aber selten die vorgeschriebene Anwartschaftszeit für einen Leistungsanspruch. Insofern traten sie den versicherten Männern, die über Leistungsansprüche verfügen, als unterprivilegierte Versorgungsklasse gegenüber[4]. Zum anderen kann die institutionelle Gestaltung des Transfersystems für bestimmte Gruppen zu systematischen Ungleichgewichten zwischen Leistungen und Beitragszahlungen führen. So zieht der demographische Wandel generationenspezifische Disparitäten zwischen Beiträgen und Leistungen nach sich, welche die gegenwärtig Erwerbstätigen gegenüber den heutigen Rentnern als eine spezifische Versorgungsklasse erscheinen lassen. Auch die Beamten, die keine Beiträge zu entrichten haben, aber höhere Leistungen als andere Gruppen beziehen, können als eine (positiv privilegierte) Versorgungsklasse gesehen werden.

Lepsius sagt wenig darüber aus, ob die durch den Sozialstaat begründeten Soziallagen zu dominanten Rekrutierungsfeldern gesellschaftlicher Konflikte werden können, sondern stellt lediglich fest, daß die Beziehung zwischen der sozialen Lagerung und der Formierung von Konfliktgruppen durch die Ausdehnung des Sozialstaates wesentlich komplexer geworden ist. Welche Spannungslinien für die Bildung von Interessenverbänden und die Manifestation von Konflikten Dominanz gewinnen, wird auch durch die organisatorische und institutionelle Vermittlung der Interessen und den unterschiedlichen Zugang bestimmt, den die verschiedenen Kategorien zum System kollektiver Verhandlungen und politischer Entscheidung haben.

Die optimistische Annahme der sechziger Jahre, daß der Wohlfahrtsstaat den Schlüssel zur Besänftigung sozialer Konflikte abgeben könne, ist somit allgemein einem geschärften Bewußtsein für neue Spannungen gewichen, die mit dem Wachstum der Sozialleistungen zusammenhängen und neue Probleme gesellschaftlicher Anpassung aufwerfen. Allerdings setzen die hier vorgestellten Autoren unterschiedliche theoretische Akzente und suggerieren unterschiedliche Fragestellungen für die empirische Forschung. *Wilens-*

ky und in gewissem Maße auch *Offe* betonen den Antagonismus zwischen den Sozialleistungsempfängern und der berufstätigen Bevölkerung. Nach ihren Ausführungen
konstituiert der Bezug von politisch vermittelten Transfers und Diensten eine spezifische soziale Lage, welche die Klientel der sozialpolitischen Programme deutlich von
Gruppen, die ihr Einkommen über den Markt beziehen, abgrenzt. Traditionelle Prozesse
horizontaler Vergesellschaftung und vertikaler Konflikte zwischen privilegierten und
unterprivilegierten Klassen werden aus dieser Sicht allmählich durch sektorenspezifische
Prozesse vertikaler Gruppenbildung mit horizontalen Konflikten zwischen Kollektiven
in verschiedenen Sektoren wie Markt- und Transfersystem ergänzt oder gar abgelöst[5].
Während *Offe* den Schwerpunkt auf die Verteilung der öffentlichen Güter legt und soziale Ungleichheiten auf Unterschiede in der Organisations- und Konfliktfähigkeit verschiedener Gruppen zurückführt, rückt *Wilensky* die monetären Transferleistungen in
den Vordergrund und verknüpft die neuen sozialen Spannungslinien mit gruppenspezifischen Unterschieden im Verhältnis von Abgabelast und Leistungsberechtigung. Sein
Hauptinteresse gilt daher der Finanzierung der Sicherungssysteme und dem Grad, in
dem unterschiedliche Finanzierungsmethoden zu einem Antagonismus zwischen den
Kostgängern des Staates und den tributpflichtigen Erwerbstätigen beitragen.
Lepsius macht dagegen vor allem auf Ungleichheiten innerhalb der Gruppe der Sozialklientel aufmerksam. Aus seiner Perspektive konstituiert das öffentliche Transfersystem
keinen weitgehend homogenen Sektor, sondern ein neues Strukturierungsprinzip gesellschaftlicher Ungleichheit, das selbst positiv und negativ privilegierte (Versorgungs-)
Klassen hervorbringt. Obwohl auch er Ungleichgewichte zwischen Beiträgen und Leistungen als eine mögliche Basis neuer Klassenlagen sieht, richtet er das Augenmerk
hauptsächlich auf die ungleiche Verteilung der Leistungsansprüche und auf das Maß, in
dem solche Ungleichheiten von der Position in der Marktsphäre abhängig oder unabhängig sind. Nach seinen Ausführungen scheint es wahrscheinlich, daß horizontale Prozesse der Gruppenbildung auf der Grundlage ähnlicher Erwerbs- oder Versorgungsklassenlagen für die Strukturierung gesellschaftlicher Konflikte größere Bedeutung gewinnen
als sektorenspezifische (vertikale) Koalitionen von Gruppen in verschiedenen Vertei-
lungssystemen (Markt oder Transfersystem).
Diese unterschiedlichen theoretischen Perspektiven legen eine Reihe diverser Fragestellungen für die empirische Forschung nahe. Um die Fruchtbarkeit der verschiedenen
Konzepte einschätzen zu können, sollten diverse Wohlfahrtsstaaten zumindest bezüglich
der folgenden Fragen untersucht werden:
— Wieviele Personen beziehen ihren Lebensunterhalt hauptsächlich aus Markteinkom-
   men oder aus Transfereinkommen?
— Welche strukturellen Anknüpfungspunkte gibt es für eine wohlfahrtsstaatfeindliche
   Bewegung unter der erwerbstätigen Bevölkerung?
— Lassen sich Anzeichen für die Bildung von Interessengruppen entdecken, die auf ge-
   meinsamen Haltungen für oder gegen den Wohlfahrtsstaat gründen?
— Stellen Sozialleistungsempfänger eine homogene soziale Kategorie dar, oder zerfallen
   sie in positiv und negativ privilegierte Gruppen?
— Welche Dimensionen der Ungleichheit unter Sozialleistungsempfängern lassen sich
   unterscheiden?

- Wie ist der Zugang zum System der Sozialleistungen gestaltet, und welchen Gruppen wird ein Anrecht auf Leistungen systematisch versperrt?
- Welche Beziehung besteht zwischen der Leistungsberechtigung und Positionen im Marktsektor bzw. zwischen der sozialrechtlichen Gestaltung der Leistungen und der politischen Organisation und Repräsentation verschiedener Klientelgruppen?

Im folgenden empirischen Teil dieses Beitrags sollen einige dieser Fragen in bezug auf den bundesrepublikanischen Wohlfahrtsstaat untersucht werden. Zunächst soll die Entwicklung der von Sozialleistungen lebenden Bevölkerungsgruppen im Vergleich zur Entwicklung der erwerbstätigen Kategorien geschildert werden. Dann sollen die potentiellen strukturellen Anknüpfungspunkte für eine Gegenbewegung gegen den Sozialstaat diskutiert werden. Schließlich soll die interne Differenzierung der Gruppe der Sozialleistungsempfänger untersucht werden, wobei die Zahl der Nutznießer verschiedener Leistungssysteme und die Höhe ihrer jeweiligen Leistungen beschrieben werden soll. Auf der Basis dieser Informationen soll abschließend diskutiert werden, welche strukturellen Chancen dafür bestehen, daß Spannungen, die durch das Sozialleistungssystem generiert werden, zu dominanten Konfliktlinien in der bundesrepublikanischen Gesellschaft werden. Aus arbeitstechnischen Gründen werden sich die empirischen Informationen auf die monetären Transferzahlungen unter Ausschluß der Beamtenversorgung beschränken. Die Verteilung der öffentlichen Güter und Dienstleistungen bleibt somit von der Betrachtung ebenso ausgeklammert, wie die empirisch kaum faßbare Struktur der Steuervergünstigungen.

II. Empirische Informationen über Versorgungsklassen in der Bundesrepublik

1. Das sich wandelnde Verhältnis von Sozialleistungsempfängern und erwerbstätigen Kategorien

Der Versuch, das Wachstum der Gruppe der Sozialleistungsempfänger in der deutschen Gesellschaft zu dokumentieren, stößt infolge der Mängel der amtlichen Statistik auf enge Grenzen. Die Daten der verschiedenen Sicherungssysteme beziehen sich in der Regel nicht auf Personen, sondern auf Leistungsfälle. Es bleibt daher ungewiß, wieviele Personen mehrere Leistungen gleichzeitig beziehen[6]. Allerdings gestattet es der vom Statistischen Bundesamt jährlich durchgeführte Mikrozensus, die Zahl der Personen, die ihren Lebensunterhalt überwiegend aus Renten oder dergleichen beziehen, seit dem Jahr 1960 zu bestimmen[7].

1960 bezogen 7.2 Millionen Bürger ihr Einkommen hauptsächlich aus staatlichen Transferzahlungen. 1974 übertraf ihre Zahl erstmals die 10 Millionen Grenze, 1980 war sie auf 11.3 Millionen angewachsen. Der damit einhergehende strukturelle Wandel wird deutlich, wenn zum Vergleich die Entwicklung anderer sozialer Kategorien herangezogen wird (vgl. *Grafik 1*)[8]. Bis 1960 war die Bundesrepublik noch überwiegend eine Gesellschaft von Arbeitern. Die über 13 Millionen Arbeiter übertrafen in ihrer numerischen Stärke nicht nur alle anderen erwerbstätigen Kategorien zusammen, sondern waren auch fast doppelt so zahlreich wie die Gruppe der Sozialleistungsempfänger. In den sechziger

Grafik 1: Die wichtigsten Kategorien von Einkommensbeziehern

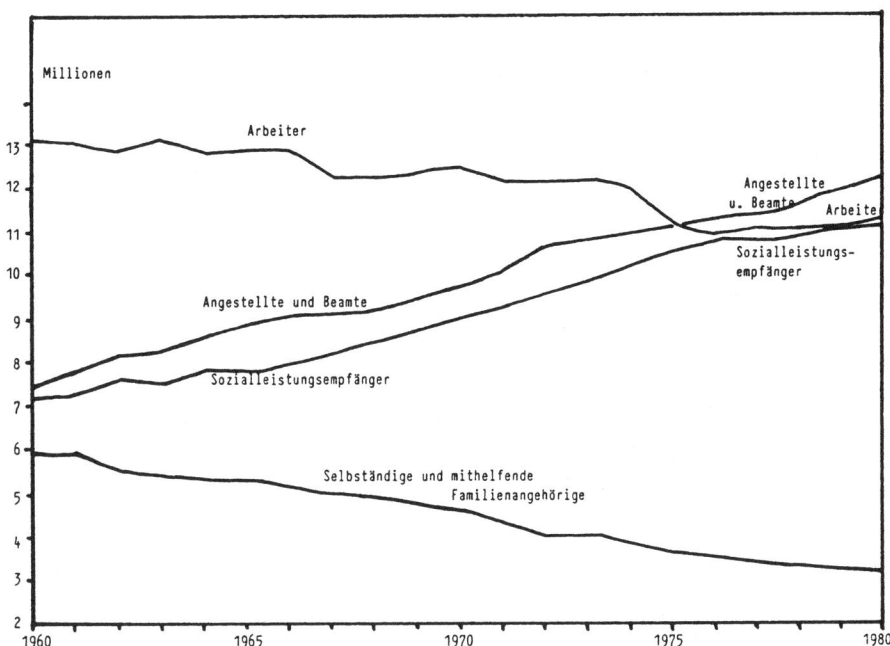

Jahren büßten die Arbeiter ihre absolute Mehrheit in der Erwerbsbevölkerung ein. 1976 fiel ihre Zahl erstmals unter die der Angestellten und Beamten. 1981 gab es schließlich fast ebenso viele Sozialleistungsempfänger wie Arbeiter[9]. Die Zahl der Selbständigen ist in den letzten Jahrzehnten ständig gesunken. Unternehmer und Arbeiter, die beiden Gruppen, deren Auseinandersetzungen über ein Jahrhundert lang das Bild der industriellen Gesellschaft geprägt haben, haben somit kontinuierlich an Bedeutung verloren, während sich zwei neue soziale Gruppierungen in fast gleichem Tempo dynamisch in den Vordergrund schoben: beruflich hoch qualifizierte Angestellte und Beamte sowie Empfänger von Sozialleistungen, deren Lebenschancen eng mit politischen Prozessen verknüpft sind.

Die wachsende numerische Stärke der Sozialleistungsempfänger verhilft ihnen zu einer strategischen politischen Rolle. 1961 repräsentierten die Bezieher von Transfereinkommen erst 19 % der Wahlbevölkerung. 1972 war ihr Anteil bereits auf 23 % angestiegen, um 1980 den Wert von 27 % zu erreichen. Neben den Beschäftigten des öffentlichen Dienstes stellen die Sozialleistungsempfänger die einzige Kategorie dar, deren Lebensschicksal direkt vom Staat abhängt. Da sie vom politischen Prozeß unmittelbar betroffen sind, wird ihre politische Mobilisierung in Wahlkämpfen erleichtert. Personen im Rentenalter, die den Hauptteil der Sozialklientel stellen, hatten tatsächlich stets eine hohe Wahlbeteiligung von 85 % oder mehr (vgl. *Roswitha Sehringer* 1977).

Die wachsende Zahl der Transferempfänger hat für die erwerbstätige Bevölkerung zu einer ständig steigenden Abgabelast geführt. Die Beitragssätze der Sozialversicherung erhöhten sich für Arbeitnehmer von 10 % im Jahr 1950 auf 16.2 % im Jahr 1980, mit einer deutlichen Beschleunigung des Anstiegs in den siebziger Jahren. Im gleichen Zeitraum ist die Gesamtbelastung durch direkte Steuern und Sozialversicherungsbeiträge in fortschreitendem Tempo von 12.5 auf fast 30 % angestiegen[10]. Zwar erleichterte es der kontinuierliche Anstieg der Realeinkommen in den vergangenen Jahrzehnten, den Zugriff der Finanzbehörden zu tolerieren, aber im Kontext sinkender Reallöhne mag die hohe Steuerlast durchaus als erdrückend empfunden werden und Widerstandsbewegungen gegen den Wohlfahrtsstaat hervorrufen.

Allerdings muß die erwerbstätige Bevölkerung nicht nur die Kosten der sozialen Sicherung tragen, sondern sie hat auch Anteil an ihren Leistungen. Nur einige unbedeutendere Programme des deutschen Sozialstaates begrenzen den Zugang zu den Leistungen in einem Maße, welches die Masse der mittleren Einkommensgruppen vom Leistungsanspruch ausschließt[11]. In den Sozialversicherungen, die den institutionellen und finanziellen Kern des Wohlfahrtsstaates in der Bundesrepublik darstellen, wurde der Versicherungsschutz kontinuierlich auf größere Bevölkerungskreise ausgedehnt. Seit 1950 ist der versicherungspflichtige Anteil der Erwerbsbevölkerung beträchtlich gestiegen. Heute sind etwa vier Fünftel der Berufstätigen gegen jedes der vier großen Risiken des Einkommensverlustes pflichtversichert. Darüber hinaus sind die Beamten bekanntlich durch Sondersysteme geschützt.

Die mittlere Masse der Einkommensbezieher erscheint in der Bundesrepublik somit fest in den Wohlfahrtsstaat integriert. Die ursprüngliche Begrenzung der Sozialversicherung auf die Arbeiter hat einer sukzessiven Ausdehnung der Versicherungspflicht auf besser verdienende Schichten Platz gemacht[12]. Durchschnittsverdiener zählten in der Bundesrepublik immer zu den obligatorischen Mitgliedern der Sicherungssysteme. Da die Versicherungspflichtgrenzen aufgehoben oder dynamisiert wurden, sind heute auch die meisten Angestellten allen Sozialversicherungszweigen angeschlossen. Nur einige wenige hoch verdienende Gruppen stehen daher gegenwärtig noch außerhalb der Sozialversicherung, die allerdings immer noch die meisten Selbständigen ausschließt.

Strukturelle Anknüpfungspunkte für eine Widerstandsbewegung gegen den Wohlfahrtsstaat sind somit nur in schwachem Maße vorhanden. Die Interessenlage der mittleren Einkommensgruppen gegenüber dem Sozialleistungssystem ist ambivalent, denn auf der einen Seite haben sie zwar die Last steigender Beiträge zu tragen, auf der anderen Seite profitieren sie aber auch von großzügigeren Leistungen. Sorgfältige Analysen der Inzidenz der Transferzahlungen haben gezeigt, daß Leistungen und Belastungen (positive und negative Transfers) häufig in den gleichen Haushalten — wenn auch nicht bei den gleichen Personen — anfallen, und daß dies insbesondere für die mittleren Einkommensgruppen zutrifft (vgl. *Krupp* 1978, *Transfer-Enquête-Kommission* 1981).

Die Bildung von Interessengruppen ist allerdings nicht nur von strukturellen Voraussetzungen abhängig. Ihr Entstehen wird zu einem großen Teil auch dadurch bestimmt, wie die Führung bereits bestehender Interessenorganisationen die Situation definiert. Nach anfänglicher Skepsis war die deutsche Gewerkschaftsbewegung dem Wachstum des Wohlfahrtsstaates eng verbunden. Die Selbstverwaltung der Sozialversicherung stellte für Mitglieder der Arbeiterklasse lange Zeit einen wichtigen Aufstiegskanal in Angestelltenberufe dar (vgl. *Florian Tennstedt* 1976, *Erich Standfest* 1977). Auch deshalb standen die Gewerkschaften stets auf der Seite eines Ausbaus des Sozialstaates. In der kürzlichen Diskussion um die Sanierung der öffentlichen Haushalte haben sie sogar einer erneuten Ausdehnung der Programme das Wort geredet und zur Finanzierung eine Erhöhung des über allgemeine Steuern gedeckten Staatsanteils vorgeschlagen (vgl. *Werner Krämer* 1981). Die zentrale Interessenorganisation der Mittelmasse der Einkommensbezieher hat sich in der Bundesrepublik somit nicht zum Fürsprecher einer Widerstandsbewegung gegen den Wohlfahrts- und Steuerstaat gemacht, sondern sogar einer Schwächung des versicherungstechnischen Äquivalenzprinzips von Beitrag und Leistung das Wort geredet[13].

Ein Interessenkonflikt zwischen Sozialleistungsempfängern und erwerbstätigen Steuerzahlern wird auch durch einige institutionelle Charakteristika des Wohlfahrtsstaates in der Bundesrepublik unwahrscheinlich gemacht. In den meisten Programmen besteht eine enge Beziehung zwischen der Höhe der Sozialleistungen und dem Einkommen auf dem Arbeitsmarkt. Die Sicherung der im Arbeitsleben erworbenen sozialen Stellung kann als zentrales Ziel der bundesrepublikanischen Sozialpolitik gelten. Dies wird deutlicher, wenn wir genauer untersuchen, wer die Sozialleistungsempfänger im einzelnen sind und welche Leistungen sie beziehen.

2. Die interne Differenzierung der Gruppe der Sozialleistungsempfänger

a) Soziale Positionen in der Sozialklientel I: Die Empfängergruppen. Bisher wurden die Nutznießer von Sozialleistungen hier als eine homogene Kategorie betrachtet, die aus gleichförmigen Elementen mit identischen Interessenlagen besteht. Tatsächlich beziehen sie ihre Unterstützung jedoch aus verschiedenen Systemen, die keineswegs gleichartige Leistungen gewähren. Die *Tabelle 1* zeigt die Zahl der Leistungsempfänger in den wichtigsten Transfersystemen von 1950 bis 1979[14]. Sie gibt darüber hinaus Unterstützungsquoten an, die zeigen, welcher Prozentsatz der einem gegebenen Risiko ausgesetzten Bevölkerungsgruppen Zugang zu öffentlichen Leistungen hat. Sinnvolle Quoten dieser Art sind allerdings nur für die Altersrenten, die Arbeitslosenversicherung, das Kindergeld und die Ausbildungsförderung zu errechnen[15]. Die *Grafik 2* illustriert das Wachstum der verschiedenen Empfängergruppen auf jährlicher Basis, wobei die Zahl der Leistungsempfänger als Prozentsatz der Gesamtbevölkerung ausgedrückt ist[16].

Rentner sind die bei weitem größte Gruppe unter der Sozialklientel. 1979 wurden fast 13 Millionen Renten ausbezahlt. Altersrenten sind darunter nicht nur die größte, sondern auch die am dynamischsten wachsende Kategorie. Ihre Zahl hat sich seit 1960 mehr als verdoppelt. Dieser Zuwachs ist nicht allein eine Funktion demographischer Verschiebungen, denn im Jahr 1960 bezog nur ein Drittel der Bevölkerung über 60 eine Altersrente, während 1979 mehr als die Hälfte dieser Gruppe von einer Altersrente lebte[17]. Invaliditäts- und Hinterbliebenenrenten sind zwar seit 1950 auch zahlreicher geworden, aber ihr Zuwachs war weniger steil. 1979 wurden 4,6 Millionen Hinterbliebenenrenten und 2 Millionen Invalidenrenten gezahlt.

Seit der Einführung des allgemeinen *Kindergeldes* im Jahr 1974 stellen Familien, die Kindergeld beziehen, die zweitgrößte Gruppe unter den Transferbeziehern dar. Über 7

Tabelle 1: Die Klientel der wichtigsten sozialpolitischen Programme

	1950	1955	1960	1965	1970	1975	1979
Rentenversicherung[1]							
Altersrenten							
in Tausend			2901	3645	4585	5703	6250
in % der Bevölkerung über 60	2786	3661	32.7 %	34.5 %	39.3 %	46.0 %	53.0 %
Invaliditätsrenten							
in Tausend			1628	1595	1657	1822	2046
in % der Bevölkerung über 60	42.4 %	49.2 %	18.3 %	15.1 %	14.2 %	14.7 %	17.3 %
Hinterbliebenenrenten							
in Tausend	2547	3285	3447	3597	3969	4314	4582
in % der Bevölkerung über 60	38.7 %	44.2 %	38.9 %	34.0 %	34.0 %	34.8 %	38.8 %
Unfallversicherung[2]							
Rentner in Tausend	636	830	916	1011	1018	1018	1013[7]
in % der Erwerbsbevölkerung	2.9 %	3.5 %	3.5 %	3.7 %	3.8 %	3.9 %	3.9 %
Krankenversicherung[3]							
Krankengeldempfänger							
in Tausend	478	655	902	850	999	985	1107
in % der Pflichtversicherten	3.6 %	4.0 %	5.1 %	4.9 %	5.6 %	5.3 %	5.7 %
Arbeitslosenversicherung							
Empfänger von Arbeitslosengeld oder -hilfe							
in Tausend	1455	889	226	109	113	817	582
in % der Arbeitslosen	77.8 %	82.8 %	83.4 %	74.1 %	75.8 %	76.1 %	66.4 %
Sozialhilfe							
Empfänger von Hilfe zum Lebensunterhalt							
in Tausend				760	749	1190	1311
in % der Bevölkerung				1.3 %	1.2 %	1.9 %	2.1 %
Unterstützungsempfänger insgesamt[4]							
in Tausend	1628	1328	1134	1404	1491	2049	2095
in % der Bevölkerung	3.4 %	2.6 %	2.1 %	2.4 %	2.5 %	3.3 %	3.4 %
Ausbildungsförderung							
Unterstützte Studenten in Tausend		1.5	32	46	200[6]	345	323
in % aller Studenten			11.1 %	12.0 %	33.4 %	41.0 %	32.9 %
Unterstützte Schüler in Tausend				583	160[6]	320	409[7]
in % aller Sekundarschüler				8.2 %	1.7 %	29.6 %	27.2 %
Kindergeld							
Unterstützte Familien in Tausend				2171	2113	7253	7121
in % aller Familien mit Kindern unter 18				27.4 %	24.8 %	82.6 %	84.7 %
Unterstützte Kinder in Tausend				4827	5176	14027	13017
in % aller Kinder unter 18				30.9 %	31.5 %	87.3 %	90.3 %
Wohngeld							
Unterstützte Haushalte							
in Tausend				395	908	1666	1518
in % aller Haushalte				1.9 %	4.1 %	7.0 %	6.2 %
Sozialleistungsempfänger insgesamt[5]							
in Tausend			7200	7799	9087	10538	11054
in % aller eigenständigen Einkommensbezieher			21.3 %	22.3 %	25.2 %	28.2 %	28.9 %

1 Die Daten beziehen sich auf die Zahl der in der Arbeiter-, Angestellten- und knappschaftlichen Rentenversicherung insgesamt gezahlten Renten. Eine Person kann mehrere Renten beziehen.
2 Zahl aller Renten, inklusive Hinterbliebenenrenten.
3 Die Daten beziehen sich auf die Zahl der erkrankten Pflichtmitglieder der Krankenversicherung. Die Absolutzahlen sind aufgrund der Prozentangaben der amtlichen Statistik berechnet. Etwa 99 Prozent aller Pflichtmitglieder der Krankenversicherung haben Anspruch auf Lohnfortzahlung durch den Arbeitgeber.
4 Bezieher von Hilfe zum Lebensunterhalt oder Hilfe in besonderen Lebenslagen.
5 Die Daten beziehen sich auf Personen mit überwiegendem Lebensunterhalt aus Renten oder ähnlichen Einkommensformen. Sie enthalten eine kleine Zahl von Personen, die von Kapitaleinkünften leben.
6 1971   7 1978

Grafik 2: Die Klientel der wichtigsten Sozialleistungsprogramme
(Leistungsempfänger als % der Gesamtbevölkerung)

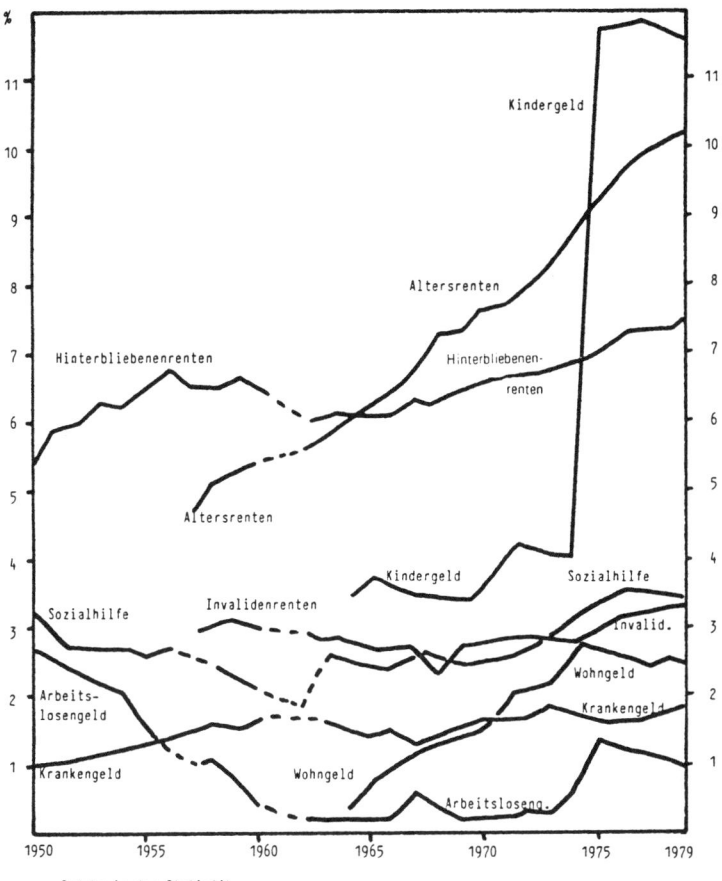

--- Brüche in der Statistik

Millionen Familien, das sind etwa 85 % aller Familien mit Kindern unter 18 Jahren, beziehen seither die staatlichen Leistungen. Vier weitere Klientelgruppen übertreffen mit ihrer numerischen Stärke die Millionengrenze. Ungefähr 3 % der Bevölkerung oder mehr als zwei Millionen Personen bezogen 1979 Unterstützungen aus der *Sozialhilfe.* Nach einem Rückgang der Empfängerzahlen in den fünfziger Jahren und einem, ungeachtet einiger Fluktuationen, weitgehend konstanten Stand von rund 1,5 Millionen in den sechziger Jahren stieg ihre Zahl in den siebziger Jahren wieder kräftig an. Vor allem die Rezessionsjahre 1966/67 und 1973−75 standen im Zeichen überproportionaler Zuwächse[18]. Etwa 1,5 Millionen Haushalte (6 % aller Haushalte) beziehen *Wohngeld.* Sowohl ihre absolute Zahl wie ihr Anteil an der Bevölkerung hat sich seit der Einführung des regulären Wohngeldes im Jahr 1965 fast vervierfacht.
Etwa 1 Million Bürger empfangen zu einem gegebenen Zeitpunkt im Jahr *Krankengeld.*

Der Prozentsatz der als krank gemeldeten Pflichtversicherten der Krankenversicherung ist in der Nachkriegszeit kontinuierlich gestiegen. Der Durchschnitt lag in den fünfziger Jahren bei 4 %, wuchs in den sechziger Jahren auf 4,4 % und kletterte in den siebziger Jahren über 5,5 %[19]. Ebenfalls bei einer Million liegt die Zahl der Personen, die eine Rente der *Unfallversicherung* beziehen. Nach kontinuierlichem Anstieg in den fünfziger und der ersten Hälfte der sechziger Jahre ist ihre Zahl seit 1965 ziemlich konstant geblieben[20].

Die beiden verbleibenden Sozialleistungsprogramme haben ein wesentlich geringeres Gewicht. Die Zahl der Personen, die auf Unterstützungen der *Arbeitslosenversicherung* (Arbeitslosengeld oder -hilfe) angewiesen ist, schwankt mit dem Konjunkturzyklus. Bemerkenswert ist aber, daß der Anteil der Arbeitslosen, der über einen Leistungsanspruch verfügt, seit 1975 stark zurückgegangen ist. Die Unterstützungsquote ist nach Fluktuationen um die 75 Prozent-Marke und gelegentlichen Ausschlägen über 80 % zwischen 1950 bis 1975 in den letzten Jahren unter 70 % gesunken[21]. 1980 bezogen lediglich zwei Drittel aller Arbeitslosen staatliche Leistungen in Form von Arbeitslosengeld oder -hilfe. Die zahlreichen Arbeitslosen, die keine Unterstützung erhalten, haben entweder ihren Leistungsanspruch wegen langfristiger Arbeitslosigkeit erschöpft oder aber aufgrund nur kurzfristiger Beschäftigung zu wenig Beiträge bezahlt, um die (mittlerweile überdies vom Gesetzgeber verschärften) Leistungsvoraussetzungen zu erfüllen.

In der *Ausbildungsförderung* besteht der Leistungsanspruch unabhängig von früheren Beitragszahlungen. Dennoch ist die Zahl der unterstützten Schüler und Studenten nach steilem Anstieg in der Zeit der Bildungsexpansion nach 1975 wieder relativ rückläufig gewesen. 1978 bezogen mit 300 000 Personen etwa ein Drittel aller Studenten staatliche Transferzahlungen. 1975 waren es dagegen noch 41 % gewesen. Obwohl ihre Absolutzahl weiter gestiegen ist, ist im gleichen Zeitraum auch der Anteil der unterstützten Schüler der Sekundarstufe II von 30 auf 27 % gesunken.

Die wachsende Zahl der Unterstützungsempfänger in den diversen Leistungssystemen unterstreicht die zunehmende Bedeutung von Einkommensbestandteilen, die über politische Mechanismen verteilt werden. Allerdings können die Angaben über die Größe der diversen Klientelgruppen nur wenig über die Strukturierung von Interessen aussagen. Obwohl alle Transferbezieher daran interessiert sein müssen, die Kaufkraft der sozialen Leistungen zu erhalten, haben die öffentlichen Zahlungen nicht für alle Klientelgruppen die gleiche zentrale Bedeutung. In den vier erstgenannten Sozialversicherungsprogrammen der *Tabelle 1* stellen die Transferleistungen einen Einkommen*ersatz* dar, der an die Stelle des Arbeitseinkommens tritt[22]. In den übrigen vier Systemen wirken die öffentlichen Leistungen dagegen nur als Einkommen*ergänzung*, deren Sinn es ist, das Arbeitseinkommen familiengerecht zu erhöhen (Kindergeld) oder die Lücke zwischen den verfügbaren privaten Mitteln und dem rechtlich als angemessen angesehenen Lebensstandard zu überbrücken (Sozialhilfe, Wohngeld, Ausbildungsförderung).

Wo die Transferzahlungen lediglich eine von mehreren Quellen des Einkommens darstellen, werden sie kaum eine wirksame Basis für die Herausbildung spezifischer Versorgungsklasseninteressen abgeben. Darüber hinaus konstituiert der Empfang von Sozialleistungen für viele Klientelgruppen nur eine vorübergehende Erfahrung, die an das Auftreten spezifischer Risikolagen gebunden ist, zu denen keine sozial strukturierte Rekrutierung erfolgt. Nur für die Altersrentner sowie Teile der Sozialhilfebezieher, Invaliditäts- und Hinterbliebenenrentner stellen die sozialen Leistungen die dominante Bestimmungsgröße der Lebenschancen dar. Da die Leistungsansprüche in den Rentensystemen aber in erster Linie von der früheren Position auf dem Arbeitsmarkt abhängig sind, erscheint ein Zusammenschluß der Interessen ähnlich privilegierter Empfängergruppen und Erwerbsklassen eher wahrscheinlich als eine Fusion unterschiedlich privilegierter Kategorien von Leistungsbeziehern zu einer gemeinsamen Kategorie von Transferempfängern.

Sind die strukturellen Grundlagen für die Entstehung einer umfassenden Interessengruppe von Unterstützungsempfängern somit begrenzt, so muß es auch als unwahrscheinlich gelten, daß die bloße Tatsache der Alimentierung durch den Staat sie zu einer gemeinsamen Zielscheibe einer Widerstandsbewegung gegen den Wohlfahrtsstaat werden läßt. In den Programmen, die auf den Ersatz von Erwerbseinkommen abzielen, wird die Anspruchsberechtigung nicht aufgrund von Bedürftigkeit verliehen, sondern aufgrund früherer Beitragszahlungen erworben. Nur wer die jeweilige Anwartschaftszeit erfüllt, kann Ansprüche geltend machen. Dies macht wahrscheinlich, daß der Leistungsbezug als „verdient" angesehen wird und wenig Angriffsflächen für Anfechtungen seitens der Steuerzahler bietet. Auch das Kindergeld eignet sich kaum als Zielscheibe für Attacken gegen den Wohlfahrtsstaat, da es allen Familien mit Kindern gleichermaßen zukommt. In den übrigen drei Programmen beruht die Anspruchsberechtigung dagegen nicht auf vergangenen Versicherungsbeiträgen, sondern auf Bedürftigkeit. Sie können daher eher zum Brennpunkt von Kritik am Sozialleistungssystem werden. Die Berechtigung zum Empfang von Ausbildungsförderung ist an Einkommensgrenzen gebunden, welche die Bezieher mittlerer Einkommen häufig ausschließen[23]. Weit unter dem Durchschnittsverdienst liegen die Einkommensgrenzen für das Wohngeld und die Sozialhilfe. Da sie die Durchschnittsverdiener vom Bezug von Leistungen ausschließen, obwohl sie über allgemeine Steuern die Finanzierungslast der Systeme tragen, bieten diese „selektiven", d. h. auf wenige Bevölkerungsgruppen beschränkten Programme, Attacken gegen den Wohlfahrsstaat die breiteste Angriffsfläche.

Zusammenfassend kann festgestellt werden, daß Sozialleistungsempfänger eine recht heterogene soziale Kategorie darstellen. Nur für wenige unter ihnen stellen Transferzahlungen die dominante Quelle des Lebensunterhalts dar. Für viele konstituiert der Empfang von Sozialleistungen darüber hinaus nur eine vorübergehende Erfahrung (wie Krankheit oder Arbeitslosigkeit). Die Leistungsberechtigung beruht in manchen Fällen auf früheren Beitragszahlungen, in anderen auf Bedürftigkeit. Lediglich Systeme, die auf der Bedürftigkeit fußen und diejenigen, die zu ihrer Finanzierung beitragen, vom Bezug von Leistungen ausschließen, laden aufgrund ihrer Struktur zu wohlfahrtsstaatfeindlichen Reaktionen ein. In den großen Systemen, die Transfers als Hauptquelle des Lebensunterhalts gewähren, sind die Leistungen in Anlehnung an die Erwerbseinkommen berechnet, so daß sie die Ungleichheit zwischen Erwerbsklassen unmittelbar widerspiegeln.

Die institutionelle Verknüpfung des Transfersystems mit dem Marktsektor soll im folgenden etwas genauer dokumentiert werden. Dabei ist zu untersuchen, in welchem Grade die Sozialleistungen mit den Arbeitseinkommen Schritt gehalten haben, wie groß die

Variationsbreite der Leistungen zwischen verschiedenen Systemen ist, und inwiefern unterschiedliche Leistungssätze mit der unterschiedlichen Verhandlungsmacht verschiedener Klientelgruppen oder mit den institutionellen Bindegliedern zwischen Transfersystem und Arbeitssphäre zusammenhängen.

b) Soziale Positionen in der Sozialklientel II: Die Höhe der Leistungen. An zuverlässigen Informationen über die soziale Lage der Unterstützungsempfänger herrscht immer noch großer Mangel. In welchem Maße diverse Transferzahlungen kumuliert werden, ist aufgrund der amtlichen Statistik kaum auszumachen. Die institutionellen Daten der einzelnen Systeme beziehen sich auf Unterstützungsfälle statt Personen, so daß die Frage nach den Lebensbedingungen der Empfänger offen bleibt. In diesem Aufsatz muß es genügen, einige grobe Informationen über die Großzügigkeit der Leistungen verschiedener Programme zusammenzustellen. *Tabelle 2* zeigt die Höhe der durchschnittlichen (pro Kopf-) Leistungen der verschiedenen Systeme in konstanten Preisen von 1976 sowie als Prozentsatz der durchschnittlichen Nettoverdienste der Arbeitnehmer[24]. *Tabelle 3* zeigt die Entwicklung der gesetzlichen Leistungssätze.

Der *Tabelle 2* ist zu entnehmen, daß die Sozialleistungsempfänger bis 1979 in der Regel mit der Entwicklung des Lebensstandards der Erwerbstätigen Schritt halten konnten. Die Empfänger von Einkommen*ersatz*leistungen haben ihre relative Position mit der Zeit sogar deutlich verbessert. Unter den Systemen mit einkommens*ergänzender* Funktion haben die durchschnittlichen Zahlungen der Sozialhilfe (Hilfe zum Lebensunterhalt) und das Wohngeld eine konstante Relation zu den Durchschnittsverdiensten gehalten[25]. Lediglich die Leistungen des Kindergeldes und der Ausbildungsförderung sind relativ abgesunken. Für die große Mehrheit der Sozialklientel konnte die Lücke zwischen Transfer- und Arbeitseinkommen somit verkürzt werden.

Die Sozialleistungsempfänger am Wachstum der Wirtschaft teilhaben zu lassen, ist stets ein explizites Ziel der deutschen Sozialpolitik gewesen (vgl. *Klaus von Beyme* 1979). So verknüpfen zahlreiche institutionelle Vorkehrungen die Transferleistungen mit den Arbeitseinkommen. In der Sozialversicherung wird die Leistungshöhe allgemein als Prozentsatz des ausgefallenen Einkommens definiert. Die jeweiligen Leistungssätze sind in der Nachkriegszeit wiederholt erhöht worden (vgl. *Tabelle 3*). Leistungen, die für längere Zeit gewährt werden, sind entweder dynamisiert, d. h. an die Entwicklung der Löhne und Gehälter gekoppelt worden, oder aber wiederholt an sich wandelnde wirtschaftliche Bedingungen angepaßt worden.

Die Dynamisierung der Leistungen wurde erstmals mit der Reform der Rentenversicherung von 1957 realisiert. 1964 folgte die Dynamisierung der Renten der Unfallversicherung. Seit 1975 sind auch das Krankengeld und die Leistungen der Arbeitslosenversicherung dynamisiert worden, wenn sie für längere Zeit als ein Jahr anfielen. Obschon nicht dynamisiert, sind die Leistungen der einkommensergänzenden Systeme diverse Male an die Wirtschaftsentwicklung angepaßt worden. So wurden die Regelsätze der Sozialhilfe bis auf wenige Ausnahmen seit 1957 jährlich angepaßt[26]. Die Sätze der Ausbildungsförderung werden seit 1974 in zweijährlichem Abstand überprüft. Seit 1978 wird das Wohngeld in unregelmäßigen Abständen der Veränderung der Einkommen und Mieten angepaßt. Nur das Kindergeld wurde weder dynamisiert noch regelmäßig überprüft. Allerdings ist auch diese Leistung einige Male erhöht worden.

Tabelle 2: Durchschnittliche Leistungen der wichtigsten sozialpolitischen Programme[1]

	1950	1955	1960	1965	1970	1975	1979
Rentenversicherung[2]							
Durchschnittl. Versichertenrente							
in konstanten (1976) Preisen	154	215	353	426	569	738	753 pro-
in % der durchschnittl. Nettoverdienste	31 %	33 %	46 %	43 %	48 %	54 %	50 % visor.
Durchschnittl. Altersrente (65 Jahre)							
in konstanten (1976) Preisen			390	472	638	802	776
in % der durchschnittl. Nettoverdienste			51 %	47 %	53 %	58 %	52 %
Durchschnittl. Witwen- oder Witwerrente							
in konstanten (1976) Preisen	89	130	248	312	436	585	613
in % der durchschnittl. Nettoverdienste	18 %	20 %	32 %	31 %	36 %	42 %	41 %
Arbeitslosenversicherung[3]							
Durchschnittl. Leistungen							
in konstanten (1976) Preisen	197	325	452	527	790	955	955[6]
in % der durchschnittl. Nettoverdienste	39 %	51 %	55 %	53 %	66 %	69 %	66 %
Sozialhilfe[4]							
Durchschnittl. Hilfe zum Lebensunterhalt							
in konstanten (1976) Preisen				143	183	221	226
in % der durchschnittl. Nettoverdienste				14 %	15 %	16 %	15 %
Durchschnittl. Leistungen insgesamt							
in konstanten (1976) Preisen	115	154	216	196	260	357	437
in % der durchschnittl. Nettoverdienste	23 %	24 %	28 %	20 %	22 %	26 %	29 %
Ausbildungsförderung							
Durchschnittl. Leistung für Studenten							
in konstanten (1976) Preisen		185	209	346	429[5]		421[6]
in % der durchschnittl. Nettoverdienste		29 %	27 %	35 %	33 %		29 %
Durchschnittl. Leistung für Schüler							
in konstanten (1976) Preisen				69	252[5]		245[6]
in % der durchschnittl. Nettoverdienste				7 %	19 %		17 %
Kindergeld							
Durchschnittl. Leistung pro Familie							
in konstanten (1976) Preisen				150	157	172	178
in % der durchschnittl. Nettoverdienste				15 %	13 %	13 %	12 %
Wohngeld							
Durchschnittl. Leistung pro Haushalt							
in konstanten (1976) Preisen				49	84	87	92
in % der durchschnittl. Nettoverdienste				5 %	7 %	6 %	6 %

1 Die Durchschnittsleistungen sind monatliche Pro-Kopf-Leistungen, die sich durch Teilung der Aggregatausgaben durch die Zahl der Leistungsbezieher ergeben.
2 Alle Zahlen sind Durchschnittswerte der Arbeiter-, Angestellten- und knappschaftlichen Rentenversicherung. Sie errechnen sich als Mittelwert der in der amtlichen Statistik berichteten Durchschnittsleistungen der einzelnen Systeme, nach Gewichtung der systemspezifischen Durchschnitte durch die jeweilige Zahl der Renten. Die Werte beziehen sich auf die Situation am Ende des angegebenen Jahres.
3 Die Zahlen beziehen sich nur auf das Arbeitslosengeld, d. h. sie schließen die Arbeitslosenhilfe aus, enthalten aber die Übertragungen an andere Sozialversicherungen.
4 Der Bruch in der amtlichen Sozialhilfestatistik zwischen 1960 und 1965 steht Vergleichen über die Zeit im Wege. Die Gesamtleistungen beziehen sich auf die Hilfe zum Lebensunterhalt *und* die Hilfe in besonderen Lebenslagen zusammen.
5 1972
6 1978

Tabelle 3: Regelsätze der sozialen Sicherungsprogramme

	1950	1955	1960	1965	1970	1975	1979
Altersrenten							
Lohnersatzquote der Standardrente[1]			67.5 %	67.5 %	67.5 %	67.5 %	67.5 %
Höhe der Standardrente[2]							
in konstanten (1976) Preisen			513	642	812	970	1075
in % der durchschnittl. Nettoverdienste			67 %	64 %	68 %	74 %	72 %
Krankengeld							
Lohnersatzquote[3]	50 %	50 %	90 %	100 %	100 %	100 %	100 %
Arbeitslosengeld							
Lohnersatzquote[4]	40 %		55 %	55 %	62,5 %	68 %	68 %
Sozialhilfe							
Regelsätze[5]							
in konstanten (1976) Preisen			151	185	217	266	277
in % der durchschnittl. Nettoverdienste			20 %	19 %	18 %	19 %	20 %
Kindergeld							
Leistungssätze für das:							
1. Kind: in laufenden Preisen						50	50
in konstanten (1976) Preisen						52	45
in % der durchschnittl. Nettoverdienste						4 %	3 %
2. Kind: in laufenden Preisen				25	25	70	100
in konstanten (1976) Preisen				39	35	73	91
in % der durchschnittl. Nettoverdienste				4 %	3 %	5 %	6 %
3. Kind[6]: in laufenden Preisen	25	40	50	60		120	200
in konstanten (1976) Preisen	49	72	78	84		125	181
in % der durchschnittl. Nettoverdienste	8 %	9 %	8 %	7 %		9 %	12 %

1 Leistungsquote nach der Rentenformel bei 45 Beitragsjahren und durchschnittlichem Lebensarbeitseinkommen (Rentenhöhe in % der allgemeinen Bemessungsgrundlage).
2 Höhe der Rente eines Rentners, der die Bedingungen der Anmerkung 1 erfüllt.
3 Leistungssatz während der ersten sechs Wochen der Krankheit.
4 Ab 1975 gesetzlicher Leistungssatz, vorher errechneter Leistungssatz eines alleinstehenden Arbeitslosen mit durchschnittlichem Arbeitseinkommen.
5 Regelsätze für alleinstehende Personen ohne Mehrbedarf; Personen über 65 erhalten Zuschläge von 30 % (bis 1964: 20 %).
6 Ab 1975 Leistungssätze für dritte und weitere Kinder; zwischen 1964 und 1974 erhielten vierte, fünfte und weitere Kinder spezielle höhere Leistungen.

Infolge dieser gesetzlichen Maßnahmen sind die Sozialleistungen bis zum Ende der siebziger Jahre gegen Kaufkraftverluste im wesentlichen gefeit geblieben. Die Pro-Kopf-Leistungen aller Programme haben sich im Laufe der letzten Jahrzehnte tatsächlich auch zu konstanten Preisen vervielfacht (vgl. *Tabelle 2*). Der Grad der Generosität variiert allerdings beträchtlich zwischen den verschiedenen Systemen. *Tabelle 2* illustriert diesen Tatbestand anhand der durchschnittlichen Zahlungen, *Tabelle 3* anhand der gesetzlichen Leistungssätze. Da die Pro-Kopf-Leistungen durch eine Vielfalt von Faktoren — wie z. B. veränderte Verteilungen von Beitragszeiten und -höhen in der Gruppe der Leistungsempfänger — beeinflußt werden, werden politisch bedingte Ungleichheiten zwischen den einzelnen Empfängergruppen besser durch die *Tabelle 3* illustriert.

Die Programme mit einkommensersetzender Funktion sehen aufgrund ihrer unterschiedlichen Zielsetzung natürlich sehr viel höhere Leistungen vor als die Systeme, denen es lediglich um eine Ergänzung der Einkommen geht. Allerdings bestehen auch unter den Lohnersatz-Leistungen erhebliche Unterschiede. Bei Krankheit besteht für 6

Wochen ein gesetzlicher Anspruch auf volle Lohnfortzahlung durch den Arbeitgeber. Danach wird Krankengeld in Höhe von 80 % des bisherigen Bruttoeinkommens bezahlt (mit dem früheren Nettoeinkommen als obere Grenze). In den fünfziger Jahren lag der gesetzliche Leistungssatz bei lediglich 50 % des Bruttoeinkommens. Das Arbeitslosengeld ist von ursprünglich etwa 40 %[27] auf 68 % des Nettogehaltes angehoben worden[28]. In der Rentenversicherung blieb die Leistungsformel seit der Reform von 1957 unverändert. Die Standardrente im Falle eines Erwerbstätigen mit lebenslangem Durchschnittseinkommen und 40 Beitragsjahren liegt nach der Rentenformel bei 60 % des mit einer Zeitverzögerung festgestellten durchschnittlichen Bruttoeinkommens aller Versicherten[29]. Gemessen am aktuellen Brutto-Durchschnittseinkommen, fluktuiert das Rentenniveau mit sinkender Tendenz in den letzten Jahren um 45 %. Invaliden- und Hinterbliebenenrenten sind knapper bemessen. Sie belaufen sich in Standardfällen auf 52,5 bzw. 21 % des kürzlichen Durchschnittseinkommens der Versicherten[30]. In der Unfallversicherung sind die Leistungssätze dagegen wesentlich großzügiger. Im Falle vollständiger Erwerbsunfähigkeit belaufen sie sich auf zwei Drittel des verlorenen Bruttoeinkommens, was in vielen Fällen auf eine Rente in Höhe des Nettogehaltes hinausläuft.

Da das Kranken- und das Arbeitslosengeld das Risiko eines kurzfristigen Einkommensverlustes abdecken, während die Renten- und Unfallversicherung auf langfristige Erwerbslosigkeit abstellen, können die niedrigeren Leistungen der letztgenannten Systeme plausibel auf die erheblich größere Kostenbelastung zurückgeführt werden. Überraschender sind die unterschiedlichen Leistungssätze innerhalb der genannten Programmgruppen. Sie basieren weder auf ungleichen Marktlagen, noch auf unterschiedlichen Bedürfnislagen, sondern auf politischen Bewertungen der Gründe des Einkommensverlustes. Da die Empfängergruppen sich jeweils in ähnlicher Weise aus der Erwerbsbevölkerung rekrutieren, können die Unterschiede aber auch nicht mit der unterschiedlichen Verhandlungsmacht verschiedener Gruppen erklärt werden. Die im Vergleich zum Krankengeld niedrige Höhe des Arbeitslosengeldes geht wohl auf das Bestreben zurück, die Arbeitsbereitschaft aufrechtzuerhalten. Die Unterschiede zwischen den Invalidenrenten der Renten- und der Unfallversicherung sind vor allem Ausdruck der Zählebigkeit des traditionellen Prinzips der deutschen Sozialpolitik, nicht den *Grad* der Hilfsbedürftigkeit, sondern deren *Ursache* zum Ansatzpunkt der Unterstützung zu machen.

Auch die diversen Programme mit einkommensergänzender Funktion sehen sehr unterschiedliche Leistungssätze vor. Die Pro-Kopf-Leistungen der kürzlich auf Darlehensbasis umgestellten Ausbildungsförderung waren für Studenten höher als für Schüler. Die öffentliche Unterstützung der Besucher von Hochschulen erreichte in den letzten Jahren fast ein Drittel der durchschnittlichen Nettoeinkommen der abhängig Erwerbstätigen. Obwohl sie nicht mit der gleichen Dynamik wie einige andere Sozialtransfers angestiegen sind, bewegten sich die Leistungen der Ausbildungsförderung damit auf einem vergleichsweise bemerkenswert hohen Niveau. So lagen die Pro-Kopf-Ausgaben des Honnefer Modells in den fünfziger Jahren über der Durchschnittsrente der Arbeiterversicherung[31], und in den siebziger Jahren waren die Ausgaben der Ausbildungsförderung für Schüler und Studenten zusammen pro Kopf höher als die Regelsätze der Sozialhilfe. Allerdings ist der Abstand zwischen beiden Leistungsarten über die Zeit kleiner geworden.

Die Tatsache, daß selbst die Regelsätze der Sozialhilfe und die Durchschnittsleistungen des Wohngeldes mit der Entwicklung der Arbeitseinkommen lange Zeit Schritt gehalten haben, ist im Lichte einiger Thesen der politischen Ökonomie bemerkenswert. Beide Empfängergruppen zählen zu den unterprivilegierten sozialen Gruppen, deren Verhandlungsmacht und politischer Einfluß eng begrenzt sind. Da beide Programme selektiv an Einkommensgrenzen gebunden sind, aber aus allgemeinen Steuermitteln finanziert werden, erschienen sie hier überdies als strukturelle Kandidaten für Leistungsbeschneidungen. Statt dessen bewegte sich der Regelsatz der Sozialhilfe im hier erfaßten Zeitraum recht konstant auf einem Niveau von 20 % der durchschnittlichen Nettoeinkommen rentenversicherter Arbeitnehmer, während die Wohngeldausgaben pro Kopf ebenso konstant bei 6 % lagen[32]. Die Entwicklungen der jüngsten Zeit legen allerdings den Schluß nahe, daß es gesellschaftlichen Randgruppen nur in wirtschaftlichen Schönwetterphasen gelingt, die fortschreitende Marginalisierung zu vermeiden, denn von den diversen Haushaltskonsolidierungsgesetzen waren vor allem die Sozialhilfeempfänger betroffen (vgl. Anmerkung 26). In Phasen wirtschaftlicher Krise kommt die schwache politische Position der Sozialhilfeklientel offenbar stärker zur Geltung.

Über die Verteilung der Leistungen auf Klientelgruppen innerhalb der einzelnen Leistungssysteme informiert die amtliche Statistik kaum. Allerdings sind ungleiche Leistungen hier fast ausschließlich eine Funktion der Positionen, welche die Empfänger vorher im Marktsektor innehatten. Die Lohnersatzquoten der Sozialversicherungen übertragen den Status auf dem Arbeitsmarkt direkt in das System der öffentlichen Transferzahlungen[33]. Bei den einkommensergänzenden Programmen besteht ein ähnlich enges, aber umgekehrtes Verhältnis zwischen dem Status auf dem Arbeitsmarkt und der Leistungshöhe. Je niedriger das Arbeitseinkommen, desto höher sind hier die Transferzahlungen. Die strenge Beziehung zwischen Arbeits- und Transfereinkommen ist lediglich in der Rentenversicherung bis zu einem gewissen Grade dadurch gelockert, daß beitragsfreie Zeiten unter bestimmten Bedingungen als Ausfall- oder Ersatzzeiten Berücksichtigung finden und daß eine Rente nach Mindesteinkommen gewährt wird. Wohl auch als Konsequenz dieser Reformmaßnahme des Jahres 1972 hat sich der seit 1957 festzustellende Trend einer wachsenden Ungleichheit zwischen den Durchschnittsrenten der Arbeiter- und der Angestelltenversicherung in den siebziger Jahren wieder umgekehrt[34].

Eine Gesamtbilanz der auf verschiedene Bevölkerungsgruppen entfallenden Leistungen und Belastungen durch das Transfersystem ist äußerst schwierig. Nach den Ergebnissen der Transfer-Enquête-Kommission fallen in praktisch allen Haushalten sowohl positive wie negative Transfers an, so daß auf der einen Seite sowohl die unteren Einkommensgruppen die Finanzlast der Systeme mitzutragen haben, während auf der anderen Seite auch die besser verdienenden Gruppen noch Leistungen empfangen (vgl. *Transfer-Enquête-Kommission* 1981). Dennoch hat das Transfersystem nach den Erhebungen der Kommission deutlich umverteilende Wirkungen. Zum einen kommen die Leistungen überwiegend Haushalten zugute, die keine oder nur geringe Arbeitseinkommen beziehen, zum anderen wird die Spannweite zwischen den Durchschnittslöhnen der Selbständigenhaushalte und der Arbeitnehmerhaushalte infolge der Transferzahlungen merklich geringer. Insgesamt führt das deutsche Transfersystem nach dem Urteil der Kommission dazu, daß die verfügbaren Einkommen gleichmäßiger verteilt sind als die Bruttoerwerbs- und Vermögenseinkommen. Trotz seiner am Ziel der Statussicherung orientierten institutionellen Ausgestaltung hat der Wohlfahrtsstaat in der Bundesrepublik demnach nicht nur horizontal, sondern auch vertikal umverteilende Wirkungen. Ob Disparitäten in der Verteilung von positiven und negativen Transfers allerdings als strukturelle Basis von Gruppenbildungen tauglich sind, muß ernsthaft bezweifelt werden. Da selbst wirtschafts- und sozialwissenschaftliche Experten sich schwer tun, solche Disparitäten aufzudecken, erscheint es unwahrscheinlich, daß sie für die Bürger hinreichend sichtbar werden, um als Grundlage von Gruppenbildungen dienen zu können.

III.· Zusammenfassung und Schlußfolgerungen

Die Zahl der Personen, die ihren Lebensunterhalt überwiegend aus Leistungen des öffentlichen Transfersystems bestreiten, ist in der Bundesrepublik im Lauf der letzten Jahrzehnte beträchtlich gestiegen. Das wachsende Gewicht der über politische Mechanismen verteilten Sozialleistungen hat die Bedeutung der Arbeitseinkommen als herausragende Determinante der Lebenschancen eingeschränkt. Insofern haben die Transferleistungen zu einer Verringerung der Intensität traditioneller Klassenkonflikte beigetragen. Andererseits ist das öffentliche Transfersystem selbst eine Quelle neuer Ungleichheiten, die zu neuartigen sozialen Spannungen führen können.
Im bundesrepublikanischen Wohlfahrtsstaat lassen sich diverse Anknüpfungspunkte für die Entwicklung solcher Spannungslinien ausmachen. Der Ausbau sozialstaatlicher Leistungen war von einem starken Anstieg der Steuerbelastung begleitet. Im Kontext einer schrumpfenden oder stagnierenden Wirtschaft mit sinkenden Realeinkommen kann ein weiteres Wachstum der Steuerlast auf Widerstand der berufstätigen Bevölkerung stoßen. Während ein störungsfreier Wirtschaftsablauf die erfolgreiche soziale Integration der mittleren Masse der abhängig Erwerbstätigen voraussetzt, stößt eine Beschneidung der Sozialausgaben auf politische Schwierigkeiten, weil die auf staatliche Transferleistungen angewiesenen Personenkreise einen rasch wachsenden Prozentsatz der Wahlbevölkerung stellen. Diese Personengruppen haben ein gemeinsames Interesse daran, zumindest die Kaufkraft der Transferleistungen zu erhalten. Ein erfolgreiches Ausbalancieren des Verlangens nach niedrigen Steuern und Sozialabgaben einerseits und der Forderung nach auskömmlichen Sozialleistungen andererseits wird daher zunehmend schwierig.
Das Transfersystem selbst schafft neue Ungleichheiten, denn, abgesehen vom Kindergeld, steht kein Sicherungssystem der Bundesrepublik universell allen Bürgern offen. Darüber hinaus begründen Beitragszahlungen zu einem System wegen der (je nach System unterschiedlich gestaffelten) Anwartschaftszeiten nicht automatisch einen Leistungsanspruch. Einige Programme begrenzen den Zugang zu Leistungen auf die Bezieher von Niedrigeinkommen, obwohl alle Bürger zu ihrer Finanzierung über allgemeine Steuern beitragen. Auch wer Leistungsansprüche erworben hat, erhält selbst bei gleichartigen Notlagen nicht unbedingt gleiche Leistungen, denn die Höhe der Transferzahlungen hängt stärker von den Ursachen der Notlagen ab als von ihrem Ausmaß.

Diese durch das Transfersystem hervorgebrachten Ungleichheiten sind unabhängig von der sozialen Lagerung in der Marktsphäre. Insofern konstituieren sie eine eigenständige Dimension gesellschaftlicher Ungleichheit, für die *M. Rainer Lepsius* den Begriff „Versorgungsklasse" geprägt hat. Im Kontext schrumpfender Ressourcen mögen strukturell angelegte Spannungen zwischen Versorgungsklassen mit ungleichen Sozialleistungsansprüchen stärker als bisher zum Tragen kommen.

Bislang hat allerdings keine dieser Spannungen einen relevanten Beitrag zur Strukturierung sozialer Konflikte geleistet. Auseinandersetzungen um den Wohlfahrtsstaat spiegeln in der Bundesrepublik immer noch weitgehend den alten Konflikt zwischen politisch „linken" und „rechten" Gruppen wider (vgl. *Franz Urban Pappi* 1976). Darüber hinaus begünstigen einige institutionelle Charakteristika des bundesrepublikanischen Wohlfahrtsstaates die Überlagerung der Interessen von Erwerbs- und Versorgungsklassen. Die große Masse der erwerbstätigen Bevölkerung gehört den sozialen Sicherungssystemen an. Transferzahlungen stellen für sie eine erhebliche Komponente des Haushaltseinkommens dar. Die Gewerkschaften sind historisch der Entwicklung der sozialen Sicherungssysteme eng verbunden. Sie haben sich bislang immer für einen Ausbau und gegen eine Beschneidung von Sozialleistungen ausgesprochen.

Die Leistungen der größten Sicherungsprogramme sind stärker am Ziel der Statussicherung als an dem der Umverteilung orientiert. Da sie in Abhängigkeit vom Arbeitseinkommen bemessen sind, übertragen sie den in der Marktsphäre erreichten sozialen Status recht unmittelbar in das System der öffentlichen Transfers. Die Leistungsansprüche basieren in der Sozialversicherung auf der Zahlung von Beiträgen, nicht auf Bedürftigkeit. Dies trägt dazu bei, daß sie als „verdient" gelten. Die vielfältigen Verknüpfungen von Arbeits- und Transfereinkommen erleichtern es, Ungleichheiten im Transfersystem als Reflex der Ungleichheiten in der Marktsphäre zu definieren und die Interessen von Erwerbs- und Versorgungsklassen zu aggregieren.

Die Unterschiede der Leistungsbestimmungen verschiedener Programme stellen keine günstige Basis für die Formierung von Interessengruppen dar. Zunächst einmal tragen sie zu einer strukturellen Fragmentierung der Sozialklientel bei. Sieht man von den Renten ab, so ist der Bezug von Sozialleistungen in den meisten Fällen eine vorübergehende Erfahrung. Die Rekrutierung zu den Leistungen von Programmen, die bei identischen Notlagen unterschiedliche Zahlungen gewähren, erfolgt auf strukturell heterogene Weise[35]. Zwischen den Empfängern verschiedener Sozialleistungen bestehen keine strukturell vorgegebenen Kontakte oder Kommunikationskanäle. Disparitäten, die nicht wahrgenommen werden und nicht in regelmäßigen Kontakten zum Tragen kommen, erscheinen als Basis für die Organisation von Konfliktgruppen ungeeignet. Die Leistungsempfänger verschiedener Sicherungssysteme nehmen einander vermutlich nicht als „relevante Andere" wahr. Ihre Definition der eigenen Lage hängt wahrscheinlich mehr von der Entwicklung der Leistungen im Zeitverlauf ab als vom Ausmaß der Unterschiede zwischen verschiedenen Leistungssystemen.

Bislang sind alle Sozialleistungen über die Zeit angestiegen. Selbst die Leistungen der Systeme, die aufgrund ihrer Ausgestaltung als potentielle Zielscheibe für wohlfahrtsstaatfeindliche Attacken erschienen und deren Empfänger über eine geringe politische Verhandlungsmacht verfügen, haben mit der Entwicklung der Arbeitseinkommen bis zum Ende der siebziger Jahre Schritt halten können. Zusammenfassend scheint es unwahrscheinlich, daß Spannungslinien, die durch das öffentliche Transfersystem generiert werden, einen bestimmenden Einfluß auf die Strukturierung sozialer Konflikte in der Bundesrepublik ausüben können.

Die Diskussion des deutschen Beispiels kann vielleicht zu einigen Verallgemeinerungen über sozialpolitische Kontexte dienen, die eine Gruppenbildung auf der Basis von Versorgungsklassen erschweren. Das Potential für die Strukturierung sozialer Konflikte durch Ungleichheiten, die der Wohlfahrtsstaat hervorbringt, scheint dort niedrig zu sein, wo:

— ältere soziale Spannungslinien festen organisatorischen Ausdruck in langlebigen Verbänden oder Parteien gefunden haben (dies unterscheidet Westeuropa von den USA);
— sozialpolitische Auseinandersetzungen von bereits existierenden Interessengruppen aufgegriffen und kanalisiert werden;
— sich soziale Sicherungssysteme universell auf alle Bevölkerungsgruppen erstrecken oder zumindest die große Masse der Erwerbstätigen erfassen;
— die Leistungen einkommensbezogen sind, so daß sie bereits existierende Ungleichheiten in der Marktsphäre reflektieren (wobei eine Kombination von Mindestleistungen und einkommensbezogenen Zahlungen wirksamer sein mag, wenn es darum geht, einer destabilisierenden Überlagerung von Unterprivilegierungen in der Marktsphäre und im Transfersystem vorzubeugen);
— der Anspruch auf Sozialleistungen durch Beiträge erworben wird, so daß die Vorstellung genährt wird, die Leistungen seien „verdient";
— die Verwaltung der Sicherungssysteme nicht Monopol des Staates ist, sondern von den Vertretern traditioneller Interessengruppen mitgetragen wird (wobei die zusätzliche Beteiligung von Vertretern der Leistungsempfänger Kanäle für die Artikulation von Protesten schaffen kann, die einer Abkehr vom Wohlfahrtsstaat vorzubeugen vermögen).

Die meisten dieser Bedingungen sind im Institutionengefüge des bundesrepublikanischen Wohlfahrtsstaates gegeben. Dennoch sind zumindest zwei Problembereiche erkennbar, in denen sich Anknüpfungspunkte für wachsende Spannungen bieten. Zunächst wird die Zahl der Rentner aus demographischen Gründen für längere Zeit deutlich schneller wachsen als die Zahl der Beitragszahler. Das wird entweder Leistungskürzungen oder steigende Beitragszahlen oder sogar beides gleichzeitig erforderlich machen. Daraus ergeben sich vermutlich beträchtliche Disparitäten zwischen verschiedenen Generationen. Die Generation der gegenwärtig Berufstätigen, deren bisheriges Erwerbsleben durch die Erfahrung ständig steigender Beitragssätze für die Rentenversicherung gekennzeichnet war, wird sich vermutlich damit abfinden müssen, selbst einmal Renten zu beziehen, die wesentlich weniger großzügig sind als die Leistungen, die sie den heutigen Rentnern finanziert.

Ein zweites Konfliktpotential entsteht aus der Kombination von Problemen auf dem Arbeitsmarkt, in der Arbeitslosenversicherung und im Bildungssystem. In den letzten Jahren ist die Zahl der arbeitslosen Jugendlichen stark angestiegen. Da sie keine Beitragszahlungen zur Versicherung geleistet haben, haben diese jungen Arbeitslosen keinen Anspruch auf Unterstützungsleistungen. Gleichzeitig hat die Bildungsexpansion in

Verbindung mit der Krise der öffentlichen Finanzen ein Heer arbeitsloser Akademiker nach sich gezogen. Besonders junge Lehrer finden kaum mehr Stellen. Falls die gegenwärtige Arbeitslosigkeit länger andauert, könnte das gleichzeitige Anschwellen der Zahl junger Menschen, die in kein System sozialer Kontrolle integriert sind und der Zahl arbeitsloser Intellektueller, die nach Mobilitätschancen suchen, eine strukturelle Basis für das Wachstum radikaler politischer Bewegungen abgeben.

Die Debatte über die vom Wohlfahrtsstaat ausgelösten Strukturwandlungen und Spannungslinien eröffnet über ihr aktuelles politisches Interesse hinaus einige anregende soziologische Perspektiven, denn sie legt es nahe, die traditionelle Frage nach der sozialen Basis politischer Prozesse umzukehren und die politischen Grundlagen der Strukturierung sozialer Konflikte zu analysieren. In historischer Perspektive wirft dies etwa die Frage auf, inwiefern die heftigen Konflikte zwischen Erwerbsklassen nicht nur auf einer spezifischen Produktionsweise beruhten, sondern auch auf spezifischen politischen Institutionen. So waren in Europa anscheinend lange Zeit vertikale Vergesellschaftungsprozesse unter Führung der privilegierten Klassen mit horizontalen Konflikten zwischen positiv privilegierten Besitz- und Erwerbsklassen strukturdominant. Erst die allmähliche Durchsetzung der Versammlungsfreiheit und die Demokratisierung des Wahlrechts verschafften den unterprivilegierten Klassen die Machtressourcen, die Voraussetzung für eine erfolgreiche Organisation von Konflikten sind. Nach der lange anhaltenden Dominanz horizontaler Vergesellschaftungsformen mit vertikalen Konflikten zwischen positiv und negativ privilegierten Klassen stellt sich heute die Frage, ob der neue institutionelle Kontext der Verbandsdemokratie, des Wohlfahrtsstaates und der durch die Bildungsexpansion vorangetriebenen Professionalisierung nicht eine erneute Umkehr des Musters der Gruppenbildung und der sozialen Konflikte begünstigt. Die folgende Übersicht illustriert diesen Gedanken in systematischer Form.

Bürgerliche Teildemokratie mit beschränktem Koalitionsrecht	Parlamentar. Demokratie mit allgem. Wahlrecht und Koalitionsfreiheit	Verbandsdemokratie mit entwickeltem Wohlfahrtsstaat

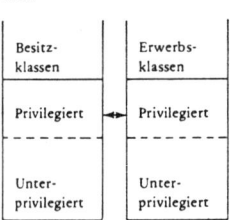
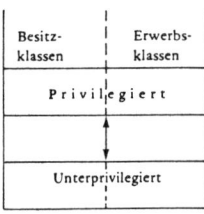
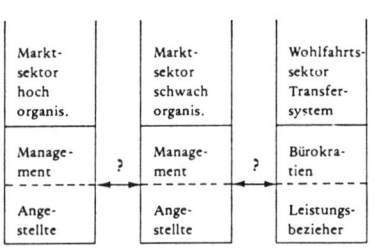

Vertikale Prozesse der Gruppenbildung und horizontale Konflikte zwischen privilegierten Klassen (unterprivilegierte Klassen ohne ausreichende Machtressourcen für wirksame Mobilisierung)	Horizontale Prozesse der Gruppenbildung mit vertikalen Konflikten zwischen privilegierten und unterprivilegierten Klassen (Mobilisierung der unterprivilegierten Klassen)	Verstärkte Bedeutung vertikaler Prozesse der Gruppenbildung und horizontale Konflikte zwischen Sektoren mit unterschiedlichen Graden organisatorischer Stärke und politischer Repräsentation

Den Realitätsgehalt solcher generalisierender Schematisierungen mag man sicherlich skeptisch beurteilen. Dennoch verdient die Frage, bis zu welchem Grade unterschiedliche politische und institutionelle Kontexte unterschiedliche Muster der Gruppenbildung und Konfliktaustragung strukturieren, sicherlich auch in historischer Perspektive weitere und genauere empirische Untersuchung.

Anmerkungen

1 Vgl. dazu im einzelnen *Alber* 1983.
2 Ähnliche Argumente vertritt auch *Touraine* 1973.
3 Die neue „Mittelmasse" besteht laut *Wilensky* aus Facharbeitern, Werkmeistern, Büroangestellten, Vertretern, Angehörigen halb-professioneller Dienstleistungsberufe (Masseure, medizinisch-technische Angestellte etc.) und kleineren Selbständigen.
4 Seit Beginn des Jahres 1984 ist die Anwartschaftszeit von 15 auf 5 Jahre reduziert worden.
5 Die Vorstellung, daß traditionelle „Status"-Differenzierungen „situs"-spezifischen Unterscheidungen weichen, ist in Theorien der „post-industriellen Gesellschaft" ebenso angelegt wie in Theorien des „Spätkapitalismus" – vgl. etwa *Bell* 1973, *O'Connor* 1973, *Touraine* 1973.
6 Vgl. dazu die Ergebnisse der *Transfer-Enquete-Kommission* 1981.
7 Die statistische Definition bezieht leider auch von Kapitaleinkünften lebende Personen mit ein. Detaillierte Daten für das Land Baden-Württemberg, die mir freundlicherweise von *Walter Müller* von der Universität Mannheim zur Verfügung gestellt wurden, zeigen, daß der Prozentsatz der von Kapitaleinkünften lebenden Personen weniger als 3 % der Kategorie ausmacht.
8 Die Daten für die *Grafik 1* entstammen verschiedenen Ausgaben der Publikation des Bundesministeriums für Arbeit und Sozialordnung „Arbeits- und Sozialstatistik Hauptergebnisse".
9 Zieht man Erwerbstätige mit überwiegendem Einkommen aus Sozialleistungen dazu, so übertraf die Zahl der von Transferzahlungen lebenden Personen mit 11,69 Millionen die Zahl der Arbeiter (11,37) sogar beträchtlich. Die in der Grafik präsentierten Daten beziehen sich lediglich auf Nichterwerbstätige mit überwiegendem Einkommen aus Sozialleistungen.
10 Die letztgenannten Zahlen beziehen sich auf die direkten Steuern und Sozialversicherungsbeiträge, ausgedrückt als Prozentsatz der Lohnsumme; Quelle: *Sozialbericht* 1980.
11 Dies gilt für die Sozialhilfe, das Wohngeld und die Ausbildungsförderung, die zusammen nicht ganz 5 % der direkten Sozialleistungen in der Definition des Sozialberichts (ohne Vermögensbildung) ausmachen.
12 Eine systematische Dokumentation und Analyse dieses Prozesses in vergleichender Perspektive findet sich in *Alber* 1982.
13 Verläßlichere Einschätzungen des Potentials für Steuerrevolten und Bewegungen gegen den Wohlfahrtsstaat müßten sich natürlich auf Meinungsumfragen stützen, die jedoch zu diesem Thema nur unregelmäßig durchgeführt und selten publik gemacht werden. Eine Zusammenfassung der ambivalenten Ergebnisse älterer Umfragen findet sich in *Alber* 1980 sowie in vergleichender Perspektive bei *Coughlin* 1980.
14 Bei Fertigstellung dieses Aufsatzes waren weder die Übersicht über die soziale Sicherung (zuletzt 1977) noch der Sozialbericht (zuletzt 1980) neu erschienen. Die Entwicklungen der jüngsten Vergangenheit konnten hier deshalb nicht berücksichtigt werden.
15 Die für die anderen Programme berichteten Zahlen können lediglich eine grobe Vorstellung von der Reichweite der Systeme geben, ohne Aussagen darüber zu gestatten, welcher Anteil der von den jeweiligen Risikolagen tatsächlich betroffenen Bevölkerungskreise erfaßt wird.
16 Noch einmal muß darauf hingewiesen werden, daß die amtliche Statistik nur einen verzerrten Eindruck zu geben vermag, da die Zahlen sich auf geleistete Zahlungen, d.h. auf Fälle, nicht aber Personen, beziehen.
17 Da diese Zahlen die Empfänger von Renten der Beamtenversorgung, der Altershilfe für Landwirte und der Ergänzungssysteme ausklammern, ist die tatsächliche Zahl der von öffentlichen

Rentenzahlungen lebenden Personen höher. Allerdings enthalten die hier präsentierten Daten wegen der Möglichkeit des Mehrfachbezugs von Renten auch Doppelzählungen. Die Bevölkerung über 60 wurde als Basis gewählt, weil Frauen und in Sonderfällen auch Männer schon ab 60 Jahren Rente beziehen können. Der Anstieg der Quoten in den siebziger Jahren spiegelt vermutlich auch die Einführung der flexiblen Altersgrenze im Jahre 1972 wider.

18 Vgl. dazu genauer *Hauser* u.a. 1981. Etwa ein Drittel der Empfänger ist älter als 65 Jahre, ein Viertel sind Kinder unter 14.

19 Berechnet nach den Angaben in „Arbeits- und Sozialstatistik — Hauptergebnisse" (verschiedene Ausgaben). Nach 1980 ging der Krankenstand wieder deutlich zurück (vgl. *Zöllner* 1983).

20 Die Renten für Schüler und Studenten sind dabei nicht berücksichtigt.

21 In einer früheren Veröffentlichung des Autors (*Alber* 1980) wurde unter Bezug auf den Sozialbericht 1978 (S. 11) eine Unterstützungsquote von 82 % für das Jahr 1977 berichtet. Diese Zahl läßt sich mit den Daten der Bundesanstalt für Arbeit in den Hauptergebnissen der Arbeits- und Sozialstatistik jedoch nicht reproduzieren. 1977 lag der Prozentsatz der Arbeitslosen, die Arbeitslosengeld oder -hilfe bezogen, der Bundesanstalt zufolge bei 70 %, in den Jahren danach mit sinkender Tendenz darunter.

22 Dies gilt nicht für die Berufsunfähigkeitsrente der Invalidenversicherung, die ergänzend neben das Arbeitseinkommen treten kann.

23 Die Grenze ist als ein Einkommenslimit definiert, das deutlich unter dem Durchschnittseinkommen liegt, aber durch Freibeträge aufgestockt wird, die u.a. von der Zahl und dem Alter der Kinder abhängig sind. 1983 wurde die Ausbildungsförderung weitgehend gestrichen.

24 Die Durchschnittverdienste beziehen sich hier generell auf die Nettoverdienste der Versicherten der Rentenversicherung (gemäß der gesamtwirtschaftlichen Abgabenbelastung); Quelle: *Sozialbericht* 1980, S. 233.

25 Die Tatsache, daß die Pro-Kopf-Leistungen der Sozialhilfe insgesamt schneller gestiegen sind als die Löhne, ist nicht als Indiz für Leistungsverbesserungen zu interpretieren. Da die Leistungen als Differenz zwischen dem anrechenbaren Einkommen und den anerkannten Mindeststandards berechnet sind, können steigende Leistungen auch Ausdruck wachsender Armutslücken sein. Das gleiche gilt auch im Falle anderer einkommensergänzender Leistungen, deren Empfang an Einkommensgrenzen gebunden ist.

26 Von dieser Praxis ist in jüngster Zeit aufgrund der Sparbeschlüsse der Bundesregierung allerdings erheblich abgewichen worden. Seit dem Zweiten Haushaltsstrukturgesetz von 1981 blieb die Erhöhung der Sozialhilfesätze deutlich hinter der Steigerung der Lebenshaltungskosten zurück.

27 Die Leistungen der Arbeitslosenversicherung waren früher nur als Absolutbeträge in diversen Leistungsklassen aufgeführt. Der hier angegebene Wert von 40 % bezieht sich auf alleinstehende Arbeitslose mit durchschnittlichem Arbeitseinkommen, wie sie vor dem Reformgesetz von 1953 galten. Der Prozentsatz ist errechnet nach den Angaben in der Bundestagsdrucksache Nr. 1274 vom 17.3.1955.

28 Durch die jüngste Haushaltsgesetzgebung wurde er für Alleinstehende ab 1984 auf 63 % gesenkt.

29 Der Prozentsatz gilt in bezug auf die allgemeine Bemessungsgrundlage. Die durchschnittliche Altersrente ist wesentlich niedriger als diese Standardrente, da viele Rentner — insbesondere Frauen — nur kurze Beitragsfristen aufweisen oder in ihrem Erwerbsleben weniger als das Durchschnittseinkommen verdienten.

30 Dies gilt für einen Standardfall, in dem die Erwerbsunfähigkeit vor 55 Jahren auftritt und in dem ab dem 20. Lebensjahr Beiträge gezahlt wurden. Die Witwenrente basiert auf der Annahme eines Todesfalles von Durchschnittsverdienern im Alter von 55 und mit Beiträgen ab dem 20. Lebensjahr.

31 Die durchschnittliche Versichertenrente der Arbeiterversicherung lag 1955 bei DM 89,70. Die Pro-Kopf-Leistungen des Honnefer Modells beliefen sich nach den Aggregatdaten in der Übersicht über die soziale Sicherung 1977, S. 277 auf DM 94.

32 Nach den Angaben von *Hauser* u.a. (1981, S. 43) sind die Regelsätze eingangs der siebziger Jahre schneller, danach aber deutlich langsamer gewachsen als die durchschnittlichen Nettoverdienste aller beschäftigten Arbeitnehmer. Hier wurden die Nettoverdienste der Versicherten in der Rentenversicherung herangezogen, weil sie die Einkommenssituation der Mittelmasse der Erwerbstätigen widerspiegeln.

33 Völlig gelöst vom versicherungstechnischen Äquivalenzprinzip sind dagegen bekanntlich die Sachleistungen der Krankenversicherung.

34 Die Durchschnittsrente der Angestelltenversicherung fluktuierte bis zur Reform von 1957 um 152 % der Durchschnittsrente in der Arbeiterversicherung. Sie kletterte dann auf ein Hoch von

172 % im Jahr 1969, um bis 1980 wieder auf 152 % zurückzufallen (berechnet nach den Angaben in verschiedenen Rentenanpassungsberichten und den Übersichten über die soziale Sicherung).

35 So hängt der Leistungsanspruch im Falle der Invalidität z.b. davon ab, ob ein zu Behinderung führender Verkehrsunfall auf dem Weg zwischen Arbeitsplatz und Wohnung geschah, was zu Rentenansprüchen gegen die Unfallversicherung führt, oder aber außerhalb des Berufsverkehrs erfolgte, was niedrigere Renten der Invalidenversicherung nach sich zieht.

Literatur

Alber, Jens, Der Wohlfahrtsstaat in der Krise? Eine Bilanz nach drei Jahrzehnten Sozialpolitik in der Bundesrepublik, in: Zeitschrift für Soziologie, 9, 1980, S. 313—342.

Ders., Vom Armenhaus zum Wohlfahrtsstaat. Analysen zur Entwicklung der Sozialversicherung in Westeuropa, Frankfurt 1982.

Ders., Einige Grundlagen und Begleiterscheinungen der Entwicklung der Sozialausgaben in Westeuropa 1949—1977, in: Zeitschrift für Soziologie, 12, 1983, S. 93—118.

Badura, Bernhard und *Peter Gross*, Sozialpolitische Perspektiven, München 1976.

Baier, Horst, Herrschaft im Sozialstaat. Auf der Suche nach einem soziologischen Paradigma der Sozialpolitik, in: *Christian von Ferber* und *Franz-Xaver Kaufmann* (Hrsg.), Soziologie und Sozialpolitik, Sonderheft 19 der Kölner Zeitschrift für Soziologie und Sozialpsychologie, Opladen 1977, S. 128—142.

Bell, Daniel, The Coming of Post-Industrial Society, New York 1973.

von Beyme, Klaus, Die großen Regierungserklärungen der deutschen Bundeskanzler von Adenauer bis Schmidt, München 1979.

Bergmann, Joachim, Gerhardt Brandt, Klaus Körber, Ernst T. Mohl und *Claus Offe*, Herrschaft, Klassenverhältnis und Schichtung, in: *Theodor W. Adorno* (Hrsg.), Spätkapitalismus oder Industriegesellschaft? Verhandlungen des 16. Deutschen Soziologentages, Stuttgart 1969, S. 67—87.

Coughlin, Richard M., Ideology, Public Opinion and Welfare Policy: Attitudes Toward Taxes and Spending in Industrialized Societies, Institute of International Studies, Berkeley 1980.

Dahrendorf, Ralf, Class and Class Conflict in Industrial Society, Stanford 1959.

Flora, Peter, Krisenbewältigung oder Krisenerzeugung? Der Wohlfahrtsstaat in historischer Perspektive, in: *Joachim Matthes* (Hrsg.), Sozialer Wandel in Westeuropa. Verhandlungen des 19. Deutschen Soziologentages in Berlin 1979, Frankfurt 1979.

Ders., Social Change and Modernization in Western Europe. Paper for the Colloquium on Understanding Political Sociology, vervielfältigt, Bad Homburg 1981.

Ders. und *Arnold Heidenheimer* (Hrsg.), The Development of Welfare States in Europe and America, New Brunswick 1981.

Giddens, Anthony, The Class Structure of the Advanced Societies, London 1973.

Gough, Ian, The Political Economy of the Welfare State, London 1979.

Hauser, Richard, Helga Cremer-Schäfer und *Udo Nouverné*, Armut, Niedrigeinkommen und Unterversorgung in der Bundesrepublik Deutschland, Frankfurt 1981.

Janowitz, Morris, Social Control of the Welfare State, Amsterdam-New York 1976.

Krämer, Werner, DGB-Grundsatzprogramm '81, Mainz 1981.

Krupp, Hans-Jürgen, Das monetäre Transfersystem in der Bundesrepublik Deutschland — Elemente einer Gesamtbilanz, in: *Krupp* und *Glatzer*, 1978, S. 21—69.

Krupp, Hans-Jürgen und *Wolfgang Glatzer* (Hrsg.), Umverteilung im Sozialstaat. Empirische Einkommensanalysen für die Bundesrepublik, Frankfurt 1978.

Lepsius, M. Rainer, Soziale Ungleichheit und Klassenstrukturen in der Bundesrepublik Deutschland, in: *Hans-Ulrich Wehler* (Hrsg.), Klassen in der europäischen Sozialgeschichte, Göttingen 1979, S. 166—209.

Lipset, Seymour Martin, The Changing Class Structure and Contemporary European Politics, in: Daedalus, Winter 1964, S. 271—303.

Marshall, Thomas H., Class, Citizenship and Social Development, Garden City 1964.

O'Connor, James, The Fiscal Crisis of the State, New York 1973.

Offe, Claus, Politische Herrschaft und Klassenstrukturen. Zur Analyse spätkapitalistischer Gesellschaftssysteme, in: *Gisela Kress* und *Dieter Senghaas* (Hrsg.), Politikwissenschaft. Eine Einführung, Frankfurt 1972.

Pappi, Franz Urban, Einstellungen zum Wohlfahrtsstaat, in: *Zapf* 1976, S. 213–218.

Ders., Konstanz und Wandel der Hauptspannungslinien in der Bundesrepublik, in: *Joachim Matthes* (Hrsg.), Sozialer Wandel in Westeuropa, Frankfurt 1979, S. 465–479.

Parsons, Talcott, Durkheim's Contribution to the Theory of Integration of Social Systems, in: *Kurt H. Wolff* (Hrsg.), Emile Durkheim, 1858–1917, Columbus 1960, S. 118–153.

Rose, Richard und *Guy Peters,* Can Government Go Bankrupt?, New York 1978.

Sehringer, Roswitha, Partizipation, in: *Zapf* 1977, S. 731–819.

Standfest, Erich, Sozialpolitik und Selbstverwaltung, Köln 1977.

Tennstedt, Florian, Sozialgeschichte der Sozialversicherung, in: *Maria Blohmke, Christian von Ferber, Karl Peter Kisker, Hans Schäfer* u.a., Handbuch der Sozialmedizin, Band III, Sozialmedizin in der Praxis, Stuttgart 1976, S. 385–492.

Touraine, Alain, Die postindustrielle Gesellschaft, Frankfurt 1973.

Transfer-Enquête-Kommission, Das Transfersystem in der Bundesrepublik Deutschland, Stuttgart, Berlin, Köln, Mainz 1981.

Vobruba, Georg, Staatseingriff und Ökonomiefunktion. Der Sozialstaat als Problem für sich selbst, in: Zeitschrift für Soziologie, 7, 1978, S. 130–156.

Wilensky, Harold, The Welfare State and Equality, Berkeley 1975.

Ders., The „New Corporatism", Centralization and the Welfare State, Beverly Hills 1976.

Ders., Leftism, Catholicism, and Democratic Corporatism: The Role of Political Parties in Recent Welfare State Development, in: *Flora* und *Heidenheimer* 1981, S. 345–382.

Zapf, Wolfgang (Hrsg.), Probleme der Modernisierungspolitik, Mannheim 1976.

Ders., (Hrsg.), Lebensbedingungen in der Bundesrepublik 1950–1975, Frankfurt 1977.

Zöllner, Detlev, Soziale Sicherung in der Rezession heute und vor fünfzig Jahren, in: Sozialer Fortschritt, 32, 1983, S. 49–59.

Korrespondenzanschrift:
Dr. Jens Alber
Forschungsinstitut für Soziologie
Universität zu Köln
Lindenburger Allee 15
5000 Köln 41

Kölner Zeitschrift für Soziologie und Sozialpsychologie, Jg. 36, 1984, S. 225–251.

BERUFSSTRUKTURELLER WANDEL UND SOZIALE UNGLEICHHEIT

Entsteht in der Bundesrepublik Deutschland ein neues Dienstleistungsproletariat?

Von Hans-Peter Blossfeld und Karl Ulrich Mayer

Dieser Beitrag untersucht die Frage, ob sich in der Bundesrepublik Deutschland als Konsequenz des langfristigen berufsstrukturellen Wandels ein „neues" Dienstleistungsproletariat herausbildet. Auf der Grundlage der Lebensverlaufstudie und mit Hilfe von Daten des Sozio-ökonomischen Panels wird gezeigt, daß das Serviceproletariat in Deutschland auf dem Weg in die Dienstleistungsgesellschaft nicht zunehmend wichtiger wird. Einfache Dienste haben in Deutschland keine ausgeprägte Auffangfunktion für Jugendliche und junge Erwachsene, wie etwa in den USA, und spielen nur eine untergeordnete Rolle als Auffangbecken für ältere Arbeitnehmer. Auf der Grundlage der Analyse wird die Schlußfolgerung gezogen, daß sich in der Bundesrepublik kein neues Dienstleistungsproletariat entwickelt.

I. Einleitung

Wie in allen modernen Gesellschaften, so hat sich auch in der Bundesrepublik Deutschland in den letzten Jahrzehnten die Berufsstruktur deutlich gewandelt. Sie hat sich zunehmend von sekundären (oder industriellen) zu tertiären (oder nach-industriellen) Tätigkeiten verschoben. Dieser Trend zur post-industriellen Gesellschaft hat verschiedene Soziologen veranlaßt, sehr unterschiedliche Hypothesen über die damit verbundene Struktur der Berufspositionen zu formulieren. Daniel Bell (1975) zum Beispiel hat argumentiert, daß der Trend zur nach-industriellen Gesellschaft vor allem mit einer Expansion von hoch- und höherqualifizierten Positionen, wie etwa den Professionen, den Ingenieuren und den Wissenschaftlern verbunden ist, während sich nach Harry Braverman (1977) der Weg in die Dienstleistungsgesellschaft über einen Polarisierungsprozeß von unqualifizierten und qualifizierten Tätigkeiten vollzieht, der der Tendenz nach zu einer relativen Zunahme der unqualifizierten Positionen im Beschäftigungssystem führt.

Die Qualität der sozialen Ungleichheit in der nach-industriellen Gesellschaft ist natürlich außerordentlich stark davon abhängig, welche dieser beiden gegensätzlichen Hypothesen zutrifft. Wenn der Anteil der qualifizierten und hochqualifizierten Berufe zunimmt, dann dürften sich die Berufs- und Karrierechancen in der Gesellschaft weiter verbessern. Falls sich der Anteil der unqualifizierten Tätigkeiten erhöht, dann werden sich nicht nur die Berufschancen verschlechtern, sondern es wird auch vermehrt zu Abstiegsprozessen kommen (Sørensen 1983; Goldthorpe und Payne 1986).

235

In diesem Aufsatz möchten wir uns einem Teilaspekt dieser allgemeinen Entwicklungsszenarios zuwenden. Wir möchten die Frage untersuchen, ob sich in der Bundesrepublik Deutschland als Konsequenz des langfristigen berufsstrukturellen Wandels ein „neues" Dienstleistungsproletariat herausbildet. Ein Dienstleistungsproletariat von *quantitativer Bedeutung*, das sich in seinen *Arbeitsmarktchancen von anderen sozialen Klassen*, insbesondere vom traditionellen Arbeiterproletariat, unterscheidet (Esping-Andersen 1991, S. 8), und das über den Lebenslauf in einem *fortwährenden Teufelskreis von Unterprivilegierung und Benachteiligung gefangen* ist (Giddens 1973).

Auf der Grundlage der Lebensverlaufsstudie (Mayer und Brückner 1988) und der Daten des Sozio-ökonomischen Panels (Hanefeld 1987) werden wir dazu die Entwicklung der Bildungs- und Berufskarrieren von deutschen Männern und Frauen in den alten Ländern der Bundesrepublik Deutschland über die letzten 50 Jahre untersuchen. Wir werden dabei insbesondere beschreiben: 1. In welchem Ausmaß diese Männer und Frauen aus aufeinander folgenden Geburtskohorten in einfache Dienstleistungstätigkeiten eingetreten sind, 2. inwieweit dieses Eintrittsmuster mit der spezifischen Struktur des deutschen Ausbildungssystems verbunden ist, 3. ob die Beschäftigung in einfachen Dienstleistungstätigkeiten im späteren Berufsverlauf für deutsche Männer und Frauen stabil ist, und 4. in welcher Weise die einfachen Dienstleistungsberufe über Mobilitätsprozesse mit anderen Berufsgruppen, Arbeitslosigkeit und Familienarbeit verbunden sind.

Wir beginnen den Beitrag mit einer kurzen theoretischen Diskussion von Thesen über ein „neues" Dienstleistungsproletariat, beschreiben dann die Datenbasis und die verwendeten Klassifikationen, präsentieren die Ergebnisse der empirischen Analyse und ziehen schließlich einige theoretisch relevante Schlußfolgerungen.

II. Theoretische Perspektiven

Sieht man einmal von eher allgemein orientierten Ansätzen zur Analyse der Dienstleistungsarbeit ab (vgl. z.B. Müller 1987), so fehlt bisher in der Literatur über soziale Ungleichheit und Mobilität eine systematische Behandlung des „neuen" Dienstleistungsproletariats[1] fast vollständig. Die verfügbaren klassentheoretischen Entwürfe konzentrieren sich vor allem auf die traditionelle Spaltung zwischen Kapital und Arbeit in der *industriellen* Gesellschaft und unterscheiden soziale Klassen insbesondere entlang der damit verbundenen Autoritäts- und Kontrolldimension (Esping-Andersen 1991). Die am häufigsten in empirischen Studien verwendeten Klassenschemata – entwickelt von Eric Olin Wright (1979, 1989) aus einer marxistischen Tradition und von John Goldthorpe (1980, 1987) aus einer neo-weberianischen Perspektive – unterscheiden deswegen auch nicht zwischen industriellen und nach-industriellen Klassenpositionen.

---

1 „Neu" bezieht sich hier auf die im Berufsstrukturwandel neu entstehenden, marktvermittelten einfachen Dienste. Unter „alten" einfachen Diensten verstehen wir dienende Tätigkeiten im Häuslichen Dienst und Mithelfende Angehörige (vor allem Frauen) im Familienbetrieb, die noch zu Beginn dieses Jahrhunderts eine außerordentlich große Rolle spielten (vgl. dazu Müller, Willms und Handl 1983).

1. Industrielle und nach-industrielle Logik der Arbeitsteilung

In einer Welt, die mehr und mehr durch nach-industrielle Beschäftigungsverhältnisse gekennzeichnet ist, dürften diese traditionellen Konzeptionalisierungen sozialer Klassen aber nicht nur zunehmend ihre *analytische Kraft verlieren*, sondern auch *neue Trends der sozialen Ungleichheit* in modernen Gesellschaften *nicht erfassen*. In einem neueren Aufsatz hat Gösta Esping-Andersen (1991, S. 5-9) deswegen dafür plädiert, in modernen Gesellschaften zwischen Berufspositionen zu unterscheiden, die der Logik *industrieller* und der Logik *nach-industrieller* Arbeitsteilung folgen. Was Esping-Andersen mit dieser Unterscheidung meint, hat er auf drei beruflichen Hierarchieebenen beschrieben.

Auf einer höheren Ebene in der Berufsstruktur unterscheidet er zwischen Wissenschaftlern und Professionals auf der einen Seite und Managern und leitenden Angestellten auf der anderen, weil die Wissenschaftler und die Professionals im Vergleich zu den Managern und leitenden Angestellten in der Regel außerhalb einer strikten Autoritätsstruktur stehen, ein hohes Maß an Autonomie besitzen und eine geringe Leitungsbefugnis gegenüber untergeordneten Personen haben.

Auf einer mittleren Ebene der Berufspyramide unterscheidet er zwischen Semiprofessionals und Technikern auf der einen Seite und dem mittleren Management sowie mittleren Verwaltungsangestellten auf der anderen, weil die Semiprofessionals und Techniker die routinemäßigen professionell-orientierten Aufgaben übernehmen und das mittlere Management und die mittleren Verwaltungsangestellten die routinemäßigen Leitungsfunktionen ausüben.

Auf der unteren Ebene der Berufspyramide schließlich unterscheidet er zwischen einfachen und qualifizierten Dienstleistungsarbeitern auf der einen Seite und einfachen und qualifizierten manuellen Arbeitern auf der anderen, weil beide Gruppen sehr wenig hinsichtlich ihrer Autonomie, ihrer konkreten Arbeitsbeziehungen und ihrer Entlohnungssysteme gemeinsam haben. Nach Esping-Andersen arbeiten ungelernte Fabrikarbeiter und unqualifizierte Arbeitskräfte in einem Fastfood-Restaurant in völlig unterschiedlichen Welten: „Der Fabrikarbeiter bedient Maschinen und ist in eine strikte Hierarchie mit klaren Produktivitäts-Enlohnungskriterien eingebunden; die Arbeitskraft im Fastfood-Restaurant verrichtet Dienstleistungen für Haushalte mit eher vagen Hierarchiestrukturen und unklaren Produktivitäts-Entlohnungsbeziehungen" (Esping-Andersen 1991, S. 8).

2. Einfache Dienste als soziale Klasse

Wenn wir die theoretischen Überlegungen von Esping-Andersen zunächst einmal akzeptieren und unterstellen, daß einfache Dienstleistungskräfte tatsächlich in einer sehr spezifischen Welt arbeiten, die durch eine „nach-industrielle" Logik gekennzeichnet ist, dann kann man mit Max Weber (1978) fragen, inwieweit das Dienstleistungsproletariat in Deutschland eine neue soziale Klasse in dem Sinne bildet, daß deren Mitglieder eine gemeinsame Position auf dem Arbeitsmarkt teilen. Das heißt, man kann untersuchen, ob es zwischen den einfachen Diensten und einer größeren Anzahl von Berufsgruppen ein typisches Mobilitätsmuster gibt (Mayer und Carroll 1987). Esping-Andersens Position würde gestärkt werden, wenn wir in unserer empirischen

Analyse für das Dienstleistungsproletariat ein Mobilitätsmuster fänden, das sich qualitativ von dem anderer Berufsgruppen, insbesondere von den un- und angelernten manuellen Arbeitern, unterscheidet. Es sollte sich dabei um ein Mobilitätsmuster handeln, das sich aus der spezifischen strukturellen Position des Dienstleistungsproletariats im Berufssystem ableiten läßt und die Bewegung in und aus der einfachen Dienstleistungsklasse in spezifischer Weise beeinflußt.

Aus der Perspektive der Klassenbildung ist es darüber hinaus von Bedeutung, daß ein solches neu entstehendes Dienstleistungsproletariat die Tendenz entfaltet, seine Mitglieder in gewisser Weise „zurückzuhalten", so daß sich ein stabiler und permanenter Kern von Klassenmitgliedern herausbilden kann, der dieser Klasse eine bestimmte demographische Identität verleiht (Mayer und Carroll 1987; Featherman, Selbee und Mayer 1989). Die Mitgliedschaft im Dienstleistungsproletariat sollte deswegen nicht nur vorübergehend sein, sondern eine hohe Stabilität über den individuellen Berufsverlauf zeigen. Nur unter einer solchen Bedingung kann das Dienstleistungsproletariat zu einem mehr oder weniger andauernden Kontext für die Sozialisation von Erwachsenen und die differentielle Zuweisung sozio-ökonomischer Chancen werden – und vermittelt dadurch auch für die Kinder, die in diese Klasse hineingeboren werden (Featherman, Selbee und Mayer 1989, S. 89).

3. Einfache Dienste und beruflicher Strukturwandel

Die quantitative Bedeutung eines neuen Dienstleistungsproletariats in der post-industriellen Gesellschaft ist, wie bereits kurz in der Einleitung angesprochen, vor allem davon abhängig, welche Berufspositionen mit welchen Qualifikationsanforderungen im Tertiarisierungsprozeß expandieren. Wenn Bravermans Degradierungs-Hypothese richtig ist, dann sollte der Modernisierungsprozeß zu einer zunehmenden Zahl einfacher Dienstleistungspositionen führen, falls aber Bells These der Tendenz zur Service-Elite zutrifft, dann sollte man einen stabilen oder sogar abnehmenden Anteil von Personen beobachten, die in den einfachen Diensten beschäftigt sind.

Es gibt nun aber grundsätzlich zwei Wege, über die sich der Wandel der Berufsstruktur vollziehen und die Entwicklung des Dienstleistungsproletariats beeinflussen kann (Janossy 1966). Zum einen kann der Tertiarisierungsprozeß die *Mobilität der bereits Beschäftigten verstärken* und die Arbeitskräfte zu einem Wechsel ihrer Berufsposition zwingen. Da die Positionen im einfachen Dienstleistungsbereich keine besonderen Qualifikationsvoraussetzungen haben und die Eintretenden relativ rasch mit den bereits in diesen Positionen Beschäftigten gleichziehen können, bieten sich einfache Dienste als Auffangpositionen im Berufsstrukturwandel geradezu an (Kaufmann und Spilerman 1982). In den einfachen Diensten sollten deswegen tendenziell ältere Arbeitnehmer überrepräsentiert sein, die aus Berufen kommen, die durch den technischen und organisatorischen Fortschritt an Bedeutung verlieren.

Zum anderen kann sich der Wandel der Berufsstruktur über den *Wechsel der Generationen* vollziehen (Ryder 1965). Das heißt, in das Beschäftigungssystem eintretende Berufsanfänger besetzen die neu entstehenden Berufspositionen, während ältere Arbeitskräfte, die das Beschäftigungssystem verlassen, aus Berufen kommen, die im Strukturwandel obsolet geworden sind und verloren gehen. Neuere empirische Untersuchungen (vgl. Blossfeld 1989) zeigen, daß diese Art des Wandels in Deutschland besonders wichtig für die Besetzung hochqualifizierter Berufspositionen (z.B. von Computer-Experten, Ingenieuren und Professionen) ist, die eine lange und möglichst aktuelle Ausbildung erfordern (Blossfeld 1989). Einfache Dienste werden aber häufig auch von Jugendlichen und jungen Erwachsenen eingenommen, weil sie eben keinerlei besondere Voraussetzungen haben. Man muß hier allerdings zwei Interpretationen dieser jugendlichen Dienstleistungsbeschäftigung unterscheiden, die für die Beurteilung des Serviceproletariats als neue soziale Klasse von Bedeutung sind.

a) Einfache Dienste als Notbehelf und Lückenbüßer. Die erste Interpretation, die von der amerikanischen Soziologin Valerie Oppenheimer (1989) in einer neueren Arbeit vorgetragen wurde, geht davon aus, daß die einfachen Dienstleistungsberufe für viele Jugendliche und junge Erwachsene nur eine Lückenbüßerfunktion oder die Funktion eines vorübergehenden Notbehelfs („youthful stopgap jobs") haben. Diese Tätigkeiten sind besonders für Jugendliche und junge Erwachsene interessant, weil sich viele von ihnen noch nicht völlig über ihre Berufswünsche und ihre Berufskarriere im klaren sind, oder weil sie in dieser Lebensphase zunächst einmal nur eine vorübergehende Beschäftigung suchen (Kaufmann und Spilerman 1982). Nach einer gewissen Übergangszeit entscheiden sich die Jugendlichen dann für andere Berufe, und man kann sie nach ein paar Jahren in ganz verschiedenen Karrieren wiederfinden. Das heißt, die Tätigkeit der Jugendlichen und jungen Erwachsenen in einfachen Dienstleistungsberufen hat nur eine geringe Beziehung zur späteren Berufslaufbahn, und die Beschäftigung in diesen Positionen beinhaltet eigentlich keinerlei Hinweise darauf, wie sich die langfristige sozio-ökonomische Wohlfahrt der Individuen entwickelt. In einer empirischen Analyse zeigen Oppenheimer und Kalmijn, daß dieses Phänomen in den USA vor allem für die relativ privilegierten weißen Männer zutrifft: „Blacks are more likely to exhibit characteristics which lead to stopgap employment throughout adulthood, while whites' characteristics only encourage stopgap employment when they are young" (Oppenheimer und Kalmijn 1989, S. 37).

b) Einfache Dienste als Berufe des sekundären Arbeitsmarktes. Die zweite Interpretation der einfachen Dienstleistungsarbeit bei Jugendlichen und jungen Erwachsenen stützt sich auf die von Doeringer und Piore (1971) entwickelte These des dualen Arbeitsmarktes. Das zentrale Argument hier ist, daß der Gesamtarbeitsmarkt in zwei Teilmärkte zerfällt, zwischen denen die Mobilität der Arbeitskräfte deutlich eingeschränkt ist. Die Zuordnung von Berufen zu diesen beiden Teilmärkten ist davon abhängig, ob die Arbeitgeber bereit sind, in die Ausbildung ihrer Arbeitskräfte zu investieren (primärer Arbeitsmarkt) oder nicht (sekundärer Arbeitsmarkt). Der primäre Arbeitsmarkt ist durch relativ hohe Löhne, stabile Beschäftigung, gute Arbeitsbedingungen und große Aufstiegschancen gekennzeichnet, der sekundäre Arbeitsmarkt bietet hinsichtlich all dieser Kriterien weit weniger. Da die Positionen im sekundären Arbeitsmarkt sogenannte Sackgassenberufe („dead-end jobs") sind, die in keinerlei Beziehung zu Karriereleitern oder internen betrieblichen Märkten stehen, gibt es auch keine Aufstiegssequenzen. Die Vertreter der These des dualen Arbeitsmarktes argumentieren deshalb, daß die Arbeitskräfte, die zu Beginn ihrer Laufbahn in die Berufe des sekundären Sektors eintreten, im späteren Erwerbsverlauf wie in einer Falle gefangen sind. Der Eintritt in eine einfache Dienstleistungsposition zu Beginn der Berufslaufbahn

wird nach dieser Interpretation somit die Berufsmobilität auf einfache Dienstleistungspositionen oder andere unqualifizierte Berufsgruppen dauerhaft beschränken – und
dies unabhängig davon, ob es sich um deutsche oder ausländische Arbeitskräfte handelt.

4. Ausbildungssystem und einfache Dienste in Deutschland

Eine neuere Analyse der Arbeitsmarktsegmentation in der Bundesrepublik Deutschland hat allerdings gezeigt, daß interne Arbeitsmärkte weit weniger als in den USA
für die Schranken zwischen dem primären und sekundären Arbeitsmarkt verantwortlich sind (Blossfeld und Mayer 1988). In Deutschland stehen die Mobilitätshemmnisse
zwischen diesen Arbeitsmarktsegmenten vielmehr vor allem in Verbingung mit Qualifikationsbarrieren. Denn die Bundesrepublik Deutschland verfügt im Unterschied
zu den meisten anderen westlichen Industrieländern über ein hochentwickeltes System
der praxisbezogenen beruflichen Ausbildung (Blossfeld 1991). Dieses System verbindet
1. für viele Berufe in pragmatischer Weise theoretisches Lernen in der Schule mit
praktischem Lernen am Arbeitsplatz, führt 2. zu vergleichsweise hoch standardisierten
Ausbildungsbedingungen für genau definierte Berufe, bewirkt 3. eine klare Unterscheidung zwischen ungelernten und angelernten Arbeitern auf der einen Seite und
Facharbeitern und Fachangestellten auf der anderen und verleiht 4. ausgebildeten
Arbeitskräften die Chance auf der Berufsleiter, zum Beispiel als Techniker oder Meister
und oft auch als Fachhochschulingenieur, aufzusteigen (Blossfeld 1991). Der deutsche
Arbeitsmarkt ist deswegen deutlicher nach formalen und beruflichen Qualifikationen
gespalten als in anderen Ländern und der Zutritt zu vielen Berufen ist nicht nur zu
Beginn, sondern auch während des gesamten Arbeitslebens durch Bildungszertifikate
geregelt. Arbeitskräfte, die am Beginn ihrer Berufslaufbahn ohne diese Zertifikate in
einfache Dienstleistungsberufe eintreten, haben deswegen nur eine geringe Chance,
später in ihrem Arbeitsleben Zutritt zu qualifizierten Berufspositionen zu finden (Blossfeld 1989). Dies ist, wie neuere international vergleichende empirische Untersuchungen
zeigen, ein großer Unterschied etwa zu den USA (Allmendinger 1989), Frankreich
(König und Müller 1986; Müller 1990), Großbritannien (Bynner 1990) oder Italien
(Blossfeld 1991).

Obwohl es auch in Deutschland einen bedeutenden Anteil von qualifizierten Arbeitskräften gibt, die nach ihrer Ausbildung zu unqualifizierten Positionen wechseln
(Hofbauer 1983), so ist ein solcher Abstieg im Vergleich mit anderen hochentwickelten
Ländern, wie etwa dem Vereinigten Königreich, den USA oder Italien weit seltener
und Aufstiege vergleichsweise die Regel (König und Müller 1986; Carroll und Mayer
1986; Mayer et al. 1989).

Im Vergleich zu anderen Industriestaaten, vor allem zu den USA (Erikson und
Goldthorpe 1985), bewirkt das deutsche berufliche Bildungssystem schließlich noch,
daß eine große Anzahl von Jugendlichen einen weitaus strukturierteren Übergang
vom allgemeinbildenden Schulsystem in das Beschäftigungssystem vollziehen kann
(Blossfeld 1989, 1991; Hamilton 1990). In Deutschland müßte es deswegen weit weniger
das von Oppenheimer in den USA für weiße Männer nachgewiesene ungeordnete und
risikoreiche Übergangsmuster vom Bildungs- zum Beschäftigungssystem geben, das

sich meistens über mehrere Jahre hinzieht, durch hohe Arbeitsplatzunsicherheit, vielfältiges Experimentieren und häufigen Berufswechsel gekennzeichnet ist (Hamilton 1990). Die Lückenbüßerfunktion der unqualifizierten Dienste bei deutschen Jugendlichen und jungen Erwachsenen dürfte in der Bundesrepublik somit auch eine eher untergeordnete Rolle spielen. Das Muster müßte vielmehr dem Modell des sekundären Arbeitsmarktes folgen, nach dem die Aufstiegschancen der Arbeitskräfte in den einfachen Diensten deutlich auf das sekundäre Segment der unqualifizierten Berufe beschränkt werden.

Die grundsätzliche Frage der empirischen Analyse des deutschen Dienstleistungsproletariats als soziale Klasse ist deswegen, inwieweit sich die Mobilitätsmuster der Arbeitskräfte in den einfachen Diensten von denen anderer unqualifizierter Arbeiter unterscheiden. Oder anders formuliert: Ist es überhaupt notwendig, in Deutschland die grundlegende Spaltung von unqualifizierter und qualifizierter Arbeit (oder zwischen primärem und sekundärem Arbeitsmarktsegment) durch eine zusätzliche Teilung zwischen „industrieller" und „nach-industrieller" Arbeit (Esping-Andersen 1991) zu ergänzen.

5. Geschlechtsspezifische Arbeitsteilung und einfache Dienste

Die Expansion des Dienstleistungssektors ist schließlich noch eng mit der Integration von Frauen in das Erwerbssystem verbunden (Müller, Willms und Handl 1983; Mayer, Allmendinger und Huinink 1991). Wir wollen deswegen zum Abschluß der theoretischen Diskussion noch kurz auf den Zusammenhang von geschlechtsspezifischer Arbeitsteilung und einfacher Dienstleistungsarbeit eingehen und uns dabei nur auf wenige Argumente beschränken, die für eine Analyse der Beschäftigung in einfachen Diensten besonders wichtig sind.

Eine erste These ist die, daß Dienstleistungsberufe häufig typische Frauenberufe sind. Sie entstehen in einem langen historischen Prozeß aus einem komplexen Wechselspiel von geschlechtsspezifischem Arbeitsvermögen (und dadurch erzeugten geschlechtsspezifischen Interessen) und betriebsspezifischen Einsatzstrategien (und dadurch erzeugten geschlechtsspezifischen Berufschancen) (Beck-Gernsheim und Ostner 1978). Nach dieser Position werden Frauen um so stärker in diese Berufsfelder streben, je mehr deren Arbeitsinhalte und -formen mit dem weiblichen Arbeitsvermögen übereinstimmen. Mit anderen Worten, je mehr Haushaltsaktivitäten und Haushaltsdienste in den Marktprozeß integriert werden (Willms-Herget 1985), desto ausgeprägter wird jede jüngere Generation von Frauen in diese Berufe streben. Eine zweite These ist die der geschlechtsspezifischen Diskriminierung. Danach sind Frauen, verglichen mit Männern, nicht nur wegen ihrer besonderen Sozialisation, der Art ihrer beruflichen Ausbildung und der im Erziehungsprozeß angelegten niedrigeren Karriereorientierung bereitwilliger, ihr Berufsleben auf hierarchisch niedrigeren Positionen zu beginnen, sondern sie sind dort auch aufgrund von geschlechtsspezifischen Diskriminierungsprozessen häufiger zu finden (Beck-Gernsheim 1976). Aus der Kombination beider Thesen folgt, daß einfache Dienstleistungsberufe vor allem für Frauen eine große Bedeutung haben und daß insbesondere Frauen in diesen Positionen beschäftigt werden, falls diese Tätigkeiten im Berufsstrukturwandel expandieren.

III. Datengrundlage und Klassifikationen

1. Datenbasis

Unsere empirische Beschreibung der Entwicklung des Dienstleistungsproletariats in den alten Ländern der Bundesrepublik Deutschland gründet sich auf zwei Datenquellen: 1. Die Lebensverlaufsstudie (vgl. Mayer und Brückner 1988), deren Grunddatenbestand zwischen Oktober 1981 und Mai 1983 erhoben wurde, und die am Max-Planck-Institut für Bildungsforschung in Berlin angesiedelt ist, und 2. das Sozio-ökonomische Panel (Krupp 1985; Hanefeld 1987), deren Erhebungswellen seit dem Jahre 1984 jährlich erfolgen, und das am Deutschen Institut für Wirtschaftsforschung in Berlin organisatorisch betreut wird.

In dem hier verwendeten Teil der Lebensverlaufsstudie wurden 2171 deutsche Personen aus den Geburtsjahrgängen 1929-31, 1939-41 und 1949-51 repräsentativ in bezug auf ihre räumliche Verteilung in der Bundesrepublik Deutschland ausgewählt und befragt. Das Ziel der Befragung war es, mit Hilfe von standardisierten Interviews die Lebensverläufe dieser Personen in ihrer gesamten Breite (Herkunft, Ausbildung, Beruf, Familie, Wohnung, Krankheit usw.) mit detaillierten Zeitangaben zu erfassen, um sie so einer dynamischen Längsschnittanalyse zugänglich zu machen. Mit diesen Daten können die Bildungs- und Berufskarrieren ausgewählter deutscher Geburtskohorten von ihrem Beginn bis zum Anfang der 80er Jahre kontinuierlich nachgezeichnet werden.

Obgleich die Analyse dieser Daten prinzipiell zur Beurteilung der Bedeutung eines „neuen" Dienstleistungsproletariats ausreichen würde, so hängt das Ergebnis einer solchen Untersuchung aber doch auch von der besonderen historischen Lage der in der Lebensverlaufsstudie ausgewählten Geburtsjahrgänge ab. Um die langfristigen Trends der Bildungs- und Berufsstruktur umfassender darstellen zu können und die besondere Lokation der Geburtsjahrgänge 1929-31, 1939-41 und 1949-51 darin einzubetten, haben wir auch Daten aus dem Sozio-ökonomischen Panel herangezogen. Diese Daten eignen sich darüber hinaus auch noch dazu, die Karriereverläufe der Geburtskohorten aus der Lebensverlaufsstudie in den 80er Jahren fortzuschreiben.

Der Zweck des Sozio-ökonomischen Panels ist es, für eine breite Palette von sozialen und ökonomischen Fragen eine repräsentative Längsschnittdatenbasis für die Bundesrepublik Deutschland zur Verfügung zu stellen. Die Analysen dieses Aufsatzes beziehen sich auf die Daten aus den Panelwellen zwischen 1984 und 1988. Wir beschränken uns darüber hinaus nur auf *deutsche Befragte*, da die beruflichen Karrieren von Ausländern einen sehr hohen Prozentsatz von fehlenden Werten enthalten und darüber hinaus die Angaben über den ersten Beruf bei den Ausländern häufig schwer zu interpretieren sind. Da allerdings mit der hier verwendeten Berufsklassifikation vergleichende Auswertungen von Deutschen und Ausländern auf der Grundlage von Mikrozensdaten aus den Jahren 1978 und 1982 vorliegen (Blossfeld 1989, S. 79), können wir zumindest das Folgende sagen: 1. Unter den erwerbstätigen Ausländern im Alter von 16 bis 65 Jahren liegt der Anteil der Beschäftigten in einfachen Diensten bei etwa 14 Prozent, während er unter den Deutschen etwa 10 Prozent beträgt. 2. Stellt man in Rechnung, daß im Jahre 1982 etwa 24 Millionen Deutsche und etwa 2,1 Millionen Ausländer beruflich tätig waren, dann stehen in den einfachen Diensten den etwa 2,4

Millionen Deutschen (89 Prozent) 315 Tausend Ausländer (11 Prozent) gegenüber. Das heißt, die Beschränkung der vorliegenden Analyse auf deutsche Männer und Frauen erfaßt etwa 90 Prozent der Beschäftigten in den einfachen Diensten. 3. Der Anteil der Ausländer und Deutschen in einfachen Diensten zeigte allerdings zwischen 1978 und 1982 unterschiedliche Entwicklungstendenzen. Innerhalb der Ausländer verzeichnet man eine leicht steigende Tendenz (+ 1,2 Prozentpunkte), während die Deutschen geringfügig abnahmen (- 0,7 Prozentpunkte). Diese gegensätzlichen Tendenzen sind allerdings so schwach, daß sie bei dem gegebenen Verhältnis (im Jahre 1978) von 89 Prozent Deutschen und 11 Prozent Ausländern in den einfachen Diensten kaum ins Gewicht fallen.

Über das Sozio-ökonomische Panel liegen vielfältige methodische Veröffentlichungen vor (vgl. z.B. Hanefeld 1987; Rendtel 1988, 1989). Es hat für die vorliegende Fragestellung insbesondere den Vorteil, daß es sowohl repräsentative Informationen über den ersten Beruf als auch für ausgewählte Teile des Berufsverlaufs in den 80er Jahren für sehr viele Geburtskohorten zur Verfügung stellt. In einer Kombination der Informationen von Lebensverlaufsstudie und Sozio-ökonomischem Panel können wir deswegen den berufsstrukturellen Wandel für Deutsche im Längsschnitt über eine Periode von mehr als 50 Jahren rekonstruieren. Die älteste Kohorte wurde dabei zwischen 1926 und 1930 geboren und trat in den 40er Jahren in den Arbeitsmarkt ein – eine durch den Zweiten Weltkrieg geprägte Periode. Die jüngste Kohorte wurde zwischen 1956 und 1960 geboren und begann in den 80er Jahren ihren Berufsweg – in einer Periode starker Bildungsexpansion und hoher ökonomischer Unsicherheit. Zwischen diesen beiden Generationen gehen Kohorten in die Auswertung ein, die vom sogenannten Wirtschaftswunder profitiert haben oder von der Rezession in den späten 70er und 80er Jahren benachteiligt wurden.

Bildungsklassifikation. Zur Analyse des Dienstleistungsproletariats reicht es aus, daß die Bildungsvariable die grundlegenden Abschlüsse des deutschen Bildungssystems reflektiert. Wir haben deswegen nur zwischen den folgenden drei Bildungsgruppen unterschieden: 1. *Personen ohne berufliche Ausbildung* – dies sind jene, die mit Hauptschulniveau (bzw. Volksschulniveau) oder Mittlerer Reife die Schule verlassen haben und keine Berufsausbildung abgeschlossen haben; 2. *Personen mit beruflicher Ausbildung* – dies sind jene, die nach der Haupt- (bzw. Volks-) oder Mittelschule eine Berufsausbildung absolviert haben; und 3. *Personen mit Abitur* – dies sind jene, die mindestens das Abitur erreicht haben.

Berufsklassifikation. In der Lebensverlaufsstudie und dem Sozio-ökonomischen Panel wurden alle Berufsangaben mit offenen Fragen erhoben. In beiden Studien wurden die Berufsangaben dann nach dem ISCO-Schlüssel der internationalen Berufsklassifikation verkodet. Diese so gewonnenen Berufsangaben lassen sich als grobe Indikatoren für die Güte einer Berufstätigkeit (Sørensen und Blossfeld 1989), deren Qualifikationsanforderungen (Blossfeld 1989), die damit verbundenen Verantwortlichkeiten (Wright 1989; Goldthorpe 1986) und Arbeitsaufgaben verwenden.

Um den Trend zur nach-industriellen Gesellschaft und die Entwicklung des Dienstleistungsproletariats zu beschreiben, haben wir die ISCO-Kodes in 12 Berufsgruppen eingeteilt, die zwei Dimensionen repräsentieren: 1. eine Autoritäts- und Qualifikationsanforderungs-Dimension der Berufe und 2. eine Sektor-Aktivitäts-Dimension der

Tabelle 1: Veränderung der beruflichen Erstplazierung für deutsche Männer und Frauen aus verschiedenen Geburtskohorten (in Prozent)

Ge-schlecht	Berufsgruppe	Geburtskohorte						
		1926-30	1931-35	1936-40	1941-45	1946-50	1951-55	1956-60
Männer	*Produktion*	*76,2*	*82,5*	*81,2*	*70,8*	*69,1*	*66,9*	*75,0*
	Agrarberufe	11,5	13,6	9,6	4,5	1,8	3,2	2,5
	Einf. manuelle Berufe	12,3	11,8	12,6	10,3	6,7	4,3	7,7
	Qual. manuelle Berufe	48,8	54,8	55,2	49,4	53,5	50,0	57,8
	Techniker	2,2	1,8	2,2	4,5	5,7	7,2	4,8
	Ingenieure	1,4	0,5	1,6	2,1	1,4	2,2	1,2
	Dienstleistung	*12,8*	*8,9*	*9,5*	*17,7*	*12,8*	*19,7*	*14,4*
	Einf. Dienste	3,1	2,7	3,6	4,5	1,8	5,4	7,7
	Qual. Dienste	3,5	0,5	0,5	2,9	5,3	4,0	3,4
	Semiprofessionen	1,8	2,0	0,8	2,5	1,4	3,5	0,9
	Professionen	4,4	3,7	4,6	7,8	4,3	6,8	2,4
	Verwaltung	*11,0*	*8,6*	*9,3*	*11,5*	*18,1*	*13,3*	*10,6*
	Einf. kaufmänn. und Verwaltungsberufe	3,5	3,6	3,8	3,3	5,0	4,3	4,6
	Qual. kaufmänn. und Verwaltungsberufe	7,0	5,0	5,2	7,4	12,4	8,6	5,8
	Manager	0,5	0,0	0,3	0,8	0,7	0,4	0,2
	Insgesamt	100,0	100,0	100,0	100,0	100,0	100,0	100,0
	N	227	221	366	243	282	278	583
Frauen	*Produktion*	*36,4*	*39,8*	*29,7*	*25,7*	*17,1*	*16,5*	*20,0*
	Agrarberufe	11,7	7,6	5,3	1,1	1,5	0,7	2,2
	Einf. manuelle Berufe	13,8	19,1	15,0	13,0	5,8	5,5	4,8
	Qual. manuelle Berufe	8,8	11,0	7,3	7,2	5,8	5,5	8,0
	Techniker	1,3	1,7	2,0	4,0	4,0	4,4	4,7
	Ingenieure	0,8	0,4	0,1	0,4	0,1	0,4	0,3
	Dienstleistung	*35,1*	*36,2*	*36,0*	*29,5*	*45,9*	*42,8*	*38,4*
	Einf. Dienste	19,2	19,5	21,6	14,1	17,8	10,3	14,8
	Qual. Dienste	4,6	4,4	5,0	5,1	10,0	12,7	10,1
	Semiprofessionen	10,0	10,6	6,7	7,8	13,1	12,5	10,0
	Professionen	1,3	1,7	2,7	2,5	5,0	7,3	3,5
	Verwaltung	*28,5*	*24,0*	*34,3*	*44,8*	*37,0*	*40,7*	*41,6*
	Einf. kaufmänn. und Verwaltungsberufe	15,8	16,8	19,3	24,9	21,2	22,0	23,3
	Qual. kaufmänn. und Verwaltungsberufe	12,7	7,2	15,0	19,5	15,8	18,7	18,3
	Manager	0,0	0,0	0,0	0,4	0,0	0,0	0,0
	Insgesamt	100,0	100,0	100,0	100,0	100,0	100,0	100,0
	N	240	236	300	277	260	273	601

Berufe. Die Vorgehensweise zur Erzeugung der Klassifikation ist bereits in einer früheren Studie ausführlich beschrieben worden (Blossfeld 1983).

Diese Berufsklassifikation ist zwar kein Klassenschema, sie hat sich aber in der Vergangenheit mehrfach als wertvolles heuristisches Instrument zur Analyse des Wandels der nach-industriellen Arbeitsteilung bewährt (Blossfeld 1985, 1989; Blossfeld und Mayer 1988; Blossfeld und Becker 1989; Hannan, Schömann und Blossfeld 1990). Sie hat außerdem den Vorteil, daß die Ergebnisse dieser Untersuchung mit den Resultaten zahlreicher früherer Auswertungen über geschlechtsspezifische Segregation, Ausbildung, Arbeitsmarktsegmentation und Erwerbseinkommen verglichen werden können. Der besondere Vorzug dieser Klassifikation ist aber vor allem, daß sich mit ihr die Mobilitätsströme sowohl zwischen unqualifizierten, qualifizierten und hochqualifizierten Tätigkeiten als auch zwischen den Tätigkeitsbereichen Produktion-Verwaltung-Dienstleistung beobachten lassen. Die Berufsgruppen, die unter der Überschrift „Dienstleistung" rubriziert wurden, sind dabei denjenigen Berufsgruppen sehr ähnlich, die Esping-Andersen (1991) als „nach-industriell" oder „nach-fordistisch" bezeichnet. Unsere Berufsklassifikation erlaubt es uns damit, die quantitative Bedeutung des Dienstleistungsproletariats in Deutschland zu beschreiben und die Frage zu beurteilen, inwieweit das Dienstleistungsproletariat ein typisches Mobilitätsmuster mit einer größeren Zahl anderer beruflicher Kategorien besitzt.

IV. Ergebnisse

1. Berufseintritt

Wir beginnen unsere Untersuchung der Entwicklung des Dienstleistungsproletariats mit einer Beschreibung des Berufseinstiegs von deutschen Männern und Frauen im Kohortenverlauf und fragen, ob sich die Bedeutung der einfachen Dienste zu Beginn der Berufskarriere verändert hat.

Tabelle 1 zeigt zunächst deutliche geschlechtsspezifische Schwerpunkte. Die Männer sind hauptsächlich in den Produktionsberufen und die Frauen vor allem in den Dienstleistungs- und Verwaltungsberufen tätig. Für beide Geschlechter zeigt sich ein deutlicher Tertiarisierungstrend über die Geburtskohorten hinweg. Er ist allerdings für die Frauen weit ausgeprägter als für die Männer. Aus *Tabelle 1* kann man sehen, daß dieser Tertiarisierungsprozeß auch mit einer deutlichen Verbesserung der Berufsstruktur beim Einstieg in das Beschäftigungssystem verbunden ist – die bei den Frauen wiederum deutlicher ausfällt als bei den Männern, so daß die Benachteiligung der Frauen gegenüber den Männern von der ältesten zur jüngsten Kohorte abnimmt. Dieses Ergebnis ist damit eher in Übereinstimmung mit Bells These von der Erhöhung der Qualifikationsanforderungen im beruflichen Strukturwandel und widerspricht deutlich Bravermans Degradierungs-Hypothese.

Wenn wir uns auf die einfachen Dienste konzentrieren, dann kann man sehen, daß der Anteil dieser Berufsgruppe bei den Männern über die Kohorten hinweg zwischen 2 und 5 Prozent schwankt, aber im Grund nicht größer wird.[2] Bei den Frauen nehmen

---

2 Die Kohorte 1956-60 ist nicht vergleichbar, weil im Jahre 1988 ein hoher Prozentsatz von ihr noch die Fachhochschulen oder Universitäten besucht.

die einfachen Dienste sogar von etwa 19 Prozent auf etwa 10 Prozent ab (vgl. auch Fußnote 2). Soweit es den Berufseinstieg angeht, kann man somit nicht sagen, daß in Deutschland die einfachen Dienste auf dem Wege in die nach-industrielle Gesellschaft wichtiger werden. Es sind vielmehr die Semiprofessionen, Professionen und die qualifizierten kaufmännischen und Verwaltungsberufe, die im Tertiarisierungsprozeß an Bedeutung gewinnen.

2. Berufsverlauf

Wenden wir uns nun der Frage zu, wie sich bei aufeinander folgenden Geburtskohorten die Anteile der einfachen Dienstleistungsarbeiter über den Lebensverlauf entwickeln. Dazu betrachten wir die *Abbildungen 1* bis *6*, in denen die gesamten Bildungs- und Berufsverläufe von deutschen Männern und Frauen aus den Geburtskohorten 1929-31, 1939-41 und 1949-51 bis in die späten 80er Jahre hinein nachgezeichnet wurden. Die Lebensverlaufsstudie wurde zur Rekonstruktion der Verläufe bis zum 50., 40. bzw. 30. Lebensjahr benutzt, das Sozio-ökonomische Panel wurde zur Verlängerung dieser Beschreibung bis zum 57., 47. bzw. 37. Lebensjahr eingesetzt. Die *Abbildungen 1* bis *6* zeigen, daß die aus beiden Datenquellen rekonstruierten Verteilungen relativ gut zueinander passen. Nur bei der Kohorte 1929-31 sind deutliche „Strukturbrüche" zu erkennen, die sich vor allem durch den zunehmenden Übergang in den Ruhestand erklären lassen, der als Zustand bei der Lebensverlaufsstudie bis zum 50. Lebensjahr noch keine besondere Rolle spielte und deswegen auch nicht berücksichtigt wurde.

In den *Abbildungen 1* bis *6* ist auf der x-Achse das jeweilige Lebensalter der Kohorten aufgetragen, und in der y-Richtung wird deren kumulative Verteilung auf die Zustände im Bildungs- und Beschäftigungssystem sowie auf wichtige Unterbrechungsarten (Familienarbeit, Arbeitslosigkeit, Ruhestand) wiedergegeben.[3] Entlang der Altersachse

---

3 Wir unterscheiden die folgenden Zustände:

HS	= Personen, die sich in der Schulausbildung befinden und einen Hauptschulabschluß erwerben;
MR	= Personen, die sich in der Schulausbildung befinden und die Mittlere Reife erwerben;
AB	= Personen, die sich in der Schulausbildung befinden und das Fachabitur oder das Abitur erwerben;
BO	= Personen, die sich in einer Berufsausbildung befinden, diese jedoch nicht abschließen;
BA	= Personen, die sich in einer Berufsausbildung befinden und diese abschließen;
FH	= Personen, die sich in einer Ausbildung an einer Fachhochschule (oder früheren Ingenieurschule) befinden;
UN	= Personen, die sich an einer Universität bzw. Hochschule befinden;
W	= Personen, die ihren Wehr- bzw. Ersatzdienst leisten;
AGR	= Personen, die in einem Agrarberuf erwerbstätig sind;
EMB	= Personen, die in einem einfachen manuellen Beruf erwerbstätig sind;
QMB	= Personen, die in einem qualifizierten manuellen Beruf erwerbstätig sind;
TEC	= Personen, die in der Berufsgruppe der Techniker erwerbstätig sind;
ING	= Personen, die in der Berufsgruppe der Ingenieure erwerbstätig sind;
EDB	= Personen, die in einem einfachen Dienstleistungsberuf erwerbstätig sind;
QDB	= Personen, die in einem qualifizierten Dienstleistungsberuf erwerbstätig sind;
SEM	= Personen, die in der Berufsgruppe der Semiprofessionen erwerbstätig sind;
PROF	= Personen, die in der Berufsgruppe der Professionen erwerbstätig sind;

lassen sich so die mit zunehmendem Alter verbundenen Veränderungen der Verteilung auf unterschiedliche Zustände im Bildungs- und Beschäftigungssystem verfolgen.

Als ein Beispiel, wie man die kumulativen Abbildungen zu interpretieren hat, wollen wir zuerst den Bildungsverlauf der zwischen 1929 und 1931 geborenen Männer interpretieren (*Abbildung 1*). Aus dieser Abbildung kann man ablesen, daß im Alter von 10 Jahren 79 Prozent dieser Männer in der Hauptschule (HS), 11 Prozent in der Mittelschule (MR) und 10 Prozent auf dem Gymnasium (AB) waren. Die Abbildung zeigt dann, wie diese Kohorte das allgemeinbildende Schulsystem mit zunehmendem Alter verläßt und in bestimmte Berufsgruppen des Beschäftigungssystems oder in die Arbeitslosigkeit eintritt. Fast alle Absolventen mit Hauptschulabschluß verließen die Schule mit etwa 14 bis 15 Lebensjahren, die Absolventen mit Mittlerer Reife mit etwa 16 bis 17 Jahren und die Abiturienten zwischen dem 18. und 20. Lebensjahr.

Um die Veränderung der Anteile der Beschäftigten in den einfachen Diensten über den Lebenslauf auf einen Blick erfassen zu können, haben wir die Fläche für diese Berufsgruppe schraffiert. In *Abbildung 1* ist zunächst zu sehen, daß der Anteil der Männer aus der Kohorte 1929-31 in den einfachen Diensten (EDB) kontinuierlich bis etwa zum 40. Lebensjahr steigt und sich dann auf einem relativ hohen Niveau von etwa 14 Prozent stabilisiert. Bei den Männern der anderen Kohorten, die in einfachen Diensten beschäftigt sind, ist es ähnlich (*Abbildungen 3* und *5*). Dies bedeutet dreierlei: Erstens, daß einfache Dienste in Deutschland keine ausgeprägte Lückenbüßerfunktion haben, denn sonst müßte ihr Anteil in jungen Jahren hoch sein und dann abnehmen. Zweitens, daß einfache Dienste keine herausragende Funktion als Auffangbecken für ältere Arbeitnehmer haben, denn sonst müßte ihr Anteil gegen Ende der Berufskarriere, also zum Beispiel zwischen dem 50. und 60. Lebensjahr, deutlich steigen. Und drittens, daß einfache Dienste vor allem von Männern im mittleren Alter besetzt werden, die aus anderen Berufen kommen. Wir werden in den nächsten Schritten dieser Analyse genauer untersuchen, aus welchen Berufen diese Männer im mittleren Alter stammen.

Bei den zwischen 1929 und 1931 geborenen Frauen zeigt sich dagegen eine etwas andere Entwicklung über den Lebenslauf (*Abbildung 2*). Bei ihnen steigt der Anteil in den einfachen Diensten zunächst auf eine Höhe von 17 Prozent im Alter von 19 Jahren an und fällt dann im Zusammenhang mit familiären Erwerbsunterbrechungen (WF) wieder auf ein dann stabiles Niveau von etwa 8 Prozent ab. Im Vergleich zu Frauen in anderen Berufsgruppen scheinen Frauen in den einfachen Diensten deswegen besonders häufig ihre Karriere aus familiären Gründen zu unterbrechen. Auch auf diesen Punkt werden wir später noch genauer eingehen.

Wenn wir in jedem Lebensalter den Anteil der Beschäftigten in einfachen Diensten über die drei Geburtsjahrgänge hinweg vergleichen, dann kann man sagen, daß dieser Anteil für Männer und Frauen weitgehend stabil ist und sogar eher eine leicht abneh-

---

EVB = Personen, die in einem einfachen kaufmännischen oder Verwaltungsberuf erwerbstätig sind;

QVB = Personen, die in einem qualifizierten kaufmännischen oder Verwaltungsberuf erwerbstätig sind;

MAN = Personen, die in der Berufsgruppe der Manager erwerbstätig sind;

WZ   = Personen, die arbeitslos sind;

WF   = Personen, die aus familiären Gründen (Hausfrau, Mutter, Geburt von Kindern) nicht erwerbstätig sind;

PEN = Personen, die in den Ruhestand eingetreten sind.

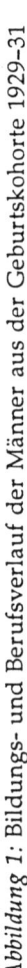

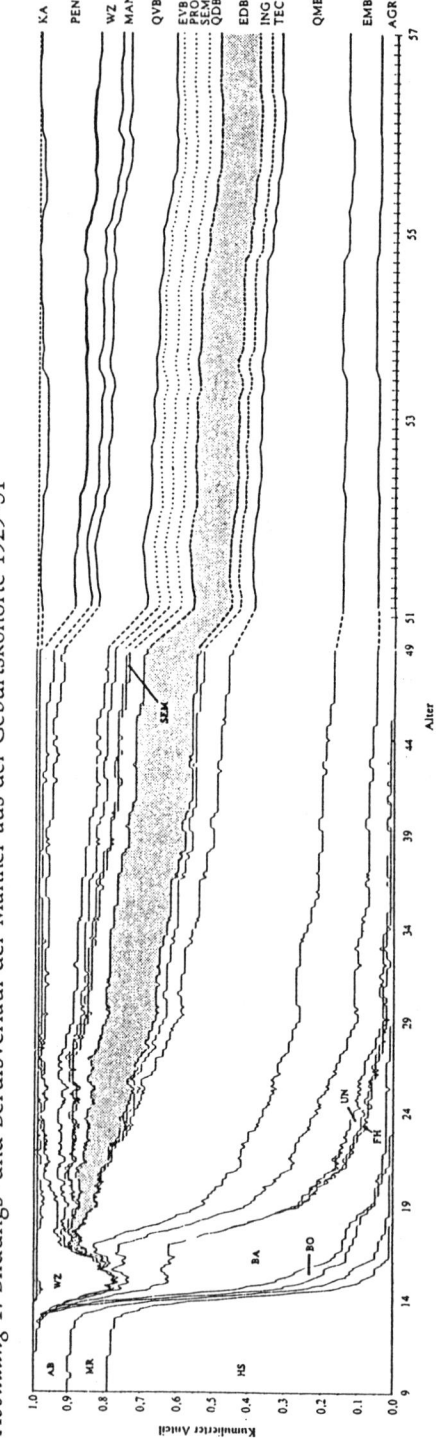

Abbildung 1: Bildungs- und Berufsverlauf der Männer aus der Geburtskohorte 1929-31

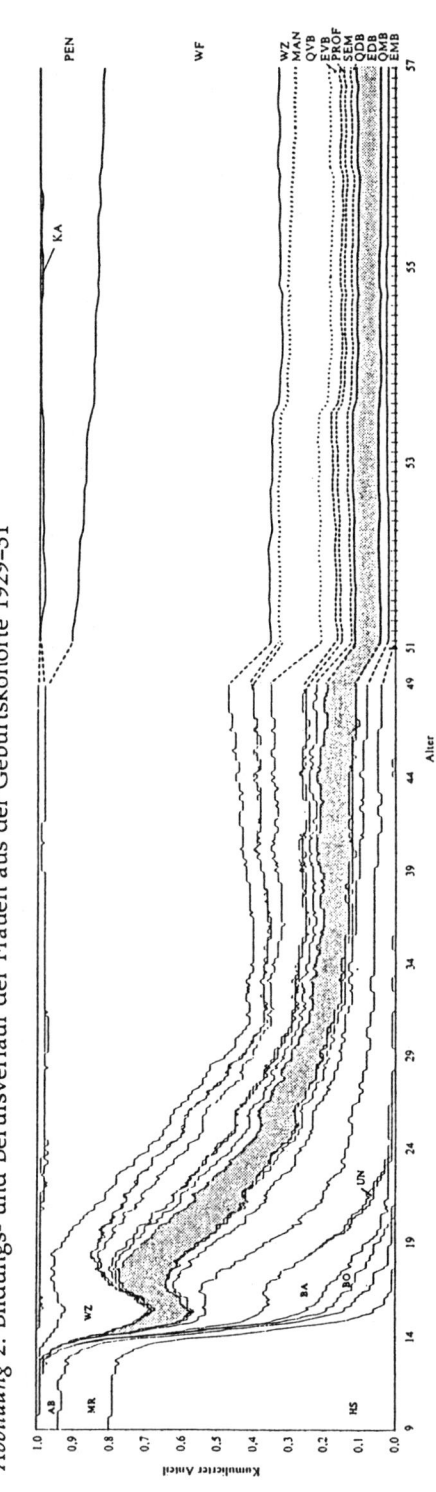

Abbildung 2: Bildungs- und Berufsverlauf der Frauen aus der Geburtskohorte 1929-31

Abbildung 3: Bildungs- und Berufsverlauf der Männer aus der Geburtskohorte 1939–41

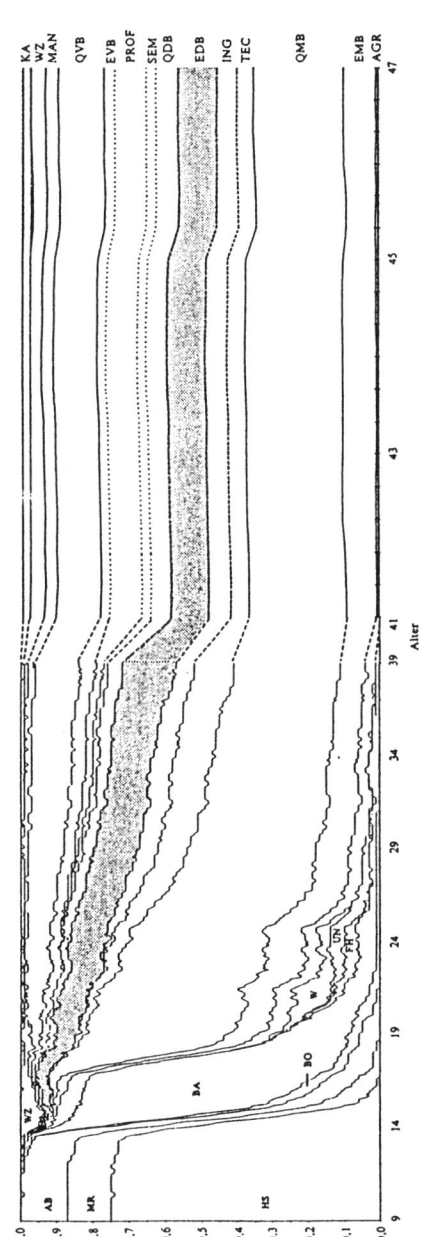

Abbildung 4: Bildungs- und Berufsverlauf der Frauen aus der Geburtskohorte 1939–41

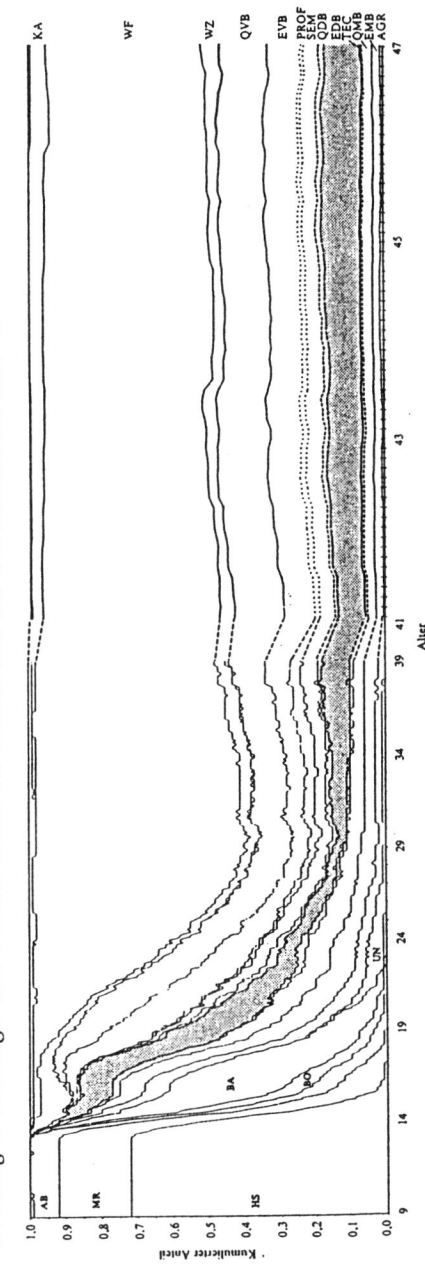

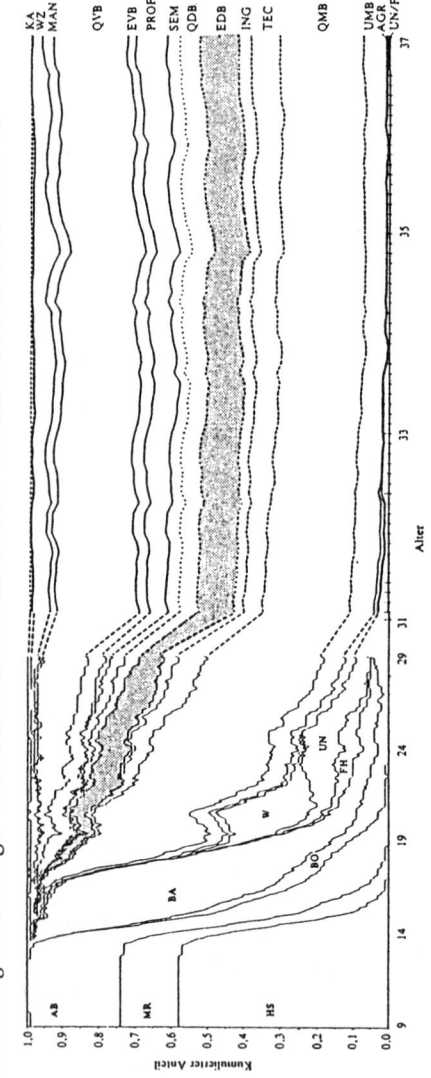

Abbildung 5: Bildungs- und Berufsverlauf der Männer aus der Geburtskohorte 1949–51

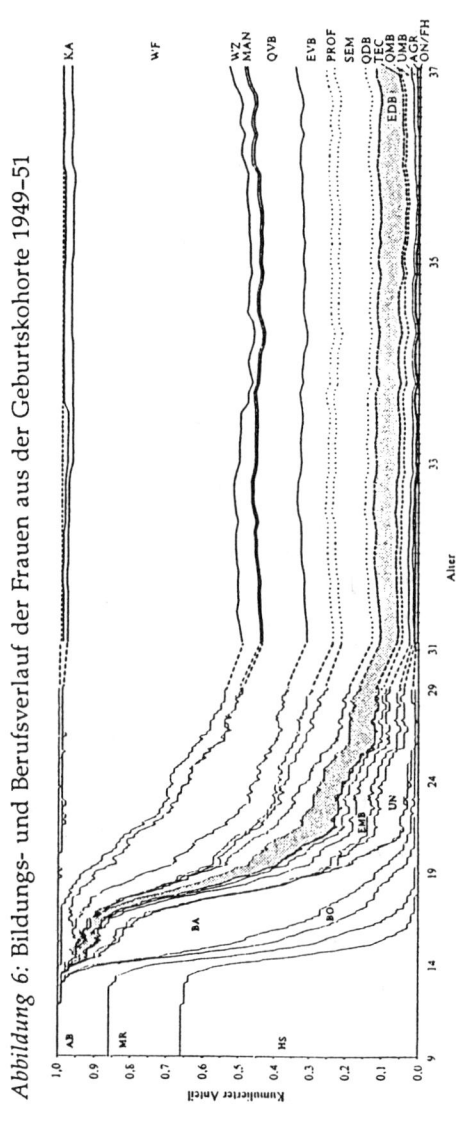

Abbildung 6: Bildungs- und Berufsverlauf der Frauen aus der Geburtskohorte 1949–51

mende Tendenz zeigt. Für alle Kohorten gilt allerdings, daß das grundlegende Muster für Männer und Frauen sehr unterschiedlich ist. Bei den Männern kann man immer einen kontinuierlichen Anstieg bis ins mittlere Alter und dann eine Stabilisierung beobachten, und bei den Frauen sehen wir zuerst einen Anstieg bis etwa zum Alter von 20 Lebensjahren und danach eine Abnahme.

3. Berufseintritt und berufliche Ausbildung

Wie bereits ausführlich im theoretischen Abschnitt diskutiert, liegen heute viele Studien vor, die zeigen, daß das deutsche berufsbildende System zu einer dauerhaften Differenzierung von unqualifizierten und beruflich ausgebildeten Arbeitskräften über den Berufsverlauf führt. Wir gehen deswegen jetzt der Frage nach, in welcher Weise die Arbeitskräfte mit unterschiedlichen Bildungsniveaus mit verschiedenen Berufsgruppen, insbesondere mit den einfachen Diensten, beim Eintritt in das Beschäftigungssystem verbunden sind. *Tabelle 2* zeigt zunächst, daß die Mehrzahl (78,9 Prozent) der deutschen Arbeitskräfte ohne berufliche Ausbildung in unqualifizierten Tätigkeiten

Tabelle 2: Zusammenhang zwischen Ausbildungsniveau und erstem Beruf (deutsche Männer und Frauen, Prozentangaben)

		Höchster Ausbildungsabschluß		
Erster Beruf	Alle	Keine Berufs-ausbildung	Mit beruflicher Ausbildung	Abitur, Fachhoch-schulabschluß oder Universitätsabschl.
Unqualifizierte Berufe	*38,0*	*78,9*	*32,8*	*11,8*
Agrarberufe	5,6	13,8	4,3	1,3
Einf. manuelle Berufe	10,1	25,1	7,5	3,0
Einf. Dienste	10,1	28,6	6,5	3,5
Einf. kaufmännische und Verwaltungsberufe	12,2	11,4	14,5	4,0
Qualifizierte Berufe	*56,0*	*21,1*	*65,9*	*57,3*
Qual. manuelle Berufe	30,1	11,5	39,9	13,3
Techniker	3,6	0,1	3,3	8,7
Qual. Dienste	5,1	2,1	6,0	4,2
Semiprofessionen	5,8	2,7	3,7	17,5
Qual. kaufmännische und Verwaltungsberufe	11,4	4,0	13,0	13,6
Hochqualifizierte Berufe	*6,0*	*0,0*	*1,3*	*30,9*
Ingenieure	1,2	0,0	0,1	6,9
Professionen	4,5	0,0	1,2	22,2
Manager	0,3	0,0	0,0	1,8
Insgesamt	100,0	100,0	100,0	100,0
N	3695	696	2376	623

Tabelle 3: Zusammenhang zwischen Ausbildungsniveau und Beruf im Jahre 1988 (deutsche Männer und Frauen, Prozentangaben)

Erster Beruf	Alle	Höchster Ausbildungsabschluß		
		Keine Berufsausbildung	Mit beruflicher Ausbildung	Abitur, Fachhochschulabschluß oder Universitätsabschl.
Unqualifizierte Berufe	32,3	65,6	32,7	7,4
Agrarberufe	2,2	4,5	2,1	0,7
Einf. manuelle Berufe	7,5	13,9	8,0	1,4
Einf. Dienste	14,4	34,9	13,4	3,1
Einf. kaufmännische und Verwaltungsberufe	8,2	12,3	9,2	2,2
Qualifizierte Berufe	56,2	33,0	63,9	48,9
Qual. manuelle Berufe	20,3	16,5	27,1	2,5
Techniker	4,8	0,8	5,6	5,1
Qual. Dienste	5,6	2,9	6,5	4,7
Semiprofessionen	6,4	1,3	4,0	17,4
Qual. kaufmännische und Verwaltungsberufe	19,1	11,5	20,7	19,2
Hochqualifizierte Berufe	11,5	1,4	3,4	43,7
Ingenieure	3,4	0,3	0,6	14,1
Professionen	5,6	0,8	1,1	23,1
Manager	2,5	0,3	1,7	6,5
Insgesamt	100,0	100,0	100,0	100,0
N	2708	375	1780	553

beschäftigt ist. Die deutschen Arbeitskräfte mit beruflicher Ausbildung gehen schwerpunktmäßig in die Berufsgruppen im mittleren Bereich der Berufspyramide, und die Berufsgruppen an der Spitze der Berufspyramide rekrutieren sich fast vollständig aus hochqualifizierten Arbeitskräften. Bildungsabschluß und Berufsposition zu Beginn der Berufskarriere sind in Deutschland also sehr eng miteinander verbunden – weit enger als in anderen vergleichbaren Industrieländern (König und Müller 1986; Müller 1990; Müller und Karle 1990; Hamilton 1990).

Wichtig für die vorliegende Untersuchung ist insbesondere, daß die meisten Individuen ohne berufliche Ausbildung in den einfachen Diensten beschäftigt werden (28,6 Prozent), während der Anteil der Arbeitskräfte mit beruflicher Ausbildung oder mit höherer Bildung, die in diesen Tätigkeiten beschäftigt werden, sehr gering ist (6,5 bzw. 3,5 Prozent). Der Eintritt in die einfachen Dienste ist deswegen in Deutschland sehr eng mit der Tatsache verbunden, daß man keine Ausbildung absolviert hat. Ähnliches trifft aber auch für die einfachen manuellen Berufe und die einfachen kaufmännischen und Verwaltungsberufe zu.

Wie eine Gegenüberstellung der *Tabellen 2* und *3* darüber hinaus zeigt, nimmt die Bedeutung der Bildungszertifikate für die berufliche Plazierung über die Karriere hinweg noch weiter zu. So ergibt ein Vergleich der ersten Spalte in *Tabelle 2* mit der ersten Spalte in *Tabelle 3*, daß von den unqualifizierten Berufsgruppen nur eine tatsächlich über den Karriereverlauf expandiert: die einfachen Dienste. Diese nehmen von 10,1 Prozent in *Tabelle 2* auf 14,4 Prozent in *Tabelle 3* zu. Dabei wird der Zuwachs durch einen Anstieg des Anteils der Ungelernten (von 28,6 auf 34,9 Prozent) und Gelernten (von 6,5 auf 13,4 Prozent) gespeist, während die Hochqualifizierten von 3,5 auf 3,1 Prozent sogar abnehmen. Das heißt, über den Berufsverlauf akkumulieren sich zunehmend unqualifizierte Arbeitskräfte und Absteiger mit beruflicher Ausbildung in den einfachen Diensten.

4. Mobilität zwischen den Berufsgruppen

Wir kommen schließlich zur Frage, ob das Dienstleistungsproletariat in Deutschland eine neue soziale Klasse in dem Sinne darstellt, daß sich deren Mitglieder eine spezifische Position auf dem Arbeitsmarkt teilen. Dazu untersuchen wir die Mobilitätsmuster zwischen den Berufsgruppen in *Tabelle 4*. Dort sind die Chancen (aus einer Abstromperspektive) abzulesen, von einer Berufsgruppe beim Eintritt in das Beschäftigungssystem zu einer anderen Berufsgruppe (gemessen im Jahre 1988) zu wechseln.

Auf der Grundlage von *Tabelle 4* kann man ganz allgemein sagen, daß die Tendenz zur Immobilität um so größer ist, je qualifizierter die Eintrittsberufsgruppe ist. Außerdem sieht man auch, daß die Mobilität innerhalb der unqualifizierten, qualifizierten und hochqualifizierten Berufsgruppen jeweils relativ hoch und zwischen diesen Gruppen relativ niedrig ist. Insbesondere beobachten wir einen relativ hohen Austausch zwischen Technikern und Ingenieuren, zwischen Semiprofessionen und Professionen und zwischen qualifizierten kaufmännischen und Verwaltungsberufen und Managern. Esping-Andersens (1991) Differenzierung zwischen „industriellen" und „nach-industriellen" Berufsgruppen scheint deswegen auch bei den hoch- und höherqualifizierten Berufsgruppen eine gewisse Bestätigung zu erfahren.

Wenn wir allerdings auf die einfachen Dienste blicken, dann ist die „industrielle" versus „nach-industrielle" Spaltung weniger plausibel. Denn die Arbeitskräfte, die in unqualifizierten Berufen beginnen, kann man vergleichsweise häufig wiederum in unqualifizierten Berufen finden. Die einfachen Dienste gehören dabei zu den bevorzugten Tätigkeiten für Arbeitskräfte, die in landwirtschaftlichen (21,4 Prozent), einfachen manuellen Berufen (21,0 Prozent) und einfachen kaufmännischen und Verwaltungsberufen (15,6 Prozent) begonnen haben. Umgekehrt wechseln Arbeitskräfte, die in einfachen Diensten begonnen haben, häufig zu einfachen manuellen Berufen (7,9 Prozent) und qualifizierten kaufmännischen und Verwaltungsberufen (9,1 Prozent), sogar dann, wenn diese Berufsgruppen in ihrem Anteil über den Lebensverlauf hinweg abnehmen. Unter den Berufsanfängern, die in unqualifizierten Berufen ihr Arbeitsleben begonnen haben, ist die Stabilität bei den einfachen Diensten am größten (57,8 Prozent). Dies ist ein anderer Beleg gegen das Argument, daß einfache Dienste nur eine Lückenbüßerfunktion für deutsche Jugendliche und junge Erwachsene erfüllen würden.

Nimmt man den Sonderfall der landwirtschaftlichen Berufsgruppe aus und vergleicht nur die unqualifizierten Berufsgruppen, dann ist die Aufstiegschance für die Arbeitskräfte aus den einfachen Diensten am geringsten (mit 24,6 Prozent im Vergleich

Tabelle 4: Intragenerationale Mobilität (Abstromperspektive) (deutsche Männer und Frauen, Prozentangaben)

Erster Beruf		Unqualifizierte Berufe				Qualifizierte Berufe					Hochqual. Berufe		
		AGR	EMB	EDB	EVB	QMB	TEC	QDB	SEM	QVB	ING	PRO	MAN
Unqualifizierte Berufe		*80,6*	*67,7*	*75,4*	*60,6*	*25,7*	*5,8*	*18,1*	*6,2*	*11,8*	*0,0*	*0,0*	*0,0*
Agrarberufe	AGR	44,7	0,6	0,6	0,0	0,5	0,0	0,0	0,0	0,0	0,0	0,0	0,0
Einfache manuelle Berufe	EMB	12,6	38,9	7,9	1,1	7,6	2,9	4,3	0,0	0,8	0,0	0,0	0,0
Einfache Dienste	EDB	21,4	21,0	57,8	15,6	14,0	0,0	11,7	5,3	5,7	0,0	0,0	0,0
Einfache kaufmännische und Verwaltungsberufe	EVB	1,9	7,2	9,1	43,9	3,6	2,9	2,1	0,9	5,3	0,0	0,0	0,0
Qualifizierte Berufe		*19,4*	*32,3*	*24,6*	*36,7*	*68,7*	*67,7*	*81,9*	*82,5*	*80,8*	*6,3*	*21,7*	*14,3*
Qualifizierte manuelle Berufe	QMB	7,8	14,4	6,1	2,2	52,3	5,9	10,6	0,0	0,6	0,0	0,0	0,0
Techniker	TEC	2,9	4,8	1,0	1,7	5,4	55,9	0,0	0,0	0,8	6,3	0,0	0,0
Qualifizierte Dienste	QDB	1,9	3,0	4,2	1,7	4,5	0,0	60,7	1,8	0,7	0,0	0,0	0,0
Semiprofessionen	SEM	0,0	0,0	4,2	4,4	1,0	0,0	3,2	73,7	1,2	0,0	15,1	0,0
Qualifizierte kaufmännische und Verwaltungsberufe	QVB	6,8	10,1	9,1	26,7	5,5	5,9	7,4	7,0	77,5	0,0	6,6	14,3
Hochqualifizierte Berufe		*0,0*	*0,0*	*0,0*	*2,7*	*5,6*	*26,5*	*0,0*	*11,3*	*7,4*	*93,7*	*78,3*	*85,7*
Ingenieure	ING	0,0	0,0	0,0	0,0	2,9	13,2	0,0	0,0	1,6	84,4	0,9	0,0
Professionen	PROF	0,0	0,0	0,0	0,0	1,3	5,9	0,0	11,3	1,7	3,3	71,7	0,0
Manager	MAN	0,0	0,0	0,0	2,7	1,4	7,4	0,0	0,0	4,1	6,0	5,7	85,7
Insgesamt		100,0	100,0	100,0	100,0	100,0	100,0	100,0	100,0	100,0	100,0	100,0	100,0
N		103	167	165	180	777	68	94	114	246	32	106	7
Arbeitslos zu Beginn des Jahres 1988[1]		10,4	6,2	10,3	6,3	5,0	2,8	5,1	3,4	3,9	0,0	1,0	0,0
Familiäre Unterbrechung zu Beginn des Jahres 1988[2]		25,9	31,6	44,6	46,1	5,4	26,0	38,2	38,0	25,2	3,0	10,9	0,0

Beruf im Jahre 1988

1 Als Anteil der Zahl aller Beschäftigten und Arbeitslosen zu Beginn des Jahres 1988.
2 Als Anteil der Zahl aller Beschäftigten und Personen mit familiären Erwerbsunterbrechungen zu Beginn des Jahres 1988.

Tabelle 5: Intragenerationale Berufsmobilität (Rekrutierungsperspektive) (deutsche Männer und Frauen, Prozentangaben)

Erster Beruf		Beruf im Jahre 1988											
		Unqualifizierte Berufe				Qualifizierte Berufe					Hochqual. Berufe		
		AGR	EMB	EDB	EVB	QMB	TEC	QDB	SEM	QVB	ING	PRO	MAN
Unqualifizierte Berufe		*92,7*	*57,8*	*55,7*	*69,8*	*9,8*	*14,2*	*14,7*	*11,6*	*25,1*	*0,0*	*0,0*	*11,1*
Agrarberufe	AGR	88,5	8,1	6,8	1,4	1,7	1,0	1,7	0,0	2,0	0,0	0,0	0,0
Einfache manuelle Berufe	EMB	1,9	40,4	10,8	7,7	5,1	8,2	4,3	0,0	4,9	0,0	0,0	0,0
Einfache Dienste	EDB	1,9	8,1	29,4	9,7	2,1	2,0	6,1	5,4	4,3	0,0	0,0	0,0
Einfache kaufmännische und Verwaltungsberufe	EVB	0,0	1,2	8,7	51,0	0,9	3,0	2,6	6,2	13,9	0,0	0,0	11,1
Qualifizierte Berufe		*7,7*	*42,2*	*43,3*	*29,6*	*90,2*	*83,8*	*83,6*	*76,0*	*72,8*	*56,2*	*28,7*	*57,7*
Qualifizierte manuelle Berufe	QMB	7,7	36,7	33,7	18,1	86,7	42,4	30,4	6,2	12,4	36,0	9,3	24,4
Techniker	TEC	0,0	1,2	0,0	1,3	0,9	38,4	0,0	0,0	1,2	14,0	3,7	11,1
Qualifizierte Dienste	QDB	0,0	2,5	3,4	1,3	2,1	0,0	49,8	2,3	2,0	0,0	0,0	0,0
Semiprofessionen	SEM	0,0	0,6	1,9	0,6	0,0	0,0	1,7	65,2	2,3	0,0	12,0	0,0
Qualifizierte kaufmännische und Verwaltungsberufe	QVB	0,0	1,2	4,3	8,3	0,5	2,0	1,7	2,3	54,9	6,2	3,7	22,2
Hochqualifizierte Berufe		*0,0*	*0,0*	*0,0*	*0,6*	*0,0*	*2,0*	*1,7*	*12,4*	*2,0*	*43,8*	*71,3*	*31,2*
Ingenieure	ING	0,0	0,0	0,0	0,0	0,0	2,0	1,7	0,0	0,0	42,2	0,1	4,4
Professionen	PROF	0,0	0,0	0,0	0,0	0,0	0,0	0,0	12,4	2,0	1,6	71,2	13,3
Manager	MAN	0,0	0,0	0,0	0,6	0,0	0,0	0,0	0,0	0,0	0,0	0,0	13,5
Insgesamt		100,0	100,0	100,0	100,0	100,0	100,0	100,0	100,0	100,0	100,0	100,0	100,0
N		52	161	320	155	497	99	115	129	314	64	108	45

zu 32,3 und 35,7 Prozent). Auch dies spricht gegen die These einer Lückenbüßerfunktion von einfachen Diensten, nach der die Arbeitskräfte in einfachen Diensten nach einer gewissen Zeit ganz normale Karrieren machen, und eher für eine Interpretation im Sinne des dualen Arbeitsmarktes.

Die einfachen Dienste scheinen Teil eines Pools von unqualifizierten Arbeitsplätzen zu sein, und die Arbeitskräfte, die in diese Positionen am Beginn ihrer Karriere eingetreten sind, sind größtenteils wiederum auf unqualifizierte Berufe beschränkt. Auch die Arbeitslosenquote ist, mit Ausnahme der Agrarberufe, für diejenigen Arbeitskräfte am höchsten (10,3 Prozent), die ihre Laufbahn in einfachen Diensten begonnen haben (_Tabelle 4_). Schließlich ist der Anteil unter den Berufsanfängern in einfachen Diensten, die den Arbeitsmarkt in Richtung Familie verlassen haben außerordentlich hoch (Tabelle 4). Dies unterstreicht das Resultat aus den _Abbildungen 1_ bis _6_, daß Frauen in den einfachen Diensten besonders häufig den Arbeitsmarkt verlassen, um Familienarbeit zu verrichten.

Da die einfachen Dienste zu denjenigen Berufsgruppen gehören, die im Laufe des Karriereverlaufs quantitativ expandieren, wollen wir zum Abschluß noch die Frage klären, aus welchen Berufsgruppen diese Arbeitskräfte kommen. _Tabelle 5_ gibt aus der Rekrutierungsperspektive eine Antwort auf diese Frage. Aus dieser Tabelle ist ersichtlich, daß die meisten Arbeitskräfte aus den sogenannten „industriellen" Berufen, den einfachen und qualifizierten manuellen Berufen kommen. Dies bedeutet, daß es eine enge Beziehung zwischen den manuellen Berufen und den einfachen Diensten gibt und stellt wiederum einen klaren Widerspruch zur These von Esping-Andersen (1991) dar, daß beide Gruppen wenig miteinander zu tun hätten. Das Gegenteil ist richtig: Einfache Dienste und manuelle Berufe sind von der Mobilität her eng miteinander verwoben (_Tabelle 5_). Es handelt sich dabei zum Großteil um dieselbe Population.

V. Zusammenfassung und Schlußfolgerung

Das Ziel dieses Beitrags war es, die Frage zu klären, ob sich in der Bundesrepublik Deutschland als Konsequenz des langfristigen berufsstrukturellen Wandels ein „neues" Dienstleistungsproletariat herausbildet. Ein Dienstleistungsproletariat von quantitativer Bedeutung, das sich in seinen Arbeitsmarktchancen von anderen sozialen Klassen, insbesondere vom traditionellen Arbeiterproletariat, unterscheidet und das über den Lebenslauf in einem fortwährenden Teufelskreis von Unterprivilegierung und Benachteiligung gefangen ist.

Zur Beatwortung dieser Frage haben wir mit Hilfe der Lebensverlaufsstudie und des Sozio-ökonomischen Panels die Entwicklung der Bildungs- und Berufskarrieren von deutschen Männern und Frauen in den alten Ländern der Bundesrepublik über die letzten 50 Jahre untersucht. Die Tatsache, daß wir uns nur auf deutsche Männer und Frauen beschränken, spielt für die vorliegende Fragestellung dabei nur eine untergeordnete Rolle. Denn aufgrund von vergleichenden Mikrozensusauswertungen mit Hilfe unserer Berufsklassifikation aus den Jahren 1978 und 1982 können wir zumindest folgendes sagen (Blossfeld 1989, S. 79): 1. Unter den erwerbstätigen Ausländern im Alter von 16 bis 65 Jahren liegt der Anteil der Beschäftigten in einfachen Diensten bei etwa 14 Prozent und bei den Deutschen etwa bei 10 Prozent. 2. Stellt man in Rechnung, daß im Jahre 1982 etwa 24 Millionen Deutsche und etwa 2,1 Millionen Ausländer beruflich tätig waren, dann ergibt sich, daß innerhalb der einfachen Dienste den etwa 2,4 Millionen Deutschen (89 Prozent) 315 Tausend Ausländer (11 Prozent) gegenüberstanden. Das heißt, die Beschränkung der vorliegenden Analyse auf deutsche Männer und Frauen erfaßt zu Beginn der 80er Jahre etwa 90 Prozent der Beschäftigten in den einfachen Diensten. 3. Zwischen Deutschen und Ausländern zeigt sich allerdings ein etwas unterschiedlicher Trend. Zwischen 1978 und 1982 kann man innerhalb der Ausländer eine leicht steigende Tendenz (+ 1,2 Prozentpunkte) feststellen und bei den Deutschen findet man eine geringfügige Abnahme (– 0,7 Prozentpunkte). Diese Veränderungen sind allerdings beim Größenverhältnis von 89 Prozent Deutschen und 11 Prozent Ausländern in den einfachen Diensten (im Jahre 1982) vernachlässigbar klein.

Die Ergebnisse unserer Analyse der deutschen Männer und Frauen zeigen, daß der Anteil der Arbeitskräfte in jeder Kohorte, die beim Berufseintritt in die einfachen Dienste gehen, bei den Männern mehr oder weniger unverändert geblieben ist und bei den Frauen sogar abgenommen hat. Auch bei einem Vergleich der Kohorten ist der Anteil der Arbeitskräfte in den einfachen Diensten in jedem Lebensalter weitgehend konstant über die Kohorten hinweg. Man kann deswegen nicht sagen, daß das Serviceproletariat in Deutschland auf dem Weg in die Dienstleistungsgesellschaft zunehmend wichtiger werden würde. Diese Aussage gilt auch, wenn man die unterschiedlichen Entwicklungstendenzen bei deutschen und ausländischen Erwerbstätigen in Rechnung stellt und zusammenfaßt. Denn die Entwicklung für Deutsche und Ausländer zusammengenommen ist in dieser Berufsgruppe abnehmend (vgl. Blossfeld 1985).

Es gibt aber deutliche geschlechtsspezifische Unterschiede der Beschäftigung in einfachen Diensten über den Lebenslauf hinweg. Für die Männer steigt der Anteil der Beschäftigten in einfachen Diensten kontinuierlich bis zum 40. Lebensjahr an und stabilisiert sich dann auf einem relativ hohen Niveau von etwa 14 Prozent. Daraus folgt dreierlei: 1. daß einfache Dienste für deutsche Arbeitnehmer keine ausgeprägte Lückenbüßerfunktion – etwa vergleichbar derjenigen bei weißen Männern in den USA – haben (Oppenheimer und Kalmijn 1989), denn sonst sollte dieser Anteil in jungen Jahren hoch sein und dann abnehmen; 2. daß einfache Dienste keine herausragende Funktion als Auffangbecken für ältere deutsche Männer wie etwa in den USA haben (Kaufmann und Spilerman 1982), denn dann sollte dieser Anteil gegen Ende der Berufskarriere steigen; und 3. daß einfache Dienste vor allem von Männern im mittleren Alter besetzt werden, die aus anderen, meist industriellen Berufen kommen.

Bei den Frauen zeigt sich eine zyklische Entwicklung, die eng mit der Familienarbeit verbunden ist. Bei ihnen steigt der Anteil der Beschäftigten in einfachen Diensten zunächst im Lebenslauf auf eine Höhe von etwa 17 Prozent im Alter von 19 Jahren an und fällt dann im Zusammenhang mit familiären Unterbrechungen wieder auf ein dann weitgehend stabiles Niveau von etwa 8 Prozent ab.

Das Lückenbüßerkonzept, das in den USA zur Interpretation der einfachen Dienstleistungsarbeit von relativ privilegierten weißen Männern hilfreich ist (Oppenheimer 1989), hat sich in Deutschland nicht bewährt, weil die Bundesrepublik über ein anderes berufliches Bildungssystem verfügt. Für Deutschland scheint vielmehr das Konzept des dualen Arbeitsmarktes zuzutreffen, wonach die Arbeitskräfte, die in das sekundäre Arbeitsmarktsegment eintreten, auf unqualifizierte Berufe beschränkt bleiben. Die Mobilitätsschranken zwischen den primären und sekundären Arbeitsmärkten lassen sich dabei als Qualifikationsbarrieren interpretieren, die nicht nur beim Eintritt in das Beschäftigungssystem wichtig sind, sondern deren Bedeutung im Berufsverlauf sogar noch zunimmt. Diese Aussage gilt verstärkt für die in den einfachen Diensten beschäftigten Ausländer.

Obwohl Esping-Andersens (1991) Konzept der „industriellen" und „nach-industriellen" Arbeitsteilung für qualifizierte Berufsgruppen eine gewisse Bestätigung erfahren hat, können wir diese Art der Spaltung des Arbeitsmarkts bei den einfachen Berufen nicht finden. Auf der Grundlage der Ergebnisse unserer Analyse kann man vielmehr folgern, daß sich in der Bundesrepublik kein neues Dienstleistungsproletariat entwickelt. Die einfachen Dienste sind über die Arbeitsmarktmobilität sehr eng mit den manuellen Berufen verbunden, seien diese unqualifiziert oder qualifiziert. Unter diesen Bedingungen dürfte es daher eher unwahrscheinlich sein, daß das Dienstleistungsproletariat einen spezifisch anderen Kontext für die Sozialisation von Erwachsenen und die differentielle Zuweisung sozio-ökonomischer Chancen darstellt.

Literatur

Allmendinger, Jutta: Educational Systems and Labor Market Outcomes, in: European Sociological Review, 5, 1989, S. 231-50.

Beck-Gernsheim, Elisabeth: Der geschlechtsspezifische Arbeitsmarkt, Frankfurt a.M. 1976.

Beck-Gernsheim, Elisabeth, und *Ilona Ostner:* Frauen verändern – Berufe nicht?, in: Soziale Welt, 29, 1978, S. 257-287.

Bell, Daniel: Die nachindustrielle Gesellschaft, Frankfurt a.M. und New York 1976.

Blossfeld, Hans-Peter: Höherqualifizierung und Verdrängung – Konsequenzen der Bildungsexpansion in den siebziger Jahren, in: *Max Haller* und *Walter Müller* (Hrsg.), Beschäftigungssystem im gesellschaftlichen Wandel, Frankfurt a.M. und New York 1983, S. 184-240.

Blossfeld, Hans-Peter: Bildungsexpansion und Berufschancen, Frankfurt a.M. und New York 1985.

Blossfeld, Hans-Peter: Kohortendifferenzierung und Karriereprozeß. Eine Längsschnittstudie über die Veränderung der Bildungs- und Berufschancen im Lebenslauf, Frankfurt a.M. und New York 1989.

Blossfeld, Hans-Peter: Changes in Educational Careers in the Federal Republic of Germany, in: Sociology of Education, 63, 1990, S. 165-177.

Blossfeld, Hans-Peter: Is the German Dual System a Model for a Modern Vocational Training System? A Cross-National Comparison of how Different Systems of Vocational Training Deal with the Changing Occupational Structure, European University Insitute, Manuskript, Florenz 1991.

Blossfeld, Hans-Peter, und *Rolf Becker:* Arbeitsmarktprozesse zwischen öffentlichem und privatwirtschaftlichem Sektor, in: MittAB, 22, 1989, S. 233-247.

Blossfeld, Hans-Peter, und *Karl Ulrich Mayer:* Arbeitsmarktsegmentation in der Bundesrepublik Deutschland, in: Kölner Zeitschrift für Soziologie und Sozialpsychologie, 40, 1988, S. 262-283.

Bravermann, Harry: Die Arbeit im modernen Produktionsprozeß, Frankfurt a.M. und New York 1977.

Bynner, John: Youth and Work Transition to Employment in Two European Countries. A Report for the Anglo-German Foundation for the Study of Industrial Society, unveröffentlichtes Manuskript, London 1990.

Carroll, Glenn R., und *Karl Ulrich Mayer:* Job-shift Patterns in the FRG: the Effects of Social Class, Industrial Sector, and Organizational Size, in: American Sociological Review, 51, 1986, S. 323-341.

Doeringer, Peter B., und *Michael J. Piore:* Internal Labor Markets and Manpower Analysis, Lexington, Mass. 1971.

Esping-Andersen, Gösta: Post-Industrial Class Structures: an Analytical Framework, European University Institute, Manuskript 1991.

Erikson, Robert, und *John H. Goldthorpe:* Are American Rates of Social Mobility Exceptionally High? New Evidence on an Old Issue, in: European Sociological Review, 1, 1985, S. 1-22.

Featherman, David L., Kevin L. Selbee und *Karl Ulrich Mayer:* Social Class and the Structuring of the Life Course in Norway and West Germany, in: *David I. Kertzer* und *Warner K. Schaie* (Hrsg.), Age Structuring in Comparative Perspective, Hillsdale, N.J. 1989, S. 55-93.

Giddens, Anthony: The Class Structure of Advanced Societies, London 1973.

Goldthorpe, John H.: Social Mobility and Class Structure in Modern Britain, Oxford 1987 (zuerst 1980).

Goldthorpe, John H.: Employment, Class and Mobility: a Critique of Liberal and Marxist Theories of Long-term Change (Paper Presented at the Conference on Social Change and Development, Berkeley, August 26-28, 1986), Oxford: Nuffield College, Manuskript 1986.

Goldthorpe, John H., und *C. Payne:* Trends in Intergenerational Class Mobility in England and Wales, 1971-1983, in: Sociology, 20, 1986, S. 1-20.

Hamilton, Stephen F.: Apprenticeship for Adulthood, New York 1990.

Haller, Max: Klassenstrukturen und Mobilität in fortgeschrittenen Gesellschaften, Frankfurt a.M. und New York 1989.

Hanefeld, Ute: Das Sozio-ökonomische Panel. Grundlagen und Konzeption, Frankfurt a.M. und New York 1987.

Hannan, Michael T., Klaus Schömann und *Hans-Peter Blossfeld:* Sex and Sector Differences in the Dynamics of Wage Growth in the Federal Republic of Germany, in: American Sociological Review, 55, 1990,S. 694-713.

Hofbauer, Hans: Berufsverlauf nach Abschluß der betrieblichen Berufsausbildung, in: MittAB, 16, 1983, S. 211-231.

Janossy, Franz: Das Ende der Wirtschaftswunder, Frankfurt a. M 1966.

Kaufmann, Robert L., und *Seymour Spilerman:* The Age Structure of Occupations and Jobs, in: American Journal of Sociology, 87, 1982, S. 827-851.

König, Wolfgang, und *Walter Müller:* Educational Systems and Labour Markets as Determinants of Worklife Mobility in France and West Germany: A Comparison of Men's Career Mobility, 1965-1970, in: European Sociological Review, 2, 1986, S.73-96.

Krupp, Hans-Jürgen: Das Sozio-ökonomische Panel, Frankfurt a.M. und Berlin 1985.

Mayer, Karl Ulrich, Jutta Allmendinger und *Johannes Huinink:* Vom Regen in die Traufe. Frauen zwischen Beruf und Familie, Frankfurt a.M. und New York 1991.

Mayer, Karl Ulrich, und *Erika Brückner:* Lebensverläufe und Wohlfahrtsentwicklung. Materialien aus der Bildungsforschung No. 35, Max-Planck-Insitut für Bildungsforschung, Berlin 1988.

Mayer, Karl Ulrich, und *Glenn R. Carroll:* Jobs and Classes: Structural Constraints on Career Mobility, in: European Sociological Review, 3, 1987, S. 14-38.

Mayer, Karl Ulrich, et al.: Class Mobility during the Working Life: a Comparison of Germany and Norway, in: *Melvin L. Kohn* (Hrsg.), Cross-national Research in Sociology, Newbury Park u.a. 1989, S. 218-239.

Müller, Walter: Mobilitätsforschung und Arbeitsmarkttheorie, in: *Helmut Knepel* und *Reinhard Hujer* (Hrsg.), Mobilitätsprozesse auf dem Arbeitsmarkt, Frankfurt a.M. und New York 1985, S. 17-40.

Müller, Walter: Soziale Dienstleistungen, Sonderforschungsbereich 3, Mikro-analytische Grundlagen der Gesellschaftspolitik, Antrag auf Förderung für die vierte Forschungsphase 1988-1990, Frankfurt a.M. und Mannheim 1987, S. 207-250.

Müller Walter: Does Education Matter? Evidence from Cross-national Comparisons. Universität Mannheim, Manuskript 1990.

Müller, Walter, und *W. Karle:* Social Selection in Educational Systems in Europe (Paper Prepared for the Meetings of the ISA Research Committee on Social Stratification and Mobility, World Congress of Sociology, Madrid 1990.

Müller, Walter, Angelika Willms und *Johann Handl:* Strukturwandel der Frauenarbeit 1880-1980, Frankfurt a.M. und New York 1983.

Oppenheimer, K. Valerie: Life-cycle Jobs and the Transition to Adult Occupational Careers, Working Paper Series – 168, Institute for Industrial Relations, University of California, Los Angeles 1989.

Oppenheimer, K. Valerie, und *Matthijs Kalmijn:* Life-cycle Jobs, Race, and the Youth Labor Market, University of California, Los Angeles, unveröffentlichtes Manuskript 1989.

Piore, Michael J.: On-the-job Training in the Dual Labor Market. Public and Private Responsibilities in On-the-job Training of Disadvantaged Workers, in: *A.R. Weber, F.H. Cassel* und *W.L. Ginsburg* (Hrsg.), Public-private Manpower Politics, Industrial Relations Research Association Series, Madison, Wi. 1969, S. 101-132.

Rendtel, Ulrich: Repräsentativität und Hochrechnung der Datenbasis, in: *Hans-Jürgen Krupp* und *Jürgen Schupp* (Hrsg.), Lebenslagen im Wandel. Daten 1987, Frankfurt a.m. und New York 1988, S. 289-308.

Rendtel, Ulrich: Über den Einfluß der Panelselektivität auf Längsschnittanalysen, in: Vierteljahreshefte der Wirtschaftsforschung, Heft 1, 1989, S. 45-61.

Ryder, Norman B.: The Cohort as a Concept in the Study of Social Change, in: American Sociological Review, 30, 1965, S. 843-861.

Sørensen, Aage B.: The Structure of Allocation to Open and Closed Positions in Social Structure, in: Zeitschrift für Soziologie, 12, 1983, S. 203-224.

Sørensen, Aage B., und *Hans-Peter Blossfeld:* Socioeconomic Opportunities in Germany in the Post-war Period, in: Research in Social Stratification and Mobility, 8, 1989, S. 85-106.

Weber, Max: Wirtschaft und Gesellschaft, Tübingen 1978.

Willms-Herget, Angelika: Frauenarbeit – Zur Integration der Frauen in den Arbeitsmarkt, Frankfurt a.M. und New York 1985.

Wright, Eric O.: Class Structure and Income Determination, New York 1979.

Wright, Eric O.: The Debate on Classes, London 1989.

Korrespondenzanschriften: Prof. Dr. Hans-Peter Blossfeld, European University Institute, Department of Political and Social Sciences, Badia Fiesolana, Via dei Roccetini 9, I-50016 San Domenico di Fiesole (FI); Prof. Dr. Karl Ulrich Mayer, Max-Planck-Institut für Bildungsforschung, Lentzeallee 74, 1000 Berlin 33

KÖNNEN BEFRAGTE LÜGEN?

Zum Konzept des „wahren Wertes" im Rahmen der handlungstheoretischen
Erklärung von Situationseinflüssen bei der Befragung

Von Hartmut Esser

I. Soziologische Implikationen des Konzepts des „wahren Wertes"

In seinem Beitrag „Problems of Interpretation of Interview Data" hatte *Peter K. Manning* die interaktionistische Kritik am Menschenbild der Umfrageforschung in der zunächst irritierenden Feststellung „... the respondent never lies" zusammengefaßt (*Manning* 1966, S. 315). Gemeint war damit, in einer Linie mit anderen Stimmen wie *Manford H. Kuhn* (1962) oder *Aaron Cicourel* (1964), daß eine zentrale Grundlage der Methodik sozialwissenschaftlichen Messens — „Gültigkeit" — und die dazu gehörenden Annahmen über soziales Handeln und „gesellschaftliche Wirklichkeit" einer im Prinzip schon falschen Fiktion folgten. Diese Fiktion kann in zwei Aspekten zusammengefaßt werden: Erstens seien die bei der Befragung gemessenen Werte das Resultat einer stabilen latenten Eigenschaft von Personen, dem „wahren Wert", und (unsystematischen) Abweichungen davon, den „Fehlern". Zweitens habe die latente Eigenschaft, die sich durch die Messung in ihrer Ausprägung feststellen lasse, eine angebbare Beziehung zum Verhalten außerhalb der Situation der Datenerhebung. Beide Annahmen stehen im Zentrum aller Vorkehrungen für die Sicherstellung der internen und externen Validität von Messungen in der empirischen Sozialforschung. Die klassische Testtheorie (vgl. z. B. *Frederick M. Lord* und *Melvin R. Novick* 1968) beruht auf der Annahme stabiler latenter Merkmale, ebenso wie die darauf aufbauenden Verfahren zur Identifikation der Güte von Meßinstrumenten. Den Begriff der „Verzerrung" und des „Fehlers" kann es einsichtigerweise nur vor dem Hintergrund eines solchen stabilen und relevanten Bezugspunktes geben. Die Annahme der Verhaltensrelevanz erfragter Einstellungen ist daneben schon deshalb erforderlich, damit sich die Reichweite von empirisch untersuchten Zusammenhängen nicht nur auf mentale Zustände und verbales Verhalten in sehr speziellen Situationen beschränkt.

Diese frühere interaktionistische Kritik stand durchaus in einem allgemeineren Zusammenhang: dem der Kritik am sogenannten normativen Paradigma des seinerzeit vorherrschenden Strukturfunktionalismus (vgl. v. a. *Thomas P. Wilson* 1970). Das normative Paradigma lieferte die soziologische Grundlage für das Konzept des „wahren

Wertes" in Übertragung der klassischen Testtheorie auf die soziologische Datenerhebung: Personen sind wohl- bzw. „über"-sozialisierte Agenten von fixen Rollenerwartungen; Situationen sind Exemplifizierungen von im Prinzip stets wiederholten Typen von Handlungskonstellationen; soziale Kontrolle und internalisierte Normen sorgen für die übersituationale Konstanz und die enge Korrespondenz von Einstellung und Verhalten. Dem steht das interaktionistische Konzept gegenüber: Personen sind Situationen interpretierende, Bedeutungen stets neu aushandelnde und definierende Akteure, die Rollen nicht bloß passiv-konform ausfüllen, sondern nach ihren Zielsetzungen und Deutungen aktiv ausgestalten. Situationen und „Einstellungen" der Akteure sind nicht fixiert, sondern werden jeweils in Interaktionen neu definiert und kreiert. Infolgedessen kann es weder fixe Identitäten der Akteure (als mentale Grundlage eines „wahren Wertes"), noch überhaupt die Vorstellung geben, als sei Handeln die bloße motorische Ausführung fixer mentaler Dispositionen (vgl. dazu auch *Esser* 1979).

Für die Umfrage- und die sozialpsychologische Experimentalforschung ist diese Kritik vor allem von *Derek L. Phillips* (1973) aufgegriffen worden. Längst gibt es auch eine Kritik am psychologischen Konzept der „Persönlichkeit" (vgl. z. B. bereits *Schultz* 1969), wie eine ebenfalls bereits lange Tradition der Diskussion um das Verhältnis von Einstellung und Verhalten (vgl. schon *Alan W. Wicker* 1969), aus denen sämtlich die Unhaltbarkeit bzw. die Irrelevanz der Annahme stabiler und/oder kontextunabhängiger latenter Eigenschaften zur Erklärung des Verhaltens bei der Befragung wie im Alltag hervorgeht. Deutungen des Anwortverhaltens im Rahmen kognitivistisch orientierter Psychologie, wie sie neuerdings populärer werden, stimmen mit dieser Kritik ebenso überein wie der von seiten der sogenannten Figurationssoziologie geäußerte Fundamentaleinwand, daß die herkömmliche Umfrageforschung von der Fiktion einer isolierten Monade, eines homo clausus, ausgehe, während doch in Wahrheit soziale Prozesse aus dem Fluktuieren von Figurationen situationsoffener Akteure bestünden. Daß die herkömmliche Umfrageforschung aus den genannten Gründen und vor allem wegen ihrer zum Teil beängstigenden Entfernung von der bunt-spontanen Alltagswirklichkeit grundsätzlich zu Irrelevanz verurteilt sei, ist zudem die Grundüberzeugung der inzwischen weitverbreiteten, nicht-analytisch orientierten qualitativen Sozialforschung. Wenn dann noch *empirisch* festgestellt werden kann, wie variabel und situationsabhängig das Geschehen im Interview ist, dann werden auch Stil und Deutlichkeit der Kritik an den Annahmen der klassischen Umfrageforschung verständlich (vgl. z. B. *Hartwig Berger* 1974, *Heinz Steinert* 1984, S. 52 f.).

Nun ist es durchaus nicht so, als wäre der eher analytisch orientierten Methodenforschung die Kontextabhängigkeit und die Variabilität der Meßresultate bei der Befragung und beim sozialpsychologischen Experiment gänzlich entgangen. „Reaktivität" ist ein inzwischen recht gut dokumentiertes Forschungsfeld — mit einem freilich zentralen Unterschied zu der oben zusammengefaßten interpretativen Kritik. Es wird grundsätzlich anerkannt, daß Befragungsdaten z. B. durch Situationseinflüsse systematisch variieren können. Beibehalten werden jedoch zwei grundsätzliche Orientierungen: Erstens, daß man diese systematischen Einflüsse und Effekte selbst mit Hilfe von (z. B. sozialpsychologischen) Theorien *erklären* könne; und zweitens, daß bei

diesen Erklärungen neben den Merkmalen der Situation auch evtl. vorhandene Orientierungen und Zielsetzungen der Personen systematisch zu berücksichtigen sind. Dabei kann durchaus auch die Vorstellung von — je nach Situation — unterschiedlich
aktualisierten, kognizierten, „kreierten" oder „definierten" Orientierungen und „multiplen Identitäten" aufgenommen werden — *sofern für die auftretenden Prozesse und
Effekte ein Erklärungsargument vorgelegt wird.* Anders gesagt: sofern der Verweis
auf die Kontextabhängigkeit der Reaktionen, auf die Schwankung von Kognitionen
in Abhängigkeit z. B. von Stimmungen, auf den unendlichen Strom figurativer Prozesse und auf die grundsätzliche Veränderlichkeit allen Seins der Ausgangspunkt eines
Erklärungsargumentes ist, das diese *Veränderungen in Abhängigkeit gewisser Bedingungen prognostizieren* kann, ist für radikalere Folgerungen kaum Anlaß gegeben.
Dies wäre sicher anders, wenn aus den erkennbaren Schwächen der an klassischer
Testtheorie und normativem Paradigma orientierten Umfrageforschung der Schluß
gezogen würde, daß alle Situationen und Prozesse unvorhersagbar neuartig und daher
allenfalls dem hermeneutisch-lebensweltlichen Nachvollzug zugänglich seien. Für
wissenschaftliche Bemühungen wäre dann in der Tat kein weiterer Bedarf.

Im folgenden soll die zuerst skizzierte Perspektive einer Kritik am klassischen Verständnis der
Umfrageforschung unter Beibehaltung der analytisch-explanativen Perspektive und unter Aufnahme der o. a. Kritik an einem wohl zu einfachen Verständnis von „wahren Werten" aufgegriffen
werden. Im speziellen soll ein theoretisches Modell entwickelt werden, daß situationsspezifische
Reaktionen bei der Befragung erklären und in diesem Rahmen die Bedeutung des Konzeptes
des „wahren Wertes" präzisieren soll. Das Erklärungsargument beruht auf einer Theorie des sozialen Handelns, in dem Handeln als das Resultat der Bewertung von in einer Situation wahrgenommenen Handlungsalternativen in Hinsicht auf Konsequenzen der Handlung, als „Problemlösung"
also, verstanden wird. Dazu soll zunächst ein knapper Überblick über die wichtigsten Ergebnisse
zu systematischen „Fehlern" bei der Datenerhebung gegeben werden. Dann sollen einige zur Deutung dieser Effekte im Rahmen der Methodenforschung entwickelte Erklärungsansätze skizziert
und auf Gemeinsamkeiten hin untersucht werden. Das Ergebnis führt zur Formulierung eines
allgemeinen Modells, zu einer allgemeinen Erklärung des Befragtenverhaltens, das dann zur Deutung einiger Regelmäßigkeiten und Analyse einiger bekannter und einiger kontra-intuitiver Effekte verwandt wird. Ein resümierendes Fazit zur Beurteilung des Konzeptes des „wahren Wertes"
vor dem Hintergrund dieser Darlegungen soll den Beitrag beschließen.

II. Systematische Fehler bei der Datenerhebung

Das Resultat der unterdessen schon jahrzehntelangen Forschung zu Fehlern bei der Datenerhebung läßt sich durchaus in wenigen zentralen Aussagen zusammenfassen (vgl.
dazu insgesamt *Esser* 1975, 1984a). Zwei wichtige Arten systematischer Fehler lassen
sich im Prinzip unterscheiden: inhaltsunabhängige Verzerrungen und inhaltsbezogene
Reaktionen.
Die sogenannte *Zustimmungstendenz* ist eine systematische Reaktion ohne Bezug auf
den manifesten Frageeinhalt. Zwei Erklärungen werden angeboten. Zustimmungstendenz sei einmal eine in der Persönlichkeit des Befragten fest verankerte generelle Neigung, die beim Antwortverhalten durchschlage (z. B. *Bernhard M. Bass* 1956). Der
„Yeah-Sayer" (*Arthur Couch* und *Kenneth Keniston* 1960) weise eine nur geringe

Ich-Stärke und schwach selbstbewußte Kontrollorientierung auf. Zustimmung sei eine Strategie zur Minimierung unüberschaubarer Konsequenzen. Gelegentlich wird die Zustimmungstendenz auch als durch Alltagserfahrungen geprägte Behauptungsstrategie von Personen in stark unterprivilegierten Lebenslagen erklärt (*A. Paul Hare* 1960, *Gerhard Lenski* und *John C. Leggett* 1960). Daneben gelten Elemente der Situation, insbesondere die Ambiguität des Frageinhaltes, als Auslöser für Zustimmungstendenz (vgl. z. B. *Mary R. Jackman* 1973). Insgesamt läßt sich festhalten, daß Zustimmungstendenz als systematische Reaktion in Situationen hoher Diffusität bei Personen auftritt, die solche Situationen nicht auf andere Weise zu steuern gewohnt sind und „Deferenz" und Anpassung als einzige Behauptungsstrategie kennen.

Zur Erklärung der wichtigsten Form inhaltsbezogener Verzerrungen, der *sozialen Erwünschtheit*, gibt es eine ähnliche Unterscheidung: soziale Erwünschtheit als in der Persönlichkeit verankertes Bedürfnis nach sozialer Anerkennung einerseits und als durch die Situation der Datenerhebung beeinflußte Abweichung von einem vorgestellten „wahren Wert", der aus gewissen Konsequenzenbefürchtungen nicht offengelegt werde, andererseits. Die verschiedenen Skalen zur Messung von sozialer Erwünschtheit (*Allen L. Edwards* 1957, *Douglas Crowne* und *David Marlowe* 1964, *Karl F. Schuessler* u. a. 1978) knüpfen sämtlich am Persönlichkeitskonzept an: Personen mit geringem SelbstBewußtsein neigen demzufolge eher dazu, sich zur Erlangung sozialer Anerkennung oder zur Vermeidung von Mißbilligung in ihren Antworten an (vermutete) Erwartungen der jeweiligen Interaktionspartner oder eine vorgestellte Öffentlichkeit anzupassen. Andererseits wird bereits daraus deutlich, daß eine solche Anpassung der Antworten von der Art der erfragten Merkmale (der sogenannten trait-desirability) und den jeweils vermuteten normativen oder nichtnormativen Erwartungen abhängt (vgl. auch die Übersicht bei *Theresa J. DeMaio* 1984).

Es lassen sich zwei Quellen derartiger Erwartungen benennen. Einerseits handelt es sich um internalisierte Rollenvorstellungen, in denen äußere Merkmale des Befragten (z. B. Geschlecht und Alter) mit anderen Merkmalen (z. B. Einstellungen) verbunden sind. *Derek L. Phillips* und *Kevin J. Clancy* (1972) stellten z. B. fest, daß Befragte ihre Antworten zu Fragen über Neurotizismus nach Geschlechtsrollenerwartungen orientierten, ohne daß damit in jedem Fall eine Korrespondenz zum „wahren Wert" verbunden gewesen wäre. Diese Ausrichtung von Antworten an internalisierten Rollenerwartungen sei als *kulturelle soziale Erwünschtheit* bezeichnet. Zweitens werden die Erwartungen erst in der spezifischen Situation aktualisiert: gewisse Merkmale und Signale „definieren" (mehr oder weniger deutlich und rasch) die (vermuteten) Erwartungen, so daß die gleiche Person je nach Situation sich an unterschiedlichen Kriterien sozialer Erwünschtheit zu orientieren hat. In diesem Zusammenhang sind vor allem die Effekte von Merkmalen der Interviewer (vgl. *Esser* 1984b, *Steinert* 1984), die Anwesenheit Dritter, der erkennbare „Sponsor" der Untersuchung u. a. nachgewiesen worden. Derartige Reaktionen seien mit *situationaler sozialer Erwünschtheit* bezeichnet.

Ein Spezialfall des Problems sozialer Erwünschtheit sind die sogenannten heiklen und bedrohlichen Fragen: so wie Personen — in nach Person und Situation variierender Weise — dazu neigen, sich sozial erwünschte Eigenschaften verstärkt zuzuschreiben, so suchen sie andererseits tabuisierten

Themen auszuweichen (z. B. durch Meinungslosigkeit) oder sozial unerwünschte Eigenschaften abzustreiten. Dies hängt im Ausmaß vor allem von der (vermuteten) Überprüfbarkeit der Angaben und von der (vermuteten) Vertraulichkeit der Situation und Datenbehandlung ab (vgl. *Seymour Sudman* und *Norman M. Bradburn* 1974, *Bradburn, Sudman, Blair* und *Stocking* 1978). *DeMaio* (1984) hat zurecht darauf hingewiesen, daß es sich beim Problem der bedrohlichen oder unangenehmen Fragen lediglich um einen Spezialfall des Problems der sozialen Erwünschtheit handelt.

Man kann zusammenfassen, daß Verzerrungen von Antworten nach sozialer Erwünschtheit sich als kombiniertes Resultat von Motiven, Bedürfnissen und Bewertungen einerseits (sei es als stabiles Bedürfnis nach sozialer Anerkennung, als Konformität zu Rollenvorstellungen oder als Versuch, irgendein anderes, mit dem Antwortverhalten subjektiv verbundenes, Ziel zu erreichen) und gewissen Erwartungen über den Zusammenhang einer Antwort mit gewissen Konsequenzen erklären lassen.

Die Bedeutsamkeit einer *gemeinsamen* Betrachtung aller in der Literatur und in den empirischen Untersuchungen meist nur getrennt betrachteter Aspekte zur Erklärung sozial erwünschter Antworten ist insbesondere bei der Lösung der sogenannten *Orne-Rosenberg*-Kontroverse erkennbar geworden. *Martin T. Orne* (1962) hatte die Hypothese vertreten, daß Versuchspersonen allgemein danach streben, die Hypothese des Versuchsleiters zu bestätigen. Er nannte seine Konzeption die des „good subject". Danach habe die „gute" Versuchsperson nichts anderes im Sinn, als die Rolle des Forschungssubjekts so gut wie möglich auszuüben und insbesondere dem Versuchsleiter zu helfen, seine Vermutungen zu bestätigen. Es wurde sogar behauptet, daß über derlei Vorgänge die Mehrzahl von Ergebnissen z. B. von Hypnoseexperimenten zu erklären sei. Dem gegenüber stellte *Milton J. Rosenberg* (1969) sein Konzept der „evaluation apprehension", wonach Versuchspersonen allgemein dazu neigen würden, im Forschungskontakt alles zu vermeiden, was nach einer Verletzung allgemeiner Normen aussehen könnte. Insbesondere käme es der typischen Versuchsperson darauf an, eine positive Bewertung durch den Versuchsleiter zu erhalten bzw. zumindest eine negative Bewertung zu vermeiden, wobei diese Bewertung Eigenschaften umfaßt wie „emotional adequacy, his mental health" oder die Vermeidung des Eindruckes von „poor adjustment or immaturity" (*Rosenberg* 1969, S. 28 f.). Die Lösung dieser „Kontroverse" wurde von *Irwin Silverman* und *Arthur D. Shulman* (1970), *H. Sigall u. a.* (1970) und *John G. Adair* und *Brenda S. Schachter* (1972) in je ähnlicher Weise vorgeschlagen: je nach Stimulus-Situation beim Forschungskontakt, z. B. aus Äußerungen und Eigenschaften des Versuchsleiters erschließend, entscheidet sich die Versuchsperson für die sozial erwünschte Reaktion, von der sie am sichersten ist, daß sie auch tatsächlich erwünscht ist. Wenn die Versuchsperson beispielsweise annehmen muß, daß ein hypothesengerechtes Verhalten erwartet wird, dann reagiert sie als *Orne*sches „good subject". Wenn jedoch keine genauen Hinweise vorliegen, dann reagiert die Versuchsperson in Hinsicht auf als allgemein bekannte Normen. Und − so ist hinzuzufügen − wenn die Versuchsperson die „Befragtenrolle", also das methodisch erwünschte Verhalten, als das vorrangig verlangte Verhalten erschließen kann, dann wird eine sozial erwünschte Reaktion sogar die methodisch erwünschte „gültige" Reaktion sein. In diesem − empirisch wohl nicht so häufigen − Fall läge dann paradoxerweise trotz „Reaktivität" keine invalide Reaktion vor.

Insgesamt wird deutlich, daß sich die Reaktion bei der Datenerhebung durch fixe Orientierungen und „Neigungen" alleine nicht, aber auch nicht lediglich über Situationselemente erklären läßt, sondern daß Befragte die *gesamte* Situation vor dem Hintergrund von durch „persönlichen" bzw. auf ihre Interessen und Einbindungen bezogenen Zielen und Erwartungen bewerten und interpretieren. Insofern stimmen interaktionistische Kritik und die Ergebnisse der analytisch orientierten Methodenforschung durchaus überein. Zwei Fragen bleiben: Läßt sich die erkennbare Konvergenz in der theoretischen Erklärung der Effekte weiter präzisieren? Welche Bedeutung hätte in einem solchen theoretischen Zusammenhang das Konzept des „wahren Wertes"?

III. Erklärungen des Befragtenverhaltens

Bereits die ältere Methodenforschung zum Interview hatte betont, daß die Befragung ein sozialer Prozeß sei und daß das Resultat der Datenerhebung von den wechselseitigen Wahrnehmungen und Orientierungen der Akteure abhängig sei (vgl. *Robert L. Kahn* und *Charles F. Cannell* 1968, S. 153). Die Frage blieb jedoch, über welche Mechanismen das Verhalten speziell bestimmt ist.

Hier führt eine Orientierungshypothese weiter, die *Derek L. Phillips* in seiner oben bereits angesprochenen fundamentalen Kritik am herkömmlichen Verständnis der Datenerhebung in den Sozialwissenschaften formuliert hatte. *Phillips* (1971, 1973) gründete seine Kritik darauf, daß in den herkömmlichen Annahmen der Grundmechanismus aller sozialen Prozesse völlig außer Acht gelassen werde, der das Handeln im Alltag wie dann auch beim Forschungskontakt bestimme: das Eigeninteresse jedes Akteurs, seinen persönlichen Nutzen zu mehren und dabei vor allem nach sozialer Anerkennung zu streben. *Phillips* glaubt sich in diesem Grundtheorem einig mit anderen Vertretern des Symbolischen Interaktionismus zu wissen und deutet mit Hilfe dieser Annahme die von ihm referierten Ergebnisse der soziologischen und sozialpsychologischen Artefakt-Forschung. Das allgemeine Ziel des (kooperationsbereiten) Befragten sei es danach, in der Situation der Datenerhebung zu einer — alles in allem — optimalen Eindruckskontrolle zu gelangen, so daß er ein Höchstmaß an Anerkennung und persönlicher Befriedigung aus dem Forschungskontakt ziehen könne. Um dieses Ziel zu erreichen, nutze der Befragte alle ihm zur Verfügung stehenden Signale, deute und interpretiere die vermuteten Absichten des Interviewers bzw. des Versuchsleiters und richte sein Verhalten danach und nach den eigenen Zielsetzungen aus. Eine „wahre" Antwort sei nur aufgrund derartiger Nutzen-Kosten-Überlegungen zu erwarten: wenn die Konsequenzen aus einer falschen Antwort entweder als unbedeutend oder als wahrscheinlich nicht eintretend eingeschätzt würden (vgl. *Phillips* 1971, S. 89 f.)

Phillips hat mit dieser Idee, daß eine gültige Reaktion dann eintritt, wenn im Vergleich zu anderen möglichen Reaktionen ihr subjektiver Nutzen höher ist, den Schlüssel zu einer allgemeinen Erklärung geliefert: es sind nicht allein die „Motive", die „Normen", die erwarteten Sanktionen usw., sondern der *Vergleich* verschiedener, alternativ möglicher Reaktionen, aus denen sich dann schließlich die Entscheidung zu einer bestimmten — dann möglicherweise auch von der „wahren" Einstellung abweichenden — Reaktion ergibt.

Unterhalb dieser allgemeinen Deutung gibt es eine Reihe von spezielleren Ansätzen, die im Prinzip eine ähnliche Idee verfolgen. Dazu zählt die von *Kurt Holm* (1974) formulierte „Theorie der Frage". Danach ergebe sich die empirische Antwort in der Befragungssituation aus drei Komponenten: aus der Zieldimension der Frage (dem „wahren Wert"), aus eventuell angesprochenen Fremddimensionen und aus einem Faktor, den *Holm* „soziale Wünschbarkeit" nennt. *Peter Atteslander* und *Hans Ulrich Kneubühler* (1975) interpretieren die verbale Reaktion bei der Befragung in ähnlicher Weise als das Resultat eines Reizes und der darauf vom Befragten vorgenommenen Deutung, Bewertung und Reaktionsermittlung. Bei Reizdeutung, Reizbewertung und Reaktionsermittlung spielen jeweils „Normen" eine entscheidende Rolle. Diese Normen werden von *Atteslander* und *Kneubühler* in dreierlei Weise differenziert: gesamtgesellschaftlich prävalente Normen, gruppenspezifische Normen und interviewspezifische Normen. Die Reaktionsvermittlung und die verbale Reaktion erfolgt dann vor dem Hintergrund von Nutzenerwägungen im Hinblick auf befürchtete Sanktionen, die sich aus einer eventuellen Verletzung dieser Normen ergäben. Schließlich wurde auch von *Esser* (1975) das Verhalten des Befragten als Interaktions-Strategie interpretiert, die der Befragte angesichts unterschiedlicher Bedingungen im Interview wählt. Es sind insbesondere zwei Situationsbedingungen, die zu jeweils unterschiedlichen Interaktionsstrategien zwingen: die Ambiguität und die Diffusität der Situation einerseits und die Bedeutung bzw. die Höhe der möglichen Risiken aus der Situation andererseits. Das schließliche Verhalten im Interview ist danach das Resultat des Versuchs, mit Ambiguität und eventuellen Konsequenzen aus der Situation möglichst risikolos und identitätserhaltend umzugehen; diese allgemeine Deutung – das Interview als „strategische Interaktion" – greifen (unter expliziter Anknüpfung an interaktionistische Vorstellungen) später auch *Hoag* und *Allerbeck* (1981, S. 424) zur Erklärung von Interviewereffekten auf.

Es ist deutlich geworden, daß alle speziellen Modelle im Grunde das Verhalten des Befragten als Ergebnis einer nach Nutzen-Kosten-Erwägungen erfolgten Entscheidung zwischen Handlungsalternativen erklären. Diese Entscheidung erfolgt einerseits auf der Grundlage einer Orientierung an den Präferenzen, Zielsetzungen und normativen Einbindungen der Personen und zweitens vor dem Hintergrund der Perzeption bzw. Kognition der Situation und den damit jeweils vorliegenden Ambiguitäten, Risiken und Möglichkeiten. Die Bestimmungsgründe des Antwortverhaltens sind ersichtlich, wenngleich in gewissen terminologischen Abweichungen, in den interaktionistischen und aus der Methodenforschung stammenden Erklärungsskizzen in ähnlicher Weise formuliert: das Antwortverhalten ist das kombinierte Resultat des „wahren Wertes", also der „personalen Identität" der Person auf der Zieldimension der jeweiligen Frage, und der sonstigen in der Situation aktualisierten Erwartungen und Situationsdefinitionen vor dem Hintergrund der gesamten Zielsetzungen und Interessen des Befragten.
Die Konvergenzen zwischen interaktionistischen und herkömmlichen bzw. an Kosten-Nutzen-Erwägungen orientierten Erklärungsansätzen bestätigen sich nicht zuletzt durch den Beitrag, den *Steinert* (1984) kürzlich zur Erklärung von Situationseffekten bei der Befragung vorgelegt hat. *Steinert* interpretiert – aus dezidiert interaktionistischer und methodenkritischer Sicht – das Geschehen beim Interview als eine mehrstufige *Entscheidung* des Befragten. Nach der – wie immer zustande gekommenen – Entscheidung zur Teilnahme und zur Antwortgabe erfolge eine Typisierung und Hierarchisierung der Merkmale des Interviewers. Dabei würden Vermutungen über die Interessenlage bezüglich des behandelten Themas auf der Grundlage vor allem der sichtbaren Eigenschaften des Interviewers angestellt und Wissen über mögliche Erwartungen mobilisiert. Die so gewonnenen Orientierungen bestimmen die Beurteilung möglicher Handlungsalternativen. Die „Entscheidung" für eine bestimmte Reaktion fiele dann mit dem Ziel vor allem der konfliktfreien Abwicklung der einmal begonnenen Interaktion (*Steinert* 1984, S. 19 ff.). Der Grundmechanismus wird ausdrücklich darin gesehen, daß das „Äußern einer bestimmten Meinung eine soziale Handlung (sei), mit der in einer bestimmten Situation ein bestimmtes Ziel erreicht werden soll" (*Steinert* 1984, S. 50).
Damit läßt sich als erstes Ergebnis zusammenfassen: Befragtenverhalten könnte als

Spezialfall einer allgemeinen Theorie des situationsorientierten Handelns aufgefaßt werden. Danach nehmen Akteure die Situationselemente zunächst wahr, bewerten sie vor dem Hintergrund aktualisierter Vermutungen über mögliche Konsequenzen und „Alltagstheorien" über Erwartungen und wählen schließlich die Reaktion aus, die ihre Ziele (vermutlich) am ehesten bedient 'und ihre Identität möglichst bestärkt oder wenigstens unbeschädigt erhält.

Welche Bedeutung hat aber in diesem Zusammenhang noch das Konzept des „wahren Wertes"? Auch für diesen Aspekt ist ein erstes Zwischenergebnis festzuhalten: selbstverständlich sind alle für einen Befragten in einer Situation relevanten Orientierungen „wahr" im Sinne von „sozial wirksam".

Dies meinte *Manning* mit seinem Satz, daß Befragte nicht lügen. Andererseits — und dies wird im Enthusiasmus der Artefakt-Forschung gelegentlich übersehen — schrumpft der Fragestimulus und die damit beim Befragten auch gelegentlich aktualisierte Einstellung nicht in jedem Fall zur Bedeutungslosigkeit. Darauf hatte *Holm*s „Theorie der Frage" hingewiesen. Dies wird implizit auch dadurch belegt, daß sowohl die Zustimmungstendenz wie die Situationseffekte nur dann wirksam werden, wenn die Interessenlage und die Einstellungsintensität der Befragten in bezug auf die „Zieldimension" nur relativ schwach ausgeprägt sind (vgl. dazu *Sudman* und *Bradburn* 1974). Wohl nicht zufälligerweise lassen sich situationale Effekte und Einflüsse der Instrumentenveränderung dann am ehesten nachweisen, wenn man nach non-attitudes oder nach nur schwach verankerten Konzepten wie z. B. „allgemeine Lebenszufriedenheit" fragt. Anders gesagt: eine in der personalen Identität des Befragten tief verankerte Einstellung (als „wahrer Wert") ist *einer* der möglichen Orientierungspunkte des Befragten bei der Auswahl seiner Reaktion. Ein vollständiges Erklärungsmodell wird darauf zu achten haben.

IV. Befragtenverhalten als „rationales Handeln"

Es fällt nicht schwer, in den oben skizzierten Gemeinsamkeiten bei der Interpretation des Geschehens im Interview grundlegende Elemente der Theorie des rationalen Handelns in Gestalt der Wert-Erwartungs-Theorie wiederzufinden: Personen wählen die ihnen vorstellbare Handlungsalternative, die am ehesten angesichts der vorfindbaren Situationsumstände bestimmte Ziele zu realisieren verspricht. Daher wird im folgenden dieser Ansatz als Grundlage der erforderlichen Präzisierung und Verallgemeinerung der oben besprochenen speziellen Orientierungshypothesen interaktionistischer und interviewpsychologischer Art gewählt, zumal dieser Ansatz als nicht-behavioristische Theorie an zentraler Stelle die Funktion von „Alltagstheorien", das bewertende Abwägen von Alternativen und Konsequenzen und den Einfluß von Situationsänderungen berücksichtigt (vgl. allgemein zu diesem Ansatz *Werner Langenheder* 1975, *Hubert M. Blalock* und *Paul H. Wilken* 1979) und damit auch in Einzelheiten mit den interaktionistischen Orientierungshypothesen wenigstens kompatibel ist.

Das Grundprinzip dieser Handlungserklärung ist rasch benannt. Personen stellen sich — so die Annahme — in einer gegebenen Situation auf der Grundlage gewisser, durchaus variabler Bedürfnisse (wie das nach personaler Identität, sozialer Anerkennung, materiellem Wohlergehen oder ewigem Heil) Ziel-Situationen vor, die sie unterschiedlich bewerten. Dieser Satz an Zielsituationen und die Intensität ihrer Bewertung sei mit U_1, $U_2 \ldots U_n$ bezeichnet. Zweitens gebe es einen Satz von der in der Situation vorgestellten Handlungsalternativen A_1, $A_2 \ldots A_m$. Mit den Zielen verbunden sind diese Handlungsalternativen über subjektive Erwartungen $p_{11} \ldots p_{ij} \ldots p_{mn}$ der Personen, daß eine bestimmte Handlung A_i zum Ziel (der Bewertung U_j) führe. Diese Erwartungen können von null (Zielerreichung ausgeschlossen) bis eins (Zielerreichung sicher) reichen. Anders als gelegentlich angenommen, wird hier davon ausgegangen, daß die Summe der Wahrscheinlichkeiten nicht zwingend gleich 1 sein muß. Es wird nun weiter angenommen, daß der Akteur für jede einzelne Handlungsalternative A_1 in bezug auf jedes Ziel eine Gewichtung mit der zugehörigen subjektiven Wahrscheinlichkeit vornimmt. Dies geschieht über die Bildung von Produkten der Zielbewertung U_j mit der subjektiven Wahrscheinlichkeit p_{ij} (für die kognitive Verbindung von Ziel j mit der Handlung A_i). Der Grund ist leicht einsehbar: wenn in dem Produkt $p_{ij}U_j$ entweder die Erwartung (p_{ij}) oder die Bewertung (U_j) für ein vorgestelltes Ziel gering sind, ist auch der Wert des Produktes, die „Relevanz" der Handlung (oder die Handlungstendenz) zur Realisierung bedeutsamer Ziele, nur gering. Für jede Handlung werden die Handlungstendenzen in bezug auf jedes Ziel bestimmt. Welche Handlung wird nun aber „gewählt"? Dazu nimmt der Akteur eine weitere Kalkulation vor: für jede Handlung A_i wird die *Summe* der Produkte $p_{ij}U_j$, also: $\Sigma\ p_{ij}U_j$ gebildet. Das Ergebnis ist, daß nun für jede Handlungsalternative eine solche Summe vorliegt. Diese Summe wird auch als die „subjective expected utility", die subjektive Nutzenerwartung der Handlung i (SEU_i) bezeichnet. Gewählt wird schließlich die Handlung mit der höchsten subjektiven Nutzenerwartung aller vorgestellten Handlungsalternativen.

Das Prinzip sei an einem vereinfachenden Beispiel einer Befragungssituation erläutert. Es gebe drei Handlungsalternativen (A_1 als Zustimmung, A_2 als Unentschiedenheit, A_3 als Ablehnung einer Aussage). Zweitens habe der Befragte zwei „Ziele": das Bekenntnis zu einer politischen Grundüberzeugung mit der Intensität U_1 und die Erlangung sozialer Anerkennung gegenüber einem Interviewer bestimmten Aussehens mit der Bedürfnisintensität U_2. Die subjektiven Wahrscheinlichkeiten für die (vermuteten) Verbindungen zwischen den Handlungsalternativen betrügen zwischen A_1 und U_1 bzw. U_2 .80 und .00, zwischen A_2 und U_1 bzw. U_2 .40 und .20 und zwischen A_3 und U_1 bzw. U_2 .00 und .40. Die Intensität des Zieles 1 betrage $U_1 = 10$ und die des Zieles 2 $U_2 = 5$. Daraus ergäbe sich die Matrix mit den entsprechenden SEU-Werten (*Tabelle 1*).

Da die Alternative A_1 den höchsten SEU-Wert aufweist, wählt der Akteur die „Zustimmung" (in diesem Fall: in Übereinstimmung mit seinem „wahren Wert").

Aus Einfachheitsgründen (und weil sich am Prinzip keine Änderung ergibt) wurde nur von positiven Werten (dem „Nutzen") der Ziele U_i ausgegangen. Ohne weiteres könnte man das Schema auch um negativ bewertete Ziele (die „Kosten" C_j) erweitern und auf diese Weise Handeln als Wahl der Handlung mit dem höchsten Netto-Nutzen bzw. den geringsten Netto-Kosten erklären. Dieses wäre schon deshalb erforderlich, weil jeder Nutzen der nicht gewählten Handlung als Opportunitätskosten der gewählten Hand-

Tabelle 1: Die Bestimmung der subjektiven Nutzenerwartungen von Handlungsalternativen*

	p_{i1}	p_{i2}	$p_{i1}U_1$	$p_{i2}U_2$	$p_{ij}U_j = SEU_i$
A_1	.80	.00	(.80) 10	(.00) 5	8 + 0 = 8
A_2	.40	.20	(.40) 10	(.20) 5	4 + 1 = 5
A_3	.00	.40	(.00) 10	(.40) 5	0 + 2 = 2

* Zur Symbolik vgl. den Text.

lung gelten muß. Die Einbeziehung von Kosten würde es auch erlauben, die Inkonsistenz der gewählten Handlung zu beziffern: Handlungen, die — gegenüber Alternativen — nur Nutzen aufweisen, sind weniger streßerzeugend als solche, bei denen relativ hohe Opportunitätskosten (auch bei gleichem Netto-Nutzen) anfallen (vgl. dazu Näheres unten; vgl. allgemeiner zu diesem Problem *Esser* 1986b). Dies ist für Befragungssituationen dann von Bedeutung, wenn z. B. durch Anonymitätszusicherungen oder durch Ausschluß der Anwesenheit dritter Personen die subjektiven Wahrscheinlichkeiten für sozial erwünschte Antworten unmittelbar beeinflußbar sind und die befürchtete Reaktion einer Bezugsumwelt dann nicht mehr als Kosten einer an der „wahren" persönlichen Einstellung orientierten Antwort zu Buche schlägt.
Auf welche Weise könnte man nun aber die Variabilität von Situationen und die im interpretativen Paradigma betonte Offenheit und Vielfalt von „Identitäten" berücksichtigen? Zwei Lösungen bieten sich an. Die erste geht — noch in bloßer Erweiterung der Annahmen des normativen Paradigmas — davon aus, daß Akteure für verschiedene Situationen unterschiedliche Sätze von Alternativen, Zielen, Bewertungen und subjektiven Wahrscheinlichkeiten gespeichert haben. Statt *eines* Satzes von SEU-Werten für einen bestimmten Satz von Handlungsalternativen gibt es nun k *verschiedene* solcher Sätze von SEU-Werten für die Handlungsalternativen in unterschiedlichen Situationen. Es wird nun weiter davon ausgegangen, daß diese k verschiedenen Situationen so typisiert und so stabil sind, daß der Akteur sie leicht identifizieren und sich in seiner „situationsspezifischen" Identität auf sie einstellen kann. Ein Beispiel wäre die Typisierung von Bewertungen und Erwartungen nach Geschlechtskonstellationen bei Interaktionen: je nach Konstellation variieren die Zielbewertungen *und* die subjektiven Wahrscheinlichkeiten für bestimmte Reaktionen. Eine Identifizierung der jeweils „relevanten" Situation ist wegen der hohen Sichtbarkeit der Merkmale in diesem Fall auch leicht und unzweifelhaft möglich. Rollenhandeln wäre das typische Beispiel für diesen Fall.
Zweitens — und dies wäre der vom Interaktionismus eher gemeinte Fall — kann man annehmen, daß sich die Zielbewertungen und die subjektiven Wahrscheinlichkeiten in gewissen („neuen") Situationen erst herausbilden oder „definiert" werden. Eine undefinierte Situation wäre eine solche, in der Unsicherheit über die Konsequenzen aller Handlungsalternativen herrscht. Nachfragen, Erläuterungen, nonverbale Signale u. a. können dann — nach und nach — zur Erhöhung der subjektiven Wahrscheinlichkeiten für bestimmte Handlungsalternativen, zur „Definition der Situation" beitragen und damit erst zu systematischen Handlungen führen.

Dies sei ebenfalls an einem Beispiel kurz demonstriert: gegeben seien wieder die o. a. drei Handlungsalternativen und beiden Ziele (mit den entsprechenden Bewertungsintensitäten). Für U_1 („politische Identität") seien jedoch alle p_{i1}-Werte = 0 (z. B. weil die Frage nicht verstanden wurde). Für U_2 („soziale Anerkennung") läge der (in Abschnitt II erläuterte) Fall einer leichten Zustimmungstendenz (in Ermangelung einer inhaltlich definierten Erwünschtheitsvermutung) vor. Wenn U_1 wieder einen Wert von 10, und U_2 einen solchen von 5 aufweist, ergäbe sich die folgende SEU-Verteilung für die drei Handlungsalternativen (*Tabelle 2*).
Das Ergebnis: eine recht instabile Tendenz zur inhaltsunabhängigen Zustimmung.

Tabelle 2: Handlungswahl bei einer undefinierten und einer definierten Situation*

a) undefinierte Situation				b) definierte Situation		
	P_{i1}	P_{i2}	SEU_i		P_{i1}	P_{i2}	SEU_i
A_1	.00	.20	1	A_1	.00	.20	1
A_2	.00	.10	.5	A_2	.20	.10	2.5
A_3	.00	.00	0	A_3	.80	.00	8

* Zur Symbolik vgl. den Text.

Nun werde — z. B. durch Nachfragen — die Situation „definiert" (*Tabelle 2b*). Dies bedeutet nichts anderes, als daß sich deutlich differenzierende subjektive Wahrscheinlichkeiten ausbilden (wie auch immer: durch Aushandeln, Verweisen, Erläutern, kognitives Assoziieren). Das Ergebnis ist, daß nunmehr eine inhaltsbezogene Reaktion (bei Fortdauer einer latent bleibenden leichten Zustimmungstendenz!) erfolgen kann. Selbstverständlich hätte sich die „Definition der Situation" auch auf U_2 beziehen können — z. B. indem der Interviewer seine politische Ansicht signalisiert und damit die Richtung der situationalen Erwünschtheit geklärt hätte. In diesem Falle wäre die Entscheidung zugunsten der Alternative A_3 je nach Ausrichtung der Situationsdefinition nicht so eindeutig (oder sogar: noch deutlicher) ausgefallen. Es wird schon hier erkennbar: ohne Kenntnis der Richtung der situationalen Erwünschtheit und der Ausprägung und Intensität der personalen Identität läßt sich über das Antwortverhalten nichts aussagen. Vor der Übertragung und weiteren Anwendung des Modells auf die Situation der Datenerhebung seien noch einige Anmerkungen angefügt. Es wird davon ausgegangen, daß die Zielbewertungen (als Folge von Bedürfnissen und Identifikationen) relativ stabil, wenngleich im Prinzip auch änderbar sind. Sie entstehen vor allem durch Lernen bzw. Konditionierung und durch die Zugehörigkeit zu stabilen Milieus sozialer Kontrolle. Die subjektiven Wahrscheinlichkeiten sind hingegen sehr viel stärker variabel. Sie werden aus ebenfalls gelernten „Alltagstheorien" ebenso wie aus kurzfristigen Vermutungen, Kommunikationen und Situationswahrnehmungen bezogen. Über sie vor allem „wirken" die Eigenschaften und Handlungen anderer Akteure auf die Handlungsentscheidungen einer Person in einer bestimmten Situation.
Die psychologischen Prozesse bei der Herausbildung von Zielbewertungen und situati-

ven subjektiven Wahrscheinlichkeiten sind die der Perzeption von Situationsmerkmalen und Symbolen sowie kognitive Prozesse der Erinnerung und der Assoziationsbildung. Bei starker Variabilität von Perzeption (z. B. wegen hoher Ambiguität des Fragestimulus oder der sonstigen Situationsmerkmale) und der Kognition (z. B. bei non-attitudes, lange zurückliegenden oder bedeutungslosen Ereignissen) ist daher auch nicht mit stabilen Reaktionen zu rechnen. In diesen Fällen können — nahezu beliebige — kurzfristige Situationsdefinitionen und „Kontexte" (z. B. des sonstigen Fragebogeninhaltes oder situativ eingeführter Stimuli) das Geschehen völlig beherrschen.

V. Die handlungstheoretische Typisierung der Befragungssituation

Die Erklärung valider bzw. „verzerrter" Reaktionen im Rahmen der oben skizzierten allgemeinen Theorie macht eine weitere Typisierung der Befragungssituation erforderlich. Wir wollen uns hier auf die letzte Stufe von „Entscheidungen" eines Befragten, die inhaltliche Antwort, beschränken (nach der im Prinzip ähnlich erklärbaren Entscheidung zur Teilnahme an der Befragung und nach der Entscheidung, überhaupt eine Anwort zu geben).
Die *Handlungsalternativen* sind die auf eine Frage möglichen Antworten A. Wir wollen im folgenden immer nur zwei Alternativen, A_i und A_j, betrachten.
Die *Situation* wird im Prinzip aus zwei Elementen konstituiert: aus dem *Frageinhalt* (einschließlich eventueller Antwortvorgaben) und den *anderen* (sichtbaren oder erschlossenen) *Merkmalen* der Situation, wie Interviewer-Eigenschaften, Anschreiben, Anwesenheit Dritter u. a.
Die *Handlungsziele* des Befragten und ihre Bewertungen in Nutzen und Kosten seien in drei Dimensionen untergliedert: erstens die Bedeutung und Intensität der mit einer Frage angezielten Einstellung für den Befragten selbst; bei einer deutlich ausgeprägten „privaten" Einstellung würde — ceteris paribus — eine abweichende Antwort (relativ) hohe Kosten verursachen. Die Lage dieser Einstellung (auf der Skala der Antwortvorgaben) sei der „wahre Wert" und als latentes Merkmal Teil der *personalen Identität* des Befragten (mit der Intensität U_t). Zweitens die Bedeutung von (sub-)kulturellen Normen und der sozialen Anerkennung in einem Alltagsmilieu. Dies sei hier als *kulturelle Identität* (mit der Intensität U_c) bezeichnet. Die kulturelle Identität bezieht sich vor allem auf internalisierte Rollen (und wird insofern von der personalen Identität nur schwer zu unterscheiden sein) und auf die soziale Kontrolle einer Bezugsumgebung (und läßt in diesem Falle im Prinzip auch situationale Abweichungen von der personalen Identität zu). Diese Dimension sei im folgenden zunächst nicht weiter unterschieden.
Wichtig ist drittens zur Erklärung von situationsbezogenen „Verzerrungen" die Beachtung aller möglicher sonstiger Konsequenzen, v. a. der *situationalen Erwünschtheit* einer Antwort. Die Intensität der situationalen Erwünschtheit (U_s) ist von allen den „Bedürfnissen" abhängig, die der Befragte durch die Situation tangiert sieht. Oben war davon ausgegangen worden, daß Personen „Typen" von Situationen identifizieren, für die es durchaus unterschiedliche Intensitäten von Konsequenzenerwartungen gibt.

Ist eine solche Identifikation des Typs der Situation nicht möglich, ist auch eine spezifische Reaktion nicht zu erwarten.

Im speziellen sind zwei Arten von situationsbezogenen Bedürfnissen zur Analyse von Erwünschtheitseffekten zu unterscheiden: der „need for social approval", wie er über die einschlägigen Erwünschtheitsskalen zu messen gesucht wird; sowie alle anderen, mit einer (identifizierten) Situation angesprochenen Interessenlagen eines Befragten, der z. B. nach abweichendem Verhalten oder gewissen Rollenerwartungen gefragt wird und befürchten muß, daß die Offenbarung seines „wahren Wertes" zu negativen Konsequenzen führt (bzw. daß die Angabe einer „sozial erwünschten" Antwort belohnt werde). Da es bei den „bedrohlichen" Fragen bzw. bei Fragen mit hoher „trait desirability" im Prinzip um Sachverhalte geht, von denen jedermann betroffen sein kann, wird verständlich, daß soziale bzw. situationale Erwünschtheit keineswegs nur bei Personen eine motivationale Grundlage hat, die über einen ungesicherten sozialen Status, daher über geringen „self esteem" und einen hohen „need for social approval" verfügen und bei Befragungen (und anderswo) zur „situationsspezifischen Wahrheit" (*Erwin K. Scheuch* 1965, S. 197) neigen. Zusammengefaßt: Die motivationale Basis sozial erwünschter Reaktionen besteht in einem generellen Bedürfnis nach sozialer Anerkennung *und/oder* (!) in der *sonstwie* erlebten Relevanz der Situation für die Interessen des Befragten, wie sie durch die Situation (Interviewer, Frageinhalt, sonstige Umstände) signalisiert wird.

Dem o. a. Ansatz zufolge ist eine systematische Reaktion nur dann zu erwarten, wenn hohe Nutzenintensitäten auf deutlich strukturierte subjektive Erwartungen über *spezifische* Folgen *bestimmter* Handlungen treffen. Für solcherart strukturierte subjektive Erwartungen, daß eine bestimmte Antwort A_j „sozial erwünscht" sei (p_{sj}), sind die Bedingungen recht komplex. Es handelt sich um drei Bedingungen, die *gleichzeitig* erfüllt sein müssen. Zunächst muß der Typus der Situation deutlich identifizierbar sein, damit überhaupt strukturierte Erwartungen aktualisiert werden können.
Die Bedeutsamkeit der hier so genannten *Sichtbarkeit* z. B. von Interviewereigenschaften wird daraus verständlich. Zweitens müssen sich mit den (identifizierten) Situationsmerkmalen klar typisierte, unterschiedliche Konsequenzenerwartungen verbinden: man muß davon ausgehen können, daß z. B. männliche und weibliche Interviewer evtl. Antworten zu einem bestimmten Thema mit deutlich unterschiedlichen Bewertungen versehen. Dieser Aspekt sei mit *Stereotypisierung* (von Alltagstheorien über Typen anderer Akteure in einer Interaktionssituation) bezeichnet. Erst wenn Sichtbarkeit *und* (!) Stereotypisierung gleichzeitig vorliegen, kann es zu deutlichen Erwünschtheitseffekten (in Kombination mit einer gewissen Relevanz der Situation, die sich über U_s bestimmt) kommen.

Es ist eine weitere Bedingung zu nennen: Wenn der Befragte annimmt, daß seine Reaktionen nicht öffentlich werden, dann sinkt entsprechend auch der Wert von p_{sj}. Dies ist der Hintergrund von Anonymitätszusicherungen, dem Appell an die Befragtenrolle (die ja beinhaltet, daß es keinerlei personenbezogene Konsequenzen gebe) sowie aller Versuche, möglichst die relevanten „Dritten" aus der Situation herauszuhalten. Anders gesagt: erst bei *Öffentlichkeit* der Situation kann sich eine durch Sichtbarkeit, Stereotypisierung und situationale Interessen entstehende Erwünschtheitsneigung als Verhalten manifestieren.

Deutlich wird schon hier, wie speziell die Bedingungen sind, damit es überhaupt zu Situationseffekten kommen kann. Damit nicht genug. Es ist ein weiterer Aspekt hinzuzufügen: nicht jede „sozial erwünschte" Antwort ist eine „Verzerrung". Eine Verzerrung, verstanden als systematische Abweichung vom „wahren Wert", kann erst dann auftreten, wenn die situational induzierte Reaktion (A_j) von der dem „wahren Wert" entsprechenden Reaktion (A_i) abweicht. Systematische Effekte sozialer Erwünschtheit sind daher — neben den bereits genannten speziellen Bedingungen — nur bei Vorliegen einer gewissen *Differenz* von A_i und A_j feststellbar; ein Teil der Erwünschtheitseffekte ist — wenn A_i und A_j nicht differieren — empirisch von der „wahren" Reaktion nicht zu unterscheiden (vgl. auch den folgenden Abschnitt).

VI. „Valide" und „sozial erwünschte" Antworten

Nachdem nun die Grundelemente zur Erklärung des Befragtenverhaltens benannt worden sind, läßt sich präzisieren, unter welchen. Bedingungen es systematische Abweichungen von einem wahren Wert überhaupt geben kann; also: wann Befragte überhaupt „lügen" können. Dazu wird zunächst davon ausgegangen, daß die Situation eine gewisse Öffentlichkeit (zumindest: dem Interviewer gegenüber) aufweist, und daß es eine Differenz zwischen „wahrem" Wert und situationaler Erwünschheit gebe.

Vier Grundelemente der Befragungssituation lassen sich aus der handlungstheoretischen Analyse benennen. Erstens die Intensität der personalen Identität in bezug auf die erfragte Einstellung (U_t). Von einem „wahren Wert" kann man nur dann sprechen, wenn U_t einen gewissen Mindestwert aufweist. Zweitens die subjektive Erwartung, daß eine *bestimmte* Antwort (A_i) mit der latenten personalen Identität in Korrespondenz steht (p_{ti}). Diese subjektive Erwartung ist v.a. durch die Stimuluseindeutigkeit (Frageinhalt und Vorgaben) bestimmt. Aus U_t und p_{ti} ergibt sich die Handlungstendenz für eine „wahre" Antwort ($U_t p_{ti}$). Drittens wird zur Bestimmung der Handlungstendenz für eine sozial erwünschte Antwort die Intensität situationaler Bedürfnisse und Interessen (u.a. „need for social approval", Bedrohungspotential der Fragen, „trait desirability") bedeutsam (U_s). Schließlich ist die subjektive Wahrscheinlichkeit, daß eine *bestimmte* Antwort (A_j) zu sozial erwünschten Konsequenzen führe, zu nennen (p_{sj}). Das Produkt $U_s p_{sj}$ ergibt entsprechend die Tendenz zu einer sozial erwünschten Antwort.

Die Präzisierung der Bedingungen des Befragtenverhaltens geht von der systematischen Variation dieser vier Elemente aus. Dabei werden für jedes der vier Elemente zwei mögliche Werte angenommen: ein Wert von null und ein Wert verschieden von null. Solcherart dichotomisiert, lassen sich für die beiden zentralen Handlungstendenzen „valide Antwort" ($U_t p_{ti}$) und „sozial erwünschte Antwort" ($U_s p_{sj}$) vier Konstellationen benennen, die sich aus zehn unterschiedlichen Kombinationen der vier Einzelelemente ergeben. Dazu seien vier Grundtypen der Befragungssituation (vgl. *Tabelle 3*) näher betrachtet. Die erste Konstellation (Typ 1) bezeichnet den Fall , daß es weder für eine systematische inhaltliche noch für eine systematische situationsbezogene Reaktion eine Grundlage gibt. Dies kann auf sehr verschiedene Weise geschehen: es fehle eine personale Identität *und/oder* es gebe nur eine geringe Stimuluseindeutigkeit; *und* es gebe keine situationsbezogene Relevanz von Motiven und Interessen *und/oder* die situational gebotene Reaktion kann nicht identifiziert werden. Dabei ist zu beachten, daß hierfür nur eine der Bedingungen Sichtbarkeit und Stereotypisierung nicht vorliegen muß, damit p_{sj} einen Wert von null annehme. Das Ergebnis: beide Handlungstendenzen sind gleich null; der maximale Wert der subjektiven Nutzenerwartung ist für beide Handlungsalternativen (A_i und A_j) gleich null; welche Handlungsalternative gewählt wird, ist zufällig. Die unter dieser Bedingung erhaltenen Daten weisen extreme Zufallsschwankungen und damit nicht akzeptable Reliabilitäten (und damit: äußerst schwache formale Validitäten) auf. Dieser Typus sei mit *Indifferenz* bezeichnet.

Tabelle 3: Typologie der Befragungssituation und des zu erwartenden Befragtenverhaltens*

		Typ I	Typ II	Typ III	Typ IV
personale Identität	U_t	0 U_t 0	U_t	0 U_t 0	U_t
subj. Erwartung	p_{ti}	p_{ti} 0 0	p_{ti}	p_{ti} 0 0	p_{ti}
sit. Interessen	U_s	0 U_s 0	0 U_s 0	U_s	U_s
subj. Erwartung	p_{sj}	0 p_{sj} 0	p_{sj} 0 0	p_{sj}	p_{sj}
Handlungstendenz A_i		0	$U_t{}^*p_{ti}$	0	$U_t{}^*p_{ti}$
Handlungstendenz A_j		0	0	$U_s{}^*p_{sj}$	$U_s{}^*p_{sj}$
höchste subj. Nutzenerwartung	SEU_{max}	0	$U_t{}^*p_{ti}$	$U_s{}^*p_{sj}$	$U_t{}^*p_{ti}$ oder $U_s{}^*p_{sj}$
gewählte Alternative		offen	A_i	A_j	offen
Bezeichnung		Indifferenz	Validität	Situationseffekt	Inkonsistenz

* Zur Symbolik vgl. den Text.

Die zweite Konstellation (Typ II) stellt den Wunschfall des Sozialforschers und Lehrbuchautors dar: die mit hoher Eindeutigkeit gestellte Frage spricht eine für den Befragten relevante latente Einstellung an; die „valide" Handlungstendenz ($U_t\,p_{ti}$) ist hoch. Gleichzeitig gibt es keine systematische situationale Handlungstendenz, weil entweder die Situationsinteressen nur gering sind *und/oder* die geringe Sichtbarkeit *und/oder* die wenig ausgeprägte Stereotypisierung der Erwartungen eine gezielte Situationsreaktion nicht zulassen. Es wird erneut deutlich, wie speziell die Bedingungen sind, daß man mit Situationseinflüssen zu rechnen hat. Die Entscheidungsstruktur für den Befragten ist nun eindeutig: die „wahre" Antwort hat den maximalen SEU-Wert; die gewählte Alternative ist die „wahre" Antwort A_i. Die Folge ist, daß die Daten eine Kovarianzstruktur aufweisen, die mit den „wahren" Kovarianzen korrespondiert. Die Korrespondenz von empirischen Daten und latenten Merkmalen ist umso enger, je ausgeprägter das Produkt $U_t\,p_{ti}$ ist. Von der Höhe dieses Produktes hängt gleichzeitig die Reliabilität der Messungen ab. Der Befragte folgt in der Antwort seiner latenten

Identität und hat keinerlei Anlaß, davon abzuweichen. Dieser Fall sei hier als *Validität* bezeichnet.

Der „umgekehrte" Fall zum Typus II ist die Wunschvorstellung des professionellen Artefaktforschers, der sich die Entdeckung systematischer und stabiler *Situationseffekte* (Typ III) zum Ziel gesetzt hat. Damit die situationale Handlungstendenz systematische Auswirkungen hat, muß — nun leicht verständlicherweise — eine „wahre" Antwort von der motivationalen und/oder kognitiven Seite her unwahrscheinlich sein. *Gleichzeitig* müssen die — wie gesagt: sehr speziellen — Bedingungen systematischer Situationseffekte vorliegen. Nur in diesem Fall ist für eine systematische situationsbezogene Reaktion (A_j) der SEU-Wert hoch genug. Die Daten weisen dann ebenfalls hohe Kovarianzen und Reliabilitäten (also auch: hohe *formale* Validitäten) auf. Allerdings wird das Ziel der Messung systematisch verfehlt: man mißt nicht das, was „gemessen werden soll"; teils weil das Instrument schlecht konstruiert war (p_{ti} nahe null), teils weil der Forscher den Befragten auch irrelevanten Dingen gefragt hat (U_t nahe null); v. a. aber weil es starke situationale Einflüsse systematischer Art *gleichzeitig* gibt.

Schließlich ist noch an den Fall zu denken, daß die Handlungstendenzen sowohl für die valide wie für eine systematisch situationsbezogene Antwort hoch sind (Typ IV). Bei gewissen Differenzen in der Höhe der Handlungstendenzen ($U_s\,p_{ti}$ gegenüber $U_s\,p_{sj}$) wird dann die Alternative gewählt, die den relativ höchsten Wert aufweist. Welche das ist, läßt sich a priori nicht sagen. Immerhin kann aber angenommen werden, daß das Antwortverhalten gegenüber minimalen Veränderungen v. a. in den externen Situationsmerkmalen, die p_{ti} und p_{sj} bestimmen (Stimuluseindeutigkeit, Sichtbarkeit und dann auch die Öffentlichkeit der Situation) sehr anfällig ist. Da für beide Reaktionen die motivationalen Bedingungen gegeben sind, werden die über die subjektiven Wahrscheinlichkeiten p_{ti} und p_{sj} vermittelten situationalen Einflüsse auch peripherer Art sehr bedeutsam. Die Folge ist, daß auch nun die Reaktion offen ist. Die Daten können sowohl eine deutliche „valide" Struktur aufweisen, aber auch systematisch verzerrt sein, es kann aber auch hohe Inreliabilitäten geben. Wegen der Unvorhersagbarkeit der Effekte ist dieser Fall für die praktische Forschung äußerst unangenehm: selbst die Entlarvung von stabilen „Artefakten" will und will dann nicht gelingen, obwohl alle Bedingungen situationaler Art gegeben sind.

Andererseits bieten sich gerade für diesen Fall alle die Techniken an, die auf eine Ausschaltung von Situationseffekten abzielen: durch Verringerung der Sichtbarkeit (z.B. von Interviewermerkmalen in Telefoninterviews) oder durch Verringerung der Öffentlichkeit der Situation (durch Anonymisierung der Antworten) könnte die Situationstendenz ausgeschaltet werden, so daß sich nunmehr die „wahre" Antworttendenz durchsetzen kann. Die Weisheit der Kunstlehre zur Befragung ist in diesem Umstand begründet. Sie baut aber — ohne daß dies dort besonders erwähnt würde — ansonsten auf die Erfüllung der Bedingungen einer „wahren Antwort". Anonymitätszusicherungen „wirken" nur, wenn es eine „wahre" Antworttendenz gibt. Der besprochene Fall sei hier als *Inkonsistenz* bezeichnet, da die Nutzenerwartungen der jeweils nicht gewählten Alternative als Opportunitätskosten der jeweils gewählten Alternative aufgefaßt werden müssen und damit in das Antwortverhalten einen mitunter beträchtlichen „STRESS" einbringen; dies sind dann die sogenannten „unangenehmen Fragen".

Bei Indifferenz und Inkonsistenz der Befragungssituation befindet sich der Befragte in einer schwierigen Lage: er kann oder will nicht *inhaltlich und systematisch* antworten. In diesen Fällen werden Handlungsalternativen bedeutsam, die bisher nicht betrachtet worden sind: die Wahl einer „Mittelkategorie" oder die Angabe von „Meinungslosigkeit". Die Fälle der Indifferenz und der Inkonsistenz liefern zwei sehr unterschiedliche Erklärungen dafür. Bei Indifferenz würde die „Meinungslosigkeit" gewissermaßen einen „wahren Wert" (die non-attitude) zutreffend abbilden. Die „Unentschiedenheit" (vgl. zur Typologie und Erklärung der „Meinungslosen" *Iris Leverkus-Brüning* 1966, *Rainer Schnell* 1985) als Folge des „cross pressure" von personaler Identität und situationaler Erwünschtheit würde (zutreffend) die „Mehrdimensionalität" des erfragten Sachverhalts und der Erhebungsumstände widerspiegeln. Bedeutsam sind in diesem Zusammenhang die sonstigen „cues" (z. B. in Form von Vorgaben und des sonstigen Kontextes, in den der Befragte eingebunden ist): ist eine inhaltliche Entscheidung (wie bei Indifferenz und bei Inkonsistenz) nicht eindeutig möglich, weil der höchste SEU-Wert nur gering ist oder sich nur wenig von anderen SEU-Werten unterscheidet, werden schon relativ schwache Nutzenerwartungen für andere Alternativen handlungswirksam. Wenn beispielsweise durch die explizite Vorgabe einer Mittelkategorie oder einer „weiß-nicht"-Kategorie dies als *mögliche* und *erlaubte* Alternative (A_n) vorgegeben wird, wenn also für die Alternative A_n sowohl die situationale Erwünschtheit (U_s) als auch die Erwartung, daß A_n keine negativen Konsequenzen nach sich ziehe (p_{sn}), etwas von null verschiedene Werte annehmen, und wenn alle anderen Alternativen einen SEU-Wert nahe null haben, dann wird der Befragte die „Unentschiedenheit" oder die „Meinungslosigkeit" wählen (vgl. dazu auch die Ergebnisse bei *George F. Bishop* 1986). Unter Umständen steuern auch (sub-)kulturelle Normen der Erlaubtheit von Meinungslosigkeit (z. B. verbunden mit Unterschichtspositionen oder Geschlechtsrollen) oder der Demonstration kognitiver Komplexität, die es nicht erlaubt, einfache Dinge auch einfach zu beantworten (wie z. B. bei Eliten oder „Experten"), die Wahl der Ausweichkategorien. Diese Normen könnten (unter Bezug auf eine entsprechende Nutzenerwartung $U_c\,p_{cn}$ für die Alternative A_n) leicht in das Modell eingebaut werden. Wichtig ist: auch die Erklärung der Beantwortung besonders von schwierigen, unangenehmen und bedrohlichen Fragen und die dabei „vorgängige" Entscheidung, überhaupt inhaltlich zu reagieren (vgl. *Bradburn* und *Sudman* 1979, S. 168, *Bradburn* u. a. 1978), ist innerhalb des handlungstheoretischen Modells leicht möglich.

Zur weiteren Erläuterung und zur Demonstration der Flexibilität des Modells seien (kurz) zwei weitere Konsequenzen diskutiert. Zunächst sei (theoretisch) untersucht, welche Folgen eine „Definition der Situation" hätte, die über die Präzisierung des Fragestimulus erfolgt. Der „Lehrbuch"-Fall einer solchen „guten Frage" wäre der folgende: Gegeben sei eine intensive personale Identität, jedoch sei die Frage zu undeutlich formuliert, als daß der Befragte die „wahre" Antwort geben könnte. Die Empfehlung in den Lehrbüchern: Formuliere Fragen deutlich und unmißverständlich! Die Hoffnung ist: Validität und Reliabilität des Indikators mögen sich erhöhen. Leider ist diese Hoffnung nicht immer begründet.

Zunächst muß beachtet werden, daß eine „gute Frage" die erhofften Folgen verständlicherweise nur haben kann, wenn U_t einen gewissen Mindestwert aufweist; bei non-attitudes nutzen auch verständliche Fragen nicht viel. Zweitens — und dies ist der interessantere Punkt — ist auf die situationale Erwünschtheit zu achten. Sofern es keine situationalen Interessen gibt, kann dieser Aspekt (hier) vernachlässigt werden. Sind diese Interessen (über „need for social approval", Bedrohlichkeit, „trait desirability" u. a.) aber gegeben, wird der Wert von p_{sj} wichtig. Die These ist nun, daß eine „gute Frage" nicht nur — wie erhofft — p_{tj}, sondern auch die Situationserwartungen

p_{sj} „definiert". Das heißt, daß mit der Präzisierung des Stimulus (z. B. auch durch „probing") dem Befragten die Situationskonsequenzen deutlich werden und daß damit die situationale Handlungstendenz $U_s \, p_{sj}$ einen relativ hohen Wert annimmt. Nun ist wieder zu unterscheiden, ob die „valide" Handlungstendenz $U_t \, p_{ti}$ nahe null ist (weil U_t gering ist) oder nicht. Ist dieser Wert nahe null, dann hätte die „gute Frage" den (fatalen) Effekt, statt (bloßer) Inreliabilität (aufgrund der unverständlichen Frage) nunmehr systematische Invalidität (situationale Erwünschtheit) zu erzeugen. Ist der Wert von $U_t \, p_{ti}$ jedoch verschieden von null und nahe bei dem von $U_s \, p_{sj}$, läge der Fall der Inkonsistenz (als *Folge* der Fragepräzisierung) mit allen oben beschriebenen Folgen vor. Invalidität bzw. Inkonsistenz hatte das brave Mitglied der Feldabteilung des Instituts aber sicher nicht beabsichtigt, als es an das „Fragebogenputzen" ging.

Ein zweites kontraintuitives Ergebnis sei angefügt. Bisher war davon ausgegangen worden, daß es zwischen den Alternativen A_i („wahre Antwort") und A_j eine deutliche Differenz (z. B. Zustimmung vs. Ablehnung eines Items) gäbe. Eine solche Differenz ist aber keineswegs zwingend: der „wahre Wert" kann gelegentlich mit der situationalen Erwünschtheit zusammenfallen (und tut dies üblicherweise im Alltag auch, wie man aus der vielfach belegten Endophilie von Interaktionen im Alltag weiß; die Entlastetheit der meisten Alltagssituationen beruht gerade auf diesem Sachverhalt). Welche Folgen hätte das Fehlen einer solchen Differenz für das Antwortverhalten? Im Fall I (Indifferenz) würde sich verständlicherweise nichts ändern; die Antwort wäre weiterhin offen. Auch der Fall II (Validität) wäre gleich dem in *Tabelle 3*, da dort definitionsgemäß kein Erwünschtheitseffekt vorliegt. Im Fall III gäbe es ebenfalls weiterhin den „reinen" Situationseffekt; da kein „wahrer Wert" existiert, ist eine Differenz von A_i und A_j logisch nicht denkbar.

Eine solche Differenz kann es daher nur im Fall IV geben. Hier verwandelt sich bei Identität von A_i und A_j die zuvor bestehende Inkonsistenz mit kaum prognostizierbaren Folgen für das Antwortverhalten in einen sehr stabilen SEU-Wert für die *eine* Alternative A_i. Die „wahre" Handlungstendenz $U_t \, p_{ti}$ wird durch die situationale Handlungstendenz $U_s \, p_{si}$ wegen ihrer „Gleichgerichtetheit" additiv verstärkt. Die Folge ist, daß sich die Reliabilität der Messung (und damit: die formale *und* materiale Validität) *erhöht*. Anders gesagt: Der Situationseinfluß führt nicht zur „Verzerrung" des Meßergebnisses, sondern zur *Verbesserung* der Datenqualität (gemessen an den üblichen Kriterien der Reliabilität und formalen Validität). In der Sprache des handlungstheoretischen Ansatzes: Bei einer Differenz von A_i und A_j gibt es für die Handlungen jeweils Opportunitätskosten in Höhe der Nutzenerwartung der *nicht* gewählten Alternative. Gibt es diese Differenz nicht, dann fallen diese Opportunitätskosten weg bzw. es addieren sich nun zwei zuvor verschiedene Handlungstendenzen zu *einer* Nutzenerwartung für die gleiche Antwort.

In diesem Zusammenhang sei daran erinnert, daß das Antwortverhalten auch durch (sub-)kulturelle Normen (U_c; aus Einfachheitsgründen bislang nicht weiter betrachtet) gesteuert sein kann. Geht man davon aus, daß personale Identitäten und (sub-)kulturelle Einbindungen üblicherweise hohe Ähnlichkeiten und Endophilie aufweisen, dann ist damit zu rechnen, daß die Tendenz, die „wahre" Antwort zu wählen, schon über die Verstärkungswirkungen (internalisierter oder kontrollierter Art) des Primär-Milieus des Befragten so hoch sein dürfte, daß für *systematische* Situationseffekte kaum Raum sein düfte. Dieser Verstärkungseffekt ist allerdings nur dann systematisch zu erwarten, wenn die Primärumwelt des Befragten relativ homgen ist. Aber dies ist ja — aus der soziologischen Theorie wie aus der „Lebenswelt" — nur zu gut bekannt: wer sehr unterschiedlichen Milieus angehört, wessen Status ungesichert ist und wer häufiger seinen „Kontext" wechselt, der muß schon eine sehr stabile personale Identität aufweisen, um gegen (auch: irritierende) Situationseinflüsse gefeit zu sein. Anders gesagt: bei solchen Befragten, die sich in widersprüchlichen Umgebungen aufhalten, sollten auch die Artefaktforscher gewisse Erfolge ihrer Bemühungen erhoffen können. Verzweifeln dürften sie jedoch in den (Normal-)Fällen des Alltags, die durch diese stabilen Milieus gekennzeichnet sind und vor denen ein Interviewer und ein Fragebogen nur eine höchst periphere Bedeutung haben.

Auch ansonsten hat die Analyse für die Artefaktforscher nur wenig Tröstliches ergeben. Am ehesten dürfen sie systematische Ergebnisse erwarten, wenn nach non-attitudes und irrelevanten (oder widersprüchlichen bzw. vergessenen) Sachverhalten gefragt wird und/oder die Kunstregeln eines guten Interviews verletzt worden sind: *Nur* (H. E.) „in the absence of strong attitudes on an item, the respondents are affected by the ascribed interviewer attitudes" (*Robert M. Groves* und *Nancy H. Fultz* 1985, S. 49 f.). Aufgrund der komplizierten Bedingungen für *systematische* Verzerrungen scheinen ihre Auswirkungen i. d. R. nur minimal zu sein (vgl. *Walter R. Grove* und *Michael R. Geerken* 1977, S. 1314).

Andererseits bestärkt die vorgelegte theoretische Analyse durchaus die Anhänger der traditionellen Lehre der Befragung, wonach Fragen verständlich zu formulieren sind und man möglichst Sachverhalte ansprechen soll, die dem Befragten auch geläufig sind. Die nähere Untersuchung ergab freilich auch, daß „gute Fragen" die Situation auch in methodisch *unerwünschter* Weise definieren können und daß sich damit manchmal das Dilemma der Unvermeidlichkeit bestimmter Fehler auftut, sobald man andere Unzulänglichkeiten beseitigen will. Andererseits wurde auch klar, daß Situationseffekte und soziale Erwünschtheit gelegentlich sogar zur Verbesserung der (formalen) methodischen Qualität der Daten beitragen können; mindestens aber: daß soziale Erwünschtheit keineswegs in jedem Fall „Lügen" und keineswegs immer „Verzerrung" bedeuten muß.

VII. Können Befragte lügen?

Wie läßt sich die Ausgangsfrage, ob Befragte lügen können, vor dem Hintergrund der handlungstheoretischen Explikation des Befragungsvorgangs nun beantworten? Diese Frage ist nach einer allgemeinen theoretischen Erklärung des Antwortverhaltens als „Problemlösung", bei der die alltägliche „personale Identität" (sei es als „internalisierter" Wert, sei es als Folge stabiler Primär-Milieus) *und* die konkrete Befragungssituation berücksichtigt werden, nicht mehr sonderlich interessant (außer aus moraltheologischen und ethischen Gründen vielleicht). *Peter K. Manning* hat sein Statement auch wohl eher abgegeben, um auf etwas anderes aufmerksam zu machen: daß die situationsbezogenen Reaktionen von Befragten genau so ernst zu nehmen sind wie die mit einer personalen Identität verbundenen Antworten. Da der Befragte bei der Entscheidung zur Antwort jeweils immer alle Situationsmerkmale als „Problem" wahrnimmt, und da die Konzentration auf den „wahren Wert" eine vom Sozialforscher aus zu seinen Zwecken bewertete *externe* Vorgabe ist, kann man in der Tat davon sprechen, daß die Annahmen der klassischen Testtheorie und die darauf aufbauenden Implikationen der Methodologie der Umfrageforschung ein sehr einseitiges Bild des Befragten gezeichnet haben. Andererseits — und darauf haben nur wenige Artefaktforscher geachtet — konnte auch gezeigt werden, daß der „wahre Wert", verstanden als Verankerung der angesprochenen Einstellung in der personalen Identität des Befragten, bei der Erklärung des Antwortverhaltens nicht a priori als bedeutungslos ausgeschlossen werden darf. Anders gesagt: das Befragtenverhalten ist nicht in jedem Fall bloß normabhängig und nicht immer nur situationsdeterminiert. Andererseits konnte aber auch gezeigt werden, daß die Situation insbesondere dann vollständig das Handeln bestimmt, wenn (in bezug auf ein Fragethema) es eine solche „personale Identität" nicht gibt oder wenn diese personale Identität nicht eindeutig mit einem bestimmten Antwortverhalten verbunden ist (wie im Fall von non-attitudes, der Inkonsistenz der Identität und/oder der Ambiguität der Vorgaben).

Aus den dargestellten Einzelheiten der handlungstheoretischen Erklärung des Anwortverhaltens lassen sich demnach zwei Extrem-Situationen benennen, die an die von *Thomas P. Wilson* (1970) eingeführte Unterscheidung von mormativem und interpretativem Paradigma erinnern. Bei Existenz einer tief verankerten personalen Identität, bei Internailisierung von (sub-)kulturellen Normen und bei der Einbettung des Akteurs in ein (relativ) stabiles Milieu addieren sich die personenbezogenen und kulturellen Komponenten der Antwortentscheidung zu einer stark ausgeprägten šubjektiven Nutzenerwartung für eine „wahre" Antwort. Die soziologischen Bedingungen für diese Situation sind die Existenz von „cleavages", von einander (relativ) disjunkten kulturellen Milieus und „Lebenswelten", hohe Übereinstimmung von personalen Präferenzen und „gesellschaftlichen" Rollendefinitionen und Erwartungen, starke Homogenität und Dichte der Primär-Umwelten in den verschiedenen Alltagsbereichen.

Sind diese Bedingungen nicht gegeben, kann es Inkonsistenzen innerhalb der personalen Identitäten — also „multiple Identitäten" — geben, kommt es zu Inkonsistenzen zwischen personalen Identitäten und Primär-Milieus u. a. Die „Kreuzung socialer Kreise" (*Georg Simmel* 1890) paralysiert die Übereinstimmungen von personaler Identität und sozialen Zugehörigkeiten, die im o. a. Konzept die Grundlage für die Existenz eines übersituational stabilen „wahren Wertes" gewesen sind. In dem Maße, in dem eine solche Paralyse vorliegt, gewinnen individuelle, sehr situationsspezifische Identitäten und Situationseinflüüsse systematische Bedeutung. Diese systematische Bedeutung erhalten sie allerdings auch nur auf der Grundlage wenigstens von Resten typisch verteilter Konsequenzenerwartungen und Alltagstheorien über die Verbindung bestimmter Antworten mit bestimmten Konsequenzen. Da es sich bei der Situation der Befragung in aller Regel jedoch um eine ansonsten höchst diffuse und auch nur als peripher erlebte Situation handelt, dürften solche systematischen Situationseffekte eher die Ausnahme bleiben. Nicht zufälligerweise beschränken sich diese Effekte auf sichtbare Merkmale der Situation und auf sehr deutliche Verbindungen von Situationen und angesprochener Thematik (wie bei *Steinert* 1984). Viel wahrscheinlicher ist, daß mit der Paralyse von stabilen und übersituativ handlungsrelevanten Identitäten und Primär-Milieus (als der *soziologischen* Grundlage des *methodologischen* Konzepts des „wahren Wertes") in der Folge funktionaler Differenzierung von Gesellschaften die Reliabilitäten und (formalen) Validitäten der Umfragedaten und die Vorhersagekraft der sogenannten standarddemographischen Variablen generell absinken. Dies könnte sogar empirisch überprüft werden.

Es kann an dieser Stelle nicht weiter der Frage nachgegangen werden, welche methodologischen und methodischen Folgen sich aus diesen Sachverhalten ergeben. Da man die sozialen Bedingungen einer am Konzept des „wahren Wertes" orientierten Umfrageforschung nur schwerlich (wieder) herstellen kann, sind andere Überlegungen erforderlich. Ob das von *Steinert* (1984, S. 50 f.) vorgeschlagene „Situations-Sampling" ein solcher Ausweg ist, ob man durch die Nutzung von Analyseverfahren, die die Effekte von unsystematischen und systematischen Meßfehlern simultan berücksichtigen können hier weiterkommt, oder ob man an gänzlich andere Perspektiven der Verbindung von Theorie und empirischer Überprüfung in den Sozialwissenschaften (vgl. *Esser* 1986a) denken müßte, soll an dieser Stelle nicht weiter vertieft werden. Immerhin läßt sich feststellen: es gibt Situationen und Bedingungen, unter denen Befragte sich im Alltag und in der Befragtensituation an einer stabilen personalen Identität und an den Selbstverständlichkeiten von ebenso stabilen lebensweltlichen Milieus orientieren; und es gibt Bedingungen, unter denen Identitäten und Milieus so differenziert und/ oder so instabil sind, daß in der Tat man von einem „wahren Wert" nur noch mit größter Mühe sprechen kann. Der Vorteil der vorgeschlagenen handlungstheoretischen Erklärung ist jedoch der, daß er mit beiden Situationen auf *explanative* Weise umgehen und das traditionelle Konzept der klassischen Testtheorie ebenso wie die Annahmen der interaktionistischen Kritik an der Befragung und die Ergebnisse der empirischen Artefaktforschung der Befragung auf verhältnismäßig einfache Weise als Spezialfälle eines allgemeineren Ansatzes konzeptualisieren kann.

Literatur

John G. Adair und *Brenda S. Schachter*, To Cooperate or to Look Good?: The Subject's and Experimenter's Perceptions of Each Other's Intentions, in: Journal of Experimental Social Psychology, 8, 1972, S. 74–85.

Peter Atteslander und *Hans-Ulrich Kneubühler*, Verzerrungen im Interview, Opladen 1975.

Bernhard M. Bass, Development and Evaluation of a Scale for Measuring Social Acquiescence, in: Journal of Abnormal and Social Psychology, 53, 1956, S. 296–299.

Hartwig Berger, Untersuchungsmethode und soziale Wirklichkeit, Frankfurt/M. 1974

George F. Bishop, Experiments with the Middle Alternative in Survey Questions on Policy Issues, in: Public Opinion Quarterly, 50, 1986 (im Druck).

Ders., *Robert W. Oldendieck* und *Alfred J. Tuchfarber*, The Importance of Replicating a Failure to Replicate: Order Effects on Abortion Items, in: Public Opinion Quarterly, 49, 1985, S. 105–114.

Hubert M. Blalock und *Paul H. Wilken*, Intergroup Processes. A Micro-Macro Perspective, New York und London 1979.

Norman M. Bradburn und *Seymour Sudman*, Improving Interview Method and Questionnaire Design. Response Effects to Threatening Questions in Survey Research, San Francisco-Washington-London 1979.

Dies., *Ed Blair* und *Carol Stocking*, Question Threat and Response Bias, in: Public Opinion Quarterly, 42, 1978, S. 221–234.

Aaron V. Cicourel, Method and Measurement in Sociology, Glencoe, Ill. 1964.

Arthur Couch und *Kenneth Keniston*, Yeasayers and Naysayers: Agreeing Response Set as a Personality Variable, in: Journal of Abnormal and Social Psychology, 60, 1960, S. 150–174.

Douglas Crowne und *David Marlowe*, The Approval Motive, New York-London-Sydney 1964.

Theresa J. DeMaio, Social Desirability und Survey Measurement: A Review, in: *Charles F. Turner* und *Elizabeth Martin* (Hrsg.), Surveying Subjective Phenomena, Band II, New York 1984, S 257 – 282.

Allen L. Edwards, The Social Desirability Variable in Personality Assessment and Research, New York 1957.

Hartmut Esser, Soziale Regelmäßigkeiten des Befragtenverhaltens, Meisenheim 1975.

Ders., Methodologische Konsequenzen sozialer Differenzierung, in: Zeitschrift für Soziologie, 8, 1979, S. 14–27.

Ders., Fehler bei der Datenerhebung, Studienbrief der Fernuniversität Hagen, Hagen 1984(a).

Ders., Determinanten des Interviewer- und Befragtenverhaltens: Probleme der theoretischen Erklärung und empirischen Untersuchung von Interviewereffekten, in: *Karl-Ulrich Mayer* und *Peter Schmidt* (Hrsg.), Allgemeine Bevölkerungsumfrage der Sozialwissenschaften, Frankfurt/M. und New York 1984(b), S. 26–71.

Ders., Warum die Routine nicht weiterhilft. Überlegungen zur Kritik an der „Variablen-Soziologie", in: *Norbert Müller* (Hrsg.), Problemlösungsoperator Sozialwissenschaft, Stuttgart 1986a (im Druck).

Ders., Theoretical and Methodological Problems in Research into Status Inconsistency, in: *Robert W. Hodge* und *Hermann Strasser* (Hrsg.), Status Inconsistency in Modern Society, London 1986b (im Druck).

Walter R. Gove und *Michael R. Geerken*, Response Bias in Surveys of Mental Health: An Empirical Investigation, in: American Journal of Sociology, 82, 1977, 1289–1317.

Robert M. Groves und *Nancy H. Fultz*, Gender Effects Among Telephone Interviewing in a Survey of Economic Attitudes, in: Sociological Methods and Research, 14, 1985, 31–52.

A. Paul Hare, Interview Responses: Personality or Comformity? in: Public Opinion Quarterly, 24, 1960, S. 679–685.

Wendy J. Hoag und *Klaus R. Allerbeck*, Interviewer- und Situationseffekte in Umfragen: Eine loglineare Analyse, in: Zeitschrift für Soziologie, 10, 1981, S. 413–426.

Kurt, Holm, Thorie der Fragebatterie, in: Kölner Zeitschrift für Soziologie und Sozialpsychologie, 26, 1974, S. 316–341.

Mary R. Jackman, Education and Prejudice or Education and Response Set?, in: American Sociological Review, 38, 1973, S. 327–339.

Robert L. Kahn und *Charles F. Cannell*, Interviewing, in: *David L. Sills* (Hrsg.), International Encyclopedia of the Social Sciences, Band 8, New York 1968, S. 149–161.

Manford H. Kuhn, The Interview and the Professional Relationship, in: *Arnold M. Rose* (Hrsg.), Human Behavior and Social Processes, Boston 1962, S. 193–202.

Werner Langenheder, Theorie menschlicher Entscheidungshandlungen, Opladen 1975.

Gerhard Lenski und *John C. Leggett*, Caste, Class, and Deference, in: American Journal of Sociology, 65, 1960, S. 463–467.

Iris Leverkus-Brüning, Die Meinungslosen, Berlin 1966.

Frederic M. Lord und *Melvin R. Novick*, Statistical Theories of Mental Test Stress, Reading, Mass. 1968.

Peter K. Manning, Problems of Interpreting Interview Data, in: Sociology and Social Research, 50, 1966/7, S. 302–316.

Martin T. Orne, On the Social Psychology of the Psychological Experiment: With Particular Reference to Demand Characteristics and their Implications, in: American Psychologist, 17, 1962, S. 776–783.

Derek L. Phillips, Knowledge from What?, Chicago 1971.

Ders., Abandoning Method, London 1973.

Ders. und *Kevin J. Clancy*, Some Effects of „Social Desirability" in Survey Studies, in: American Journal of Sociology, 77, 1972, S. 921–940.

Milton J. Rosenberg, The Conditions and Consequences of Evaluation Apprehension, in: *Robert Rosenthal* und *Ralph L. Rosnow* (Hrsg.), Artifact in Behavioral Research, New York und London 1969, 280–349.

Erwin K. Scheuch, Die Sichtbarkeit politischer Einstellungen im alltäglichen Verhalten, in: *Ders.* und *Rudolf Wildenmann* (Hrsg.), Zur Soziologie der Wahl, Sonderheft 9 der Kölner Zeitschrift für Soziologie und Sozialpsychologie, Köln und Opladen 1965, S. 169–214.

Rainer Schnell, Missing Data Probleme in der empirischen Sozialforschung, Essen 1985.

Duane P. Schultz, The Human Subject in Psychological Research, in: Psychological Bulletin, 72, 1969, S. 214–228.

Karl F. Schuessler, D. Hittle und *J. Cardascia*, Measuring Responding Desirably with Attitude-Opinion Items, in: Social Psychology, 41, 1978, S. 224–235.

H. Sigall, E. Aronson und *T. van Hoose*, The Cooperative Subject: Myth or Reality?, in: Journal of Experimental Social Psychology, 6, 1970, S. 1–10.

Irvin Silverman und *Arthur D. Shulman*, A Conceptual Model of Artifact in Attitude Change Studies, in: Sociometry, 33, 1970, 97–107.

Georg Simmel, Über sociale Differenzierung, Leipzig 1890.

Seymour Sudman und *Norman M. Bradburn*, Response Effects in Surveys. A Review and Synthesis, Chicago 1974.

Heinz Steinert, Das Interview als soziale Interaktion, in: *Heiner Meulemann* und *Karl-Heinz Reuband* (Hrsg.), Soziale Realität im Interview. Empirische Analysen methodischer Probleme, Frankfurt und New York 1984, S. 17–59.

Alan W. Wicker, Attitudes Versus Action: The Relationship of Verbal and Overt Behavioral Responses to Attitude Objects, in: Journal of Social Issues, 25, 1969, S. 41–78.

Thomas P. Wilson, Concepts of Interaction and Forms of Sociological Explanation, in: American Sociological Review, 53, 1980, S. 697–710.

Korrespondenzanschrift:
Prof. Dr. Hartmut Esser
ZUMA e. V.
Postfach 59 69
6800 Mannheim 1

Kölner Zeitschrift für Soziologie und Sozialpsychologie, Jg. 38, 1986, S. 314–336.

283

DIE INSTITUTIONALISIERUNG DES LEBENSLAUFS

Historische Befunde und theoretische Argumente*

Von Martin Kohli

I. Fragestellung

Die Anregung oder die Last, die eine Soziologie des Lebenslaufs für die Sozialforschung bedeutet, läßt sich leicht benennen: sie weist nach, daß das Leben eine zusätzliche Dimension aufweist, nämlich die zeitliche. Wer sich mit anderen Fragen beschäftigt, steht einmal mehr vor der Aufgabe, das Erhebungs- und Analyseprogramm entsprechend auszuweiten. Das Lebensalter (bzw. die Stellung im Lebenslauf) drängt sich als eine *zusätzliche Varianzdimension* auf; sie muß kontrolliert werden, um die eigentlich interessierenden Effekte reiner zu erhalten. Eine direktere Form der Thematisierung von Alter und Lebenslauf besteht darin, *Altersverläufe selbst als Gegenstand* zu behandeln (ähnlich wie in der Entwicklungspsychologie).

Die Grundlagen für eine Soziologie des Lebenslaufs müssen aber tiefer gesucht werden. Dies soll im folgenden geschehen. Ich will zeigen, daß *Lebenslauf und Lebensalter als eine eigenständige gesellschaftliche Strukturdimension* aufzufassen sind. Es handelt sich nicht nur um die Variation sozialer Gegebenheiten in der Zeit oder um zeitliche Abläufe, sondern um eine „soziale Tatsache" eigener Art, die durch ein besonderes Regelsystem generiert wird. Lebenslauf kann (ähnlich wie Geschlecht) als eine *soziale Institution* konzeptualisiert werden — nicht im Sinn einer sozialen Gruppierung, d. h. eines Aggregats von Individuen, sondern im Sinn eines Regelsystems, das einen zentralen Bereich oder eine zentrale Dimension des Lebens ordnet.

Dies nachzuweisen gelingt am ehesten über eine Analyse der *historischen Veränderungen*. Die Forschung — hauptsächlich der beiden letzten Jahrzehnte — im Bereich der historischen Demographie, der Geschichte der Familie und Lebensalter und der Mentalitätsgeschichte hat viele Anhaltspunkte für Veränderungen erbracht, die den Blick für den Charakter des Lebenslaufs als soziale Institution schärfen und sich zu einem Ge-

---

* Stark veränderte und ergänzte Fassung eines Thesenaufsatzes für eine Konferenz über „Gerontologie und Sozialgeschichte" (*Kohli* 1983). Für die Ausarbeitung waren die Diskussionen am Kolloquium „Institutionalisierung des Lebenslaufs" (Max-Planck-Institut für Bildungsforschung Berlin, November 1983) und am Symposion „Lebensgeschichten — Arbeit, Kultur, Erfahrung" (Centrum Industriekultur/Sozialwissenschaftliches Forschungszentrum Nürnberg, Juli 1984) besonders hilfreich. Für Kommentare danke ich *Fritz Schütze* und *Susan Watkins*.

samtbild seines Strukturwandels im Verlauf des europäischen Modernisierungsprozesses zusammenfügen lassen. Eine historische Analyse bietet sich damit als Korrektiv für die Beschränkungen der bisherigen theoretischen Ansätze zur Soziologie des Lebenslaufs und der Lebensalter an, in denen — ähnlich wie etwa in der Familiensoziologie — vorschnell eine universalistische Theorieebene gesucht wurde, für welche die Gegebenheiten der eigenen Gesellschaft unbefragt als Ressource dienten.

Das gilt auch noch für die „Soziologie der Altersschichtung" (*Matilda W. Riley* u. a. 1972). So verdienstvoll dieser Ansatz für die Durchsetzung einer soziologischen Perspektive auf Alter und Lebenslauf ist, so begrenzt ist er hinsichtlich seines Potentials für die Analyse materialer Probleme spezifischer Gesellschaften. Das liegt daran, daß die Verfasserinnen weitgehend auf einer formalen Ebene verbleiben, was zum Teil wohl durch das von ihnen gewählte funktionalistisch-rollentheoretische Begriffssystem bedingt ist. Es gelingt ihnen, die Bedeutung von Alter und Lebenslauf als allgemeine Strukturprinzipien menschlicher Gesellschaften darzustellen und die formale Dynamik von Alternsprozessen und Kohortenfolge herauszuarbeiten. Der Preis dafür ist aber, daß historische Ausprägungen und historische Veränderungen der Altersorganisation von Gesellschaften immer nur als — mehr oder weniger beliebige — „Beispiele" für die allgemeinen formalen Prozesse eingeführt werden können (z. B. *Ann Foner* 1982; *Riley* 1982).

Zweifellos ist der Alternsprozeß und die Begrenzung der Lebenszeit des Menschen eine universale soziale Tatsache, oder genauer: ein universales Problem, für das in allen Gesellschaften strukturelle Lösungen gefunden werden müssen. Welches diese Lösungen sind und wie sie mit anderen Grundstrukturen zusammenhängen, läßt sich aber auf dieser Ebene nicht klären. Auch der lange Zeit beliebte *anthropologische Kulturvergleich* hilft nicht weiter. Er hat ja in der Soziologie der 50er Jahre (unter der Dominanz struktur-funktionalistischer Theoreme) dazu geführt, daß noch unbefangen eine — mehr oder weniger explizite — Parallele zwischen Lebensalter in primitiven Gesellschaften und in der europäischen Vormoderne gezogen wurde. Hier hat sich durch die neuere historische Forschung eine heilsame Bescheidung durchgesetzt. Entsprechend sind die nachstehenden Überlegungen auf die „westlichen" (mittel- und westeuropäischen und nordamerikanischen) Gesellschaften in den letzten vier Jahrhunderten gerichtet[1]. Die bekannten (vorwiegend afrikanischen) Stammesgesellschaften mit ausgeprägter Organisation nach Altersklassen sind dafür gerade nicht charakteristisch (vgl. *Exkurs* weiter unten).

Die Aufgabe einer soziologisch informierten historischen Analyse besteht darin, den *strukturellen Übergang von einem Lebenslaufregime zu einem anderen* aufzuzeigen und beide als Teil der jeweiligen gesellschaftlichen Gesamtstruktur zu begreifen. Das Bild dieses Transformationsprozesses, das hier entworfen wird, läßt sich in folgenden *Thesen* zusammenfassen:

1. Die Bedeutung des Lebenslaufs als soziale Institution hat stark zugenommen. Der historische Wandel hat von einer Lebensform, in der Alter nur als kategorieller Status relevant war, zu einer Lebensform geführt, zu deren zentralen Strukturprinzipien der Ablauf der Lebenszeit gehört (*Verzeitlichung*).

2. Die Verzeitlichung des Lebens ist weitgehend am (chronologischen) Lebensalter als Grundkriterium orientiert; dadurch ist es zu einem chronologisch standardisierten „Normallebenslauf" gekommen (*Chronologisierung*).

3. Die Verzeitlichung bzw. Chronologisierung ist ein Teil des umfassenderen Prozesses der Freisetzung der Individuen aus den (ständischen und lokalen) Bindungen, d. h. ein Teil des neuen Vergesellschaftungsprogramms, das an den Individuen als eigenständig konstituierten sozialen Einheiten ansetzt (*Individualisierung*).

4. Der Lebenslauf ist in den modernen Gesellschaften um das *Erwerbssystem* herum organisiert. Dies gilt sowohl für die äußere Gestalt des Lebenslaufs[2] — die evidenteste zeitliche Gliederung ist heute die Dreiteilung in Vorbereitungs-, Aktivitäts- und Ruhephase (Kindheit/Jugend, „aktives" Erwachsenenleben, Alter) — als auch für das ihr zugrundeliegende Organisationsprinzip.

5. Das lebenszeitliche Regelsystem läßt sich auf zwei unterschiedlichen Realitätsebenen aufsuchen: zum einen auf derjenigen der Bewegung der Individuen durch das Leben im Sinn von *Positionssequenzen* bzw. „Karrieren", zum anderen auf derjenigen ihrer *biographischen Perspektiven und Handlungen*. Lebenslauf als Institution bedeutet also zum einen die Regelung des sequentiellen Ablaufs des Lebens, zum anderen die Strukturierung der lebensweltlichen Horizonte bzw. Wissensbestände, innerhalb derer die Individuen sich orientieren und ihre Handlungen planen[3].

Es dürfte klar sein, daß der Entwurf eines solchen Gesamtbildes und seine Begründung eine sehr anspruchsvolle und riskante Aufgabe ist, die hier nur in Form einer vorläufigen Skizze angepackt werden kann. Die Ausgangslage dafür ist zugleich unter- und überdeterminiert. Auf der einen Seite fehlt es an Untersuchungen, die direkt auf die hier gestellten Fragen eingehen. Man könnte vermuten, daß einiges dazu in der neueren Sozialgeschichte der Zeitorganisation und des Zeitbewußtseins zu finden sei (vgl. den großen Überblick von *Rudolf Wendorff* 1980). Dies ist jedoch nicht der Fall; wie in der Soziologie der Zeit generell liegt auch in ihrer historischen Behandlung das Schwergewicht bisher auf der Alltagszeit (z. B. die Arbeiten von *Edward P. Thompson* 1980 und *Christoph Deutschmann* 1983 über die Veränderung des alltäglichen Zeitregimes in der Entwicklung zur Fabrikarbeit), während die lebenszeitliche Dimension ausgespart bleibt. Die Diskussion über die Veränderung des Lebenszeitregimes läuft gerade erst an[4]. Auf der anderen Seite hat sich die Literatur in den einzelnen Forschungsfeldern, die hier einschlägig sind und einbezogen werden müssen, in einem Maße ausgeweitet, das ein Gesamtbild kaum mehr zuläßt. Selbst ein Gebiet wie etwa die Geschichte des höheren Alters, zu dem vor zehn Jahren noch praktisch keine brauchbaren Arbeiten vorlagen, ist heute nur noch schwer überblickbar[5].

Es kann im folgenden denn auch nicht das Ziel sein, eine vollständige Darstellung der empirischen Literatur zu geben. Vielmehr soll durch einige ausgewählte Befunde der *Kontrast zwischen Vorher und Nachher* und damit die Richtung des Strukturwandels aufgezeigt werden (Abschnitt II). Danach werden einige Überlegungen über die *zugrundeliegenden Organisationsprinzipien* (Abschnitt III) und über das Verhältnis von *Lebenslauf als institutionellem Programm* und *Biographie als subjektiver Konstruktion* (Abschnitt IV) angestellt. Zum Schluß frage ich nach den — in den letzten Jahren zu beobachtenden — Anzeichen für eine *Wende des historischen Trends* und ihrer strukturellen Bedeutung (Abschnitt V). Zunächst sind noch einige Bemerkungen zum Verfahren selbst erforderlich, sind doch damit auch theoretische Vorgaben verbunden.

1. Die vorgestellten Befunde stammen aus unterschiedlichen Regionen, Schichten und Etappen des Modernisierungsprozesses. Auf eine systematische regionale und soziale Differenzierung muß ich ebenso verzichten wie auf eine Nachzeichnung der zeitlichen Sequenzen und der daraus ableit-

baren Kausalbeziehungen. Letztere sind für bestimmte Versionen der Modernisierungstheorien kritisch, wie sich etwa — im Rahmen der Geschichte des Alters — in der Diskussion zwischen *Fischer, Achenbaum, Stearns* und *Stone* zeigt (vgl. *Christoph Conrad* 1982, S. 84); es geht darin u. a. um die Frage, ob der Statusverlust des höheren Alters der Industrialisierung vorausging oder umgekehrt, ob also die kulturelle oder die ökonomische Veränderung am Anfang stand. Ähnlich kann mit Bezug auf das Verhältnis von Ökonomie und (Sozial-)Politik gefragt werden. Ich beschränke mich dagegen im wesentlichen auf eine strukturelle Kontrastierung, die von der „Wahlverwandtschaft" zwischen den (kulturellen, politischen und ökonomischen) Elementen einer Struktur ausgeht und die Frage nach dem primären Anstoß und dem zeitlichen Ablauf des Veränderungsprozesses noch offen läßt. Manche der dargestellten Veränderungen können sinnvollerweise sowohl als Voraussetzung wie auch als Folge der Industrialisierung interpretiert werden. Allerdings sind auch auf dieser Basis Ansätze zu Erklärungen möglich (vgl. Abschnitt III).

2. Ein Punkt läßt sich bereits zeitlich präzisieren: Die meisten Populationsveränderungen in der Chronologie des Lebenslaufs haben sich erst relativ spät ausgebreitet, so daß zumindest für sie die zeitliche Folge klar ist. In manchen Fällen scheint übrigens das Modell einer zeitlichen und sozialen Diffusion angemessen zu sein, wonach kulturelle Innovationen in avancierten Schichten entstanden, bevor die entsprechenden ökonomischen Veränderungen sich vollzogen, letztere aber die Vorbedingung für ihre massenhafte Verbreitung waren.

3. Mit dem Verfahren der strukturellen Kontrastierung läßt sich ein weiteres Problem des zeitlichen Ablaufs aussparen, das oft zu Kontroversen führt, nämlich die Frage, ob der Veränderungsprozeß sich linear oder zumindest kontinuierlich vollzogen habe oder nicht. Was ich behaupte, ist einzig, daß langfristig ein Veränderungsprozeß in der beschriebenen Richtung stattgefunden hat. Über die Angemessenheit von Phasenmodellen — ökonomisch im Zusammenhang mit den einzelnen Entwicklungsetappen der kapitalistischen Produktionsweise, insbesondere der Protoindustrialisierung (z. B. *Josef Ehmer* 1982), demographisch im Zusammenhang mit dem „demographischen Übergang" (z. B. *Peter Laslett* 1977) — wird damit nichts gesagt. Viele Befunde deuten darauf hin, daß in manchen Dimensionen ein U-förmiger Verlauf erkennbar ist, der sich dem längerfristigen Trend überlagert. Auch auf die kurzfristigen Abweichungen vom Trend gehe ich nicht ein. In der soziologischen Diskussion werden kurzfristige Veränderungen gewöhnlich über den Begriff der „Kohorte" gefaßt. Das hier verfolgte Programm einer Analyse des langfristigen Strukturwandels des Lebenslaufs als soziale Institution bedeutet also, daß Kohortenunterschiede nicht berücksichtigt werden. Damit soll nicht etwa bestritten werden, daß Kohortenunterschiede zu den wesentlichen Dimensionen der Lebenslage gehören (*Mayer* 1985); im Vergleich zwischen den zeitgenössischen westlichen Gesellschaften sind sie gerade in Deutschland besonders ausgeprägt, was vermutlich zur starken Beachtung, welche die Biographieforschung hier findet, beigetragen hat. Aber es ist sinnvoll, den langfristigen historischen Trend und die kurzfristigen Kohortenunterschiede als zwei unabhängige Varianzquellen zu behandeln; nur die erste davon wird hier berücksichtigt.

4. Die strukturelle Kontrastierung bringt es mit sich, daß mancher Kontrast überzeichnet erscheint. Darauf sei hier ausdrücklich hingewiesen. Wenn von „Individualisierung" die Rede ist, sollte das nicht so verstanden werden, als ob es am Beginn jenes Prozesses keine Individualität gegeben habe. „Chronologisierung" bedeutet nicht, daß vorher das chronologische Alter überhaupt keine Relevanz gehabt habe; es lassen sich durchaus Gegenbeispiele nachweisen (*Thomas Held* 1985), die eine zu grobe Fassung der Chronologisierungsthese widerlegen, an ihrer allgemeinen Geltung aber wohl nicht zu rütteln vermögen.

II. Verzeitlichung und Chronologisierung: Historische Befunde

1. Lebensdauer

Eine Chronologisierung des Lebenslaufs läßt sich schon mit Bezug auf das demographische Regime feststellen. Der Modernisierungsprozeß ist ein Übergang von einem

Muster der *Zufälligkeit der Lebensereignisse* zu einem des *vorhersehbaren Lebenslaufs.* Der Tod war in der vormodernen Bevölkerungsweise ein Ereignis, das jederzeit eintreten konnte. Auch für diejenigen, welche die ersten Lebensjahre mit ihrer besonders hohen Sterblichkeit überlebten, gab es keine verläßliche Aussicht auf eine gesicherte Lebensspanne irgendeiner Länge. Dies galt schon für die „normalen" Zeiten, viel mehr jedoch noch für die häufigen katastrophalen Einbrüche in Form von Kriegseinwirkungen, Epidemien und Hungerkrisen.

Im historischen Verlauf hat sich die Sterblichkeit in den höheren Altersjahren konzentriert. Unter dem Gesichtspunkt der Chronologisierung ist bei dieser Verlängerung der Lebensdauer nicht die Erhöhung des Mittelwerts entscheidend, sondern die *Abnahme der Varianz.* Sie läßt sich graphisch anhand der Verschiebung der kumulativen Überlebenskurve demonstrieren. Für die USA ergibt sich folgendes Bild (*James F. Fries* und *Lawrence M. Crapo* 1981, S. 69, vgl. *Abbildung*):

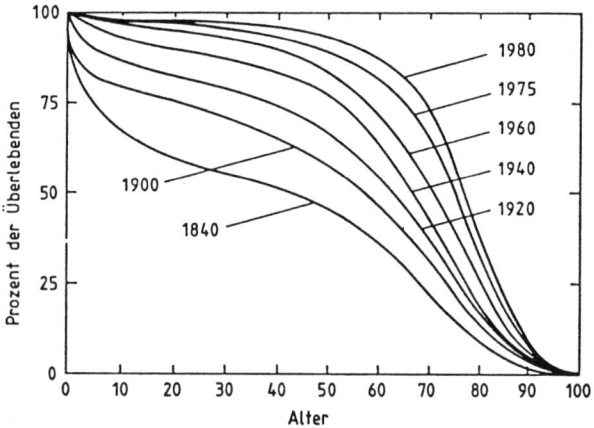

Abbildung: Kumulative Überlebenskurven für 1840–1980, USA

1840 ereigneten sich die Todesfälle – nach einer hohen Sterblichkeit im ersten Lebensjahr – mit nahezu konstanter Rate über den ganzen Lebenslauf. Im folgenden beginnt die Kurve sich allmählich nach oben zu biegen, nähert sich also immer mehr einem Rechteck an. Sie drückt damit aus, daß sich die mittlere Lebensdauer stark, die maximale aber kaum verlängert hat. *Fries* und *Crapo* deuten dies als eines der Indizien für eine biologische Grenze der Lebensdauer des menschlichen Organismus.

Ähnliches ließe sich für Deutschland zeigen. Bei einem Vergleich der heutigen Sterblichkeitsverhältnisse mit denjenigen in der Dekade nach der Reichsgründung (1871–1881) springt zunächst die Verdoppelung der Lebenserwartung bei der Geburt ins Auge. Aus einer genaueren Inspektion der Absterbeordnung – die eine Berechnung der Überlebensquoten zwischen beliebigen Zeitpunkten im Lebenslauf erlaubt – ist aber leicht ersichtlich, daß hinter dieser Verlagerung des Mittelwerts nicht nur ein starker Rückgang der Säuglingssterblichkeit liegt, sondern auch eine *Konzentration der Todes-*

fälle auf das höhere Alter. Unter den Sterblichkeitsverhältnissen von 1871–81 starben z. B. von den Frauen, die das 20. Altersjahr erreichten, 17,2 % bis zum 40. Altersjahr und von den Überlebenden wiederum 29,6 % bis zum 60. Altersjahr; unter den Sterblichkeitsverhältnissen von 1979–81 betragen die Werte 1,5 % und 7,3 %.

Für weiter zurückliegende Daten sind wir auf die punktuellen Quellen der Historischen Demographie angewiesen. So zeigen z. B. die von *Arthur E. Imhof* (1984, S. 176f.) angeführten Befunde (Verteilung der Gestorbenen nach Altersgruppen) aus der Berliner Pfarrei Dorotheenstadt, wie zu Beginn und zu Ende des 18. Jhdts. – nach einer hohen Säuglings- bzw. Kindersterblichkeit – sich die Sterbefälle über das gesamte Erwachsenenleben verteilten. Gleiches galt auch noch für Gesamt-Berlin im Jahre 1875. (Eine genaue Analyse müßte natürlich den Altersaufbau der Bevölkerung berücksichtigen, d. h. auf altersspezifischen Sterbe*wahrscheinlichkeiten* beruhen.) Erst in diesem Jahrhundert erfolgte die dramatische Verschiebung des Sterblichkeitsgeschehens in die höheren Altersjahre. *Imhof* hebt in seinem Kommentar dazu die historisch durchgängige Konzentration des Todes auf eine einzige Alters-Randgruppe hervor – früher die Säuglinge und Kleinkinder, heute die älteren und alten Menschen. Man verdeckt damit die radikale Veränderung, auf die es ankommt, nämlich das fast vollständige Verschwinden des Todes aus dem frühen und sogar dem mittleren Erwachsenenalter.

2. Familienzyklus

Eine analoge Entwicklung gilt auch für die heute typischen Ereignisse, die den Familienzyklus konstituieren: sie waren weniger an bestimmte Altersmarken gebunden, ihr chronologischer Streubereich war wesentlich breiter. Mehr noch: für die vormoderne Lebensform kann von einem „Familienzyklus" sinnvollerweise gar nicht gesprochen werden (*Michael Mitterauer* und *Reinhard Sieder* 1977), denn die Betrachtung von Familien unter dem Gesichtspunkt der typischen Abfolge einer begrenzten Zahl von klar unterscheidbaren Konfigurationen von Familienmitgliedern setzt eine starke chronologische Standardisierung der familienrelevanten Ereignisse im Lebenslauf voraus. Da diese Voraussetzung in der vormodernen Familie nicht gegeben war, wies sie eine große Spannweite von Verwandtschafts- und Alterskonfigurationen und einen raschen Wechsel zwischen ihnen, d. h. eine hohe Fluktuation der Familienmitglieder auf. Auch die Konzepte der *„normativen Lebensereignisse"* in der Entwicklungspsychologie (*Paul B. Baltes* et al. 1980) und der *„Normalbiographie"* in der Lebenslaufsoziologie (*René Levy* 1977) sind an die heutige Situation gebunden; der vormodernen Struktur des Lebenslaufs sind sie nicht angemessen.

In der Forschung ist dies lange nicht erkannt worden. Die historische Veränderung des Familienzyklus wurde ausschließlich über die Verlagerung der Mittelwerte zu fassen versucht (so noch *Paul C. Glick* 1978). Dabei ergaben sich durchaus interessante Befunde, etwa was die Entstehung einer Phase der „nachelterlichen Gefährtenschaft" (empty nest) betrifft, die durch die Konzentration der Geburten auf die frühen Erwachsenenjahre der Frauen (frühes Heiratsalter, Verkürzung der Geburtenabstände und Verringerung der Geburtenzahl) und die höhere Lebenserwartung zustandegekommen ist. Daß aber im Lauf der Entwicklung die empirischen Bedingungen für das Konzept Familienzyklus überhaupt erst entstanden sind[6], konnte mit diesem Ansatz nicht thematisch werden.

Eine bessere Beschreibung dieses Geschehens, als es über Mittelwerte und Varianz allein möglich ist, gibt *Peter R. Uhlenberg* (1969). Er unterscheidet sieben Typen von Lebensläufen für Frauen und berechnet ihre historisch sich verändernde Verteilung. Nur der letzte dieser Typen (heiraten, Kinder haben, bis zum Alter von mindestens 55 Jahren zusammen mit dem Ehemann überleben) entspricht dem Modell, das bei *Glick* und anderen Autoren als selbstverständliche Normalität unterstellt wird. In einem Vergleich der Kohorten von Frauen aus Massachusetts, die zwischen 1830 und 1920 geboren sind, zeigt sich, daß der Anteil der Frauen einer Geburtskohorte, die diesem „Normaltyp" zuzuordnen sind, in dieser Zeit von 20,9 % auf 57,1 % zugenommen hat. Der größte Teil der Zunahme geht auf das Konto der Abnahme der Sterblichkeit vor dem Erreichen des Erwachsenenalters; darüber hinaus hat aber auch die Sterblichkeit während der elterlichen Phase ab- und die Prävalenz des Heiratens zugenommen. In einer weiteren Untersuchung über die Geburtskohorten von 1890–1931 (*Uhlenberg* 1974) wird zusätzlich die Scheidungshäufigkeit berücksichtigt. Obwohl sie historisch erheblich zugenommen hat, ist aufgrund der erwähnten demographischen Veränderungen der Anteil des „Normaltyps" dennoch stark angestiegen. Die Entwicklung hat also bis zu diesem Zeitpunkt nicht zu einer Auflösung der Familie geführt, sondern im Gegenteil zu einer *stärkeren Realisierung des normativen Musters*.

John Modell et al. (1978) gehen über den Familienzyklus hinaus, indem sie die zeitliche Kongruenz aller Ereignisse untersuchen, die den Übergang ins Erwachsenenleben ausmachen. Neben dem Verlassen der Herkunftsfamilie und der Heirat gehören dazu auch die Beendigung der formellen Schulbildung, die Aufnahme einer regelmäßigen Erwerbsarbeit und die Gründung eines eigenen Haushalts. Die Autoren zeigen, daß sich innerhalb der letzten hundert Jahre eine stärkere zeitliche Ballung dieser Ereignisse ergeben hat, d. h. die Übergangsphase kürzer geworden ist. Dieser Befund weist — obwohl seine Interpretation noch einige Probleme aufwirft (*Kohli* 1978, S. 22 f.) — darauf hin, daß die Grenze zwischen Jugend und Erwachsenenalter heute schärfer akzentuiert ist. Dieser Ansatz hat sich inzwischen zu einer ganzen Reihe von Studien ausgeweitet, in denen die Verläufe in den verschiedenen Lebensbereichen nicht nur als je einzelne „Karrieren", sondern auch in ihrem Zusammenhang untersucht werden (vgl. die Übersicht bei *Gunhild O. Hagestad* und *Bernice L. Neugarten* 1985). Es zeigt sich, daß die Übergänge kürzer geworden sind und es damit zu einer „verstärkten Segmentierung des Lebens entlang dem Alterskontinuum" gekommen ist (*Halliman H. Winsborough* 1979, S. 139).

Auch für den Familienzyklus liefern historische Demographie und Familienforschung inzwischen eine Reihe von punktuellen Daten, die zeitlich weiter zurückreichen. Ein eindrückliches Beispiel für die Veränderung der Varianz gibt *Imhof* (1982, S. 16 f.) anhand des Heiratsalters in einer der von ihm untersuchten hessischen Gemeinden. Er macht deutlich, „in welchem fast unvorstellbaren Ausmaß sich Lebensläufe zwischen dem Ende des 17. Jahrhunderts und dem Beginn unseres eigenen standardisiert haben. (Das durchschnittliche Heiratsalter war) zu Beginn und am Ende praktisch identisch.

Doch welche beinahe perspektivische Fokussierung auf einen einzigen Fluchtpunkt hin
hatte der Streubereich in diesem Zeitraum erfahren! Durchschnittswerte entwickelten
sich zu tatsächlichen Normen." *Imhof* zeigt, daß die abnehmende Streuung im Alter
erstmals heiratender Frauen und Männer gleichzeitig zu einer Normierung und Verminderung in den Altersabständen zwischen den Ehepartnern führte (was seinerseits zur
Verlängerung der durchschnittlichen Ehedauer beitrug). Dabei bezieht er nur beidersei-
tige *Erstehen* ein. Bei Berücksichtigung der Wiederverheiratungen, die durch hohe
Sterblichkeit ausgelöst und durch ökonomische Notwendigkeit erzwungen wurden und
besonders große Altersabstände erbrachten, würde die Veränderung noch drastischer
ausfallen. *Imhof* zieht daraus auch Folgerungen für den Beziehungsstil: „Zur Zeit der
‚ungleichen Paare' wäre es unklug gewesen, wenn die gegenseitige körperliche Attrak-
tion zum Fundament einer Ehe gemacht worden wäre. (...) Die Intimisierung von Ehe
und Familie, deren zunehmende Affektivität im Verlauf der Neuzeit, scheinen mir eng
mit dieser Standardisierung der Heiratsalter und letztlich unserer Lebensläufe überhaupt zusammenzuhängen" (1984, S. 184).
Natürlich ist beides, der Schluß von der Abnahme der statistischen Varianz auf die tatsächliche Geltung von sozialen Normen und der Schluß von der Abnahme des Alters-
abstands auf eine Veränderung des Beziehungsstils, von den Befunden nicht direkt ge-
deckt. Es handelt sich um Extrapolationen, die einem Verfahren — ähnlich wie auch
beim Schluß von hoher Säuglingssterblichkeit auf geringe Mutterliebe — folgen, das
man als *„demographische Psychologie"* bezeichnen könnte. Für verläßlichere Aussagen
müssen andere Quellen beigezogen werden, die einen direkteren Zugang zu lebensweltlichen Bedeutungsgehalten und Perspektiven eröffnen. Ein Anfang dazu findet sich bei
Rudolf Schenda (1983, S. 64) mit seinem Hinweis auf die Verbreitung des Themas der
„ungleichen Paare" — insbesondere „altes Weib/junger Mann" — in der Ikonographie
und Literatur der Vormoderne. Obwohl diese Altersungleichheit meist kritisch bewertet wird, läßt sich daraus schließen, daß sie den Zeitgenossen zumindest als unabweis-
bare Realität vor Augen stand.

3. Die Konstitution von Altersgrenzen

Die Chronologisierung des Lebenslaufs wird durch die neu entstehenden *altersgeschich-*
teten Systeme öffentlicher Rechte und Pflichten vorangetrieben (vgl. *Conrad* 1982,
1983; *Hans Joachim von Kondratowitz* 1983). Indem sie Kriterien einführen, die an
das chronologische Alter geknüpft sind, konstituieren sie verbindliche Altersgrenzen.
Im Lauf der historischen Entwicklung haben sich die zentralen Leistungssysteme
(Schul- und Alterssicherungssystem) stark verbreitet und damit zu einer Homogenisierung der Lebensläufe geführt.
Im *Zivilrecht* setzte der Code Napoleon zu Beginn des 19. Jahrhunderts erstmals ein
ausdifferenziertes System von chronologischen Altersstufen in Kraft (vgl. *Leonard D.*
Cain 1976, S. 350 f.), das sich auch auf andere Rechtsgebiete ausdehnte. Es ist inzwischen selbstverständlich geworden, daß zivil- und strafrechtliche Verantwortlichkeit,
aktives und passives Wahlrecht, erbrechtliche Regelungen, Wehrpflicht und vieles

andere mehr an chronologischen Grenzen gebunden sind. Auch viele *Berechtigungssysteme* knüpfen daran an, etwa im Hinblick auf Eintrittskarten oder Fahrpreise für den Personentransport. Von besonderer Bedeutung ist die *Altersschichtung des Arbeitsmarkts* durch formelle und mehr noch informelle altersbezogene Beförderungs- und Schutzregelungen und Einstellungsgrenzen. Auch in diesem Bereich ist die Kasuistik der Altersgrenzen heute so vielfältig, daß sie eigener Untersuchungen bedarf (vgl. *Knut Dohse* et al. 1982; *Kohli* et al. 1983).

Durch die Einführung und faktische Durchsetzung der allgemeinen *Schulpflicht* ist es zu einer organisatorisch spezialisierten, einheitlichen Lebensphase innerhalb bestimmter Altersgrenzen gekommen. Die Entstehung der Jahrgangsklassen (vgl. *Philippe Ariès* 1975, S. 285 ff.) hat auch innerhalb dieser Grenzen einen chronologisch geordneten Ablauf zur Folge. Das Bildungs- und das Rentensystem sind die organisatorischen Träger der Ausdifferenzierung der wichtigsten Lebensphasen; auf ihrer Grundlage konstituiert sich die Dreiteilung des Lebenslaufs.

Der Prozeß der Entstehung und Verallgemeinerung der Altersgrenzen wird besonders im Blick auf das *höhere Alter* deutlich. Zwar kann man nicht ohne weiteres — in Analogie zum Sprachgebrauch, der sich für die Kindheit eingebürgert hat — von einer „Entdeckung" des Alters sprechen. Alter als kulturelle Kategorie scheint universal zu sein. Als zeitlich klar abgegrenzte Lebensphase, die einen Teil der „Normalbiographie" bildet, ist es aber neu. Ein Beleg dafür ist die fehlende Beachtung in der traditionellen Volkskunde: „In dem lange Zeit gültigen Lebenszyklen-System (Geburt-Hochzeit-Tod) fand die Altersphase, da mit keinen auffälligen Übergangsriten und keinem Brauchtum verbunden, keine besondere Beachtung" (*Schenda* 1983, S. 59). Die vormodernen Formen des Übertritts in den Ruhestand — insbesondere die bäuerliche Hofübergabe — waren weniger an ein bestimmtes chronologisches Alter geknüpft, und ihre Prävalenz war gering (zu letzterem vgl. die umfassende Studie von *Held* 1983). Im übrigen bedeuteten sie im Rahmen der Haushaltsökonomie gewöhnlich kein abruptes Ende der Arbeitstätigkeit.

Eine Altersphase im heutigen Sinn ist an die Verbreitung von Lohnarbeit gebunden. Sie bildete die Voraussetzung für die Prozesse, die schließlich in der Schaffung staatlicher Rentensysteme kulminierten. Auch danach war aber die Verallgemeinerung des Renten- und damit des Altersstatus ein langsamer Prozeß. Am deutschen Beispiel — dem ersten öffentlichen Altersrentensystem — läßt sich zeigen, wie die Ausbreitung der Altersversicherung in zweifacher Richtung vor sich ging: sie bezog immer breitere Teile der Erwerbstätigen ein, von der Gründung als Arbeiterrentenversicherung (1889) über den Einbezug der Angestellten (1911) bis zum möglichen Einbezug der — inzwischen allerdings fast ausgestorbenen — Selbständigen (1972), womit sie heute zu einer Art Volksversicherung geworden ist; und ein zunehmend größerer Anteil der einbezogenen Bevölkerungsgruppen erreichte die Rentengrenze, d. h. den Zeitpunkt, der heute ganz selbstverständlich als Beginn des höheren Alters gilt. Ich will hier nur die Zahlen an den beiden Endpunkten nennen: unter den Sterblichkeitsverhältnissen von 1881—1890 erreichten 19,7 % der Männer das Alter von 70 Jahren, die damals festgesetzte Altersgrenze; unter den Sterblichkeitsverhältnissen von 1979—1981 erreichten 72,2 % der Männer die heutige obere Rentengrenze von 65 Jahren, 80,5 % diejenige von 60

Jahren. Der andere Aspekt wird durch die altersspezifischen Erwerbsquoten beleuchtet. Während 1895 von den 60 bis 70jährigen Männern 79,0 % erwerbstätig waren, sind es 1980 noch 25,1 %; für die über 70jährigen betragen die entsprechenden Werte 47,4 % und 5,2 %[7]. In den USA ging die Erwerbsquote der über 65jährigen Männer im gleichen Zeitraum (1890–1980) von 68,3 % auf 19,1 % zurück, wobei der größte Teil des Rückgangs nach 1930 erfolgte (*Judith Treas* 1981). Mit anderen Worten: ein zunehmender Teil der Geburtskohorten erreicht das Rentenalter, und ein zunehmender Teil derjenigen, die das Rentenalter erreichen, geht in den Ruhestand – die Rentengrenze ist auch zur faktischen Grenze der Beteiligung am Erwerbssystem geworden. Dadurch erst ist es zu einer *relativ einheitlich beginnenden strukturell abgrenzbaren Altersphase von beträchtlicher Länge für den überwiegenden Teil der Bevölkerung* gekommen.

4. Biographische Perspektiven

Die bisher angeführten Befunde betreffen vor allem die äußere Sequenzierung des Lebens. Es ist bereits gesagt worden, daß für die Beschreibung des Strukturwandels auf der Ebene der *lebensweltlichen Orientierungen und Perspektiven* nicht auf eine bloße Ableitung daraus im Sinn einer „demographischen Psychologie" vertraut werden sollte. Vielmehr gilt es, sich hier auf eigenständige Analysen zu stützen. Diese sind allerdings für unser Thema spärlich, zum einen wohl aufgrund der Quellenlage, zum anderen aber auch aufgrund der Ausrichtung der Forschung, die diese Ebene bisher eher vernachlässigt hat.

An den Anfang seien einige Bemerkungen zur sozialen *Pragmatik der Alterskategorien* gestellt, d. h. zum Gebrauch, der von ihnen im Alltag gemacht wird[8]. Im Zusammenhang mit den chronologisch geschichteten staatlichen Berechtigungsssystemen ist die Notwendigkeit des Bezugs auf chronologisches Alter klar. Schon früher wurde durch die erwähnte Installierung eines zivilrechtlichen Systems von Altersgrenzen im Code Napoleon die öffentliche Beurkundung des Geburtsdatums erforderlich (*Cain* 1976, S. 351)[9]. Darüber hinaus scheint es kaum genaue Informationen zu geben. Es wäre zu untersuchen, in welchem Zeitraum und wie sich die Kenntnis des eigenen chronologischen Alters als allgemeine soziale Anforderung herausbildete und dieses damit auch im Alltag zu einem unentbehrlichen Kriterium für die Selbst- und Fremdtypisierung der Person wurde[10].

Die Grundzüge des Wandels der *biographischen Perspektiven* werden in den weit ausgreifenden Studien des *Zivilisationsprozesses* von *Norbert Elias* (1969) und *Michel Foucault* – vor allem in seinem Werk „Überwachen und Strafen" (1977) – umrissen. Ihr Interesse ist ähnlich wie das hier vertretene auf längerfristige Transformationen von Vergesellschaftungsbedingungen und -formen in der europäischen Modernisierung gerichtet. Die entscheidende Veränderung auf der Ebene des psychischen Habitus sehen sie übereinstimmend in einer zunehmenden Affektkontrolle, d. h. einer Verlagerung von Spontaneität gepaart mit Kontrolle durch äußeren Zwang zu internalisierter Selbstkontrolle, d. h. psychischem Selbstzwang. Eine analoge Konzeption – nicht was den

Ausgangspunkt der Veränderung, wohl aber was das Resultat betrifft — findet sich in *David Riesmans* (1958) Typus der „Innenleitung". Es handelt sich um den Prozeß der Individualisierung, wie er auch von neueren Familienhistorikern wie etwa *Lawrence Stone* (1977) beschrieben wird. Für *Elias* (1969: II, S. 336 ff.) ist der zunehmende „Selbstzwang" auch ein „Zwang zur Langsicht", d. h. die Notwendigkeit zu längerfristiger Perspektivität und darauf gestützter Regelung des Verhaltens. Den gleichen Punkt betont *Max Weber* (1920, S. 113 ff.) in seiner idealtypisch-kontrastiven Charakterisierung der protestantischen Ethik: „Der normale mittelalterliche katholische Laie lebte in ethischer Hinsicht gewissermaßen ‚von der Hand in den Mund'. Er erfüllte zunächst gewissenhaft die traditionellen Pflichten. Seine darüber hinausgehenden ‚guten Werke' aber blieben normalerweise eine nicht notwendig zusammenhängende, zum wenigsten eine nicht notwendigerweise zu einem Lebens*system* rationalisierte Reihe *einzelner* Handlungen (...). Der Gott des Calvinismus verlangte von den Seinigen nicht einzelne ‚gute Werke', sondern eine zum *System* gesteigerte Werkheiligkeit (...). Die ethische Praxis des Alltagsmenschen wurde so ihrer Plan- und Systemlosigkeit entkleidet und zu einer konsequenten *Methode* der ganzen Lebensführung ausgestaltet." Auf der psychologischen Ebene entspricht dem die „Vernichtung der Unbefangenheit des triebhaften Lebensgenusses" durch „systematische Selbstkontrolle".

Peter L. Berger et al. (1975, S. 66 f.) heben die zentrale Bedeutung der langfristigen Lebensplanung in der modernen Lebensform hervor. Die Lebensplanung ist — obwohl häufig unabgeschlossen und unbestimmt — eine „primäre Quelle der Identität" und ein „grundlegendes Organisationsprinzip". Damit wird ein spezifischer Modus der Zeitlichkeit erforderlich: das Leben wird vom Individuum als „entworfenes Projekt" begriffen, d. h. seine Bedeutungen sind — wie im Anschluß an ein Begriffspaar von *Alfred Schütz* (1932) gesagt wird — „von künftigen Plänen hergeleitet, nicht von der Erklärung vergangener Ereignisse". Obwohl *Berger* et al. dem Leser genauere empirische Belege für ihre Aussage schuldig bleiben, dürfte nicht zu bestreiten sein, daß sie zumindest *einen* Grundzug des modernen Bewußtseins trifft.

Was in der vormodernen Lebensform an „Langsicht" gegeben war, bezog sich nicht auf das Einzelleben, sondern auf die Familie und ihre materielle Grundlage. Der Unsicherheit und Kurzfristigkeit des individuellen Lebens entsprach das Bemühen um die Sicherung der Kontinuität des familialen und zugleich wirtschaftlichen Verbandes, in dessen Rahmen das Individuum stand. Dies findet sich nicht nur im genealogischen Denken der Feudalschichten, sondern vielleicht noch deutlicher im „Hofdenken" der Bauern:

„Das Land ist zugleich das, was die Generationen miteinander verbindet; es ist das eigentlich Beständige im Ablauf der Zeiten, wohingegen die Personen ständig wechseln. (...) Die wahrhaft existentielle Bedeutung des Besitzes erklärt den Stellenwert, den seine Erhaltung und Mehrung im Leben des Bauern einnahm. Er war das Zentrum bäuerlichen Daseins und beherrschte alle Lebensbereiche und Beziehungen: erst kam der Hof, dann die Personen" (*Heidi Rosenbaum* 1982, S. 56; vgl. auch v. *Kondratowitz* 1982, S. 128 ff.). Für den hofbesitzenden Bauern gab es „nicht das individuelle Lebenswerk, das mit der Übergabe oder dem Tod zu Ende gegangen wäre. Es gab nur eine mehr oder weniger gute Verwalterschaft des den einzelnen überdauernden Gesamtwerkes, in dessen Dienst man sich stellte" (*Imhof* 1984, S. 188).

Einen interessanten Versuch zur Rekonstruktion des *Wandels der gesellschaftlichen Altersbilder* hat *von Kondratowitz* (1982) unternommen. Seine Quellen sind die einschlägigen Stichworte in den (deutschen) Lexika, Enzyklopädien und Wörterbüchern der Zeit von 1721–1914. Für die Deutung seiner Befunde stützt er sich auf die Konzeption von *Wolf Lepenies* (1976). Dieser findet in den (Natur-)Wissenschaften an der Schwelle zum 19. Jahrhundert als Antwort auf den wachsenden Erfahrungsdruck einen Strukturwandel, den er als Verzeitlichung charakterisiert, nämlich als Übergang von einem räumlichen bzw. kategoriellen Nebeneinander der Naturgegenstände zu einem zeitlichen Nacheinander, d. h. einem entwicklungsgeschichtlichen Denken.

Eine besonders ergiebige Quelle für die Veränderung des Individualitätskonzepts und damit der Lebensperspektiven ist die *Geschichte der Autobiographie*. Diese Gattung fand in der Literaturwissenschaft lange wenig Beachtung; im Zuge der wissenschaftlichen Aufwertung der „Gebrauchsliteratur" sind jedoch in den letzten Jahren einige größere Untersuchungen darüber erschienen (z. B. *Klaus-Detlef Müller* 1976; *Günther Niggl* 1977). Sie weisen auf eine Vielzahl von ineinander verschlungenen Traditionslinien hin. Unter strukturgeschichtlichen Gesichtspunkten läßt sich aber darin ein zentraler Wandel feststellen, nämlich von einer „*annalistischen*" Konzeption (*Niggl* 1977), in der das Leben seine Struktur aus der Abfolge von äußeren historischen oder jahreszeitlichen Ereignissen gewinnt, zu einer *entwicklungsgeschichtlichen*, die um das eigene und vom eigenen Ich organisiert ist. In Zeitbegriffen bedeutet dies eine Verlagerung von *historischer bzw. jahreszeitlich-naturaler Zeit* als Verlaufsachse für das Leben, über das berichtet wird, zur *Zeit des individuellen Lebens* selber. Im ersten Fall ist das Individuum in eine Sequenz von überindividuell bestimmten und nur nach einer überindividuellen Logik verbundenen Situationen gestellt, im zweiten konstituiert es ein eigenständiges Ablauf- bzw. Entwicklungsprogramm.

In gewisser Weise steht im autobiographischen Schreiben immer der Lebenslauf des Einzelnen im Zentrum; der Unterschied zwischen den beiden Fällen liegt jedoch im Prinzip, das ihn organisiert und vorantreibt. Im „Hofdenken" ist die Individualdimension strukturell noch stärker zurückgenommen: das Einzelleben ist nur als Teil einer umfassenderen Einheit erzählbar. Wir haben es aber auch hier mit einer annalistischen Konzeption zu tun, nämlich insofern, als die Geschichte des Hofes, in welche die individuelle Lebensgeschichte eingeschrieben ist, im Wechsel der Jahreszeiten und der historischen Ereignisse — soweit sie auf die Alltagsebene durchschlagen — dahinfließt.

Ähnlich wie in den anderen Verzeitlichungsbereichen kann die strukturelle Transformation der Autobiographie in Deutschland auf die letzten Dekaden des 18. Jahrhunderts — die „Achsenzeit" (*Reinhart Koselleck*) des Modernisierungsprozesses — datiert werden. Es ist bezeichnend, daß die erste strikt entwicklungsgeschichtliche Autobiographie, nämlich *Karl Philipp Moritz'* „Anton Reiser", im Zusammenhang mit dem „Magazin zur Erfahrungsseelenkunde" entstanden ist, das in der Psychologiegeschichtsschreibung als erste psychologische Zeitschrift im engeren Sinn und als Beginn der „formativen Periode" der Psychologie gilt (*Günther Reinert* 1979, S. 213). Daraus ist erkennbar, daß die Herausbildung der Psychologie als eigenständige Disziplin und der Strukturwandel der Autobiographie eine gemeinsame Wurzel haben, nämlich den Individualisierungsprozeß, der zugleich ein Prozeß der Verzeitlichung des Lebens ist.

Im übrigen wird hier deutlich, daß der Wandel sich nach seiner ersten Manifestation im hochkulturellen Bereich nur mit großer Verzögerung ausbreitet. Am Ende des 19. Jahrhunderts — in einer Zeit, da das bürgerliche Tagebuch längst um das individuelle Erleben und Handeln zentriert ist — folgt das bäuerliche Tagebuch noch einer annalistischen Konzeption, deren Kern die Geschichte des Hofes (bzw. der Familie unter Gesichtspunkten der Haushaltsökonomie) ist (*Hopf-Droste* 1981). Noch für 1929 findet *William H. Hubbard* (1984, S. 185 ff.) ein eindrückliches Beispiel, das er unter der Überschrift „Der Hofgedanke als gestaltende Kraft" zitiert. Es handelt sich um einen *Diffusionsprozeß*, ausgehend von den kulturell und ökonomisch avancierten Schichten, wie er ähnlich auch für andere Dimensionen der Modernisierung beschrieben worden ist.

Mit dem Verzeitlichungsbegriff lassen sich möglicherweise auch die bekannten *graphischen Lebensalter-Darstellungen* deuten. Sie umfassen zwischen drei und zwölf Altersstufen und eine vielfältige Ikonographie, u. a. Lebensbrücke, Lebenstreppe und Lebensrad (vgl. *Suse Barth* 1970; Die Lebenstreppe 1983). Ihre Verbreitung seit dem 16. Jahrhundert scheint der hier vertretenen These auf den ersten Blick zu widersprechen. Es läßt sich aber zeigen, daß ihre Phasenkonzeptionen im wesentlichen allegorisch sind — ihre Zahlenkombinatorik und die den Phasen zugeordneten Symbole hängen u. a. mit den Weltaltern, Planeten oder Jahreszeiten zusammen — und nicht Orientierung an der und für die lebensweltliche Realität (vgl. auch *Schenda* 1983, S. 65 ff.). Im gleichen Sinn argumentiert *von Kondratowitz* (1982, S. 95); er sieht in den Stufenkonzeptionen sogar einen Beleg für das Vorherrschen des klassifikatorischen Denkens „mit der deutlichen Tendenz, einem Verzeitlichungsdruck durch Differenzierung der Altersstufen (...) auszuweichen" (1982, S. 98).

III. Verzeitlichung und Chronologisierung: Strukturelle Überlegungen

Die vorgestellten Befunde mögen zur *Beschreibung* des Strukturwandels genügen. Es lassen sich daran nun einige Überlegungen zur *gesellschaftlichen Bedeutung* des heutigen Lebenslaufregimes knüpfen. Die Frage nach der Bedeutung bzw. den Leistungen dieser sozialen Institution impliziert einen strukturellen Ansatz. Über historische Verläufe und die unmittelbar auf sie wirkenden Einflüsse ist damit im strengen Sinn noch nichts gesagt. Es geht mir nicht darum, wie die Verzeitlichung und Chronologisierung des Lebens vor sich gegangen ist, sondern wodurch sie notwendig geworden ist; oder genauer (und weniger deterministisch): für welche strukturellen Problemlagen sie eine Lösung darstellt. Es wird also weder erörtert, wie mögliche Lösungen im historischen Prozeß gefunden wurden, noch wie es jeweils zur Entscheidung für eine bzw. Ausformung einer Lösung unter verschiedenen Alternativen kam[11].

In einer vorläufigen Skizze lassen sich *vier gesellschaftliche Problemlagen* unterscheiden, auf welche die Institutionalisierung des Lebenslaufs antwortet. Eine genauere theoretische Durchführung müßte vor allem das Verhältnis dieser vier Problemlagen zueinander und ihre Bedeutung im Rahmen der gesellschaftlichen Gesamtstruktur besser klären. Es dürfte aber schon aus den folgenden Überlegungen deutlich werden, wie die Institution Lebenslauf mit gesamt- und teilgesellschaftlichen Funktionsprinzipien

— und besonders mit der gesellschaftlichen Wirtschafts- und Arbeitsverfassung — verknüpft ist[12].

1. Rationalisierung. Der Druck nach Rationalisierung ist die Dimension, die sich am
unmittelbarsten aufdrängt, wenn nach dem Sinn der Chronologisierung des Lebenslaufs gefragt wird. Wie inzwischen bekannt ist, umfaßt sie allerdings eine Vielzahl
von Ebenen und Aspekten. Zunächst ist an die Ebene der *Rationalisierung der staatlichen Leistungssysteme* zu denken. Chronologisches Alter eignet sich offenbar besonders gut für diese Art von Rationalisierung. Es macht den Lebenslauf — und damit den
Durchlauf der Individuen durch soziale Systeme — regelhaft und berechenbar. (Ein
analoges Problem besteht für die Produktionsbetriebe; es wird unter dem Begriff „Sukzession" noch gesondert diskutiert.) Die Beispiele zur Konstitution von Altersgrenzen
haben gezeigt, daß inzwischen eine breite Palette von rechtlichen und administrativen
Verfahren auf der Grundlage dieses Kriteriums organisiert ist. Dabei besteht zwischen
der *formalen* Rationalität solcher Verfahren und den *materialen* Kriterien, die darin
gewahrt bleiben sollen (insbesondere demjenigen der Rechtsgleichheit) eine prekäre
Spannung[13], die sich daraus ergibt, daß Alter — wie noch zu erläutern sein wird — ein
im wesentlichen askriptives Merkmal ist. Es sind denn auch immer wieder Vorstöße
zugunsten einer Ersetzung des chronologischen durch ein *„funktionales"* (auf die individuelle Leistungsfähigkeit bezogenes) Alter zu verzeichnen. Wie immer man den dadurch möglichen Gewinn an Universalismus beurteilen mag, so ist jedenfalls klar, daß
das funktionale Alter ein ungleich aufwendigeres Kriterium wäre, da es durch entsprechende Prozeduren individuell festgestellt werden müßte. Wer an die Heerscharen von
Testpsychologen und Juristen denkt, die dafür — besonders in einem so hoch ver-
rechtlichten System wie der Bundesrepublik — erforderlich wären, wird zumindest den
Gewinn an formaler Rationalität durch Bezug auf das chronologische Alter nicht
gering schätzen.

Um zu erklären, weshalb es überhaupt zu einer altersbezogenen Gliederung des Lebenslaufs, besonders zur strikten Dreiteilung gekommen ist, muß allerdings auf Rationalisierung in einem grundlegenderen Sinn Bezug genommen werden. Die *Rationalisierung
des Wirtschaftens* besteht wesentlich auch darin, daß „sachfremde" Organisationsprinzipien und Wertorientierungen aus der Sphäre des Wirtschaftens ausgeschlossen werden, so daß die Organisation der Produktion rein nach dafür rationalen Gesichtspunkten erfolgen kann. Diese *Externalisierung sachfremder Orientierungen* führt zur Ausdifferenzierung der entsprechenden Lebensbereiche (z.B. Trennung von Arbeit und
Familie). Sie vollzieht sich aber auch in der lebenszeitlichen Dimension, nämlich als
Auslagerung der Lebensphase, die für die Vorbereitung auf die Erwerbstätigkeit notwendig ist, und derjenigen, in der die Produktivität wieder abnimmt. Mit anderen Worten: die Durchsetzung der Imperative der Rationalität im Wirtschaftsbereich führt dazu, daß die — im übrigen aufgrund der Rationalisierung selber zunehmenden — Vorlei-
stungen und Folgeprobleme auf vor- und nachgelagerte Lebensphasen abgewälzt werden und durch entsprechende altersgeschichtete Leistungssysteme (Bildungs- und
Rentensystem) aufgefangen werden müssen.

Rationalisierung vollzieht sich schließlich auch auf der Ebene des *Individuums* (vgl.
ausführlicher: *Kohli* 1981; *Meyer*, im Erscheinen). Im Rahmen der protestantischen

Ethik ist Lebenszeit von Gott zur Verfügung gestellte Zeit, die sinnvoll genutzt werden muß (Lebenszeit als Aufgabe). Die Chronologie des Lebenslaufs ergibt die Bezugsachse für die eigene „methodische Lebensführung". Rationalität bedeutet hier Unterordnung des Lebens unter ein einheitliches „Leistungs"-kriterium und Unterdrückung der davon abführenden Spontaneität der Bedürfnisbefriedigung. Diese Methodik muß vom Individuum ständig überprüft werden, was zu entsprechenden systematischen Rechenschaftsveranstaltungen Anlaß gibt, etwa in Form des Tagebuchs (zum pietistischen Tagebuch als einer zentralen Etappe in der Gattungsgeschichte der Autobiographie vgl. *Niggl* 1977). In säkularisierter Form wird das chronologische Alter zum Kriterium für *Bilanzierungsprozesse*, in denen das Verhältnis von verflossener und noch verbleibender Lebenszeit thematisch wird, und für Vergleiche mit anderen. Eine extrem instrumentalisierte Form solcher Planungen und Bilanzierungen sind diejenigen, die der Humankapitalansatz als Regelfall — zumindest für das berufliche Handeln — unterstellt; es ist aber deutlich, daß es nicht nur Investitionskalküle gibt, die sich auf berufliche Erfolge beziehen, sondern daß auch moralische Kriterien (Werte, „Lebenssinn" u. ä.) in solche Überlegungen eingehen. Neben der Selbsttypisierung ist die Chronologie des Lebenslaufs unter vielen Aspekten auch die Grundlage für die *Fremdtypisierung*, z. B. unter dem Aspekt des „lückenlosen Lebenslaufs", der von Arbeitgebern als Beleg dafür verlangt wird, daß der Einstellungskandidat sich den Forderungen der wirtschaftlichen Rationalität bisher bruchlos unterzogen hat. Die Typisierung erstreckt sich nicht nur auf die Vergangenheit, sondern auch auf die Zukunft; ein Individuum wird auch danach eingeschätzt, welche typischerweise erwartbare Zukunft es (noch) vor sich hat.

2. *Soziale Kontrolle*. Auf diese Problemlage machen die erwähnten Studien über den Zivilisationsprozeß aufmerksam. Auch in der Geschichte des Bildungs- und des Rentensystems und anderer sozialstaatlicher Interventionen ist sie nachweisbar; gerade die Institutionalisierung von Altersgrenzen stellt eine charakteristische Kombination von Rationalisierung und sozialer Kontrolle dar (*v. Kondratowitz* 1983, S. 379). In der vormodernen Lebensform erfolgte Vergesellschaftung im wesentlichen über stabile Zugehörigkeit zur Familie, zur kleinräumigen Lokalgesellschaft und zum Stand, d. h. über äußere Kontrolle. Der Übergang zur Moderne bedeutete eine starke Mobilisierung und Pluralisierung des Lebens. Dieser Individualisierungsprozeß hatte zur Folge, daß *Vergesellschaftung stärker auf der Ebene des Individuums als auf derjenigen der stabilen Lokalgesellschaft* ansetzen muß. Ein wesentlicher Teil dieser neuen Vergesellschaftungsform ist die Institutionalisierung des Lebenslaufs als Ablaufprogramm und mehr noch als langfristige perspektivische Orientierung für die Lebensführung. In diesem Sinn ist die Institutionalisierung des Lebenslaufs das notwendige Korrelat zur Freisetzung des Individuums, das funktionale Äquivalent zur früheren äußeren Kontrolle. Was hier funktional argumentiert wird, ist auch auf der Ebene der *Motive der Handlungsträger* in der Geschichte der staatlichen Leistungssysteme und ihrer privaten Vorläufer nachweisbar. So war z. B. Bismarck der Auffassung, daß nichts die Arbeiter besser mit dem Staat versöhnen und damit das Risiko einer proletarischen Revolution herabsetzen würde als die Aussicht auf eine Rente im Alter, d. h. die Perspektive eines stabilen Lebenslaufs mit staatlicher Gewährleistung materieller Sicherheit (*Rüdeger Baron*

1975, S. 34 ff.). Und schon vorher findet sich dieses Motiv in den Überlegungen der bürgerlichen Sozialreformer, z. B. des 1844 gegründeten „Centralvereins für das Wohl der arbeitenden Klassen". Als dieser 1848 ein Projekt für eine Altersversorgungsanstalt entwickelte, bestand der Kerngedanke darin, „daß die Aussicht auf eine ‚mäßige (aber) sichere Einnahme für die Dauer des schwachen Alters' bereits den jüngeren Arbeiter zu einem ‚conservativen Bürger' machen werde" (*Jürgen Reulecke* 1983, S. 418).

Die soziale Kontrolle, die damit anvisiert ist, soll also nicht einfach durch die monetäre Versorgung erreicht werden, sondern durch ihre langfristige Erwartbarkeit und die damit beim einzelnen Arbeiter erzeugte *biographische Perspektive*: sie besteht in der entlastenden Gewißheit, auch unter den Bedingungen der Individualisierung des Lebenslaufs nicht aus den gesellschaftlichen Stützsystemen herauszufallen.

3. *Sukzession* (Nachfolgeregelung). Diese Problemlage wurde bereits im Zusammenhang mit dem Rationalisierungsdruck angesprochen. In der eingangs erwähnten formalen Theorie der Altersschichtung (*Riley* et al. 1972) ist Sukzession ein zentrales Thema; es wird gezeigt, daß sie zu den grundlegenden allgemeinen Problemen gehört, die gesellschaftlich — bzw. im Rahmen von Teilbereichen oder einzelnen Organisationen — zu normieren sind. Hier geht es dagegen um die historische Veränderung dieser Regelungen. In der familial gebundenen Wirtschaftsverfassung kam dem Haushalt bzw. der Familie der Primat zu. Die beteiligten Personen hatten wenig individuelles Gewicht; sie konstituierten sich im wesentlichen über ihre Position im Haushalt. Außerdem erfolgte die Sukzession im Rahmen des familial verfügbaren Personals. Familiale und ökonomische Sukzession fielen zusammen. Im modernen Betrieb ist beides nicht mehr der Fall. Die Nachfolge ist ein Prozeß der *Rekrutierung von einem Markt freier Arbeit*, d. h. von Arbeitskräften, die als eigenständige Individuen konstituiert sind. Betrieb und Individuum treten auseinander. Durch die freie externe Verfügbarkeit von Arbeitskräften entstehen Kohorten mit beliebigen Zeitabständen und einer Fülle unterschiedlicher zeitlicher Bezugspunkte. Im Interesse der Regelhaftigkeit der Sukzession ist eine andere Zeitdimension erforderlich, nämlich die des chronologischen Alters. Die Sukzession wird zu einem „freien" Prozeß, der auf der Ebene eigenständig vergesellschafteter Individuen geregelt werden muß.

Daß eine solche Regelhaftigkeit erforderlich ist und wie wichtig sie für den betrieblichen Personaleinsatz ist, läßt sich durch neuere arbeitsmarktsoziologische Überlegungen und Befunde zeigen, die sich auf den Unterschied zwischen externen und internen Arbeitsmärkten beziehen (*Aage B. Sørensen* 1983). *Interne* (betriebliche) Arbeitsmärkte sind zu einem erheblichen Teil „*geschlossene*" Positionssysteme, d. h. sie sind nicht marktmäßig im eigentlichen Sinn verfaßt. Geschlossene Positionen sind dadurch charakterisiert, daß sie nur dann zugänglich werden, wenn der vorherige Inhaber sie verlassen hat; die Neuallokation der Position kann somit nicht an Veränderungen der Leistung des Inhabers oder an die Verfügbarkeit eines besseren Kandidaten gebunden werden. Dieser Allokationsmechanismus kann als „*Vakanzwettbewerb*" bezeichnet werden; er unterscheidet sich grundlegend vom Marktwettbewerb in offenen Positionssystemen. Man könnte auf den ersten Blick annehmen, daß der Vakanzwettbewerb hauptsächlich im öffentlichen Sektor zu finden ist. Dessen chronologisch ausgefeiltes Laufbahnsystem[14] ist in der Tat eine extreme Ausprägung dieses Prinzips. Wie die empirischen Befunde zeigen, gilt es jedoch in überraschendem Ausmaß auch im privaten Sektor; es kann zu tarifvertraglichen Senioritätssystemen formalisiert werden (*Dohse* et al. 1982) oder realisiert sich als informelles System von Sukzessionsregeln und langfristigen Reziprozitätserwartungen (*Kohli* et al. 1983). Die chronologische Sequenzierung ist somit für die Betriebe nicht eine Randbedingung unter anderen, sondern ein *konstitutives Strukturmerkmal* des internen Arbeitsmarktes..

Die Untersuchung von *William H. Graebner* (1980) über die Entstehung des US-amerikanischen *Rentensystems* weist in eine ähnliche Richtung. Verrentung ist ein Ausweg aus dem Problem, die älteren Arbeitskräfte loszuwerden, um die Effizienz des Arbeitskräfteeinsatzes zu erhöhen und Platz für nachrückende Arbeitskräfte zu schaffen — und zwar ein Ausweg, der gesellschaftlich legitim ist. Das Rentensystem erlaubte es den Betrieben, die Folgeprobleme der Rationalisierung der Produktion zu externalisieren; es befreite sie von der paternalistischen Verpflichtung, auf Dauer für ihre Arbeiter zu sorgen, und „transformierte (damit) eine menschliche Situation in eine bürokratische" (*Graebner* 1980, S. 121; zur deutschen Situation vgl. *Hermann Schäfer* 1983). Gleiches läßt sich für die aktuellen Modelle einer weiteren faktischen Senkung der Rentengrenze zeigen (*Kohli* et al. 1983). Die Entstehung und Ausgestaltung des Rentensystems ist also das Resultat des Versuchs, die strukturellen Probleme einer rationalen Arbeitsorganisation, insbesondere das Problem der Sukzession, so zu lösen, daß die Lösung mit den normativen Gegebenheiten verträglich ist.

4. Integration. Diese Problemlage bezieht sich hier auf das Verhältnis der verschiedenen Lebensbereiche, insbesondere von *Betrieb und Familie* (vgl. dazu die detaillierten Überlegungen von *Tamara K. Hareven* 1982 b). In der Haushaltsökonomie stellte sich Integration weniger als ein allgemein zu regelndes Problem. Der Primat des Haushalts bedeutete, daß es primär um *seine* Kontinuität ging. Die beteiligten Personen waren kaum als Individuen mit eigenständigen Lebensperspektiven bzw. Kontinuitätsansprüchen ausgebildet; es bestand somit nur ein geringer Abstimmungsbedarf zwischen verschiedenen Zeit- bzw. Kontinuitätsdimensionen. Die beruflichen und familialen Übergänge im Lebenslauf ergaben sich direkt aus den Notwendigkeiten der Produktion und Reproduktion im Haushalt (z. B. Bindung von Heirat an die konkrete Verfügbarkeit einer „Stelle", Notwendigkeit von rascher Wiederverheiratung). Die Kopplung von Ehefähigkeit und wirtschaftlicher Lage wurde auch rechtlich verankert; erst 1868 wurden in Deutschland — mit Ausnahme von Bayern, wo die entsprechenden Vorschriften noch länger in Kraft blieben — die „polizeilichen Beschränkungen der Eheschließung", u. a. über einen Nachweis der wirtschaftlichen Lage, aufgehoben (*Hubbard* 1983, S. 40 f.)[15].

In der industriellen Ökonomie ist der individuelle Lebenslauf als neue soziale Regelungsebene ins Zentrum gerückt. Für die Betriebe stellt sich die Aufgabe, die individuelle Lebenszeit ihrer Arbeitskräfte in die eigene Zeitstruktur des Betriebs als Organisation zu integrieren (vgl. *Kohli*, im Erscheinen). Für die Individuen stellt sich die Aufgabe der Abstimmung betrieblicher und familialer „Laufbahnen". Diese Aufgabe wirft insbesondere im Übergang ins Erwachsenenalter Handlungsalternativen mit erheblichen Konsequenzen auf, und es ist folgerichtig, daß die Gestaltung dieses Übergangs (vor allem unter dem Gesichtspunkt der sequentiellen Organisation der Schritte in den verschiedenen Lebensbereichen) zu einem Schwerpunkt der empirischen Forschung geworden ist (vgl. die bereits erwähnte Übersicht von *Hagestad* und *Neugarten* 1985).

Exkurs: Zur Struktur von Altersklassen-Gesellschaften

Es wurde einleitend gesagt, daß der anthropologische Kulturvergleich für die hier behandelten Fragen wenig hilfreich sei[16], weil er die Gefahr einer naiven Gleichsetzung von europäischer Vormoderne und „Primitivgesellschaften" mit sich bringt. Nach dem Durchgang durch die historische Analyse ist diese Gefahr jetzt wohl gebannt; deshalb kann ein kurzer Exkurs über die strukturellen Bedingungen der Gesellschaften, die auf Altersklassen basieren, eingeschaltet werden. Die Beschäftigung mit Altersklassen findet sich schon in der frühen deutschen Ethnologie; sie kulminierte im Versuch, Altersklassen − zusammen mit Geschlechterteilung − als die universalen Grundformen der Vergesellschaftung zu begreifen (*Heinrich Schurtz* 1902). Es mag dahingestellt bleiben, wie weit ein solcher Versuch tragen kann; unbestritten ist, daß es Fälle von Gesellschaften gibt, die wesentlich nach Altersklassen (age-sets) organisiert sind. Kürzlich haben *Ann Foner* und *David Kertzer* (1978) die ethnologische Literatur über solche Gesellschaften gesichtet und im Rahmen der Soziologie der Altersschichtung diskutiert. Es handelt sich um 21 vorwiegend ostafrikanische Gesellschaften, u. a. die Massai (vgl. hierzu auch *Henry Fosbrooke* 1978), Kikuyu, Turkana, Nuer und Karimojong.

Altersklassen in diesem Sinn − in der deutschen Fassung des Artikels von *Fosbrooke* werden sie „Kohorten" genannt − werden hauptsächlich durch folgende Merkmale definiert (*Foner* und *Kertzer* 1978, S. 1082 f.): es sind benannte Gruppierungen, die auf Alter oder Generation beruhen; die Mitgliedschaft in ihnen ist öffentlich anerkannt; die Gruppierungen dauern, sobald sie gebildet sind, über den ganzen restlichen Lebenslauf an; die Mitglieder bewegen sich gemeinsam von einer Altersstufe zur nächsten; die Allokation wesentlicher sozialer Rollen erfolgt auf der Basis dieser Mitgliedschaft bzw. der gemeinsam erreichten Altersstufe. Man könnte nun denken, daß ein solches System die extreme Form einer Institutionalisierung des Lebenslaufs im hier beschriebenen Sinn bildet, d. h. den Endpunkt eines Prozesses der Verzeitlichung und Chronologisierung. Dies ist aber nicht der Fall, wie schon aus einer Betrachtung der zwei folgenden Punkte hervorgeht.

Erstens ist der Übergang von einer Altersstufe zur nächsten ein *kollektives* Ereignis, das weder die Lage des Einzelindividuums in Betracht zieht noch gar an dessen chronologischem Alter orientiert ist. Bei den meisten der in Betracht kommenden Gesellschaften beginnt die Mitgliedschaft in einer Altersklasse − oder sozial gesehen: die Bildung einer neuen Altersklasse − ungefähr in der Adoleszenz, und zwar durch einen Initiationsritus. Die zeitliche Festlegung der Initiation − wie auch der übrigen Übergänge − ist typischerweise nicht chronologisch determiniert, sondern das Ergebnis von Beratungen (*Foner* und *Kertzer* 1978, S. 1088 ff.). Die Entscheidung über die Initiation wird nie von den Initianden selber getroffen, sondern von einer anderen Gruppe, gewöhnlich den Alten. Da mit dem Übergang von einer Altersstufe zur nächsten starke Veränderungen in Macht und Prestige verbunden sind, kommt es in der Regel zu Konflikten. Altersklassen, die durch einen Übergang Macht und Prestige einbüßen werden, versuchen ihn möglichst hinauszuschieben, während die zukünftigen Gewinner Druck ausüben, um ihn zu beschleunigen. Man kann die Entscheidung über das Ansetzen einer Initiation bzw. der anderen Übergänge als gesellschaftlichen Bewältigungsprozeß bezeichnen, mittels dessen der durch das Nachwachsen neuer Kohorten entstehende Druck aufgefangen wird. Wenn die Zahl der potentiellen Initiationskandidaten wächst und sich allmählich die Aktivität allmählich Unruhe verbreitet, beginnen die Alten zu überlegen, daß wieder eine Initiationszeremonie fällig wird. Wenn diese dann stattfindet, werden alle Kandidaten kollektiv prozessiert. Dabei spielt das chronologische Alter eine relativ geringe Rolle. Am ausgeprägtesten ist dies, wo die Altersklassen auf Generationszugehörigkeit beruhen. Durch den großen Altersabstand zwischen Geschwistern kann es dazu kommen, daß manche Männer die Berechtigung zum Heiraten und Kinderhaben erst in ihren 40ern erhalten, während andere Mitglieder ihrer Altersklasse diesen Übergang in ihren 20ern durchleben. Aber auch in Altersklassengesellschaften ohne Generationsgrundlage hängt die Initiation oft weniger vom chronologischen Alter ab (das gewöhnlich gar nicht genau bekannt ist) als von Faktoren wie sozialer Reife oder Reichtum der Herkunftsfamilie — ganz abgesehen davon, daß in Systemen mit nur wenigen Altersklassen bzw. -stufen jede ohnehin einen sehr breiten chronologischen Bereich umfassen muß. Altersklassen sind demnach eine kollektive Vergesellschaftungsform, in der nicht der individuelle Lebenslauf als Regelungsebene in den Vordergrund tritt und das durch das System konstituierte soziale Alter nur relativ schwach mit dem chronologischen Alter der Individuen korrespondiert. Vergesellschaftung erfolgt nicht über ein individuelles Lebensprogramm, das an Individualmerkmalen orientiert ist, sondern im Gegenteil über die unbedingte Zugehörigkeit der Person zu einem sozialen Aggregat.

Zweitens ist der strukturelle Bedeutungsgehalt der Initiation — und wohl auch der späteren Übergänge zwischen den Altersstufen — weniger einer der Übergangs einer Person in einen neuen Zustand als der von Tod und Wiedergeburt. Die alte Person muß „sterben", und erst dann kann die „neue" Person im neuen sozialen Rahmen an ihre Stelle treten. Das ist der Sinn eines großen Teils der Riten, mit denen die Initiation vollzogen wird. Dieser Code von Tod und Wiedergeburt ließe sich als eine gesellschaftliche Erleichterung der mit dem scharfen Übergang sich stellenden Probleme der Rollendiskontinuität deuten, etwa im Sinn von *Ruth Benedict* (1978). Man kann ihn aber auch wörtlich nehmen: als Ersetzung einer Person (die der früheren Altersstufe angehörte) durch eine neue. Es handelt sich nicht um eine entwicklungsgeschichtliche Konzeption des Lebens, sondern um eine statisch-kategorielle. Das Leben wird nicht als zeitlicher Ablauf kodiert, sondern in Begriffen der Zugehörigkeit zu einem Status. Wir können darin einen spezifischen Fall des mythischen Zeitverständnisses (*Günter Dux* 1982, S. 134 ff.) sehen. Wie aus den von *Dux* zitierten Berichten hervorgeht, sind Mythen und die ihnen entsprechende rituelle Praxis vielfach darauf angelegt, den Ursprung der gesellschaftlichen Ordnung festzuhalten und den Ablauf der Zeit zu negieren. Zeit (als Veränderungsprozeß) wird ungeschehen gemacht.

Diese beiden Punkte verdeutlichen, daß Altersklassen-Gesellschaften eine nicht-zeitliche Konzeption des Lebens realisieren. Ihr Strukturprinzip besteht darin, die Dimension der Lebenszeit ihrer Mitglieder in einer kollektiven und zugleich statisch-kategoriellen Vergesellschaftungsform zu binden. Es ist also ein Versuch zur „Entzeitlichung" der Zeit[17].

IV. Institutionelles Programm und subjektive Konstruktion

Der Befund der zunehmenden Institutionalisierung des Lebenslaufs ist zunächst überraschend. Die Bindung der Lebensereignisse an das chronologische Alter widerspricht einem der normativen Kernprinzipien der Moderne, nämlich der Orientierung an *erworbenen* statt an *zugeschriebenen* Merkmalen. Alter ist — ähnlich wie Geschlecht — eines der noch verbleibenden askriptiven Merkmale[18]. Die strukturellen Überlegungen haben deutlich gemacht, welcher Problemdruck diesem überraschenden Befund zugrundeliegt und wie der Institutionalisierungsprozeß mit der gesellschaftlichen Organisation der Arbeit zusammenhängt. Zugleich ist aber auch deutlich geworden, daß dieser Prozeß nicht ohne Spannungen verläuft; an den rechtlichen Auseinandersetzungen um die Altersgrenzen wird der Widerspruch zwischen Universalismus und Askription derzeit offenkundig.

Es handelt sich jedoch nicht nur um einen Konflikt unterschiedlicher Wertsphären; eine Spannung ist auch im Institutionalisierungsprozeß selber angelegt. Die Institutionalisierung des Lebenslaufs bedeutet (notwendige) *Entlastung*; sie gibt der Lebensführung ein festes Gerüst vor und setzt Kriterien dafür, was erreichbar ist und was nicht[19].

Sie bedeutet aber auch — wie jede Herausbildung von Institutionen — eine *Einschrän-kung* individueller Handlungsspielräume (wie sich etwa am Problem der sozialen Kontrolle erweist).

Beides — die Spannung zwischen Universalismus und Askription und die widersprüchlichen Folgen der Institutionalisierung — kann sich in den wissenschaftlichen Analyseansätzen niederschlagen. Ich habe zu zeigen versucht, daß es sinnvoll ist, biographische Abläufe und biographische Orientierungen unter der Perspektive „sozialer Tatsachen" zu betrachten. Dieser Ansatz stößt aber hier an seine Grenzen; es erweist sich, daß auch eine Konzeption des Handlungsprozesses selber erforderlich ist. Damit werden Grundfragen des *Verhältnisses von System- und Handlungstheorie* aufgeworfen[20]. Diese weit ausgreifenden Fragen bedürfen einer genaueren Untersuchung, als sie hier möglich ist. Im Sinn einer ersten Annäherung können grob *drei Modelle* des Verhältnisses von System- und Handlungsebene — konkret: des Lebenslaufs als institutionelles Programm und als subjektive Konstruktion — unterschieden werden.

Das *erste* Modell löst die Spannung auf, indem es nur das institutionelle Programm analysiert, d. h. die Individuen *ausschließlich als biographisch prozessierte Einheiten* faßt. Es werden Mechanismen identifiziert, die „direkt" — d. h. ohne Dazutun individueller Akteure — wirken. Die Aufmerksamkeit richtet sich auf die prozessierenden Mechanismen und Institutionen, die die Realisierung des Ablaufprogramms gewährleisten. In Konsequenz daraus wird argumentiert, daß die Handlungsebene ohne Schaden weggelassen werden könne (*Mayer* 1985). Die biographischen Perspektiven der Individuen gelten — soweit sie überhaupt in den Blick geraten — als Produkte des institutionellen Programms und damit als wissenschaftlich vernachlässigenswert. Es wird mit anderen Worten ein Aktor impliziert, der sich dem Programm entweder aus eigenem Interesse fügt (liberal-marktwirtschaftliche Variante) oder seinem Zwang unterworfen ist (macht- bzw. kontrolltheoretische Variante).

Unter dem Gesichtspunkt des Normallebenslaufs steht die Prozessierung durch Arbeitsmarkt und staatliche Leistungssysteme im Vordergrund. In der interpretativen Forschung ergibt sich ein Anknüpfungspunkt in den Studien zur Prozessierung abweichenden Verhaltens durch Behandlungs- und Kontrollinstanzen, die in der Tradition des Labeling-Ansatzes stehen und sich zum Teil auch auf biographische Prozesse im eigentlichen Sinn erstrecken (z. B. *Aaron V. Cicourel* 1978).

Ein solches Modell bezieht sich also auf Vorgänge, die zweifellos empirisch eine erhebliche Bedeutung haben. Es versagt aber dort, wo sich die spannungsvolle Dynamik der Institutionalisierung bemerkbar macht. Selbst wo sich — wie in der erwähnten Labeling-Literatur — eine entsprechende Perspektive durchgesetzt hat, kann gezeigt werden, daß das Subjekt der Prozessierung nicht einfach passiv unterliegt und seine Eigenbeiträge und Widerstandsmöglichkeiten so nicht angemessen erfaßt werden (*Gerd Riemann* 1984).

Das *zweite* Modell geht davon aus, daß Lebenslauf als institutionelles Ablaufprogramm und Biographie als subjektive Konstruktion einander *parallel* sind und sich ergänzen. Die Entwicklung führt nach ihm von einer „nicht-individuellen" Lebensform, in der das Subjekt weitgehend als Mitglied des Haushalts konstituiert ist und keine eigenen Kontinuitätsansprüche hat, zu einer individuierten Lebensform, in welcher der indivi-

duelle Lebenslauf zu einer neuen Ablauf-, aber auch Anspruchs- und Aufmerksamkeits-
dimension wird. Das Regelsystem des Lebenslaufs findet sich nicht nur auf der Ebene
von für das Subjekt heteronomen Abläufen, sondern auch auf derjenigen kultureller
Deutungsstrukturen und entsprechender subjektiver biographischer Perspektiven. Dieses Modell wird dem Tatbestand gerecht, daß eine individualisierte Gesellschaft darauf
angewiesen ist, daß die Individuen ihren Part erfüllen (womit auch die Möglichkeit gegeben ist, daß sie dies nicht tun). Subjektivität wird hier als eine notwendige Komponente der Gesellschaft aufgefaßt[21].

Das sollte im übrigen nicht so verstanden werden, als ob biographische Perspektivität
immer die Form expliziter biographischer Planung hat. Das Kennzeichnende an der
biographischen Lebensform liegt eher auf der Ebene der *Idealisierungen*, d. h. der
grundlegenden Selbstverständlichkeiten, auf denen die Individuen ihre biographischen
Entwürfe aufbauen. Es ist eine Idealisierung der Dauer: der Lebenslauf bzw. die Lebenszeit ist eine grundlegende und selbstverständliche *Voraussetzung* für das Handeln
(und erst in zweiter Linie möglicherweise auch eine thematische *Ressource*). Gerade
daß das selbstverständliche Rechnen mit einem normalen Lebenslauf — zu dem für Arbeiter und Angestellte u. a. der Übergang in den Ruhestand als chronologisch fixierba-
res Ereignis gehört — sich auch dort nachweisen läßt, wo die Zukunft nicht Gegenstand
von Entwürfen ist und handlungsschematisch ausgearbeitet wird (*Kohli*, im Erscheinen), ist ein Beleg für die fraglose alltagsweltliche Geltung einer solchen biographischen Perspektive.

Auch dieses Modell faßt aber noch nicht alles; es muß ergänzt werden durch ein *drit-
tes*, in dem die Spannung zwischen Lebenslauf als vorgeordneter (heteronomer) Realität und Biographie als subjektiver Konstruktion erhalten bleibt und auf ihre Konsequenzen befragt werden kann. Biographisches Handeln weist — wie jedes Handeln —
ein Moment von *Emergenz und Autonomie* auf. Handeln ist nie nur Vollzug sozial
tradierter Wissensbestände, sondern hat immer auch den Charakter des offenen Ent-
wurfs. Individualisierung bedeutet eine Verstärkung dieser Emergenz. In der aktuellen
Individualisierungsdebatte liegt auf dieser Offenheit ein besonderes Gewicht; „Bio-
graphisierung der Lebensführung" (*Fuchs* 1983, S. 366) meint „Aufweichung sozial
institutionalisierter Biographieverläufe" und Vergrößerung des persönlichen Handlungs-
spielraums. Es gibt im übrigen zahlreiche empirische Hinweise darauf, daß eine entwik-
kelte Subjektivität sich nicht bruchlos in die Grenzen einfügt, die ihr von den institutionellen Programmen zugedacht sind, sondern auf Weiterentwicklung drängt. Es sei
an die zentrale Bedeutung dieser Konzeption in der Aufklärung, also im Frühstadium
des Individualisierungsprozesses erinnert. Gerade die deutsche Literatur kannte mit
dem Bildungsroman (vgl. *Rolf-Peter Janz* 1980) eine typische Form der Literarisierung
der konfliktreichen, mehr oder weniger gelingenden Entwicklung des Ichs in der Auseinandersetzung mit der Welt. Heute ist Entwicklung nicht mehr abgeschlossen, sobald
sich ein gefestigtes Ich gebildet hat, sondern gilt als lebenslanger Prozeß. In den Zeitbegriffen, die hier zugrundegelegt werden, kann man sagen, daß es sich um eine *verzeit-
lichte* Individualität mit entwicklungsgeschichtlicher Dynamik handelt, die gerade
durch diese Dynamik gegen das *chronologische* Korsett drückt, in das sie durch das institutionelle Programm des modernen Lebenslaufs eingebunden ist.

Eines muß zum Schluß nochmals festgehalten werden: Mit dem Begriff der Individuali-sierung darf nicht gemeint sein, daß den vormodernen Menschen jede Individualität gefehlt habe. Individualität im Sinn eines *handlungsfähigen Subjekts* ist in menschli-chen Gesellschaften *universal*. Diese Universalität läßt sich auf verschiedene Weise fas-sen: psychologisch (z. B. in Form der Grundüberlegungen der kognitiven Entwicklungs-psychologie), kommunikationstheoretisch (z. B. unter den Gesichtspunkten einer Uni-versalpragmatik) oder konstitutionstheoretisch (z. B. auf der Grundlage einer Phäno-menologie der Sozialwelt). Erst oberhalb dieser Basis liegt der historische Variations-spielraum, um den es geht, wenn von Individualisierung die Rede ist.

V. Zur gegenwärtigen Situation: Anzeichen eines neuen Strukturwandels?

Wäre dieser Artikel vor fünfzehn Jahren geschrieben worden, hätte er an dieser Stelle abgeschlossen werden können. Inzwischen mehren sich aber die empirischen Anzei-chen dafür, daß der Prozeß der Chronologisierung zu einem Stillstand gekommen ist oder sich sogar umgekehrt hat. Bevor dies zum Anlaß für strukturelle Überlegungen genommen wird, sollen zunächst einige Schlaglichter auf die Veränderungen geworfen werden, an die hier zu denken ist.

Als erstes sind die *Veränderungen des familialen Verhaltens* zu nennen (vgl. *Held* 1985). Mehrere der Prozesse, die zu einer Standardisierung des Familienzyklus geführt haben, haben sich seit dem Beginn der 70er Jahre in manchen westlichen Ländern um-gekehrt. Das mittlere Heiratsalter ist wieder angestiegen, ebenso das Alter der Frauen bei der Geburt ihrer Kinder. Vermutlich ist dabei auch die Altersvarianz dieser Ereig-nisse größer geworden. Belege gibt es für den Rückgang ihrer Prävalenz: Heiratsneigung und Geburtenraten haben abgenommen. Die Scheidungsraten sind gestiegen, die Stabi-lität der Ehen ist damit gesunken. Es ist also eine Destandardisierung des Familienzyk-lus in mehrfacher Hinsicht zu verzeichnen: der Prozeß der Familienbildung wird ver-längert bzw. verschoben, ein zunehmender Anteil der jüngeren Geburtskohorten voll-zieht diesen Prozeß in alternativen Formen, nur teilweise oder gar nicht; damit wächst der Anteil von Haushaltskonstellationen und Verlaufsformen, die nicht mehr dem nor-mativen Muster entsprechen, auf das hin sich die historische Entwicklung bis vor kur-zem bewegte.

Der zweite Bereich ist derjenige der *Arbeit*. Seit einiger Zeit ist eine lebhafte Diskus-sion über Modelle der Aufweichung der Dreiteilung des Lebenslaufs und seiner Chro-nologie im Gange, etwa durch lebenslange bzw. rekurrente Bildung, Langzeiturlaube oder Teilzeitarbeit. Besonderes Gewicht wird auf die Flexibilisierung der Lebenspla-nung durch Erhöhung der individuellen Wahlmöglichkeiten gelegt. Solche Modelle haben viele Argumente für sich — in der aktuellen Situation auch noch das arbeits-marktpolitische (Verteilung der verfügbaren Erwerbsarbeit auf möglichst viele Per-sonen und möglichst alle Lebensphasen statt Konzentration auf einen abnehmenden Anteil von Ganztagsarbeitern mit abnehmendem Anteil der Arbeitsphase am gesam-ten Leben). Die Arbeitszeitwünsche der Erwerbstätigen entwickeln sich in die gleiche Richtung. Angesichts dieser Sachlage ist es erstaunlich, wie groß die Widerstände gegen die Realisierung dieser Modelle sind. Dennoch ist deutlich, daß sich die Dreiteilung des Lebenslaufs allmählich aufweicht, nicht zuletzt durch die Aufweichung der Grenzen der Erwerbsarbeit bzw. des formellen Sektors selbst.

Schließlich scheinen auch ehemals strikte *Altersnormen* ihre Geltung zu verlieren. Abweichungen davon etwa hinsichtlich Kleidung, Sexualität, Teilnahme an formaler Bildung verfallen weniger einer negativen Sanktionierung. Ähnliche Veränderungen finden sich übrigens in den — von *Elias* oder *Foucault* thematisierten — Dimensionen des Zivilisationsprozesses. Rückgang der „Höflichkeit", Informalisierung, freiere Körperlichkeit, Rückgang der Affektkontrolle sind einige Stichworte dazu. In allen Dimensionen werden Differenzierungs- bzw. Externalisierungsprozesse in Frage gestellt, nicht nur hinsichtlich der Lebensphasen, sondern auch der Lebensbereiche mit ihren spezifischen Wertorientierungen und sozialen Räumen oder im Hinblick auf die Ausgliederung von „Problemgruppen".

Angesichts dieser empirischen Sachverhalte stellt sich die Frage, ob sie als ganzes eine bloße *konjunkturelle Ausbuchtung* des säkularen Trends zur Verzeitlichung und Chronologisierung anzeigen oder einen *grundsätzlichen Umschwung*, d. h. den Beginn eines neuen Strukturwandels. Es ist natürlich interessanter, das zweite anzunehmen; es ist aber auch risikoreicher und setzt ein hohes Vertrauen in unsere diagnostische Fähigkeit voraus. Eine gewisse Skepsis müßte schon durch das zeitliche Ungleichgewicht — vierhundert Jahre Entwicklung in der einen Richtung, fünfzehn Jahre in der anderen — nahegelegt werden. Es fehlt allerdings nicht an soziologischen Begriffsangeboten für eine grundlegende gesellschaftliche Transformation, die sich in den letzten Jahren oder Jahrzehnten vollzogen haben soll, vom „organisierten" (oder „korporativen") Kapitalismus über die „postindustrielle Gesellschaft" bis zur schlichten „Postmoderne". Wie eine solche Transformation den Rahmen für einen Strukturwandel des Lebenslaufs bilden könnte und wie die erwähnten empirischen Befunde darauf hin zu interpretieren wären, mag zukünftigen Klärungen überlassen bleiben.

Mit Bezug auf unseren engeren Gegenstand, nämlich das Lebenslaufregime und den Individualisierungsprozeß, haben wir — falls wir uns für einen Strukturwandel entschließen wollen — immer noch zwei entgegengesetzte Deutungsalternativen. Die erste schließt an die — vor allem von der Kritischen Theorie seit längerer Zeit in Umlauf gesetzte — These vom „*Ende des Individuums*" an. Diese These behauptet eine Verlagerung von der (frühkapitalistisch-bürgerlichen) Form der Vergesellschaftung, die über Individuen mit internalisierter Leistungsbereitschaft und biographischer Langzeitorientierung erfolgt, zu direkter Vergesellschaftung, in der die Personen unmittelbar an den Fäden zentralisierter Steuerungsmedien hängen. Es werden gesellschaftliche Transformationen der Arbeitsbedingungen hervorgehoben, die einer individualisierten Lebensplanung zunehmend den Boden entzögen, und Transformationen der Sozialisationsbedingungen, die immer weniger dazu geeignet seien, die entsprechenden Persönlichkeitseigenschaften zu erzeugen. Zur Stützung dieser These können verschiedene Überlegungen und Beobachtungen herangezogen werden, etwa aus der Narzißmus- und der Wertwandelsdiskussion. Deren bisheriges Ergebnis scheint allerdings gesamthaft der These eher zu widersprechen, und auch die angeführten empirischen Befunde zur Veränderung des Lebenslaufs sind nicht ohne weiteres mit ihr verträglich.

Die Alternative dazu ist die — bereits erwähnte — These, daß wir es heute mit einem *neuen Individualisierungsschub* zu tun haben. Die Befunde, die auf eine Destandardisierung des Lebenslaufs hinweisen, würden sich in diesem Rahmen als Sprengung des chronologischen Korsetts deuten lassen, die aber den Individualisierungsprozeß nicht rückgängig macht, sondern ihn im Gegenteil weiter vorantreibt. Er reißt jetzt auch gesellschaftliche Gruppen mit, die bisher von ihm noch nicht erfaßt wurden (z. B. Frauen, vgl. *Beck-Gernsheim* 1983). Für unseren Zusammenhang wichtiger ist jedoch, daß — wie bereits erwähnt — Entwicklung im Sinn von ,,Wachstum" zu einem lebenslangen Prozeß geworden ist. (Eine entsprechende Ausweitung läßt sich in der Entwicklungspsychologie und Sozialisationsforschung feststellen.) Damit spitzt sich die Spannung zwischen Lebenslauf als institutionellem Programm und als subjektiver Konstruktion zu. Man kann sagen, daß es gerade die Dynamik des Institutionalisierungsprozesses selber ist, die zu einer Unterminierung der strikten Chronologie des Lebenslaufs führt (so auch *Held* 1985).

Es ist einleuchtend, daß die heutige Individualisierung sich von der (früh)bürgerlichen dadurch abhebt, daß sie auf dem Hintergrund eines staatlich regulierten Arbeitsmarktes und funktionierender wohlfahrtsstaatlicher Stützsysteme erfolgt und nur auf diesem Hintergrund erfolgen kann (*Ulrich Beck* 1983, S. 45). Auf diesem Hintergrund hat sich ja auch das moderne Lebenslaufregime generalisiert und zu verläßlichen, sozial einklagbaren individuellen Kontinuitätsansprüchen geführt. Die Institutionalisierung des Lebenslaufs ist die Grundlage, auf der sich jetzt die individualisierende Abkehr von der Chronologie vollzieht. Obwohl die neue Form des Lebenslaufs in dieser Hinsicht somit wieder stärker der vormodernen zu ähneln beginnt, bedeutet sie strukturell etwas anderes[22].

Eine vorschnelle Funktionalisierung dieses Analyseansatzes ist allerdings nicht angebracht. Alles deutet darauf hin, daß die Destandardisierung des Lebenslaufs nicht einfach harmonisch in eine neue gesellschaftliche Grundstruktur hineinpaßt, sondern sehr konfliktreich verläuft und vermutlich noch lange verlaufen wird. Die Arbeitsgesellschaft ist noch nicht außer Kraft gesetzt, auch wenn manche sie schon verabschiedet haben. Wir haben feststellen können, daß die Modelle einer Aufweichung der Dreiteilung des Lebenslaufs sich erstaunlich schwer realisieren lassen. Die in diesem Artikel angestellten Überlegungen über die strukturellen Grundlagen der Chronologie des Lebenslaufs machen diese Schwierigkeiten verständlich. Gerade daß letztere so ausgeprägt sind, ist ein indirekter Beleg dafür, daß das bestehende Lebenslaufregime zu den Kernstrukturen der Arbeitsgesellschaft gehört.

Anmerkungen

1 Die räumliche Begrenzung bezieht sich u. a. auf das ,,europäische Heiratsmuster", die zeitliche auf die Reichweite des größten Teils der empirischen Forschung.

2 Es ist klar, daß dies in einem wörtlichen Sinn nur für einen Teil der Gesellschaftsmitglieder gilt, nämlich für diejenigen mit kontinuierlicher Erwerbstätigkeit. Für die Frauen, die nicht oder nur kurzphasig erwerbstätig sind, ist aber gerade charakteristisch, daß sie in wesentlichen Dimensionen noch nicht als volle ,,Individuen", sondern über ihren Mann vergesellschaftet sind (vgl. *Elisabeth Beck-Gernsheim* 1983). Zumindest bis vor kurzem konnte noch konstatiert werden:

„Gesellschaftliche Praxis (...) ist fast überall ein ‚Berufsmonopol' " (*Ulrich Beck* et al. 1980, S. 222).

3 In der Soziologie entsprechen diesen beiden Ebenen zwei — methodisch und institutionell relativ klar voneinander abgehobene — Forschungsansätze: zum einen die Forschung über Positionssequenzen (die als Verallgemeinerung von Ansätzen der Mobilitätsforschung und der Demographie verstanden werden kann), zum anderen die Forschung über biographische Deutungen und Handlungsverläufe (Biographieforschung im engeren Sinn).

4 Erste Überlegungen dazu finden sich in den Sammelbänden von *Martin Kohli* (1978) und *Leopold Rosenmayr* (1978a, insbesondere *Rosenmayr* 1978b); differenzierter in *Tamara K. Hareven* (1982a), *Karl Ulrich Mayer* und *Walter Müller* (im Erscheinen), *John W. Meyer* (im Erscheinen) sowie in den Beiträgen zu *Kohli* und *Meyer* (1985).

5 Für deutschsprachige Überblicke kann vor allem auf die beiden Essays von *Christoph Conrad* (1982, 1984) sowie auf die Sammelbände von *Helmut Konrad* (1982) und *Christoph Conrad* und *Hans-Joachim v. Kondratowitz* (1983) verwiesen werden.

6 Wesentlich ist auch hier der Rückgang der Altersvarianz der Ereignisse; daneben ist — im Gegensatz zur Sterblichkeit, wo sie bekanntlich konstant bleibt — eine weitere Gegebenheit beteiligt, nämlich die Erhöhung der Prävalenz (stärkere Verbreitung des Heiratens durch Abbau der Heiratsbeschränkungen).

7 Die Werte von 1895 sind im Rahmen des VASMA-Projekts, Mannheim, errechnet worden. Ich danke *Walter Müller* für die Überlassung der Daten. Die Werte von 1980 nach *Ursula Hinschützer* und *Heide Momber* (1982, S. 129).

8 Zu den Dimensionen einer solchen Pragmatik vgl. *Kohli* (1981) und *Werner Fuchs* (1984).

9 Wo — wie etwa in Israel — die im Rahmen der modernen Rechtskultur erforderliche Beurkundung des chronologischen Alters bei großen Teilen der Bevölkerung fehlt, müssen spezifische rechtliche Verfahren zur nachträglichen Feststellung des Alters eingerichtet werden (vgl. *Cain* 1976, S. 353). Ähnliche Probleme ergeben sich in der Bundesrepublik bei den Altersgrenzen für die Familienzusammenführung der Arbeitsimmigranten.

10 Zur Entstehung des Geburtstagsfestes vgl. *Marie-Luise Hopf-Droste* (1979).

11 Zu einer vollständigen Erklärung würde nicht nur der Problem*druck* gehören, sondern auch die soziale *Konstitution* des Problems (*Conrad* 1983), d.h. eine Analyse der Thematisierungsprozesse, der Ausformung von Lösungen und der Wahl zwischen ihnen sowie der dabei relevanten Akteure und Instanzen. Eine solche Analyse könnte — wie *Conrad* (1983) für das höhere Alter als Problemgegenstand der Sozialpolitik zeigt — dem Muster folgen, das in der neueren Soziologie sozialer Probleme entwickelt worden ist. Im übrigen müßte auf dieser Ebene auch berücksichtigt werden, daß in den einzelnen nationalstaatlichen Systemen z.T. unterschiedliche sozialpolitische Lösungen implementiert worden sind. Sie haben zu je spezifischen sozialstaatlichen Konstitutionsbedingungen der Altersphase geführt. Allerdings scheinen diese Unterschiede sich allmählich einzuebnen, was ein Beleg für die durchschlagende Wirkung des zugrundeliegenden strukturellen Problemdrucks ist.

12 Das ist nicht etwa als eine rein materialistische Konzeption zu verstehen. Mit „Wirtschafts- und Arbeitsverfassung" meine ich ein komplexes Muster von ökonomischen und kulturellen Gegebenheiten, über deren zeitliche und kausale Priorität hier — wie eingangs betont — wenig gesagt wird.

13 Der rechtliche Streit um die Zwangsverrentung in den USA (als Überblick: *Cain* 1976, S. 369 ff.) bietet reiches Anschauungsmaterial für diese Problematik. In einem der Leitfälle (der Kläger war ein Philosophieprofessor) wurde in der Urteilsbegründung argumentiert, es sei unter Gesichtspunkten der Rechtsgleichheit ausreichend, daß das Kriterium des chronologischen Alters einen erheblichen statistischen Zusammenhang mit der beruflichen Leistungsfähigkeit aufweise; eine Beurteilung des Einzelfalles sei damit unnötig.

14 Auch hier bietet sich in der Bundesrepublik eine besonders hohe Entwicklungsstufe dar. In ihrem öffentlichen Dienst wird nicht nur das Besoldungsdienstalter über einen spezifischen Satz von Verfahrensregeln auf den Tag genau festgelegt, sondern unabhängig davon auch noch das Jubiläumsdienstalter.

15 Es sei hier nochmals ausdrücklich darauf hingewiesen, daß diese Koppelung strukturell nur für die vorindustrielle (bäuerliche und zünftisch-handwerkliche) Haushaltsökonomie von Bedeutung war. Für die ländlichen Gewerbetreibenden der protoindustriellen Phase (vgl. *Peter Kriedte* et al. 1977) entfiel sie; die Logik der protoindustriellen Produktionsweise prämiierte eine möglichst frühe Haushaltsgründung und eine hohe Kinderzahl, da das „Kapital" im wesentlichen aus der Arbeitskraft der Familienmitglieder bestand.

16 Ergiebiger wäre der Vergleich mit gegenwärtigen Modernisierungsprozessen in nicht-westlichen
   Kulturen. Ein Beispiel dafür ist der Ansatz von *Joachim Matthes* (1984) zu einer kultur-soziologisch-vergleichenden Untersuchung der Veränderung biographischer Deutungsstrukturen.
17 Der Ausdruck stammt von *Clifford Geertz* (1973, S. 391); er bezeichnet damit die „reine Simultaneität", die in der balinesischen Konzeption von (Alltags-, Lebens- und historischer) Zeit angelegt ist. In analogem Sinn interpretiert *Geertz* (1980) den traditionellen balinesischen Staat
   als eine Struktur, die primär (symbolisch) darum herum organisiert ist, die Identität der Gegenwart mit der Vergangenheit wiederherzustellen, indem der Ablauf der Zeit annulliert wird.
18 Genauer: es ist insofern askriptiv, als es nicht durch eigene Leistung beeinflußt werden kann
   (es sei denn, man faßt das Überleben als Leistung auf); es unterscheidet sich aber insofern von
   anderen askriptiven Merkmalen, als eine Person nicht auf Dauer mit einer Merkmalsausprägung
   behaftet wird, sondern einer geregelten Abfolge der Ausprägungen unterworfen ist.
19 Das geht bis zu dem Punkt, daß etwa im Wettkampfsport durch Alterskategorien Segmente
   geschaffen werden, in denen auch Ältere (und Jugendliche) unter gleichen Bedingungen miteinander konkurrieren können (vgl. *Meyer*, im Erscheinen).
20 Sie stellen sich ähnlich auch − allerdings ohne daß sie bisher explizit behandelt worden sind −
   in der Diskussion über *Individualisierung*, die in der Soziologie im Zusammenhang mit der
   sich verändernden Struktur sozialer Ungleichheiten neu entbrannt ist (vgl. *Beck* 1983; *Beck-
   Gernsheim* 1983; *Fuchs* 1983).
21 Eine solche funktionalistische Perspektive läßt sich bis in die aktuellen industriesoziologischen
   Debatten verfolgen, in denen z. B. auf die Zunahme einer ganzheitlichen Nutzung der Arbeitskraft − d. h. einer Nutzung nicht nur als spezifischer Funktionsträger, sondern als entwickeltes Subjekt − hingewiesen wird (*Horst Kern* und *Michael Schumann* 1983).
22 Die Krise des Arbeitsmarkts und die sozialpolitische Wende haben dazu geführt, daß die Hintergrundbedingungen, auf denen es zu verläßlichen Kontinuitätsansprüchen kommen kann,
   für Teile der Bevölkerung nicht mehr gegeben sind; für sie trifft die Individualisierungsthese
   nur in eingeschränktem Sinn zu.

Literatur

Philippe Ariès, Geschichte der Kindheit, München 1975 (zuerst 1960).
Paul B. Baltes, Hayne W. Reese und *Lewis P. Lipsitt*, Life-Span Developmental Psychology, in:
   Annual Review of Psychology, 31, 1980, S. 65−100.
Rüdeger Baron, Weder Zuckerbrot noch Peitsche. Historische Konstitutionsbedingungen des Sozialstaats in Deutschland, in: Gesellschaft (Beiträge zur Marxschen Theorie), Bd. 12, Frankfurt
   1975, S. 13−55.
Suse Barth, Lebensalter-Darstellungen im 19. und 20. Jahrhundert, Phil. Diss., München 1970.
Ulrich Beck, Jenseits von Stand und Klasse? Soziale Ungleichheiten, gesellschaftliche Individualisierungsprozesse und die Entstehung neuer sozialer Formationen und Identitäten, in: Soziale
   Welt, Sonderband 2 (Soziale Ungleichheiten), 1983, S. 35−74.
Ders., Michael Brater und *Hansjürgen Daheim*, Soziologie der Arbeit und der Berufe, Reinbek
   1980.
Elisabeth Beck-Gernsheim, Vom „Dasein für andere" zum Anspruch auf „ein Stück eigenes Leben":
   Individualisierungsprozesse im weiblichen Lebenszusammenhang, in: Soziale Welt, 34, 1983,
   S. 307−340.
Ruth Benedict, Kontinuität und Diskontinuität im Sozialisationsprozeß, in: *Martin Kohli* (Hrsg.),
   Soziologie des Lebenslaufs, Darmstadt und Neuwied 1978 (zuerst 1968), S. 195−205.
Peter Berger, Brigitte Berger und *Hansfried Kellner*, Das Unbehagen in der Modernität, Frankfurt
   1975 (zuerst 1973).
Leonard D. Cain, Aging and the Law, in: *Robert H. Binstock* und *Ethel Shanas* (Hrsg.), Handbook
   of Aging and the Social Sciences, New York 1976, S. 342−368.
Aaron V. Cicourel, Mark, in: *Kohli* (Hrsg.), Soziologie des Lebenslaufs, a. a. O. 1978, S. 291−310.
Christoph Conrad, Altwerden und Altsein in historischer Perspektive, in: Zeitschrift für Sozialisationsforschung und Erziehungssoziologie, 2, 1982, S. 73−90.
Ders., Geschichte des Alterns: Lebensverhältnisse und sozialpolitische Regulierung, in: Zeitschrift
   für Sozialisationsforschung und Erziehungssoziologie, 4, 1984, S. 43−156.

Ders., und *Hans-Joachim von Kondratowitz* (Hrsg.), Gerontologie und Sozialgeschichte. Wege zu einer historischen Betrachtung des Alterns, Berlin 1983.

Christoph Deutschmann, Systemzeit und soziale Zeit, in: Leviathan, 11, 1983, S. 494–514.

Die Lebenstreppe, Bilder der menschlichen Lebensalter (Katalog), Köln 1983.

Knut Dohse, Ulrich Jürgens und *Harald Russig*, Hire and fire? Senioritätsregelungen in amerikanischen Betrieben, Frankfurt 1982.

Günter Dux, Die Logik der Weltbilder, Frankfurt 1982.

Josef Ehmer, Zur Stellung alter Menschen in Haushalt und Familie. Thesen auf der Grundlage von quantitativen Quellen aus europäischen Städten seit dem 17. Jahrhundert, in: *Helmut Konrad* (Hrsg.), Der alte Mensch in der Geschichte, Wien 1982, S. 62–103.

Norbert Elias, Über den Prozeß der Zivilisation, Bern und München 1969 (zuerst 1939).

Ann Foner, Perspectives on Changing Age Systems, in: *Matilda W. Riley, Ronald P. Abeles* und *Michael S. Teitelbaum* (Hrsg.), Aging from Birth to Death: Sociotemporal Perspectives, Boulder (Colorado) 1982, S. 217–228.

Dies., und *David Kertzer*, Transitions Over the Life-Course: Lessons from Age-Set Societies, in: American Journal of Sociology, 83, 1978, S. 1081–1104.

Henry Fosbrooke, Die Altersgliederung als gesellschaftliches Grundprinzip. Eine Untersuchung am Beispiel des Hirtenvolkes der Massai in Ostafrika, in: *Leopold Rosenmayr* (Hrsg.), Die menschlichen Lebensalter. Kontinuität und Krisen, München 1978, S. 80–104.

Michel Foucault, Überwachen und Strafen, Frankfurt 1977 (zuerst 1975).

James F. Fries und *Lawrence M. Crapo*, Vitality and Aging, San Francisco 1980.

Werner Fuchs, Jugendliche Statuspassage oder individualisierte Jugendbiographie?, in: Soziale Welt, 34, 1983, S. 341–371.

Ders., Biographische Forschung, Opladen 1984.

Clifford Geertz, Person, Time and Conduct in Bali, in: *Ders.*, The Interpretation of Cultures, New York 1973, S. 360–411.

Ders., Negara. The Theatre-state in Nineteenth Century Bali, Princeton 1980.

Paul C. Glick, Neue Entwicklungen im Lebenszyklus der Familie, in: *Kohli* (Hrsg.), Soziologie des Lebenslaufs, a. a. O. 1978, S. 140–153.

William A. Graebner, A History of Retirement, New Haven 1980.

Gunhild O. Hagestad und *Bernice L. Neugarten*, Age and the Life-Course, erscheint in: *Robert H. Binstock* und *Ethel Shanas* (Hrsg.), Handbook of Aging and the Social Sciences, New York, 2. Aufl. 1985.

Tamara K. Hareven, The Life-Course and Aging in Historical Perspective, in: *Tamara K. Hareven* und *Kathleen J. Adams* (Hrsg.), Aging and Life Course Transitions: An Interdisciplinary Perspective, New York 1982, S. 1–26.

Dies., Family Time and Industrial Time. The Relationship Between the Family and Work in a New England Industrial Community, Cambridge 1982.

Thomas Held, Ausgedinge und ländliche Gesellschaft. Generationsverhältnisse im Österreich des 17. bis 19. Jahrhunderts, in: *Conrad* und *v. Kondratowitz* (Hrsg.), Gerontologie und Sozialgeschichte, Berlin 1983, S. 151–184.

Ders., Institutionalization and De-Institutionalization of the Life-Course, in: *Martin Kohli* und *John W. Meyer* (Hrsg.), Social Structure and Social Construction of Life Stages, in: Human Development, 18, 1985.

Ursula Hinschützer und *Heide Momber* (Hrsg.), Basisdaten über ältere Menschen in der Statistik der Bundesrepublik Deutschland, Berlin 1982.

Marie-Luise Hopf-Droste, Der Geburtstag. Ein Beitrag zur Entstehung eines modernen Festes, in: Zeitschrift für Volkskunde, 75, 1979, S. 229–237.

Dies., Das bäuerliche Tagebuch. Materialien zur Volkskunde nordwestliches Niedersachsen, Bd. 3, Museumsdorf Cloppenburg 1981.

William H. Hubbard, Familiengeschichte. Materialien zur deutschen Familie seit dem Ende des 18. Jahrhunderts, München 1983.

Arthur E. Imhof, Life-Course Patterns of Women and their Men. 16th to 20th Century, Berlin 1982 (Ms.).

Ders., Von der unsicheren zur sicheren Lebenszeit, in: Vierteljahrsschrift für Sozial- und Wirtschaftsgeschichte, 71, 1984, S. 175–198.

Rolf-Peter Janz, Bildungsroman, in: *Horst A. Glaser* (Hrsg.), Deutsche Literatur. Eine Sozialgeschichte, Bd. 5, Zwischen Revolution und Restauration: Klassik, Romantik 1786–1815, Reinbek 1980, S. 144–163.

Horst Kern und *Michael Schumann*, Arbeit und Sozialcharakter: Alte und neue Konturen, in: *Joachim Matthes* (Hrsg.), Krise der Arbeitsgesellschaft? Verhandlungen des 21. Deutschen Soziologentages in Bamberg 1982, Frankfurt 1983, S. 353—365.

Martin Kohli (Hrsg.), Soziologie des Lebenslaufs, Darmstadt 1978 (1968).

Ders., Zur Theorie der biographischen Selbst- und Fremdthematisierung, in: *Joachim Matthes* (Hrsg.), Lebenswelt und soziale Probleme. Verhandlungen des 20. Deutschen Soziologentages, Frankfurt 1981, S. 502—520.

Ders., *Joachim Rosenow* und *Jürgen Wolf*, The Social Construction of Aging Through Work. Economic Structure and Life-World, in: Aging and Society, 3, 1983, S. 23—42.

Ders., Thesen zur Geschichte des Lebenslaufs als sozialer Institution, in: *Conrad* und *von Kondratowitz* (Hrsg.), Gerontologie und Sozialgeschichte, Berlin 1983, S. 133—147.

Ders. und *John W. Meyer* (Hrsg.), Social Structure and Social Construction of Life Stages (Sympsion mit Beiträgen von *Mathilda W. Riley, Karl Ulrich Mayer, Thomas Held, Tamara K. Hareven*), in: Human Development, 18, 1985.

Ders., Social Organization and Subjective Construction of Life Stages, in: *Aage B. Sørensen, Franz Weiners*, und *Lonnie R. Sherrod* (Hrsg.), Human Development: Interdisciplinary Perspectives, Hillsdale, N. J. (im Erscheinen).

Hans-Joachim v. Kondratowitz, Zum historischen Wandel der Altersposition in der deutschen Gesellschaft, in: *Arbeitsgruppe Fachbericht über Probleme des Alterns* (Hrsg.), Altwerden in der Bundesrepublik Deutschland, Bd. I, Berlin 1982, S. 73—201.

Ders., Zum historischen Konstitutionsprozeß von „Altersgrenzen", in: *Conrad* und *von Kondratowitz* (Hrsg.), Gerontologie und Sozialgeschichte, Berlin 1983, S. 379—411.

Helmut Konrad (Hrsg.), Der alte Mensch in der Geschichte, Wien 1982.

Peter Kriedte, Hans Medick und *Jürgen Schlumbohm*, Industrialisierung vor der Industrialisierung, Göttingen 1977.

Peter Laslett, The History of Aging and the Aged, in: *Ders.* (Hrsg.), Family Life and Illicit Love in Earlier Generations, Cambridge 1977, S. 174—213.

Wolf Lepenies, Das Ende der Naturgeschichte, München 1976.

René Levy, Der Lebenslauf als Statusbiographie, Stuttgart 1977.

Joachim Matthes, Über die Arbeit mit lebensgeschichtlichen Erzählungen in einer nicht-westlichen Kultur, in: *Martin Kohli* und *Günther Robert* (Hrsg.), Biographie und soziale Wirklichkeit, Stuttgart 1984, S. 284—295.

Karl Ulrich Mayer, Structural Constraints on the Life-Cource, in: *Martin Kohli* und *John W. Meyer* (Hrsg.), Social Structure and Social Construction of Life Stages, in: Human Development, 18, 1985.

Ders. und *Walter Müller*, The State and the Structure of the Life Course, in: *Aage B. Sørensen* et al. (Hrsg.), Human Development: Interdisciplinary Perspectives, Hillsdale, N. J. (im Erscheinen).

John W. Meyer, The Self and Life Course: Institutionalization and its Effects, in: *Age B. Sørensen* et al. (Hrsg.), Human Development: Interdisciplinary Perspectives, Hillsdale, N. J. (im Erscheinen).

Michael Mitterauer und *Reinhart Sieder*, Vom Patriarchat zur Partnerschaft, München 1977.

John Modell, Frank F. Furstenberg Jr. und *Theodore Hershberg*, Sozialer Wandel und Übergänge ins Erwachsenenalter, in: *Martin Kohli* (Hrsg.), Soziologie des Lebenslaufs, Darmstadt 1978 (zuerst 1976), S. 225—250.

Klaus-Detlef Müller, Autobiographie und Roman, Tübingen 1976.

Günter Niggl, Geschichte der deutschen Autobiographie im 18. Jahrhundert, Stuttgart 1977.

Bernice L. Neugarten, Age Groups on American Society and the Rise of the Young-Old, in: Annals of the American Academy, 1974, S. 413—423.

Günther Reinert, Prolegomena to a History of Life-Span Developmental Psychology, in: *Paul B. Baltes* und *Orville G. Brim Jr.* (Hrsg.), Life-span Development and Behavior, Bd. 2, New York 1979, S. 205—254.

Jürgen Reulecke, Zur Entdeckung des Alters als eines sozialen Problems in der ersten Hälfte des 19. Jahrhunderts, in: *Conrad* und *v. Kondratowitz* (Hrsg.), Gerontologie und Sozialgeschichte, Berlin 1983, S. 413—423.

Matilda W. Riley, Marilyn Johnson und *Ann Foner*, Aging and Society, Bd. 3, A Sociology of Age Stratification, New York 1972.

Gerd Riemann, „Na wenigstens bereitete sich da wieder etwas in meiner Krankheit vor". Zum Umgang psychiatrischer Patienten mit übermächtigen Theorien, die ihr eigenes Selbst betreffen, in: *Kohli* und *Robert* (Hrsg.), Biographie und soziale Wirklichkeit, Stuttgart 1984, S. 118—141.

David Riesman, Die einsame Masse, Reinbek 1958 (zuerst 1950).

Heidi Rosenbaum, Formen der Familie. Untersuchungen zum Zusammenhang von Familienverhältnissen, Sozialstruktur und sozialem Wandel in der deutschen Gesellschaft des 19. Jahrhunderts, Frankfurt 1982.

Leopold Rosenmayr (Hrsg.), Die menschlichen Lebensalter. Kontinuität und Krisen, München 1978a.

Ders., Fragmente zu einer sozialwissenschaftlichen Theorie der Lebensalter, in: *Leopold Rosenmayr* (Hrsg.), Die menschlichen Lebensalter, München 1978b, S. 428—457.

Hermann Schäfer, Die berufliche und soziale Lage von Arbeitern im Alter. Eine Skizze zur Situation in Deutschland im 19./20. Jahrhundert, in: *Conrad* und *v. Kondratowitz* (Hrsg.), Gerontologie und Sozialgeschichte, Berlin 1983, S. 255—272.

Rudolf Schenda, Bewertungen und Bewältigungen des Alters aufgrund volkskundlicher Materialien, in: *Conrad* und *v. Kondratowitz* (Hrsg.), Gerontologie und Sozialgeschichte, Berlin 1983, S. 59—71.

Alfred Schütz, Der sinnhafte Aufbau der sozialen Welt, Wien 1932.

Heinrich Schurtz, Altersklassen und Männerbünde, Berlin 1902.

Aage B. Sørensen, Processes of Allocation to Open and Closed Positions in Social Structure, in: Zeitschrift für Soziologie, 12, 1983, S. 203—224.

Lawrence Stone, The Family, Sex and Marriage in England 1500—1800, London 1977.

Florian Tennstedt, Sozialgeschichte der Sozialversicherung, in: *Maria Blohmke, Christian v. Ferber, Karl Peter Kisker* und *Hans Schäfer* (Hrsg.), Handbuch der Sozialmedizin, Bd. 3, Stuttgart 1976, S. 385—492.

Edward P. Thompson, Plebeische Kultur und moralische Ökonomie, in: Zeit, Arbeitsdisziplin und Industriekapitalismus, Wien 1980 (zuerst 1967).

Judith Treas, The Historical Decline in Late-Life Labor Force Participation in the United States: Policy Determinants? Paper presented to the XIIth International Congress of Gerontology, Hamburg 1981.

Peter R. Uhlenberg, A Study of Cohort Life Cycles: Cohorts of Native Born Massachusetts Women, 1830—1920, in: Population Studies, 23, 1969, S. 407—420.

Ders., Cohort Variations in Family Life Cycle, in: Journal of Marriage and the Family, 36, 1974, S. 284—289.

Max Weber, Gesammelte Aufsätze zur Religionssoziologie, Bd. I, Tübingen 1920.

Rudolf Wendorff, Zeit und Kultur, Wiesbaden 1980.

Halliman H. Winsborough, Changes in the Transition to Adulthood, in: *Matilda W. Riley* (Hrsg.), Aging from Birth to Death: Interdisciplinary perspectives Boulder, Col. 1979.

Korrespondenzanschrift:
Prof. Dr. Martin Kohli
Institute for Advanced Study
Princeton, N.J. 08540
U.S.A.

Kölner Zeitschrift für Soziologie und Sozialpsychologie, Jg. 37, 1985, S. 1—29.

312

NICHTEHELICHE LEBENSGEMEINSCHAFTEN – EINE MÖGLICHKEIT ZUR VERÄNDERUNG DES GESCHLECHTERVERHÄLTNISSES?

Von Sibylle Meyer und Eva Schulze

In den letzten zehn bis fünfzehn Jahren nahm das Phänomen der nichtehelichen Lebensgemeinschaften kontinuierlich zu, sowohl in der Bundesrepublik als auch in den USA. Im Ausland wurden hierzu bereits in den ausgehenden 70er Jahren – zunächst in Skandinavien und den USA, aber auch in Frankreich und Dänemark – empirische Studien durchgeführt, die sowohl versuchten, das quantitative Ausmaß dieser Lebensform abzuschätzen, als auch qualitative Aussagen über deren Beziehungsstrukturen zu machen (Meyer und Schulze 1983, Tyrell 1985). Inzwischen liegt auch eine erste repräsentative Untersuchung für die Bundesrepublik Deutschland vor, durchgeführt vom EMNID-Institut im Auftrage des Bundesministeriums für Jugend, Familie, Frauen und Gesundheit (Nichteheliche Lebensgemeinschaften in der Bundesrepublik Deutschland 1985).

Die Interpretation der bisherigen nationalen und internationalen Daten orientierte sich vorrangig an der Frage, ob nichteheliche Lebensgemeinschaften als zeitlich befristete Vorformen der Ehe angesehen werden müssen oder ob ihre quantitative Ausbreitung als Indikator für einen Wandel der Familie interpretiert werden kann. Eine andere Fragestellung zielt auf den Vergleich von ehelichen und nichtehelichen Paaren und führt zu unterschiedlichen Einschätzungen des Alternativcharakters von nichtehelichen Lebensgemeinschaften. Für beide Fragen liegen Daten vor, so daß sich die unterschiedlichen Positionen jeweils auf empirische Belege beziehen können (Wingen 1984, Kaufmann et al. 1982, Korczak 1979, Straver 1981, Trost 1979).

Wegen der Einfachheit der bisher durchgeführten Analysen geben die unterschiedlichen Einschätzungen unseres Erachtens bislang jedoch eher Aufschluß über die jeweilige Forschungstradition, theoretische Ausrichtung und politische Plazierung des Autors, als daß sie eine weiterführende Klärung des sozialen Phänomens brächten. Fortschritte in Richtung auf eine Klärung werden sicher nicht nur durch verstärkte empirische Forschungen geleistet werden können, sondern vor allem durch die Entwicklung eines Erklärungszusammenhangs. Dabei müßten unseres Erachtens bisherige Überlegungen zu gesellschaftlichem und sozialem Wandel mit seinen Auswirkungen auf die Familienstruktur präzisiert werden.

Aufgrund solcher theoretischer Überlegungen, die auf kurz- und langfristigen Wandlungen des Geschlechtsverhältnisses beruhen, hatten wir 1983 im Rahmen einer von uns durchgeführten Analyse nationaler und internationaler Daten (Meyer und Schulze 1983) die These entwickelt, daß nichteheliche Lebensgemeinschaften vor allem von Frauen angestrebt werden. Wir gingen davon aus, daß der geringere Institutionalisierungsgrad eines Zusammenlebens in nichtehelichen Lebensgemeinschaften den Verhandlungsspielraum für die beteiligten Partner offener hält und damit Frauen eine größere Chance geben könnte, ihre Interessen jenseits tradierter Geschlechterrollendefinitionen durchzusetzen.

Insbesondere berufstätige Frauen, die eine langfristige Berufsperspektive entwikkeln, dürften in einem überdurchschnittlichen Maße an nichtinstitutionalisierten Beziehungsformen interessiert sein. Wenn sie kontinuierlich erwerbstätig sind und verstärkt, wenn sie in qualifizierten Berufen, die vollen Arbeitseinsatz und hohen Indifikationsgrad erfordern, tätig sind, haben sie selbst erhöhte Reproduktionsbedürfnisse und fordern deren Befriedigung von ihren Partnern. Von daher könnten sie mit der bisherigen einseitigen Arbeits-, Verantwortungs- und Lastenaufteilung in der Familie (Ryffel-Guericke 1983, Nave-Herz 1984, Metz-Göckel und Müller 1985, Pross 1976a, Pross 1976b, Pross 1978, Oakley 1978, Ostner 1978) kaum einverstanden sein. Es wäre naheliegend, daß sie den erhöhten Verhandlungsspielraum in nicht-institutionalisierten Beziehungsformen zu einer ausgeglicheneren Verteilung der Reproduktionsarbeiten nutzen, d. h. ihre Partner verstärkt an der Arbeit beteiligen. Da traditionelle Rollenfixierungen in nicht-institutionalisierten Beziehungsformen schwerer einklagbar sind als in der Ehe, bestehen dazu gute Voraussetzungen (Wingen 1984, S. 86 ff.; Süßmuth 1981).

Zur Prüfung dieser These haben wir eine Sekundäranalyse der bereits oben erwähnten ersten und bisher einzigen Repräsentativuntersuchung über nichteheliche Lebensgemeinschaften in der Bundesrepublik durchgeführt, von der wir im folgenden Teilergebnisse darstellen wollen. Diese Repräsentativuntersuchung stellt uns Daten von 1948 Personen zur Verfügung, die sich selbst als in einer nichtehelichen Lebensgemenschaft lebend bezeichnen. Auch die Daten der Kontrollerhebung von 1320 Verheirateten konnten wir zur Analyse heranziehen.

Zur Erarbeitung neuer Erkenntnisse haben wir Differenzierungen des vorhandenen Datenmaterials durch die Durchführung zusammenhängender Analysen von Geschlecht, Alter, Berufstätigkeit und Bildungsniveau vorgenommen. Solche multivariaten Untersuchungen sind bisher unterblieben. Obwohl die EMNID-Untersuchung ein für vertiefende Analysen hinreichend umfangreiches Datenmaterial bietet, ging die Differenzierung bisher über einfache Auszählungen und gelegentliche Kreuztabellen nicht hinaus. Dies hat unseres Erachtens dazu geführt, daß familientheoretisch relevante Zusammenhänge bisher kaum verfolgt werden konnten.[1] Uns geht es in der hier vorgelegten Analyse primär um die Überprüfung theoretischer Annahmen anhand gruppenspezifischer Auswertungen. Deshalb haben wir uns in der Darstellung der Ergebnisse auf die Präsentation von mehrdimensionalen Tabellen konzentriert, die in der Interpretation eine Charakterisierung der Unterschiede verschiedener Gruppen ermöglichen.

Bevor wir mit der Darstellung unserer Sekundäranalyse und der Überprüfung unserer Hypothesen beginnen, möchten wir kurz die uns zur Verfügung stehenden Stichproben charakterisie-

---

1 Auch in Hinblick auf die Interpretation der Daten wurden relevante Tendenzen verzerrt dargestellt. So z. B. behauptet EMNID, daß nichteheliche Lebensgemeinschaften in allen sozialen Schichten anzutreffen seien. Dabei wird die Tatsache verschleiert, daß nichteheliche Lebensgemeinschaften vorwiegend von Personen mit Abitur und Hochschulabschluß bevorzugt werden (47,7 Prozent bei den Männern und 38,6 Prozent bei den Frauen vgl. Tabelle 1).

ren.[2] Sie setzt sich aus einer Gruppe Befragter aus nichtehelichen Lebensgemeinschaften und einer Vergleichsgruppe von Ehepaaren zusammen.

Tabelle 1 zeigt:

1. Nichteheliche Lebensgemeinschaften liegen häufiger bei jüngeren Personen vor (Khoo 1987, S. 186; Spanier 1983, S. 279), mit zunehmendem Alter der Partner nimmt deren Häufigkeit ab. Fast die Hälfte der Befragten sind unter 25 Jahre alt und nur gut 2 Prozent sind im Rentenalter.

2. Es zeigt sich ferner, daß nichteheliche Lebensgemeinschaften − wie auch andere Untersuchungen bestätigen (Roussel 1979, S. 15; Pohl 1980; Mackensen et al. 1984) − vorrangig für Personen mit höherem Bildungsniveau attraktiv sind.

3. Analog zu den internationalen Befunden (Clayton und Voss, 1977, S. 279; Roussell 1979, S. 18; Haslinger 1981, S. 28; Spanier 1983, S. 280) zeigt sich, daß unverheiratete Paare in stärkerem Maße in den Großstädten als auf dem Lande vorzufinden sind. So leben über die Hälfte der Befragten in Städten über 100 000 Einwohner.

4. Die Konfessionszugehörigkeit weicht eher weniger stark vom Durchschnitt ab als in anderen Untersuchungen (Haslinger 1981, S. 28; Roussell 1979, S. 18; Clayton und Voss 1979, S. 280; Newcomb und Bentler 1980, S. 68; Taufer 1987, S. 86).

5. Nichteheliche Lebensgemeinschaften sind weitgehend kinderlos. Weniger als 4 Prozent der Befragten haben aus der gemeinsamen Beziehung Kinder, während dies bei der Gruppe der Ehepaare über 60 Prozent sind. Der extreme Unterschied erklärt sich zum Teil durch das Alter der Paare: Nichteheliche Lebensgemeinschaften sind sehr viel jünger als Ehepaare, die Hälfte ist unter 26 Jahre alt.

6. Geschlechtsspezifische Differenzen werden insbesondere bei der Berufstätigkeit deutlich. Bei unverheirateten Paaren sind weniger Männer berufstätig als bei Ehepaaren, eine unmittelbare Folge des jüngeren Alters der nichtehelichen Lebensgemeinschaften, bei denen sich viele noch in Ausbildung befinden. Bei den Frauen sind 40,3 Prozent der nichtehelich zusammenlebenden Frauen berufstätig, dagegen nur 27,1 Prozent der Ehefrauen.

Unsere Sekundäranalyse der Daten der EMNID-Erhebung geht unserer zentralen theoretischen Überlegung über den Stellenwert des Reproduktionsbedürfnisses von berufstätigen Frauen − insbesondere solchen in qualifizierten Berufen − nach. Zuerst versuchen wir nachzuweisen, daß diese Frauen im Vergleich zu Männern in ähnlicher Situation nichtehelichen Beziehungsformen den Vorzug geben, danach, daß sie auch tatsächlich in dieser Beziehungsform eine stärkere Beteiligung der Männer an den zu leistenden Arbeiten durchsetzen können.

Für erstere Analyse haben wir den Heiratswunsch der befragten Männer und Frauen

---

2 Die Stichprobe wurde von EMNID in einem mehrstufigen Verfahren gezogen. Es wurde dazu ein ADM-Muster-Sample-Netz ausgelegt, um eine regionale Verteilung zu garantieren. In einem zweiten Schritt wurden die Zielpersonen innerhalb der sample-points anhand des random-route-Verfahrens ausgewählt. Die Vergleichsgruppe der Ehepaare wurde ebenfalls nach random-route, jedoch im Rahmen der wöchentlichen EMNID-Mehrthemenumfragen erhoben (Nichteheliche Lebensgemeinschaften in der Bundesrepublik Deutschland 1985, S. 18−22).

Tabelle 1: Sozialdaten der Befragten, aufgeteilt nach Geschlecht und Beziehungsform

| | | nichteheliche Lebensgemeinschaften | | | | Ehepaare | | | |
| | | Männer | | Frauen | | Männer | | Frauen | |
		n	%	n	%	n	%	n	%
Alter	14–25	408	42,7	547	55,1	28	4,1	67	11,6
	26–35	367	38,4	246	24,8	123	17,9	131	21,9
	36–65	161	16,8	177	17,8	459	66,8	372	62,3
	über 65	20	2,1	22	2,2	77	11,2	27	4,5
Familienstand	ledig	744	82,5	747	77,2				
	geschieden oder verwitwet	164	17,5	221	22,8				
	verh.	–	–	–	–	687	100,0	587	100,0
Kinder aus der Beziehung	ja	28	3,0	41	4,2	415	60,4	372	62,3
	nein	902	97,0	936	95,8	272	39,6	225	37,7
Konfession	evangel.	387	43,4	461	50,7	341	49,6	286	47,9
	kathol.	320	35,9	332	36,5	295	42,9	270	45,2
	and. Konf.	39	4,4	16	1,8	11	1,6	9	1,5
	keine	146	16,4	101	11,1	40	5,8	32	5,4
Bildungsniveau	VS ohne L.	52	5,5	142	14,6	45	8,8	125	21,7
	VS mit L.	281	29,8	225	23,2	388	58,3	266	46,3
	mittlerer Abschluß	159	16,9	229	23,6	136	20,4	133	23,1
	Abitur	314	33,3	283	29,2	45	6,8	24	4,2
	Hochschule	136	14,4	91	9,4	52	7,8	27	4,7
Berufstätigkeit	nicht berufstätig	31	3,4	114	12,1	119	17,3	299	50,1
	in Ausbildung	326	35,4	302	32,0	5	0,7	2	0,3
	arbeitslos	47	5,1	57	6,0	nicht erfaßt			
	teilw. berufstätig	43	4,7	85	9,0	19	2,8	134	22,4
	voll berufstätig	473	51,4	385	40,8	544	79,2	162	27,1
Einwohnerzahl d. Wohnortes	bis 10 000	208	22,0	244	24,7	173	25,2	154	25,8
	bis 100 000	188	19,9	224	22,7	306	44,5	242	40,5
	bis 500 000	190	20,1	192	19,5	110	16,0	100	16,7
	über 500 000	358	37,9	326	33,1	98	14,3	101	16,9

Eigene Zusammenstellungen von Daten der EMNID-Erhebung aus dem Jahre 1983.

untersucht.[3] Die Befunde dazu erschienen uns als Indikator für den Wunsch brauchbar, längerfristig in nichtehelichen Lebensgemeinschaften zu leben und somit eine Heirat auch auf lange Sicht auszuschließen. Bei der Untersuchung des Heiratswunsches haben wir nach Geschlecht, Alter und Bildungsniveau unterschieden. Für den zweiten Untersuchungsschwerpunkt, ob Frauen in nichtehelichen Lebensgemeinschaften auch tat-

3 Die Frage nach dem Heiratswunsch lautete: „Haben Sie vor, zu heiraten? Oder ist diese Frage zwischen Ihnen und Ihrem Partner noch unklar?". Die Antwortvorgaben lauteten: – ja, möchte heiraten; – nein, möchte nicht heiraten; – ist noch unklar.

sächlich eine stärkere Beteiligung ihrer Partner durchsetzen, haben wir einen Vergleich von nichtehelichen Lebensgemeinschaften mit Ehepaaren anhand der Aufgabenverteilung im Reproduktionsbereich vorgenommen. Obwohl sich die Reproduktion aus physischer und psychischer Rekreation zusammensetzt (Hausen 1977, S. 60; Ostner 1978, Beck-Gernsheim 1980, Ostner und Piper 1980), haben wir uns für unsere Analysen auf die physische Reproduktion beschränken müssen. Im Datenmaterial ist nur der Aspekt der Aufgabenverteilung im Haushalt erfaßt worden, dies allerdings in valider Form.

Die geschlechtsspezifische Ausprägung des Heiratswunsches

Zur Klärung der Frage, inwieweit Frauen, insbesondere berufstätige, stärker zu nichtehelichen Lebensgemeinschaften tendieren als Männer, haben wir den Heiratswunsch der Befragten untersucht. Zwar läßt sich aus der Ablehnung einer Verheiratung nicht zwingend schließen, daß die Befragten nicht dennoch irgendwann heiraten, jedoch kann diese Ablehnung als Hinweis auf eine Zufriedenheit mit der gewählten Lebensform oder auch auf deren längerfristige Perspektive gewertet werden. In einem ersten Analyseschritt stellen wir die Aussagen berufstätiger Männer und Frauen (voll und teilweise berufstätig zusammengefaßt) gegenüber, wobei wir, da die Bedingungen für das Geschlechtsverhältnis generationsspezifisch variieren, von vornherein nach Altersgruppen unterschieden haben.

Tabelle 2 zeigt, daß es zwischen berufstätigen Männern und Frauen in nichteheli-

Tabelle 2: Heiratswunsch und Geschlecht, aufgeteilt nach Altersgruppen[4] (nur Berufstätige in nichtehelichen Lebensgemeinschaften)

		16- bis 25-jährige		26- bis 35-jährige		36- bis 65-jährige		Alle	
		n	%	n	%	n	%	n	%
Heiratswunsch	ja	73	48,0	86	38,1	18	13,5	177	34,0
berufstät.	unklar	61	40,1	95	42,0	48	36,1	204	39,2
Männer	nein	18	11,8	45	19,9	77	57,9	140	26,9
	Alle	152	100,0	226	100,0	143	100,0	521	100,0
Heiratswunsch	ja	110	49,8	41	25,5	11	12,9	162	34,7
berufstät.	unklar	86	38,9	67	41,6	22	25,9	175	37,5
Frauen	nein	25	11,3	53	32,9	52	61,2	130	27,8
	Alle	221	100,0	161	100,0	85	100,0	467	100,0

4 Wir bildeten insgesamt vier Altersgruppen (16- bis 25-jährige, 26- bis 35-jährige, 36- bis 65-jährige und über 66-jährige), die uns nach mehreren Gruppierungsversuchen die Bedingungen einer plausiblen Altersaufteilung zusammen mit dem Kriterium einer pragmatischen Beschränkung auf eine möglichst kleine Zahl von Gruppen zu erfüllen schien. Problematisch an dieser Aufteilung ist sicher die breit gefaßte Gruppe der 36- bis 65-jährigen, deren differenzierte Unterteilung jedoch nicht nur zu darstellungstechnischen Problemen geführt hätte, sondern auch wegen altersspezifischer Abnahme nichtehelicher Lebensgemeinschaften keine hinreichenden Zahlenhäufigkeiten gewährt hätte.

chen Lebensgemeinschaften (nimmt man alle Befragten zusammen) kaum Differenzen des Heiratswunsches gibt, womit sich unsere Hypothese vorerst nicht bestätigt. Entscheidend für den Heiratswunsch der Befragten ist vielmehr ihr Alter. Je älter die unverheirateten Paare sind, in desto geringerem Maße wollen sie ihre Beziehung durch eine Eheschließung legalisieren. Dies gilt für Männer wie Frauen gleichermaßen.

Ein wichtiger Grund hierfür könnte sein, daß Ältere in vielen Fällen Erfahrungen mit der Ehe hinter sich haben (37,3 Prozent der über 35-jährigen sind geschieden oder leben getrennt gegenüber nur 6,3 Prozent der bis 35-jährigen; vgl. auch Höhn und Otto. 1985, S. 453) und von daher weniger motiviert sein mögen, sich erneut in eine solche Form legaler Bindung zu begeben. Anzunehmen ist auch, daß bei Älteren ein gewisser Selektionseffekt zum Tragen kommt, denn es sind jene „übriggeblieben", die in jüngeren Jahren – aus welchen Gründen auch immer – nicht geheiratet haben. Hinzu kommt, daß für Ältere, wenn sie den Entschluß zusammenzuleben erst einmal getroffen haben, einige der für Jüngere relevanten Heiratsgründe nicht mehr bestehen. Innerhalb der bei der Befragung genannten Heiratsgründe (Nichteheliche Lebensgemeinschaften in der Bundesrepublik Deutschland 1985, S. 37) gehören hierzu die Geburt eines Kindes, Einfluß der Eltern, Verwandten und Bekannten und Schwierigkeiten bei der Wohnungssuche.[5]

Neben der mit zunehmendem Alter abnehmenden Heiratsbereitschaft, zeigt *Tabelle 2* aber auch die erwarteten Differenzen zwischen berufstätigen Männern und Frauen, allerdings nicht innerhalb aller Altersgruppen. Signifikante Unterschiede bestehen nur in der mittleren Altersgruppe der 26- bis 35-jährigen (Chi-Quadrat = 10.82; df = 1; $p \leqslant 0.001$): In dieser Gruppe wollen 38,1 Prozent der Männer heiraten gegenüber nur 25,5 Prozent der Frauen; umgekehrt lehnen nur 19,9 Prozent der Männer eine Heirat ab, während es bei den Frauen 32,9 Prozent sind. Demgegenüber ist in den Gruppen der 16- bis 25-jährigen, aber auch der 36- bis 65-jährigen der Heiratswunsch zwischen den Geschlechtern jeweils etwa gleich stark ausgeprägt.

Eine sich im Heiratswunsch abzeichnende Interessendivergenz von berufstätigen Männern und Frauen kann also nach unserem ersten Analyseschritt nur in der Altersgruppe der 26- bis 35-jährigen nachgewiesen werden. Das Ausbleiben entsprechender Befunde in den beiden anderen Altersgruppen wird uns im folgenden beschäftigen. Wir werden zeigen, daß der generationsspezifisch stark differierende Grad der Berufstätigkeit von Frauen und die gravierenden altersspezifischen Unterschiede des Bildungsniveaus die Ergebnisse in den beiden Altersgruppen verzerren.

Unsere zentrale These geht davon aus, daß qualifiziert berufstätige Frauen besonderes Interesse an partnerschaftlich organisierten Beziehungen haben. Deshalb wäre zur Überprüfung unserer Annahmen eine Differenzierung nach Berufstätigkeit für alle Altersgruppen sinnvoll. Da die im Fragebogen des EMNID-Instituts gestellte Frage nach dem Qualifikationsgrad der Berufstätigkeit nicht in den Datensatz aufgenommen

---

5 Die Ergebnisse der jüngsten empirischen Untersuchung zeigen, daß insbesondere Frauen (unter 30 Jahren) die Ehe stärker ablehnen als Männer. Auch der Kinderwunsch oder die Geburt eines Kindes sind kein Heiratsgrund (Frauen der Altersgruppe 30 bis 50 Jahre) (Faust 1987, S. 24 ff.).

worden ist, müssen wir uns mit einer Analyse des Bildungsniveaus begnügen. Einen Hinweis auf den engen Zusammenhang von Bildungsniveau und qualifizierter Berufstätigkeit liefert die Vergleichsgruppe der ebenfalls von EMNID erhobenen Stichprobe von Ehepaaren, bei der im Gegensatz zu den nichtehelichen Lebensgemeinschaften der Qualifikationsgrad der Berufstätigkeit codiert wurde. Bildungsniveau und qualifizierte Berufstätigkeit korrelieren zu r = 0.62 (p ≤ .0001). Ein enger Zusammenhang zwischen Bildungsniveau und qualifizierter Berufstätigkeit kann von daher auch für die Gruppe der nichtehelichen Lebensgemeinschaften angenommen werden.

Tabelle 3 konzentriert sich auf die Frauen und stellt ihren Heiratswunsch aufgeschlüsselt nach Berufstätigkeit und Bildungsniveau dar.[6] In der Tabelle zeigt sich, daß aufgrund des hohen Differenzierungsgrades die Fallzahlen in den einzelnen Feldern zwangsläufig niedrig werden. Bei der Interpretation der Ergebnisse beschränken wir uns jedoch auf hochsignifikante Zusammenhänge.

Tabelle 3 zeigt die Bedeutung eines hohen Bildungsniveaus und dementsprechend höher qualifizierter Berufstätigkeit von Frauen für deren negative Einstellung zur Ehe. In allen drei Altersgruppen verneinen die in nichtehelichen Lebensgemeinschaften lebenden berufstätigen Frauen mit hohem Bildungsniveau signifikant häufiger einen Heiratswunsch als die berufstätigen Frauen mit niedrigem Bildungsniveau (26,5 Prozent gegenüber 8,8 Prozent in der jüngsten, 40,0 Prozent gegenüber 29,1 Prozent in der mittelalten und 84,6 Prozent gegenüber 55,7 Prozent in der älteren Gruppe). In der jüngsten Gruppe der Frauen ist der Heiratswunsch berufstätiger Frauen mit niedrigem Bildungsniveau sogar höher als der ihrer nichtberufstätigen Altersgenossinnen (51,9 Prozent gegenüber 39,0 Prozent; Chi-Quadrat = 7.78, df. = 1, p ≤ 0.01).

Unsere Annahme, daß für berufstätige Frauen wegen des Problems der Doppelbelastung die Lebensform der nichtehelichen Lebensgemeinschaft besonders attraktiv ist, kann für Frauen mit höherem Bildungsniveau und von daher entsprechend qualifizierten und fordernden Berufen als bestätigt angesehen werden (vgl. auch Houseknecht et al. 1987).

Der in *Tabelle 3* deutlich gewordene komplexe Zusammenhang von Alter, Berufstätigkeit und Bildungsniveau hilft ferner bei einer Erklärung der in *Tabelle 2* gefundenen exponierten Haltung der 26- bis 35-jährigen. Der Grund dafür, daß sich die Unterschiede im Heiratswunsch zwischen Männern und Frauen in der jüngsten (16 bis 25 Jahre) und der älteren (36 bis 65 Jahre) Altersgruppe nicht signifikant nachweisen lassen, kann darin gesehen werden, daß der Anteil der Frauen mit niedrigem Bildungsniveau in diesen Gruppen relativ hoch liegt. Während in der mittelalten Gruppe 31,1 Prozent der berufstätigen Frauen über Abitur verfügen, sind es in den beiden anderen Gruppen jeweils nur 15,7 Prozent.

---

6 Auf eine Einbeziehung der Männer mußte verzichtet werden, da es nur wenige nicht-berufstätige Männer in der Untersuchungspopulation gibt (n = 31, das entspricht 3,3 Prozent der befragten Männer aus nichtehelichen Lebensgemeinschaften). Hinzu kommen 47 Arbeitslose, was 5,1 Prozent der Population entspricht (vgl. hierzu Tabelle 1). Bei der Differenzierung nach Altersgruppen, Berufstätigkeit und Bildungsniveau würden deshalb zwangsläufig viele Zellen unbesetzt bleiben.

Tabelle 3: Heiratswunsch und Bildungsniveau,[7] aufgeteilt nach Altersgruppen und Berufstätigkeit (nur Frauen in nichtehelichen Lebensgemeinschaften)

		16- bis 25-jährige Frauen		26- bis 35-jährige Frauen		36- bis 65-jährige Frauen	
		niedr. Bildungsniveau	hohes Bildungsniveau	niedr. Bildungsniveau	hohes Bildungsniveau	niedr. Bildungsniveau	hohes Bildungsniveau
		n	n	n	n	n	n
		%	%	%	%	%	%
nicht berufstätig	mit Heiratsw.	16 39,0	4 50,0	7 26,9	3 60,0	4 6,3	– –
	Heiratsw. unklar	15 36,6	2 25,5	14 53,8	2 40,0	20 31,7	1 50,0
	ohne Heiratsw.	10 24,4	2 25,5	5 19,2	– –	39 61,9	1 50,0
	Alle	41 100,0	8 100,0	26 100,0	5 100,0	63 100,0	2 100,0
berufs. tätig	mit Heiratsw.	94 51,9	13 38,2	32 29,1	9 18,0	10 14,3	1 7,7
	Heiratsw. unklar	71 39,2	12 35,2	46 41,8	21 41,0	21 30,0	1 7,7
	ohne Heiratsw.	16 8,8	9 26,5	32 29,1	20 40,0	39 55,7	11 84,6
	Alle	181 100,0	34 100,0	110 100,0	50 100,0	70 100,0	13 100,0

Dies hat unterschiedliche Gründe. Bei den berufstätigen älteren Frauen läßt sich das niedrigere Bildungsniveau mit den geringeren Bildungschancen in früheren Jahren (Naumann 1980, Hegelheimer 1979) erklären. Bei den ganz jungen Frauen ergibt es sich aus der spezifischen Zusammensetzung der Gruppe. Ein beträchtlicher Prozentsatz in dieser Gruppe befindet sich noch in der Ausbildung, worunter der größte Teil wiederum Studentinnen sind. Berufstätige Frauen in dieser Altersgruppe haben demgegenüber ein niedriges Bildungsniveau.

Für berufstätige Frauen dieser Altersgruppe mit höherem Bildungsniveau ist es wenig attraktiv zu heiraten. Sie haben oder erhoffen sich nicht nur ein eigenes höheres Einkommen, das ihnen eine materielle Unabhängigkeit vom Partner sichert, sondern ebenso einen Beruf, der Identifikationsmöglichkeiten bietet. Ein Heiratswunsch aus Versorgungsgesichtspunkten dürfte für sie wenig wahrscheinlich sein.

Junge berufstätige Frauen mit niedrigem Bildungsniveau mögen demgegenüber die Hoffnung haben, durch eine Ehe den unerfreulichen Bedingungen eines Berufslebens mit wenig Lohn und geringen Qualifizierungs- und Aufstiegsmöglichkeiten zumindest teilweise zu entgehen. Für sie ist

7 Unter der Kategorie ,,niedriges Bildungsniveau'' subsumieren sich Befragte mit: Volksschule ohne Lehre, Volksschule mit Lehre, mittlerer Abschluß. Unter der Kategorie ,,hohes Bildungsniveau'' zählen Befragte mit Abitur und mit Hochschulabschluß.

ein Lebenskonzept, das auf Ehe und Familie aufgebaut und damit verbunden der Möglichkeit, „nur noch" halbtags „dazuzuverdienen", den Beruf während der Kinderphase zu unterbrechen oder ganz aufzugeben, erheblich naheliegender.

Zusammenfassend läßt sich festhalten, daß der Wunsch der unverheirateten Paare, auch dauerhaft in einer solchen Beziehung zu leben, in erster Linie vom Alter abhängig ist. Je älter die Befragten sind, desto geringer ist ihr Wunsch, ihre Beziehung durch eine Heirat zu legalisieren. Dies hat primär lebensgeschichtliche Gründe, die die uns in dieser Analyse interessierende Frage nach dem Stellenwert qualifizierter Berufstätigkeit von Frauen nicht tangieren. Analysiert man den Heiratswunsch der Befragten, aufgeschlüsselt nach Altersgruppen, dann erweist sich in Übereinstimmung mit unserer Hypothese, daß qualifizierte Frauenerwerbstätigkeit (hier gemessen am Bildungsniveau) die entscheidende Variable zur Erklärung von Differenzen des Heiratswunsches zwischen Männern und Frauen sowie berufstätigen und nichtberufstätigen Frauen ist.

Egalitäre Arbeitsverteilung – eine Folge des nicht-institutionalisierten Zusammenlebens?

Im folgenden wollen wir überprüfen, in welchem Maße sich für berufstätige Frauen eine bessere Basis für ein Aushandeln der Arbeitsverteilung in der Partnerbeziehung in nichtehelichen Lebensgemeinschaften als in Ehen bietet. Nach unserer Annahme, die davon ausgeht, daß in einer nichtehelichen Partnerbeziehung berufstätige Frauen ihre Reproduktionsinteressen und damit Interessen an einer Verringerung der Doppelbelastung durch Beruf und Hausarbeit besser durchsetzen können, müßten nichtehelich mit einem Partner zusammenlebende berufstätige Frauen weniger Hausarbeit machen als Ehefrauen.

Zur Überprüfung unserer Annahmen stellen wir Ehepaare nichtehelichen Lebensgemeinschaften gegenüber. Bei den nichtehelichen Paaren werden nur diejenigen Befragten berücksichtigt, die mit ihren Partnern eine gemeinsame Haushaltsführung praktizieren. Dies sind ca. zwei Drittel der Befragten.[8] Wir werden uns im Rahmen der hier präsentierten Analysen auf die Arbeitsverteilung im Haushalt konzentrieren und auf eine Auswertung der Fragen nach internen Macht- und Entscheidungsstrukturen oder Fragen nach der Zufriedenheit mit der Beziehung verzichten.

In der EMNID-Erhebung wurde die Verteilung von Hausarbeit mit Hilfe von Angaben der Befragten erfaßt, wer einzelne Arbeiten überwiegend durchführt. Die Vorgaben lauteten: „zur Hauptsache ich", „zur Hauptsache mein Partner", „beide gleich", „jeder für sich", „jemand anderes" bzw. „trifft für uns nicht zu". Unter dem Gesichtspunkt einer Analyse der internen Aufgabenverteilung ist die letztere Kategorie unbedeutend. Sie wird auch sehr selten genannt. Das gleiche gilt für die Kategorie „jeder für sich", jedenfalls in der Gruppe der Zusammenlebenden, auf die wir uns konzentrieren. Wir haben beide Kategorien für die Analysen weggelassen. Die verbleibenden drei Kategorien lassen sich in der Polarität von „zur Hauptsache ich" hin zu „zur Hauptsache mein Partner" ordnen.

8 Paare, die eine getrennte Haushaltsführung praktizieren, mußten aus der Analyse ausgegrenzt werden, da die für diesen Bereich in der Repräsentativuntersuchung gestellten Fragen auf deren spezifische Alltagssituation nicht eingehen.

Wir haben die Antworten von Männern und Frauen gegenübergestellt, um die Validität der Aussagen überprüfen zu können. Die Abweichungen der jeweiligen Aussage über die Arbeitsverteilung zwischen Männern und Frauen sind eher gering, was den Schluß einer hohen Validität der Angaben über Hausarbeit zuläßt. Um es an einem Beispiel zu verdeutlichen: Wenn die berufstätigen Frauen in nichtehelichen Lebensgemeinschaften angeben, sie allein würden überwiegend die Wäsche waschen (61,1 %), so bestätigen dies die Männer. Das korrespondierende Ergebnis bei den Männern lautet, daß diese Arbeit überwiegend ihre Partnerin übernähme (66,6 %, vgl. hierzu _Tabelle 4_).[9]

Wir werden den Vergleich von Ehepaaren mit nichtehelichen Lebensgemeinschaften auf die Berufstätigen beider Gruppen konzentrieren. Unsere Annahme, in nichtehelichen Lebensgemeinschaften würden Frauen mehr Beteiligung ihrer Partner an der Hausarbeit durchsetzen, gilt primär für die berufstätigen Frauen (insbesondere solche in höher qualifizierten Berufen). Nur für sie gilt das Argument von der Doppelbelastung durch Beruf und Haushalt, das den Ausgangspunkt unserer Überlegungen darstellt.

Aus der _Tabelle 4_ lassen sich drei zentrale Ergebnisse herausheben: 1. In der Ehe, aber auch in nicht-institutionalisierten Beziehungsformen, wird der Hauptanteil der anfallenden Arbeiten von den Frauen erledigt, auch dann, wenn sie, wie im vorliegenden Falle, berufstätig sind. 2. In nichtehelichen Lebensgemeinschaften geben mehr Befragte an, Hausarbeit gemeinsam zu verrichten als in Ehen. 3. Unsere Erwartung, daß berufstätige Frauen in nichtehelichen Lebensgemeinschaften deutlich weniger Hausarbeit übernehmen als Ehefrauen, läßt sich bestätigen.

Berufstätige Frauen tragen ebenso wie „Nur-Hausfrauen" den Hauptteil an der Hausarbeit, unabhängig davon, ob sie verheiratet sind oder nichtehelich mit einem Partner zusammenleben. Männer beteiligen sich kaum an der Hausarbeit, übernehmen jedoch die Durchführung von Reparaturen und die Erledigung von Behördenangelegenheiten. Ansonsten werden von den zehn in der Befragung aufgeführten Tätigkeiten vier Arbeiten hauptsächlich von Frauen ausgeführt, bei vier weiteren Arbeiten beteiligen sich die Männer zwar, die Hauptlast verbleibt jedoch bei den Frauen. Da die von den Frauen erledigten Tätigkeiten — Bügeln, Waschen, Betten machen und Kochen — Arbeiten sind, die sehr viel regelmäßiger ausgeführt werden müssen und deshalb stärker ins Gewicht fallen als das Durchführen von Reparaturen oder das Erledigen von Behördenkram, kann eine deutlich höhere Belastung der Frauen durch Hausarbeit für beide Gruppen festgehalten werden.

Dieses Ergebnis steht in Übereinstimmung mit anderen Studien über Arbeitsverteilung.[10] So zeigt eine neuere repräsentative Erhebung (Metz-Göckel und Müller 1985), daß nach wie vor das traditionelle Geschlechterverhältnis bei der Mehrheit der Männer Zustimmung findet. Nach dieser

9 Dieses Ergebnis steht in völligen Gegensatz zu Höpflingers Aussagen, der in seiner Untersuchung feststellte, daß Ehemänner ihre Mitarbeit im Haushalt signifikant höher einschätzen als ihre Ehefrauen (Höpflinger 1986, S. 70).

10 In der Untersuchung von Helge Pross hatten über 80 Prozent der befragten Männer angegeben, daß für sie eine Gefährtenschaft an wichtigster Stelle stünde. Gefährtenschaft bedeutet im Verständnis der meisten Männer allerdings nicht eine Beziehung von sozial Gleichen; vielmehr gilt die Ehe als Gemeinschaft mit Arbeitsteilung, wobei es typisch weibliche Arbeiten mit minderer Bewertung und typisch männliche mit höherem Status gebe (Pross 1978, S. 87 ff.).

Tabelle 4: Hausarbeit (10 Tätigkeiten) und Geschlecht (nur Berufstätige und nichteheliche Lebensgemeinschaften, die mit ihrem Partner in einem Haushalt zusammenleben)

		berufstätige Männer			berufstätige Frauen		
		ich	beide	Partner	ich	beide	Partner
		n %	n %	n %	n %	n %	n %
Geschirr spülen	Verhei- ratete	21 3,9	163 30,1	357 66,0	170 60,3	98 34,8	14 5,0
	Nichtehel. Lebensgem.	41 8,1	309 60,7	159 31,2	185 40,2	297 53,7	28 6,1
Betten machen	Verhei- ratete	15 2,7	57 10,4	477 86,9	227 79,1	33 11,5	27 9,4
	Nichtehel. Lebensgem.	28 5,7	200 41,1	259 53,2	243 54,2	181 40,4	24 5,4
Bügeln	Verhei- ratete	13 2,4	24 4,4	512 93,3	241 85,2	15 5,3	27 9,5
	Nichtehel. Lebensgem.	17 3,6	88 18,4	373 78,0	330 76,9	78 18,2	21 4,9
Kochen	Verhei- ratete	14 2,6	74 13,5	460 83,9	203 72,0	56 19,9	23 8,3
	Nichtehel. Lebensgem.	44 8,5	205 39,7	268 51,8	233 50,9	175 38,2	50 10,9
Wäsche waschen	Verhei- ratete	14 2,5	35 6,4	501 91,1	234 84,5	20 7,2	23 8,3
	Nichtehel. Lebensgem.	18 3,7	145 29,7	325 66,6	280 61,1	131 30,5	19 4,4
Sauber- machen	Verhei- ratete	15 2,7	125 22,9	407 74,4	178 63,8	81 29,0	20 7,2
	Nichtehel. Lebensgem.	43 8,4	310 60,7	158 30,9	154 34,1	274 60,8	23 5,1
Ein- kaufen	Verhei- ratete	28 5,1	250 45,5	271 49,4	140 48,8	116· 40,4	31 10,8
	Nichtehel. Lebensgem.	77 15,2	334 65,7	97 19,1	107 23,4	302 66,1	48 10,5
Kinder betreuen	Verhei- ratete	10 2,3	236 54,5	187 43,2	86 41,5	110 53,1	11 5,3
	Nichtehel. Lebensgem.	4 3,9	67 65,7	31 30,4	37 36,6	63 62,4	1 1,0
Behörden- kram erled.	Verhei- ratete	324 59,0	143 26,0	82 14,9	70 24,5	86 30,1	130 45,5
	Nichtehel. Lebensgem.	186 46,5	181 45,3	33 8,3	74 21,4	158 45,7	114 32,9
Reparaturen durchführen	Verhei- ratete	457 85,1	54 10,1	26 1,8	32 11,7	45 16,4	197 71,9
	Nichtehel. Lebensgem.	402 80,1	84 16,7	16 3,2	23 5,2	109 24,7	310 70,1

Untersuchung lehnen nur ein Fünftel traditionelle Beziehungsformen ab, ohne jedoch dabei egalitäre Beziehungsformen zu befürworten. Nur 5 Prozent der befragten Männer bevorzugen gleichrangige Strukturen. Diese Einstellung spiegelt sich dann auch im konkreten Verhalten bei der Arbeitsteilung wider. 92 Prozent aller Männer, die mit einer Partnerin zusammenleben, beteiligen sich kaum an der Hausarbeit. Diese Ergebnisse werden von anderen Studien bestätigt (Kössler 1984). In der Jugendstudie von 1981 (Jugend '81 1982, S. 332 ff.) wird ebenfalls eine Verweigerung von Hausarbeit durch Männer belegt. 91 Prozent der 15- bis 24-jährigen Männer hatten noch nie gewaschen, 70 Prozent noch nie gekocht, 65 Prozent noch nie geputzt. Auch eine dritte neuere Studie über „Familiäre Veränderungen seit 1950" (Nave-Herz 1984, S. 181 ff.) zeigt, daß Frauen die Mehrzahl der anfallenden familialen Tätigkeiten und fast ausschließlich das Waschen, das Staubwischen, die Zubereitung des Frühstücks und das Kochen übernehmen, während Männer sich auf Reparaturarbeiten und Autowaschen beschränken.[11]

Als zweites zentrales Ergebnis unserer Analyse verdeutlicht *Tabelle 4*, daß in Übereinstimmung mit unseren Erwartungen berufstätige Frauen in nichtehelichen Lebensgemeinschaften deutlich weniger Hausarbeit verrichten als berufstätige Ehefrauen. Obwohl auch sie mehr Hausarbeit leisten als ihre Partner, läßt sich bei nichtehelichen Lebensgemeinschaften eine leichte Tendenz zur egalitären Verteilung der Lasten beim Einkaufen, Saubermachen, Abspülen und auch der Kinderbetreuung feststellen.

Sowohl im Vergleich zu den Ergebnissen der verheirateten Gruppe der vorliegenden Untersuchung als auch denen anderer Studien über Arbeitsteilung im Haushalt ist für die Gruppe der nichtehelichen Lebensgemeinschaften eine Tendenz zunehmender Beteiligung der Männer zu beobachten, wenn auch die traditionelle geschlechtsspezifische Zuschreibung von Hausarbeit weitgehend erhalten bleibt. In welchem Maße dieses Ergebnis tatsächlich eine stärkere Beteiligung der Männer an Hausarbeit widerspiegelt oder möglicherweise nur eine für nichteheliche Lebensgemeinschaften typische Partnerschaftsideologie, muß offenbleiben.

Die Analyse des Heiratswunsches nichtehelich zusammenlebender Paare ergab beträchtliche alters-, bildungs- und berufstätigkeitsspezifische Unterschiede. Auch die Verteilung von Hausarbeit zwischen den Geschlechtern dürfte in starkem Maße von diesen Variablen abhängen. Da wir davon ausgehen, daß berufstätige Frauen mit hohem Bildungsniveau und entsprechend qualifizierten Berufen nichteheliche Partnerschaftsformen anstreben, die ihnen eine bessere Position beim Aushandeln der innerfamilialen Arbeitsverteilung ermöglichen, erwarten wir deutliche Unterschiede zwischen Frauen unterschiedlicher Bildungsniveaus sowie berufstätigen und nicht berufstätigen Frauen. Altersspezifische Differenzen wären im Rahmen unserer auf die Doppelbelastung berufstätiger Frauen zielenden Hypothese nicht zwingend, erscheinen aber aufgrund biographischer und kohortenspezifischer Überlegungen naheliegend. So hat insbesondere die Analyse des Heiratswunsches gezeigt, daß Alter eine zentrale Rolle spielt. Die *Abbildungen 1, 2* und *3* geben einen Überblick über die Verrichtung von Hausarbeit in unserer Population aufgeteilt nach diesen Variablen.

---

11 In der Studie von Apelt et al. deutet sich die Tendenz einer partnerschaftlichen Arbeitsteilung nur für zwei Tätigkeitsbereiche der Hausarbeit an, nämlich Frühstück zubereiten und Einkaufen. Bei den anderen Tätigkeiten existieren keine Unterschiede zwischen verheirateten und unverheirateten Paaren bezüglich der Arbeitsaufteilung zwischen Männern und Frauen (Apelt et al. 1980, S. 89 ff.).

Da auf dem angestrebten Differenzierungsniveau eine Präsentation der Ergebnisse ähnlich der in *Tabelle 4* wegen der noch höheren Komplexität unmöglich ist, haben wir uns zu mehreren Vereinfachungen entschließen müssen. Erstens haben wir die sieben traditionellerweise Frauen zukommenden Hausarbeiten wie Abwaschen, Betten machen, Bügeln, Kochen, Wäsche waschen, Saubermachen und Einkaufen in einer einzigen Variable „Hausarbeit" zusammengefaßt. Die Kinderbetreuung als weitere traditionelle Frauenarbeit konnte nicht mit in diese neue Variable „Hausarbeit" aufgenommen werden, da nur ein sehr geringer Prozentsatz der nichtehelichen Lebensgemeinschaften Kinder hat. Die Tätigkeiten „Behördenkram erledigen" und „Reparaturen durchführen" ließen wir ebenfalls weg, da es keine alltäglich zu verrichtenden Arbeiten sind. Wie aus *Tabelle 4* ersichtlich ist, sind die Differenzen der Arbeitsverteilung bezüglich dieser sieben Hausarbeiten nur gering, so daß eine Zusammenfassung in einer Variablen gerechtfertigt scheint. Zweitens konzentrierten wir uns bei der Darstellung auf die Aussage der Frauen, Hausarbeit würde überwiegend von ihnen alleine verrichtet. Wir stellten diese Aussage den beiden anderen Aussagen, Hausarbeit würde von beiden Partnern gemeinsam oder überwiegend von den Männern verrichtet, gegenüber. Wie wir im Zusammenhang mit *Tabelle 4* sehen konnten, sind — nimmt man die entsprechenden Aussagen der Männer über die Verrichtung von Hausarbeit in ihrer Beziehung als Kriterium — die Aussagen der Frauen relativ valide, so daß eine zusätzliche Heranziehung der Aussagen der Männer keine neuen Informationen liefern würden. Außerdem ist bei nicht berufstätigen Männern in der Regel unklar, ob ihre Partnerinnen berufstätig sind oder nicht, während umgekehrt bei nicht berufstätigen Frauen von einer Berufstätigkeit des Partners ausgegangen werden kann. Schließlich haben wir bei den Altersgruppen auf die Gruppe der über 65-jährigen verzichtet, weil in ihr die Befragtenzahl für differenzierende Analysen zu gering ist, außerdem alle Befragten dieser Gruppe nicht mehr berufstätig sind.

Abbildung 1: Hausarbeit, Lebensform und Berufstätigkeit (Prozentsatz der befragten Frauen, die angeben, Hausarbeit alleine zu machen)

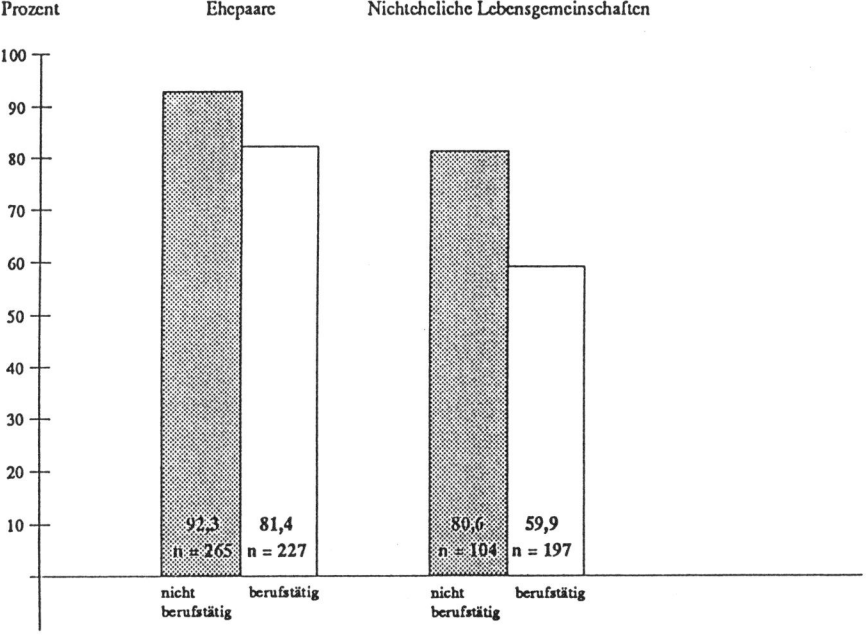

Abbildung 2: Hausarbeit, Lebensform und Alter (Prozentsatz der befragten Frauen, die angeben, Hausarbeit alleine zu machen)

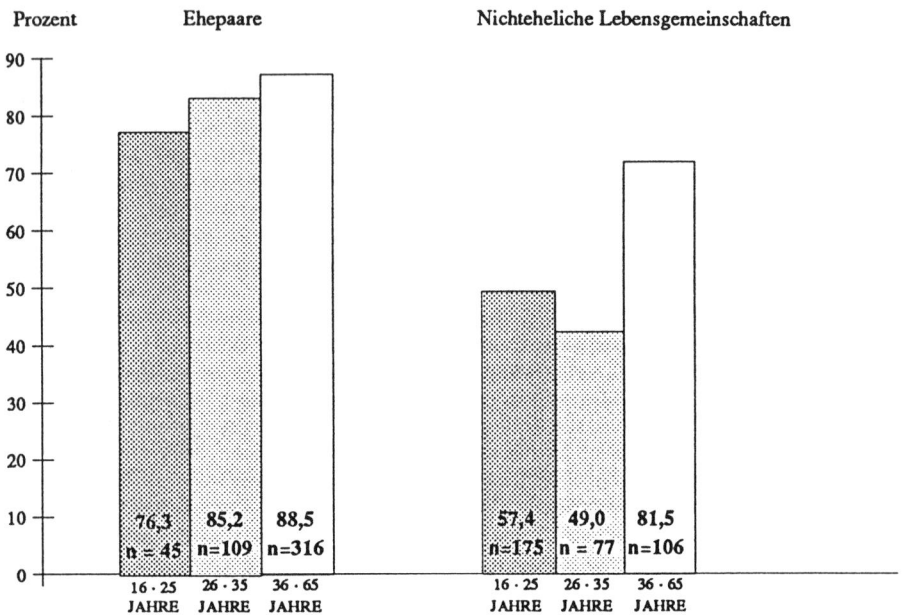

Abbildung 3: Hausarbeit, Lebensform und Bildungsniveau (Prozentsatz der Frauen, die angeben, Hausarbeit alleine zu machen)

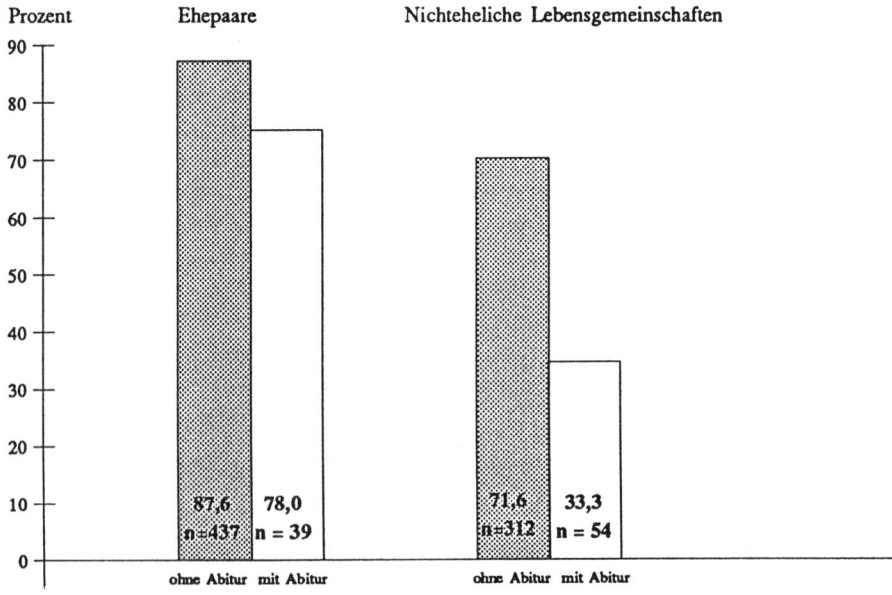

Aus den *Abbildungen 1, 2* und *3* lassen sich folgende Ergebnisse ablesen:
1. Alle Abbildungen verdeutlichen nochmals das schon aus der *Tabelle 4* bekannte Ergebnis, daß Ehefrauen hochsignifikant mehr Hausarbeit verrichten als Frauen in nichtehelichen Lebensgemeinschaften (Chi-Quadrat = 95.33; df. = 1; p ≤ 0.0001).
2. Berufstätige Frauen verrichten weniger Hausarbeit als „Nur-Hausfrauen". Dieses Ergebnis gilt gleichermaßen für die Gruppe der Ehefrauen und die Frauen in nichtehelichen Lebensgemeinschaften (Chi-Quadrat = 14.98; df. = 1; p ≤ 0.00001 und Chi-Quadrat = 17.69; df. = 1; p ≤ 0.00001).
3. Ältere Frauen verrichten mehr Hausarbeit als jüngere. Besonders in nichtehelichen Lebensgemeinschaften ist die Differenz zwischen Jüngeren und Älteren gravierend. Während in den beiden jüngeren Altersgruppen 57,4 Prozent und 49,0 Prozent angeben, die Hausarbeit überwiegend alleine zu machen, sind es bei den 36- bis 65-jährigen Frauen 81,5 Prozent (Chi-Quadrat = 30,92; df. = 1; p ≤ 0.00001). Auf diese generationsspezifischen Unterschiede werden wir noch zurückkommen.
4. Frauen mit höherem Bildungsniveau verrichten weniger Hausarbeit. Dieses Ergebnis ist allerdings nur in der Befragtengruppe der nichtehelichen Lebensgemeinschaften hochsignifikant (Chi-Quadrat = 72.68; df. = 1; p ≤ 0.00001), während es in der Verheiratetengruppe knapp am 5 Prozent-Niveau scheitert.

Die Ergebnisse bestätigen die Erwartungen hinsichtlich des Bildungsniveaus und der Berufstätigkeit, wobei die Differenz in der alleinigen Verrichtung von Hausarbeit zwischen Frauen verschiedener Bildungsniveaus deutlicher ausfällt als zwischen berufstätigen Frauen und nicht berufstätigen Frauen.

Eine genauere Analyse des Zusammenhangs von Berufstätigkeit, Bildungsniveau und Alter zur Erklärung der Verteilung von Hausarbeit zwischen Männern und Frauen scheint notwendig. In *Tabelle 5* haben wir diese Zusammenschau zu leisten versucht. Aus Gründen der Übersichtlichkeit der Tabelle und der Problematik einer Prozentuierung von teilweise geringen Fallzahlen haben wir bei der altersspezifischen Differenzierung nur die absoluten Zahlen dargestellt. *Tabelle 5* bestätigt das nach den Daten der *Abbildung 1* und *3* zu erwartende Ergebnis, daß berufstätige Frauen mit hohem Bildungsniveau am wenigsten Hausarbeit leisten; dies gilt sowohl für Frauen in nichtehelichen Lebensgemeinschaften als auch für verheiratete Frauen.

Faßt man die Zahlen berufstätiger Frauen verschiedener Bildungsniveaus unter Vernachlässigung der Altersunterschiede zusammen, dann zeigt sich, daß die berufstätigen Frauen in nichtehelichen Lebensgemeinschaften mit hoher Bildung nur zu 24,5 Prozent die Hausarbeit alleine bewältigen, während 69,8 Prozent die Hausarbeit zusammen mit ihrem Partner erledigen. Berufstätige Frauen mit niedriger Bildung hingegen verrichten 66,5 Prozent der Hausarbeit überwiegend alleine, nichtberufstätige mit niedriger Bildung tun dies sogar zu 83,3 Prozent. Die Differenzen sind jeweils hochsignifikant (im ersten Fall Chi-Quadrat = 32,46; df. = 1; p ≤ 0.00001, im zweiten Chi-Quadrat = 51.87; df. = 1; p ≤ 0.00001). Ähnlich, wenn auch insgesamt auf der Basis stärkerer Verrichtung von Hausarbeit, sind die Zahlen bei den Ehefrauen. Bei den berufstätigen Ehefrauen mit hoher Bildung machen 74,2 Prozent die Hausarbeit alleine gegenüber 82,3 Prozent bei denen mit niedrigem Bildungsniveau und 92,5 sowie 93,8 Prozent bei den beiden „Nur-Hausfrauen"-Gruppen.

Tabelle 5: Hausarbeit (sieben Tätigkeiten), Alter, Berufstätigkeit und Bildungsniveau von Frauen

			*Ehefrauen*		16–25-jährige n	26–35-jährige n	36–65-jährige n
			Alle n	%			
nicht berufstätig	niedriges Bildungsniveau	Hausarb. ich	221	92,5	16	46	159
		Hausarb. beide	15	6,3	1	2	12
		Hausarb. Partn.	3	1,2	–	3	–
	hohes Bildungsniveau	Hausarb. ich	15	93,8	1	3	11
		Hausarb. beide	1	6,2	–	1	–
		Hausarb. Partn.	–	–	–	–	–
berufstätig	niedriges Bildungsniveau	Hausarb. ich	195	82,3	23	47	125
		Hausarb. beide	26	11,0	4	7	15
		Hausarb. Partn.	16	6,8	7	2	7
	hohes Bildungsniveau	Hausarb. ich	23	74,2	3	8	12
		Hausarb. beide	6	19,4	–	2	4
		Hausarb. Partn.	2	6,5	–	1	1

			*Frauen in nichtehelichen Lebensgemeinschaften*		16–25-jährige n	26–35-jährige n	36–65-jährige n
			Alle n	%			
nicht berufstätig	niedriges Bildungsniveau	Hausarb. ich	85	83,3	23	15	47
		Hausarb. beide	15	14,7	6	3	6
		Hausarb. Partn.	2	2,0	1	–	1
	hohes Bildungsniveau	Hausarb. ich	4	40,0	1	2	1
		Hausarb. beide	5	50,0	4	1	–
		Hausarb. Partn.	1	10,0	1	–	–
berufstätig	niedriges Bildungsniveau	Hausarb. ich	179	66,5	87	47	45
		Hausarb. beide	81	30,1	41	31	9
		Hausarb. Partn.	9	3,3	1	7	1
	hohes Bildungsniveau	Hausarb. ich	13	24,5	3	6	2
		Hausarb. beide	37	69,8	10	21	6
		Hausarb. Partn.	3	5,7	–	3	–

Trotz ähnlicher Effekte von Bildungsniveau und Berufstätigkeit in beiden Gruppen bleibt aber eine klare Differenz zwischen Ehefrauen und Frauen in nichtehelichen Lebensgemeinschaften bestehen. Ehefrauen erledigen gegenüber den Frauen in nichtehelichen Lebensgemeinschaften in gleicher Situation (Berufstätigkeit und hohes Bildungsniveau) hochsignifikant mehr Hausarbeit (Chi-Quadrat = 19.70; df. = 1; p ≤ 0.00001). Offensichtlich können sie eine verstärkte Beteiligung der Männer an der Hausarbeit nicht in demselben Maße durchsetzen wie berufstätige Frauen in nichtehelichen Lebensgemeinschaften. Dies mag einerseits an dem in Ehen höheren Normendruck liegen, allein für die Hausarbeit zuständig zu sein, andererseits an der traditionellen Weigerung von Ehemännern, sich an der Hausarbeit zu beteiligen.

Ein weiteres Ergebnis dieser Zusammenstellung für unsere These der verstärkten Verweigerung von Hausarbeit durch berufstätige Frauen in qualifizierten Berufen ist, daß sich bei einer Differenzierung nach Berufstätigkeit und Bildungsniveau altersspezifische Unterschiede relativieren. Nur in der Gruppe der berufstätigen Frauen mit niedrigem Bildungsniveau verrichten ältere Frauen signifikant mehr Hausarbeit als jüngere (Chi-Quadrat = 3.93; df. = 1; $p \leqslant 0.05$ zwischen alter und jüngster Gruppe und Chi-Quadrat = 10.42; df. = 1; $p \leqslant 0.001$ zwischen alter und mittelalter Gruppe), während es bei den anderen drei Gruppen unverheiratet zusammenlebender Frauen keinerlei auch nur ansatzweise signifikante Differenzen gibt. Dieses Ergebnis einer Relativierung altersspezifischer Effekte gilt auch für die Gruppe der Ehefrauen, bei der die einzige leicht signifikante altersspezifische Differenz ebenfalls bei den berufstätigen Frauen mit niedrigem Bildungsniveau zu finden ist (Chi-Quadrat = 5.60; df. = 1; $p \leqslant 0.05$ zwischen den älteren und den ganz jungen Ehefrauen).

Damit erklärt sich die Bedeutung des Altersfaktors in der *Abbildung 2* aus dem komplexen Zusammenhang von Berufstätigkeit, Bildungsniveau und Alter. Bei den älteren Frauen ist das Bildungsniveau sehr viel niedriger als bei den jüngeren und zudem sind in dieser Gruppe viel mehr Frauen nicht berufstätig als in den beiden jüngeren Gruppen. Durch die Relativierung des Altersfaktors bestätigt sich nochmals, daß der entscheidende Grund für eine Verweigerung von Hausarbeit im erhöhten Reproduktionsbedürfnis von berufstätigen Frauen in qualifizierten Berufen zu sehen ist. Dies gilt gleichermaßen für junge Frauen wie für ältere.

Schlußbetrachtung

Bei der hier dargestellten Sekundäranalyse der ersten Repräsentativerhebung über nichteheliche Lebensgemeinschaften haben wir uns auf zwei Auswertungen konzentriert, die geeignet scheinen, unsere zentrale These zu überprüfen. Diese geht davon aus, daß primär berufstätige Frauen nicht-institutionalisierten Lebensformen den Vorrang vor der traditionellen Ehe geben würden, da sie als Berufstätige ebenso wie Männer der Reproduktion im Freizeitbereich bedürfen. Da diese ihnen auf Grund der traditionellen Rollenzuschreibung zwischen Männern und Frauen in der Ehe jedoch unzureichend gewährt wird, sie vielmehr der Doppelbelastung durch Beruf und Hausarbeit ausgesetzt sind, sind alternative Lebensformen, die möglicherweise größere Chancen für ein Aushandeln der Arbeits- und Machtverteilung bieten, für sie attraktiver.

Zur Überprüfung dieser These werteten wir zum einen die Frage aus, ob die unverheiratet Zusammenlebenden zu einem späteren Zeitpunkt noch heiraten wollen, zum anderen analysierten wir die Beziehungsstrukturen, festgemacht an der Verteilung von Hausarbeit. Unsere Annahme ließ sich an Hand beider Analysen bestätigen, wozu jedoch eine nach Altersgruppen differenzierte Analyse erforderlich war.

Beim Heiratswunsch ist als markantestes Ergebnis dessen Abhängigkeit vom Alter der Befragten festzuhalten. Je älter die unverheiratet zusammenlebenden Befragten sind, in desto geringerem Maße wollen sie zu einem späteren Zeitpunkt noch heiraten. Dieses geringe Interesse an einer Legalisierung der Beziehung beruht einerseits auf schlechten Erfahrungen mit der Ehe (Scheidungen), andererseits dem im Alter geringeren Druck zu einer Legalisierung der Beziehung (Geburt eines Kindes, Einfluß der Eltern, Probleme bei der Wohnungssuche).

Unsere These von dem geringeren Heiratsbedürfnis berufstätiger Frauen in nichtehelichen Lebensgemeinschaften bestätigt sich primär in der Gruppe der Befragten mittleren Alters (26 bis 35 Jahre). In dieser Altersgruppe können sich hochsignifikant weniger berufstätige Frauen als Männer vorstellen, zu einem späteren Zeitpunkt zu heiraten, während das Ergebnis bei den älteren Frauen (36 bis 65 Jahre), obwohl in die gleiche Richtung weisend, weniger deutlich ausfällt, und bei den jungen Frauen (16 bis 25 Jahre) sogar mehr Frauen einen Heiratswunsch äußern als Männer. Bei Berücksichtigung des altersspezifisch beträchtlich variierenden Zusammenhangs zwischen Berufstätigkeit und Bildungsniveau ließ sich jedoch auch in diesen beiden Altersgruppen der geringere Heiratswunsch von qualifiziert berufstätigen Frauen nachweisen.

Bezüglich der Verteilung der Hausarbeit ließ sich zeigen, daß berufstätige Frauen sowohl in nichtehelichen Lebensgemeinschaften als auch in der Ehe sehr viel mehr Hausarbeit leisten als Männer. Bei nichtehelichen Paaren besteht jedoch eine egalitärere Verteilung der Arbeitslasten als bei Ehepaaren.

Es wurde ferner deutlich, daß ältere Frauen mehr Hausarbeit verrichten als jüngere. In differenzierender Analyse konnten wir nachweisen, daß entsprechend unserer Hypothese Berufstätigkeit und Bildungsniveau einen entscheidenden Einfluß auf die Arbeitsverteilung haben. So sind weder bei berufstätigen Frauen mit hohem Bildungsniveau noch bei nicht berufstätigen mit niedrigem Bildungsniveau (Ehefrauen wie Frauen in nichtehelichen Lebensgemeinschaften) deutliche altersspezifische Differenzen vorhanden. Während die in qualifizierten Berufen tätigen Frauen in allen Altersgruppen überwiegend eine alleinige Verantwortung für die Hausarbeit verneinen, übernimmt die Gruppe der nichtberufstätigen Frauen mit niedrigem Bildungsniveau — ebenfalls in allen Altersgruppen — Hausarbeit überwiegend allein. Damit ist unsere These, daß besonders Frauen in qualifizierten Berufen aufgrund eigener Reproduktionsbedürfnisse eher nicht institutionalisierte Beziehungsformen bevorzugen, auf der Analyseebene der Verrichtung von Hausarbeit bestätigt.

Eine differenziertere Analyse der Paarbeziehungen in nichtehelichen Lebensgemeinschaften wird qualitativen Untersuchungen vorbehalten bleiben müssen. Was die an dieser Stelle präsentierten Analysen jedoch klar zeigen, ist, daß der Impuls für ein nichteheliches Zusammenleben von berufstätigen Frauen in qualifizierten Berufen ausgeht. In nichtinstitutionalisierten Beziehungsformen sehen solche Frauen größere Chancen einer Abwehr fixierter Rollenzuschreibungen als in der Ehe und erhoffen sich, die Doppelbelastung von Beruf und Hausarbeit reduzieren zu können. Wie die Analysen der Verteilung von Hausarbeit zeigen, setzen sie ihr Interesse an einer verstärkten Beteiligung ihrer Partner an der Hausarbeit im Vergleich zu Ehefrauen auch eher durch.

Literatur

Apelt, Karin, Peter Franzkowiak und *Detlev Liepmann*: Diagnose partnerschaftlichen Verhaltens. Eine sozialpsychologische Analyse verheirateter und unverheirateter Paare, Freiburg i. Br. 1980.

Beck-Gernsheim, Elisabeth: Das halbierte Leben. Männerwelt Beruf — Frauenwelt Familie, Frankfurt a. M. 1980.

Clayton, Richard R., und *Harwin L. Voss*: Shacking up: Cohabitation in the 1970's, in: Journal of Marriage and the Family, 39, 1977, S. 273—283.

Faust, Anette: Gründe Nichtehelicher Lebensgemeinschaften (noch) nicht zu heiraten, in: *Wolfgang Lengsfeld* und *Georg Schwägler* (Hrsg.), Nichteheliche Lebensgemeinschaften — Ergebnisse eines empirischen Projektes, in: Materialien zur Bevölkerungswissenschaft, Bd. 53, Wiesbaden 1987.

Haslinger, Alois: Ehe ohne Trauschein, in: Institut für Demographie (Hrsg.), Demographische Informationen, 2, 1981.

Hausen, Karin: Historische Familienforschung, in: *Reinhard Rürup* (Hrsg.), Historische Sozialwissenschaft, Göttingen 1977, S. 60—89.

Hegelheimer, Barbara: Chancengleichheit in der Berufs-Bildung. Bildungs- und arbeitsmarktpolitische Maßnahmen zur beruflichen Förderung von Frauen in der Bundesrepublik Deutschland, Projektbericht CEDEFOP, Berlin 1979.

Höhn, Charlotte, und *Johannes Otto*: Bericht über die demographische Lage in der Bundesrepublik Deutschland und über die Weltbevölkerungstrends, in: Zeitschrift für Bevölkerungswissenschaft, 4, 1985, S. 445—518.

Höpflinger, François: Die Wahrnehmung familialen Verhaltens im Paarvergleich: Ergebnisse einer Schweizer Befragung, in: Zeitschrift für Soziologie, 15, 1986, S. 68—74.

Houseknecht, Sharon K., *Suzanne Vaughan* und *Anne Statham*: The Impact of Singlehood on the Career Patterns of Professional Women, in: Journal of Marriage and the Family, 49, 1987, 2, S. 353—366.

Jugend '81: Lebensentwürfe, Alltagskulturen, Zukunftsbilder. Repräsentativstudie im Auftrag der Deutschen Shell, Opladen 1982.

Kaufmann, Franz-Xaver, Alois Herlth, Joachim Quitmann, Regina Simm und *Klaus-Peter Strohmeier*: Familienentwicklung — generatives Verhalten im familialen Kontext, in: Zeitschrift für Bevölkerungswissenschaft, 8, 1982, S. 523—545.

Khoo, Siew-Ean: Living Together as Married: A Profile of De Facto Couples in Australia, in: Journal of Marriage and the Family, 49, 1987.

Korczak, Dieter: Ehe als freie Lebensgemeinschaft, in: ders., Die Institution der Ehe, Berlin 1979, S. 44—52.

Kössler, Richard: Arbeitszeitbudgets ausgewählter privater Haushalte in Baden-Württemberg. „Materialien und Berichte" der Familienwissenschaftlichen Forschungsstelle, Bd. 12, Statistisches Landesamt Baden-Württemberg, Stuttgart 1984.

Lengsfeld, Wolfgang, und *Georg Schwägler* (Hrsg.): Nichteheliche Lebensgemeinschaften — Ergebnisse eines empirischen Projektes; in: Materialien zur Bevölkerungswissenschaft, Bd. 53, Wiesbaden 1987.

Mackensen, Rainer, Sibylle Meyer und *Eva Schulze*: Zur Analyse des Generativen Verhaltens am Beispiel junger Frauen 1978. Entwicklung und Ergebnisse der Sekundäranalyse einer Erhebung bei verheirateten, unverheiratet mit einem Partner zusammenlebenden und alleinstehenden Frauen in vier Kreisen der Bundesrepublik Deutschland, in: Materialien zur Bevölkerungswissenschaft, Bd. 37, Wiesbaden 1984.

Metz-Göckel, Sigrid, und *Ursula Müller*: Männer 1985. Repräsentativstudie im Auftrag der Zeitschrift BRIGITTE (Projektbericht), Hamburg 1985.

Meyer, Sibylle, und *Eva Schulze*: Nichteheliche Lebensgemeinschaften — Alternative zur Ehe? Eine internationale Datenübersicht, in: Kölner Zeitschrift für Soziologie und Sozialpsychologie, 4, 1983, S. 735—754.

Naumann, Jens: Entwicklungstendenzen des Bildungswesens in der Bundesrepublik Deutschland im Rahmen wissenschaftlicher und demographischer Veränderungen, in: Max-Planck-Institut für Bildungsforschung, Projektgruppe Bildungsbericht (Hrsg.), Bildung in der Bundesrepublik Deutschland. Daten und Analysen, Bd. 1, Reinbek 1980, S. 21—102.

Nave-Herz, Rosemarie: Familiäre Veränderungen seit 1950. Eine empirische Studie (Projektbericht), Oldenburg 1984.

Newcomb, Michael D., und *Peter M. Bentler*: Cohabitation before Marriage: A Comparison of Married Couples who did and did not Cohabit, in: Alternative Lifestyles, 3, 1980, S. 65–85.

Nichteheliche Lebensgemeinschaften in der Bundesrepublik Deutschland: Schriftenreihe des Bundesministeriums für Jugend, Familie und Gesundheit, Band 170, Stuttgart 1985.

Oakley, Ann: Soziologie der Hausarbeit, Frankfurt/Main 1978.

Ostner, Ilona: Beruf und Hausarbeit. Die Arbeit der Frau in unserer Gesellschaft, Frankfurt/Main und New York 1978.

—, und *Barbara Piper* (Hrsg.): Arbeitsbereich Familie. Umrisse einer Theorie der Privatheit, Frankfurt a. M. 1980.

Pohl, Katharina: More Recent Studies on the Marriage Behaviour in the Federal Republic of Germany, in: Materialien zur Bevölkerungswissenschaft, Bd. 15, 1980, S. 89–99.

Pross, Helge: Die Wirklichkeit der Hausfrau. Die erste repräsentative Untersuchung über nicht erwerbstätige Ehefrauen, Reinbek 1976.

—: Die Veränderung im Zeitbudget von Hausfrauen und berufstätigen Frauen, in: *Rosemarie von Schweizer* und *Helge Pross*: Die Familienhaushalte im wirtschaftlichen und sozialen Wandel — Rationalverhalten, Technisierung, Funktionswandel der Privathaushalte und das Freizeitbudget der Frau, Göttingen 1976, S. 384–440.

—: Die Männer — eine repräsentative Untersuchung über die Selbstbilder von Männern und ihre Bilder von der Frau, Hamburg 1978.

Roussell, Louis: La cohabitation juvenile en France, in: Population, 1, 1979, S. 15–42.

Ryffel-Guericke, Christiane: Männer in Familie und Beruf. Eine empirische Untersuchung zur Situation Schweizer Ehemänner, Diessenhofen 1983.

Spanier, Graham B.: Married and Unmarried Cohabitation in the United States: 1980, in: Journal of Marriage and the Family, 45, 1983, S. 277–287.

Steinmetz, Marlis: Vergleich der Arbeitsverteilung im Haushalt bei Ehepaaren und in Nichtehelichen Lebensgemeinschaften, in: *Wolfgang Lengsfeld* und *Georg Schwägler* (Hrsg.), Nichteheliche Lebensgemeinschaften — Ergebnisse eines empirischen Projektes, Materialien zur Bevölkerungswissenschaft, Bd. 53, Wiesbaden 1987.

Straver, Cees J.: Unmarried Couples Different from Marriage?, in: Alternative Lifestyles, 4, 1981, S. 43–74.

Süßmuth, Rita: Wandlungen im Bindungsverhalten (Teil 1), in: Herder Korrespondenz, 35, 4, 1981, S. 195–199.

—: Wandlungen im Bildungsverhalten (Teil 2), in: Herder Korrespondenz, 35, 5, 1981, S. 246–252.

Tanfer, Koray: Patterns of Premarital Cohabitation among Never-Married Woman in the United States, in: Journal of Marriage and the Family, 49, 1987, S. 483–497.

Trost, Jan: Unmarried Cohabitation, Västeras, 1979.

Tyrell, Hartmann: Literaturbericht, in: Nichteheliche Lebensgemeinschaften in der Bundesrepublik Deutschland (Schriftenreihe des Bundesministeriums für Jugend, Familie, Gesundheit, Bd. 170), Stuttgart 1985, S. 93–140.

Wingen, Max: Nichteheliche Lebensgemeinschaften. Formen, Motive, Folgen, Osnabrück 1984.

Korrespondenzanschrift:
Dr. phil. Sibylle Meyer
Dr. phil. Eva Schulze
Technische Universität Berlin
Institut für Soziologie
Forschungsstelle „Technik und Familie"
Hardenbergstr. 4–5
1000 Berlin 12

Kölner Zeitschrift für Soziologie und Sozialpsychologie, Jg. 40, 1988, S. 337–356.

BILDUNGSUNGLEICHHEIT IM SOZIALEN WANDEL*

Walter Müller und Dietmar Haun

Zusammenfassung: Im Unterschied zu der in der Literatur weithin verbreiteten These konstanter Ungleichheiten zeigt dieser Beitrag, daß seit der Zwischenkriegszeit und den ersten Nachkriegsjahren die Unterschiede zwischen verschiedenen Bevölkerungsgruppen in der Bildungsbeteiligung und in den erworbenen Bildungsabschlüssen deutlich kleiner geworden sind. Die Analyse sukzessiver Übergänge zwischen den verschiedenen Stufen des Bildungswesens belegt, daß die Ungleichheit insbesondere durch einen Abbau der sozialen Beteiligungsdifferentiale beim Übergang zu den weiterführenden Schulen und beim Erwerb der Mittleren Reife geringer geworden ist. Als Folge haben aber auch die Ungleichheiten beim Erwerb des Abiturs und von Hochschulabschlüssen abgenommen. Die Ungleichheitsreduktion ist unterschiedlich stark nach unterschiedlichen Ungleichheitsdimensionen und sie variiert in unterschiedlichen Phasen der Nachkriegsentwicklung. Aus der Konstellation der Befunde werden spezifische Hypothesen zur Erklärung des Ungleichheitsabbaus diskutiert.

Das herausragende Moment in den weitreichenden Veränderungen im Bildungswesen der meisten entwickelten Länder war in den zurückliegenden Jahrzehnten der große Anstieg der Bildungsbeteilung und die deutliche Ausweitung der Bildungsgelegenheiten. Vor allem in den späten sechziger und frühen siebziger Jahren wurde erwartet, daß mit dieser, gewöhnlich unter dem Begriff der Bildungsexpansion subsumierten Entwicklung, auch die bestehenden Ungleichheiten in der Bildungsbeteiligung zwischen Kindern unterschiedlicher sozialer Herkunft kleiner würden. Mit dem Ziel der

* Die Daten, die in diesem Beitrag benutzt werden, stammen aus der „Allgemeinen Bevölkerungsumfrage der Sozialwissenschaften" (ALLBUS) aus den Jahren 1980-1992, aus dem sozio-ökonomischen Panel der Jahre 1984-1986 und aus der Mikrozensus-Zusatzerhebung von 1971. Allen, die an der Erhebung, Aufbereitung und Distribution dieser Daten mitgewirkt haben, danken wir, insbesondere Achim Wackerow und Bernhard Schimpl-Neimanns von der Abteilung Mikrodaten, ZUMA, Mannheim, für die Unterstützung bei der Nutzung des Mikrozensus und bei der Bereitstellung von Referenzstatistiken für die Gewichtung der Umfragedaten. Wolfgang Karle danken wir für das reibungslose Funktionieren der EDV-Infrastruktur an der Fakultät für Sozialwissenschaften der Universität Mannheim und Thilo Ritz, Silvia Luber und Dominick Marschollek für Mithilfe bei den Datenanalyse- und Redaktionsarbeiten für diesen Beitrag. Teile des Aufsatzes konnte der Erstautor auf Einladung von Karl Ulrich Mayer im Kolloquium des Forschungsbereichs „Bildung, Arbeit und gesellschaftliche Entwicklung" des Max-Planck-Instituts für Bildungsforschung, Berlin, vortragen und dabei von einer gewinnbringenden Diskussion für die weitere Arbeit profitieren. Für weitere Anregungen und Diskussion zu früheren Fassungen danken wir Richard Alba, Johann Handl, Heinz-Herbert Noll, Bernhard Schimpl-Neimanns sowie einem anonymen Gutachter der Kölner Zeitschrift für Soziologie und Sozialpsychologie.

Kölner Zeitschrift für Soziologie und Sozialpsychologie, Jg. 46, Heft 1, 1994, S. 1–42.

333

Verringerung sozialer Ungleichheiten wurden in den Bildungssystemen Bildungsgelegenheiten nicht nur erweitert, sondern teilweise weitreichende institutionelle Reformen durchgesetzt.

Der in der Hochphase der Bildungswerbung herrschende Optimismus, Bildungsungleichheiten könnten verringert werden, wurde jedoch relativ schnell durch eine bis heute anhaltende Skepsis abgelöst. Zu dieser pessimistischen Einschätzung hat nicht wenig die Verbreitung entsprechender Befunde der Bildungsforschung beigetragen. Auch in aktuellen Studien zur Bildungsentwicklung, die in jüngster Zeit eine Art Renaissance erfahren, wird die These unverändert fortbestehender sozialgruppenspezifischer Ungleichheiten vertreten. In dem umfassenden komparativen Projekt von Shavit und Blossfeld (1993) finden die Experten für elf von dreizehn Ländern keine Veränderung. Zusammenfassend kommen Blossfeld und Shavit zu dem Ergebnis: „The modernization theorists' hypothesis that educational expansion results in greater equality of educational opportunity must now be turned on its head: expansion actually facilitates the persistence of inequalities in educational opportunity" (Blossfeld/Shavit 1993: 22). Nur in Schweden und in den Niederlanden, die als *Ausnahmen* und „*deviant cases*" bezeichnet werden, zeigt sich eine Abnahme in der sozialen Ungleichheit der Bildungsbeteiligung.

Auch für die Bundesrepublik mehren sich Untersuchungsberichte, nach denen kein Ungleichheitsabbau stattgefunden hat. Mayer/Henz/Maas (1991: 16) resümieren: „Educational expansion seems to have had no impact on the relative selectivity in educational attainment by parental origin". Die 12. Sozialerhebung des Deutschen Studentenwerks diagnostiziert für die letzten Jahre im Hinblick auf die Hochschulausbildung sogar eine Auseinanderentwicklung der Sozialgruppen (Bundesminister für Bildung und Wissenschaft 1989: 103). Blossfeld (1993) findet mit Daten des sozioökonomischen Panels, daß zwar bei einzelnen Übergängen im Bildungssystem die Einflüsse der sozialen Herkunft geringer würden, diese jedoch bei anderen Übergängen stärker würden, so daß insgesamt die Stärke der Herkunftseinflüsse nicht als verringert, sondern allenfalls als gleichbleibend zu betrachten sei. Meulemann (1992: 123) schließlich hält nach einer umfassenden Durchsicht weiterer aus zwei Jahrzehnten Forschung zur Ungleichheit der Bildungschancen vorliegenden Arbeiten fest: „Die Bildungsexpansion hat stattgefunden, aber sie hat die Ungleichheit der Bildungschancen nicht vermindert. Als Instrument einer Politik der Verminderung von Chancenungleichheit war die Bildungsexpansion erfolglos".

Kaum anders ist der Tenor bei Köhler (1992). Wenn er auch in seiner Aufarbeitung der amtlichen Bildungsstatistik an der einen oder anderen Stelle zu Ergebnissen kommt, die er in Richtung abnehmender Herkunftseinflüsse deutet, hebt er in seinem Resumée doch das Fortbestehen großer Ungleichheiten hervor. „Gemessen an den Erwartungen der Bildungsreformer muß man aufgrund der Mikrozensusdaten zunächst eine enttäuschende Bilanz ziehen: Zwar hat die Expansion zu einer geringfügigen Verminderung der sozialen Selektion beim Zugang zu weiterführenden Schulen beigetragen, aber die Unterschiede zwischen den Gruppen sind nach wie vor sehr groß" (Köhler 1992: 80).

Die Folgerungen, die aus diesen Untersuchungen gezogen werden, sprechen also weitgehend übereinstimmend gegen die Annahme einer Egalisierung der Bildungschancen als Folge vermehrter Bildungsbeteiligung oder bildungspolitischer Reformen.

Theoretische und methodische Gründe sind uns jedoch Anlaß, Konstanz und Wandel in den Mustern sozialer Ungleichheit in der Bildungsbeteiligung und den erzielten Bildungsergebnissen erneut zu untersuchen. Dies geschieht im wesentlichen mit der Intention, über einen historisch möglichst weit zurück- und zugleich möglichst nahe an die Gegenwart heranreichenden Zeitraum mit umfassenderen Daten und verbesserten Methoden die Bildungsentwicklung zunächst zu beschreiben, soweit möglich jedoch auch alternative theoretische Erklärungen der beobachtbaren Veränderungen zu prüfen. Dabei gehen wir aus von einem Konzept von Bildungsungleichheit, das den üblicherweise verwendeten Begriff der Ungleichheit der Bildungschancen vermeidet, weil er nicht einheitlich definiert ist und leicht mißverstanden werden kann (siehe dazu u.a. Müller/Mayer 1976; Bertram 1981; Handl 1984; Handl 1985; Meulemann 1985: 280-286).[1] Um auch sprachlich der jeweils gewählten empirischen und methodischen Umsetzung möglichst zu entsprechen, werden wir von Bildungsungleichheiten sprechen. Wir verstehen darunter Unterschiede im Bildungsverhalten und in den erzielten Bildungsabschlüssen von Kindern, die in unterschiedlichen sozialen Bedingungen und familiären Kontexten aufwachsen. Im folgenden Abschnitt soll zunächst die theoretische Perspektive kurz erörtert werden, in der die empirischen Befunde dann später gedeutet werden.

I. Zum theoretischen und methodischen Problem der Erklärung von Konstanz und Wandel der Ungleichheit der Bildungsbeteiligung

Da sich in längeren Zeiträumen viele Bedingungen ändern, ist es bei der Analyse sozialen Wandels außerordentlich schwierig, die entscheidenden Ursachen des Wandels zu isolieren. Wenn sich in unserem Beispiel herausstellen sollte, daß im Zeitverlauf die Ungleichheiten im Endergebnis nicht kleiner geworden sind, heißt dies noch nicht, daß ein potentiell dafür in Betracht kommender Faktor – wie beispielsweise die bildungspolitischen Reformmaßnahmen – unwirksam gewesen wäre. Er kann durch gleichzeitig in andere Richtung wirkende, ungleichheitsverstärkende Prozesse konterkariert sein. Ohne Berücksichtigung aller Bedingungen ist ungewiß, ob die Prüfung der Hypothesen auf einem adäquaten Erklärungsmodell beruht. Auch der vorliegende Beitrag wird eine befriedigende Lösung dieses Problems schuldig bleiben. Die folgenden Überlegungen sollen jedoch im Sinne einer Skizze der potentiell erklärungskräftigen Faktoren die Aufmerksamkeit dafür schärfen, an welcher Stelle die Erklärungsmodelle fehlspezifiziert sein können.

Meistens wird auf *modernisierungstheoretische* Hypothesen zurückgegriffen, wenn die Erwartung einer Abnahme von Bildungsungleichheiten begründet wird (vgl. Treiman 1970): Zunehmende Rationalisierung und Technisierung mache Bildung in modernen Gesellschaften generell wichtiger. Bildungsinstitutionen würden deshalb ausgebaut, der Zugang zu Bildung erleichtert, soziale Barrieren durch entsprechende

---

1 Im einzelnen gehen wir auf diese Diskussion in einer ausführlicheren Fassung dieses Beitrages in Müller/Haun (1994) ein. Diese Fassung enthält auch weitere empirische Datengrundlagen, die aus Raumgründen in diesen Beitrag nicht aufgenommen werden können. Sie kann von den Verfassern angefordert werden.

Reformen verringert. Modernere Gesellschaften seien außerdem durch generell verbesserte Lebensbedingungen und ein geringeres Maß an *Verteilungs*ungleichheit gekennzeichnet. Als Folge dieser Entwicklungen und zudem als Folge einer Angleichung in den ideellen Wertorientierungen würden in einer Gesellschaft jenseits von Klasse und Stand (Beck 1986) auch Unterschiede zwischen sozialen Gruppen in der *Nachfrage* nach Bildung und in der tatsächlichen Bildungsbeteiligung geringer.

Die Gegenposition argumentiert vor allem mit *Macht- und Kontroll-theoretischen* Hypothesen ähnlich global. Bildungscredentials würden letztlich der Vorteilssicherung und der Vorteilslegitimierung für privilegierte Bevölkerungsgruppen dienen; vorteilhafte soziale Positionen seien strukturell nicht beliebig vermehrbar (positional goods), und deshalb würden bei Öffnung des Bildungswesens die Bildungsvoraussetzungen für den Positionszugang nach oben verschoben und an zunehmend neue Bedingungen geknüpft (Collins 1979; Bowles/Gintis 1976). Diese zu erreichen, sei letztlich wiederum nur mit den ökonomischen, sozialen und kulturellen Ressourcen einer privilegierten Herkunft möglich (Bourdieu/Passeron 1970). Das Ergebnis sei eine inflationäre Entwertung von Bildungsabschlüssen bei weitgehender Reproduktion und Konstanz der bestehenden Ungleichheitsstrukturen (Boudon 1974).

Argumente auf dieser allgemeinen und abstrakten Ebene reichen nicht aus, um die Unterschiede zwischen spezifischen Bevölkerungsgruppen im Anteil an den Bildungsgütern, die in einer Gesellschaft verteilt werden, und deren Veränderungen über die Zeit zu erklären. Dies gilt unabhängig davon, ob man diesen Verteilungsprozeß eher bestimmt sieht durch gruppenspezifisch unterschiedliche Nachfrage nach und Investitionen in Bildung oder durch raffinierte und oftmals den Akteuren nicht bewußte Mechanismen der Kontrolle, durch die das Bildungsangebot so gestaltet wird, daß die privilegierten Klassen jeweils den entscheidenden Vorteil wahren können. Ein realistisches Erklärungsmodell muß sowohl die Nachfrage- als auch die Angebotsseite einschließen und darüber hinaus berücksichtigen, wie das Bildungsgeschehen mit anderen gesellschaftlichen Teilbereichen, z.B. dem Erwerbssystem und dem Arbeitsmarkt, verknüpft ist. In diesem Sinne betrachten wir die folgenden Faktorenbündel als zentral:

– die im *Bildungssystem etablierten institutionellen Bedingungen des Bildungserwerbes*, u.a. die Struktur des Bildungsangebotes in unterschiedlichen Bildungsgängen mit den spezifischen Bildungsinhalten, Leistungsanforderungen, Zugangs-, Bewertungs- und Selektionskriterien. Dazu gehören auch die verschiedenen Komponenten der auferlegten Bildungskosten, die zu einem bestimmten historischen Zeitpunkt bereitgestellten Bildungsplätze oder legale Vorschriften, die beispielsweise in einem bestimmten Lebensabschnitt die Partizipation an einem spezifischen Bildungsprogramm zur Pflicht machen. Alle diese institutionellen Bedingungen können durch Reformen oder andere Maßnahmen im Zeitverlauf geändert werden;

– die *Fähigkeiten und Motivationen der einzelnen Schüler*, die geforderten Leistungen zu erbringen;

– die *ökonomischen, sozialen und kulturellen Ressourcen und Präferenzen*, über die die Schüler im wesentlichen aufgrund ihrer familiären Herkunft verfügen. Sie lassen den Schülern und Eltern den Erwerb von Bildung als mehr oder weniger attraktiv erscheinen, beeinflussen das Erbringen der geforderten Leistungen und ermöglichen

das Aufbringen der Bildungskosten für ein mehr oder weniger langes Verbleiben im Bildungssystem;
- schließlich: der jeweils eingeschätzte *Ertrag von Bildung* im Sinne des konsumtiven und investiven Nutzens für die spätere Lebensführung und die Erwerbsmöglichkeiten.

Im einzelnen können die unterschiedlichen Elemente und ihre Wirkung für das Ergebnis der letztendlich beobachtbaren Bildungsungleichheit nicht ausführlich erörtert werden. Eine interessante Diskussion insbesondere zum Verhältnis von limitierenden Ressourcen einerseits und Präferenzen und Nutzenerwägungen andererseits findet sich in Gambetta (1987). Eine befriedigende Erklärung muß auch die Interaktionen zwischen den Hauptelementen berücksichtigen. Beispielsweise werden die durch das Bildungssystem bei der Wahrnehmung von Bildung auferlegten materiellen Kosten – seien es direkter Aufwand oder entgangene Verdienstmöglichkeiten – nicht in ihrer absoluten Höhe entscheidend sein, sondern in ihrem Verhältnis zu den relativen Möglichkeiten, die Familien in verschiedenen sozialen Klassen haben. Für Familien einer gleichen Klasse können diese relativen Kosten bei einer allgemeinen Steigerung im Lebensniveau im Zeitablauf variieren. Die individuellen Fähigkeiten sind ebenfalls nicht (nur) in einem absoluten Sinne relevant. Ihre Bedeutung hängt davon ab, inwieweit die institutionellen Selektionsregeln darauf ausgerichtet sind und die individuelle Entwicklung einzelner Schüler berücksichtigen. Bei der Einschätzung von Erträgen ist besonders wichtig, inwieweit für den Zugang zu unterschiedlich vorteilhaften beruflichen oder anderen Positionen Bildungsvoraussetzungen mehr oder weniger institutionell verfestigte Kriterien bilden. Diesbezüglich finden sich nicht nur ausgeprägte Unterschiede zwischen Ländern (Maurice/Sellier/Silvestre 1982; König/Müller 1986; Haller 1989; Allmendinger 1989). Im Zuge von Veränderungen in der Bildungsbeteiligung sind Verschiebungen in der beruflichen Verwertbarkeit einzelner Bildungsabschlüße offensichtlich (Blossfeld 1985).[2]

Diese Überlegungen mögen verdeutlichen, wie verkürzt Versuche sind, unmittelbare Beziehungen zwischen der Expansion der Bildungsgelegenheiten und der sozialen Ungleichheit in der Bildungsbeteiligung etablieren zu wollen. Eine differenziertere Behandlung des Verhältnisses von Bildungsexpansion und Ungleichheit der Bildungschancen erfordert entschieden spezifischere Hypothesen über einzelne Elemente des sozialstrukturellen Wandels der zurückliegenden Jahrzehnte und über ihre Auswirkungen auf die sozialgruppenspezifische Bildungsbeteiligung.

Einige Elemente dieses sozialstrukturellen und institutionellen Wandels, die als Randbedingungen für Bildungsentscheidungen und Bildungsnachfrage in unterschiedlichen Sozialgruppen betrachtet werden können, sind in Form einer Skizze in *Übersicht 1* aufgelistet. In seiner oberen Hälfte sind Entwicklungen in ungleichheitsreduzierender Richtung aufgeführt; in der unteren Hälfte Entwicklungen, von denen umgekehrt eine stärkere Differenzierung in der Bildungsnachfrage zwischen verschiedenen Sozialgruppen und damit eine Erhöhung in der sozialen Ungleichheit der Bildungsbeteiligung erwartet werden kann. Die Linien zeigen an, welche Geburtsjahrgänge in ihren

---

2 Dabei ist es nicht einfach zu klären, wie solche Verschiebungen von Eltern oder Schülern wahrgenommen werden, in die subjektiven Bewertungen von Erträgen einfließen und die strategischen Kalküle bei Bildungsentscheidungen beeinflussen (Boudon 1974).

Übersicht 1:   Ungleichheitsrelevante Kontexte bei Bildungsentscheidungen im
Zeitverlauf

Geburtsjahrgang 19..	30	40	50	60	70
Übertritt in weiterführende Schule 19..	40	50	60	70	80
Ungleichheitsreduzierend					
1. Institutioneller Wandel, Bildungsreformen					
– Hauptschule 9 Jahre			·············· — — —		
– Erleichterter Übergang auf weiterführende Schulen			———————		
– Stipendien				—————	
2. Verbesserte Lebensbedingungen			····· ——————		
3. Klassenspezifisch veränderte Einschätzung des instrumentellen Wertes von Bildung (z.B. Landwirte)				———	
4. Ceiling-Effekte für bildungsnahe Schichten beim Übergang zu weiterführenden Schulen				———	
Ungleichheit verstärkend					
5. Erhöhte Konkurrenz um Bildungsplätze					
– Numerus clausus				———	
– große Geburtskohorten			········	——	
– höhere Bildungsbeteiligung der Frauen				————	
– Zunahme bildungsorientierter Herkunftsmilieus				——	
6. Abnehmende Bildungserträge				——	

Bildungsentscheidungen von den jeweiligen Entwicklungen als betroffen angenommen
werden können. Punkte sollen andeuten, daß von einer Entwicklung (erst) vergleichsweise schwache Auswirkungen erwartet werden oder daß von einem Faktor nur ein
Teil der Bevölkerung betroffen ist (wie z.B. bei der regional zu unterschiedlichen
Zeitpunkten erfolgten Einführung der neunjährigen Schulpflicht). Die Zeitachse enthält
neben dem Geburtsjahr einer Kohorte auch eine Skala für die Jahre, in denen die
überwiegende Zahl der Angehörigen eines Geburtsjahrgangs die Entscheidung für
oder gegen den Übertritt in eine weiterführende Schule treffen mußten. Die aufgeführten Entwicklungen stehen mit den folgenden Hypothesen und Überlegungen in
Verbindung:

*1. Reformen oder andere institutionelle Veränderungen im Bildungssystem haben zu einer
geringeren sozialen Selektivität der Bildungsinstitutionen geführt:* Im Hinblick auf solche
Reformen, die explizit auf den Abbau von Bildungsbarrieren und die Kompensation
von Herkunftsnachteilen ausgerichtet waren, ist in Deutschland erstaunlich wenig
geschehen (vgl. Fend 1982). Bedeutsam können jedoch auch Maßnahmen sein, die
nicht das *primäre* Ziel hatten, den Übertritt in weiterführende Schulen zu erhöhen,
beispielsweise die Verlängerung der Schulpflicht auf mindestens neun Schuljahre. Je
mehr sich die Pflichtschulzeit der Schuldauer annähert, die benötigt wird, um einen
höher bewerteten Abschluß auf der Realschule oder dem Gymnasium zu erwerben,

um so größer dürfte der Anreiz für die Alternative mit dem größeren Ertrag sein. Eine Partizipationszunahme kann aus einer solchen Verschiebung der Anreizstruktur vor allem für Gruppen erwartet werden, für die der Übergang auf die weiterführenden Schulen wegen der deutlich längeren Schulzeit bis zur Mittleren Reife ein gewichtiger Kostenfaktor war.

2. *Die allgemeine Verbesserung der Lebensverhältnisse hat zur Folge, daß auch für die Bevölkerungsgruppen am unteren Ende der Wohlstandsskala die Mittel für eine weiterführende Ausbildung der Kinder leichter und mit weniger Einschränkungen verfügbar sind.* Es ist zu erwarten, daß sich die allgemeine Wohlstandssteigerung in der schnellen Wachstumsphase der ersten Nachkriegsjahrzehnte für die Bildungsbeteiligung gruppenspezifisch unterschiedlich ausgewirkt hat. Vor allem in den unteren Einkommensgruppen dürften sich dadurch Spielräume für die Finanzierung weiterführender Bildung für die Kinder eröffnet haben, zumal in Verbindung mit den eingeführten Stipendienprogrammen. Für das ohnehin bildungsbeflissene Bildungsbürgertum dagegen dürfte die Verbesserung der ökonomischen Ressourcen keine gleichermaßen veränderte Ausgangslage für positive Bildungsentscheidungen geschaffen haben.

3. *Die Einschätzung des instrumentellen Wertes von Bildung hat sich bei den traditionell bildungsfernen Schichten und Klassen so verändert, daß bei ihnen die Motivation für eine weiterführende Ausbildung besonders stark zugenommen hat.* Eine solche gruppenspezifisch unterschiedliche Veränderung in der Einschätzung des Ertrages von Bildung dürfte besonders in landwirtschaftlichen Familien zu erwarten sein. Während noch bis weit in die Nachkriegszeit hinein das 'learning by doing' auf dem Hof als hinreichende Qualifikation gelten konnte, haben die Technisierung und Verwissenschaftlichung der landwirtschaftlichen Produktionsmethoden sowie die kapitalintensive und rentabilitätsorientierte Betriebsführung den Stellenwert von Qualifikationserwerb durch Bildung erhöht. Veränderte Verwertungserwartungen sollten damit die Bildungsaspiration vor allem in Bauernfamilien erheblich verstärkt haben. Einen Beitrag zu einer höheren Einschätzung des Nutzens von Bildung bei anderen traditionell bildungsfernen Sozialgruppen (wie den Arbeitern) hat möglicherweise auch die in Deutschland gegen Ende der 60er Jahre einsetzende Bildungswerbung und öffentlichen Bildungsdiskussion geleistet. Ihre Effekte sind aber nachträglich nur schwer zu erfassen und zu quantifizieren.

4. *Die Bildungsexpansion führt über „ceiling"-Effekte zum Abbau herkunftsspezifischer Ungleichheit.* Bei dieser oft vertretenen Hypothese wird unterstellt, daß im Zuge der Bildungsexpansion bei den traditionell bildungsnahen Schichten eine Saturation eintritt. Der Rückstand bisher benachteiligter Bevölkerungsgruppen kann durch Erweiterung der Bildungsgelegenheiten am ehesten oder nur dann abgebaut werden, wenn die führenden Gruppen eine Obergrenze der Beteiligungsmöglichkeiten erreicht haben (vgl. Lutz 1983; Köhler 1992; Hout und Rafterys (1990) Hypothese der 'maximally maintained inequality'). In der Bundesrepublik wird im Verlaufe der 60er Jahre beim Übergang auf weiterführende Schulen ein solches Niveau bei Kindern aus den bildungsfreudigsten sozialen Herkunftsgruppen erreicht. Damit wären Bedingungen gegeben, die bei zunehmender Vermehrung der Bildungsplätze (z.B. durch Schulen in ländlichen Regionen) die Verringerung der sozialen Selektivität fördern sollten.

5. Erhöhter Wettbewerb um die zur Verfügung stehenden Bildungsplätze verstärkt die soziale Ungleichheit der Bildungsbeteiligung. Mit der Bildungsexpansion kann aber auch eine Zunahme herkunftsspezifischer Ungleichheiten verbunden sein. Dies ist vor allem dann zu erwarten, wenn sich die *Nachfrage* nach Bildungsplätzen stärker erhöht als das entsprechende *Angebot.* Bei stark steigender Nachfrage sind subtile Mechanismen der Zugangserschwerung oder ein Abbau der Betreuungsintensität pro Schüler eine ebenso plausible Reaktion wie der Ausbau des Angebotes. Solche erhöhten Barrieren dürften sich für Kinder aus bildungsferner sozialer Herkunft hinderlicher auswirken als für Kinder aus bildungsorientierten Familienkontexten. In der Bundesrepublik können mehrere Entwicklungen in diesem Sinne wettbewerbsverstärkend gewirkt haben. Neben großen Geburtskohorten in den Jahrgängen des Babybooms erhöht auch die Zunahme der Bildungsbeteiligung der Frauen die Nachfrage nach Bildungsplätzen. Der Abbau geschlechtsspezifischer Ungleichheit kann sich über den Mechanismus des Wettbewerbs um begrenzte Bildungsplätze in einer Verschärfung herkunftsspezifischer Ungleichheit auswirken. Auch der Umstand, daß ab Mitte der 60er Jahre vergleichsweise schnell ein zunehmend größerer Anteil von Kindern in Familien aufwächst, deren Eltern selbst eine längere Ausbildung genossen haben oder beruflich der Dienstklasse angehören, dürfte sich dann ab Mitte der 70er Jahre als erhöhter Wettbewerb in weiterführenden Schulen auswirken.[3] Der offensichtlichste Indikator verstärkten Wettbewerbs findet sich im Numerus clausus, von dem seit etwa 1980 zunehmend mehr Studiengänge betroffen sind.

6. Sinkende Bildungserträge wirken sich stärker negativ auf die Bildungsbereitschaft von Kindern aus bildungsfernen Familien als auf Kinder aus den traditionellen Bildungsschichten aus. Seit etwa 1980 sind vermehrt Hochschulabsolventen und Personen in akademischen Berufen von Arbeitslosigkeit betroffen und es entsteht eine öffentliche Diskussion über geringer werdende Einkommensrenditen von Hochschulausbildung. Auswirkungen sind von diesen Entwicklungen für die Geburtsjahrgänge 1960 und folgende zu erwarten, für die zu Beginn der 80er Jahre die Entscheidung anstand, ob sie nach dem Abitur ein Hochschulstudium aufnehmen oder sich überhaupt mit dem Erwerb des Abiturs auf ein solches Studium vorbereiten sollen.

7. Veränderungen in der kulturellen Distanz zwischen Schule und Elternhaus beeinflussen die Entwicklung der Unterschiede der Bildungsbeteiligung verschiedener Bevölkerungsgruppen. Im Hinblick auf die Entwicklung kultureller Faktoren hat vor allem Bourdieu argumentiert, daß bei verringerter Bedeutung sozio-ökonomischer Einflußfaktoren kulturelle Faktoren an Bedeutung gewinnen und damit zur Sicherung bestehender Vorteile beitragen würden. Es sind jedoch durchaus auch gegenläufige Effekte denkbar, wenn etwa als Folge vermehrter Präsenz in den Medien der symbolische Code der Bildungsinstitutionen eine geringere Distinktion gegenüber der Alltagskultur aufweist oder wenn in den Bildungsinstitutionen selbst durch eine Verschiebung in der Zu-

---

3 Wählt man als Indikator den Anteil von Kindern, deren Vater wenigstens das Abitur hat oder der Dienstklasse I oder II angehört, so beträgt dieser Anteil bei den Geburtsjahrgängen der 20er Jahre durchschnittlich 12 Prozent, bei den Jahrgängen 1940-1959 durchschnittlich 20 Prozent bei nur leicht zunehmender Tendenz. Er steigt dann aber bei den Jahrgängen 1960-1964 und 1965-1969 schnell auf 27 Prozent bzw. 36 Prozent an (eigene Berechnungen auf der Basis der ALLBUS-SOEP-Stichprobe; vgl. dazu auch Köhler 1992).

sammensetzung der Schülerzahlen aus unterschiedlicher sozialer Herkunft sich einzelne Elemente der Kultur der Bildungsinstitutionen wandeln und sich damit die relative Distanz zu den kulturellen Mustern verschiedener Bevölkerungsgruppen verschiebt. Im Zuge der Bildungsexpansion kann sich in den Bildungsinstitutionen auf diese Weise die kulturelle Exklusivität abbauen und zur weiteren sozialen Öffnung beitragen. Weil hier Erwartungen widersprüchlich sind, und zeitlich auch nur schwer eingeordnet werden können, ist dieser Aspekt in *Übersicht 1* nicht aufgeführt. Die Hypothesen selbst sollen aber in der weiteren Analyse einbezogen werden.

Zusammenfassend finden wir also für die zurückliegenden Jahrzehnte Entwicklungen, die sich für die Ungleichheit der Bildungsbeteiligung in unterschiedlicher Richtung auswirken. Dabei zeigt ein Vergleich zwischen den in *Übersicht 1* als ungleichheitsverstärkend und ungleichheitsreduzierend angenommenen Entwicklungen, daß eine Reihe ungleichheitsreduzierender Entwicklungen deutlich früher einsetzten, während in den späteren Jahrzehnten zunehmend Faktoren wirksam werden, von denen plausibel angenommen werden kann, daß sie ungleichheitsverstärkend wirken. Mit der Übersicht wäre also vereinbar, daß ein Abbau von Ungleichheit schon vor der historischen Phase einsetzt, in der üblicherweise die Bildungsexpansion lokalisiert wird. Für diese Phase hingegen gibt es – teilweise mit der Dynamik der Bildungsbeteiligung verbundene – Gegenprozesse, die egalisierende Wirkungen der Expansion abschwächen oder kompensieren.

Die den Hypothesen zugrundeliegenden Erklärungen setzen theoretisch unterschiedlich an. Sie müssen sich jedoch nicht gegenseitig ausschließen, sondern können sich ergänzen. Die Tatsache, daß die von ihnen prognostizierten Entwicklungen teilweise in unterschiedlicher Richtung verlaufen, macht eine empirische Überprüfung auf der Basis von Beobachtungen der kumulierten Endergebnisse dieser Prozesse schwierig. In einem strikten Sinn können einzelne Hypothesen im vorliegenden Beitrag auch deshalb nicht überprüft werden, weil direkte Messungen der für die Prüfung der Hypothesen relevanten Variablen (wie z.B. der kulturellen Distanz zwischen Schule und Elternhaus oder der Einschätzung des Nutzens von Bildung durch die beteiligten Akteure) nicht vorliegen. Die Plausibilität einzelner Hypothesen kann aber teilweise indirekt erschlossen werden durch aufmerksame Beobachtung von speziellen Details, in denen sich die Veränderung des Bildungsgeschehens in den zurückliegenden Jahrzehnten vollzogen hat. Die Teilaspekte, die uns zur Klärung alternativer Hypothesen besonders aufschlußreich erscheinen, sind die gesonderte Betrachtung

a) der Dimensionen, in denen sich herkunftsspezifische Ungleichheiten verändert haben (sozio-ökonomischer Status, Klassenlage, Bildung der Eltern);

b) der Abschnitte in der Bildungslaufbahn, in denen Veränderungen beobachtbar sind;

c) der historischen Zeitpunkte, in denen Veränderungen vor allem stattgefunden haben.

II. Analyseansatz und Methode: Untersuchung von sukzessiven
Bildungsübergängen und -ergebnisquoten

Unterschiedliche Ergebnisse über die Entwicklung von Bildungsungleichheiten sind zum Teil ein Resultat unterschiedlicher Variablen-Operationalisierungen und von divergierenden Analysestrategien und methodischen Verfahren. Die scheinbar naheliegendsten und in der Vergangenheit am häufigsten verwandten Verfahren sind einfache *Vergleiche der* in verschiedenen Herkunftsgruppen beobachtbaren *prozentualen Verteilungen* der von den Gruppenzugehörigen erreichten Bildungsabschlüsse. In der „status-attainment Forschung" dagegen wurde mit Techniken der linearen Regression untersucht, wie das erreichte Bildungsniveau der Kinder von Statusmerkmalen der Eltern abhängt (Blau/Duncan 1967; im Überblick Hopf 1992). Beide Verfahren haben für die Untersuchung von Veränderungen der Ungleichheiten der Bildungsbeteiligung den großen Nachteil, daß bei ihnen keine klare Trennung möglich ist zwischen der *allgemeinen Erhöhung der Bildungsgelegenheiten und der Bildungsbeteiligung* einerseits und den davon unabhängigen *Veränderungen in den sozialen Selektionsmechanismen* im Bildungsprozeß andererseits.

Wir folgen in diesem Beitrag im wesentlichen der von Robert Mare (1980, 1981) entwickelten Vorstellung, daß es für die Analyse von Bildungsungleichheit vorteilhaft ist, den Bildungsprozeß als eine Bildungskarriere mit sukzessiven alternativen Optionen an entscheidenden Übergangspunkten zu untersuchen. Entsprechend sollen Gegenstand der Analyse die sukzessiven Entscheidungen sein, die die jeweiligen Schüler (unter dem Einfluß von Bedingungsfaktoren) dahingehend treffen, ob sie ihre Ausbildung mit dem Abschluß einer erreichten Bildungsstufe beenden oder auf die nächste, weiterführende Bildungsstufe übergehen, um den nächstmöglichen Bildungsabschluß zu erwerben. Auf diese Weise läßt sich der Bildungserwerb darstellen als eine Sequenz von *Übergangswahrscheinlichkeiten in die jeweils nächsthöhere Bildungsstufe* und in Beziehung setzen zu der sozialen Herkunft, dem Geschlecht und anderen Erklärungsfaktoren sowie auch Veränderungen in diesen Abhängigkeiten im Zeitverlauf in die Modellbildung einbeziehen. Über Mare hinausgehend wollen wir aber den Bildungsprozeß auch unter dem Aspekt letztendlich erreichter Bildungs*ergebnisse* untersuchen. Ähnlich wie bei der Übergangsanalyse kann die Latte für die als relevant erachteten Abschlußniveaus zunehmend höher angelegt werden. Wir untersuchen dann beispielsweise, wie die Wahrscheinlichkeit, mindestens das Abitur oder einen Hochschulabschluß zu erreichen, von den Bedingungen der sozialen Herkunft abhängt, bzw. wie die Abhängigkeit der Abiturienten- oder der Hochschulabsolventenquote von der sozialen Herkunft der Schüler (oder weiterer Einflußfaktoren) im Zeitverlauf variiert.

In methodisch adäquater Weise kann sowohl das Konzept der sukzessiven Bildungs*übergänge* wie das Konzept sukzessive anspruchsvollerer Bildungs*ergebnisse* mit Hilfe von logistischen Regressionsmodellen umgesetzt werden.[4] In beiden Fällen wird untersucht, ob jemand mindestens einen bestimmten Bildungsabschluß (z.B. die Mitt-

---

4 Technisch wird dies durch Bildung einer Serie von Dummyvariablen (je eine für jede betrachtete Bildungsstufe) umgesetzt. Diese Variablen werden jeweils mit 1 kodiert, wenn mindestens die betrachtete Stufe erreicht wird, dagegen mit 0, wenn sie nicht erreicht wird. Zur logistischen Regression vgl. Agresti (1990); zu dem konkreten Anwendungsfall Gambetta (1987: 65-69).

lere Reife) erzielt oder ob er in seiner Bildungskarriere nicht so weit kommt . Es besteht nur *ein* Unterschied zwischen der Analyse von Bildungs*übergängen* und Bildungs*ergebnissen*. Bei der Analyse der Bildungs*ergebnisse* wird stets die gesamte Untersuchungspopulation einbezogen und untersucht, welche Populationsmitglieder ein interessierendes Niveau erreichen oder nicht erreichen. Bei der Analyse der Bildungs*übergänge* verkleinert sich dagegen mit ansteigendem Bildungsniveau die Analysepopulation. Aus der Gesamtheit der Untersuchungspopulation werden schrittweise nur noch diejenigen Personen berücksichtigt, die ein sukzessive höher angelegtes Niveau erreicht haben, und es wird geprüft, wer von diesen Personen auf diesem Niveau ausscheidet und wer zumindest die nächstfolgende Stufe (sowie evtl. daran anschließende weitere Stufen) erfolgreich bewältigt. Bezogen auf das deutsche Bildungssystem betrachten wir die folgenden *Übergänge* (T-Transitions) und Bildungsergebnisse (E) als zentral:

T2: den Übergang von der Grundschule bzw. Hauptschule zu einer weiterführenden Schule (Realschule, Gymnasium bzw. in entsprechende Kurse einer Gesamtschule) und das Erreichen mindestens der Mittleren Reife;
T3: für diejenigen, die die Mittlere Reife erreicht haben: den Übergang in die höheren Klassen des Gymnasiums (oder anderer allgemeinbildender Angebote auf der Sekundarstufe II) und das Erreichen mindestens des Abiturs;
T4: für diejenigen, die das Abitur erreicht haben: den Übergang in eine Hochschule/Universität und das Erreichen eines Hochschulabschlusses;
E2: das Erreichen mindestens der Mittleren Reife;
E3: das Erreichen mindestens des Abiturs;
E4: das Erreichen mindestens einen Hochschulabschlusses.

Die Analysen für T2 und E2 unterscheiden sich nicht voneinander, da vorausgesetzt wird, daß sich auf der untersten Selektionsstufe die Übergangsentscheidung auf die weiterführenden Schulen (für mindestens die Mittlere Reife) für alle Schüler stellt.[5] Wegen des ausgesprochen hierarchischen Charakters des deutschen Bildungssystems gehen wir davon aus, daß dieser stufenweise Prozeß des Bildungserwerbs auch retrospektiv, auf der Basis von Informationen über den höchsten erreichten Bildungsabschluß einer Person ohne große Fehler rekonstruiert werden kann.[6] Wer das Abitur erreichen will, muß zuvor in aller Regel die Mittlere Reife oder ein Äquivalent erworben haben. Ohne Abitur oder ein Äquivalent kann nur in Ausnahmefällen ein Hochschulabschluß erworben werden.

---

5 Der Übergang T1 und die entsprechende Ergebnisquote E1, mit denen wir in einem früheren Beitrag (Müller/Haun 1993) die Absolvierung einer Berufslehre im Anschluß an einen Hauptschulabschluß charakterisiert haben, bleiben hier unberücksichtigt.
6 Allerdings impliziert die Rekonstruktion dieser Entscheidungsfolge auf der Basis von Querschnittsdaten vereinfachende und nicht immer der Realität entsprechende Annahmen (vgl. hierzu Henz 1992). Je vielfältiger Bildungswege werden, umso hypothetischer wird eine Rekonstruktion des Bildungsweges auf der Basis von Daten über den letztendlich erreichten Bildungsabschluß. Die Analyse der hier untersuchten Abiturienten- und Hochschulabsolventenquoten ist aber von diesem Einwand kaum betroffen.

III. Daten und Operationalisierungen der Variablen

Ziel dieses Beitrages ist, die Entwicklung der Ungleichheit der Bildungsbeteiligung im Hinblick auf diese verschiedenen Übergangswahrscheinlichkeiten und Ergebnisquoten über einen möglichst langen Zeitraum zu verfolgen und die Befunde auch insofern abzusichern, daß sie mit unterschiedlichen Datenbasen wechselseitig auf Konsistenz überprüft werden. Als Daten werden die folgenden drei Quellen verwandt, die das umfangreichste und wohl auch verläßlichste Material darstellen, das zur Zeit für Deutschland zur Analyse des hier interessierenden Problems verfügbar ist:

1. Die Zusatzerhebung zum Mikrozensus 1971: In dieser Erhebung wurden einmalig in der Geschichte der amtlichen Statistik umfangreiche Informationen zur sozialen Herkunft der Bevölkerung erfaßt. Davon verwenden wir die Daten für die Geburtsjahrgänge 1920-1950. Zum Befragungszeitpunkt im April 1971 waren die jüngsten einbezogenen Befragten mindestens 20-21 Jahre alt. Damit können wir für alle Befragten die Bildungsübergänge bis einschließlich Abitur relativ verläßlich untersuchen. Da für diese Jahrgänge in allen relevanten Variablen für insgesamt 183.917 Fälle gültige Werte vorliegen, können mit diesem Datensatz für eng abgegrenzte Geburtskohorten sehr stabile Schätzwerte für die untersuchten Einflußfaktoren gewonnen werden. Es gibt keine Quelle, die für das Bildungsgeschehen in der Zwischenkriegszeit und in ersten Jahrzehnten der Bundesrepublik verläßlichere Ergebnisse liefern kann.

2. Die kumulierten Daten von insgesamt acht Erhebungen der „Allgemeinen Bevölkerungsumfrage der Sozialwissenschaften" (ALLBUS). Die Daten für die Befragungen in den Jahren 1980, 1982, 1984, 1986, 1988, 1990, 1991 und 1992 wurden zusammengeführt, nachdem die interessierenden Variablen zuvor vergleichbar aufbereitet wurden.

3. Das sozio-ökonomische Panel (SOEP): Aus dem SOEP wurden Informationen bis zur Befragungswelle 1986 berücksichtigt, weil für die danach in die Stichprobe aufgenommenen Personen vergleichbare Informationen zur sozialen Herkunft teilweise fehlen.

Die Daten des SOEP und des ALLBUS wurden so aufbereitet, daß die genutzten Variablen vergleichbar sind. Vorausgehende getrennte Analysen der ALLBUS- und der SOEP-Daten haben gezeigt, daß sie praktisch identische Ergebnisse liefern. Deshalb wurden die ALLBUS-Daten und die SOEP-Daten zusammengeführt und vereint ausgewertet. Für alle in der Analyse relevanten Modelle und Parameter wurde (mit negativem Ergebnis) untersucht, ob sich der Schätzwert zwischen ALLBUS und SOEP signifikant unterscheidet.[7] Der kumulierte ALLBUS-SOEP Datensatz enthält für die in die Untersuchung einbezogenen Geburtsjahrgänge 1910-1969 28.205 Befragte.[8]

Die Verwendung des jetzt schon über 20 Jahre alten Mikrozensus ist nicht nur zur Absicherung der Ergebnisse durch einen unabhängig gewonnenen Datensatz sinnvoll. Zum einen können in den ALLBUS-SOEP-Daten Informationen über die ältesten Geburtskohorten nur von Befragten resultieren, die zum Befragungszeitpunkt zum Teil schon über 70 Jahre alt sind. Sie stellen eine Stichprobe ihres Geburtsjahrgangs dar, die wahrscheinlich durch selektive Mortalität verzerrt ist und deren Ergebnisse deshalb nicht eindeutig interpretierbar wären. Finden wir mit den Mikrozensus-Daten, deren älteste Befragte zum Befragungszeitpunkt höchstens 50 Jahre alt sind, ähnliche Ergebnisse, sind die ALLBUS-SOEP-Befunde auch für die in diesen

---

7 In den ganz wenigen Fällen, in denen sich Unterschiede zwischen ALLBUS und SOEP zeigen, wurde eine entsprechende SOEP-Dummyvariable in die Schätzgleichung aufgenommen.

8 Zur Korrektur von Verzerrungen der Repräsentativität der ALLBUS- und SOEP-Stichprobe (vgl. Esser et al. 1989; Hartmann/Schimpl-Neimanns 1992) wurden die Fälle durch ein Redressment so gewichtet, daß die Bildungsverteilungen nach Geschlechts- und Kohortenzugehörigkeit in den verschiedenen Erhebungsjahren den entsprechenden Verteilungen des Mikrozensus entsprechen. Eine Überpüfung der *multivariaten* Analysen *ohne* Gewichtung hat aber gezeigt, daß die Schlußfolgerungen von der Gewichtung der Daten unabhängig sind.

Erhebungen etwas unsichere, weiter zurückliegende Vergangenheit abgesichert. Die Mikrozensus-Daten ergänzen auch inhaltlich die ALLBUS-SOEP-Daten, insofern wichtige Variablen zu den Bedingungen der sozialen Herkunft (wie die Bildung der Mutter, die Geschwisterzahl, oder ob man als Kind von Vertriebenen oder Flüchtlingen in der Bundesrepublik aufgewachsen ist) nur in diesem Datensatz enthalten sind.

Zwischen dem Mikrozensus auf der einen Seite und ALLBUS-SOEP auf der andern Seite unterscheiden sich die für die Analyse zur Verfügung stehenden 'Herkunftsvariablen' teilweise. Im einzelnen verwenden wir die folgenden Variablen und Operationalisierungen:

Als Indikator für die *„kulturellen Herkunftsressourcen"* wird das Bildungsniveau der Eltern verwandt. Dies geschieht über eine Operationalisierung, bei der für den höchsten erreichten Bildungsabschluß des Vaters und der Mutter ein Score vergeben wird, der der Anzahl der Bildungsjahre entspricht, die im Durchschnitt für das Erreichen dieses Abschlusses benötigt werden. Beim ALLBUS-SOEP-Datensatz konnte dafür nur das Niveau der allgemeinen Schulbildung des Vaters berücksichtigt werden. Für den Mikrozensus liegen dagegen differenzierte Informationen zur schulischen und beruflichen Ausbildung von Vater und Mutter vor, sodaß das Bildungsniveau des Elternhauses in den Mikrozensus-Analysen sicher umfassender berücksichtigt ist als in den ALLBUS-SOEP-Ergebnissen. Die verwandten Scores sind analog zu den Definitionen von Blossfeld (1993) gebildet.[9]

Als Indikatoren für die *„sozio-ökonomischen Herkunftsbedingungen"* werden drei unterschiedliche Konzepte in die Analyse mit einbezogen. Im Mikrozensus steht eine differenziert gemessene Variable zur beruflichen Stellung des Vaters zur Verfügung. Sie ist weitgehend vergleichbar mit der in den ALLBUS-SOEP-Daten durch das *Goldthorpesche Klassenschema* (Erikson/Goldthorpe 1992: 35-47; Kurz 1985) gemessenen Zugehörigkeit der Herkunftsfamilie zu einer sozialen Klasse.[10] In den ALLBUS-SOEP-Analysen wird aus weiter unten dargestellten Gründen mit der Magnitude-Prestigeskala (MPS) von Bernd Wegener (1988) zusätzlich eine eindimensionale, vertikale Einstufung der Herkunftsbedingungen der untersuchten Personen berücksichtigt, die auf der Basis der ISCO-Berufsgruppe des Vaters konstruiert ist.

IV. Ergebnisse

1. Trends in Bildungsbeteiligungsquoten

Bevor wir auf die angezeigte komplexere Analyse eingehen, veranschaulichen wir mit der Darstellung einiger Bildungsergebnisquoten die Haupttrends der Bildungsbetei-

---

9 Im einzelnen sind die Scores in der folgenden Weise gebildet: Beim Mikrozensus: höchstens Volks-, Hauptschule = 7; mittlere Reife oder Fachschule = 10; Abitur = 13; Ingenieur-, Fachhochschule = 15; Universität = 18; mit Ausnahme von 15 und 18 wird der Score um 2 erhöht, wenn zusätzlich eine Lehre absolviert wurde. Bei ALLBUS-SOEP liegen nur Informationen zur Bildung der Scores 7 = kein Abschluß, 8 = höchstens Hauptschule, 10 = Mittlere Reife, 12 = Fachhochschule und 13 = Abitur vor.

10 Die für den Mikrozensus benutzte Klassengliederung unterscheidet sich von den Kategorien des Goldthorpeschen Schemas leicht in der Abgrenzung der obersten Kategorie. Die 'obere Dienstklasse' Goldthorpes (akademische Berufe, leitende Angestellte und Beamte, Selbständige mit 50 und mehr Mitarbeitern) ist etwas exklusiver definiert als die Gruppe der 'gehobenen und leitenden Angestellten und Beamten' im Mikrozensusschema. Letztere enthält auch einige Fälle, die im Goldthorpe-Schema der 'unteren Dienstklasse' (Semiprofessionen; qualifizierte Techniker und graduierte Ingenieure, Arbeitsgruppenleiter und qualifizierte Sachbearbeiter) zugerechnet werden. Im Mikrozensus kann die 'Arbeiterelite' der Vorarbeiter und Meister zudem getrennt analysiert werden, während diese Differenzierung in den ALLBUS-SOEP-Daten aus Fallzahlgründen nicht sinnvoll vorgenommen werden kann. Zur genauen Abgrenzung der in diesem Beitrag verwandten Klassen des Goldthorpe-Schemas vgl. Müller/Haun (1993); zum Goldthorpe-Schema allgemein Erikson/Goldthorpe (1992: 35-47).

Abbildung 1: Bildungsergebnisquoten nach Geschlecht

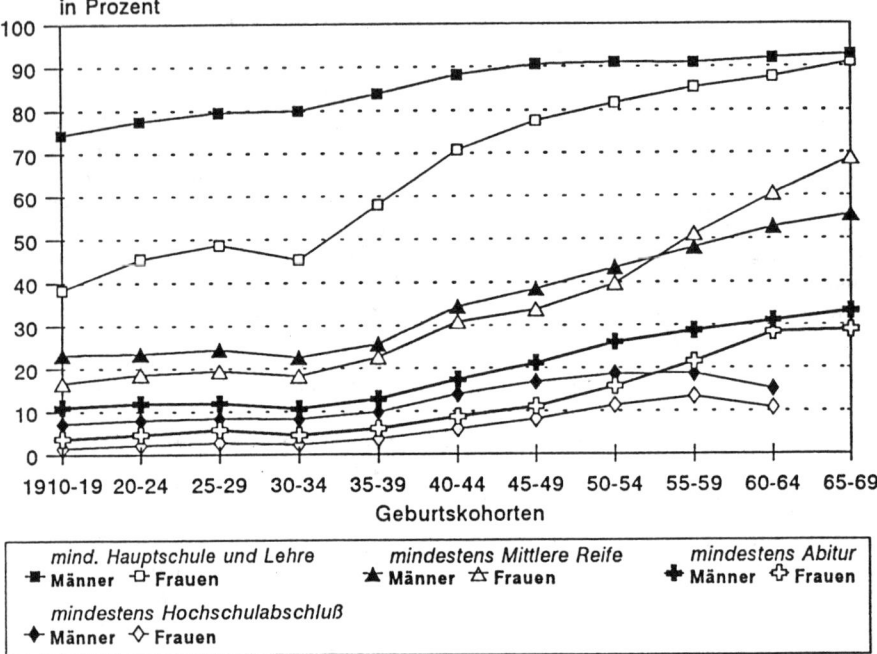

Basis: SOEP 1986; ALLBUS 1980-92 (gewichtet nach Mikrozensus).

ligung. Wir beginnen mit einer Übersicht, die im wesentlichen den quantitativen Verlauf der Bildungsexpansion und die Annäherung der Bildungsbeteiligung der Frauen an die der Männer dokumentiert. *Abbildung 1* zeigt auf der Basis der ALLBUS-SOEP-Daten für Männer und Frauen getrennt die Veränderungen in den Anteilen der *mindestens* erreichten Bildungsabschlüsse. Die Linien zeigen also nicht den Anteil einzelner Abschlüsse, sondern den Anteil der Personen, die mindestens den Abschluß eines benannten oder eines darüber liegenden Niveaus erreicht haben.

Aus dieser Abbildung lassen sich die Grundzüge der Bildungsentwicklung in Deutschland recht gut rekonstruieren (vgl. dazu Rolff 1980; Handl 1983; Köhler 1992). Nach den beiden obersten Linien, die hauptsächlich durch die Entwicklung der Berufslehren im Anschluß an einen Hauptschulabschluß geprägt sind, war es schon bei den zu Beginn des Jahrhunderts geborenen Männern mehr oder weniger selbstverständlich, nach dem Volksschulbesuch zumindest eine Lehre zu absolvieren. Frauen lagen in dieser Beziehung weit zurück. Für die Frauen nahm dann ab den 50er Jahren der Anteil der Lehrabsolventinnen nach einem Hauptschulabschluß sehr schnell zu und näherte sich dem Anteil der Männer an. Diese schnelle Erhöhung in der Beteiligung der Frauen an Berufslehren war der erste bedeutsame Schub des Ausgleichs von Bildungsungleichheit zwischen Männern und Frauen im Nachkriegsdeutschland.

Der entscheidende Einschnitt in der historischen Entwicklung der Beteiligung in den anspruchsvolleren Teilen des Sekundarschulwesens ergibt sich mit dem Ende des zweiten Weltkrieges. Die Zeit davor ist eine Periode allenfalls geringer Veränderungen.

In der Zeit danach, d.h. mit der Kohorte 1935-1939, bei der frühestens in den Jahren 1945-1949 der Übertritt in weiterführende Schulen erfolgt, beginnt für beide Geschlechter ein vergleichsweise gleichmäßiger Anstieg, der sich für die Frauen zu dem Zeitpunkt beschleunigt, zu dem sie bei den Berufslehren allmählich die Quote der Männer erreichen. Dieser Anstieg führt später, zumindest bis zum Niveau der Mittleren Reife, zu einer höheren Beteiligung der Frauen als der Männer in den Realschulen und Gymnasien. Nach diesen Befunden setzt also die Expansion der Beteiligung in den weiterführenden Bildungsgängen des Sekundärniveaus nicht etwa erst in der Phase der Bildungswerbung in der zweiten Hälfte der 60er Jahre ein. Dies müßte sich in einem besonders ausgeprägten Anstieg bei den Geburtskohorten 1955-1959 zeigen. Die Expansion war zu diesem Zeitpunkt schon längst im Gange.

Für das Abitur und die Hochschulabschlüsse verlaufen die Linien für die Frauen über die gesamte Zeit weitgehend parallel unter den entsprechenden Linien für die Männer. Erst gegen Ende des Beobachtungszeitraumes sind Annäherungen in den Anteilswerten von Männern und Frauen beobachtbar. Die relativen Gewinne für die Frauen waren aber deutlich höher als die der Männer, weil die Zunahme der Prozentanteile von einem niedrigeren Ausgangspunkt aus erfolgte.

Wie haben sich nun im Zuge dieser Expansion für Männer und Frauen die Differenzierungen nach der sozialen Herkunft entwickelt? In *Abbildung 2* belegen wir dies getrennt für Männer und Frauen mit einfachen Anteilsgrafiken für die Anteile derjenigen, die wenigstens eine Mittlere Reife erreichen. Nach diesen Grafiken unterscheiden sich in den jüngeren Kohorten die erreichten Bildungsabschlüsse deutlich weniger zwischen den Herkunftsklassen als in den älteren Kohorten. In allen Fällen ist im Zeitverlauf die Spanne zwischen der Klasse mit den höchsten Abschlußquoten und der Klasse mit den niedrigsten Abschlußquoten kleiner geworden. Bemerkenswerterweise bleiben die Klassenunterschiede in der Vorkriegszeit ziemlich unverändert, während sie in den Nachkriegskohorten insbesondere bei den Frauen kontinuierlich geringer werden. Der Abbau der Klassenunterschiede erfolgte auch nicht erst zu dem Zeitpunkt, bei dem die bildungsfreudigste Klasse ein oberes „ceiling" erreicht hat: Die Klassenunterschiede werden schon mit den Kohorten 1940-49 kleiner und damit zu einem Zeitpunkt, *nach* dem die obere Dienstklasse ihren Übertritt nochmals deutlich erhöht. Bis zum Niveau der Mittleren Reife ist also schon auf der Basis einfacher Anteilswerte eine Abnahme der Klassenunterschiede unverkennbar.[11]

In der Abiturientenquote und in der Quote der Hochschulabsolventen (Schaubilder in Müller/Haun 1994) ist dagegen eine solche Abnahme weniger klar festzustellen. Bei den Männern nehmen zwar die absoluten Spannen in den Prozentanteilen zwischen den bildungsfreudigsten und den bildungsfernsten Klassen ebenfalls ab. Bei den Frauen erhöhen sie sich jedoch in den jüngeren Kohorten. Allerdings wird der *relative* Vorsprung der bildungsnahen Klassen vor den bildungsfernen Klassen deutlich kleiner. Beispielsweise erreichten in den Vorkriegskohorten 1910-1939 ca. 1,3 Prozent aller Töchter von Landwirten oder Arbeitern mindestens das Abitur, im Vergleich zu 37 Prozent bei den Töchtern aus der oberen Dienstklasse. Das Verhältnis betrug also 1:28

---

11 Ein ähnliches Muster, das im Abbau der Ungleichheiten zwischen den sozialen Klassen jedoch schon früher beginnt und vor allem bei den Frauen noch ausgeprägter ist, finden wir auch für die Absolvierung mindestens einer Lehre im Anschluß an die obligatorische Schulpflicht (vgl. dazu Müller/Haun 1993).

Abbildung 2: Anteile von Befragten mit mindestens Mittlerer Reife (T2) nach
Geschlecht, Herkunftsklassen und Geburtsjahrgängen

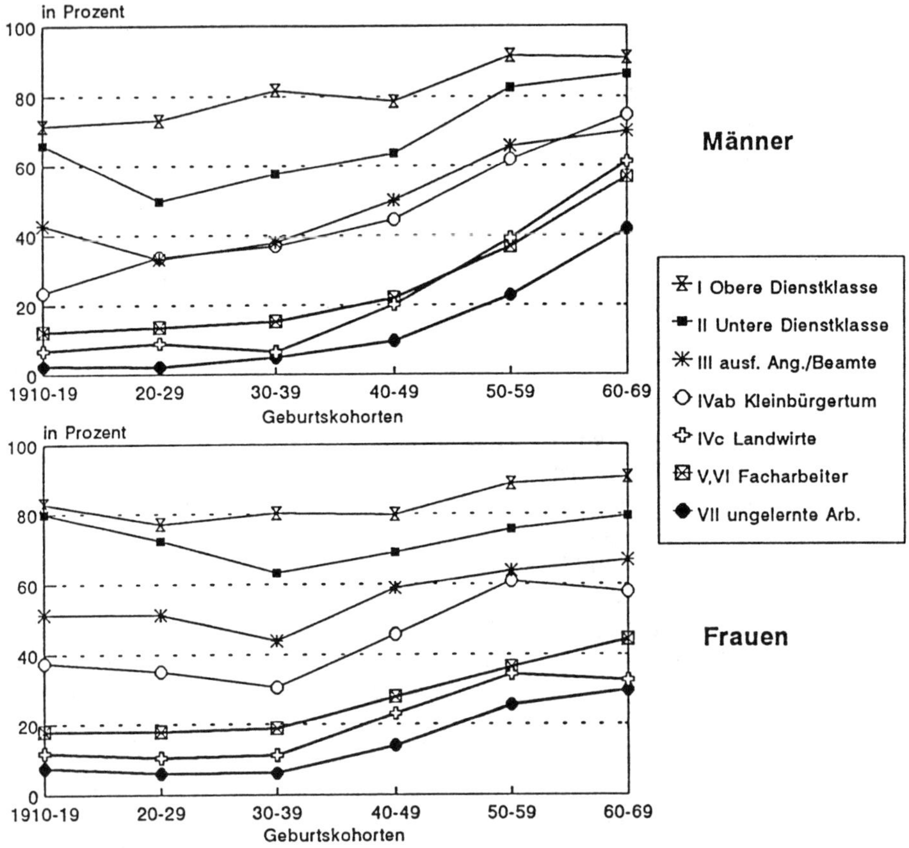

Basis: SOEP 1986; ALLBUS 1980-92 (gewichtet nach Mikrozensus).

zuungunsten der Töchter von Landwirten und Arbeitern. In den Kohorten 1960-1969
erhöhte sich die Abiturientinnenquote bei den Töchtern von Landwirten und Arbeitern
auf 15 Prozent, bei den Töchtern der oberen Dienstklasse jedoch auf 68 Prozent. Damit
wurde die prozentuale Spanne größer, das Verhältnis reduzierte sich aber auf ca. 1 : 4,4.
Ähnliches gilt für die Quote der Hochschulabsolventinnen.

Wir sind hier mit der von Johann Handl (1985) diskutierten Problematik konfrontiert, daß die absoluten Prozentsatzspannen ein unterschiedliches Ergebnis anzeigen
können als das Verhältnis zwischen den Prozentanteilen. Sie kann vor allem dann
auftreten, wenn im Zuge einer allgemeinen Erhöhung der Bildungsbeteiligung die
Anteilswerte in beiden Vergleichsgruppen zunehmen. In solchen Fällen liegt es besonders nahe, ein Maß für die Analyse des Zusammenhangs zwischen unabhängiger
(Klassen-)Variablen und abhängiger (Bildungsbeteiligungs-)Variablen zu verwenden,
das unabhängig ist von der allgemeinen Erhöhung der Beteiligungswerte. Ein solches
Maß ist das Kreuzproduktverhältnis (odds-ratio), das – in logarithmierter Form – den

Effektparametern in der logistischen Regression entspricht. Im folgenden konzentrieren wir uns auf solche Analysen der sozialen Differenzierungen bei den oben aufgeführten Bildungsübergängen und Bildungsergebnissen. Dabei greifen wir zunächst auf den Mikrozensus zurück. Er ermöglicht die Untersuchung zentraler Einflußgrößen der Bildungsbeteiligung und ihres Wandels von der Zwischenkriegszeit bis in die ersten beiden Jahrzehnte der Nachkriegszeit. Danach werden wir mit analogen Analysen der ALLBUS/SOEP-Daten die Entwicklungen bis in die jüngste Vergangenheit näher zu bestimmen versuchen.

2. Bildungsungleichheit im Wandel nach dem Mikrozensus

Der Mikrozensus von 1971 enthält mehrere Variablen, mit denen die sozialen Differenzierungen in der Bildungsbeteiligung und ihr Wandel mit einer hohen Stabilität der Meßergebnisse untersucht werden kann. Als ersten Schritt gilt es ein Modell zu entwickeln, das die mit den Daten beobachtbaren Differenzierungen und die Veränderungen in den Bestimmungsgrößen der Bildungsbeteiligung im Zeitverlauf möglichst präzise und sparsam erfaßt. Die Auswahl dieses Modells kann aus Platzgründen nicht dargestellt werden (zur Verdeutlichung des Vorgehens siehe unten die entsprechenden Ausführungen zu ALLBUS/SOEP). Das ausgewählte und die Strukturen in den Daten am passgenauesten abbildende Modell enthält für die Erklärung aller in den Analysen betrachteten Bildungsübergänge und -ergebnisse Parameter für die folgenden Variablen und Variableninteraktionen:

[1] C S K B_V B_M G V B_VS B_MS KS   SC KC B_VC B_MC B_VSC B_MSC

Das ermittelte Modell berücksichtigt also die

- *Haupteffekte* für die Kohorten- (C), Geschlechts- (S) und Klassenzugehörigkeit (K), die Bildung von Vater (B_V) und Mutter (B_M) sowie die Geschwisterzahl (G) und Vertriebeneneigenschaft (V),
- *Unterschiede* in der Wirkung auf die Bildungsbeteiligung von *Töchtern im Vergleich zu Söhnen* durch die Bildung von Vater (B_VS) und Mutter (B_MS) sowie die Klassenzugehörigkeit (KS),
- *Veränderungen in der Kohortenfolge*
  - in den Einflüssen der Geschlechts- (SC) und der Klassenzugehörigkeit (KC) und der Bildung von Vater (B_VC) und Mutter (B_MC) für die Bildung der Kinder,
  - sowie *in der unterschiedlichen Wirkung* der Bildung der Eltern auf das Bildungsverhalten von Töchtern im Vergleich zu Söhnen (B_VSC, B_MSC).

In den Modellprüfungen wurde eine Vielzahl weiterer Interaktionseffekte geprüft, beispielsweise, ob sich die Bedeutung der Geschwisterzahl in der Kohortenfolge verändert hat oder ob die Bildung der Eltern in unterschiedlichen sozialen Klassen unterschiedlich bedeutsam ist. Selbst bei der sehr großen Mikrozensus-Stichprobe waren aber keine der zusätzlich geprüften Effekte statistisch signifikant.

Abbildung 3 zeigt nun, wie sich (bei Kontrolle all dieser Variablen) nach den Mikrozensusdaten die Klassenzugehörigkeit auf das Bildungsverhalten beim *Übergang von der Hauptschule zur Mittleren Reife (T2)* und beim *Übergang von der Mittleren Reife zum Abitur (T3)* auswirkt und welche Veränderungen sich dabei im Zeitverlauf ergeben haben. Die Linien zeigen, in welchem Ausmaß die einzelnen Klassen gegenüber einer besonders bildungsfreudigen Referenzklasse zurückstehen und welchen Abstand die einzelnen Klassen voneinander haben.[12] Das Bildungsverhalten von Kindern der Referenzklasse ist in der Abbildung durch die Horizontale beim Punkt 0 gekennzeichnet. Die Referenzklasse ist gebildet aus den gehobenen und leitenden Angestellten und Beamten sowie den freien Berufen, also bei Berufsgruppen, die der oberen Dienstklasse des Goldthorpe-Schemas annähernd entsprechen.

Die Parameter, die in der Darstellung abgebildet sind, sind die Schätzwerte für die Relationen des Wahrscheinlichkeitsverhältnisses p/q für eine untersuchte Klasse im Vergleich zum gleichen Verhältnis bei der Dienstklasse. Dabei entspricht p der Wahrscheinlichkeit, einen bestimmten Übergang zu vollziehen, q dagegen der Wahrscheinlichkeit, diesen Übergang nicht zu vollziehen. Diese Wahrscheinlichkeitsverhältnisse sind in *Abbildung 3* in zweifacher Weise aufgeführt. Nach dem jeweils links abgetragenen Maßstab handelt es sich um die Darstellung in der Skala des natürlichen Logarithmus.[13] Die eingetragenen Linien entsprechen dieser Skala. Die rechts abgetragene Skala behält zwar die logarithmierten Abstände bei, die aufgeführten Zahlen verdeutlichen jedoch das Vielfache, zu dem das Wahrscheinlichkeitsverhältnis der jeweils untersuchten Klasse hinter dem Wahrscheinlichkeitsverhältnis der Dienstklasse zurückliegt. Beispielsweise kann man in der oberen linken Teilgraphik an dem am weitesten links stehenden Punkt der untersten Linie erkennen, daß in der ältesten Kohorte (1920-29) für die Kinder un- oder angelernter Arbeiter der Quotient der Wahrscheinlichkeiten, (wenigstens) die Mittlere Reife zu erreichen bzw. nicht zu erreichen, mehr als zwölfmal schlechter ist als für die Kinder eines Vaters, der der Dienstklasse angehört. Im wesentlichen lassen sich aus *Abbildung 3* die folgenden Erkenntnisse ableiten:

– Bei beiden Übergängen bestehen große Unterschiede zwischen den Klassen. Die Arbeiterkinder bleiben (mit Ausnahme der Kinder von Arbeitern in einer Meister- oder Vorarbeiterposition) mit Abstand am weitesten hinter den Kindern aus der Dienstklasse, aber auch hinter den Kindern aus allen anderen Klassen zurück. Unerwartet im Vergleich zu den Arbeiterkindern ist vielleicht, daß schon in den untersuchten Vorkriegskohorten die Bauernkinder eine relativ günstige Lage aufweisen. Bei den Übergängen, die wir hier betrachten, ist dies jedoch ein auch in anderen Ländern weithin gesicherter Befund (Müller/Karle 1993).[14]
– Die Klassenunterschiede sind beim Übergang zur Mittleren Reife deutlich ausgeprägter als beim Übergang von der Mittleren Reife zum Abitur. Da die verschiedenen Teilgrafiken im gleichen Maßstab gezeichnet sind, ist dies schon aus der Höhe der Teilgrafiken deutlich erkennbar. Der oben beim Modellvergleich hervorgehobene Befund geringerer Klasseneffekte bei weiter fortgeschrittenen Übergängen im Bildungssystem kommt hier in einem geringeren Differenzierungsraum unmittelbar visuell zum Ausdruck. Auch dieser Befund ist für viele Länder inzwischen bestätigt (Müller/Karle 1993; Shavit/Blossfeld 1993): Je weiter

---

12 Die Werte, die durch diese Linien abgebildet werden, ergeben sich durch die Addition der entsprechenden Parameter für (K) und (KC).
13 Nach der linken Skala sind damit die eigentlichen logistischen Effekte abgetragen, wie sie für die nicht-standardisierten Koeffizienten für die einzelnen Prädiktoren in einer logistischen Regressionsanalyse geschätzt werden.
14 Die besondere Benachteiligung der Bauernkinder bestand in der Regel nicht in besonders niedrigen Übergangschancen auf weiterführende Schulen, sondern darin, daß sie vor allem bei den älteren Kohorten am häufigsten das Bildungssystem nach der Schulpflicht ohne Berufsausbildung verließen (vgl. Müller und Haun 1993).

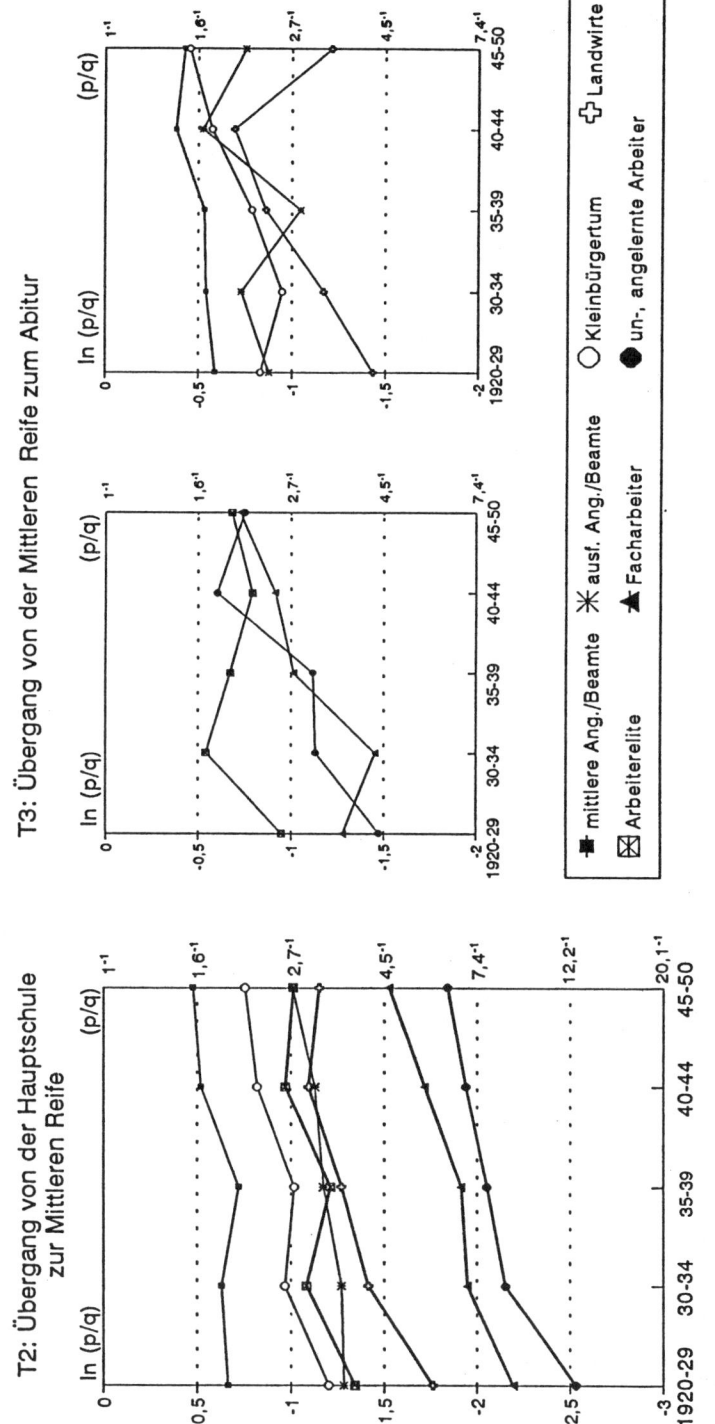

Abbildung 3: Effekte der Klassenzugehörigkeit* auf Bildungsübergänge nach Geburtsjahrgängen

Basis: Mikrozensus 1971, Modell [1] (s. Abschnitt IV.2.).

* Schätzwerte für Effekte unterschiedlicher Herkunftsklassen im Vergleich zur „Oberen Dienstklasse" (Null-Linie) in logistischer Regression.

fortgeschritten eine Person in der Bildungskarriere ist, umso weniger hängen die weiteren Schritte von Bedingungen der sozialen Herkunft ab.

– Die Übergangschancen differenzieren von Kohorte zu Kohorte zunehmend weniger nach der Klassenzugehörigkeit. Der abnehmende Trend ist im wesentlichen nur für die vom Zusammenbruch nach dem Zweiten Weltkrieg hauptsächlich betroffene Kohorte 1935-39, für die der Übergang in die weiterführenden Schulen in die Not- und Krisenzeit der Jahre 1945-1949 fiel, unterbrochen.

– Beim Übergang zur Mittleren Reife verringert sich der Rückstand der Kinder aus der bildungsfernsten Herkunft zu den Kindern aus der bildungsfreudigsten Herkunft bei der logarithmischen Betrachtungsweise um wenigstens ein Viertel. Wählt man als Indikator das anschaulichere Chancenverhältnis p/q, erscheint der Abbau noch eindrucksvoller. Während die Kinder ungelernter Arbeiter in der ältesten Kohorte beim Übergang zur Mittleren Reife zwölfmal schlechter abschnitten als Kinder aus der Dienstklasse, hat sich dieser Rückstand in der jüngsten Kohorte auf das sechsfache halbiert.

– Beim Übergang zum Abitur wurde nach diesem Maß die Ungleichheit um mehr als die Hälfte abgebaut. Für den Übergang von der Mittleren Reife zum Abitur ist bemerkenswert, daß in der jüngsten Kohorte (mit Ausnahme der zurückfallenden Bauernkinder) alle übrigen Klassenlinien zu einer nur noch geringen Streuung hin konvergieren. In der Kohorte 1945-50 unterscheiden sich die aufgeführten Klassen nur noch wenig voneinander und sie liegen auch deutlich weniger weit hinter der Referenzklasse zurück als in der ältesten Kohorte.

– Nach weiteren in Modell [1] geschätzten Parametern (ohne Tabelle/Abbildung) zeigt sich, daß bei allen untersuchten Übergängen die Bildungsbeteiligung der Töchter generell niedriger ist als bei den Söhnen. Die generelle Benachteiligung der Frauen nimmt bereits bei den mit dem Mikrozensus beobachtbaren Geburtsjahrgängen 1920-1950 ab. Daneben bestehen nur geringfügige klassenspezifisch wirksame Unterschiede zwischen dem Bildungsverhalten von Töchtern und Söhnen. Während Töchter von Selbständigen mehr Bildung bekommen als deren Söhne, stehen nach den Mikrozensusdaten auch die Töchter in Arbeiterfamilien in der Bildungsbeteiligung etwas stärker hinter den Söhnen zurück als im Durchschnitt aller Klassen. Nach weiteren Parametern wirkt sich (ohne Veränderung im Zeitverlauf) eine größere Geschwisterzahl negativ auf die Bildungsbeteiligung aus, während Kinder von Vertriebenen oder Flüchtlingen (unter jeweils gleichen übrigen Bedingungen) im Durchschnitt häufiger auf die jeweils nächsthöhere Bildungsstufe übergehen als vergleichbare Kinder aus der einheimischen Bevölkerung.[15]

Insgesamt ist in der Periode, die durch die Mikrozensusdaten untersucht werden kann, bei beiden Übergängen also zweifelsohne ein Abbau klassenspezifischer Ungleichheiten in der Bildungsbeteiligung erfolgt. Dabei kumulieren die Effekte aus beiden Übergängen: Die verringerte klassenmäßige Selektivität beim Übergang von der Mittleren Reife zum Abitur ist deshalb besonders bemerkenswert, weil sich dieser Abbau auf dem Hintergrund einer bereits verringerten sozialen Selektivität beim Übergang zur Mittleren Reife vollzieht. Den kumulierten Effekt beider Prozesse zeigt die linke Hälfte von *Abbildung 4*. Hier wird mit dem gleichen Modell, mit dem in *Abbildung 3* die beiden Übergänge T2 und T3 getrennt untersucht werden, geprüft, wie sich die Klasseneffekte im Hinblick auf das kumulierte Ergebnis dieser beiden Übergänge, d.h. für die Abiturienten*quote* (E3) verändert haben. Es werden also nicht mehr einzelne Über-

---

15 Die Interpretation dieses Befundes ist nicht eindeutig. Kinder von Vertriebenen und Flüchtlingen können eine höhere Bildungsbeteiligung aufweisen, weil für sie andere Alternativen ungünstiger waren als für die einheimische Bevölkerung und deshalb die Eltern vor allem auf Bildung für ihre Kinder gesetzt haben. Es ist jedoch auch denkbar, daß die Eltern nach Flucht und Vertreibung 'unter ihrem Niveau' beschäftigt waren, und die höhere Bildungsbeteiligung ihrer Kinder das zuvor erworbene Sozialniveau reflektiert, das nicht angemessen kontrolliert werden konnte.

Abbildung 4: Effekte der Klassenzugehörigkeit* auf Abiturientenquote nach Geburtsjahrgängen

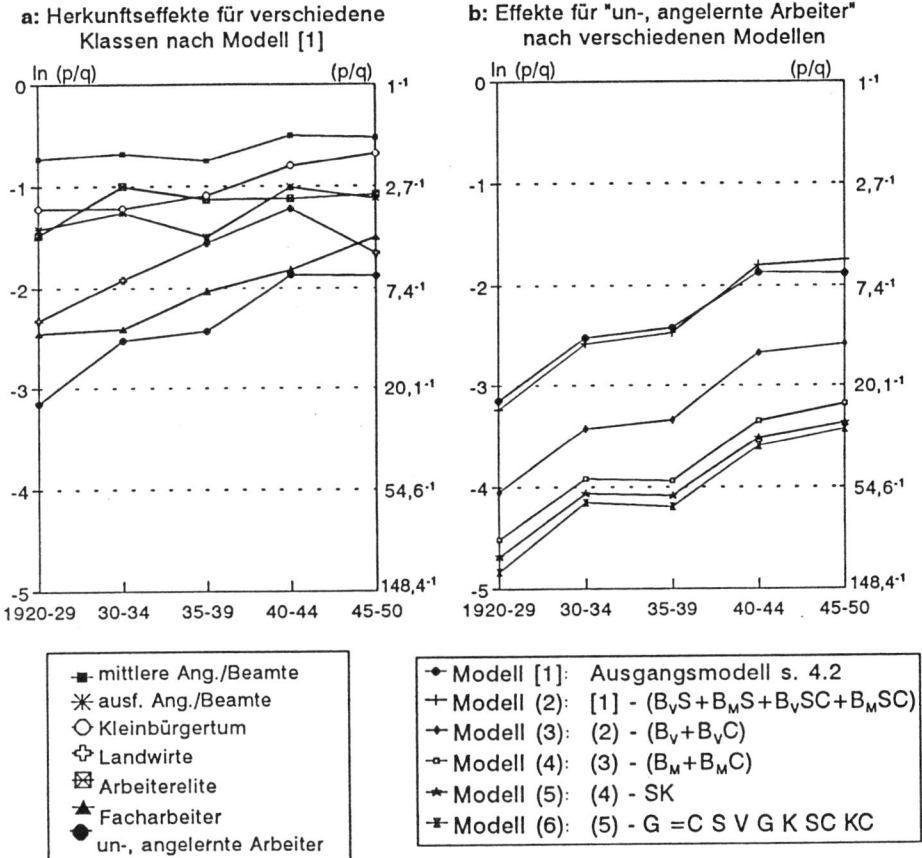

a: Herkunftseffekte für verschiedene
Klassen nach Modell [1]

b: Effekte für "un-, angelernte Arbeiter"
nach verschiedenen Modellen

- ■- mittlere Ang./Beamte
- ✳ ausf. Ang./Beamte
- ○ Kleinbürgertum
- ⬧ Landwirte
- ⊠ Arbeiterelite
- ▲ Facharbeiter
  un-, angelernte Arbeiter

- ◆ Modell [1]: Ausgangsmodell s. 4.2
- ┼ Modell (2): [1] - ($B_V S + B_M S + B_V SC + B_M SC$)
- ✦ Modell (3): (2) - ($B_V + B_V C$)
- ◇ Modell (4): (3) - ($B_M + B_M C$)
- ✶ Modell (5): (4) - SK
- ✳ Modell (6): (5) - G = C S V G K SC KC

Basis: Mikrozensus 1971, Modellspezifikation s. Abschnitt IV.2.

* Schätzwerte für Effekte unterschiedlicher Herkunftsklassen im Vergleich zur „Oberen
Dienstklasse" in logistischer Regression.

gänge analysiert, sondern jeweils für alle Kinder einer gegebenen Herkunftsklasse die
Wahrscheinlichkeiten, mit denen sie das Abitur erreichen. Hier zeigt sich die Abnahme
der Herkunftseffekte noch ausgeprägter. Während für die Kinder ungelernter Arbeiter
in der ältesten Kohorte das Chancenverhältnis, wenigstens das Abitur zu erreichen
oder davor aus dem Bildungssystem auszuscheiden, noch mehr als zwanzigmal ungünstiger war als für Kinder aus der Dienstklasse, ist bis zur Kohorte 1945-50 dieser
Rückstand bereits auf das siebenfache zurückgegangen.

Die bislang diskutierten Befunde beziehen sich auf die Klasseneffekte und ihre
Veränderung, die wir in einem Modell finden, in dem alle oben in [1] aufgeführten
Effekte kontrolliert sind. Diese Effekte sind z.T. enge Korrelate der Klassenzugehörig-
keit (Bildung der Eltern, Geschwisterzahl). Deshalb würden die Klasseneffekte als

Abbildung 5: Effekte der Bildung der Eltern auf Bildungsübergänge der Kinder

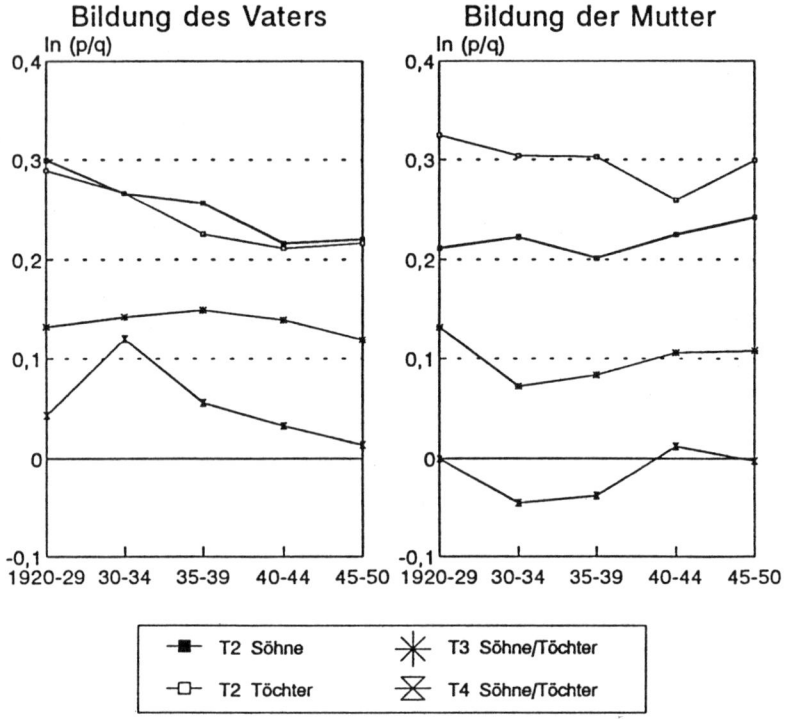

Basis: Mikrozensus 1971, Modell [1] (s. Abschnitt IV.2.).
         Effekte für Bildungsjahre in logistischen Regressionen.

stärker erscheinen, wenn diese Korrelate nicht explizit berücksichtigt würden. Um zu verdeutlichen, in welchem Ausmaß dieses tatsächlich der Fall ist, wird am Beispiel der Abiturientenquote in der rechten Teilgrafik von *Abbildung 4* illustriert, wie sich das Weglassen einzelner in unserem Modell kontrollierter Einflußgrößen auf die resultierende Stärke der Klasseneffekte auswirkt. Dabei sind nur die Ergebnisse für den Rückstand der un- und angelernten Arbeiter zur Referenzklasse aufgeführt. Die oberste Linie (mit dem ovalen Symbol) entspricht also genau der Linie für das vollständige Modell, wie es in der linken Teilgrafik zugrundeliegt. Die darunter liegenden Linien bilden die resultierenden Klasseneffekte für Modelle ab, in denen – wie in der Legende angegeben – sukzessive weniger Einflußfaktoren berücksichtigt sind.

Nach den Ergebnissen würden Klasseneffekte insbesondere dann massiv stärker in Erscheinung treten, wenn die Bildung von Vater und Mutter nicht explizit als Einflußgröße berücksichtigt würde. Auch die Vernachlässigung der Geschwisterzahl (G) und unterschiedlicher Klasseneffekte für Töchter und Söhne (KS) wirkt sich, wenn auch nur schwach, in der gleichen Richtung aus. Was aber durch den Vergleich der unterschiedlichen Modelle besonders deutlich wird, ist folgendes: Der Abbau klassenspezifischer Ungleichheit wird nicht durch Gegenentwicklungen in den anderen Ungleichheitsdimensionen kompensiert. Eher im Gegenteil: Auch in den mit Klassenzugehörigkeit korrelierten Dimensionen muß ein leichter Ungleichheitsabbau stattgefunden haben, denn ohne die gesonderte Berücksichtigung dieser Dimensionen und ihrer Entwicklung im Zeitverlauf wäre der Abbau klassenspezifischer Ungleichheit noch etwas stärker ausgefallen. In der Darstellung ist dies daran zu erkennen, daß die unterste Linie etwas steiler nach oben verläuft als die oberste Linie.

Eine explizite Prüfung der Hypothese, daß kulturbestimmte Einflußfaktoren eine größere Rolle bekommen, wenn die Wirkung sozio-ökonomischer Faktoren abnimmt, ermöglicht *Abbildung 5*.[16] Ähnlich wie bei den Klasseneffekten nehmen auch Einflüsse der Bildung der Eltern von Übergang zu Übergang ab. Die Bildung der Eltern ist am einflußreichsten bei der Entscheidung zum Übergang auf die Mittlere Reife. Beim Übergang von dort zum Abitur ist sie schon deutlich weniger wichtig, und beim Übergang vom Abitur zu einem Hochschulabschluß erweist sie sich selbst in der Mikrozensus-Stichprobe als nicht einmal statistisch signifikant. Im Hinblick auf Entwicklungen in der Zeit ergeben sich nur wenig signifikante Veränderungen. Am deutlichsten gegen die Hypothese kompensierender Bildungseffekte spricht, daß beim Übergang zur Mittleren Reife die Bedeutung der Bildung des Vaters im Zeitverlauf systematisch abnimmt. Dies verstärkt den Abbau herkunftsspezifischer Ungleichheiten, den wir bereits bei der Diskussion der Klassenvariablen gefunden haben. Die Analysen belegen für den Übergang zur Mittleren Reife auch eine unterschiedliche Rolle der Bildung von Vater und Mutter für Söhne und Töchter. Wie *Abbildung 5* zeigt, ist bei diesem Übergang die Bildung der Mutter bedeutsamer für das Bildungsverhalten der Töchter als für dasjenige der Söhne. Bei den späteren Übergängen ist eine solche Differenzierung nicht mehr zu beobachten (vgl. dazu auch Handl 1988).

3. Bildungsungleichheit im Wandel nach den ALLBUS/SOEP Daten

Wie haben sich diese Entwicklungen in der jüngeren Vergangenheit fortgesetzt? Dies können uns die weiter an die Gegenwart heranreichenden ALLBUS/SOEP-Daten zeigen. Dabei gehen wir zunächst ausführlicher auf den Prozeß der Auswahl des Modells ein, das eine möglichst exakte Abbildung der tatsächlichen Übergangsmuster an den untersuchten Bildungsabschnitten aufweist und dennoch bei einer Vielzahl berücksichtigter Variablen und Veränderungen in der Zeit so einfach wie möglich ist. Danach werden wir dann für das präferierte Modell ähnlich wie beim Mikrozensus einige der für unsere Argumentation besonders relevanten Parameter ausführlicher diskutieren.

Zur Dokumentation der Modellauswahl sind in *Tabelle 1* für die kumulierten ALL-BUS-SOEP-Daten einige Ergebnisse unterschiedlicher logistischer Regressionsmodelle zusammengefaßt, die jeweils separat für die Bildungsübergänge T2 bis T4 sowie für die Bildungsergebnisquoten E3 und E4 berechnet sind. Durch den systematischen Vergleich dieser Modelle lassen sich die relativen Erklärungsbeiträge der verschiedenen

---

16 Die in *Abbildung 5* aufgeführten Effekte sind aus den Gleichungen nach Modell [1] geschätzt. Bei der Auslegung der Ergebnisse in *Abbildung 5* ist zu beachten, daß die Bildung der Eltern als Bildungsjahre operationalisiert in die Regression einging. Da für die Kinder umso günstigere Chancen bei Bildungsübergängen erwartet werden können, je mehr Bildungsjahre ihre Eltern erhielten, sind im Unterschied zu den vorausgehenden Schaubildern positive Effekte zu erwarten. Ein Abbau von Ungleichheit ist dann gegeben, wenn (wiederum umgekehrt wie zuvor) sich die Linien von oben nach unten der Ordinaten annähern.

Tabelle 1: Devianzen und Nettoeffekte aus dem Vergleich logistischer Regressionsmodelle für sukzessive Bildungsübergänge und Bildungsergebnisse

Modell	DF	(T4,E4) DF	T2	T3	T4	E3	E4
A. Haupteffekte							
(a0) RM1: C S E K P	13	12	6253,20	1289,40	126,12	4249,84	2278,39
(a1) – C (Kohorte)	4	3	1269,80	130,56	44,17	558,82	188,78
(a2) – S (Geschlecht)	1	1	4,24	384,01	32,73	264,45	277,07
(a3) – B K P	8	8	4497,51	895,97	51,81	3175,28	1739,58
(a4) – B (Bildung)[1]	1	1	541,44	137,80	1,28$^{n.s.}$	382,87	198,51
(a5) – K (Klasse)	6	6	648,84	44,70	13,88*	311,96	168,46
(a6) – P (Berufsprestige)	1	1	64,68	16,94	4,86*	42,91	29,69
B. Interaktionseffekte							
(b0) RM2: RM1 CS CB CK CP	37	30	6459,32	1357,42	171,71	4396,05	2361,67
(b1) – C*S	4	3	85,09	31,16	30,01	66,34	41,19
(b2) – CB CK CP	20	15	120,93	36,45	14,71$^{n.s.}$	91,61	51,55
(b3) – C*B	4	3	22,85	7,76$^{n.s.}$	4,62$^{n.s.}$	9,32 *	8,67*
(b4) – C*K	12	9	59,82	23,18	12,23$^{n.s.}$	33,13	20,40
(b5) – C*P	4	3	3,12$^{n.s.}$	6,65$^{n.s.}$	1,39$^{n.s.}$	6,00$^{n.s.}$	1,08$^{n.s.}$
(b6) + S*K_IVab[2]	1	1	6,16	13,72	4,87	16,64	12,54
(b7) + CSB CSK CSP[3]	32	25	33,55$^{n.s.}$	44,21$^{n.s.}$	24,45$^{n.s.}$	37,56$^{n.s}$	23,05$^{n.s.}$
(b8) EM: RM1 CS CB CK S*K_IVab			6462,37	1358,59	157,08	4407,06	2373,37
(b9) EM + ALLBUS/SOEP			6483,30	1370,10	157,08	4410,92	2373,37
N			19527	7948	2728	18872	15395

Signifikanz: n.s.= p > .10; * = .05 ≤ p ≤ .10; ohne Kennzeichnung: p < .05
1 Bildung des Vaters in Schuljahren.
2 Interaktion Geschlecht*Klasse IVab (Kleinbürgertum).
3 Zusätzlich zu RM2 enthält dieses Modell Parameter für SB, SK, SP, CSB, CSK. Herausgerechnet ist der Effekt von S*K-IVab.

Einflußfaktoren für das Bildungsverhalten bestimmen. In der Tabelle sind die Freiheitsgrade und die Werte der jeweiligen Chi-Quadrat-Statistik als Maßzahl für das Ausmaß der durch die einbezogenen Variablen erklärten Annäherung der Modellschätzungen an die beobachtete Wirklichkeit (Devianz) aufgeführt.[17] Die Werte beziehen sich auf zwei Referenzmodelle (a0 und b0) sowie auf Veränderungen in der erklärten Devianz, die sich im Vergleich zum jeweiligen Referenzmodell durch das Weglasssen (bzw. Hinzufügen) einzelner Faktoren ergeben. Die Modelle a1-a6 sowie

---

17 Für einzelne Modelle ist die Zahl der Freiheitsgrade in den Modellen für T4 und B4 deshalb niedriger als für T2, T3 und E3, weil bei T4 und B4 die jüngste Kohorte 1960-1969 noch nicht ein Alter erreicht hat, zu dem die entsprechenden Analysen sinnvoll durchgeführt werden könnten. Die Chi-Quadrat-Statistik ist berechnet als 2 * (L_i – L_0), d.h. als Differenz zwischen der Devianz (Log-Likelihood-Wert) des betrachteten Erklärungsmodells i und derjenigen des Basismodells 0, das lediglich die Konstante als Prädiktor enthält. Die Anzahl der Freiheitsgrade (DF) resultiert aus der Anzahl der im Erklärungsmodell berücksichtigten Parameter.

b1-b6 enthalten also die *Netto*effekte für die in der Modell-Spalte bezeichneten Variablen, d.h. den Devianzbeitrag, den die untersuchten Variablen allein erklären, unabhängig von dem zusätzlichen Beitrag durch ihre Korrelation mit den weiteren im Referenzmodell (RM1 bzw. RM2) enthaltenen Variablen. Aus Gründen der Einfachheit sind die Vorzeichen der Veränderungen nicht aufgeführt. Sie entsprechen in allen Fällen den jeweils in der Modell-Spalte enthaltenen Vorzeichen.

In einer ersten Serie von Modellvergleichen (Tabellenteil A) betrachten wird zunächst die Effekte der einzelnen Variablen ohne Berücksichtigung von Veränderungen im Zeitverlauf. Ein zentraler Befund der Analyse ist schon im Referenzmodell 1 enthalten. Von Übergang zu Übergang wird das Devianzmaß massiv kleiner. Ein Teil dieser Abnahme resultiert daraus, daß das Devianzmaß proportional zur Größe der Risikopopulation (N) variiert und daß diese wegen des sukzessiven Ausscheidens aus dem Ausbildungssystem von Übergang zu Übergang kleiner wird. Die damit zusammenhängende Komponente macht aber nur einen geringeren Anteil im Rückgang des Maßes aus. Inhaltlich gewandt belegt dies: Der weit überwiegende Teil des Bildungsgeschehens entscheidet sich beim Übergang auf die weiterführenden Schulen. Neben diesem globalen Befund zeigen die Nettoeffekte der einzelnen Variablen, daß das Bildungsverhalten in den unterschiedlichen Abschnitten der Bildungslaufbahn durch unterschiedliche Einflußgrößen und in unterschiedlicher Stärke bestimmt ist.

Die *Kohorten*zugehörigkeit (C), mit der der generelle Anstieg in der Bildungsbeteiligung erfaßt wird, erweist sich beim Bildungsübergang T2 als die mit Abstand erklärungskräftigste Einzelvariable. Die von Kohorte zu Kohorte ansteigende Bildungsbeteiligung kommt im wesentlichen durch ein erhöhtes Übertrittsverhalten beim Zugang in die weiterführenden Schulen und deutlich weniger durch Veränderungen an späteren Entscheidungsstellen zustande. Diese Beobachtung unterstreicht die Scharnierfunktion des ersten Übergangs. Die mit der *Geschlechts*zugehörigkeit verbundene Ungleichheit ist dagegen bei der Entscheidung zum Verbleib auf einer allgemeinbildenden Schule nach der mittleren Reife (T3) besonders ausgeprägt.[18] Im Vergleich zu den Männern setzt in allen Kohorten eine deutlich geringere Zahl von Frauen ihre Allgemeinbildung nach der mittleren Reife fort.

Die in Modell a3 gemessenen Gesamteinflüsse der verschiedenen Dimensionen von *Herkunftsbedingungen* erweisen sich als mit Abstand bedeutsamste Differenzierungsfaktoren der Bildungsungsbeteiligung im gesamten Zeitraum der Untersuchung. Die damit verbundenen Ungleichheiten werden auch nicht annähernd durch die schon nicht geringen Unterschiede in der Beteiligung zwischen den verschiedenen Kohorten erreicht. Dabei zeigt sich in der Abfolge der Übergänge von T2 bis T4, daß bei der Entscheidung für oder gegen den Übergang auf die nächste Bildungsstufe soziale Bedingungsfaktoren eine zunehmend geringere Bedeutung haben, je höher das bereits erreichte Bildungsniveau ist. Auch hierbei beruht die Abnahme der Devianzwerte nur zum geringeren Teile auf der von Übergang zu Übergang kleiner werdenden Risikopopulation. Aufgrund ihrer hohen Interkorrelation erfassen die unabhängigen *Netto*effekte der Einzeldimensionen der sozio-ökonomischen und kulturellen Bedingungen

---

18 Der geringe Effekt des Geschlechts bei T2 resultiert zum Teil daher, daß in den älteren Kohorten die Chancen der Frauen auf einen mittleren Bildungsabschluß unter denen der Männer lagen, später jedoch darüber. Modell a2 schätzt aber einen über alle Kohorten gleichen Geschlechtseffekt, und insoweit einen 'falschen Durchschnitt'.

der Herkunftsfamilie nur einen relativ geringen Teil der *gemeinsamen Gesamteffekte*
dieser Variablen. Ihre relative Stärke bei den verschiedenen Übergängen ist dennoch
aufschlußreich. Die deutlich geringste Bedeutung hat das mit dem Berufsprestige des
Vaters gemessene Statusniveau (P). Wesentlich ausgeprägter und in ähnlicher Stärke
wirken sich dagegen Bildung (B) und Klassenzugehörigkeit (K) des Vaters aus. Dabei
beeinflußt die Klassenzugehörigkeit am stärksten den Übergang auf die mittlere Reife
(T2). Die Fortsetzung des Bildungsweges danach (T3) hängt dagegen hauptsächlich
vom Bildungsniveau des Vaters ab.

Wenn auch beim Übergang zum Abitur und vor allem zu einem Hochschulabschluß
soziale Einflußgrößen nur noch eine geringe Rolle spielen, so heißt dies wegen der
sozialen Selektivität bei den vorausgehenden Übergängen nicht, daß es insgesamt
wenig von der sozialen Herkunft abhängt, ob jemand schließlich ein höheres Bildungsniveau erreicht oder nicht. Dies geht aus der Analyse der Bildungsergebnisquoten E3
und E4 hervor. Untersucht man, wer mindestens das Abitur (E3) oder einen Hochschulabschluß (E4) erwirbt, ist das Erklärungspotential der Herkunftsvariablen durchaus hoch. Als Folge der kumulativen Wirkung der sozialen Selektivität bei der Sequenz
der Übergänge erweisen sich die Effekte der sozialen Herkunft (insbesondere im
Zusammenwirken der verschiedenen Teilaspekte) durchgehend als die bedeutsamsten
Erklärungsgrößen.

Was nun *Veränderungen in der Wirkung einzelner Variablen im Zeitablauf* betrifft, so
müssen sich solche als *Interaktion mit der Kohortenvariablen* zeigen. Im Referenzmodell
b0 sind diese zusätzlich zu den Haupteffekten von RM1 berücksichtigt. Die Devianz-
maße von RM2 sind durchgehend signifikant höher als die entsprechenden Maße von
RM1. Wandel in der Zeit hat also stattgefunden. Welcher Wandel dies im einzelnen
ist, zeigen die Nettoeffekte aus den Modellen b1-b6. Danach sind Veränderungen
durchgehend für alle Übergangs- und Ergebnisbetrachtungen für die Geschlechtsva-
riable und (mit Ausnahme von T4) auch für die Klassenvariable zu beobachten.[19] Auch
der Einfluß der (mit der Bildung des Vaters gemessenen) kulturellen Herkunft ändert
sich, wenn auch weniger stark, (signifikant bei T2 und in den Grenzbereichen der
Signifikanz bei der Abiturienten- und Hochschulabsolventenquote E3 und E4). Der
bereits geringe Haupteffekt des väterlichen Sozialprestiges unterliegt dagegen über
die Zeit hinweg keinem statistisch bedeutsamen Wandel. Von besonderem Interesse
ist der Vergleich zwischen den Modellen b1 und b2. Sie zeigen vergleichend das
Ausmaß des Wandels in der Ungleichheit zwischen den Geschlechtern und nach den
sozialen Herkunftsbedingungen insgesamt. Daß zwischen Männern und Frauen Bildungsungleichheit sich verringert hat, wissen wir aus vielen Untersuchungen. Wie
man aus der Gegenüberstellung sehen kann, hat sich, gemessen an der Devianzerklärung, die Ungleichheit der Bildungsbeteiligung auch zwischen sozialen Herkunftsgruppen in ähnlicher Größenordnung verändert. Die Veränderung der Ungleichheit
nach Herkunftsbedingungen vollzog sich vergleichsweise stärker beim ersten Übergang, während die Annäherung zwischen den Geschlechtern ausgeprägt (man stelle

---

19 Bei der Klassenvariablen ergeben sich signifikante Veränderungen in der Kohortenfolge nur
für die Kinder von Landwirten und die der beiden Arbeiterklassen. In den Modelltests sind
deshalb bei der Klassenvariablen nur die Interaktionen der Kohortenzugehörigkeit mit
diesen drei Klassen berücksichtigt.

die kleinere Risikopopulation in Rechnung!) auch auf den höheren Stufen der Bildungslaufbahn zu beobachten ist.

In den bisherigen Modellen wird unterstellt, die Bedingungen der sozialen Herkunft seien bei Söhnen wie bei Töchtern in gleicher Weise wirksam. Eine Prüfung der Haltbarkeit dieser Annahme ergibt nur eine Herkunftsbedingung, die für Söhne und Töchter im Hinblick auf das Bildungsverhalten unterschiedliche Konsequenzen hat. Dieses gilt für Kinder des selbständigen Kleinbürgertums. Der entsprechende Interaktionseffekt (S*K_IVab) ist in Modell (b6) zusätzlich zu den Parametern des Referenzmodells b0 berücksichtigt. Er ist für alle untersuchten Übergangs- und Bildungsergebnisvariablen signifikant und für alle Kohorten unverändert wirksam. Inhaltlich zeigt sich, daß die Töchter in Familien des selbständigen Kleinbürgertums systematisch mehr Bildung bekommen als ihre Brüder (wohl zur Kompensation des betrieblichen Erbes, das nach Ergebnissen der Mobilitätsforschung häufiger an die Söhne geht). Eine Art Gegenprobe durch Modell b7, das für keine Übergangs- und Ergebnisvariable signifikant ist, bestätigt diesen Befund.[20]

Die beiden letzten Zeilen enthalten unsere Endmodelle, welche die – bei gegebenen Variablen – in den Daten enthaltenen Strukturen paßgenau abbilden. Sie enthalten nur noch die Variablen, die letztlich einen signifikanten Erklärungsbeitrag leisten. Im Modell b9 sind dabei auch spezielle Parameter für die wenigen – insgesamt marginalen – Ergebnisunterschiede zwischen den ALLBUS- und den SOEP-Daten berücksichtigt.[21] Aus Platzgründen können nicht alle geschätzten Parameter für diese Modelle wiedergegeben werden. Analog zur Darstellung beim Mikrozensus greifen wir zentrale Parameter der herkunftsbedingten Ungleichheiten heraus und stellen deren zeitliche Veränderung graphisch dar.

Abbildung 6 zeigt den Wandel der Klasseneffekte an den sukzessiven Bildungsübergängen T2, T3 und T4, wie sie mit Modell b9 geschätzt werden. Die Linien symbolisieren wiederum die Beteiligungsrelationen einzelner Klassen im Vergleich zu der oberen Dienstklasse (Null-Linie), unter Kontrolle aller übrigen im Modell enthaltenen Variablen. Die waagerecht durchgezogenen Linien in den einzelnen Grafiken repräsentieren konstante Ungleichheitsrelationen für diejenigen Klassen, für die im Kohortenverlauf keine statistisch signifikanten Veränderungen in ihrer relativen Lage zur oberen Dienstklasse zu beobachten sind. Dies trifft zu bei der unteren Dienstklasse,

---

20 Modell b7 berücksichtigt zusätzlich zu b6 die Gesamtheit aller möglichen geschlechtsspezifischen Effekte und deren Interaktionen mit der Herkunfts- und Kohortenzugehörigkeit. Da es gemessen an der großen Zahl der dafür zusätzlich geschätzten Parameter nur eine geringe, nicht signifikante Verbesserung der Devianzerklärung erzielt, kann von einer im Zeitverlauf unveränderten Homogenität der Folgen der Herkunftsbedingungen für die Söhne und Töchter ausgegangen werden. Der nicht-signifikante Erklärungsbeitrag der in Modell b7 untersuchten Parameter bestätigt auch, daß neben den in Modell b1 isolierten generellen Annäherung der Bildungsbeteiligung der Frauen an die der Männer keine weiteren Veränderungen in der Bedeutung der Geschlechtszugehörigkeit für die Bildungsbeteiligung stattgefunden haben.

21 Die im Endmodell b8 aufgenommenen Variablen und Variableninteraktionen berücksichtigen die in den Modellen b3-b7 signifikanten Erklärungsbeiträge. Beim Modell für T3 wird CB nicht berücksichtigt und beim Modell für T4 bleiben CB und CK unberücksichtigt. Im Endmodell b9 sind, wie in Fußnote 27 beschrieben, zusätzlich Unterschiede in den Ergebnissen zwischen ALLBUS und SOEP berücksichtigt. Zu den Schätzwerten dieser Modelle vgl. Müller/Haun 1994).

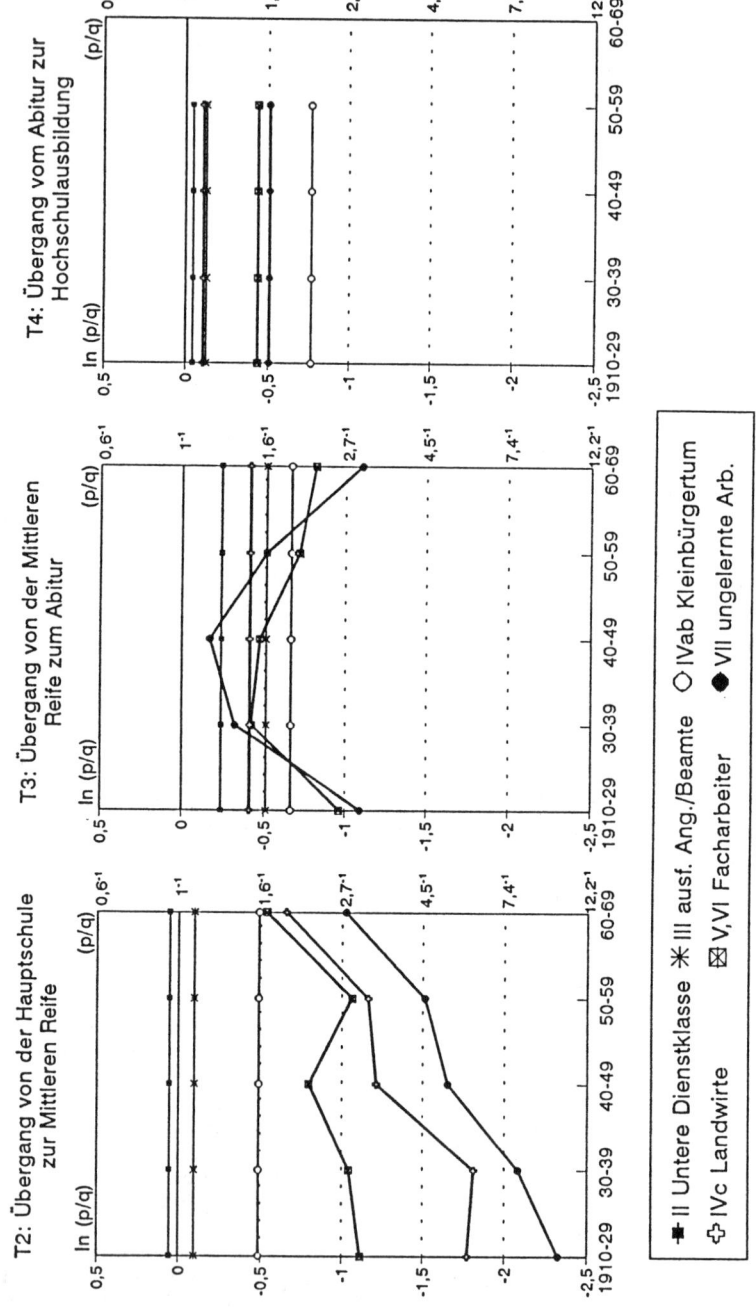

Abbildung 6: Effekte der Klassenzugehörigkeit auf Bildungsübergänge nach Geburtskohorten

Basis: SOEP 1986; ALLBUS 1980-92, Modell 9b (s. Tabelle 1).

bei der Klasse der ausführenden Angestellten und Beamten und beim selbständigen Kleinbürgertum. Die in den Linien für die übrigen Klassen sichtbaren zeitlichen Veränderungen betreffen ausschließlich die bildungsfernen Klassen der Landwirte und Arbeiter. Insgesamt finden wir für den Zeitraum bis zur Kohorte 1949, der durch *beide* Datensätze (Mikrozensus und ALLBUS/SOEP) beobachtet werden kann, in hohem Maß übereinstimmende Befunde. Unterschiede zwischen diesen Quellen betreffen durchwegs nicht die Substanz der Aussagen, sondern resultieren aus der teilweise unterschiedlichen Untersuchungsanlage, die bewußt zur optimalen Ausschöpfung der in den beiden Datenquellen enthaltenen Informationen gewählten wurde (vgl. dazu Müller/Haun 1994). Die wesentlichen Ergebnisse zu den untersuchten Übergängen können wie folgt zusammengefaßt werden:

Nach dem Modell für die ALLBUS-SOEP-Daten sind im Unterschied zum Mikrozensus die Abstände für die Klasse der ausführenden Angestellten und Beamten sowie der unteren Dienstklasse zur oberen Dienstklasse zum Teil sehr gering. Dies ist darauf zurückzuführen, daß die Differenzierung zwischen den verschiedenen Klassen bei den ALLBUS-SOEP-Daten auf der Basis eines Modells geschätzt wird, in dem Statusunterschiede der Herkunft außer durch die Klassenvariable gleichzeitig durch die Variable des Sozialprestige des Berufs des Vaters kontrolliert sind.[22] Die gesonderte Berücksichtigung der vertikalen Prestigedimension als Variable im Modell absorbiert weitgehend die Differenzierung zwischen den nicht-manuellen Klassen, aber nicht die Distanzen zur Dienstklasse, die für die Arbeiterklasse, das Kleinbürgertums und die Landwirte bestehen. Kinder aus diesen Herkunftsklassen zeigen ein von der Dienstklasse abweichendes Bildungsverhalten, das durch ein vertikales Statusmaß offensichtlich nicht angemessen erfaßt wird.

Die Abnahme der klassenstrukturell bedingten Ungleichheit ist am ausgeprägtesten beim Übergang von der Grund- und Hauptschule zur Mittleren Reife (T2) und betrifft sowohl die Kinder aus Arbeiter- als auch aus Bauernfamilien. Einzig an dieser frühen Selektionsstufe setzt sich der Trend reduzierter Ungleichheiten auch in den Folgejahren nahezu ungebrochen fort. Der Egalisierungstrend verläuft schubartig in zwei historischen Phasen: bei den Kohorten 1940-1949 sowie 1960-1969. Wird das für diese Selektionsstufe typische Lebensalter des Kindes von etwa 10 Jahren beim Übergang berücksichtigt, so können die 50er und 70er Jahre als die eigentlichen Egalisierungsperioden identifiziert werden. Die hohen Chancenabstände der Vorkriegszeit, insbesondere der Bauernkinder und der Kinder ungelernter Arbeiter gegenüber den Dienstklassen, verringern sich zunächst in den Jahren des Wiederaufbaus und des zunehmenden Wohlstands während der Wirtschaftswunderjahre. In der Phase der Bildungsexpansion der 70er Jahre löst sich die vormals hohe Beteiligungsdifferenzierung zwischen den Kindern von Landwirten, Facharbeitern und des Kleinbürgertums weitgehend auf und führt zu einer veränderten, dreigeteilten Ungleichheitsstruktur in einem insgesamt deutlich zusammengeschrumpften Differenzierungsraum.

Am Übergang T3 von der Mittleren Reife zum Abitur zeigen sich veränderte Herkunftseinflüsse nur für die Klassen der ungelernten Arbeiter und Facharbeiter. Die noch bei den Übergängen im ersten Nachkriegsjahrzehnt (Kohorte 1930-1939) zu beobachtende Egalisierung bei den Personen aus Arbeiterfamilien kehrt sich im Zeitverlauf nahezu vollständig um, so daß gegen Ende der Untersuchungsperiode eine weitgehend ähnliche Ungleichheitsstruktur vorherrscht wie in den Geburtskohorten vor 1930. Diese Entwicklung ist zumindest teilweise darauf zurückzuführen, daß die Erhöhung der Teilnahme an weiterführenden Schulen bei Arbeiterkindern vor allem in der Zunahme des Realschulbesuches bestand. Realschüler erwerben aber nach der Mittleren Reife seltener das Abitur als Gymnasiasten (vgl. Schimpl-Nei-

---

22 Der singuläre Erklärungsbeitrag dieser Variablen ist zwar (nach den Analysen in *Tabelle 2*) vergleichsweise schwach. Aber durch dieses Maß werden doch die Unterschiede der Herkunftsbedingungen, die in einer unterschiedlichen Plazierung auf einer vertikalen Prestigedimension zum Ausdruck kommen, bereits in Rechnung gestellt.

manns/Lüttinger 1993). Es wird damit verständlich, daß die Verringerung von Herkunftsef-
fekten beim Übergang auf die Mittlere Reife mit einer teilweisen Verstärkung von Herkunfts-
effekten beim Übergang von der Mittleren Reife zum Abitur einhergeht.[23]
   Beim Übergang T4 bleiben die Herkunftseffekte für den gesamten Untersuchungszeitraum
unverändert.
   Im Vergleich der sukzessiven Bildungsübergänge erweist sich vor allem die relative Position der beiden Selbständigen-Klassen, des Kleinbürgertums und der Landwirte, als aufschlußreich. Während beim Übergang zur Mittleren Reife Kinder von nicht-landwirtschaftlichen
Selbständigen schon immer nur vergleichsweise wenig hinter Kindern aus der Dienstklasse
zurückstanden (dies zeigen auch die Mikrozensus-Daten), vergrößert sich – entgegen der für
die übrigen Klassen geltenden Regelmäßigkeit – dieser Abstand zur Dienstklasse von Übergang zu Übergang. Es liegt die Interpretation nahe: Im selbständigen Kleinbürgertum bemühen
sich die Eltern zwar darum, Kindern eine über die minimale Schulpflicht hinausreichende
Ausbildung zu verschaffen. Bei den sukzessive höheren Bildungsübergängen gewinnen jedoch
berufliche Alternativen (z.B. praktische Vorbereitungen für das Hineinwachsen in den elterlichen Betrieb) Vorrang vor dem Fortsetzen der Bildungslaufbahn. Eine geradezu umgekehrte
Strategie läßt sich für die Kinder der Landwirte erschließen: Wenn mit dem ersten Übergang
eine Entscheidung für Bildung getroffen und erfolgreich realisiert ist, wird die Bildungsoption
ähnlich wie bei der Dienstklasse möglichst bis zum Ende verfolgt.

Zusammenfassend hängt also nur der Einstieg in die weiterführenden Bildungswege
der Realschule und des Gymnasiums und das Erreichen der Mittleren Reife bis in die
jüngste Zeit hinein zunehmend weniger von Herkunftsbedingungen ab. Bei der Fortsetzung der Bildungskarriere danach nehmen die Ungleichheiten zunächst ab, dann
aber wieder zu. Es könnte der Eindruck entstehen, die Bildungsexpansion habe zwar
durch eine soziale Öffnung beim Eintritt in die Gymnasien und die Realschulen den
Erwerb der Mittleren Reife zu einer Art neuer schulischer Minimalqualifikation werden
lassen, dabei jedoch die entscheidende soziale Selektion nur um eine Stufe nach oben
auf den Zeitpunkt nach der Mittleren Reife verschoben. Daß eine solche Schlußfolgerung verfehlt ist, belegt ein erneuter Perspektivenwechsel auf die Analyse von Bildungsergebnisquoten.
   Hierzu zeigt *Abbildung 7*, wie sich die Folgen der Klassenzugehörigkeit der Eltern
auf die Abiturientenquote und die Quote der Fachhochschul- und Hochschulabsolventen im Zeitverlauf verändert haben. Danach ist der Abstand zur oberen Dienstklasse
vor allem bei den Kindern aus den Bauernfamilien und den Arbeiterfamilien eindeutig
geringer geworden. Am schnellsten abgenommen hat die Ungleichheit bereits für die
Geburtsjahrgänge 1930-1939, die in den Wirtschaftswunderjahren von 1950-1959 das

---

23 Beim Übergang von der Mittleren Reife zum Abitur finden wir den einzigen inhaltlich
   bedeutsamen Unterschied zwischen den Daten des ALLBUS und des SOEP. Nach dem SOEP
   würde man für die Kinder ungelernter Arbeiter der beiden jüngsten Kohorten bei T3 auf
   eine noch größere Tendenz wiederum verstärkter Ungleichheit schließen, was den Befunden von Peter Blossfeld (1993) entspricht. Die Differenz zwischen ALLBUS und SOEP zeigt
   sich jedoch interessanterweise bei der Analyse der Ergebnisquoten B3 und B4 nicht. Deshalb
   messen wir ihm keine große Bedeutung bei, zumal beim SOEP die Schätzung bei der
   jüngsten Kohorte auf sehr wenigen Fällen basiert. Für die Interpretation der Befunde zu T3
   ist bei der jüngsten Kohorte besondere Vorsicht auch deshalb erforderlich, weil einzelne
   Angehörige dieser Kohorten das Abitur noch nach dem Befragungszeitpunkt erwerben
   mögen. Wenn nach Untersuchungen über den Zweiten Bildungsweg (Siara 1986) Angehörige aus den Arbeiterklassen das Abitur häufiger erst später erwerben als Angehörige aus
   den Dienstklassen, dann wäre die hier gefundene Zunahme der Klassendifferenzen für die
   jüngste Kohorte zumindest teilweise ein methodischer Artefakt.

Abbildung 7: Effekte der Klassenzugehörigkeit auf Bildungsergebnisquoten nach Geburtsjahrgängen

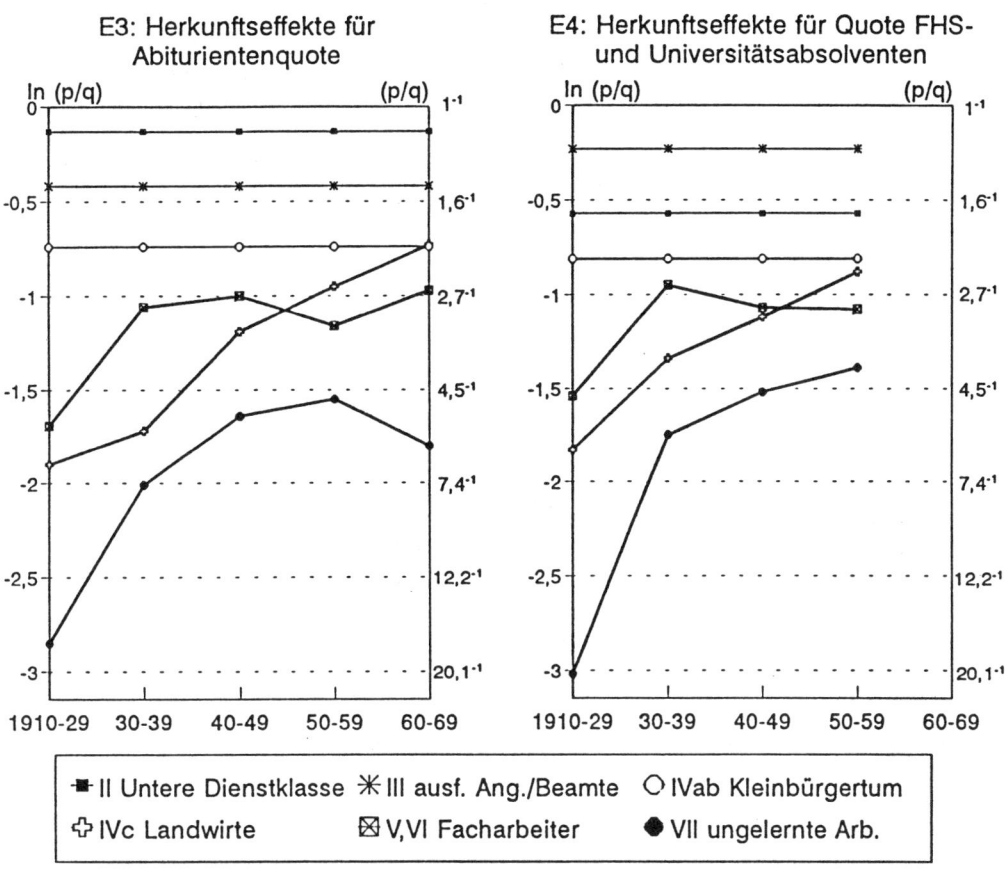

E3: Herkunftseffekte für Abiturientenquote

E4: Herkunftseffekte für Quote FHS- und Universitätsabsolventen

- ■ II Untere Dienstklasse   ✳ III ausf. Ang./Beamte   ○ IVab Kleinbürgertum
- ✛ IVc Landwirte   ⊠ V,VI Facharbeiter   ● VII ungelernte Arb.

Basis: SOEP 1986; ALLBUS 1980-92, Modell 9b (s. *Tabelle 1*).

Abitur erreichen. Für Kinder von Landwirten und ungelernten Arbeitern setzt sich der Egalisierungstrend auch in der Folgezeit fort, während die Beteiligungsrelationen der Facharbeiterkinder im Zeitverlauf mehr oder weniger auf dem erreichten Niveau stagnieren. In der jüngsten Kohorte zeigt sich ein (vorläufiges?) Ende des Egalisierungstrends auch bei Kindern ungelernter Arbeiter. Vor allem aufgrund der oben beobachteten erhöhten Ungleichheit beim Übergang zum Abitur vergrößern sich die Beteiligungsabstände dieser Personengruppe zu der oberen Dienstklasse wiederum leicht. Ungeachtet dieser zeit- und gruppenspezifischen Variationen belegen die Ergebnisse jedoch in längerfristiger Perspektive eine deutliche Abnahme der klassenstrukturell bedingten Ungleichheiten in den Chancen auf das Abitur oder einen Hochschulabschluß.

Die Befunde verringerter Ungleichheit zwischen Herkunftsklassen werden auch in den ALLBUS/SOEP-Daten wie im Mikrozensus durch die Indikatoren für die *kulturellen* Herkunftsressourcen bekräftigt (vgl. Müller/Haun 1994). Während bei den

Übergängen zum Abitur (T3) und zur Hochschulausbildung (T4) die ohnehin gering ausgeprägten Einflüsse der Bildung des Vaters über die Zeit hinweg konstant bleiben, nehmen sie für den Übergang zur Mittleren Reife bis zur Kohorte 50-59 ab. Bei der jüngsten Kohorte wird jedoch beim Übergang T2 wiederum fast das Ausgangsniveau der ersten Kohorte erreicht. Diese „Trendwende" beim Übergang auf die weiterführenden Schulen ist auch insofern schwer zu interpretieren, als die über die sukzessiven Übergänge kumulativen Effekte der Bildung des Vaters sowohl für die Abiturientenquote wie für die Hochschulabsolventenquote einen bis in die jüngste beobachtbare Kohorte anhaltenden Trend verminderter kultureller Herkunftseinflüße anzeigen. Insgesamt ist wohl auch mit den ALLBUS-SOEP-Daten hinsichtlich der kulturell bedingten Ungleichheitsstrukturen eine, wenn auch eher schwach ausgeprägte und in der jüngsten Zeit nicht mehr sicher festgestellte Egalisierungstendenz zu konstatieren.

V. Diskussion

Nach wie vor ist die Bildungsbeteiligung offensichtlich durch die ökonomischen, sozialen und kulturellen Voraussetzungen der familiären Umwelt, in der Kindern aufwachsen, geprägt. Die damit einhergehenden Ungleichheiten sind teilweise, aber keineswegs vollständig, über Unterschiede in den Fähigkeiten und Motivationen der Kinder, die in diesen unterschiedlichen Kontexten aufwachsen, vermittelt (Sewell und Hauser 1975; Meulemann 1985; Mare 1981; Mare 1993; Hopf 1992). Wenn Ungleichheiten auch keineswegs verschwunden sind, so sind sie doch in der Gegenwart in einem nicht zu übersehenden Ausmaß niedriger als sie noch in der Zwischenkriegszeit oder in den ersten Nachkriegsjahren waren. Die Verringerung von Bildungsungleichheiten zwischen Männern und Frauen ist seit langem unbestritten. Nach den in diesem Beitrag analysierten Daten haben die Ungleichheit nach sozialen Herkunftsbedingungen in fast ähnlichem Ausmaß wie die zwischen den Geschlechtern abgenommen.

Bei allen in diesem Beitrag benutzten Quellen (ALLBUS, SOEP, Mikrozensus) sind wir zu übereinstimmenden Schlußfolgerungen gekommen. Die Befunde sind sogar im Detail erstaunlich ähnlich. Woran liegt also die Unterschiedlichkeit der Ergebnisse dieser Analyse zu den einleitend referierten Studien begründet? Eine gründliche Abklärung dieser Frage würde eine gesonderte Auseinandersetzung mit den einzelnen vorliegenden Untersuchungen und teilweise auch spezielle Reanalysen der Daten erfordern. Im Rahmen dieses Aufsatzes können wir nur auf einige grundsätzliche Punkte eingehen.

Eine Verringerung von Ungleichheit erfolgt (in der Regel) allenfalls in kleinen Schritten, bei denen es Rückschläge geben kann.[24] Schon aus diesem Sachverhalt ergibt sich eine Tendenz zu Forschungsbefunden, aus denen leicht auf unveränderte Ungleichheit geschlossen wird. Weitere Gründe für Unterschiede in den Ergebnissen

---

24 In einer durch Märkte und Machtassymmetrien geprägten Gesellschaftsordnung sind Prozesse der Ungleichheitsakkumulation inhärent. Leichter als Ungleichheit abzubauen ist es, den ungleichheitsgenerierenden Kräften freien Lauf zu lassen. So mag eine (möglicherweise übertriebene) öffentliche Diskussion über Akademikerarbeitslosigkeit sich so nachhaltig auf bildungsferne Sozialgruppen auswirken, daß gewonnenes Terrain sehr schnell wieder aufgegeben wird.

früherer Untersuchungen resultieren aus der Verwendung von Analyseverfahren, Maßzahlen und Variablenoperationalisierungen, die sich inzwischen zur Analyse von Veränderungen der Ungleichheit der Bildungsbeteiligung als problematisch erwiesen haben.

- Um überhaupt eine als bedeutsam erscheinende Reduktion von Ungleichheiten feststellen zu können, muß ein langer Zeitraum untersucht werden. Die meisten Untersuchungen aber sind auf die Analyse vergleichsweise kurzer Zeiträume angelegt. In solchen Untersuchungen wird die Verringerung von Ungleichheit im Vergleich zu den weiterhin bestehenden großen Ungleichheiten als gering erscheinen. Interessante Unterschiede zwischen kurzfristiger und langfristiger Betrachtung finden sich bei Köhler (1992) sowie im Bericht zur 12. Sozialerhebung des Deutschen Studentenwerkes (BMBW 1989: 99-110). Man kann auch die folgende Argumentationssequenz finden (z.B. Klemm 1987; Köhler 1992): In den Daten zeigen sich selbst bei kurzfristiger Betrachtung faktisch Ergebnisse, aus denen auf einen geringen Ungleichheitsabbau geschlossen wird. In den *Schlußfolgerungen* wird aber hauptsächlich auf die fortgesetzt bestehenden Ungleichheiten hingewiesen. Die Sekundärrezeption folgt dann im wesentlichen dem, was in den *Schlußfolgerungen* der Primärforscher steht (z.B. Weishaupt et al. 1988; Meulemann 1992).
- Da selbst bei einer Abnahme von Ungleichheit die grundlegenden Ungleichheitsmuster nicht völlig verschwinden oder sich in das Gegenteil umkehren, ist es mit *kleinen* Stichproben fast unmöglich, das Weniger an Ungleichheit nachzuweisen. Der Weiterbestand des Grundmusters und Zufallsfehler wirken dahin, daß Veränderungen nicht stabil beobachtet und als signifikant erkannt werden können, weil sie innerhalb der Fehlertoleranzen liegen.[25]
- Was die Untersuchungsmethoden betrifft, ist Maßen und Analyseverfahren mit Skepsis zu begegnen, die nicht zu trennen erlauben zwischen den Effekten einer generellen Veränderung der Bildungsbeteiligung und der Entwicklung gruppenspezifischer Partizipationsquoten. Dies gilt für die Analyse einfacher Prozentwertvergleiche von Bildungsbeteiligungsquoten (z.B. Klemm 1987; Weishaupt et al. 1988; Bundesminister für Bildung und Wissenschaft 1989) wie für Analysen auf der Basis linearer Regressionsanalysen (Mayer/Henz/Maas 1991).[26] Auch die Verwendung des Devianzmasses in log-linearen Modellen (Müller 1978; Handl 1985) als Meßwert für das Ausmaß von Ungleichheit kann zu inadäquaten Schlußfolgerungen führen, die den hier gefundenen Ergebnissen widersprechen.[27]
- Auch die unterschiedliche Operationalisierung zentraler Variablen kann unterschiedliche Ergebnisse zur Folge haben. So wird in den Länderstudien des Shavit/Blossfeld-Projektes die Berufszugehörigkeit des Vaters mit dem Score einer Prestigeskala operationalisiert. Dies ist jedoch eine Herkunftsvariable, für die auch wir keine Veränderungen feststellen können.
- Ein kontinuierlich wiederkehrendes Problem von Studien, die in der Tradition des von Mare (1980) vorgeschlagenen Analysedesigns konzipiert sind (u.a. die Studie von Blossfeld 1993;

---

25 Dabei geht es nicht darum, mit einer möglichst großen Stichprobe auch minimale Veränderungen als statistisch signifikant erkennen zu können. Die inhaltliche Signifikanz muß sich an der *Größe* der als stabil beobachteten Effektveränderungen erweisen, die nach unseren Ergebnissen teilweise sehr beachtlich ist.

26 Noch problematischer sind Analysen, die auf den selektiven Stichproben von Schülern in verschiedenen Bildungsgängen oder von Studierenden bzw. Studienanfängern basieren und deren Verteilung nach der sozialen Herkunft mit geschätzten Verteilungen der Elterngeneration in der Gesamtbevölkerung verglichen wird. Wenn auch in den Untersuchungen des Bundesministers für Bildung und Wissenschaft (1989) große Mühe auf die Ermittlung der Verteilungen der Elterngeneration verwandt wird, sind solche Schätzungen doch mit beachtlichen Unsicherheitsmargen verbunden.

27 So findet Handl (1985) auf der Basis von auch in diesem Beitrag verwandten Daten in den Effektparametern wie wir abnehmende Ungleichheit. Er revidiert aber diesen Befund auf der Grundlage der in den Modellen gefundenen Devianzwerte. Die Größe der Devianzwerte ist jedoch auch von den Randverteilungen der Variablen bestimmt und kann deshalb in diesem Fall nicht als Maß für Ungleichheit interpretiert werden.

Shavit/Blossfeld 1993), besteht in der Frage nach der Gesamteinschätzung des Entwicklungstrends von Bildungsungleichheiten. Während die Analyse an sukzessiven *Bildungsübergängen* interessante Details über die vorhandenen Ungleichheitsstrukturen an dem jeweils fokussierten Bildungsabschnitt offenbart, bleibt die Frage, wie sich die soziale Selektivität an den frühen Übergangspunkten auf die Ungleichheitsstrukturen an den späteren Bildungsabschnitten auswirkt hat, unbeantwortet. Zur Klärung dieser Frage wird dann vielfach eine konventionelle lineare Regressionsanalyse des höchsten erreichten Schulabschlusses durchgeführt. Um zu einer Gesamteinschätzung zu gelangen, haben wir dagegen die uns adäquater erscheinenden logistischen Modelle von Bildungsergebnisquoten berechnet.
– Im Hinblick auf bildungsbezogene Ungleichheiten können unterschiedliche theoretische Aspekte von Interesse sein. In diesem Beitrag steht die ungleiche Bildungsbeteiligung von Kindern aus unterschiedlichen sozialen Kontexten im Vordergrund. Eine ganz andere, ungleichheitstheoretisch nicht weniger interessante Frage ist es, welche sozialen Klassen die Bildungsinstitutionen bevölkern und von den entsprechenden öffentlichen Gütern profitieren. Bei dem in den letzten Jahrzehnten schnellen Wachstum der Dienstklassen ist es sehr gut möglich, daß selbst bei Abnahme der Bildungsungleichheit in dem von uns untersuchten Sinne ein zunehmend größerer Anteil der verfügbaren Bildungsplätze von Kindern aus gehobener sozialer Herkunft besetzt und damit ein größerer Anteil der Bildungsressourcen von diesen Gruppen in Anspruch genommen wird.

Schließlich ist zu beachten, auf welche Zeitperioden sich die jeweiligen Untersuchungen erstrecken. Die vorliegende Untersuchung bezieht sich auf einen historisch weit zurückreichenden Zeitraum, der in der Gegenwart mit den Geburtskohorten abschließt, die gegen Ende der 80er Jahre die weiterführenden Schulen besuchten. Die insgesamt weitreichende Ungleichheitsverringerung ergibt sich hauptsächlich im langfristigen Vergleich. Bei der Analyse der Bildungsübergänge zeigt sich für die 80er Jahre ein Ungleichheitsabbau nur noch beim ersten Übergang auf die weiterführenden Schulen.[28] Beim Übergang von der Mittleren Reife zum Abitur verstärken sich dagegen nach einer Abnahme bis zu den frühen 60er Jahren danach die Ungleichheitsrelationen wiederum. Aus diesen Ergebnissen kann jedoch nicht auf eine unverminderte Konstanz oder gar verstärkte Selektivität der Bildungsungleichheiten nach der sozialen Herkunft geschlossen werden. Vielmehr hatte die Analyse der *Ergebnisquoten* (die so konzipiert ist, daß sie die Übergangsprozesse an den vorausgehenden Bildungsabschnitten mit berücksichtigt) zum Ergebnis, daß sich für Kinder aus traditionell bildungsfernen Klassen, wie insbesondere den Landwirten und den Arbeitern, in Folge des vermehrten Übergangs zu weiterführender Bildung auch verringerte Ungleichheitsrelationen im Erreichen von den höheren sekundären und tertiären Abschlüssen einstellen. Erst in der jüngsten Untersuchungsphase deutet sich partiell ein Ende dieses Egalisierungstrends an.

Wenn nun eine Abnahme von Ungleichheiten zwar deskriptiv nachgewiesen ist, so ist damit noch nicht erklärt, *weshalb* diese Entwicklung eingetreten ist. Wenn eine systematische Erklärung wegen der Vielfalt der Veränderungen schwierig ist, so können

---

28 Nach den besten verfügbaren Daten zur Untersuchung des sozial selektiven Besuchs unterschiedlicher Schultypen (Mikrozensus) ergibt sich bei der deutschen Bevölkerung in den 80er Jahren ein Ungleichheitsabbau im wesentlichen daraus, daß Kinder aus allen Arbeiterfamilien zwar im Alter von 13 bzw. 14 Jahren im Besuch der Realschule den Rückstand zu Kindern aus Familien höherer Angestellter und Beamter leicht abbauen konnten. Beim Besuch das Gymnasiums gilt dies nur für Arbeiterkinder, deren Eltern wenigstens eine Berufslehre absolviert hatten (vgl. hierzu Schimpl-Neimanns/Lüttinger 1993: 98-103, insb. Tabelle 3.3).

zur Prüfung der Plausibilität der einleitend erörterten Hypothesen nun zunächst die Befunde zusammengefaßt werden zu a) den unterschiedlichen Dimensionen der Herkunftsbedingungen, b) den einzelnen Übergängen und Abschnitten in der Bildungslaufbahn und c) den Zeitpunkten, in denen Veränderungen vor allem stattgefunden haben.

a) Im Hinblick auf unterschiedliche *Dimensionen* der Herkunftsbedingungen hat die Ungleichheit sich überhaupt nicht in der Statusdimension des *Prestiges* verändert. Die *Bildung der Eltern* – dies konnte vor allem für den Vater überprüft werden – wird im Zeitverlauf leicht weniger wichtig für das Bildungsverhalten der Kinder. Eindeutig am stärksten haben Ungleichheiten zwischen *sozialen Klassen* abgenommen. Die Differenzen der Bildungsbeteiligung zur bildungsfreudigsten Klasse sind *gruppenspezifisch unterschiedlich* geringer geworden. Die Kinder der Arbeiter und der Landwirte konnten am stärksten aufholen.

b) Unter den verschiedenen Bildungsstufen und *Übergängen* des deutschen Bildungssystems liegt im Untersuchungszeitraum der Schlüssel für das Verständnis der Abnahme von Ungleichheit beim *Übergang zu den weiterführenden Schulen*. Bei diesem für die gesamte weitere Bildungslaufbahn entscheidenden Übergang haben bis zur jüngsten untersuchten Kohorte unterschiedliche Herkunftsbedingungen stets die größte selektive Rolle gespielt. Ihre Bedeutung hat aber gerade bei diesem Übergang am stärksten abgenommen, mit nachhaltigen Konsequenzen auch für die soziale Ungleichheit in der Beteiligung auf den höheren Stufen des Bildungssystems. Es handelt sich nicht (nur) um eine Ungleichheitsreduktion beim Übergang zu dem inzwischen mehr oder weniger selbstverständlich gewordenen und damit im Vergleich zu früher teilweise entwerteten Abschluß der Mittleren Reife. Damit verbunden ist eine verringerte Ungleichheit bis hin zu den Hochschulabschlüssen.

c) *Zeitlich* hat die Ungleichheit keineswegs ausschließlich oder besonders stark in der historischen Periode abgenommen, die gemessen an den Schülerzahlen und später an den überfüllten Universitäten als die Periode der Bildungsexpansion seit Beginn der 70er Jahre gilt. Das bedeutet jedoch noch nicht, daß die Verringerung von Ungleichheit nicht mit generell vermehrten Bildungsangeboten und Bildungsmöglichkeiten verbunden war. Eine kontinuierliche Zunahme der Beteiligung in den weiterführenden Stufen des Bildungswesens setzt ja schon mit Beginn der 50er Jahre ein, in denen die Ungleichheiten am meisten abgenommen haben.

Was läßt sich daraus für die in Teil I angeführten sieben Erklärungsalternativen folgern?

Zu 1: Die Hypothese, spezifische *Reformen im Bildungssystem* seien für die Abnahme sozialer Ungleichheiten verantwortlich, ließe sich dann überzeugend überprüfen, wenn zu einem bestimmten Zeitpunkt relativ weitreichende Veränderungen im Bildungssystem durchgesetzt worden wären (z.B. flächendeckende Einführung neuer Schulformen wie die Gesamtschule, Verschiebung des Übertrittszeitpunktes, Veränderung der Übertrittsmodalitäten und -kriterien, Erweiterung der Bildungsangebote in ländlichen Regionen oder andere kostensenkende Maßnahmen), von denen eine Abnahme sozialer Herkunftseffekte erwartet werden könnte. In der Bundesrepublik ist es in hohem Maße unwahrscheinlich, bei Makroanalysen wie der vorliegenden solche Effekte finden zu können, denn im Beobachtungszeitraum sind weder flächendeckend, noch in einzelnen größeren Regionen zu *einem* Zeitpunkt so weitreichende Reformmaßnahmen getroffen worden, von denen ein spürbarer, zu *einem* Zeitpunkt wirkender Effekt erwartet werden könnte. Viele, eher marginale Veränderungen in den institutionellen Bedingungen sind in den einzelnen Bundesländern zu unterschiedlichen Zeitpunkten durchgeführt worden. Selbst wenn sie einzelne Auswirkungen im Sinne der Reduktion von Bildungskosten oder der Attraktivitätssteigerung gehabt haben, dürfte es kaum möglich sein, sie auf der Makroebene zu lokalisieren.[29] Unter den durchgesetzten Veränderungen könnte die allmähliche Verlängerung der Pflichtschulzeit auf 9 Schuljahre die bedeutsamste ungleichheitsrelevante Reform gewesen sein. Nicht nur hat sie mit der Erweiterung des Curriculums der Hauptschule das minimale Bildungsniveau angehoben. Obwohl sie nicht aus dieser Intention erfolgte, hat sich dadurch gleichzeitig der relative Mehraufwand bis zum chancenreicheren Abschluß der Mittleren Reife deutlich verringert und könnte damit dazu beigetragen haben, daß sich gerade bei diesem ersten Übergang die besonders bildungsfernen Herkunftsgruppen den anderen beim Schulbesuch angenähert haben.

Zu 2: Für die Hypothese, die *allgemeine Verbesserung der Lebensbedingungen* sei die primäre Ursache für die Abnahme von Ungleichheit, spricht zunächst die Tatsache, daß die Ungleichheit der Bildungsbeteiligung am meisten von den Vorkriegskohorten zur ersten Nachkriegskohorte 1940-49 abgenommen hat. Der Übergang zu den weiterführenden Schulen und der Besuch dieser Schulen fiel für die Geburtsjahrgänge 1940-1949 in die historische Periode des Wirtschaftswunders, in der die Masseneinkommen, von einem sehr niedrigen Niveau ausgehend, schnell angestiegen sind. Damit ergibt sich eine plausible Verbindung zwischen der allgemeinen Verbesserung der Lebensbedingungen und dem beobachteten Egalisierungstrend in der Bildungsbeteiligung. Gegen die uneingeschränkte Gültigkeit der Hypothese spricht allerdings folgendes: Die überproportionale Zunahme der Bildungsbeteiligung müßte bei allen Gruppen mit einer zuvor besonders einschränkenden materiellen Lebenslage eingetreten sein. Nach den empirischen Befunden haben sich jedoch die Ungleichheiten hauptsächlich nur für Arbeiter- und Bauernkinder verringert, nicht jedoch für Kinder von untergeordneten Angestellten oder Beamten, deren Einkommen sich nicht wesentlich von den Arbeitereinkommen unterscheiden.

Zu 3: Der Umstand, daß die Ergebnisse *gruppenspezifisch unterschiedlich* ausfallen, sollte Anlaß sein, die Situation derjenigen Bevölkerungsgruppen gesondert zu analysieren, für welche die Abnahme der Ungleichheit in den Ergebnissen besonders ausgeprägt

---

29 Selbst in Ländern, in denen massive Reformen durchgeführt wurden, wie die Einführung der comprehensive school in England oder in Schweden, ist es notorisch schwierig, den Effekt dieser Reformen zu belegen, weil die Reformen in der Regel nicht überall zum gleichen Zeitpunkt realisiert werden, weil die Reformen zum Teil einem veränderten Verhalten folgen oder weil Verhaltensänderungen erst mit zeitlichen Verzögerungen erfolgen (vgl. Jonsson/Mills 1993). Der Umstand, daß es aus diesen Gründen mit makrosoziologisch ausgerichteten Untersuchungsansätzen schwierig ist, Effekte spezifischer institutioneller Reformen nachzuweisen, bedeutet nicht, daß solche Reformen keine Effekte haben und steht nicht im Widerspruch zu der experimentell angelegten Schulforschung, die solche Effekte, wenn sie auch gering sind, nachweist (vgl. dazu im Überblick Fend 1982; Hallinan 1988).

zur Geltung kommt. Das sind die Arbeiter- und Bauernkinder. Für beide Gruppen sind Deutungen naheliegend, die neben veränderten Lebenslagen und Bildungskosten auf eine veränderte *Nutzen*funktion von Bildung allgemein oder von speziellen Bildungsabschlüssen abheben und an veränderte *Interessenlagen* dieser Gruppen im Hinblick auf Bildung anknüpfen.

Das auf allen Niveaus ausgeprägte Aufholen in den Bildungsergebnissen bei den Kindern von *Landwirten* könnte als Folge einer im Zuge der starken Konzentrationsprozesse und der Betriebsvergrößerungen besonders ausgeprägten Verbesserung der materiellen Lebenslage in der Landwirtschaft gesehen werden. Wir vermuten jedoch den ausschlaggebenden Grund für das Aufholen in der Bildungsbeteiligung gerade auch noch in den jüngsten Kohorten in einer stark veränderten Einschätzung des Nutzens von Bildungsqualifikationen. Sowohl die veränderte Bedeutung theoretischen Wissens für den wirtschaftlichen Erfolg in der Landwirtschaft selbst wie die offensichtlicher gewordene Rolle von Bildungsqualifikationen für eine gute berufliche Plazierung außerhalb der Landwirtschaft dürften bei den großen Umwälzungen und dem schnellen Rückgang der Beschäftigungsmöglichkeiten in der Landwirtschaft auch in Bauernfamilien das Verständnis von Bildung als strategischer Ressource verstärkt haben.

Bei den *Arbeitern* war in Deutschland die Berufslehre im unmittelbaren Anschluß an die Grundschulbildung das weitaus häufigste Bildungsziel, das Eltern hatten, die für ihre Kinder eine ihren Möglichkeiten entsprechende gute Zukunft sichern wollten. Während für lange Zeit auch anspruchsvolle und begehrte manuelle Lehrberufe Absolventen der Hauptschule zugänglich waren, wurde dann zunehmend die Mittlere Reife zur Voraussetzung, um entsprechende Ausbildungsplätze zu bekommen.[30] Selbst die Sicherung traditioneller Berufsperspektiven erforderte den Übergang auf eine weiterführende Schule. Neben den bereits diskutierten Faktoren dürfte deshalb das geänderte schulische Anforderungsprofil für typische Berufsziele von Arbeiterkindern ebenfalls zu dem überproportional starken Anstieg von Arbeiterkindern in der Beteiligung an den weiterführenden Schulen beigetragen haben. Im deutschen Bildungssystem ist dies aber auch konsequenzenreich für die Erhöhung des Anteils der Arbeiterkinder, die über einen mittleren Sekundärabschluß hinaus im Bildungssystem verbleiben, denn insbesondere für Arbeiterkinder war die höchste Klassenbarriere in diesem System der erste Schritt in die weiterführenden Schulen.

Zu 4 – 6: In welchem Sinne könnte die Verringerung der Ungleichheiten im Übergang zu den weiterführenden Schulen die *Konsequenz der Bildungsexpansion* selbst sein? Zur Prüfung der darauf sich beziehenden Hypothese müssen die Mechanismen, über die die Expansion zur Egalisierung beitragen kann, präzisiert werden. Die vielfach zitierte *Saturationsvariante* dieser Hypothese könnte nach unseren Daten allenfalls für die jüngste untersuchte Kohorte (1960-69) die Abnahme von Ungleichheiten beim ersten Übergang zur weiterführenden Schule erklären. Denn vor diesem Zeitpunkt haben sich auch die Übergangsquoten von Kindern aus bildungsgünstigen Herkunftsvoraussetzungen noch erhöht. Die Saturationshypothese erscheint also wenig erklärungskräftig für die deutliche Ungleichheitsverringerung *vor* der erst mit den Kohorten

---

30 Vgl. die vom Institut für Arbeitsmarkt- und Berufsforschung (1974) vorgelegten Analysen über die veränderten Bildungsvoraussetzungen in einzelnen Berufen.

1960-69 erreichten Saturationsphase.[31] Insofern die vor der Saturationsphase beobachtbare Ungleichheitsverringerung zurückzuführen war auf eine Erleichterung des Bildungszugangs (z.b. Verbesserung der Bildungsgelegenheiten durch vermehrte Schulen in ländlichen Gegenden oder eine Verringerung der Bildungskosten durch Stipendien oder andere Maßnahmen), ist es wahrscheinlich, daß auch in dieser Phase die *Expansion im Sinne der Erleichterung der Bildungsgelegenheiten* zur Abnahme der Ungleichheit beigetragen hat. Die in der öffentlichen Diskussion im Vordergrund stehende starke Erhöhung der Schüler- und Studierendenzahlen in den 70er und 80er Jahren war aber hauptsächlich durch die im Zuge des sozialstrukturellen Wandels sich vollziehende Umschichtung in der sozialen Herkunft der Kinder bestimmt: nämlich von der raschen Vergrößerung des Anteils von Kindern aus bildungsorientierten Elternhäusern (Köhler 1992). Man kann wohl ausschließen, daß diese Komponente der Expansion zur Verringerung der Beteiligungsdifferentiale zwischen sozialen Klassen beigetragen hat. Sie hat ein gewaltiges Wachstum der Bildungsnachfrage aus schon immer bildungsorientierten, jetzt nur anteilsmäßig größer gewordenen sozialen Kontexten ausgelöst und zusammen mit der erhöhten Bildungsbeteiligung der Frauen die Konkurrenz um die knappen Studienplätze erhöht und durch die Wettbewerbsverschärfung gewiß eher ungleichheitsverstärkend gewirkt. Inwieweit die in der jüngsten Zeit verringerten Bildungserträge ebenfalls ungleichheitsverstärkend gewirkt haben, konnte nicht explizit geprüft werden.

Insgesamt stehen die Befunde jedoch im Einklang mit den aus Übersicht 1 zu Beginn abgeleiteten Vermutungen, daß vor allem bei den jüngsten Geburtsjahrgängen eine Reihe von Entwicklungen eingetreten sind, von denen man annehmen kann, daß sie ungleichheitsreduzierenden Prozessen entgegenlaufen, sie teilweise kompensieren und dazu geführt haben, daß Tendenzen der Ungleichheitsverringerung ausgelaufen sind. Aussagen zu den Größenordnungen und den genauen Auswirkungen solcher sich wechselseitig kompensierender Prozesse müssen aber hypothetisch bleiben, denn die den Überlegungen zugrunde liegenden Phänomene konnten in der vorliegenden Analyse nicht explizit gemessen werden. Immerhin ist dies ein Hinweis darauf, Maßnahmen, die zur Verkleinerung von Ungleichheit beitragen können, nicht vorschnell als wirkungslos zu diskreditieren. Es ist durchaus möglich, daß ohne solche Maßnahmen bei der gegebenen Logik von Akkumulationsprozessen Ungleichheiten größer würden.

Zu 7: Was die Hypothese der *Verringerung der kulturellen Distanz zwischen Schule und Elternhaus* betrifft, so spricht die nur *geringe* Abnahme in der Bedeutung der Bildung der Eltern für die Bildungsbeteiligung der Kinder nicht für die Annahme, eine Angleichung zwischen den in der Schule und in den bildungsfernen Elternhäuser geltenden Werten, Orientierungen und sozialen Praktiken sei der *wesentliche* Faktor für die Reduzierung der Ungleichheit der Bildungsbeteiligung. Jedoch ist in keinem der verschiedenen untersuchten Teilaspekte der Effekt der Bildung der Eltern in der jüng-

---

31 Die Saturationshypothese ist auch deshalb nicht unmittelbar überzeugend, weil nicht zwingend ist, daß die zusätzlichen Bildungsplätze hauptsächlich von Kindern aus den bisher bildungsfernsten Familien eingenommen werden. Es wäre durchaus denkbar – und auch zu erwarten –, daß zunächst die in der Rangreihe der Bildungsbeteiligung oben stehenden Bevölkerungsgruppen an die „führende Klasse" aufschließen und erst danach Kinder aus den bildungsfernsten Elternhäusern nachrücken.

sten Kohorte stärker als in der ältesten Kohorte. Die Ergebnisse sprechen damit sowohl gegen Bourdieus Annahme eines mehr oder weniger unerschließbaren Mittelklasse-Codes der Bildungseinrichtungen wie auch gegen seine Hypothese, daß kulturelle Distinktion und Ressourcen als Ausschließungsmechanismen bedeutsamer werden, wenn sozio-ökonomische Differenzierungen weniger wirksam sind.

Wenn vor allem die Arbeiter- und Bauernkinder ihren Rückstand zu allen übrigen Klassen verringert haben, stellt sich die Frage, ob mit diesen Kategorien im Verlaufe des mehrere Jahrzehnte umfassenden Untersuchungszeitraumes überhaupt vergleichbare soziale Gruppen erfaßt werden, oder ob sich nicht unter der Hand die mit den Kategorien bezeichnete Realität völlig verändert hat und damit die sog. Ungleichheitsverringerung eigentlich gar keine solche ist. Einer solchen Deutung sind zwei Argumente entgegenzuhalten. Zum einen trifft es in der Tat zu, daß die Arbeiter und Landwirte der 80er und 90er Jahre unter sehr anderen Lebensbedingungen als die Bauern und Arbeiter der Zwischenkriegszeit und der ersten Nachkriegsjahre leben. Die Lebenslage hat sich verbessert, obgleich zwar insbesondere für die Arbeiter immer wieder festgestellt worden ist, daß sich die Relationen in den Lebensbedingungen zu den ökonomisch günstiger situierten Sozialklassen nicht wesentlich verringert haben (z.B. Berger 1986). Dennoch kann in der verbesserten Fähigkeit, einen Teil der verfügbaren Ressourcen für Bildungsinvestitionen abzuzweigen, geradezu ein Mechanismus gesehen werden, der die Abnahme der Ungleichheit in der Bildungsbeteiligung zumindest miterklärt. Da es am Ende des Untersuchungszeitraum keine Sozialgruppe gibt, deren Kinder in der Bildungsbeteiligung so weit hinter denen der oberen Dienstklasse zurückbleiben wie die der un- und angelernten Arbeiter zu Beginn der Beobachtungsperiode, ist der in der Bildungsbeteiligung nach Klassen- (und sonstigen Sozial-)Kategorien bestehende soziale Differenzierungsraum insgesamt geringer geworden.[32] Die beobachtete Verkleinerung des Differenzierungsraumes könnte allerdings auch dadurch zustande gekommen sein, daß die obere Dienstklasse eine bildungsmäßig weniger exklusive Referenzklasse bildet. Wenn Entwicklungen in dieser Richtung auch nicht völlig auszuschließen sind, so dürften sie eher von untergeordneter Bedeutung sein, denn dann hätten sich auch die Distanzen zwischen dieser Referenzklasse und den übrigen nicht-manuellen Klassen deutlich verkleinern müssen. Die in der geringer gewordenen sozialen Differenzierung der Bildungsbeteiligung zum Ausdruck kommende Verringerung von Ungleichheit wird dadurch verstärkt, daß, als Folge des sozialstrukturellen Wandels im Zeitverlauf, der Anteil der Kinder, die unter besonders bildungsungünstigen Herkunftsbedingungen aufwachsen, wesentlich kleiner geworden ist.[33]

---

32 Hierzu könnte eingewandt werden, daß die ungünstigste Position inzwischen durch spezielle Gruppen unterhalb der Ebene sozialstruktureller Großkategorien wie sozialer Klassen eingenommen würde. Dies müßte allerdings empirisch belegt werden. Wir sehen keine spezielle Gruppe, für die dieses offensichtlich zutrifft. So weisen beispielsweise nach den Daten des Mikrozensus von 1989 die Kinder von ausländischen Arbeitern zwar eine ungünstigere Bildungsbeteiligung auf als Kinder entsprechender deutscher Arbeiter, aber sie liegt nicht so weit zurück wie diejenige von Kindern deutscher Arbeiter zu Beginn unseres Untersuchungszeitraumes. Ähnliches gilt für Kinder, deren Eltern von Sozialhilfe oder Arbeitslosengeld leben (vgl. Alba/Handl/Müller 1993).
33 Während noch in den ersten Nachkriegsjahren wenigstens ein Drittel aller Kinder in Familien von Landwirten oder un- und angelernten Arbeitern aufwuchs, lebten 1989 etwa

Die Verringerung der sozialen Differentiale in der Bildungsbeteiligung bedeutet allerdings nicht, daß damit auch die Herkunftseinflüsse im Zugang zu vorteilhaften beruflichen Positionen geringer geworden wären. Ob sich die soziale Durchlässigkeit auch in diesem weiteren Sinne erhöht hat, hängt davon ab, wie sich die Bedeutung von Bildung für berufliche Karrieren entwickelt hat und ob Bildung in diesem weiteren Kontext eher ein Kanal sozialer Mobilität oder ein Instrument der sozialen Reproduktion ist. Eine Untersuchung, die diese Frage in einer langfristigen Perspektive und mit angemessen aussagefähigen Daten auch für die Gegenwart klären könnte, steht für Deutschland noch aus.

Literatur

Agresti, Alan, 1990: Categorical Data Analysis. New York: John Wiley and Sons.

Alba, Richard D., Johann Handl und *Walter Müller*, 1993: Ethnische Ungleichheit im Deutschen Bildungssystem. Mannheim: Mannheimer Zentrum für Europäische Sozialforschung (Manuskript).

Allmendinger, Jutta, 1989: Educational Systems and Labor Market Outcomes, European Sociological Review 5: 231-250.

Beck, Ulrich, 1986: Risikogesellschaft. Auf dem Weg in eine andere Moderne. Frankfurt a.M.: Suhrkamp.

Berger, Peter A., 1986: Entstrukturierte Klassengesellschaft? Klassenbildung und Strukturen sozialer Ungleichheit im historischen Wandel. Opladen: Westdeutscher Verlag.

Bernstein, Basil, 1977: Social Class, Language and Socialisation. S. 473-486 in: *Jerome Karabel* und *A.H. Halsey* (Hg.): Power and Ideology in Education. Oxford: Oxford University Press.

Bertram, Hans, 1981: Sozialstruktur und Sozialisation. Zur mikroanalytischen Analyse von Chancengleichheit. Darmstadt/Neuwied: Luchterhand.

Blau, Peter M., und *Otis Dudley Duncan*, 1967: The American Occupational Structure. New York: Wiley.

Blossfeld, Hans Peter, 1985: Bildungsexpansion und Berufschancen. Frankfurt a.M./New York: Campus.

Blossfeld, Hans Peter, 1993: Changes in Educational Opportunities in the Federal Republic of Germany. A Longitudinal Study of Cohorts Born between 1916 and 1965. S. 51-74 in: *Yossi Shavit* und *Hans-Peter Blossfeld* (Hg.): Persistent Inequality: Changing Educational Stratification in Thirteen Countries. Boulder, Col.: Westview Press.

Blossfeld, Hans Peter, und *Yossi Shavit*, 1993: Persisting Barriers: Changes in Educational Opportunities in Thirteen Countries. S. 1-24 in: *Yossi Shavit* und *Hans-Peter Blossfeld* (Hg.): Persistent Inequality: Changing Educational Stratification in Thirteen Countries. Boulder, Col.: Westview Press.

Boudon, Raymond, 1980: Die Logik gesellschaftlichen Handelns: Eine Einführung in die soziologische Denk- und Arbeitsweise. Neuwied: Luchterhand.

Boudon, Raymond, 1974: Education, Opportunity and Social Inequality. New York: Wiley.

Bourdieu, Pierre, 1977: Cultural Reproduction and Social Reproduction. S. 487-510 in: *Jerome Karabel* und *A. H. Halsey* (Hg.): Power and Ideology in Education. New York: Oxford University Press.

Bourdieu, Pierre, Luc Boltanski und *Monique de Saint Martin*, 1973: Les stratégies de reconversion. Les classes sociales et le système d'enseignement, Social Science Information 12: 61-113.

Bourdieu, Pierre, und *Jean Claude Passeron*, 1970: La Reproduction: éléments pour une théorie du système d'enseignement. Paris.

Bowles, Samuel, und *Herbert Gintis*, 1976: Schooling in Capitalist America: Educational Reform and the Contradictions of Economic Life. New York: Basic Books.

---

ein Sechstel der 13- und 14-jährigen Kinder in Familien, deren Ernährer deutscher oder ausländischer Arbeiter ohne Lehre, arbeitslos oder Sozialhilfeempfänger war (vgl. Köhler 1992: 60).

Bundesminister für Bildung und Wissenschaft (Hg.), 1989: Das soziale Bild der Studentenschaft in der Bundesrepublik Deutschland. 12. Sozialerhebung des Deutschen Studentenwerks, Schriftenreihe Studien zu Bildung und Wissenschaft, 84, Bonn.

Collins, Randall, 1979: The Credential Society. An Historical Sociology of Education and Stratification. New York: Academic Press.

Erikson, Robert, und *John H. Goldthorpe*, 1992: The Constant Flux. A Study of Class Mobility in Industrial Societies. Oxford: Clarendon.

Esser, Hartmut, H. Grohmann, Walter Müller und *K. A. Schäffer*, 1989: Mikrozensus im Wandel. Untersuchungen und Empfehlungen zur inhaltlichen und methodischen Gestaltung. Stuttgart: Metzler-Poeschel.

Fend, Helmut, 1982: Gesamtschule im Vergleich. Weinheim/Basel: Beltz.

Gambetta, Diego, 1987: Where They Pushed or did They Jump? Individual Decision Mechanisms in Education. Cambridge: Cambridge University Press.

Haller, Max, 1989: Klassenstrukturen und Mobilität in fortgeschrittenen Gesellschaften: Eine vergleichende Analyse der Bundesrepublik Deutschland, Österreichs, Frankreichs und der Vereinigten Staaten von Amerika. Frankfurt a.M./New York: Campus.

Hallinan, Maureen T., 1988: Equality of Educational Opportunity, Annual Review of Sociology 14: 249-268.

Handl, Johann, 1983: Abbau von Ungleichheit im Beruf durch bessere Bildung? Eine sozialhistorische Betrachtung. S. 183-216 in: *Walter Müller, Angelika Willms* und *Johann Handl* (Hg.): Strukturwandel der Frauenarbeit 1880-1980. Frankfurt a.M.: Campus.

Handl, Johann, 1988: Berufschancen und Heiratsmuster von Frauen. Frankfurt a.M.: Campus.

Handl, Johann, 1984: Chancengleichheit und Segregation. Ein Vorschlag zur Messung ungleicher Chancenstrukturen und ihrer zeitlichen Entwicklung, Zeitschrift für Soziologie 4: 328-345.

Handl, Johann, 1985: Mehr Chancengleichheit im Bildungssystem. Erfolg der Bildungsreform oder statistisches Artefakt?, Kölner Zeitschrift für Soziologie und Sozialpsychologie 37: 698-722.

Hartmann, Peter H., und *Bernhard Schimpl-Neimanns*, 1992: Sind Sozialstrukturanalysen mit Umfragedaten möglich? Analysen zur Repräsentativität einer Sozialforschungsumfrage, Kölner Zeitschrift für Soziologie und Sozialpsychologie 44: 315-340.

Henz, Ursula, 1992: Der Einfluß der sozialen Herkunft auf die Bildungskarriere. Vergleich zweier Modelle zur Beschreibung der Kohortenunterschiede, Manuskript, Berlin: Max-Planck-Institut für Bildungsforschung.

Hopf, Wulf, 1992: Ausbildung und Statuserwerb: Theoretische Erklärungen und Ergebnisse der Sozialforschung. Frankfurt a.M./New York: Campus.

Hout, Michael, Adrian E. Raftery und *Eleanor O. Bell*, 1993: Making the Grade: Educational Stratification in the United States, 1925-1989. S. 25-50 in: *Yossi Shavit* und *Hans-Peter Blossfeld* (Hg.): Persistent Inequality: Changing Educational Attainment in Thirteen Countries. Boulder, Col.: Westview Press.

Institut für Arbeitsmarkt- und Berufsforschung der Bundesanstalt für Arbeit, 1974: Handbuch zu den ausbildungs-, berufs- und wirtschaftszweigspezifischen Beschäftigungschancen. Nürnberg.

Jonsson, Jan O., 1987: Class Origin, Cultural Origin and Educational Attainment: The Case of Sweden, European Sociological Review 3: 229-242.

Jonsson, Jan O., und *Colin Mills*, 1993: Social Class and Educational Attainment in Historical Perspective: A Swedish-English Comparison Part I, British Journal of Sociology 44: 213-248.

Klemm, Klaus, 1987: Bildungsexpansion und ökonomische Krise, Zeitung für Pädagogik 33: 823-839.

Köhler, H., 1992: Bildungsbeteiligung und Sozialstruktur in der Bundesrepublik. Zu Stabilität und Wandel der Ungleichheit von Bildungschancen, Forschungsbericht des Max-Planck-Instituts für Bildungsforschung, Bd. 53, Berlin.

König, Wolfgang, und *Walter Müller*, 1986: Educational Systems and Labour Markets as Determinants of Worklife Mobility in France and West Germany: A Comparison of Men's Career Mobility, 1965-1970, European Sociological Review 2: 73-96.

Kurz, Karin, 1885: Klassenbildung und soziale Mobilität in der Bundesrepublik Deutschland. Überlegungen zu einem Klassifikationsschema, Diplomarbeit, Fakultät für Sozialwissenschaften, Universität Mannheim.

Lutz, Burkhart, 1983: Bildungsexpansion und soziale Ungleichheit. Eine historisch-soziologische Skizze, Soziale Welt, Sonderband 2: 221-245.

Mare, Robert D., 1981: Change and Stability in Educational Stratification, American Sociological Review 46: 72-87.

Mare, Robert D., 1993: Educational Stratification on Observed and Unobserved Components of Family Backgrounds. S. 351-376 in: *Yossi Shavit* und *Hans-Peter Blossfeld* (Hg.): Persistent Inequality: A Comparative Study of Educational Stratification in Fourteen Countries. Boulder, Col.: Westview Press.

Mare, Robert D., 1980: Social Background and School Continuation Decisions, Journal of the American Statistical Association 75: 295-305.

Maurice, Marc, Francoise Sellier und *Jean Jaques Silvestre,* 1982: Politique d'éducation et organisation industrielle en France et en Allemagne: Essai d'analyse sociétal. Paris: Presses Universitaires de France.

Mayer, Karl Ulrich, Ursula Henz und *Ineke Maas,* 1991: Social Mobility Between Generations and Across the Working Life: Biographical Contingency, Time Dependency and Cohort Differentiation – Results from the German Life History Study, Max-Planck-Institut für Bildungsforschung, Arbeitspapier, Berlin.

Meulemann, Heiner, 1985: Bildung und Lebensplanung. Die Sozialbeziehung zwischen Elternhaus und Schule. Frankfurt a.M./New York: Campus.

Meulemann, Heiner, 1992: Expansion ohne Folgen? Bildungschancen und sozialer Wandel in der Bundesrepublik. S. 123-157 in: *Wolfgang Glatzer* (Hg.): Entwicklungstendenzen der Sozialstruktur. Frankfurt a.M./New York: Campus.

Müller, Walter, 1978: Klassenlage und Lebenslauf: Untersuchungen zu Prozessen sozialstrukturellen Wandels in der Bundesrepublik Deutschland, Habilitationsschrift, Fakultät für Sozialwissenschaften der Universität Mannheim.

Müller, Walter, und *Dietmar Haun,* 1993: Bildungsexpansion und Bildungsungleichheit. S. 225-268 in: *Wolfgang Glatzer* (Hg.): Einstellungen und Lebensbedingungen in Europa. Frankfurt a.M./New York: Campus.

Müller, Walter, und *Dietmar Haun,* 1994: Bildungsungleichheit im sozialen Wandel. Arbeitspapier (mit erweiterter Dokumentation) des Arbeitsbereichs I, Mannheimer Zentrum für Europäische Sozialforschung MZES. Mannheim.

Müller, Walter, und *Wolfgang Karle,* 1990: Social Selection in Educational Systems in Europe, European Sociological Review 9: 1-23.

Müller, Walter, und *Karl Ulrich Mayer,* 1976: Chancengleichheit durch Bildung? Untersuchung über den Zusammenhang von Ausbildungsabschlüssen und Berufsstatus. (Gutachten und Studien der Bildungskommission; Bd. 42). Stuttgart: Klett.

Rolff, Hans Günter, 1980: Soziologie der Schulreform: Theorien, Forschungsberichte, Praxisberatung. Weinheim/Basel: Beltz.

Schimpl-Neimanns, Bernhard, und *Paul Lüttinger,* 1993: Die Entwicklung bildungsspezifischer Ungleichheit: Bildungsforschung mit Daten der amtlichen Statistik, ZUMA-Nachrichten Nr. 32: 76-115.

Sewell, W. H., und *R. M. Hauser,* 1975: Education, Occupation and Earnings. New York: Academic Press.

Shavit, Yossi, und *Hans Peter Blossfeld,* 1993: Persistent Inequality: Changing Educational Stratification in Thirteen Countries. Boulder, Col.: Westview Press.

Siara, Christian, 1986: Untypische Statuspassagen. Bildungs- und Berufsfindungsprozesse im Zweiten Bildungsweg. Sonderforschungsbereich 3 der Universitäten Frankfurt und Mannheim. Frankfurt a. M./New York: Campus Verlag.

Treiman, Donald J., 1970: Industrialisation and Social Stratification. S. 207-234 in: *Edward O. Laumann* (Hg.): Social Stratification: Research and Theory for the 1970s. Indianapolis: Bobbs Merrill.

Wegener, Bernd, 1988: Kritik des Prestiges. Opladen: Westdeutscher Verlag.

Weishaupt, Horst, Manfred Weiß, Hasso Recum und *Rüdiger Haug,* 1988: Perspektiven des Bildungswesens der Bundesrepublik Deutschland. Baden-Baden: Nomos.

Korrespondenzanschriften: Prof. Dr. Walter Müller, Mannheimer Zentrum für Europäische Sozialforschung (MZES), 68131 Mannheim; Dipl.-Soz. Dietmar Haun, Universität Mannheim, Lehrstuhl für Methoden der empirischen Sozialforschung und angewandte Soziologie, A 5, 68131 Mannheim

SOZIALSTRUKTUR UND SOZIALE SCHICHTUNG IN EINER KLEINSTADT MIT HETEROGENER BEVÖLKERUNG *

Von Franz Urban Pappi

Einleitung

Die Beschreibung der Sozialstruktur von Gemeinden ist immer eine der Hauptaufgaben der Gemeindesoziologie gewesen [1]. Sozialstruktur wurde dabei häufig mit Schichtstruktur gleichgesetzt. Wenn wir die mehr ethnographischen Gemeindestudien ausklammern und uns auf die Hauptansätze zur Untersuchung lokaler Schichtstrukturen konzentrieren, so lassen sich zwei Ansätze unterscheiden, die beide in Gemeindestudien von *William Lloyd Warner* und seinen Schülern angewendet wurden. Im ersten Ansatz, der in der Methode der »evaluated participation« seinen Ausdruck findet, bewerten die Mitglieder lokaler Sozialsysteme ihren eigenen Status und den der anderen Mitglieder, so daß sich eine Rangordnung ergibt [2]. Im zweiten Ansatz werden objektive Merkmale wie Einkommen, Beruf usw., deren einzelne Ausprägungen vorher nach dem ihnen im Urteil des Forschers zukommenden Prestige in eine Rangordnung gebracht wurden, zu einem multidimensionalen Schichtindex zusammengefaßt. In dieser Weise entwickelte *Warner* seinen *Index of Status Characteristics* [3]; in Deutschland wurden multidimensionale Schichtindices von *Renate Mayntz* zur Beschreibung der Schichtstruktur einer Gemeinde und von *Erwin K. Scheuch* zur Erfassung der Schichtstruktur der Bundesrepublik entwickelt [4].

Vor allem der erste Ansatz ist in den 50er Jahren häufig kritisiert worden. Wenn wir diesen Ansatz zunächst als gegeben hinnehmen, samt der mangelnden analytischen Klarheit, was aufgrund welcher Kriterien bewertet wurde, so bleibt als Hauptkritikpunkt die Schlußfolgerung *Warners*, man könne von den Ergebnissen seiner Gemeindestudien auf die Klassenstruktur in den USA schließen [5]. Diese Annahme erschien um so problematischer, als sowohl Yankee City als auch Old City und

* Dieser Aufsatz basiert auf Daten der Gemeindestudie Jülich. Das Landesamt für Forschung im Ministerium für Wissenschaft und Forschung des Landes Nordrhein-Westfalen hat die Gemeindestudie Jülich finanziert, wofür ich mich, auch im Namen aller Mitarbeiter, bedanke. Für die Förderung des Projekts bedanke ich mich bei Herrn Professor *Erwin K. Scheuch*, für die in der Phase der Datenerhebung und Datenaufbereitung geleistete Mitarbeit bei Frau Dipl.-Soz. *Regina Perner* und Herrn cand. phil. *Karl-Heinz Reuband* und für die Hilfe in der Analysephase bei Herrn Dipl.-Volksw. *Erwin Rose* und Herrn *Daniel Ayres*. Mein besonderer Dank gilt Herrn Professor *Edward O. Laumann* von der University of Michigan in Ann Arbor, der den Forschungsplan mitgestaltete und dem ich entscheidende intellektuelle Anregungen bei der Abfassung dieses Berichtes verdanke. Die Mängel dieses Aufsatzes habe natürlich allein ich zu verantworten. Die Auswertung für den Abschnitt über die berufliche Endophilie erfolgte im Rahmen meines Habilitationsprojekts, das von der Deutschen Forschungsgemeinschaft gefördert wird. Die Computerauswertungen wurden von der National Science Foundation finanziell unterstützt (GS 32 002).

Jonesville Kleinstädte sind, und somit noch nicht einmal bewiesen wurde, daß die Ergebnisse auf die Schichtstrukturen von Großstädten übertragen werden können. Nun läßt sich zwar der Index of Status Characteristics unmittelbar auch in Großstädten anwenden, die *Warner*gruppe war aber nicht an einer mechanischen Übertragung interessiert, sondern für sie bestand die Frage darin, ob die mit diesem Index gemessenen Schichten dem Aspekt der sozialen Realität entsprechen, der sich in Kleinstädten mit der Methode der »evaluated participation« messen läßt. Das Ergebnis einer Untersuchung, die genau der Beantwortung dieser Frage diente, war insofern nicht sehr überraschend, als sich das Berufsprestige als der einzelne Indikator erwies, der mit allen anderen so hoch korrelierte, daß man sich fragt, warum die anderen Indikatoren und die mühsame Methode der »evaluated participation« und ihrer Äquivalente in Großstädten notwendig sind[6]. Dieser Einwand wurde schon 1950 von *Paul K. Hatt* gemacht[7], und die logische Schlußfolgerung für die empirische Forschung bestand darin, die Berufsprestigeskalen zu verbessern und in dem Sinn zu objektivieren, daß nicht mehr der Forscher am Schreibtisch, sondern ein Querschnitt der Bevölkerung die Prestigezuordnungen vornimmt.

Was bedeutet diese Umorientierung theoretisch? Beim *Warner*schen Ansatz ging es um die Rangordnung von Individuen und um die Identifizierung sozialer Schichten als Gruppen von statusgleichen Personen mit hoher Interaktionsdichte innerhalb der Gruppe. Sowohl Prestige als auch »Esteem« konnten in die Bewertung eingehen[8]. Bei den Prestigezuordnungen für Berufe werden dagegen nur soziale Positionen bewertet. Insofern eine Schichtungstheorie die unterschiedliche Bewertung sozialer Positionen erklären will, wie es das Ziel der funktionalistischen Schichtungstheorie etwa im Gegensatz zum marxistischen Ansatz ist, und insofern die aufgrund der gesellschaftlichen Arbeitsteilung entstandenen Berufspositionen als wichtigste Einheiten der Bewertung aufgefaßt werden, stellen die Prestigeränge von Berufen die entscheidende abhängige Variable dar. Es spricht viel dafür, zuerst Klarheit über Begriff und operationale Definition der abhängigen Variablen zu schaffen, bevor man darangeht, eine Theorie zur Erklärung sozialer Ungleichheit zu entwickeln.

Bevor wir auf unseren eigenen Ansatz zur Untersuchung der Schichtstruktur einer Gemeinde eingehen, wollen wir unsere Problemstellung im Rahmen der traditionellen Themen der Schichtungssoziologie systematisch lokalisieren. Schichtungstheorien sind Theorien sozialer Ungleichheit, ob zwischen Positionen oder Menschen, ist bereits strittig. Während die funktionalistische Schichtungstheorie die unterschiedliche Bewertung von Positionen erklären will, scheint der marxistische oder objektive Ansatz[9] mit der Betonung der unterschiedlichen Lebenschancen eindeutig auf Ungleichheiten zwischen Menschen abzuheben, da es offensichtlich keinen unmittelbaren Sinn hat, von Lebenschancen von Positionen zu sprechen. Dieser Unterschied auf der Mikroebene verschwindet jedoch weitgehend auf der Makroebene der Analyse, wenn es um die Lebenschancen von Bevölkerungsgruppen geht. Sobald man für moderne Gesellschaften Berufsgruppen als wichtigste Einheiten der Analyse anerkannt hat, kann man in den Berufsgruppen die beiden Ansätzen gemeinsamen Einheiten der Analyse sehen.

Die Arten der Ungleichheit, die es zu erklären gilt, sind je nach theoretischem

Ansatz allerdings verschieden. Unterschiede im Prestige und Einkommensungleichheiten sind aber empirisch keine beziehungslosen Größen. Statt sie nun zusammen mit der Schulbildung in einem multidimensionalen Index des sozialen Status zu vereinen, ist es eine bessere Strategie, die analytische Trennung zwischen Ungleichheiten der Prestige- und Einkommensverteilung aufrechtzuerhalten und Theorien ihrer wechselseitigen Beeinflussung und ihrer Abhängigkeit von objektiven Merkmalen der sozialen Lage und der in der Folge der gesellschaftlichen Arbeitsteilung entstandenen Berufsstruktur zu entwickeln [10].

Für unsere Aufgabe der begrifflichen Erfassung und Messung der Sozialstruktur einer Gemeinde sind nicht die Ursachen, sondern die Folgen der sozialen Ungleichheit von Belang. Ungleichheiten des Prestiges und des Einkommens allein konstituieren noch keine sozialen Schichten in dem Sinn von abgrenzbaren, hierarchisch geordneten Bevölkerungsgruppen mit eindeutiger Mitgliedschaft [11]. Erst wenn Prestigeunterschiede zwischen Berufen Verhaltenskonsequenzen derart haben, daß Prestigegleichheit zu häufigeren Primärkontakten der jeweiligen Positionsinhaber führt und Einschnitte in der Interaktionshäufigkeit an bestimmten Stellen des Prestigekontinuums festgestellt werden können, wollen wir von sozialen Schichten sprechen. Wir gehen bei der Betonung der Verhaltens-Konsequenzen bzw. -Korrelate von sozialen Ungleichheiten damit nicht so weit wie jüngst *Otis Dudley Duncan,* der von sozialer Schichtung im Unterschied zu institutionalisierter Ungleichheit nur spricht, wenn die soziale Ungleichheit zur Kontinuität der Schichtposition von Familien in der Generationsfolge führt [12].

Wenn wir als Verhaltenskonsequenz sozialer Ungleichheit die Häufigkeit von Primärkontakten betonen, so deckt sich unsere Vorstellung von sozialen Schichten mit dem in der *Warner*-Tradition verwendeten Begriff.

»A class is composed of families and social cliques. The interrelationships between these families and cliques, in such informal activities as visiting, dances, receptions, teas, and larger informal affairs, constitute the structure of a social class [13].«

Im Gegensatz zu *Warner* und seiner Gruppe führen wir aber eine Makroanalyse durch, da wir nicht an den Primärkontakten von Individuen an sich, sondern von Individuen als Inhabern bestimmter Positionen interessiert sind. Außerdem wenden wir eine Methodologie an, die es uns erlaubt, eine gültigere Antwort auf die Frage zu geben, ob in der von uns untersuchten Gemeinde soziale Schichten »im Sinne von Gruppen mit intensiven Primärkontakten und klaren Grenzen zwischen benachbarten Gruppen« [14] bestehen, als es mit den *Warner*schen Techniken möglich war.

Das Ziel dieses Aufsatzes ist es, die Sozialstruktur einer Kleinstadt zu beschreiben. Dieses Ziel mag sehr bescheiden anmuten, wenn man an die Praxis denkt, mit einigen Sätzen oder Absätzen die Sozialstruktur ganzer Gesellschaften zu beschreiben. Diese Praxis ist nur möglich, wenn man einen soziologisch inhaltsleeren Begriff von Sozialstruktur etwa in dem Sinn hat, die Sozialstruktur drücke sich in univariaten Verteilungen für einige demographische Merkmale aus.

Bei der Begriffsbestimmung und Operationalisierung des zentralen soziologischen Konzepts der Sozialstruktur folgen wir *Edward O. Laumann,* der es in Anlehnung

sowohl an die mehr die normative Seite sozialen Verhaltens betonende Soziologie von
Talcott Parsons als auch an die eher auf tatsächliches Verhalten ausgerichtete Soziologie von *George C. Homans* wie folgt definiert:

»*The social structure* of a community will be defined as a persisting pattern of social
relationships among social positions. A *social relationship* is any linkage between incumbents
of different social positions that involves mutual but not necessarily symmetric orientations
of a positive, neutral, or negative character [15].«

Durch die Art der Definition einer sozialen Beziehung wird implizit gesagt, daß das
dauerhafte System sozialer Beziehungen nicht zwischen Positionen, sondern zwischen
Inhabern sozialer Positionen besteht. Die Einheiten unserer strukturellen Analyse
sind also individuelle Akteure in bestimmten Positionen des lokalen Sozialsystems
Gemeinde [16].
Der entscheidende Schritt in der Arbeit von *Laumann* liegt in der Art der Operationalisierung dieses Konzepts der Sozialstruktur. Indem er unter den möglichen
Arten sozialer Beziehungen Freundschaftswahlen auswählt, kann er die soziale
Distanz zwischen Kategorien von Positionen als Funktion der Wahrscheinlichkeit
von Freundschaftswahlen zwischen diesen Kategorien ausdrücken. Der notwendige
distanzgenerierende Mechanismus wird wie folgt postuliert:

»The more dissimilar two positions are in status, attitudes, beliefs, and behavior of their
incumbents, the less likely the formation of intimate (or consensual) relationships and,
consequently, the ›farther‹ away they are from one another in the structure [17].«

Als sinnvollste Positionen zur Untersuchung von Schichtstrukturen haben sich sowohl
aus theoretischen als auch aus empirischen Gründen Berufspositionen erwiesen [18].
Wir werden deshalb die soziale Distanz zwischen den Berufsgruppen untersuchen.
Da Beruf zunächst nur eine Nominalskala darstellt, ohne eine »natürliche« Ordnung
zwischen den einzelnen Kategorien, im Gegensatz etwa zur Variablen Schulbildung,
wird eine dimensionale Analyse der Ähnlichkeiten in den Freundschaftswahlen zwischen den Berufsgruppen erweisen, ob Prestige- oder Einkommens-Unterschiede als
eine – oder im Zusammenhang mit Beruf vielleicht sogar einzige – verhaltensrele-
vante Dimension identifiziert werden können. Darüber hinaus wird es möglich sein,
aus der relativen Distanz der einzelnen Berufsgruppen zueinander und der Art der
Klumpung Gruppen von Berufen zu identifizieren, die intensivere Primärkontakte
miteinander aufweisen und die sich dann als soziale Schichten im Sinne unserer Definition identifizieren lassen, wenn sie auf der Prestige- oder Einkommens-Dimension
eine eindeutige Über- oder Unterordnung aufweisen.
Wie wir eingangs betonten, wurde Sozialstruktur in Gemeinden häufig mit Schichtstruktur gleichgesetzt. Bei unserem Ansatz, die Sozialstruktur einer Gemeinde über
die soziale Distanz von Berufsgruppen zu beschreiben, ist die Fixierung auf soziale
Schichten nicht im selben Umfang in den Forschungsplan eingebaut, wie z. B. bei Verwendung eines multidimensionalen Schichtindex oder der Methode der »evaluated
participation«. Neben der Prestigedimension und der Klumpung von Berufen auf
dieser Achse können andere Dimensionen der sozialen Distanz, wie etwa Situsunter-

schiede, sich als bedeutsam erweisen. Trotzdem haben nur solche verhaltensrelevanten Aspekte der Sozialstruktur eine Chance, bei einer Analyse der sozialen Distanz zwischen Berufsgruppen sich als bedeutsam zu erweisen, die in der verwendeten Berufsklassifikation bereits angelegt sind. Wenn z. B. bestimmte Berufe in einer Gemeinde nur von Neubürgern ausgeübt werden, so kann sich die Achse Neubürger versus Altbürger bei einer Berufsgruppenanalyse als bedeutsam erweisen. Die entscheidende Frage ist also, welche im normalen Verständnis von Sozialstruktur für wichtig erachteten Dimensionen bei einer reinen Berufsgruppenanalyse eine relativ geringe Chance haben, entdeckt zu werden.

Geht man davon aus, daß Berufspositionen in modernen Gesellschaften mehr oder weniger erworben werden, so ist anzunehmen, daß die gesellschaftlichen Gruppierungen, die nach wie vor auf zugeschriebenen Positionen beruhen, durch eine Berufsgruppenanalyse nicht entdeckt werden können. Bei der Analyse der amerikanischen Gesellschaft werden in erster Linie ethnische Gruppen als wichtige »ascriptive solidarities« [19] angesehen. *Laumann* z. B. analysiert ethnoreligiöse Gruppen unter der Überschrift »The social structure of ascriptive membership groups« [20]. In Deutschland würde man dementsprechend landsmannschaftliche Gruppierungen untersuchen. Da wir die Sozialstruktur einer Kleinstadt beschreiben wollen, in der es neben der einheimischen Bevölkerung keine ausgeprägten organisatorischen Zentren landsmannschaftlicher Aktivität gibt, während sich andererseits einheimische und zugezogene Bevölkerung häufig in ihrer Religionszugehörigkeit unterscheiden, werden wir im letzten Abschnitt die Berufsgruppen nach der Religion zweiteilen. Auf diese Weise ist es möglich, die Sozialstruktur gleichzeitig im Hinblick auf die erworbenen Berufspositionen und die eindeutig askriptiven religiösen Gruppen zu beschreiben.

Vor den beiden Abschnitten, die der Analyse der Sozialstruktur im Hinblick auf Beruf und im Hinblick auf Beruf und Religion gewidmet sind, werden wir zunächst kurz die Untersuchungsgemeinde mit Hilfe von Zensusdaten beschreiben, die Anlage unserer Untersuchung schildern und dann, wegen der zentralen Bedeutung der Berufe als Einheiten der Analyse, ausführlich die Kriterien darlegen, die zu unserer Berufsklassifikation geführt haben.

Die Untersuchungsgemeinde

Unsere Untersuchungsgemeinde ist die Stadt Jülich im ehemaligen Regierungsbezirk Aachen. 1956 beschloß der Landtag von Nordrhein-Westfalen, in Jülich eine Kernforschungsanlage zu errichten. Mit dem Auf- und Ausbau dieser Anlage in den folgenden Jahren wurde Jülich anderen deutschen Kleinstädten immer unähnlicher. Es kam eine Bevölkerungsgruppe in die Stadt, die man normalerweise in deutschen Kleinstädten nicht antrifft: Naturwissenschaftler mit voller Universitätsausbildung. Wir wollen in diesem Abschnitt untersuchen, inwieweit die demographische Struktur Jülichs tatsächlich von der anderer Kleinstädte in diesem Raum abweicht.

Die demographische Struktur einer Gemeinde setzt die äußeren Bedingungen, innerhalb deren sich die Sozialstruktur einer Gemeinde entfalten muß. Das heißt unter anderem, daß die relative Häufigkeit der einzelnen Berufsgruppen noch nichts über ihr Verhältnis zueinander aussagt, daß aber die Randverteilung diesem Verhältnis, gemessen durch die Interaktionshäufigkeit, insofern Grenzen setzt, als die Zufallschancen der Kontaktaufnahme mit Angehörigen der verschiedenen Berufsgruppen mit dem relativen Anteil dieser Gruppen an der Gesamtbevölkerung identisch sind.

Wir vergleichen in diesem Abschnitt die demographische Struktur Jülichs mit der der anderen Kleinstädte im Landschaftsverband Rheinland des Landes Nordrhein-Westfalen [21]. Da Jülich nicht als typische deutsche Kleinstadt angesehen werden kann, wollen wir zumindest den Grad der Abweichung von anderen Kleinstädten quantitativ erfassen.

Die Stadt Jülich hatte zum Zeitpunkt der Volkszählung 1970 19 439 Einwohner, das sind 132 Prozent der Einwohnerschaft von 1961. Die durchschnittliche Bevölkerungszunahme in dieser Gruppe rheinischer Kleinstädte betrug nur 114 Prozent. Jülich weicht von diesem Durchschnitt um 1,5 Standardabweichungen ab.

Von der besonderen Situation Jülichs her ist zu erwarten, daß die Abweichung von anderen Kleinstädten am stärksten im Hinblick auf die durchschnittliche Schulbildung der erwachsenen Bevölkerung ausgeprägt ist. Im Durchschnitt haben 2,7 Prozent der erwachsenen Bevölkerung in diesen Kleinstädten einen Universitätsabschluß, in Jülich sind es 7,3 Prozent. Nur noch eine andere Kleinstadt, Bad Honnef, hat mit 6,3 Prozent einen ähnlich hohen Wert. Die Häufigkeitsverteilung für diese Variable ist außerdem sehr schief, Jülich liegt immerhin mehr als drei Standardabweichungen vom Mittelwert entfernt.

Ähnlich extrem drückt sich die besondere Situation Jülichs in der Verteilung der Erwerbstätigen auf die verschiedenen Wirtschaftszweige aus. In der amtlichen Gemeindestatistik wird neben der Land- und Forstwirtschaft, dem produzierenden Gewerbe und Handel und Verkehr die Kategorie »sonstige Wirtschaftsbereiche« geführt, in der Dienstleistungsbetriebe im weitesten Sinne zusammengefaßt sind wie Banken und Versicherungen, Gebietskörperschaften und Organisationen des Wirtschaftslebens ohne Erwerbscharakter, zu welchen auch die Kernforschungsanlage zählt. Im Durchschnitt sind 23,6 Prozent der Erwerbstätigen dieser Kleinstädte in diesen sonstigen Wirtschaftsbereichen beschäftigt. Die Standardabweichung beträgt 8 Prozentpunkte. In Jülich beträgt der entsprechende Prozentsatz 49,9 Prozent, Bad Honnef folgt mit 39,6 Prozent in deutlichem Abstand an zweiter Stelle. Im Vergleich zum Zensus 1961 war in Jülich der Zuwachs in diesen sonstigen Wirtschaftsbereichen ebenfalls sehr groß, wenn auch hier der Abstand vom Mittelwert nicht so ausgeprägt ist, weil der Auf- und Ausbau der Kernforschungsanlage nicht erst im Juni 1961 begann.

Einem hohen Anteil der Erwerbstätigen im tertiären Sektor entspricht in der Regel ein hoher Anteil an Angestellten und Beamten. Mit 53,4 Prozent Angestellten und Beamten unter den Erwerbstätigen nimmt Jülich auch hier die Spitzenstellung in der Gruppe der ausgewählten Kleinstädte ein. Der Mittelwert liegt bei 39,0 Prozent und die Standardabweichung bei 6,0 Prozentpunkten. Im Unterschied zu dem Prozentsatz der Erwerbstätigen in den sonstigen Wirtschaftsbereichen ist der Anteil an Beamten und Angestellten nicht so schief verteilt, sondern normal verteilt, so daß neben Jülich noch einige andere Städte ähnlich hohe Werte aufweisen.

Tabelle 1 : Durchschnittswerte ausgewählter demographischer Merkmale für rheinische Kleinstädte insgesamt und für die Stadt Jülich

Merkmal	Alle Kleinstädte	Stadt Jülich
1. Wohnbevölkerung, davon *Ausländer* [%]	5,9	2,8
2. Durchschnitts*alter* der Wohnbevölkerung	35,11	33,57
3. Wohnbevölkerung, davon *Ledige* [%]	38,9	40,5
4. Wohnbevölkerung, davon *Verwitwete* [%]	7,9	7,0
5. Erwerbstätige im *produzierenden* Gewerbe [%]	57,6	32,3
6. Erwerbstätige in *sonstigen Wirtschaftsbereichen* [%] (ohne Land- und Forstwirtschaft, produzierendes Gewerbe und Handel und Verkehr)	23,6	49,9
7. Erwerbstätige, davon *Selbständige* [%]	9,0	8,3
8. Erwerbstätige, davon *Beamte und Angestellte* [%]	39,0	53,4
9. Erwerbstätige, davon *Arbeiter* [%]	48,7	35,2
10. Durchschnittliche *Haushaltsgröße*	2,80	2,70
11. Wohnbevölkerung ohne Kinder unter 6 Jahren und ohne Schüler und Studierende, davon mit höchstem Schulabschluß *Volksschule* [%]	78,0	66,3
12. Wohnbevölkerung ohne Kinder unter 6 Jahre und ohne Schüler und Studierende, davon mit höchstem Schulabschluß *mittlere Reife oder Abitur*	9,9	13,9
13. Wohnbevölkerung ohne Kinder unter 6 Jahre und ohne Schüler und Studierende, davon mit höchstem Schulabschluß *Berufsfach-, Fach- oder Ingenieur-Schule* [%]	9,6	14,8
14. *Erwerbstätige pro Schüler/Studierende*	2,65	2,20
15. Wohnbevölkerung, davon *Erwerbstätige* [%]	42,1	39,3

Rheinische Kleinstädte sind definiert als Städte im Verwaltungssinn (Stand 1961) im Landschaftsverband Rheinland des Landes Nordrhein-Westfalen, die am 1. 1. 1970 zwischen 10 000 und 32 000 Einwohner hatten und bei denen der Bevölkerungszuwachs auf Grund einer Verwaltungsreform nicht größer als 30% war.
Alle Daten entstammen den Gemeindeblättern der Volkszählung 1970 und beziehen sich auf den Stichtag 27. 5. 1970.

Neben der Einteilung der erwachsenen Bevölkerung nach dem höchsten Schulabschluß sagt das Verhältnis von Schülern zu Erwerbstätigen etwas über das Bildungssystem einer Gemeinde aus, und zwar weniger im Hinblick auf das Bildungsniveau bzw. die abgeschlossene Schulbildung, als auf die gegenwärtigen Anstrengungen im Bildungssektor. Zur Erfassung dieser gegenwärtigen Anstrengungen konstruierten wir den Index »Erwerbstätige pro Schüler«, d. h. mit anderen Worten, wie viele Erwerbstätige entfallen auf einen Schüler. Der Durchschnittswert liegt hier bei 2,6. Jülich hat mit 2,2 den niedrigsten Wert, allerdings dicht gefolgt von einigen anderen Städten.

Um Jülich nicht nur im Hinblick auf einzelne Merkmale seiner demographischen Struktur mit anderen Kleinstädten vergleichen zu können, sondern im Hinblick auf alle in der Gemeindestatistik zur Verfügung stehenden relevanten Variablen, führten wir eine Faktorenanalyse durch. In diese Faktorenanalyse wurden neben den bereits erwähnten Variablen wie den Anteilen der einzelnen Berufsgruppen, der Aufteilung der erwerbstätigen Bevölkerung auf die verschiedenen Wirtschaftsbereiche und der Größe der einzelnen Schulbildungsgruppen auch demographische Charakteristika aufgenommen wie das Durchschnittsalter der Bevölkerung und Familienstand. Die Variablen sind alle in *Tabelle 1* aufgeführt. Mit zwei Faktoren werden bereits 72 Prozent der Insgesamtvarianz erklärt, die weiteren Faktoren erklären jeweils nur noch einen kleinen Teil der Varianz. Wir werden deshalb im folgenden nur die ersten beiden Faktoren interpretieren.

Die Ladung der einzelnen Variablen auf den zwei Faktoren ist in *Schaubild 1* dargestellt. Mit dem ersten Faktor korreliert der Anteil der Erwerbstätigen in den sonstigen Wirtschaftsbereichen am höchsten im positiven Bereich und der Anteil der Erwerbstätigen im produzierenden Gewerbe am höchsten im negativen Bereich. Die anderen auf diesem Faktor ebenfalls hoch ladenden Variablen sind einmal im positiven Bereich der Prozentsatz der Angestellten und Beamten und der Personen mit mehr als Volksschulbildung und im negativen Bereich der Prozentsatz der Arbeiter und Volksschüler. Diese Korrelate der Wirtschaftsbereiche »produzierendes Gewerbe« einerseits und »Dienstleistungen« andererseits lassen eine Interpretation des ersten Faktors als sozioökonomischer Status oder als Schichtfaktor gerechtfertigt erscheinen, wenn man mehr auf eine Typologie von Gemeinden nach den Charakteristiken ihrer Bevölkerung als nach Merkmalen ihrer Wirtschaftsstruktur abzielt. Ein hoher positiver Faktorwert auf diesem Faktor indiziert für eine Gemeinde ein starkes Übergewicht der Mittelschicht.

Sozioökonomischer Status hat sich wiederholt als wichtigster Faktor zur Unterscheidung der demographischen Struktur von Gemeinden erwiesen[22]. Unser Ergebnis stellt also kein Artefakt der von uns verwendeten Input-Variablen dar.

Auch der zweite Faktor unserer Faktorenanalyse besitzt über unsere Variablen und unser Sample hinausgehende Gültigkeit. *Hadden* und *Borgatta* nannten diesen Faktor »age composition«, während *Charles M. Bonjean et al.* wohl treffender von »family life cycle« sprechen[23]. Auf unserem Faktor 2 laden die Merkmale Alter und Familienstand hoch, und zwar das Durchschnittsalter einer Gemeinde und der Prozentsatz der Verwitweten stark positiv und der Prozentsatz der Ledigen und die Haushaltsgröße stark negativ. Daß sowohl der Anteil der Ledigen als auch die Haushaltsgröße stark negativ laden, hängt damit zusammen, daß sich diese Zahlen auf die Wohnbevölkerung insgesamt beziehen, also einschließlich der Kinder, so daß die hohe Korrelation zwischen niedrigem Durchschnittsalter, hohem Ledigenanteil und einem hohen Anteil von Familien mit mehr Personen, d. h. vor allem auch mit mehr Kindern, nicht überraschend ist. Hohe positive Faktorwerte auf diesem zweiten Faktor indizieren also ein hohes Durchschnittsalter einer Gemeinde mit einer großen Zahl verwitweter Personen, während hohe negative Werte niedriges Durchschnittsalter und Familien mit größerer Kinderzahl bedeuten. Es ist dies ein Unterschied zwischen

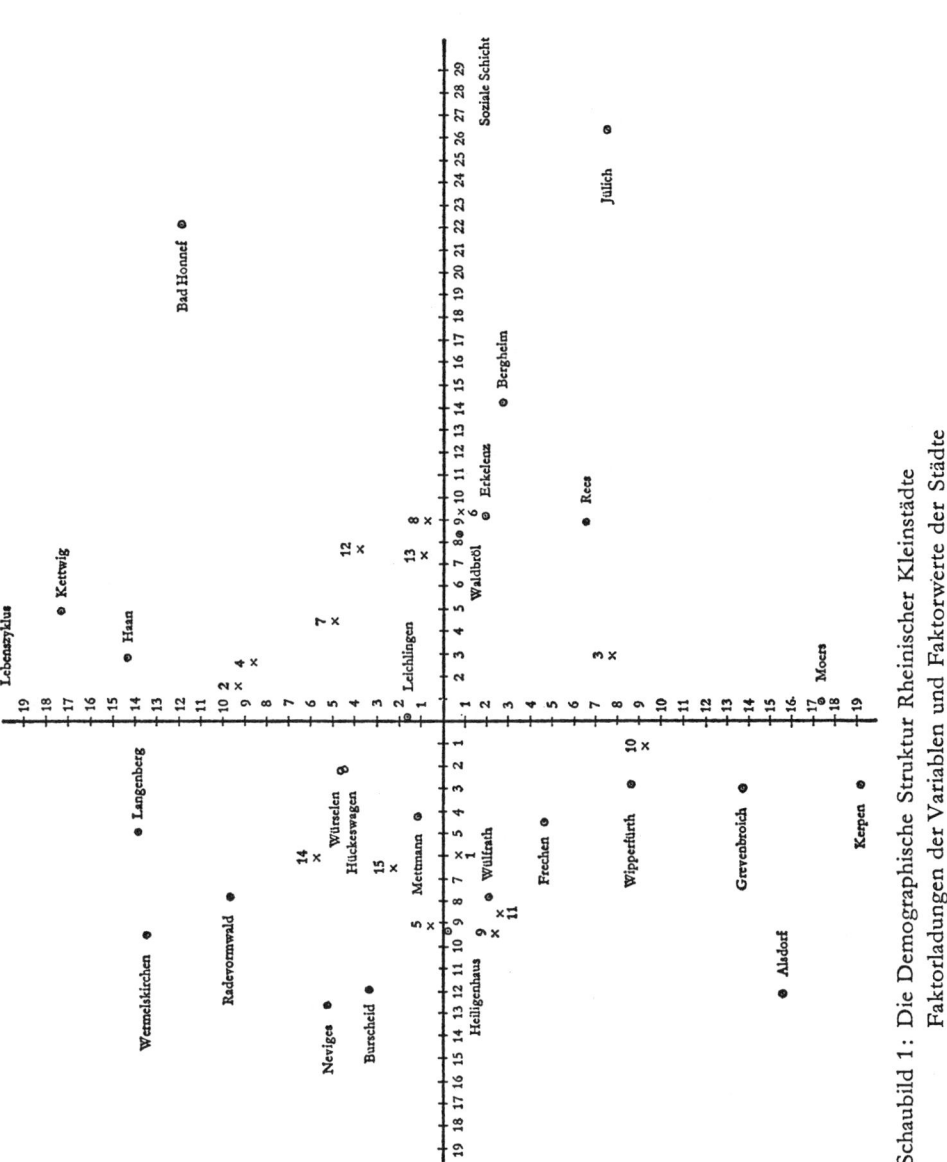

Schaubild 1 : Die Demographische Struktur Rheinischer Kleinstädte
Faktorladungen der Variablen und Faktorwerte der Städte
(Bedeutung der Variablen siehe Tabelle 1)

»Pensionistenstädten« einerseits und Städten mit vielen jüngeren Familien andererseits, eine Bevölkerungszusammensetzung, die z. B. für neuerbaute Vorstädte typisch ist.

Für jede der 25 Städte unserer Auswahl wurden die Faktorwerte für die zwei Faktoren »soziale Schicht« und »Lebenszyklus« berechnet. Die relative Position der Städte ist in dasselbe zweidimensionale Koordinatenkreuz eingezeichnet wie die Faktorladungen der Variablen (siehe *Schaubild 1*).

Die extreme Position Jülichs im Hinblick auf die einzelnen oben besprochenen demographischen Merkmale bestätigt sich in der extremen Position, die Jülich hier auf dem Faktor »soziale Schicht« einnimmt. An zweiter Stelle nach Jülich folgt, ebenfalls noch in deutlichem Abstand von den übrigen Städten, Bad Honnef. Was diese beiden Städte unterscheidet, ist ihre Altersstruktur. Während man Bad Honnef eher als Pensionistenstadt bezeichnen kann – in diesem Fall wahrscheinlich vor allem deshalb, weil ältere Personen dorthin ziehen, und nicht in erster Linie deshalb, weil jüngere Personen abwandern – ist Jülich eine Stadt, die jüngere Personen anzieht, so daß insgesamt eine eher ausgewogene Altersstruktur entsteht.

Zusammenfassend läßt sich sagen, daß Jülich im Hinblick auf den sozioökonomischen Status seiner Bevölkerung deutlich aus dem üblichen Rahmen deutscher Kleinstädte herausfällt. Das gilt insbesondere dann, wenn man Jülich mit solchen Kleinstädten vergleicht, die ähnlich wie Jülich relativ autonom sind, d. h. nicht abhängig von naheliegenden Großstädten. Am ehesten läßt sich Jülich noch als Spiegelbild von eindeutig von einer Industrie geprägten Städten wie z. B. Alsdorf begreifen, als Spiegelbild insofern, als der in einer vom Bergbau geprägten Stadt wie Alsdorf überproportional vertretenen Arbeiterschaft in Jülich die ebenfalls von einem Wirtschaftszweig abhängigen Mittelschichtberufe entsprechen. Jülich unterscheidet sich deshalb von anderen Kleinstädten so stark, weil die ausgeprägte Abhängigkeit von Wirtschaftszweigen des tertiären Bereichs für Kleinstädte nicht gerade typisch ist.

Anlage und Durchführung der Untersuchung

Unsere Analyse der Sozialstruktur Jülichs basiert auf den Daten einer Repräsentativumfrage der im Stadtgebiet von Jülich lebenden wahlberechtigten Bevölkerung. Aus der Wählerkartei, die als Kartei von wahlberechtigten Individuen aus den Unterlagen des Einwohnermeldeamts erstellt und regelmäßig berichtigt wird, wurde jede zehnte Adresse gezogen. Die so nach dem Prinzip der einfachen Zufallsstichprobe mit systematischem Auswahlverfahren gewonnenen 1230 Adressen sind für die im Stadtgebiet von Jülich wohnende Bevölkerung ab 18 Jahre, soweit sie wahlberechtigt ist, d. h. im wesentlichen, soweit sie die deutsche Staatsbürgerschaft besitzt, repräsentativ.

Im Mai 1971 wurde die Feldarbeit von Interviewern der Arbeitsgemeinschaft für System- und Konzeptforschung, Köln, durchgeführt. An jede der 1230 Adressen wurde einige Tage vor dem in Aussicht genommenen Interviewtag ein Brief geschickt, in dem das Ziel der Untersuchung grob umrissen und um Mitarbeit gebeten wurde.

Die Interviewer waren außerdem gehalten, beim ersten Mal nicht angetroffene Personen insgesamt bis zu dreimal zu verschiedenen Tageszeiten aufzusuchen. Da nach etwa 5wöchiger Feldarbeit trotz strikter Einhaltung der den Interviewern vorgeschriebenen Regeln die Ausschöpfung nur knapp über 50 Prozent betrug, wurden alle Personen, die entweder nicht angetroffen worden waren oder die ein Interview explizit verweigert hatten, im September 1971 noch einmal aufgesucht und um ein Interview gebeten. Auf diese Weise war es möglich, insgesamt 820 Interviews zu realisieren. Subtrahiert man von den 1230 Adressen die sogenannten objektiven Ausfälle, d. h. Personen, die zum Zeitpunkt der Kontaktaufnahme verstorben oder verzogen waren oder die zwar ihren legalen ersten Wohnsitz in Jülich hatten, tatsächlich aber nicht in Jülich wohnten, so ergibt sich eine Ausschöpfung von 70,5 Prozent.

Bei dieser relativ schlechten Ausschöpfungsquote ist zu berücksichtigen, daß wir keine Altersbegrenzung nach oben vorgesehen hatten. Normalerweise werden in Umfragen der kommerziellen Markt- und Meinungsforschungsinstitute ältere Personen, z. B. über 70jährige, nicht in die Stichprobe mit aufgenommen. Die Zahl der Personen, die aus Altersgründen bzw. wegen körperlicher Gebrechen nicht interviewt werden konnten, ist in unserem Fall mit insgesamt 79 Personen deshalb sehr hoch. Zieht man auch diese Personen von der Zahl der gezogenen Adressen ab, so würde sich eine Ausschöpfung von 75,3 Prozent ergeben.

Da nur die im Stadtgebiet von Jülich wohnende Bevölkerung in die Stichprobe aufgenommen wurde, ohne die Einwohner einiger umliegender Dörfer, die administrativ ebenfalls zur Gemeinde Jülich gehören, und da wir im Gegensatz zum Begriff der Wohnbevölkerung der amtlichen Statistik nur die wahlberechtigte Bevölkerung berücksichtigen, ist ein Vergleich von Schätzwerten unserer Stichprobe mit Zensuszahlen nur bedingt möglich. Für unsere zentrale Variable, die Berufsvariable, geben wir trotzdem die Verteilung der Erwerbstätigen auf die vier groben Gruppen der Selbständigen, mithelfenden Familienangehörigen, Angestellten und Beamten und der Arbeiter nach dem Zensusergebnis und für unsere Umfrage wieder. Berücksichtigt man all die Einschränkungen, die in der mangelnden Übereinstimmung unserer

Tabelle 2: Erwerbstätige in Jülich nach der Stellung im Beruf

Stellung im Beruf	Zensus 1970	Standardfehler bei n = 433	Umfrage 1971
Selbständige	8,3	1,33	9,2
Mithelfende Familienangehörige	3,1	0,83	3,5
Angestellte und Beamte einschließlich kaufmännischer und technischer Lehrlinge	53,4	2,40	58,4
Arbeiter einschließlich gewerblicher Lehrlinge	35,2	2,29	28,9
	100%		100% n = 433

Grundgesamtheit mit der Zensuspopulation liegen, so ist die Abweichung unserer Schätzwerte von den Zensuswerten zwar nicht als sehr groß anzusehen, aber immerhin groß genug, um uns eine leichte Verzerrung unserer Stichprobe infolge der Ausfälle zu ungunsten der Arbeiter annehmen zu lassen.

Die Berufsklassifikation

Bei einer Makroanalyse mit Berufen als Einheiten der Analyse besteht ein Problem darin, daß Berufe im Gegensatz zu Individuen keine klar abgrenzbaren Einheiten sind, über die Einigkeit zwischen Sozialforschern bestünde. Wenn man die Berufseinteilung des amerikanischen Zensusbüros als Beispiel nimmt, so hat man z. B. die Wahl zwischen den in die zehntausende gehenden Berufsbezeichnungen des Dictionary of Occupational Titels [24], den etwas über 300 Detailed Occupational Groups [25] und den zehn Major Occupational Groups, die auf den von *Alba M. Edwards* [26] vorgeschlagenen Berufscode zurückgehen. Aus der Zahl der Berufsgruppen auf die gesellschaftliche Arbeitsteilung zu schließen oder in Mobilitätsstudien Aussagen über den Umfang der Mobilität ohne Bezug zur verwendeten Berufseinteilung zu machen, ist ebenso wenig möglich wie beim Studium der Interaktionshäufigkeit zwischen Berufsgruppen von der Art des verwendeten Berufscodes zu abstrahieren.

Bei dimensionalen Analysen kommt der Berufseinteilung außerdem insofern strategische Bedeutung zu, als es unmöglich ist, Dimensionen der sozialen Distanz im endgültigen metrischen Raum zu entdecken, die nicht bereits logisch in den Berufscode eingebaut worden sind. Eine Berufseinteilung, die z. B. ausschließlich Prestigeunterschiede zu maximieren versucht, eignet sich wenig zur Aufdeckung anderer Dimensionen der sozialen Distanz [27]. Dieser Einwand gilt in erster Linie dann, wenn man gezwungen ist, die Vielzahl der Berufe auf möglichst wenig grobe Berufsgruppen zu reduzieren. Je größer die Zahl der Einheiten, um so geringer ist die Gefahr, daß sich die Vielzahl der Eigenschaften von Berufen auf nur eine Eigenschaft reduzieren läßt, im Hinblick auf die die groben Berufsgruppen maximale Intergruppenvarianz aufweisen. So verwendeten z. B. *Laumann* und *Guttman* eine etwas vereinfachte Version des sozioökonomischen Index für alle Berufe von *Duncan*. Die verbleibenden 55 Gruppen unterscheiden sich aber außer in ihrem Prestige noch in anderen Eigenschaften, so daß die Prestigedimension nicht ausreichte, die soziale Distanz zwischen diesen 55 Berufsgruppen auszudrücken [28].

Berufe als Einheiten der Analyse und die Eigenschaften von Berufen, wie z. B. Prestigeränge, müssen klar getrennt werden. Bei der Festlegung der Einheiten geht es darum, was man unter Beruf verstehen will. Liegen die Einheiten fest, kann man die Zahl der Merkmale dieser Einheiten beliebig erweitern. Es ist auf jeden Fall unzulässig, die Berufe mit einer ihrer Eigenschaften zu verwechseln, und sei es die gängigste wie z. B. Berufsprestige: »There is no single quantity which captures the ›essence‹ of (or ›measures‹) occupation [29].«

So wenig es in der empirischen Sozialforschung einen einheitlichen Berufscode gibt, und so nichtssagend manche Definitionen der Berufsrolle sind [30], so sehr hat sich doch im engeren Bereich der Berufsprestigeforschung eine einheitliche Begriffsexplikation durchgesetzt. Beruf wird definiert als die Art der Arbeit, die jemand verrichtet. *Paul M. Siegel* gibt in Anlehnung an die Diskussion bei *Albert J. Reiss* [31] die folgende Explikation, die wir hier in ausführlicher Version wegen ihrer analytischen Klarheit wiedergeben:

»The production of goods and services in human society requires work. In a sociological discussion we can distinguish the particular goods and services produced (industrial distinctions) from two important aspects of work itself – the specific kind of work a person does, and the social situation in which he does it. A given individual performs a specific kind of work in a particular social setting, and this is his job. His occupation refers to characteristics of his job that are transferable among employers, and to some extent, among situations... The analytic distinction between kinds of work and work situation suggests that occupation ought to be defined solely in terms of the former [32].«

Vergleicht man diese Begriffsexplikation von Beruf mit dem Berufscode, der in der deutschen Sozialforschung üblicherweise verwendet wird – die grobe Einteilung in Arbeiter, Angestellte, Beamte und Selbständige –, so muß man feststellen, daß es sich dabei gar nicht um Beruf im explizierten Sinne handelt [33]. Unter diesen Umständen wäre es besser, von der Stellung im Beruf zu sprechen, wie das in der amtlichen Statistik korrekterweise getan wird. *Reiss* bezeichnet diese Unterscheidung als »Class of Worker« [34] und führt sie als letzte von sechs Charakteristiken der Arbeitssituation auf.

Die in der deutschen Sozialforschung übliche feinere Unterteilung der vier Hauptgruppen folgt keinem einheitlichen Schema. Selbständige werden nach der Größe des Betriebs unterteilt, Arbeiter nach der nötigen Vorbildung, z. B. ob Ausbildung in anerkanntem Lehrberuf oder betriebsinterne Anlernzeit, Angestellte zum Teil nach Qualifikationsstufen der zu verrichtenden Arbeit, so bei der Unterscheidung von qualifizierten und ausführenden Angestellten, und zum Teil nach der Stellung in der hierarchischen Organisation der Arbeit, so bei der Unterscheidung von leitenden Angestellten vom Rest der Angestellten.

Vergleicht man diesen deutschen Berufscode mit den 10 Hauptberufsgruppen des amerikanischen Zensus, so drückt der amerikanische Code viel eher Unterschiede in der Art der Arbeit aus als der deutsche, obwohl er von *Alba M. Edwards* ursprünglich vor allem als sozio-ökonomische Gliederung der erwerbstätigen Bevölkerung intendiert war. Bei der Konstruktion eines Berufscodes für unsere Untersuchung hielten wir es für die beste Strategie, den deutschen Berufscode durch weitere Aufgliederung so zu verbessern, daß die resultierenden Gruppen eher Berufen im Sinne der oben dargelegten Begriffsexplikation entsprechen. Wir orientierten uns bei der feineren Aufgliederung der Gruppe der Arbeiter und Angestellten an den 10 Hauptberufsgruppen des amerikanischen Zensus, während wir für die Gruppe der akademischen Berufe, die in Jülich, wie bereits erwähnt, überrepräsentiert sind, eine noch feinere Aufgliederung wählten.

Die Gründe für diese Strategie waren in erster Linie praktischer Natur. Wir wollten die Vergleichbarkeit unserer Ergebnisse mit denen anderer deutscher Untersuchungen nicht unnötig aufgeben. Andererseits waren dem Vercodungsaufwand Grenzen ge-

setzt. Da die Befragten im Laufe des Interviews maximal bis zu neunmal nach dem
Beruf verschiedener Personen gefragt wurden, hätte es einen zu großen Aufwand
bedeutet, einen detaillierten Berufscode wie etwa die internationale Standardklassifikation der Berufe zu verwenden [35].

Der ursprünglich für die Verschlüsselung verwendete Berufscode umfaßte 71 Kategorien.
Sie sind in der Spalte »Ausführliche Version« der Übersicht über unsere Berufsklassifikation (siehe *Tabelle 3*) im einzelnen aufgeführt. In der dritten Spalte wurde
eine Zuordnung der entsprechenden Kategorien der internationalen Standardklassifikation der Berufe vorgenommen. Idealerweise würde einer Kategorie unseres ausführlichen Codes eine Kategorie der Standardklassifikation entsprechen. Wie man
aus der Übersicht unschwer ersehen kann, bereitete die Zuordnung bei den beiden
Gruppen die größte Mühe, die praktisch überhaupt keinen Aufschluß über die berufliche Tätigkeit, sondern nur über die arbeitsrechtliche Stellung geben: den Selbständigen und Beamten. Hier mußten wir bei den Zuordnungen auf Informationen zurückgreifen, die im Berufscode selbst nicht enthalten sind, wie z. B. die Frage nach
dem Industriezweig. Während sich dieses Problem im Falle der Selbständigen durch
Rückgriff auf Oberkategorien noch relativ einfach lösen ließ, fallen in die beiden
unteren Beamtengruppen so heterogene Berufe wie Hauptsekretäre, Lokführer und
Schalterbeamte bei der Post. Hier zeigt sich deutlich, daß die überlegenere Strategie
darin bestanden hätte, berufliche Tätigkeit und Stellung im Beruf als zwei separate
Merkmale zu erfassen.

Immerhin war es durch die Zuordnung der ausführlichen Version unseres Berufscodes
zu Kategorien der internationalen Standardklassifikation möglich, gleichzeitig auf die
entsprechenden Prestigeränge von *Treimans* internationaler Berufsprestigeskala zurückgreifen zu können [36]. Damit stehen für die Kategorien unseres ausführlichen
Berufscodes Prestigeränge zur Verfügung, die auf einer echten Prestigeskala basieren
und nicht etwa auf dem Umweg über Schulbildung und Einkommen gewonnen
wurden [37]. Es sind in Deutschland zwar für verschiedene Berufsbezeichnungen Prestigeränge empirisch festgestellt worden [38], es stehen unseres Wissens aber keine
Prestigeränge für Berufsgruppen zur Verfügung, wie sie in normalen Berufscodes
verwendet werden [39].

Für die Analyse der sozialen Distanz mußten die 71 Berufsgruppen zu einer kleineren Zahl zusammengefaßt werden, um ausreichende Fallzahlen zu garantieren. Bei
jeder Zusammenfassung ergibt sich das Problem, im Hinblick auf welche Merkmale
man eine maximale Intergruppenvarianz erreichen will, oder, anders ausgedrückt, für
welche Merkmale die zusammengefaßten Gruppen möglichst homogen sein sollen.
Da unser ausführlicher Code außer für akademische Berufe keine große Tiefengliede-
rung aufweist, waren die Obergruppen bereits weitgehend vorgegeben. Bei den
akademischen Berufen behielten wir dagegen eine weitergehende Aufteilung als üblich
bei.

An den 10 Hauptgruppen des amerikanischen Zensus wird häufig kritisiert, daß die
Gruppe der »professionals« zu heterogen ist. Sie umfaßt neben den freien Berufen
eine Reihe von Berufen, für die zwar eine erhebliche Ausbildung notwendig ist, aber
kein Universitätsabschluß, wie z. B. Krankenschwestern oder medizinisch-technische

Assistenten. Da das deutsche Schulbildungssystem sehr viel stärker als das amerikanische nach einzelnen Zweigen getrennt ist, zwischen denen man nicht beliebig wechseln kann, hat es für uns noch viel weniger Sinn, dermaßen heterogene Gruppen zusammenzufassen. Nimmt man die Prestigeränge der einzelnen Berufe, die in der Gruppe der »professionals« vertreten sind, als Maßstab für die Heterogenität, so erweist sich auch in den USA diese Hauptgruppe als die heterogenste im Vergleich zu den anderen 9 Hauptgruppen [40].

Die erste Obergruppe bildeten wir durch Zusammenlegung der freien Berufe und der Unternehmer. Wenn diese Zusammenlegung auch nicht als ideal angesehen werden kann, so haben beide Gruppen doch gemeinsam, daß es sich um Selbständige handelt. Im Gegensatz dazu besteht die dritte Obergruppe »Lehrer und sonstige akademische Berufe« fast ausschließlich aus Beamten, wobei etwas über drei Viertel Lehrer sind. Die Gruppe der wissenschaftlichen Mitarbeiter, d. h. der Naturwissenschaftler und Ingenieure, wurde nach dem Studienabschluß aufgeteilt in die Gruppe der Naturwissenschaftler einschließlich der Diplom-Ingenieure und die Gruppe der graduierten Ingenieure. Technische Berufe, zu deren Ausbildung der Abschluß einer Technikerschule erforderlich ist und die nach der amerikanischen Einteilung ebenfalls in die Hauptgruppe der »professionals« fallen, werden als qualifizierte technische Angestellte als 12. Obergruppe geführt, unterschieden von technischen Hilfskräften, die von der Art des Einkommens her Angestellte sind, aber nicht dieselbe Ausbildung erfahren haben wie die qualifizierten technischen Angestellten [41].

Als Obergruppe 6 wurden von uns sämtliche mittleren und kleineren Selbständigen zusammengefaßt, einschließlich der wenigen Landwirte, die nur 10 Prozent in dieser Gruppe ausmachen. Im Unterschied zu den üblichen deutschen Berufscodes wurde sowohl bei den Angestellten als auch bei den Arbeitern eine eigene Obergruppe der Dienstleistungsberufe eingeführt. Dabei handelt es sich im wesentlichen um eine Trennung der Hauptgruppe »service workers« je nachdem, ob die betreffenden Berufe normalerweise als Angestellte oder Arbeiter eingestuft werden. Zu den Angestellten in Dienstleistungsberufen wurden außerdem noch Verkäufer gezählt, die ebenso wie z. B. Sprechstundenhilfen direkt mit Kunden zu tun haben im Unterschied zu den technischen Angestellten und Büroangestellten.

Die Logik der Zusammenfassung für die restlichen Obergruppen geht aus *Tabelle 3* hervor. Sie braucht hier nicht weiter diskutiert zu werden. Generell ist zu den 19 Obergruppen, die wir im folgenden verwenden werden, zu sagen, daß sicher logisch stringentere Berufseinteilungen vorstellbar sind. Aber jede grobe Berufseinteilung stellt einen Kompromiß dar zwischen der Fallzahl und der logischen Stringenz, und insofern ist die Konstruktion jedes Klassifikationsschemas eine undankbare Aufgabe.

Um einen besseren Aufschluß über die Art des Gruppierungsmerkmals Beruf, in der Version der 19 Obergruppen, zu bekommen, haben wir in *Tabelle 4* für die 19 Obergruppen Mittelwerte von Variablen zusammengestellt, die normalerweise in kausaler Verbindung mit dem Beruf stehen, sei es, daß sie den Zugang zu Berufspositionen determinieren, wie z. B. die Schulbildung, sei es, daß es sich um Rewards für die berufliche Tätigkeit handelt, wie z. B. beim Einkommen. Da die Berufe außerdem

Franz Urban Pappi

Tabelle 3 :   Die Berufsklassifikation

Obergruppen	Ausführliche Version	Kategorie der internationalen Standard- klassifikation[1]	Pre- stige- rang[2]
1. Freie Berufe und Unternehmer	01 Arzt, Zahnarzt	00610, 00630	74,2
	02 Apotheker	00670	64,1
	03 Rechtsanwalt, Notar	01210	70,6
	04 Steuerberater, Wirtschaftsprüfer	0111	61,5
	05 Architekt	00210	71,8
	16 sonstige selbständige Akademiker	–	69,3[3])
	25 Inhaber und Geschäftsführer von größeren Unternehmen	0211	65,3
	26 Rentier	13000, 13001	55,9
2. Naturwissen- schaftler	09 Physiker	00120	76,5
	10 Chemiker	00110	67,1
	11 Mathematiker, Statistiker	00810, 00820	61,1
	13 Biologe	00510	68,7
	14 Diplom-Ingenieur	00230, 00240, 00250	66,0
	15 Diplom-Landwirt	00530	57,8
	12 sonstige wissenschaftliche Mitarbeiter	001	66,1
3. Lehrer und sonstige akademische Berufe	06 Professor	01310	77,6
	07 Gymnasiallehrer	01320	64,2
	08 Pfarrer, Kaplan	01410	59,7
	17 Volksschullehrer	01330	57,0
	18 Bibliothekar	01910	54,5
	19 Journalist, Redakteur	01590	54,9
	20 Künstler, Artist	016, 0179	46,3
	21 Offizier	10001	63,2
	40 Beamte des höheren Dienstes	02033, 01222	72,1
4. Graduierte Ingenieure	23 Graduierter Ingenieur		
	24 Ingenieur ohne nähere Angabe	00290	55,2
5. Leitende Angestellte	50 Leitende Angestellte (Abteilungsleiter, Filialleiter, middle management)	02192, 03313, 04000	57,3
6. Mittlere und kleinere Selbständige	27 Inhaber von Handwerks- betrieb	07732, 07761,	

Tabelle 3 :   (Fortsetzung)

Obergruppen	Ausführliche Version	Kategorie der internationalen Standard-klassifikation[1]	Pre-stige-rang[2]
	28 mithelfender Familien-angehöriger im Handwerk	08551, 08711, 09311	45,1
	29 Inhaber von Einzelhandels-geschäft	0411	48,0
	30 mithelfender Familien-angehöriger im Einzelhandel	0411	48,0
	31 sonstige Selbständige außer Landwirten		
	32 sonstige mithelfende Familienangehörige außer Landwirten	0611	39,6
	33 Selbständige Landwirte		
	34 mithelfende Familien-angehörige in der Landwirtschaft	0611	39,6
7. Beamte des ge-hobenen Dienstes	41 Beamte des gehobenen Dienstes (Inspektor, Amtmann)	03101, 03105	58,7
8. Beamte des mitt-leren Dienstes	42 Beamte des mittleren Dienstes (Sekretär, Lokführer) 44 Beamte ohne nähere Angabe	03102, 03315, 03600, 09830	43,5
9. Beamte des ein-fachen Dienstes	43 Beamte des einfachen Dienstes (Assistent, Wachtmeister) 22 Berufssoldat	03700, 09840, 09831, 09891 10003	31,3 38,7
10. Qualifizierte Büroangestellte	51 Qualifizierte Büroangestellte (Bilanzbuchhalter, Chef-sekretärin, Bankkaufmann)	03211, 03310, 03314	49,9
11. Ausführende Büroangestellte	52 Ausführende Büroangestellte (Stenotypistin, Bank-angestellter ohne nähere Angabe) 57 Angestellte ohne nähere Angabe	03210, 0339 0339	38,1 36,8
12. Qualifizierte technische Angestellte	55 Qualifizierte technische Angestellte (Laborant, medizinisch-technischer Assistent)	0034, 0035, 0036, 00620, 00840	49,2

Tabelle 3 :   (Fortsetzung)

Obergruppen	Ausführliche Version	Kategorie der internationalen Standard-klassifikation[1]	Pre-stige-rang[2]
13. Ausführende technische Angestellte	56 Technische Hilfskräfte (techn. Angestellte ohne nähere Angabe, Laborgehilfe)	07490	42,9
14. Angestellte in Dienstleistungs-berufen	53 Verkäufer	04510	33,6
	54 sonstige Verkaufsberufe, nicht selbständige Vertreter	04321, 04410	45,7
	70 Krankenpflegepersonal	0072	44,0
	71 Sprechstundenhilfe	05990	41,6
15. Höchst qualifizierte Facharbeiter	60 Höchst qualifizierte Fach-arbeiter (Industriemeister)	0700	45,7
16. Facharbeiter	61 Facharbeiter (Ausbildung in anerkanntem Lehrberuf)	09951	41,8
17. Angelernte Arbeiter	62 Angelernte Arbeiter, LKW-Fahrer	09853, 09970	30,9
18. Ungelernte Arbeiter	63 Ungelernte Arbeiter 65 Arbeiter ohne nähere Angabe	09991, 09990	18,6
19. Arbeiter in Dienstleistungs-berufen	72 Friseur, Masseur	05700, 00762	30,5
	73 Kellner, Angestellte in Gaststätten	0532	23,2
	74 Hausmeister, Dienstmann	05510, 05890	21,2
	75 Haushalts-, Küchenhilfen	05312, 054	22,1
	76 Sonstige Dienstleistungs-berufe	05312, 054	22,1
	64 Landwirtschaftliche Arbeiter	062	22,2

[1] Von *Treiman* modifizierte Version der internationalen Standardklassifikation der Berufe (International Labor Office, International Standard Classification of Occupations, Genf 1969; *Donald J. Treiman*, a.a.O., siehe Kapitel II). Bei diesem 5stelligen Code sind die mittleren drei Stellen mit dem ISCO-Code identisch (major occupational group, minor occupational group, unit group), die erste Stelle besagt, ob es sich um Erwerbstätige handelt (0) oder nicht (1), und die fünfte Stelle gibt die von *Treiman* eingeführte konkrete Berufsbezeichnung wieder. Wenn weniger als fünf Stellen aufgeführt werden, handelt es sich um die entsprechende Oberkategorie.

[2] Der Prestigerang wurde nach *Treimans* internationaler Standardberufsprestige-Skala ver-schlüsselt (siehe *Treiman*, a.a.O., Tabelle 7.1).

[3] Durchschnitt des Prestigerangs der Berufe 01 bis 05.

nicht gleichmäßig über die verschiedenen Wirtschaftszweige streuen, geben wir für die Erwerbstätigen der einzelnen Berufsgruppen den Prozentsatz an, der im für Jülich wichtigsten Wirtschaftszweig beschäftigt ist, nämlich bei Organisationen des Wirtschaftslebens ohne Erwerbscharakter. Dabei handelt es sich in erster Linie um Beschäftigte der Kernforschungsanlage.

Während die Mittelwerte für die Merkmale Schulbildung und Einkommen kaum eines Kommentars bedürfen, geben die Variationskoeffizienten Aufschluß über die sozio-ökonomische Homogenität der jeweiligen Berufsgruppe. Dabei erweisen sich die Naturwissenschaftler, die verschiedenen Beamtengruppen und die Facharbeiter als relativ homogene Gruppen, während die Selbständigen und die ungelernten und Dienstleistungs-Arbeiter sowohl im Hinblick auf Schulbildung als auch auf Einkommen eine relativ große Intragruppenvarianz haben. Betrachtet man Schulbildung und Einkommen getrennt, dann ist bei der Schulbildung zu berücksichtigen, daß einzelne Obergruppen durch einen bestimmten berufsqualifizierenden Schulabschluß definiert sind, so daß ihre diesbezügliche Homogenität nicht überraschend ist, während zum Beispiel bei der Gruppe der freien Berufe und Unternehmer bewußt Berufe mit unterschiedlichen Ausbildungsanforderungen, aber dafür vergleichbarem Einkommen zusammengefaßt wurden. Ähnlich dieser letzten Gruppe befinden sich auch unter den leitenden Angestellten Personen mit sehr unterschiedlicher Ausbildung.

Eine geringe Streuung der Einkommen ist meistens eine Folge gleicher Beschäftigungsverhältnisse, indiziert z. B. durch die Art des Wirtschaftszweiges, wenn in diesen Wirtschaftszweig nur ein oder zwei lokale Großbetriebe fallen. So ist die überwiegende Mehrheit der Naturwissenschaftler und graduierten Ingenieure bei der Kernforschungsanlage, der Lehrer und sonstigen akademischen Berufe bei Schulen, der Beamten des gehobenen Dienstes bei Gebietskörperschaften und der Beamten des mittleren und einfachen Dienstes bei Bahn und Post beschäftigt. Die technischen Angestellten sind zwar nicht überwiegend, aber doch mehrheitlich bei der Kernforschungsanlage angestellt. Für die anderen Berufsgruppen ergeben sich zum Teil auch eindeutige Beschäftigungsschwerpunkte nach gröber definierten Wirtschaftszweigen, wie zum Beispiel für die angelernten und ungelernten Arbeiter, die überwiegend in der Industrie oder im Baugewerbe tätig sind, nur indizieren diese Wirtschaftszweige bei der Vielzahl der in Frage kommenden Betriebe keine gleichen Beschäftigungsverhältnisse. Leitende Angestellte, qualifizierte Büroangestellte, Angestellte in Dienstleistungsberufen und Facharbeiter streuen sehr gleichmäßig über die verschiedenen Wirtschaftszweige, während ausführende Büroangestellte und Arbeiter in Dienstleistungsberufen jeweils zwei Schwerpunkte haben, erstere Gebietskörperschaften und Kernforschungsanlage, letztere Dienstleistungsgewerbe und Kernforschungsanlage, bedingt durch die zahlenmäßige Stärke des Wachdienstes dieser Institution. Wegen der im Vergleich zu nationalen Gesellschaften relativ geringen Diversifikation des Arbeitsmarktes von kleineren Gemeinden und wegen des teilweisen Einbaues von Ausbildungskriterien in unseren Berufscode können die 19 Obergruppen einen relativ großen Teil der Varianz der Schulbildung und des Einkommens erklären. So erklärt unsere Berufsvariable 65,2 Prozent der Varianz der Schulbildung und 50 Prozent der Varianz des Einkommens. Beschränkt man das Sample auf die berufstäti-

Tabelle 4: Schulbildung, Einkommen und Wirtschaftszweig nach Berufsgruppen

Berufsgruppe	Schulbildung in Jahren[1]		Monatsnetto-einkommen in DM[1]		Prozent der Erwerbstätigen in Organisationen des Wirtschaftslebens ohne Erwerbscharakter[3]
	$\bar{x}$	$CV = \frac{s}{\bar{x}} \cdot 100$	$\bar{x}$	$CV = \frac{s}{\bar{x}} \cdot 100$	
1. Freie Berufe und Unternehmer	16,3	17,8	2334	26,0	6,7
2. Naturwissenschaftler	18,0	0	2315	18,3	75,7
3. Lehrer und sonstige akademische Berufe	16,3	15,3	2084	27,3	13,0
4. Graduierte Ingenieure	14,4	8,3	1764	28,1	68,4
5. Leitende Angestellte	13,1	19,1	1786	32,5	25,0
6. Mittlere und kleinere Selbständige	11,4	18,4	1526	58,7	–
7. Beamte des gehobenen Dienstes	13,0	8,5	1700	17,1	6,7
8. Beamte des mittleren Dienstes	11,5	7,8	1338	31,7	–
9. Beamte des einfachen Dienstes	10,7	8,4	1031	18,0	–
10. Qualifizierte Büroangestellte	12,4	11,3	1181	39,4	18,2
11. Ausführende Büroangestellte	11,7	12,8	996	36,2	39,1
12. Qualifizierte technische Angestellte	12,7	11,8	1436	32,3	52,9
13. Ausführende technische Angestellte	11,7	17,9	1150	20,7	57,1
14. Angestellte in Dienstleistungsberufen	10,7	15,9	1166	36,7	9,1
15. Höchst qualifizierte Facharbeiter	11,2	6,3	1245	33,8	25,0
16. Facharbeiter	11,0	6,4	1067	28,7	17,7
17. Angelernte Arbeiter	9,7	15,5	1110	33,0	14,3
18. Ungelernte Arbeiter	9,5	16,8	820	43,8	19,0
19. Arbeiter in Dienstleistungsberufen	10,5	19,0	908	41,2	30,8
	$\eta^2 = 0{,}652$		$\eta^2 = 0{,}500$		

[1] Grundgesamtheit sind alle Personen, die zum Zeitpunkt der Befragung einen Beruf ausübten, oder Rentner, die früher einen Beruf ausgeübt haben. – Schulbildung ist verschlüsselt als durchschnittliche Dauer der Schulausbildung in Jahren.

[2] Berufseinteilung erfolgte nach Beruf des Haushaltungsvorstands. Grundgesamtheit sind alle Personen, die sich als bzw. über ihren Haushaltungsvorstand nach dem jetzigen oder früheren Beruf einer der 19 Kategorien zuordnen lassen.

[3] Grundgesamtheit sind alle zum Zeitpunkt der Befragung Erwerbstätigen.

gen Männer, steigen diese Prozentsätze auf 76,3 bzw. 57,1 Prozent. Im Vergleich dazu erklären die 10 Hauptberufsgruppen des amerikanischen Zensus für die erwerbstätigen Männer in den USA nur 30 Prozent der Varianz der Schulbildung und 18 Prozent der Varianz des Einkommens [42], bei Verwendung der 323 Detailed Occupational Groups steigen diese Prozentsätze für die Schulbildung nur geringfügig auf 36 Prozent und für das Einkommen etwas stärker auf 31 Prozent an [43].

In den USA werden für einzelne Gemeinden zum Teil ebenfalls sehr hohe Korrelationskoeffizienten zwischen Berufsprestige, Schulbildung und Einkommen mitgeteilt [44], aber der Trend ist nicht durchgängig [45], daß in lokalen Gemeinden die Korrelationen generell höher wären als für nationale Gesellschaften. Gemeinden unterscheiden sich offensichtlich im Grad der individuellen Statuskristallisation, und zwar wahrscheinlich derart, daß die Statuskonsistenz in kleineren Gemeinden größer ist als in Großstädten. Zum Vergleich haben wir in *Tabelle 5* die entsprechenden Korrelationen für Jülich und die USA gegenübergestellt. Dabei ist interessant, daß die Rangfolge der Koeffizienten in beiden Fällen gleich ist, mit der Korrelation zwischen Berufsprestige und Schulbildung als höchstem und der zwischen Schulbildung und Einkommen als niedrigstem Koeffizienten.

Tabelle 5: Korrelation zwischen Berufsprestige, Schulbildung und Einkommen für die Population der erwerbstätigen Männer

Jülich			USA		
	Prestige	Schulbildung		Prestige	Schulbildung
Schulbildung	0,79		Schulbildung	0,50	
Einkommen	0,66	0,64	Einkommen	0,46	0,37
Quelle: Gemeindestudie Jülich			Quelle: *Paul M. Siegel* a.a.O., S. 241–245		

Die Koeffizienten sind Produkt-Moment-Korrelationen mit Individuen als Einheiten.

So sehr sich die Korrelationen auf der individuellen Ebene in der Größenordnung unterscheiden, um so auffälliger ist, wie ähnlich sie auf der Aggregatebene sind. Nimmt man die Berufe als Einheiten der Analyse und erklärt zum Beispiel das durchschnittliche Prestige einer Berufsgruppe mit dem durchschnittlichen Einkommen und der durchschnittlichen Schulbildung, so unterscheidet sich *Siegels* Ergebnis für die USA und unser Ergebnis für Jülich erst in der ersten Stelle hinter dem Komma. In beiden Fällen können 89 Prozent der Varianz des Prestiges erklärt werden [46]. Das bedeutet mit anderen Worten, daß durch unsere Beschränkung auf die Daten einer Gemeinde die Intergruppenvarianz zwischen den Berufsgruppen erhalten bleibt, während die Homogenität innerhalb der Berufsgruppen größer ist als normalerweise bei nationalen Untersuchungen. Für unsere Makroanalyse mit den Berufen als Einheiten ist das eine sehr günstige Ausgangslage.

Wegen der zentralen Bedeutung des Berufs für unsere Untersuchung wurden die maximal bis zu 9 Berufsangaben im Interview für die Hälfte der Fälle von zwei erfahrenen Vercodern verschlüsselt, so daß es möglich wurde, Zuverlässigkeitskoeffizienten zu berechnen. Der *Scott*sche Zuverlässigkeitskoeffizient [47] liegt je nach Beruf zwischen 0.81 und 0.91. Dabei ist zu berücksichtigen, daß es sich bei diesem Koeffizienten um ein relativ konservatives Maß handelt, da jede Abweichung zwischen den zwei Vercodern gleich als Fehler zählt. Der Fall, daß z. B. der eine Vercoder eine Berufsbezeichnung als Facharbeiter und der andere sie als angelernter Arbeiter verschlüsselt, wird gleich behandelt wie der Fall, daß die zwei Berufe so weit auseinanderliegen wie leitende Angestellte und höchstqualifizierte Facharbeiter. Tatsächlich kommen die meisten Abweichungen zwischen benachbarten Kategorien vor, wobei insbesondere die Unterscheidung zwischen Facharbeitern und angelernten Arbeitern Schwierigkeiten bereitete.

Die soziale Distanz zwischen Berufsgruppen

Wie wir in der Einleitung ausführten, wollen wir Aussagen über die Schichtstruktur der Gemeinde Jülich aus einer Analyse der sozialen Distanz zwischen Berufsgruppen ableiten. Wir gehen dabei von einem Interaktionskonzept der sozialen Distanz aus, nach dem sich die Ähnlichkeit bzw. die Distanz der Berufe aus der Wahrscheinlichkeit von Freundschaftswahlen zwischen Angehörigen der verschiedenen Berufsgruppen bestimmt. Mit Hilfe einer dimensionalen Analyse wird eine symmetrische Matrix von Ähnlichkeitskoeffizienten zwischen den Berufsgruppen in einen metrischen Raum möglichst geringer Dimensionalität transponiert, wobei die theoretische Aufgabe dann darin bestehen wird, diese Dimensionen, nach denen sich die Berufe unterscheiden, inhaltlich zu interpretieren.

Die bisher durchgeführten Analysen der sozialen Distanz von Berufsgruppen [48] beschränken sich auf die Population der berufstätigen Männer. Wenn man wie wir die gesamte wahlberechtigte Bevölkerung in die Analyse einbeziehen will, entsteht das Problem der Berufszuordnung für nicht am Erwerbsleben Beteiligte. Dieses Problem kann nicht generell gelöst werden, die Lösung hängt vom jeweiligen Untersuchungszweck ab. In der Schichtungssoziologie wird es im allgemeinen nicht als problematisch empfunden, die einzelne Familie oder den Haushalt als die kleinste Einheit zu nehmen, die dann nach dem Beruf des Haupternährers eingeordnet wird. So sinnvoll dieses Vorgehen im Hinblick auf ökonomische Indikatoren ist, so folgt daraus noch nicht automatisch, daß der Haushalt auch für Freundschaftswahlen die bestmögliche Einheit ist. Denkt man an erwachsene Kinder, die noch im Haushalt der Eltern leben, erscheint diese Annahme sogar höchst problematisch. Ähnlich ist es z. B. für Witwen fraglich, ob man sie sinnvollerweise einfach nach dem Beruf ihres verstorbenen Mannes einordnen kann, da sie wohl nicht ohne weiteres ihren alten Verkehrskreis aufrechterhalten können oder wollen. Aus diesen Überlegungen heraus ordnen wir lediglich verheiratete Frauen nach dem Beruf ihres Ehemannes ein, während wir sonst ausschließlich den eigenen Beruf des Befragten verwenden. Bei verheirateten Frauen ist die Einordnung nach dem Beruf ihres Ehemannes einmal direkt gerechtfertigt, weil Frauen zu einem großen Teil denselben Verkehrskreis haben wie ihre Ehemänner, und einmal indirekt, weil es bei der Wahl der Ehefrau ebenso berufliche »Endogamie« gibt wie bei der Wahl von Freunden [49].

Was die Annahme betrifft, daß Ehefrauen zum Teil denselben Verkehrskreis haben wie ihre Männer, so können wir das mit unseren Daten zwar nicht unmittelbar überprüfen; die Auswertung der Frage, wie man die Freunde kennengelernt hat [50], zeigt aber, daß die Verkehrskreise verheirateter Frauen viel stärker familien- bzw. haushaltsbezogen sind als die Verkehrskreise einzelstehender Frauen oder verheirateter Männer. Verheiratete Frauen lernten 18 Prozent ihrer Freunde durch ihren Ehegatten kennen, bei verwitweten oder geschiedenen ist der entsprechende Anteil 12 Prozent und bei verheirateten Männern sogar nur 6 Prozent. Zählt man Freunde, die man durch den Ehegatten kennengelernt hat, oder die Verwandte bzw. Nachbarn sind, zu den familienbezogenen Freunden – im Gegensatz zu der Kategorie der personenbezogenen Freunde –, so haben Frauen generell mehr familienbezogene Freunde, die verheirateten Frauen liegen aber mit 59 Prozent eindeutig an der Spitze, gefolgt von den verwitweten bzw. geschiedenen Frauen mit 54 Prozent. Bei verheirateten Männern sind 38 Prozent familienbezogene Freunde und bei ledigen Männern sogar nur 13 Prozent gegenüber 32 Prozent bei ledigen Frauen.

Soweit die Befragten bzw. die Ehemänner der verheirateten Frauen nicht mehr berufstätig waren, wurde der frühere Beruf verschlüsselt. Für Personen, die nie am Erwerbsleben teilgenommen haben, für die aber nach unserer Zuordnungslogik der eigene Beruf verschlüsselt werden mußte, wurden zu den 19 Obergruppen unseres Berufscodes noch die folgenden Gruppen aufgenommen: Hausfrauen, Schüler und Studenten und Lehrlinge. Zusammen mit der Kategorie »keine Angabe« ergeben sich also 23 Gruppen.

Neben dem eigenen Beruf, bzw. dem des Ehemannes, wurde der Beruf der drei engsten Freunde, bzw. von deren Ehemännern, erfragt und nach den angegebenen Spezifikationen verschlüsselt [51]. Die Grundtabelle für die folgende Analyse ist eine zeilenweise prozentuierte Kreuztabelle mit dem Beruf des Hauptbefragten als Zeilen- und dem Beruf der Freunde als Spalten-Variable. Da wir insgesamt Angaben über drei Freunde erfragten, errechnet sich diese Grundtabelle als zellenweise Summe der drei Einzeltabellen mit dem Beruf des Befragten gegen den Beruf des ersten, zweiten und dritten Freundes. Diese Grundtabelle ist methodisch gesehen mit einer Mobilitätstabelle mit dem Beruf des Vaters als Zeilen- und dem Beruf des Sohnes als Spalten-Variable identisch. Wie in unserem Fall die Randverteilung für die Hauptbefragten mit der Zahl der angegebenen Freunde gewichtet ist, ist bei einer Mobilitätstabelle die Berufsverteilung der Väter mit der Zahl der Söhne gewichtet. Diese letztere Gewichtung fällt technisch gesehen nicht als solche auf, da die Mobilitätsangaben bei den Söhnen erhoben werden und die Gewichtung der Väter damit nur implizit geschieht. Mit dieser Technik der Datenerhebung ist es dann allerdings unmöglich, die ungewichtete Berufsverteilung der Väter zu rekonstruieren, während in unserem Fall sowohl die ungewichtete als auch die gewichtete Berufsverteilung der Hauptbefragten errechnet werden kann.

Wir haben in *Tabelle 6* in den beiden ersten Spalten beide Verteilungen gegenübergestellt. Die ungewichtete Berufsverteilung basiert auf den Berufsangaben aller Befragten (N = 820), während die gewichtete Verteilung nicht auf einer Fallzahl von
N = 820 x 3 = 2460, sondern nur auf N = 2187 basiert, weil nicht alle Befragten
Angaben zu den drei Freunden gemacht haben [52]. Die zweite Spalte ist damit identisch mit der Insgesamtspalte unserer Grundtabelle, während die in der dritten Spalte
aufgeführte Berufsverteilung der Freunde die Insgesamtzeile der Grundtabelle darstellt.

a. Berufliche Endophilie

Bevor wir auf die Ähnlichkeit in den Freundschaftswahlen der Berufsgruppen eingehen, untersuchen wir die Tendenz von Angehörigen der einzelnen Berufe, die
Freunde aus derselben Berufsgruppe zu wählen, der man selbst angehört. Diese berufliche Selbstselektion wollen wir als Endophilie bezeichnen. Methodisch gesehen handelt es sich um dasselbe Phänomen wie bei der Berufsvererbung, so daß auch die
Meßprobleme, wenigstens oberflächlich betrachtet, zunächst identisch sind.
Der in Spalte 4 von *Tabelle 6* aufgeführte Prozentsatz tatsächlicher Endophilie ist
insofern für die Tendenz zu beruflicher Selbstselektion nicht so aufschlußreich, als
diese Prozentzahlen von der Größe der jeweiligen Berufsgruppen mit determiniert
sind. Der in der Mobilitätsforschung häufig noch verwendete Assoziationsindex, der
diesen Nachteil ausgleichen soll [53], ist für unsere Daten in Spalte 5 berechnet. Werte
über 1 geben an, um wieviel die tatsächliche Endophilie die zufällig erwartete Endophilie übertrifft. Da dieser Index, wie *Duncan* gezeigt hat, aber ebenfalls nicht von
den Randverteilungen unabhängig ist [54] und außerdem noch andere entscheidende
Mängel aufweist [55], führen wir die Werte hier nur zu Vergleichszwecken mit anderen
Untersuchungen der beruflichen Selbstselektion auf [56].
Von den inhaltlichen Modellannahmen her relevanter für unser Problem der beruflichen Endophilie als die verschiedenen Mobilitätsmodelle sind die Postulate und
Maßzahlen der Theorie sozialer Netzwerke. Wenn unser Vorgehen beim Sammeln
von Angaben über die Freunde der Hauptbefragten auch keinem »Strukturexperi-
ment« entsprach [57], so eignen sich doch einige Maßzahlen, die Eigenschaften von
aggregierten Teilnetzwerken und deren Beziehung zu ihrer Umgebung erfassen, zur
Analyse unserer Daten.
Unsere Grundtabelle entspricht einer »who-selected-whom« Matrix, von der auch
T. J. Fararo und *Morris H. Sunshine* bei der Entwicklung einiger ihrer Maßzahlen
ausgehen [58]. Um die verschiedenen Aspekte der beruflichen Endophilie in Anlehnung
an *Fararo* und *Sunshine* besser erläutern zu können, teilen wir unsere Grundtabelle
in Vierfeldertafeln nach dem in *Tabelle 7* dargestellten Muster auf. Die Subpopulation
P_1 ist in unserem Falle eine der 23 Berufsgruppen, P_2 steht für die jeweilige Rest-
kategorie, d. h. die restlichen 22 Gruppen. Wenn ein Angehöriger der Berufsgruppe
P_1 ein anderes Mitglied von P_1 zum Freund wählt, liegt Endophilie vor. A_{11} ist die
Anzahl der Freundeswahlen innerhalb einer Berufsgruppe. Insgesamt handelt es

Tabelle 6: Prozentverteilungen für die Berufe der Befragten und Freunde und Maßzahlen der beruflichen Endophilie

	Prozent der Befragten ungewichtet $\frac{N_1}{N} \cdot 100$	Prozent der Befragten gewichtet $\frac{A_1.}{A..} \cdot 100$	Prozent der Freunde $\frac{A._1}{A..} \cdot 100$	Tatsächliche Endophilie $\delta_1 = \frac{A_{11}}{A_1.} \cdot 100$	Assoziationsindex $\frac{\delta_1}{(N_1/N) \cdot 100}$	Systematische Endophilie $\tau_1 = \frac{(\delta_1/100) - A._1/A..}{1 - A._1/A..}$
1. Freie Berufe und Unternehmer	3,3	3,6	4,1	29,1	8,8	.261
2. Naturwissenschaftler	6,5	6,8	6,0	48,0	7,4	.447
3. Lehrer und sonstige akademische Berufe	4,0	4,4	6,3	28,1	7,0	.233
4. Graduierte Ingenieure	4,6	4,6	3,7	16,8	3,7	.136
5. Leitende Angestellte	3,7	3,7	3,4	7,3	1,9	.040
6. Mittlere und kleinere Selbständige	6,2	5,3	9,5	29,9	4,8	.225
7. Beamte des gehobenen Dienstes	3,2	3,2	3,1	11,4	3,5	.086
8. Beamte des mittleren Dienstes	5,7	5,9	5,9	23,3	4,1	.185
9. Beamte des einfachen Dienstes	2,2	2,4	1,1	5,7	2,5	.047
10. Qualifizierte Büroangestellte	3,4	3,3	3,1	9,7	2,9	.068
11. Ausführende Büroangestellte	5,2	5,0	7,5	14,5	2,8	.076
12. Qualifizierte technische Angestellte	5,7	5,8	2,0	8,7	1,5	.068
13. Ausführende technische Angestellte	2,2	2,4	1,9	11,3	5,1	.096
14. Angestellte in Dienstleistungsberufen	2,1	2,1	2,5	13,3	6,3	.111
15. Höchstqualifizierte Facharbeiter	3,0	3,4	2,3	12,2	4,1	.101
16. Facharbeiter	14,5	15,0	13,3	31,3	2,1	.208
17. Angelernte Arbeiter	8,3	8,0	5,4	20,0	2,4	.154
18. Ungelernte Arbeiter	3,9	3,0	2,7	26,2	6,7	.241
19. Arbeiter in Dienstleistungsberufen	2,2	2,0	2,3	13,9	6,3	.119
20. Hausfrauen	3,5	3,2	4,7	18,3	5,2	.143
21. Schüler und Studenten	3,7	4,1	5,3	60,7	16,4	.585
22. Lehrlinge	1,3	1,5	1,0	27,3	21,0	.266
23. Keine Angabe	1,5	1,2	2,9	7,4	4,9	.046
	N = 820	N = 2187	N = 2187	N = 2187		

sich bei der Tabelle nicht um eine Tabellierung von Befragten, sondern von Freundschaftswahlen bzw. Freundespaaren. A.., die Gesamtzahl der Freundschaftswahlen,
beträgt in unserem Fall 2187. Die tatsächliche berufliche Selbstselektion ist dann
definiert als $\dfrac{A_{11}}{A_1.}$ (actual inbreeding proportion), d. h. es handelt sich um die Ver-
hältniszahlen, die in Spalte 4 von *Tabelle 6* in der Form von Prozentwerten aufgeführt sind.

Tabelle 7:   Darstellung von Freundschaftswahlen in einer »who-selected-whom« Matrix

Hauptbefragter	Freunde		
	P_1	P_2	
P_1	A_{11}	A_{12}	$A_1.$
P_2	A_{21}	A_{22}	$A_2.$
	$A_{.1}$	$A_{.2}$	$A_{..}$

Vgl. *T. J. Fararo* und *Morris H. Sunshine*, a.a.O., S. 58.

Fararo und *Shunshine* geht es nun darum, diese tatsächlichen Selbstselektionen in
zwei Teile zu zerlegen, in die unter der Annahme von Zufallskontakten erwartete
Selbstselektion (random inbreeding expectation) und in die aufgrund von Mechanismen der Endophilie verzerrte Selbstselektion (inbreeding bias). Die Zufallserwartung für die Selbstselektion entspricht dem Anteil der Angehörigen der jeweiligen
Berufsgruppe an der Gesamtbevölkerung. Wenn wir die Gesamtbevölkerung mit N
und die Angehörigen der Berufsgruppe i mit N_i bezeichnen, ist die Zufallserwartung
als $\dfrac{N_i}{N}$ definiert. Die entsprechenden Werte für die 23 Berufsgruppen sind als Prozentwerte in Spalte 1 von *Tabelle 6* ausgewiesen.
Diese einfache Definition der unter der Annahme von Zufallskontakten erwarteten
Endophilie setzt, streng genommen, allerdings voraus, daß Wähler und Gewählte
demselben Sozialsystem angehören. Bei *Fararo* und *Sunshine* ist diese Voraussetzung
immer gegeben, da sie soziale Netzwerke als Ergebnisse von Strukturexperimenten
bestimmen und ein Strukturexperiment dann vorliegt, »wenn man (1) eine Menge
von Objekten ... spezifiziert hat und (2) mit Hilfe eines empirischen Untersuchungs-
prozesses für *jedes* dieser Objekte angeben kann, zu welchem anderen Objekt *in der
gegebenen Menge* es in einer bestimmten Beziehung steht« [59]. Da wir unsere Daten
nur in nach Berufsgruppen aggregierter Form auswerten, brauchen wir keine Total-
erhebung, sondern kommen mit einer Stichprobe aus. Daß sich die Freundschaftswahlen aber innerhalb der spezifizierten Grundgesamtheit halten sollen, ist eine
methodische Forderung, über die wir nicht ohne weiteres hinweggehen können.
Diese Forderung besagt konkret, daß die Freunde auch nur aus der Population der
wahlberechtigten Jülicher stammen sollten. Während die Altersgrenze kaum unter-
schritten wird, würde die Begrenzung auf Jülich als Wohnort der Freunde ein ernste-

res Problem darstellen. Nur 60,3 Prozent der Freunde wohnen in Jülich, 21,2 Prozent in der näheren Umgebung von Jülich und 18,5 Prozent weiter entfernt. Da der Wohnort der Freunde aber empirisch erfaßt wurde, braucht das Problem nicht theoretisch abgehandelt zu werden, sondern es kann empirisch überprüft werden, wie verschieden die Zufallskontakte mit Angehörigen der einzelnen Berufsgruppen je nach Randverteilung ausfallen würden. Zur Messung dieser Verschiedenheit verwenden wir den von *Duncan* entwickelten Dissimilaritätsindex [60].

Orientieren wir uns zunächst an der Forderung, daß Wähler und Gewählte demselben Sozialsystem angehören sollen, und vergleichen wir die Randverteilung für die Hauptbefragten mit der der Freunde, soweit diese in Jülich wohnen, so ist die Abweichung mit einem Dissimilaritätsindex von 5,3 als äußerst gering anzusprechen. Vergleicht man dagegen die Randverteilung für alle Freunde (Spalte 3 von *Tabelle 6*) mit der Berufsverteilung der Hauptbefragten (Spalte 1 von *Tabelle 6*), so nimmt der Index mit 13,5 einen mehr als doppelt so hohen Wert an. Die Tendenz, Freunde außerhalb des Wohnorts zu haben, kann also nicht bei allen Berufsgruppen gleich groß sein. Es gilt, daß die Abweichungen von der Jülicher Berufsverteilung um so größer werden, je weiter die Freunde entfernt wohnen. Wohnen sie in der näheren Umgebung Jülichs, ist der Dissimilaritätsindex 13,6 Prozent, wohnen sie weiter entfernt, verdoppelt er sich beinahe auf 25,8 Prozent. Je höher das Berufsprestige eines Befragten ist, desto eher hat er Freunde, die weiter von Jülich weg wohnen. Derselbe Trend läßt sich nicht für Freunde feststellen, die in der näheren Umgebung Jülichs wohnen.

Da die Entfernung der Wohnung des Freundes von der des Hauptbefragten berufsspezifisch – wenn auch nicht in jedem Fall berufsprestigespezifisch – verzerrt ist, stellt es auch keine generelle Lösung dar, die Freundschaftswahlen vom Untersuchungsplan her auf Freunde in derselben Wohngemeinde zu beschränken, vorausgesetzt, man will die Intensität der Freundschaftsbeziehung über die Berufsgruppen hinweg konstant halten. Die Erreichbarkeit von Freunden aus derselben Berufsgruppe bestimmt sich bei unterschiedlicher lokaler Orientiertheit und dementsprechend unterschiedlich großen sozialen Territorien, in denen die Individuen leben, nicht für alle Befragten geographisch gleich. In dieser Situation muß ein Annäherungswert für die Zufallschancen der Kontaktaufnahme gefunden werden. Bedenkt man, daß der Dissimilaritätsindex zwischen der Berufsverteilung der Hauptbefragten und der ihrer in Jülich wohnenden Freunde nur 5,3 Prozent beträgt, so ist der bestmögliche Schätzwert für $\frac{N_i}{N}$ die Randverteilung aller Freunde, also $\frac{A._j}{A.._.}$ (Spalte 3 von *Tabelle 6*).

Nachdem wir mit Hilfe unserer Daten Schätzwerte für die Wahrscheinlichkeit der tatsächlichen Endophilie ($\delta_i = \frac{A_{ii}}{A_{i.}}$) und der zufälligen Endophilie gewonnen haben, kann als wichtigste Maßzahl ein berufsspezifischer Verzerrungsfaktor der Endophilie definiert werden, der unabhängig von der Größe der Berufsgruppe ist. *Fararo* und *Sunshine* gehen von der Hilfsvorstellung eines Ereignisses aus, das bei jeder Freundschaftswahl auftreten kann oder nicht.

»If the event occurs, then the contact is certain to target on its ›own kind‹. If the event does not occur, then the contact selects its ›own kind‹ in proportion to the existence of this kind in the population, i. e., at random.

We will not specify what this event is. It remains a hypothetical construction. Instead, we introduce a probalility parameter τ, such that with probability $τ_i$ a contact from subpopulation P_i selects its own kind by virtue of the occurrence of the hypothetical event. Thus, with the complementary probability $1 - τ_i$ the event does not occur, so that the contact finds its own kind with probability N_i/N. The first component of inbreeding is here called the biased component – that which is associated with *certain* selection of the own kind – and the second is called the random component [61].«

Dieser Modellvorstellung folgend kann man die tatsächliche Endophilie als Summe zweier Wahrscheinlichkeiten wie folgt in Gleichungsform ausdrücken:

$$\delta_i = τ_i + (1 - τ_i) \frac{N_i}{N}$$

Da δ_i und $\frac{N_i}{N}$, bzw. ein Schätzwert für $\frac{N_i}{N}$, bekannt sind, ergibt sich für $τ_i$ die folgende Berechnungsformel:

$$τ_i = \frac{\delta_i - \dfrac{N_i}{N}}{1 - \dfrac{N_i}{N}}$$

Wie aus dieser Formel ersichtlich ist, ergeben sich nur dann zwischen 0 und 1 liegende Werte, die man als Wahrscheinlichkeiten interpretieren kann, wenn die tatsächliche Endophilie größer ist als die Zufallskomponente $\frac{N_i}{N}$. Diese Bedingung ist für die Endophilie jeder unserer Berufsgruppen erfüllt.

In der letzten Spalte von *Tabelle 6* sind die Koeffizienten für die systematische Endophilie nach der im Kopf der Tabelle angegebenen Formel berechnet. Wie ein Vergleich mit der vorletzten Spalte zeigt, ist zwar eine gewisse Übereinstimmung in der Rangfolge mit dem Assoziationsindex vorhanden, die Übereinstimmung ist aber alles andere als perfekt. Tatsächlich beträgt die Korrelation zwischen diesen beiden Maßzahlen, die im Anspruch dasselbe, allerdings auf unterschiedlichen Modellvorstellungen aufbauend, messen, nur r = 0.67. Diese geringe Übereinstimmung läßt sich nicht damit erklären, daß verschiedene Werte für die Zufallsendophilie verwendet werden, weil eine Ersetzung von $\frac{A._j}{A..}$ durch $\frac{N_i}{N}$ bei der Berechnung von $τ_i$ die Koeffizienten der systematischen Endophilie kaum verändert [62]. Es bestätigt sich auch empirisch, daß der Assoziationsindex mit der Größe der Berufsgruppe korreliert, und zwar derart, daß die Endophilie von kleineren Gruppen überschätzt wird (r = −0.35). $τ_i$ korreliert dagegen nicht signifikant mit der Größe der Berufsgruppe (r = 0.18). Der Parameter τ eignet sich also sowohl von den Interpretationsmöglichkeiten als auch von dem Anspruch her, die systematische Endophilie unabhängig von der Gruppengröße zu messen, besser zur Untersuchung der Endophilie als der Assoziationsindex. Trotzdem ist die Abweichung der beiden Indizes nicht so groß, daß nicht gewisse grobe Vergleiche mit Untersuchungen, in denen nur der Assoziationsindex verwendet wird, gemacht werden könnten.

Die systematische Endophilie ist in Jülich in zwei Gruppen am höchsten, die nicht nur eine große Homogenität im Hinblick auf ihren Beruf, sondern auch noch im Hinblick auf andere Merkmale aufweisen: bei den Schülern und Studenten und bei den Naturwissenschaftlern. Schüler und Studenten gehören alle derselben Altersgruppe an, so daß der hohe Wert von $\tau = 0.585$ bei der gegebenen starken Tendenz, Freunde aus derselben Altersgruppe zu wählen [63], nicht überrascht. Wie ein Vergleich mit der Endophilie der Lehrlinge ($\tau = 0.266$) zeigt, reicht die altersmäßige Homogenität aber nicht aus, den hohen τ-Wert der Schüler und Studenten zu erklären. Hinzukommen muß eine gewisse Separierung der Gruppe von anderen Berufsgruppen, so daß die Intragruppeninteraktion auf Kosten der Intergruppeninteraktion auch von den äußeren Bedingungen her gefördert wird. Lehrlinge sind im Unterschied zu Schülern und Studenten gerade nicht von anderen Berufsgruppen isoliert.

Zur Separation von anderen Berufsgruppen trägt auch die Konzentration auf einen Arbeitsort bei. Kommt zu dieser Konzentration noch hinzu, daß die entsprechende Berufsgruppe durch ihren Status als Neubürger in der Gemeinde eine Sonderstellung einnimmt, so sind genügend Voraussetzungen für eine so hohe systematische Endophilie gegeben, wie sie die Naturwissenschaftler in Jülich aufweisen ($\tau = 0.447$). Berücksichtigt man nicht alle Freunde, sondern nur die, die in Jülich wohnen, d. h. berechnet man die systematische Endophilie auf rein lokaler Basis, dann steigt der τ-Wert für die Naturwissenschaftler sogar auf 0.553 an. Die Tendenz zur Endophilie nimmt also aufgrund der lokalen Gegebenheiten noch zu oder, umgekehrt ausgedrückt, wird dadurch gemildert, daß die Naturwissenschaftler außerhalb Jülichs Freunde haben, die nicht im selben Umfang wieder Naturwissenschaftler sind wie ihre Freunde in Jülich. Bei anderen Berufsgruppen sind die Unterschiede zwischen allgemeiner und lokaler Endophilie nur sehr klein, und es ist auch kein eindeutiger Trend in den Abweichungen vorhanden [64].

Abgesehen vom Sonderfall der Naturwissenschaftler, stimmen die anderen Ergebnisse in der Tendenz mit entsprechenden amerikanischen Ergebnissen überein. So fanden z. B. *Richard F. Curtis* und *Laumann* in zwei verschiedenen Untersuchungen, daß die Tendenz zur beruflichen Selbstselektion am oberen und unteren Ende der Prestigepyramide größer ist als in der Mitte [65]. Dieselbe Tendenz zeigt sich bei unseren Daten. Technisch gesehen sind dabei zwar sogenannte »edge effects« aufgrund der Tatsache zu bedenken, daß die Gruppen am jeweiligen Ende der Prestigepyramide keine Möglichkeit zu Kontakten über dieses Ende hinaus haben, aber nichtsdestoweniger bleibt das Ergebnis zu konstatieren [66]. Derartige »edge effects« sind dann allerdings bei der Erklärung zu berücksichtigen.

Nach den Ergebnissen von *Laumanns* Detroit Area Study ist die Selbstselektion insbesondere bei den freien Berufen, bei den Selbständigen im Handel und bei Arbeitern im produzierenden Gewerbe sehr hoch [67]. Wenn wir auch nicht genau vergleichbare Berufsgruppen haben, so zeigt sich doch in diesem Fall eine große Über-

einstimmung mit unseren Ergebnissen, vergleicht man die τ-Werte für die freien
Berufe und Unternehmer, die mittleren und kleineren Selbständigen und die der
Arbeiter mit Ausnahme solcher in Dienstleistungsberufen. Daß die systematische
Endophilie der Berufsgruppen nicht nur im internationalen Vergleich, sondern auch
bei einem Vergleich so verschiedener Gemeinden wie der amerikanischen Großstadt
Detroit und der deutschen Kleinstadt Jülich sehr stabil ist, läßt den Schluß auf sehr
fest verankerte, soziale Distanz und Nähe generierende Mechanismen zu, verankert
in der Berufs- und Schichtstruktur industrialisierter Gesellschaften.
Der naheliegende Einwand, die Größe der systematischen Endophilie hänge insofern
mit der Art der Berufsklassifikation zusammen, als einfach im Hinblick auf Drittvariablen homogenere Gruppen zu größerer Selbstselektion neigten, findet generell
in den Daten keine Bestätigung. Diese Homogenität muß schon sehr extrem sein, wie
im Fall der Schüler und Studenten oder der Naturwissenschaftler, um sich in hohen
τ-Werten niederzuschlagen. Die Korrelation der τ-Werte mit dem Variationskoeffizienten für das Einkommen (siehe *Tabelle 4*) liegt nahe bei Null und die mit dem
Koeffizienten für Schulbildung ist mit r = -0.28 bei der geringen Fallzahl von
N = 19 auch nicht signifikant von Null verschieden, abgesehen davon, daß auch das
Vorzeichen in die umgekehrte Richtung weist. Wir können also davon ausgehen,
daß unser Maß der systematischen Endophilie von Berufsgruppen weder durch Stör-
einflüsse von Drittvariablen noch durch lokale Besonderheiten der Untersuchungsgemeinde stärker verzerrt ist. Lediglich die Naturwissenschaftler und die Schüler und
Studenten stellen Sonderfälle dar.

b. Die Ähnlichkeit von Freundschaftswahlen nach Berufen

Über die Selbstselektion bzw. Endophilie von Berufsgruppen oder Schichten hinaus
wurde auch die Ähnlichkeit von Freundschaftswahlen schon in einer Reihe von Gemeindestudien untersucht. Der soziometrische Ansatz hat ja, besonders beim Studium
kleiner Gemeinden, eine lange Forschungstradition [68]. Wenn man mit Hilfe solcher
soziometrischer Daten überprüft, wie ähnlich die jeweiligen Interaktionspartner sind,
operationalisiert man diese Ähnlichkeit normalerweise als Abstand von je zwei
Interaktionspartnern auf einer eindimensionalen Schicht- bzw. Berufsprestige-Skala.
So korrelieren z. B. *Duncan* und *Jay W. Artis* den sozioökonomischen Status von
Haushalten in einer ländlichen Gemeinde, zwischen denen ein gegenseitiges Besuchs-
verhältnis bestand, und teilen eine Intraklassenkorrelation von r_I = 0.52 mit [69]. In
ähnlicher Weise können wir die Wichtigkeit von Prestigekriterien bei der Wahl der
Freunde feststellen; die Produktmomentkorrelation zwischen dem eigenen Berufsprestige und dem der Freunde beträgt in unserem Fall r = 0.54. Es bestätigt sich
also auch für Jülich die generelle Hypothese, daß man engere Kontakte wie z. B.
Freundschaftswahlen auf Personen von gleichem oder ähnlichem Status beschränkt.
Der in einigen amerikanischen Studien gefundene Prestigeeffekt – Befragte nennen
tendenziell Personen mit einem etwas höheren Prestige als Freunde – findet bei
gleichem Mittelwert des Berufsprestiges für die Befragten und die Freunde ($\bar{x}$ = 47)
keine Bestätigung [70].

Nun ist gleiches oder ähnliches Prestige nicht die einzige Art von Ähnlichkeit, die zur Aufnahme engerer sozialer Beziehungen führen kann. Wie wir bereits im Abschnitt über die berufliche Endophilie gesehen haben, können auch gleiches Alter, gleicher Arbeitsort usw. die Aufnahme von Freundschaftsbeziehungen fördern. Zu diesen mehr sozial-strukturell relevanten Merkmalen kommen dann noch gleiche Meinungen und Einstellungen auf den verschiedensten Gebieten hinzu, die ebenfalls zur Aufnahme von Freundschaftsbeziehungen führen können. Ist man insofern an der Mikrostruktur von Freundschaftsbeziehungen interessiert, als die Einheit der Analyse die einzelne Freundschaftsbeziehung ist, ist es eine wichtige Fragestellung, welche Art Ähnlichkeiten zur Aufnahme engerer sozialer Beziehungen zwischen zwei Personen führen bzw. welcher Stellenwert den verschiedenen Möglichkeiten zukommt. Bei einer makrostrukturellen Fragestellung geht es dagegen um die Ähnlichkeit sozialer Positionen bzw. von bestimmten Typen sozialer Positionen. Hier muß man die wichtige Vorentscheidung fällen, zu welchen Typen von Positionen man die Individualdaten zusammenfassen will. Das Neue an dem theoretisch von *Laumann* und methodisch von *Guttman* entwickelten Ansatz zur Beschreibung sozialer Makrostrukturen ist, daß die Vorentscheidung über die Art der Aggregation der individuellen Daten die einzige Vorentscheidung bleibt [71]. Ob dann z. B. Prestigeunterschiede eine wichtige Dimension der Ähnlichkeiten zwischen Positionen bzw. sogar die einzige Dimension sind, wird zu einer empirischen Frage.

Wir wollen wie *Laumann* die Makrostruktur einer Gemeinde beschreiben »in terms of the differential likelihood of the formation of specified relationships among social positions« [72]. Die Art der Beziehung wird als Freundschaftskontakt bestimmt. Die in diesem Abschnitt untersuchten Positionen sind Berufspositionen, also Positionen, die in industrialisierten Gesellschaften mehr oder weniger zum Achievement-Komplex gehören. Im nächsten Kapitel erweitern wir die Fragestellung und nehmen zusätzlich die Mitgliedschaft in Religionsgemeinschaften als typischerweise zugeschriebene Position auf.

Die Ähnlichkeit zwischen zwei Berufsgruppen bestimmen wir ohne Bezug auf Drittvariablen wie z. B. Prestige allein über Unterschiede in den Prozentverteilungen der Freundschaftswahlen, also von je zwei Zeilenvektoren unserer Grundtabelle, eine zeilenweise Prozentuierung vorausgesetzt. Diese Unterschiede messen wir quantitativ mit dem Dissimilaritätsindex [73]. Auf diese Weise wird aus einer asymmetrischen Tabelle von bedingten Wahrscheinlichkeiten eine symmetrische Matrix von Dissimilaritätskoeffizienten [74]. Maximale Ähnlichkeit zwischen zwei Berufsgruppen besteht dann, wenn diese beiden Gruppen ihre Freunde in genau gleichem Umfang aus den Berufsgruppen der Freunde rekrutieren.

In *Tabelle 8* sind die Dissimilaritätsindices zwischen den 19 Berufsgruppen aufgeführt. Die Gruppen der Hausfrauen, Schüler und Studenten, Lehrlinge und der Befragten ohne Berufsangabe sind nicht mit in diese Analyse aufgenommen, aus Gründen, die weiter unten dargelegt werden.

Der größte Unterschied in der Verteilung der Freundschaftswahlen besteht mit einem Index von 0.93 zwischen den Naturwissenschaftlern und den ungelernten Arbeitern. Eine sehr geringe Distanz besteht zwischen den Facharbeitern und angelernten Arbei-

Tabelle 8 : Dissimilaritätsindices der Freundschaftswahlen für die Berufsgruppen

Berufsgruppen	1	2	3	4	5	6	7	8	9	10	11	12	13	14	15	16	17	18	19
1. Freie Berufe und Unternehmer	00																		
2. Naturwissenschaftler	55	00																	
3. Lehrer und sonstige akademische Berufe	31	57	00																
4. Graduierte Ingenieure	36	41	41	00															
5. Leitende Angestellte	40	55	36	32	00														
6. Mittlere und kleinere Selbständige	55	68	49	48	31	00													
7. Beamte des gehobenen Dienstes	56	70	45	45	34	40	00												
8. Beamte des mittleren Dienstes	66	81	60	62	37	40	37	00											
9. Beamte des einfachen Dienstes	75	88	64	71	59	59	44	35	00										
10. Qualifizierte Büroangestellte	59	78	52	58	35	28	45	32	49	00									
11. Ausführende Büroangestellte	54	69	48	48	29	31	37	27	43	28	00								
12. Qualifizierte technische Angestellte	52	63	51	40	29	39	40	33	53	34	27	00							
13. Technische Hilfskräfte	56	68	53	48	32	50	42	44	51	51	40	42	00						
14. Angestellte in Dienstleistungsberufen	64	76	58	55	38	38	37	39	45	38	29	40	49	00					
15. Höchstqualifizierte Facharbeiter	57	70	53	46	36	50	40	39	46	43	34	36	27	34	00				
16. Facharbeiter	66	81	64	65	47	48	51	37	46	41	33	36	44	41	39	00			
17. Angelernte Arbeiter	70	87	72	68	55	60	55	46	44	48	40	43	44	46	38	26	00		
18. Ungelernte Arbeiter	81	93	86	80	70	72	73	64	54	62	56	60	62	62	58	41	30	00	
19. Arbeiter in Dienstleistungsberufen	80	84	76	69	57	53	63	52	50	45	48	47	56	41	44	44	44	58	00

tern und zwischen verschiedenen Mittelschichtberufen wie z. B. zwischen qualifizierten und ausführenden Büroangestellten. Die höchstqualifizierten Facharbeiter haben eine sehr viel geringere Distanz zu den ausführenden technischen Angestellten als zu den Facharbeitern. Da die Ordnung der Berufe von 1 bis 19 eine grobe Ordnung auch nach dem Prestige darstellt, kann man die Wichtigkeit des Prestiges für die Freundschaftswahlen insofern bereits aus der *Tabelle 8* ablesen, als die Koeffizienten tendenziell von der Diagonalen abwärts größer werden. Es ist aber schwer bis unmöglich, weitere allgemeine Gesetzmäßigkeiten über die Dimensionalität von Freundschaftswahlen aus der *Tabelle 8* zu erkennen.

Die Ähnlichkeitsmaße können mit dem Verfahren der multidimensionalen Analyse in einen euklidischen Raum möglichst geringer Dimensionalität transponiert werden. Das Ergebnis ist eine Metrik der sozialen Distanz. Diese Umsetzung der Ähnlichkeitskoeffizienten in eine Metrik der sozialen Distanz ist möglich, weil jede Matrix symmetrischer Ähnlichkeitsmaße in einer monotonen Beziehung zu einer Metrik steht [75]. Aus der Forderung, daß die Dimensionalität der Lösung möglichst gering sein soll, ergeben sich Verstöße gegen diese monotone Beziehung, für deren Messung Maßzahlen entwickelt worden sind. Da wir das Verfahren von *Guttman* und *James C. Lingoes* verwenden, das später von *Lingoes* und *E. Roskam* modifiziert wurde [76], messen wir die Verstöße mit dem Coefficient of Alienation [77] und tolerieren in Übereinstimmung mit der normalen Anwendung dieser Methode Koeffizienten bis etwa zu einem Wert von 0.20.

Im euklidischen Raum kommt den Koordinaten keine immanente Bedeutung zu wie z. B. bei anderen *Minkowski*-Metriken. Was zählt, sind nur die Distanzen zwischen den Punkten und die bleiben bei Rotation der Achsen unverändert. Aus dieser Eigenschaft euklidischer Räume folgen für die Forschungspraxis wichtige Konventionen: die Werte der Objekte für die Dimensionen können nicht unmittelbar interpretiert werden, und für eine angemessene Interpretation ist die Anschaulichkeit der Lösung notwendig, die bekanntlich nur bei bis zu drei-dimensionalen Lösungen gegeben ist [78].

David McFarland und *Daniel Brown* unterscheiden zwei Begriffe der sozialen Distanz, das Interaktionskonzept, nach dem sich die Nähe der Gruppen im Raum durch die Interaktionsdichten bestimmt, und das Ähnlichkeitskonzept, nach dem die Nähe sich aus der Position der Gruppen auf vorgegebenen Variablen wie Prestige, Schulbildung usw. ergibt [79]. Unsere Daten entsprechen dem Interaktionstyp. Bei diesem Typ wird der metrische Raum der sozialen Distanz ohne Bezug auf irgendwelche Drittvariablen bestimmt. Bei der Interpretation der Lösung nimmt man dann wieder Bezug auf solche Drittvariablen, denn die Aufgabe der Interpretation besteht darin, die Variablen bzw. Mechanismen zu entdecken, die die Distanz zwischen den Objekten generieren. Da der euklidische Raum aber in dem Sinn dimensionslos ist, als den Dimensionen keine immanente Bedeutung zukommt, ist man bei der Interpretation freier als etwa bei der Faktorenanalyse. Sinnvoll ist nicht nur eine Zuordnung der rotierten Achsen zu Drittvariablen, sondern man kann auch Strukturen wie konzentrische Kreise, Sektoren und Cluster entdecken und sinnvoll interpretieren. In *Schaubild 2* ist die zweidimensionale Lösung für die Ähnlichkeiten der Freundschaftswahlen dargestellt. Bei der dreidimensionalen Lösung ergab sich ein Coefficient

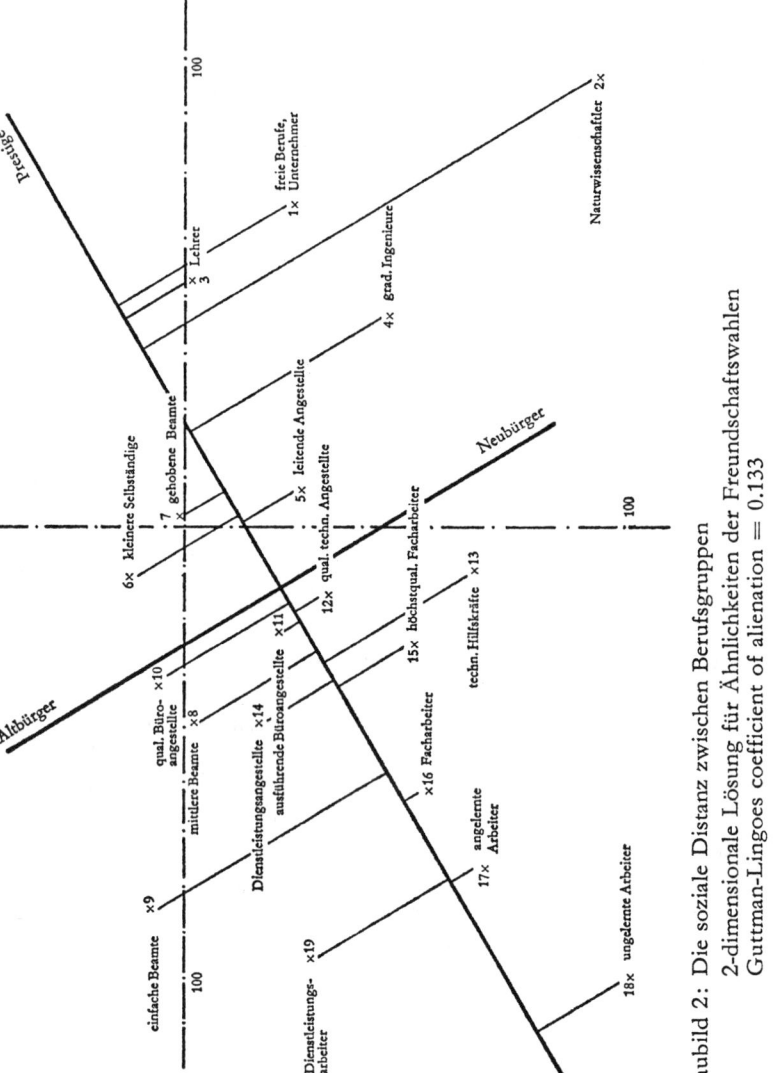

Schaubild 2: Die soziale Distanz zwischen Berufsgruppen
2-dimensionale Lösung für Ähnlichkeiten der Freundschaftswahlen
Guttman-Lingoes coefficient of alienation = 0.133

of Alienation von 0.08 und bei der eindimensionalen Lösung ein Koeffizient von 0.22. Mit einem Koeffizienten von 0.13 für die zweidimensionale Lösung sind die Verstöße gegen die Monotonizität der Beziehung zwischen den aus den Ähnlichkeitskoeffizienten und der Lage im zweidimensionalen Raum resultierenden Distanzen nicht allzu groß, so daß dieser Lösung aus Gründen der Anschaulichkeit der Vorzug vor der dreidimensionalen Lösung gegeben wurde. In *Schaubild 2* sind sowohl die ursprünglichen als auch die handrotierten Achsen eingezeichnet, die bereits ein Ergebnis der Interpretation darstellen.

Die Originalachse von links nach rechts bzw. die um 30 Grad entgegen dem Uhrzeigersinn rotierte Achse ist eindeutig als Prestigeachse zu interpretieren. Die Korrelation der Werte der 19 Gruppen auf der rotierten Achse mit dem durchschnittlichen Berufsprestige dieser Gruppen beträgt $r = 0.95$, die Korrelation mit der durchschnittlichen Schulbildung $r = 0.90$ und mit dem Durchschnittseinkommen $r = 0.91$. Die Bezeichnung der rotierten Achse als Prestigeachse ist also gerechtfertigt. Dieses Ergebnis stimmt mit entsprechenden amerikanischen Untersuchungen überein. In den beiden dimensionalen Analysen der Freundschaftswahlen von Berufsgruppen, die *Laumann* durchgeführt hat [80], erwies sich beide Male Prestige bzw. relativer sozialer Status als die wichtigste Dimension. Dasselbe Ergebnis erzielten *Peter Blau* und *Duncan* bei einer dimensionalen Analyse von Mobilitätsdaten [81].

So groß die Übereinstimmung der bisherigen Untersuchungen über die erste und wichtigste Dimension der sozialen Distanz zwischen Berufen ist, so wenig stimmen die Resultate im Hinblick auf weitere Dimensionen überein, mit einer Ausnahme: alle diese Untersuchungen zeigen, daß die Prestigedimension nicht ausreicht, um die sozialen Distanzen zwischen den Berufen zu erfassen. Es ist zumindest eine zweite Dimension notwendig.

Die inhaltlichen Interpretationen der zweiten bzw. zweiten und dritten Dimension sind sowohl bei *Blau* und *Duncan* als auch bei *Laumanns* erster Untersuchung [82] nur tentativ und empirisch nicht sehr überzeugend. *Blau* und *Duncan* diskutieren im Zusammenhang mit ihrer zweiten Dimension Prinzipien der Arbeitsorganisation und des Erwerbs der für die Ausübung des Berufs notwendigen Fähigkeiten; sie unterscheiden explizit formulierte rationale Prinzipien und mehr intuitives Wissen. *Laumann* diskutiert sowohl Situs-Unterschiede als auch den Gegensatz von bürokratischen und unternehmerischen Berufen. Diese letzte Unterscheidung findet *Laumann* in seiner zweiten Untersuchung der Ähnlichkeit von Freundschaftswahlen bei der Interpretation der zweiten Achse der sozialen Distanz auch empirisch sehr gut bestätigt [83]. Er benutzt zur Überprüfung als Drittvariable den objektiven Indikator »Betriebsgröße« und den subjektiven »bürokratische versus unternehmerische Orientierung«.

Wir verwendeten dieselbe Frage zur Messung dieser Orientierung wie *Laumann* [84]. Ein Vergleich des Prozentsatzes der Personen mit bürokratischer Orientierung in den einzelnen Berufsgruppen mit der Position dieser Gruppen auf einer zweiten Achse in der in *Schaubild 2* dargestellten Ebene – auf *einer* zweiten Achse deshalb, weil wir uns nicht auf die eingezeichnete orthogonale Achse beschränkten – bringt keinerlei Bestätigung des Ergebnisses von *Laumann*. Berufsgruppen mit geradezu extrem

entgegengesetzter Orientierung wie z. B. freie Berufe und Unternehmer, die mit
59 Prozent am meisten unternehmerische Orientierung aufweisen, und die Lehrer und
sonstigen akademischen Berufe, die mit nur 19 Prozent unternehmerischer Orientierung ganz am Ende der Skala stehen, liegen bei der in *Schaubild 2* dargestellten
Lösung sehr eng zusammen. Gruppen mit gleicher Orientierung liegen wiederum
sehr weit auseinander wie z. B. die Unternehmer und freien Berufe einerseits und
die kleinen und mittleren Selbständigen andererseits. Für jeweils zwei Gruppen
könnte man letzteren Sachverhalt durch entsprechende Rotation der zweiten Achse
zwar ausgleichen, dann stimmt aber die Lage der anderen Berufsgruppen nicht mit
der von der Hypothese vorausgesagten Position überein.

Daß *Laumanns* Interpretation der zweiten Achse in unserem Fall nicht zutrifft, liegt
auch nicht daran, daß seine Stichprobe nur berufstätige Männer umfaßt, unsere aber
repräsentativ ist für die wahlberechtigte Bevölkerung einschließlich der nicht Erwerbstätigen und der Frauen. Eine dimensionale Analyse der Ähnlichkeiten in den
Freundschaftswahlen für das Subnetzwerk der Männer, d. h. bei Berücksichtigung
der männlichen Hauptbefragten und der männlichen Freunde, bringt keine Lösung,
die von der in *Schaubild 2* dargestellten wesentlich abweichen würde. Die Korrelation
der $\binom{19}{2}$ Distanzen zwischen den Berufen für die beiden Lösungen, der für alle
Befragte und der für das Subnetzwerk der Männer, beträgt r = 0.87.

Der objektive Indikator Betriebsgröße ist bei der Lage in Jülich, wo einem sehr
großen Arbeitgeber mit beinahe 4000 Beschäftigten wenige mittlere und viel kleinere
Betriebe gegenüberstehen, von sehr zweifelhaftem Wert zur Erfassung verschiedener
Grade bürokratisierter Arbeitsorganisationen. Dies gilt um so mehr, als ausgerechnet
in diesem Großbetrieb der Arbeitsablauf wenn nicht generell, so doch für einen
Großteil der Mitarbeiter nicht bürokratisch vorprogrammiert ist. Lediglich 11 Prozent der wissenschaftlichen Mitarbeiter und graduierten Ingenieure der Kernforschungsanlage sagen, daß ihr persönlicher Einfluß auf die Festlegung ihres eigenen
Aufgabenbereichs gering bzw. sehr gering ist [85].

Nun korreliert der Anteil der Erwerbstätigen einer Berufsgruppe, der in der Kernforschungsanlage beschäftigt ist, tatsächlich mit r = −0.70 mit der Position der
Gruppe auf der in *Schaubild 2* orthogonal zur Prestigedimension eingezeichneten
Achse. Eine geringfügig höhere Korrelation von r = 0.73 ergibt sich mit dem Anteil
der Alt-Jülicher in der Berufsgruppe – operationalisiert als Prozentsatz derer, die
schon seit mindestens 1956 in der Stadt wohnen – und die höchste Korrelation von
r = 0.84 mit den Durchschnittswerten für einen subjektiven Indikator der Gemeindezufriedenheit [86]. Die Distanzen der Gruppen auf der zweiten Achse weisen also
eindeutig auf die Unterscheidung von Alt- und Neu-Bürgern.

Im Gegensatz zu den bisher in der Literatur diskutierten Interpretationen der
zweiten Dimension der sozialen Distanz zwischen Berufen handelt es sich bei der
Unterscheidung von Alt- und Neu-Bürgern nicht um eine rein analytische Unter-
scheidung, die der Bevölkerung in der Regel gar nicht als Distanz generierender
Mechanismus bewußt ist. Die Unterscheidung von Alt- versus Neu-Bürgern ist den
Bewohnern kleiner Gemeinden und Städte ein geläufiges Einteilungskriterium für ihr

Sozialsystem, das Vorhandensein von Neu-Bürgern in der Gemeinde vorausgesetzt. Offene Fragen nach den wichtigen Unterschieden oder Gruppen in einer Gemeinde haben zwar den Nachteil, daß die Antworten fast genau so stark von der Frageformulierung wie von der sozialen Wirklichkeit abhängen; trotzdem läßt sich aus der Tatsache, daß die Unterscheidung zwischen Alt- und Neu-Bürgern, Einheimischen und Zugezogenen immer wieder als Antwort auf Fragen genannt wird, die die Perzeption sozialer Schichten messen sollen, auf die Wichtigkeit dieser Dimension neben der Prestigedimension auch in der Vorstellung der Bevölkerung schließen. Bei der eindeutig auf soziale Schichten abzielenden Frage von *Renate Mayntz* in der Euskirchen-Studie nannten nur 3 Prozent der Befragten Gruppen mit Bezug auf die Dauer der Ansässigkeit[87], bei einer Untersuchung der kalifornischen Kleinstadt Ventura machten auf die Frage nach den wichtigsten Unterschieden in der Bevölkerung Venturas 9 Prozent eine derartige Unterscheidung[88]. Bei der von uns gestellten offenen Frage[89] wurden am häufigsten Vereine genannt, am zweithäufigsten aber bereits Gruppen mit Bezug auf die Dauer der Ortsansässigkeit, noch vor Gruppen mit Schichtbezug. Auf die direkte Frage, ob es in Jülich Spannungen zwischen Alt- und Neu-Bürgern gäbe[90], antworteten 44 Prozent, es gäbe Spannungen, 33 Prozent sagten, es gäbe keine, und 23 Prozent enthielten sich der Stimme. Die Dauer der Ansässigkeit ist also auch von der subjektiven Seite her, d. h. in der Vorstellung der Bevölkerung, ein distanzgenerierender Mechanismus in Jülich.

Die Aussagekraft von *Schaubild 2* ist mit der inhaltlichen Interpretation der beiden Achsen noch nicht erschöpft. Gerade im Hinblick auf soziale Schichten in der Definition, wie wir sie in der Einleitung gegeben haben[91], sind die deutlichen Abstände zwischen den einzelnen Clustern von Berufen auf der Prestigedimension wichtig. Zwischen der Arbeiterschicht am unteren Ende des Prestigekontinuums und der Mittelschicht ist ein deutlicher Einschnitt in der Interaktionsintensität festzustellen, ebenso wie zwischen der Mittelschicht und Berufen der oberen Mittelschicht wie den Unternehmern und freien Berufen, den Naturwissenschaftlern und den Lehrern und sonstigen akademischen Berufen. Die graduierten Ingenieure nehmen eine gewisse Mittelstellung ein, die ihnen am nächsten liegende Berufsgruppe ist mit den freien Berufen und Unternehmern aber eine Gruppe der oberen Mittelschicht und nicht der Mittelschicht. Während die Abstände der Gruppen in der Mittelschicht relativ gering sind, liegen die Berufe der Arbeiterschicht weiter auseinander. Interessant ist, daß die Beamten des einfachen Dienstes nach ihrer Lage auf der Prestigeachse und aufgrund ihrer größeren Nähe zu einer Berufsgruppe der Arbeiterschicht, nämlich den Arbeitern in Dienstleistungsberufen, als zu einer Gruppe der Mittelschicht der Arbeiterschicht zugerechnet werden müssen. Im Gegensatz dazu zählen die höchstqualifizierten Facharbeiter nach unserer Lösung sehr eindeutig zur Mittelschicht. Ihnen liegen die beiden Gruppen der technischen Angestellten am nächsten, Gruppen mit ähnlichen bis gleichen Tätigkeitsprofilen.

Die Entfernung der Naturwissenschaftler vom Schwerpunkt der Ebene in *Schaubild 2* ist von allen Berufen am größten. Sie beträgt 132 Einheiten. Am zweitweitesten vom Schwerpunkt entfernt sind die ungelernten Arbeiter mit 107 Einheiten. Ihre Entfernung zur nächsten Gruppe, den angelernten Arbeitern, ist aber erheblich geringer

als die Entfernung der Naturwissenschaftler von den graduierten Ingenieuren. Wie
bereits bei der Endophilie zeigt sich auch bei den sozialen Distanzen die Außenseiter-
rolle der Naturwissenschaftler im Sozialsystem der Gemeinde Jülich.
Die systematische Endophilie nimmt generell mit der Entfernung vom Schwerpunkt
zu. Die Korrelation zwischen den τ-Werten für die Berufe und der Entfernung der
Berufe vom Schwerpunkt beträgt r = 0.75. Wegen dieser Beziehung wurden auch
die Schüler und Studenten nicht mit in die endgültige dimensionale Analyse der
sozialen Distanzen aufgenommen. Eine erste dimensionale Analyse, die auch die
Schüler und Studenten mit umfaßte, erbrachte eine zweidimensionale Lösung mit
einem nicht wesentlich größeren Coefficient of Alienation als die endgültige Lösung
(0.149 im Vergleich zu 0.133), hatte aber einen entscheidenden Nachteil: die Distanz
der Schüler und Studenten zu den restlichen Gruppen war so groß, daß die restlichen
Gruppen untereinander eine zu geringe Variation der Distanzen aufwiesen. Da für
die Schüler und Studenten ebenso wie für die Hausfrauen und Lehrlinge Informa-
tion über wichtige Drittvariablen wie z. B. Berufsprestige fehlte, wurden diese
Gruppen zusammen mit den Befragten ohne Berufsangabe nicht in die dimensionale
Analyse mit aufgenommen.
In Übereinstimmung mit bisherigen Ergebnissen von dimensionalen Analysen der
Distanzen zwischen Berufsgruppen erwies sich die Prestigedimension als wichtigste
soziale Distanz generierende Variable. Ohne die Prestigedimension bereits in unsere
Ähnlichkeitsmaße eingebaut zu haben, können wir jetzt, nachdem wir die sozialen
Distanzen zwischen den Berufsgruppen ermittelt haben, berechnen, wieviel Prozent
der Varianz dieser Distanzen von der Drittvariablen Berufsprestige erklärt werden.
Das entsprechende r^2 ist dann ein quantitatives Maß der Wichtigkeit der Prestige-
unterschiede für die sozialen Distanzen. Die Einheit dieser Analyse sind die $\binom{19}{2}$
Beziehungen zwischen unseren Berufsgruppen.
Die Prestigeunterschiede erklären 66,7 Prozent der Varianz der sozialen Distanzen,
die sich auf der Grundlage der in *Schaubild 2* dargestellten Lösung berechnen lassen.
Dieser Prozentsatz der erklärten Varianz variiert je nach untersuchtem Teilnetzwerk. Berücksichtigt man nur männliche Befragte und männliche Freunde und errechnet für dieses Teilnetzwerk die sozialen Distanzen zwischen den Berufsgruppen,
dann erklären die Prestigeunterschiede nur noch 54,3 Prozent der Varianz der
sozialen Distanzen. Daraus kann man schließen, daß Differenzen der Berufsprestiges
für Frauen ein wichtigerer soziale Distanz generierender Mechanismus sind als für
Männer. Dieser Sachverhalt hängt aber wahrscheinlich weniger mit dem Geschlecht
als damit zusammen, daß Frauen nicht im selben Umfang wie Männer erwerbstätig
sind und damit im Durchschnitt einen größeren Abstand zum Berufsleben haben.
Wir möchten dieses Ergebnis deshalb so interpretieren, daß Prestige dasjenige Merkmal von Berufen ist, über das in einer Gesellschaft über die Arbeitswelt hinaus am
meisten Konsensus herrscht, was dann auch entsprechende Verhaltenskonsequenzen
hat. Obwohl die Korrelation der Distanzen zwischen den Berufen für das Insgesamt-
netzwerk und das Teilnetzwerk der Männer mit r = 0.875 sehr hoch ist, so daß
sich in den Grundzügen dieselbe Lösung ergibt und auch die Interpretation der zwei

Achsen für beide Lösungen Gültigkeit hat, schlagen bei der Lösung für das Teilnetzwerk der Männer die Bedingungen der Arbeitsorganisation stärker durch. Das drückt sich darin aus, daß Berufsgruppen, die normalerweise bei denselben Betrieben beschäftigt sind bzw. deren Tätigkeiten aufeinander bezogen sind, näher zusammenliegen als in der allgemeinen Lösung. Das gilt z. B. für die Naturwissenschaftler und graduierten Ingenieure oder die Beamten im gehobenen, mittleren und einfachen Dienst. Dieses stärkere Durchschlagen der Bedingungen der Arbeitsorganisation geht zu Lasten der Ordnung auf der Prestigedimension.

Die soziale Distanz zwischen katholischen und protestantischen Berufsgruppen

Die Differenzierung der Bevölkerung nach der Religionszugehörigkeit ist in Deutschland auf den verschiedensten Gebieten von Bedeutung; ob auch für die Aufnahme von Freundschaftskontakten, wollen wir in diesem Abschnitt untersuchen. Wir fassen die Religionszugehörigkeit als Position auf, die im Unterschied zum Beruf nicht erworben, sondern zugeschrieben wird. Diese zugeschriebene Position hängt in Deutschland aufs engste mit einer anderen zugeschriebenen Position zusammen, der landsmannschaftlichen Zugehörigkeit bzw. genauer der Zugehörigkeit zu einer bestimmten Heimat- oder Herkunfts-Gemeinde. Das im Westfälischen Frieden von 1648 verankerte Prinzip »cujus regio, ejus religio« führte zu einer regionalen Verteilung der Konfessionen, die sich im wesentlichen bis heute erhalten hat, trotz der starken Wanderungsbewegungen vor allem nach dem Zweiten Weltkrieg [92].
Das Herzogtum Jülich gehörte nach der Einteilung von 1648 zu den katholischen Territorien und ist bis heute mehrheitlich katholisch geblieben. Nach dem Zensus von 1970 sind in der Stadt Jülich 72,2 Prozent der Wohnbevölkerung katholisch, 24,3 Prozent evangelisch und 3,4 Prozent gehören sonstigen bzw. keiner Religionsgemeinschaft an. Wir haben in *Tabelle 9* die Dauer der Ortsansässigkeit nach der Religionszugehörigkeit aufgeschlüsselt. Dabei zeigt sich deutlich, daß der Zuzug der

Tabelle 9 : Dauer der Ortsansässigkeit und Religionszugehörigkeit

Religions-zugehörigkeit	Ortsansässigkeit seit Geburt	Zuzug bis 1944	Zuzug 1945–1956	Zuzug 1957–1971	Insgesamt
	%	%	%	%	%
Katholisch	91,9	83,0	62,3	57,0	69,1
Protestantisch	7,0	16,0	34,8	37,1	27,2
Sonstige	1,1	1,0	2,9	5,9	3,7
N	186	100	138	388	812
%	22,9	12,3	17,0	47,8	100

protestantischen Minderheit im Laufe der Jahre stark zunahm. Während nur 7 Prozent der Befragten, die seit ihrer Geburt in Jülich wohnen, evangelisch sind, sind es 37,1 Prozent derer, die nach 1957, dem Gründungsdatum der Kernforschungsanlage, zugezogen sind. Gleichzeitig ist interessant, daß knapp 50 Prozent der erwachsenen Bevölkerung erst nach 1957 in die Stadt kamen.

Der starke Zusammenhang zwischen Zuzugsdatum und Religionszugehörigkeit besteht auch auf der Aggregatebene mit den Berufsgruppen als Analyseeinheiten. Die Korrelation zwischen dem Prozentsatz der Befragten innerhalb der Berufsgruppen, die schon seit mindestens 1956 in Jülich wohnen, und dem Prozentsatz der Katholiken beträgt r = 0.77. Eine Interpretation der zweiten Achse von *Schaubild 2* als Konfessionsachse wäre daher ebenfalls plausibel gewesen. Nur wäre die Differenzierung der Bevölkerung nach der Religionszugehörigkeit nicht im selben Umfang auch im Bewußtsein der Jülicher verankert gewesen wie die Unterscheidung von Alt- und Neu-Bürgern.

Die Berufsgruppen selbst unterscheiden sich etwas stärker im Hinblick auf die Dauer der Ortsansässigkeit als im Hinblick auf die Religionszugehörigkeit. Die 19 Obergruppen unseres Berufscodes »erklären« 15,8 Prozent der Varianz der Ortsansässigkeit in der dichotomen Version »seit mindestens 1956 in Jülich ansässig« und »später zugezogen« und nur 9,9 Prozent der Varianz der Religionszugehörigkeit, ebenso dichotom gemessen, als Katholiken versus Protestanten und Sonstige. Da dementsprechend für Religion die Intragruppenvarianz etwas größer ist als für die Dauer der Ortsansässigkeit, kann bei der Aufspaltung der Berufsgruppen in einen katholischen und protestantischen Teil eher eine angemessene Fallzahl für die protestantische Minderheit erwartet werden.

In *Tabelle 10* sind die 19 Berufsgruppen nach der Religionszugehörigkeit aufgegliedert. In der Mehrzahl der Fälle ist die Abweichung des Katholikenanteils vom Jülicher Durchschnittswert nicht größer als etwa 5 Prozentpunkte. Ausnahmen bilden einmal die Berufe, deren Arbeitsplätze in der Kernforschungsanlage konzentriert sind, und dann Berufe, die für die Sozialstruktur Jülichs vor Gründung der Kernforschungsanlage typisch gewesen sein mögen, wie die kleineren und mittleren Selbständigen, Beamte des mittleren Dienstes und ausführende Büroangestellte. Außerdem nehmen die Arbeiter in Dienstleistungsberufen mit einem Katholikenanteil von nur 61 Prozent eine Sonderstellung ein. Bei den kleineren und mittleren Selbständigen sind 90 Prozent katholisch, bei den Beamten des mittleren Dienstes 85 Prozent und bei den ausführenden Büroangestellten 81 Prozent. Entsprechend liegt bei den Berufen, die für das neue Jülich typisch sind, der Anteil der Protestanten über dem Jülicher Durchschnitt. Bei den Naturwissenschaftlern ist sogar eine klare Mehrheit von 60 Prozent evangelisch und nur 26 Prozent sind katholisch. Bei den graduierten Ingenieuren sind 42 Prozent evangelisch. Mit 64 Prozent ist auch der Katholikenanteil bei den qualifizierten technischen Angestellten sehr niedrig. Insgesamt spiegelt sich hier in der Konfessionsverteilung wieder, in wie unterschiedlichem Umfang der Arbeitsmarkt für diese Berufe lokal begrenzt ist. Zusätzlich ist zu berücksichtigen, daß in Deutschland die Katholiken generell in den technischen Fachrichtungen und in den Naturwissenschaften unterrepräsentiert sind [93].

Tabelle 10 : Die Religionszugehörigkeit nach Berufsgruppen

Berufsgruppen	Religion Katholisch	Protestantisch	Sonstige	N
	%	%	%	
1. Freie Berufe und Unternehmer	74,1	25,9	–	27
2. Naturwissenschaftler	26,4	60,4	13,2	53
3. Lehrer und sonstige akademische Berufe	78,8	15,2	6,1	33
4. Graduierte Ingenieure	55,3	42,1	2,6	38
5. Leitende Angestellte	70,0	26,7	3,3	30
6. Mittlere und kleinere Selbständige	90,2	5,9	4,0	51
7. Beamte des gehobenen Dienstes	73,1	23,1	3,8	26
8. Beamte des mittleren Dienstes	85,1	14,9	–	47
9. Beamte des einfachen Dienstes	72,2	27,8	–	18
10. Qualifizierte Büroangestellte	71,4	28,6	–	28
11. Ausführende Büroangestellte	81,4	18,6	–	43
12. Qualifizierte technische Angestellte	63,8	31,9	4,3	47
13. Ausführende technische Angestellte	66,7	33,3	–	18
14. Angestellte in Dienstleistungsberufen	70,6	29,4	–	17
15. Höchst qualifizierte Facharbeiter	68,0	28,0	4,0	25
16. Facharbeiter	72,3	21,0	6,7	119
17. Angelernte Arbeiter	73,5	26,5	–	68
18. Ungelernte Arbeiter	65,6	31,3	3,1	32
19. Arbeiter in Dienstleistungsberufen	61,1	38,9	–	18
Insgesamt	69,6	26,8	3,4	738

Bei der Bestimmung der sozialen Distanzen zwischen den katholischen und protestantischen Berufsgruppen gehen wir technisch gesehen genauso vor wie im letzten Abschnitt geschildert. Statt 19 Gruppen haben wir jetzt 38 Gruppen, für jeden Beruf jeweils eine katholische und eine protestantische. Die Befragten, die zur Gruppe der Sonstigen bei der Religionsgemeinschaft zählen, werden jeweils mit den Protestanten zusammengefaßt. Zu 75 Prozent handelt es sich bei den Sonstigen um Personen, die keiner Religionsgemeinschaft angehören.

Die multidimensionale Analyse der Dissimilaritätskoeffizienten erbringt für die zweidimensionale Lösung einen Coefficient of Alienation von 0.210 und für die dreidimensionale Lösung einen Koeffizienten von 0.152, d. h. erst bei der Darstellung der Distanzen zwischen den Gruppen im dreidimensionalen Raum sind die Verstöße gegen die Monotonizität der Beziehung zwischen diesen Distanzen und den Ähnlichkeitskoeffizienten nicht größer als für eine angemessene Darstellung noch tragbar. Diese dreidimensionale Lösung ist in *Schaubild 3* graphisch dargestellt.

Wie in *Schaubild 2* erweist sich auch in *Schaubild 3* die Prestigeachse (Y-Achse) als

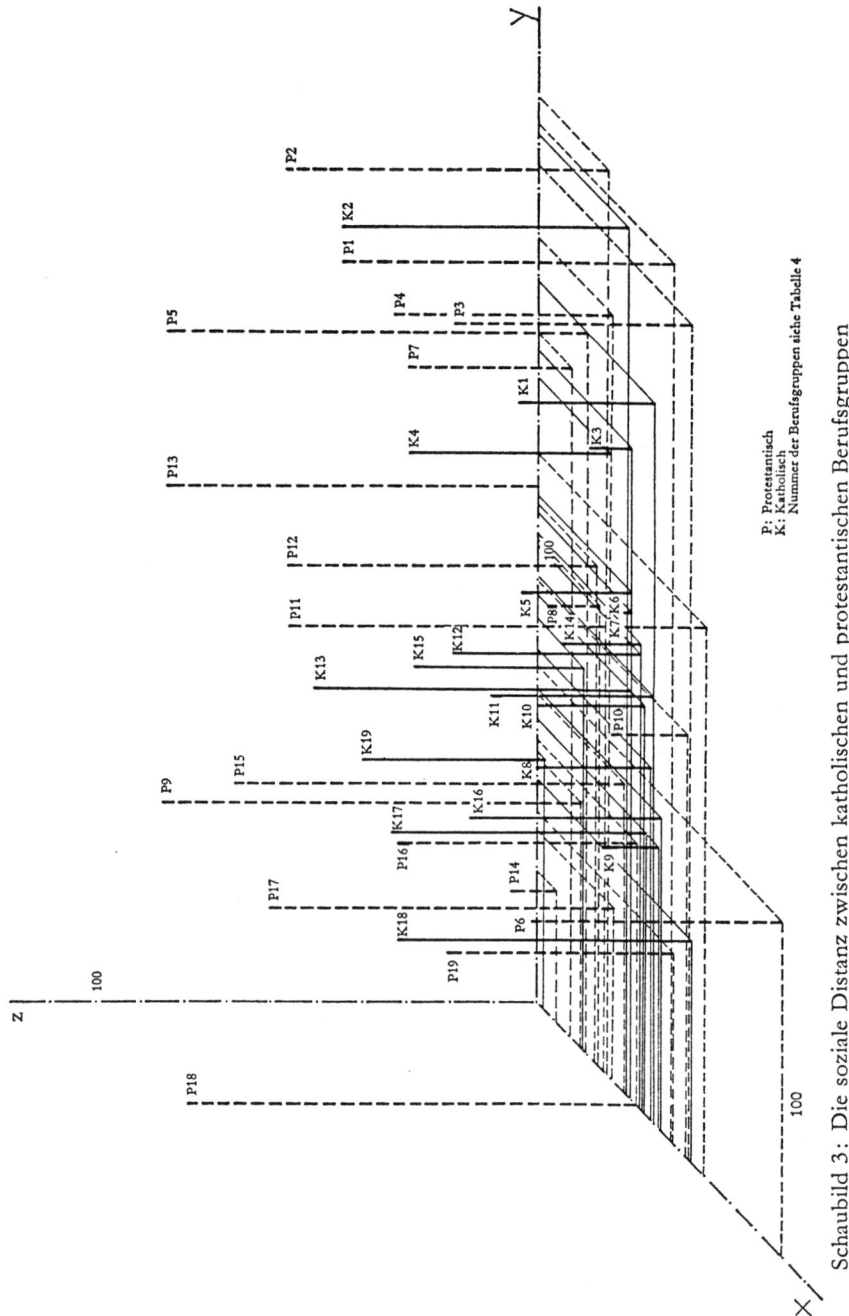

Schaubild 3: Die soziale Distanz zwischen katholischen und protestantischen Berufsgruppen
3-dimensionale Lösung für Ähnlichkeiten der Freundschaftswahlen
Guttman-Lingoes coeficient of alienation = 0.152

P: Protestantisch
K: Katholisch
Nummer der Berufsgruppen siehe Tabelle 4

wichtigste Dimension zur Beschreibung der sozialen Distanzen. Auffällig ist dabei, daß die protestantischen Berufsgruppen (durchbrochene Linien) die ganze Spannweite von links nach rechts einnehmen, während die katholischen Gruppen stärker auf die Mitte hin konzentriert sind. Das führt vor allem dazu, daß die sehr klare Grenze zwischen Arbeiterschicht und Mittelschicht von *Schaubild 2* etwas verwischt wird. Die katholischen Facharbeiter und angelernten Arbeiter haben z. B. geringere Distanzen zu den Berufen der Mittelschicht als die entsprechenden protestantischen Gruppen. Dieselbe Tendenz gilt für die obere Mittelschicht, bei der die jeweiligen katholischen Gruppen mit Ausnahme der katholischen Naturwissenschaftler ebenfalls näher an den Berufen der Mittelschicht liegen. D. h. mit anderen Worten, daß in der oberen Mittelschicht die Katholiken insgesamt auf der Prestigedimension niedriger rangieren als die Protestanten.

Bei der X- und Z-Achse ist eine einfache Zuordnung zu Drittvariablen nicht möglich. Die Höhe hängt zwar eindeutig mit der Religionszugehörigkeit zusammen, indem die protestantischen Berufsgruppen fast durchweg höher liegen als die katholischen Berufsgruppen. Da aber Religion dichotom gemessen wurde und die Gruppen keinerlei Intragruppenvarianz im Hinblick auf dieses Merkmal aufweisen, sind die Unterschiede in der Höhe zwischen verschiedenen katholischen bzw. protestantischen Gruppen damit noch nicht geklärt. Noch schwieriger sind die Unterschiede auf der X-Achse zu erklären. Es zeigt sich eine gewisse Tendenz, vor allem in der Mittelschicht, daß Berufe, deren Arbeitsplätze in der Kernforschungsanlage konzentriert sind, mehr im hinteren Bereich lokalisiert sind und Berufe ohne Bezug zur Kernforschungsanlage von der Mitte ab nach vorne liegen. Insgesamt würde eine schiefe Ebene von hinten oben nach vorne unten der Interpretation Altbürger versus Neubürger am besten gerecht.

Eine Überprüfung der Interpretation der einzelnen Achsen mit Hilfe der Korrelationsanalyse ist in diesem Fall wenig sinnvoll, da für die meisten Gruppen wegen sehr geringer Fallzahl keine zuverlässigen Mittelwerte für die einzelnen Drittvariablen mehr errechnet werden können. Da außerdem die Zugehörigkeit zu einer der beiden Religionsgemeinschaften sowohl mit der Dauer der Ansässigkeit als auch mit der Konzentration der Arbeitsplätze in der Kernforschungsanlage hoch korreliert, kann die dreidimensionale Lösung kaum Anhaltspunkte für Interpretationen geben, die über das im letzten Abschnitt Gesagte hinausgehen.

Wir wollen stattdessen die Gültigkeit unserer Hauptinterpretation, die auf die Unterscheidung von drei diskreten sozialen Schichten in Jülich hinausläuft, mit Hilfe einer Cluster-Analyse noch weiter überprüfen. Wir verwenden dazu ein hierarchisches Cluster-Verfahren, nach dem die zunächst als eine Gruppe aufgefaßten 38 Einheiten sukzessiv in separate Cluster zerlegt werden [94]. Die Eingangsdaten sind die $\binom{38}{2}$ Distanzen, die der in *Schaubild 3* dargestellten Lösung entsprechen. Diese Distanzen bestimmen sich aus der Entfernung der Punkte im dreidimensionalen Raum und nicht nur auf der ersten Achse, d. h. der Prestigedimension, im Hinblick auf die wir die Schichtinterpretation zunächst formuliert haben.

Die Schichtinterpretation erfährt insofern eine sehr überzeugende Bestätigung, als durch das Cluster-Verfahren in einem ersten Schritt die Berufe der oberen Mittel-schicht vom Rest abgetrennt werden und dann gleich im zweiten Schritt die Arbeiter-schaft und die Mittelschicht getrennt werden. Mit einigen Ausnahmen ergibt sich dabei für die katholischen und protestantischen Berufsgruppen dieselbe Schicht-zuordnung, wie sie bereits für die jeweilige Berufsgruppe insgesamt bei der Inter-pretation von *Schaubild 2* besprochen wurde [95]. Die Ausnahmen betreffen bei der oberen Mittelschicht neben den protestantischen Beamten des gehobenen Dienstes und den protestantischen leitenden Angestellten, die im Unterschied zu ihren katho-lischen Kollegen in der Mehrzahl Akademiker sind, die protestantischen technischen Angestellten. Letztere werden allerdings in einem der nächsten Schritte von den auch prestigemäßig zur oberen Mittelschicht gehörenden Berufen abgetrennt. Bei der Arbeiterschicht werden entgegen der Erwartung lediglich die katholischen aus-führenden technischen Angestellten eingeordnet, und zwar aufgrund ihrer relativ extremen Position auf der Z-Achse.

Nimmt man das Ergebnis der Cluster-Analyse zur Richtschnur bei der Interpretation von *Schaubild 3*, ergibt sich eine recht einfache und überzeugende Lösung. Die Schichten weisen die Struktur konzentrischer Kreise auf, wobei die einzelnen Berufe je nach der Nähe zu ihrem Schichtmittelpunkt kreisförmig um diesen Mittelpunkt herum lokalisiert sind. Diese Kreise liegen in verschiedenen Ebenen. Das Zentrum für die obere Mittelschicht ist dabei protestantisch bestimmt, während es für die Mittelschicht und die Arbeiterschicht katholisch bestimmt ist.

Nachdem die Schichtinterpretation der sozialen Distanzen als bestätigt angesehen werden kann, werden wir zum Schluß noch das Problem zu klären suchen, wie bei der Differenzierung der Bevölkerung nach zugeschriebenen Positionen die Reli-gionszugehörigkeit und die Dauer der Ortsansässigkeit zusammenwirken. Wir greifen dazu das Konzept der systematischen Endophilie wieder auf, das wir im vorletzten Abschnitt in Anlehnung an *Fararo* und *Sunshine* entwickelt haben [96].

Die systematische Endophilie ist mit $\tau = 0.368$ bei den Katholiken und $\tau = 0.343$ bei den Protestanten für beide Religionsgemeinschaften fast gleich. Wählt man als Schnittpunkt zur Trennung von Alt- und Neu-Bürgern eine Ortsansässigkeit von 10 Jahren, dann ist die systematische Endophilie der so definierten Neubürger mit $\tau = 0.507$ eindeutig größer als die der Altbürger mit $\tau = 0.279$. Wir nehmen nun an, daß die Wahrscheinlichkeiten der systematischen Endophilie nach den beiden askriptiven Merkmalen voneinander unabhängig sind, so daß wir zur Berechnung der systematischen Endophilie für Untergruppen, die sich aus der Kreuzung der beiden Merkmale ergeben, die entsprechenden Ausgangswahrscheinlichkeiten einfach multiplizieren können. Unter dieser Annahme wäre z. B. die systematische Endo-philie für die protestantischen Neubürger $\tau = 0.174$.

Unter Berücksichtigung der verschiedenen Kombinationen von systematischer Endo-philie und zufälliger Endo- und Exophilie für die zwei Ausgangsmerkmale Reli-gionszugehörigkeit und Dauer der Ortsansässigkeit läßt sich die theoretische Vertei-lung für eine »who-selected-whom« Matrix errechnen, die nach dem Muster von *Tabelle 7* aufgebaut ist, die Annahme der Unabhängigkeit der Endophilieraten für die Ausgangsmerkmale vorausgesetzt [97]. Im Unterschied zu *Tabelle 7* ergeben sich bei dieser Tabelle jeweils vier Zeilen- bzw. Spalteneingänge, da zwei dichotome Merkmale kombiniert wurden. Die theoretische Verteilung kann dann mit der tatsächlichen Verteilung verglichen werden.

In *Tabelle 11* sind die entsprechenden empirischen und theoretischen Verteilungen gegenübergestellt. Die letzte Zahl in jeder Zelle gibt die Größe der Differenz zwischen den zwei Verteilungen wieder. Bei einem positiven Wert haben Befragte in dieser Zeile tatsächlich mehr Freunde aus der entsprechenden Spalte, als man unter der Annahme der Unabhängigkeit der Endophilieraten annehmen würde. Die größten Differenzen zeigen sich für die Selbstselektion der protestantischen Altbürger und der protestantischen Neubürger. Im ersten Fall ist die Selbstselektion viel zu hoch geschätzt, im zweiten zu niedrig. Die protestantischen Altbürger wählen generell mehr Katholiken als Freunde als man erwarten würde, während die protestan-

Tabelle 11 : Empirische und theoretische Verteilung der Freundschaftswahlen nach Religion und Dauer der Ortsansässigkeit

Hauptbefragter		Freunde Katholisch		Protestantisch		
		Altbürger	Neubürger	Altbürger	Neubürger	
Katholisch						
Altbürger	E %	54,1	30,7	8,0	7,2	100%
	T %	53,2	28,5	8,2	10,1	100%
	E–T	+0,9	+2,2	—0,2	—2,9	
Neubürger	E %	19,0	55,4	6,1	19,5	100%
	T %	19,8	56,8	3,1	20,2	100%
	E–T	—0,8	—1,4	+3,0	—0,7	
Protestantisch						
Altbürger	E %	36,1	21,1	22,8	20,0	100%
	T %	31,7	14,8	29,7	23,7	100%
	E–T	+4,4	+6,3	—6,9	—3,7	
Neubürger	E %	12,1	26,1	7,9	53,9	100%
	T %	11,9	29,6	11,1	47,4	100%
	E–T	+0,2	—3,5	—3,2	+6,5	
Insgesamt		36,8	34,0	9,6	19,5	N = 2101

E: Empirische Verteilung
T: Theoretische Verteilung, errechnet unter der Annahme der Unabhängigkeit der Endophilieraten nach der Religion und der Dauer der Ortsansässigkeit

Altbürger sind Personen mit längerer als 10jähriger Ortsansässigkeit, Neubürger Personen mit kürzerer als 10jähriger Ortsansässigkeit. Personen mit weder katholischer noch protestantischer Religionszugehörigkeit sind mit den Protestanten zu einer Gruppe zusammengefaßt.

tischen Neubürger nur wieder andere protestantische Neubürger überproportional
wählen und nicht Protestanten allgemein. Bei den Katholiken sagt das Unabhängig-
keitsmodell die empirische Verteilung relativ gut voraus.

Bei diesem Ergebnis muß man davon ausgehen, daß sowohl die Unterscheidung von
Alt- und Neu-Bürgern als auch die von Katholiken und Protestanten Distanz gene-
rierend wirkt. Die eine Differenzierung läßt sich nicht auf die andere zurückführen.
Die Differenzierung nach der Dauer der Ortsansässigkeit wird in Jülich durch die
Berufsstruktur begünstigt, da bis zu einem gewissen Grade für Neubürger andere
Berufe typisch sind als für Altbürger. Der Einfluß der Religionszugehörigkeit, jedenfalls der von der Unterscheidung von Alt- versus Neu-Bürger unabhängige Teil,
muß im Kern auf die regelmäßigen Kirchgänger der zwei Konfessionen zurückgeführt werden. Regelmäßige Kirchgänger haben mehr Freunde, die zur selben
Religionsgemeinschaft wie sie selbst gehören, obwohl diese Tendenz nicht sehr ausgeprägt ist.

Ergebnis

In diesem Aufsatz wurde die Schichtstruktur einer Kleinstadt mit heterogener Bevölkerung beschrieben. Neuere Methoden der multidimensionalen Skalierung und
der Cluster-Analyse erlaubten eine klare Antwort auf eine alte Frage der Schichtsoziologie: kann man das in einem Sozialsystem wie z. B. einer Gemeinde vorherr-
schende System sozialer Ungleichheit eher als Prestigekontinuum oder als Schichtstruktur mit eindeutig abgrenzbaren Schichten beschreiben [98]?
Diese klare Antwort setzt theoretisch einen bestimmten Schichtbegriff voraus. Wie
in der Einleitung betont, sprechen wir von sozialen Schichten erst dann, wenn Einschnitte in der Interaktionshäufigkeit zwischen Berufen an bestimmten Stellen des
Prestigekontinuums festgestellt werden können. Soziale Schichten konstituieren sich
demnach als Verhaltenskonsequenzen von Prestigegleichheiten bei bestimmten Arten
wichtiger sozialer Beziehungen wie connubium oder, in unserem Falle, commensalitas.
Mit Hilfe der objektiven Daten über die drei besten Freunde und Bekannten war
es möglich, drei Schichten mit klaren Abgrenzungen gegeneinander zu identifizieren:
eine Arbeiterschicht, der in Jülich 35 Prozent der Bevölkerung zuzurechnen sind, eine
Mittelschicht, die mit 45 Prozent die größte Gruppierung darstellt, und eine obere
Mittelschicht, die 20 Prozent umfaßt. *Renate Mayntz* war auf der Grundlage ihrer
Untersuchung der sozialen Schichtung in Euskirchen in dieser zentralen Frage der
Schichtsoziologie zu einem weniger klaren Ergebnis gekommen: »Diese Statusvertei-
lung ... kommt einem Kontinuum sehr nahe, weist jedoch immerhin schwach er-
kennbare Grenzen zwischen größeren Statusgruppen auf [99].« Dieses vorsichtig for-
mulierte Ergebnis mag mehr von ihrer Methode – der Häufigkeitsverteilung von
Indexpunkten eines multidimensionalen Schichtindex – als von der sozialen Wirk-
lichkeit Euskirchens Mitte der 50er Jahre determiniert sein.
Die aufgrund der objektiven Daten über die Freundschaftswahlen abgegrenzten
Schichten unterscheiden sich voneinander auch deutlich im Hinblick auf die sub-

jektive Schichteinstufung, ohne daß die Korrelation freilich perfekt wäre. Die objektive Schichtstruktur ist nur ein, wenn auch im allgemeinen der wichtigste Bestimmungsfaktor des Klassenbewußtseins. In Jülich stufen sich 69,3 Prozent der Personen, die objektiv zur oberen Mittelschicht zählen, auch subjektiv in diese Schicht ein und 66 Prozent der objektiv zur Mittelschicht Zählenden fühlen sich subjektiv zum Durchschnitt der Mittelschicht gehörig [100]. Weniger klar ist das Klassenbewußtsein bei der Arbeiterschicht ausgeprägt. Es stufen sich nur 49,2 Prozent auch in die Arbeiterschicht ein, während sich 43,1 Prozent zur Mittelschicht zählen. Dabei fühlen sich katholische Facharbeiter und angelernte Arbeiter in stärkerem Umfang der Mittelschicht zugehörig als die entsprechenden protestantischen Gruppen. Dieser Umstand mag damit zusammenhängen, daß wir in Jülich sozusagen nicht »Klassen in ethnisch homogenem Milieu« vorfinden [101].

Die Schichtstruktur mit dem 3-Klassen-Schema ist sicher keine Besonderheit unserer Untersuchungsgemeinde. Sie dürfte in Deutschland generell anzutreffen sein. Was eine Besonderheit Jülichs darstellt, ist die Beziehung zwischen der Schichtstruktur und der Trennung von Alt- und Neu-Bürgern. Bei einer stark von Protestanten und Zugezogenen geprägten oberen Mittelschicht verläuft die politische Hauptトrennungslinie zwischen dieser oberen Mittelschicht und der für das Jülich vor Gründung der Kernforschungsanlage typischen katholischen Mittelschicht. Die katholischen Arbeiter sind bei dieser Frontstellung die natürlichen Verbündeten der katholischen Mittelschicht.

Anmerkungen

[1] Vgl. *René König*, Grundformen der Gesellschaft: Die Gemeinde, Hamburg 1958.

[2] *W. Lloyd Warner, Marchia Meeker* und *Kenneth Eells*, Social Class in America, New York 1960 (zuerst 1949).

[3] Ebd.

[4] *Renate Mayntz*, Soziale Schichtung und sozialer Wandel in einer Industriegemeinde. Eine soziologische Untersuchung der Stadt Euskirchen, Stuttgart 1958, S. 131–142 und *Erwin K. Scheuch*, Sozialprestige und soziale Schichtung, in: *David W. Glass* und *René König* (Hrsg.), Soziale Schichtung und soziale Mobilität, Köln und Opladen, 4. Aufl. 1970, S. 65–103.

[5] Vgl. z. B. *Harold W. Pfautz* und *Otis D. Duncan*, A Critical Evaluation of Warner's Work in Community Stratification, in: American Sociological Review 15 (1950), S. 205–215 oder *Ruth Rosner Kornhauser*, The Warner Approach to Social Stratification, in: *Reinhard Bendix* und *Seymour Martin Lipset* (Hrsg.), Class, Status and Power, Glencoe, Illinois, 1953, S. 224–255.

[6] *Richard P. Coleman* und *Bernice L. Neugarten*, Social Status in the City, San Francisco 1971.

[7] *Paul K. Hatt*, Occupation and Social Stratification, in: American Journal of Sociology 55 (1950), S. 533–543.

[8] Vgl. zur Unterscheidung von Prestige und Esteem ebd.

[9] Vgl. z. B. *Theodor Geiger*, Theorie der sozialen Schichtung, in: *ders.*, Arbeiten zur Soziologie, Neuwied und Berlin 1962, S. 186–205 (zuerst 1955).

[10] Vgl. dazu jüngst *Donald J. Treiman*, Occupational Prestige in Comparative Perspective, Columbia University and Center for Policy Research 1972, in Vorbereitung.

[11] Vgl. zu dieser Definition *Robert W. Hodge* und *Paul M. Siegel*, The Measurement of Social Class, in: *David L. Sills* (Hrsg.), International Encyclopedia of the Social Sciences, New York 1968, Bd. 15, S. 316–325.

[12] (A ›stratification system‹) »comprises two analytically distinct components, both essential to the concept: (1) a set of one or more hierarchies of institutionalized inequality with respect to the statuses (rewards, evaluations, prerogatives) conferred on the basis of incumbency and performance of roles; (2) a pattern of intergenerational transmission of status or access to roles such that the position of an individual on a scale of inequality is associated to a non-negligible degree with the position of his family of orientation« (*Otis Dudley Duncan*, Social Stratification and Mobility. Problems in the Measurement of a Trend, in: *Eleanor Bernert Sheldon* und *Wilbert E. Moore* (Hrsg.), Indicators of Social Change. Concepts and Measurements, New York 1968, S. 690).

[13] *Allison David, Burleigh B. Gardner* und *Mary R. Gardner*, Deep South. A Social Anthropological Study of Caste and Class, Chicago 1941, S. 59.

[14] *Edward O. Laumann*, Prestige and Association in an Urban Community, Indianapolis und New York 1966, S. 3 f.

[15] *Ders.*, Bonds of Pluralism. The Form and Substance of Urban Social Networks, New York 1973 (im Druck).

[16] Ebd.

[17] Ebd.

[18] Vgl. zur Theorie *Talcott Parsons*, A Revised Analytical Approach to the Theory of Social Stratification, in: ders., Essays in Sociological Theory, New York und London 1964, S. 386–439 (zuerst 1953) und zur Empirie *Hatt* a.a.O. und *Laumann*, Prestige and Association in an Urban Community, a.a.O.

[19] *Talcott Parsons*, Differentiation and Variation in Social Structures: Introduction, in: ders., *Edward Shils, Kaspar D. Naegele, Jesse R. Pitts* (Hrsg.), Theories of Society, New York und London 1965, S. 242 (zuerst 1961).

[20] *Laumann*, Bonds of Pluralism, a.a.O.

[21] Auswahlkriterien für die anderen Kleinstädte siehe *Tabelle 1*.

[22] Vgl. *Christen T. Jonassen* und *Sherwood H. Peres*, Interreletionships of Dimensions of Community Systems. A Factor Analysis of Eighty-two Variables, Columbus, Ohio, 1960; *Jeffrey Hadden* und *Edward Borgatta*, American Cities: Their Social Characteristics, Chicago 1965; *Charles M. Bonjean, Harley L. Browning* und *Lewis F. Carter*, Toward Comparative Community Analysis. A Factor Analysis of United States Counties, in: Sociological Quarterly 10 (1969), S. 157–176.

[23] Siehe den zusammenfassenden Bericht von *Charles M. Bonjean*, The Community as Research Site and Object of Inquiry, in: ders., *Terry N. Clark* und *Robert L. Lineberry* (Hrsg.), Community Politics. A Behavioral Approach, New York und London 1971, S. 5–15.

[24] *United States Department of Labor*, Dictionary of Occupational Titles 1965, Band 2: Occupational Classification and Industry Index, Washington, D. C., 1965.

[25] *United States Bureau of the Census*, 1960 Census of Population. Alphabetical Index of Occupations and Industries, Washington, D. C., 1960.

[26] *Alba M. Edwards*, Comparative Occupation Statistics for the United States, 1870 to 1940, Washington, D. C., 1943, S. 175–182.

[27] In der Mobilitätsuntersuchung von *Gerhard Kleining*, Struktur- und Prestigemobilität in der Bundesrepublik Deutschland, in: Kölner Zeitschrift für Soziologie und Sozialpsychologie 23 (1971), S. 1–33, fällt z. B. auf, daß die Verwendung der sozialen Selbsteinstufung (*Gerhard Kleining* und *Harriet Moore*, Soziale Selbsteinstufung (SSE). Ein Instrument zur Messung sozialer Schichten, in: Kölner Zeitschrift für Soziologie und Sozialpsychologie 20 (1968), S. 502–552) beim Studium der sozialen Mobilität zu einer Struktur der Matrix der Übergangswahrscheinlichkeiten führt, die *Louis Guttman* als Simplex bezeichnet hat (A New Approach to Factor Analysis: The Radex, in: *Paul F. Lazarsfeld* (Hrsg.), Mathematical

Thinking in the Social Sciences, Glencoe, Illinois, 1955, S. 258–348). Simplices treten auf, wenn die zugrunde liegende Struktur eindimensional ist, d. h. in diesem Fall, wenn nur Bewegungen entlang der Prestigeachse vorkommen. Daß dies ein Artefakt der verwendeten Klassifikation ist, zeigt eine dimensionale Analyse von Mobilitätsdaten von *Peter M. Blau* und *Otis Dudley Duncan*, The American Occupational Structure, New York, London und Sydney 1967, S. 67–75.

[28] *Laumann*, Prestige and Association in an Urban Community, a.a.O., S. 89–104.

[29] *Paul Mathew Siegel*, Prestige in the American Occupational Structure, Dissertation, The University of Chicago 1971, S. 148.

[30] Vgl. z. B. *Richard H. Hall*, Occupations and the Social Structure, Englewood Cliffs, N. J., 1969, S. 5 f.: »An occupation is the social role performed by adult members of society that directly and/or indirectly yields social and financial consequences and that constitutes a major focus in the life of an adult.«

[31] *Albert J. Reiss, Jr.*, Occupations and Social Status, New York 1961, S. 10 f.

[32] *Siegel*, a.a.O., S. 149 f.

[33] Während deutsche Soziologen diese arbeitsrechtliche Stellung als soziologisch am interessantesten ansehen (vgl. *Karl Martin Bolte, Katrin Aschenbrenner, Reinhard Kreckel, Rainer Schultz-Wild*, Beruf und Gesellschaft in Deutschland. Berufsstruktur und Berufsprobleme, Opladen 1970, S. 33), besteht in der amerikanischen Soziologie eher die Tendenz, die berufliche Tätigkeit zum Ausgangspunkt zu nehmen. Diese unterschiedlichen Perspektiven scheinen nicht von ungefähr zu kommen, sondern deuten darauf hin, daß in der deutschen Soziologie immer noch das Hauptinteresse sozialen Klassen gilt, während die Orientierung der Amerikaner mehr in Richtung auf Prestigeunterschiede geht.

[34] *Reiss*, a.a.O., S. 11.

[35] *International Labor Office*, International Standard Classification of Occupations, Genf 1969.

[36] Wenn einer unserer Gruppen mehrere Kategorien der internationalen Klassifikation entsprechen, wurde der ungewichtete Durchschnittswert der Prestigeränge zugewiesen. Vgl. generell zum Problem des Matching *Treiman* a.a.O., Kapitel 7.

[37] Ebd. Die Korrelation zwischen deutschen und amerikanischen Berufsprestigerängen auf der Basis von 64 Berufen, für die in beiden Fällen Prestigeränge ermittelt wurden, beträgt $r = 0.876$; die Korrelation der internationalen Berufsprestigeskala und der deutschen Skala beträgt $r = 0.916$. Die von *Treimann* verwendete deutsche Berufsprestigeskala basiert auf Untersuchungen von *Bolte*, Sozialer Aufstieg und Abstieg. Eine Untersuchung über Berufsprestige und Berufsmobilität, Stuttgart 1959, *Gerhard Wurzbacher*, Das Dorf im Spannungsfeld der industriellen Entwicklung, Stuttgart 1954, *Mayntz*, a.a.O. und *Thelma A. Kunde* und *René V. Dawes*, Comparative Study of Occupational Prestige in 3 Western Cultures, in: Personnel and Guidance Journal 37 (1959), S. 351. Die neueren Daten von *Kleining* und *Moore* (a.a.O.) sind nicht berücksichtigt.

[38] Vgl. Angaben in Anmerkung 37.

[39] Die von *Scheuch* (a.a.O.) verwendeten Prestigezuordnungen basieren nicht auf einer eigenen empirischen Untersuchung des Berufsprestiges. Immerhin ist die Korrelation zwischen *Scheuchs* Berufsprestigepunkten und unserer Adaption von *Treimans* Prestigeskala für die von uns untersuchten Individuen $r = 0.90$.

[40] Vgl. *Siegel*, a.a.O., S. 164.

[41] Für die ausführenden technischen Angestellten ließe es sich von der Art ihrer beruflichen Tätigkeit her rechtfertigen, sie mit gelernten Arbeitern zusammenzufassen, wie *Duncan* das bei einem Vergleich der Mobilitätsdaten von *Natalie Rogoff* und *Theodor Geiger* tut (*Duncan*, Methodological Issues in the Analysis of Social Mobility, in: *Neil J. Smelser* und *Seymour Martin Lipset* (Hrsg.), Social Structure and Mobility in Economic Development, Chicago 1966, S. 79). Nach unseren Daten sind aber die technischen Hilfskräfte bei weitem nicht die zahlreichste Kategorie unter den technischen Angestellten, so daß es sinnvoller ge-

wesen wäre, *Geigers* technische Angestellte mit *Rogoffs* Kategorie der Semi-professionals zu vergleichen.

[42] *Hodge* und *Siegel*, a.a.O., S. 322.

[43] *Siegel*, a.a.O., S. 239.

[44] Vgl. z. B. *Warner et al.*, a.a.O., S. 172.

[45] *Hodge* und *Siegel*, a.a.O., S. 323.

[46] *Siegel*, a.a.O., S. 196.

[47] Es handelt sich um den Koeffizienten a_π in der Notation von *Klaus Krippendorff*, Bivariate Agreement Coefficients for Reliability of Data, in: *Edgar F. Borgatta* und *George W. Bohrnstedt* (Hrsg.), Sociological Methodology 1970, San Francisco 1970, S. 139–150.

[48] Vgl. *Laumann*, Prestige and Association in an Urban Community, a.a.O., und *ders.*, Bonds of Pluralism, a.a.O.

[49] *Laumann*, Prestige and Association in an Urban Community, a.a.O., S. 74 ff.

[50] Wenn die Freunde nicht Verwandte waren, wurde mit Listenvorgabe gefragt, wie man sie kennengelernt hat. Die Liste enthielt folgende Antwortmöglichkeiten: »1. Durch Ehegatten, 2. Durch andere Verwandte oder Freunde, 3. Jugendfreund, 4. Beruf, Arbeit, 5. Sport, 6. Verein, Verband, 7. Nachbar, 8. Anderes, was?«

[51] Der Fragetext zur Erfassung der drei Freunde lautete: »Wir haben jetzt einige Fragen zu Ihrem Bekanntenkreis. Denken Sie dabei bitte einmal an die drei Personen, mit denen Sie näher befreundet sind und mit denen Sie sich am häufigsten treffen. Es kann sich dabei sowohl um Verwandte als auch um Nichtverwandte handeln. (I n t e r v i e w e r : Nicht Ehegatten oder Personen, die im selben Haushalt wohnen, wie Kinder, nennen lassen.) Ich würde Ihnen gerne Fragen über jeden einzelnen stellen, wie z. B. nach der Dauer der Bekanntschaft. Um es ein wenig einfacher zu machen: Könnten Sie mir bitte für jede dieser drei Personen den Vornamen angeben?« – Danach wurde nach dem gegenwärtig ausgeübten, bzw. bei Arbeitslosen und Rentnern nach dem zuletzt ausgeübten, Beruf der Freunde gefragt. Wenn der Freund eine verheiratete Frau war, wurde zusätzlich der Beruf des Ehemannes erfaßt.

[52] Im Durchschnitt wurden 2.67 Freunde genannt, 2.76 von den Männern und 2.59 von den Frauen. Bei der von *Laumann* analysierten Detroit Area Study (*Laumann*, Bonds of Pluralism, a.a.O.), bei der nur Männer im Alter von 21 bis 64 Jahren befragt wurden, betrug der Durchschnitt der Freundschaftswahlen bei gleicher Frageformulierung 2.92. Bei unserer Studie machten 7,3 Prozent überhaupt keine Angaben zu dem Fragenkomplex über die drei Freunde, für den Rest ergibt sich der sehr hohe Durchschnittswert von 2.97 Freunden. Wenn sich ein Befragter also entschlossen hatte, auf diesen Fragenkomplex zu antworten, waren die Angaben auch relativ vollständig. Wie ein Vergleich der relativen Häufigkeiten von Spalte 1 und 2 der *Tabelle 6* zeigt, ergeben sich mit Ausnahme der mittleren und kleineren Selbständigen kaum berufsspezifische Verzerrungen bei den Angaben über die drei Freunde.

[53] *Natalie Rogoff*, Recent Trends in Occupational Mobility, Glencoe, Illinois, 1953.

[54] *Blau* und *Duncan*, a.a.O., S. 90–97.

[55] Vgl. *Karl Ulrich Mayer* und *Walter Müller*, Trendanalyse in der Mobilitätsforschung. Eine Replik auf Gerhard Kleinings »Struktur- und Prestigemobilität in der Bundesrepublik Deutschland«, in: Kölner Zeitschrift für Soziologie und Sozialpsychologie 23 (1971), S. 761 bis 788.

[56] *Laumann*, Bonds of Pluralism, a.a.O.

[57] *T. J. Fararo* und *Morris H. Sunshine*, A Study of a Biased Friendship Net, Syracuse, New York, 1964, S. 5 f.

[58] Vgl. zum Folgenden ebd. s. 58 ff.

[59] Ebd. S. 5 f.

[60] Der Index erfaßt die Abweichungen zwischen zwei relativen Häufigkeitsverteilungen der Art, daß er bei identischen Verteilungen den Wert 0 und bei maximaler Abweichung den Wert 100 bzw. 1 annimmt. Gegeben seien Spaltenprozente wie in Spalte 1 und 2 von Tabelle 6, die über i (i = 1,2, ... k) Zeilen laufen; p_{51} wäre z. B. der Prozentsatz der lei-

tenden Angestellten unter den 820 Befragten unserer Stichprobe. Der Index ist dann wie folgt definiert:

$$\Delta = \frac{1}{2} \sum_{i=1}^{K} |p_{i_1} - p_{i_2}|$$

(*Otis Dudley Duncan, Ray P. Cuzzort* und *Beverly Duncan,* Statistical Geography. Problems in Analyzing Areal Data, Glencoe, Illinois, 1961, S. 83). Verbal ausgedrückt besagt der Index, wieviel Prozent der Personen in den jeweiligen zwei Spalten umverteilt werden müßten, damit die Verteilungen identisch werden (vgl. auch *Otis Dudley Duncan* und *Beverly Duncan,* A Methodological Analysis of Segregation Indexes, in: American Sociological Review 20 (1955), S. 210–217). Die Feststellung, daß die Häufigkeiten von Spalte 1 und 2 der *Tabelle 6* nicht stark voneinander abweichen (siehe Anmerkung 52), drückt sich quantitativ in dem äußerst niedrigen Dissimilaritätsindex von 3,2 aus. Nur bei 3,2 Prozent der Personen in einer der beiden Spalten von *Tabelle 6* müßte die Berufszuordnung geändert werden, damit die relativen Verteilungen identisch würden.

[61] *Fararo* und *Sunshine,* a.a.O., S. 73.

[62] Die Korrelation zwischen diesen beiden Versionen von τ_i beträgt r = 0.97.

[63] Die Korrelation zwischen eigenem Alter und Alter der Freunde ist r = 0.64.

[64] Die Korrelation zwischen den beiden Maßen beträgt r = 0.95.

[65] *Richard F. Curtis,* Differential Association and the Stratification of the Urban Community, in: Social Forces 42 (1963), S. 68–77; *Laumann,* Prestige and Association in an Urban Community, a.a.O., S. 66 f.

[66] Vgl. dazu ebd. S. 64 ff.

[67] *Laumann,* Bonds of Pluralism, a.a.O.

[68] Vgl. z. B. *Charles P. Loomis* und *J. Allan Beegle,* Rural Social Systems, New York 1950, S. 133 ff.

[69] *Otis Dudley Duncan* und *Jay W. Artis,* Some Problems of Stratification Research, in: Rural Sociology 16 (1951), S. 17–29.

[70] Vgl. zum Prestigeeffekt z. B. *Robert A. Ellis,* Social Stratification and Social Relations. An Empirical Test of the Disjunctiveness of Social Classes, in: American Sociological Review 22 (1957), S. 570–578 und *Laumann,* Prestige and Association in an Urban Community, a.a.O., S. 67.

[71] Vgl. ebd. S. 89–104.

[72] *Laumann,* Bonds of Pluralism, a.a.O.

[73] Vgl. Anmerkung 60.

[74] Zum Vorgehen vgl. *Laumann,* Bonds of Pluralism, a.a.O.

[75] Vgl. *David McFarland* und *Daniel Brown,* Social Distance as a Metric. A Systematic Introduction to Smallest Space Analysis, in: *Laumann,* Bonds of Pluralism, a.a.O.

[76] Siehe *James C. Lingoes,* A General Survey of the Guttman-Lingoes Nonmetric Program Series, in: *Roger N. Shepard, A. Kimball Romney* und *Sara Beth Nerlove* (Hrsg.), Multidimensional Scaling. Theory and Applications in the Behavioral Sciences, Band 1, New York und London 1972, S. 49–68 und *E. Roskam* und *J. C. Lingoes,* MINISSA-I: A Fortran IV (G) Program for the Smallest Space Analysis of Square Symmetric Matrices, in: Behavioral Science 15 (1970), S. 204–205.

[77] *Louis Guttman,* A General Nonmetric Technique for Finding the Smallest Coordinate Space for a Configuration of Points, in: Psychometrika 33 (1968), S. 469–506.

[78] Vgl. z. B. *Shepard,* Introduction to Volume I, in: *ders et al.,* a.a.O., S. 9 f.

[79] *McFarland* und *Brown,* a.a.O.

[80] *Laumann,* Prestige and Association in an Urban Community, a.a.O., und *ders.,* Bonds of Pluralism, a.a.O.

[81] *Blau* und *Duncan,* a.a.O., S. 67–75.

[82] *Laumann,* Prestige and Association in an Urban Community, a.a.O.

[83] *Ders.,* Bonds of Pluralism, a.a.O.

[84] Die Frageformulierung lautet: »Stellen Sie sich bitte zwei Männer vor: Der eine besitzt ein kleines Geschäft und der andere arbeitet als Angestellter in einem großen Büro. Der Angestellte hat ein regelmäßiges Einkommen und arbeitet 8 Stunden am Tag. Dann braucht er nicht mehr an seine Arbeit zu denken und kann seine Freizeit genießen. Der andere muß in seinem kleinen Geschäft viel länger am Tag arbeiten als der Büroangestellte und hat nicht so viel Freizeit. Der kleine Geschäftsmann hat kein sicheres Einkommen, aber die Chance, mehr zu verdienen als der Büroangestellte. Wenn Sie die Wahl hätten, für welche Arbeit würden Sie sich entschließen?«

[85] Diese Aussage basiert auf der Auswertung einer Befragung der Wissenschaftler und graduierten Ingenieure der Kernforschungsanlage, die im Anschluß an die Bevölkerungsumfrage in Jülich im Juni 1971 durchgeführt wurde.

[86] Es wurden die folgenden drei Fragen zum Indikator der Gemeindezufriedenheit zusammengefaßt: Frage 1: »Wie gern leben Sie hier in Jülich?« – Frage 2: »Wenn Sie aus irgendeinem Grund aus Jülich wegziehen müßten, wie stark würden Sie dann Jülich vermissen?« – Frage 5: »Kommt es mitunter vor, daß Sie sich wünschen, nicht in Jülich zu leben?« – Das aus den Antworten auf diese drei Fragen gebildete Maß der Gemeindezufriedenheit korreliert mit γ = –0.85 mit der tatsächlichen Absicht, aus Jülich wegzuziehen.

[87] *Mayntz,* a.a.O., S. 84 f.

[88] *S. Stansfeld Sargent,* Class and Class-Consciousness in a California Town, in: Social Problems 1 (1963), zitiert nach *Bernard Barber,* Social Stratification. A Comparative Analysis of Structure and Process, New York 1957, S. 194.

[89] Frage 6: »Denken Sie nun einmal an die verschiedenen Gruppen in Jülich, die in der einen oder anderen Frage gemeinsame Interessen haben. Welche Gruppen würden Sie da in Jülich nennen?«

[90] Frage 7: »Man unterscheidet in Jülich manchmal zwischen Jülichern, die schon seit langer Zeit hier leben, und Jülichern, die erst durch die Kernforschungsanlage in die Stadt gekommen sind. Gibt es zwischen diesen beiden Gruppen sehr starke, starke, schwächere oder keine Spannungen?«

[91] Vgl. oben S. 25.

[92] Vgl. *Statistisches Bundesamt Wiesbaden,* Bevölkerung und Kultur. Volks- und Berufszählung vom 6. Juni 1961, Heft 5: Bevölkerung nach der Religionszugehörigkeit, Stuttgart und Mainz 1966.

[93] *Traute Nellessen-Schumacher,* Sozialstruktur und Ausbildung der deutschen Katholiken, Weinheim, Berlin, Basel 1969, S. 98 f.

[94] *S. C. Johnson,* Hierarchical Clustering Schemes, in: Psychometrika 32 (1967), S. 241–254.

[95] Siehe oben S. 59.

[96] Siehe oben S. 50.

[97] Zu diesem Verfahren siehe *Fararo* und *Sunshine,* a.a.O., S. 82 ff.

[98] Vgl. zu dieser Diskussion z. B. *Laumann,* Prestige and Association in an Urban Community, S. 11 ff.

[99] *Mayntz,* a.a.O., S. 139.

[100] Zur Messung der subjektiven Schichteinstufung wurde eine leicht veränderte Version der ursprünglichen *Centers*schen Frageformulierung (*Richard Centers,* The Psychology of Social Classes, Princeton 1949) verwendet. Unser Fragetext lautet: »Es wird heute viel über die verschiedenen Bevölkerungsschichten gesprochen. Welcher Schicht rechnen Sie sich selbst eher zu, der Arbeiterschicht, der Mittelschicht, der oberen Mittelschicht oder der Oberschicht?« – Bei Einstufung in die Arbeiter- oder Mittelschicht wurde die Nachfrage gestellt: »Rechnen Sie sich eher zum Durchschnitt oder zum oberen Teil der Arbeiterschicht (Mittelschicht)?«

[101] *Joseph A. Schumpeter,* Aufsätze zur Soziologie, Tübingen 1953, S. 147–213.

VOM NUTZEN ENTFERNTER BEKANNTER*

Von Bernd Wegener

I. Das Thema

Die nachfolgenden Bemerkungen befassen sich mit einer soziologischen Paradoxie: mit der Stärke schwacher sozialer Beziehungen. Die Paradoxie äußert sich in dem erstaunlichen Umstand, daß *aus soziologischer Sicht* auf unsere guten Freunde und engen Vertrauten im großen und ganzen weniger Verlaß ist als auf Personen, die wir nur oberflächlich kennen.

Ein Beispiel ist die Vermittlung bei der Arbeitsplatzsuche: Eine Reihe von Untersuchungen sprechen dafür, daß entfernte Bekannte — und nicht die besten Freunde — die wirkungsvolleren Kontaktstellen sind, über die man berufliche Verbesserung erreicht. Das ist intuitiv keineswegs plausibel. Alltagspraktisch würde man gerade erwarten, daß Solidarität und enge Freundschaftsbeziehungen die eigentlich hilfreichen Güter im Leben sind. Das führt auf die überraschende Frage, ob Freundschaft Grenzen hat. Zahlt sich Vertrauen nicht aus?

Die Frage ist ebenso beunruhigend wie reizvoll. Und zwar nicht nur, weil ein Vorgang, der unserem Allgemeinverständnis zuwiderläuft, eine Herausforderung an die Phantasie des Theoretikers darstellt. Sondern weit wichtiger: Immer dann, wenn wir es als Soziologen mit einem Handlungstypus zu tun haben, dessen Konsequenzen nicht die sind, die wir lebensweltlich erwarten, dann können wir sicher sein — von klinischen Fällen abgesehen —, auf *sozialstrukturelle Hindernisse* gestoßen zu sein, die der Verwirklichung bestimmter Handlungszwecke entgegenstehen.

Unter Berufung auf Adam Smith (1976) und auf z. B. Adam Ferguson (1986) wird manchmal die Meinung vertreten, daß die nicht-intendierten Folgen von Handlungen unter Umständen einen Prozeß auslösen, der zur Manifestation oder „Emergenz" von sozialen Strukturen, Institutionen oder Normen führt (z. B. Hayek 1945; Popper 1965; Watkins 1978). Das mag wohl sein und muß hier gar nicht bestritten werden. Mit der gleichen Berechtigung allerdings läßt sich diese Logik auch umkehren: Es sind die sozialen Strukturen, die unserem Handeln manchmal im Wege stehen und zu Folgen führen, die wir gar nicht wollen.[1]

---

* Für besonders hilfreiche Anregungen bei der Endfassung dieses Beitrags gilt mein Dank *Jutta Allmendinger, Hartmut Esser* und *M. Rainer Lepsius.*
  Eine grammatikalische Anmerkung: Im folgenden wird sehr häufig von „*dem* Freund", „*dem* Stellensucher", „*dem* Stellenvermittler" usf. die Rede sein. Für den ganzen folgenden Text soll gelten, daß in diesen Fällen die weiblichen Varianten dieser Bezeichnungen mitgemeint sind.
1 In neuerer Zeit wird dieser Möglichkeit im *rational choice approach* unter dem Stichwort des „situationalen *framing* von Entscheidungen" Rechnung getragen (Lindenberg 1986).

Die Stärke schwacher sozialer Beziehungen jedenfalls ist ein Phänomen, dem man sich aus dieser Blickrichtung wird nähern müssen. Man muß fragen: Welche strukturellen Handlungs*bedingungen* sind für den „Nutzen" entfernter Bekannter und die relative Belanglosigkeit guter Freunde verantwortlich? Freilich, wenn man so fragt, bleibt das Individuum, sein Wollen, sein Handlungsimpuls unerwähnt. Reicht es für eine Erklärung aus, die strukturellen *Bedingungen* für die Wahl sozialer Beziehungen (z. B. bei der Berufsfindung) anzuführen, aber die *Handlungsmotive* der eigentlichen Akteure auszusparen? Aus der Sicht dieser Frage kommt der Versuch einer Erklärung der Stärke schwacher Beziehungen nicht umhin, sowohl *struktur-theoretisch* als auch *handlungslogisch* ausgelegt zu sein, wenn diese Erklärung die Paradoxie der Stärke schwacher Beziehungen nicht nur als empirisch möglich nachzeichnen will, sondern auch als *kausal* verständlich.

Mit dieser Doppelaufgabe vor Augen ergibt sich mein Vorgehen fast von selbst:

1. Es muß zunächst darum gehen, den *Begriff* der „schwachen sozialen Beziehung" zu explizieren.

2. Anschließend werde ich das Gerüst einer sozialen *Strukturtheorie* umreißen, die einen Beitrag zur Erklärung des Phänomens leisten soll. In bezug auf diese Theorie diskutiere ich einige empirische Befunde.

3. In der zweiten Hälfte meines Beitrags geht es dann um eine handlungs- und *nutzentheoretische Alternative* zur strukturellen Theorie.

4. Zum Schluß sollen die strukturellen und die handlungstheoretischen Komponenten in *einem Modell* zusammengefaßt werden.

II. Was sind schwache soziale Beziehungen?

Intuitiv können wir starke von schwachen sozialen Beziehungen leicht unterscheiden. Unsere Beziehungen zu Familienmitgliedern, zu unseren Vertrauten und zu unseren guten Freunden sind sozial *starke* Beziehungen. Sie sind in der Regel dauerhaft, expressiv gefärbt, beruhen auf Gegenseitigkeit und äußern sich darin, daß wir viel mit den Betreffenden zusammen sind und mit ihnen (vor allem außerberuflich) häufig interagieren. *Schwache* soziale Beziehungen kennzeichnen demgegenüber unsere Verhältnisse zu bloßen Bekannten, Personen, die wir nur flüchtig kennen, selten zu Gesicht bekommen und mit denen wir — zumal auf informeller Basis — nicht häufig interagieren. Georg Simmels (1923, S. 509—512) „Fremde" sind Objekte schwacher sozialer Beziehungen.

Für die wissenschaftliche Behandlung bleibt die Disjunktion Freundschaft — Bekanntschaft aber viel zu vage (Marsden und Campbell 1984). Ich nehme eine Präzisierung durch den Begriff der *Brückenbeziehung* vor. Eine Brückenbeziehung liegt vor, wenn eine Beziehung in einem Netzwerk die *einzige* — in großen Netzwerken zumindest die *kürzeste* — Verbindung zwischen zwei Personen ist (Harary, Norman und Cartwright 1965, S. 198). Man kann dann sagen, daß *eine Brückenbeziehung niemals eine starke soziale Beziehung sein kann.* Alle Brücken sind schwache Beziehungen. Die Beziehung zwischen C und E in *Abbildung 1 (a)* ist ein Beispiel. Aller-

Abbildung 1: Brückenbeziehungen und Triaden

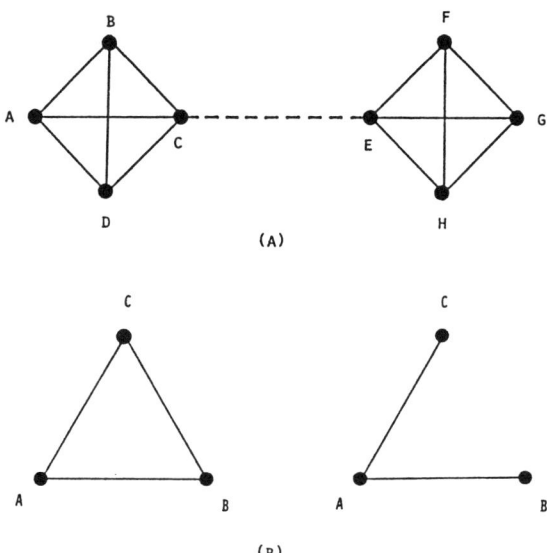

(A)

(B)

dings ist dies nur mit einer Zusatzannahme richtig: Wir müssen voraussetzen, daß *Triaden starker Beziehungen in Netzwerken immer geschlossen oder transitiv sind.* D. h. daß es in einer Triade A-B-C ausgeschlossen ist, daß die starken Beziehungen zu A-B und A-C existieren, die Beziehung B-C aber nicht *(Abbildung 1 (b))*. Eine Triade, in der diese Situation jedoch gegeben ist, bezeichne ich — wenn auch empirisch mit gewisser Übertreibung — als *unzulässige (starke) Triade* (Granovetter 1973, S. 1363).

Diese Voraussetzung wird von austauschtheoretischen Überlegungen und Befunden gestützt. Sie ergibt sich einerseits aus George Homans' (1950) „Grundgesetz der Interaktion", nach dem die Häufigkeit von Interaktionen die Stärke von Beziehungen fördert. Außerdem gilt, daß enge Beziehungen Personen verbinden, die in mancher Hinsicht ähnlich sind (z. B. Berscheid und Walster 1969; Newcomb 1961), was, wenn es für A-B und A-C gilt, einen Rückschluß zuläßt auf die Wahrscheinlichkeit, daß sich auch B und C ähnlich sind und deswegen in einer Interaktionsbeziehung stehen. Fritz Heiders (1958) oder Theodore Newcombs (1961) Theorie der kognitiven Balance läßt sich mit derselben Konsequenz interpretieren. Außerdem deuten Untersuchungen von Netzwerken darauf hin, daß Triaden starker Beziehungen — in der Regel als Gegenseitigkeitswahlen gefaßt — in der Mehrzahl der Fälle vollständig sind (Davis 1970; Newcomb 1961; Breiger und Pattison 1978). Wo das nicht der Fall ist, haben wir es empirisch mit schwachen Beziehungen zu tun, denen die Funktion zukommt, „Brücken" zu sein (Friedkin 1980).

Mit der Bedingung unzulässiger Triaden ist sichergestellt, daß starke Netzwerkbeziehungen stets in sich „dicht" sind. Denn es gilt: Um so stärker die Beziehung zwischen A und B ist, um so größer ist der Anteil von Personen aus S = C, D, E, . . ., die mit sowohl A als auch B in Beziehung stehen. Brückenbeziehungen sind im Gegensatz dazu diejenigen Beziehungen, die *über den Kreis der eigenen engen Gruppe hinausführen und neue Kontaktmöglichkeiten schaffen.*

Das ist aus netzwerktheoretischer Sicht der Beziehungstyp, auf den ich den Begriff der *schwachen* Beziehungen für unseren Zusammenhang einschränke. Freilich ist damit nur eine *formale* Bestimmung gegeben. Von bestimmten, diesen Beziehungstyp qualifizierenden Gesichtspunkten hingegen spricht die sog. *Focus-Theorie* (Feld 1981). Nach dieser Theorie sind soziale Beziehungen stets spezifisch „focussiert". Sie kommen zustande, indem sie sich um bestimmte netzwerk-externe Charakteristiken herum organisieren, bzw. solche Charakteristiken unter Umständen auch nachträglich ausbilden (Kadushin 1966; Laumann 1966; Verbrugge 1977). Ein Beziehungsfocus kann z. B. sozial, psychologisch, legal oder physikalisch-räumlich bestimmt sein (durch den Arbeitsplatz, durch Mitgliedschaft in einer freiwilligen Organisation, durch Freizeittreffpunkte, durch Liebe, Nachbarschaft, Familien usw.). Foci sind also sozusagen der „Stoff", aus dem soziale Beziehungen sind. Sie sind die *Substanz* einer Bindung im Gegensatz zu ihrer möglichen Intensität.

Allerdings läßt sich aus Eigenschaften von Beziehungsfoci rückschließen auf die *Stärke* von sozialen Beziehungen. Vom Boden der Focus-Theorie aus kann man diesbezüglich wie folgt argumentieren: Aus der Transitivitätsbedingung für starke soziale Beziehungen bzw. dem Konzept der unzulässigen (starken) Triaden ist, wie wir sahen, ableitbar, daß eine Beziehung zwischen A und B dann um so wahrscheinlicher eine schwache Beziehung ist, je kleiner die Anzahl der Personen (aus S = C, D, E, ...) ist, die sowohl mit A als auch mit B in einer Beziehung stehen. Zur Weiterbestimmung dieses Sachverhalts lassen sich die folgenden drei Propositionen aufstellen:
1. Soziale Beziehungen sind in dem Maße schwache soziale Beziehungen, in dem ihre Foci a) *begrenzt* sind, b) *nicht einschränkend* wirken in bezug auf die Interaktionen der beteiligten Personen und in dem sie c) nur ein geringes Ausmaß an *Zeit, emotionalen Engagements* und *Aufwand für reziproke Leistungen* verlangen (*Focusrestriktivität*).
2. Es ist außerdem um so wahrscheinlicher, daß Beziehungen schwache Beziehungen sind, je *weniger* Foci für sie fundierend sind (*Focuspluralität*).
3. Ebenfalls gilt, daß Beziehungen schwache soziale Beziehungen sind in dem Maße, in dem die zugrundeliegenden Foci mit anderen Foci, die für die Betroffen Gültigkeit haben, *inkompatibel* sind (*Focusverträglichkeit*).
Auch ohne Rückgriff auf Netzwerkstrukturen ist es also möglich, die Determinanten der Beziehungsstärke zu benennen. Beziehungsstärke wird durch die Restriktivität, die Anzahl und die Verträglichkeit von Foci bestimmt.[2] Wir können daher vollständig definieren: *Schwache soziale Beziehungen sind Brückenbeziehungen, die* (im Gegensatz zu starken sozialen Beziehungen) *durch geringe Focusrestriktivität, geringe Focuspluralität und geringe Focusverträglichkeit gekennzeichnet sind.*[3]

---

2 Diese Komponenten sind vom Inhalt her deckungsgleich mit denen, die Granovetter (1973, S. 1361) auf Ad-hoc-Basis postuliert: Zeit, emotionale Intensität, Intimität (*mutual confiding*) und reziproke Leistungen.

3 Es läßt sich leicht zeigen, daß diese Focuseigenschaften den Brückencharakter von schwachen Beziehungen *notwendig implizieren* (Feld 1981, S. 1023–24). Granovetters (1973; 1983) Vermutung daher, daß es auch schwache Beziehungen geben könne, die *keine* Brücken sind, ist weder vom Standpunkt der Focus-Theorie, noch empirisch (Friedkin 1980; Rogers 1979) haltbar.

III. Die Theorie struktureller Handlungsbedingungen

Mit diesem Verständnis von schwachen Beziehungen stelle ich als nächstes die Theorie struktureller Handlungsbedingungen für die Stärke schwacher Beziehungen dar. Die Theorie faßt den gegenwärtigen Stand der Auseinandersetzung mit der strukturellen Seite des Phänomens zusammen (cf. Lin, Ensel und Vaughn 1981; Lin 1982). Sie geht von zwei *Prämissen* aus:

1. Die eine besteht darin, daß sich die Theorie auf die Bedingungen eines bestimmten *Typus von Handlungen* richtet: auf Handlungen, die a) instrumentell sind und auf den Erwerb bestimmter gesellschaftlich geschätzter Güter abzielen, und die sich b) über den Weg persönlicher Kontakte vermitteln.[4]

2. Die zweite Prämisse bezieht sich auf den *Gesellschaftsaufbau*, in dem die instrumentellen Handlungen stattfinden. Es wird angenommen, daß dieser Gesellschaftsaufbau *vertikal* und *pyramidal* gegliedert ist und daß Positionen am oberen Ende der Pyramide in mancherlei Hinsicht die nützlicheren Güter oder *sozialen Ressourcen* zur Verfügung stellen. Inhaber der oberen Plätze verfügen insbesondere über ein höheres Ausmaß an Einfluß, Macht und Information, so daß sie mit größerem strategischen Erfolg positionale Ressourcen auf Niveaus ansteuern können, die sich *unter* dem eigenen befinden.

Auf dem Boden dieser Prämissen stellt die Theorie struktureller Handlungsbedingungen die folgenden *vier Strukturprinzipien* auf:

1. Der Erfolg einer instrumentellen Handlung wächst mit den zur Verfügung stehenden sozialen Ressourcen. Das heißt: Je mehr soziale Ressourcen eine Person, die ich kontaktiere, besitzt, um so erfolgreicher wird meine Handlung sein (*Soziale-Ressourcen-Prinzip*).

2. In sozialen Beziehungen gilt das *Homophilieprinzip* (Laumann 1966). Das Prinzip besagt, daß sozial starke Interaktionen in erster Linie mit Personen, die uns sehr ähnlich sind, stattfinden. Daraus folgt, daß je höher eine *Ausgangsposition* ist, um so einfacher ist es, auf soziale Ressourcen zuzugreifen und über sie in Kontakten zu verfügen (*Positionsstärke-Prinzip*).

3. Aus dem Homophilieprinzip folgt weiterhin, daß mich nur sozial schwache Beziehungen in Verbindung bringen können mit Personen, die sich in ihren sozialen Ressourcen von mir selbst *unterscheiden*. Es gilt außerdem — zumindest in bestimmten Grenzen — das *Prestigeprinzip*, wonach Personen mit höherem Prestige in Interaktionen präferiert werden (Korte und Milgram 1970; Lin et al. 1978), so daß schwachen sozialen Beziehungen eine Tendenz zu Aufwärtskontakten und Ressourcenvermehrung innewohnt (*Beziehungsstärke-Prinzip*).

---

4 Es gibt auch instrumentelle Handlungen, die *ohne* persönliche Kontakte auskommen. Auf einem vollkommen transparenten und kompetitiven Arbeitsmarkt z. B. braucht man die Vermittlung durch andere nicht, um eine vakante Position ausfindig zu machen. Der Handlungstypus, den die Theorie struktureller Handlungsbedingungen betrachtet, findet sich entsprechend in allen *unvollkommenen* Marktsituationen, d. h. in den empirisch meist vorfindbaren Marktsituationen.

Abbildung 2: Die Strukturprinzipien dargestellt[a]

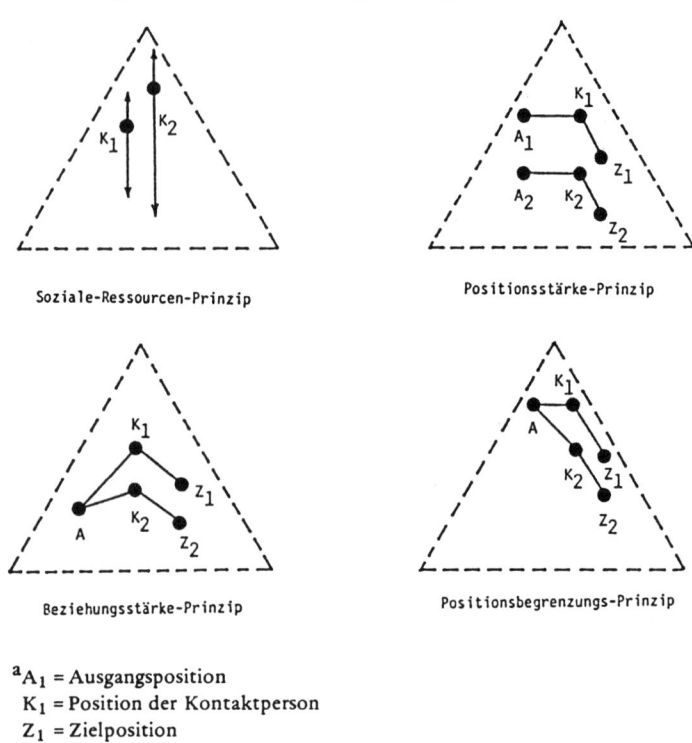

<table>
<tr><td align="center">Soziale-Ressourcen-Prinzip</td><td align="center">Positionsstärke-Prinzip</td></tr>
<tr><td align="center">Beziehungsstärke-Prinzip</td><td align="center">Positionsbegrenzungs-Prinzip</td></tr>
</table>

[a]A_1 = Ausgangsposition
   K_1 = Position der Kontaktperson
   Z_1 = Zielposition

In Anlehnung an Lin (1982).

4. Allerdings wächst wegen des pyramidalen Gesellschaftsaufbaus mit der Höhe der Ausgangssituation die Wahrscheinlichkeit, daß ein Kontakt auf Grund schwacher Beziehung nicht auf eine höhere, sondern auf eine tiefere Position in der sozialen Struktur fällt. Aus diesem Grund ist es für die *höchsten* Status- und Ressourceninhaber instrumentell vorteilhafter, eine Verbesserung ihrer sozialen Ressourcen über *starke* soziale Beziehungen (die die Chance bieten, sie zumindest auf demselben Niveau zu halten) zu suchen (*Positionsbegrenzungs-Prinzip*).

IV. Soziologische Generalisierungen

Wir haben die Begriffsunterscheidung von sozial starken und schwachen Beziehungen so vorgenommen, daß starke Beziehungen in „dichten" Netzwerken stattfinden — in Netzwerken, in denen die allermeisten der möglichen Verbindungslinien vorhanden sind; während schwache Beziehungen die typische Relationsform in „locker verwebten" Netzwerken sind — in Netzwerken, in denen viele der möglichen relationalen Verbindungen fehlen. Daraus kann gefolgert werden, daß Personen, die im Schnittpunkt von allein *starken* Beziehungen stehen, von Informationen abgeschnitten sind, die sich auf entfernte Partien eines sozialen Systems beziehen. Der Horizont ihres Wissens ist lokal und provinziell und eingeschränkt immer nur wieder auf die Neuigkeiten, die sie von ihren engen Freunden erfahren. Wer umgekehrt eine soziale Position innehat, in der viele *schwache* soziale Beziehungen zusammenlaufen, dessen Horizont greift über die Grenzen seines primären Netzwerkes hinaus und er erfährt mehr und Unbekanntes.

Das soziologische Grundsatzthema, das damit in den Blick kommt, ist das von *lokaler* und *globaler Kohäsion*. Starke soziale Beziehungen bewirken Geschlossenheit und Transitivität und sie werden, wie ich ausgeführt habe, von restriktionsfreien, vielfältigen und untereinander verträglichen Beziehungsfoci konstituiert. Während nun die Homogenität dieser Beziehungsform einer gesellschaftlichen Gruppierung Kohäsion verleiht, spaltet sie zugleich auch ab und fragmentiert den Gesellschaftsaufbau im ganzen (Gans 1962; Breiger und Pattison 1978). Die Integration von Gruppen *in einer Gesellschaft* hingegen hängt von der Ausbildung schwacher sozialer Beziehungen ab. Nur über diese Beziehungsform können die Mitglieder einer Gruppe jene „multiforme Heterogenität" (Blau 1974) erlangen, die sie über die Grenzen des intimen Primärzirkels hinausführt und die jene Zwischen*gruppen*verbindungen schafft, die für eine makrosoziale Integration die Voraussetzung sind. Schwache Sozialbeziehungen gefährden also in gleichem Maße wie sie segensreich sind: Durch Außenorientierung lenken sie das einzelne Gruppenmitglied von der Integration „nach innen" ab — und geraten mit entsprechenden Gruppenerwartungen in Kollision —, aber sie sichern durch „nach außen" orientierte Kontaktpluralisierung und Informationsaufnahme die *globale* Kohäsion einer Gesellschaft.

Mark Granovetter weist in seinem toposprägenden Aufsatz The Strength of Weak Ties (1973)[5] und in dessen „revisited" Version zehn Jahre später (Granovetter 1983) darauf hin, daß diese durch die Stärke von Beziehungen geregelte Unterschiedlichkeit des Informationszugangs ein Thema mit soziologisch langer Tradition ist. Wenn man es auf die Entwicklung von arbeitsteiligen Gesellschaften bezieht, läßt es sich sehr grundsätzlich verorten. *Arbeitsteilung* ist der vielleicht wichtigste „Motor" für die Ausbildung schwacher sozialer Beziehungen. Spezialisierungen und die Notwendigkeit, Arbeitsvorgänge aufeinander abzustimmen, produzieren eine Fülle funktional differenzierter Rollen, die aber nur jeweils bestimmte Aspekte der handelnden Personen ins Spiel bringen. Man kennt in diesen Rollenverhältnissen Interaktionspartner immer nur ausschnitthaft und funktionsbezogen. In der soziologischen Einschätzung dieses Tatbestands stehen sich bekanntlich zwei Standpunkte gegenüber: Während z. B. Louis Wirth (1938) oder Ferdinand Tönnies (1963) hierin die Quelle von *Entfremdung* sehen, kommt Emile Durkheim (1977) zu einer umgekehrten, positiven Beurteilung (cf. auch Simmel 1923; Merton 1968; Coser 1975). Gerade die Vielfalt der Kontakte und abverlangten Aktivitäten und die Konfrontation mit fremden Sichtweisen, Kompetenzen und Lebensstilen ziehen als Folge eine die Grenzen der „Gemeinschaft" transzendierende, sozial angereicherte Individualität nach sich.

---

5 Zumeist unerwähnt bleibt, daß Liu und Duff (1972) das Phänomen etwa zeitgleich unabhängig von Granovetter ebenfalls beschrieben haben — unter demselben Titel.

Das Konzept bietet außerdem Ansatzpunkte für Generalisierungen über die Rekonstruktion von Arbeitsbeziehungen hinaus. Informations- und Innovationsdiffusionsprozesse (Fine und Kleinman 1979; Rogers 1979; Rogers und Kincaid 1981), die Effektivität politischer Einflußnahme und Partizipation (Gans 1962), Integrationsprozesse in Organisationen und Gemeinden (Blau 1974; Breiger und Pattison 1978), Prozesse sozialer Schließung durch die Vermittlung unterschiedlicher „Kommunikationscodes" (Coser 1975) und — wie hier thematisch — die Rolle, die soziale Beziehungen bei der Arbeitsplatzsuche spielen, dies sind nur einige der grundlegenden sozialen Phänomene, bei deren soziologischer Rekonstruktion die Unterscheidung von Beziehungstypen in Netzwerken sich als fruchtbar erwiesen hat.[6] Schwache soziale Beziehungen spielen dabei die gesellschaftlich dynamische Rolle.

Allerdings ist nicht jeder Beziehungstyp jederzeit und in jeder Situation möglich. Es gibt strukturelle Realisierungshindernisse für die Formen, die unsere Interaktionen annehmen können. Für Arbeitsteilung und für die für sie funktionale (schwache) Beziehungsform etwa sind nach Durkheim ein bestimmtes Ausmaß moralischer Dichte und des „Umfangs" einer Gesellschaft Vorbedingung. (Das ist sein gegen Spencers Utilitarismus gerichtetes Argument.) Mit derselben wissenschaftstheoretischen Stoßrichtung formuliert die skizzierte Theorie struktureller Handlungsbedingungen *constraints* für die Ausbildung sozialer Beziehungsformen und die Wirksamkeit des instrumentellen Handelns eines Individuums.

In Anwendung auf den Beispielfall der Arbeitsplatzvermittlung durch Kontaktpersonen sollen im folgenden empirische Befunde zur Sprache kommen, die die strukturelle Bedingtheit schwacher sozialer Beziehungen und ihrer Effekte demonstrieren.

V. Empirische Befunde zur Berufsfindung

Informationen über vakante Stellen gelangen an die Betroffenen häufig über persönliche Kontakte.[7] Wo dies der Fall ist, findet nach der ursprünglichen Untersuchung Granovetters (1973; 1974) die Mehrzahl, nämlich 83 %, ihre neue Stellung über *schwache* soziale Beziehungen.[8] Der Zusammenhang zwischen der Beziehung zu einer Kontaktperson und beruflichem Aufstieg wurde von Nan Lin und Mitarbeitern unter-

---

6 Bei Granovetter (1983) findet man dieses und zusätzliches Material detailreich referiert.
7 Cf. Corcoran, Datcher und Duncan (1980) und die dort zusammengestellte Literatur. Für *blue-collar* Arbeiter eine Zusammenfassung bei Parnes (1954); für *professionals* und technische Leitungspositionen wird das Phänomen bei Shapero, Howell und Tombaugh (1965) oder Brown (1967) belegt (zitiert nach Granovetter 1973). Eine neue vergleichende Studie von De Graaf und Flap (1986) spricht dafür, daß das Ausmaß an persönlichen (informellen) Kontakten bei der Berufsfindung in der Bundesrepublik erheblich niedriger als in den USA ist; 59 % vs. 32 % (Lin et al. 1981 bzw. Wohlfahrtssurvey 1980). Beide Zahlen beziehen sich nur auf Männer. Berücksichtigt man auch Frauen, erhöht sich der Prozentsatz in der Bundesrepublik auf knapp 50 % (Habich 1984). Bei vorheriger Arbeitslosigkeit und schlechter Arbeitsmarktlage sinkt die Bereitschaft zu informellen Kontakten allerdings.
8 Operationalisiert an der Häufigkeit, mit der die Befragten angaben, mit der Vermittlungsperson Kontakt zu haben.

sucht.[9] Lin et al. betrachten in ihren Analysen die persönlichen Kontakte bei der Berufsfindung als *intervenierende Variablen* in der intergenerationalen Modellbildung im Sinne von Blau und Duncan (1967). Es zeigt sich dann, daß:

— der Anteil erklärter Varianz für den erreichten Berufsstatus mit 65 % erheblich über dem des Blau-Duncan-Modells (mit $R^2 = .55$) liegt.

— daß darüber hinaus der *Status der Kontaktperson* zur wichtigsten Erklärungsvariable für die erreichte Berufsposition wird und die Bildung aus dieser Rolle verdrängt (allerdings nur für den ersten Beruf).

Weitere Befunde gehen z. B. (für die ersten und die gegenwärtigen Berufe getrennt) aus *Tabelle 1* hervor. Man erkennt, daß: 1. die Beziehungsstärke den Status der kontaktierten Person beeinflußt — erwartungsgemäß negativ; 2. daß der „Kontaktstatus" die Statushöhe des erreichten Berufs bestimmt. 3. *Weiterhin*: Interpretiert man die Bildung und den Beruf des Vaters als Indikatoren für das sozio-ökonomische *Ausgangsniveau* der Berufswechsler, dann läßt sich der Status der Kontaktpersonen zu 71 % aufklären (beim *ersten* Beruf sogar zu 85 %). D. h. die Ausgangshöhe einer Berufsposition bestimmt in hohem Maße das Niveau der verfügbaren sozialen Ressourcen (in Form von aufwärtsgerichteten Kontaktmöglichkeiten). 4. Es ergibt sich aber auch, daß der Statusgewinn durch schwache Beziehungen zu Kontaktpersonen im *oberen* Statusbereich der Ausgangsberufe eine deutliche Abnahme erfährt (*Abbildung 3*).

Wir sehen also, (1) daß der Status einer Kontaktperson den Status des gefundenen Berufs beeinflußt; (2) daß dieser Einfluß sogar wichtiger als der der Erziehung ist. Wir sehen, (3) daß das soziale Ausgangsniveau die Kontaktmöglichkeiten bestimmt und (4) daß schwache Sozialbeziehungen zur Vermittlung günstigerer Positionen führen; (5) daß dieser Effekt mit wachsender Statushöhe jedoch nachläßt. Diese Befunde zur Wirkung von Kontaktpersonen bei der Berufsfindung entsprechen in allen Einzelheiten den Prinzipien der skizzierten Theorie struktureller Handlungsbedingungen.

Tabelle 1: Effekte von Beziehungsstärke und Kontaktstatus auf den Statuserwerb[a]

	(1)	(2)	(3)	
(1) Beziehungsstärke	1.00			*erster Beruf*
(2) Kontaktstatus[b]	−.40	1.00		
(3) Berufsstatus	.04	.66	1.00	
(1) Beziehungsstärke	1.00			*letzter Beruf*
(2) Kontaktstatus[b]	−.29	1.00		
(3) Berufsstatus	−.12	.65	1.00	

[a]Nach Lin (1982).
[b]Sozioökonomischer Status der Kontaktperson.

9 Lin, Vaughn und Ensel (1981) und Lin, Ensel und Vaughn (1981). Unabhängig von dem Thema „Berufsfindung" wurden Kontaktwahlen oft mit Hilfe sog. *small world studies* untersucht, bei denen irgendein Gegenstand über Mittelspersonen einer Zielperson zugestellt werden sollte; z. B. Milgram (1967), Travers und Milgram (1969), Korte und Milgram (1970), Lin, Dayton und Greenwald (1977; 1978).

Abbildung 3: Kontaktstatus und Ausgangsstatus[a]

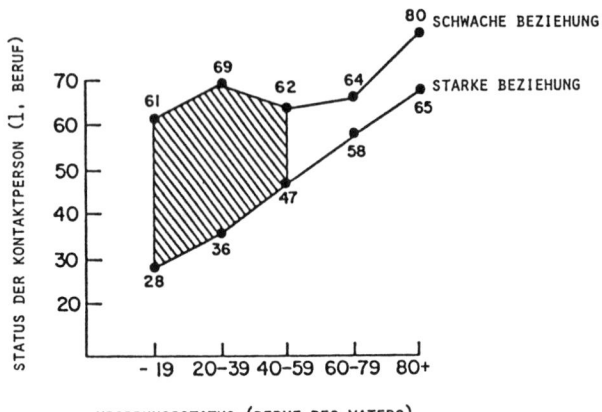

ᵃNach Lin (1982).

VI. *Kritik an der Theorie struktureller Handlungsbedingungen*

Ich bezweifle aber, ob mit dieser Theorie tatsächlich eine *Erklärung* für die Wirkung schwacher sozialer Beziehungen beim Statuserwerb geliefert wird. Sicherlich, die Theorie stellt eine interessante Ergänzung des *status attainment* Modells dar, indem sie die Bedeutung von Kontaktpersonen beim Statuserwerb berücksichtigt. Die Theorie struktureller Handlungsbedingungen erreicht dies jedoch im Grunde nur in Form eines *Abbilds der empirisch gefundenen Ergebnisse*. Die Theorie stellt eine bloße Re-Formulierung dessen dar, was wir empirisch nachweisen können.

Was hier vorliegt, ist eine stillschweigende *Vertauschung von Explanans und Explanandum*. Wir wissen zwar, *daß* wir in eine Position mit mehr sozialen Ressourcen gelangen, wenn wir schwache soziale Beziehungen ausnutzen; wir wissen aber nicht *warum*: Die sozialen Ressourcen selbst als Ursache dafür in Anspruch zu nehmen, läuft auf eine *zirkuläre Argumentation* hinaus.

Die Figur dieses Argumentationszirkels ist in soziologischen Erklärungen häufig anzutreffen; in besonderem Maße dort, wo einseitig „strukturell" argumentiert wird. *Die bloßen Bedingungen für Handlungen anzugeben, heißt noch nicht, den Impuls für die Handlungen selbst zu erklären.* Randbedingungen sind keine Ursachen. Auf unseren Fall gemünzt: Was *motiviert* einen Berufswechsler überhaupt dazu, seine schwachen sozialen Beziehungen einzusetzen und Kontaktpersonen einzuschalten?

Unter diesem Gesichtspunkt muß der Theorie struktureller Handlungsbedingungen ein Theoriesegment angefügt werden, das sich auf die Handlungen der Individuen selbst bezieht. Es muß festgelegt werden, unter welchen Bedingungen und in welchem Ausmaß eine Person ein *Interesse* daran hat, Partner schwacher sozialer Beziehungen

zu kontaktieren und unter welchen Bedingungen nicht.[10] So formuliert, ist es naheliegend, als Alternative zur Theorie struktureller Handlungsbedingungen das Kontakt-
verhalten als *rationales Handeln* eines Akteurs zu schematisieren und den jeweiligen
Nutzen, den er von dieser oder jener Wahl von Handlungsalternativen erwarten kann,
zu bestimmen. Nicht zuletzt müssen dabei auch *Erwartungserwartungen* im Auge behalten werden, nämlich die Nutzenerwartungen, die der Akteur von möglichen *Kontaktpersonen* erwartet.

Die methodologisch-individualistische Sozialwissenschaft widmet sich der Formulierung derartiger Modelle, mit denen versucht wird, u. U. sehr komplexe, dynamische
Tatbestände kollektiven Verhaltens durch die Interessenslagen von Einzelpersonen
zu erklären. Der Typus dieser Modellbildung dient mir im folgenden als Vorbild. (Von
reziproken Erwartungserwartungen wird dabei noch nicht die Rede sein.)

VII. Nutzentheorie starker und schwacher sozialer Beziehungen

Ich beziehe mich dabei auf das aus der individuellen Entscheidungstheorie hervorge-
gangene *Nutzen-Erwartungsmodell.* Danach gilt für jeden rationalen Akteur die Ent-
scheidungsregel, daß er aus einer Klasse von Handlungsalternativen jene wählt, von deren Ausgang er den für sich selbst größten Nutzen (SEU_{Ai}) erwartet. Wenn SEU_{A1} größer als SEU_{A2} ist, dann wählt der Akteur die Alternative A1 gegenüber A2. Seine subjektive Wahrscheinlichkeit (P_{Ai}) für das Eintreten einer Handlungskonsequenz dient
ihm dabei als Gewichtungsfaktor der unterschiedlichen, additiv zusammengesetzten
Nutzenbeurteilungen (U_{Ai}) von Einzelgesichtspunkten. Manchmal ist es bei der Rekonstruktion derartiger Entscheidungsvorgänge auch sinnvoll, die Beurteilung von
subjektiven *Kosten* (C_{Ai}) und die subjektiven Wahrscheinlichkeiten für ihr Auftreten
(q_{Ai}) als Subtraktionsfaktor einzuführen.[11]

Vor diesem heuristischen[12] Hintergrund ist es in unserem Anwendungsfall denkbar,
*als komplementäre Handlungsalternativen die Wahl starker bzw. schwacher sozialer
Beziehungen* anzunehmen. Wie wird ein Akteur den erwarteten Nutzen beider Möglichkeiten einschätzen, und wie wird seine Wahl ausfallen?

Um darüber etwas aussagen zu können, betrachte ich diese Frage in Abhängigkeit
von der *Statuslage* des Akteurs: Der Nutzen, den ein Akteur von der grundsätzlichen
Wahl starker bzw. schwacher Beziehungen erwartet, hängt ab von seinem sozio-ökonomischen Statusniveau oder von dem Ausmaß, in dem er über soziale Ressourcen

---

10 Dieses Ziel unterscheidet sich von dem „Informationsmaximierungspostulat", das in der (ökonomischen) *job search* Literatur zugrundegelegt wird, z. B. bei Stigler (1962), Spence (1974)
   oder Boorman (1975).
11 Obwohl das natürlich eine rein pragmatisch motivierte und künstliche Aufspaltung des (inter-
   vallskalierten) Nutzenkontinuums darstellt: $SEU_{AI} = \Sigma_i P_{Ai}U_{Ai} - \Sigma_i q_{Ai}C_{Ai}$ (Keeney und Raiffa 1976).
12 „Heuristisch", weil die SEU-Theorie, sofern sie streng axiomatisch formuliert wird (v. Neumann
   und Morgenstern 1953; Ramsey 1931; Jeffrey 1967), die experimentell *verbundene* Erfassung
   von Nutzen und subjektiver Wahrscheinlichkeit verlangt, was zu erfüllen in soziologischen Feld-
   erhebungen ausgeschlossen sein dürfte.

verfügt. Mit anderen Worten, wir suchen Nutzenfunktionen für starke und schwache soziale Beziehungen als

$$SEU_{STARK} = f(Status) \text{ bzw. } SEU_{SCHWACH} = f(Status).$$

Ich glaube, daß die Funktionen in *Abbildung 4* beide Nutzenverläufe (und den einer zusätzlichen dritten Handlungsalternative, von der sofort die Rede sein wird) idealisiert, aber adäquat beschreiben. Aus der Sicht eines Akteurs als Berufssucher stellt sich die Nutzensituation etwa wie folgt dar.

1. *Starke* soziale Beziehungen sind intrinsisch nutzbringend; sie sichern Intimität, Selbstidentifikation, die Kohärenz der Gruppe, gegenseitige Hilfsbereitschaft und sie schirmen vor Vereinzelung ab (Pool und Kochen 1978). Wer über nur geringe soziale Ressourcen verfügt, ist auf die Intensität dieser unmittelbaren Netzwerkbeziehungen angewiesen.[13]

2. Steigt der Status einer sozialen Position an, kommen für die engen sozialen Beziehungen jedoch Kosten ins Spiel. Denn man erwirbt zunehmend den Blick über die Grenzen der eigenen Bezugsgruppe hinaus; der Horizont der Begehrlichkeiten wird größer. Außerdem ist es jetzt insbesondere das Ausmaß an aufzuwendender Zeit, das sich als Kostenfaktor meldet: Die Zeit, die ich für die Pflege meiner starken sozialen Beziehungen verbrauche, steht mir für die Ausbildung schwacher sozialer Beziehungen, die mich über meinen begrenzten Kreis hinausführen könnten, nicht mehr zur Verfügung.

3. Aus diesem Grund wird der rationale Akteur an irgendeinem Punkt seiner Statusentwicklung (wie aus *Abbildung 4* hervorgeht) die Wahl *schwacher* sozialer Beziehungen der Wahl starker vorziehen.

4. Im Stadium niedriger Statushöhe sind von *schwachen* sozialen Beziehungen nur Kosten zu erwarten. Der Betreffende müßte sich mit aller Kraft soziale Ressourcen erwerben, über die er nicht verfügt, was zu Lasten seiner intrinsisch wertvollen starken Sozialbeziehungen ginge. Die Kosten dafür wären Anomie und Vereinzelung. Diese Erwartung kann sich erst ändern, wenn höhere Statuspositionen erreicht werden. Jetzt sind es zunehmend die schwachen sozialen Beziehungen, die attraktiv werden, weil die Vorteile höherer Statusniveaus erkennbar werden und die Ausbildung schwacher Beziehungen den Weg hin zu diesen Niveaus eröffnet.

5. Für den Prozeß der Berufsfindung bedeutet das, daß der Stellensucher bei der Ausnutzung *starker* Sozialbeziehungen bei der Kontaktierung zwar davon ausgehen kann, daß seinem Anliegen zur Vermittlung mit großer Sicherheit entsprochen werden wird; daß der mit einer entsprechenden Ansprache verbundene Nutzen jedoch nicht sehr hoch zu veranschlagen ist. Gute Freunde vermitteln im besten Fall innerhalb des Niveaus, auf dem man selber steht. Wegen der größeren sozialen Ressour-

---

13 Hierfür liegen empirische, bestätigende Ergebnisse vor. Es zeigt sich, daß Berufssuchende, die *arbeitslos* sind, sich häufiger auf starke soziale Beziehungen als Informationsquelle verlassen (Granovetter 1974; Boorman 1975; Corcoran et al. 1980). Stack (1974), Lomnitz (1977) und Ericksen (1983) belegen, daß Gettobewohner, Minderheiten und jüngere Personen dazu tendieren, in abgeschlossenen Zirkeln fast ausschließlich starke Beziehungen auszubilden. Vgl. auch die stadtsoziologischen Arbeiten von Wirth (1938).

Abbildung 4: Nutzenfunktionen in Abhängigkeit vom Status

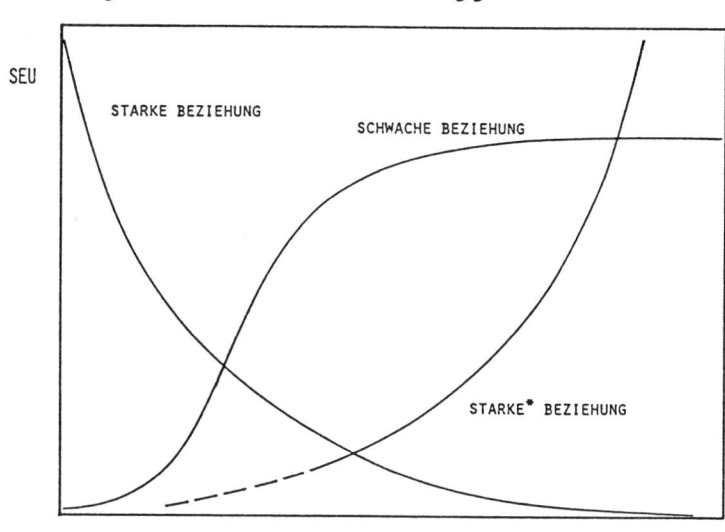

cen der Kontaktpersonen hingegen, ist der mögliche Nutzen für den Stellensucher bei der Kontaktierung über *schwache* Beziehungen erheblich größer. Weil ihn nur eine schwache Beziehung mit der Kontaktperson verbindet, wird der Stellensucher subjektiv allerdings weniger Vertrauen in den Erfolg eines solchen Kontaktes haben. In Ausdrücken der Nutzen-Erwartungstheorie heißt das: Trotz großen Nutzens ist die subjektive Wahrscheinlichkeit gering. In dem Maße jedoch, in dem der Sozialstatus des Stellensuchers zunimmt, kann er davon ausgehen, daß die Bereitschaft eines potentiellen Vermittlers, trotz der schwachen Beziehung etwas für ihn „zu tun", wächst. Die subjektive Wahrscheinlichkeit – und damit der subjektiv erwartete Nutzen – steigert sich mit dem Status. (Von den in diesem Argument angesprochenen Motivationen des *Stellenvermittlers* wird später noch genauer die Rede sein.)

6. Aufgrund der pyramidalen Struktur der Gesellschaft läuft der Nutzengewinn schwacher sozialer Beziehungen allerdings nicht ins Unendliche. Für die *höchsten* Statuspositionen flacht sich die Nutzenfunktion schwacher Beziehungen ab: Von einem bestimmten Punkt an wächst die Wahrscheinlichkeit, daß schwache soziale Beziehungen mich vor allem mit sozial Tieferstehenden verbinden, was zu erwarteten Kosten durch Prestigeverlust und Lebensstileinbußen führt. Für die obersten Statusinhaber ist daher die Rückkehr zu starken Sozialbeziehungen erstrebenswert.

7. In *Abbildung 4* habe ich aber immerhin die Möglichkeit angedeutet, daß es sich dabei *nicht um denselben Typus* von starken Sozialbeziehungen handelt. Zwar wissen wir seit Thorstein Veblen (1934), in welch hohem Maß die Oberschicht Wert darauf legt, mit ihresgleichen zu verkehren. Wir wissen aber auch, welchen Aufwand sie dafür unter Umständen in Kauf nimmt (Baltzell 1958). Die Ausgaben für Privatclubs, Privatschulen, soziale Register, genealogische Taschenbücher und aufwendige Gesel-

ligkeit sind ein Beleg dafür, daß homologe starke soziale Beziehungen sich für diese Bevölkerungsgruppe schwierig gestalten: *Sie müssen organisiert werden.* Man muß bestimmte Institutionen einrichten, in deren Rahmen die starken sozialen Beziehungen geknüpft werden können und sich pflegen lassen. Diese Organisationsnotwendigkeit rechtfertigt es, eine dritte Handlungsalternative in das nutzentheoretische Modell einzuführen, nämlich die *institutionalisierte starke* Sozialbeziehung (in *Abbildung 4*: Stark*). Es ist diese Beziehungsform, die für die obersten Statusränge den größten Nutzen hat, weil es möglich ist, in ihr Intimität, Selbstidentifikation, Gegenseitigkeit und Kohärenz zugleich mit Exklusivität, Abschottung und sozialer Schließung zu verwirklichen.[14]

VIII. *Verbindbarkeit struktureller und rationaler Erklärungen?*

Wir können an dieser Stelle resümieren: Auf der Basis einer Begriffsexplikation schwacher sozialer Beziehungen habe ich eine Theorie der strukturellen Bedingungen für die Wahl schwacher Beziehungen (bei der Arbeitsplatzsuche) umrissen. Die Theorie deckt aber *nur die Bedingungsseite ab.* Ich habe deswegen den Versuch unternommen, eine rationale Handlungstheorie für die Wahl von Beziehungstypen zu skizzieren. In bezug auf diese Theorie muß man nun aber das Umgekehrte feststellen: Die nutzentheoretische Erklärungsskizze liefert ausschließlich *Motive*, keine strukturellen Randbedingungen. Es muß sich daraus das Bedürfnis entwickeln, beide Aspekte zusammenzubringen und ein Modell zu konzipieren, das Struktur- und Handlungsaspekte *gemeinsam* umfaßt.

Eine solche Möglichkeit ist aber problematisch. Theorien sozialen Handelns stehen immer vor der Schwierigkeit, strukturelle Ordnungsgesichtspunkte mit der Idee motivierten Handelns zu vermitteln (Parsons 1937). Schon die naturrechtliche Tradition kennt das Ausgangsproblem (Gierke 1913): Entweder unser Handeln ist frei, selbstinteressiert und unbedingt, dann resultiert keine soziale Ordnung. Oder es existiert eine solche Ordnung, dann muß die gegenseitige Abhängigkeit von Handlungszwecken vorliegen, was aber dazu führt, daß unser Handeln zu einer bloßen Anpassungsleistung an äußere Bedingungen degeneriert. Beides gleichzeitig zu wollen, ist offenbar kontradiktorisch. (Die Gegenstandpunkte von Thomas Hobbes (1966) und Jean-Jaques Rousseau (1964) sind dafür die bekanntesten und philosophie-historisch klassischen Beispiele.)

Unter der Zielsetzung *empirischer* Forschung allerdings muß sich die Kontradiktion nicht selbst lahmlegen: Man kann versuchen, die gegenseitige Bedingtheit von Strukturgegebenheiten und motiviertem Handeln theoretisch zu modellieren und empirisch zu überprüfen (cf. Coleman 1986). Dabei kommt der Idee einer in die

---

14 Das Besondere dieser Form starker Beziehungen läßt sich nicht aus empirischen Rangordnungen „bester Freunde" ablesen, wie sie in netzwerkanalytischen Untersuchungen üblicherweise erhoben werden (etwa Verbrugge 1977). Dasselbe muß z. B. von Granovetters (1974) Angaben über Kontakthäufigkeiten zur Operationalisierung starker und schwacher Beziehungen gesagt werden.

Modellkonstruktion einzuführenden *Dynamik* ein besonderer Stellenwert zu. Denn auf der Hand liegt, daß soziales Handeln stets zu Konsequenzen führt, die als veränderte strukturelle Bedingungen ein *nächstes* Handeln beeinflussen.

Das Ziel der empirischen Theoriebildung muß es daher sein, diesen *Prozeß* der *Wechselwirkung von Handlungsbedingungen und Handlungsmotivationen* zu rekonstruieren. Im folgenden skizziere ich ein entsprechendes Modell.

IX. Ein Kreislaufmodell des sozialen Handelns

Das Modell hat vier Bestandteile: Es schematisiert die Handlungssituation S, die Wahrnehmung dieser Situation W, die Handlungsinteressen I und eine Aktion A. Und es sieht kausale Beziehungsverhältnisse zwischen diesen Komponenten des sozialen Handelns vor (*Abbildung 5*).

Abbildung 5: Das SWIA-Modell

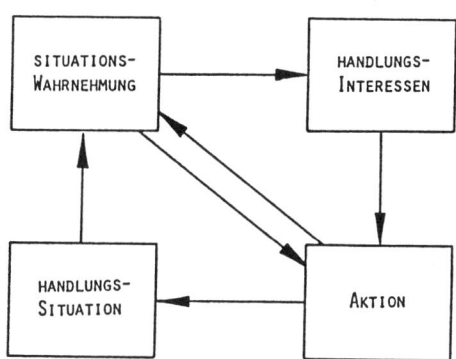

1. Die *Situation* ist der strukturelle Ausgangspunkt für eine Handlung. Wir handeln aus Situationen heraus, insbesondere aus der Situation einer Gruppe und unseren Beziehungen zu anderen Gruppenmitgliedern. Die Situation ist außerdem immer ein Produkt zeitlicher — biographischer und historischer — Entwicklungen.

2. Die Situation wirkt als Stimulus für die *Wahrnehmung* der Situation (S → W). Es ist nicht gesagt, daß wir die objektiven Verhältnisse so wahrnehmen, wie sie wirklich sind; im Gegenteil, die Veridikalität sozialer Wahrnehmungen ist selten (Wegener 1987).

3. Auf Grund der wahrgenommenen Handlungssituation bildet ein Akteur *Handlungsinteressen* aus (W → I). Seine Interessen haben zwar immer auch autonomen Ursprung, die Wahrnehmung äußerer Gegebenheiten wirkt jedoch modifizierend auf diese Interessen ein.

4. Von den Handlungsinteressen angeleitet, erfolgt dann die *Aktion* als bestimmtes Verhalten (I → A).

5. Allerdings ist nicht *jede* Aktion möglich. Die soziale Situation bzw. das, was der Akteur von ihr wahrnimmt, wirkt einschränkend auf die Wahl von Handlungsalternativen (W → A). Zusätzlich koppelt sich die Ausführung der Aktion — auch u. U. *nur als vorgestellte Aktion* — direkt an die Wahrnehmung zurück (A → W): Der Vollzug der Aktion kann als möglich oder unmöglich bzw. der *Versuch* der Durchführung kann als erfolgreich oder gescheitert wahrgenommen werden.

6. Schließlich haben die Aktionen das Potential zur Modifikation der strukturellen Bedingungen (A → S) und erzeugen neue Situationswahrnehmungen, neue Interessen und neue Aktionen usw.

Dieses *Kreislaufmodell des sozialen Handelns* (SWIA-Modell) ist so konzipiert, daß mit ihm *handlungstheoretische* Elemente (Interessen und individuelle Aktionen) und *strukturtheoretische* Elemente (Situationen und ihre Wahrnehmungen) in einen dynamischen Zusammenhang gebracht werden können.

X. Nutzenverstärkung durch Reziprozität

Wo liegt die Anwendungsmöglichkeit dieses Modells für den Nutzen entfernter Bekannter? Als Antwort müssen wir die Handlungssituation des Berufssuchers komplexer gestalten als dies durch seine isolierten Nutzenerwägungen bei der Wahl schwacher oder starker (bzw. starker*) Beziehungsformen bis jetzt geschah. Während aus diesen Erwägungen die allgemeinen Formen der Nutzenfunktionen verständlich werden, lassen sich die möglichen Aktionen selbst nur dann bestimmen, wenn man neben dem Stellensucher als Akteur auch dessen Interaktionspartner, den potentiellen *Stellenvermittler*, in Rechnung stellt; d. h. wenn man neben den handlungstheoretischen auch situative Gesichtspunkte zuläßt. Auch die Kontaktperson ist Akteur. Warum nimmt sie ein Vermittlungsansinnen überhaupt auf und ignoriert es nicht?

Man wird davon ausgehen können, daß eine Kontaktperson als Akteur starke soziale Beziehungen präferiert, wenn es um Vermittlungsaktivitäten geht. Man hilft seinen Freunden eher als entfernten Bekannten. Aber der diesbezügliche Spielraum ist begrenzt. Die sozialen Ressourcen, über die ein Vermittler verfügt, sind vor allem auf Statusniveaus gerichtet, die *unter* seinem eigenen liegen. Es fällt ihm also leichter, seinen Einfluß in Situationen auszuüben, die durch eine *Statusdifferenz nach unten* und durch *schwache Sozialbeziehungen* gekennzeichnet sind.

In besonderen Fällen kann es sein, daß eine Kontaktperson als Vermittler tätig wird, weil sie sich einer dritten Person, die über eine Stellenbesetzung zu entscheiden hat, verpflichtet fühlt (oder sich eine solche Person verpflichten will). Dann vereinfacht der Rekurs auf schwache Sozialbeziehungen den Suchprozeß. Er liefert über den Bewerber Informationen, über die der „Stellenbesetzer" nicht verfügt. Darüber hinaus lösen „Halbvertrautheiten" auf Grund von schwachen Beziehungen Solidaritätsvermutungen aus, die das Risiko der Vermittlung mildern.

Motivationen dieser Art sind jedoch nicht generalisierungsfähig. Sie erklären nicht den allgemeinen Fall. Der ist allein unter dem Gesichtspunkt der Statusdifferenz zwischen dem Vermittler und dem Sucher gegeben: *Der Nutzen, den ein Vermittler von*

Abbildung 6: Vermittlungsnutzen als Funktion der Status-
          differenz

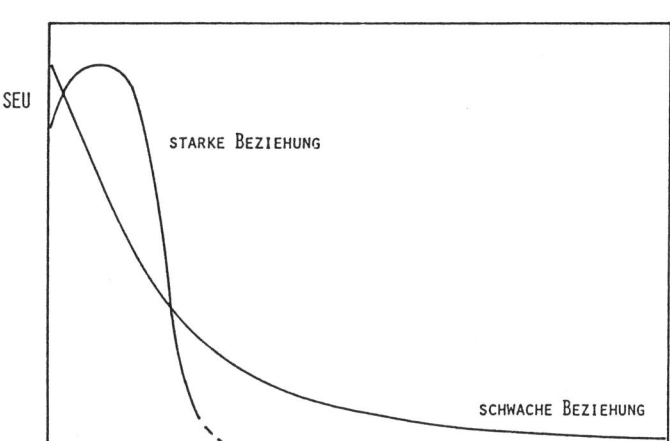

STATUSDIFFERENZ (Vermittler-Sucher)

*einer Vermittlung erwartet, wächst in dem Maße, in dem diese Statusdifferenz klein
ist.* Sein Ansehen und seine symbolisch mitbestimmten sozialen Ressourcen gewinnen
an Gewicht, wenn er zeigen kann, daß er über den Einfluß verfügt, möglichst status-
hohe Personen (solche, die nur geringfügig tiefer angesiedelt sind als er selbst) zu vermitteln. Einem Freund z. B. eine Raumpflegerin zu „besorgen", stellt einen hohen
Freundschaftsdienst dar; bei der Plazierung auf einer Berufungsliste die ausschlaggebende Empfehlung zu geben, demonstriert hingegen Einfluß und Macht.

Der subjektive erwartete Vermittlungsnutzen für den, der vermittelnd tätig wird,
ist somit als *Funktion der Statusdifferenz*, die zwischen Vermittler und Stellensucher
besteht, zu schematisieren. Je größer diese Differenz ist, um so kleiner fällt der subjektive Erwartungsnutzen aus. Wenn man als Entscheidungsalternativen die Wahl starker bzw. schwacher Beziehungen bei der Selektion der Personen, für die man sich
einsetzen will, betrachtet, sind die beiden Nutzenfunktionen bestimmt als: SEU_{STARK}
= f(Statusdifferenz) und $SEU_{SCHWACH}$ = f(Statusdifferenz). Ihre ungefähren Verlaufsformen sind in *Abbildung 6* dargestellt.

1. Die Abbildung soll deutlich machen, daß bei der Auswahl einer Person für eine
Vermittlung dann, wenn ein Vermittler mit ihr über eine *starke* Sozialbeziehung verbunden ist, der Erwartungsnutzen von einem zunächst sehr hohen Niveau drastisch
mit der Statusdifferenz absinkt. Aus der Definition starker Beziehungen folgt sogar,
daß der subjektive Nutzen bei einer gewissen Größe der Statusdifferenz Null wird:
Starke Beziehungen können nur in Ausnahmefällen gravierende Statusabstände zwischen Interaktionspartnern überbrücken (unterbrochener Kurvenverlauf). Schwache
Sozialbeziehungen sind in diesen Fällen wahrscheinlicher.

2. Die Nutzenfunktion „für starke Beziehungen" ist aber nicht über ihre ganze

Länge hin monoton. Bei ungefährer Status*gleichheit* von Vermittler und Stellensucher ist der Vermittlungsnutzen für den Vermittler zwar hoch, jedoch muß er in diesem Fall mit Protektionsvorwürfen rechnen, die für sein Ansehen schädlich sind und sich (im Sinne der Subtraktionskomponente $q_i C_i$) als Kosten niederschlagen. Außerdem kann sich der Vermittler in einem solchen Fall auch leicht „übernehmen": Sein Ansinnen zur Vermittlung eines ihm „Ebenbürtigen" kann als Anmaßung aufgefaßt werden und scheitern. D. h. die subjektive Wahrscheinlichkeit (p_i) des Vermittlungserfolgs ist klein und hält den subjektiven Erwartungsnutzen (SEU_i) niedrig.

3. Bei der Wahl einer zu vermittelnden Person, die mit dem Vermittler in einer *schwachen* Beziehung steht, kommt das Prinzip der Nutzenverminderung durch große Statusdifferenzen uneingeschränkt zur Geltung. Wir erwarten einen monoton abfallenden Funktionsverlauf. Aufgrund der Natur schwacher Sozialbeziehungen ist weder mit Protektions- noch mit Anmaßungsvermutungen zu rechnen. Auch sind Situationen unwahrscheinlich, in denen ein Vermittler bei großen Statusdifferenzen nicht auf schwache Sozialbeziehungen „zugreifen" kann: Schwache Beziehungen „nach unten" (als Focus-eingeschränkte Brückenbeziehungen) sind als Bestandteil der sozialen Ressourcen auf bestimmten Statusniveaus i. d. R. leicht herstellbar.

4. Aus diesem Grund ist der subjektive erwartete Nutzen einer Vermittlung über schwache Sozialbeziehungen für einen Vermittler auch dann größer als Null, wenn die Statusdifferenz zum Stellensucher erheblich ist. Während der Ansehens- und Statusgewinn (U_i) für den Vermittler mit der Größe der Statusdifferenz abnimmt, erhöht sich zugleich die subjektive Wahrscheinlichkeit (p_i) für den Erfolg einer Vermittlung. Das Produkt $p_i U_i$ bleibt im Positiven.

Natürlich kann der Fall eintreten, daß die erwarteten *Kosten* für die Vermittlungstätigkeit das Niveau des erwarteten Nutzens übersteigen. Aber diese Konditionen berühren nicht den allgemeinen Fall, um dessen Schematisierung es mir geht. In Betrachtung dieses allgemeinen Falls wird nämlich deutlich, *daß die Handlungsmotivationen eines Vermittlers mit denen eines Stellensuchers erstaunlich parallel verlaufen.* Was diesem nützt, nützt auch jenem. Denn in dem Maße, in dem der subjektive erwartete Nutzen eines *Stellensuchers* für den Einsatz schwacher sozialer Beziehungen bei der Berufsfindung wächst, wächst auch das Interesse des *Vermittlers*, unter Ausnutzung schwacher Beziehungen zu vermitteln. In beiden Fällen spielt der Sozialstatus der Betroffenen die ausschlaggebende Rolle. Wir haben gesehen, daß für den Stellensucher als Akteur höhere eigene Statuslagen einen höheren (wenn auch nicht unlimitierten) Nutzengewinn durch schwache Beziehungen nach sich ziehen. Da sich damit – relativ zur eigenen Position – die Statusdifferenz zum Vermittler verkleinert, nimmt reziprok bei diesem die Nutzenerwartung in Hinsicht auf eine Vermittlungstätigkeit ebenfalls zu. Insoweit der Stellensucher diese Motivation des Vermittlers antizipiert, stellt sich bei ihm – durch die Erwartung der Erwartung des Vermittlers – eine *Nutzenverstärkung durch die Reziprozität des Erwartens* ein.

XI. *Interessenbildung als Prozeß*

Diese Verstärkung erfolgt als Prozeß. Es ist von daher leicht zu sehen, inwiefern die Rekonstruktion der reziproken Interessenbildung — aus der sich die Stärke schwacher sozialer Beziehungen erklärt — ein Anwendungsfall des SWIA-Modells ist. Als Kreislaufmodell kann es die Dynamik bei der Wechselwirkung von autonomen und strukturellen Elementen im sozialen Handeln einfangen.

Zu den Strukturbedingungen gehören die wahrgenommene Handlungssituation und in diesem Sinne insbesondere auch die motivierten Handlungen von Interaktionspartnern. Interaktionspartner können mein eigenes Handeln einschränken oder befördern. Diese Einflußnahme kann faktisch und vorgestellt ablaufen.

Faktisch erfolgt sie (um im Beispiel zu bleiben), wenn ein Stellensucher eine mit ihm sozial schwach verbundene Kontaktperson um Vermittlung bittet, diese aber z. B. nicht reagiert. Der Einfluß dieser Randbedingung auf das nächste Handeln des Suchers wird u. U. sein, daß er sich nunmehr an eine Kontaktperson wendet, an die er über eine starke Sozialbeziehung gebunden ist. In diesem Sinne haben sein Handlungsinteresse und seine rationalen Nutzenabwägungen eine Verschiebung erfahren, die durch fremdes (unterlassenes) Handeln verursacht wurde.

Man lernt aber nicht nur durch Erfahrung, sondern auch durch bloßes Vorstellen. Der Prozeß läuft *vorgestellt* ab, wenn ich die wahrscheinlichen Reaktionen von Interaktionspartnern antizipiere und ihre Erwartungen und Interessenlagen in die Ausbildung meiner eigenen Interessen einfließen lasse. Dies geschieht bei der subjektiven Nutzenverstärkung, die ein Berufssucher erlebt, wenn er sich das Interesse eines potentiellen Vermittlers an statushohen Personen vergegenwärtigt.

Zunächst wird ein Stellensucher von isolierten Nutzenfunktionen für Verhaltensalternativen geleitet, die z. B. die in *Abbildung 4* dargestellten Verläufe haben mögen. Wenn er zusätzlich auf die Erwartungen eines potentiellen Vermittlers achtet, werden sich die Nutzenfunktionen (*I*) — im Kreislauf über die mögliche Kontakthandlung (*A*) und die vorgestellte neue Situation (*S* bzw. *W*) — verändern, und zwar in erster Linie in Abhängigkeit von der wahrgenommenen Statusdifferenz, die zwischen ihm und dem möglichen Vermittler besteht. Mit Blick auf *Abbildung 4* kann man mit einiger Vergröberung sagen, daß sich bei kleiner Statusdifferenz die Steigung der Nutzenfunktion für die Wahl *schwacher* Beziehungen für den Stellensucher *erhöhen* wird. Ist die Statusdifferenz klein, *nimmt diese Steigerung ab*, so daß u. U. sogar der subjektive erwartete Nutzen für die Wahl starker Beziehungen den für die Wahl schwacher übersteigt.

XII. *Formalisierung*

So geartete Nutzenabwägungen, die auch Erwartungserwartungen als strukturelle Randbedingungen mitberücksichtigen, lassen sich formal rekonstruieren und damit prinzipiell für Operationalisierungen aufbereiten. Ich möchte abschließend diesbezüglich einige Hinweise geben.

Ich gehe davon aus, daß wir vorweg über zwei Maßzahlen verfügen:

1. Über ein Maß für die *subjektive eigene Statusposition* aus der Sicht des Akteurs j. Dieser Wert sei S_j.[15]
2. Außerdem soll ein Maß für *subjektive strukturelle Ähnlichkeit* oder „*Distanz*" der Position des Akteurs zu beliebigen anderen Positionen gegeben sein. Es sei mit D_{ij} bezeichnet.[16]

In unserem Fall ist das Ziel einer möglichen Handlung eines rationalen Akteurs die Statusvermehrung bei der Arbeitsplatzsuche. Wir wollen deswegen sagen, daß der wahrgenommene eigene Status S_j für eine Person j das *Bewertungskriterium* bei der Bewertung von bestimmten Handlungsalternativen ist — z. B. bei der Bewertung, ob Kontakte innerhalb starker oder schwacher sozialer Beziehungen gesucht werden sollen.

In Übereinstimmung mit etablierten psychophysischen bzw. soziopsychischen Gesetzmäßigkeiten (Stevens 1975; Wegener, Hrsg. 1982) ergibt sich die *Bewertung* des eigenen Status dann nach der *Nutzenfunktion*:

$$U_j = aS_j^{\,b}.$$

Bzw. in Form eines Differentialquotienten ausgedrückt:

$$dU_j/dS_j = bU_j/S_j = abS_j^{\,b}/S_j.$$

Auf der Basis dieses *Grenznutzens* bewertet die Person j ihren eigenen Status im Netzwerk bzw. eine Handlungsalternative, die ihr einen *Zuwachs* an Status verschaffen könnte.[17]

In diese Betrachtung können wir jetzt die Wirkung von Erwartungserwartungen einbeziehen. Man muß doppelte Erwartungen auffassen als jene, die eigenen Nutzenerwägungen ergänzenden, Reflexionen, in die die Bewertungen *anderer* Personen eingehen. Das (in diesem Sinne: normative) Räsonieren von Erwartungen bedeutet, nicht nur auf die eigenen selbstinteressierten Impulse und „hypothetischen Imperative" zu hören, sondern sich *an die Stelle von anderen* zu setzen und den Wert einer Handlungskonsequenz *mit ihren Augen* zu sehen. (Genau dies ist übrigens die Verhaltensmaßregel des Kantischen *kategorischen Imperativs*.)

Nun bezieht sich der Grenznutzen bU_j/S_j, wie in Nutzenmodellen üblich, aber allein auf die *eigene* Person. Um in diese Bewertung auch erwartete Fremderwartungen einbeziehen zu können, muß die Person j den eigenen Nutzen bzw. Nutzengewinn von der

---

15 Netzwerktheoretisch ist denkbar, daß es sich hierbei z. B. um ein übliches objektives Zentralitätsmaß handelt, das einer bestimmten Wahrnehmungstransformation unterworfen wird. Also etwa $P_j = \Sigma_i P_i Z_{ij}$, wobei i ungleich j ist, P_i die Statuswerte von i Personen und Z_{ij} die entsprechenden Beziehungsstärken bezeichnen. Dann ist $S_j = m(P_j^* - P_0^*)^n = mP_j^n$.

16 Dieses subjektive Ähnlichkeitsmaß ergebe sich z. B. aus der subjektiven Differenz von maximaler ($dmax_j$) und positionsspezifischer (d_{ji}) Distanz in einem Netzwerk. In normierter Form etwa: $D_{ij} = m'(Z_{ij}^* - Z_0^*)^{n'} = m' Z_{ij}^{n'}$, wobei $Z_{ij} = (dmax_j - d_{ji})$.

17 Von der subjektiven Wahrscheinlichkeit im Sinne des Nutzen-Erwartungsmodells ist aus Vereinfachungsgründen an dieser Stelle nicht die Rede. Es wird also für Nutzen der skalierungstheoretische Bezugsrahmen der „direkten Urteilstheorie" (Wegener 1983) und nicht der axiomatische gewählt.

Warte der anderen Mitglieder ihres Netzwerkes aus bewerten. Die Person j kann dies z. B. nach folgendem Modus tun: Wenn

$$d\mathrm{U}_j/d\mathrm{S}_j = b\mathrm{U}_j/\mathrm{S}_j$$

der Grenznutzen in bezug auf den *eigenen* wahrgenommenen Status S_j ist — also das Verhältnis des Nutzens zur wahrgenommenen eigenen Statushöhe —, dann ist

$$d\mathrm{U}_j/d\mathrm{S}_i = b\mathrm{U}_j/\mathrm{S}_i$$

der Grenznutzen der Person j in bezug auf den wahrgenommenen Status S_i der Person i. D. h. es handelt sich hier um eine Nutzenbetrachtung, bei der die Person j sich in die Situation der Person i hineinversetzt und sich *deren* Bewertung vergegenwärtigt.

Freilich ist nicht jede Person und deren Bewerter für j gleich bedeutsam. Die Person j wird daher die „Fremdbewertungen" unterschiedlich gewichten, und zwar plausiblerweise in Übereinstimmung mit dem Ausmaß, in dem die anderen Personen ihr selbst *strukturell ähnlich* oder „*nah*" sind. Mit diesem Gewichtungsfaktor D_{ij} drückt sich der Differentialquotient von U_j wie folgt aus (cf. Burt 1982):

$$d\mathrm{U}_j/d\mathrm{S}_j = D_{1j}b\mathrm{U}_j/\mathrm{S}_1 + D_{2j}b\mathrm{U}_j/\mathrm{S}_2 + \ldots + D_{jj}b\mathrm{U}_j/\mathrm{S}_j + \ldots + D_{Nj}b\mathrm{U}_j/\mathrm{S}_N$$
$$= \Sigma_i \, D_{ij}b\mathrm{U}_j/\mathrm{S}_i = \Sigma_i \, D_{ij}ab\mathrm{S}_j^{\,b}/\mathrm{S}_i.$$

Die Nutzenfunktion ergibt sich daraus durch Integration:

$$\mathrm{U}_j = [D_{jj} + \Sigma_i \, D_{ij}b\mathrm{S}_j/\mathrm{S}_i(b + 1)] \, a\mathrm{S}_j^{\,b}.$$

In dieser Gleichung stellt der Ausdruck $a\mathrm{S}_j^{\,b}$ die Nutzenerwägung des *isoliert* nutzenorientierten Individuums dar, während der Terminus in eckigen Klammern die von ihm erwarteten Interessen von Interaktionspartnern oder miterwartenden Dritten ausdrückt.[18]

Um mit dieser Formel arbeiten zu können, muß es nicht unbedingt gelingen, empirisch die Nutzenfunktionen der Akteure präzise und im gesamten Verlauf zu bestimmen. Im Sinne *generierender Modelle* (Boudon 1979) stellt es auch eine Erklärungsmöglichkeit dar, *hypothetische* Verläufe zugrundezulegen und empirisch beobachtbare Ableitungen daraus zu überprüfen.

XIII. Schluß

Ziel des vorstehenden Beitrags war es, das paradoxe Phänomen der Stärke schwacher Beziehungen zu beschreiben und kausal verständlich zu machen. Warum sind uns entfernte Bekannte manchmal nützlicher als unsere guten Freunde? Die Erklärungsskizze, die ich angeboten habe, versucht, Einseitigkeiten zu vermeiden und eine Theorie

---

18 Mit dieser Schematisierung von Handlungsinteressen unter Einbeziehung von Erwartungserwartungen ist *nicht* das Problem der intersubjektiven Unvergleichbarkeit von Nutzengrößen gelöst (Arrow 1951), da das Integral verlangt, daß die Form aller involvierten Nutzenfunktionen identisch ist.

vorzuzeichnen, die *weder* mit dem Begriff der „sozialen Ressourcen" die Erklärungs-
richtung zirkulär werden läßt, *noch* sich allein mit isolierten und letztlich unsoziolo-
gischen Nutzenerwägungen begnügt.

Im Fall der Stärke schwacher Beziehungen haben wir es mit einem paradoxen,
unserem Alltagsverständnis widersprechenden Phänomen zu tun. Die Paradoxie besteht
darin, daß wir — gewissermaßen „von Haus aus" — mit der normativen Erwartung ausgestattet werden, daß unsere nächsten und guten Freunde uns in unserem Fortkom-
men behilflich sind. Aber strukturelle Bedingungen stehen der Wirksamkeit solcher
Hilfestellungen unter Umständen entgegen.

Von der doppelten Warte einer Erklärung aus, in der Nutzen und — über Erwartungserwartungen — auch Situationen Berücksichtigung finden, löst sich die Paradoxie zwar auf. Man kann jetzt besser bestimmen, unter welchen Bedingungen und
bei welchen statusbedingten Interessenlagen schwache soziale Beziehungen nützlich
sind und ausgenutzt werden. Das ändert aber nichts an den Resultaten unserer Sozialisation. Der Übergang vom „kleinen Kreis" zum „großen Kreis", wie Georg Simmel
(1923) das in seiner *Quantitativen Bestimmtheit der Gruppe* genannt hat, gelingt
eben nur unter Gefährdung und Aufkündigung von Bindungen, die den Zusammenhalt, den Schutz und die Identität meiner Herkunftsgruppe garantieren.

Das ist — als Kehrseite des Themas — die Stärke *starker* Beziehungen.

Literatur

Arrow, Kenneth J.: Social Choice and Individual Values, New York, 2. Auflage 1951.
Baltzell, E. Digby: Philadelphia Gentlemen: The Making of a National Upper Class, New York
1958.
Berscheid, Ellen, und *Elaine Walster*: Interpersonal Attraction, Reading, Ma. 1969.
Blau, Peter M.: Parameters of Social Structure, in: American Sociological Review, 39, 1974, S.
615—635.
—, und *Otis D. Duncan*: The American Occupational Structure, New York 1967.
Boorman, Scott A.: A Combinatorial Optimization Model for Transmission of Job Information
through Contact Networks, in: Bell Journal of Economics, 6, 1975, S. 216—249.
Boudon, Raymond: Generating Models as a Research Strategy, in: *Robert K. Merton, James S.
Coleman* und *Peter H. Rossi* (Hrsg.), Qualitative and Quantitative Social Research, New York
1979.
Breiger, Ronald L., und *Philippa Pattison*: The Joint Role Structure of Two Communities' Elites,
in: Sociological Methods and Research, 7, 1978, S. 213—226.
Brown, David: The Mobile Professors, Washington, DC., The American Council on Education
1967.
Burt, Ronald S.: Toward a Structural Theory of Action, New York 1982.
Coleman, James: Social Theory, Social Research, and a Theory of Action, in: American Journal
of Sociology, 91, 1986, S. 1309—1335.
Corcoran, Mary, Linda Datcher, und *Greg J. Duncan*: Information and Influence Networks in
Labor Markets, in: *Greg J. Duncan* und *James N. Morgan* (Hrsg.), Five Thousand American
Families — Patterns of Economic Progress, Vol. III. Ann Arbor, Mich. Institute for Social
Research, University of Michigan, 1980.
Coser, Rose L.: The Complexity of Roles as Seedbed of Individual Autonomy, in: *Lewis A. Coser*
(Hrsg.), The Idea of Social Structure: Essays in Honor of Robert Merton, New York 1975.
Davis, James A.: Clustering and Hierarchy in Interpersonal Relations, in: American Sociological
Review, 35, 1970, S. 843—852.

De Graaf, Nan D., und *Hendrik D. Flap*: „With a little help from my friends": Social Capital as an Explanation of Occupational Status and Income in the Netherlands, the United States, and West Germany, unveröffentlichtes Manuskript, University of Utrecht, Department of Social Sciences 1986.

Durkheim, Emile: Über die Teilung der sozialen Arbeit, Frankfurt 1977.

Ericksen, Ephraim G.: The Relational Basis of Attitudes, in: *S. D. Berkowitz* und *B. Wellman* (Hrsg.), Structural Approaches to Sociology, Cambridge 1983.

Feld, Scott L.: The Focussed Organization of Social Ties, in: American Journal of Sociology, 86, 1981, S. 1015–1035.

Ferguson, Adam: Versuch über die Geschichte der bürgerlichen Gesellschaft, herausgegeben von *Zwi Batscha* und *Hans Medick*, Frankfurt 1986.

Fine, Gary, und *Sharryl Kleinman*: Rethinking Subculture: An Interactionist Analysis, in: American Journal of Sociology, 85, 1979, S. 1–20.

Friedkin, Noah: A Test of Structural Features of Granovetter's Strength of Weak Ties Theory, in: Social Networks, 2, 1980, S. 411–422.

Gans, Herbert J.: The Urban Villagers, New York 1962.

Gierke, Otto v.: Das deutsche Genossenschaftsrecht, Band IV. Die Staats- und Korporationslehre der Neuzeit, Berlin 1913.

Granovetter, Mark S.: The Strength of Weak Ties, in: American Journal of Sociology, 78, 1973, S. 1361–1380.

—: Getting a Job: A Study of Contacts and Careers, Cambridge, Ma. 1974.

—: The Strength of Weak Ties: A Network Theory Revisited, in: *Randall Collins* (Hrsg.), Sociological Theory 1983, San Francisco 1983.

Habich, Roland: Berufliche Plazierung, in: *Wolfgang Glatzer* und *Wolfgang Zapf* (Hrsg.), Lebensqualität in der Bundesrepublik Deutschland, Frankfurt 1984.

Harary, Frank, Robert Z. Norman und *Dorwin Cartwright*: Structural Models, New York 1965.

Hayek, Friedrich A.: The Use of Knowledge in Society, in: American Economic Review, 35, 1945, S. 519–530.

Heider, Fritz: The Psychology of Interpersonal Relations, New York 1958.

Hobbes, Thomas: Leviathan, in: Collected English Works of Thomas Hobbes, hrsg. von *W. Molesworth*, Bd. 3, Aalen 1966.

Homans, George C.: The Human Group, New York 1950.

Jeffrey, Richard C.: Die Logik der Entscheidung, Wien 1967.

Kadushin, Charles: The Friends and Supporters of Psychotherapy: On Social Circles in Urban Life, in: American Sociological Review, 31, 1966, S. 786–802.

Keeney, Ralf L., und *Howard Raiffa*: Decisions with Multiple Objectives: Preferences and Value Trade Offs, New York 1976.

Korte, L., und *Stanley S. Milgram*: Acquaintance Networks Between Racial Groups: Application of the Small World Method, in: Journal of Personality and Social Psychology, 15, 1970, S. 101–108.

Laumann, Edward O.: Prestige and Association in an Urban Community, Indianapolis 1966.

Lin, Nan: Social Resources and Instrumental Action, in: *Nan Lin* und *Peter V. Marsden* (Hrsg.), Social Structure and Network Analysis, Beverly Hills, Ca. 1982.

—, *Paul Dayton*, und *Peter Greenwald*: The Urban Communication Network and Social Stratification, in: *B. Ruben* (Hrsg.), Communication Yearbook I., New Brunswick, N. J. 1977.

—, *Paul Dayton*, und *Peter Greenwald*: Analyzing the Instrumental Uses of Social Relations in the Context of Social Structure, Sociological Methods and Research, 7, 1978, S. 149–166.

—, *Walter M. Ensel*, und *John E. Vaughn*: Social Resources and Strength of Ties: Structural Factors in Occupational Status Attainment, in: American Sociological Review, 46, 1981, S. 393–405.

—, *John C. Vaughn*, und *Walter M. Ensel*: Social Resources and Occupational Status Attainment, in: Social Forces, 59, 1981, S. 1163–1181.

Lindenberg, Siegwart: Rational Choice and Framing: The Situational Selection of Utility Arguments, XI. World Congress of Sociology, New Delhi 1986.

Liu, William T., und *Robert W. Duff*: The Strength in Weak Ties, in: Public Opinion Quarterly, 36, 1972, S. 361–366.

Lomnitz, Larissa A.: Networks and Marginality, New York 1977.

Marsden, Peter V., und *Karen E. Campbell*: Measuring Tie Strength, in: Social Forces, 63, 1984, S. 482–501.

Merton, Robert K.: Continuities in the Theory of Reference Group Behavior, in: *Ders.*, Social Theory and Social Structure, New York 1968.

Milgram, Stanley: The Small World Problem, in: Psychology Today, 1, 1967, S. 62–67.

Neumann, John v., und *Oskar Morgenstern*: Theory of Games and Economic Behavior, Princeton 1953.

Newcomb, Theodore M.: The Acquaintance Process, New York 1961.

Parnes, Herbert S.: Research on Labor Mobility, New York 1954.

Parsons, Talcott: The Structure of Social Action, New York 1937.

Pool, Ithiel de Sola, und *Manfred Kochen*: Contacts and Influence, in: Social Networks, 1, 1978, S. 5–51.

Popper, Karl R.: Das Elend des Historizismus, Tübingen 1965.

Ramsey, Frank P.: The Foundation of Mathematics and Other Logical Essays, New York 1931.

Rogers, Everett M.: Network Analysis of the Diffusion of Innovation, in: *Paul W. Holland* und *Samuel Leinhardt* (Hrsg.), Perspectives on Social Network Research, New York 1979.

–, und *D. Lawrence Kincaid*: Communication Networks. Toward a New Paradigm for Research, New York 1981.

Rousseau, Jean-Jaques: Discours sur l'origine de l'inegalité parmi les hommes, ecrits politiques, Paris 1964.

Shapero, Albert, Roland P. Howell und *James R. Tombaugh*: The Structure and Dynamics of the Defense R & D Industry, Menlo Park, Ca. 1965.

Simmel, Georg: Soziologie. Untersuchungen über die Formen der Vergesellschaftung, München/Leipzig 1923.

Smith, Adam: An Inquiry into the Nature and Causes of the Wealth of Nations, Chicago 1976.

Spence, Andrew M.: Market Signaling, Cambridge, Ma. 1974.

Stack, Carol B.: All Our Kin, New York 1974.

Stevens, Stanley Smith: Psychophysics. Introduction to its Perceptual, Neural, and Social Prospectives, New York 1975.

Stigler, George J.: Information in the Labor Market, in: Journal of Political Economy, 70, 1962, S. 94–105.

Tönnies, Ferdinand: Gemeinschaft und Gesellschaft. Grundbegriffe der reinen Soziologie, Darmstadt 1963.

Travers, Jeffrey, und *Stanley Milgram*: An Experimental Study of the „Small World" Problem, in: Sociometry, 32, 1969, S. 425–443.

Veblen, Thorstein: The Theory of the Leisure Class, New York 1934.

Verbrugge, Lois M.: The Structure of Adult Friendship Choices, in: Social Forces, 56, 1977, S. 576–597.

Watkins, John W. N.: Freiheit und Entscheidung, Tübingen 1978.

Wegener, Bernd (Hrsg.): Social Attitudes and Psychophysical Measurement, Hillsdale, N. J. 1982.

–: Wer skaliert? Die Meßfehler-Testtheorie und die Frage nach dem Akteur, in: *Jutta Allmendinger, Peter Schmidt* und *Bernd Wegener*, ZUMA-Handbuch sozialwissenschaftlicher Skalen, Bonn 1983.

–: The Illusion of Distributive Justice, in: European Sociological Review, 3, 1987 (im Erscheinen).

Wirth, Louis: Urbanism as a Way of Life, in: American Journal of Sociology, 44, 1938, S. 1–24.

Korrespondenzanschrift:
PD Dr. Bernd Wegener
Max-Planck-Institut
für Bildungsforschung
Lentzeallee 94
1000 Berlin 33

Kölner Zeitschrift für Soziologie und Sozialpsychologie, Jg. 39, 1987, S. 278–301.

KOOPERATIVER KAPITALISMUS

Unternehmensverflechtungen im internationalen Vergleich

Paul Windolf und Jürgen Beyer

Zusammenfassung: In diesem Aufsatz wird die Kapital- und Personalverflechtung der 623 größten Unternehmen in Deutschland und der 520 größten Unternehmen in Großbritannien untersucht. Die Struktur der Unternehmensverflechtung unterscheidet sich in den beiden Ländern in folgender Weise: 1. Während für Deutschland ein hoher Konzentrationsgrad des Eigentums nachgewiesen wurde, der eine Beherrschung der abhängigen Unternehmen ermöglicht, wurde für Großbritannien ein niedriger Konzentrationsgrad gefunden: 48,6 Prozent aller Anteile sind kleiner als 5 Prozent und werden von Unternehmen des Finanzsektors gehalten. 2. Für Deutschland wurde ein hoher Deckungsgrad zwischen Kapital- und Personalverflechtung gefunden, der darauf hinweist, daß die Personalverflechtung der Durchsetzung von Eigentümerinteressen dient. In Großbritannien sind diese beiden Netzwerke entkoppelt. 3. In Deutschland findet sich ein hohe horizontale Verflechtungsdichte, d.h. potentielle Konkurrenten sind miteinander verflochten. Dies gilt nicht für Großbritannien. Deutschland verkörpert den Typ des „kooperativen Kapitalismus", während Großbritannien ein Beispiel für den „Konkurrenz-Kapitalismus" ist.

> „... people of the same trade seldom meet together, even for merriment and diversion, but the conversation ends in a conspiracy against the public, or in some contrivance to raise prices"
>
> (*Adam Smith* 1979 (1776): 232).

I. Regulierte Konkurrenz

Chandler (1990) unterscheidet zwei Formen der Marktregulierung, um die unterschiedliche Entwicklung des Kapitalismus im ausgehenden 19. Jahrhundert zu charakterisieren: In bezug auf die USA spricht er von „Konkurrenz-Kapitalismus", während Deutschland ein Beispiel für den „kooperativen Kapitalismus" ist. Chandler (1990: 72) weist auch auf zwei Ereignisse hin, die die Weichen für diese unterschiedliche Entwicklung gestellt haben: 1890 wurde in den USA der Sherman-Act verabschiedet, der Preiskartelle und andere „konspirative" Absprachen zwischen Unternehmen unter Strafe stellte. In Deutschland wurden 1897 in einem Urteil des Reichsgerichtes Kartellverträge als rechtlich bindend anerkannt, und zwar auch dann, wenn darin Wettbewerbsbeschränkungen vertraglich vereinbart wurden. Absprachen zwischen Unternehmen über Preise und Mengen konnten damit gerichtlich eingeklagt werden.

Mit der Verabschiedung des Sherman-Actes wurden die USA nicht zum Musterland der vollkommenen Konkurrenz. Im Gegenteil, es hat immer wieder massive Verstöße gegen dieses Gesetz gegeben, die weder von den Gerichten noch von der staatlichen Administration verfolgt wurden (Gellhorn 1986: 27). Aber der Sherman-Act markierte den Ausgangspunkt für eine Reihe weiterer Gesetze,[1] mit denen der „Konkurrenz-Kapitalismus" in den USA verwirklicht werden sollte und die gerade jene Formen von „Kooperation" zu verhindern suchten, die in Deutschland üblich waren.

In Deutschland gab es bereits vor dem Urteil des Reichsgerichts zahlreiche Kartelle, die allerdings wegen fehlender rechtlicher Regulierung instabil waren. In der Zwischenkriegszeit hatten sich Kartelle als eine Form der „regulierten Konkurrenz" durchgesetzt und im Jahr 1931 registrierte das Reichswirtschaftsministerium ca. 2.500 Kartelle. Damit unterlagen praktisch alle Wirtschaftszweige einer Kartell-Regulierung (Feldenkirchen 1988: 118). Gustav Schmoller hatte 1906 in einer Rede vor dem Verein für Socialpolitik erklärt: „Ich habe seit langem betont, daß die wirtschaftliche Freiheit nur an bestimmten Stellen Segen bringe, daß nur die maßvolle, da und dort mannigfach regulierte Konkurrenz anregend wirke" (S. 249).

Die „regulierte Konkurrenz" wurde zu einer *legitimen* Form der Marktorganisation in Deutschland, und das Kartell war eine allgemein akzeptierte Form, um konkurrierende Unternehmen auf das „Gemeinwohl" zu verpflichten. Kartelle haben die Preise nicht nur nach „unten", sondern auch nach „oben" kontrolliert, d.h. sie haben ihre Mitglieder von exzessiven Preiserhöhungen *abgehalten* (korporatistische Kontrolle). Es ging den Kartellen um die Erwirtschaftung einer als „legitim" anerkannten Profitrate und nicht um Profitmaximierung. Darin unterschieden sie sich von den amerikanischen Trusts (Passow 1930). Abelshauser (1984) vertritt die These, daß das deutsche Kaiserreich der erste „post-liberale" Staat gewesen sei, dem es gelang, Kooperation und Konkurrenz, korporatistische Kontrolle und wirtschaftliche Innovation zu verbinden.[2]

Chandler erklärt die unterschiedliche Bedeutung von Konkurrenz und Kooperation mit der Export-Orientierung der deutschen und der Binnenmarkt-Orientierung der amerikanischen Unternehmen. Massenproduktion und Marketing waren zwei wichtige Strategien, um das Überleben der Großunternehmen zu sichern. Der amerikanische Markt war groß genug, um solche Strategien zum Erfolg zu führen; der deutsche Markt war es nicht. Daher konnten die amerikanischen Unternehmen ihre Aktivitäten auf den Binnenmarkt beschränken, während deutsche Großunternehmen auf Exportmärkten erfolgreich sein *mußten*. Kartelle waren nach innen kooperativ und nach außen aggressiv. Auf dem Weltmarkt waren sie gezwungen, ihre Effizienz ständig unter Beweis zu stellen (Newman 1964).

Der Vergleich mit einer anderen ökonomischen Großmacht, deren Aufstieg ebenfalls auf Exportorientierung beruht, bestätigt Chandlers These. Die Beziehung zwischen den japanischen Unternehmen wurde bis zum Zweiten Weltkrieg durch die sechs großen „zaibatsu" geprägt. Eine „zaibatsu" umfaßte eine Gruppe von Unternehmen aus verschiedenen Industriezweigen, die unter der einheitlichen Leitung eines Fami-

---

1 1914 folgte der Clayton Act; 1950 der Celler-Kefauver Act. Fligstein (1990) argumentiert, daß die spezifische Form der Unternehmenszusammenschlüsse in den USA (Konglomerat) eine Reaktion auf die staatliche Anti-Trust Gesetzgebung gewesen sei.
2 Vgl. dazu die Diskussion über den „organisierten Kapitalismus" in Winkler (1974).

lien-Clan (honsha) standen und innerhalb des Verbandes miteinander kooperierten. Obwohl die „zaibatsu" nach dem Zweiten Weltkrieg von der amerikanischen Besatzungsmacht aufgelöst wurden, haben sie sich in den fünfziger Jahren in schwächeren Kooperationsformen als „keiretsu" neu gebildet (Morikawa 1992).

Auch in Japan scheint sich die Erklärung zu bewähren, daß hoher Außendruck Kooperation im Innern erzeugt, für die Gerlach (1992) die Bezeichnung „alliance capitalism" gewählt hat. Sowohl in Deutschland als auch in Japan ist die regulierte Konkurrenz eine legitime Form der Marktorganisation. Die Institutionen, in denen die Konkurrenz „reguliert" wird, unterscheiden sich jedoch in beiden Ländern: Während die japanische Wirtschaft durch die „keiretsu"-Gruppen dominiert wird, haben in Deutschland die Konzerne eine zentrale Bedeutung.

Konzerne und „keiretsu"-Gruppen sind spezifische Formen der Unternehmensverflechtung, die die Kooperation der Unternehmen erleichtern und ein Instrument zur „Regulierung" der Konkurrenz bereitstellen. Die zentrale These dieser Arbeit lautet, daß sich die Struktur der Unternehmensverflechtung in Deutschland und Japan einerseits, in Großbritannien und in den USA andererseits unterscheidet und daß sich diese Unterschiede in den Begriffen „Kooperation" und „Konkurrenz" beschreiben lassen. In Deutschland wurden Kartelle durch Unternehmens-Netzwerke (Konzerne) abgelöst, die ein modernisiertes Regime der regulierten Konkurrenz repräsentieren. Diese Netzwerke können durch einige Variablen charakterisiert werden, wie z.B. die Netzwerk-Konfiguration, die Konzentration des Eigentums oder der Typ des Eigentümers. Im nächsten Abschnitt wird zunächst das Konzept der Netzwerk-Konfiguration erläutert, daran anschließend werden der Konzentrationsgrad des Eigentums und eine Typologie von Eigentümern aus einer vergleichenden Perspektive analysiert.

II. Die Struktur der Unternehmensverflechtung

Unternehmensverflechtungen sind spezifische Organisationsformen, die sich „zwischen" Markt und Bürokratie herausgebildet haben und die ebenso eine „Struktur" haben, wie dies für Bürokratien oder Märkte gilt. Bürokratien können zentrale oder dezentrale Strukturen, flache oder steile Hierarchien haben. Auf Märkten kann „vollkommene" Konkurrenz herrschen oder sie können oligopolistische Strukturen aufweisen. Für die Unternehmensverflechtung haben sich spezifische Organisationsstrukturen herausgebildet, die im folgenden an einigen Grundformen illustriert werden sollen.

Abbildung 1a zeigt eine „Clique", in der jedes Unternehmen mit jedem anderen verbunden ist und in der die Beziehung zugleich reziprok ist: Unternehmen A ist an Unternehmen B beteiligt, und umgekehrt hält Unternehmen B eine Kapitalbeteiligung an Unternehmen A. Cliquen haben einen hohen Grad der Integration, der durch die Vielzahl der Beziehungen untereinander erreicht wird (Dichte). Wenn die Beteiligungen, die die Unternehmen wechselseitig halten, annähernd gleich hoch sind, hat die Gruppe eine „egalitäre" Struktur, d.h. in dieser Beziehung ist kein Mitglied in der Lage, ein anderes zu dominieren. Kollektive Entscheidungen können in der reziproken Clique nur durch Konsens erreicht werden. Allerdings verfügt die Gruppe gegenüber nicht-kooperativen Mitgliedern über Sanktionsmittel. Jedes Mitglied hält an jedem anderen eine Beteiligung und die damit verbundenen Stimmrechte können als Drohpotential genutzt werden. Williamson (1985: 169ff.) hat diese Beziehungskonstellation als „mutual hostage" bezeichnet.

Abbildung 1: Grundformen von Verflechtungsstrukturen

Abbildung 1a: Reziproke Clique   *Abbildung 1b:* Stern

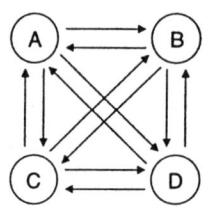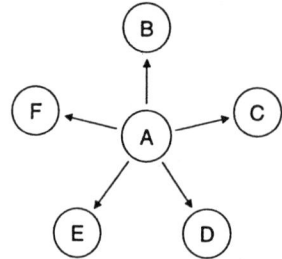

Abbildung 1c: Pyramide   *Abbildung 1d:* Kreis

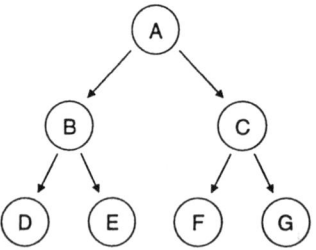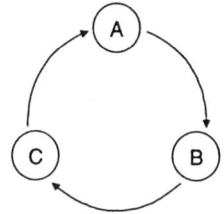

Die japanischen Unternehmensgruppen (keiretsu) lassen sich durch die in *Abbildung 1a* darge-stellte Struktur beschreiben. In den sechs „keiretsu"-Gruppen halten die zentralen Mitglieds-Unternehmen wechselseitig ca. 2 Prozent der Aktien. Zusammen halten alle Mitglieder im Durchschnitt ca. 32 Prozent der Aktien jedes einzelnen Mitglieds. Dieser Anteil ist hoch genug, um externe Einflüsse (z.B. feindliche Übernahmen) abzuwehren; gleichzeitig kann aber kein Mitglied über ein anderes einen beherrschenden Einfluß ausüben (Yamauchi 1994: 156). Ger-lach (1992: 77) bestätigt in seiner Untersuchung diese Verflechtungsstruktur: Unter den sechzig größten japanischen Unternehmen sind 18 Prozent wechselseitig verflochten.[3] In Deutschland wurden zwischen den 623 größten Unternehmen insgesamt nur fünf reziproke Beziehungen gefunden. Dazu gehören z.B. die wechselseitige Kapitalverflechtung zwischen der Allianz AG Holding und der Dresdner Bank AG und der Allianz AG Holding und der Münchener Rück-versicherungsgesellschaft.[4] Die direkte wechselseitige Kapitalbeteiligung ist in Deutschland keine dominante Netzwerk-Konfiguration (vgl. dazu auch Roe 1993).

Abbildung 1b zeigt das Strukturbild eines „Sterns": Im Zentrum steht das „herrschende" Unternehmen A, das an den Satelliten B – F eine relativ hohe Kapitalbeteiligung hält. Im Gegensatz zur reziproken Clique haben Sterne eine *hierarchische* Struktur (Baker/Faulkner 1993: 849). Sowohl Kapitalbeteilungen als auch Personalverflechtungen verlaufen in einer Richtung, nämlich von der Mutter zu den Töchtern (gerichtete Beziehungen). Da die Töchter

---

3 Wenn man unterstellt, daß diese Großunternehmen gleichmäßig auf die sechs wichtigen „keiretsu"-Gruppen verteilt sind, dann ist die wechselseitige Verflechtung *innerhalb* jeder Gruppe wesentlich höher als es in dieser Prozentzahl zum Ausdruck kommt; *zwischen* den verschiedenen „keiretsu"-Gruppen gibt es praktisch keine Verflechtung. Vgl. jedoch Frank-furter Allgemeine Zeitung vom 7.5.94, S. 16: „In Japan zerfällt das System der Überkreuz-beteiligungen".

4 Quelle: Projekt „Unternehmensverflechtung in der Europäischen Union", Universität Trier. Eine genauere Beschreibung des Datensatzes findet sich im Anhang.

untereinander nicht verflochten sind, kann das zentrale Unternehmen die (formalen) Kommunikations- und Entscheidungswege kontrollieren. Deutsche Konzerne haben häufig eine „Stern"-Struktur, und sie unterscheiden sich von der japanischen „keiretsu"-Gruppe durch den hierachischen Aufbau und die fehlende reziproke Beziehung.

Wenn in *Abbildung 1b* die Pfeile in umgekehrter Richtung eingezeichnet werden, erhält man einen „inversen Stern": Viele Unternehmen (B-F) halten relativ kleine Beteiligungen an einem anderen Unternehmen (A). Die Eigentümer-Struktur der großen Unternehmen in den USA und in Großbritannien läßt sich idealtypisch durch einen inversen Stern beschreiben: Der Finanzsektor (Pensionskassen, Versicherungen, Investment-Fonds) halten jeweils bis zu 5 Prozent der Aktien an einem solchen Unternehmen. So werden z.B. ca. 50 Prozent des Aktienkapitals von IBM, General Motors, Ford oder Coca Cola vom Finanzsektor gehalten. Aufgrund gesetzlicher Vorschriften sind die Anteile, die Unternehmen des Finanzsektors an einem Unternehmen des Nicht-Finanzsektors halten dürfen, in den USA auf 5 Prozent des Aktienkapitals begrenzt (Roe 1991: 18; Brancato 1991). Die Kapitalverflechtung in Großbritannien und in den USA ist durch eine fragmentierte[5] Struktur der Beteiligungen geprägt, die typisch ist für den „institutionellen Kapitalismus" und die Scott (1990) als „constellation of interest" bezeichnet. Während es im „Stern" nur einen Häuptling und viele Indianer gibt, ist es im „inversen Stern" gerade umgekehrt.

In *Abbildung 1c* wird eine „Pyramide" dargestellt, in der ein herrschendes Unternehmen A hohe Beteiligungen an den abhängigen Unternehmen B und C hält, die wiederum auf einer zweiten Stufe die Unternehmen D-F „beherrschen". Eine Pyramide (die sich aus einer Kombination von mehreren Sternen zusammensetzt) verstärkt durch ihren mehrstufigen Aufbau den hierarchischen Charakter der Unternehmensverflechtung. Das Unternehmen A setzt eigene Ressourcen ein, um die Unternehmen B und C zu kontrollieren, nutzt aber im nächsten Schritt die Ressourcen von B und C, um auf zusätzliche Unternehmen (indirekt) Einfluß ausüben zu können. Eine vollständige japanische „keiretsu"-Gruppe besteht aus einer reziproken Clique und mehreren Pyramiden, sie verbindet also egalitäre und hierarchische Elemente in ihrer Struktur: Die Großunternehmen bilden eine reziproke Clique, von jedem Großunternehmen sind die Zuliefer-Betriebe ersten und zweiten Grades abhängig (Gerlach 1992: 102). In Belgien ist die Pyramide eine relativ häufig vorkommende Verflechtungsform (Daems 1978). In Deutschland kann man die mehrstufigen Konzerne dieser Konfiguration zuordnen.

Abbildung 1d zeigt eine kreisförmige Verflechtung, in der das Unternehmen A – vermittelt über mehrere Stufen – schließlich (indirekt) Eigentum an sich selbst hält. Der „Kreis" ist ein funktionales Äquivalent für eine reziproke Beteiligung und stärkt die Autonomie der Manager gegenüber den Eigentümern, die „außerhalb" des Kreises stehen. Kreisförmige Kapitalbeteiligungen lassen sich im Verflechtungs-Zentrum der deutschen Banken, Versicherungen und Großunternehmen nachweisen (Adams 1994: 150), sie finden sich aber auch in Frankreich, wo sie zur Sicherung von Familienbesitz an großen Unternehmen eingesetzt werden. In einer kreisförmigen Verflechtungsstruktur kontrolliert das herrschende Unternehmen – unter Einbeziehung mehrerer Vasallen (B und C) – schließlich sich selbst. Kreisförmige Verflechtungen verschleiern die tatsächlichen Besitzverhältnisse; häufig sind sie auch „Schutzwälle", um externe Einflüsse abzuwehren (z.B. feindliche Übernahmen).[6]

Die möglichen Verflechtungsstrukturen sind damit nicht vollständig dargestellt, aber die *Abbildungen 1a-d* zeigen einige Grundformen, wobei komplexere Strukturen durch

---

5 Unter „fragmentierter" Struktur ist nicht Streubesitz zu verstehen. Die 5 größten Anteilseigner halten in den USA an den 500 größten Unternehmen im Durchschnitt 28,8 Prozent des Aktienkapitals, d.h. jeder einzelne Eigentümer hält im Durchschnitt ca. 5,8 Prozent (Shleifer/Vishny 1986: 462). Von „Streubesitz" sprechen wir, wenn kein Eigentümer mehr als 1 Prozent des Aktienkapitals hält.

6 Zur „structure d'autocontrôle" vgl. Morin (1974: 43; 1989). Zur Problematik wechselseitiger Beteiligungen vgl. Emmerich/Sonnenschein (1992: 106).

Kombination der Grundformen gebildet werden können.[7] Es ist häufig festgestellt worden, daß sich neue Organisationsformen „zwischen" Markt und Hierarchie entwickelt haben (Powell 1990), es ist aber nur selten die Frage gestellt worden, welche *Strukturen* diese Organisationsformen haben, und ob sie sich in verschiedenen Ländern unterscheiden.[8] Mit den *Abbildungen 1a-d* werden *Hypothesen* über typische Verflechtungsformen in den einzelnen Ländern formuliert, die in den folgenden Abschnitten überprüft werden sollen.

III. Konkurrenz und Kooperation im Netzwerk

Ein Netzwerk von Unternehmen, die durch Kapital- und Personalverflechtung miteinander verbunden sind, kann als ein „kollektiver Akteur" definiert werden, dessen Handlungsfähigkeit durch seine internen Organisationsstrukturen begrenzt wird. Von den dargestellten Netzwerk-Strukturen sind einige mehr, andere weniger geeignet, die Kooperation der Mitglieder, die Aggregation ihrer Interessen und die Koordination ihrer Strategien zu fördern. Die Netzwerk-Konfigurationen[9] geben einen Hinweis auf unterschiedliche Kooperations-*Chancen*, die zwischen verbundenen Unternehmen realisiert werden können.

In der „Clique" ist jeder von jedem abhängig, aber kein Mitglied hat hegemoniale Macht, um seinen Willen zu oktroyieren. Kooperation wird durch reziproke Abhängigkeit ermöglicht, jedoch erfordern kollektive Aktionen den *Konsens* aller Mitglieder. In der „keiretsu"-Gruppe sind die Mitglieder nicht nur durch Kapital-, sondern auch durch parallel dazu verlaufende Personalverflechtungen verbunden, die die soziale Kohäsion verstärken. Die reziproke Abhängigkeit verbindet sich mit einem „Gruppengeist", so daß sich strukturelle und normative Elemente in der „keiretsu"-Clique wechselseitig stützen. „In the case of what (is) called diffuse reciprocity, cooperation is contingent not on the behavior of particular individuals but on the continued successful functioning of the group" (Keohane 1986: 6).

Im „Stern" wird die Kooperation der Akteure durch die *hierarchische Koordination* des „Zentrums" realisiert. Es wurde bei dieser Konfiguration unterstellt, daß das herrschende Unternehmen so hohe Anteile an den abhängigen Unternehmen besitzt, daß es seinen Willen gegenüber den Satelliten durchsetzen kann. Dies bedeutet im konkreten Fall nicht unbedingt, daß das herrschende Unternehmen mehr als 50 Prozent an den Tochterunternehmen besitzen muß; auch geringere Anteile können einen *beherrschenden* Einfluß ermöglichen, wenn sich der Rest in Streubesitz befindet. Die Rechtswissenschaft geht davon aus, daß das herrschende Unternehmen eine „Konzernleitungs*pflicht*" hat (Hommelhoff 1982). Ähnlich wie in der „keiretsu"-Gruppe verlaufen auch im Konzern die Personalverflechtungen parallel zur Kapitalverflech-

---

7 Vgl. dazu die verschiedenen Formen, in denen drei Unternehmen miteinander verflochten sein können (triad census) in Burt (1982: 56).
8 Ein Vergleich der Struktur der Unternehmensverflechtung zwischen Japan und den USA findet sich in Gerlach (1992); zwischen Großbritannien, Japan und den USA in Scott (1986). In einem Projektverbund haben Stokman et al. (1985) die Struktur der Personalverflechtung in 10 Ländern untersucht.
9 Zur (Kon)figurations-Analyse vgl. Elias (1983: 12).

tung: Das herrschende Unternehmen delegiert einen Manager in das abhängige Unternehmen, um seine strategischen Interessen dort durchzusetzen. Die hierarchische Koordination kann durch einen „Beherrschungsvertrag" formalisiert werden, den das deutsche Konzernrecht zur Verfügung stellt und der die direkte Leitung der abhängigen Tochter gestattet (vgl. Abschnitt VI).

Im „inversen Stern" treffen wir auf eine Struktur, die durch das Gefangenen-Dilemma beschrieben werden kann: Zwischen den Eigentümern (Peripherie des Sterns) herrscht ein Machtgleichgewicht, da die Anteile annähernd gleich verteilt sind. Die Akteure haben differenzierte Interessen, die nur teilweise übereinstimmen, und es fehlen formale Organisationsstrukturen zur Koordination des Verhaltens. Kooperation muß fallweise *ausgehandelt* werden.[10] Im „inversen Stern" ist die kollektive Handlungsfähigkeit relativ schwach entwickelt, da es für die Koordination autonomer Eigentümer keine institutionelle Absicherung gibt. In einer Gruppe von „rationalen" Egoisten ist niemand bereit, die Organisationskosten zu tragen. Die Koordination erfolgt in der Regel über Konkurrenz und nicht durch Kooperation. Die Finanzinstitutionen, die *gemeinsam* einen relativ hohen Anteil der Aktien an Großunternehmen besitzen, haben die Wahl, ob sie der Option „exit" (= verkaufen) oder der Option „voice" (= Beeinflussung der Geschäftspolitik) folgen wollen; die Option „voice" würde jedoch eine Kooperation der Anteils-Eigner voraussetzen.

IV. Die Konzentration des Eigentums

Unter Unternehmensverflechtung werden verschiedene Typen von Austauschbeziehungen verstanden: Kapitalbeteiligung, Personalverflechtung, Kreditbeziehungen, Lieferbeziehungen und „joint ventures". Die folgenden Analysen beziehen sich nur auf Kapitalbeteiligungen und Personalverflechtungen, da für andere Verflechtungsformen keine systematischen Informationen verfügbar sind. Im Rahmen einer empirischen Untersuchung wurden für Deutschland die Kapital- und Personalverflechtungen zwischen den 623 größten Unternehmen und für Großbritannien zwischen den 520 größten Unternehmen erhoben (vgl. *Anhang*). Um die Vergleichsmöglichkeiten zu erweitern, werden Japan und die USA in die Analyse einbezogen, jedoch nur auf der Basis von Sekundäranalysen.

In *Tabelle 1* werden zunächst die Eigentümer der deutschen und britischen Großunternehmen mit Hilfe von zwei Strukturmerkmalen beschrieben, nämlich dem Konzentrationsgrad des Anteilsbesitzes und dem Typ des Eigentümers. Für die 500 größten deutschen Unternehmen wurden insgesamt 821 Anteilseigner identifiziert, für die 500 größten britischen Unternehmen wurden 1.859 Anteilseigner gezählt. In Großbritannien zeigt die Verteilung des Anteilsbesitzes einen *niedrigen* Konzentrationsgrad (letzte Zeile): 48,6 Prozent aller Anteilseigner halten weniger als 5 Prozent des Grundkapitals, nur 4,9 Prozent halten mehr als 75 Prozent des Grundkapitals. Insgesamt erlauben

---

10 Scharpf (1985: 339) spricht vom Modus des „bargaining", Williamson (1985: 21) spricht von „haggling". Scott (1986: 114) hat gezeigt, daß die institutionellen Anleger (Versicherungen, Pensionskassen, Investment-Fonds) nur kleine Anteile an den britischen Großunternehmen halten und daß es keine (nachweisbare) Kooperation der Eigentümer untereinander gibt.

Tabelle 1: Verteilung des Anteilsbesitzes in Deutschland und in Großbritannien –
Die 500 größten Unternehmen in jedem Land (1992)

Typ des Eigentümers	Konzentrationsgrad des Anteilsbesitzes (%)												Alle Beteiligungen (%)	
	– 4,9		5 – 9,9		10 – 24,9		25 – 49,9		50 – 74,9		75+			
	D	GB	D	GB	D	GB	D	GB	D	GB	D	GB	D	GB
Personen/Familien*	19,2	7,1	17,2	8,1	12,3	25,3	18,4	37,0	22,6	16,0	21,1	2,2	18,9	10,1
Nicht-Finanzunternehmen														
– Inland	19,2	6,3	25,0	4,5	30,1	12,4	21,1	10,9	49,2	8,0	46,3	20,9	36,1	7,3
– Ausland	6,4	1,8	6,3	2,9	2,7	7,2	5,3	26,1	9,4	12,0	21,4	72,5	11,7	7,0
Finanzsektor														
– Banken	20,5	13,4	20,3	8,8	23,3	5,2	18,4	6,5	2,8	4,0	0,6	2,2	10,8	10,2
– Versich.	16,7	23,8	26,5	21,3	12,3	4,1	19,3	6,5	3,8	–	4,2	2,2	10,6	18,8
– Invest.F.**	2,5	47,3	3,1	53,7	8,2	45,8	3,5	13,0	0,9	–	0,6	–	2,8	44,6
Staat	15,4	0,3	1,6	0,7	11,0	–	14,0	–	11,3	60,0	5,8	–	9,1	2,0
Alle Beteiligungen	D	GB	D	GB	D	GB	D	GB	D	GB	D	GB	D	GB
N =	78	901	64	577	146	194	114	46	106	50	313	91	821	1859
% =	9,5	48,6	7,8	31,0	17,8	10,5	13,9	2,6	12,9	2,4	38,1	4,9	100%	100%

Analyse-Einheit: Kapitalanteile
D = Deutschland (N= 821); GB = Großbritannien (N=1859)

* einschließlich (Familien)stiftungen. Es konnte nicht für alle Fälle eindeutig geklärt werden, ob sich hinter einer Stiftung Familienbesitz verbirgt.
** In Deutschland sind in den Handbüchern keine Investment-Fonds als Eigentümer ausgewiesen. In Großbritannien halten die Investment-Fonds 44,6% aller Anteile. In Deutschland lag die Publizitätspflicht für Anteilseigner zum Zeitpunkt der Erhebung (1992) bei 25%, in Großbritannien bei 3%. Die Anteile der deutschen Investment-Fonds liegen unter 25% und werden von diesen nicht publiziert. Für Deutschland wurden der Kategorie „Investment-Fonds" die Vermögensverwaltungs-Gesellschaften zugeordnet, die nicht aufgelöst werden konnten, d.h. für die keine „ultimate control" festgestellt werden konnte.

Erläuterungen zu Tabelle 1: Jede einzelne Spalte in dieser Tabelle addiert sich zu 100%, d.h. die Verteilung der Anteilsklassen (Konzentrationsgrade) über die einzelnen Typen von Eigentümern kann für jede Anteilsklasse und für jedes Land getrennt analysiert werden. Dazu ein Beispiel: In Deutschland sind 78 Anteile (= 9,5%) kleiner als 5%, in Großbritannien sind 901 Anteile (= 48,6%) kleiner als 5%. Die Gesamtzahl der Anteile, die kleiner sind als 5%, verteilt sich in Deutschland wie folgt: 19,2% sind im Besitz von Personen/Familien; 19,2% im Besitz inländischer Firmen (die nicht zum Finanzsektor gehören), 6,4% im Besitz ausländischer Firmen (die nicht zum Finanzsektor gehören), 20,5% werden von Banken und 16,7% von Versicherungen gehalten; 15,4% werden vom Staat bzw. von nicht- privatwirtschaftlichen Institutionen (z.B. Gewerkschaften) gehalten.

Die letzte Zeile von *Tabelle 1* addiert sich jeweils getrennt für Deutschland und für Großbritannien zu 100%. In der letzten Zeile findet sich also die Verteilung aller Anteile über die verschiedenen Konzentrationsgrade; in den beiden letzten Spalten findet sich die Verteilung aller Anteile über die verschiedenen Typen der Eigentümer.

nur 7,3 Prozent aller Anteile die Mehrheitskontrolle eines Unternehmens.[11] In Deutschland sieht die Verteilung der 821 Anteilseigner wie folgt aus: nur 9,5 Prozent der Kapitalanteile sind kleiner als 5 Prozent; 38,1 Prozent sind größer als 75 Prozent. In Deutschland ermöglichen insgesamt 51 Prozent aller Kapitalanteile die Mehrheitskontrolle von Unternehmen. Die Anteile, die an den 500 größten deutschen Unternehmen gehalten werden, sind also konzentriert und erlauben in der Mehrzahl der Fälle die Beherrschung des abhängigen Unternehmens.

Zum Verständnis der Tabellen ist die folgende Unterscheidung wichtig: In *Tabelle 1* wird die Eigentümerstruktur untersucht. Dabei werden alle Eigentümer der 500 größten deutschen und britischen Unternehmen berücksichtigt, und zwar unabhängig davon, ob sie selbst zu den 500 größten Unternehmen gehören oder nicht. Daher sind Familien und Investment-Fonds als Eigentümer-Kategorien in *Tabelle 1* enthalten. In den folgenden Tabellen werden nur Verflechtungen *zwischen* den größten Unternehmen berücksichtigt (Verflechtungsmatrix der Großunternehmen). Weiterhin werden zwei Analyse-Einheiten benutzt, nämlich (Kapital)anteile und die Unternehmen selbst. In *Tabelle 1* werden Kapital-Anteile gezählt; da ein Unternehmen mehrere/viele Eigentümer haben kann, ist die Anzahl der Anteile wesentlich höher als die Anzahl der Unternehmen. Die Analyse-Einheit (Anteile oder Unternehmen) und deren Anzahl (N) werden für jede Tabelle angegeben.

Der zweite Strukturunterschied betrifft den Typ der Eigentümer: In Großbritannien halten die Investment-Fonds 44,6 Prozent aller Anteile, insgesamt befinden sich 73,6 Prozent aller Anteile im Besitz des Finanzsektors (letzte Spalte). In Deutschland befinden sich 36,1 Prozent aller Anteile im Besitz von Unternehmen, die nicht zum Finanzsektor gehören. Der Finanzsektor hält insgesamt nur 24,2 Prozent aller Anteile in Deutschland. Ein hoher Anteil der Unternehmen befindet sich in Deutschland also im *Mehrheits*-Besitz von Unternehmen, die nicht zum Finanzsektor gehören. Diese Differenzen sind ein erster Hinweis auf Unterschiede in der Verflechtungsstruktur: In Deutschland ist die Konzernstruktur dominant, im britischen Netzwerk halten viele institutionelle Anleger kleine (fragmentierte) Anteile an den Großunternehmen.

Bemerkenswert ist der hohe Anteil des Grundkapitals, der sich in Deutschland noch im Besitz von Personen, Familien und (Familien-) Stiftungen befindet: 18,9 Prozent aller Anteile werden in Deutschland von Familien gehalten (Großbritannien 10,1 Prozent). Selbst bei hohen Anteilen ist der Familienbesitz noch bedeutsam: Kapitalanteile, die 75 Prozent oder mehr des Grundkapitals betragen, befinden sich zu 21,1 Prozent im Besitz von Personen oder Familien (Großbritannien: 2,2 Prozent). Ähnlich bedeutsam ist der Einfluß von Familien in der Anteilsklasse 50-74,9 Prozent (22,6 Prozent Deutschland; 16,0 Prozent Großbritannien).

In Untersuchungen über die größten Unternehmen in den USA und in Japan wurde die folgende Verteilungsstruktur der Eigentümer festgestellt:[12] In den USA halten die fünf größten Eigentümer im Durchschnitt 24,4 Prozent des Aktienkapitals, in Japan 33,1 Prozent des Aktienkapitals. Wenn man unterstellt, daß diese Anteile gleichmäßig

---

11 Wir sprechen von „Mehrheitskontrolle", wenn ein Anteilseigner 50 Prozent oder mehr des Grundkapitals hält. Darunter fallen die beiden letzten Kategorien des „Konzentrationsgrades" in *Tabelle 1* (50 bis 74,9 Prozent; 75 Prozent und mehr).

12 Die japanische Stichprobe enthält 734 Unternehmen des Nicht-Finanzsektors (Daten für 1984; vgl. Prowse 1992: 1124). Die US-Stichprobe enthält 511 Großunternehmen, einschließlich Unternehmen des Finanzsektors (Daten für 1980; vgl. Demsetz/Lehn 1985: 1157).

unter den fünf größten Eigentümern verteilt sind,[13] erhalten wir für die USA einen durchschnittlichen Anteil von ca. 5 Prozent, in Japan von ca. 6,5 Prozent. Die Verteilung entspricht also annähernd der Verteilungsstruktur in Großbritannien. Aus anderen Quellen (Gerlach 1992) wissen wir jedoch, daß sich die Netzwerk-Konfigurationen in Japan und in den USA unterscheiden: Die Konfiguration in Japan entspricht der „Clique", die Konfiguration in den USA (und in Großbritannien) dem „inversen Stern". Es zeigt sich, daß ähnliche Verteilungsstrukturen mit unterschiedlichen Netzwerk-Konfigurationen verbunden sein können. Eine Analyse, die nur den Konzentrationsgrad des Eigentums untersucht (z.B. Zeitlin 1974), verfehlt eine wichtige Dimension der Unternehmensverflechtung, nämlich die Netzwerk-Konfiguration, die eine „Landkarte" der Macht- und Kooperationsbeziehungen liefert.

Der Wandel der Eigentümerstruktur, der seit den siebziger Jahren in vielen westlichen Staaten eingetreten ist, hat viele Beobachter veranlaßt, von einem „neuen" Typ von Kapitalismus zu sprechen, nämlich vom „institutionellen Kapitalismus" (Rappaport 1990; Clark 1980). „The owners of the largest modern enterprises are other enterprises, which are, in turn, owned by yet other enterprises ... In this system enterprises are linked to one another through chains ... of never-ending circles of connection" (Scott 1986: 1). Nicht-Finanzunternehmen, Banken, Versicherungen und Pensions-Fonds haben die individuellen Eigentümer ersetzt, befinden sich selbst aber wieder im Eigentum anderer Unternehmen. Durch diese „Vernetzung" wurde die Machtbalance zwischen Managern und Eigentümern zugunsten der Eigentümer verschoben, aber es ist zu beachten, daß diese „Eigentümer" selbst Unternehmen sind, die von Managern geleitet werden (vgl. dazu Windolf 1994).

Ein Vergleich der relativen Anteile des Aktienkapitals, den Individuen/Familien einerseits und Unternehmen/ Finanzinstitutionen andererseits besitzen, macht diese Verschiebung deutlich: In *Deutschland* besaßen 1950 Individuen und Familien 42 Prozent aller Aktien, Nicht-Finanzunternehmen 22 Prozent und Finanz-Institutionen 2,7 Prozent. Im Jahre 1979 sah die Verteilung wie folgt aus: Familien/Individuen 19,2 Prozent, Nicht-Finanzunternehmen 40,4 Prozent und Finanz-Institutionen 13,2 Prozent.[14] Eine vergleichbare Entwicklung hat in *Japan* stattgefunden: 1949 waren 70 Prozent aller Aktien im Besitz von Individuen/Familien, 5 Prozent im Besitz von Nicht-Finanzunternehmen und 15 Prozent im Besitz von Finanz-Institutionen. 1985 sah die Verteilung wie folgt aus: Individuen/Familien 25,5 Prozent, Nicht-Finanzunternehmen 25,6 Prozent und Finanz-Institutionen 45 Prozent (Gerlach 1992: 60).

Ein Vergleich der Unternehmens-Verflechtung in verschiedenen Ländern zeigt nun, daß der „institutionelle Kapitalismus" in verschiedenen Ausprägungen existiert und daß diese Variationen mit dem rechtlichen und kulturellen Kontext variieren, in dem die Großunternehmen verankert sind. Es wurden bisher drei Dimensionen vorgestellt, durch die ein nationales System der Unternehmens- Verflechtung charakterisiert werden kann: die Netzwerk-Konfiguration (*Abbildung 1*); der Konzentrationsgrad des Eigentums, der hoch (Deutschland) oder niedrig (Großbritannien, USA) sein kann; und der Typ des Eigentümers, bei dem es sich um ein Finanzunternehmen (Großbri-

---

13 Diese Annahme entspricht *annähernd* der tatsächlichen Verteilung. Vgl. Demsetz/Lehn (1985: 1157, Table 1) und Prowse (1992: 1125, Figure 1).
14 Quelle: Die Aktiengesellschaft 26 (1981), S. R79 und Die Aktiengesellschaft 39 (1994), S. R371-374. Vergleichbare Daten für die USA finden sich in Brancato (1991) und Coffee (1991).

tannien) oder um ein Unternehmen des Nicht-Finanzsektors (Deutschland) handeln kann. Wenn diese drei Dimensionen gekreuzt werden, erhalten wir unterschiedliche Formen des „institutionellen Kapitalismus", die zugleich unterschiedliche Beziehungen zwischen Eigentum und Kontrolle beinhalten. Der Strukturwandel war nicht in allen Ländern identisch, auch wenn sich einige Merkmale fast überall nachweisen lassen (z.B. daß Unternehmen sich zunehmend im Eigentum anderer Unternehmen befinden).

V. Struktur der Kapitalverflechtung

In *Tabelle 2* wird gezeigt, daß der „Stern" eine dominante Verflechtungsstruktur in Deutschland ist, während der „inverse Stern" in Großbritannien häufig vorkommt. Während *Abbildung 1* nur ein intuitives Bild der nationalen Unterschiede liefert, sollen diese Differenzen jetzt präziser mit Hilfe des empirischen Materials beschrieben werden.

Jedes Unternehmen wurde einer der Kategorien zugeordnet, die in *Tabelle 2* aufgelistet werden. Als „Mütter" werden diejenigen Unternehmen bezeichnet, die an einem oder mehreren anderen Unternehmen beteiligt sind, ohne selbst einen Eigentümer unter den anderen Großunternehmen zu haben (*nur* „outdegree"). Als „Töchter" werden diejenigen Unternehmen kategorisiert, die einen oder mehrere Eigentümer unter den Großunternehmen haben, ohne selbst an einem anderen Unternehmen beteiligt zu sein (*nur* „indegree"). „Intermediäre" sind Unternehmen, die sowohl Beteiligungen an den Großunternehmen halten, als auch selbst Eigentümer unter den Großunternehmen haben. Diese Unternehmen sind Teil einer „Pyramide" (vgl. *Abbildung 1c*), d.h. sie sind „herrschende" Unternehmen gegenüber Unternehmen auf einer niederen Hierarchiestufe und „beherrschte" Unternehmen gegenüber Unternehmen auf einer höheren Hierarchiestufe. „Isolierte" sind Unternehmen, die mit keinem anderen Großunternehmen in der untersuchten Grundgesamtheit kapitalmäßig verflochten sind. Unter den „isolierten" Unternehmen befinden sich häufig Unternehmen in ausländischem Besitz (z.B. Ford, Opel) oder Familienunternehmen.

Tabelle 2 wurde für Deutschland auf der Basis von 623 Unternehmen berechnet. Deren wechselseitige Verflechtung kann in einer Kapitalverflechtungs-Matrix mit 623×623=388.129 Zellen dargestellt werden. Von diesen Zellen sind 0,162 Prozent besetzt, es gibt also ca. 628 Verflechtungsfälle (Dichte). Je größer eine Verflechtungs-Matrix, um so kleiner wird der Dichte-Koeffizient, weil ein einzelnes Unternehmen nur noch einen Bruchteil aller Verflechtungschancen realisieren kann. Ähnliche Überlegungen gelten für die britische Matrix der Kapitalverflechtung (die eine Dichte von 0,299 Prozent hat).

Die Zeilen der Verflechtungsmatrix zeigen, an welchen anderen Unternehmen ein bestimmtes Unternehmen beteiligt ist (outdegree); die Spalten der Matrix zeigen, welche Eigentümer ein Unternehmen hat (indegree). Jedes Unternehmen hat also eine spezifische Verflechtungs-*Struktur*, und aufgrund dieser Struktur wurde es den in *Tabelle 2* aufgeführten Kategorien zugeordnet.

In Deutschland wurden insgesamt 11,7 Prozent aller Unternehmen als „Mütter" klassifiziert. Darunter finden sich nicht nur Banken und Versicherungen, sondern auch

Tabelle 2: Struktur der Kapitalverflechtung: Deutschland, Großbritannien (1992)

Kapitalbeilgungen	BRD (%)	GB (%)
„Mütter"/outdegree		
– 1 Beteiligung	6,7	1,5
– mehrere Beteiligungen	5,0	2,5
„Töchter"/indegree		
– 1 Eigentümer	32,9	24,8
– mehrere Eigentümer	7,9	38,2
Intermediäre	13,6	8,6
Isolierte	33,9	24,4
Alle Unternehmen (N)	100 %	100 %

Analyse-Einheit: Unternehmen
BRD: N=623 Unternehmen; GB: N=520 Unternehmen

Wenn die sog. „Mütter" weniger als 5% halten (wie dies in Großbritannien häufig der Fall ist), dann ist die neutrale Bezeichnung „outdegree" korrekter. Ähnliche Überlegungen gelten für die sog. „Töchter" (indegree). Unter „outdegree" versteht man die Summe aller Beziehungen, bei denen ein Unternehmen als *„Sender"* auftritt (z.B. es hält eine Beteiligung an einem anderen Unternehmen oder es entsendet ein Vorstandsmitglied in den Aufsichtsrat eines anderen Unternehmens). Als „indegree" bezeichnet man die Summe aller Beziehungen, bei denen ein Unternehmen als *„Empfänger"* auftritt (z.B. das Unternehmen ist im Eigentum eines „Senders" oder es „empfängt" den Manager eines „Senders" im Aufsichtsrat).

Unternehmen der verarbeitenden Industrie und des Dienstleistungssektors. Nicht nur die Deutsche Bank oder die Allianz, sondern auch Daimler-Benz, Mannesmann, Siemens oder die VEBA sind Zentren hierarchischer Kontrolle. In Großbritannien wurden insgesamt 4,0 Prozent aller Unternehmen als „Mütter" (= outdegree) klassifiziert. In diesem Fall handelt es sich fast ausschließlich um Unternehmen des Finanzsektors mit relativ kleinen Beteiligungen an den übrigen Großunternehmen.

Ein wichtiger Strukturunterschied zwischen Deutschland und Großbritannien zeigt sich beim „indegree": In Großbritannien haben 38,2 Prozent aller Unternehmen mehrere Eigentümer, wobei (wie in *Tabelle 1* gezeigt wurde) die meisten Anteile unter 5 Prozent sind; in Deutschland fallen nur 7,9 Prozent aller Unternehmen in diese Kategorie. Die meisten „Töchter" (32,9 Prozent) haben in Deutschland nur *eine* Mutter, die in der Regel eine beherrschende Beteiligung hält. In Großbritannien haben die meisten „Töchter" mehrere „Mütter", von denen keine eine beherrschende Beteiligung hält. *Tabelle 2* bestätigt also *tendenziell* die Konzern-Struktur für Deutschland (Konfiguration: Stern) und für Großbritannien die Konfiguration des inversen Sterns.

VI. Eine Typologie von Konzernen

Wenn man die Matrix der Kapitalverflechtung zwischen den Großunternehmen in Deutschland und in Großbritannien vergleicht, fällt ein Unterschied ins Auge: In Deutschland sind viele Unternehmen miteinander verflochten, d.h. viele Großunternehmen sind Eigentümer anderer Großunternehmen, während in Großbritannien (und auch in den USA; Davis et al. 1994: 556) diese Verflechtung sehr selten vorkommt. Wie kann man diesen Unterschied erklären?

In beiden Ländern hat ein wirtschaftlicher Konzentrationsprozeß stattgefunden, in dessen Verlauf Großunternehmen andere große Unternehmen gekauft haben. Trotzdem unterscheidet sich die Struktur der Unternehmensverflechtung: In Deutschland bleibt die rechtliche Selbständigkeit des erworbenen Unternehmens meistens erhalten, während in Großbritannen das abhängige Unternehmen „internalisiert" und der Bürokratie des Käufers einverleibt wird. In Großbritannien (und auch in den USA) verliert das übernommene Unternehmen nicht nur seine wirtschaftliche, sondern auch seine rechtliche Selbständigkeit und wird zur „division" oder zum „profit center" (Baker 1992).

Macht es einen Unterschied, ob eine Tochtergesellschaft, die sich zu 100 Prozent im Eigentum eines anderen Unternehmens befindet, vollständig eingegliedert wird oder ob sie rechtlich selbständig bleibt? Ist diese Selbständigkeit nicht bloße Fassade angesichts der wirtschaftlichen Abhängigkeit? Um diese Fragen zu beantworten, ist ein kurzer *Exkurs zum deutsche Konzernrecht* erforderlich, das zwischen verschiedenen Typen von Konzernen unterscheidet.

Die BRD hat 1965 als erstes westliches Industrieland ein Konzerngesetz verabschiedet, in dem die Rechte und Pflichten der Eigentümer definiert werden, wenn diese nicht natürliche Personen, sondern andere *Unternehmen* sind.[15] Das Konzernrecht ist das Recht der verbundenen Unternehmen und regelt die Beziehungen „zwischen" Markt und Hierarchie, die Gegenstand dieser Untersuchung sind. Im Konzernrecht wird berücksichtigt, daß sich tendenziell immer mehr Unternehmen im Eigentum anderer Unternehmen befinden (Windolf 1993).

1. Im „faktischen Konzern" besteht zwar eine wirtschaftliche Abhängigkeit zwischen Mutter und Tochter, die Organe der abhängigen Gesellschaft (Vorstand und Aufsichtsrat) sind jedoch verpflichtet, die *Eigeninteressen* der abhängigen Gesellschaft zu vertreten. Das abhängige Unternehmen ist eine selbständige, operative Einheit, und das Management hat den Bestand dieser Organisation zu garantieren. Der faktische Konzern ist geprägt durch wirtschaftliche Abhängigkeit, aber „at arm's length"; Unterordnung unter eine Konzernleitung, aber autonome Geschaftsführung unter eigener Verantwortung; Kooperation im „gemeinsamen" Interesse, aber unter Wahrung der eigenen Bestandsinteressen. Gerade dieses Mischungsverhältnis macht den faktischen Konzern zu einer exemplarischen Organisationsform „zwischen" Markt und Hierarchie.

Im faktischen Konzern wird die Beziehung zwischen Mutter und Tochter nicht mehr durch den Markt geregelt. Das herrschende Unternehmen kann das Verhalten des abhängigen Unternehmens in einer Weise beeinflussen, wie der Markt es nicht zulassen würde. Die vollständige Eingliederung und die damit verbundenen Reibungsverluste einer Großbürokratie werden jedoch vermieden. Ein faktischer Konzern ist ein Verbund von semi-autonomen Firmen, der durch rechtliche Regulierung und hierarchische Koordination stabilisiert wird.

---

15 Im Unternehmensrecht anderer Ländern wurde dieser Unterschied bisher nicht systematisch entwickelt. Vgl. dazu Lutter (1990); Unterschied von „entity law" bzw. „enterprise law".

Das abhängige Unternehmen verfügt über eine begrenzte Autonomie und ist für seine Schulden selbst haftbar. Im faktischen Konzern gilt noch das Privileg der beschränkten Haftung, d.h. die Mutter haftet nur bis zur Höhe ihrer Einlage für die Schulden der Tochter.

2. Im „Vertragskonzern" wird zwischen Mutter und Tochter ein „Beherrschungsvertrag" abgeschlossen, der es dem herrschenden Unternehmen gestattet, dem abhängigen Unternehmen Weisungen zu erteilen, auch wenn diese für das abhängige Unternehmen nachteilig sind (308 Aktiengesetz). Hier ist also gestattet, was im faktischen Konzern gerade ausgeschlossen werden soll: die Verletzung des Bestandsinteresses der Tochter. Daher ist die Muttergesellschaft im Vertragskonzern verpflichtet, für alle Schulden der Tochter aufzukommen. Der Gesetzgeber hatte den Vertragskonzern als Regelform der Konzernierung konzipiert. Durch den Beherrschungsvertrag wird einerseits die umfassende Leitungsmacht des herrschenden Unternehmens legitimiert, andererseits aber auch die Haftungsfrage gegenüber den Gläubigern eindeutig geklärt. Die Praxis hat anders entschieden: Die häufigste Form der Unternehmens-Verflechtung in Deutschland ist nicht der Vertragskonzern, sondern der faktische Konzern.[16]

Ein Beherrschungsvertrag kann abgeschlossen werden, wenn das herrschende Unternehmen wenigstens 75 Prozent des Kapitals der abhängigen Tochter kontrolliert. In unserer Stichprobe sind insgesamt 313 Beteiligungen von 75 Prozent oder mehr enthalten, potentiell könnten also 313 Verträge geschlossen werden. Tatsächlich haben wir nur 54 Beherrschungsverträge (= 17 Prozent) gefunden.[17] Da bei Beteiligungen unter 75 Prozent zu vermuten ist, daß es sich um einen faktischen Konzern handelt, kann man also die Mehrheit der Konzerne diesem Typus zurechnen.

Der Unterschied zwischen einem amerikanischen Großunternehmen und einem „faktischen Konzern" liegt in der (begrenzten) Autonomie der Tochtergesellschaft und dem daraus folgenden Privileg der begrenzten Haftung. Ein „profit center" oder eine „division" ist etwas anderes als eine rechtlich selbständige Tochter. Aus diesem Grund sind die rechtlich selbständigen Töchter in unserer Verflechtungsmatrix enthalten, auch wenn sie sich zu 100 Prozent im Eigentum eines anderen Unternehmens befinden.[18] Man muß auch berücksichtigen, daß durch die rechtliche Selbständigkeit der Töchter die Verflechtungschancen im Gesamtsystem wachsen. Würden die Töchter vollständig eingegliedert, entfiele ihr Aufsichtsrat, der ja gerade das Organ der Personalverflechtung ist (vgl. Abschnitt VIII).

---

16 Der „qualifiziert faktische Konzern" bleibt hier unberücksichtigt, weil er eine degenerierte (häufig betrügerische) Form des faktischen Konzerns darstellt, bei dem das herrschende Unternehmen die abhängige Tochter vollständig beherrscht, die damit verbundenen Rechtsfolgen aber vermeiden will (Haftung für die Schulden).

17 Bei 313 abhängigen Unternehmen (Beteiligungen über 75 Prozent) wurden die folgenden Verträge gefunden: 51 Beherrschungs- und Ergebnisabführungsverträge; 3 Beherrschungsverträge; 4 Organschafts- und Ergebnisabführungsverträge; 2 Organschaftsverträge; 44 Ergebnisabführungsverträge. Bei Ergebnisabführungsverträgen geht das Privileg der beschränkten Haftung ebenfalls verloren.

18 Ziegler (1984) und Pappi et al. (1987) haben „rechtlich selbständige, aber wirtschaftlich abhängige" Unternehmen aus ihren Analysen teilweise ausgeschlossen.

VII. Sektorale Verflechtung

Ein Kartell ist ein Zusammenschluß von Unternehmen desselben Wirtschaftszweiges, um Preise und Produktionsmengen zu kontrollieren. In Deutschland wurden in der Zwischenkriegszeit fast alle Wirtschaftszweige durch Kartelle kontrolliert. Wenn es zutrifft, daß diese Form der „regulierten Konkurrenz" die Struktur der Unternehmensverflechtung bis in die Gegenwart beeinflußt, daß also mit anderen Worten der Konzern eine „modernisierte" Form des Kartells ist, dann ist zu erwarten, daß sich die deutschen Unternehmen signifikant häufiger *innerhalb* desselben Wirtschaftszweiges verflechten (intrasektorale Verflechtung), während eine Verflechtung *zwischen* Wirtschaftszweigen (intersektorale Verflechtung) seltener vorkommt. Wenn sich die Konzernstruktur (hierarchische Koordination) mit intrasektoraler Verflechtung verbindet, sind günstige Bedingungen für eine Koordination konkurrierender Unternehmen geschaffen. Die *Tabellen A1* und *A2* (im Anhang) zeigen die Kapitalverflechtung innerhalb und zwischen den Wirtschaftzweigen für Deutschland und Großbritannien.

Die Zahlen innerhalb der Matrix sind standardisierte Dichte-Koeffizienten, die angeben, wie häufig Unternehmen eines Industriezweiges mit Unternehmen in einem anderen Industriezweig verbunden sind. Beispiel: Im Wirtschaftszweig 100 (Bergbau) befinden sich 21 (rechtlich) selbständige Unternehmen. Zwischen diesen Unternehmen sind 21x20 = 420 Verflechtungen möglich. Von diesen 420 möglichen Verflechtungen wurden 23,8 Promille realisiert (ca. 10 Verflechtungen). Die Koeffizienten in den *Tabellen A1-A5* wurden auf *Promille* umgerechnet, da sie insgesamt sehr klein sind. Tendenziell gilt: Je größer die Matrix, d.h. je zahlreicher die Verflechtung*schancen*, um so kleiner wird der Dichtekoeffizient. Nicht alle Verflechtungschancen können genutzt werden.

Die Koeffizienten in der Diagonalen zeigen die Verflechtungs-Dichte innerhalb eines Industriezweiges. In *Tabelle A1* stehen die höchsten Dichte-Koeffizienten fast immer in der Diagonalen, und dies bedeutet, daß Unternehmen in Deutschland sich überwiegend mit Unternehmen desselben Wirtschaftszweiges verbinden. Dieser Befund stützt die These der „regulierten Konkurrenz" für Deutschland. Der Konzern ist ein Verbund von Unternehmen aus dem gleichen oder aus angrenzenden Wirtschaftszweigen und ein funktionales Äquivalent für die vor dem Zweiten Weltkrieg vorherrschenden Kartelle. *Tabelle A1* zeigt die höchste intrasektorale Verflechtungs-Dichte für die Wirtschaftszweige Erdöl und Erdgas (32,0); Bergbau (23,8) und Versicherungen (23,2).

   Aus den Randverteilungen der *Tabelle A1* lassen sich die folgenden Schlußfolgerungen ziehen: Die stärksten Verflechtungsaktivitäten (outdegree, letzte Spalte) entfalten die Banken/Sparkassen (5,9) und der Wirtschaftssektor Erdöl und Erdgas (5,5). In den Wirtschaftszweigen Bergbau (4,2) und NE-Metall (3,7) befinden sich relativ viele abhängige Unternehmen (indegree, letzte Zeile).

   Nun kann argumentiert werden, daß die intrasektorale Verflechtung in *Tabelle A1* nur deshalb so hoch ist, weil die reinen Tochtergesellschaften (100prozentige Abhängigkeit) im Datensatz enthalten sind. Um dieses Argument zu überprüfen, haben wir alle 95prozentigen Beteiligungen aus dem Datensatz ausgeschlossen und eine neue Verflechtungsmatrix berechnet (vgl. *Tabelle A5* im Anhang). Von insgesamt 21 Wirtschaftszweigen, die in *Tabelle A1* enthalten sind, ist in 18 Wirtschaftszweigen die intrasektorale Verflechtung am höchsten. Schließt man alle Beteiligungen mit mehr als 95 Prozent aus, ist die intra-sektorale Verflechtung noch in 10 Wirtschaftszweigen am höchsten. Die reinen Tochtergesellschaften erhöhen also die intrasektorale Verflechtung, aber selbst wenn sie ausgeschlossen werden, ist die Verflechtung im selben Wirtschaftszweig immer noch beträchtlich.

Die Verflechtungsmatrix für Großbritannien (*Tabelle A2*) unterscheidet sich von der Verflechtungsmatrix für Deutschland in zwei Dimensionen: Erstens, von insgesamt 30 Wirtschaftszweigen ist nur in 7 Wirtschaftszweigen die intrasektorale Verflechtung am höchsten (höchster Koeffizient in der Diagonalen).[19] Im Vergleich zu Deutschland lassen die hohen Koeffizienten kein eindeutiges Muster erkennen; sie scheinen eher „zufällig" verteilt zu sein. Zweitens, die zahlreichen Beteiligungen des Finanzsektors an den übrigen Sektoren der Wirtschaft treten in *Tabelle A2* (Randverteilung) deutlich hervor. Der Koeffizient für die Verflechtungsaktivitäten über alle Sektoren ist für die Banken (23,9) und die Versicherungen (28,5) am höchsten (outdegree, letzte Spalte).

Im Vergleich zu Deutschland ist die *intra*sektorale Verflechtungs-Aktivität zwischen den größten britischen Unternehmen deutlich schwächer. Häufig verflochten sind Unternehmen des Nicht-Finanzsektors mit dem Finanzsektor – oder mit Unternehmen aus anderen Wirtschaftszweigen (Konglomerat). Die Struktur in *Tabelle A2* entspricht eher einem Modell der Markt-Regulierung: Verflechtungen zwischen konkurrierenden Unternehmen sind selten, und auch die Konzernstruktur, die eine hierarchische Koordination verbundener Unternehmen erleichtert, ist in Großbritannien wenig verbreitet.

VIII. Personalverflechtung

Durch eine gerichtete Personalbeziehung wird einem Unternehmen die Chance eingeräumt, Macht und Einfluß über ein anderes Unternehmen auszuüben.[20] Ein Vorstand, der in den Aufsichtsrat eines anderen Unternehmens gewählt wird, hat dort Stimmrecht und kann wichtige Entscheidungen beeinflussen; er kann von der Geschäftsleitung sensible Informationen verlangen; und er kann den Vorstand dieses Unternehmens mitbestimmen. Warum räumt ein Unternehmen einem anderen Unternehmen derartige Machtchancen ein? Auf diese Frage sollen im folgenden vier Antworten gegeben werden, mit denen zugleich Hypothesen über die Bedeutung von Personalverflechtungen formuliert werden (Koenig et al. 1979).

---

19 Allerdings ist zu beachten, daß *Tabelle A2* mehr Wirtschaftszweige enthält als Tabelle A1. Die Wirtschaftszweige in *Tabelle A2* sind also tendenziell enger, und damit ist die Wahrscheinlichkeit, eine Verflechtung in demselben Wirtschaftszweig zu finden, *geringer*.

20 Die Entsendung eines Vorstandes in den Aufsichtsrates eines anderen Unternehmens wird als primäre bzw. gerichtete Beziehung bezeichnet. Wenn eine Person gleichzeitig im Aufsichtsrat von zwei Unternehmen vertreten ist, wird diese Beziehung als sekundäre bzw. ungerichtete Beziehung bezeichnet. Innerhalb eines Konzerns findet sich auch die Beziehung Vorstand-Vorstand: Eine oder mehrere Personen sind sowohl im Vorstand des herrschenden Unternehmens als auch im Vorstand der Tochtergesellschaft vertreten (Holtmann 1989). Formal ist dies eine „ungerichtete" Beziehung. Wegen der damit verbundenen Leitungsmacht über die Tochter vermutet die Rechtswissenschaft in diesen Fällen einen „qualifiziert faktischen Konzern" (Säcker 1987).

1. Die These der *Ressourcen-Abhängigkeit* geht davon aus, daß Unternehmen nicht autark sind, sondern von Ressourcen der Umwelt abhängen. Unter „Ressourcen" werden hier Güter, Dienstleistungen und Informationen verstanden, die für das Überleben eines Unternehmens wichtig sind *und* deren Beschaffung problematisch ist. Unternehmen entwickeln Strategien, um ihre Umwelt-Abhängigkeit zu verringern, und eine dieser Strategien ist die Personalverflechtung. Die These der Ressourcen-Abhängigkeit besagt, daß die Struktur der Personalverflechtung die wichtigen und zugleich problematischen Umwelt-Abhängigkeiten eines Unternehmens reflektiert (Pfeffer 1992). Man sollte also erwarten, daß Unternehmen mit denjenigen Organisationen verflochten sind, auf deren Güter und Dienstleistungen sie besonders angewiesen sind (Burt 1983).

2. Fast alle Unternehmen sind auf Kapital in Form von Krediten oder Wertpapier-Emissionen angewiesen. Daher besteht hinsichtlich dieser Ressource eine spezielle Abhängigkeit des Nicht-Finanzsektors vom Finanzsektor (Banken, Versicherungen). Auf dieser Abhängigkeit beruht die These der *Banken-Hegemonie*: Der Finanzsektor kann auf Unternehmen des Nicht-Finanzsektors einen Einfluß ausüben, weil er eine wichtige und schwer zu beschaffende Ressource kontrolliert. In verschiedenen Untersuchungen wurde nachgewiesen, daß die Personalverflechtung zwischen dem Finanzsektor und dem Nicht-Finanzsektor besonders dicht ist und daß dieses Netz die Abhängigkeit von der Ressource „Kapital" widerspiegelt. Als Indikator für die Bedeutung der Finanzunternehmen wurde häufig die Zentralität der Banken und Versicherungen im Netz der Personalverflechtung gewählt (Mintz/Schwartz 1985; Ziegler et al. 1985).

Die These der Banken-Hegemonie ist eine abgeschwächte Form der Banken-Kontroll-These (Kotz 1979). In einer Analyse der Personalverflechtung der Großunternehmen in den USA kommt Pennings (1980: 120) zu dem Ergebnis, daß die Struktur der Personalverflechtung in den USA die These der Banken-Hegemonie/Kontrolle nicht bestätigt. Die These der Ressourcen-Abhängigkeit, die in verschiedenen Studien über „broken ties" getestet wurde, konnte ebenfalls nicht bestätigt werden (Palmer 1983).

3. Das Aktienrecht schreibt vor, daß die Hauptversammlung die Mitglieder des Aufsichtsrates wählt, während der Aufsichtsrat den Vorstand ernennt und dessen Geschäftsführung kontrolliert. Durch dieses Verfahren soll der Einfluß der Eigentümer auf die Geschäftsführung gesichert werden. Neben diesem „formalen" Verfahren gibt es jedoch „informelle" Rekrutierungskanäle, die die gesetzlichen Bestimmungen konterkarieren: Die Mitglieder des Aufsichtsrates werden vom Vorstand der Hauptversammlung zur Wahl vorgeschlagen und von dieser „bestätigt". Die Manager rekrutieren befreundete Manager als „Kontrolleure" (old boys network), und dies gilt für den Aufsichtsrat in Deutschland ebenso wie für die „externen" Direktoren in den USA oder in Großbritannien (Brudney 1981). Die dritte These lautet, daß durch Personalverflechtung die *Managerherrschaft* stabilisiert wird. Der Aufsichtsrat wird nicht gewählt, sondern vom Vorstand „kooptiert" und dadurch wird der Einfluß der Eigentümer auf das Unternehmen praktisch ausgeschaltet.

4. Netzwerke stärken die *soziale Kohäsion* einer Gruppe. Je dichter die sozialen Kontakte in einer Gruppe, um so stärker ist deren Integration und Handlungsfähigkeit (vgl. *Abbildung 1a*). Im Managerkapitalismus, in dem die Kontrolle über die Großunterneh-

Tabelle 3: Personal- und Kapitalverflechtung: Deutschland, Großbritannien
(nur gerichtete Beziehungen) (1992)

		Kapitalanteile (%)					
		– 9,9	10–24,9	25–49,9	50–74,9	75–94,9	95–100
D	(%)	22,5	50,6	61,5	68,8	51,3	64,8
GB	(%)	0,8	7,1	*	*	*	12,5

Analyse-Einheit: Kapitalanteile. D: N=543; GB: N=808
* Weniger als 10 Kapitalverflechtungen in der Matrix.

men an die Manager übertragen wurde, ist die Personalverflechtung ein wichtiges
Instrument, um die soziale Kohäsion der Wirtschaftselite zu stärken. Useem (1984)
vertritt die These, daß die „big linkers", d.h. jene Manager, die drei oder mehr Positionen
im Netzwerk innehaben, in besonderer Weise die Interessen der Großunternehmen
vertreten. Er behauptet, daß die Struktur der Personalverflechtung diffus sei und
weder eine Ressourcen-Abhängigkeit noch eine Banken-Hegemonie erkennen lasse.
Gerade weil dies so ist, sind die „big linkers" nicht auf die Vertretung betriebsegoisti-
scher Ziele festgelegt, sondern können ein übergreifendes Klasseninteresse vertreten.
Die Personalverflechtung als *Gesamtsystem* stärkt also die soziale Integration der Wirtschaftselite.

Diese vier Thesen enthalten die wichtigsten Erklärungen, die bisher für die Struktur
der Personalverflechtung gegeben wurden. Es soll nun geprüft werden, welche Hypothesen mit unseren Daten zur Personalverflechtung in Deutschland und Großbritannien übereinstimmen. *Tabelle 3* zeigt zunächst, in welchem Umfang Personal- und
Kapitalverflechtung jeweils parallel verlaufen.

Für Deutschland kann ein relativ hoher Deckungsgrad der beiden Verflechtungs-
systeme nachgewiesen werden: Bei Kapitalbeteiligungen unter 10 Prozent entsenden
die Unternehmen in 22,5 Prozent aller Fälle ein Vorstandsmitglied in den Aufsichtsrat
des Unternehmens, an dem sie eine Beteiligung halten. Wenn die Unternehmen eine
Beteiligung zwischen 10-24,9 Prozent besitzen, wird in 50,6 Prozent aller Fälle ein
Vorstandsmitglied entsandt. Während in Deutschland selbst bei kleinen Beteiligungen
noch relativ häufig eine parallele Personalverflechtung gefunden wurde, gibt es in
Großbritannien praktische keine Parallelität zwischen den beiden Netzwerken. 88,5
Prozent aller Kapitalanteile in der britischen Verflechtungsmatrix sind unter 10 Prozent.
Nur in 0,8 Prozent entsendet das Unternehmen einen Manager als „nonexecutive" in
den „board of directors" des Unternehmens, an dem der Kapitalanteil gehalten wird.[21]

In Deutschland wird die Personalverflechtung zur *Verstärkung und Durchsetzung
der Eigentümermacht* eingesetzt. Die Präsenz in den Entscheidungsgremien der Unternehmen, an denen man Eigentum hat, gewährt einen direkten Einfluß auf die strate-

---

21 In der Matrix der Kapitalverflechtung wurden für GB insgesamt 808 Verflechtungsfälle
registriert. 715 dieser Anteile waren kleiner als 10 Prozent und nur in 6 Fällen gibt es eine
parallel dazu verlaufende Personalverflechtung. Die hier angegebenen Zahlen stimmen
nicht mit denen in *Tabelle 1* überein. Hier werden nur Anteile *innerhalb* der Kapital-Verflech-
tungsmatrix gezählt (N=808). In *Tabelle 1* wurden *alle* Eigentümer (Anteile) gezählt
(N=1.859).

gischen Entscheidungen. Durch Personalverflechtung werden im Konzern alle verbundenen Unternehmen auf die gemeinsame Konzernpolitik verpflichtet. Es zeigt sich hier, daß „eine Erklärung der Struktur der personellen Verflechtung nur möglich ist, wenn auch andere Unternehmensverflechtungen wie Kapitalbeteiligungen ... berücksichtigt werden" (Pappi 1992: 1967).

Auch in Japan verläuft die Personalverflechtung z.T. parallel zur Kapitalbeteiligung: 11 Prozent der leitenden Manager stammen im Durchschnitt aus anderen Mitglieds-Unternehmen der „keiretsu"-Gruppe, d.h. aus deren „board of directors" (Yamauchi 1994). Im Unterschied zu Deutschland ist jedoch zu beachten, daß die Gruppe nicht durch ein herrschendes Unternehmen, sondern durch die Versammlung der Präsidenten der Mitglieds-Unternehmen (shachokai) koordiniert wird. Wöchentlich versammeln sich die Präsidenten der herrschenden Unternehmen, um ihre Strategien wechselseitig abzustimmen (Konsensfindung).

In Deutschland haben die Großunternehmen wenige Beteiligungen, die einen beherrschenden Einfluß gestatten und diese Beteiligungen werden durch Personalverflechtung abgesichert. In Großbritannien halten wenige Banken und Versicherungen viele kleine Beteiligungen an anderen Unternehmen, und selbst wenn sich mit diesen Beteiligungen strategische, d.h. über eine bloße Finanzbeteiligung hinausgehende Interessen verbinden würden, wären die Kosten, eine parallele Personalverflechtung aufzubauen, dennoch prohibitiv: Die Anzahl kleiner Beteiligungen ist zu groß, so daß sie durch Personalverflechtung nicht dupliziert werden können. Es gibt in Großbritannien keine Konzernstruktur.

Im nächsten Schritt soll nun die sektorale Struktur der Personalverflechtung in Deutschland und Großbritannien untersucht werden (*Tabellen A3* und *A4*). Es wurde bereits gezeigt, daß die Kapitalverflechtungen in Deutschland intrasektoral konzentriert sind (*Tabelle A1*); es wurde auch nachgewiesen, daß Kapital- und Personalverflechtungen häufig parallel verlaufen (*Tabelle 3*). Es ist daher nicht überraschend festzustellen, daß die Personalverflechtung in Deutschland ebenfalls intrasektoral konzentriert ist, d.h. wir finden die meisten Personalverflechtungen *innerhalb* eines Wirtschaftszweiges (siehe Diagonale in *Tabelle A3*). Dieses Strukturbild bestätigt wiederum die These von der „regulierten Konkurrenz" (vgl. dazu auch Schönwitz/Weber 1982: 18).

Die Struktur der Randverteilung kann für Deutschland im Sinne der Banken-Hegemonie interpretiert werden (*Tabelle A3*, letzte Spalte, outdegree): Banken entsenden überdurchschnittlich häufig ihre Vertreter in die Aufsichtsräte anderer Unternehmen (18,3). Der nächsthöhere Koeffizient (Erdöl und Erdgas) beträgt nur 8,4, so daß die Dominanz der Banken im Netz der Personalverflechtung evident ist. Dieses Ergebnis bestätigt die von Ziegler et al. (1985) gefundene Struktur.

Für Großbritannien läßt sich kein eindeutiges Strukturmuster nachweisen. Ebenso wie in *Tabelle A2* (Kapitalverflechtungen) scheinen auch in *Tabelle A4* die höchsten Dichtekoeffizienten eher zufällig über die Matrix verteilt zu sein.[22] Die Dominanz des Finanzsektors, die bei der Kapitalverflechtung noch eine wichtige Rolle spielte, ist in *Tabelle A4* nicht mehr nachweisbar. Banken und Versicherungen haben keine signifikant

---

22 Auch Pennings (1980: 84) hat in seiner Studie über die Personalverflechtung in den USA keine starke intrasektorale Verflechtung nachweisen können.

Tabelle 4: Verflechtungszentren

a) Deutschland

	1	2	3	4	5	6	7	8	9	10	11	12	13	14	15
1		1	2	3	2	1	2	1	2	1	2	1	4	1	1
2	1		2	2	1	1	1	1	2	2	2	2	1	1	2
3	1	2		1	2	2	4	1	2	2	1	1	2		
4	3	2	1		1	1	2	1	1	2	2		1		5
5	2	1	2	2		2	1		1	1	2		1		
6	1	1	2	1	2		2	3	1	1	1		2	1	
7	1	1	4	2	1	2		2	1	3		1	2	3	2
8	1	1	2	1		2	2		2	1	1	1	2	1	
9	2	3	2	1	1	1	1	3		2	1	3			
10	1	2	2	2	1	1	3	1	2			1		1	
11	2	2	1	2	2	1		1				1	1		
12	2	2	1	1	1		1	1	2	1	2				
13	1	1	2		1	2	2	1			1			2	
14		1	2		1	1	2	1		1		2			
15	1	3	2	5	1	1	3		1	1					

1 RWE AG	6 Linde AG	11 Degussa AG
2 VEBA AG	7 Thyssen AG	12 Dresdner Bank AG
3 Karstadt AG	8 MAN AG	13 Hochtief AG
4 Allianz AG Holding	9 Münchener Rück AG	14 Commerzbank AG
5 Daimler Benz AG	10 Volkswagen AG	15 Deutsche Bank AG

Dichte: 1,28

höheren Verflechtungskoeffizienten im Vergleich zu den übrigen Wirtschaftszweigen (*Tabelle A4*, letzte Spalte). Dieser Befund widerspricht der These der Bankenhegemonie. Allerdings haben die Banken den höchsten „indegree" (4,0) von allen Industriezweigen (letzte Zeile, *Tabelle A4*). Ein Blick auf die entsprechende Spalte macht deutlich, daß die britischen Banken ein *Treffpunkt* für Manager aus anderen Industriezweigen sind. Die deutschen Banken senden ihre Manager in andere Industriezweige; die britischen Banken empfangen die Manager anderer Industriezweige in ihrem „board".

Tabelle 4 enthält einen Ausschnitt aus den Matrizen der Personalverflechtung für Deutschland und Großbritannien, und zwar den Ausschnitt mit der höchsten Verflechtungsdichte. Mit Hilfe einer Cliquenanalyse wurde eine Gruppe von 15 Unternehmen identifiziert, die gegenüber allen anderen Kombinationen von 15 Unternehmen die höchste Verflechtungsdichte erreicht.

In Deutschland gibt es ein Verflechtungszentrum, das die größten deutschen Unternehmen aus verschiedenen Wirtschaftszweigen umfaßt. Zum Zentrum gehören nicht nur die Allianz und die Deutsche Bank, sondern auch Volkswagen, Thyssen, Hochtief und MAN. Die Ziffern in der Matrix geben die Summe der gerichteten und ungerichten Personalverflechtungen zwischen den einzelnen Unternehmen an. Für

Fortsetzung *Tabelle 4:*

b) Großbritannien

	1	2	3	4	5	6	7	8	9	10	11	12	13	14	15
1		1		1	1	1	1		1	1		1		1	1
2	1			1								1			
3	1										1				
4	1		1											1	
5	1	1										1			
6											1				
7															
8									1		1			1	
9	1						1				1				
10	1														
11			1			1		1	1						
12	1	1		1											
13	1						1							1	1
14	1		1												
15	1														

1 Barclays Bank	6 Smithkline Beecham	11 Thorn Emy plc.
2 The BP Company plc.	7 Bass plc.	12 De La Rue plc.
3 ICI plc.	8 British Airways	13 Unilever
4 Marks & Spencer	9 Whitbread plc.	14 The Telegraph
5 BAA	10 Kingfisher	15 Prudential Corp.

Dichte: 0,20

Großbritannien läßt sich nur mit Einschränkung von einem Verflechtungszentrum sprechen: Die Verflechtungsdichte ist deutlich geringer als in Deutschland und es wird durch die Verflechtung nicht jener Grad von Geschlossenheit (Clique) erreicht, der für Deutschland typisch ist (vgl. dazu die Länderstudien in Stokman et al. 1985).

Zusammenfassend läßt sich feststellen, daß die Personalverflechtung in Deutschland überwiegend parallel zur Kapitalverflechtung verläuft; daß sie stark auf intrasektorale Verflechtungen konzentriert ist; und daß es ein Verflechtungszentrum gibt, dem die größten deutschen Aktiengesellschaften angehören. Keines dieser Strukturmerkmale läßt sich für Großbritannien nachweisen.

IX. Personalverflechtung und Interessenvertretung

Die Bundesvereinigung der Deutschen Arbeitgeberverbände (BDA) und der Bundesverband der Deutschen Industrie (BDI) sind *formale* Organisationen, die die Interessen der Unternehmen gegenüber dem politischen System, gegenüber Gewerkschaften und anderen sozialen Gruppen vertreten. In diesem Abschnitt soll gezeigt werden, daß das Führungspersonal dieser formalen Interessenorganisationen zu einem erheblichen Teil aus dem Netz der multiplen Direktoren rekrutiert wird. „Multiple Direktoren" sind Personen, die im Netz der Personalverflechtung der Großunternehmen zwei oder mehr Positionen einnehmen. Die These besagt, daß das System der formalen Interessenorganisation durch die multiplen Direktoren mit dem Netzwerk der Großunternehmen verbunden wird.

Unter den Vorständen und Aufsichtsräten der 623 größten deutschen Unternehmen in Deutschland gibt es ca. 1.250 multiple Direktoren, die zwei oder mehr Positionen im Netz der Personalverflechtung einnehmen. Useem (1984) hat in seiner Studie für die USA und Großbritannien nachgewiesen, daß es eine Personalunion zwischen den leitenden Funktionären der formalen Interessenverbände und dem Netz der „big linkers" gibt. Die Vorstände und Aufsichtsräte der großen Unternehmen, die mehrere Positionen im „informellen" Netzwerk einnehmen, sind überdurchschnittlich häufig in den Interessenorganisationen der Unternehmen, in den Beratungsgremien der Regierung und als Sponsoren kultureller Einrichtungen (Theater, Universitäten) vertreten.

Aufgrund ihrer Tätigkeit in mehreren großen Unternehmen sind die multiplen Direktoren gezwungen, den engen Horizont unternehmensspezifischer Interessen zu verlassen und das „Gesamtinteresse" der Großunternehmen zu vertreten. Die zahlreichen sozialen Kontakte, die durch das Netz der Personalverflechtung vermittelt werden, stärkt die Kohäsion und Homogenität dieser Gruppe, so daß sie eine herausragende Position als Repräsentanten von „big business" einnehmen. Useem argumentiert, daß das Netzwerk der multiplen Direktoren eine politische Funktion habe: Es dient der Homogenisierung der wirtschaftlichen Elite, der Interessenaggregation und schließlich der Interessenartikulation gegenüber dem politischen System. In dieser Hinsicht erfüllen die formalen Interessenorganisationen und das Netzwerk der multiplen Direktoren komplementäre Funktionen.

Um die „Schnittmenge" zwischen dem formalen und dem informellen System der Interessenvertretung zu identifizieren, wurde das Führungspersonal der beiden großen Interessenverbände der deutschen Wirtschaft (BDI und BDA) aufgelistet und mit dem Netz der Personalverflechtung der 623 größten Unternehmen verglichen. Insgesamt wurden 82 Personen in die Liste aufgenommen, die bei den beiden Interessenverbänden eine Funktion als Präsident, Ehrenpräsident, Mitglied des Präsidiums, Hauptgeschäftsführer, usw. bekleiden.[23] Die Ergebnisse sind in *Tabelle 5* zusammengefaßt.

Von den 82 Funktionären des BDI/BDA haben 28 Personen keine Position im Netzwerk der Großunternehmen (= 34,1 Prozent) und 7 Personen haben 7 oder mehr Positionen. Fast die Hälfte (46,4 Prozent) der Funktionäre des BDI/BDA sind auch im Netz der Personalverflechtung der Großunternehmen mit zwei oder mehr Positionen vertreten. Zählt man auch diejenigen Funktionäre hinzu, die nur 1 Position in Großunternehmen haben (also eigentlich nicht zum Netzwerk gehören), erhöht sich dieser Anteil auf 65,9 Prozent.

Für diese beiden Spitzenverbänden der Wirtschaft konnte die Hypothese also be-

---

23 BDI und BDA sind Spitzenorganisationen (Konföderationen), d.h. ihre Mitglieder sind nicht Unternehmen, sondern Fachverbände bzw. regionale Verbände (die ihrerseits Unternehmen organisieren). In die Liste wurden nur Personen aufgenommen, die eine Funktion in den beiden *Spitzen*verbänden wahrnehmen. Das Personal der Fachverbände und der regionalen Verbände wurde nicht überprüft.

Tabelle 5: BDI/BDA-Funktionäre im Netzwerk (1992)

	Anzahl der Positionen im Netzwerk				
	0	1	2–3	4–6	7+
N=82	28	16	21	10	7
Σ 100%	34,1	19,5	25,7	12,2	8,5

stätigt werden: Das Führungspersonal der Interessenverbände der Wirtschaft wird überwiegend aus dem Netz der multiplen Direktoren rekrutiert. Es ist allerdings zu vermuten, daß bei weniger zentralen Interessenverbänden der Anteil der multiplen Direktoren geringer ist.

X. Schlußfolgerung

a) Die Beziehung zwischen Eigentum und Kontrolle und die Frage, unter welchen Bedingungen sich Eigentum mit Herrschaft verbindet, ist in den Sozialwissenschaften immer wieder thematisiert worden. Familienkapitalismus, Managerkapitalismus und institutioneller Kapitalismus bezeichnen die wichtigsten Etappen dieser Diskussion, in der die Rolle des Eigentums und die damit verbundenen Herrschaftschancen jeweils neu definiert wurden.

Die Diskussion über den „institutionellen Kapitalismus" wurde zuerst in den USA geführt. Seit zwei Jahrzehnten werden die Kleinaktionäre, die zu Hunderttausenden „Eigentümer" der amerikanischen Großunternehmen waren und deren Machtlosigkeit gerade eine Voraussetzung für die Macht der Manager war, durch institutionelle Anleger ersetzt: Investment-Fonds, Pensionskassen, Versicherungen und Banken sind die „neuen" Eigentümer, die im Durchschnitt zwischen 2 und 5 Prozent des Aktienkapitals der großen Unternehmen besitzen. Kein Eigentümer hat eine dominante Position, aber eine Koalition von institutionellen Anlegern kann ein Unternehmen „beherrschen".

Es wurde gezeigt, daß es verschiedene Varianten des institutionellen Kapitalismus gibt, und daß diese Varianten nationale Unterschiede in den einzelnen Ländern beschreiben. Allen gemeinsam ist die Tendenz, daß sich Unternehmen zunehmend im Eigentum anderer Unternehmen befinden, die wiederum das Eigentum anderer Unternehmen sind. Diese Verflechtungsketten verdichten sich zu Netzwerken von Unternehmen, die untereinander durch Kapitalbeteiligung und den Austausch von Managern (interlocking directorates) verbunden sind. In diesen Netzen üben weder Individuen noch ein einzelnes Unternehmen die „ultimate control" aus; Herrschaftschancen sind über das Netzwerk verteilt und die konkreten Macht- und Einflußsphären lassen sich nur aus der *Konfiguration* des Netzwerkes erschließen.

Die unterschiedlichen Formen des institutionellen Kapitalismus unterscheiden sich in wenigstens drei Dimensionen voneinander: Dazu gehören die Konfiguration des Netzwerkes und die damit verbundenen Kooperationschancen zwischen Unternehmen (*Abbildung 1*); der Konzentrationsgrad des Eigentums, der in Großbritannien relativ niedrig ist, während er in Deutschland im Konzernverbund hoch ist; und der Typ des Eigentümers (institutionelle Anleger versus Unternehmen des Nicht-Finanzsektors).

Durch eine Kreuzung dieser Dimensionen erhalten wir eine Typologie, die eine präzisere Beschreibung der differenzierten Entwicklungspfade kapitalistischer Herrschaftsverhältnisse gestattet.

Es wurde weiterhin gezeigt, daß in Deutschland das Netz der Personalverflechtung parallel zum Netz der Kapitalverflechtung verläuft, d.h. ein Unternehmen, das eine Kapitalbeteilung an einem anderen Unternehmen hält, entsendet ein Mitglied des Vorstandes in den Aufsichtsrat seines „Eigentums". Die Verkopplung der beiden Verflechtungsformen stärkt die Einflußchancen der Eigentümer in einem Netz verbundener Unternehmen (Konzern).

In Großbritannien finden wir typischerweise eine Gruppe von konkurrierenden Finanzinstitutionen als Eigentümer der großen Unternehmen. Die Netzwerk-Konfiguration wurde als „inverser Stern" beschrieben, und die damit verbundenen Kooperationschancen sind relativ gering. Selbst wenn sich die Interessen weitgehend decken, kann nicht automatisch unterstellt werden, daß sich die institutionellen Eigentümer in einer Koalition zusammenfinden. Weiterhin sind die Kapitalverflechtung und die Personalverflechtung entkoppelt, d.h. diese beiden Verflechtungsformen haben nur einen geringen Deckungsgrad.

Als Fazit läßt sich feststellen, daß Eigentum und Kontrolle in Deutschland stärker verbunden sind als in Großbritannien (und in den USA) und daß die Eigentümer eine weitreichende Kontrolle über ihre Unternehmen ausüben können. Allerdings sind diese Eigentümer in ihrer Mehrheit andere Unternehmen (die sich wiederum im Eigentum anderer Unternehmen befinden können).

b) Es wurden in dieser Arbeit nicht nur die Beziehungen zwischen Eigentum und Kontrolle untersucht, sondern auch spezifische Formen der *Marktregulierung*. Wir finden in Deutschland eine Kombination von Netzwerk-Strukturen, die die Kooperation konkurrierender Unternehmen erleichtert. An erster Stelle ist die hohe intrasektorale Verflechtung zu nennen (*Tabelle A1*). Während in Deutschland Unternehmen *innerhalb* desselben Wirtschaftszweiges besonders dicht verflochten sind, ist diese Art der Verflechtung in Großbritannien (*Tabelle A2*) eher die Ausnahme. Die intrasektorale Verflechtung verbindet sich in Deutschland mit weiteren Merkmalen des Netzwerkes, auf die bereits hingewiesen wurde: ein hoher Konzentrationsgrad des Eigentums, der die Beherrschung von Unternehmen durch Unternehmen gestattet (Konzernierung); die parallel dazu verlaufende Personalverflechtung; ein Verflechtungszentrum, das die größten deutschen Unternehmen in eine „Clique" einbindet, die in dieser Geschlossenheit in keinem anderen westlichen Industriestaat existiert; die Einbindung des Bankensektors in das Netz der Kapitalverflechtung und seine dominante Rolle im Netz der Personalverflechtung; und schließlich die Personalunion zwischen den formalen Interessenorganisationen (BDI, BDA) und dem Netz der multiplen Direktoren.

Aufgrund dieser Kombination von Merkmalen wurden die Unternehmensverflechtung in Deutschland als „kooperativer Kapitalismus" bezeichnet. Die Konzernverflechtung ist eine modernisierte Form des Kartells und bietet Chancen zur Marktregulierung, die in den USA gesetzlich untersagt wurden. Die „regulierte" Konkurrenz ist eine *legitime* Form der Marktorganisation sowohl in Deutschland als auch in Japan. Allerdings unterscheiden sich diese beiden Länder hinsichtlich der institutionellen

Strukturen, in denen die Konkurrenz „reguliert" wird. In Japan ist es die „keiretsu"-Gruppe, in Deutschland der Konzern.

c) Für Deutschland wurde nachgewiesen, daß die Personalverflechtung im wesentlichen der Verstärkung und Absicherung der Eigentümermacht dient. Damit soll nicht behauptet werden, daß die Personalverflechtung nur ein „Epiphänomen" der zugrunde liegenden Eigentumsverhältnisse ist. Für Großbritannien wurde gerade gezeigt, daß diese beiden Netzwerke entkoppelt sind. Für die Unterschiede läßt sich eine plausible Erklärung finden: In Ländern, in denen Eigentum und Kontrolle stärker getrennt sind als dies in Deutschland der Fall ist und wo sich viele Großunternehmen, wenn nicht in Streubesitz, so doch im „fragmentierten" Eigentum der institutionellen Anleger befinden, kann sich die Personalverflechtung unabhängig von der Einflußsphäre des Eigentums entwickeln. Manager können bei der Gestaltung der Netzwerke ihren eigenen Interessen folgen und werden darin von Eigentümern nicht behindert. Dies ist in Deutschland nicht möglich: In *Tabelle 1* wurde für Deutschland gezeigt, daß mehr als die Hälfte aller Kapitalanteile *einem* Eigentümer eine beherrschende Stellung einräumen. Nur unter diesen Bedingungen kann die Personalverflechtung zur Absicherung der strategischen Interessen der Eigentümer eingesetzt werden.

Das Netz der Personalverflechtung soll zwei Funktionen erfüllen, zwischen denen Zielkonflikte auftreten können: Die Mitglieder des Aufsichtsrates sollen die Vorstände der großen Unternehmen kontrollieren und Machtmißbrauch verhindern; gleichzeitig sind diese Kontrolleure aber in ein umfassendes Netzwerk eingebunden, das der sozialen Integration und Kohäsion der Wirtschaftselite dient und dem sie ihre Position verdanken. Der Zielkonflikt zwischen Kontrolle und Loyalität wird auch in den USA in bezug auf die „externen Direktoren" immer wieder thematisiert, und es wird darauf hingewiesen, daß Kontrolleure, die dem zu kontrollierenden Management in vielerlei Hinsicht „verpflichtet" sind und der Logik des Austauschs gehorchen, keine effizienten Kontrolleure sind. Allerdings ist die Verflechtungsdichte zwischen den Mitgliedern des Top-Management in Deutschland besonders hoch und ein Verflechtungs-Zentrum, wie es in *Tabelle 4* gezeigt wurde, gibt es in keinem anderen Land. Die Probleme, mit denen einige Unternehmens-Gruppen in der jüngsten Vergangenheit zu kämpfen hatten (z.B. Metallgesellschaft), lassen vermuten, daß der Zielkonflikt zwischen Kontrolle und Loyalität in Deutschland besonders ausgeprägt ist.

Literatur

Abelshauser, Werner, 1984: The First Post-liberal Nation: Stages in the Development of Modern Corporatism in Germany, European History Quarterly 14: 285-318.

Adams, Michael, 1994: Die Usurpation von Aktionärsbefugnissen mittels Ringverflechtung in der „Deutschland AG", Die Aktiengesellschaft 39: 148-158.

Baker, George P., 1992: Beatrice: A Study in the Creation and Destruction of Value, The Journal of Finance 47: 1081-1119.

Baker, Wayne E., und *Robert Faulkner*, 1993: The Social Organization of Conspiracy, American Sociological Review 58: 837-860.

Brancato, Carolyn K., 1991: The Pivotal Role of Institutional Investors in Capital Markets. S. 3-33 in: *Arnold W. Sametz* und *James L. Bicksler* (Hg.): Institutional Investing. New York: New York University Salomon Center.

Brudney, Victor, 1981: The Independent Director: Heavenly City or Potemkin Village?, Harvard Law Review 95: 597-659.

Burt, Ronald, 1982: Toward a Structural Theory of Action. New York: Academic Press.

Burt, Ronald, 1983: Corporate Profits and Cooptation. New York: Academic Press.

Chandler, Alfred D., 1990: Scale and Scope. Cambridge: Harvard University Press.

Clark, Robert, 1980: The Four Stages of Capitalism, Harvard Law Review 94: 561-582.

Coffee, John, 1991: Liquidity versus Control: The Institutional Investor as Corporate Monitor, Columbia Law Review 91: 1277-1368.

Daems, Herman, 1978: The Holding Company and Corporate Control. Leiden: M. Nijhoff.

Davis, Gerald F., et al., 1994: The Deinstitutionalization of Conglomerate Firms in the 1980s, American Sociological Review 59: 547-570.

Demsetz, Harold, und *Kenneth Lehn*, 1985: The Structure of Corporate Ownership: Causes and Consequences, Journal of Political Economy 93: 1155-1177.

Doreian, Patrick, und *Katherine Woodard*, 1994: Defining and Locating Cores and Boundaries of Social Networks, Social Networks 16: 267-293.

Elias, Norbert, 1983: Die höfische Gesellschaft. Frankfurt a.M.: Suhrkamp.

Emmerich, Volker, und *Jürgen Sonnenschein*, 1992: Konzernrecht. München: Beck.

Feldenkirchen, Wilfried, 1988: Concentration in German Industry 1970-1939. S. 113-146 in: *Hans Pohl* (Hg.): The Concentration Process in the Entrepreneurial Economy Since the Late 19th Century, Zeitschrift für Unternehmensgeschichte, Beiheft 55. Stuttgart: Steiner.

Fligstein, Neil, 1990: The Transformation of Corporate Control. Cambridge: Harvard University Press.

Freeman, Linton, 1979: Centrality in Social Networks: Conceptual Clarification, Social Networks 1: 215-238.

Gellhorn, Ernest, 1986: Antitrust Law and Economics. St. Paul: West Publishing.

Gerlach, Michael L., 1992: Alliance Capitalism: The Social Organization of Japanese Business. Berkeley: University of California Press.

Holtmann, Michael, 1989: Personelle Verflechtungen auf Konzernführungsebene. Wiesbaden: Gabler.

Hommelhoff, Peter, 1982: Die Konzernleitungspflicht: Zentrale Aspekte eines Konzernverfassungsrechts. Köln: Heymanns.

Keohane, Robert, 1986: Reciprocity in International Relations, International Organization 40: 1-27.

Koenig, Thomas, et al., 1979: Models of the Significance of Interlocking Corporate Directorates, American Journal of Economics and Sociology 38: 174-186.

Kotz, David, 1979: The Significance of Bank Control Over Large Corporations, Journal of Economic Issues 12: 407-426.

Lutter, Marcus, 1990: Enterprise Law Corp. vs. Entity Law, Inc. (Buchbesprechung, Phillip Blumberg), American Journal of Comparative Law 38: 949-968.

Mintz, Beth, und *Michael Schwartz*, 1985: The Power Structure of American Business. Chicago: The University of Chicago Press.

Morikawa, Hidemasa, 1992: Zaibatsu: The Rise and Fall of Family Enterprise Groups in Japan. Tokyo: University of Tokyo Press.

Morin, François, 1974: La structure financière du capitalisme français. Paris: Calmann-Lévy.

Morin, François, 1989: Le nouveau pouvoir financier en France, Revue d'économie industrielle 47: 44-51.

Newman, Philip, 1964: Cartel and Combine. Ridgewood: Foreign Studies Institute.

Palmer, Donald, 1983: Broken Ties: Interlocking Directorates and Intercorporate Coordination, Administrative Science Quarterly 28: 40-55.

Pappi, Franz Urban, 1992: Personelle Verflechtungen. S. 1962-1977 in: *Erich Frese* (Hg.): Handwörterbuch der Organisation. Stuttgart: Poeschel.

Pappi, Franz Urban, et al., 1987: Die Struktur der Unternehmensverflechtungen in der Bundesrepublik, Kölner Zeitschrift für Soziologie und Sozialpsychologie 39: 669-692.

Passow, Richard, 1930: Kartelle. Jena: Fischer.

Pennings, Johannes, 1980: Interlocking Directorates. San Fancisco: Jossey-Bass.

Pfeffer, Jeffrey, 1992: A Resource Dependence Perspective on Intercorporate Relations. S. 25-55 in: *Mark Mizruchi* und *Michael Schwarz* (Hg.): Intercorporate Relations. Cambridge: Cambridge University Press.

Powell, Walter W., 1990: Neither Market Nor Hierarchy: Network Forms of Organization, Research in Organizational Behavior 12: 295-336.

Prowse, Stephen, 1992: The Structure of Corporate Ownership in Japan, The Journal of Finance 47: 1121-1140.

Rappaport, Alfred, 1990: The Staying Power of the Public Corporation, Harvard Business Review 90, Jan./Febr.: 96-104.

Roe, Mark, 1991: A Political Theory of American Corporate Finance, Columbia Law Journal 91: 10-67.

Roe, Mark, 1993: Some Differences in Corporate Structure in Germany, Japan, and America. New York: Columbia University, Law School (working paper).

Säcker, Franz, 1987: Zur Problematik von Mehrfachfunktionen im Konzern, Zeitschrift für das gesamte Handelsrecht und Wirtschaftsrecht 151: 59-71.

Scharpf, Fritz W., 1985: Die Politikverflechtungs-Falle: Europäische Integration und deutscher Föderalismus im Vergleich, Politische Vierteljahresschrift 26: 323-356.

Schmoller, Gustav, 1906: Das Verhältnis der Kartelle zum Staate, Verhandlungen des Vereins für Socialpolitik 116: 237-271.

Schönwitz, Dietrich, und *Hans Weber,* 1982: Unternehmenskonzentration, personelle Verflechtungen und Wettbewerb. Baden-Baden: Nomos.

Scott, John, 1986: Capitalist Property and Financial Power: A Comparative Study of Britain, the United States and Japan. Brighton: Wheatsheaf.

Scott, John, 1990: Corporate Control and Corporate Rule, The British Journal of Sociology 41: 351-373.

Shleifer Andrei, und *Robert Vishny* 1986: Large Shareholders and Corporate Control, Journal of Political Economy 94: 461-488.

Smith, Adam, 1979 (1776): The Wealth of Nations. Baltimore: Penguin.

Stokman, Frans N., et al. (Hg.), 1985: Networks of Corporate Power. Cambridge: Polity Press.

Useem, Michael, 1984: The Inner Circle. London : Oxford University Press.

Williamson, Oliver E., 1985: The Economic Institutions of Capitalism. New York: Free Press.

Windolf, Paul, 1993: Codetermination and the Market for Corporate Control in the European Community, Economy and Society 22: 137-158.

Windolf, Paul, 1994: Die neuen Eigentümer: Eine Analyse des Marktes für Unternehmenskontrolle, Zeitschrift für Soziologie 23: 79-92.

Winkler, Heinrich A. (Hg.), 1974: Organisierter Kapitalismus: Voraussetzungen und Anfänge. Göttingen: Vandenhoek & Ruprecht.

Yamauchi, Koresuke, 1994: Internationales Konzernrecht in Japan. S. 154-170 in: *Marcus Lutter* (Hg.): Konzernrecht im Ausland, Sonderheft 11 der Zeitschrift für Unternehmens- und Gesellschaftsrecht. Berlin: Walter de Gruyter.

Zeitlin, Maurice, 1974: Corporate Ownership and Control: The Large Corporation and the Capitalist Class, American Journal of Sociology 79: 1073-1119.

Ziegler, Rolf, 1984: Das Netz der Personen- und Kapitalverflechtungen deutscher und österreichischer Wirtschaftsunternehmen, Kölner Zeitschrift für Soziologie und Sozialpsychologie 36: 557-584.

Ziegler, Rolf et al., 1985: Industry and Banking in the German Corporate Network. S. 91-111 in: *Frans N. Stokman* et al. (Hg.): Networks of Corporate Power. Cambridge: Polity Press.

Korrespondenzanschrift: Prof. Dr. Paul Windolf, Jürgen Beyer, Fachbereich IV, Universität Trier, D-54286 Trier

Anhang

Der Anhang gibt einerseits Informationen zur Datenbasis der Untersuchung. Andererseits werden zwei unterschiedliche Vorgehensweisen zur Identifizierung von Verflechtungszentren vorgestellt und so die Verfahrensabhängigkeit dieser Ergebnisse getestet. Schließlich enthält der Anhang die im Text angesprochenen *Tabellen A1-A5*, welche die intrasektorale Personen- und Kapitalverflechtung veranschaulichen.

1. Datenbasis

Die dem Aufsatz zugrunde liegende Untersuchung bezieht sich in der Regel auf 623 westdeutsche, sowie 520 britische Großunternehmen. Unternehmen aus den neuen Bundesländern konnten aufgrund der Datenlage noch nicht berücksichtigt werden. *Tabelle 1* bezieht sich aus Vergleichszwecken auf die jeweils 500 größten Unternehmen (nach Stammkapital) beider Stichproben.

Die deutsche Unternehmensauswahl umfaßt alle unter das Mitbestimmungsgesetz oder das Montanmitbestimmungsgesetz fallenden Unternehmen. Ergänzt wurde der Kreis der mitbestimmten Unternehmen um Familienunternehmen und andere nicht-mitbestimmungspflichtige Unternehmen von vergleichbarer Größe. Neben der Eigentümerstruktur der 623 Unternehmen wurde die Besetzung von insgesamt 10683 Vorstands- und Aufsichtsratspositionen erhoben.

Informationsquellen waren die zum Erhebungszeitpunkt zuletzt erschienenen Ausgaben folgender Handbücher:
- Handbuch der deutschen Aktiengesellschaften (Hoppenstedt),
- Handbuch der Großunternehmen (Hoppenstedt),
- Konzerne in Schaubildern (Hoppenstedt),
- Leitende Männer und Frauen der Wirtschaft (Hoppenstedt),
- Wem gehört die Republik (R.Lietke, Eichborn),
- Major Companies of Europe (Graham & Trotman),
- Die großen 500 (E.Schmacke, Hg., Luchterhand),
- Who owns Whom in Continental Europe (Dun & Bradstreet),
- Wer gehört zu wem (Commerzbank).

Die 520 britischen Unternehmen wurden aus einer Rankingliste der 1000 größten britischen Unternehmen (The Times 1000, 1992-1993) aufgrund der Höhe ihres Stammkapitals ausgewählt. Die Informationen zur Kapitalstruktur und zu insgesamt 5111 Positionen entstammen folgenden Quellen:
- Major Companies of Europe Vol.2 (Graham & Trotman),
- Stock Exchange Official Yearbook (Macmillan Press),
- Who owns Whom, United Kingdom & Rep.of Ireland (Dun & Bradstreet).

Es zeigte sich, daß die Informationen nur über diese Vielzahl von Quellen beschafft werden können. Ein präziser Stichtag der Datenbasis läßt sich daher nicht angeben, vielmehr stammen die Daten aus dem Zeitraum 1990-1992, wobei jeweils neuere Informationen präferiert wurden. Angestrebt wurde eine Annäherung der Daten an den Stichtag 31.12.92.

Die Daten wurden im Rahmen des Projektes „Unternehmensverflechtung in der Europäischen Union" erhoben, das an den Universitäten Trier, Zürich und Toulouse durchgeführt wird. Weitere Mitarbeiter(innen), die an der Erhebung des deutsch-britischen Datensatzes beteiligt waren, sind Maike Becker, Thorsten Lange und Viola Peter.

Ein Problem, auf das hier nur kurz hingewiesen werden kann, betrifft die Größe des Datensatzes. Im Prinzip ist es nicht möglich, die *Grenzen* eines Netzwerkes zu bestimmen, da an den Rändern immer noch weitere Unternehmen gefunden werden, die mit Unternehmen verflochten sind, die in die Untersuchung einbezogen wurden (vgl. Doreian/Woodard 1994). Die Größe des Datensatzes (623 Unternehmen für Deutschland, 520 für Großbritannien) ist in gewisser Weise willkürlich, jedoch nicht ohne Folgen für bestimmte Strukturmerkmale des

Tabelle A1: Kapitalverflechtung nach Wirtschaftssektoren, Deutschland (standardisiert)

	100	101	200	300	301	302	304	305	306	307	400	401	402	410	500	600	601	700	800	801	802	Durchschnitt
Bergbau	**23,8**	**7,3**	6,0	0,0	3,9	2,2	0,0	0,0	0,0	2,9	5,9	0,0	0,0	0,0	**10,8**	3,0	0,0	3,1	0,0	0,0	0,7	3,3
Erdöl und Erdgas	**14,6**	**32,0**	**19,6**	0,0	6,4	2,9	0,0	0,0	3,8	4,8	**13,7**	0,0	0,0	0,0	6,9	4,9	0,0	5,1	0,0	0,0	1,1	5,5
Energiewirtschaft	6,0	4,9	**13,4**	0,4	4,4	1,6	0,0	1,3	0,0	2,6	2,6	0,0	0,0	0,0	2,9	2,7	0,0	4,2	0,0	0,0	1,3	2,3
Eisen und Stahl	2,0	0,0	0,4	**13,5**	0,0	4,1	2,0	0,8	1,0	4,0	0,0	0,0	0,0	0,0	1,9	2,1	0,0	0,0	0,0	0,0	0,6	1,5
NE Metall	5,9	3,2	7,0	0,0	**16,3**	4,4	2,9	0,0	2,0	**7,8**	4,4	0,0	0,0	0,0	3,7	**8,0**	0,0	0,0	0,9	0,6	1,2	3,2
Maschinen u. Anlagen	0,9	0,0	0,4	2,7	2,4	3,7	2,2	2,1	2,4	0,6	0,5	0,0	0,0	0,0	0,8	1,2	0,0	0,9	1,1	0,5	0,2	1,0
Fahrzeugbau	0,0	0,0	0,5	1,5	1,9	2,7	6,9	1,2	0,0	0,0	0,0	0,0	0,0	0,0	0,0	0,7	0,0	0,7	1,2	0,8	0,0	0,8
Elektrotechnik	0,0	0,0	0,5	1,4	0,5	1,7	3,0	5,4	1,9	0,0	0,0	0,0	0,0	0,0	0,0	0,0	0,0	0,4	4,7	3,4	0,1	0,8
Feinmechanik u. Optik	0,0	0,0	0,0	**7,6**	0,0	5,2	5,9	**7,1**	**7,8**	3,1	0,8	0,0	0,0	0,0	0,0	0,0	0,0	1,6	0,0	0,0	0,7	2,3
Metallwaren	5,9	4,8	1,3	1,3	**7,8**	4,8	1,4	0,0	0,0	4,1	2,2	0,0	0,0	0,0	2,0	1,7	0,0	0,0	0,8	0,0	0,0	1,7
Chemie	5,9	2,7	1,5	1,1	5,9	2,4	0,0	0,2	1,7	2,2	**7,1**	4,4	0,0	0,7	0,8	0,0	0,8	0,8	0,0	0,0	0,0	1,8
Pharmazeutik	0,0	0,0	0,0	0,0	2,6	2,4	0,0	0,0	3,1	0,0	5,5	**12,5**	0,0	0,0	0,0	0,0	0,0	0,0	0,0	0,0	0,0	1,2
Gummi und Asbest	0,0	0,0	0,0	3,6	0,0	0,8	0,0	0,0	4,1	0,0	**7,4**	0,0	**7,5**	0,0	0,0	0,0	0,0	0,0	0,0	0,0	0,0	1,1
Nahrungsmittel	0,0	0,0	0,0	0,0	0,0	0,3	0,0	0,0	0,0	0,0	0,0	0,0	0,0	**11,6**	0,0	0,0	0,0	0,0	0,0	0,0	0,6	0,7
Bauindustrie	**10,8**	3,4	1,9	0,9	3,7	2,6	3,0	0,0	0,0	2,8	0,0	0,0	0,0	0,0	**15,1**	1,4	0,0	0,0	0,0	0,0	0,0	2,1
Groß- u. Außenhandel	4,6	2,4	1,3	**10,5**	**8,0**	**7,7**	6,5	1,2	1,6	6,0	1,6	0,0	0,0	1,2	2,9	6,4	1,7	2,1	0,0	0,0	1,4	3,1
Einzelhandel	0,0	0,0	0,0	0,0	0,0	0,0	1,5	1,2	0,0	0,0	2,3	2,0	0,0	3,2	0,0	0,8	**7,5**	1,8	0,0	0,0	0,0	0,7
Verkehr	3,1	2,5	2,8	0,0	2,7	1,6	1,5	1,2	0,0	2,0	0,4	1,6	0,0	1,3	0,0	1,0	0,9	**9,1**	0,0	0,0	0,0	1,5
Banken, Bausparkassen	1,6	2,6	2,2	0,7	**7,1**	4,6	6,5	5,3	**12,0**	6,4	4,3	2,1	5,7	5,5	**9,4**	6,6	6,5	3,4	**13,7**	**9,4**	**9,0**	5,9
Versicherungen	0,0	0,0	1,4	0,4	2,8	3,0	4,3	2,9	5,6	2,8	2,4	4,2	1,8	0,0	3,0	3,6	0,0	1,5	**8,6**	**23,2**	3,1	3,5
Holdinggesellschaften	2,9	2,3	5,5	4,3	2,5	4,1	4,3	2,7	3,8	3,8	2,4	2,8	1,2	3,6	4,1	4,4	1,2	2,5	2,9	6,6	2,6	3,4
Durchschnitt:	4,2	3,2	3,1	2,4	3,7	3,0	2,1	1,5	2,4	2,6	3,1	1,4	0,7	1,3	2,9	2,5	0,9	1,7	1,6	2,1	1,1	2,3
N der Unternehmen:	21	13	47	46	24	104	42	77	20	16	56	16	12	25	22	31	37	30	29	44	65	623

Anmerkungen: Die standardisierten Werte wurden wie folgt berechnet: ■ Werte in der Diagonalen: Wert = (x / Ni*Ni-Ni) * 1000 ■ Alle anderen Werte (off-diagonal): Wert = (x / Ni*Nj) * 1000, wobei gilt: x = Anzahl der Verbindungen, Ni = Anzahl der Unternehmen in Wirtschaftssektor i. Wirtschaftssektoren mit weniger als 10 Unternehmen wurden in die Tabelle nicht aufgenommen. Die Unternehmen wurden den Wirtschaftssektoren aufgrund ihrer wichtigsten Geschäftsbereiche zugeordnet. Im Durchschnitt wurde jedes Unternehmen 1,42 mal zugeordnet. Werte über 7,0 durch Fettdruck hervorgehoben. Zeilenhöchstwerte umrandet.

Tabelle A2: Kapitalverflechtung nach Wirtschaftssektoren, Großbritannien (standardisiert)

	9	14	18	19	21	27	31	35	38	41	42	47	48	49	51	53	54	66	68	70	71	72	75	76	77	80	81	86	87	89	Ø
Water Works	7,5	0,0	0,0	0,0	0,0	0,0	0,0	0,0	0,0	0,0	0,0	0,0	0,0	0,0	0,0	0,0	0,0	0,0	0,0	0,0	0,0	0,0	0,0	0,0	0,0	0,0	0,0	0,0	0,0	0,0	0,2
Building Materials	0,0	1,1	0,0	0,0	0,0	0,0	0,0	0,7	2,3	0,0	0,0	0,0	0,0	0,0	0,0	0,0	1,6	2,3	1,1	0,0	0,0	0,0	0,0	0,0	0,0	0,0	0,0	0,0	0,0	0,0	0,3
Contracting & Construction	0,0	0,5	1,2	0,4	0,7	0,0	1,3	0,3	1,1	1,1	0,9	0,0	0,0	0,0	0,0	0,0	0,0	0,0	0,5	0,0	0,0	1,3	0,0	0,0	0,0	0,5	0,0	0,9	0,0	0,9	0,4
Electricals	0,0	1,0	0,9	0,0	2,8	0,0	2,5	0,0	4,3	1,0	1,7	1,0	0,0	0,0	0,0	0,0	1,5	2,1	0,0	0,0	0,0	0,0	1,0	0,0	0,0	1,0	0,0	0,0	0,0	1,8	0,7
Aerospace	0,0	0,0	0,7	0,0	2,3	0,0	0,0	0,0	0,0	0,0	2,8	0,0	0,0	0,0	0,0	0,0	0,0	0,0	0,0	0,0	0,0	0,0	1,7	0,0	0,0	3,1	0,0	0,0	0,0	0,0	0,4
Mechanical Engeneering	0,0	0,0	0,0	0,0	3,9	0,0	0,0	0,0	0,0	0,0	0,0	0,0	0,0	0,0	0,0	0,0	0,0	0,0	0,0	0,0	0,0	0,0	0,0	0,0	0,0	0,0	0,0	0,0	0,0	0,0	0,1
Instruments	0,0	0,0	0,0	0,0	0,0	0,0	0,0	0,0	0,0	0,0	0,0	0,0	0,0	0,0	0,0	0,0	0,0	0,0	0,0	0,0	0,0	0,0	0,0	0,0	0,0	0,0	0,0	0,0	0,0	0,0	0,0
Electronics	0,0	0,0	0,0	0,0	0,0	0,0	0,0	0,0	0,0	0,0	0,0	0,0	0,0	0,0	0,0	0,0	0,0	0,0	0,0	0,0	0,0	0,0	0,0	0,0	0,0	0,0	0,0	0,0	0,0	0,0	0,0
Furniture and Furnishings	0,0	0,0	0,0	0,0	0,0	0,0	0,0	0,0	5,4	0,8	0,0	0,0	0,0	0,0	0,0	0,0	0,0	0,0	0,0	0,0	0,0	0,0	0,0	0,0	0,0	0,0	0,0	0,0	0,0	0,0	0,4
Motor Components	0,0	0,0	0,0	1,0	0,0	0,0	0,0	0,0	0,0	3,4	0,0	0,0	0,0	0,0	0,0	0,0	0,0	0,0	0,0	0,0	0,0	1,4	0,0	0,0	0,0	0,0	0,0	0,0	0,0	0,0	0,3
Motor Distributors	0,0	0,0	2,8	0,0	0,0	0,0	0,0	0,0	0,0	2,1	3,6	0,0	0,0	0,0	0,0	0,0	0,0	0,0	0,0	0,0	0,0	0,0	0,0	0,0	0,0	0,0	0,0	0,0	0,0	0,0	0,4
Hotel and Caterers	0,0	0,0	1,7	1,6	0,0	0,0	0,0	1,3	0,0	0,0	0,0	6,5	0,0	1,6	1,6	0,0	0,0	0,0	0,0	0,0	0,0	0,0	0,0	0,0	0,0	0,0	0,0	0,0	0,0	0,0	0,8
Leisure	0,0	1,0	0,8	0,0	0,0	0,0	1,3	1,3	0,0	0,0	3,2	6,1	0,0	0,8	0,0	0,0	0,0	0,0	1,9	1,0	0,9	0,0	1,2	0,0	0,0	0,0	0,0	0,0	0,0	0,0	0,7
Food Manufacturers	0,0	0,0	0,0	0,0	0,0	0,0	0,7	0,0	0,0	0,0	0,0	4,6	0,0	0,8	1,2	0,0	0,0	0,0	0,0	0,0	0,0	0,0	0,0	1,3	0,0	0,0	0,0	0,0	1,2	0,0	0,1
Food Retailers	0,0	0,0	0,0	0,0	0,0	0,0	0,0	0,0	0,0	0,0	0,0	0,0	0,0	1,2	5,4	0,0	0,0	0,0	0,0	0,0	0,0	0,0	0,0	1,8	0,0	0,0	0,0	0,0	0,0	0,0	0,4
Printing	0,0	2,0	0,0	0,0	0,0	0,0	0,0	0,5	0,0	1,3	0,0	0,0	0,0	0,0	0,0	4,1	0,0	0,0	0,0	0,0	2,0	1,4	0,0	0,0	0,0	0,0	0,0	0,0	0,0	0,0	0,2
Packaging and Paper	0,0	1,6	0,0	0,0	0,0	0,0	0,0	0,9	0,0	0,0	2,9	0,0	0,0	0,0	0,0	0,0	0,0	1,6	0,0	0,0	0,0	0,0	0,8	0,0	0,0	3,3	0,0	0,0	0,0	0,0	0,2
Plastic and Rubber	0,0	0,0	2,8	1,6	0,0	0,0	0,0	0,0	0,0	2,1	0,0	0,0	0,0	0,0	0,0	0,0	1,4	0,0	0,0	0,0	0,0	1,8	0,0	0,0	0,0	0,0	0,0	0,0	0,0	0,0	0,2
General Chemicals	0,0	0,0	1,1	3,2	0,0	0,0	2,9	1,3	0,0	0,0	2,1	0,0	1,9	1,0	0,0	1,7	1,7	2,5	1,3	1,1	0,8	0,0	1,2	0,0	0,0	2,3	1,4	0,0	1,5	0,0	0,9
Oil and Gas	0,0	0,0	0,0	0,0	0,0	0,0	0,0	0,0	0,0	0,0	0,0	0,0	0,0	0,9	0,0	0,0	0,0	0,0	0,0	1,0	0,0	0,0	0,0	0,0	0,0	3,0	0,0	0,0	0,0	0,0	0,3
Traders, Wholesalers	0,0	0,0	1,4	0,0	0,0	0,0	0,0	0,5	0,0	0,0	0,0	0,0	0,0	0,0	0,9	1,4	0,0	0,0	0,0	0,0	0,5	1,8	0,8	0,0	1,1	1,5	0,0	0,0	0,0	0,0	0,3
Transport and Freight	0,0	1,3	2,6	2,5	3,9	0,0	6,9	0,9	0,0	4,4	0,0	2,3	2,3	1,2	3,4	2,6	4,1	2,9	5,9	1,3	0,5	1,8	4,4	1,8	1,9	2,7	1,4	0,0	1,8	0,0	2,2
Support Services	0,0	0,0	0,0	0,0	1,7	10,8	0,0	0,0	0,0	0,0	0,0	0,0	0,0	0,0	0,0	0,0	0,0	0,0	0,0	0,0	0,0	1,4	0,0	0,0	0,0	3,0	0,0	0,0	0,0	0,0	0,1
Miscellaneous	0,0	0,0	0,0	0,0	0,0	0,0	0,0	0,0	0,0	0,0	0,0	0,0	0,0	0,0	0,0	0,0	0,0	0,0	0,0	0,0	0,0	0,0	0,0	0,0	0,0	0,0	0,0	0,0	0,0	0,0	0,3
Banks	11,9	28,5	32,5	30,3	24,9	23,8	7,9	22,6	17,0	11,9	28,0	26,4	39,6	15,4	19,8	20,8	28,5	20,4	23,8	19,9	27,2	27,7	34,0	28,1	42,8	19,0	14,7	32,7	16,5	17,8	23,8
Leasing and Hire Purchase	0,0	0,0	0,0	0,0	0,0	0,0	0,0	0,0	0,0	0,0	0,0	0,0	0,0	0,0	0,0	0,0	0,0	0,0	0,0	0,0	0,0	0,0	0,0	0,0	0,0	0,0	0,0	0,0	0,0	0,0	0,0
Insurance (Life)	34,4	31,0	36,1	31,3	29,5	48,8	43,1	29,5	22,1	23,3	32,4	32,5	34,4	24,3	24,4	17,2	36,2	32,0	30,7	25,5	30,3	27,2	17,2	26,6	21,3	27,5	11,0	21,5	28,4	23,7	28,5
Property	0,0	0,0	0,9	1,8	0,0	0,0	0,0	0,0	0,0	0,0	0,0	0,0	0,0	0,0	0,0	0,0	0,0	0,0	0,0	0,0	0,0	2,6	0,0	0,0	0,0	0,0	0,0	0,0	0,0	0,0	0,3
Miscellaneous Financial	3,6	5,7	2,7	5,2	2,0	10,8	0,0	4,1	6,2	3,1	2,5	0,0	2,4	0,0	0,0	8,1	10,8	9,3	7,7	2,8	2,0	1,8	6,2	3,9	6,2	8,6	1,4	0,0	3,9	0,0	4,0
Electric Utilities	0,0	0,0	0,0	0,0	0,0	0,0	0,0	0,0	0,0	0,0	0,0	0,0	0,0	0,0	0,0	0,0	0,0	0,0	0,0	0,0	0,0	0,0	0,0	0,0	0,0	0,0	0,0	0,0	0,0	0,0	0,0
Durchschnitt:	1,9	2,4	2,7	2,6	2,6	2,7	2,1	2,2	2,0	1,7	2,8	2,6	2,6	1,6	2,2	1,9	2,9	2,5	2,3	1,7	2,1	2,3	2,2	2,1	2,4	2,6	1,0	1,8	1,7	1,4	2,2
N der Unternehmen:	12	30	63	33	21	12	12	42	14	28	17	18	18	34	24	16	20	14	28	31	42	24	28	22	21	29	15	16	23	16	520

Anmerkungen: Die Unternehmen wurden den Wirtschaftssektoren aufgrund ihrer wichtigsten Geschäftsbereiche zugerechnet. Im Durchschnitt wurde dabei jedes Unternehmen 1,77 mal zugeordnet. Ansonsten wie Tabelle A1.

Tabelle A3: Gerichtete Personenverflechtung nach Wirtschaftssektoren, Deutschland (standardisiert)

	100	101	200	300	301	302	304	305	306	307	400	401	402	410	500	600	601	700	800	801	802	Durchschnitt
Bergbau	40,4	18,3	9,1	8,2	5,9	3,6	1,1	0,0	0,0	2,9	6,8	0,0	3,9	1,9	23,8	3,0	0,0	4,7	2,2	5,4	0,0	6,7
Erdöl und Erdgas	25,6	19,2	19,6	11,7	6,4	5,1	3,6	2,9	7,6	4,8	12,3	0,0	6,4	3,0	20,9	2,4	0,0	7,6	3,6	8,7	5,9	8,4
Energiewirtschaft	23,3	16,3	19,8	7,8	7,0	4,5	1,0	3,0	3,1	6,6	6,0	0,0	1,7	0,8	11,6	6,8	0,5	4,9	4,0	4,3	1,9	6,4
Eisen und Stahl	7,2	1,6	1,8	14,4	3,6	7,1	3,1	1,4	3,2	6,7	1,5	2,7	1,8	0,0	2,9	2,8	0,0	0,0	7,2	3,4	3,0	3,6
NE Metall	5,9	6,4	5,3	13,5	14,4	7,6	3,9	1,6	6,2	13,0	4,4	2,6	6,9	0,0	9,4	5,3	0,0	1,3	1,9	0,9	3,2	5,4
Maschinen u. Anlagen	2,2	2,9	1,2	4,3	4,0	6,1	4,5	4,1	4,3	3,6	2,5	1,8	1,6	0,3	4,8	2,7	0,5	0,6	5,4	3,4	2,5	3,0
Fahrzeugbau	2,2	1,8	2,0	5,1	4,9	6,6	12,7	6,1	2,3	5,9	2,9	0,0	1,9	0,0	4,3	2,3	0,6	2,3	10,2	6,4	3,6	4,0
Elektrotechnik	1,2	2,9	1,3	2,5	4,3	2,9	5,5	6,1	3,2	2,4	2,5	3,2	4,3	0,5	1,7	1,6	0,3	2,5	7,4	4,7	2,7	3,0
Feinmechanik u. Optik	4,7	11,5	4,2	11,9	8,3	9,6	10,7	12,3	10,5	9,3	8,9	9,3	4,1	0,0	4,5	4,8	0,0	3,3	19,0	13,6	8,4	8,0
Metallwaren	5,9	4,8	0,0	8,1	7,8	5,4	2,9	0,0	0,0	8,3	0,0	0,0	5,2	0,0	2,8	2,0	0,0	2,0	0,0	0,0	0,0	2,6
Chemie	7,6	9,6	2,6	4,2	3,7	2,9	0,8	1,1	2,6	3,3	7,4	3,3	5,9	3,5	7,3	1,1	0,0	1,1	5,9	2,8	2,1	3,8
Pharmazeutik	0,0	0,0	0,0	0,0	2,6	3,0	0,0	0,8	3,1	0,0	6,6	16,6	5,2	0,0	8,5	0,0	0,0	2,0	5,9	4,2	0,9	2,8
Gummi und Asbest	3,9	6,4	3,5	5,4	0,0	0,8	1,9	2,1	4,1	0,0	4,4	0,0	7,5	3,3	0,0	2,6	0,0	0,0	3,9	0,0	5,1	2,6
Nahrungsmittel	0,0	0,0	0,0	0,0	0,0	1,1	0,0	0,0	0,0	0,0	0,7	2,5	0,0	10,0	0,0	3,8	0,0	0,0	0,0	0,9	0,6	1,0
Bauindustrie	8,6	3,4	0,9	5,9	1,8	3,4	1,0	0,0	0,0	2,8	0,0	0,0	3,7	0,0	0,0	0,0	1,2	1,5	0,0	1,0	0,0	2,5
Groß- u. Außenhandel	6,1	9,9	2,0	16,8	9,4	9,6	4,6	3,7	9,6	12,0	1,7	6,0	2,6	0,0	10,2	4,3	3,4	3,2	10,7	8,0	5,4	6,6
Einzelhandel	0,0	0,0	0,0	0,5	2,2	0,2	0,6	0,0	1,3	3,3	0,0	1,6	0,0	1,0	0,0	0,8	6,0	0,0	2,5	1,8	0,8	1,1
Verkehr	4,7	10,2	2,8	2,1	1,3	2,2	4,7	1,7	0,0	2,0	0,0	0,0	2,7	2,6	3,0	2,1	1,8	9,1	4,7	0,7	1,5	2,9
Banken, Bausparkassen	16,4	37,1	12,4	16,4	25,8	15,5	14,7	12,0	24,1	21,5	24,6	21,5	22,9	11,0	21,9	21,1	10,2	12,6	8,6	10,9	22,8	18,3
Versicherungen	2,1	5,2	1,9	0,9	3,7	3,4	2,7	3,2	3,4	0,0	3,2	7,1	0,0	0,0	1,0	3,6	0,0	2,2	11,9	14,7	1,0	3,4
Holdinggesellschaften	7,3	7,1	6,5	10,3	10,2	6,3	4,3	3,9	2,3	8,6	5,4	2,8	1,2	4,3	8,3	7,4	2,9	3,0	7,3	10,1	3,6	5,9
Durchschnitt:	8,3	8,3	4,7	7,2	6,2	5,1	4,1	3,2	4,4	5,6	4,9	3,9	4,3	2,1	7,9	3,9	1,3	3,1	5,9	5,1	3,6	4,9
N der Unternehmen:	21	13	47	46	24	104	42	77	20	16	56	16	12	25	22	31	37	30	29	44	65	623

Anmerkungen: siehe *Tabelle A1.*

481

Tabelle A4: Gerichtete Personenverflechtung nach Wirtschaftssektoren, Großbritannien (standardisiert)

	9	14	18	19	21	27	31	35	38	41	42	47	48	49	51	53	54	66	68	70	71	72	75	76	77	80	81	86	87	89	Durchschnitt
Water Works	0,0	0,0	0,0	0,0	0,0	0,0	0,0	0,0	0,0	0,0	0,0	0,0	**4,6**	0,0	0,0	0,0	0,0	0,0	2,9	0,0	0,0	0,0	0,0	0,0	0,0	0,0	0,0	0,0	0,0	0,0	0,2
Building Materials	2,7	1,1	2,1	2,0	7,9	8,3	8,3	3,1	0,0	2,3	1,9	0,0	0,0	1,9	1,3	0,0	1,6	0,0	2,3	1,0	1,5	1,3	1,1	0,0	7,9	0,0	2,0	0,0	0,0	2,0	2,0
Contracting & Construction	1,3	**4,2**	1,7	0,9	2,2	2,6	2,6	1,5	0,0	1,7	0,0	0,8	0,8	0,4	0,6	1,9	0,0	0,0	1,1	2,0	0,0	0,6	0,5	0,0	3,0	1,0	3,2	0,0	0,0	2,9	1,2
Electricals	0,0	3,0	0,4	2,8	5,7	**10,1**	5,0	2,1	2,1	3,2	0,0	0,0	1,6	1,7	2,5	1,8	1,5	2,1	1,0	2,9	1,4	0,0	0,0	2,7	5,7	2,0	2,0	0,0	0,0	1,8	2,2
Aerospace	3,9	4,7	2,2	1,4	2,3	3,9	3,9	1,1	0,0	2,9	0,0	2,6	2,6	1,4	1,9	2,9	0,0	0,0	3,4	0,0	0,0	3,9	0,0	2,1	**9,0**	0,0	0,0	0,0	0,0	5,9	2,0
Mechanical Engeneering	13,8	8,3	3,9	2,5	7,9	**22,7**	6,9	0,0	0,0	2,9	0,0	4,6	4,6	2,4	3,4	0,0	0,0	0,0	0,0	2,6	1,9	0,0	0,0	0,0	11,9	5,5	5,7	0,0	3,6	3,8	3,8
Instruments	0,0	2,7	2,5	2,1	3,9	6,9	0,0	0,0	0,0	1,7	1,4	4,6	0,0	2,4	3,4	0,0	4,1	0,0	0,0	0,0	0,0	0,9	0,0	7,5	7,9	5,5	0,8	0,0	0,0	0,0	2,1
Electronics	5,9	3,1	2,6	0,0	0,0	0,0	1,9	1,7	5,4	0,0	0,0	0,0	0,0	0,7	1,9	0,0	1,1	0,0	0,0	1,5	1,1	0,0	0,0	5,4	1,1	1,5	2,4	4,4	0,0	0,0	1,4
Furniture and Furnishings	0,0	0,0	0,0	0,0	3,4	5,9	5,9	0,0	2,5	2,5	0,0	0,0	1,9	2,1	0,0	0,0	0,0	0,0	2,5	2,3	1,7	0,0	2,5	0,0	6,8	2,4	0,0	0,0	0,0	0,0	1,3
Motor Components	0,0	2,3	1,1	1,0	5,1	2,9	0,0	0,8	4,2	0,0	0,0	0,0	3,2	0,0	0,0	0,0	1,7	2,5	4,2	1,1	0,0	2,9	0,0	3,2	1,7	0,0	0,0	0,0	0,0	1,3	1,3
Motor Distributors	0,0	0,0	0,0	1,7	5,6	0,0	0,0	1,4	0,0	0,0	0,0	0,0	3,0	0,0	0,0	0,0	2,9	4,2	0,0	0,0	0,0	0,0	0,0	2,6	0,0	0,0	1,9	0,0	0,0	1,0	1,0
Hotel and Caterers	0,0	3,7	1,7	0,0	2,6	4,6	0,0	1,3	0,0	0,0	0,0	0,0	3,2	0,0	1,7	0,0	0,0	0,0	1,9	1,7	1,3	**4,6**	0,0	2,5	0,0	0,0	0,0	0,0	0,0	3,4	1,1
Leisure	0,0	1,8	0,0	0,0	5,2	0,0	0,0	2,6	0,0	1,9	0,0	0,0	1,6	0,0	1,2	1,8	0,0	0,0	0,0	0,0	1,3	0,0	2,2	2,5	2,8	0,0	3,0	0,0	0,0	3,4	0,7
Food Manufacturers	2,4	0,9	0,4	0,0	0,0	0,0	0,0	1,4	0,0	0,0	1,7	3,2	2,3	**4,4**	0,0	0,0	0,0	0,0	0,0	0,9	0,7	0,0	0,0	2,6	5,9	2,7	1,4	0,0	1,2	0,0	1,0
Food Retailers	3,4	0,0	0,6	0,0	0,0	0,0	0,0	0,0	0,0	0,0	0,0	2,3	2,3	4,9	0,0	0,0	2,0	0,0	2,0	2,6	1,9	1,7	0,0	0,0	5,9	0,0	0,0	0,0	0,0	5,2	1,3
Printing	0,0	0,0	0,0	0,0	0,0	0,0	5,2	0,0	0,0	0,0	3,6	0,0	0,0	0,0	4,1	0,0	0,0	0,0	2,2	0,0	0,0	0,0	2,2	0,0	4,7	3,3	1,7	0,0	0,0	3,9	1,2
Packaging and Paper	0,0	0,0	0,7	1,5	2,9	5,2	4,1	0,0	1,7	0,0	5,8	5,5	2,7	0,0	2,0	4,1	0,0	0,0	0,0	1,6	0,0	0,0	0,0	2,2	**5,1**	0,0	3,6	0,0	2,7	3,1	2,0
Plastic and Rubber	0,0	0,0	1,7	1,0	7,1	**8,3**	0,0	2,5	0,0	0,0	0,0	0,0	0,0	2,9	0,0	0,0	0,0	0,0	0,0	2,3	0,0	0,0	0,0	1,6	3,0	3,6	3,6	0,0	2,1	4,4	0,2
General Chemicals	2,9	0,0	0,5	0,0	0,0	0,0	2,9	0,7	2,9	1,2	0,0	0,0	0,0	2,1	1,4	0,0	0,0	0,0	1,1	0,0	0,0	1,3	1,0	1,4	5,6	0,0	2,4	4,4	0,0	2,2	1,5
Oil and Gas	0,0	1,0	0,0	0,0	0,0	3,4	0,0	0,0	0,0	0,0	0,0	1,7	3,5	3,7	2,6	0,0	1,6	2,3	0,0	1,0	0,7	0,0	1,4	1,0	**5,9**	4,3	4,3	0,0	0,0	4,0	1,0
Traders, Wholesalers	**5,9**	2,3	1,0	1,0	3,4	0,0	0,0	1,7	0,0	0,0	0,0	0,0	0,0	0,0	0,0	0,0	0,0	0,0	1,4	1,5	0,0	0,0	0,0	1,8	1,7	0,0	0,0	0,0	0,0	0,0	2,0
Transport and Freight	0,0	5,5	1,9	1,2	1,5	0,0	1,8	0,9	0,0	0,0	0,0	1,9	2,3	0,0	1,4	2,6	1,1	0,0	1,2	2,6	0,9	1,8	0,0	3,2	0,0	3,1	1,5	1,4	1,5	0,0	1,5
Support Services	0,0	2,3	1,7	2,1	0,0	0,0	0,0	1,7	2,5	2,1	2,1	0,0	1,9	1,3	1,8	0,0	1,7	0,0	0,0	1,1	0,0	1,4	4,8	2,1	4,7	4,5	4,9	2,6	0,0	2,6	1,3
Miscellaneous	0,0	3,0	0,0	2,7	3,4	0,0	0,0	1,0	**6,4**	2,6	2,6	0,0	0,0	0,0	3,9	0,0	0,0	0,0	3,2	0,0	1,0	5,6	1,7	**6,4**	0,0	0,0	0,0	2,2	1,5	2,2	1,6
Banks	3,9	1,5	2,2	1,4	0,0	4,7	4,7	1,1	0,0	1,6	0,0	5,2	**7,9**	1,4	0,0	0,0	1,7	2,5	1,7	2,2	2,2	3,9	0,0	0,0	**11,4**	1,2	1,2	0,0	6,2	2,8	2,1
Leasing and Hire Purchase	0,0	0,0	0,0	0,0	4,5	0,0	0,0	0,0	0,0	0,0	0,0	0,0	0,0	2,0	5,7	6,4	0,0	0,0	0,0	0,0	0,0	0,0	2,4	1,5	0,0	0,0	**8,6**	2,8	0,0	0,0	0,0
Insurance (Life)	2,8	1,1	1,6	0,0	0,0	0,0	0,0	0,8	0,0	1,2	0,0	3,8	3,8	5,1	1,8	0,0	0,0	0,0	0,0	1,1	0,0	4,3	3,1	0,0	5,9	0,0	0,0	0,0	4,4	0,0	2,2
Property	0,0	2,0	0,9	0,0	1,6	5,2	0,0	0,0	0,0	3,1	0,0	0,0	1,8	0,0	0,0	0,0	0,0	2,0	1,5	2,0	0,0	0,0	0,0	1,7	4,1	0,0	0,0	6,2	0,0	4,3	0,9
Miscellaneous Financial	3,6	2,8	0,6	1,3	6,2	3,6	**7,2**	3,1	0,0	0,0	0,0	0,0	2,4	0,0	1,3	3,9	2,1	0,0	0,0	2,8	0,0	1,8	0,0	0,0	4,0	0,0	0,0	0,0	0,0	3,9	2,1
Electric Utilities	0,0	0,0	0,0	0,0	0,0	0,0	0,0	0,0	0,0	0,0	0,0	0,0	1,8	1,4	0,0	0,0	0,0	0,0	1,0	1,1	0,6	0,0	0,0	0,0	0,0	0,0	0,0	0,0	0,0	5,4	0,1
Durchschnitt:	1,7	1,9	1,1	0,9	2,8	3,2	1,8	1,1	0,9	0,7	0,8	1,2	1,8	1,4	1,3	1,0	0,7	0,4	1,0	1,1	0,6	1,2	0,6	1,7	4,0	0,9	1,6	0,6	0,7	2,5	1,4
N der Unternehmen:	12	30	63	33	21	12	12	42	14	28	17	18	18	34	24	16	20	14	28	31	42	24	28	22	21	15	29	16	23	16	520

Anmerkungen: siehe Tabelle A2.

Tabelle A5: Kapitalverflechtung nach Wirtschaftssektoren unter Vernachlässigung von Beteiligungen über 95 %, Deutschland (standardisiert)

	100	101	200	300	301	302	304	305	306	307	400	401	402	410	500	600	601	700	800	801	802	Ø
100 Bergbau	7,1	0,0	3,0	0,0	3,9	1,3	0,0	0,0	0,0	0,0	4,2	0,0	0,0	0,0	8,6	1,5	0,0	1,5	0,0	0,0	0,7	1,5
101 Erdöl und Erdgas	7,3	12,8	16,3	0,0	6,4	1,4	0,0	0,0	0,0	4,8	8,2	0,0	0,0	0,0	6,9	2,4	0,0	2,5	0,0	0,0	1,1	3,3
200 Energiewirtschaft	2,0	0,0	10,6	0,4	3,5	1,0	0,0	1,1	0,0	1,3	1,5	0,0	0,0	0,0	2,9	2,0	0,0	3,5	0,0	0,0	1,3	1,4
300 Eisen und Stahl	2,0	0,0	0,4	6,7	0,0	1,8	1,0	0,2	1,0	1,3	0,0	0,0	0,0	0,0	1,9	0,0	0,0	0,0	0,0	0,0	0,3	0,8
301 NE Metall	1,9	0,0	5,3	0,0	12,6	2,4	2,9	0,0	0,0	5,2	3,7	0,0	0,0	0,0	3,7	5,3	0,0	0,0	0,4	0,0	0,6	2,0
302 Maschinen u. Anlagen	0,4	0,0	0,2	1,6	2,0	1,6	1,6	0,7	1,9	0,0	0,5	0,0	0,0	0,0	0,4	0,9	0,0	0,0	0,4	0,4	0,2	0,6
304 Fahrzeugbau	0,0	0,0	0,5	1,0	0,9	1,3	3,4	0,6	0,0	0,0	0,0	0,0	0,0	0,0	0,0	0,7	0,0	0,7	0,0	0,0	0,0	0,4
305 Elektrotechnik	0,0	0,0	0,2	0,8	0,0	0,9	2,1	2,0	1,9	0,0	0,0	0,0	0,0	0,0	0,0	0,7	0,0	0,4	0,6	0,5	0,1	0,4
306 Feinmechanik u. Optik	0,0	0,0	0,0	4,3	0,0	1,9	3,5	3,2	7,8	0,0	0,0	0,0	0,0	3,3	0,0	0,0	0,0	1,6	2,3	2,2	0,7	1,3
307 Metallwaren	0,0	0,0	1,3	0,0	5,2	0,6	0,0	0,0	0,0	1,1	2,2	0,0	0,0	0,0	0,0	2,0	0,0	0,0	0,0	0,0	0,0	0,5
400 Chemie	0,8	0,0	1,1	0,3	5,2	0,8	0,0	0,0	0,0	0,0	4,5	2,2	0,0	0,0	0,0	1,7	1,0	0,0	0,8	0,0	0,6	0,9
401 Pharmazeutik	0,0	0,0	0,0	0,0	2,6	0,6	0,0	0,0	0,0	0,0	4,1	4,1	0,0	0,0	0,0	0,0	0,0	0,0	0,0	0,0	0,0	0,5
402 Gummi und Asbest	0,0	0,0	0,0	1,8	0,0	0,0	0,0	0,0	0,0	0,0	2,9	0,0	0,0	0,0	0,0	0,0	0,0	0,0	0,0	0,0	0,0	0,2
410 Nahrungsmittel	0,0	0,0	0,0	0,0	0,0	0,3	0,0	0,0	0,0	0,0	0,0	0,0	0,0	3,3	0,0	1,0	0,0	0,0	0,0	0,0	0,6	0,2
500 Bauindustrie	4,3	0,0	1,9	0,9	3,7	1,7	0,0	0,0	0,0	0,0	1,6	0,0	0,0	0,0	8,6	1,4	0,0	0,0	0,0	0,0	0,0	1,1
600 Groß- u. Außenhandel	1,5	0,0	1,3	7,7	8,0	3,7	1,5	0,4	1,6	2,0	2,3	2,0	0,0	1,2	2,9	4,3	2,1	2,1	0,0	0,0	0,4	2,0
601 Einzelhandel	0,0	0,0	0,0	0,0	0,0	0,0	0,0	0,0	0,0	0,0	0,4	0,0	0,0	3,2	0,0	0,8	2,2	1,8	0,0	0,0	0,4	0,5
700 Verkehr	0,0	0,0	2,1	0,0	2,7	0,9	1,5	0,8	0,0	0,0	1,1	0,0	0,0	0,0	0,0	1,0	0,0	8,0	0,0	0,0	0,0	0,8
800 Banken, Bausparkassen	1,6	2,6	2,2	0,7	7,1	4,3	6,5	4,9	10,3	6,4	4,3	2,1	5,7	5,5	9,4	6,6	6,5	3,4	10,3	9,4	9,0	5,6
801 Versicherungen	0,0	0,0	1,4	0,4	2,8	3,0	4,3	2,6	5,6	2,8	2,4	4,2	1,8	0,0	3,0	3,6	0,0	1,5	8,6	17,9	3,1	3,3
802 Holdinggesellschaften	2,1	0,0	4,5	2,6	1,2	3,2	3,6	2,1	3,8	2,8	1,3	2,8	1,2	1,8	2,7	2,4	0,4	2,0	1,4	3,8	1,9	2,3
Durchschnitt:	1,5	0,7	2,5	1,4	3,2	1,6	1,5	0,9	1,6	1,3	2,1	0,9	0,4	0,7	2,4	1,7	0,4	1,4	1,1	1,6	1,0	1,4
N der Unternehmen:	21	13	47	46	24	104	42	77	20	16	56	16	12	25	22	31	37	30	29	44	65	623

Anmerkungen: siehe *Tabelle A1.*

Tabelle A6: Verflechtungszentren (Version 1)

a) Deutschland

	1	2	3	4	5	6	7	8	9	10	11	12	13	14	15
1		3	1	2		2	1	1	2	2	1	1	5	1	2
2	3		2	1	1	1	2	2	2	1	1		1	1	2
3	2	2		1		1	1	2	1	1	1				2
4	2	1	1		2	1	2	2	1	2	3	1	2	1	2
5	1	2	1	2		1	2	1	1	1	2		1		2
6	1		1	1	1		3	1		1			1		2
7	1	2	1	3	3			2	1	2	2			3	1
8	1	1	2	2	1	3	2		4	2				1	1
9	2	1	1	1	1	2	1	4		3		1	2	2	
10	2	1	1	2	1		2	2	3		1	1		1	
11	2	2	1	3	2	1	1					2	1		2
12		1							1		1				
13	5	1	1	3			1	2	3	1	2				
14	1	1		1	1	2	2	2	2	1		1			1
15	2	2	2	2	1	2		1			1			1	

1 Allianz AG Holding	6 Allianz Leben AG	11 Mannesmann AG
2 RWE AG	7 Münchener Rück AG	12 Berliner H+F Bank
3 Daimler Benz AG	8 Karstadt AG	13 Deutsche Bank AG
4 VEBA AG	9 Thyssen AG	14 MAN AG
5 Dresdner Bank AG	10 Volkswagen AG	15 Degussa AG

Dichte: 1,23

Netzwerkes. Würde der Datensatz auf einige tausend Unternehmen erweitert, dann wäre wahrscheinlich nicht der „Stern", sondern die „Pyramide" (mehrstufiger Konzern) das dominante Verflechtungsmuster in Deutschland. In diesem Fall wären nämlich die (kleineren) Enkel-Gesellschaften der Konzern-Mütter im Datensatz enthalten. An den zentralen Merkmalen des Netzes (z.B. hierarchische Koordination) würde dies jedoch nichts ändern.

2. Berechnung von Zentren dichter Verflechtung

Die Ausführungen beziehen sich auf *Tabelle 4* des Haupttextes. Zwei alternative Vorgehensweisen zur Identifizierung von Verflechtungszentren werden vorgestellt. Gezeigt wird, daß unterschiedliche netzwerkanalytische Vorgehensweisen zu einer unterschiedlichen Zusammensetzung der Zentren führt. Unabhängig von der gewählten Vorgehensweise bleiben die Strukturunterschiede zwischen der deutschen und britischen Verflechtungsstruktur prägnant:

Version 1 – Cliquenanalyse: Ausgangspunkt der Analyse zur Ermittlung der Personenverflechtungszentren waren die Datensätze zur Personenverflechtung in Großbritannien (N=520) und Deutschland (N=623). In einem ersten Schritt wurden beide Datensätze auf eine Größe von N=254 reduziert, indem isolierte und nur wenig integrierte Unternehmen ausgeschlossen wurden. Selektionskriterium war die Summe der gerichteten und ungerichteten Personenver-

Fortsetzung *Tabelle A6:*

b) Großbritannien

	1	2	3	4	5	6	7	8	9	10	11	12	13	14	15
1					1										
2					1				1		1				
3					1						1			1	
4															
5	1		1												
6	1										1				1
7				1							1				
8											1	1			
9		1									1				
10			2						1		1		1	1	
11	1	2							1			1			1
12									1		1	1			1
13				1							1				
14			1								1				
15											1	1			

1 Bass plc	6 Unilever	11 Barclays Bank
2 BAA	7 RTZ Corp.plc	12 Marks & Spencer
3 United Biscuits	8 Nat. Westminster	13 Thorn Emy plc
4 Lucas Ind. plc	9 BP Comp. plc	14 Warburg Group
5 Legal & General	10 ICI plc	15 The Telegraph

Dichte: 0,19

bindungen (degree) eines Unternehmens. In einem iterativen Prozeß über 4 (UK) bzw. 6 (D) Schritte wurden jeweils diejenigen Fälle ausgeschlossen, die die geringste Verbindungsanzahl aufwiesen. Das iterative Vorgehen gewährt einen gewissen Schutz vor dem Ausschließen von Unternehmen, die zwar ein relativ geringes „degree"-Maß haben, deren Verbindungen aber zu zentralen Unternehmen führen.

Mit diesen Datensätzen wurden Cliquenanalysen durchgeführt. Mit Hilfe der Cliquenanalyse wird die Anzahl und Zusammensetzung der im Datensatz auffindbaren Cliquen festgestellt. Anzumerken ist, daß die Cliquenanalyse von symmetrisierten und dichotomen Grundinformationen ausgeht, d.h. die Stärke der Verbindungen wird nicht berücksichtigt und gerichtete Informationen werden wie ungerichtete gewertet. Im deutschen Sample fanden sich 1233 Cliquen mit zumindest 3 Mitgliedern, im britischen Sample lediglich 132. Mit Hilfe der Analyse der Überschneidungen der Cliquen lassen sich nun diejenigen Unternehmen herausfiltern, die jeweils am häufigsten gemeinsam in Cliquen auftauchen.

Für Deutschland fand sich ein eindeutiges Hauptzentrum um die Allianz AG Holding und die RWE AG, die gemeinsam am häufigsten in den 1233 Cliquen auftauchen. Aus pragmatischen Gründen wurden insgesamt 15 Unternehmen dieses Zentrums ausgewählt. Die wechselseitige Verflechtung (unter Berücksichtigung von Stärke und Richtung der Beziehung) dieser Unternehmen ist in *Tabelle A6* dargestellt. Die Analyse der britischen Daten führte hingegen zu keinem eindeutigen Verflechtungszentrum, was mit der geringeren Überschneidungswahrscheinlichkeit der 132 gefundenen Cliquen zusammenhängt. Zur Lösung dieses Problems wurden die Restriktionen der Cliquendefinition etwas gelockert.

In einem nächsten Schritt wurden somit 1934 2-Cliquen im britischen Datensatz identifiziert. Vorraussetzung der Clique war nun nicht mehr die direkte wechselseitige Erreichbarkeit der Cliquenmitglieder, sondern die wechselseitige Erreichbarkeit über die Pfadlänge 2. Mit Hilfe der Überschneidungsanalyse auf Basis der 1934 2-Cliquen gelang es nun, ein eindeutiges Hauptzentrum im britischen Datensatz herauszuarbeiten. Die entsprechenden 15 Unternehmen dieses Hauptzentrums sind ebenfalls in *Tabelle A6* dargestellt.

Ein wirklich identisches Vorgehen für Deutschland und Großbritannien war aufgrund der Unterschiedlichkeit der Datenstruktur nicht möglich. Wegen der höheren Verflechtungsdichte kommt eine 2-Cliquen Analyse für den deutschen Datensatz nicht in Frage. Die Prozedur bricht bei einer Cliquenanzahl von ca. 600.000 gezählten Cliquen ab.

Die Cliquenanalyse identifiziert Verflechtungszentren unter Berücksichtigung der Gesamtstruktur der Daten. Damit wird erklärlich, daß die Berliner Handels- und Frankfurter Bank im Kreis der 15 auftaucht, obwohl sie mit den anderen Unternehmen dieses Kreises selbst nur relativ gering verbunden ist. Die Bank ist hingegen in eine Vielzahl von Cliquen eingebunden, deren Mitglieder nicht zu den Unternehmen des Verflechtungszentrums gehören.

Version 2 – Zentralität: Zur Identifizierung eines Verflechtungszentrums, dessen Mitglieder vor allem wechselseitig stark verflochten sind, bietet sich ein anderes Vorgehen an. Ausgangspunkt sind die Datensätze der Größe N=254. Selektionskriterium sind nun die Werte des Zentralitätsmaßes „closeness" (vgl. Freeman 1979). Schrittweise werden Unternehmen mit geringen Zentralitätsmaßen aus dem Datensatz entfernt, bis letzlich 15 Unternehmen verbleiben. Die Stärke der Beziehungen ist auch bei dieser Vorgehensweise unbedeutend. Die Dichten sind jeweils etwas höher als bei der cliquenananalytischen Vorgehensweise. Die Unternehmensauswahl ist andererseits tendenziell stärker durch das Unternehmen mit dem höchsten Zentralitätsgrad bestimmt. Die Ergebnisse dieses zweiten Verfahrens wurden aufgrund der höheren Verflechtungsdichte im Haupttext besprochen und in *Tabelle 4* präsentiert.

Die Cliquen- und Zentralitätsanalysen wurden mit dem Programm UCINET IV von Borgatti, Everett und Freeman durchgeführt.

V. Die Stellung der Soziologie in der Gesellschaft

SOZIOLOGIE IN DER EREMITAGE?

Kritische Bemerkungen zum Vorwurf des Konservatismus der Soziologie *

Von Renate Mayntz

Die nachhaltigste Kritik erwächst der Soziologie gegenwärtig aus ihren eigenen Reihen. Für einen Teil dieser Kontroversen — etwa dem Streit zwischen Empirie und Theorie, zwischen problemorientierter Forschung und Methodologie, zwischen mikroskopischer und makroskopischer Forschung — gilt, was *Merton* 1959 vor dem ISA-Kongreß in Stresa feststellte: daß in einem Prozeß gegenseitiger Stereotypierung verschiedene Orientierungen zu unvereinbaren Gegensätzen gestempelt werden, während sie tatsächlich in einem Verhältnis notwendiger Ergänzung stehen[1]. Bei solchen Kontroversen spielt neben dem Bemühen, den jeweils eigenen Ansatz zu verabsolutieren und ihm und damit sich selbst mehr Bedeutung zuzuschreiben, das unklare Selbstverständnis der Soziologie hinsichtlich ihres Zieles eine wichtige Rolle. Bestände Klarheit und Übereinstimmung über das Ziel soziologischer Arbeit, dann wäre auch der arbeitsteilige Beitrag aller verschiedenartigen Bemühungen für dieses Ziel deutlicher erkennbar.

Gerade in jüngster Zeit wird jedoch der Lärm des Streites über nur scheinbare Gegensätze von einer Selbstkritik übertönt, die viel grundsätzlicherer Natur ist: Soziologen werfen der heutigen Soziologie vor, unkritisch, trivial und in der Wirkung konservativ zu sein. Dieser Vorwurf vermag tief zu verletzen, weil er dem Selbstbild wohl der meisten Soziologen entgegengesetzt ist. Es wird allerdings nicht behauptet, die Soziologen selber seien unkritische Konservative, die Freude am Banalen und Trivialen hätten; vielmehr sollen diese negativen Eigenschaften besonders in drei Stützpfeilern der gegenwärtigen Soziologie — dem Postulat der Wertfreiheit, der empirischen Sozialforschung und der strukturell-funktionalen Theorie — immanent bzw. deren logische Folge sein. Der Soziologe wird damit zum Konservativen wider Willen, eine Situation, deren Schilderung durch *Dahrendorf* in dieser Zeitschrift[2] man die Worte von *Wrong*[3] zur Seite stellen kann: „Although most sociologists are indeed personally liberal ... their liberalism is so divorced from their professional commitment to scientism that it manages to co-exist with theories and research practices expressing an implicit conservative leaning. The liberal bias

* Der vorliegende Beitrag ist Teil einer unveröffentlichten Festschrift zum 60. Geburtstag von Prof. Dr. *Otto Stammer*, Berlin.

is, as it were, personal and is located in their hearts, while the conservative bias is professional and is located in their categories and methods."

Die konservative Tendenz bezieht sich auf den jeweiligen Status quo und könnte demzufolge ebenso der Erhaltung einer sozialistischen wie einer spätkapitalistischen Gesellschaftsordnung dienen. Konservativ ist also nicht als politisch „rechts" im Gegensatz zu „links", sondern als bewahrend im Gegensatz zu erneuernd zu verstehen, eine Unterscheidung, die in der selbstkritischen Debatte meist nicht ausdrücklich gemacht wird.

Erklärt man die implizit konservative Haltung der gegenwärtigen Soziologie als ihrer Arbeitsweise immanent, dann geht man ähnlich vor wie *Marx*, als er den Konservatismus, den er *Hegel* und der Schule des philosophischen Kritizismus vorwarf, aus der inneren Logik eines Denkens ableitete, das die Entfremdung auf philosophischer Ebene aufheben wollte. Jedes solche Argument wäre zunächst auf seine logische Richtigkeit zu prüfen. Die soziologische Selbstkritik geht jedoch noch einen Schritt weiter; sie behauptet eine reale konservative Wirkung der gegenwärtigen Soziologie und begründet damit einen sozialen Prozeß ideenlogisch — ähnlich *Polanyi*, wenn er den totalitären Kollektivismus aus der logischen Weiterentwicklung der Ideen der Aufklärung ableitet[4]. Hier wäre zu fragen, warum, selbst wenn das logische Argument stimmt, der soziale Prozeß dieser Logik gefolgt ist. Was den soziologischen Konservatismus angeht, der als solcher hier nicht bestritten wird, möchte dieser Beitrag zeigen, daß strukturell-funktionale Theorie, Empirismus und das Postulat der Wertfreiheit *nicht* mit logischer Zwangsläufigkeit zu einer konservativen Haltung und Wirkung führen, und daß man deshalb, um diese Tendenz zu erklären, auf soziale Situationsfaktoren zurückgreifen muß.

I

Zur Begründung der These, die strukturell-funktionale Theorie impliziere einen konservativen Bias[5], verweist man zunächst auf ihre ahistorisch-abstrakten und zu statischer Sicht verführenden Kernbegriffe. Eine Verführung zu statischer Sicht bei ständiger Verwendung von Begriffen, die Prozesse in Momentaufnahmen zum Stillstand bringen, ist sicher nicht abzustreiten. Diese Verführung ist jedoch kein logischer Zwang, etwa über den Strukturen die sie ausmachenden Prozesse und über den Rollennormen die Interaktionsmuster zu vergessen. Prozessuale Kategorien — soweit solche in der Soziologie überhaupt möglich sind — lassen sich im Rahmen einer fortentwickelten strukturell-funktionalen Theorie prinzipiell durchaus verwenden.

Ein schwerwiegenderes Argument für den implizierten Konservatismus der strukturell-funktionalen Theorie weist auf die Annahme hin, daß gesellschaftliche Institutionen und Verhaltensmuster zwar nicht in ihrem Ursprung, aber doch in ihrem Fortbestehen durch die Beiträge erklärbar sind, die sie zur Erhaltung des Systems leisten. Wenn Erhaltung des Systems mit Erhaltung des Status quo gleichgesetzt wird, was bei einer ahistorischen Sichtweise naheliegt, bedingt diese funktionalistische Annahme tatsächlich eine Tendenz, derzufolge das, was ist, als nützlich legitimiert wird[6].

Nun zwingt die strukturell-funktionale Theorie aber gar nicht dazu, den Status quo zum Bezugspunkt funktionalistischer Aussagen zu machen und eine Gleichgewichtstendenz, die auf seine Erhaltung hinwirkt, anzunehmen. Der Bezugspunkt funktionalistischer Analyse kann entweder ein vom Betrachter angenommener, wünschenswerter Zustand sein, z. B. das Modell einer demokratischen Gesellschaft. Auf diesem Wege würde sich die funktionalistische Analyse der Denkweise nähern, die *Fijalkowski* weiter oben als kennzeichnend für den dialektischen Theoriebegriff beschreibt[7]. Der Bezugspunkt funktionalistischer Analyse kann aber auch die Vorstellung eines Systems sein, dessen Funktionsvoraussetzungen optimal erfüllt sind. Daß dieser Zustand im Status quo schon erreicht wäre, postuliert die strukturell-funktionale Theorie keineswegs. Ein System aber, dessen Funktionsvoraussetzungen mangelhaft erfüllt sind, das dysfunktionale Prozesse und spannungsgeladene Strukturen einschließt, erscheint gerade dann instabil, wenn man eine Tendenz zum Gleichgewicht als Tendenz zu einem Zustand maximaler Erfüllung der Funktionsvoraussetzungen annimmt. Solange dieser Zustand nicht erreicht ist, muß eine solche Gleichgewichtstendenz selber fortwährend Wandlungsprozesse auslösen. Diese Prozesse schaffen jedoch nicht nur neue Spannungen in anderen Teilen des Systems und rufen so reaktiv weitere Änderungen hervor, sondern sie ändern auch die Art des Systems und damit seine Funktionsvoraussetzungen. Damit verschiebt sich der Zielpunkt der auf Gleichgewicht gerichteten Prozesse ständig, und man kommt auf dem Boden der funktionalistischen Systemtheorie zur Vorstellung einer in konstanter Änderung befindlichen Gesellschaft. Daß die Annahme einer Gleichgewichtstendenz fragwürdig ist, steht dabei hier nicht zur Debatte; es war lediglich zu zeigen, daß selbst *mit* dieser Annahme eine konservative Denkneigung nicht notwendig gegeben ist.

Sogar wenn man die Systemtheorie noch ausdrücklicher in Richtung auf kybernetische Vorstellungen entwickelt, kommt man nicht notwendig zu einer statisch-konservativen Sicht, wie *Cadwallader* gezeigt hat[8]. Er verweist auf den Begriff der Ultrastabilität, einer Eigenschaft, die es offenen Systemen ermöglicht, bei fortwährenden Änderungen ihrer Struktur und Funktionsweise als Systeme fortzubestehen. Diese Ultrastabilität ist eine Existenzvoraussetzung für alle offenen Systeme in einer veränderlichen Umwelt, mithin für alle sozialen Systeme. Innovation — nicht Konservation — ist die Voraussetzung der Erhaltung, und vom Begriff der Ultrastabilität geführt, richtet die Systemtheorie ihr Augenmerk auf jene Prozesse und strukturellen Merkmale, die die Fähigkeit des Lernens und dadurch der Innovation gewährleisten.

Das Ungenügen an der Handhabung der strukturell-funktionalen Theorie liegt weniger in ihren statischen Strukturkategorien, ihrem Systembegriff und ihrem funktionalistischen Prinzip begründet als in ihrer Vernachlässigung von Phänomenen der Macht und des Konflikts. Daß auch dieser Mangel kein logisch notwendiger ist, hat *Gouldner* kürzlich gezeigt [9]. Er führt aus, daß hinter der funktionalistischen Betrachtungsweise die Vorstellung der Reziprozität stehe: wenn A für B eine Funktion erfüllt, erwidert B dies mit einer Leistung für A, wobei die weitere Leistung beider Partner von der fortgeführten Gegenseitigkeit abhängt. Dieses Austauschprinzip voller Reziprozität stellt jedoch nur einen Pol eines Kontinuums dar, an dessen anderem Ende sich der Grenzfall einseitig unerwiderter Leistung findet. Solche Ausbeutungsverhältnisse können durch starke Machtunterschiede zwischen den Partnern, durch normative Kompensationsmechanismen („Geben ohne zu nehmen") oder durch eine ersatzweise Belohnung eines der beiden Partner von dritter Seite stabilisiert werden.

Die strukturell-funktionale Theorie kann, wenn sie das ganze Kontinuum möglicher Verhältnisse von voller Reziprozität bis zu nur einseitiger Leistung einbezieht, anstatt sich nur auf einen Ausschnitt aus diesem Kontinuum zu beschränken, Machtphänomene bis hin zu Ausbeutungsverhältnissen erfassen. Auch das Phänomen der Residuen, scheinbar funktionslos fortbestehender Institutionen, würde damit innerhalb der strukturell-funktionalen Theorie erklärbar. Die stärkere Berücksichtigung von Machtverhältnissen würde auch den Bezugspunkt funktionalistischen Denkens von der Vorstellung maximaler Integration auf die eines gerade noch tragbaren Integrationsminimums verschieben; neben der gegenseitig vorteilhaften Kooperation würde damit jene Form von sozialem Zusammenhalt besser sichtbar werden, die man bildhaft im Verlauf eines Ringkampfes gezeigt bekommt.

Wenn die strukturell-funktional orientierte Soziologie von der janusköpfigen Gesellschaft lieber und häufiger die Seite des friedlich-gerechten Leistungsaustausches beleuchtet und ihr von Machtkampf, Eroberung und Ausbeutung gezeichnetes Gesicht vergessen läßt, dann ist das rein begriffslogisch nicht zu erklären. Auch eine ideengeschichtliche Interpretation müßte nach jenen Faktoren fragen, die die Selektion gerade dieser Modellvorstellung beeinflußt haben. So ist man schließlich zurückverwiesen auf die gesellschaftliche Lage der Soziologen und ihre Rolle. Der Soziologe eines westlichen Landes lebt in einer Gesellschaft, die manch krasse Ausbeutungsverhältnisse und soziale Benachteiligungen auf dem Wege zum demokratischen Rechts- und Wohlfahrtsstaat beseitigt hat, zugleich aber die im eigenen Inneren noch bestehenden Macht-

verhältnisse als Vertrags-, Kooperations-, Verwaltungs- und Delegationsver-
hältnisse zu deuten und damit Machtkonflikte auf nationaler Ebene ideologisch
zu verschleiern und auf die internationale Ebene abzuschieben versucht. Sich
der Wirkung dieses Klimas zu entziehen, bedarf einer gewiß auch unter Soziologen ungewöhnlichen geistigen Unabhängigkeit von den Einflüssen der eigenen
Umwelt oder eines besonderen Anlasses. Diesen Anlaß findet der Soziologe
aber gerade in seiner eigenen sozialen Lage kaum. Die Mittelklassenlage der
meisten Soziologen und ihre Berufsrolle, ob sie nun lehrend, forschend oder die
Praxis beratend tätig sind, bedingen, daß sie weder selbst ein großes Maß
effektiver Macht besitzen, noch umgekehrt von ihr in bedrückender Abhängigkeit stehen. Sie vernachlässigen das Phänomen der Macht, weil sie mit ihm in
seinen krasseren Spielarten selten in enge Berührung kommen. Das gilt allerdings nur für freiheitliche westliche Gesellschaften, während der Soziologe in
totalitären Regimen ein bevorzugtes Opfer der herrschenden Macht war und ist.
In der freien Gesellschaft spielt gelegentlich die Herkunft und Umgebung des
einzelnen eine differenzierende Rolle. Man könnte wenigstens eine symbolische
Bedeutung darin sehen, daß *Talcott Parsons* im idyllischen Cambridge wohnt,
während *Mills* in der harten Stadt New York ansässig ist.

II

Der gegen die empirische Sozialforschung erhobene Vorwurf der konservativen Wirkung tritt in zwei Varianten auf. Nach dem ersten Argument, das
z. B. von *Schelsky* vertreten wird [10], ist die empirische Forschung selber neutral
oder tendenzlos. Ob ihre Wirkung konservativ ist oder nicht, hängt davon ab,
was empirisch untersucht wird und wozu man die Untersuchungsergebnisse verwendet. Der Vorwurf des Konservatismus wird also weitergegeben an die Auftraggeber und Verbraucher empirischer Forschung und trifft die Soziologen nur
soweit, wie sie sich die Themen ihrer Arbeit vorschreiben lassen und sich um
die Verwendung ihrer Ergebnisse nicht kümmern. Wenn Soziologen so handeln,
wird das dem Postulat der Wertfreiheit zur Last gelegt. Damit mündet dieses
Argument in den im nächsten Abschnitt zu behandelnden Vorwurf gegen die
Wertfreiheit.

In dem zweiten Argument richtet sich der Vorwurf gegen die empirische
Forschung selbst. *Moore* hat ihn in knapper Formulierung zusammengefaßt:
„Respect for the facts tends to become an inhibition on criticizing the facts [11]."
Das kritiklose Nachzeichnen dessen, was ist, soll die empirische Soziologie kenn-
zeichnen, seit mit der Diskreditierung der Vernunft die Einsicht in die Totalität
des Geschichtsprozesses verloren ging. Seitdem, meint etwa *Bendix*, findet die
Soziologie als einzige Regelmäßigkeiten im sozialen Geschehen statistisch signi-

fikante Korrelationen zwischen Variabeln. Damit untersuche man dann nur noch, „was sowieso geschieht" oder „was ist", und verfalle der Ansicht, „that ‚whatever is, is necessary'... and hence in all probability unalterable"[12]. *Dahrendorf* argumentiert ähnlich, wenn er betont, der heutigen Soziologie fehle das umfassende Gesellschaftsbild, das als Modell zur Erklärung empirisch erhobener Tatbestände dienen könnte[13]. Zu dem Soziologen, der somit von der empirischen Forschung zwangsläufig in die bloße Kontemplation des nun einmal Gegebenen und unabänderlich Geschehenden, gegen das man nichts mehr einzuwenden vermag, geführt wurde, gehört dann auch das Menschenbild des durch seine Rollen determinierten homo sociologicus[14], des angepaßten Menschen, der gern tut, was er tun muß, und dessen Anspruchsniveau sich immer auf das Gegebene einstellt[15].

Der Angelpunkt dieses Argumentes liegt in der Annahme, daß Erklärung empirisch erhobener Tatbestände nur im Rahmen einer umfassenden Konzeption des sozialen Prozesses möglich sei, und wenn jene fehlt, bliebe lediglich die Oberflächenfotografie dessen, was ist und was geschieht. Diese Auffassung von der Erklärungsfunktion theoretischer Modelle eignet insbesondere den Vertretern des von *Fijalkowski* so genannten erkenntnislogischen Theoriebegriffes in der Soziologie[16]. Der Erklärungswert theoretischer Modelle steht außer Zweifel. Es gibt jedoch in der gegenwärtigen Soziologie zahlreiche Theorien der mittleren Reichweite, die zur Erklärung beobachteter Zusammenhänge herangezogen werden können und aus denen sich Hypothesen ableiten lassen. Eine theoretische Gesamtkonzeption des Gesellschaftsprozesses kann beim heutigen Wissensstand nicht anders als entweder inhaltsleer-abstrakt oder weitgehend spekulativ und unverifiziert sein und bietet so kaum ausschlaggebende Vorteile. Wenn man es nicht gerade mit *Nietzsche* hält und meint, es komme nicht darauf an, ob ein vermeintliches Wissen zutreffend sei, sondern daß es eine Orientierung für menschliches Handeln abgebe[17], dann muß man das Verschwinden der umfassenden Geschichtskonzeptionen der ersten Soziologen als einen Fortschritt in Richtung einer differenzierteren Einsicht in die Komplexität der sozialen Wirklichkeit begrüßen.

Das Fehlen einer umfassenden Modellvorstellung hindert nicht daran, in Kausalkategorien zu denken, nach Ursachen und Folgen der beobachteten Phänomene zu fragen und vielstufige Wechselwirkungsprozesse festzustellen. Ein solches Denken ist durchaus vereinbar mit der Feststellung dessen, was ist und was geschieht. Tatsachen, d. h. das was ist, kann man mit *Dewey* als — verwirklichte — Alternativen betrachten, womit man sofort zur Frage nach dem „warum gerade so?" geführt wird. Das, was geschieht, ist, daß auf Grund der Gegebenheiten A, B und C das Phänomen X auftritt. Derartige Feststellungen über Beziehungen zwischen Phänomenen bedeuten nicht, daß man

einem Unabänderlichen ohnmächtig gegenübersteht; denn sie sagen nichts darüber aus, wieweit diese Gegebenheiten manipuliert werden können. Im Gegenteil: *Bendix* z. B. sagt selber, daß ein solches Wissen um Zusammenhänge zwischen Faktoren die Grundlage für Manipulation und Meisterung der sozialen
Wirklichkeit bildet[18]. Schließlich ist auch gegen die Formulierung, die empirische Forschung untersuche, „was sowieso geschieht", nichts einzuwenden,
sofern damit gemeint ist, daß nach Gesetzmäßigkeiten in den Beziehungen —
auch den zeitlichen und kausalen Beziehungen — zwischen sozialen Phänomenen gesucht wird. Eine mögliche Nutzung oder Steuerung dieser Gesetzmäßigkeiten bleibt dabei wieder durchaus offen: nur wenn man sich des Ein-
griffs in die sozialen Abläufe enthält, ist nicht zu ändern, was geschieht, und
das zu zeigen ist sicher sinnvoll.

Ein Empirismus, der Tatsachen objektiv darstellen will und sich dazu bemüht, soziale Phänomene als meßbare Variabeln zu fassen und Beziehungen
zwischen ihnen zu beweisen, war zunächst eine zweckmäßige Reaktion auf den
Situationsdruck, unter dem die Soziologie stand, als sie sich zur selbständigen
Disziplin emanzipieren und Anerkennung als Wissenschaft erhalten wollte. Der
Empiriker, dessen Feststellungen auf ihre Gültigkeit und Zuverlässigkeit hin
überprüfbar sind, kann seine Wissenschaftlichkeit besser demonstrieren als der
unempirisch interpretierende und kritisch deutende Soziologe. Je weniger
soziologische Aussagen in ihrer Richtigkeit überprüfbar sind, um so größer ist
der Druck, die eigene Wissenschaftlichkeit wenigstens durch Neutralität glaubhaft zu machen: wer nicht Partei nimmt, dessen „Tatsachen" glaubt man in
einem ideologiekritischen Zeitalter eher. Hinzu kommt, daß der Anspruch auf
Wissenschaftlichkeit außer durch Objektivität auch noch durch die zumindest
potentielle Nützlichkeit soziologischer Arbeit gerechtfertigt werden muß —
wenn nicht vor Fachkollegen, so doch vor dem größeren Publikum. Je mehr die
Naturwissenschaften für den Durchschnittsbürger zum Prototyp des Wissenschaftlichen geworden sind, um so mehr wird wissenschaftliche Arbeit in pragmatischer Perspektive beurteilt.

Das Dilemma dieser Situation ist klar. Empirische Forschung, die nach Zusammenhängen und ihren Erklärungen sucht und durch ihre dynamische An-
schauungsweise zur Innovation eher als zur Konservation tendiert, ist prinzipiell möglich. Panelforschung, Multivariationsanalyse, Beachtung von Rela-
tions- und Kontextvariablen sind einige der methodologischen Hilfsmittel, die
einer derart ausgerichteten Empirie schon zur Verfügung stehen. Diese Forschung wäre nicht deskriptiv, sondern verifizierend. Sie setzt Fragestellungen
voraus, die sich aus Erwartungen über das Beschaffensein der sozialen Wirklichkeit ableiten. Derartige Fragestellungen implizieren aber eine Stellungnahme zur sozialen Wirklichkeit und geraten in Widerspruch zu der als Ersatz

für beweisbare objektive Richtigkeit geforderten Neutralität des Empirikers. Entscheidet dieser sich um der Anerkennung seiner Wissenschaftlichkeit willen zur Neutralität, gerät er wiederum in Gegensatz zu der Forderung nach bewußter Nützlichkeit. Man kann schlechterdings nicht neutral und zugleich bewußt auf Nützlichkeit bestrebt sein, ohne sich jemandem zu Diensten zu stellen, der einen als neutrales Instrument zu seinen Zwecken benutzt. Damit wird der Soziologe gedrängt, zum unkritischen Auftragsforscher zu werden.

Diese Situation braucht jedoch nicht mehr als ein Durchgangsstadium zu sein. Je besser sich die Gültigkeit und Zuverlässigkeit empirischer Ergebnisse beweisen lassen, um so weniger muß der Forscher seine Wissenschaftlichkeit durch demonstrative Neutralität glaubhaft machen. Ist der Soziologe auch noch nicht dem Genetiker vergleichbar, dessen Ergebnisse selbst dann glaubwürdig sind, wenn seine Forschung von der persönlichen Sorge über die Auswirkungen der Atomstrahlung angeregt wurde, so kann er es sich doch in zunehmendem Maße leisten, seine Arbeit von der eigenen kritischen Fragestellung leiten zu lassen. Und zwar kann er das um so mehr, je mehr er die Forderung der Wertfreiheit bei der *Durchführung* seiner Untersuchungen beherzigt.

Das Argument gegen die empirische Forschung führt also auch auf diesem Wege zu der Kardinalfrage, warum der Soziologe sich denn der kritischen Fragestellung enthält. Da keine Eigengesetzlichkeit der Empirie diesen Verzicht erzwingt, wird man zurückverwiesen auf das Postulat der Wertfreiheit, das in der Diskussion um die gegenwärtige Soziologie als Einbahnstraße in die innere Emigration der kritiklosen Hinnahme des Status quo erscheint [19].

III

Die Forderung nach wertbezogener Sozialwissenschaft, besonders in der Form, wie sie von Vertretern des von *Fijalkowski* so genannten erkenntnislogischen Ansatzes vorgebracht wird, verlangt zunächst einmal eine bewußt wertbezogene Themenwahl oder, was dasselbe in anderen Worten sagt, eine auf „wichtige" Probleme orientierte Soziologie. Die Wichtigkeit einer Fragestellung ist dabei durch ihre Relevanz für die Grundfragen menschlicher Existenz in der Gesellschaft [20] bzw. für solche postulierten Grundwerte wie Freiheit und Vernunft gegeben [21]. Mit einer wertbezogenen Sozialwissenschaft wird zweitens gefordert, daß das festgestellte So-Sein und Sich-So-Verhalten — das auch dynamische Zusammenhänge und Gesetzmäßigkeiten einschließt — kritisch beurteilt werden soll. Die Aussage, ein festgestellter Zustand X sei schlecht, braucht dabei noch kein unmittelbares und wissenschaftlich unbeweisbares Werturteil zu sein. Sie kann bedeuten, daß Zustand X im Hinblick auf seine Konsequenzen beweisbar schlechter ist als ein — wirklicher oder vorgestellter — Zustand Y[22]. Zur Beurteilung der verglichenen Konsequenzen braucht man dann aber doch einen — wissenschaftlich nicht mehr ableitbaren — Wertmaßstab, zu dem der Forscher sich, genau wie bei der wertbezogenen Themenwahl, selber entscheiden muß.

Die Forderungen einer wertbezogenen Themenwahl und Ergebnisbeurteilung stehen nicht, wie öfters behauptet oder wenigstens impliziert wird, mit dem Postulat der Wertfreiheit in Widerspruch. Folgt man *Max Weber*[23] und untersucht, wie ein gegebener, also als solcher vorausgesetzter Zweck zu erreichen ist bzw. welche Gegebenheiten welche Folgen haben, dann fragt man nach dem Zusammenhang zwischen Phänomenen. Für die Feststellung eines solchen Zusammenhanges ist der Wertcharakter der betreffenden Phänomene tatsächlich irrelevant: hier gelten nur die Kriterien der Gültigkeit und der Zuverlässigkeit. Das heißt aber nicht, daß der Wissenschaftler keine Wahl hinsichtlich der „gegebenen Zwecke" hätte. *Max Weber* sagte selber, daß die die Zeit und den Forscher beherrschenden Wertideen die Themenwahl bestimmen[24]. Das schließt die Möglichkeit einer bewußten eigenen Wertentscheidung ein, schließt allerdings die Möglichkeit einer Auslieferung an die je herrschenden Kräfte in der Gesellschaft und ihre Zwecke nicht aus. Eine Parteinahme für spezifische Werte, wie sie nach *Max Weber* alles Handeln ist, liegt in jedem Fall in der Bestimmung der „gegebenen Zwecke", auf die sich Fragestellung und Ergebnisbeurteilung beziehen[25]. Das Postulat der Wertfreiheit zwingt den Forscher nicht, sich diese Parteinahme von außen oktroyieren zu lassen.

Nun ließe sich allerdings argumentieren, daß die Zuverlässigkeit des wissenschaftlichen Arbeitens beeinträchtigt werde, wenn der Forscher sein Thema in bewußtem eigenem Wertbezug wählt. Es gibt jedoch keine logische Alternative: entweder Verzicht auf bewußten Wertbezug — oder falsche Ergebnisse. Das Bemühen um Begriffe mit klarem empirischen Bezug wird viel eher von einer implizierten als von einer bewußten Wertung gehindert. Die Meßbarkeit eines Phänomens ist prinzipiell unabhängig davon, wie und mit wie starkem Affekt man es bewertet. Wirkungsvoller als der Versuch, die eigenen Wünsche als Väter der Gedanken auszuschalten, indem man nicht bewußt wünscht, ist eine genaue Trennung von Hypothese und Verifikation, von Ergebnis und Deutung. Je wertfreier der Soziologe in seinem Arbeiten ist, um so gefahrloser kann er in der Fragestellung und der Ergebnisbeurteilung Wertmaßstäbe anlegen.

Wenn der Soziologe darauf verzichtet, ist das dann auch seltener ein auf dem Altar wissenschaftlicher Zuverlässigkeit dargebrachtes Opfer als die Folge eigener Wertunsicherheit: aus der Unfähigkeit oder dem mangelnden Willen zu einer eigenen Wertentscheidung zieht sich der Wissenschaftler zurück auf die Ausübung seiner rein instrumentell verstandenen Funktion. Dieses Verhalten führt den Sozialwissenschaftler, wie *Moore* sagt, zu einem anthropolo-

gischen Relativismus, aus dem heraus er schließlich die üblen Praktiken totali-
tärer Zwangsregime ebenso wenig verdammen kann wie die seltsamen Heirats-
gebräuche eines Eingeborenenstammes[26]. Hier richtet sich die Kritik nicht
gegen das Prinzip der Wertfreiheit als wissenschaftliche Arbeitsnorm, sondern
gegen die Ausdehnung dieser Norm über ihren Geltungsbereich hinaus und ihre
Verallgemeinerung zu der Annahme, wertfrei untersuchte Tatbestände entzögen sich überhaupt den Kategorien einer wertbezogenen Beurteilung. Dieser
Schritt ist aber logisch nicht notwendig und von *Max Weber* mit dem Postulat
der Wertfreiheit nicht gemeint. Man muß deshalb versuchen, ihn anderweitig
zu erklären.

IV

Es gibt Berufsrollen, wie die des Arztes, in deren Aufgabendefinition bereits
die Verwirklichung eines unbestrittenen Wertes — dort etwa Gesundheit, Hei-
lung, Lebensbewahrung — beschlossen liegt. Der Soziologe befindet sich mit
seiner Berufsrolle in einer weit weniger glücklichen Lage. Erkenntnis, Wissen
unabhängig von einer vorgestellten Nützlichkeit ist kein unbestrittener Wert:
hier liegt eine Wurzel wichtiger Konflikte, die der Soziologe in seiner Rolle
auszutragen hat.

Zweifellos gibt es eine kontemplative Neugier, einen von Nützlichkeits-
erwägungen freien Wissensdrang als Arbeitsmotiv bei Soziologen, wahrscheinlich besonders bei jenen, die zur Laufbahn des akademischen Forschers tendieren. Eine Beobachtung ohne augenfällige Erklärung, eine von irgendwo aufge-
tauchte Frage werden zum intellektuellen Problem; die Antwort zu finden,
wird zur aufregenden Aufgabe und zur Probe der eigenen intellektuellen
Fähigkeit. Ein derartiger Wissensdrang kann sich auf beliebige Fragen richten:
ihre Schwierigkeit eher als ihre inhaltliche Bedeutsamkeit in einem praktischen
Bezugssystem bestimmen ihre Wahl durch die Soziologen.

Dieser reine, keiner weiteren Legitimierung bedürfende Wissensdrang wird
jedoch außerhalb der akademischen Welt aus pragmatischer Perspektive abge-
wertet. Selbst innerhalb der Disziplin wird immer lauter zumindest als Lippen-
bekenntnis gefordert, die Soziologie solle nicht irgendein beliebiges, sondern
ein durch seinen Problembezug wichtiges — und damit letztlich: ein für die
Lösung wichtiger Probleme nützliches — Wissen suchen und vermitteln. Erkennt der Soziologe diese Forderung an, braucht er einen bewußten Wertbezug für seine Themenwahl wie für eine Beurteilung der Verwendung seines
Wissens. Damit zwingt er sich nicht nur ein u. U. seinem eigenen Arbeitsmotiv fremdes Bezugssystem auf, sondern begibt sich durch die ausdrückliche
Entscheidung über die zu fördernden Werte in eine Abhängigkeit, die ihn

schnell dem Vorwurf der Parteilichkeit, der mangelnden Objektivität oder gar der Prostitution an Tagesinteressen aussetzt.

In den verschiedenen Berufsrollen der Soziologen drücken sich unterschiedliche Reaktionen auf den Konflikt zwischen Problemorientierung und Nützlichkeit einerseits, wissenschaftlicher Unabhängigkeit und reiner Erkenntnis andererseits aus. Diejenigen Soziologen, die in der Auftragsforschung oder als Experten in Verbänden, Betrieben, Verwaltung usw. ihre Aufgaben gestellt erhalten, haben die Problemorientierung akzeptiert, überlassen aber die Problemwahl ihren Vorgesetzten und Auftraggebern. Das Unbehagen der so in die Praxis einverleibten Soziologen, die sich als Wissenschaftler von der akademischen Welt bezweifelt und als bürokratische Diener der Herrschenden kritisiert sehen[27], kann dazu führen, daß sie die Absichten ihrer Auftraggeber sabotieren. Sie benutzen dann die Aufträge und das Geld der Praktiker zur Erforschung anderer als der ihnen gestellten Probleme und suchen sich damit wissenschaftlich zu legitimieren. Eine andere und, wenn man *Mills* glaubt, häufigere Reaktion auf dieses Unbehagen ist der Rückzug auf ein Arbeitsethos, bei dem der Soziologe nur noch die methodologische Finesse, die Zuverlässigkeit und Gültigkeit seiner Ergebnisse beurteilt[28].

Diese letzte Reaktionsweise ist in der Struktur der heutigen Berufswelt angelegt. Mit der Herausbildung bürokratisch eingebauter Berufsrollen hat sich eine Spaltung zwischen Person und Aufgabenträger entwickelt, die gestützt wird durch die kennzeichnend instrumentelle Ausrichtung des Handelns in der leistungsorientierten Gesellschaft. Der Beruf erscheint als vorgeprägte Rolle, deren Erwartungen man möglichst gut zu erfüllen sucht. Diese Einstellung impliziert eine Orientierung auf die Normsender: man wird zum willigen Befehlsempfänger in der Ausübung des Berufes, nachdem man ihn in bewußter eigener Entscheidung einmal gewählt hat. Dieses im eigentlichen Wortsinn borniert Rollenbewußtsein ist nicht zufällig gerade für jene neue Mittelklasse charakteristisch, deren Entwicklung unter dem Einfluß des protestantischen Ethos stand, ist es doch bereits vorgezeichnet in der lutherischen Polarität zwischen Obrigkeitsgehorsam und der im eigenen Gewissen internalisierten Privatmoral. Der durchschnittliche Soziologe gehört zu dieser Mittelklasse. Als Spezialist in einer bürokratischen Berufsumwelt ist er ein Auftragsempfänger wie der Forschungschemiker oder der Atomphysiker, die ihre Aufgaben, synthetisches Gift oder die Kernspaltung zu entwickeln, gut und schnell zu erfüllen suchen, ohne den Wertbezug der Aufgabe selbst zu beurteilen oder sich für die Verwendung ihrer Ergebnisse verantwortlich zu fühlen.

Allerdings wird dem Soziologen der Weg in die begrenzte Rollenmoral schwerer gemacht als den Spezialisten mancher anderen Disziplin. Gerade vom Soziologen verlangt man oft, daß er eine Art höheres Gewissen der Gesell-

schaft sein und als überparteiliches Röntgenauge die epochalen Gesellschafts-
probleme erkennen und analysieren solle. Diese Erwartung ist eingebaut in
die Rolle des akademischen Soziologen, der sich seine Themen selber wählt.
Da die Wirklichkeit aber weitgehend unproblematisch bleibt, wenn man sich
ihr in der Haltung passiver Aufnahmebereitschaft nähert, stellt sich für den
akademischen Soziologen die Frage, woher er seine Problemstellungen nimmt.
Sich lediglich von einem auf kein besonderes Problem inhaltlich festgelegten,
allgemeinen Wissensdrang leiten zu lassen, setzt ihn bald dem Vorwurf des
planlosen Anhäufens von Trivialitäten aus. Aus seinem eigenen sozialen Standort, der auf Anpassung gerichteten, normativ integrierten Mittelklasse, leitet
sich kaum jene heilsame Unzufriedenheit mit dem Bestehenden ab, die dem
akademischen Soziologen eine kritische Fragestellung geben könnte. Schließlich sind dem Soziologen in einer westlich-pluralistischen Gesellschaft auch
keine Problemstellungen von allgemein anerkannter Priorität gleichsam vorgegeben: er muß seine Fragen selber stellen und damit Partei nehmen für
spezifische Werte. Im gleichen Augenblick verstößt der Soziologe aber gegen
die Rollenerwartung der überparteilichen Objektivität.

Diese spannungsgeladene Situation drängt den akademischen Soziologen,
eine bewußt wertbezogene Problemstellung zu vermeiden. Er wird diesem
Druck um so eher nachgeben, je mehr seine Berufswahl durch kontemplative
Neugier anstatt durch praktischen Wirkungsdrang motiviert wurde; hier taucht
die Selbstselektion eines bestimmten Persönlichkeitstyps zur akademischen
Laufbahn als zusätzlicher Bestimmungsfaktor auf. Der akademische Soziologe
kann dann entweder in eine von vager Neugier geleitete Deskription und in
die Begriffsanalyse — *Mills'* „Grand Theory" [29] — ausweichen, oder er läßt
den Wertbezug seiner je nachdem aus dem Tagesgeschehen, dem Fragenvorrat
der Klassiker oder seiner eigenen Biographie abgeleiteten Themen unreflektiert
und unausgedrückt. Dieser Verzicht auf einen in der Problemwahl bewußt aus-
gedrückten Wertbezug wirkt dann leicht auf die Arbeitsmotivierung des Betreffenden zurück. Je weniger ein solcher akademischer Soziologe sein berufliches Selbstwertgefühl aus der inhaltlichen Bedeutsamkeit seiner Arbeit ableiten kann, um so mehr treten formale Beurteilungskriterien wie die logische
Eleganz, die Originalität oder die Gelehrsamkeit seiner Darlegungen in den
Vordergrund. Statt durch die drängende Wichtigkeit der von ihm behandelten
Probleme wird seine Tätigkeit immer mehr durch das Bestreben motiviert, Anerkennung im Kollegenkreis zu gewinnen und seinen Status zu verbessern.

Die hier skizzierten Rollenkonflikte und Situationseinflüsse würden wahrscheinlich sehr viel seltener zum Verzicht des Soziologen auf kritische Fragestellung und Beurteilung führen, wenn dieser Verzicht nicht zugleich der Ausdruck einer Geisteshaltung wäre, die den Gebildeten der westlichen Welt mehr

oder weniger allgemein kennzeichnet: der Toleranz. Diese Toleranz, die sich
in der verständnisvollen Duldung Andersartiger und ihrer Ansprüche und
Werte ausdrückt, hat sich als kennzeichnende Haltung der Menschen mit
höherer Schulbildung, vor allem mit akademischer Bildung erwiesen[30]. Damit
kehrt sich der „intelligente" und „gebildete" Mensch von einer schematisch vereinfachenden Weltsicht und von der Selbstgerechtigkeit dessen ab, der sich
im Besitz der absoluten Wahrheit glaubt. Eine solche verständnisvoll tolerante
Haltung, aus welchen Gründen sie der Erziehungsprozeß in Schulen und Universitäten auch immer hervorbringt, ist bereits zum Aushängeschild des Gebildeten und damit zum Prestigesymbol geworden[31]. Gefördert wird diese
Neigung zu einer toleranten Haltung außerdem noch durch das Überhand-
nehmen partieller und zugleich instrumenteller Bindungen, die es wegen ihrer
begrenzten Bedeutung erleichtern, Kompromisse zu schließen und Mängel ohne
aktive Kritik hinzunehmen[32].

Als Gegensatz zum unduldsamen Autoritarismus erscheint eine tolerante
Haltung als Positivum. Genauer betrachtet ist jedoch zumindest eine konsequente Toleranz der Ausdruck vollständiger Entfremdung und ein ebenso
negatives Extrem wie ihr Gegenpol, der autoritäre Monismus. Konsequente
Toleranz, die Duldung aller vom eigenen verschiedenen Standpunkte, bedeutet
einen extrem verallgemeinerten Subjektivismus und führt zur achselzuckenden
Passivität. Sofern dabei die Toleranz aus der *Wertunsicherheit* bzw. aus der
Angst erwächst, mit einer Stellungnahme einen Irrtum zu begehen, verbirgt
sich in ihr sogar noch ein Glaube oder zumindest eine Sehnsucht nach absoluten
Werten. Dieser versteckte Kern der Toleranz enthüllt sich, wenn sie plötzlich
in ihr Gegenteil umschlägt, wie bei *Ionesco*, wo der verständnisvoll Tolerante
zu den Nashörnern übergeht.

Der passiven Toleranz des extremen Subjektivismus, der auf der Annahme
eines Wertatomismus gründet, entspricht die verallgemeinerte Wertfreiheit als
wissenschaftliche Haltung. Die völlige Ablehnung der Wertfreiheit leitet sich
umgekehrt aus dem Wertmonismus mit seinem normativen Totalitätsanspruch
ab. Zwischen diesen beiden Extrempositionen scheint es für ein konsequentes
Denken nur die Wahl in Form eines Entweder-Oder zu geben: In dem Augenblick, wenn ein Wertmonismus nicht mehr haltbar erscheint, führt der Weg
konsequent zum extremen Subjektivismus; wird diese Position wiederum bezweifelt, schlägt das Pendel zurück zum monistischen Extrem. Derartige Prozesse des Umschlagens von einem Extrem ins andere sind schon verschiedentlich
aufgezeigt worden. *Polanyi* z. B. hat darauf hingewiesen, wie der monistisch
extreme Vernunftglaube der Aufklärung gerade bei einer konsequenten Anwendung zum romantischen Immoralismus, zum amoralischen Subjektivismus
und über jene Stufe zurück zum kollektivistischen Totalitarismus führen

mußte[33]. Ähnlich hat *Bendix* zu zeigen versucht, wie der Zweifel an der absoluten Rationalität zum absoluten Zweifel an der Rationalität geführt hat[34]. Man kann einen solchen Umschlag auch in der heute vielfach bemerkten Abkehr von fanatisch geglaubter Ideologie zur unpathetischen Nüchternheit, zum Privatismus und zur politischen Apathie sehen, einer Haltung, deren Gefährlichkeit besonders *Adorno* betont[35].

Dem unseligen Zwang zum Entweder-Oder erliegt auch der Soziologe, wenn er meint, es bliebe nur die Wahl zwischen völliger Wertfreiheit, auch in der Fragestellung und Ergebnisbeurteilung, und gar keiner Wertfreiheit, auch nicht als wissenschaftliche Arbeitsnorm. Wenn *Dahrendorf Schelsky* der totalen Wertfreiheit zeiht, dann darum, weil er diese Extremposition aus *Schelskys* Aufgabendefinition für die empirische Soziologie und aus seiner vermeintlichen Identifizierung von Wirklichkeit und wissenschaftlichem Weltverständnis als logische Konsequenz ableiten zu müssen glaubt[36]. Wenn also jemand die Wertfreiheit nicht völlig ablehnt, muß er für den Kritiker, der in sich ausschließenden Gegensatzkategorien denkt, die völlige Wertfreiheit vertreten.

Der Soziologe, der wertfrei analysieren, seine Themen aber wertbezogen wählen und seine Ergebnisse wertbezogen beurteilen will, steht damit in der geistigen Spannung zwischen den Polen des Wertatomismus und des Wertmonismus und stellt sich zu diesen beiden Extremhaltungen gleichermaßen in Gegensatz. Die gemeinsame Wurzel der wertfreien Analyse und des bewußten Engagements liegt im Wertpluralismus. So hing auch, wie *von Ferber* kürzlich hervorgehoben hat, *Max Webers* Forderung nach einer wertfrei arbeitenden Soziologie mit seinem Glauben zusammen, daß die letzten Kulturwerte einander unvereinbar gegenüberstehen[37]. Ein solcher Wertpluralismus schließt eine normative Funktion der Wissenschaft aus und fordert gleichzeitig die persönliche Stellungnahme in der individuell zu treffenden Entscheidung zwischen den gegensätzlichen Werten. Diese Position ist alles andere als ein extremer Subjektivismus, dem jeder Wert unverbindlich ist. Die Haltung des Wertpluralismus befreit nicht von der Notwendigkeit verantwortlicher eigener Entscheidung und kann doch nicht die Beruhigung „absoluter" Gültigkeit des eigenen Standpunktes geben: es ist eine Haltung, die den Sprung des Glaubens fordert, diesem Glauben aber verbietet, sich jemals als absolut gültige Erkenntnis zu fühlen. Damit verlangt der Wertpluralismus, daß das Individuum die Spannung der Unsicherheit in einer widersprüchlichen Welt aushält. In dieser Welt ist nichts endgültig entschieden: gerade das konstituiert die Freiheit der Wahl und zugleich die Notwendigkeit der aktiven Parteinahme.

Es ist leicht zu verstehen, daß die Haltung des Wertpluralismus eine geistig und psychisch anspruchsvolle, für viele Menschen vielleicht allzu anspruchsvolle ist. Sie muß für jeden schwer erträglich sein, dessen Sicherheitsbestreben ihn zur logischen Konsequenz drängt und der sich deshalb von der Spannung der Ambiguität ständig zu einer Entweder-Oder-Entscheidung zwischen den gleichermaßen logisch geschlossenen Positionen des Wertmonismus und des Wertatomismus getrieben fühlt. Überdies steht diese Haltung des Wertpluralismus mit ihrem Mut, sich zu letztlich Unbeweisbarem zu entscheiden, und mit der gleichzeitigen Hinnahme von unauflöslichen Widersprüchen und Antinomien dem ausgehenden Mittelalter gefühlsmäßig vielleicht näher als dem 19. Jahrhundert. Genug der Gründe jedenfalls, um den Soziologen, der diese Haltung zur Grundlage seines Arbeitens macht, innerlich zu bedrängen und kritischen Zweifeln Andersdenkender auszusetzen. So war es wohl auch letztlich der Wertpluralismus hinter seinem Prinzip der Wertfreiheit, was *Max Webers* Gegner in dem Streit im Verein für Sozialpolitik bekämpften. In jener Auseinandersetzung spiegelte sich der gleiche Gegensatz wie in der Kritik, die etwa die katholische Kirche gemeinsam mit extremen Rationalisten wie *Voltaire* an *Montesquieu* übte, der die Pluralität letzter Zielsetzungen als selbstverständlich annahm[38]. Eine ähnliche Auseinandersetzung stand — um nur noch ein Beispiel zu nennen — hinter der kommunistischen Kritik an *Alexander Herzen,* der gleichfalls die Existenz absoluter Werte verneinte und sich, selber als Revolutionär aus dem zaristischen Rußland ins Exil gegangen, gegen den totalitären Zwang jeder auf vermeintlich absolute Werte gegründeten Bewegung wandte[39]. Das Beispiel *Herzens* dokumentiert dabei noch besonders deutlich, was auch für *Max Weber,* den Verfechter des Prinzips der Wertfreiheit, galt: daß die Haltung des bewußten Wertpluralismus nicht zum Verzicht auf Stellungnahme in den großen Auseinandersetzungen einer Epoche führt. Wenn die heutigen Soziologen zu einem solchen Verzicht neigen, ist daran nicht das Postulat der Wertfreiheit bzw. der es bedingende Wertpluralismus schuld, sondern die von Rollenkonflikten, Wirkungen der sozialen Lage und der Toleranznorm verstärkte Haltung des Wertatomismus, der zur Passivität des extremen Subjektivismus führt.

Anmerkungen

[1] *Robert K. Merton:* Social Conflict over Styles of Sociological Work, hektographiert, 1959.
[2] *Ralf Dahrendorf:* Betrachtungen zu einigen Aspekten der gegenwärtigen deutschen Soziologie, in: Kölner Zeitschrift für Soziologie und Sozialpsychologie XI (1959), S. 145.
[3] *Dennis H. Wrong:* Political Bias and the Social Sciences, in: Columbia University Forum, Vol. II, Nr. 4 (1959), S. 32.
[4] *Michael Polanyi:* Beyond Nihilism, hektographiertes Referat des Kongresses für kulturelle Freiheit, Berlin 1960.
[5] Ausführlich bei *Ralf Dahrendorf:* Out of Utopia, in: American Journal of Sociology LXIV (1958), S. 115—127.
[6] Ähnlich kritisiert auch *Barrington Moore, Jr.:* Political Power and Social Theory, Cambridge 1958, Chapt. 4: Strategy in Social Science.

[7] Siehe den Aufsatz von *Fijalkowski* in diesem Heft.

[8] *Mervyn L. Cadwallader:* The Cybernetic Analysis of Change in Complex Social Organizations, in: American Journal of Sociology LXV (1959), S. 154—157.

[9] *Alvin W. Gouldner:* The Norm of Reciprocity. A Preliminary Statement, in: American Sociological Review (1960), S. 161—178.

[10] *Helmut Schelsky:* Ortsbestimmung der deutschen Soziologie, Düsseldorf—Köln 1959, Kapitel 3: Die empirische Sozialforschung.

[11] *Moore*, a. a. O., S. 121.

[12] *Reinhard Bendix:* Social Science and the Distrust of Reason. University of California Publications, Berkeley and Los Angeles 1951, S. 29 ff., 24.

[13] *Dahrendorf*, Betrachtungen . . ., a. a. O., S. 143.

[14] *Ralf Dahrendorf:* Homo Sociologicus, in: Kölner Zeitschrift für Soziologie und Sozialpsychologie X (1958).

[15] Das ist z. B. das Menschenbild in dem Buch von *James G. March* und *Herbert Simon:* Organizations, New York 1958.

[16] *Fijalkowski*, a. a. O.; dieselbe Ansicht findet man bei *Hans L. Zetterberg:* On Theory and Verification in Sociology, Stockholm 1954.

[17] Siehe hierzu *Bendix*, a. a. O., S. 15.

[18] *Bendix*, a. a. O., S. 37.

[19] *Dahrendorf*, Betrachtungen . . ., a. a. O., S. 145.

[20] *Merton*, a. a. O.

[21] *Ralf Dahrendorf:* Die drei Soziologien, in: Kölner Zeitschrift für Soziologie und Sozialpsychologie XII (1960), S. 132 f.; *C. Wright Mills;* The Sociological Imagination, New York 1959, Chapt. 9: On Reason and Freedom.

[22] *John Dewey:* The Theory of Valuation, International Encyclopedia of Unified Science, Vol. II, Nr. 4, Hrsg. *Otto Neurath*, Chicago 1939.

[23] *Max Weber:* Die „Objektivität" sozialwissenschaftlicher Erkenntnis, in: Soziologie — weltgeschichtliche Analysen — Politik, Stuttgart 1956, S. 186 ff.

[24] Ibid.

[25] Näher ausgeführt bei *Christian von Ferber:* Der Werturteilsstreit 1909/1959, in: Kölner Zeitschrift für Soziologie und Sozialpsychologie XI (1959), S. 21—37.

[26] *Moore*, a. a. O. Chapt. 3: The New Scholasticism and the Study of Politics.

[27] So von *Mills*, a. a. O., Chapt. 5: The Bureaucratic Ethos.

[28] Ibid. und Chapt. 3: Abstracted Empiricism.

[29] *Mills*, a. a. O., Chapt. 2: Grand Theory.

[30] *Seymour Martin Lipset:* Political Man, New York 1960.

[31] Nach d. Verf. persönlich mitgeteilten Ergebnissen des Center for Studies in Higher Education an der University of California in Berkeley. *Mark Abrams*, Working Class Conservatives, in: Encounter Nr. 60, Mai 1960, berichtet eine interessante Auswirkung des Prestigewertes einer „intelligenten" — d. h. ideologiefeindlichen — Haltung, wenn er feststellt, daß zur Konservativen Partei überwechselnde Engländer, die bisher Labour wählten, dazu u. a. durch den Wunsch veranlaßt wurden, das Selbstbild der konservativen Wähler, das als wesentlichen Zug Intelligenz enthält, auf sich selber anwenden zu können.

[32] Siehe hierzu die anhaltende Diskussion um die Wirkungen mehrfacher Gruppenzugehörigkeit etwa bei *Georg Simmel:* Soziologie, 4. Aufl. Berlin 1958, Kapitel 4 und 6; bei *David B. Truman*, The Governmental Process, New York 1951; oder bei *Lewis A. Coser*, The Functions of Social Conflict, Glencoe 1956.

[33] *Polanyi*, a. a. O.; er kontrastiert dort diesen unseligen Prozeß mit der glücklichen Inkonsequenz in der Entwicklung von Englands politischer Verfassung.

[34] *Bendix*, a. a. O.

[35] *Theodor W. Adorno:* Zum gegenwärtigen Stand der deutschen Soziologie, in: Kölner Zeitschrift für Soziologie und Sozialpsychologie XI (1959), S. 270—280.

[36] *Dahrendorf*, Die drei Soziologien, a. a. O., passim und S. 131.

[37] *von Ferber*, a. a. O., vor allem S. 27.

[38] *Isaiah Berlin:* Montesquieu. Proceedings of the British Academy, Vol. XLI, 1955, S. 267 bis 296.

[39] *Alexander Herzen:* From the Other Shore. Neu aufgelegt London 1956. Über *Herzen* auch: *E. H. Carr:* The Romantic Exiles, New York 1933.

KRITIK ALS BERUF
ZUR SOZIOLOGIE DER INTELLEKTUELLEN*

Von M. Rainer Lepsius

Einer weitverbreiteten Meinung zufolge ist die intellektuelle Diskussion von Ordnung und Zukunft der westdeutschen Gesellschaft verkümmert. Von prominenter Stelle wird ein mangelndes Staatsbewußtsein gerügt, ein größeres Engagement an der Bundesrepublik gefordert. Und selbst ein professioneller Kulturkritiker wie *Hans Magnus Enzensberger* redet vom „trägen, hauptsächlich mit Verdauung beschäftigten geistigen Klima in der Bundesrepublik"[1].

Viele Gründe sind dafür geltend gemacht worden: die als Provisorium proklamierte Staatlichkeit, der autoritäre Stil der sogenannten Kanzlerdemokratie, das „Getto" Bonn, das kein Sozialmilieu für eine Hauptstadt biete, die Regionalisierung — wenn nicht gar Provinzialisierung — der deutschen Presse, die keine bundesweite Öffentlichkeit entstehen lasse. Mehr noch: die politische Apathie der Bürger — vor allem der deutschen Intelligenz — wie überhaupt eine nachideologische, materialistische Zeitkultur.

Dennoch hat es seit den ersten Nachkriegsjahren eine beständige Diskussion unter den Intellektuellen über die Entwicklung der Bundesrepublik gegeben: zunächst über die Frage der deutschen Schuld, die in der Forderung nach Bewältigung der deutschen Vergangenheit bis heute weiterlebt, dann über die Atom- und Wiederaufrüstungskampagnen in der Mitte der 50er Jahre bis zur Affäre *Strauß* im Jahre 1962, um nur einige Themen herauszugreifen. Doch hat es den Anschein, als ob erst der vermeintliche oder tatsächliche Erfolg der intellektuellen Kritik in der sogenannten Spiegelaffäre den Intellektuellen wieder politisches Selbstbewußtsein und größere öffentliche Beachtung verschafft habe.

Dieser Augenblick, in dem Intellektuelle verschiedenster Richtungen, in gemeinsamer politischer Emotion verbunden, demonstrativ in Erscheinung traten, hat zugleich auch wieder die ganze Ambivalenz ihrer Stellung in prägnantester Weise gezeigt. Sie wurde schließlich sogar in Rechtsnormen formulierbar: nämlich in der Kollision des Grundrechts der Pressefreiheit mit dem Verbot des Landesverrats. Daß dieser Normenkonflikt tatsächlich gerichtsanhängig wurde,

* Erweiterte Fassung meines am 10. Juli 1963 an der Universität München gehaltenen öffentlichen Habilitationsvortrages.

ist nebensächlich, die darin enthaltene Problematik jedoch typisch. Nicht zufällig trägt der Begriff der Intellektuellen seinen politisch schillernden Charakter seit der *Dreyfus*-Affäre. Das moralistische Pathos eines *Zola* durchzieht die
Proteste der Intellektuellen bis heute: „Die Schriftsteller sind das Gewissen
ihrer Nation", meinte zum Beispiel *Wolfdietrich Schnurre*[2] (zur Rechtfertigung
seines Protestes gegen die Berliner Mauer), und *Wolfgang Weyrauch* proklamierte in der Einleitung zu einer zeitkritischen Anthologie: „Kritik zu üben,
leidenschaftliche, sich selbst preisgebende Kritik, gehört zum Schriftsteller wie
der Buchstabe. Sie muß sich, wenn es notwendig ist, zum Widerstand erhöhen[3]."

Je rigoroser und unbedingter dieser Anspruch erhoben wird, desto entschie-
dener wird ihm die Kompetenz und die Legitimität bestritten, und zwar keineswegs nur von den Vertretern der angegriffenen Mächte. Literarische Berufs-
kollegen besorgen dies bereits früher. Um bei Beispielen aus der deutschen
Gegenwart zu bleiben: „Wer jahrelang die Bundesrepublik für ein schmutziges
Nest erklärt und gleichzeitig mit literarischen SED-Funktionären Umgang
hat..., (den) klage ich der Illoyalität gegenüber der bedrohten westlichen Freiheit an...‘" Ich habe diese Formulierungen von *Rudolf Krämer-Badoni* gewählt, weil sie eine Reihe der typischen Topoi enthalten.

Jede Kritik zieht auf sich den prinzipiellen Verdacht der Illoyalität, ja des
Verrates. Soweit es sich dabei um die Behauptung des subjektiv gewollten Verrates handelt, ist die Sache noch relativ einfach. Der Verdacht richtet sich auf
konkrete Individuen, die sich rechtfertigen müssen. Weitreichender sind die
Konsequenzen bei dem Vorwurf des objektiven Verrates ohne bewußte Absicht,
weil hier eine ganze Kategorie von nicht näher bestimmten Menschen betroffen
wird. Der Verdacht löst sich von der Motivation einzelner Personen und richtet
sich auf die Kritik überhaupt. Die Verfolgung des Verdachts greift unmittelbar
in die Struktur der Gesellschaft ein, da nun nicht mehr einzelne Personen,
sondern die kritische Funktion überhaupt dem Stigma der Illoyalität verfällt.

In der landläufigen Argumentation vermischen sich beide Verdächtigungen.
Der Kritiker, so heißt es, zerstöre eben die Freiheit, die er in dogmatischer
Verblendung einer absoluten Teilethik zu schützen meine. Ferner verrate er
seine Ideale notwendigerweise, wenn er versuche, ihnen die erstrebte Geltung
durch politische Macht zu verschaffen. Es ist die berühmte „trahison des clercs"
(Julien Benda), die im politischen Engagement die Ideale verfälscht, die zu bewahren die Intellektuellen vorgeben, und es ist die bewußte Korruption der
Ideale durch den Verkauf des Intellektuellen an materielle Interessen, die hier
immer wieder angeführt werden.

So stehen sich Anspruch und Verdächtigung der Intellektuellen unvermittelt
und scharf gegenüber. Es ist nicht nötig, dies hier mit naheliegenden drama-
tischen Beispielen aus der deutschen Gegenwart weiter auszuschmücken.

Ambivalenz und Strukturlosigkeit

Ein Phänomen, dessen prinzipielle Ambivalenz sein erstes Kennzeichen ist, muß die Soziologie in besonderem Maße interessieren, ja eigentlich herausfordern. Behauptet die Soziologie, gesellschaftliche Phänomene aus den Strukturbedingungen der Gesellschaft analysieren zu können, so steht sie in den Intellektuellen einem Phänomen gegenüber, das sich gerade durch seine soziale Unstrukturiertheit auszuzeichnen scheint. Auch in ihrem Selbstverständnis stellen sich die Intellektuellen als unorganisierte Individuen dar, die, nur ihrem Gewissen verpflichtet, jenseits sozialer Interessen im Dienste humanitärer Ideale stehen. Zu dieser Idealisierung haben übrigens auch einige Soziologen — selbst Intellektuelle — beigetragen, die diese Vorstellung untermauert, ja bis zum Mythos überhöht haben.

Die Intellektuellen waren und sind ein bevorzugtes Objekt soziologischer Reflexion, und doch gehören sie zu den sozialen Phänomenen, deren soziologische Analyse unbefriedigend bleibt. Dabei scheint unter den Soziologen sogar weithin eine Art Einverständnis darüber zu bestehen, daß·die Intellektuellen durch ihre ambivalente Stellung der soziologischen Analyse entgleiten und wesentlich durch ihre Moral, durch ihre individuelle Verpflichtung auf kulturelle Werte gekennzeichnet seien. Diese recht weitläufige und offene Umschreibung läßt allen nur denkbaren Spielraum für die Selbstreflexion des Soziologen als eines Intellektuellen; vielleicht liegt gerade darin ein Grund für die Beständigkeit dieser Formel.

Einige besondere Umstände scheinen in der Tat die Soziologie der Intellektuellen zu erschweren. Den seit *Marx* klassischen Kategorien der soziologischen Analyse der Klassenbildung und des Klassenkonflikts haben sich die Intellektuellen weitgehend entzogen. Sie zeigen sich typischerweise klassenfrei, und zwar im doppelten Sinne: sowohl in ihrer Klassenlage wie in ihren Interessen. Sie sind keiner Klasse zuzurechnen. Ihre Tätigkeit entbindet sie dem Wirtschaftsprozeß, sie haben daher keine aus ihrer wirtschaftlichen Integration in die Gesellschaft resultierenden „objektiven" Interessen auf Erhaltung oder Veränderung der Gesellschaftsordnung. Sie sind weder nach Herkunft noch nach Besitz und Einkommen noch schließlich nach der Art der Berufstätigkeit eindeutig bestimmbar. Sie sind mit dem berühmten Schlagwort *Alfred Webers* relativ sozial freischwebend.

Dies ist der eine Schluß, zu dem die Soziologie der Intellektuellen oder der Intelligenz — beide Bezeichnungen werden vielfach gleichsinnig gebraucht — gekommen ist, ein Ergebnis, das gleichermaßen vordergründig wie verhängnisvoll ist. Es verführte *Karl Mannheim* im Zusammenhang mit seiner Ideologienlehre zu der Annahme, die solchermaßen sozial freischwebende Intelligenz habe

die Chance, der allgemeinen Standortgebundenheit des Denkens zu entkom-
men, sich des prinzipiellen Ideologieverdachtes zu entziehen und aus der kritischen Analyse der jeweiligen standortgebundenen Interessen in „überperspek-
tivischer Synthese" und „dynamischer Vermittlung" gegensätzlicher Ansichten
ein Gesamtwohl zu formulieren. Mit dieser sozialen Funktion der Intelligenz
begründet *Mannheim* dann den Anspruch, die Intelligenz sei auch zur politischen
Führung der Gesellschaft berufen. Sie habe daher auch das Recht und die
Pflicht, sich jeweils der Klasse zuzuschlagen, deren Interessen der geistigen Führung und politischen Förderung bedürften[5].

In diesem Sinne spricht übrigens auch *Marx* im Manifest der Kommunistischen Partei von den Kommunisten als dem intellektuellen Führungskader der
Arbeiterbewegung: Die Kommunisten, so sagt er, „haben theoretisch vor der
übrigen Masse des Proletariats die Einsicht in die Bedingungen, den Gang und
die allgemeinen Resultate der proletarischen Bewegung voraus"[6]. Diese einzig-
artige Chance zur Einsicht in den Gang der sozialen Entwicklung habe die Intelligenz, so ergänzt *Mannheim*, kraft ihres offensichtlichen Mangels an sozialer
Identität[7]. Ist dies so, so hat die Intelligenz nicht nur die Chance zur Einsicht,
sie hat den stolzen Anspruch auf die Monopolisierung des Wissens, ja der
Wahrheit. Und daraus folgt der zweite Anspruch: Haben die Intellektuellen die
Einsicht in den Gang der Gesellschaft und kennen sie die Ziele der Entwicklung,
so sollten sie auch die Macht haben, ihre Einsicht durchzusetzen. Ihr Machtan-
spruch ruht auf ihrem Wissensanspruch, der ihre Herrschaft legitimieren soll.
Die kulturelle und politische Integration und Führung der Gesellschaft wird
zur Aufgabe einer Gruppe besonders qualifizierter Menschen. Es ist der alte
Gedanke: Die Philosophen sollten Könige werden!

Freilich, schon *Mannheim* selbst kamen Bedenken. Er mußte sich die Frage
stellen, wer kontrolliert die Gesellschaftsplaner?[8] Denn sind erst die Philosophen Könige, wer vermöchte dann noch die Könige zu beraten, zu lenken und
zu mahnen? Theokratie oder Cäsaropapismus sind Realitäten, der Philosophen-
könig aber ist Utopie.

Dichotomie von Macht und Geist

Diese Theorie der Intelligenz als der sozial freischwebenden Integrations-
elite der Gesellschaft ist scharf kritisiert worden. Man hat nicht nur die Unzulänglichkeiten der *Mannheim*schen Ideologienlehre aufgezeigt, man hat das
Verhältnis von Intelligenz und politischer Führung gerade umgekehrt zu bestimmen versucht. Zwischen „Geist" und „Macht" wurde ein unüberbrückbarer
Gegensatz postuliert. „Der Dualismus, ja Antagonismus zwischen Geist und
Macht ist unaufhebar, er ist in der Natur der Dinge begründet", meinte *Theo-*

dor Geiger[9], und *Alfred von Martin* präzisierte, der Intellektuelle kann nicht Funktionär werden, „ohne über der Aufgabe, zu der er berufen wird, die Aufgabe, zu der er berufen ist, aufzugeben"[10]. „Macht" und „Geist" werden zu zwei je eigenen Gesetzen unterliegenden Seinsbereichen hypostasiert, denen nicht nur verschiedene Verhaltensweisen, sondern auch moralische Haltungen zugeordnet werden.

Die Gesinnungsethik steht der Verantwortungsethik gegenüber, um die berühmte Unterscheidung *Max Webers* aufzugreifen. Der Politiker habe nicht nur die Motive, sondern auch die Folgen seines Tuns zu verantworten. Der Gesinnungsethiker aber könne sich damit begnügen, „daß die Flamme der reinen Gesinnung, die Flamme z. B. des Protestes gegen die Ungerechtigkeit der sozialen Ordnung, nicht erlischt. Sie stets neu anzufachen, ist der Zweck seiner, vom möglichen Erfolg her beurteilt, ganz irrationalen Taten, die nur exemplarischen Wert haben können und sollen"[11].

Alle diese Unterscheidungen bewirken eine Polarisierung des ungeheuer vielfältigen sozialen Verhaltens in zwei Seinsweisen, in die Sphäre der Macht und in die der Kritik der Macht. Die Intellektuellen werden dabei der einen Seite dieser Dichotomie zugeordnet. Ihre Aufgabe wird nun nicht in der Synthese widerstreitender, standortgebundener Interessen, sondern in der dauernden „Kritik der bestehenden Mächte im Dienst eines bestimmten Ideals der Menschlichkeit"[12] gesehen. Sie dürfen gar nicht Politik treiben, um nicht gegen „die Gesetze des Geistigen zu verstoßen und ihren Beruf zu verraten"[13]. Doch die Enthaltung von der Aktion und der Rückzug in eine verinnerlichte Welt der Moral ist eher Reflex der sozialen Resignation der Intellektuellen selbst als ein Ergebnis soziologischer Analyse. Nicht minder verhängnisvoll als der Anspruch auf Macht ist das heroisierende Selbstmitleid der erzwungenen Askese, das der Macht gerne den Geist bestreitet und letztlich sogar das Gewissen — denn mit *Goethe* ist ja der „Handelnde immer gewissenlos". „Die Forderung nach asketischer Abstinenz", meint *Alfred von Martin* kritisch, „kann unmöglich das letzte Wort sein[14]."

Die Intellektuellen werden in dieser Sicht zu einer nicht näher fixierten Personenkategorie, die eine bestimmte Einstellung verbindet, eine Lebenshaltung. Nicht mehr ihre Stellung in der Gesellschaft — sie kann höchst unterschiedlich sein —, ihre Geisteshaltung wird zum entscheidenden Kriterium. So meint *Geiger:* „Die Intellektuellen haben ungeachtet Beruf und Erwerb eine spezifische Geisteshaltung und Attitüde gemein, nämlich den Sinn für zweckfreie Geistestätigkeit[15]." Die „Vertretung der rationalen Vernunft, der Aufklärung und der sozialen Kritik", schreibt *R. König*, ist „eine Frage der reinen Einstellung und setzt an sich keine spezielle Ausbildung voraus"[16]. Zu den Intellektuellen gehört demnach, „wer von geistigen Impulsen angetrieben wird, von geistigen

Anliegen erfüllt ist und, nach welcher Richtung auch immer, sich geistig enga-
giert fühlt"[17].

Was aber motiviert den Intellektuellen zu solchem Gesinnungspathos? *Max
Weber* bemerkt einmal etwas mokant: „Der Gesinnungsethiker" — nämlich
der Intellektuelle zweckfreier Geistestätigkeit — „erträgt die ethische Irratio-
nalität der Welt nicht[18]." Ist es dieser Mangel seiner Persönlichkeit, der ihn
zum Moralisten werden läßt?

Doch ist damit die Soziologie der Intellektuellen nicht bereits am Ende? Löst
sich nicht hier das ganze Problem vorsoziologisch in eine Frage nach Persön-
lichkeitstypen und individuellen Lebenshaltungen auf, die nur durch eine
Psychologie des Intellektuellen geklärt werden könnte? Es scheint mir in der
Tat so zu sein, daß sich die Soziologie der Intelligenz mit dem Urteil ihrer
relativen Schichtgebundenheit voreilig zufriedengegeben und damit zugleich
eine Analyse der sozialen Strukturbedingungen der Rolle der Intelligenz
vernachlässigt hat. Erscheinen die Intellektuellen derart als keine Schicht, kein
Stand, keine Gruppe, kein Bund und keine Bewegung, so werden sie soziologisch tatsächlich zu einem „Häuflein Einzelpersonen" *(Geiger)* und schließlich
zu einem bloßen „geistigen Band" *(Mannheim)*. Hier bleibt dann wirklich
nichts mehr übrig, als den einzelnen Persönlichkeiten nachzugehen und zu
fragen, warum gerade sie ein offenbar von der Regel so abweichendes soziales
Verhalten an den Tag legen.

Interessanterweise macht sich auch die Polemik gegen die Intellektuellen
diese Behauptung ihrer sozialen Unstrukturiertheit zu eigen: Ihre soziale
Ungebundenheit wird zur Grundlage ihrer geistigen Standortlosigkeit erhoben.
Georges Sorel sah gerade in dem Versuch, sich aus sozialen Bezügen zu lösen,
den Grund für das Nachjagen nach abstrakten Wahrheiten und schließlich für
den Verrat der Intellektuellen an der „lebendigen Wirklichkeit". Ein anderer
Beobachter, der nicht dem mythischen Vitalismus eines *Sorel* verfallen ist, *Raymond Aron*, kommt zu ähnlichem Schlusse: „Der Intellektuelle, dessen berufliche Tätigkeit ihn nicht zur Beschäftigung mit der Geschichte veranlaßt, spricht
gern über die ‚bestehende Unordnung' ein unwiderrufliches Verdammungs-
urteil. Die Intellektuellen sitzen gern über ihr Land und seine Einrichtungen
zu Gericht, in dem sie die augenblicklichen Realitäten eher mit irgendwelchen
Ideen als mit anderen Realitäten vergleichen[19]." Die Denunzierung der Intellektuellen als irreale Denker kann sich auf *Napoleon* berufen; er gab ihnen den
Namen, der ihnen bis heute angehängt wird: Ideologen.

Kritik als Beruf

Aus dem Widerstreit zwischen der ideologischen Verdächtigung und dem Aufruf zu geistiger Verpflichtung entfaltet sich immer aufs neue die Diskussion um die Intellektuellen. Sie daraus zu lösen, bedarf es eines anderen analytischen Ansatzes, eines Ansatzes, den *Joseph A. Schumpeters* Beschreibung der Intellektuellen enthält. Er versucht sie durch drei Merkmale zu charakterisieren: Intellektuelle sind Leute, die die Macht des gesprochenen und geschriebenen Wortes handhaben und die sich von anderen Leuten, die das gleiche tun, dadurch unterscheiden, daß ihnen die direkte Verantwortlichkeit für praktische Dinge fehlt, daß es ihnen weiter an Kenntnissen aus erster Hand mangelt, wie sie nur die tatsächliche Erfahrung geben kann, und daß ihre größten Erfolgsaussichten in ihrem tatsächlichen oder möglichen Wert als Störungsfaktor liegen[20]. Dies alles — und darin liegt der Beitrag zur Problematik der Intellektuellen — charakterisiert den Intellektuellen nicht, weil er ein in besonderem Maße verantwortungsloser oder uniformierter, aufsässiger oder geschwätziger Mensch ist, sondern weil er in einer ganz bestimmten Situation zu dem wird, was *Schumpeter* durch seine drei Merkmale umschreibt. Welcher Art diese soziale Situation ist, die einen Menschen zum Intellektuellen macht, schildert *Schumpeter* etwas salopp mit folgendem Hinweis: „Ärzte und Advokaten zum Beispiel sind keine Intellektuellen im eigentlichen Sinne, es sei denn, sie sprechen oder schreiben über außerhalb ihrer beruflichen Zuständigkeit liegende Gegenstände, was sie ohne Zweifel oft tun — namentlich die Advokaten[21]."
So trivial dieser Satz klingt, er führt die Problematik der Intellektuellen wieder in soziologische Gefilde zurück, und zwar in zweierlei Hinsicht. Einmal ist nicht mehr die Rede von einem Menschentyp, einer persönlichen Haltung, von einer Psychologie oder Sozialpsychologie des Intellektuellen, sondern von einem sehr konkret strukturierten Verhalten, das durch die soziale Definition der Verhaltenssituation den Charakter eines intellektuellen Verhaltens erhält, und zwar ganz ohne Ansehen der subjektiven Motivation des Handelnden. Zum zweiten ist nicht mehr die Rede von einer Polarisierung von „Macht" und „Geist", von einer Sozialphilosophie des Intellektuellen, sondern von Kompetenz und Legitimation. Die Soziologie der Intellektuellen, die durch die voreilige Annahme von der relativen sozialen Unstrukturiertheit der „sozial freischwebenden" Intelligenz den Boden unter den Füßen verloren hatte, ist damit wieder an die Strukturbedingungen der menschlichen Gesellschaft gebunden.
Schumpeters Ansatz umreißt die Strukturbedingungen, die zur Entstehung intellektuellen Verhaltens führen, recht präzise: Leute, so sagt er, die über außerhalb ihrer Zuständigkeit liegende Dinge reden oder schreiben, sind Intellektuelle. Indem sie das tun, tragen sie definitionsgemäß keine Verantwor-

tung für praktisches Handeln, das etwa aus ihren Vorschlägen folgen würde, da dies ja in fremde Zuständigkeit fiele. Auch verfügen sie nicht über die Kenntnisse, die an die Erfahrung des entsprechenden Handelns geknüpft sind. Die Erfolgsaussicht ihres Tuns liegt daher auch nicht in der Ausführung ihrer Ideen, von der sie ja ausgeschlossen sind, sondern in den Folgen ihres Redens und Schreibens, in der Störung des normalen Ablaufs der Dinge, die ihr Tun bewirkt. Das impliziert, daß ihre Appelle bemerkt werden, daß sie sich an eine Öffentlichkeit wenden. Intellektuelle sind, soziologisch gesehen, also nicht Leute mit irgendwelchen persönlichen Eigenschaften, sondern Leute, die etwas Bestimmtes tun. Was sie treiben, ist Kritik. Kritik ist der Beruf des Intellektuellen.

Und damit würde sich übrigens auch eine klare Unterscheidung zwischen Intelligenz und Intellektuellen ermöglichen lassen. Zur Intelligenz zählen dann alle diejenigen, die, wie *Geiger* formulierte [22], zur Sublimierung des Daseins durch die Hervorbringung religiöser, ästhetischer und wissenschaftlicher Lebensdeutungen oder zur Schaffung der theoretischen Voraussetzungen für die Rationalisierung des Daseins durch die Anwendung theoretischen Wissens auf die Lebensbewältigung beitragen. Zu Intellektuellen werden Intelligenzler (und andere) immer dann und nur solange sie Kritik üben.

Kritik als Beruf? Sicher sind damit nicht bloß diejenigen gemeint, die von der Kritik leben, die Theater- und Literaturkritiker. Also Kritik als Berufung? Als Appell an die Gesinnung, als Mission für Ideale, als Glaube an die „reine Vernunft" und an die Macht der Aufklärung? Doch für welche Ideale? Doch sicher positive Kritik! Also Kritik als Berufung auf die richtigen Ideale?

Diese Fragen sollen rhetorisch klingen, um das moralische Postulat und das aufklärerische Pathos, das in der Vorstellung „Kritik als Beruf" steckt, offen darzulegen. Der bloße Appell an das individuelle Gewissen wäre — wie schon gesagt — das Ende der Soziologie. Sie kann sich nicht mit der Feststellung begnügen, daß es wünschenswert, ja notwendig sei, daß einzelne immer aufs neue die Werte wahrer Humanität gegen die vermeintliche Übermacht sozialer Zwänge verteidigen. In neuer Form zeigt sich hier nur wieder die alte Vorstellung vom Kampf der Persönlichkeit gegen die Gesellschaft, und zwar in einer selbstgefälligen Form, die *Max Weber* einmal im Hinblick auf den Gesinnungspolitiker so treffend charakterisierte: „Die Welt ist dumm und gemein, nicht ich, die Verantwortung für die Folgen trifft mich nicht, sondern die andern, in deren Dienst ich arbeite und deren Dummheit und Gemeinheit ich ausrotten werde [23]." Die Frage lautet also: Wie ist Kritik als Beruf möglich?

Kritik ist die Beurteilung des Verhaltens (des Tuns und Unterlassens) anderer in bezug auf bestimmte Normen, womit keine unmittelbaren Sanktionen verbunden sind. Kritik setzt die Anerkennung eines möglichen Dissenses über die Interpretation einer allgemeinen Verhaltenserwartung voraus; sie impliziert die prinzipielle Anerkennung einer Verhaltensalternative. Soziale Situationen, in denen eine Debatte über die Verhaltensnormen zugelassen ist, sind natürlich prekäre soziale Situationen, die besonderer struktureller Einrichtungen bedürfen, um die Konfliktaustragung zu regeln. So wird die Kritik in zahlreichen sozialen Gebilden ausdrücklich eingebaut; etwa in der Wissenschaft, die durch und von Kritik lebt. Aber so ist auch in jedem Beruf Kritik notwendig, in dem die Anwendbarkeit spezialisierter Normen von der nicht eindeutigen Interpretation einer regelmäßig sehr komplexen Situation abhängt oder die Normen sich von ambivalenten Wertvorstellungen höherer Allgemeinheit ableiten und immer wieder neu bestimmt werden müssen. Solche Berufe werden professionalisiert, das heißt mit bestimmten sozialen Schutzmechanismen ausgestattet, die Kritik ermöglichen, indem sie sie auf bestimmte Normen und auf einen bestimmten Personenkreis beschränken. Nur diejenigen dürfen Kritik üben, die durch den Filter der Zugangsmechanismen gegangen und damit zu Berufsangehörigen geworden sind, und nur das darf kritisiert werden, was zum spezialisierten Berufsverhalten gehört. Ihre Legitimation erfährt solche Kritik durch die Loyalität zur mehr oder weniger eindeutigen, regelmäßig aber ritualisierten Berufsmoral. Kritiker und Kritisierter sind verbunden in der gemeinsamen Loyalität zur gleichen Berufsmoral.

Kompetente Kritik

Kritik von einem Angehörigen der Profession im Rahmen der Profession ist kompetente Kritik. Soweit sie sich in den vorgesehenen Bahnen hält, genießen sie und der Kritiker den Schutz der Profession. Sie muß freilich sachlich sein, das heißt dasjenige, was sie kritisiert, unter Bezugnahme auf Normen beurteilen, die als professionelle Normen gelten, und sie muß demjenigen, den sie kritisiert, die Loyalität zu der jeweiligen Berufsethik unterstellen. Unter diesen beiden Bedingungen ist Kritik möglich, ist sie als kompetente Kritik sozial definiert und geschützt. Der Kritiker hat für seine Kritik keine Sanktionen zu gewärtigen, er ist immun.

Im Extremfall ist diese Immunität sogar rechtlich verankert, so etwa für den Parlamentarier, der dieses Rechtsschutzes unter anderem deswegen bedarf, weil seine persönliche Sachkompetenz nicht durch besondere materielle Zugangs- und Ausbildungsanforderungen, wie sie Professionen besitzen, sichergestellt ist. Der Beruf des Parlamentariers ist in diesem Sinne sozial nicht professionalisiert und kann es nicht sein. Diese Schwäche wird durch die parlamentarische Indemnität, das heißt durch einen sozialen Kunstgriff, behoben. So heißt es etwa in Art. 46 Abs. 1 GG: „Ein Abgeordneter darf zu keiner Zeit wegen seiner Abstimmung oder wegen einer Äußerung, die er im Bundestage oder in einem seiner Ausschüsse getan hat, gerichtlich oder dienstlich verfolgt oder sonst außerhalb des Bundestages zur Verantwortung gezogen werden." Daran schließt sich bezeichnenderweise der Satz an: „Dies gilt nicht für verleumderische Beleidigungen." Abgeordnete genießen ferner ein Zeugnisverweigerungsrecht gemäß Art. 47 GG, ebenso übrigens wie Ärzte und Seelsorger. Sie sind nicht verpflichtet, über die Quelle von Informationen auszusagen, und von der Strafandrohung, die die allgemeine Pflicht zur Zeugenaussage sanktioniert, sind sie befreit.

Die Indemnität des Abgeordneten verdeutlicht sehr klar die entscheidenden sozialen Mechanismen, die kompetente Kritik definieren:

1. Nicht die persönlichen Kenntnisse machen eine Kritik zur kompetenten Kritik, sondern die „Zuständigkeit". Und die ist gegeben, wenn man einem bestimmten „Beruf" zugehört. Jeder Berufszugehörige ist definitionsgemäß berufskompetent („Ein Abgeordneter darf ...");

2. Kompetente Kritik ist auf den Geltungsbereich der Berufsautonomie beschränkt („Äußerungen im Bundestag ...");

3. Derart formal als kompetente Kritik bestimmte Kritik darf materiell nur von der Profession selbst beurteilt werden („darf außerhalb des Bundestages nicht zur Verantwortung gezogen werden"), das heißt, den Professionslaien wird das Recht auf Beurteilung der Kritik verweigert — ebenso übrigens, wie es dem Kritiker untersagt ist, seine Kritik in die „Öffentlichkeit" zu tragen, das heißt, dem Urteil von Professionslaien zu unterbreiten;

4. Formal als kompetente Kritik definierte Kritik muß sich materiell den Professionsnormen fügen — muß, wie schon gesagt, „sachlich" sein („gilt nicht für verleumderische Beleidigungen").

Kompetente Kritik ist dergestalt also sozial strukturiert, sie ist zugleich der Form, dem Gegenstand, dem Urheber und den Adressaten nach definiert. Das Immunitätsrecht des Abgeordneten ist ein Beispiel für die Art der sozialen Strukturbedingungen, die Kritik ermöglichen und damit erst die Erfüllung der Aufgaben des Abgeordneten, nämlich Kontrolle und Kritik der Regierung, sicherstellen.

Quasi-kompetente Kritik

Nur in einzelnen Fällen ist die Kritik dergestalt sozial eindeutig strukturiert und professionalisiert. Weit problematischer ist die Situation der Kritik in den Bereichen der Quasi-Professionen, in den sozialen Gebilden, die nur teilweise und unvollkommen durch soziale Mechanismen eine eigene Kompetenz gegenüber anderen sozialen Gebilden und der Gesamtgesellschaft ausbilden und durchsetzen können. Hier ist der Kritiker weit weniger durch eine sozial garantierte Kompetenz geschützt. Das Paradebeispiel dafür sind natürlich die Journalisten, von denen *Max Weber* sagte[24], es mangele ihnen die „feste soziale Klassifikation" — eben die eindeutige Professionalisierung, wie wir heute sagen würden —, sie gehörten daher zu einer „Art Pariakaste" der Gesellschaft. Auch hier ist es nicht die Frage, ob der einzelne Journalist Kenntnisse über die Dinge hat, die er behandelt, sondern inwieweit der Journalist überhaupt kompetent ist. Um die soziale Definition der Kompetenz geht auch der Kampf der Journalisten, wie es kürzlich etwa die Forderungen des Bundesverbandes der deutschen Zeitungsverleger verdeutlichten, die eine „institutionelle Garantie der Presse und der Freiheit ihrer Betätigung" verlangten, eine Forderung, die sich auf die Privilegierung der Presse durch Satz 2 des Art. 5 Abs. II GG stützen kann[25]. Allerdings mangelt es dieser Verfassungsgarantie an einer praktikablen und sozial eindeutigen Durchsetzung. Das Fehlen eines modernen Presserechts wird allenthalben beklagt. Konkret hat sich diese Problematik enthüllt bei der Anwendung der Rechtsbestimmungen über den Landesverrat auf ein Pressedelikt, und es war interessanterweise der ehemalige Generalbundesanwalt, der anregte, für derartige Publikationsdelikte einen strafrechtlichen Sondertatbestand zu schaffen. Doch ist dies nur die eine Seite des Problems. Entscheidender sind die Schwierigkeiten, die sich einer vollen Professionalisierung der Journalisten entgegenstellen. Berichterstattung und Information sind derart weitläufige Tätigkeiten, daß es schwierig ist, durch feste Zugangsregeln die Berufszugehörigkeit eines Journalisten festzulegen und den Geltungsbereich seiner Berufsautonomie so zu definieren, daß sie nicht zu einer Beschränkung führt. Damit wird es dann zugleich unmöglich, ein entsprechendes „Standesgericht" mit den notwendigen Sanktionen für die Einhaltung der Berufsmoral — die entscheidende Sanktion ist natürlich der Ausschluß aus der Profession — auszustatten. So bleiben die Journalisten notgedrungen und aus den Strukturbedingungen ihrer Tätigkeit eine Quasi-Profession, auch wenn sie ein Informationsrecht haben, ein Zeugnisverweigerungsrecht zugestanden bekommen und die journalistische Sorgfaltspflicht schärfer als bisher als Berufsmoral herausstellen.

Quasi-kompetente Kritik versucht sich durch sekundäre Mechanismen eine soziale Immunität zu schaffen. Das kann dadurch geschehen, daß sich einzelne Kritiker an die Kompetenz von richtigen Professionen anhängen, wie es zum Beispiel die 29 Professoren der Politischen Wissenschaft und des Staatsrechts in ihrem Brief an den Bundesratspräsidenten anläßlich der Spiegelaffäre taten: „Als Staatsbürger und als Inhaber eines Lehramtes, dem die Pflege des Verfassungsbewußtseins und die Erziehung zur politischen Verantwortlichkeit anvertraut ist . . .[26]" — Das kann aber auch dadurch geschehen — und das ist der interessantere Fall —, daß sie sich auf eine höhere und allgemeine Ebene der kulturellen Werte berufen. Genau dies geschieht zum Beispiel, wenn die Journalisten über die speziellen Normen der „wahrheitsgetreuen Berichterstattung" hinaus für sich allgemeine Werte, zum Beispiel der Menschenwürde und der politischen Freiheit, beanspruchen und ihre Tätigkeit dementsprechend als „im Dienst der demokratischen Grundordnung" stehend interpretieren. Sind die Wertvorstellungen, auf die sich Kritik bezieht, generell genug, dann kann sie nicht mehr in Konflikt treten mit solchen sozialen Gebilden, die die Kompetenz über die Interpretation dieser Werte monopolisiert haben. Doch ist der Schutz des Kritikers umgekehrt um so geringer.

Entscheidend ist, daß eine bestimmte Art der Kritik nicht mehr professionalisierbar ist, daher keine soziale Kompetenzsicherung erhalten kann, nämlich all jene Kritik, die sich mit unspezialisierten Normen befaßt. Würde sie sich professionalisieren, müßte sie sich notwendigerweise auf den Rahmen von professionsspezifischen Normen begrenzen. Das Dilemma der quasi-kompetenten Kritik liegt zwischen größerem oder geringerem Professionsschutz und größerem oder geringerem Wirkungsradius.

Inkompetente Kritik

Dieses Dilemma ist im Falle der inkompetenten Kritik auf eine einfache Weise gelöst: Sie hat keinen Anspruch auf Geltung und besonderen Schutz. Gewiß, jedermann steht es offen, zum Beispiel als Staatsbürger im Rahmen der Grundrechte, als Christ im Namen der Glaubenssätze, als Mensch im Namen der Menschlichkeit Urteile zu fällen, Kritik zu üben. Doch alle seine Urteile müssen auf der Ebene bleiben, auf der sich die Werte befinden, auf die er sich bezieht, das heißt auf der Ebene höchster Abstraktheit und Allgemeingültigkeit. Greift er nämlich ein wie immer geartetes konkretes institutionalisiertes Verhalten an, so wird ihm die Kompetenz in der Beurteilung der für dieses Verhalten maßgebenden speziellen Normen bestritten. Jede Kritik an Institutionen, deren Mitglied man nicht ist, ist daher formal eine inkompetente Kritik. Es wird dem Kritiker genau das entgegengehalten, was *Schumpeter* zum Merkmal des Intellektuellen erhoben hat: mangelnde Verantwortung und mangelnde Kenntnisse. Der Radius einer solcherart inkompetenten Kritik ist nun außerordentlich weit, er umfaßt alles Verhalten, das nicht spezialierten Normen, die von sozialen Institutionen oder Professionen monopolisiert werden, unterliegt. Nur: Sie hat keine Kompetenz.

Nun ist die inkompetente Kritik natürlich nicht illegitim, auch wenn gerade das die Vertreter der jeweiligen Kompetenzmächte gerne unterstellen. Die Frage nach der Legitimität oder Illegitimität der Kritik hat zunächst nichts mit den hier unterschiedenen drei Kompetenzformen der Kritik zu tun. Legitim ist jede Kritik, die sich auf Werte bezieht, über deren Gültigkeit als Leitbilder sozialen Verhaltens Konsensus besteht. Illegitim hingegen ist jene Kritik, deren Urteilsbasis von Werten oder Wertkombinationen gebildet wird, über die kein Konsensus besteht und deren Gültigkeit bestritten wird.

Ist die kompetente Kritik in der Regel auch legitime Kritik, da die Verletzung der professionellen Wertloyalität mit dem Ausschluß von der Profession geahndet wird, so kann inkompetente Kritik legitim wie illegitim sein. Die prekäre Stellung der inkompetenten Kritik ergibt sich gerade aus diesem dauernden Kampf um ihre Legitimität. Da diese nämlich nicht wie bei der kompetenten Kritik zunächst unterstellt wird, hat sie der Kritiker nachzuweisen. Da ferner die Urteilsbasis sehr abstrakte und allgemeine Werte sind, ist dieser Nachweis höchst schwierig anzutreten, zumal, wenn man die materielle Beweislast zu tragen hat und sich dem Angriff von Vertretern professionalisierter und quasi-professionalisierter Sozialgebilde gegenübersieht, deren Wertloyalität ritualisiert und durch die Autorität der Institutionen gesichert ist. Daher kommt es dann, daß in den öffentlichen Auseinandersetzungen gar nicht so sehr das Argument des Kritikers als vielmehr seine Wertloyalität in Frage gestellt wird. Der latente Verdacht des Verrats bedroht den inkompetenten Kritiker um so mehr, als in einer Gesellschaft die Loyalität zu den betreffenden allgemeinen Werten nicht ritualisiert ist.

Radius und Wirkungsmöglichkeit der inkompetenten Kritik bestimmen sich also durch den Nachweis ihrer Legitimität. Diese hängt einmal davon ab, inwieweit in einer Gesellschaft über bestimmte allgemeine Werte Konsensus besteht. Zum zweiten aber bestimmt sich die Legitimität durch den Grad, in dem Grundwerte überhaupt allgemein interpretiert werden dürfen. Einige sind davon radikal ausgeschlossen durch ihre Tabuisierung, bei anderen bestehen Interpretationsmonopole. *Jürgen Habermas* schilderte jüngstens[27], wie sich durch den Abbau solcher Interpretationsmonopole die Öffentlichkeit bildete, und das Bestehen von „öffentlichen" Grundwerten ist auch die Voraussetzung inkompetenter Kritik. Die kritische Diskussion über einen Gegenstand ist immer nur so groß, wie ihr nicht Tabus oder Interpretationsmonopole für die betreffenden

Werte entgegenstehen. Die beständigen Auseinandersetzungen in den Ostblock-
ländern über die Kunststile und die Bekämpfung alles dessen, was nicht einem
wie immer definierten sozialistischen Realismus entspricht, zeigt, daß sich dort
der Staat auch ein ästhetisches Interpretationsmonopol zu bewahren sucht. „Zur
traditionellen Form der Herrschaft gehörte auch die Kompetenz der Darstellung und Ausdeutung jeweils dessen, was als ‚die alte Wahrheit‘ gilt[28]." An
diesem Satz von *Jürgen Habermas* kann man nur über die Vergangenheitsform
streiten.

Potentielle Intellektuelle

Die inkompetente, aber legitime Kritik ist das Feld des Intellektuellen; die
aus Strukturbedingungen der Gesellschaft notwendig prekäre Lage dieser Art der
Kritik ist die prekäre Lage des Intellektuellen. Wird seine Kritik als illegitim
definiert, so wird er verfolgt; doch nur der Revolutionär stellt Verfolgung in
Rechnung. Der Intellektuelle beansprucht und kämpft um seine Legitimität.
Ohne das Recht auf Kritik ist seine Existenz gefährdet. Obgleich die inkompe-
tente Kritik jedermann offensteht, der formal in der Lage ist, Grundwerte zu
interpretieren und daraus Urteile zu fällen, so sind es doch typischerweise nur
Angehörige bestimmter Berufe, die zu Trägern der Kritik werden. Nur solche
Leute werden zu Intellektuellen, die sich mit der sozialen Vermittlung abstrakter Wertvorstellungen beschäftigen, und das sind regelmäßig Angehörige von
Intelligenzberufen. Sie kommen kraft ihres Berufes in die Daueraktualität,
Kritik zu üben. Nur für sie wird Kritik zu einem wesentlichen Teil ihres Berufes. Nicht die individuelle Motivation ist ausreichend, die soziale Position bildet
die strukturelle Voraussetzung. Aus jenem Teil der Intelligenz, der diese Vermittlung betreibt, rekrutieren sich daher die potentiellen Intellektuellen.

Talcott Parsons[29] hat den Vorschlag gemacht, drei Ebenen von Organisations-
funktionen zu unterscheiden: die „technische" Ebene, die sich mit der Durchführung eines Programms befaßt, die „managerielle" Ebene, die das Programm setzt und unter Alternativen die Entscheidung trifft, und die „institutionelle" Ebene, der die Vermittlung eines Programms mit gesamtgesellschaft-
lichen Zielvorstellungen obliegt. Auf allen drei Ebenen sind Angehörige der
Intelligenzberufe beschäftigt, doch nur diejenigen, die auf dieser dritten Ebene
arbeiten, sind — soweit sie sich der Öffentlichkeit bedienen — der Versuchung
zur inkompetenten Kritik ausgesetzt. Sie müssen von Zeit zu Zeit kraft ihrer
Tätigkeit und kraft ihrer Position Kritik üben, nämlich immer, wenn sie in
ihren Urteilen über die Grenzen ihrer Kompetenz hinausgreifen. Dies tun sie
aber regelmäßig dann, wenn sie die Ziele ihrer Profession oder der von ihnen
betreuten Institutionen in allgemeine, gesamtgesellschaftliche Wertvorstellungen

integrieren, wenn sie damit die gesamtgesellschaftliche Legitimität ihrer Ziele begründen oder den Autonomieanspruch erweitern. Doch allgemeiner noch: Alle Leute, die an der Umsetzung allgemeiner und abstrakter Wertvorstellungen in spezifizierte Verhaltensnormen mitwirken, laufen Gefahr, Kritik zu üben, wenn sie die ihnen dafür gewährte und institutionalisierte Verhaltensautonomie überschreiten. Sie sind die potentiellen Intellektuellen, die inkompetente Kritik treiben und, soweit sie Zugang zu Medien der Öffentlichkeit haben, zu den kritischen Intellektuellen werden. Es sind dies eben typischerweise die Schriftsteller, die Publizisten und Journalisten, die Wissenschaftler, Leute, die — wie *Schumpeter* sagt — die Macht des geschriebenen oder des gesprochenen Wortes, man könnte heute hinzufügen, die Macht des Bildes handhaben.

Kritik in der Bundesrepublik

Was läßt sich aus diesen Überlegungen zu dem so häufig negativ beurteilten Zustand der politischen intellektuellen Diskussion in der Bundesrepublik sagen? Man kann offenbar nicht sagen, daß sie nicht stattfände, und doch ist ein Unbehagen mit ihr verbunden. Der Kampf um die Legitimität der Kritik scheint ein besonderes Ausmaß der Radikalität erreicht zu haben, die einerseits durch eine Flut von Unterlassungsklagen und Strafanzeigen, andererseits durch eine unzuträgliche Häufigkeit der Gretchenfrage nach der Wertloyalität gekennzeichnet ist. Beides weist auf eines hin: auf einen Mangel an Konsensus über politische Legitimationswerte und an sozialen Mechanismen, die die Loyalität zu diesen Werten ritualisieren. So sehen sich die Kritiker einerseits der prinzipiellen Verdächtigung ihrer Loyalität ausgesetzt und müssen diese beständig beteuern: „Die fünfzehn Autoren in diesem Band sind redlich; dies ausdrücklich zu sagen, ist beinahe unredlich", formulierte *Wolfgang Weyrauch*[30] in der Einleitung zu seiner bereits genannten zeitkritischen Anthologie. Andererseits ist die Kritik wirkungslos, da die von ihr bemühten Wertstandards ohne öffentliche Verbindlichkeit sind.

In dieser Situation wird Kritik zum persönlichen Angriff, an die Stelle der Argumentation tritt der straffähige Tatbestand, an die Stelle der öffentlichen Meinung die Justiz. Eine Personalisierung der Kritik ist nur ein Zeichen für ihre unvollkommene soziale Einbettung, für das Fehlen solcher sozialen Mechanismen, die ihre Austragung institutionalisieren und versachlichen.

Die Bedeutung der sogenannten Spiegelaffäre liegt vielleicht vor allem darin, daß sich hier eine Koalition von inkompetenter (durch Literaten, Studenten), quasi-kompetenter (durch Journalisten, Professoren) und kompetenter (durch Bundestagsabgeordnete, Juristen) Kritik gebildet hatte, die unter dem Eindruck des Augenblicks wenigstens kurzfristig zu einem Konsensus über gewisse Wertstandards beigetragen hat und den Versuch einzelner Regierungsstellen, ein Interpretationsmonopol zu schaffen, vereitelte. Dies nämlich scheint mir die wesentliche Funktion der intellektuellen Kritik und mit ihr aller Kritik zu sein: immer aufs neue einen materiellen Konsensus in der Gesellschaft über die Gültigkeit bestimmter Wertstandards herbeizuführen und die Deutungsmöglichkeiten offenzuhalten.

Anmerkungen

[1] *Hans Magnus Enzensberger*, Einzelheiten, Frankfurt 1962, S. 348.

[2] *Hans Werner Richter* (Hrsg.), Die Mauer oder der 13. August, Hamburg 1961, S. 116.

[3] *Wolfgang Weyrauch* (Hrsg.), Ich lebe in der Bundesrepublik, München 1961, S. 8.

[4] *Hans Werner Richter* (Hrsg.), a. a. O., S. 139.

[5] Vgl. *Karl Mannheim*, Ideologie und Utopie, 3. Aufl., Frankfurt 1952. — Unter der Vielzahl der kritischen Auseinandersetzungen mit *Mannheim* sei hier nur auf den jüngst erschienenen Aufsatz von *Kurt Lenk*, Die Rolle der Intelligenzsoziologie in der Theorie Mannheims, Kölner Zeitschr. f. Soziol. u. Sozialpsych. 15 Jg. (1963), S. 323 ff., hingewiesen.

[6] *Karl Marx* und *Friedrich Engels*, Manifest der Kommunistischen Partei, Ausgabe Verlag Neuer Weg, Berlin 1946.

[7] *Karl Mannheim*, The Problem of the Intelligentsia, in: Essays on the Sociology of Culture, London 1956, S. 170.

[8] Vgl. *Karl Mannheim*, Mensch und Gesellschaft im Zeitalter des Umbaus, Leiden 1935.

[9] *Theodor Geiger*, Aufgaben und Stellung der Intelligenz in der Gesellschaft, Stuttgart 1949, S. 71.

[10] *Alfred von Martin*, Ordnung und Freiheit, Frankfurt 1956, S. 284.

[11] *Max Weber*, Politik als Beruf, 3. Aufl., Berlin 1958, S. 58.

[12] *René König*, Intelligenz, in: René König, Soziologie, Fischer-Lexikon, Frankfurt 1958, S. 142.

[13] *Theodor Geiger*, a. a. O., S. 71.

[14] *Alfred von Martin*, a. a. O., S. 289.

[15] *Theodor Geiger*, Intelligenz, im: Handwörterbuch der Sozialwissenschaften, 5. Bd., 1956, S. 303.

[16] *René König*, a. a. O., S. 142.

[17] *Alfred von Martin*, Die Intellektuellen als sozialer Faktor, in: Studium Generale, 15. Jg. (1962), S. 399.

[18] *Max Weber*, a. a. O., S. 59.

[19] *Raymond Aron*, Opium für Intellektuelle, Köln und Berlin 1957, S. 257.

[20] *Joseph A. Schumpeter*, Kapitalismus, Sozialismus und Demokratie, Bern 1946, S. 237.

[21] *Ebenda*, S. 236.

[22] Vgl. *Theodor Geiger*, Aufgaben und Stellung der Intelligenz in der Gesellschaft, a. a. O., S. 43—52.

[23] *Max Weber*, a. a. O., S. 65.

[24] Vgl. die Bemerkungen a. a. O., S. 29 ff.

[25] „Die Pressefreiheit und die Freiheit der Berichterstattung durch Rundfunk und Fernsehen werden gewährleistet." In diesem zweiten Satz des Art. 5 GG, der das allgemeine Grundrecht der Meinungsfreiheit festlegt, wird verfassungsrechtlich eine sogenannte Einrichtungsgarantie gesehen, die der Presse einen besonderen Schutz verleiht. Vgl. dazu den Aufsatz von *Klaus Stern*, Probleme der Meinungs- und Pressefreiheit, in: Der Politologe, Jg. 4 (1963), Nr. 13, S. 5—10.

[26] Zitiert nach dem Abdruck in: „Der Spiegel", 16. Jg. (1962), Nr. 58, S. 38.

[27] Vgl. *Jürgen Habermas,* Strukturwandel der Öffentlichkeit, Neuwied 1962. — *Habermas* gebraucht übrigens gelegentlich den Ausdruck „kompetenzfreies Urteil" (S. 53).

[28] Ebenda, S. 28. — Eine Äußerung von Friedrich II. von 1784, die sich bei *Habermas* (S. 38) findet, sei hier nochmals wiedergegeben, weil sie in besonders treffender und auch heute noch gültiger Form die Tendenz zur Monopolisierung politisch relevanter Deutungsinhalte ausdrückt: „Eine Privatperson ist nicht berechtigt, über Handlungen, das Verfahren, die Gesetze, Maßregeln und Anordnungen der Souveräne und Höfe, ihrer Staatsbediensteten, Kollegien und Gerichtshöfe öffentliche, sogar tadelnde Urteile zu fällen oder davon Nachrichten, die ihr zukommen, bekanntzumachen oder durch den Druck zu verbreiten. Eine Privatperson ist auch zu deren Beurteilung gar nicht fähig, da es ihr an der vollständigen Kenntnis der Umstände und Motive fehlt."

[29] Vgl. *Talcott Parsons,* A Sociological Approach to the Theory of Organizations und Some Ingredients of a General Theory of Formal Organization, in: Structure and Process in Modern Societies, Glencoe, Ill., 1960.

[30] *Wolfgang Weyrauch,* a. a. O., S. 9.